WOLFGANG GURLITT ZAUBERPRINZ

KUNSTHÄNDLER – SAMMLER

LENTOS Kunstmuseum Linz

HIRMER

WOLFGANG GURLITT ZAUBERPRINZ
KUNSTHÄNDLER – SAMMLER

LENTOS Kunstmuseum Linz
4. Oktober 2019 bis 19. Januar 2020

Museum im Kulturspeicher Würzburg
8. Februar 2020 bis 3. Mai 2020

Hemma Schmutz

GRUSSWORT

Nur wer die Geschichte kennt, kann die Gegenwart verstehen. Als ich 2017 die künstlerische Leitung der Museen der Stadt Linz übernahm, war es mir ein erstes wichtiges Anliegen, mich mit der Geschichte der Institution und ihrer Sammlungen zu beschäftigen. In diesem Zusammenhang war eine Auseinandersetzung mit der Person des Kunsthändlers und Sammlers Wolfgang Gurlitt unumgänglich, geht doch ein bedeutender Grundstock an Gemälden und Grafiken auf einen 1953 getätigten Ankauf aus seiner Sammlung zurück. Zusätzlich war er von 1946 bis 1956 der erste ehrenamtliche Direktor der Neuen Galerie der Stadt Linz, der Vorgängerinstitution des LENTOS. Im Zuge der Debatten um das Erbe von Hildebrand und Cornelius Gurlitt – Wolfgang ist ein Cousin von Hildebrand Gurlitt – trat auch Wolfgang Gurlitt wieder verstärkt ins Zentrum des öffentlichen Interesses. Vor diesem Hintergrund erschien es mir sinnvoll, eine Ausstellung zu dieser komplexen und für die Linzer Museumsgeschichte wichtigen Thematik zu initiieren, die auch Gurlitts Involvierung in den Handel mit enteignetem jüdischem Besitz berücksichtigt. Elisabeth Nowak-Thaller, von der dieser Ausstellungsvorschlag stammt, arbeitete mit unermüdlichem Einsatz an diesem herausfordernden Projekt.

Die Ausstellung und die Publikation *Wolfgang Gurlitt. Zauberprinz. Kunsthändler und Sammler* widmet sich einer wissenschaftlichen Aufarbeitung der vielfältigen Tätigkeiten des Galeristen, Kunsthändlers, Verlegers und Museumsleiters. Dafür konnten wir eine Reihe von KunsthistorikerInnen, HistorikerInnen sowie ProvenienzforscherInnen als AutorInnen für den Katalog gewinnen, die sich in unterschiedliche Thematiken eingearbeitet haben und dazu neue Erkenntnisse vorstellen. Grundlage für die weiteren Forschungen zu unseren Sammlungen bildet die von der Stadt Linz in Auftrag gegebene Studie von Walter Schuster mit dem Titel *Die „Sammlung Gurlitt" der Neuen Galerie der Stadt Linz*, die 1999 der Öffentlichkeit präsentiert wurde.

Wolfgang Gurlitt erwarb bereits 1940 eine Villa in Bad Aussee, um seine umfangreiche Kunstsammlung nach Österreich zu transferieren und sie vor Kriegsschäden zu schützen. Mit der Hilfe der Stadt Linz wurde er nach dem Krieg österreichischer Staatsbürger. Schon in der Zeit des Ankaufes seiner Sammlung im Jahr 1953 gab es Zweifel daran, ob alle Werke auf unbedenkliche Art und Weise in den Besitz des Händlers gelangt waren. In diesen Jahren tauchten auch erste schriftliche Ansprüche auf Restitution auf. Seit 1998 wird die Sammlung systematisch auf ungeklärte Besitzansprüche hin überprüft. Im Zuge der Restitutionsforschung wurden 13 Werke aus der Sammlung zurückgegeben, von denen eines vom Museum abgelöst wurde und sechs weitere dem LENTOS weiterhin als Dauerleihgabe zur Verfügung gestellt wurden.

Hitler erkor Linz, wo er seine Jugend verbracht hatte, zu einer seiner fünf „Führerstädte" und zur Projektionsfläche für seine ehrgeizigen Pläne, die ihn bis in seine letzten Lebenstage beschäftigten. Im Rahmen der Ausstellung *Kulturhauptstadt des Führers*, die während des Kulturhauptstadtjahres 2009 im Oberösterreichischen Landesmuseum stattfand, wurde ein Teil dieser Geschichte bereits vorbildlich aufgearbeitet. Wir freuen uns sehr, mit dieser Publikation einen weiteren Beitrag leisten zu dürfen.

Marlene Lauter

GRUSSWORT

Die Geschichte von Wolfgang Gurlitt und Würzburg beginnt in den Jahren des Zweiten Weltkriegs: Von 1942 bis 1944, das heißt innerhalb von drei Jahren, erwirbt der frischgebackene Leiter der Städtischen Galerie Heiner Dikreiter insgesamt 18 Gemälde in Wolfgang Gurlitts Galerie in Berlin.

Ausgebombt in Berlin Ende 1943, lässt sich Gurlitt auf den Rat Heiner Dikreiters hin Anfang 1944 in Würzburg nieder; im April 1945 wird er auch hier wieder ausgebombt. Doch führt der kurze Aufenthalt in der Stadt dazu, dass die Geschäftsbeziehung der beiden in eine lebenslange Freundschaft mündet, eine Freundschaft freilich, in der beide wechselseitig auch voneinander profitieren.

Dikreiters Ankaufsetat der Nachkriegsjahre ist unvergleichlich geringer als in den – paradoxerweise – diesbezüglich „goldenen" Kriegsjahren. So tätigt Dikreiter in dieser Zeit nur wenige Erwerbungen bei Gurlitt, doch kommt es zu zahlreichen Ausstellungskooperationen. Ein Höhepunkt unter ihnen ist die Ausstellung zum 50. Berufsjubiläum Gurlitts 1957 in der Otto-Richter-Halle Würzburg, von Gurlitt mit Zeichnungen und Druckgrafik aus seiner Sammlung ausgestattet. Anlässlich dieser Schau schenkt er der Städtischen Galerie auch neun Grafiken von Corinth, Kokoschka, Kubin, Munch, Pechstein und Sintenis, die zumeist sein eigenes Bildnis zeigen, eine gute Gelegenheit, um sich in Würzburg, der Stadt seines kurzen Wirkens, in Erinnerung zu halten.

Verschiedene Facetten seines Wesens kommen in Gurlitts Beziehungen zu Würzburg zum Tragen: seine Fähigkeit zur Freundschaft und seine Großzügigkeit, seine unwahrscheinliche Umtriebigkeit, mit der er Ausstellungen „seiner" Künstler nach Würzburg zu vermitteln sucht, sein geschmeidiges Geschäftsgebaren, mit dem er sich gelegentlich „durchzumogeln" versteht.

Dikreiter und Gurlitt sind beide „Profiteure" des Nationalsozialismus. Dikreiter kann während des Krieges einen bedeutenden Grundbestand seiner Sammlung zusammentragen. Einen Teil davon, Werke von Wilhelm Leibl und seinem Kreis, Karl Heffner, Ferdinand von Rayski oder Max Slevogt, kauft er bei Gurlitt. Gerade diese Bilder stehen nun im Blickpunkt der Provenienzrecherche, zwei der bei Gurlitt erworbenen Gemälde wurden definitiv NS-verfolgungsbedingt entzogen, weitere sind zumindest verdächtig. So stellen wir in Würzburg gerade die Verbindung des Museumsmannes Heiner Dikreiter und des Galeristen Wolfgang Gurlitt ins Zentrum der für das Museum im Kulturspeicher adaptierten und reduzierten Ausstellung.

Es ist gleichwohl ein großes Projekt, das im LENTOS Kunstmuseum Linz seinen Ausgang nahm, konzipiert und mit großer Sachkunde realisiert durch Dr. Elisabeth Nowak-Thaller, stellvertretende Direktorin des Museums. Dafür wie für die produktive Kooperation unter der künstlerischen Leitung von Mag. Hemma Schmutz sei herzlich gedankt. Zu danken ist ebenfalls ihrer Würzburger Kollegin Dr. Henrike Holsing, die den Ball im Museum im Kulturspeicher aufgriff und die Würzburg-spezifischen Fragen stellte. Sie hat mit großer fachlicher Umsicht die Würzburger Ausstellung kuratiert. Ein großer Dank gilt auch unserer Provenienzforscherin Beatrix Piezonka, deren präzise Recherchen dem Projekt in Würzburg die Grundlagen lieferten. Der Dank gilt ebenso allen Förderern des Projektes in Würzburg und schließlich danke ich dem gesamten Museumsteam sehr herzlich. Ohne das kompetente und engagierte Ineinandergreifen aller Räder im Bereich von Organisation, Aufbau und Vermittlung wäre die Ausstellung nicht realisierbar.

DANK

Bei Ausstellungen dieses Umfangs ist vielen zu danken, allen voran der Sammlungsleiterin des LENTOS Kunstmuseum Linz, Elisabeth Nowak-Thaller, die seit 1998 in der Neuen Galerie der Stadt Linz, dem heutigen LENTOS, wissenschaftliche Forschung rund um Wolfgang Gurlitt betreibt und als Initiatorin und Kuratorin von der ersten Idee an zur Verfügung stand.

Die Konzeption und Gestaltung des umfangreichen Kataloges stammt von Norbert Artner, der gemeinsam mit Elisabeth Nowak-Thaller dieses Standardwerk zur Sammlungsgeschichte mit großer Kreativität entwickelte. Es ist dies die erste Publikation überhaupt zu Leben und Wirken von Wolfgang Gurlitt. Allen AutorInnen sei große Anerkennung für die interessanten Beiträge ausgesprochen. Ohne sie wäre dieses herausragende Projekt nicht möglich gewesen. Ulrike Ritter war als umsichtige Lektorin wieder einmal unentbehrlich.

Magnus Hofmüller war mit großem Engagement von Beginn an als Ausstellungsgestalter und Produktionsleiter für die Ausstellung verantwortlich.

Bernd Ernsting hat mit immenser Fachkenntnis den Raum „Aus Gurlitts Mappen" konzipiert und mit nahezu 250 Grafiken und Büchern aus dem Fundus LETTER Stiftung eingerichtet.

Vanessa-Maria Voigt betreibt seit vielen Jahren wertvolle Provenienzforschung für das LENTOS. Irene Wögerer, Iris Kiesenhofer-Fragner und Andreas Strohhammer haben die Ausstellung mit großem Enthusiasmus mitgetragen. Alexandra Cedrino-Nahrstedt, Elizabeth Baars und Andreas Bartsch ermöglichten interessante wissenschaftliche Neuentdeckungen, indem sie ihre Archive öffneten bzw. Fotografien zur Verfügung stellten.

Zahlreiche Museen bzw. öffentliche Einrichtungen aus Österreich, Deutschland und den USA haben Leihgaben für die Ausstellung *Wolfgang Gurlitt. Zauberprinz* im LENTOS Kunstmuseum Linz zur Verfügung gestellt und damit dieses internationale Ausstellungsprojekt zur Sammlungsgeschichte erst ermöglicht. Die Ausstellung wurde durch vier Galerien aus Deutschland und Österreich sowie von vielen PrivatsammlerInnen aus den USA, Deutschland und Österreich großzügig unterstützt.

Ohne den enthusiastischen Beistand der MuseumskollegInnen und LeihgeberInnen sowie unseres Kooperationspartners, des Museum im Kulturspeicher Würzburg – allen voran Henrike Holsing –, wäre dieses Gemeinschaftsprojekt nicht annähernd in dieser Form realisierbar gewesen.

Staatliche Museen zu Berlin, Alte und Neue Nationalgalerie, Udo Kittelmann, Dieter Scholz, Ralph Gleis
Museen Tempelhof-Schöneberg, Berlin, Irene von Götz, Hans Philipp Offenhaus
Stadtmuseum Berlin, Martina Weinland
Das Verborgene Museum, Berlin, Elisabeth Moortgat
Museum der bildenden Künste Leipzig, Alfred Weidinger
Museum im Kulturspeicher Würzburg, Marlene Lauter, Henrike Holsing
Städel Museum, Frankfurt am Main, Philipp Demandt
Berlinische Galerie, Thomas Köhler, Stefanie Heckmann
Zentrum für verfolgte Künste, Solingen, Rolf Jessewitsch
Kunsthalle Emden, Stefan Borchardt
Kunstsammlungen Zwickau Max-Pechstein-Museum, Petra Lewey
LETTER Stiftung, Köln, Bernd Ernsting, Janine Breidenbend
Deutsches Historisches Museum, Berlin, Raphael Gross, Sabine Beneke
Belvedere, Wien, Stella Rollig
Jüdisches Museum der Stadt Wien, Danielle Spera
Leopold Museum, Wien, Hans-Peter Wipplinger
Oberösterreichisches Landesmuseum, Schlossmuseum Linz, Lothar Schultes
Salzburg Museum, Martin Hochleitner
Museum Kunst der Verlorenen Generation, Salzburg, Heinz Böhme
Förderverein der Jeanne-Mammen-Stiftung e. V. i. L., Berlin, Cornelia Pastelak-Price

Galerie Altnöder, Salzburg, Ferdinand Altnöder
Galerie Seywald, Salzburg, Thomas Seywald
Galerie St. Etienne, New York, Jane Kallir
Wienerroither & Kohlbacher, Wien

Archiv der Stadt Linz, Walter Schuster, Maria Altrichter, Martin Krenn
Zentralarchiv Staatliche Museen zu Berlin – Preußischer Kulturbesitz, Petra Winter
Berlinische Galerie, Wolfgang Schöddert
Kammerhofmuseum Bad Aussee, Sieglinde Köberl
Landesarchiv Salzburg, Gerda Dohle
Stadtarchiv Salzburg, Peter Kramml
Oberösterreichisches Landesarchiv, Linz, Franz Scharf

Gregory Hahn
Monika Koller
Karl-Bernhard Netzband
Fridolin Engels
Martin Schmidt-Magin
Eduard Guggi
Hans Fuchs

Größter Dank gebührt ferner den zahlreichen privaten LeihgeberInnen, die ungenannt bleiben wollen.

Der Katalog zur Ausstellung wurde von der Ernst von Siemens Kunststiftung großzügig gefördert.

EvS
ERNST VON SIEMENS
KUNSTSTIFTUNG

„Versunken auf immer waren die Räume, die den Bildern eine Heimat waren, die Freunde in alle Welt zerstreut. [...] Ich mußte den Bildern eine neue Heimat und neue Freunde suchen, ihnen wieder zu neuem, sinnvollem Dasein und Wirksamkeit verhelfen.“[1]

Wolfgang Gurlitt, 1948

1 Wolfgang Gurlitt, „Vorwort“, in: *Malerei und Zeichenkunst des XIX. und XX. Jahrhunderts*, Ausst.-Kat., Neue Galerie der Stadt Linz, Gründer Wolfgang Gurlitt, Linz 1948, S. 5.

BIOGRAFIE WOLFGANG GURLITT

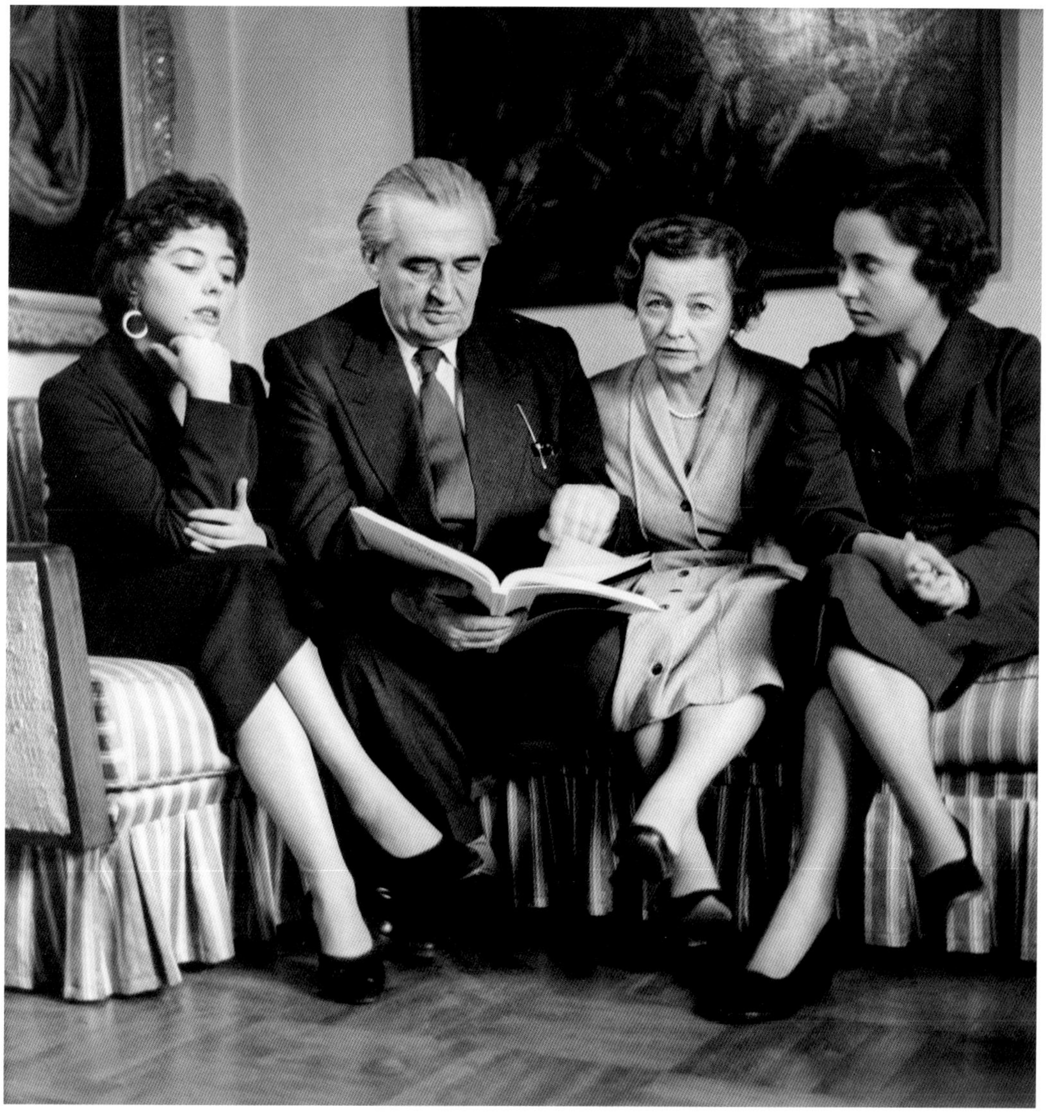

Wolfgang Gurlitt mit Gattin Käthe, den Töchtern Angelina (links) und Maria (rechts), um 1955
© Galerie Ruberl, Wien

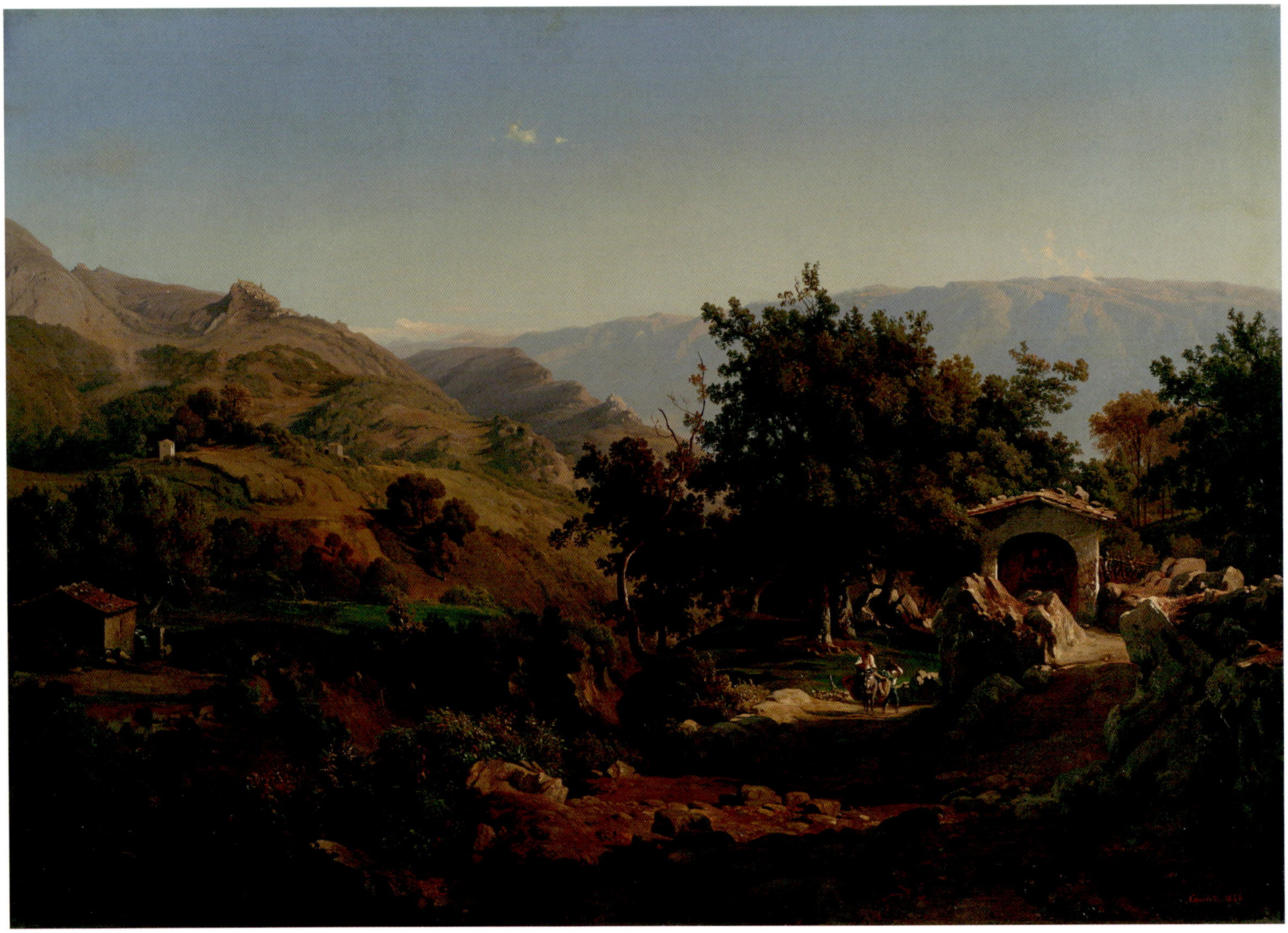

Abb. 1

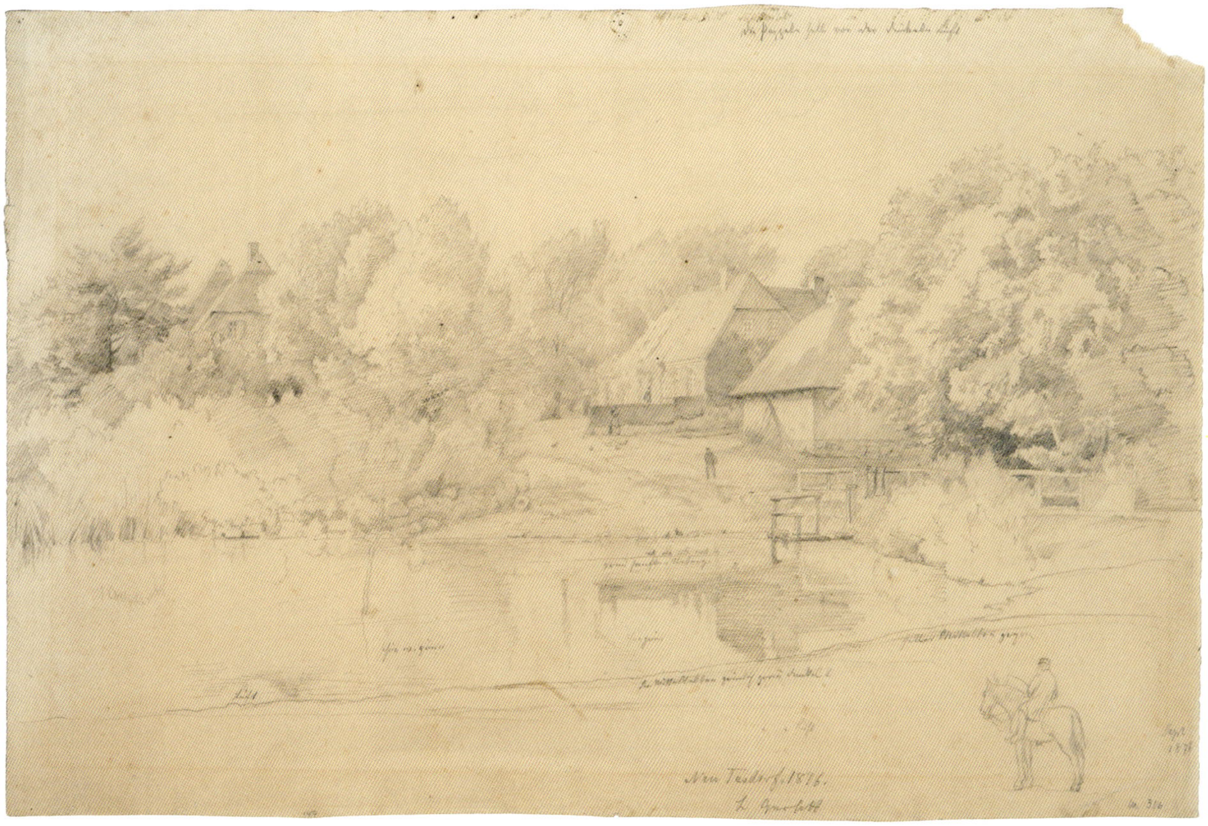

Abb. 2

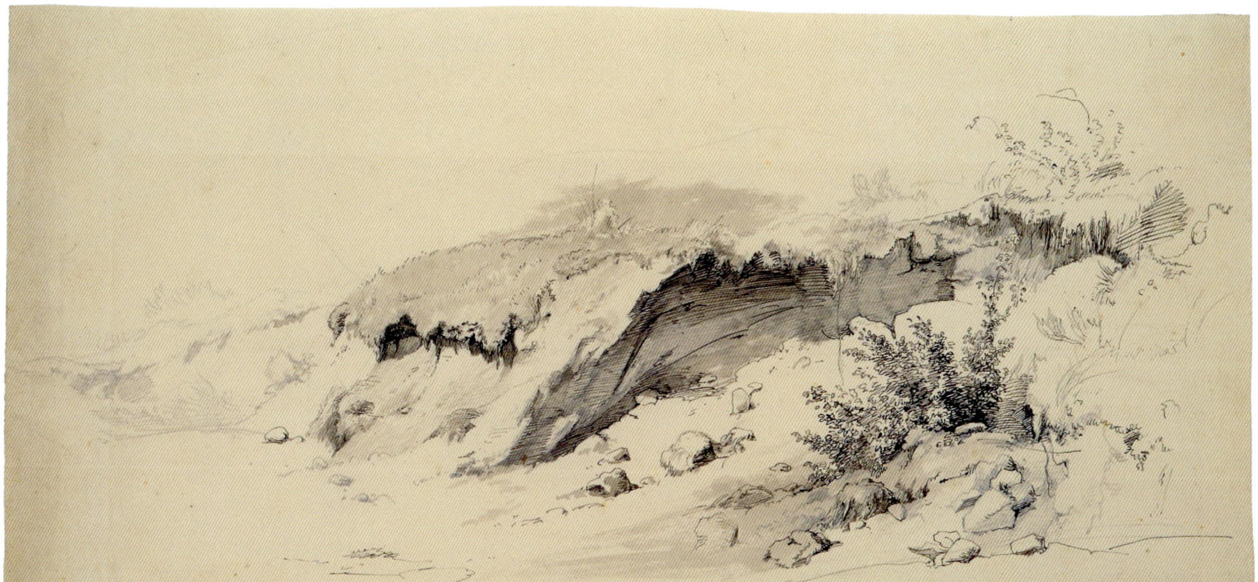

Abb. 3

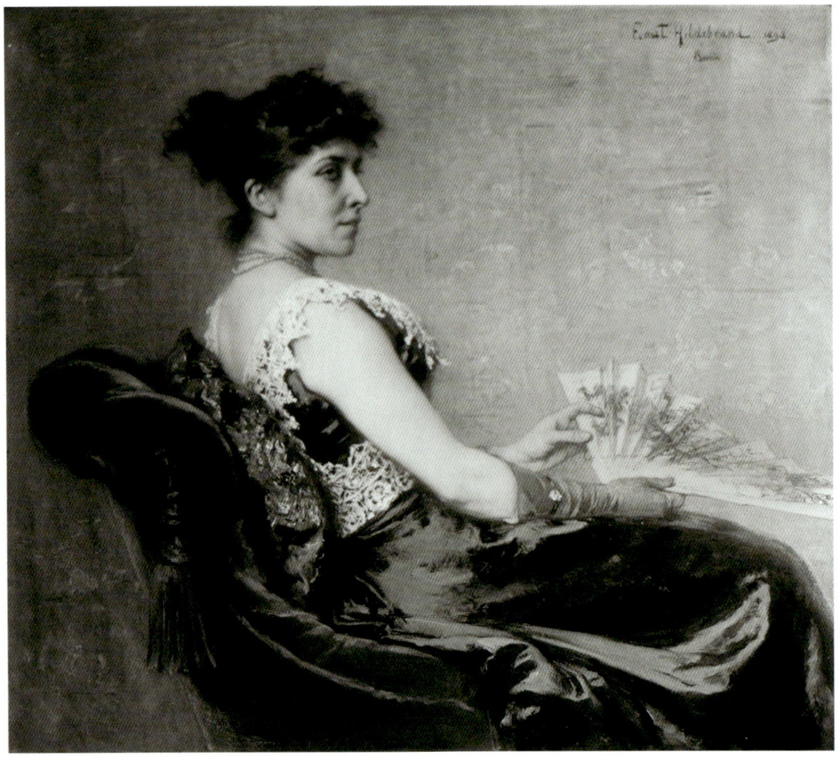

Abb. 4

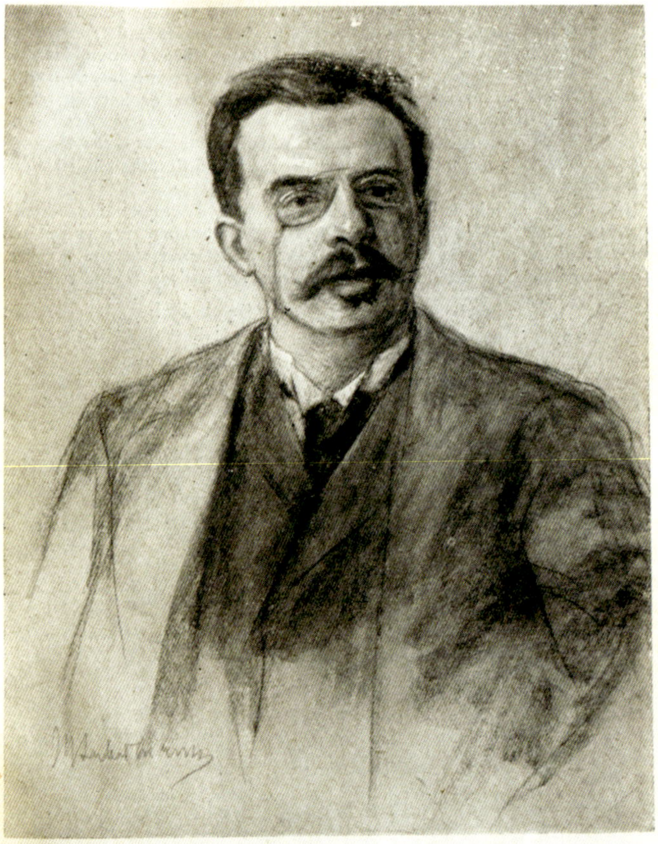

BILDNIS FRITZ GURLITT, *Kreidezeichnung* 1892

Abb. 5

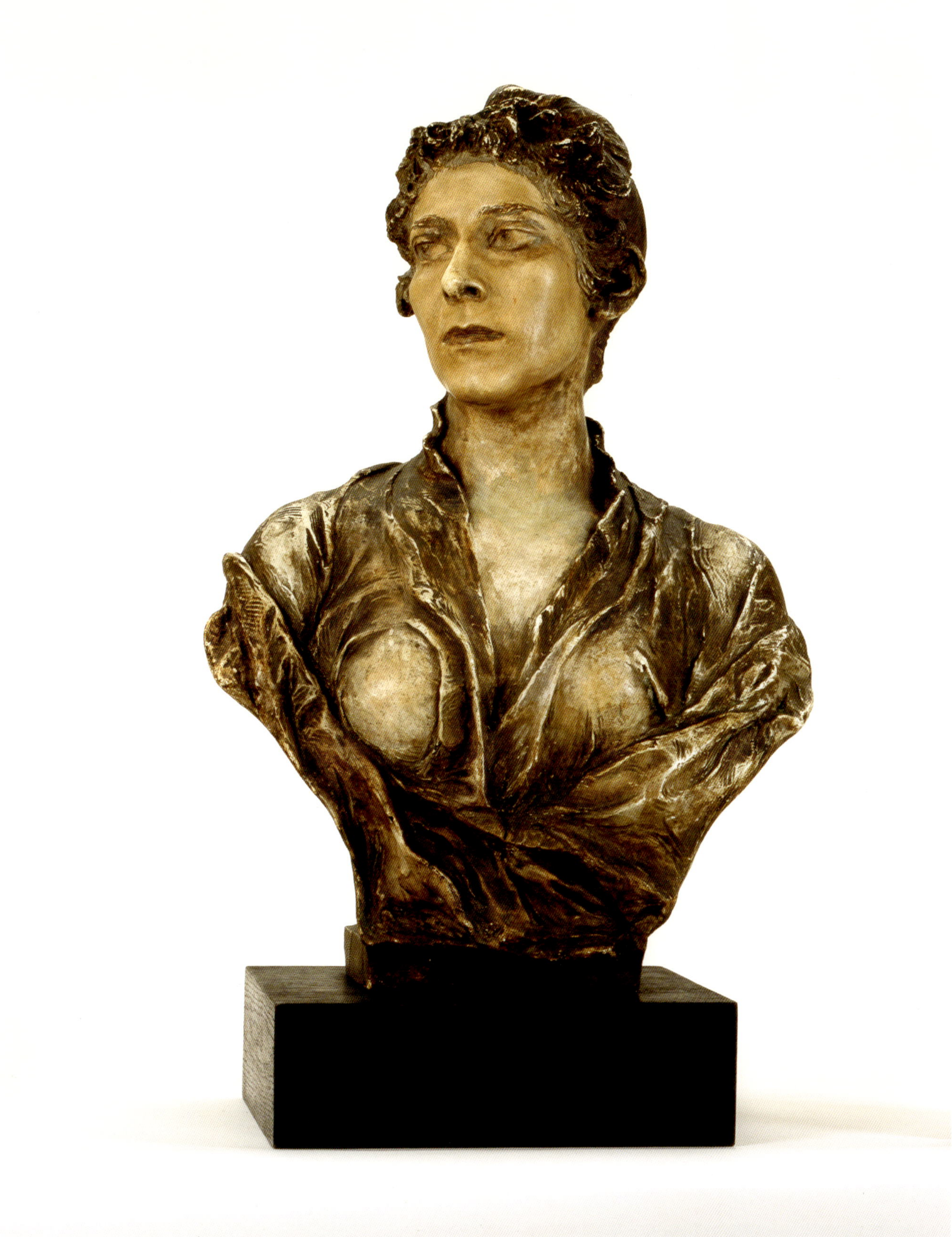

Abb. 6

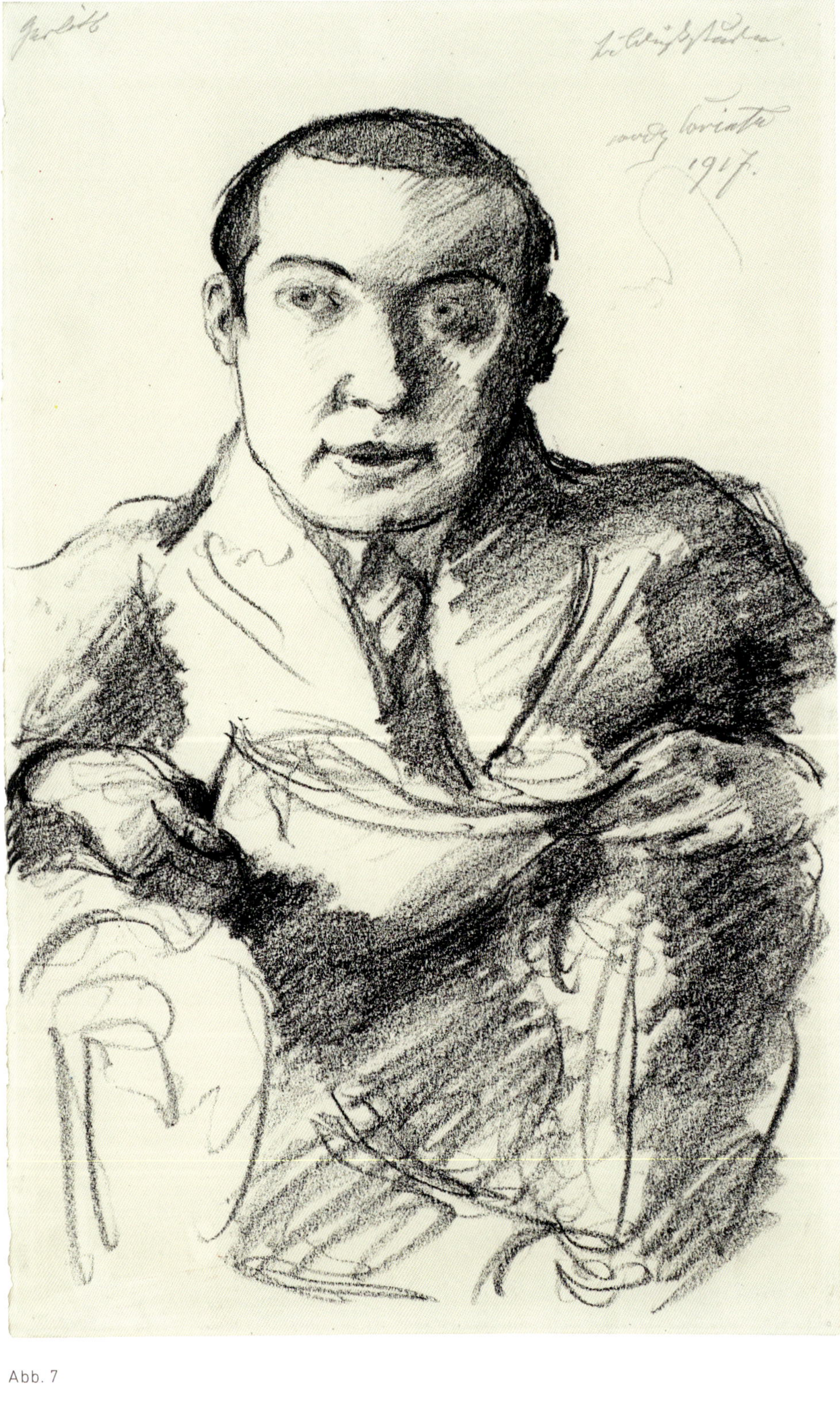

Abb. 7

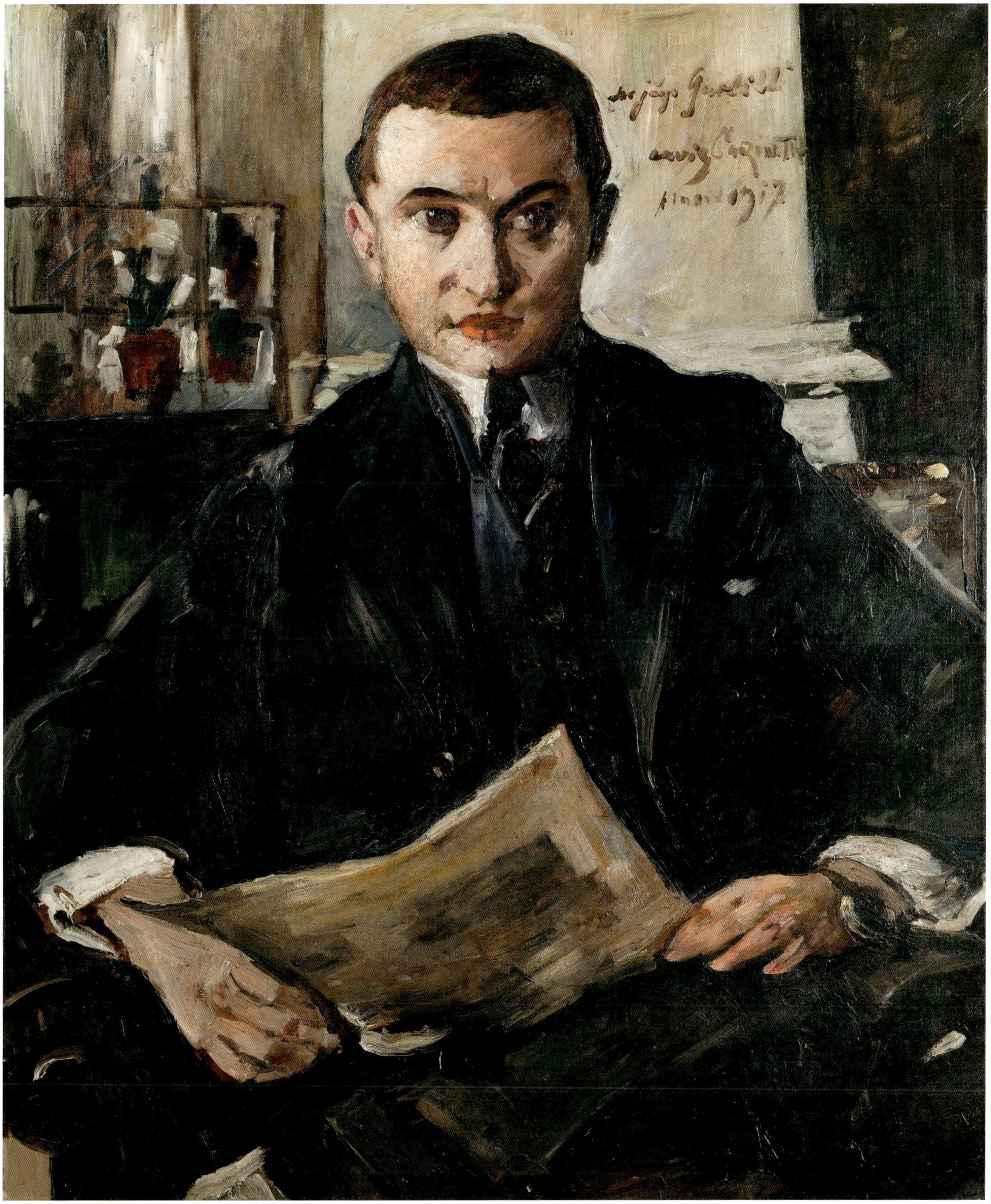

Abb. 8

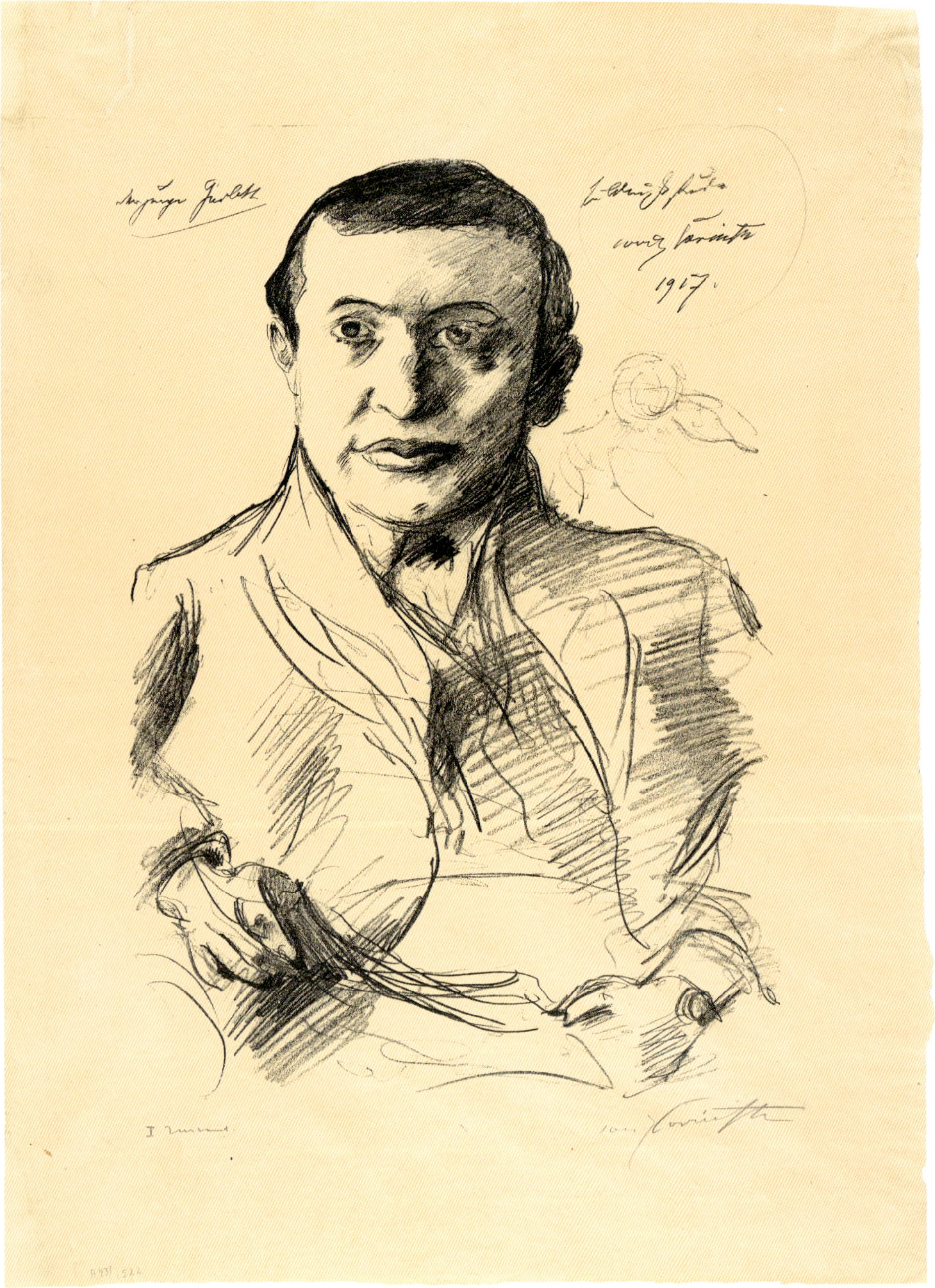

Abb. 9

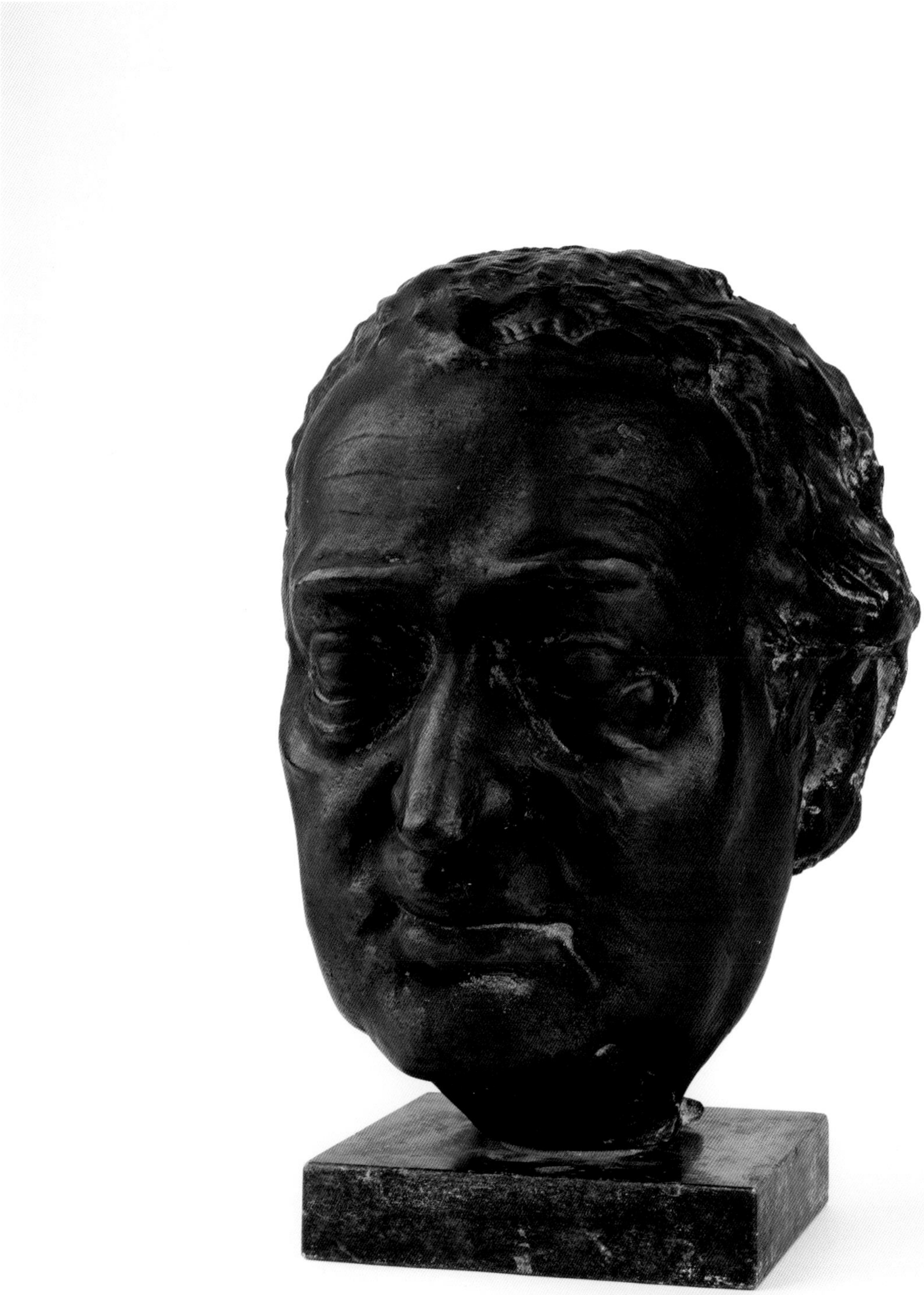

Abb. 10

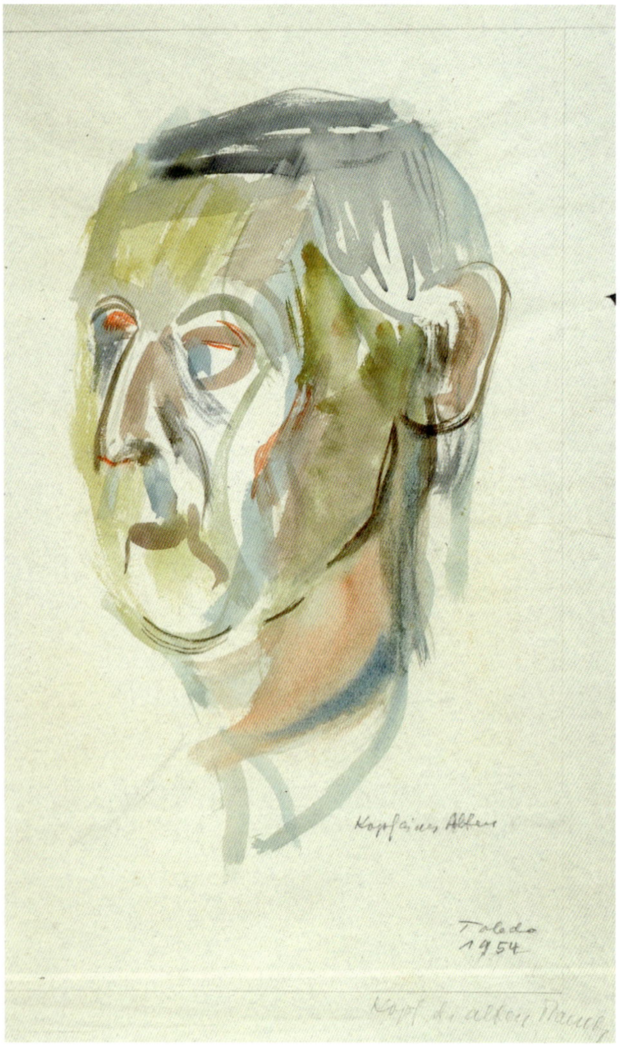

Abb. 11

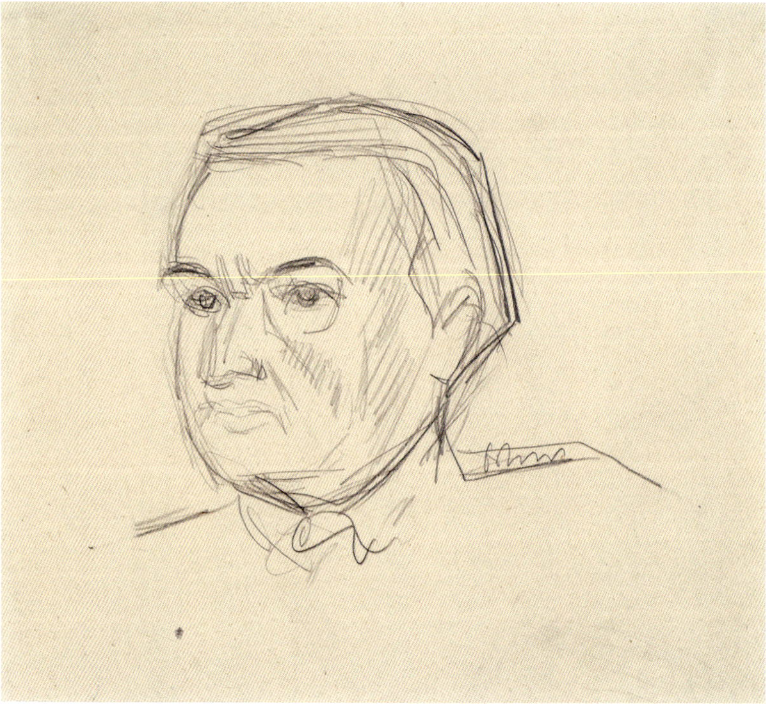

Abb. 12

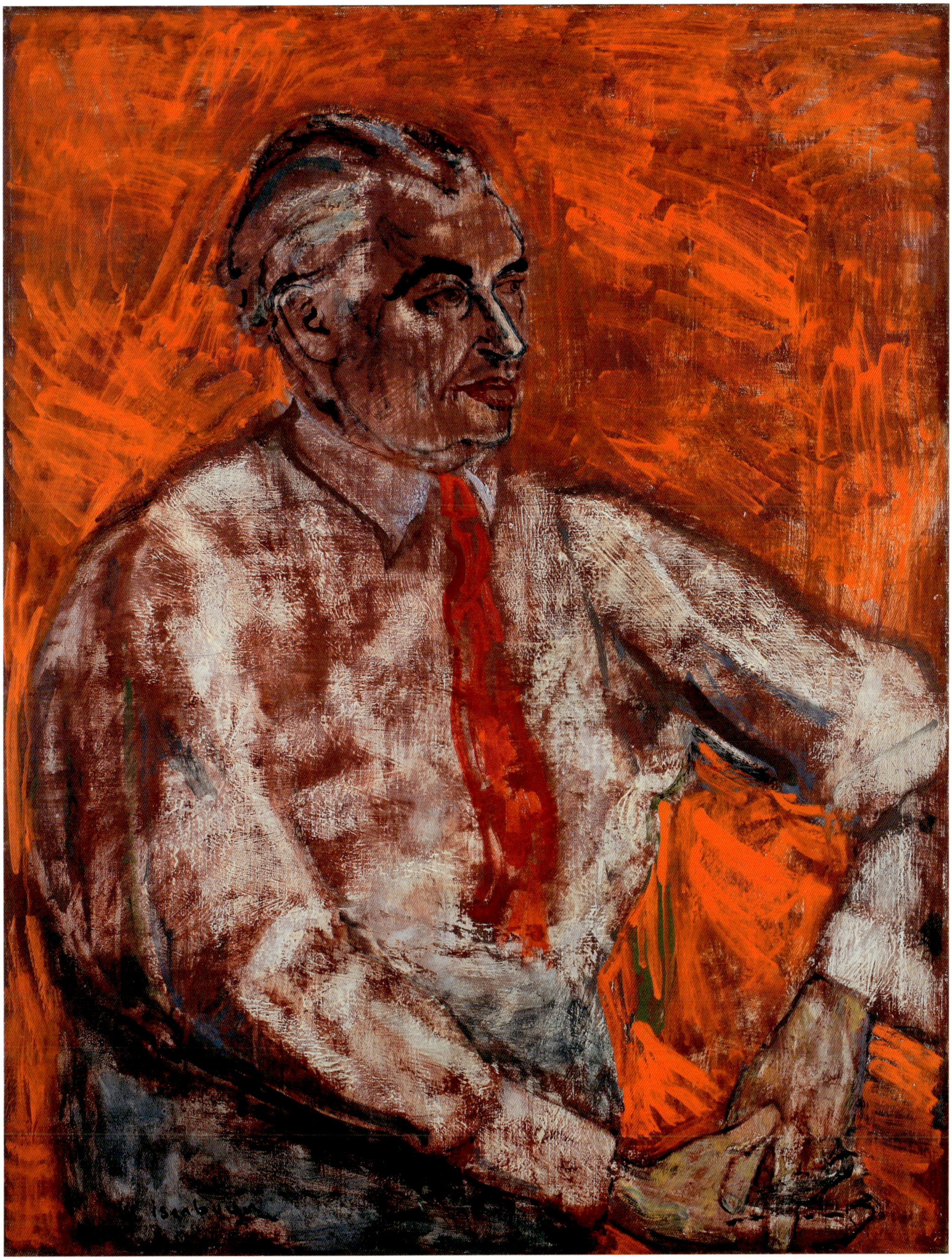

Abb. 13

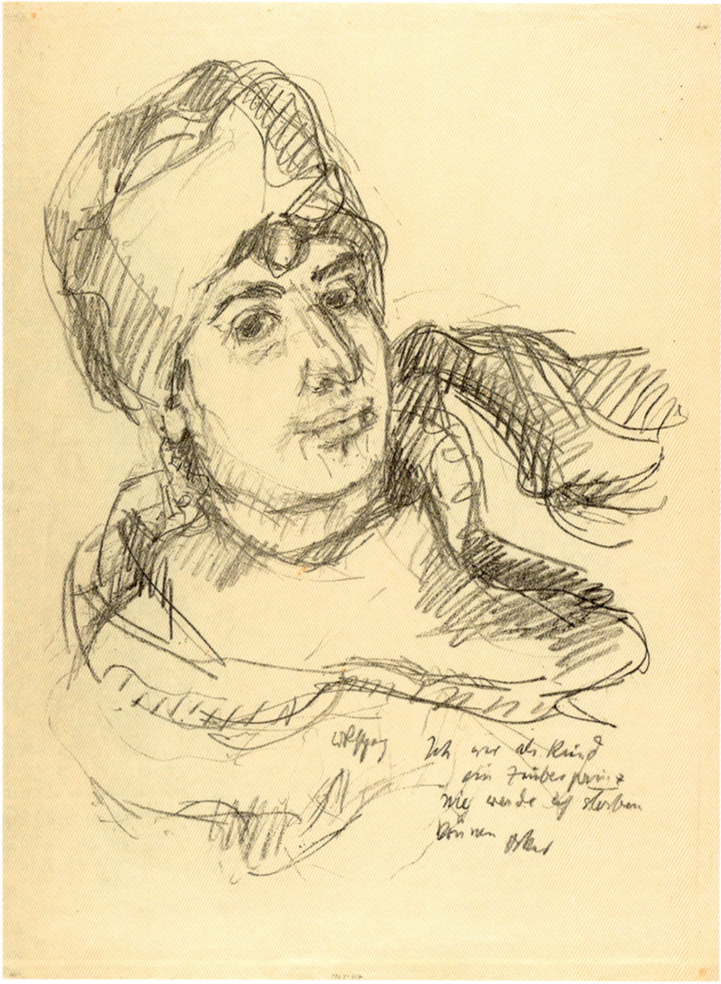

Abb. 14

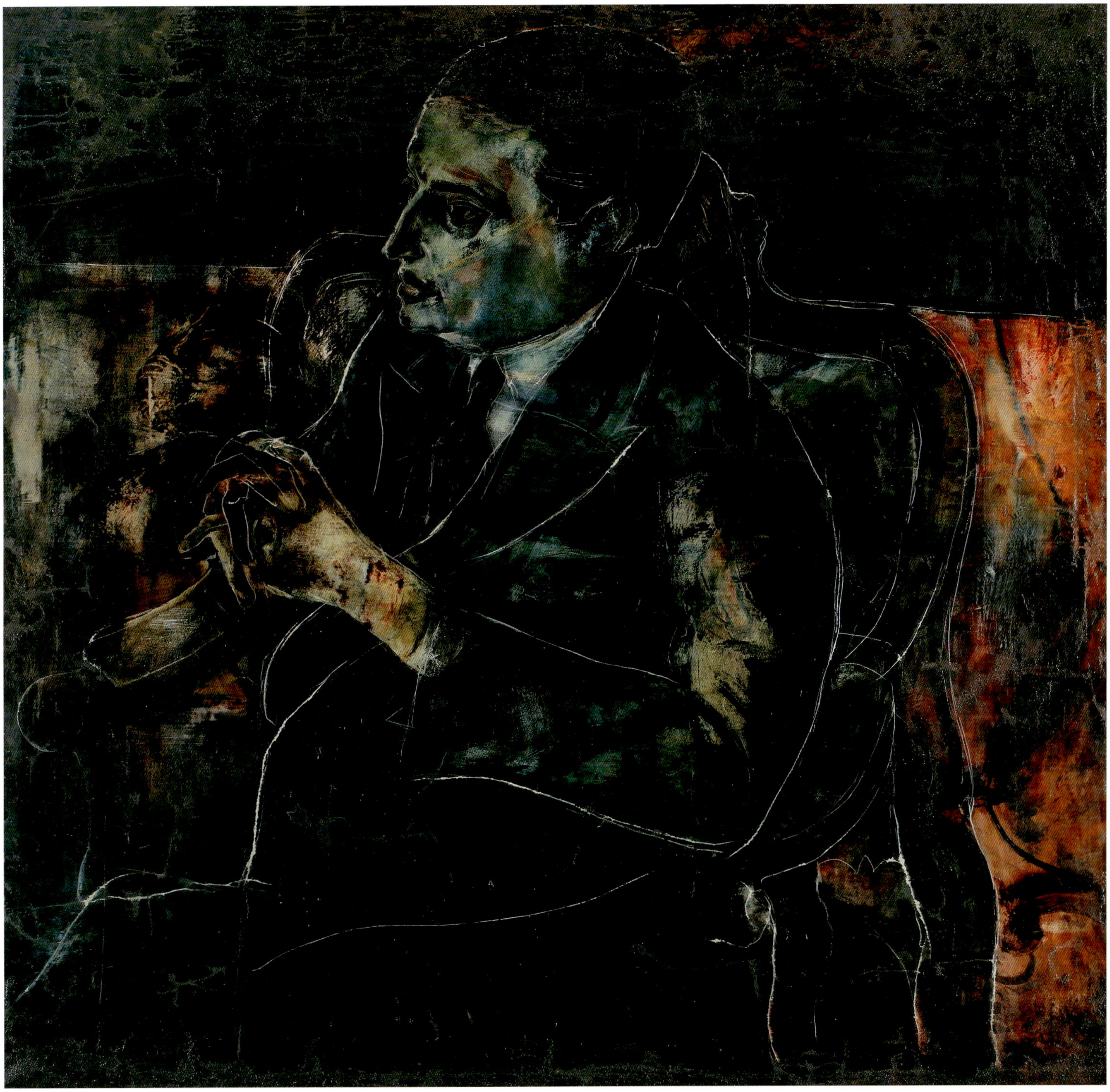

Abb. 15

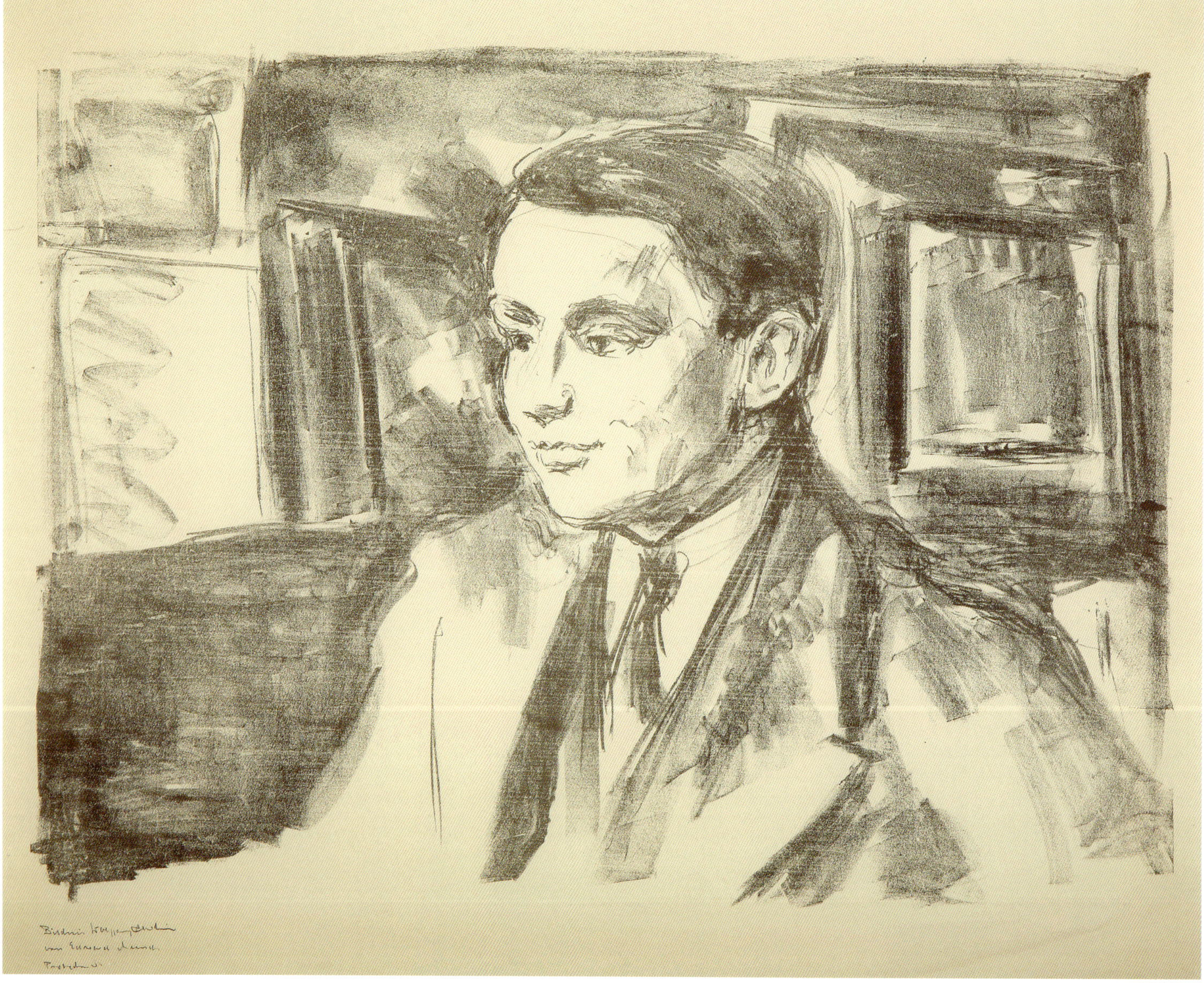

Abb. 16

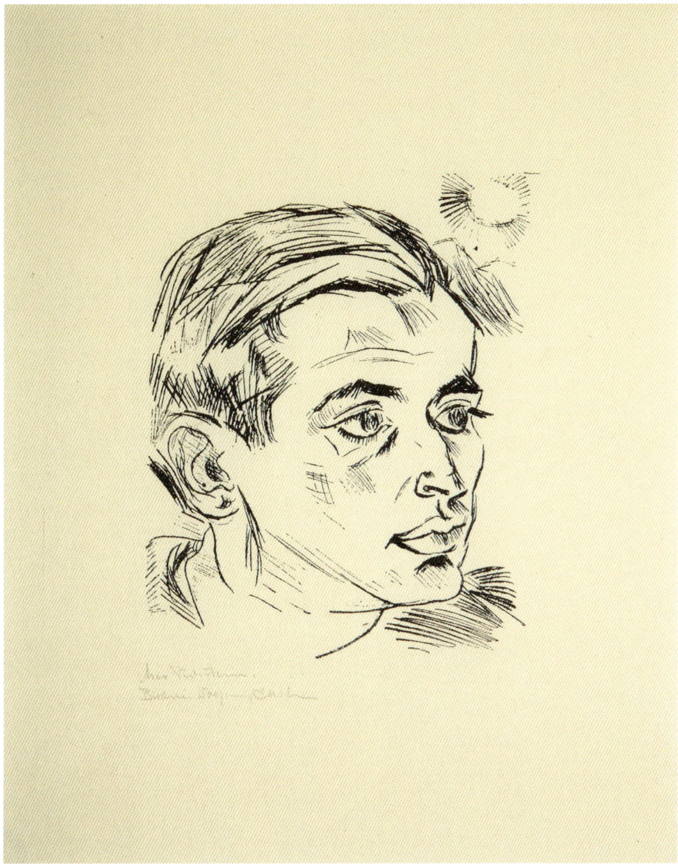

Abb. 17

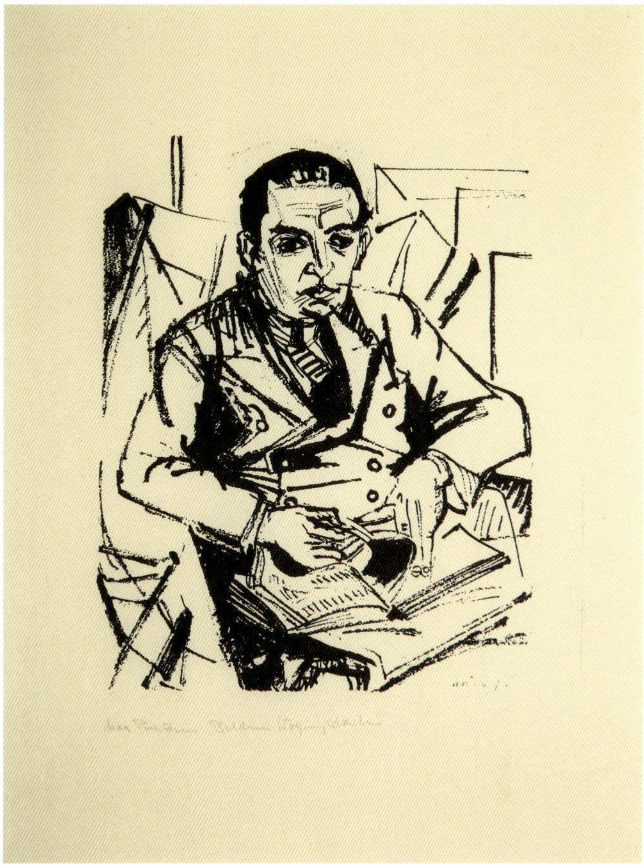

Abb. 18

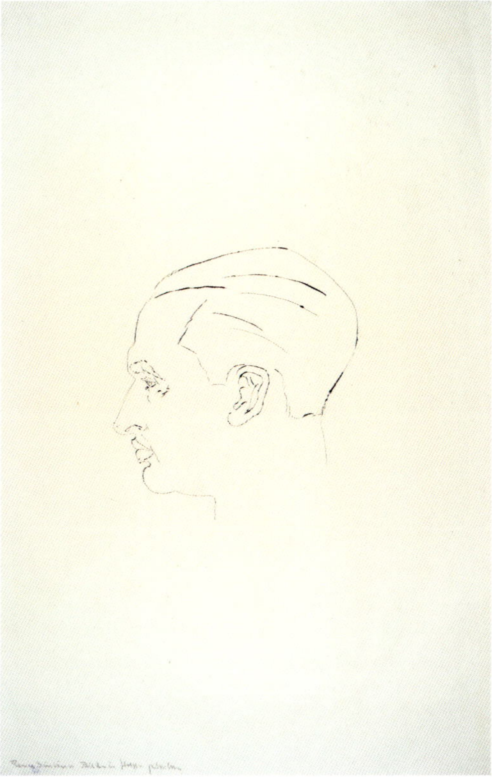

Abb. 19

Abb. 1 / **Louis Gurlitt**
* 1812 Altona bei Hamburg, Deutschland, † 1897 Naundorf, Deutschland
Aequer Berge, Partie im Aequergebirge unweit von Subiaco, 1856
Öl auf Leinwand, 93 × 127 cm
LENTOS Kunstmuseum Linz, Inv.-Nr. 32, erworben 1953 aus der Sammlung Wolfgang Gurlitt

Abb. 2 / **Louis Gurlitt**
Gut Testorf in Ostholstein, o. D.
Bleistift auf Papier, 34 × 50 cm
LENTOS Kunstmuseum Linz, Inv.-Nr. G 555, erworben 1953 aus der Sammlung Wolfgang Gurlitt

Abb. 3 / **Louis Gurlitt**
Schwedische Landschaft, 26.7.1840
Feder in Tusche, laviert, Grafit auf bräunlichem Paper, 28,8 × 50,5 cm
LENTOS Kunstmuseum Linz, Inv.-Nr. G 554, erworben 1953 aus der Sammlung Wolfgang Gurlitt

Abb. 4 / **Ernst Hildebrand**
* 1833 Falkenberg, Deutschland, † 1924 Berlin, Deutschland
Bildnis Annarella Gurlitt, 1893
Öl auf Leinwand
Besitzer unbekannt
© Bildarchiv Foto Marburg, Foto: unbekannt; Aufn.-Datum: 1900/1937, Fotokonvolut: Wolfgang Gurlitt Archiv

Abb. 5 / **Max Liebermann**
* 1847 Berlin, Deutschland, † 1935 Berlin, Deutschland
Porträt Fritz Gurlitt, 1892
Kreidezeichnung, Größe unbekannt
Besitz unbekannt
Reproduktion: Katalog Neue Galerie der Stadt Linz / Wolfgang-Gurlitt-Museum, Ausstellung Max Liebermann 1947, S. 11

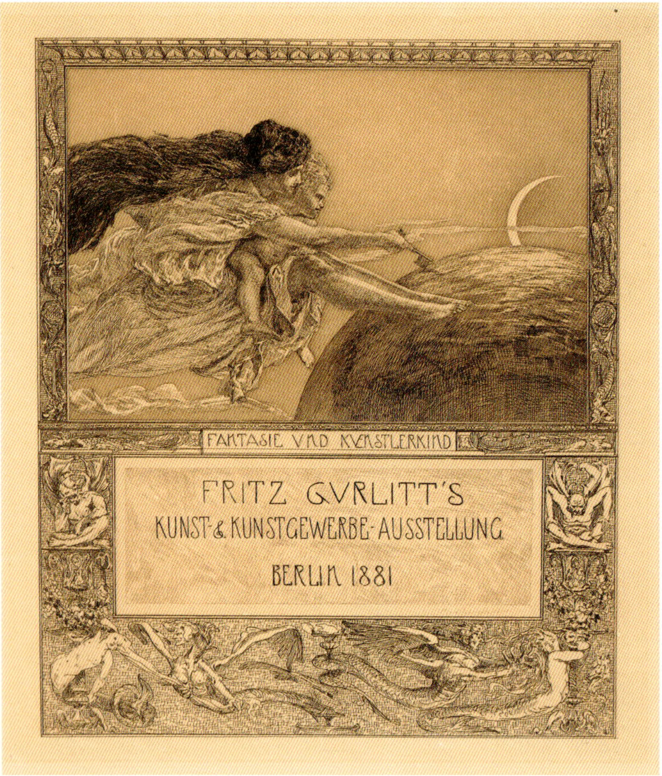

Abb. 20

Abb. 6 / **Victor Tilgner**
* 1844 Preßburg, heute Bratislava, Slowakei, † 1896 Wien, Österreich
Annarella Gurlitt (Mutter von Wolfgang Gurlitt), um 1885
* 1858 Rom, Italien, † 1935 München, Deutschland
Tochter des Schweizer Bildhauers Heinrich Maximilian Imhof (1795–1869), seit 1881 verheiratet mit dem Berliner Kunsthändler Fritz Gurlitt (1853–1893), Mutter von Wolfgang (1888–1965), Angelina (1882–1962), Margarete (1885–1944) und Manfred (1890–1972) Gurlitt, 1893 Heirat mit Willi Waldecker nach dem Tod von Fritz Gurlitt
Gips, farbig gefasst auf Holzsockel, 59 × 34,6 × 24,9 cm
© LETTER Stiftung, Köln, Foto: Jean-Luc Ikelle-Matiba, Bonn

Abb. 7 / **Lovis Corinth**
* 1858 Tapiau, Ostpreußen, heute Russland, † 1925 Zandvoort, Holland
Bildnis Wolfgang Gurlitt, 1917
Fettkreide auf Papier, 50 × 31,5 cm
Links oben: „Gurlitt“, rechts oben: „Abschlußstadium“
LENTOS Kunstmuseum Linz, Inv.-Nr. G 574, erworben 1953 aus der Sammlung Wolfgang Gurlitt

Abb. 8 / **Lovis Corinth**
Bildnis Wolfgang Gurlitt, 1917
Öl auf Leinwand, 113 × 90,5 cm
LENTOS Kunstmuseum Linz, Inv.-Nr. 1, erworben 1953 aus der Sammlung Wolfgang Gurlitt

Abb. 9 / **Lovis Corinth**
Porträt Wolfgang Gurlitt, 1917
Lithografie auf Papier, 61,5 × 44,5 cm
LENTOS Kunstmuseum Linz, Inv.-Nr. G 3047, erworben 1981

Abb. 10 / **Walter Ritter**
* 1905 Graz, Österreich, † 1986 Linz, Österreich
Porträt Wolfgang Gurlitt, 1951
Bronze, Höhe: 30 cm
LENTOS Kunstmuseum Linz, Inv.-Nr. 97, Ankauf durch Wolfgang Gurlitt vom Künstler

Abb. 11 / **Irma Rafaela Toledo (Friedmann)**
* 1910 Laufen, Deutschland, † 2002 Salzburg, Österreich
Kopf eines alten Mannes (Porträt Wolfgang Gurlitt?), 1954
Aquarell auf Texturpapier, 42,6 × 25,5 cm
Salzburg Museum

Abb. 12 / **Alfons Ortner**
* 1907 Linz, Österreich, † 1992 Linz, Österreich
Bildnis Wolfgang Gurlitt, 1947
Bleistift auf Papier, 29,7 × 21 cm
LENTOS Kunstmuseum Linz, Inv.-Nr. G 51, erworben 1947 aus der Sammlung Wolfgang Gurlitt

Abb. 13 / **Eric Isenburger**
* 1902 Frankfurt am Main, Deutschland, † 1994 New York, USA
Wolfgang Gurlitt, 1961
Öl auf Leinwand, 102,5 × 77,4 cm
Zentrum für verfolgte Künste im Kunstmuseum Solingen, Foto: Museum Giersch der Goethe-Universität, Frankfurt a. M., © Shmuel Elen

Abb. 14 / **Oskar Kokoschka**
* 1886 Pöchlarn, Österreich, † 1980 Montreux, Schweiz
Wolfgang Gurlitt als Zauberprinz, 1923
Lithografie auf Papier, 70,4 × 51,7 cm
Museum im Kulturspeicher Würzburg, Inv.-Nr. 6432
© Fondation Oskar Kokoschka; Bildrecht, Wien 2019, Foto: Andreas Bestle

Abb. 15 / **Eric Isenburger**
Wolfgang Gurlitt, um 1932
Öl auf Leinwand, 77 × 80 cm
Zentrum für verfolgte Künste im Kunstmuseum Solingen, Foto: Museum Giersch der Goethe-Universität, Frankfurt a. M., © Shmuel Elen

Abb. 16 / **Edvard Munch**
* 1863 in Løten, Norwegen, † 1944 Oslo, Norwegen
Bildnis des Kunsthändlers Wolfgang Gurlitt, 1912
Lithografie auf Papier, 56,9 × 75,4 cm, Platte 47,3 × 61,8 cm
Museum im Kulturspeicher Würzburg, Inv.-Nr. 6431, Foto: Andreas Bestle

Abb. 17 / **Max Pechstein**
* 1881 Zwickau, Deutschland, † 1955 Berlin, Deutschland
Bildnis des Kunsthändlers Wolfgang Gurlitt, 1919
Radierung, 35,5 × 28,5 cm, Platte 17,4 × 13,4 cm
Museum im Kulturspeicher Würzburg, Inv.-Nr. 06428.1, Schenkung Wolfgang Gurlitt 1957, © 2019 Pechstein Hamburg/Tökendorf; Bildrecht, Wien 2019, Foto: Andreas Bestle

Abb. 18 / **Max Pechstein**
Bildnis Wolfgang Gurlitt sitzend, 1919
Lithografie auf Papier, 39,5 × 31 cm
Museum im Kulturspeicher Würzburg, Inv.-Nr. 6428.2, Schenkung Wolfgang Gurlitt 1957, © 2019 Pechstein Hamburg/Tökendorf; Bildrecht, Wien 2019, Foto: Andreas Bestle

Abb. 19 / **Renée Sintenis**
* 1888 Glatz, Schlesien, heute Polen, † 1965 Berlin, Deutschland
Bildnis des Kunsthändlers Wolfgang Gurlitt im Profil, o. D.
Radierung, 54 × 34,1 cm
Museum im Kulturspeicher Würzburg, Inv.-Nr. 06429, Schenkung Wolfgang Gurlitt 1957, © Bildrecht Wien, 2019, Foto: Andreas Bestle

Abb. 20 / **Max Klinger**
* 1857, Leipzig, Deutschland, † 1920 Großjena, Naumburg, Deutschland
Phantasie und Künstlerkind, Fritz Gurlitt's Kunst- & Kunstgewerbe-ausstellung, Berlin 1881, 1881
Radierung, 37 × 27 cm
LENTOS Kunstmuseum Linz, Inv.-Nr. G 107, Schenkung Wolfgang Gurlitt 1949

Elisabeth Nowak-Thaller

LEBEN UND WIRKEN WOLFGANG GURLITTS VERSUCH EINER REKONSTRUKTION

Der Versuch, das Leben und Wirken von Wolfgang Gurlitt zu erfassen, ist von einem Mangel an Quellen gekennzeichnet. Es finden sich zwar manche Hinweise bei privaten ForscherInnen und es existiert ein umfassender Schriftverkehr in Museumsarchiven (Nationalgalerie Berlin, Berlinische Galerie, Bundesarchiv Berlin und Koblenz, Archiv der Stadt Linz, LENTOS Kunstmuseum Linz, Kulturspeicher Würzburg, Belvedere, Kunsthistorisches Museum, Bundesdenkmalamt Wien, Landesmuseum Linz, Landesarchive Linz und Salzburg, Stadtarchiv Salzburg etc.). Auch in Melderegistern, Zeitungen, Zeitschriften, Katalogen und in Dossiers von RestitutionsforscherInnen wird man fündig. Da aber Teile der Geschäftsunterlagen von Gurlitts Berliner Galerie bei einem Bombenangriff im Zweiten Weltkrieg vernichtet wurden und später die Geschäftsbücher der Münchner sowie der zerstörten Berliner Galerieniederlassungen nach Ablauf der gesetzlichen Aufbewahrungspflicht von Familienangehörigen in München – bewusst oder unbewusst – entsorgt wurden,[1] bleibt die Biografie von Wolfgang Gurlitt streckenweise rätselhaft und unvollständig. Es kommt hinzu, dass das Familienarchiv und somit die Korrespondenz der letzten Lebensjahrzehnte von Gurlitt wegen nachvollziehbarer Bedenken der Familie nicht für eine wissenschaftliche Einsicht zur Verfügung steht und sich die ForscherInnen trotz intensivster Bemühungen mit öffentlichen Dokumenten und Archiven begnügen müssen. Daher lassen sich einige Phasen im Leben Gurlitts nur schwer oder gar nicht rekonstruieren – etliche Puzzleteile fehlen uns also und zwingen uns immer wieder zur Äußerung von Vermutungen.

Dr. Walter Schuster, Leiter des Archivs der Stadt Linz, leistete – nach einem Auftrag des Linzer Bürgermeisters Dr. Franz Dobusch aus dem Jahr 1998 – die erste und nach wie vor einzige umfassende Forschungsarbeit zu Wolfgang Gurlitt. Der 1999 entstandene beispielhafte Bericht über *Die „Sammlung Gurlitt" der Neuen Galerie der Stadt Linz* birgt bis heute die meisten – und oft einzigen – Informationen über Wolfgang Gurlitt. Schusters umfassende Dokumentation über die Sammlung Gurlitt ist online zugänglich, wurde aber nie publiziert.[2] Auch die Provenienzforscherin Vanessa-Maria Voigt begab sich während ihrer Recherchen im Auftrag des LENTOS Kunstmuseum viele Jahre auf die Spuren von Wolfgang Gurlitt.

Auf wissenschaftliche Verweise mit Fußnoten wird in der vorliegenden Biografie zugunsten der Lesbarkeit verzichtet, sofern die Angaben aus unten stehenden Quellen und den Aufsätzen der KatalogautorInnen stammen. Alle weiterführenden Quellen werden gesondert zitiert.

Mein besonderer Dank gilt der Familie Wolfgang Gurlitts, insbesondere der Tochter Maria und der Enkelin, für die Zurverfügungstellung der Fotos und für die kooperativen Gespräche sowie Korrespondenzen.

---

1 Gespräche der Verfasserin mit Ferdinand Altnöder, Andreas Bartsch und Maria Gurlitt.

2 Walter Schuster, *Die „Sammlung Gurlitt" der Neuen Galerie der Stadt Linz*, Archiv der Stadt Linz, Linz 1999, www.lootedart.com/web_images/pdf2016/Walter%20Schuster%20Die%20Sammlung%20Gurlitt%20der%20Neuen%20Galerie%20der%20Stadt%20Linz.pdf (abgerufen am 17.6.2019).

Quellen:

Walter Schuster, *Die „Sammlung Gurlitt" der Neuen Galerie der Stadt Linz*, Archiv der Stadt Linz, Linz 1999.
Alexandra Cedrino-Nahrstedt, *Die schöne Leidenschaft des Suchens und des Findens – Der Kunsthändler Wolfgang Gurlitt*, unveröffentlichtes Manuskript einer Biografie, Leseprobe, Kapitel I: Berlin 1888–1932.
Birgit Anna Gropp, *Studien zur Kunsthandlung Fritz Gurlitt in Berlin 1880–1943*, Dissertation im Fachbereich Geschichtswissenschaft der Freien Universität Berlin, August 1999.
Birgit Dunker, *Studien zum Berliner Kunsthändler Gurlitt: Wolfgang Gurlitt und Max Pechstein*, Magisterarbeit im Fachbereich Geschichtswissenschaft der Freien Universität Berlin, Oktober 1991.
Edwin Kunz, „Wolfgang Gurlitt zum 75. Geburtstag", in: *Die Weltkunst*, 34. Jg., Nr. 4, 15.2.1963, S. 15.
Hilde Herrmann, „Große Familien VII. Die Gurlitts", in: *Neue Deutsche Hefte*, H. 10, Jänner 1955, S. 770–783.
Elizabeth Baars, *Else Gurlitt. Ihr Leben zwischen 6 Brüdern. Entwurf einer Biografie*, unveröffentlichtes Manuskript einer Biografie, Leseprobe.
Österreichisches Staatsbürgerschaftsansuchen, Akt von Wolfgang Gurlitt, Käthe, Maria und Angelina Gurlitt, Oberösterreichisches Landesarchiv.

Als weitere Quellen dienten unter anderem Korrespondenzen aus dem Archiv der Stadt Linz, dem Oberösterreichischen Landesarchiv, den Bundesarchiven in Berlin und Koblenz, dem Gemeindeamt Bad Aussee, dem Zentralarchiv Staatliche Museen zu Berlin – Preußischer Kulturbesitz und dem Archiv der Berlinischen Galerie.

Herkunft, Familie, Jugend

Fritz und Annarella Gurlitt

Wolfgang Gurlitts Vater Fritz (Friedrich Louis Moritz Anton Gurlitt, 1853–1893) ist der Sohn des angesehenen Landschaftsmalers Louis Gurlitt (Heinrich Louis Theodor Gurlitt, 1812–1897) aus dessen dritter Ehe mit der evangelisch getauften, aus einer jüdischen Familie stammenden Elisabeth Lewald (1823–1909). Die Familie des Vaters stammt aus Schleswig-Holstein. Louis Gurlitt, Ehrenmitglied der Kopenhagener Akademie, lebt lange Zeit in Kopenhagen und Wien. Getauft wird das in Wien, Jägerzeile 396/397, geborene, oft kränkliche Sorgenkind Fritz am 29. Oktober 1853 von dem damals in Wien lebenden deutschen Lyriker und Dramatiker Friedrich Hebbel im Pfarramt der evangelischen Gemeinde Wien-Innere Stadt.

Fritz spezialisiert sich nach einer Lehre in der Hofbuchhandlung Thienemann in Gotha und nach ausgiebigen Italienreisen in seiner im September 1880 gegründeten Berliner Kunsthandlung, die noch lange nach seinem Tod unter dem Namen „Fritz Gurlitt", „Hofkunsthandlung Fritz Gurlitt" oder „Kunstsalon Fritz Gurlitt" firmiert, auf moderne und zeitgenössische Kunst. Sein geschäftlicher Wahlspruch lautet: „Den Fuß auf's Feste, das Aug' auf's Beste."[3] Er präsentiert und fördert – trotz massiver Widerstände des konservativen Arms der Berliner Kunstszene und der Einschätzung der Familie, dass die Galerie ein finanzielles Wagnis sei – in der Behrenstraße 29 engagiert moderne Künstler aus Deutschland, Frankreich, Österreich und der Schweiz. Fritz beauftragt unter anderem Max Klinger mit einem Exlibris und mit einer Ausstellungskarte, betitelt *Fantasie und Künstlerkind*. Die aufkommenden jungen Künstlerstars, die „Malerfürsten", Realisten und Symbolisten Arnold Böcklin, Anselm Feuerbach, Lovis Corinth, Max Slevogt, Max Liebermann, Wilhelm Trübner, Hans Thoma, Max Klinger, Fritz von Uhde, Lesser Ury und Wilhelm Leibl sind fixer Bestandteil des innovativen Galerieprogramms. Ferner werden die Franzosen Paul Gauguin oder Henri Matisse in dieser aufstrebenden, bald führenden Kunsthandlung Berlins präsentiert. Zudem interessiert sich der geschäftstüchtige Fritz Gurlitt, ebenso wie später sein Sohn Wolfgang, für österreichische Künstler, insbesondere für Anton Romako, Hans Makart, Gustav Klimt, Egon Schiele, Oskar Kokoschka oder Alfred Kubin. Viele Künstler sind nun erstmals – in einer Zeit fehlender Auftraggeber und zunehmender Privatisierung – auf Zwischen- bzw. Kunsthändler angewiesen. Gute Geschäfte macht Fritz Gurlitt auch mit dem Verkauf von erschwinglichen Repliken hellenistischer Tanagrafiguren, die in seinem Auftrag neu produziert werden.

Im Oktober 1883 präsentiert Fritz gemeinsam mit der Pariser Galerie Durand-Ruel und Beständen der Privatsammlung Bernstein erstmals eine Ausstellung französischer Impressionisten in Deutschland, die für großes Medienecho und Aufmerksamkeit in Fachkreisen, aber auch für einen Kunstskandal sorgt. Fritz Gurlitt setzt mit seinem Galerieprogramm früh auf internationale Präsenz. Er knüpft ab 1886 enge Kontakte zur Nationalgalerie, die jedoch Erwerbungen direkt von Künstlern und nicht über Kunsthändler bevorzugt.

3 Familienchronik von Elisabeth und Louis Gurlitt, Bericht über Fritz, Privatbesitz München, o. S.

Fritz Gurlitt ist Geschäftsführer der Jubiläumsausstellung der Akademie der Künste 1886, einer Schau, die 1,2 Millionen BesucherInnen anzieht und auf der knapp 1.000 Kunstwerke verkauft werden. Ferner fördert Fritz Gurlitt den in Florenz lebenden Bildhauer Adolf Hildebrand. Gattin Annarella und Tochter Angelina werden von Böcklin porträtiert, Hans Thoma und Max Liebermann wiederum fertigen Bildnisse von ihrem engagierten Kunsthändler, der auch britische, italienische und spanische Maler in sein Galerieprogramm integriert. Die Internationalität des Angebotes der Galerie und deren „Billigverkäufe" werden aber unter anderem vom Direktor der Hamburger Kunsthalle, Alfred Lichtwark, kritisch beurteilt: „Gurlitt importiert Citronen und Apfelsinen, womit er den Markt für einheimische Aepfel und Birnen verdirbt."[4] Kritik kommt auch vom als schwierig geltenden Maler Arnold Böcklin, der von Gurlitt exklusiv vertreten wird. Böcklins Werke erzielen durch Fritz Gurlitts Engagement innerhalb kurzer Zeit bedeutende Wertsteigerungen und werden in Berlin „salonfähig". Dennoch diffamiert der Präsident des deutschen Künstlervereins in Rom, der Bildhauer Heinrich Gerhardt, 1899 Gurlitt aggressiv als „ganz gemeinen Berliner Juden und blutsaugenden Vampyr".[5] Fritz nimmt an der *German Exhibition* 1891 in London teil, reist mit seiner Familie zu seinem Bruder Otto nach England, ist dort als Direktor der *Fine Art Section* für die Hängung der Werke verantwortlich, hat „furchtbar gearbeitet und [...] einen moralischen Erfolg erzielt".[6] Im Herbst 1892 übersiedelt er mit seiner Galerie in neue, vornehmere Räumlichkeiten in der Leipziger Straße 131, die einem Kunstsalon gleichen. Die Ausstellungstätigkeit ist rege, interessante Künstler wie Walter Crane, Fidus und Fernand Khnopff bereichern das an Sonderausstellungen ohnedies vielfältige Programm, bei dem Gurlitt oft uneigennützig im Interesse der Künstler mehr als Förderer denn als Händler agiert. Auch plant er eine Teilnahme 1893 an der Weltausstellung in Chicago, die aber durch eine rasch fortschreitende Syphilis-Erkrankung – der Beginn einer Familientragödie – vereitelt wird. Fritz Gurlitt leidet bereits an massiven Persönlichkeitsstörungen als Folge einer progressiven Paralyse. Im März 1892 wird er in das Maison de Santé in Berlin-Schöneberg eingewiesen, Bruder Cornelius muss interimistisch die Geschäfte übernehmen. Im September folgt ein längerer Aufenthalt in einem psychiatrischen Krankenhaus, der privaten Güntz'schen Heilanstalt in Thonberg/Leipzig, wo Fritz am 8. Februar 1893 mit 39 Jahren an den Folgen der Syphilis-Erkrankung stirbt.

Als die junge Witwe Annarella noch im Todesjahr ihres Gatten den Galerieteilhaber Willy Waldecker heiratet, ist ein Familienskandal vorprogrammiert. Schon während der Krankheit von Fritz steht die Liquidation bzw. der Verkauf der Galerie wegen Schulden, bedingt unter anderem durch die „sehr glänzende Einrichtung eines neuen Geschäftes Leipzigerstr. 131 (es ist entschieden viel eleganter und besser gelegen als das alte) [...]",[7] familienintern zur Diskussion, wogegen sich Annarella, Mutter von vier unversorgten Kindern, entschieden verwehrt.[8] Waldecker übernimmt nun – sehr zum Unmut des Gurlitt-Clans – die Geschäfte der Kunsthandlung, doch für die Familie kommt die überstürzte Heirat von Annarella mit Willy Waldecker einem Ehebruch gleich. Schon einen Tag vor Fritz' Beerdigung kommt es zum familiären Zerwürfnis, initiiert durch Bruder Cornelius, der Annarella als Hure beschimpft und sie samt Kindern aus dem Familienverband verstößt.[9]

Fritz Gurlitt ist zweifelsohne zwischen 1880 und 1890 der einflussreichste Kunsthändler der Moderne in Berlin. Er, sein Nachfolger Waldecker und später Sohn Wolfgang können einige bedeutende Werke – heute Inkunabeln der Sammlung – an deutsche Museen, vorrangig an die Nationalgalerie Berlin, verkaufen, darunter das *Selbstbildnis* von Anselm Feuerbach (1898, Waldecker), Böcklins *Der Einsiedler* (1885, Fritz Gurlitt), auch monumentale Gemälde von Firle und von Uhde (1886, Fritz Gurlitt). 1918 wird Fritz Gurlitt posthum vom Kunsthistoriker Alfred Lichtwark aufgrund seiner großen Verdienste um die moderne und zeitgenössische Kunst sogar als wichtigste Persönlichkeit im deutschen Kunsthandel der 1880er-Jahre bezeichnet.

4 Brief vom 17.6.1892, in: Alfred Lichtwark, *Studien 1896–1920*, Bd. I, Lütcke und Wulff, Hamburg 1896, S. 104.

5 Brief vom 5.6.1889, Gurlitt an Böcklin, in: Runkel, Ferdinand (Hg.), *Böcklin Memoiren. Tagebuchblätter von Böcklins Gattin Angela. Mit dem gesamten brieflichen Nachlaß*, Internationale Verlagsanstalt für Kunst und Literatur, Berlin 1910, S. 306–309.

6 Archiv Cornelius Gurlitt, TU Dresden, Brief vom 4.6.1891, Fritz an Wilhelm (Memo) Gurlitt.

7 Ebd., Brief vom 25.4.1892, Cornelius an Wilhelm (Memo) Gurlitt, 032/087.

8 Ebd., Brief vom 26.4.1892, Wilhelm (Memo) an Ludwig Gurlitt, 116/002.

9 Ebd., Brief vom 18.3.1893, Cornelius an Wilhelm (Memo) Gurlitt, 032/090. Cornelius äußert gegenüber Wilhelm (Memo) folgende Familienstrategie: „[...] Mein Plan ist folgender: Ich unterstütze die Ehe nach Kräften. Besser sie heißt Waldecker als Frau Gurlitt. Aber als Preis für diese Unterstützung fordere ich die sofortige Sicherstellung des Vermögens der Kinder und die Berufung eines Vormundes nach unserer Wahl. Dieser Ansicht sind auch Ludwig und Hans. Das Geschäft geht mich und Else nichts mehr an. Es gehört A. und Waldecker. Mit der [neuen] Ehe ist die [...] Episode für das Haus Gurlitt für alle Zeiten vorbei. Sie hat uns einen Bruder gekostet, diese Episode, aber nun mag genug daran sein! [...]"

Auch Wolfgang Gurlitts Mutter Annarella – mit vollem Namen Maria Anna Carolina Rudolfina Gurlitt, geborene Im-Hof[10] – stammt aus einer Künstlerfamilie. Sie wird am 22. Dezember 1856 in Rom geboren. Annarella ist die Tochter des Schweizer Bildhauers Heinrich Maximilian Imhof und der aus einer Züricher Patrizierfamilie stammenden Henriette von Ott. Die ebenso attraktive wie selbstbewusste Frau wird von Künstlern porträtiert und dürfte, wie Briefe belegen, 1881 mit Fritz eine Liebesheirat eingegangen sein. Nach Angelina (1882–1962) und Margarete (1885–1944) wird Wolfgang als erster Sohn am 15. Februar 1888 in Berlin geboren, dann, schon während der schweren Erkrankung von Fritz, folgt als viertes Kind Manfred (1890–1972), der sich jedoch in der NS-Zeit, vielleicht um seine Karriere als Komponist und Dirigent im NS-Regime voranzutreiben, als „arischer" Sohn von Willy Waldecker outet. Annarella, für die Familie bis zu ihrem Tod Persona non grata, verstirbt am 30. Juni 1935 in München.

Wolfgang Gurlitt

Der am 15. Februar 1888 geborene Wolfgang wird am 3. Dezember 1888 in der Berliner Garnisonkirche evangelisch getauft. Eine der Taufpatinnen ist die Schriftstellerin Hofrätin Henriette Feuerbach aus Ansbach, die Stiefmutter, Agentin und Förderin des Malers Anselm Feuerbach. Wolfgang, mit fünf Jahren bereits Halbwaise und von der Ursprungsfamilie verstoßen, wächst beim Stiefvater, der die väterliche Kunsthandlung weiterführt, in einem Frauenhaushalt auf.

Der Betrieb der Galerie Fritz Gurlitt kommt, vermutlich auch aufgrund der Familienstreitigkeiten, zwischen 1902 und 1904 fast gänzlich zum Erliegen. Trotz des Zwistes und des eingeschränkten Geschäftes sieht sich Wolfgang als Nachkomme einer höchst angesehenen Künstlerfamilie und interessiert sich bereits von Kindesbeinen an für Kunsthandel und Kunst. Wie bereits geschildert, war Großvater Louis Gurlitt ein renommierter Landschaftsmaler und Mitglied der Akademie der bildenden Künste in Kopenhagen, dessen Schwägerin Fanny Lewald war eine berühmte Schriftstellerin und der jung verstorbene Vater ein aufstrebender Kunsthändler. Wolfgangs Bruder Manfred, der mit Max Reinhardt in Berlin zusammenarbeitet, wird Dirigent und Opernkomponist, Onkel Cornelius ist als Kunsthistoriker ein angesehener Barock-Experte und als Architekt an der Technischen Hochschule in Dresden tätig, Cousin Hildebrand agiert als Museumsdirektor und später als Kunsthändler Hitlers, Cousin Wilibald ist Musikwissenschaftler und Onkel Memo hat eine Professur für Archäologie in Graz inne.

Über die Ausbildung von Wolfgang Gurlitt ist erstaunlich wenig bekannt. Nach dem Abitur absolviert er eine „Lehre" – *learning by doing* – als Kunsthändler und Verleger, unter anderem in Berlin und Köln, ferner absolviert er diverse Praktika, beispielsweise in Rom. Im Staatsbürgerschaftsansuchen, das sich im Oberösterreichischen Landesarchiv befindet, führt Gurlitt seine Ausbildung an:

> „Kunsthändlerische Ausbildung: Kunsthandlung Abels, Köln; Kunsthandlung Fritz Gurlitt, Berlin
> Buchhändlerische Ausbildung:
> Buchhandlung Loescher, Rom
> Technische Ausbildung:
> Druckerei O. (Otto) Felsing, Berlin
> Kunsthistorische Ausbildung: Universität München und Berlin"[11]

In seinen knappen biografischen Angaben und in Zeitungsartikeln finden sich Verweise auf Inskriptionen im Wintersemester 1906/07 und Sommersemester 1907 für ein Studium der Kunstgeschichte an der Ludwig-Maximilians-Universität München, möglicherweise auch in Berlin.[12]

Bereits 1905 kommt es zur Wiederaufnahme der Tätigkeit der Galerie Fritz Gurlitt unter Georg Caspari, der später 1913 in München eine Galerie gründen wird, in der „Villa II" in der Potsdamer Straße 113, wo Werke von Anselm Feuerbach, Hans Thoma und Arnold Böcklin ausgestellt werden und Wolfgangs Mithilfe ab 1907 erstmals gefragt ist. Im Alter von 18 Jahren steigt Wolfgang in die seit dem Tod seines Vaters dahindämmernde Kunsthandlung ein. Er übernimmt das einstige Erfolgsprogramm seines Vaters, aber die Konkurrenz in Berlin hat aufgerüstet. Herwarth Walden mit der Sturm-Galerie, Alfred Flechtheim und vor allem Paul Cassirer haben in den letzten Jahren den Berliner Markt erobert und sind mit ihren modernen Galeriebetrieben zu starken Konkurrenten herangewachsen.

Am 3. Dezember 1912 wird Wolfgang Gurlitt endlich, zunächst zusammen mit dem Kunsthändler Carl Nicolai, Geschäftsführer der Galerie Fritz Gurlitt. Wie sein Vater interessiert er sich besonders für Zeitgenossen und stellt vorwiegend junge Talente aus. So entdeckt und fördert er mit untrüglichem Gespür viele neue Künstlerinnen und Künstler wie Jeanne Mammen, Lotte Laserstein, Clara Siewert,

10 Die Schreibweise des Mädchennamens variiert: Im-Hof, auch Imhof.

11 Oberösterreichisches Landesarchiv (OÖLA), LReg Stb 4514/49.

12 Freundlicher Hinweis von Alexandra Cedrino-Nahrstedt.

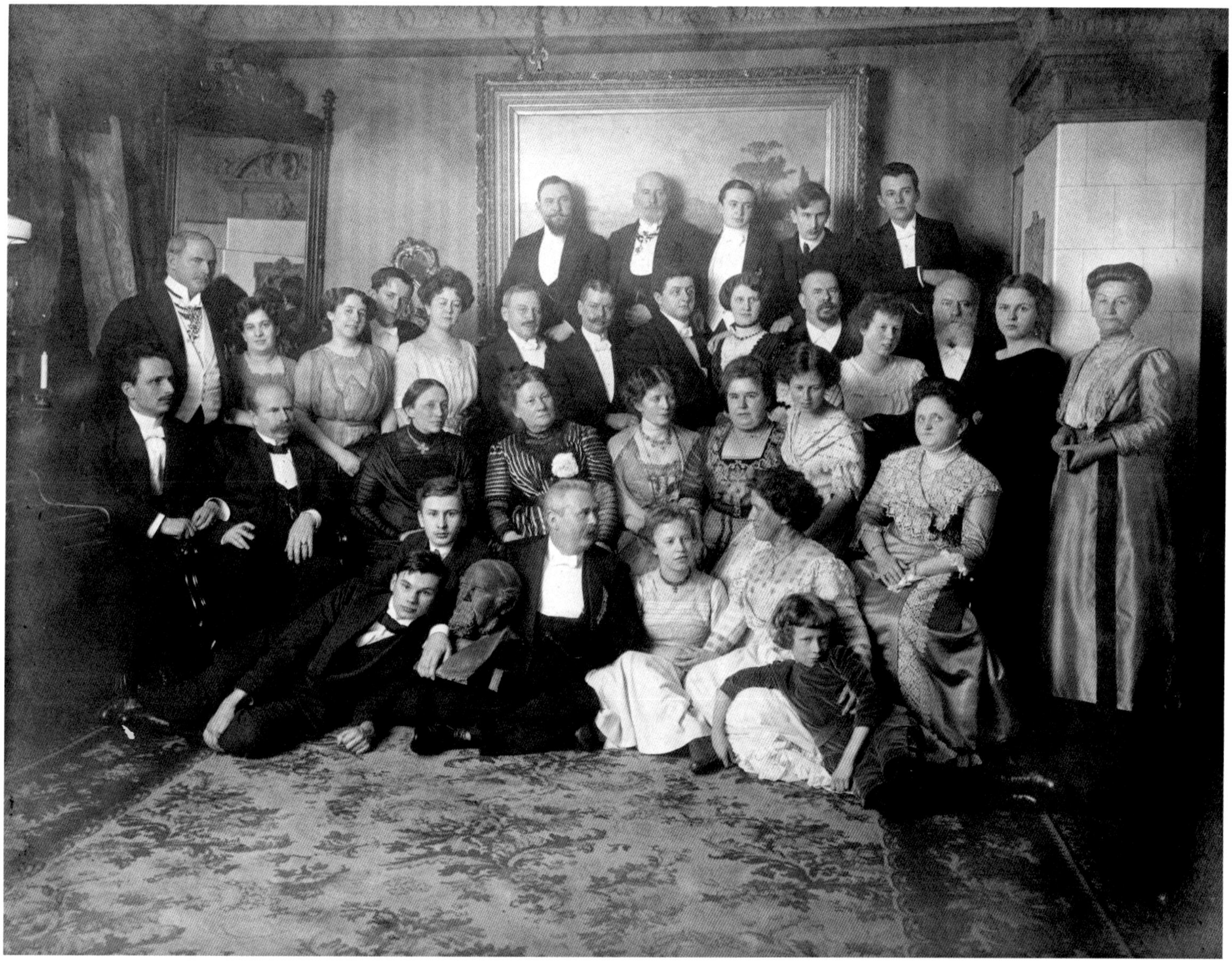

Abb. 1

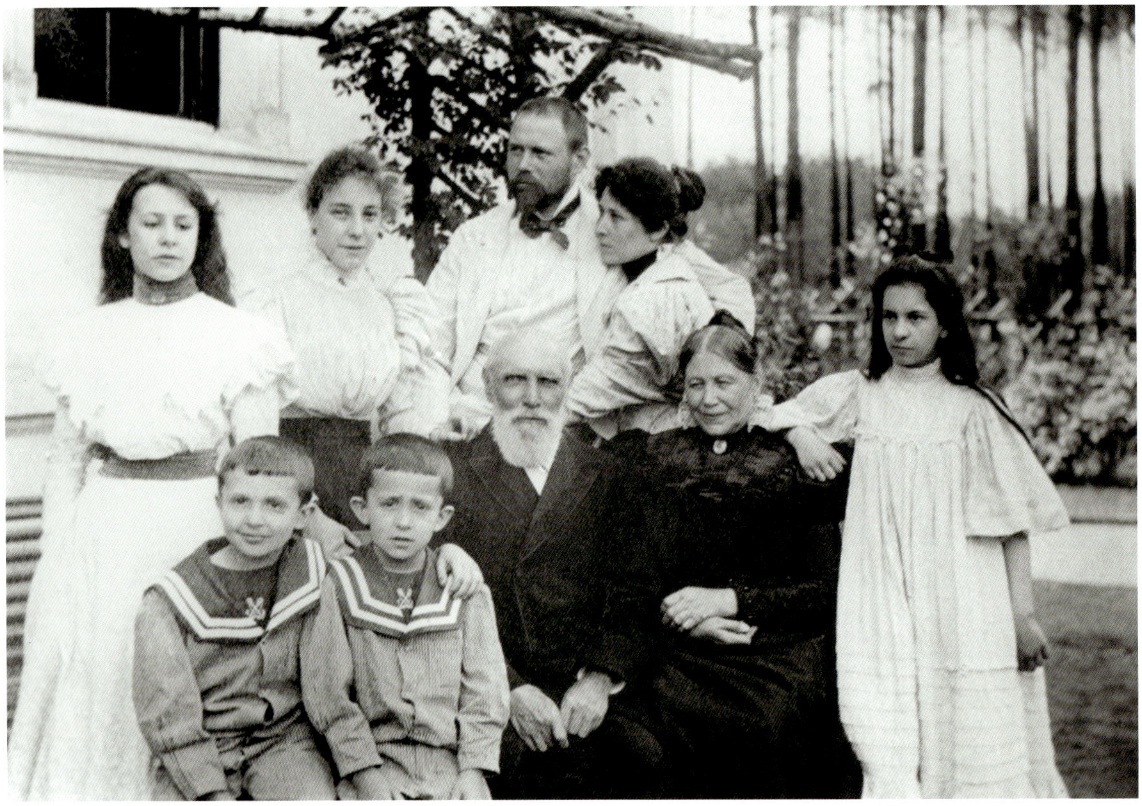

Abb. 2

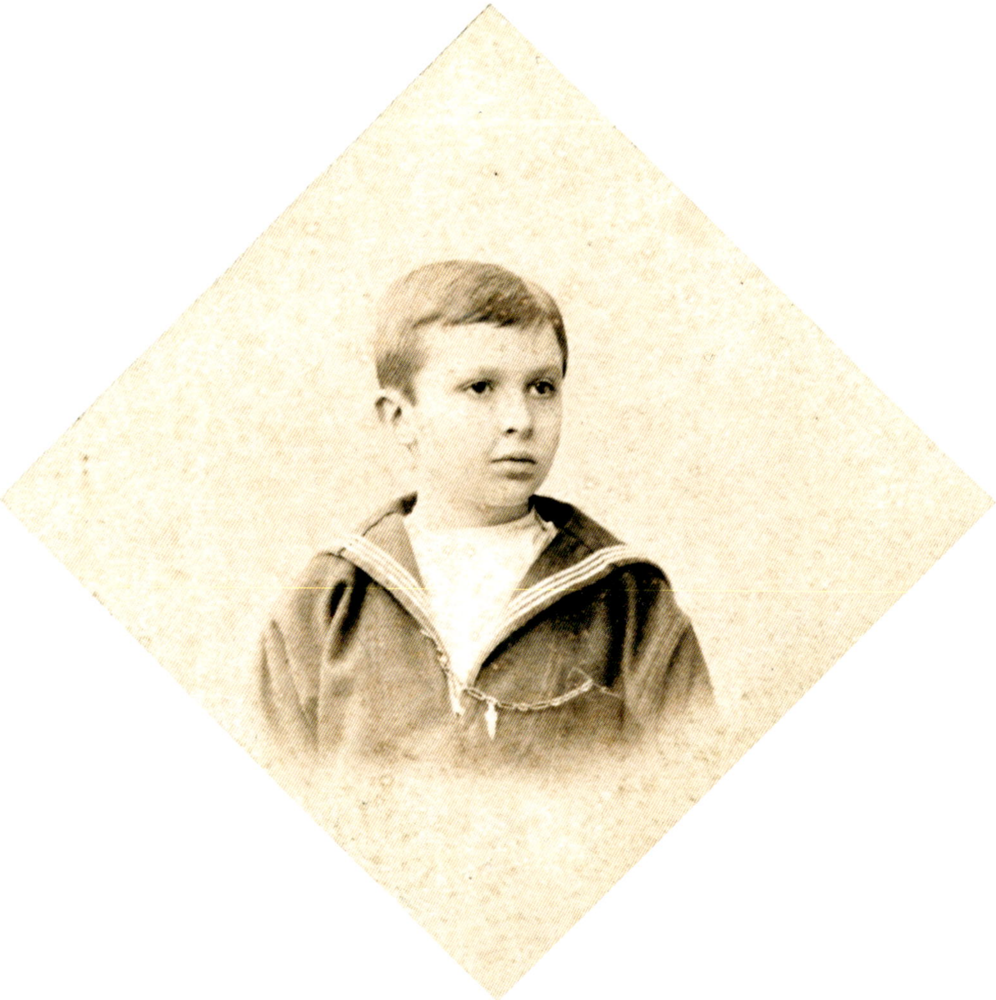

Abb. 3

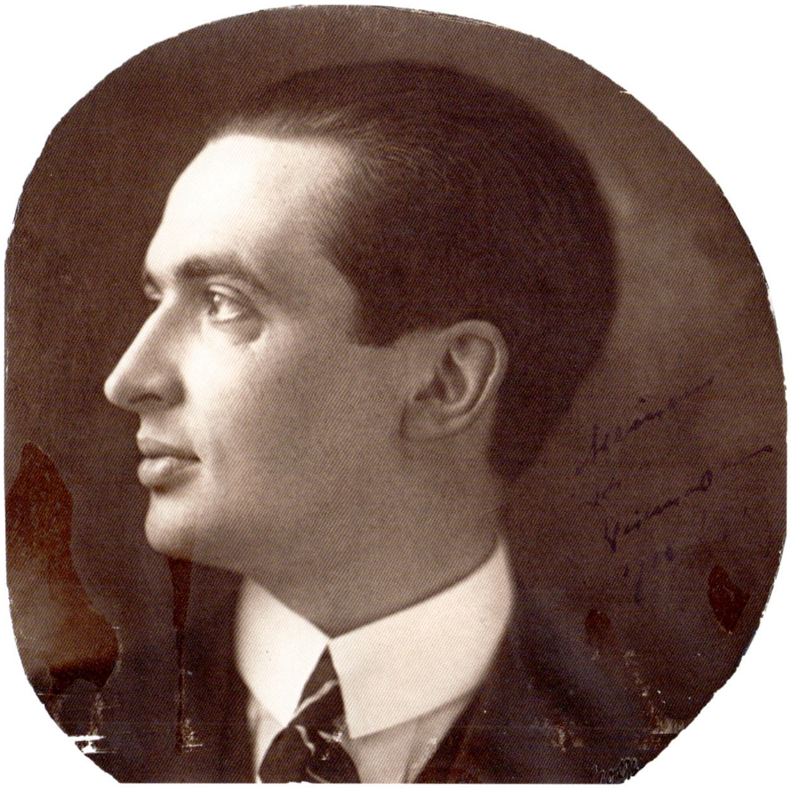

Abb. 4

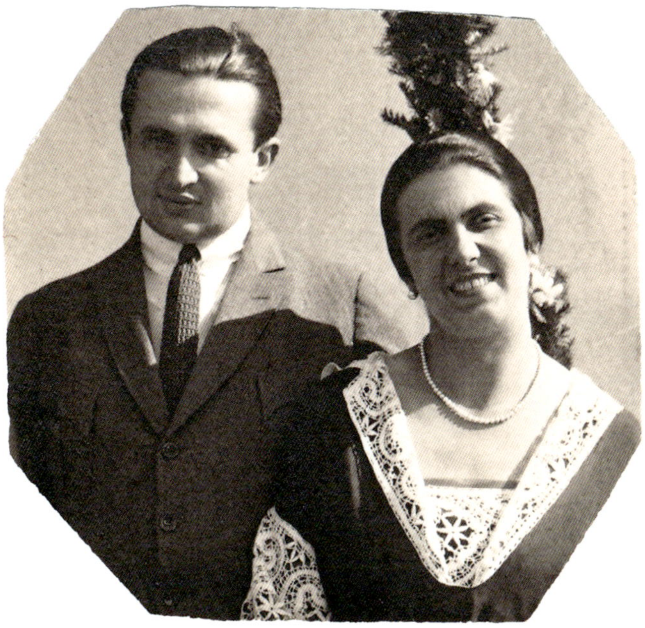

Abb. 5

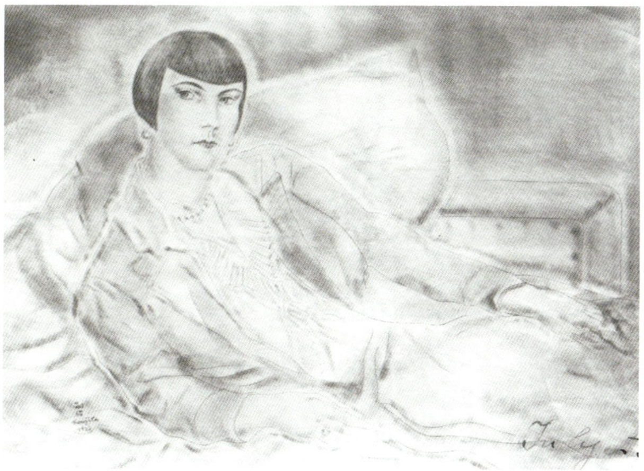

Abb. 6

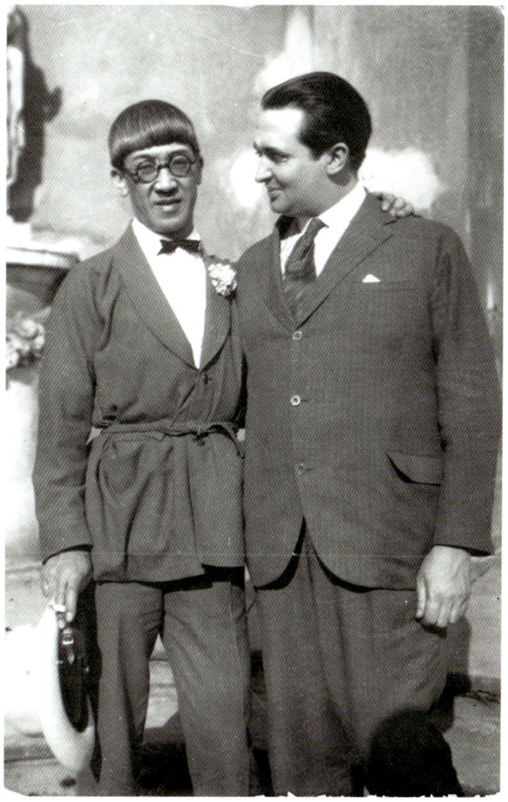

Abb. 7

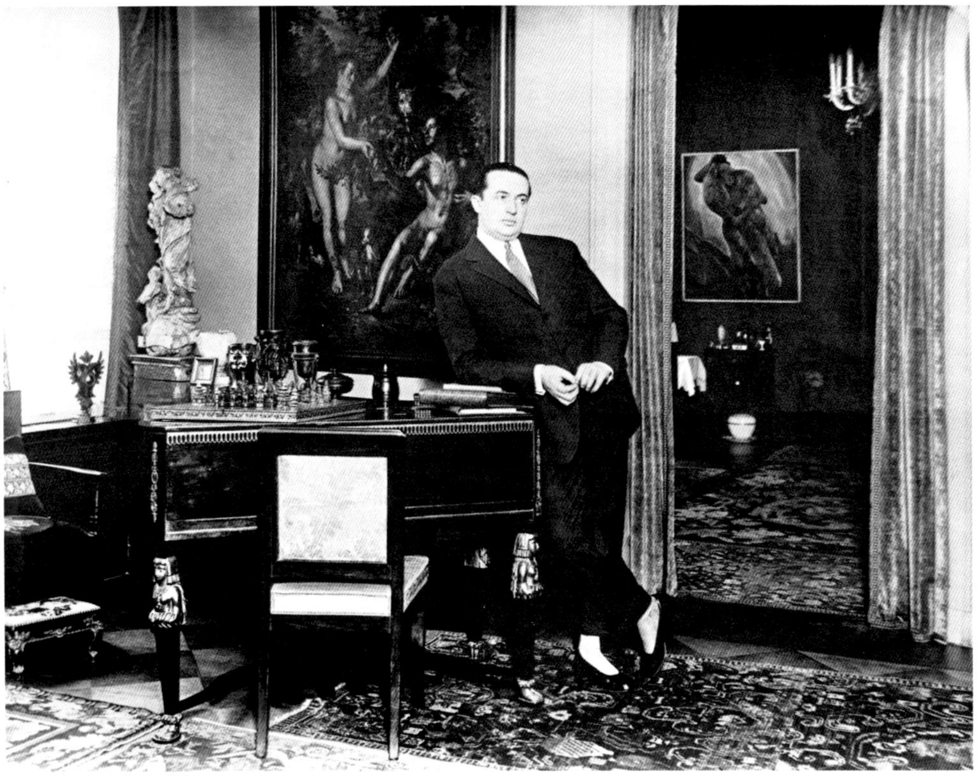

Abb. 8

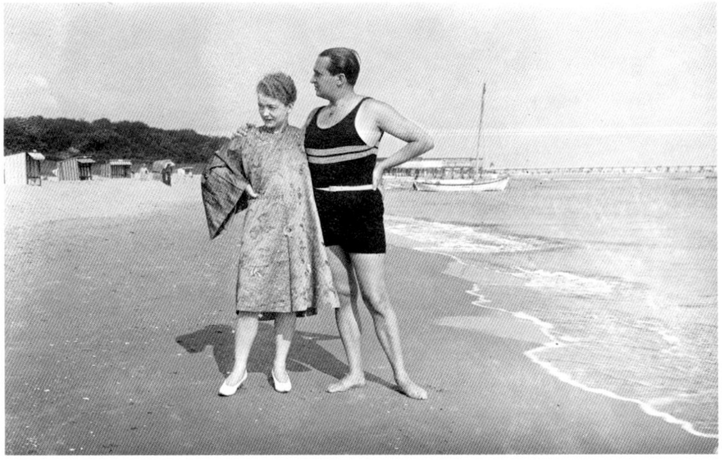

Abb. 9

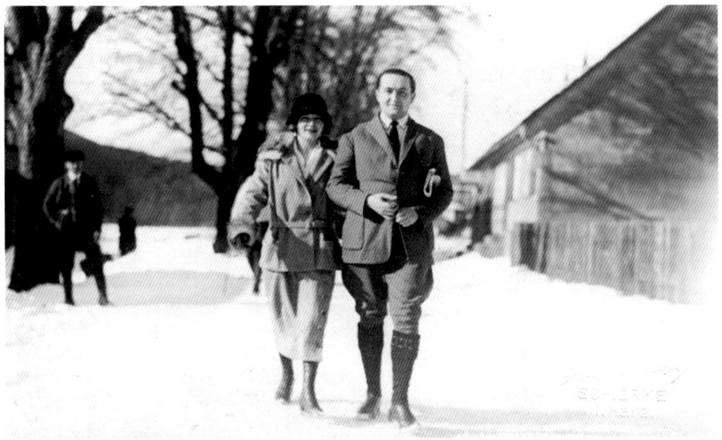

Abb. 10

Abb. 1 / Aufnahme anlässlich des Familientreffens zum 100. Geburtstag von Louis Gurlitt am 8. März 1912, Wolfgang oberste Reihe 3. von rechts, Foto: Privatarchiv

Abb. 2 / Willy Waldecker und Annarella Gurlitt-Waldecker im Hintergrund. Wolfgang links mit Schwestern und Bruder Manfred, Foto: Privatbesitz

Abb. 3 / Wolfgang Gurlitt als Kind, um 1893, Foto: Privatbesitz

Abb. 4 / Wolfgang Gurlitt, um 1914, Foto: Privatbesitz

Abb. 5 / Porträt von Wolfgang Gurlitt und Juliette Goob, verehelichte Gurlitt, Foto: Privatbesitz

Abb. 6 / **Tsuguharu Foujita**
* 1886 Tokio, Japan, † 1968 Zürich, Schweiz
Porträt Juliette Gurlitt, geb. Goob, Größe/Besitz unbekannt,
Foto: Familienarchiv, Privatbesitz

Abb. 7 / Wolfgang Gurlitt mit Tsuguharu Foujita bei der Doppelausstellung *Schiele – Foujita*, Ende der 1920er-Jahre, Foto: Privatbesitz

Abb. 8 / Wolfgang Gurlitt im Arbeitszimmer seiner Galerie in der Potsdamer Straße, Berlin, um 1925, Foto: Privatbesitz

Abb. 9 / Wolfgang Gurlitt mit Käthe von Salzen am Strand in Heringsdorf, 1927, Foto: Privatbesitz

Abb. 10 / Wolfgang Gurlitt mit Käthe von Salzen bei einem Spaziergang in Schierke (Harz), 1925, Foto: Privatbesitz

César Klein, Rudolf Belling, Egon Schiele, Lovis Corinth, Max Liebermann, Edvard Munch, Henri Matisse, Max Pechstein oder Oskar Kokoschka und Alfred Kubin. Auch eine erste Ausstellung der Brücke-Künstler 1912 in Deutschland sorgt unter Wolfgang Gurlitts junger und engagierter Leitung für mediale Aufmerksamkeit.

Als Ausstellungsgebäude wird 1913 in der Potsdamer Straße 113 zusätzlich zur „Villa II“ auch die danebenliegende „Villa I“, ein von verschiedenen Parteien bewohntes Haus, als Adresse der Kunsthandlung genannt.

Neue Projekte 1914 bis 1919
Verlagsgründung, der Vertrag mit Max Pechstein, feudale Umbaupläne

Wolfgang Gurlitt ist 1914 offizieller Mitinhaber der Galerie. Mutter, Stiefvater und die interimistischen Geschäftsführer ziehen sich aus der Kunsthandlung zurück. Ambitioniert startet er im Februar 1914 mit einer Edvard-Munch-Ausstellung. Im März 1914 gründet Wolfgang einen Verlag, der wichtige grafische Werkzyklen, unter anderem von Kokoschka, Liebermann, Corinth, Geiger oder Slevogt sowie Blätter von Hodler, Klinger, Jaeckel, Meid, Nauen, Oppenheimer, Berend oder Mammen herausbringt. Die Zyklen werden zu Büchern oder Mappen zusammengefasst und erscheinen in kleinen, exklusiven Auflagen mit signierten Lithografien und Holzschnitten. Besonders im Bereich der bibliophilen Sonderausgaben ist der Verlag wegweisend und richtungsgebend. 1917 gibt Gurlitt den von Karl Schwarz verfassten Œuvre-Katalog der grafischen Werke Corinths, unter anderem in einer Luxusausgabe mit signierten Arbeiten des Künstlers, heraus. Corinth zeichnet im Krieg für Gurlitt die *Götz-Illustrationen* und die Radierung *Am Walchensee*. Heinrich Zille, Oskar Kokoschka und Alfred Kubin sind weitere Stützen des Gurlitt-Verlages, der zu Ehren und im Angedenken an den Vater den Namen „Fritz Gurlitt Verlag“ trägt.

Von 1915 bis 1922 vertritt Wolfgang Gurlitt das künstlerische Werk von Max Pechstein. Er lässt sich von Pechstein ein neues Signet namens *Der Rufer* entwerfen und leiht dem Künstler für die Verwirklichung einer geplanten Südseereise nach Palau Geld.

Laut Presseberichten ist Wolfgang Gurlitt seit 1918 offiziell alleiniger Inhaber des Verlages und der Galerie.

Während Cousine Cornelia, eine begabte Künstlerin, sich im Ersten Weltkrieg freiwillig als Lazarettschwester meldet – auch ihr Bruder Hildebrand folgt freiwillig dem Ruf der Waffen –, versucht Wolfgang, eine Einberufung zu umgehen, indem er Ausstellungen organisiert, unter anderem für die Kriegshilfe. Außerdem klagt er in einem Brief 1917 über ein fortschreitendes Herzleiden: „[D]urch Aufregung hat sich mein Herzzustand derart verschlechtert, dass mir mein Arzt absolute Ruhe verschrieben hat, und kann ich mich daher im Augenblick weder um mein Geschäft noch um den Neubau kümmern. [...]“[13] Dennoch wird Wolfgang Gurlitt angeblich als Kanonier der 1. Infanterie-Division nach Königsdorf einberufen. Aber schon im Juni 1918 – wenige Monate vor Kriegsende – kann er in Berlin wieder eine Ausstellung in seinen neu gestalteten Ausstellungsräumen eröffnen.

Obwohl es in der Kriegszeit am Allernotwendigsten mangelt, entwickeln sich Kunsthandlung und Verlag stetig. Gurlitt, der schon 1915 mittellose Künstler mit Material versorgt, beginnt 1917 mit einer ebenso luxuriösen wie kostspieligen Umgestaltung seiner Galerieräumlichkeiten. Von den beiden Gebäuden in der Potsdamer Straße, der Villa I und II, haben sich im Glasplattenbestand der Kunsthandlung Fritz Gurlitt am DDK Bildarchiv Foto Marburg zahlreiche Fotografien der Ausstellungs- und Wohnräume Gurlitts erhalten.[14]

Noch vor Ende des Ersten Weltkrieges wird im Juni 1918 die neu gestaltete moderne Kunsthandlung mit einer umfassenden Ausstellung von Max Pechstein sowie Werken von Rudolf Belling und César Klein wiedereröffnet.

Der ebenso charmante wie gut aussehende Wolfgang ist laut Aussage seiner Tochter Maria vermutlich um 1910 kurzzeitig mit dem Stummfilmstar Henny Porten (1890–1960) verlobt.[15] Der in Schauspielerkreisen bestens integrierte Wolfgang startet nun nach dem fulminanten Galerieumbau mit der Umgestaltung der Wohnung. Ein modernes, avantgardistisches Heim ist bald erforderlich, hat er doch am 18. März 1918 die aus dem Elsass stammende Karoline Julie (Julia) Goob, genannt Jule oder Juliette, geehelicht. Juliette, geboren am 15. Juni 1889 in Straßburg, arbeitet laut eigenen Angaben in ihrer Personalakte von 1910 bis 1912 bei dem Straßburger Innenarchitekten Théo Berst und zwischen 1915 und 1931 bei der Galerie Fritz Gurlitt in Berlin. Im Scheidungsjahr 1937 wird Juliette Eigentümerin der Galerie, wenngleich ihr Ex-Mann die Kunsthandlung weiterführt.[16]

13 Brief vom 29.8.1917 an Gottfried Heinersdorff, Treptow, Archiv Berlinische Galerie, 15626.

14 Siehe den Beitrag von Sonja Feßel im vorliegenden Katalog.

15 Henny Porten, 1921 in zweiter Ehe mit einem jüdischen Arzt verheiratet, wurde von Adolf Hitler besonders verehrt. Die Schauspielerin hielt in der NS-Zeit an ihrer Ehe fest, weil sie u. a. Fürsprache von Albert Göring, Bruder von Hermann Göring, genoss.

16 Landesarchiv Berlin, Personalakte Julia Goob 1931.

Wolfgang Gurlitt beauftragt den Maler, Grafiker, Bühnengestalter und Mitbegründer der Neuen Berliner Secession César Klein mit dem Entwurf von Wandgemälden und Glasfenstern für eine repräsentative Durchfahrt in der Villa I. Schon 1910 und 1913 arbeitet Klein mit Pechstein an expressiven Glas- und Wandgemälden im Marmorhaus-Theater, einem von Hugo Pál gebauten Kino am Kurfürstendamm. Beide Künstler werden künftig eng mit dem ebenso anspruchsvollen wie schwierigen Bauherrn Gurlitt kooperieren. Auch im Jahr 1919 beschäftigt Gurlitt bei der Neugestaltung der Wohnräume die Künstler Rudolf Belling, Max Pechstein, César Klein und den Architekten Walter Würzbach. In enger Zusammenarbeit mit diesen renommierten Künstlern gestaltet Gurlitt seine mondäne, exzentrische Wohnung als expressionistisches feudales Gesamtkunstwerk. Die Medien schwärmen von einem „Neuschwanstein des Expressionismus".[17] Pechstein entwirft Wandmosaiken für die Durchgänge und – unter anderem für das Badezimmer – Glasfenster, die von den Vereinigten Werkstätten für Mosaik und Glasmalerei Puhl & Wagner, Gottfried Heinersdorff, Berlin, angefertigt werden. An den Wänden hängen Gemälde und Zeichnungen von Corinth, Kokoschka, Munch und alten Meistern, daneben afrikanische Nagelfetische und gotische Skulpturen. Die stylishe, technisch und elektrisch hochwertige Ausstattung der Gurlitt-Wohnung wird in zahlreichen Luxuszeitschriften im In- und Ausland (*Vogue*, *Die Dame*) lobend und bewundernd besprochen. Paul Westheim schwärmt vom Spiegelkabinett, als ob „ein Stück Traum und Märchenspiel Wirklichkeit angenommen hätte".[18] Besonders das Schlafzimmer mit dem Bett mit Schnitzereien Bellings mutet wie ein Traum aus einem orientalischen Märchen an.

Die wilden Zwanzigerjahre. Der Beginn einer finanziellen Dauerkrise

Die 1920er-Jahre sind geprägt von finanziellen Problemen, die unter anderem durch den kostspieligen Umbau der Galerie- und Wohnräume, aber auch durch Gerichtsprozesse, die Gurlitt führt, hervorgerufen werden. Die Inflation verstärkt Gurlitts Finanznöte, dessen guter Geschmack ihn dazu führt, mit Geld sehr verschwenderisch umzugehen. Als 1918 seine neue Mitarbeiterin, die ungarische Jüdin Lilly Agoston (1894–1950), in die Galerie eintritt, um Gurlitt in praktischen Belangen und bei den Finanzen zu helfen, ist seine Erleichterung groß. Bald wird Lilly seine rechte Hand, Prokuristin, Geschäfts- sowie Lebenspartnerin.

Auch Paul Eipper (1891–1964), Schriftsteller und Autor von Tierbüchern, arbeitet seit 1920 als Redakteur und Herstellungsleiter im Verlag, wo er die Grafikauflagen von Lovis Corinth betreut. In dieser Zeit wird die Serie *Das geschriebene Buch* gestartet, eine Folge von Künstlerbüchern, in denen Dichter neben Künstlern publizieren. Eine eigenständige Verlagsabteilung unter Leitung von Karl Schwarz kümmert sich um die Pflege des jüdischen Schrifttums und der jüdischen Kunst. So gründet Gurlitt den „Verlag für jüdische Kunst und Kultur", in dem seine aufgeklärte, progressive Haltung ab 1920 unter Beweis gestellt wird. Eine weitere Schiene des Gurlitt-Verlages ist der erotischen Kunst gewidmet; die Reihe startet unter dem Titel *Der Venuswagen* mit Lovis Corinths deftigen Lithografien zu Schillers Jugenddichtung und wird dadurch umgehend zum Skandal. Eipper berichtet am 6. November 1920 von einer Beschlagnahme zweier Serien von Corinth durch die Staatsanwaltschaft II: *Venuswagen* (Friedrich Schiller) und *Die Königin von Golkonde* (Gottfried Bürger).[19] Am 13. November folgt Corinths wütende Reaktion auf die Beschlagnahme.[20] Als gewiefter Manager nützt Wolfgang den Medienskandal und lädt zu einem Abendessen:

> „Herr und Frau Wolfgang Gurlitt laden im Auftrage der von der Staatsanwaltschaft und ihren Häschern verfolgten Frau Venus zu einem kleinen Abendessen am Donnerstag, den 10. November, 8 ½ Uhr, Potsdamer Straße 113, Villa II, ein. UAwg."[21]

Aber auch Cousin Hildebrand echauffiert sich über Wolfgangs Erotikverlag, der „fast nur Schweinereien herausgibt. [...] Sieh mal seinen Almanach an, und es kotzt Dich an."[22] Im Frühjahr 1921 kommt es zum Prozess, der unter Ausschluss der Öffentlichkeit stattfindet. Der Prozessverlauf wird in einem Artikel der Zeitschrift *Der Querschnitt* entrüstet aufgegriffen:

17 Vgl. Max Osborn, „Wohnung Wolfgang Gurlitt in Berlin. Expressionistische Innenarchitektur", in: *Die Dame*, 1919, H. 19, S. 7–8; siehe auch N. N., „Innenarchitektur", in: *Wasmuths Monatshefte für Baukunst*, 1921/22, S. 234–236.

18 Paul Westheim, „Wohnung Wolfgang Gurlitt", in: *Das Kunstblatt*, V. Jg., Dezember 1921, Nr. 12, S. 373–378 (Reprint: Kraus, Nendeln 1978).

19 Paul Eipper, *Ateliergespräche mit Liebermann und Corinth*, Piper, München/Zürich, 1976, S. 102.

20 Corinth schimpft auf den Rechtsanwalt. „Er habe den Kerlen schon einmal heimgeleuchtet. [...] Ich sollte nun aussagen, ob ich das unzüchtig finde! ‚Ach nee', sage ich, ‚noch viel zu anständig, könnte ruhig nackter sein, ich finde nichts Unsittliches daran!' [...]" Ebd., S. 102f.

21 Einladungskarte, Privatarchiv.

22 Archiv Cornelius Gurlitt, TU Dresden, Brief vom 27.8.1920, Hildebrand an Wilibald Gurlitt.

„Das Urteil in dem Prozess gegen Gurlitts *Venuswagen* wird in weiten Kreisen mit Verwunderung aufgenommen werden. Corinth als unzüchtig (!) beschlagnahmt. Janthur, Jaeckel, Schoff, Christophe, Geiger, Zille als unzüchtig beschlagnahmt! Ist es so weit gekommen, dass eine Anzahl unserer besten Künstler, mit dem Altmeister Corinth an der Spitze, auf die Stufe der Pornographen herabsank. [...] Es handle sich bei der Publikation zum grössten Teil um kulturhistorische Kuriosa erotischer Natur, die von Meisterhand sehr dezent, oft recht zahm illustriert worden waren. Die Drucke waren in etwa 700 Exemplaren an Sammler und Liebhaber abgegeben worden, also keineswegs geeignet, die Allgemeinheit zu erreichen und die Volkssittlichkeit zu gefährden."[23]

Gurlitt wird zu einer Geldstrafe von 1.000 Mark verurteilt. 1922 prozessiert wiederum die eigene Familie gegen Wolfgang, denn dieser soll die Gemälde des Großvaters herausgeben, die angeblich „Onkel Ludwig und Tante Else gehören".[24]

Ebenfalls geplant ist eine Serie literarischer Publikationen, die unter dem Titel *Bibliothek der Nationen* bedeutendste Werke europäischer Literatur in deutscher Sprache enthalten soll. Kunstbücher, Almanache, Mappenwerke, Einzelblätter, Jahrbücher und Breviere werden in bibliophilen Formaten und Ausstattungen ediert. Paul Eipper schildert die Ambitionen:

„[...] [N]irgendwo und zu keiner Zeit sind Verleger mit reinerem Idealismus ans Werk gegangen als wir. Nie hat sich eine ‚Firma' ausschliesslicher von der Freude am Kunstwerk leiten lassen. [...] [K]ein Büttenpapier war zu teuer, kein Reproduktionsverfahren zu umständlich, wenn wir dadurch die vollkommene Wiedergabe der künstlerischen Intuition erreichen. [...]"[25]

Doch auch der vielseitige, anspruchsvolle Verlag kann als zweites Standbein Gurlitts Finanzprobleme nicht mildern oder gar lösen.

1922 kommt es zum Zerwürfnis mit Max Pechstein, der von Gurlitt während der Kriegsjahre großzügig unterstützt wurde, sich aber nun in seiner Produktion dem Kunsthändler ausgeliefert fühlt. Ende 1922 klagt Pechstein Wolfgang Gurlitt vor Gericht und fordert seine Bilder aus der Galerie zurück. Es kommt zu einer Einigung: In dem Vergleich werden Gurlitt vierzehn Pechstein-Gemälde zugesprochen.

Trotz Finanzkrise und Gerichtsprozessen präsentiert Gurlitt unermüdlich durchschnittlich jährlich vier bis neun Ausstellungen von deutschen Klassikern oder prominenten jungen Künstlern, darunter Caspar David Friedrich, Anton Faistauer, Egon Schiele, Lovis Corinth, Max Pechstein, Paul Klee, Alexej von Jawlensky, Ernst Ludwig Kirchner, Wilhelm Trübner, Henri Matisse, Edvard Munch, Karl Schmidt-Rottluff, Alexander Kanoldt, Erich Heckel, Oskar Kokoschka, Willy Jaeckel, Alfred Kubin oder Christian Schad. Gurlitt ist zusätzlich zu seinem Haupthaus in der Potsdamer Straße 113 auf der Suche nach neuen Ausstellungsräumen, die er zunächst in der Budapester Straße 7 findet (Eröffnung am 4. September 1924). Später ersetzt bzw. erweitert er seine Räumlichkeiten um eine Dependance in der Friedrich-Ebert-Straße 7, ab 1931 in der Matthäikirchstraße 27 (Wohnort Matthäikirchplatz 7) bzw. ab 1937 in der Kurfürstenstraße 78.

1925 gerät die Galerie, nicht zuletzt aufgrund Gurlitts großzügigen Wohn- und Lebensstils, immer mehr in finanzielle Bedrängnis. Nicht nur bei den Produzenten der Glasfenster, in der Glasmalerei Puhl & Wagner, Gottfried Heinersdorff in Berlin, türmen sich seit Jahren offene Rechnungen. Gurlitt muss 1925 beim Bankhaus Helfft & Co einen Kredit über 50.000 Dollar aufnehmen, den er für die Abdeckung kurzfristiger Überbrückungskredite benötigt, aber nicht zurückzahlen kann. Als Helfft & Co bankrott von der Dresdner Bank übernommen wird, werden die Forderungen an Gurlitt immer dramatischer. Der Galerist wird gepfändet, kostbare Antiquitäten aus dem Hause Gurlitt werden von der Bank zu Spottpreisen verschleudert.

1927 berichten Zeitungen im In- und Ausland über einen spektakulären Prozess, der von Wolfgang Gurlitt in mehreren Instanzen betrieben wird: Gurlitt verklagt den Herzog Joachim Ernst von Anhalt auf Zahlung von 500.000 Mark für entgangene Provisionen. Den ersten Prozess verliert Gurlitt, geht aber in Berufung. Der Herzog, der die Schauspielerin und Tänzerin Elisabeth Strickroth (1903–1971) geheiratet hat, braucht Geld, das er sich durch den Verkauf seiner weltvollen Gemäldesammlung im Dessauer Schloss schnell beschaffen will. Von Anhalt schließt mit Gurlitt einen Geheimvertrag, laut dem dieser gegen eine Provision in Höhe von 10 % die Gemälde rasch veräußern soll. Gurlitt zahlt dem Herzog 30.000 Mark und versucht, drei Bilder und eine kostbare Cranach-Bibel zu verkaufen. Weitere hundert Gemälde sollen folgen, doch dazu kommt es nicht. Der frühere Kunstberater des Herzogs, der Kunsthändler Spielmann, fordert die mit 1 Million Mark bezifferte Cranach-Bibel und ein Gemälde von Gurlitt zurück. Gurlitt

23 Bernhard Kellermann, in: *Der Querschnitt*, H. 6, Dezember 1921, S. 226 und S. 229–231.

24 Archiv Cornelius Gurlitt, TU Dresden, Brief vom 23.6.1922, Cornelius an Wilibald Gurlitt, 033/074.

25 *Das Wolfgang Gurlitt Museum*, Presseaussendung anlässlich der Museumseröffnung 1948, Archiv der Stadt Linz.

verkauft die beiden restlichen Bilder und überweist dem Herzog 150.000 Mark. Dieser wiederum kündigt den Vertrag wegen zu niedrigem Ertrag. Gurlitt fühlt sich geschädigt, weil der Herzog die Cranach-Bibel nun um 1,5 Millionen Mark an einen Bankier verkaufen lässt. „Wenn ein Herzog Geld braucht, dann weiß er es sich zu verschaffen. Im Geschäftemachen waren die ‚Gottbegnadeten' seit jeher groß – und skrupellos."[26] Der Ausgang des Prozesses ist den Zeitungen nicht zu entnehmen.

Die Ausstellungstätigkeit der Galerie reduziert sich ab 1927 drastisch auf ein bis zwei Präsentationen pro Jahr, vergleichbar schleppend entwickelt sich der Verkauf wichtiger Kunstwerke an den Direktor der Berliner Nationalgalerie, Ludwig Justi. Immer wieder überschwemmt der Kunsthändler die Nationalgalerie mit Ankaufsangeboten, die vom Gremium mehrheitlich wegen mangelnder Qualität abgelehnt werden. Einige Masterpieces aus Gurlitts Beständen finden jedoch Eingang in die weltberühmte Sammlung: Pechsteins *Gladiolen* (1919) und *Ruderer* (1928) oder Corinths *Flora* (1928) werden akzeptiert. Zwischen 1919 und 1933 kauft die Nationalgalerie insgesamt sieben Werke: Gemälde von Nauen, Pechstein (2), Corinth (2), eine Landschaft von Louis Gurlitt und eine Statuette von Drake. Otto Muellers *Urteil des Paris* kommt 1928 ebenso wie 1929 eine Landschaft von Elsasser und 1929 ein *Liegendes Mädchen* von Pascin als Schenkung in die Staatlichen Berliner Museen. Bereits zwischen 1907 und 1918 wurden aus der Galerie Fritz Gurlitt elf Werke angekauft: Spitzweg (2), Thoma (2), Richter, Böcklin, Dahl, Friedrich, Finelius (2) und wieder Louis Gurlitt.[27]

Um die erdrückenden Schulden und die Gläubiger loszuwerden, gründet Gurlitt 1926 die „Kunsthandlung Fritz Gurlitt G.m.b.H", deren offizielle Inhaberin Gurlitts Partnerin und Freundin Lilly Agoston ist. 1928 folgt der Konkurs der Galerie Fritz Gurlitt. Die traditionsreiche Galerie, die noch immer den Namen des Vaters trägt – all die Jahre wird zumeist tatsächlich noch immer mit der Unterschrift „Fritz Gurlitt" gezeichnet –, muss wegen Zahlungsschwierigkeiten 1931 aufgelöst werden. Im Handelsregister wird im Jahr 1931 als neuer Geschäftssitz die Matthäikirchstraße 27 vermerkt. Die Galerie wird offiziell vorübergehend aufgelöst, ein Gläubiger wird um die Summe von 20.000 Reichsmark gebracht. Gurlitt führt den Kunsthandel aber de facto nach dem Konkurs weiter und leiht sich 120.000 Reichsmark von einem amerikanischen jüdischen Privatmann. Doch selbst diese stattliche Summe kann ihn 1932 vor einem Offenbarungseid, unter anderem verursacht durch Schadenersatzzahlungen wegen illegaler „Raubgüsse" von Renée Sintenis, nicht mehr retten: Er gibt eine eidesstattliche Versicherung ab, zahlungsunfähig zu sein, und kann daher auch die geliehenen 120.000 Reichsmark nicht zurückzahlen.

Der Pascha Wolfgang Gurlitt

In den 1920er-Jahren wird Gurlitts Frauenteam durch eine neue Sekretärin, Käthe von Salzen, geborene Lange (1900–1976), erweitert. Der seit 1918 verheiratete Gurlitt verliebt sich in die lebenslustige, ebenfalls bereits verheiratete Käthe, die aus einer einfachen Familie aus Pommern stammt und mit sechs Geschwistern aufwuchs. Über Käthes Kindheit, Jugend bzw. ihre erste Ehe zwischen 1925 und 1927 ist wenig bekannt, außer dass Käthe Erna Elisabeth ihren attraktiven, charismatischen, deutlich älteren Chef Wolfgang Gurlitt bewundert, führt dieser doch stets ein luxuriöses Leben voller Freiheiten. Der mit der vermutlich bisexuell veranlagten Juliette noch immer verheiratete „Frauenzauberer"[28] und Tangotänzer Gurlitt, der in Künstler- und Schauspielerkreisen verkehrt und Zyklen lesbischer und erotischer Kunst publiziert, steht angeblich auch der jung verstorbenen Nackttänzerin und Schauspielerin Anita Berber (1899–1928) sehr nahe.[29] 1919 gibt Charlotte Berend als ersten Privatdruck in der Gurlitt-Presse acht erotische Lithografien mit Anita Berber als Hauptsujet heraus. Eine Zeichnung von Rudolf Großmann zeigt Anita Berber, die 1922 ihren Ehemann verlässt und fortan in einer lesbischen Beziehung lebt, angeschmiegt an Wolfgang Gurlitt. Die Kokainistin und Morphinistin verstirbt 1928 jung an Tuberkulose.

Gurlitt, von Kokoschka „Zauberprinz" genannt, wird – unter anderem von Kubin und Kokoschka – als Pascha, Perser, Maharadscha oder orientalischer Herrscher porträtiert. Er lebt, inmitten seines „Harems", harmonisch gemeinsam mit Ehefrau, Schwägerin und Freundin, später mit Ex-Frau, Ex-Schwägerin, Ehefrau und Töchtern sowie seiner „Lebensfrau" Lilly zunächst noch in zwei getrennten Haushalten.

Während Ehefrau Juliette noch mit ihrer älteren Schwester und mit Gurlitts Freundin und Mitarbeiterin Lilly gemeinsam am Matthäikirchplatz wohnt, beginnt Gurlitt eine bis zum Tod andauernde Liebesbeziehung mit Käthe von Salzen. Die Ehe mit Juliette Goob bleibt kinderlos, aber am 9. Mai 1929 bringt Käthe Gurlitts erste Tochter Maria „Bimili" (1929–2018) auf die Welt.

26 *Tagblatt*, 16.1.1929; *Salzburger Volksblatt*, 31.12.1927.

27 Freundliche Auskunft von Dr. Dieter Scholz, Kurator, Neue Nationalgalerie, Staatliche Museen zu Berlin, Mai 2018.

28 Gespräch mit Maria Gurlitt, München 2018.

29 Ebd.

Maria Gurlitt, die ihren Eltern, besonders ihrem Vater, stets in großer Bewunderung und Liebe zugetan ist, lebt zunächst in Berlin bzw. ab 1944 in Bad Aussee in der elterlichen Villa am Lenauhügel, später bis an ihr Lebensende in der Münchner Galeriestraße. Ihren Herzenswunsch, als Layouterin in einem Filmfoto-Archiv zu arbeiten, lehnt der Vater mit dem Satz „Eine Gurlitt arbeitet nicht" stets kategorisch ab.[30] Maria führt – ohne Fachausbildung – nach dem Tod ihres Vaters die Münchner Galerie in der Galeriestr. 2b und die Buchhandlung mit ihrer Mutter, ihrer Schwester, Andreas Bartsch und Mitarbeitern weiter und ist auch bei deren Auflösung bzw. Übergabe nach dem Tod des Vaters behilflich. Sie verstirbt im Alter von 89 Jahren am 28. Dezember 2018 in München in ihrer kleinen, über der einstigen väterlichen Galerie gelegenen Wohnung.

Am 20. Juli 1933 wird Tochter Angelina – benannt nach der Schwester von Großvater Fritz, einer bildhübschen Schauspielerin – geboren. Beide Mädchen werden vom Vater, der „nie mit einer Frau, mit der ich verheiratet war, einen gemeinsamen Haushalt hatte, sondern dort immer nur für einige Stunden des Tages als Gast erschien [...]",[31] liebevoll verhätschelt und verwöhnt. Bei regelmäßigen Besuchen überhäuft der von den Töchtern innig geliebte Vater seine „lebensfern erzogenen" Töchter mit kostbaren Kleidungsstücken und Geschenken.[32] Angelina lebt bis zu ihrem Tod 1990 mit ihrer Familie in der Feilitzschstraße 32 in München.

Im Jahr 1936 scheint Gurlitt wieder als Alleininhaber der Galerie auf. Der Kunsthändler erlebt erste Repressalien des NS-Regimes wegen seiner jüdischen Großmutter. Bruder Manfred wird bereits 1933 aus seinen Ämtern an der Berliner Staatsoper entlassen und emigriert 1938, denn nach der NS-Terminologie gelten Wolfgang und Manfred Gurlitt als „Vierteljuden" bzw. „jüdische Mischlinge zweiten Grades". Obwohl Wolfgang Gurlitt, Gründer eines jüdischen Verlages, eine jüdische Großmutter hat, behauptet er nun, „arischer" Abstammung zu sein, und versucht, seine jüdische Herkunft durch Nichtherausgabe von Dokumenten geschickt zu verschleiern. In einem Brief an Thomas Ring bekennt er: „[...] Bis zum Auftreten des Herrn Hitler, der mir in jeder Weise viel geschadet und mancher meiner Wege verschüttet hat, lebte ich nämlich völlig isoliert [...]."[33]

30 Mitteilung von Maria Gurlitt an die Verfasserin, ich danke Alexandra Cedrino-Nahrstedt für den Hinweis.

31 Wolfgang Gurlitt an Thomas Ring, 11.8.1947, Privatarchiv.

32 Mitteilung von Maria Gurlitt an die Verfasserin.

33 Wolfgang Gurlitt an Thomas Ring, 11.8.1947, Privatarchiv.

Trotz der am 31. Jänner 1937 vollzogenen Scheidung von Juliette Goob lebt Gurlitt bei seiner Ex-Frau – weiterhin in freundschaftlicher Verbindung zu ihr stehend –, seiner Ex-Schwägerin und bei Lilly Agoston. Und er besucht regelmäßig Käthe und seine zu diesem Zeitpunkt noch unehelichen Töchter Maria und Angelina. Am 20. Mai 1937 kommt es zur standesamtlichen Eheschließung mit Käthe in Berlin 3.

Gurlitts Frauen – Juliette, Lilly, Käthe und die Töchter Maria und Angelina – sind nicht nur ein wesentlicher Teil von Gurlitts Leben, sondern werden bis zu seinem plötzlichen Tod 1965 großzügig um- und versorgt.[34] Dabei steht, neben den beiden Töchtern und Käthe, Lilly Agoston Wolfgang wohl am nächsten. Sie ist seine Beraterin, sein Lebensmensch, geschäftlich wie privat seine engste Vertraute und laut Aussage der Tochter „eine fantastische Kunsthändlerin und großartige Persönlichkeit [...]".[35] Sie verreisen und arbeiten zusammen, wohnen zeitweise miteinander, sind unzertrennlich. Lilly war es, die „seinen ganzen Betrieb mit eiserner Hand kontrollierte. [...] Diese Familie lebte harmonisch zusammen und Gurlitt in seiner altruistischen Art wollte niemanden auf die Straße setzen."[36] Als Lilly aufgrund ihrer jüdischen Herkunft Deportation und Ermordung drohen, organisiert Wolfgang gegen Bezahlung um 1939/40 eine Scheinehe mit einem dänischen Bekannten, Hans Peter Christiansen, und rettet Lilly Christiansen-Agoston, die nach der Heirat nunmehr dänische Staatsbürgerin ist, das Leben.[37]

34 In einem vertraulichen Schreiben an den Linzer Bürgermeister vom 23.10.1950 schildert Kulturdirektor Kreczi Gurlitts familiäre Sorgen: „[...] Herr Gurlitt ist durch den Tod von Frau Christiansen stark beunruhigt und es treibt ihn die Sorge um die Zukunft seiner Kinder, der 17jährigen Angelina und der 22jährigen Maria. Beide Töchter sind lebensfern erzogen, haben bloss die Hauptschule, sonst aber keine Schulbildung auch keine praktische Tätigkeit. Herr Gurlitt läßt auch seine Töchter nicht weg von seinem Haus. Andererseits glaubt er noch, mit ihnen das Haus Gurlitt weiterführen zu können. Er hat die Absicht in Wien oder – und das ist wahrscheinlicher – in München sein Kunsthandelsgeschäft aufzurichten. Angeblich ist noch so viel Bildmaterial da, dass dies ohne Beeinträchtigung der Neuen Galerie geschehen kann. Allerdings kostet dieser geschäftliche Start viel Geld und Herr Gurlitt denkt daran, die Romako-Bilder der Neuen Galerie der Stadt Linz zum Kaufe anzubieten. [...] Es erscheint möglich, dass Herr Gurlitt auf einen Vertrag einsteigt, der auf der einen Seite die Bilder der Neuen Galerie der Stadt sichert und auf der anderen Seite das Leben seiner Familie nach seinem Tode, etwa in Aussee, gewährleistet."
Archiv der Stadt Linz, Hanns Kreczi an Ernst Koref, 23.10.1950.

35 Mitteilung von Maria Gurlitt an die Verfasserin, 2018.

36 Brief von Dieter W. Gombert an Dr. Friedrich Mayrhofer, Archiv der Stadt Linz, 24.3.1999. Gombert, ein politisch Verfolgter, erledigte ab 1943 für Gurlitt Einkäufe wertvoller Kunstwerke, unter anderem in Straßburg. Gurlitts Reisegenehmigungen und Dokumente „[...] haben mir einige Male das Leben gerettet, bis es mir gelang in die Schweiz zu entfliehen."

37 Als Mitwisser und Drahtzieher einer Scheinehe begibt sich Wolfgang Gurlitt selbst in große Gefahr; trotz Scheinehe wurden Frauen in der NS-Zeit deportiert und ermordet.

Gurlitt und seine Tätigkeit während der NS-Zeit

Im Jahr 1937 kämpft Gurlitt erneut mit immensen Schulden. Die Zahlungsrückstände bei Banken, bei der Bau- und Finanzdirektion und der Berliner Stadtsteuerkasse, bei Künstlern, Firmen und Gläubigern wachsen weiter. Der Landesleiter der Reichskammer der bildenden Künste, Arthur Schmidt, zu dem Gurlitt in gutem Kontakt steht, sieht die Existenz des Schuldners bereits gefährdet. Aber Gurlitt gibt nicht auf. Mit Unterstützung von Schmidt gelingt es, die offenen Forderungen zu minimieren, den vergleichsweise geringen Betrag von 26.000 Reichsmark kann Gurlitt aufbringen. Als zweiten Coup überschreibt er die Galerie am Matthäikirchplatz 7, ab 1937 in der Kurfürstenstraße 78 an seine Ex-Frau Juliette und führt gemeinsam mit Lilly und Juliette den Betrieb weiter. Lilly verfügt noch im März 1938 über eine Sondergenehmigung zur Berufsausübung als Kunsthändlerin, muss diese aber im März 1939 zurücklegen.

Am 19. Juli 1937 wird auf Initiative des Reichspropagandaministers Joseph Goebbels in München die Ausstellung *Entartete Kunst* mit Werken der bedeutendsten Avantgardekünstler, die in 32 deutschen Museen und Sammlungen in 24 Städten beschlagnahmt worden waren, eröffnet. Für die effiziente Abwicklung des Verkaufs sorgen professionelle Kunsthändler, die über gute Netzwerke im Ausland verfügen: Wolfgangs Cousin Hildebrand Gurlitt, Bernhard A. Böhmer aus Güstrow, Karl Buchholz und Ferdinand Möller aus Berlin. Auch Wolfgang Gurlitt will in das große Geschäft mit der Raubkunst, die hohe Gewinne einbringt, einsteigen. Doch er gilt nun offiziell als „unzuverlässiger Vierteljude". Seine Kontakte zu jüdischen KünstlerInnen bzw. SammlerInnen erregen seit 1938 das Misstrauen der NS-Machthaber. Gurlitts liberale Lebensumstände, seine Kunsthandlung und der Verlag mit jüdischen Mitarbeitern erwecken, ebenso wie sein Schuldenberg und die „unklaren Besitzverhältnisse", den Argwohn der NSDAP-Gauleitung Berlin.

Walter Kasten (1902–1984) arbeitet seit 1938 für Wolfgang Gurlitt. Der vielseitig tätige Schauspieler, Übersetzer, Literat, Journalist und Synchronsprecher, von 1957 bis 1973 Gurlitts Nachfolger als Direktor der Neuen Galerie der Stadt Linz, übernimmt zunächst die Verlagsleitung und hilft Gurlitt im Kunsthandel.

Im März und Juni 1938 bereist Gurlitt Frankreich und die Niederlande und tritt gemeinsam mit seiner Geschäftspartnerin Lilly Agoston als Käufer bei Kunstauktionen der „entarteten" Kunst im In- und Ausland auf. Viele jüdische SammlerInnen waren schon ab 1933 gezwungen, ihre Kunstwerke als Notverkäufe zu verschleudern, um ihr Leben zu retten oder ins Exil reisen zu können.

Im Jahr 1938 lautet die neue Adresse der Gurlitt-Galerie und des Gurlitt-Verlages Kurfürstenstraße 78. Gurlitt berichtet in seiner kurzen Biografie, dass die Verlagsarbeiten aufgrund der Kriegsereignisse eingestellt werden mussten, da sich schon seit 1933 die Publikationen des Verlages mit den „geltenden Einstellungen des Naziregimes nicht in Einklang bringen ließen. Fast sämtliche Bücher des Verlages wurden verboten oder kamen auf die Liste der unerwünschten Bücher."[38]

Lilly Agoston muss im Frühjahr 1939 von Berlin in ihre einstige Heimat Budapest fliehen, kehrt aber 1940 als Lilly Christiansen wieder zu Gurlitt nach Berlin zurück. Am 30. Juni 1939 werden bei der Versteigerung des Kunsthauses Fischer in Luzern viele Hauptwerke der Moderne und Avantgarde gegen Devisen versteigert. Wolfgang Gurlitt bzw. Lilly Christiansen-Agoston erwerben mehrere Gemälde bei den Nachauktionen, unter anderem 1941 in Luzern bzw. über den NS-Händler Bernhard Böhmer aus Güstrow. Die Kontakte zu Fischer laufen vorwiegend über Lilly Christiansen-Agoston, die im Auftrag Gurlitts Werke bei Fischer einlagert. Im Gegenzug übernimmt sie Kunstwerke wiederum von Fischer und deponiert diese in Kopenhagen.[39]

Bei seinen zahlreichen Schweiz-Besuchen nimmt Wolfgang Gurlitt Kontakt mit dem Konservator des Basler Kunstmuseums Georg Schmidt auf und bietet diesem an, die besten Werke aus beschlagnahmten Beständen für den Verkauf in der Schweiz zusammenzustellen. Dieses lukrative Geschäftsmodell übernimmt jedoch zum Leidwesen von Wolfgang sein Cousin Hildebrand.

Verheiratet in einer Scheinehe mit dem dänischen Staatsbürger Christiansen, ist Lilly Agoston unter ihrem neuen Namen Christiansen ab Juni 1940 wieder bei Gurlitt in Berlin tätig. Sie wohnt bei Gurlitts geschiedener Ehefrau am Matthäikirchplatz 7 und nützt ihre dänische Staatsbürgerschaft zum gewinnbringenden Verkauf von „entarteter" Kunst für Gurlitt. Die Landesleitung der Reichskammer der bildenden Künste meldet 1940, dass Gurlitt vorrangig mit Juden in Verbindung steht und mit ihnen Geschäfte tätigt. Auch die verwirrenden persönlichen Lebensumstände führen dazu, dass die Ortsgruppe der NSDAP Gurlitt als unzuverlässig

38 OÖLA, Wolfgang Gurlitt, Ansuchen um Bewilligung der österreichischen Staatsbürgerschaft, o. D., eingelangt am 31.1.1946, Landesregierung Salzburg, S. 2.

39 Siehe den Aufsatz von Vanessa-Maria Voigt im vorliegenden Katalog, Fußnote 25.

bezeichnet und zur Ermittlung an die Geheime Staatspolizei weiterempfiehlt.

Dennoch kann Gurlitt unter Beobachtung ungestört seine berufliche Laufbahn fortsetzen und eröffnet 1940 Ausstellungen von Conrad Westphal und Otto Modersohn. Er ersteigert beschlagnahmte Werke im Dorotheum Wien, beteiligt sich an Zwangsverkäufen, auch übernimmt er Gemälde aus jüdischem Besitz, unter anderem aus der Sammlung Heinrich Morgenstern vom Auktionshaus Lepke in Berlin mit der Weisung, diese Kunstgegenstände „bestens [zu] veräussern, und den Gegenwert dem Bankkonto Ihres verew. Gatten zu[zu]führen".[40] Am 31. Jänner 1940 versucht Gurlitt, für das Deutsche Reich zu arbeiten, und erhält mit Vertrag gegen Provision 31 beschlagnahmte Werke aus deutschen Museen, unter anderem von Dix, Nolde, Heckel, Hofer oder Schmidt-Rottluff, zum Verkauf. Obwohl Gurlitt am 7. Februar 1940 mit dem Verkauf der Werke aus Reichsbesitz beauftragt wird, kommt das Geschäft nicht zustande. Gurlitt muss die Bilder an Bernhard A. Böhmer abgeben. Wiederholt fordert der Kunsthändler Provisionen vom Reichspropagandaministerium ein.[41]

Am 15. Februar 1940 erwerben Käthe Gurlitt und Juliette Gurlitt jeweils zur Hälfte die Villa der großzügigen Liegenschaft Reitern 38 in Bad Aussee samt Mobiliar. Als Verkäufer der Villa am Lenauhügel fungiert der Wiener Fabrikant Robert Neiber, der nach dem Verkauf seines Hauses bis zu seinem Tod in Altaussee 131 lebt.[42]

Wolfgang Gurlitt ist von 1944 bis 1962 amtlich in Bad Aussee gemeldet. Laut eigener Biografie hatte Gurlitt schon als Kind viele Sommermonate im Salzkammergut verbracht und verlagert die Leitung der Galerie während des Krieges nun nach Bad Aussee, das sich zu einem Umschlagplatz für Raubkunst entwickelt.

Am 4. Juli 1941 berichtet Goebbels Adolf Hitler über den Erfolg des Verkaufes „entarteter" Kunst: Rund 3.300 Kunstwerke konnten ins Ausland verkauft werden. 1941 muss Gurlitt aufgrund hoher Forderungen erneut als Inhaber der Galerie ausscheiden. Er ist nicht mehr als Kunsthändler „entarteter" Kunst für das Reichspropagandaministerium tätig.

Die Forderungen der Gläubiger werden im Jahr 1942 wieder einmal gesenkt und Gurlitt ist dank Landesleiter Schmidt, den er auf seiner Seite weiß, erneut schuldenfrei. Im März 1942 erfolgt ein Treffen zwischen dem „Sonderbeauftragten für Linz" Dr. Hans Posse (1879–1942), einem engen Freund von Oskar Kokoschka, mit Wolfgang Gurlitt. Gurlitt hat mit Posse und dem „Sonderauftrag Linz" erstmals am 17. November 1941 Kontakt. Er offeriert um 10.000 Reichsmark zwei Gemälde des Barockmalers Giuseppe Gambarini, die allerdings nicht für das „Führermuseum" angekauft werden. Auch pflegt er Kontakte zur Reichskammer der bildenden Künste und zum Reichspropagandaministerium, insbesondere zu Rudolf Hetsch, der für die Verwertung der „entarteten" Kunstwerke zuständig ist. Am 6. Februar schließt Gurlitt einen Vertrag mit dem Ministerium, scheitert aber erneut an zu niedrig angesetzten Preisen. Er kann nur Devisen für zwei Gemälde aufbringen, die über Lilly Christiansen-Agoston angekauft werden. Das für den Verkauf geplante große Kontingent muss er wieder zurückgeben.[43] 1942 muss die Landesleitung der Reichskammer der bildenden Künste eine weitere Beschwerde über Gurlitt bearbeiten: Der Kunsthändler hatte ein Bild, das für Restaurierungsarbeiten übergeben worden war, ohne Wissen des Besitzers zum Verkauf angeboten. Es kommt zum Streit, weil er das Bild nicht rückerstatten will. Ende Jänner 1942 bietet Gurlitt unter anderem ein Bild von Ferdinand von Rayski, Posses Lieblingsmaler, an. Dieses wird später über den Kunsthändler Paul Roemer durch Posses Nachfolger Hermann Voss und über Zwischenstationen in die Sammlung des Oberösterreichischen Landesmuseum eingehen. Viele Angebote Gurlitts scheitern meist am hohen Qualitätsanspruch von Posse. Als dieser überraschend stirbt, setzt sich Gurlitt bei dem neuen „Sonderbeauftragten für Linz", Dr. Hermann Voss (1884–1969), mit dem er ebenfalls in gutem Kontakt steht, in einem Schreiben aus dem Jahr 1943 für die zwei Kunsthändler Ludwig Wiesnet und Wilhelm Weick ein, deren Galerien von der Schließung durch das NS-Regime bedroht sind. 1940 und 1943 beteiligt er sich an Versteigerungen von Raubkunst im Wiener Dorotheum. Auch bei Voss versucht sich Gurlitt

40 Schreiben von H. Carl Krüger an Frau Morgenstern, 10.3.1948, freundlicher Hinweis von Susan Roland.

41 Schuster 1999, S. 19. Ein umfassender Schriftverkehr zur Galerie Gurlitt findet sich im Bundesarchiv Berlin, Reichsministerium für Volksaufklärung und Propaganda, R 55/21015, 1941.

42 Luise Alice Goob, geb. 1885 in Straßburg im Elsass, „Tante Alice", die unverheiratete Ex-Schwägerin, ist vom 6.4.1944 bis 1974 am Lenauhügel gemeldet, dann übersiedelt sie hochbetagt ins nahe Gosau ins Brigittaheim zur Pflege. Gurlitts erste Frau, Juliette geb. Goob, 1889 in Straßburg geboren, verstirbt am 11.5.1953 in Reitern 38, Bad Aussee. Gurlitts am 9.5.1929 in Berlin geborene, unverheiratete Tochter Maria nützt bis zum Tod ihrer Mutter immer wieder das Haus in Bad Aussee. Ihre jüngere Schwester Angelina, am 20.7.1933 in Berlin geboren, ist von 1944 bis 1953 im Salzkammergut – bis zur ihrer Heirat mit dem aus Italien stammenden Fotografen Orlando Cedrino, mit dem sie dann in München lebt – ansässig. Angelina, die zwei Töchter hinterlässt, verstirbt 1990. Sie erbt nach dem Tode der Mutter das Haus in Bad Aussee und nützt, wie ihre Töchter, bis zum endgültigen Verkauf der Villa und später des Bungalows, der noch länger im Besitz von Gurlitts Enkelinnen war, den Feriensitz.

43 Siehe die Beiträge von Birgit Schwarz und Meike Hoffmann im vorliegenden Katalog.

als Agent zu etablieren. Doch sein Wunsch, für das Linzer „Führermuseum" Werke in Wien zu ersteigern, geht nicht in Erfüllung, wenngleich geschäftliche Aktivitäten für den „Sonderauftrag" ihn vor dem Arbeitseinsatz in der Rüstungsindustrie bewahren. Der Sonderbeauftragte Dr. Gottfried Reimer lässt seine Interessen für den „Führer" von der Generaldirektion des Dorotheums wahrnehmen. Jedoch erhält Gurlitt am 11. Oktober 1943 eine von Reimer ausgestellte Genehmigung, sich im Elsass nach geeigneten Kunstwerken für das geplante Linzer „Führermuseum" umzusehen.

Die Übersiedlung des Gurlitt'schen Kunstbesitzes nach Bad Aussee wird mit großem Geschick geplant. Wieder muss Hermann Voss bescheinigen, dass Gurlitt aufgrund der Sicherstellung seiner Kunstwerke von der Noteinquartierung von Mitbürgern in seiner Villa freigestellt wird.

Am 25. Juni 1943 hat Gurlitt bereits einen größeren Bestand seiner bzw. Lillys Sammlung sowie „fremden Besitz" in seine Villa nach Bad Aussee verbracht und die ungerahmten Bilder – das Rahmenlager ging später im Bombenhagel zugrunde – in Bad Aussee und Salzburg zwischengelagert. Die Evakuierung von Teilen der Sammlung erfolgt gerade noch rechtzeitig, denn in der Nacht vom 22. auf den 23. November 1943 werden Gurlitts Wohnung in der Kurfürstenstraße 78, seine Galerie und die Lagerräume in Berlin durch einen Bombentreffer vernichtet. Bei diesem verheerenden Angriff verliert Gurlitt Geschäftsbücher und Buchhaltung, Kunstobjekte, das Mobiliar, auch Lager- und Kommissionsware, die an ihn zum Verkauf bzw. zur Verwahrung übergeben worden war. In Zeitungsartikeln aus dem Jahr 1958 wird der Umfang von Gurlitts Kunstlager mit rund 2.000 Bildern und 20.000 Grafiken sowie unzähligen Kunstbüchern beziffert. Der Schaden wird mit 8 Millionen Mark angegeben.[44]

Wolfgang, der mit der gesamten Familie im November nach Straßburg gereist war, schildert das Geschehen sehr drastisch. Von Straßburg fährt er mit Lilly zurück nach Berlin, um den Transport seiner Kunstwerke, die nach Bad Aussee evakuiert werden sollten, zu überwachen. Wolfgang Gurlitt ist noch nicht in Berlin, als der Angriff beginnt. Er fährt mit Lilly in die brennende Stadt, sucht die Lager und die Wohnung auf, alles steht jedoch in Flammen, nichts kann gerettet werden.

> „[...] Wir trafen, durch Alarm in Magdeburg aufgehalten, verspätet ein und als wir um 12 Uhr mit viel Mühe und Umsteigen am Schöneberger Bahnhof landeten, stand die Stadt schon in Flammen. Fast 4 Stunden brauchten wir, um uns durch die brennenden Strassen und über brennende Plätze bei einem nicht vorstellbaren Orkan nach der Kurfürstenstr. durchzukämpfen [...]."[45]

Wie im Brief geschildert, werden in dieser schicksalhaften Nacht Gurlitts Haus und Galerie durch einen Bombentreffer total zerstört und der Kunsthändler muss sich aufgrund einer erlittenen Augenverletzung in ärztliche Behandlung begeben.

Mit Hermann Voss, Gottfried Reimer und Herbert Seiberl, der für die Einlagerung der Kunstsammlungen Hitlers in Bad Aussee verantwortlich ist, pflegt Wolfgang Gurlitt einen regen Austausch. Gurlitt überschwemmt nicht nur die Staatlichen Sammlungen Berlin, sondern auch Voss – wie vor ihm schon Posse – mit Angeboten, die nur zu spärlichen Ankäufen führen. Durch seinen Wohnsitz in Bad Aussee hat Gurlitt überdies Kenntnisse der streng geheimen Vorgänge um Hitlers Kunstdepot im Salzbergwerk, vermittelt über den Berliner Restaurator Karl Sieber, der die Kunstwerke im Stollen konservatorisch betreut. Mit Seiberl plant Gurlitt noch 1945 eine Ausstellung aus Beständen des „Sonderauftrages".

An seinem Wohnsitz Bad Aussee akquiriert Gurlitt Bilder für den „Sonderauftrag Linz" von zwangsenteigneten jüdischen Sammlungen aus „arisierten" Villen (Villa Alberti, Villa Munch). Als gewiefter Geschäftsmann ist der wendige Händler mit Bescheinigungen des Sonderbeauftragten Voss im In- und Ausland unterwegs, um Ankäufe zu tätigen, agiert aber im Gegensatz zu Cousin Hildebrand, der ein Vermögen mit Geschäften um den „Sonderauftrag" lukriert, wenig erfolgreich. Immer wieder mangelt es an qualitätsvollen Werken, die Gurlitt in der eigenen Sammlung zwar tatsächlich besitzt, aber für den Verkauf zurückbehält.

1944 baut Gurlitt in Würzburg einen weiteren Wohnsitz und gemeinsam mit seinem Mitarbeiter Erik Berger und dessen Familie sowie mit Lilly Christiansen-Agoston unweit der Würzburger Residenz in der Maxstraße 1 eine Galerie auf. Auch der Direktor der Bremer Kunsthalle Emil Waldmann, der eng mit Gurlitt befreundet ist, findet nach der Ausbombung in Bremen mit seiner Frau Unterschlupf in Gurlitts Unterkunft. Waldmann, der dem nationalsozialistischen Machtapparat gegenüber „loyal bis in den Untergang" ist, geht für das NS-Regime ebenfalls als Kunstexperte auf Einkaufsreise in die Niederlande und wird „als Sachverständiger zur Begutachtung von Kunst aus jüdischem Besitz bestellt".[46]

44 „Wolfgang Gurlitt – 70 Jahre", Archiv der Stadt Linz, ohne Angabe, vermutlich *Oberösterreichische Nachrichten*, 1958.

45 Der Brief befindet sich in Privatbesitz. Ich danke Frau Cedrino-Nahrstedt für den Hinweis.

46 de.wikipedia.org/wiki/Emil_Waldmann_(Kunsthistoriker) (abgerufen am 7.3.2019).

Abb. 11

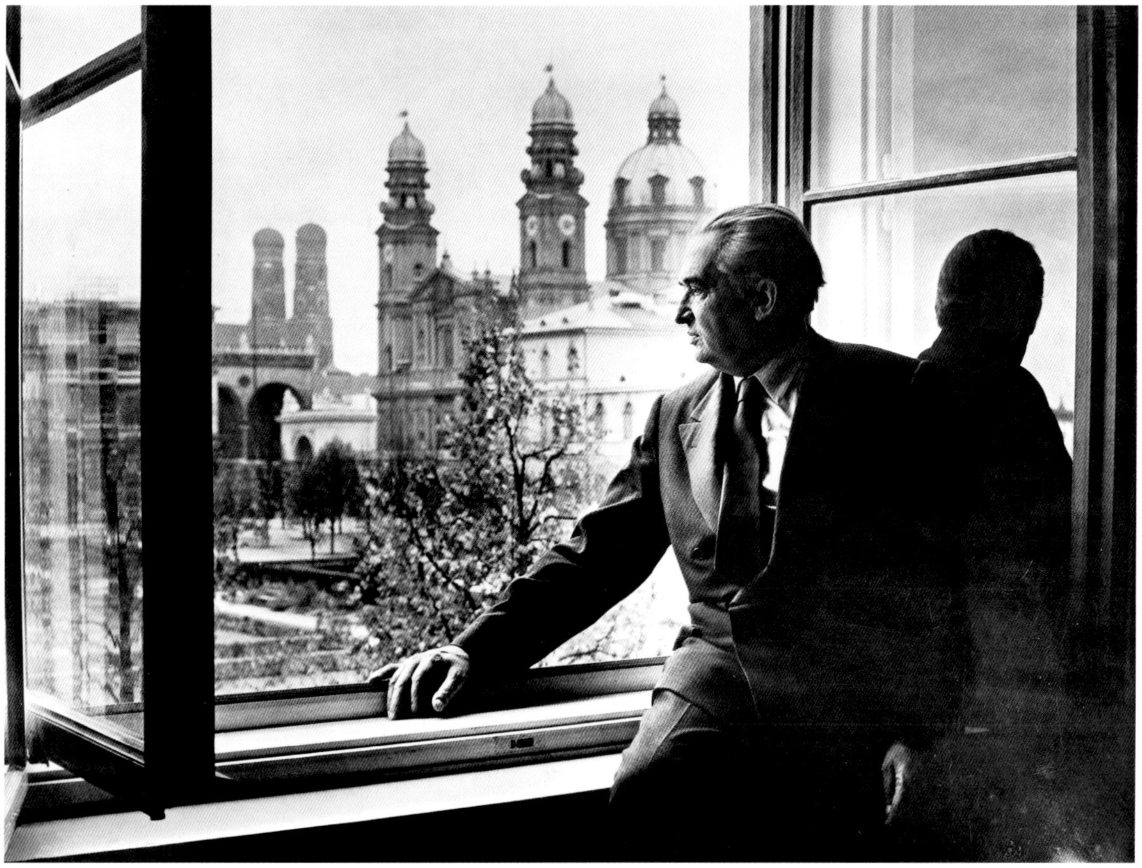

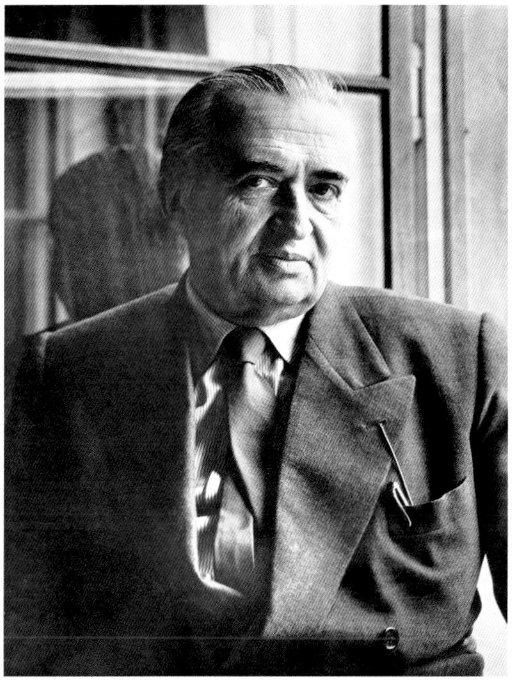

Abb. 12

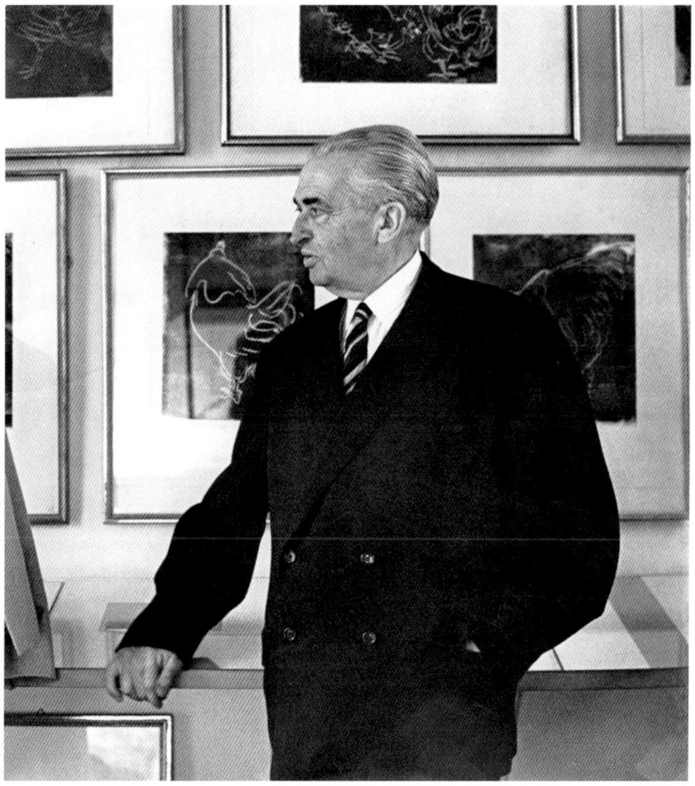

Abb. 13

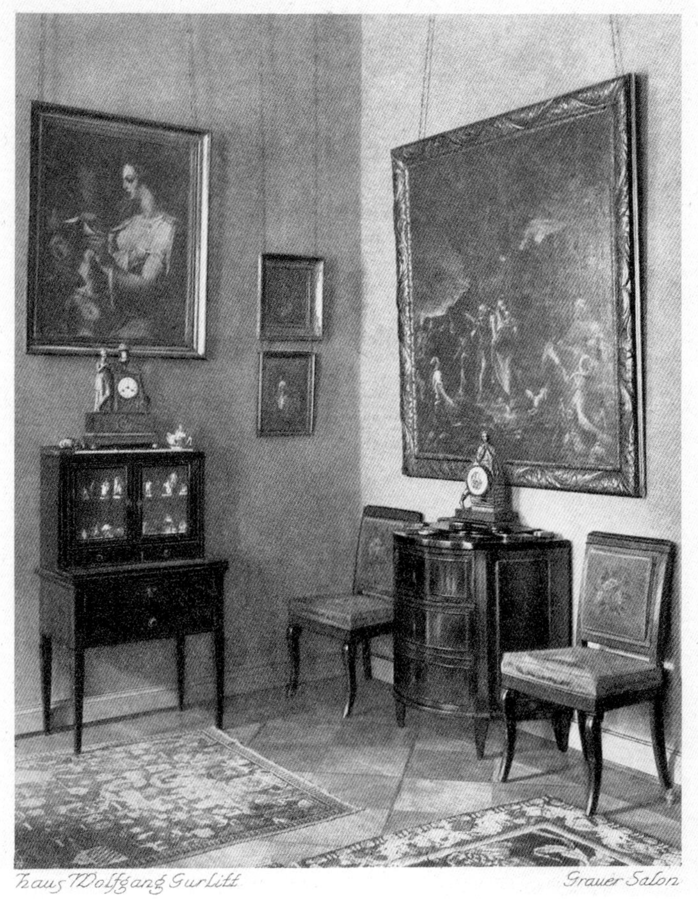

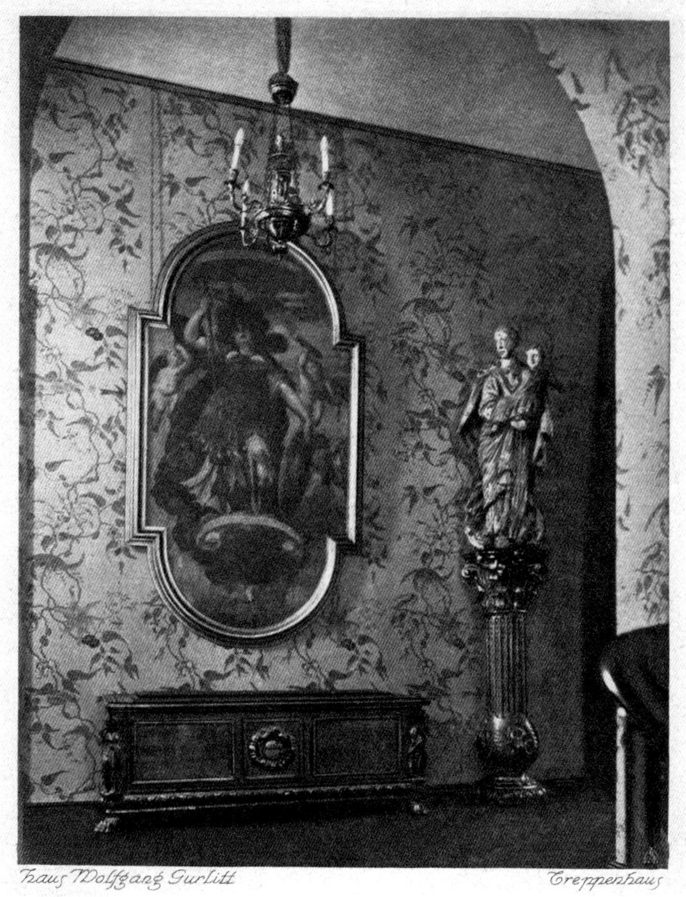

Abb. 14–15

Abb. 11 / Wolfgang Gurlitt in seiner Galerie in München, Galeriestraße, Anfang der 1960er-Jahre, Familienarchiv, Foto: Privatbesitz

Abb. 12 / Wolfgang Gurlitt in seiner Galerie in München, um 1960, Familienarchiv, Foto: Privatbesitz

Abb. 13 / Wolfgang Gurlitt in den Ausstellungsräumen seiner Münchner Galerie, um 1960, Familienarchiv, Foto: Privatbesitz

Abb. 14–16 / Wohn- und Galerieräume der im Zweiten Weltkrieg zerstörten „Villa Gurlitt" in Berlin, Potsdamer Straße: „Grauer Salon", „Treppenhaus", „Ausstellungs-Saal I", Familienarchiv, Foto: Privatbesitz

Abb. 17 / Ausstellungsräume der Galerie Gurlitt vor dem Zweiten Weltkrieg, vermutlich Matthäikirchplatz in Berlin, Wolfgang Gurlitt 2. von rechts, Familienarchiv, Foto: Privatbesitz

Abb. 18 / Wolfgang Gurlitt mit Käthe Gurlitt im Münchner Hofgarten, Anfang/Mitte der 1960er-Jahre, Familienarchiv, Foto: Privatbesitz

Abb. 19 / Wohnhaus der Familie Gurlitt auf dem Lenauhügel, Bad Aussee, 1940er-Jahre, Familienarchiv, Foto: Privatbesitz

Abb. 20 / Ortseingang Bad Aussee, Anfang/Mitte der 1940er-Jahre, Familienarchiv, Foto: Privatbesitz

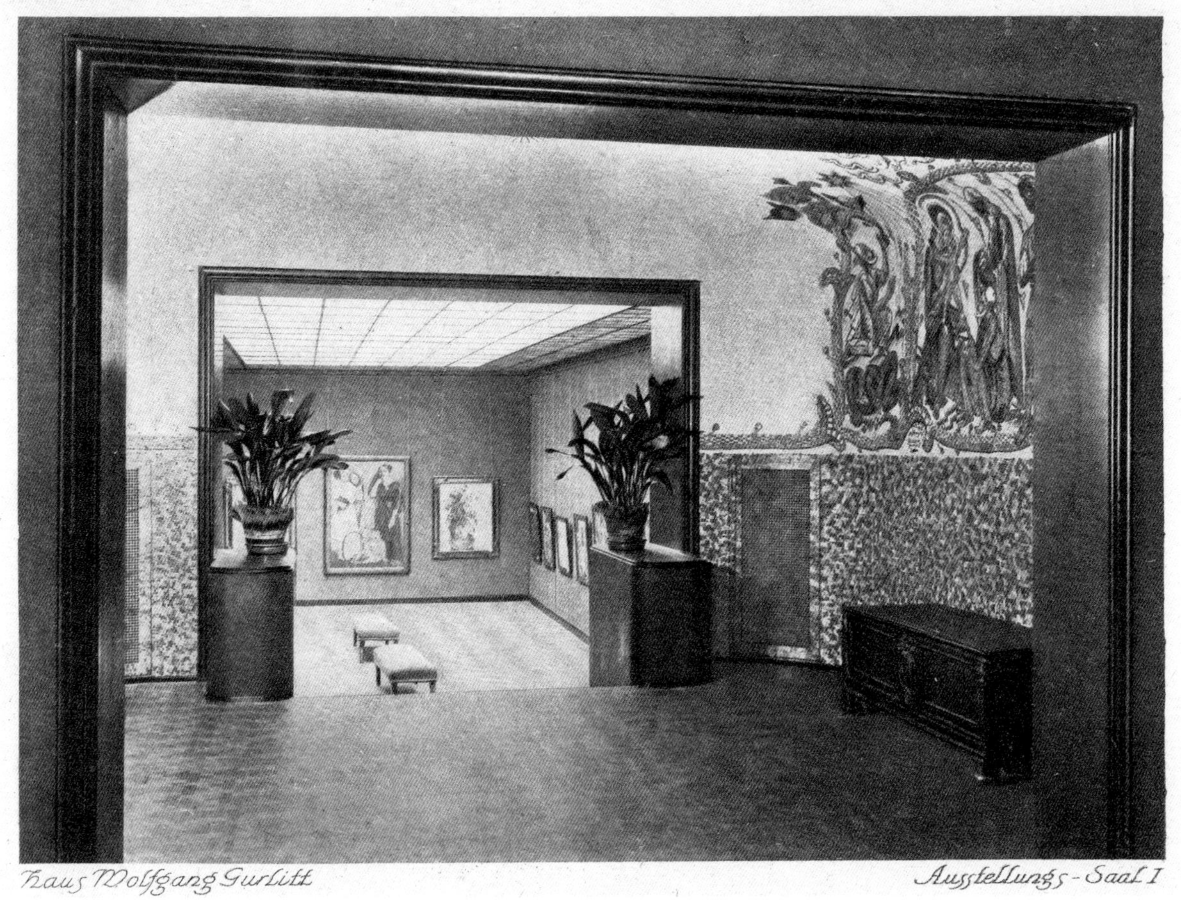

Abb. 16

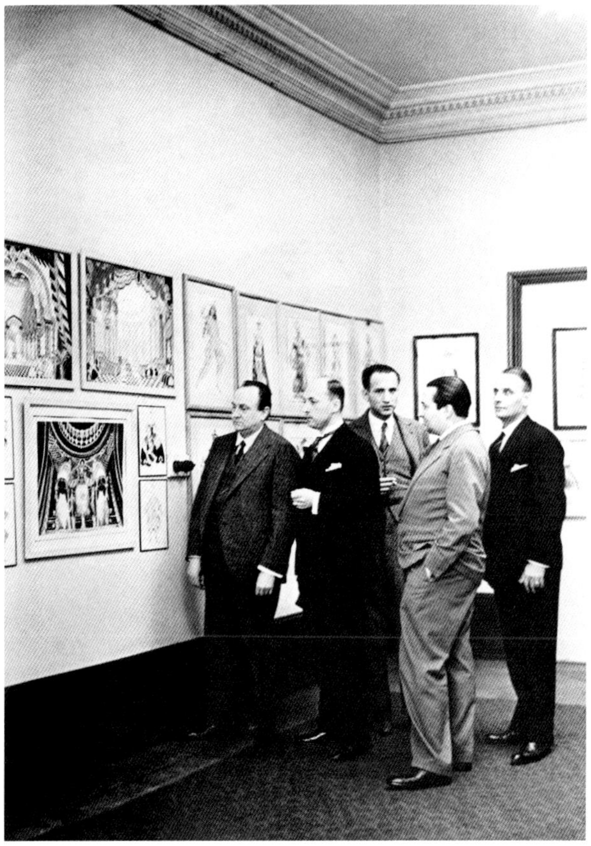

Abb. 17

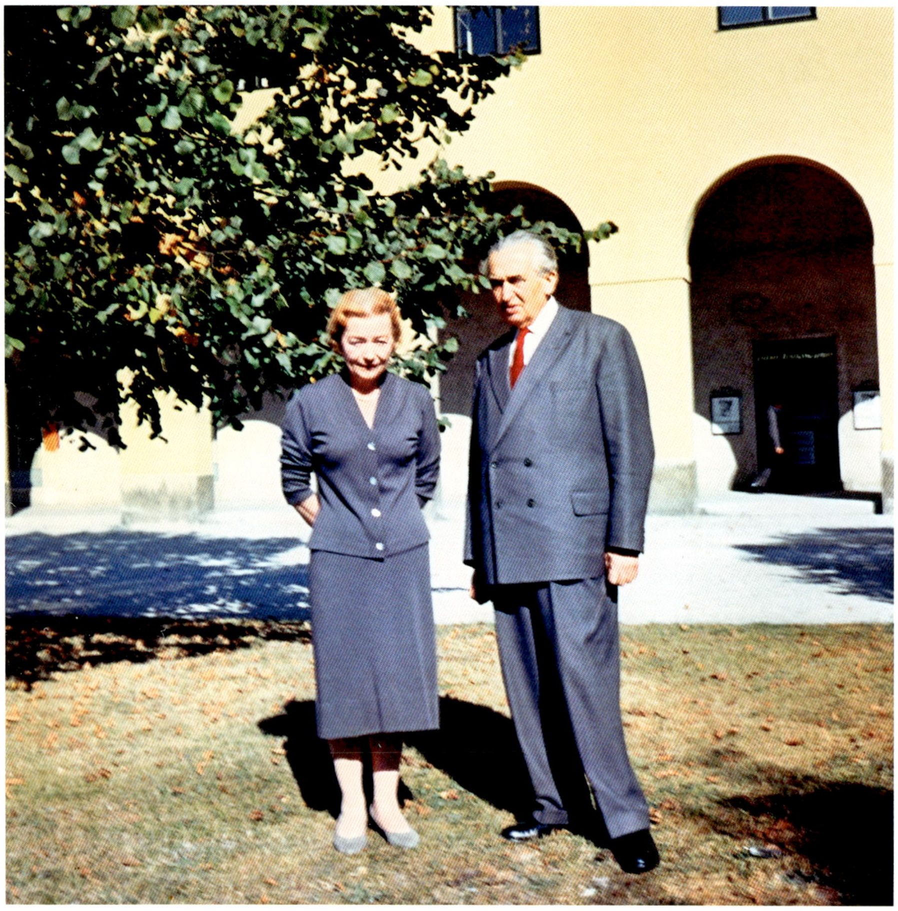

Abb. 18

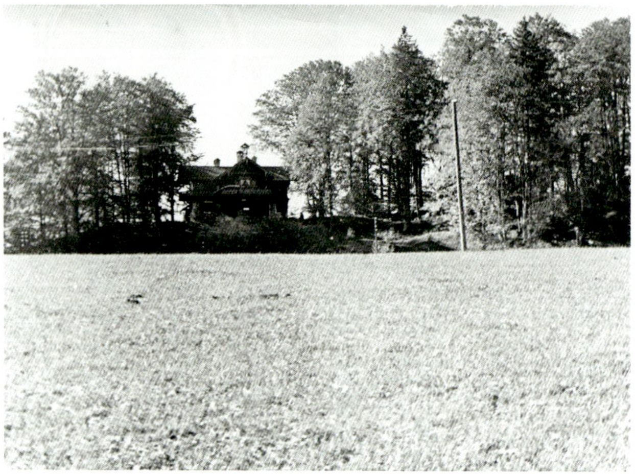

Abb. 19

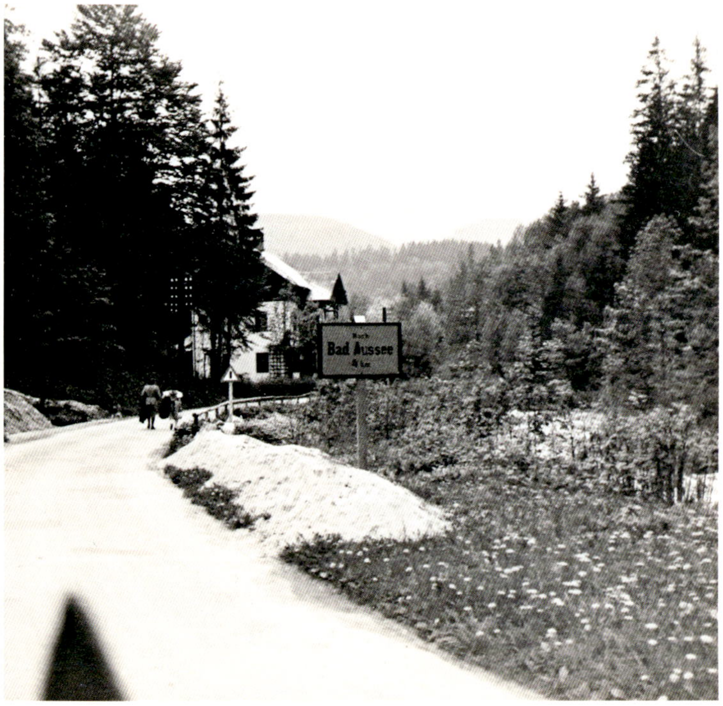

Abb. 20

Er schreibt immer wieder dubiose Gefälligkeitsgutachten für Wolfgang Gurlitt (Neue Galerie Linz, Inv.-Nr. 22, Carus, und Inv.-Nr. 30, Feuerbach), die schon früh von den Direktoren der Nationalgalerie Berlin inhaltlich heftig kritisiert werden.[47] Erik Berger sieht sich laut Aufzeichnungen Heiner Dikreiters nach Räumlichkeiten für eine Dependance in Würzburg um, die von Waldmann geleitet werden soll. Doch die Ausweichniederlassung in Würzburg fällt in den letzten Kriegstagen am 16. März 1945 erneut einem Bombenhagel zum Opfer. Die historische Altstadt Würzburgs wird zu 90 Prozent zerstört. Emil Waldmann und seine Frau begehen am 17. März 1945 Selbstmord im Main.

Gurlitts Familie – bestehend aus Ex-Frau, Schwägerin, Lilly, Gattin Käthe, die unter Lillys ständiger Anwesenheit sehr leidet, und den Töchtern Maria und Angelina – übersiedelt im Februar bzw. im März 1944 endgültig nach Bad Aussee.

Am 6. März 1944 bietet Gurlitt Voss an, „ehrenamtlich" für die „Bergungsaktion" der Kunstschätze des „Führermuseums" tätig zu werden: Weil Gurlitt sich wegen der Mobilmachung um die Schließung des Kunsthandels sorgt, bittet er Voss um Unterstützung und Empfehlungen, um bei den Bergungsstellen für das „Führermuseum" eingesetzt zu werden.

Gurlitts Villa befindet sich unweit des Salzbergwerkes von Altaussee, wo Hitler seine Kunstwerke für das Linzer „Führermuseum" einlagert. Sein Refugium ist mitten im Zufluchtsgebiet von Nazibonzen und in fußläufiger Entfernung von „arisierten" Villen (Villa Alberti, Villa Munk). Auch der an Raubkunst beteiligte Johannes Hinrichsen (1884–1971), seit 1928 Partner einer Berliner Kunsthandlung in der Bellevuestraße, der für Hermann Göring Einkäufe tätigt, lebt ab 1938 in einer „arisierten" Villa in Altaussee und führt, wie Gurlitt, seinen Kunsthandel von Bad Aussee aus weiter.

Noch im Jahr 1946 wird Gurlitt laut eigener Schilderung und schriftlicher Bescheinigung mit der Leitung des Kulturamtes des Ausseerlandes beauftragt.[48] Für die dortigen alljährlich stattfindenden Festwochen veranstaltet Gurlitt wichtige Kunstausstellungen.

Ebenfalls in das Jahr 1946 fallen erste Bestrebungen Gurlitts, sich nun in Salzburg niederzulassen. In den Indizes/Protokollen der Präsidialabteilung des Jahres 1946 finden sich Hinweise auf Bemühungen um eine Verlagskonzession und Aufenthaltsbewilligung, ebenso auf die Zuweisung von Räumen im Rainermuseum auf der Festung Hohensalzburg, eine „Unterbringung der Galerie auf der Festung", die von der Wiener Albertina wiederum wärmstens befürwortet wird. Die aufklärenden Akten der Präsidialabteilung im Salzburger Landesarchiv sind verschollen. Jedenfalls wird in der Salzburger Stadtverwaltung 1947 ein Antrag Gurlitts auf eine Verlagskonzession einstimmig angenommen. Gurlitt wird von der Referentin als Förderer junger Künstler gelobt und vorgestellt.[49] Die in Akteneinträgen erkennbaren intensiven Bemühungen sowie die Lagerung seiner Kunstsammlung bestätigen Gurlitts Versuche, nach Würzburg zwischen 1945 und 1955 zunächst in Salzburg Fuß zu fassen. Der Kunsthändler veranstaltet mehrere Ausstellungen im Salzburger Künstlerhaus anlässlich der Salzburger Festspiele und bespielt diese mit eigenen Werken und Leihgaben. Eine längerfristige Zusammenarbeit und Verortung scheitern jedoch, was vermutlich an dem konkurrierenden Kunsthändler Friedrich Welz liegt, der als „Platzhirsch" in Salzburg agiert. Wolfgang Gurlitt verurteilt Welz' Handel mit Raubkunst stets auf das Schärfste und äußert sich verwundert, dass selbst ein Antifaschist wie Kokoschka dem Händler „in die Arme sank".[50] Auch Gurlitts freundschaftliches Verhältnis zu Kokoschka leidet wegen Welz stark, denn Gurlitt hatte gehofft, dass Kokoschka sein Gastatelier in Linz oder am Lenauhügel in Bad Aussee aufschlagen würde, stattdessen gründet dieser gemeinsam mit dem verhassten Welz die Schule des Sehens in Salzburg. Als Gurlitt-Wohnsitze scheinen im Salzburger Melderegister neue Wohnadressen auf: 7. Mai 1948 bis 27. Jänner 1950: Kranzlmarkt 4, bei Hugo Schwarz (1913–1996, einem nach Israel emigrierten jüdischen Künstler, der zwischen 1946 und 1962 in Salzburg lebt und dessen Werke Gurlitt in der Neuen Galerie in Linz zweimal präsentiert); 27. Jänner 1950 bis 28. Dezember 1955: Pausingerstraße Neubau 16, bei Dr. Hans Fetscherin. Der Zahnarzt und Kunsthändler, der später in Nymphenburg bei München wohnt, zählt ebenfalls zu den engen Freunden Gurlitts.

47 Andreas Bartsch bestätigt der Verfasserin im Juni 2018 in einem Gespräch, dass „damals viele falsche Zuschreibungen, besonders bei alten Meistern von Waldmann oder Voss getätigt wurden. In den 1950er-Jahren haben die Kunsthändler den reichen Leuten alles verkauft, es gab kaum Werkverzeichnisse."

48 Die Bescheinigung befindet sich in Privatbesitz.

49 Stadt Salzburg, Stadtarchiv und Statistik, Sitzungsprotokoll vom 4.8.1947, freundliche Mitteilung von Dr. Peter Kramml, 13.2.2019.

50 Freundliche Mitteilung von Alexandra Cedrino-Nahrstedt; die Briefe befinden sich in Privatbesitz.

Die Gründung der Neuen Galerie in Linz 1946 Staatsbürgerschaftsantrag

Erste Besprechungen zwischen Bürgermeister Ernst Koref, Magistratsdirektor Egon Oberhuber, Justus Schmidt, Wolfgang Gurlitt und dessen Mitarbeiter Walter Kasten zwecks Gründung einer städtischen Galerie mit Beständen aus Leihgaben aus Wiener Museen bzw. aus der Privatsammlung von Wolfgang Gurlitt finden am 11. Mai 1946 in Linz statt. Die neue Sammlung soll im Brückenkopfgebäude Ost untergebracht werden, Wolfgang Gurlitt ist als Direktor der Neuen Galerie vorgesehen. Am 22. Juli 1946 stimmt der Stadtrat einem Vertrag mit Gurlitt zu. Dieser sieht vor, dass Gurlitt 120 bis 150 Gemälde und 170 bis 200 Aquarelle als Leihgaben aus seiner Sammlung zur Verfügung stellt, diese jederzeit austauschen kann, ehrenamtlich die künstlerische Leitung übernimmt und jährlich vier Wechselausstellungen ausrichtet. Die Stadt Linz stellt im Gegenzug Räumlichkeiten und Personal zur Verfügung. Ankäufe sollen eine magistratsinterne Sammlung erweitern. Die Vereinbarung wird am 14. November 1946 unterzeichnet und Gurlitt garantiert in einem Brief vom 25. Oktober 1946, dass die Galerie nicht als „geschäftliche Transaktion", sondern als „kulturelle Tat" und „darüberhinaus als eine Art Schenkung betrachtet werden muß".[51] Gurlitt selbst kommt nur selten gegen Verrechnung von Spesen nach Linz, meist lässt er sich von Walter Kasten vertreten.

Am 12. Dezember 1946 werden Gurlitt, seine Ehefrau Käthe und die beiden Töchter – tatkräftig unterstützt durch den Bundesminister für Unterricht, den Landeshauptmann Dr. Gleißner, den Linzer Magistratsdirektor und durch das Land Salzburg – österreichische Staatsbürger. Gurlitt erklärt eidesstattlich, dass er nie der NSDAP, SS, SA, dem NSKK und NSFK – weder als Förderer noch als Funktionär oder Mitglied – angehört hat.

Am 30. Dezember 1945 wird als Beilage zum Antrag auf Verleihung der österreichischen Staatsbürgerschaft vom Sicherheitskommissär von Bad Aussee, dem Gendarmerie-Major, bestätigt, „daß Herr Wolfgang Gurlitt aus Reitern Nr. 38, Gemeinde Bad-Aussee, aktives Mitglied der Ausseer-Widerstandsbewegung ist. Herr Gurlitt hat bei der Zersetzung der deutschen Wehrmacht mitgeholfen und außerdem Waffen von diesen versenkt."[52] Im Antragsschreiben, das am 31. Jänner 1946 in der Landesregierung Salzburg eintrifft, schildert Gurlitt selbst seine bewegten Zeiten als Verleger, aber auch seine Nähe zu Österreich:

> „[...] Die Leitung der Galerie wurde von diesem Zeitpunkt [1940] ab gleichfalls nach Bad Aussee verlegt, nachdem eine Übersiedlung der Galerie nach Wien, die schon seit langem geplant war von Seiten der wiener [sic!] Nazistellen eine Ablehnung erfahren hatte.[53] – Seit der Ausbombung der Niederlassungen in Berlin und Würzburg, erfolgte dann eine Verlegung des Gesamtbetriebes des Unternehmens nach Aussee, wo auch das Gewerbe angemeldet wurde, während das Finanzamt Gmunden für die Steuern zuständig wurde.
> Im engsten Zusammengehen mit der österreichischen Freiheitsbewegung wurde der Antragsteller bei Kriegsende mit der Leitung des Kulturamtes im Ausseerland betraut und wirkte von hier aus am Aufbau des kulturellen Lebens in Aussee auf das intensivste mit. Darüberhinaus wurden Verbindungen mit Salzburg angeknüpft und der Landesregierung ein Plan zur Ausgestaltung und Neuaufbau des Ausstellungswesens unterbreitet, das bei den zuständigen Stellen Interesse fand. Räume zur Verwirklichung dieser Unternehmungen werden von der Landesregierung Salzburg zur Verfügung gestellt und es besteht die Absicht durch wechselnde Ausstellungen alter und moderner Kunst, die zum Teil rein musealen Charakter haben sollen, das kulturelle Leben der Stadt zu beleben. Die in Vorbereitung befindlichen Ausstellungsveranstaltungen finden auch von Seiten der amerikanischen Militärregierung lebhafteste Anerkennung und Förderung. [...] Darüber hinaus möchte der Antragsteller darauf hinweisen, dass er durch seine Beziehungen und Verbindungen zum internationalen Kunstmarkt die Möglichkeit haben wird, sowie er seine Tätigkeit als Kunsthändler und Verleger wieder aufnehmen kann, wesentliche Devisenbeträge aus dem Ausland nach Österreich hereinzuholen. Um dies zu ermöglichen ist es notwendig die hierzu notwendigen Konzessionen zu erhalten, die er nur erlangen kann, wenn er österreichischer Staatsbürger ist. [...]"[54]

Gurlitt hat wieder Zugriff auf gesperrte Konten und erhält im März 1947 die Verlagskonzession in Salzburg.

51 Hanns Kreczi, *Städtische Kulturarbeit in Linz. Ein geschichtlicher Überblick anläßlich des 40jährigen Bestandes des Kulturamtes der Stadt Linz*, Kulturverwaltung der Stadt Linz, Linz 1959, S. 206.

52 OÖLA, Staatsbürgerschaftsakt Wolfgang Gurlitt.

53 Tatsächlich war die Stadt Wien laut Korrespondenz von Stadtrat Viktor Matejka zu dessen Bedauern nicht am Ankauf der Gurlitt-Sammlung interessiert.

54 OÖLA, Staatsbürgerschaftsakt Wolfgang Gurlitt.

Am 31. Mai 1947 wird die Neue Galerie nicht wie vorgesehen im Osttrakt, sondern im ersten Stock des westlichen Brückenkopfgebäudes mit einer Alfred-Kubin-Ausstellung provisorisch unter der Bezeichnung „Neue Galerie der Stadt Linz, Gründer und Leiter Wolfgang Gurlitt" eröffnet. Gurlitt sieht sich selbst als Mäzen, als Retter verlorener Kunstbestände, als Opfer des NS-Regimes und nützt seine Wiener Kontakte, um zusätzliche Leihgaben zu requirieren. Die Kubin-Ausstellung ist nicht nur ein großer Besuchererfolg, sondern wird auch medial österreichweit wahrgenommen. Die Galerieräumlichkeiten sind baulich noch nicht fertiggestellt und die ersten Ausstellungen gestalten sich schwierig: Kustos Walter Kasten hat keine Wohnung, Direktor Gurlitt kein Auto, die neu adaptierten Ausstellungsräume sind unfertig und feucht – eine Winterpause und Verschiebungen der Eröffnungsausstellung sind die Folge.[55] Als zweite Ausstellung positioniert Gurlitt fünf Künstlerinnen aus Österreich und Deutschland, nämlich Margret Bilger, Vilma Eckl, Ottilie Kasper, Käthe Kollwitz und Clara Siewert, die er unter dem Titel *Die schöpferische Frau* präsentiert.

1948 unternimmt Gurlitt verstärkte Versuche, zusammen mit Lilly Christiansen-Agoston seinen Kunsthandel unter anderem in Salzburg und Zürich wiederaufzubauen. So informiert er, dass die „Kunsthandlung Galerie Gurlitt mit dem Sitz in Bad Aussee die Errichtung einer Zweigstelle ihres Unternehmens in Zürich plant".[56] Doch Zürich oder Salzburg bleiben, wie viele andere Visionen, ein Wunschdenken. Im Frühjahr 1948 organisiert Gurlitt die Ausstellung *Sechs Meister der Feder (Klimt – Schiele – Kubin – Liebermann – Slevogt – Corinth)* im Salzburger Künstlerhaus, parallel dazu zeigt er in Linz Egon Schiele, Emmy Haesele, französische Meister der Zeichenkunst, aber auch regionale Künstler wie Hanns Kobinger, Alfons Ortner oder Herbert Ploberger.

Die feierliche Eröffnung der Neuen Galerie der Stadt Linz findet erst am 23. Oktober 1948 unter großer internationaler Medienresonanz statt. Wolfgang Gurlitt bespielt das neue Museum mit viel Sachkenntnis und Initiative und geht mit großem Engagement an den Aufbau des jungen Leihmuseums heran. Die Österreichische Galerie unterstützt die Eröffnungsausstellung mit 26 prominenten Leihgaben. Insgesamt werden 263 Exponate in den recht kleinen Ausstellungsräumlichkeiten gezeigt.

Die schwierigen Verhältnisse der unmittelbaren Nachkriegszeit – insbesondere der Glas- und Benzinmangel – erschweren Kunsttransporte und den Ausstellungsaufbau und prägen die Anfangszeit des jungen Museums.

Im Verlauf des Jahres 1948 plant Lilly Christiansen-Agoston ihren Umzug in die Schweiz, wo sie sich angeblich mit ihrem dänischen Ehemann niederlassen möchte, jedenfalls aber mit Gurlitt eine Dependance zu planen scheint. Sie wendet sich im September 1948 an den Landeskonservator von Salzburg, um die Ausfuhr ihrer Kunstwerke in die Schweiz zu beantragen. Von Salzburg aus wird im September 1948 ein Verzeichnis von Werken an das Bundesdenkmalamt nach Wien gesandt. Ein umfassender, streng vertraulicher Schriftverkehr, datiert von März bis Mai 1949, informiert das Bundesdenkmalamt Linz (Abteilung Ausfuhrangelegenheiten) von Lilly Christiansen-Agostons Wunsch, rund 400 Gemälde, Zeichnungen und Skulpturen, die angeblich aus ihrem Besitz stammen, tatsächlich aber im Eigentum von Wolfgang Gurlitt sind, in die Schweiz auszuführen. Die Werke sind als Bergungsgut auf der Festung Hohensalzburg in Salzburg eingelagert und werden dann nach Linz verbracht. Lilly Christiansen-Agoston erscheint am 1. April 1949 mit Gurlitt bei Landeskonservator Dr. Franz Juraschek und erklärt eidesstattlich, dass alle genannten Werke von ihr schon vor 1938 in Berlin besessen wurden. Ebenfalls erklärt sie, dass sämtliche Geschäftspapiere „bei der Totalzerstörung der Galerie ohne Ausnahme zu Grunde gegangen seien".[57] Viele der auf der Liste befindlichen Exponate werden hingegen wenig später, nämlich 1952/53, von Wolfgang Gurlitt an die Stadt Linz verkauft.

Am 15. Dezember 1949 verlangt das Bundesministerium für Vermögenssicherung und Wirtschaftsplanung Aufklärung über Gurlitt. Ein öffentlicher Verwalter soll eingesetzt werden. Dem oberösterreichischen Landeshauptmann und dem Linzer Bürgermeister gelingt es, das Ministerium zu überzeugen, sowohl von der privaten Liegenschaft Gurlitts als auch von der Neuen Galerie eine Verhängung der öffentlichen Aufsicht abzuwenden. Erste Streitigkeiten mit der Stadt wegen Spesenabrechnungen des ehrenamtlichen Direktors Wolfgang Gurlitt treten auf. Gurlitts schwierige Persönlichkeit führt nun auch zum Zerwürfnis mit Leitern anderer österreichischer Museen. 1949 fordert das Unterrichtsministerium Aufklärung, warum Bilder in der Neuen Galerie verkäuflich seien. In der Folge würden öffentliche Förderungen gestrichen, da Verkaufsausstellungen dem geschäftlichen Interesse Gurlitts

55 Kreczi 1959, S. 210f. So stürzte bei einem Besuch die Malerin Margarete Pausinger die nicht gesicherte Treppe hinunter und die Stadt musste Schadenersatz leisten.

56 Ebd., S. 212.

57 Bundesdenkmalamt, Wien, BDA, Ausfuhrabteilung, Ausfuhrakt, Lilly Christiansen, 1942–1949.

dienen. Gurlitt bewirbt sich um die Leiterposition der neu gegründeten Kunstschule, wird aber bereits im Vorfeld des Bewerbungsverfahrens abgelehnt.

1950 wird von der Stadt Linz wegen zunehmender Unvereinbarkeiten erstmals der Erwerb des Gurlitt'schen Kunstbestandes ins Auge gefasst:

> „[...] Gurlitt und die Stadtvertreter glaubten, daß das ‚Berliner Haus Gurlitt' in Linz neu erstehen werde. Stattdessen haben sich alle kunsthändlerischen und verlegerischen Hoffnungen Gurlitts zerschlagen und das Leihmuseum ist anstatt vom Kunstmäzen Gurlitt gehalten zu werden, selber zum Träger und Unterstützer Gurlitts geworden."[58]

Am 20. Dezember 1950 wird dem Kunsthändler die Erwerbungsabsicht erstmals offiziell vorgeschlagen.[59]

Im Frühjahr 1950 bietet Wolfgang Gurlitt dem Kunsthistorischen Museum Wien die Ausstellung *Die Gegenrenaissance* samt Exposé mit Fotos an. Die Werke stammen aus Gurlitts privater Manieristen-Sammlung. Doch am 9. April 1950 kommt ein negativer Bescheid von den Experten aus dem Kunsthistorischen Museum:

> „Es fragt sich sehr, ob Gurlitt der richtige Mann dafür ist, Kunsthändler haben immer die Tendenz an Manifestationen dieser Art ihr eigenes Süppchen zu kochen. Und die Durchsicht des von Gurlitt seinem Exposé angeschlossenen Photographienmaterials bestätigt nur diese Regel auch für den vorliegenden Fall. Es ist darunter eine Menge ‚Schmarrn', der in einer repräsentativen Ausstellung nichts zu suchen hätte, den er aber in den Vordergrund schiebt, weil er daran finanziell interessiert ist [...]."[60]

Nach dem Tod von Wolfgang Gurlitt muss Ehefrau Käthe die verbliebene Manieristen-Sammlung notgedrungen zur Schuldentilgung im Auktionshaus Lempertz weit unter dem Wert verschleudern.[61]

Wolfgang Gurlitt präsentiert mehr als 100 Ausstellungen in „seiner" Linzer Neuen Galerie, er stellt junge Künstler und Künstlerinnen aus und fördert diese (u. a. Rudolf Hoflehner, Margret Bilger) oder gibt Auflagen in Auftrag (Paul Flora, Hans Fronius). In einer eigenen kleinen Museumsabteilung veranschaulicht das neu gegründete Museum nach didaktischem Vorbild anhand von Reproduktionen die Entwicklung der Malerei in Europa. Insbesondere die Kunstvermittlung und das Ansprechen einer breiten Publikumsschicht sind Gurlitt ein großes Anliegen.

Ferner gestaltet Gurlitt bei den Hochschulwochen in Alpbach jährliche Ausstellungen für ein internationales Forum. Der leidenschaftliche Sammler fungiert als Leihgeber, unter anderem bei Schiele-Ausstellungen in der Albertina oder für eine Romako-Ausstellung in der Österreichischen Galerie und im Landesmuseum Klagenfurt, und organisiert eine Kubin-Wanderausstellung in Deutschland und der Schweiz.

Wolfgang Gurlitt vertritt die oberösterreichische Holzschneiderin Margret Bilger und beginnt parallel 1950 mit dem Aufbau einer Galerie, des „Kunstkabinetts der Galerie Wolfgang Gurlitt" in München. Für dieses Unternehmen benötigt er Geld, das er nur durch die Veräußerung seines Kunstbesitzes an die Stadt Linz erzielen kann.

Lilly Christiansen-Agoston stirbt überraschend in der Nacht vom 8. zum 9. September 1950. Sie wird auf der Parte als „stellvertretende Direktorin und Mitarbeiterin der Galerie seit 30 Jahren, ferner als Mitgründerin der Neuen Galerie Linz Wolfgang-Gurlitt-Museum" bezeichnet. Die Beisetzung findet am 12. September in Bad Aussee statt.

Wolfgang Gurlitt erbt Lillys Kunstsammlung. Der noch lebende Ehemann wird angeblich abgefunden. Akten zu einer Verlassenschaftsabhandlung konnten bislang nicht aufgefunden werden. Gurlitt schenkt 1952 der Stadt 19 Aquarelle und Zeichnungen, vorwiegend von deutschen Künstlern des 19. Jahrhunderts, sowie 16 Bücher bzw. Luxusausgaben als „Lilly Christiansen Agoston Gedächtnisstiftung". Anlässlich ihres Ablebens entsteht *In Memoriam*, ein Gedenkbüchlein mit Kunstwerken und Künstlerwidmungen von Margret Bilger, Anton Faistauer, Oskar Kokoschka und Ernst Schönwiese.

Am 10. April 1951 bestätigt das Linzer Kulturamt, dass Gurlitt nach zähen Verhandlungen gewillt ist, seine Kunstbestände an die Stadt Linz zu verkaufen. Als erster Wert werden 2 bis 2,5 Millionen Schilling festgelegt, auch werden Kaufraten fixiert.[62]

Im Jahr 1951 gelingt es Wolfgang Gurlitt durch seine Freundschaft zu Oskar Kokoschka, eine erste österreichische Einzelausstellung des im Krieg emigrierten Künstlers in Linz

58 Kreczi 1959, S. 215.

59 Ebd.

60 Kunsthistorisches Museum Wien, Archiv: Akte der Verwaltungskanzlei: 291/VK/50: Wolfgang Gurlitt; Projekt einer Ausstellung *Die Gegenrenaissance*, Archiv der Gemäldegalerie: 28/GG/1952 Manieristen-Ausstellung (Anregung Gurlitt), 14/GG/1959 Angebot aus der Auflösung der Slg. Heiser-Schmolln (Gurlitt, Neue Galerie Linz), 56/GG/1960 Galerie Wolfgang Gurlitt, Bild von Spranger.

61 Freundlicher Hinweis von Andreas Bartsch, 2018.

62 Kreczi 1959, S. 217.

zu organisieren. Er versucht, den in der Schweiz lebenden und in Salzburg lehrenden Künstler an die neu gegründete Linzer Kunsthochschule zu engagieren. Gurlitt nützt auch seine Freundschaft mit Alfred Kubin und schlägt der Stadt Linz vor, den gesamten Kubin-Vorlass gegen eine monatliche Leibrente von 1.500 Schilling für die Neue Galerie und die Stadt Linz zu erwerben. Kubin erzählt seinem Freund Hans Fronius davon, der umgehend Monsignore Otto Mauer verständigt. Dieser setzt von Wien aus alle Hebel in Bewegung, um Gurlitt auszubooten. Die Republik und das Land Oberösterreich einigen sich, und es kommt am 20. April 1955 zu einer Vereinbarung: Kubin erhält ab 1. Mai 1955 eine steuer- und abgabenfreie Ehrengabe von monatlich 3.000 Schilling gegen eine „Schenkungsurkunde". Die Stadt Linz, Gurlitt und seine Neue Galerie haben das Nachsehen.

Erste Restitutionsforschungen von Dr. Fritz Loewenthal wegen eines Gemäldes von Lesser Ury belegen, dass Gurlitt um 20.000 Reichsmark die Sammlung Loewenthal erworben, die Notlage eines jüdischen Mitbürgers ausgenützt und nach dem Krieg Werke, entgegen der Vereinbarung mit dem Besitzer, nicht rückerstattet hat.

Laut Korrespondenzen erleidet Wolfgang Gurlitt einen Herzanfall.

1952 findet die Ausstellung *Nie wieder Krieg* statt. Gurlitt möchte nach Lillys Tod seine Tochter Maria als Stellvertreterin und Ehrendirektorin über seinen Tod hinaus in der Neuen Galerie einsetzen. Die Ankaufsverhandlungen erweisen sich als schwierig, budgetäre Bedenken der Stadtverwaltung werden laut. Als kunsthistorischer Experte für Bewertung und Sammlungsfragen wird ab Sommer 1951 der frühpensionierte, mit Wolfgang Gurlitt bekannte Kunsthistoriker Justus Schmidt in die Ankaufsverhandlungen einbezogen. Justus Schmidt (1903–1970), 1941 Kulturbeauftragter des Gaus Oberdonau, NS-Depotbeauftragter, Beauftragter des Reichsführers-SS und nach 1945 Kurzzeitdirektor des Oberösterreichischen Landesmuseum, war es, der Gurlitt von Bad Aussee nach Linz gebracht hatte. Die Problematik des Erwerbs der Gurlitt-Sammlung mit dem Verdacht „arisierter" Kunstwerke und einigen fehlenden Provenienzen war der Stadt nicht unbekannt, für die politisch Verantwortlichen waren 1952/53 jedoch klare Positionierungen zu den Vermögensumschichtungen während der NS-Zeit nachrangig. Auch in den Medien regen sich kritische Stimmen zum Erwerb.

Am 14. Juli 1952 bewilligt der Gemeinderat den Ankauf von 88 Ölgemälden und 33 Grafiken zu einem Preis von 1.790.000 Schilling und beschließt, die Sammlung zu Lebzeiten Gurlitts als „Neue Galerie Linz, Gründer und Leiter Wolfgang Gurlitt" zu benennen. Eine Vorauszahlung von 790.000 Schilling mit Werken als Sicherstellung hilft dem Kunsthändler bei der Rückzahlung eines Kredites in Deutschland und dem Aufbau seines Geschäftes in München. Die Restzahlungen sollen in Monatsraten erfolgen. Noch immer fehlen Expertisen, Provenienzangaben und Eigentumsnachweise. Schon in den Jahren zuvor hatte Gurlitt trotz Verpflichtung gemäß der Anmeldeverordnung von 1946 sein während der NS-Zeit erworbenes Vermögen nie registrieren lassen. Der Restitution Division der U. S. Army ebenso wie dem Bundesdenkmalamt gilt Gurlitt als „suspekt". Gurlitts Standardbehauptung, alle Geschäftsunterlagen seien bei dem Bombenangriff im November 1943 vernichtet worden, werden von den Behörden als „billige Ausrede" gewertet. Die Verschleierungstaktik von Gurlitt im Hinblick auf Provenienzen führt auch im Magistrat zu einigen Diskussionen.

Am 14. Jänner 1953 wird der Kaufvertrag von 76 Ölgemälden und 33 Grafiken zu einem verringerten Kaufpreis von 1.446.060 Schilling unterzeichnet. Eine Ratenzahlung der Restsumme wird vereinbart. Das Museum wird „Neue Galerie der Stadt Linz, Wolfgang Gurlitt Museum" benannt. Am 13. April werden weitere acht Gemälde zum Preis von 161.625 Schilling angekauft. Bei einigen Werken kann Wolfgang Gurlitt die erforderlichen Unterlagen tatsächlich nicht beibringen und bietet im Austausch seine Kubin-Sammlung zum Preis von 240.000 Schilling an. Gurlitt nützt den Namen der Linzer Institution immer wieder für private Geschäftsanbahnungen, vor allem für Geschäftsabwicklungen in München. Es kommen seitens des Kulturamtes mehrfach Vorwürfe auf, weil Gurlitt, der in der strittigen Doppelfunktion als Kunsthändler und Museumsdirektor immer wieder, auch 1954, Werke, unter anderem von Johann Baptist Reiter, in Wien unter der Hand kauft und an die städtischen Sammlungen der Stadt Linz als Händler weiterverkauft. In der Zeitschrift *Weltkunst* erscheint am 15. März 1955 das Inserat „Linz, Wolfg. Gurlitt Museum. Das graphische Gesamtwerk von Goya", das von Wolfgang Gurlitt geschaltet wird. Der kommende Namensstreit beginnt sich abzuzeichnen.

Für die Jahre 1953 bis 1956 liegt ein umfassender Schriftverkehr mit dem Kunsthistoriker und Direktor der Berliner Nationalgalerie Paul Ortwin Rave (1893–1962) vor, dem Gurlitt weiterhin aus München permanent Ankäufe offeriert.

Die letzten Zahlungen der Gesamtsumme aus dem Gurlitt-Ankauf werden am 6. August 1956 abgewickelt.

Gurlitt leitet zwar von November 1946 bis 31. Jänner 1956 die Neue Galerie in Linz, errichtet aber bereits seit 1950 seine Münchner Galerie. In allen Angelegenheiten wird er bis 1950 in Linz von seiner Mitarbeiterin Lilly Christiansen-Agoston, dann von Walter Kasten vertreten. Gurlitts Berliner Mitarbeiter Walter Kasten ist in Linz stellvertretender Leiter und Museumskustos. Er übernimmt ab dem 1. Februar 1958 nach einem Jahr provisorischer Leitung nun definitiv die Direktion der Neuen Galerie und führt die Institution bis 31. Dezember 1973.

1960 fällt der Linzer Gemeinderat den Beschluss, den Namenszusatz „Wolfgang Gurlitt Museum" wegzulassen. Es beginnt wegen der Namensunterlassung ein erbitterter Rechtsstreit zwischen Gurlitt und der Stadt Linz, der durch alle Gerichtsinstanzen führt und durch umfassende Korrespondenzen im Archiv der Stadt Linz belegt ist. Mehrfach wird seitens der Stadt beklagt, dass man vor allem in Deutschland den Eindruck gewinnt, „daß die Linzer Neue Galerie auf Grund ihrer Bezeichnung als Wolfgang Gurlitt Museum eine echte Stiftung Wolfgang Gurlitts darstellt".[63] 1963 gewinnt Wolfgang Gurlitt den Prozess gegen die Stadt Linz. Er wird von Staranwalt Christian Broda (1916–1987), dem späteren SPÖ-Politiker und Justizminister, vertreten.

1960 wird Wolfgang Gurlitt das Große Ehrenzeichen für Verdienste um die Republik Österreich verliehen; zu diesem Zeitpunkt ist der endgültige Bruch mit der Stadt Linz bereits besiegelt. Gurlitt befindet sich laut einem Brief seines Rechtsanwalts in einem „sehr schlechten Gesundheitszustand". Im selben Jahr findet die Kontroverse mit der Stadt Linz eine Fortsetzung: Streitgegenstand ist diesmal das neu erschienene Werkverzeichnis von Lovis Corinth, in dem drei der sieben Corinth-Werke, die Gurlitt an die Stadt Linz verkauft hat, nicht aufgenommen werden. Charlotte Berend-Corinth hatte sich geweigert, für die drei dubiosen Corinth-Bilder Expertisen auszustellen.[64] Weitere Ursachen für eklatante Missstimmungen sind die Klischeedrucke, die im Gurlitt-Verlag von Zeichnungen Oskar Kokoschkas (sogenannte OKA-Drucke) und Alfred Kubins angefertigt wurden. Diese entstanden Anfang der 1950er-Jahre in der Gurlitt-Presse. Die Drucke, die in den Bereich der (meist signierten) Reproduktion gehören und in mehreren Farben und Formaten ohne Auflagenangabe im Gurlitt-Verlag reproduziert wurden, werden von Gurlitt der Stadt Linz zu einem günstigen Preis als Originalgrafiken verkauft, worüber die Stadtväter nachträglich Kenntnis erhalten. Die Stadt fühlt sich somit in mehrfacher Hinsicht von Gurlitt finanziell geschädigt. Erst im Jahr 2004 wird durch den Schweizer Böcklin-Experten Dr. Hans Holenweg bestätigt, dass es sich bei den teuren 1953 erfolgten Ankäufen von Böcklin-Gemälden mit Expertisen von Waldmann um Kopien des Böcklin-Schülers Rudolf Schick handelt. Wie schon in Würzburg hatte es Gurlitt mit den Zuschreibungen seiner Bilder nicht allzu genau genommen und seinen Freund Emil Waldmann als Böcklin-Experten vorgeschoben.

Neustart in München

Wie bereits geschildert, nimmt Gurlitt schon 1950 im Alter von 62 Jahren in München den Kunsthandel – seine Schwester Angelina von Weech führt in München ein Hotel – parallel zu seiner Direktorentätigkeit in Linz wieder auf.

1954 findet die erste Ausstellung in der Gurlitt-Galerie in der Galeriestr. 2b in den wiederaufgebauten Hofgartenarkaden statt, wo Gurlitt Geschäftsräume und im Dachgeschoß eine Wohnung für seine Familie bezieht. Ein Schwerpunkt der Münchner Galerie ist der österreichischen Kunst gewidmet (Kubin, Flora, Fronius, Bilger, Kokoschka, Kubin, Schwarzer etc.).

Im Erdgeschoß der Galeriestraße 2b richtet Gurlitt für die Töchter Angelina und Maria eine Buchhandlung ein, eine Bibliothek wird in der Ludwigstraße 6 hinzugemietet. Während das Zwischengeschoß als Grafikdepot und Ausstellungsraum dient – hier lagern umfassende Eigen- und Kommissionsbestände von Schiele, Klimt, Liebermann, Rops, Friedrich, May etc. –, wird das Publikum im Obergeschoß von afrikanischen, ostasiatischen und präkolumbischen Skulpturen, alles Neuerwerbungen aus der Sammlung Gurlitt, begrüßt.

Mit bis zu drei parallel stattfindenden Ausstellungen, die viele Mitarbeiter erfordern, herrscht in München reger Betrieb. Unter anderem finden Ausstellungen von Egon Schiele und Marc Chagall statt. Ab 1957 veranstaltet Gurlitt in den Hofgartenarkaden bis zu zwölf Ausstellungen jährlich. Er kauft nach wie vor wie besessen neue Ware.

Zwischen 1954 und 1964 kommuniziert Gurlitt brieflich mit Dr. Adolf Jannasch, dem Leiter der Galerie des 20. Jahrhunderts in Berlin, und ab 1961 mit dem Generaldirektor Prof. Dr. Leopold Reidemeister. Gurlitt unterbreitet fast monatlich Ankaufsvorschläge und empfiehlt unter anderem Ankäufe von Clara Siewert, Eric Isenburger, Leo von König, Hans Meid, Lesser Ury oder Max Liebermann. Jannasch eröffnet

63 Archiv der Stadt Linz, Dienstreisebericht von Dr. Kreczi, 20.3.1960.

64 Ein umfassender Schriftverkehr zwischen Wolfgang Gurlitt und Bürgermeister Koref, den Namensprozess betreffend, befindet sich im Archiv der Stadt Linz. Walter Kasten wendet sich in seinen Schilderungen nun gegen seinen ehemaligen Chef, Wolfgang Gurlitt. Gurlitt, der sich der Stadt Linz gegenüber als „todkrank" und „schonungsbedürftig" gibt, sei aber „dabei treppauf treppab durch die Galerie gegangen. [...] Keinesfalls seien ihm seine 71 Jahre anzumerken, er sei von einer erstaunlichen Vitalität und Lebendigkeit. [...]", Archiv der Stadt Linz, Brief vom 11.12.1959, Walter Kasten im Dienstwege an den Bürgermeister.

wiederum gelegentlich Ausstellungen in der Gurlitt-Galerie in München.[65]

In einem Schreiben vom 12. März 1959 kündigt Gurlitt an, dass er „gerne für Berlin in irgendeiner Form tätig wäre".[66] Er bietet an, die aktuell vakante künstlerische Leitung des Hauses am Waldsee in Berlin zu übernehmen; die Rede ist von Programmgestaltung, dem Zusammenbringen der Ausstellungen und der Hängung. Gurlitt schlägt wie zuvor in Linz vor, auf ein Gehalt zu verzichten, fordert aber in Berlin Kost und freie Logis. In der Einladung formuliert Gurlitt sein Anliegen, den Kontakt mit Berlin zu vertiefen:

> „Mein Bestreben wird es sein, in engster Fühlung mit dem Kulturamt der Stadt München und den Kunstinstituten zusammenzuarbeiten und es erscheint mir als eine meiner wichtigsten Aufgaben, einen noch regeren Kontakt mit den Kulturschaffenden Berlins herzustellen. Eine interessante Erweiterung der Galerie wird dadurch geschaffen, daß die Antiquitätenhandlung Hans Bayerlein unter der Leitung von Frau Margit Thomm archäologische Funde und Ostasiatische Kunst zeigen wird."[67]

1960 findet eine Lyonel-Feininger-Ausstellung in München (Galeriestr. 2b) statt. Die Staatlichen Museen von Berlin erwerben 1961 für 5.800 DM das *Bildnis Bruno Cassirer* von Max Slevogt. 1962 preist Gurlitt Jannasch Werke von Monet, Renoir und Chagall an und berichtet von der erfolgreichen Ausstellung seiner Manieristen-Sammlung.

1962/63 muss Gurlitt aus Geldnöten seinen wertvollsten Besitz, die Egon-Schiele-Sammlung, nach Turin verkaufen. Die Zeichnungen werden unter anderem über die Marlborough Gallery in London und die Galleria Galatea in Turin weltweit verstreut. Mit dem Erlös eröffnet der wieder in Geldnot geratene Gurlitt am 5. Juni 1963 eine zweite Galerie im Künstlerhaus am Lenbachplatz mit Aquarellen und Zeichnungen von Henry Moore. Der nimmermüde Kunsthändler führt nun kurzfristig sogar drei (nicht kostendeckende) Kunsthandlungen in München. Die dritte Dependance öffnet am Karlsplatz 20 (Stachus, Sonnenstraße 2) ihre Pforten. Das Stammhaus befindet sich nach wie vor in der Galeriestraße. Die Zweigstelle am Stachus wird vom Schwiegersohn, dem Fotografen Orlando Cedrino, nach Wolfgangs Tod eigenständig für kurze Zeit weitergeführt.[68] Die Sammler Buchheim, Sabarsky, Leopold, Feilchenfeld oder Fritz Lang gehören zu den Kunden der Münchner Galerie.

1962 findet bei Gurlitt wieder eine Isenburger-Ausstellung in München (Galeriestr. 2b) statt.

Am 6. Juni 1963 werden in der Galeriestraße 2b anlässlich der *Britischen Woche* Lithografien von James Gillray und Thomas Rowlandson neben Zeichnungen und Skulpturen von Helmuth Grundner und Ilse Fehling gezeigt. Die Österreicher Hans Fronius, Anton Watzl, Ludwig Schwarzer, Paul Flora und auch die jüdischen KünstlerInnen Hilde Goldschmidt, das Ehepaar Isenburger oder Jakob Steinhardt und Greta Hagenkamp sind eng mit der Galerie Gurlitt verbunden. Gurlitt distanziert sich zusehends von den jungen Zeitgenossen und versucht nun verstärkt, „seine" Künstler der 1920er-Jahre wieder in den Kunsthandel zurückzuführen. Laut Aussage der Tochter Maria erwirbt Gurlitt in den letzten Jahren enthusiastisch afrikanische Kunst, geht dabei aber Fälschungen, die den Markt überschwemmen, „auf den Leim".

Am 12. Februar 1964 setzt Gurlitt die gerichtliche Exekution des Urteils zur Namensgebung „Neue Galerie der Stadt Linz Wolfgang Gurlitt Museum" durch.

Mathilde Köhler, die mehrfach über den Grafikliebhaber Wolfgang Gurlitt schreibt, schildert den 75-jährigen Händler am 10. Juni 1963 in einer Laudatio als „kultivierten Sammler", dem die Vorstufen zu den großen Werken wichtig sind. Die Journalistin charakterisiert seine Galerie als „Salon, der Kenner heranbildet – kein Marktplatz, der sich in den eiligen Umschlag für Kunst einschaltet".[69]

Wolfgang Gurlitt verstirbt am 26. März 1965 an den Folgen einer Lungenentzündung in einer Münchner Klinik.

Käthe Gurlitt führt die Galerie in den Hofgartenarkaden gemeinsam mit Andreas Bartsch, unterstützt von der Familie, mit dem Künstlerschwerpunkt „Karikatur" bis zu Käthes Tod 1975 weiter. Die Galerie wird 1977 von Andreas Bartsch aufgelöst.

1965 liest man in einem Nachruf des deutschen Kunsthistorikers Erhard Göpel, der früher dem NS-Regime verpflichtet

65 Ein umfassender Schriftverkehr befindet sich im Zentralarchiv Staatliche Museen zu Berlin.

66 Brief vom 12.3.1959, Gurlitt an Jannasch, Zentralarchiv Staatliche Museen zu Berlin, Korrespondenz Jannasch 56.

67 Zentralarchiv Staatliche Museen zu Berlin, Einladung W. Gurlitt im Künstlerhaus am Lenbachplatz München, 1963, Korrespondenz Jannasch, 8.

68 Freundliche Mitteilung von Alexandra Cedrino-Nahrstedt. Ihr Vater Orlando Cedrino lernt die Gurlitts über die Industriellenfamilie Hagenkamp, die ihn als „Ziehsohn" nach Deutschland geholt hatte, kennen. 1965 heiratet Orlando Cedrino Wolfgangs Tochter Angelina. Er übernimmt nach dem Tod des Schwiegervaters die Filiale als Geschäftsführer und führt diese unter seinem Namen nach 1965 kurz weiter. Haupteigner waren allerdings Hagenkamp sowie ein Schweizer Freund von Hagenkamp, dem Wolfgang Gurlitt noch Geld schuldete. Aufgrund finanzieller Misserfolge und persönlicher Animositäten musste die Filiale am Stachus bald schließen.

69 Mathilde Köhler, *Hamburger Abendblatt*, 10.6.1963 und 30.3.1965.

war, über den leidenschaftlichen Sammler Wolfgang Gurlitt und dessen ambivalente Persönlichkeit:

„Traf er auf jemanden, der ihn durchschaute, zeigte er nur noch wahre Edelsteine der Künste, die er liebte. Bestätigte man ihm mit einer Geste, einem Wimpernschlag die höchste Qualität seiner Wahl, so flog der Schimmer eines Lächelns über dieses von Leidenschaften jeder Art verzehrte und gezeichnete Gesicht – das waren seine glücklichsten Momente.“[70]

In einem Kondolenzschreiben an Käthe Gurlitt würdigt Adolf Jannasch Gurlitts Leistungen als Verleger:

„Wenige werden wissen, wie sehr sich Wolfgang Gurlitt um das graphische Erbe großer Meister sammelnd bekümmerte, so um Lovis Corinth, Oskar Kokoschka, Max Liebermann, Max Slevogt, Hans Meid und viele andere. Hier liegt eine wirklich große Tat verborgen.“[71]

Schon in der Presse-Laudatio anlässlich der Kubin-Eröffnung der Neuen Galerie der Stadt Linz 1947 werden Gurlitts Verdienste und seine Vorgehensweise als Kunsthändler, die riskant, kühn und sehr oft berechnend war, wohlwollend – jedoch unkritisch – dargelegt:

„[...] Es war nicht leicht, die Galerie durch den ersten Weltkrieg und die Nachkriegsjahre zu steuern. Es bedurfte dazu großer Zähigkeit und unverwüstlicher Arbeitskraft. Mancher Tag hatte vierundzwanzig Stunden, und die kurzen Schlafpausen waren angefüllt mit den Träumen, die um die Pläne und Ideen des Tages kreisen. Projekte und Einfälle fliegen ihm zu, und wer in den Bereich seiner immer denkenden und handelnden Persönlichkeit gerät, kann sich ihr nur schwer entziehen. Seine wache Phantasie hält für die Freunde und Schützlinge des Hauses, Sammler und Künstler, immer neue Anregungen und Ideen bereit. Der selbst rastlos Tätige ist erst zufrieden, wenn alle um ihn mit Arbeit versorgt sind. Ein sicheres Gefühl für das Echte in der Kunst verläßt ihn nie, vor allem aber ist auch er – mit dem Herzen dabei. [...] [I]m persönlichen Verkehr ist Wolfgang Gurlitt eher scheu und zurückhaltend und erschließt sich einem neuen Menschen nur schwer. Er spricht lieber zehn Sätze weniger als ein Wort zuviel. Wenn er aber einmal im Fluß ist, etwa bei der Darlegung einer neuen Idee, ruht er nicht, bis er den Gesprächspartner überzeugt hat. [...] Das vergangene Regime schränkte die Tätigkeit der Galerie Gurlitt beinahe automatisch ein. [...] [Deshalb] mußte Wolfgang Gurlitt die Tätigkeit für die junge Generation einstellen. Im stillen half er weiter, wo er konnte. Die Galerie zog sich auf die Künstler des 19. Jahrhunderts zurück, bis in einer Bombennacht die Lebensarbeit von zwei Generationen in Rauch und Flammen aufging. Der heute fast Sechzigjährige steht vor einem neuen Beginn. [...] Wenn in hoffentlich nicht allzuferner Zeit die ‚Neue Galerie der Stadt Linz' in vollem Umfange mit der geplanten Arbeit beginnen kann, wird die anregende und belebende Persönlichkeit Wolfgang Gurlitts sich im kulturellen Leben der Stadt und des Landes Oberösterreich fruchtbringend bemerkbar machen.“[72]

Elisabeth Nowak-Thaller / Geb. 1960 in Linz, promovierte Kunsthistorikerin. Studium der Kunstgeschichte und Publizistik an der Paris-Lodron-Universität Salzburg, seit 1986 Ausstellungskuratorin und -organisatorin, Kunstvermittlerin, Sammlungsleiterin (Abt. Gemälde & Skulpturen) sowie Vizedirektorin in der Neuen Galerie der Stadt Linz / LENTOS Kunstmuseum Linz. 2015–2016 Ankaufskuratorin der Stadt Linz. Kuratorin und Co-Kuratorin zahlreicher Ausstellungen in den Museen der Stadt Linz (LENTOS und NORDICO) u. a. *Klemens Brosch*, *Helene Funke*, *Herbert Bayer und die Moderne*, *Johann Baptist Reiter*, *Oskar Kokoschka*, *Gottfried Helnwein*, *Der nackte Mann*, *Rabenmütter*, *Sterne*, *Siegfried Anzinger*, *Alois Mosbacher*, *Klimt – Moser – Schiele*. Internationale Ausstellungskooperationen, Autorin von Publikationen zur Kunst des 20. Jahrhunderts.

70 Archiv Elizabeth Baars, Hamburg, Kopie eines Zeitungsausschnittes, Nachruf Erhard Göpel: Wolfgang Gurlitt, o. D., März 1965.

71 Zentralarchiv Staatliche Museen zu Berlin, Kondolenzschreiben vom 30.3.1965, Jannasch an Käthe Gurlitt.

72 *Nachrichten am Abend*, 12.7.1947.

„ALTE STREITE VERBINDEN“
HILDEBRAND UND WOLFGANG GURLITT

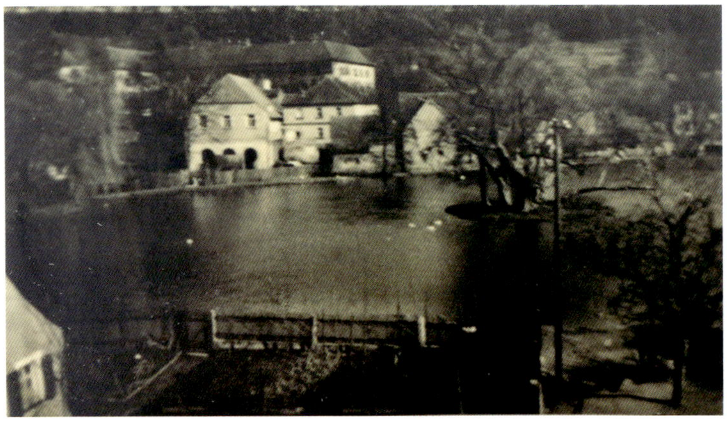

Abb. 1

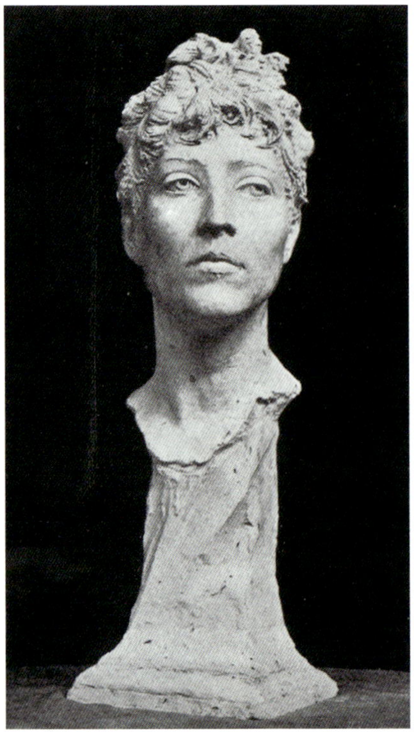

Abb. 2

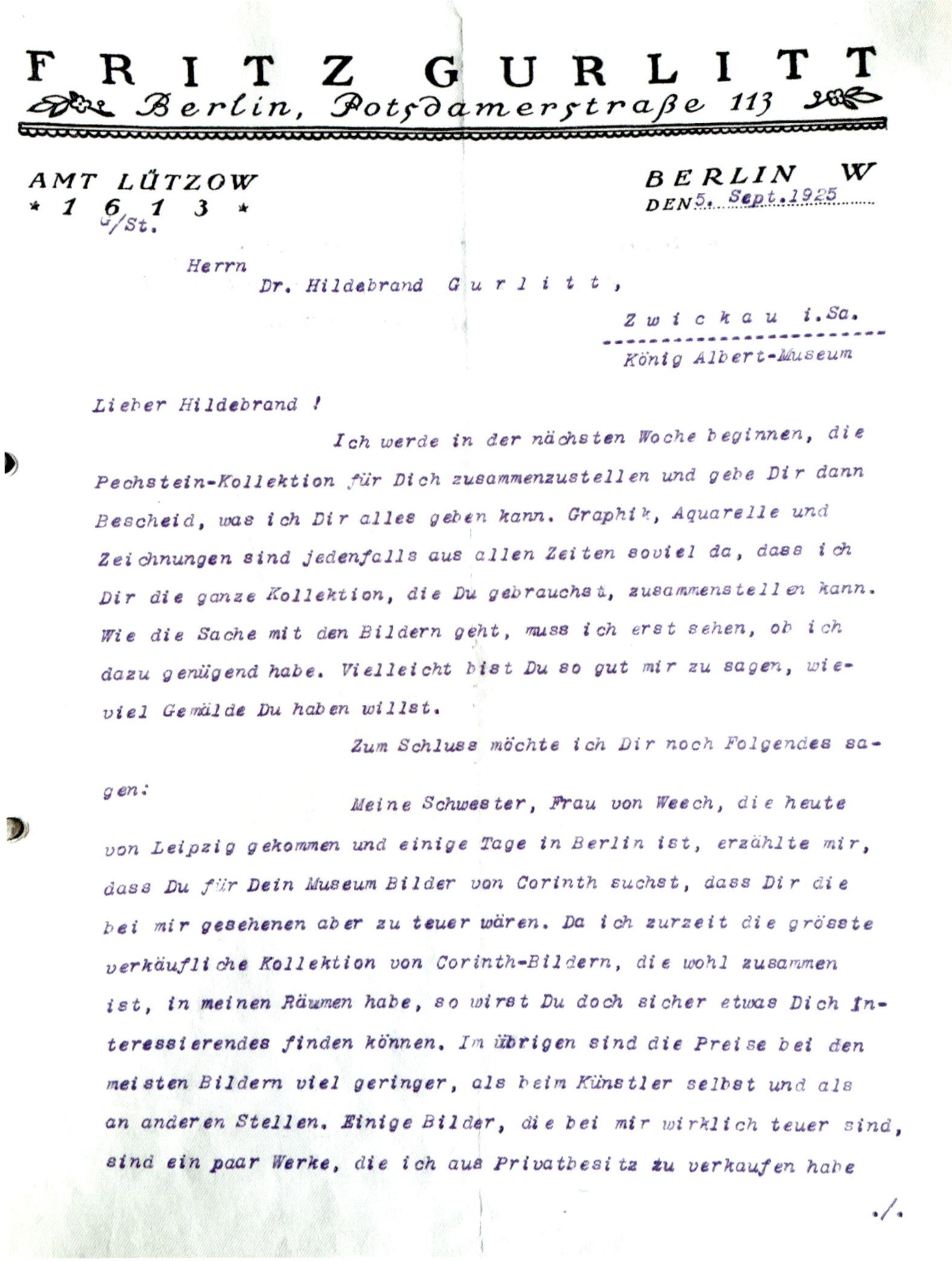

FRITZ GURLITT
Berlin, Potsdamerstraße 113

AMT LÜTZOW
* 1 6 1 3 *
G/St.

BERLIN W
DEN 5. Sept. 1925

Herrn
Dr. Hildebrand G u r l i t t ,
Z w i c k a u i.Sa.
König Albert-Museum

Lieber Hildebrand !

Ich werde in der nächsten Woche beginnen, die Pechstein-Kollektion für Dich zusammenzustellen und gebe Dir dann Bescheid, was ich Dir alles geben kann. Graphik, Aquarelle und Zeichnungen sind jedenfalls aus allen Zeiten soviel da, dass ich Dir die ganze Kollektion, die Du gebrauchst, zusammenstellen kann. Wie die Sache mit den Bildern geht, muss ich erst sehen, ob ich dazu genügend habe. Vielleicht bist Du so gut mir zu sagen, wieviel Gemälde Du haben willst.

Zum Schluss möchte ich Dir noch Folgendes sagen:

Meine Schwester, Frau von Weech, die heute von Leipzig gekommen und einige Tage in Berlin ist, erzählte mir, dass Du für Dein Museum Bilder von Corinth suchst, dass Dir die bei mir gesehenen aber zu teuer wären. Da ich zurzeit die grösste verkäufliche Kollektion von Corinth-Bildern, die wohl zusammen ist, in meinen Räumen habe, so wirst Du doch sicher etwas Dich Interessierendes finden können. Im übrigen sind die Preise bei den meisten Bildern viel geringer, als beim Künstler selbst und als an anderen Stellen. Einige Bilder, die bei mir wirklich teuer sind, sind ein paar Werke, die ich aus Privatbesitz zu verkaufen habe

./.

Abb. 3

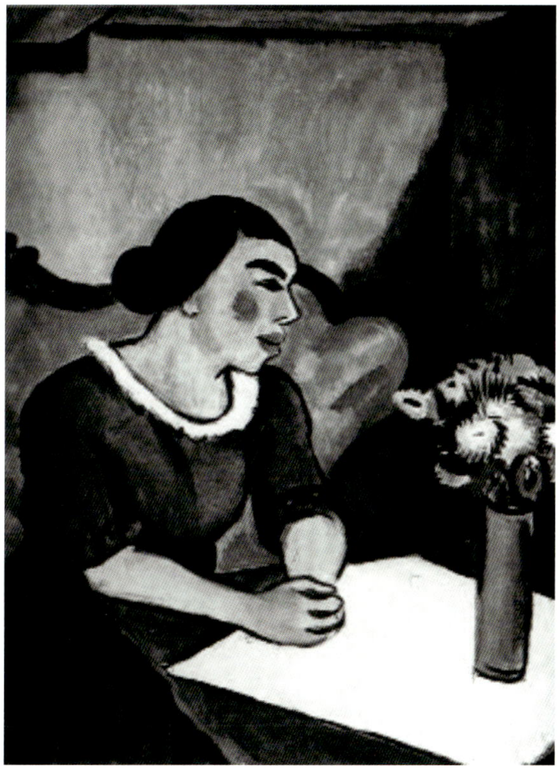

Abb. 4

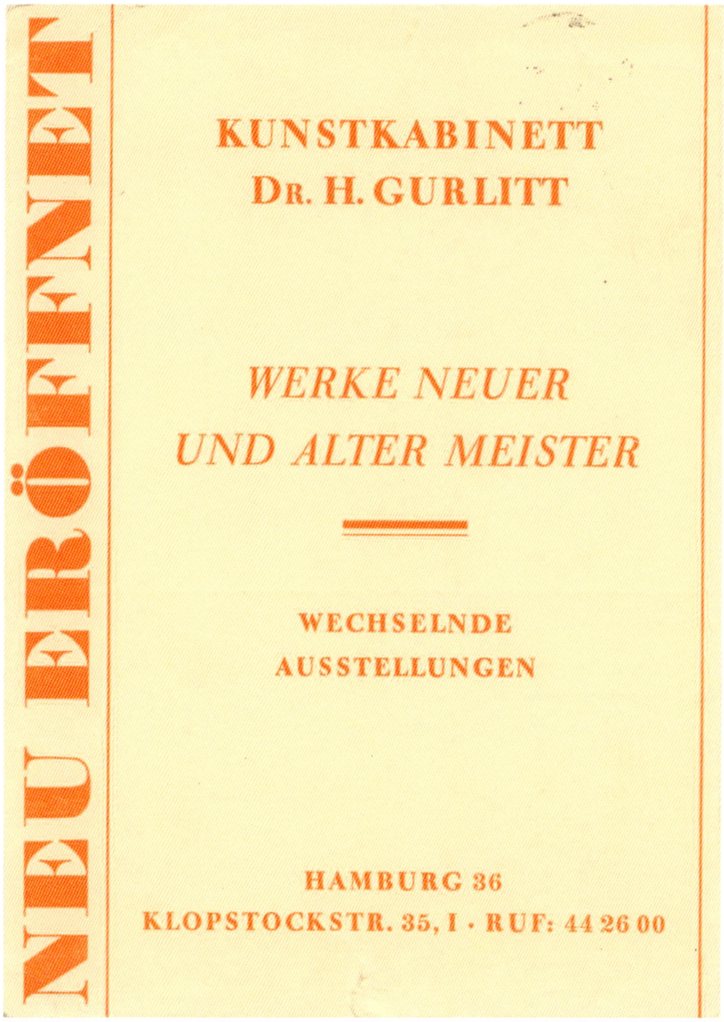

Abb. 5

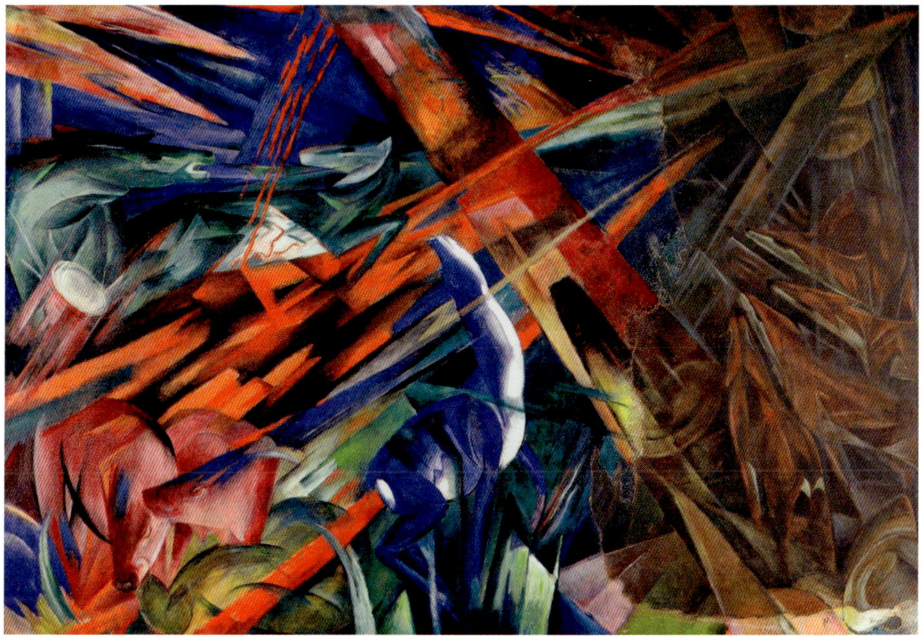

Abb. 6

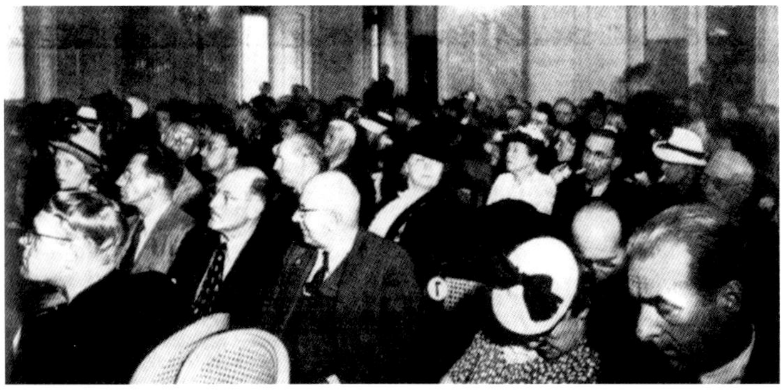

Abb. 7

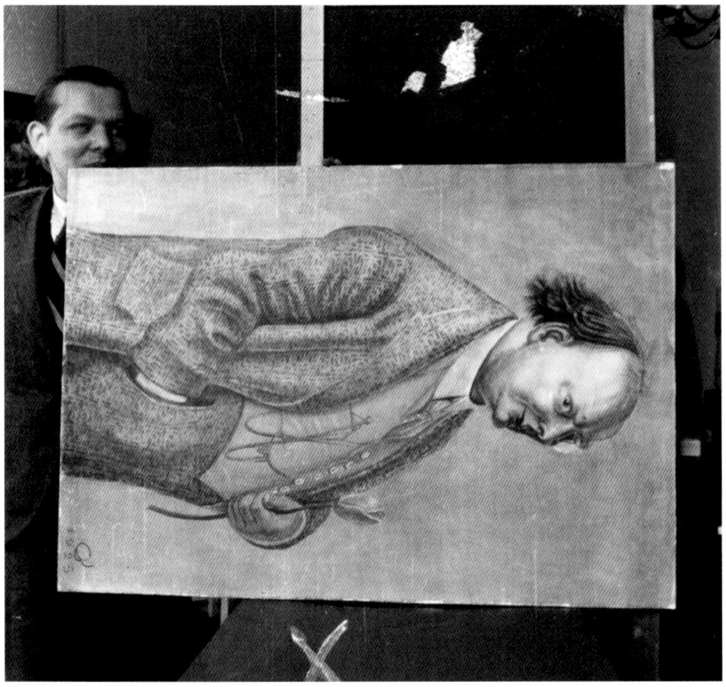

Abb. 8

Abb. 1 / Schloss der Freiherren von Pölnitz, Aschbach in Oberfranken, o.D., Fotograf: unbekannt, Foto aus dem Gurlitt-Nachlass im Bundesarchiv Koblenz, BArch Koblenz N 1826, Bild 21-59

Abb. 2 / **Reinhold Begas**, Annarella Gurlitt (spätere Frau Waldecker im Hofe), um 1890/91 (vor 1897), Büste, Material und Maße unbekannt, Verbleib unbekannt

Abb. 3 / Brief von Wolfgang Gurlitt an Hildebrand Gurlitt, 5.9.1925, Stadtarchiv Zwickau

Abb. 4 / **Max Pechstein**, *Frau in Blau am Tisch*, 1912, Öl auf Leinwand, 100 × 75 cm, monogrammiert und datiert oben rechts: HMP 1912, verschollen, Soika 1912/51

Abb. 5 / Kunstkabinett Dr. H. Gurlitt, Faltblatt zur Eröffnung, November 1935, Privatbesitz

Abb. 6 / **Franz Marc**, *Tierschicksale*, 1913, Öl auf Leinwand, 195 × 263,5 cm, vormals Städtisches Museum für Kunst und Kunstgewerbe, Halle/Saale, heute: Kunstmuseum Basel, Hoberg/Jansen I 217

Abb. 7 / Publikum auf der Auktion *Gemälde und Plastiken moderner Meister aus deutschen Museen* in Luzern am 30. Juni 1939 (Hildebrand Gurlitt zweite Reihe, rechts), aus: *Münchner Illustrierte*, 1. Juli 1939

Abb. 8 / **Otto Dix**, *Bildnis des Dichters Herbert Eulenberg*, 1925, nach der Beschlagnahme im Schloss Schönhausen, Fotograf unbekannt, Foto um 1938/39, Zentralarchiv der Staatlichen Museen zu Berlin (Foto)

Abb. 9 / **Lovis Corinth**, *Kleiner Walchensee (Regenstimmung am Walchensee)*, 1923, nach der Beschlagnahme in der Ausstellung *Entartete Kunst* in München 1937 (vorletztes Gemälde an der langen Wand), Zentralarchiv der Staatlichen Museen zu Berlin (Foto)

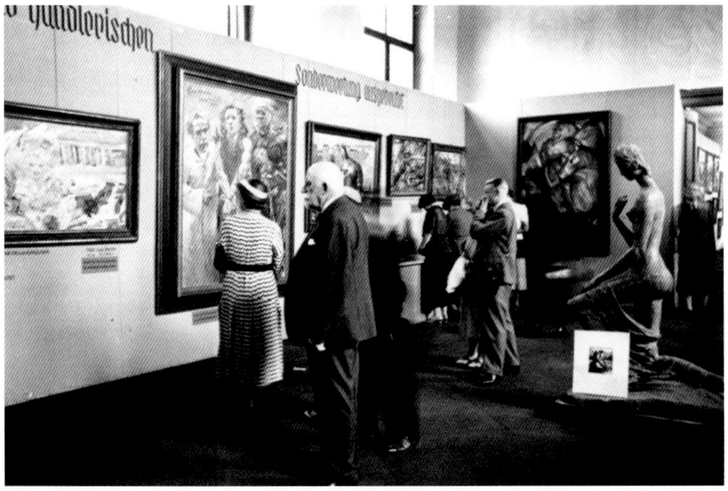

Abb. 9

Meike Hoffmann

„ALTE STREITE VERBINDEN" – HILDEBRAND UND WOLFGANG GURLITT

Die im Titel zitierten Worte schrieb Hildebrand Gurlitt seinem Cousin Wolfgang kurz nach Ende des Zweiten Weltkrieges im Juni 1945.[1] Hildebrand befand sich damals im oberfränkischen Ort Aschbach auf dem Schloss von Gerhard Freiherr von Pölnitz, wohin er mit seiner Familie nach dem Brand des Dresdner Elternhauses am 13. Februar 1945 infolge der alliierten Luftangriffe geflohen war (Abb. 1). Gurlitt kannte den Freiherrn aus jüngst vergangener Zeit, als er im Auftrag von Hermann Voss für den „Sonderauftrag Linz" Kunstwerke aus Frankreich nach Deutschland überführt hatte. Von Pölnitz war als Luftwaffenoffizier in Paris stationiert und durch seine enge Freundschaft mit Karl Haberstock ebenfalls in den Kunsthandel involviert gewesen. In Aschbach traf Gurlitt auf Haberstock, der dort bereits seit Ende Mai 1944 mit seiner Frau Magdalene Zuflucht gefunden hatte, nachdem seine Berliner Kunsthandlung in der Kurfürstenstraße durch einen Bombenangriff zerstört worden war.[2]

Sowohl Haberstock als auch Hildebrand Gurlitt hatten umfangreiche Bestände an Kunstwerken mit sich geführt. Beim Eintreffen der amerikanischen Kunstschutzoffiziere in Aschbach am 2. Mai 1945 gerieten beide schnell ins Visier von Captain Thomas Giuli, MFA&A Officer der Third U. S. Army.[3] Haberstock wurde wiederholt in Haft genommen, ebenso von Pölnitz. Gurlitt erhielt Hausarrest, die vorgefundenen Sammlungen wurden beschlagnahmt. In der Folge kam es unter den Familien auf Schloss Aschbach zu großen Spannungen. Ohnehin hielten die Kunsthändler nicht viel voneinander. Gurlitt hatte Haberstock als Chefeinkäufer für den „Sonderauftrag" in Frankreich Anfang 1943 abgelöst, jetzt denunzierten sich beide gegenseitig bei den Amerikanern. Die menschlich schwierige Lage hat Hildebrand wohl milde gegenüber Wolfgang gestimmt. In seinem oben erwähnten Brief beschrieb er die Situation in Aschbach als „einen Kriminal-Roman mit nächtlichen Beckmann Scenen".[4]

Auch die „katholisch freudlose Bauernwelt" blieb Hildebrand und seiner Familie vollkommen fremd. „Jeder ist der Feind von Jedem", klagte er.[5] Einzige Ausnahme war der Berliner Kunsthistoriker Erik Berger, der ehemalige Geschäftsführer von Wolfgang Gurlitts Würzburger Galerie. Berger fungierte bei den Verhören der Third U. S. Army als Übersetzer und erstellte Listen der aufgefundenen Kunstwerke. Zu ihm konnte Hildebrand ein freundschaftliches Verhältnis aufbauen, was ihm sehr bei den weiteren Verhören der Alliierten half.[6] Berger sprach nur positiv von seinem früheren Arbeitgeber Wolfgang Gurlitt, sodass Hildebrand gegenüber Wolfgang die versöhnlichen Worte anschlug. Sollte er tatsächlich daran geglaubt haben, dass „alte Streite verbinden", so verband ihn tatsächlich einiges mit Wolfgang. In den vergangenen Jahrzehnten hatten die beiden Cousins häufig, intensiv und ausdauernd miteinander gestritten.

1 Hildebrand Gurlitt an Wolfgang Gurlitt, Aschbach, 12.6.1945, Privatarchiv. Der Brief ist handschriftlich auf 1944 datiert, hierbei muss es sich jedoch um einen Fehler handeln, da die Briefinhalte und der angegebene Absendeort Aschbach erst für das Jahr 1945 zutreffen.

2 Horst Kessler, *Karl Haberstock. Umstrittener Kunsthändler und Mäzen*, Deutscher Kunstverlag, Berlin 2007, S. 17ff.

3 Capt. Thomas Guili, Excerpt from Daily Reports, 16.5.1945, Monthly Report On Monuments Fine Arts And Archives Eastern Military District, Third United States Army Activity Reports, 1945, NARA Washington D.C., M1941, Roll:31.

4 Hildebrand Gurlitt an Wolfgang Gurlitt, 12.6.1945, Privatbesitz.

5 Hildebrand Gurlitt an Wolfgang Gurlitt, 12.6.1945, Privatbesitz.

6 Meike Hoffmann, Nicola Kuhn, *Hitlers Kunsthändler. Hildebrand Gurlitt 1895–1956. Die Biographie*, C. H. Beck, München 2016, S. 235f.

I. Vorgeschichte

Der Ursprung aller Auseinandersetzungen lag in einem alten Familienzwist. Nach dem frühen Tod von Fritz Gurlitt 1893 kam es zu ersten Zerwürfnissen. Cornelius Gustav Gurlitt, der Vater von Hildebrand, fürchtete, dass Annarella, die Witwe von Fritz (Abb. 2), das Erbe nicht zum Wohl ihrer vier Kinder Angelina, Margarete, Wolfgang und Manfred verwalten würde, deren Vormundschaft er übernommen hatte.[7] Annarella war seit Längerem mit dem Teilhaber der Galerie Willi Waldecker liiert. Noch im Sterbejahr ihres Mannes heiratete sie ihn. In den Augen von Fritz' Geschwistern war das inakzeptabel.[8] Cornelius Gurlitt, der seinen Bruder und dessen Galerie immer unterstützt hatte – sowohl finanziell als auch mit Rezensionen zu den dort gezeigten Ausstellungen und zuletzt zeitweise mit der Übernahme der Geschäfte –, hegte den stärksten Argwohn gegenüber seiner Schwägerin. Eine „Urschel mit einem Spatzenhirn" nannte er sie in einem seiner Briefe, als sie gemeinsam mit ihrem neuen Ehemann die Leitung der Galerie übernahm.[9]

Seitdem zog sich ein Graben zwischen dem Berliner und dem Dresdner Familienzweig der Gurlitts, der nie wieder ganz überbrückt werden sollte. Als Hildebrand im Herbst 1919 nach Berlin übersiedelte, um hier an der Friedrich-Wilhelms-Universität sein zuvor in Dresden und Frankfurt am Main begonnenes Studium der Kunstgeschichte fortzusetzen, kündigte er Wolfgang sein Kommen an. Der Galerist reagierte jedoch nicht und bot ihm in der Folge – anders als von Hildebrand wohl erhofft – auch keine Unterkunft an. Nicht einmal Auskünfte über ein Gemälde Erich Heckels konnte sich Hildebrand einholen: Wolfgang lehnte „aus Geschäftsgründen" ab.[10] Nach einem Besuch in der Potsdamer Straße beschwerte sich der Student bei seinem Bruder Wilibald über den Cousin: „Er soll mir den Buckel runterrutschen [...]. Zumal sein Verlag fast nur Schweinerein herausgibt, wenigstens mir dadurch bekannt ist. Sieh Dir mal seinen Almanach an, und es kotzt Dich an."[11]

Tatsächlich wurde kurz darauf in Wolfgangs Verlag die bibliophil aufgemachte Reihe *Der Venuswagen. Sammlung erotischer Privatdrucke* (1919/20), unter anderem mit Illustrationen von Lovis Corinth (Friedrich Schiller, *Der Venuswagen*, 1781) und Richard Janthur (*Fabeln aus dem indischen Liebesleben*) beschlagnahmt.[12] Die Berliner Staatsanwaltschaft berief sich auf § 184 des Strafgesetzbuches, wonach das Verbreiten unzüchtiger Schriften oder Abbildungen verboten war.[13] Im Frühjahr 1921 kam es zum Prozess. Die von Alfred Flechtheim in seinem Galerie-Verlag herausgegebene Zeitschrift *Der Querschnitt* berichtete darüber.[14] Trotz der Proteste aus Künstler- und Freundeskreisen wurde Wolfgang Gurlitt verurteilt und musste die höchste Geldstrafe von 1.000 Reichsmark zahlen. Es war einer der ersten Prozesse dieser Art in der Weimarer Republik, dem noch viele folgen sollten, darunter beispielsweise die Verfahren gegen George Grosz (1923, 1924).

Nicht lange danach stand für Wolfgang Gurlitt die nächste gerichtliche Auseinandersetzung an. Diesmal war es die eigene Familie, die Anklage gegen ihn erhob. Else Gurlitt, Wolfgangs und Hildebrands Tante väterlicherseits, die zu Lebzeiten von Fritz in der Berliner Galerie ausgeholfen hatte, forderte von Wolfgang die Herausgabe einiger Werke ihres Vaters, des Landschaftsmalers Louis Gurlitt, die sie und ihr Mann Ludwig beanspruchten (Abb. S. 18). „Gestern traf Tante Else ein, munter, sehr dick und entsprechend behaglich. Sie erzählte von dem Prozess mit Wolfgang Gurlitt, der Bilder vom Großvater, die Onkel Ludwig und Tante Else gehören, nicht herausgeben will und deshalb allerhand Schmu macht. Tante Else schilderte ihr heldenhaftes Auftreten vor Gericht und ist aller Hoffnung voll", berichtete Cornelius Gurlitt seinem ältesten Sohn Wilibald im Juni 1922.[15] Es war keine Frage, zu welcher Seite die Dresdner Gurlitts hielten, auch für Hildebrand nicht.

II. 1920er-Jahre

Die Vorbehalte trafen nicht nur den Cousin persönlich, sondern sein Galerie- und Kunsthandelsgeschäft allgemein. Im Jahr 1922 hatte Wolfgang zusätzlich den durch Max Pechstein angestrengten Prozess gegen ihn zu bestreiten.[16] Cornelius Gustav Gurlitt, der honorige Baugeschichtsprofessor an der Technischen Hochschule Dresden, konnte darüber nur seine Nase rümpfen. Sein Sohn Hildebrand geriet

7 Cornelius Gurlitt an Wilhelm Gurlitt, 13.2.1893, 6.3.1893, TU NL Cornelius Gustav Gurlitt, 32/090, 32/091.

8 Hoffmann 2016, S. 30f.

9 Cornelius Gurlitt an Wilhelm Gurlitt, 5.2.1893, TU NL Cornelius Gustav Gurlitt, 32/089.

10 Hildebrand Gurlitt an Paul Fechter, o. D. [1920/21], Deutsches Literaturarchiv Marbach, A: Fechter, Paul, HS009609340.

11 Hildebrand Gurlitt an Wilibald Gurlitt, 27.8.1920, TU NL CGG, 126/100.

12 Zu Wolfgang Gurlitts verlegerischen Tätigkeiten siehe ausführlich den Beitrag von Bernd Ernsting im vorliegenden Katalog.

13 Gesetz, betreffend Aenderungen und Ergänzungen des Strafgesetzbuches, Reichs-Gesetzblatt, Nr. 23, 25.6.1900.

14 Bernhard Kellermann, „Der Venuswagen", in: *Der Querschnitt*, 1, 1921, H. 6, S. 226ff.

15 Cornelius Gustav Gurlitt an Wilibald Gurlitt, 23.6.1922, TU NL Cornelius Gustav Gurlitt, 33/074.

16 Siehe dazu den Beitrag von Aya Soika im vorliegenden Katalog.

allerdings in Berlin ins Schwanken. In seinen Lehrveranstaltungen an der Universität hatte er Leopold Reidemeister kennengelernt, einen Großneffen von Wilhelm von Bode, dem Generaldirektor der Berliner Museen. Reidemeister, der 1957 selbst den Posten des Generaldirektors der ehemals Staatlichen Museen zu Berlin übernehmen sollte, arbeitete damals als Werkstudent in der angesehenen Galerie van Diemen, die von Eduard Plietzsch, einem früheren Assistenten seines Großonkels, geleitet wurde. Reidemeister riet seinem neuen Freund, ebenfalls eine Stelle in der Galerie anzunehmen. Hildebrand zögerte, war dies doch „ein Schritt fort von der Gelehrtenlaufbahn", die für ihn vorgesehen war.[17]

Die Galerie bot laut Reidemeister für einen angehenden Kunsthistoriker jedoch nur Vorteile: nämlich den täglichen Umgang mit Werken der führenden Meister der holländischen und flämischen Schule sowie die Einführung in zentrale Sammlerkreise.[18] „Auch der Verdienst sei gut", wie Hildebrand seinem Bruder Wilibald versicherte.[19] Diese für ihn ganz neuen Netzwerke warfen ein anderes Licht auf Wolfgang Gurlitt. Hier traf Hildebrand auch Paul Fechter wieder, den anerkannten Expressionismus-Experten unter den Kunstschriftstellern, den er durch seine Schwester Cornelia während seines Kriegsdienstes in der Presseabteilung von Ober-Ost in Litauen kennengelernt hatte.[20] Fechter und Hildebrand planten zu der Zeit in Wolfgang Gurlitts Galerie eine Ausstellung von Werken Cornelias, die 1919 durch Suizid verstorben war. Die Sache zerschlug sich, genauso wie die Stelle bei van Diemen.[21] Aber das Eis zwischen beiden Cousins war geschmolzen.

Als Hildebrand Gurlitt im Frühsommer 1925 den Direktorenposten des König-Albert-Museums in Zwickau übernahm, kam ihm die Annäherung an seinen Cousin gleich zugute. Im Zuge der landesweiten Reformbewegung wollte auch er das bisher unprofessionell in der Provinz geführte Museum umgestalten. Sein ambitioniertes Vorhaben zielte vor allem darauf ab, die durch Industrie und Bergbau geprägte Kleinstadt mit moderner Kunst vertraut zu machen. Den Auftakt bildete im Oktober 1925 eine Pechstein-Ausstellung.[22] Max Pechstein war gebürtiger Zwickauer, hatte in seiner Heimatstadt aber bis dahin keine Beachtung erfahren. „Im Grunde genommen ist es eine Schmach, dass erst Sie als Nicht-Zwickauer kommen müssen, mich den Leuten vorzusetzen, um nicht zu sagen, aufzuzwingen", schrieb der Künstler an den neuen Museumsdirektor.[23] Für Leihgaben wandte sich Hildebrand an Wolfgang, der bereit war, aus seinen Galeriebeständen zentrale Werke zu entleihen (Abb. 3).[24] Hildebrands teuerste Erwerbung für das Museum kam von dort: Pechsteins *Frau in Blau am Tisch* (Abb. 4).

Beide Cousins blieben jedoch argwöhnisch: „Was ist eigentlich bei Dir los? Du hüllst Dich vollständig in Schweigen, beantwortest meinen Brief nicht und die Pechstein-Kollektion, die ich Dir für Deine Ausstellung gab, kommt nicht zurück [...]", monierte Wolfgang im Dezember 1925.[25] Immer wieder gab es Komplikationen bei gemeinsamen Aktionen. Als Nächstes plante Hildebrand eine Ausstellung der Dresdner Avantgarde.[26] Wolfgang konnte ihn überreden, die Ausstellung zuerst in seiner Galerie in Berlin (Januar/Februar 1926) und erst danach in Zwickau (März–Mai 1926) zu zeigen. Dafür machte er Paul Westheim auf die Ausstellung aufmerksam. Westheim räumte Hildebrand die Möglichkeit ein, in der von ihm herausgegebenen renommierten Zeitschrift *Das Kunstblatt* etwas über die Ausstellung zu schreiben. Allerdings befand er nach einem Ausstellungsbesuch in Berlin die Arbeiten von drei Künstlern für nicht erwähnenswert.[27] Hildebrand Gurlitt hielt sich beim Verfassen seines Artikels an die Vorgaben von Westheim, woraufhin einige der Künstler ihre eingereichten Werke zurückzogen und die Ausstellung, die eigentlich noch nach Mannheim und Köln wandern sollte, vorzeitig abgebrochen wurde.[28]

17 Hildebrand Gurlitt an Wilibald Gurlitt, 26.4.1921, TU NL Cornelius Gustav Gurlitt, 126/114.

18 Leopold Reidemeister, „Erinnerungen an das Berlin der zwanziger Jahre", in: Eberhard Roters (Hg.), *Leopold Reidemeister zum Gedenken* (= Brücke-Archiv, H. 15/16), Berlin 1988, S. 29f.

19 Hildebrand Gurlitt an Wilibald Gurlitt, 26.4.1921, TU NL Cornelius Gustav Gurlitt, 126/114.

20 Vgl. Hubert Portz (Hg.), *Cornelia Gurlitt: Reise des Herzens. Vilnius in den Augen einer deutschen Expressionistin: 1915–1917*, Ausst.-Kat., Staatliches Jüdisches Gaon-von-Vilnius-Museum, Knecht, Landau 2015.

21 Hildebrand Gurlitt an Paul Fechter, Dresden, 6.1.1922 und 10.2.1922, Deutsches Literaturarchiv Marbach, A: Fechter, Paul, HS009609340.

22 vgl. Briefe von Max Pechstein an Hildebrand Gurlitt, 15.8.1925–21.9.1925, Stadtarchiv Zwickau, König Albert Museum, Schriftverkehr 1925.

23 Max Pechstein an Hildebrand Gurlitt, 25.7.1925, Stadtarchiv Zwickau, König Albert Museum, Schriftverkehr 1925.

24 Wolfgang Gurlitt an Hildebrand Gurlitt, 5.9.1925, Stadtarchiv Zwickau, König Albert Museum, Schriftverkehr 1925.

25 Wolfgang Gurlitt an Hildebrand Gurlitt, 14.12.1925, Stadtarchiv Zwickau, König Albert Museum, Schriftverkehr 1925.

26 Korrespondenz Hildebrand Gurlitt „Das junge Dresden", Stadtarchiv Zwickau, König Albert Museum, Schriftverkehr 1925, 1926.

27 Paul Westheim an Hildebrand Gurlitt, 11.2.1926, Stadtarchiv Zwickau, König Albert Museum, Schriftverkehr 1926.

28 Hildebrand Gurlitt, „Das junge Dresden", in: *Das Kunstblatt*, Jg. 10, H. 7, Juli 1926, S. 260–261.

III. 1930er-Jahre

Der nächste Konflikt bahnte sich Jahre später mit der „Verwertung" der 1937 von NS-Behörden als „entartete" Kunst aus deutschen Museen beschlagnahmten Werke an. Zwischenzeitlich hatte Hildebrand aufgrund seines Eintretens für die moderne Kunst abermals einen leitenden Posten verloren – nach Zwickau (1925–1930) im Hamburger Kunstverein (1931–1933). Anschließend war er als Kunsthändler tätig geworden, ab 1935 mit einer eigenen Galerie, dem „Hamburger Kunstkabinett Dr. H. Gurlitt" (Abb. 5). Trotz der beruflichen Annäherung an Wolfgang kam es zu keiner intensivierten Zusammenarbeit. Laut der überlieferten Geschäftsbücher des Kunstkabinetts gab es pro Jahr ein bis zwei Kontakte, bei denen entweder Hildebrand von Wolfgang etwas erwarb oder umgekehrt. Dabei ging es um Werke von Caspar David Friedrich, Philipp Otto Runge, Lovis Corinth, aber auch von unbekannteren Künstlern, wie Rudolph Friedrich Wasmann oder Hans Olde.[29]

Nach Erlass der Nürnberger Rassengesetze 1935 konnte Hildebrand – jetzt klassifiziert als „Vierteljude" – seinen Handel noch einige Zeit unbehelligt weiterführen. 1937 wurde er abermals von der für Hamburg zuständigen Landesleitung der Reichskammer der bildenden Künste aufgefordert, seine Herkunft nachzuweisen.[30] Er überschrieb sein Kunstkabinett seiner rein „arischen" Ehefrau Helene[31] und suchte Schutz durch eine Indienststellung für das Reich. Schon 1937 konnte er Werke von Franz Radziwill an das Luftfahrtministerium nach Berlin verkaufen.[32] Im Jahr darauf erhielt er Zugang zum Schloss Schönhausen, wo die als „international verwertbar" ausgewählten Werke der Beschlagnahme „entarteter" Kunst lagerten. Seine ersten erfolgreichen Geschäfte schloss er in der Schweiz ab, beispielsweise mit Georg Schmidt, dem neuen Direktor des Basler Kunstmuseums, der den Aufbau einer Sammlung deutscher Moderne plante.

Schmidt hatte sich Sponsorengelder und einen Sonderkredit von der Stadt für seine Erwerbungen beschafft.[33] Das erste Gemälde, das Hildebrand Gurlitt ihm im Mai 1939 für 6.000 Schweizer Franken vermittelte, war Franz Marcs *Tierschicksale* von 1913 (Abb. 6).[34] Nicht Gurlitt allein vermutete profitable Abschlüsse. Der Berliner Buch- und Kunsthändler Karl Buchholz hatte sich früher als Gurlitt an Schmidt gewandt und ihm seine Dienste angeboten.[35] Beide Händler konnten sich auf eine gemeinsame Vermittlung einigen. Als jedoch Mitte Mai auch noch Wolfgang Gurlitt in das Geschäft einsteigen wollte, stieß er auf wenig Gegenliebe und wurde schnell wieder ausgebootet. Schmidt, Hildebrand Gurlitt und Buchholz waren sich untereinander handelseinig, aber Wolfgang gab nicht so schnell auf, er unterbot mit seinen Offerten seine Kollegen, was allerdings auch vom Reichsministerium für Volksaufklärung und Propaganda (RMVP) nicht akzeptiert wurde. Letztendlich zog er sich zurück.[36]

Kurz darauf sahen sich alle auf der Auktion *Gemälde und Plastiken moderner Meister aus deutschen Museen* mit 125 Meisterwerken aus dem Beschlagnahmegut „entarteter" Kunst im Grand Hôtel National in Luzern wieder, die der Schweizer Galerist Theodor Fischer ausrichtete. Sie fand am 30. Juni 1939 statt und es war bekannt, dass Georg Schmidt teilnehmen würde, um auf weitere Werke für das Kunstmuseum Basel zu bieten (Abb. 7). Hildebrand und Wolfgang Gurlitt kamen sich hier nicht erneut ins Gehege, erst im Nachverkauf erwarben sie Werke von Fischer.[37] Zur Auktion scheinen sie aus Informationsgründen angereist zu sein und nach potenziellen Kunden Ausschau gehalten zu haben. Während jedoch Hildebrand bis zum offiziellen Schluss der Verwertungsaktion am 30. Juni 1941 noch zahlreiche Geschäfte abwickelte und mit insgesamt 3.879 Werken bei Weitem die

29 Geschäftsbücher von Hildebrand Gurlitt 1937–1941, www.lostart.de/Content/041_KunstfundMuenchen/DE/Buecher/Buch1_bilderstrecke.html (abgerufen am 26.4.2019)

30 Vgl. Meike Hoffmann, „Abtauchen in die Grauzone. Hildebrand Gurlitt und die Reichskammer der bildenden Künste", in: Anja Tiedemann (Hg.), *Die Kammer schreibt schon wieder. Das Reglement für den Handel mit moderner Kunst im Nationalsozialismus* (= Schriften der Forschungsstelle „Entartete Kunst", Bd. 10), De Gruyter, Berlin 2016, S. 191–206.

31 Meldekartei Gewerbe, Staatsarchiv Hamburg, 231-7 A 12, Kasten 14.

32 vgl. Meike Hoffmann, „Sie können ja versuchen, in Berlin eine Lippe zu riskieren", in: Birgit Denizel (Hg.), *Franz Radziwill. Die Palette des Malers*, Ausst.-Kat., Franz-Radziwill-Haus Dangast, Kerber, Bielefeld/Berlin 2017, S. 47–63, hier Anm. 57.

33 Georg Kreis, *Einstehen für „entartete Kunst". Die Baseler Ankäufe von 1939/40*, NZZ Libro, Zürich 2017, S. 95–106.

34 Vgl. Brief von Hildebrand Gurlitt an RMVP, 10.10.1939, BArch R 55/21015, Bl. 138; Brief von Hildebrand Gurlitt an Rolf Hetsch, 25.9.1939, ebd., Bl. 141; Brief von Franz Hofmann an Hildebrand Gurlitt, 28.10.1939, ebd., Bl. 135.

35 Anja Tiedemann, „Kommissionsbestand von Karl Buchholz (1938–1941)", in: dies., *Die „entartete" Moderne und ihr amerikanischer Markt. Karl Buchholz und Curt Valentin als Händler verfemter Kunst* (= Schriften der Forschungsstelle „Entartete Kunst", Bd. 8), Akademie Verlag, Berlin 2013, S. 112–132.

36 Kreis 2017, S. 78–79.

37 Vgl. Datenbank zum Beschlagnahmeinventar der Aktion „Entartete Kunst", Forschungsstelle „Entartete Kunst", Freie Universität Berlin, www.entartetekunst.geschkult.fu-berlin.de (abgerufen am 30.4.2019).

anderen zur Verwertung autorisierten Händler übertraf, kam sein Cousin kaum zum Zuge.[38]

Sein nächstes Gebot reichte Wolfgang erst im Januar 1940 beim RMVP ein, nachdem auch er die zur „Verwertung" freigegebenen Werke im Schloss Schönhausen hatte besichtigen können.[39] Er hatte sich Spitzenwerke ausgesucht, insgesamt 30 Gemälde von Otto Dix, Erich Heckel, Emil Nolde, Karl Hofer, Max Beckmann und Karl Schmidt-Rottluff. Schon kurz darauf wurde der Kommissionsvertrag ausgestellt, allerdings auch hier mit einer deutlichen Erhöhung der von ihm angesetzten Preise; zum Beispiel wurde das *Bildnis Eulenberg* von Otto Dix von 45 auf 100 US-Dollar korrigiert, die *Lichte See* von Emil Nolde von 125 auf 180 US-Dollar (Abb. 8).[40] Dennoch hatte Wolfgang vermocht, eine Provision in Höhe von 25 % auszuhandeln, die normalerweise nur bei schwer vermittelbaren Werken unbekannter Künstler gewährt wurde. Und zusätzlich erhielt er einen Posten von 200 Blatt Druckgrafik von Corinth und Kokoschka in freier Auswahl.[41]

Letztendlich zerschlug sich das Geschäft. Wolfgang hatte vor, die Werke in die Schweiz zu vermitteln, für die Beantragung des Visums erhielt er eine entsprechende Erklärung des RMVP.[42] Eventuell hoffte er auf ein Geschäft mit Theodor Fischer. Damit wäre er allerdings Bernhard A. Böhmer in die Quere gekommen, der sich mit dem Schweizer Galeristen schon eng verbunden hatte. Jedenfalls musste Wolfgang Gurlitt im Juni 1940 bis auf ein Gemälde die Vermittlung aller Werke seiner Liste an Böhmer abtreten: „Aufgrund Ihrer Zuschrift vom 20. d.M. bestätige ich Ihnen hierdurch, dass ich die mir zum kommissionsweisen Verkauf überlassenen Werke entarteter Kunst, dem Kunsthändler Bernhard A. Böhmer, Güstrow, Haus Heidberg übergeben habe und bitte ich um dementsprechende Entlastung. Herr Böhmer wird die Übernahme sämtlicher Objekte wohl direkt bestätigen."[43] Die genauen Gründe für diesen Vorgang sind nicht überliefert.[44]

Die einzige für Wolfgang Gurlitt geglückte Übernahme von Werken aus dem Beschlagnahmegut ist durch einen Vertrag zwischen ihm und dem RMVP vom 6. Februar 1940 belegt. Hierbei handelte es sich um einen Kauf, nicht um eine Übernahme in Kommission, bei der die Werke bis zur endgültigen Vermittlung im Eigentum des Reiches verblieben und – wie beim Vertrag zuvor – entsprechend wieder zurückgezogen werden konnten.[45] Aber auch bei einem Kaufvertrag gingen die Werke erst nach Eingang der genannten Preise auf das bei der Reichshauptkasse in Berlin eingerichtete „Girokonto EK" in das Eigentum des Händlers über.[46] Und ebenso musste der Händler, wie jeder andere Erwerber, die Preise in „Devisen oder Devisenchecks unter Ausschluß der Verrechnung im Clearingverfahren" aufbringen und war nur zu einer Weitervermittlung der Werke ins Ausland berechtigt.[47] Geheimhaltung der Transaktionen war obendrein erwünscht.[48]

Gegenstand des Kaufvertrags vom 6. Februar waren vier Gemälde von Lovis Corinth: *Selbstbildnis im Barett* (1913, vormals Städtische Galerie Nürnberg), *Selbstbildnis in gestreifter Bluse* (1924, vormals Städelsches Kunstinstitut und Städtische Galerie, Frankfurt a. M.), *Kleines Stilleben (Rosen)* (1923, vormals Kestner Museum Hannover) und *Kleiner Walchensee* (1923, vormals Hamburger Kunsthalle).[49] Wiederum kam Wolfgang Gurlitt mit den von ihm zu niedrig angesetzten Preisen nicht durch.[50] Nach der Erhöhung von 775 auf 900 US-Dollar konnte er letztendlich nur die Devisen für zwei der Gemälde aufbringen (Abb. 9). Dem RMVP nannte er als Käuferin Lilly Christiansen-Agoston, wobei er verschwieg, dass es sich bei ihr um seine langjährige Geschäftspartnerin handelte.[51] Die Abrechnung erfolgte über Banken in Stockholm und Zürich in Schwedischen Kronen und zog sich noch bis Dezember 1941 hin.[52] Obendrein erwartete Wolfgang vom

38 Im Wesentlichen waren vier Händler zur Verwertung von Einzelwerken der „entarteten Kunst" autorisiert: Buchholz übernahm 883 Werke, Bernhard A. Böhmer aus Güstrow insgesamt 1.187 Werke und Ferdinand Möller aus Berlin 848 Werke, vgl. www.entartetekunst.geschkult.fu-berlin.de (abgerufen am 30.4.2019).

39 Wolfgang Gurlitt an RMVP, 24.1.1940, BArch Berlin R55/21015, Bl. 183, 201.

40 Kommissionsvertrag zwischen RMVP und Wolfgang Gurlitt, 31.1.1940, BArch Berlin R55/21015, Bl. 181–182.

41 Ebd., Bl. 182, Nr. 31.

42 Wolfgang Gurlitt an RMVP, 1.2.1940; RMVP an Wolfgang Gurlitt, 7.2.1940, BArch Berlin R55/21015, Bl. 57, 58.

43 Wolfgang Gurlitt an RMVP, 21.6.1940, BArch Berlin R55/21015, Bl. 93.

44 Walter Schuster ging noch davon aus, dass Wolfgang Gurlitt die Werke übernehmen konnte. Walter Schuster, *Die „Sammlung Gurlitt" der Neuen Galerie der Stadt Linz*, unpubliziertes Typoskript, Archiv der Stadt Linz, Linz 1999, S. 92.

45 Kommissionsvertrag zwischen RMVP und Wolfgang Gurlitt, 31.1.1940, BArch Berlin R55/21015, Bl. 181.

46 Kaufvertrag zwischen RMVP und Wolfgang Gurlitt, 6.2.1940, BArch Berlin R55/21015, Bl. 21.

47 Ebd.; RMVP an Wolfgang Gurlitt, 23.12.1941, BArch Berlin R55/21015, Bl. 6.

48 Kommissionsvertrag zwischen RMVP und Wolfgang Gurlitt, 31.1.1940, BArch Berlin R55/21015, Bl. 181, Nr. 6.

49 Kaufvertrag zwischen RMVP und Wolfgang Gurlitt, 6.2.1940, BArch Berlin R55/21015, Bl. 19, 21.

50 Vgl. RMVP an Wolfgang Gurlitt, 6.2.1940, BArch Berlin R55/21015, Bl. 20, 19, 21, 22.

51 RMVP an Wolfgang Gurlitt, 27.7.1940, BArch Berlin R55/21015, Bl. 13.

52 RMVP an Wolfgang Gurlitt, 23.12.1941, BArch Berlin R55/21015, Bl. 6.

RMVP – trotz Kauf – eine Provision in Höhe von 25 %, die lediglich für Kommissionsverträge vorgesehen war.[53]

IV. 1940er- und 1950er-Jahre

Laut handschriftlicher Notizen auf den Schreiben zwischen dem RMVP und Wolfgang Gurlitt ist Hildebrand von den Kapriolen in Kenntnis gesetzt worden.[54] Beide Cousins führten zu der Zeit einen Rechtsstreit, den Hildebrand Anfang Februar 1941 gewann:[55] Ein von Wolfgang für Hildebrand unsachgemäß verpacktes Gemälde Arnold Böcklins hatte erheblichen Schaden erlitten. Ohnehin scheint das Geschäft von beiden nicht ganz einwandfrei geplant gewesen zu sein: „Die Melancholie von A. Böcklin bei Gurlitt–Hamburg gesehen. Wert ca. 25.000 angegeben. [...] Zum Unglück soll das Bild noch i. unteren Teil beim Transport durch Schrammen eines in der Holzwolle verborgenen Nagels beschädigt sein. Der Restaurator hofft, die Stelle auffrischen lassen zu können. Zu allem hatte Gurlitt das Bild noch von seinem Berliner Händler (s. Vetter?) in verbotener Commission", schrieb ein Hamburger Sammler in seinen Aufzeichnungen.[56]

Die letzten Ereignisse hatten das gegeneinander gehegte Misstrauen der Cousins noch einmal verstärkt. So kam es in den Folgejahren, als beide in Frankreich für den „Sonderauftrag Linz" unterwegs waren, zu keiner erwähnenswerten Zusammenarbeit.[57] Erst 1944 war das Verhältnis zwischen beiden „einigermaßen wieder arrangiert", wie Hildebrand gegenüber seinem Anwalt äußerte.[58] Kurz darauf verloren sich beide aufgrund Hildebrands Flucht nach Aschbach aus den Augen, bis Erik Berger seinem früheren Chef den Brief von Hildebrand Gurlitt vom 12. Juni 1945 mit dem versöhnlich gestimmten Freundschaftsangebot überbrachte.[59] Beide Cousins waren jetzt über 50 Jahre alt und stellten sich in den kommenden Jahren noch einmal einer neuen Herausforderung: Wolfgang als Leiter der von ihm mitbegründeten Neuen Galerie in Linz, Hildebrand als Direktor des Kunstvereins für die Rheinlande und Westfalen.[60]

Während Wolfgang jedoch weiterhin als Händler tätig blieb und auch seinen Cousin zu einem Wiedereinstieg in das Geschäft überreden wollte, wehrte dieser ab: „Zum Kunsthandel auf Zigarettenwerbung, wie er heute betrieben wird, habe ich keine Neigung, später wird der grosse deutsche Ausverkauf kommen, auch nicht das Allerschönste."[61] Aber auch bei ihrer Ausstellungsorganisation für die von ihnen geleiteten Institutionen in Linz und Düsseldorf kam es zu keiner Kooperation, obwohl Wolfgang interessiert danach fragte und beide sich zum Teil für die gleichen Künstler interessierten.[62] So ist auffällig, dass Hildebrand für seine große Corinth-Ausstellung, die in Köln und Düsseldorf gezeigt wurde und für die er Leihgaben aus ganz Deutschland, der Schweiz, Schweden und Holland einwarb, seinen Cousin nicht miteinbezog.[63] Eventuell trug gerade die geschäftliche Distanz zu dem herzlichen Verhältnis zwischen beiden und ihren Familien bei, das aus der Korrespondenz der kommenden Jahre spricht.

Meike Hoffmann / Geb. 1962 in Bremen. Promovierte Kunsthistorikerin. Leiterin der Forschungsstelle „Entartete Kunst" und der Mosse Art Research Initiative (MARI) an der Freien Universität Berlin. Dozentin für Provenienzforschung und NS-Kunstpolitik an der FU Berlin. Seit 2012 Recherche zu den Werken der „entarteten" Kunst im Gurlitt-Bestand, zunächst als Gutachterin für die Staatsanwaltschaft Augsburg, danach als Mitglied der Taskforce „Schwabinger Kunstfund" und der Folgeprojekte in Berlin und Bern. Zahlreiche Publikationen zu ihrem Forschungsbereich, u. a. *Hitlers Kunsthändler. Hildebrand Gurlitt 1895–1956. Die Biographie* (2016). Co-Autorin der Publikation *Flucht in die Bilder? Die Künstler der Brücke im Nationalsozialismus* und Co-Kuratorin der begleitenden Ausstellung (Brücke-Museum Berlin / Kunsthaus Dahlem).

53 Wolfgang Gurlitt an RMVP, 6.2.1941, 25.2.1941, 18.6.1941 und 29.9.1941, BArch Berlin R55/21015, Bl. 8, 9, 11, 12.

54 Vgl. Wolfgang Gurlitt an RMVP, 6.2.1941, 25.2.1941, BArch Berlin R55/21015, Bl. 11, 12.

55 Kalender Helene Gurlitt, Eintrag 14.2.1941, BArch Berlin, NL Gurlitt, N1826/185; Hildebrand Gurlitt an RA Walter Schmidt, Dresden, 14.2.1944, BArch Berlin, NL Gurlitt, N1826/182.

56 Georg Glaubitz, „Tagebuchaufzeichnungen 1939–1964", in: Maike Bruhns, *Kunst in der Krise*, Bd. 1: *Hamburger Kunst im „Dritten Reich"*, Dölling und Galitz Verlag, Hamburg 2001, S. 618.

57 Zu Wolfgang Gurlitts Verbindungen zum „Sonderauftrag Linz" siehe den Beitrag von Birgit Schwarz im vorliegenden Katalog.

58 Hildebrand Gurlitt an RA Walter Schmidt, Dresden, 14.2.1944, BArch Berlin, NL Gurlitt, N1826/182.

59 Wolfgang Gurlitt an Hildebrand Gurlitt, 31.12.1946, BArch Berlin, NL Gurlitt, N1826/42.

60 Hildebrand Gurlitt übernahm am 1.1.1948 das neue Amt. Arbeitsvertrag zwischen dem Kunstverein für die Rheinlande und Westfalen und Dr. Hildebrand Gurlitt, Stadtarchiv Düsseldorf, StADue4-159-1-12.0000.

61 Hildebrand Gurlitt an Wolfgang Gurlitt, 12.3.1947, Privatbesitz.

62 Wolfgang Gurlitt an Hildebrand Gurlitt, 7.2.1948, BArch Berlin, NL Gurlitt, N1826/42.

63 *Lovis Corinth – Das Spätwerk*, Eigelsteintorburg, Köln, 9.9.–17.10.1950, Kunstverein für die Rheinlande und Westfalen, Düsseldorf, 22.10.–8.12.1950, Stadtarchiv Düsseldorf, Korrespondenz, Ausstellungsunterlagen, StADue4-159-2-2.000.

KUNST LEBEN. EXPRESSIONISTISCHE WOHNRÄUME ZWISCHEN KUNST-FÖRDERUNG, GALERIEERWEITERUNG UND EXTRAVAGANTEM LIFESTYLE

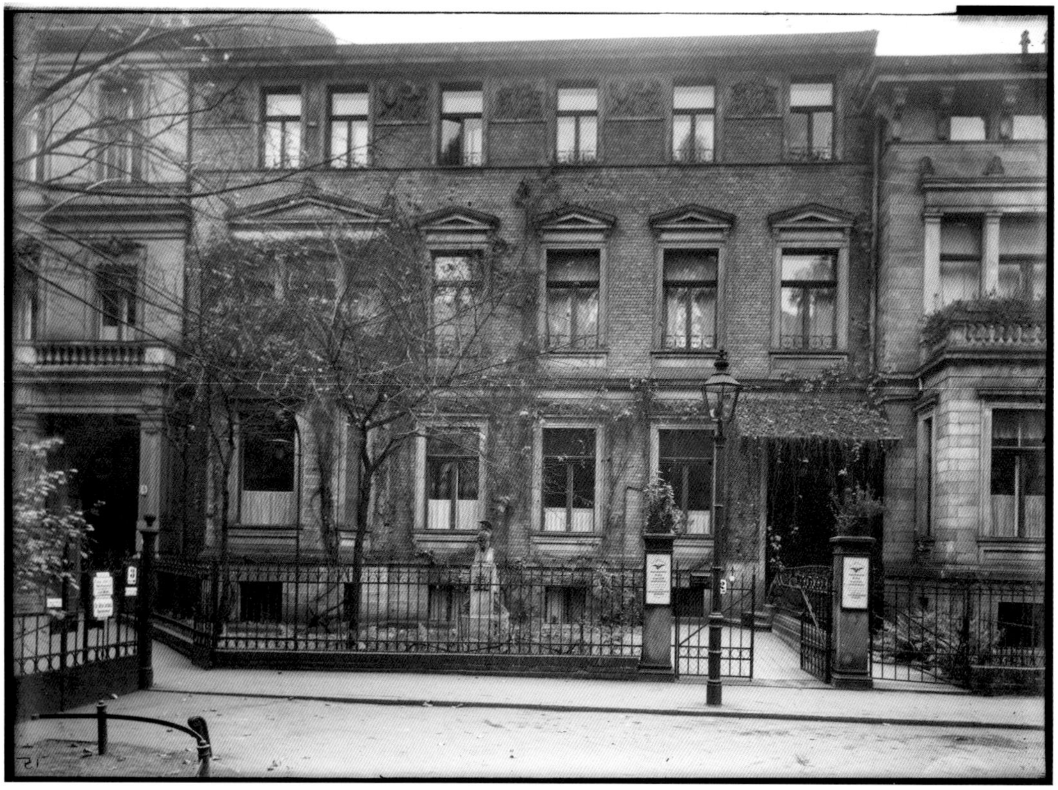

Abb. 1

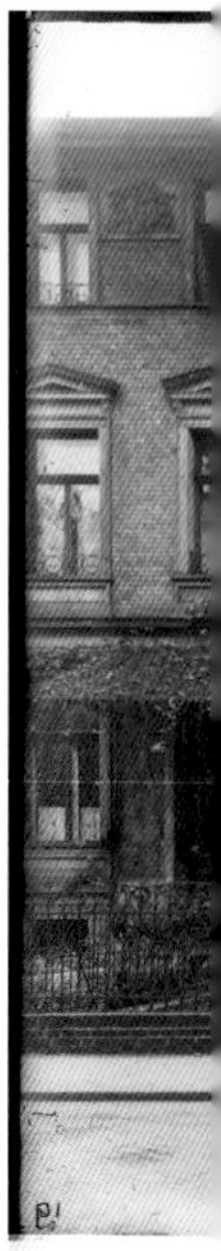

Abb. 4

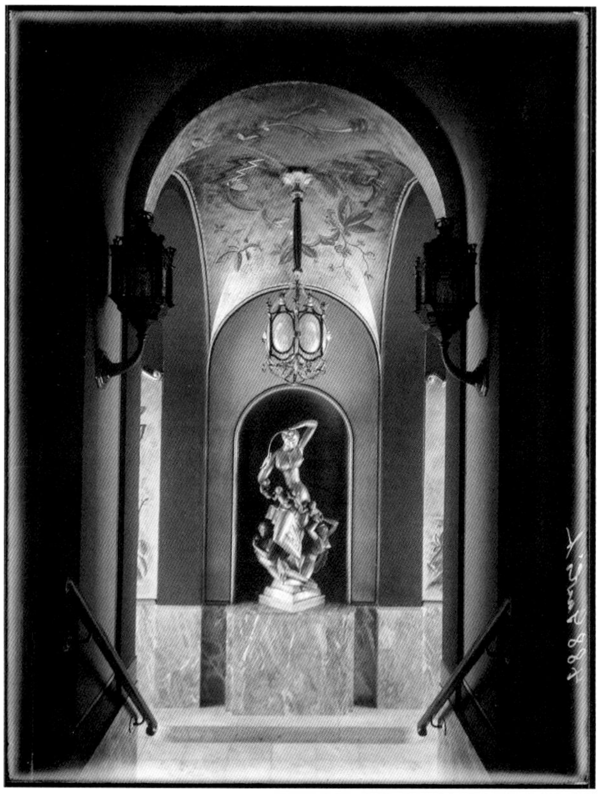

Abb. 3

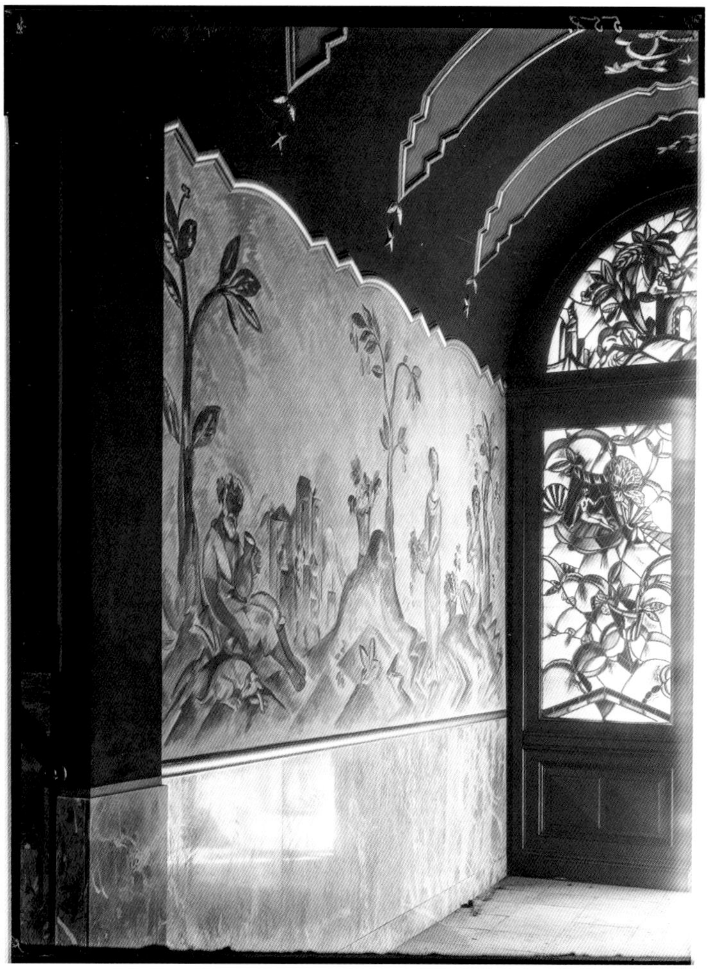

Abb. 2

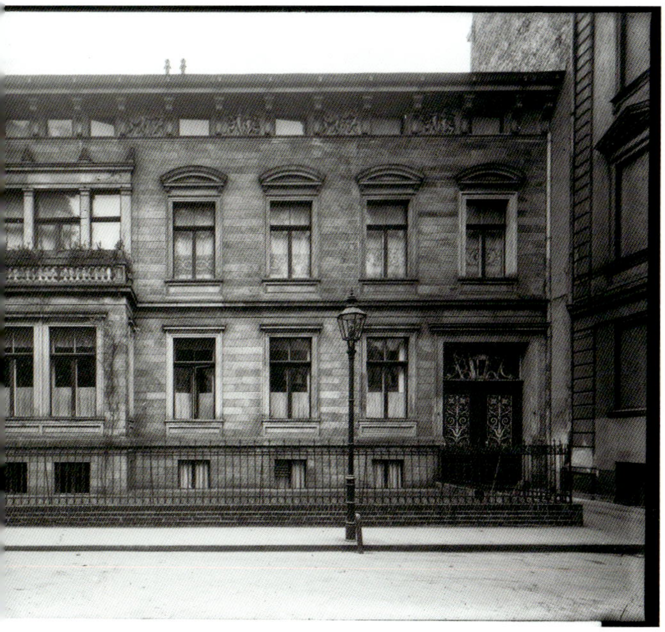

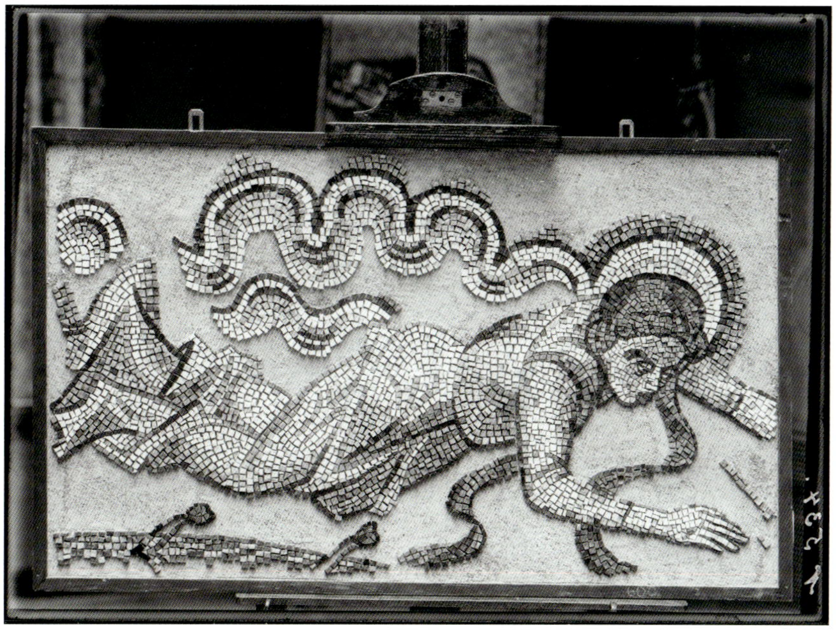

Abb. 5

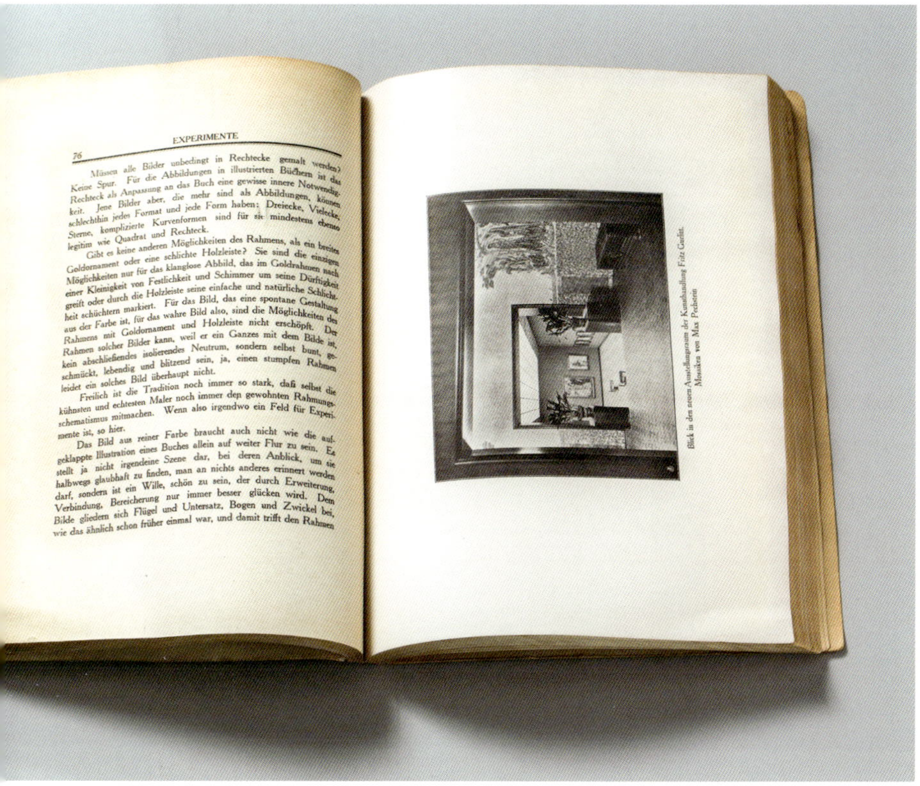

76 EXPERIMENTE

Müssen alle Bilder unbedingt in Rechtecke gemalt werden? Keine Spur. Für die Abbildungen in illustrierten Büchern ist das Rechteck als Anpassung an das Buch eine gewisse innere Notwendigkeit. Jene Bilder aber, die mehr sind als Abbildungen, können schlechthin jedes Format und jede Form haben: Dreiecke, Vielecke, Sterne, komplizierte Kurvenformen sind für sie mindestens ebenso legitim wie Quadrat und Rechteck.

Gibt es keine anderen Möglichkeiten des Rahmens, als ein breites Goldornament oder eine schlichte Holzleiste? Sie sind die einzigen Möglichkeiten nur für das klanglose Abbild, das im Goldrahmen nach einer Kleinigkeit von Festlichkeit und Schimmer um seine Dürftigkeit greift oder durch die Holzleiste seine einfache und natürliche Schlichtheit schüchtern markiert. Für das Bild, das eine spontane Gestaltung aus der Farbe ist, für das wahre Bild also, sind die Möglichkeiten des Rahmens mit Goldornament und Holzleiste nicht erschöpft. Der Rahmen solcher Bilder kann, weil er ein Ganzes mit dem Bilde ist, kein abschließendes isolierendes Neutrum, sondern selbst bunt, geschmückt, lebendig und blitzend sein, ja, einen stumpfen Rahmen leidet ein solches Bild überhaupt nicht.

Freilich ist die Tradition noch immer so stark, daß selbst die kühnsten und echtesten Maler noch immer den gewohnten Rahmungsschematismus mitmachen. Wenn also irgendwo ein Feld für Experimente ist, so hier.

Das Bild aus reiner Farbe braucht auch nicht wie die aufgeklappte Illustration eines Buches allein auf weiter Flur zu sein. Es stellt ja nicht irgendeine Szene dar, bei deren Anblick, um sie halbwegs glaubhaft zu finden, man an nichts anderes erinnert werden darf, sondern ist ein Wille, schön zu sein, der durch Erweiterung, Verbindung, Bereicherung nur immer besser glücken wird. Dem Bilde gliedern sich Flügel und Untersatz, Bogen und Zwickel bei, wie das ähnlich schon früher einmal war, und damit trifft den Rahmen

Blick in den neuen Ausstellungsraum der Kunsthandlung Fritz Gurlitt. Mosaiken von Max Pechstein

Abb. 6

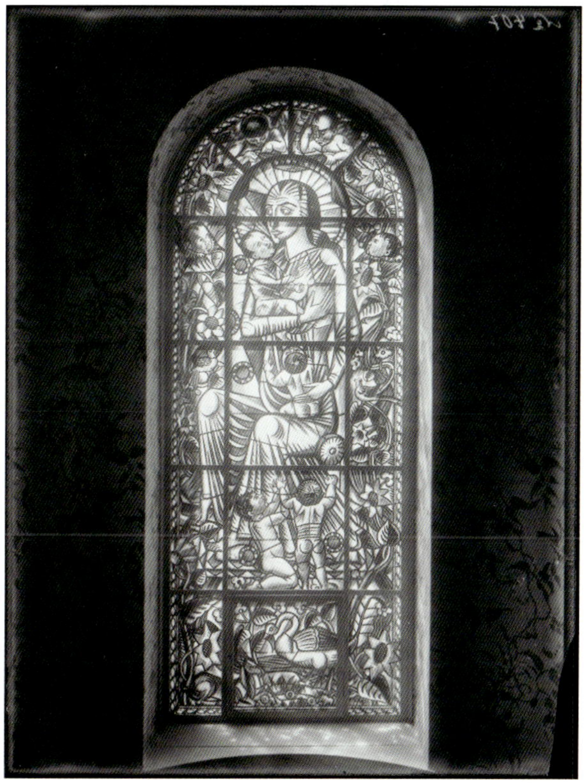

Abb. 7

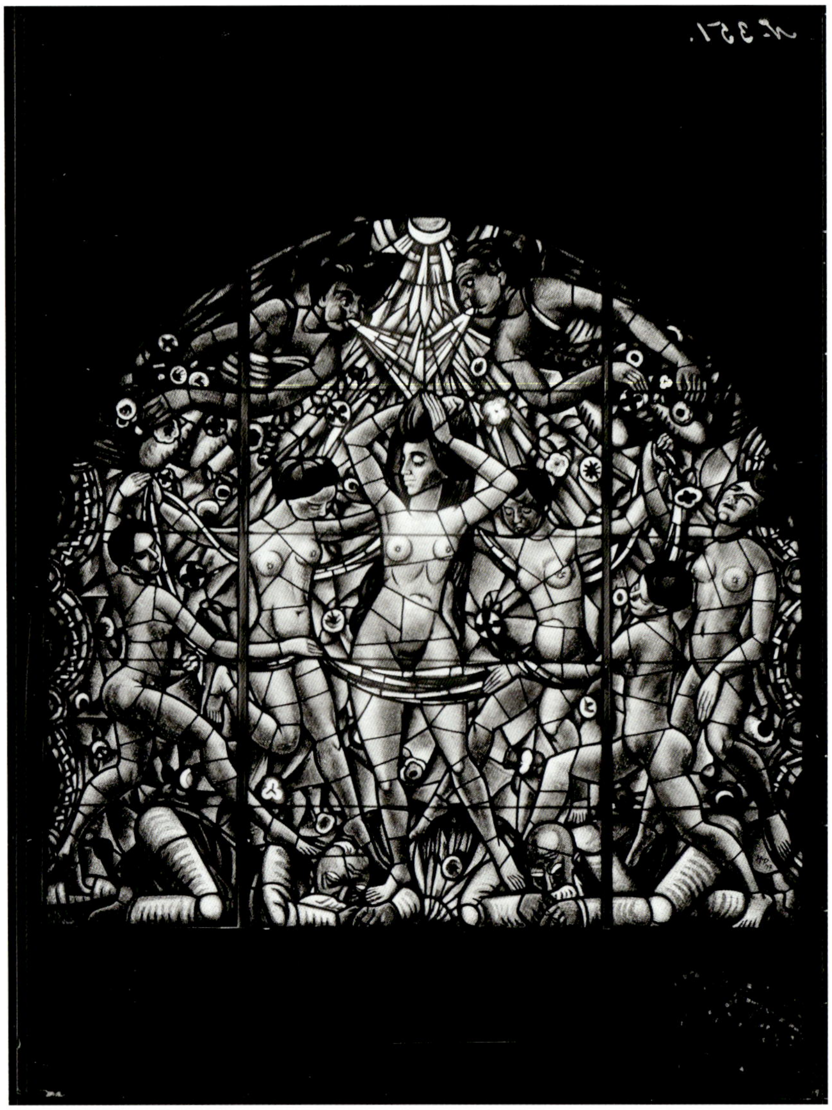

Abb. 8

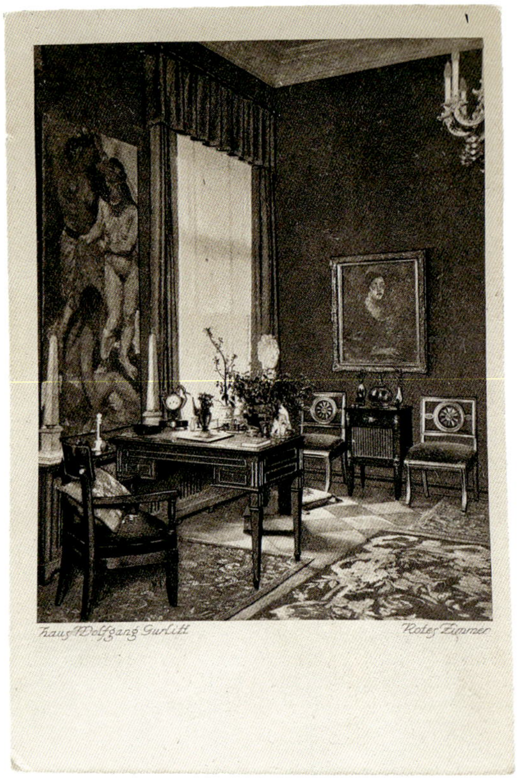

Abb. 9

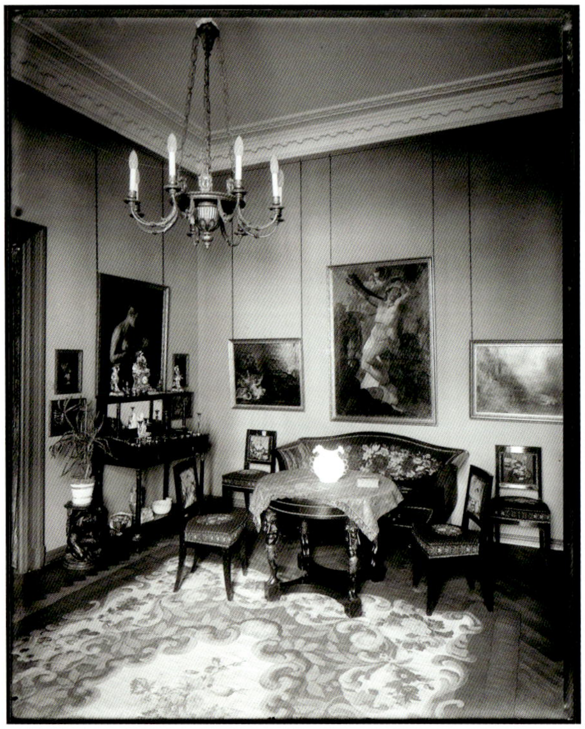

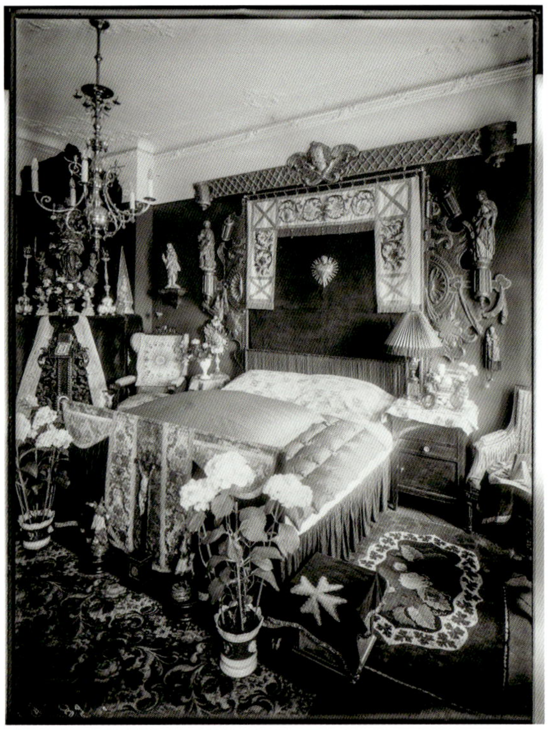

Abb. 10, 11

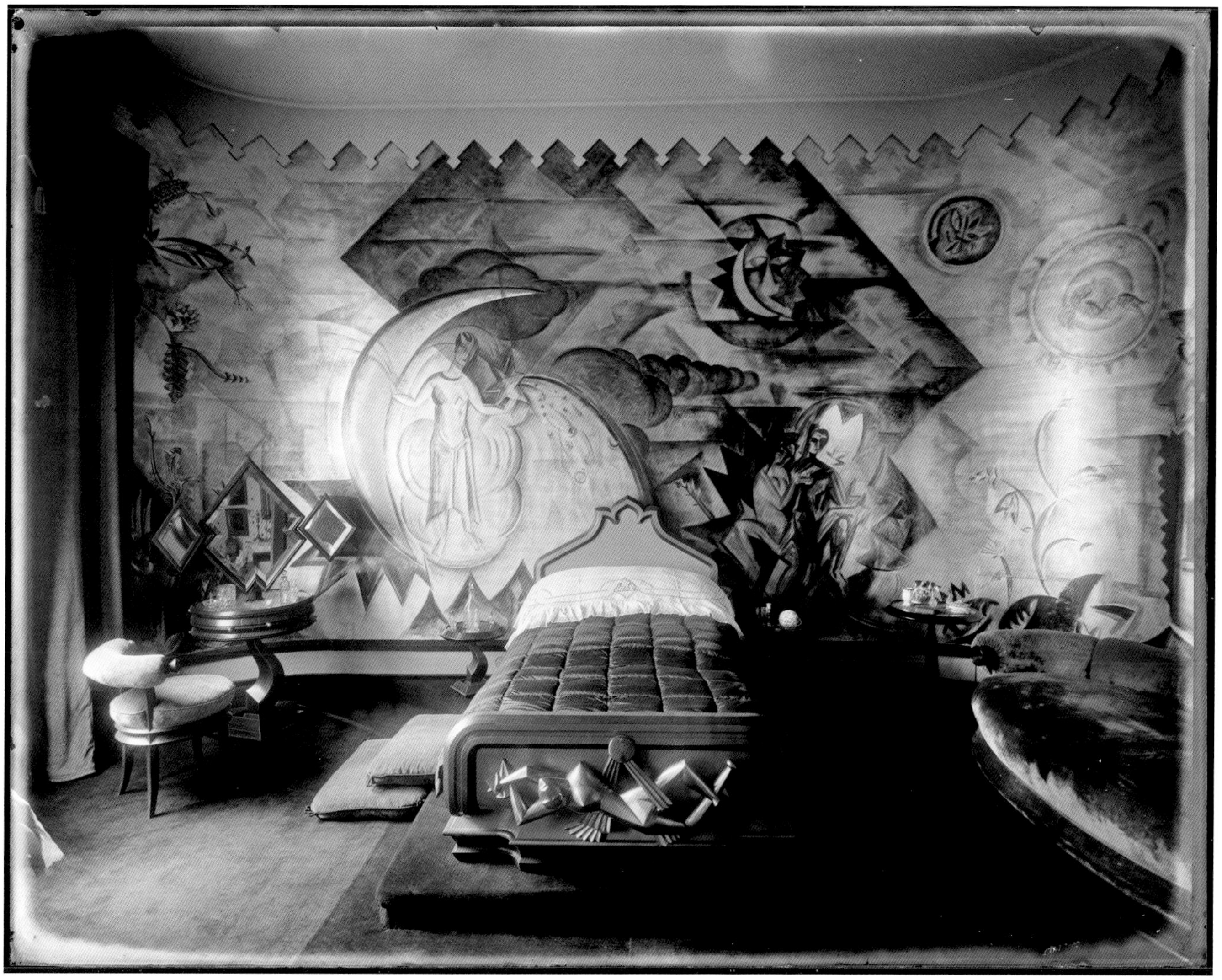

Abb. 12

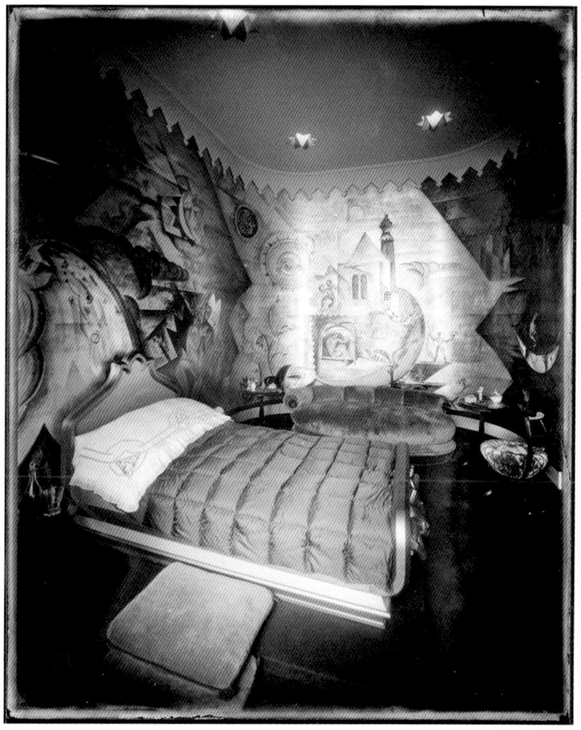

Abb. 13

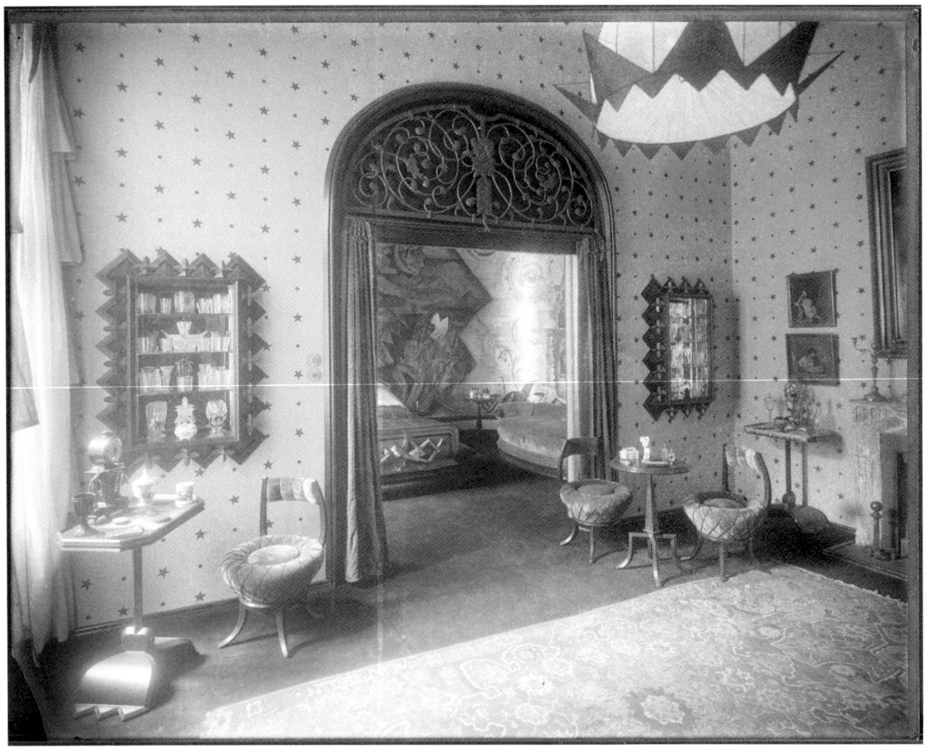

Abb. 14

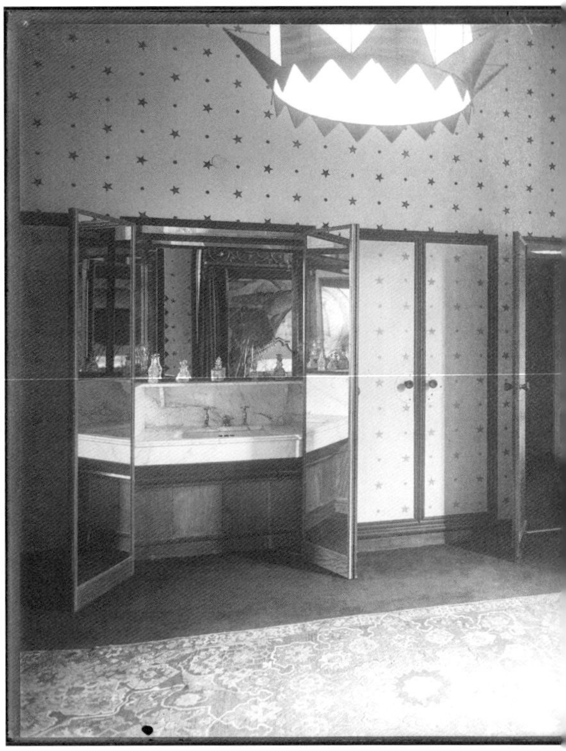

Abb. 15

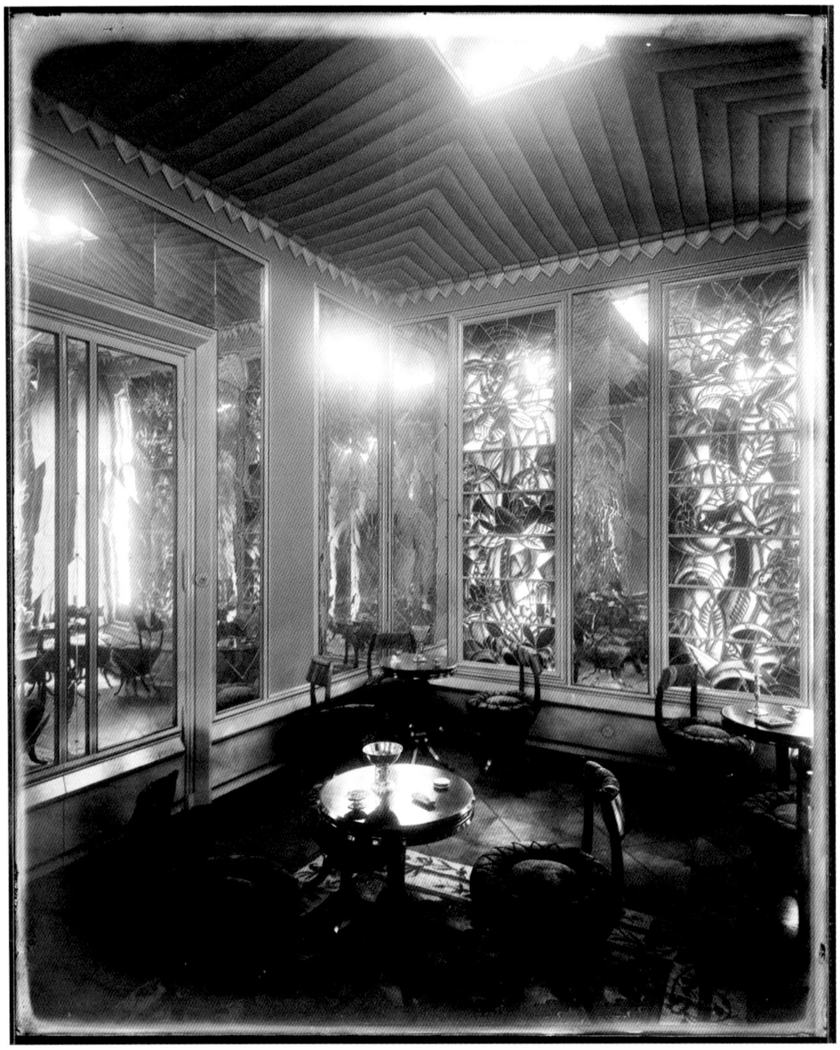

Abb. 16

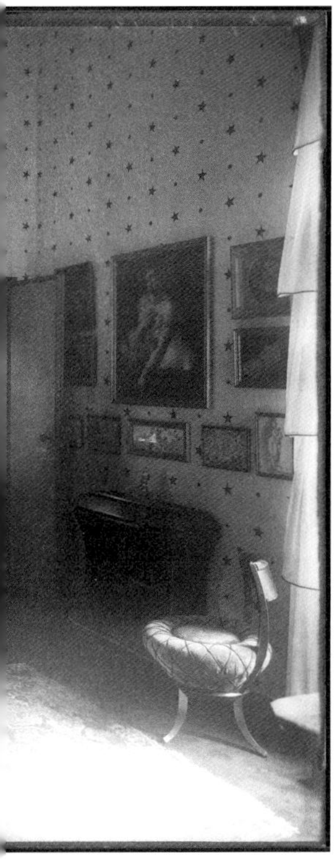

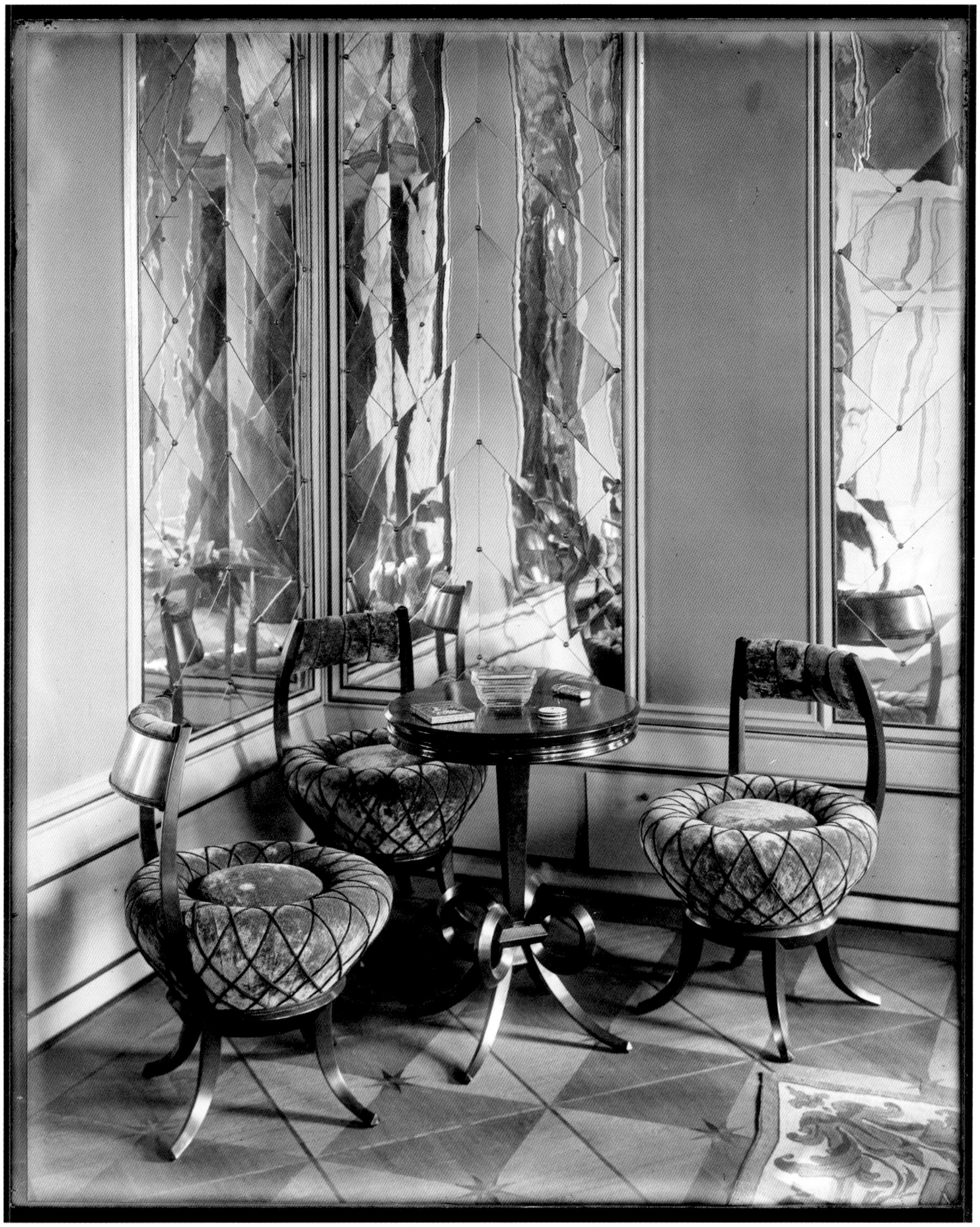

Abb. 17

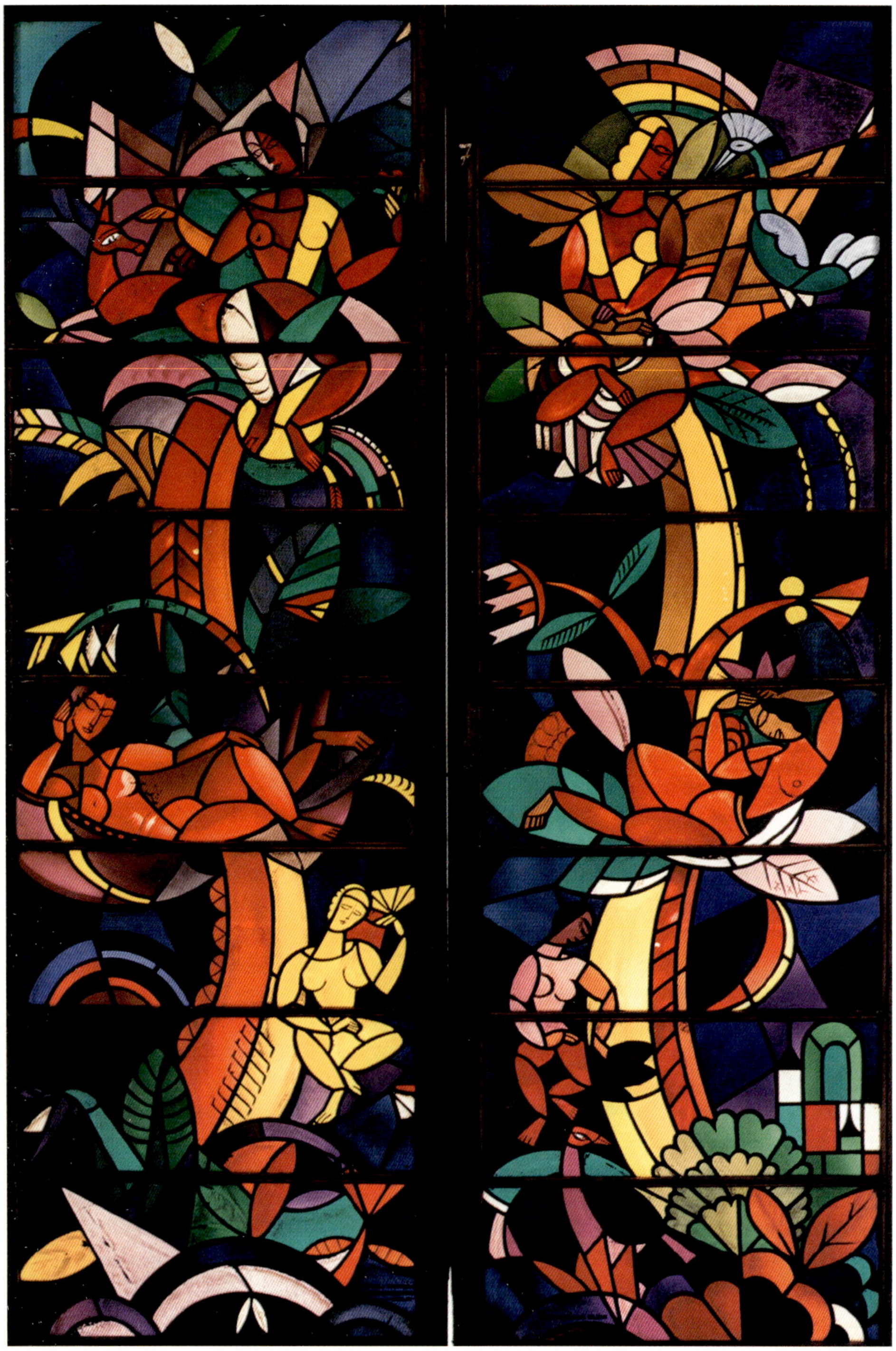

Abb. 18

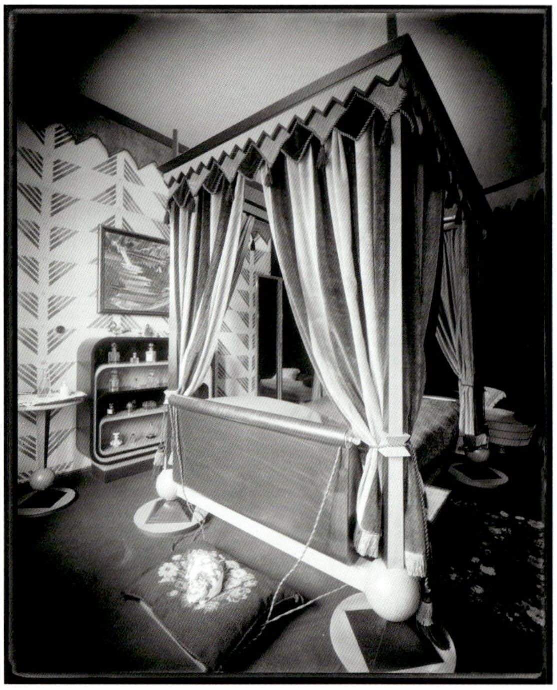

Abb. 19

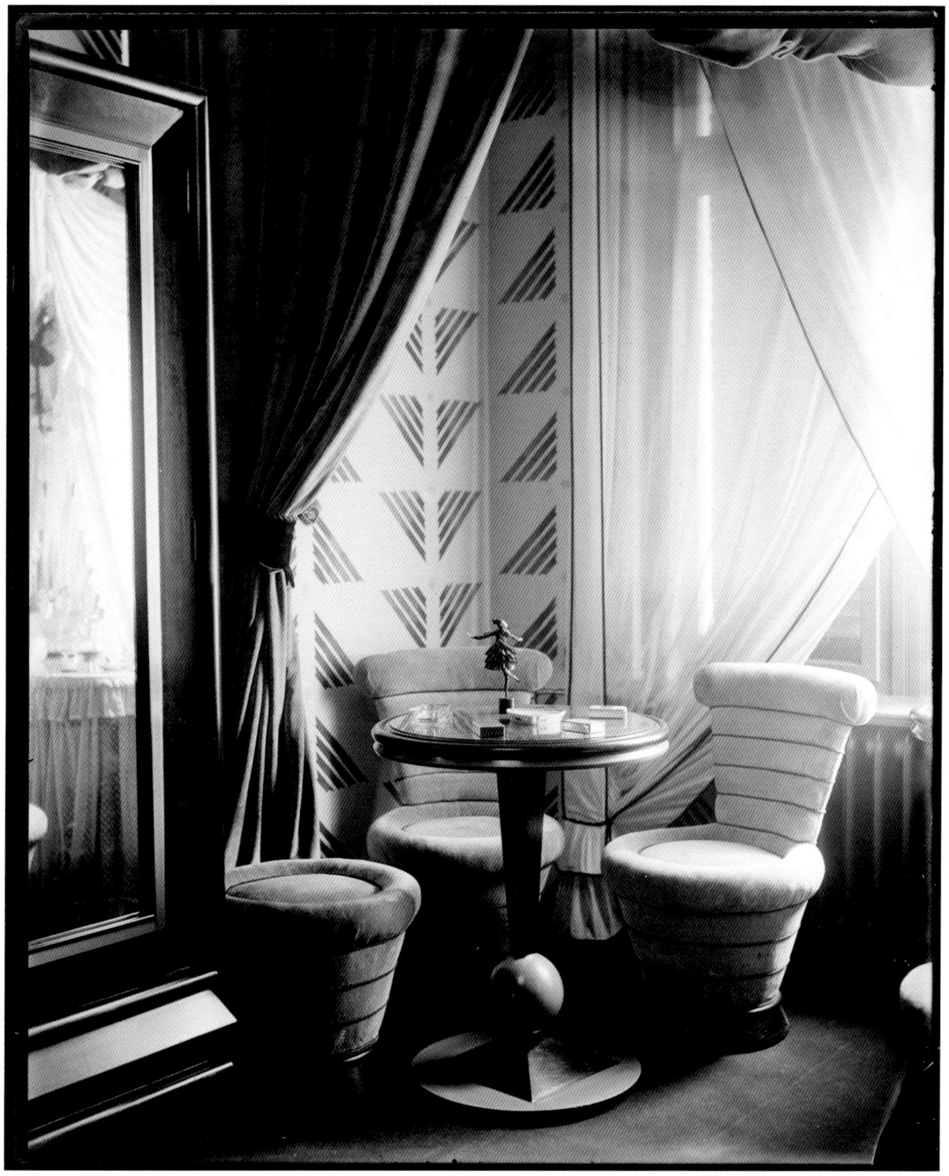

Abb. 21

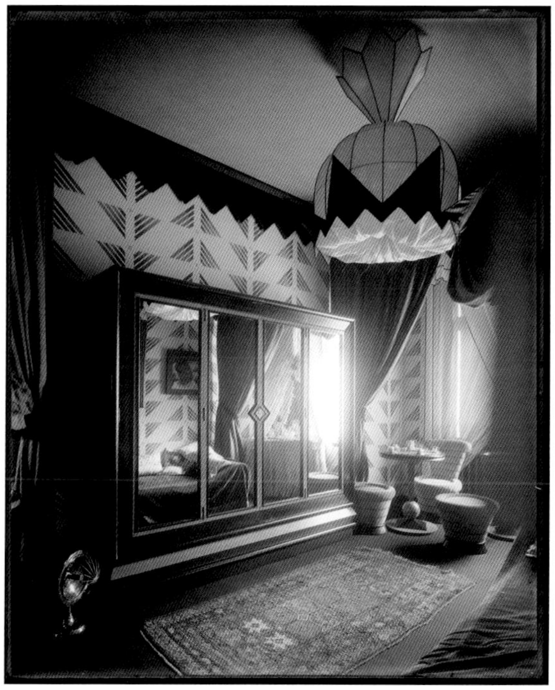

Abb. 20

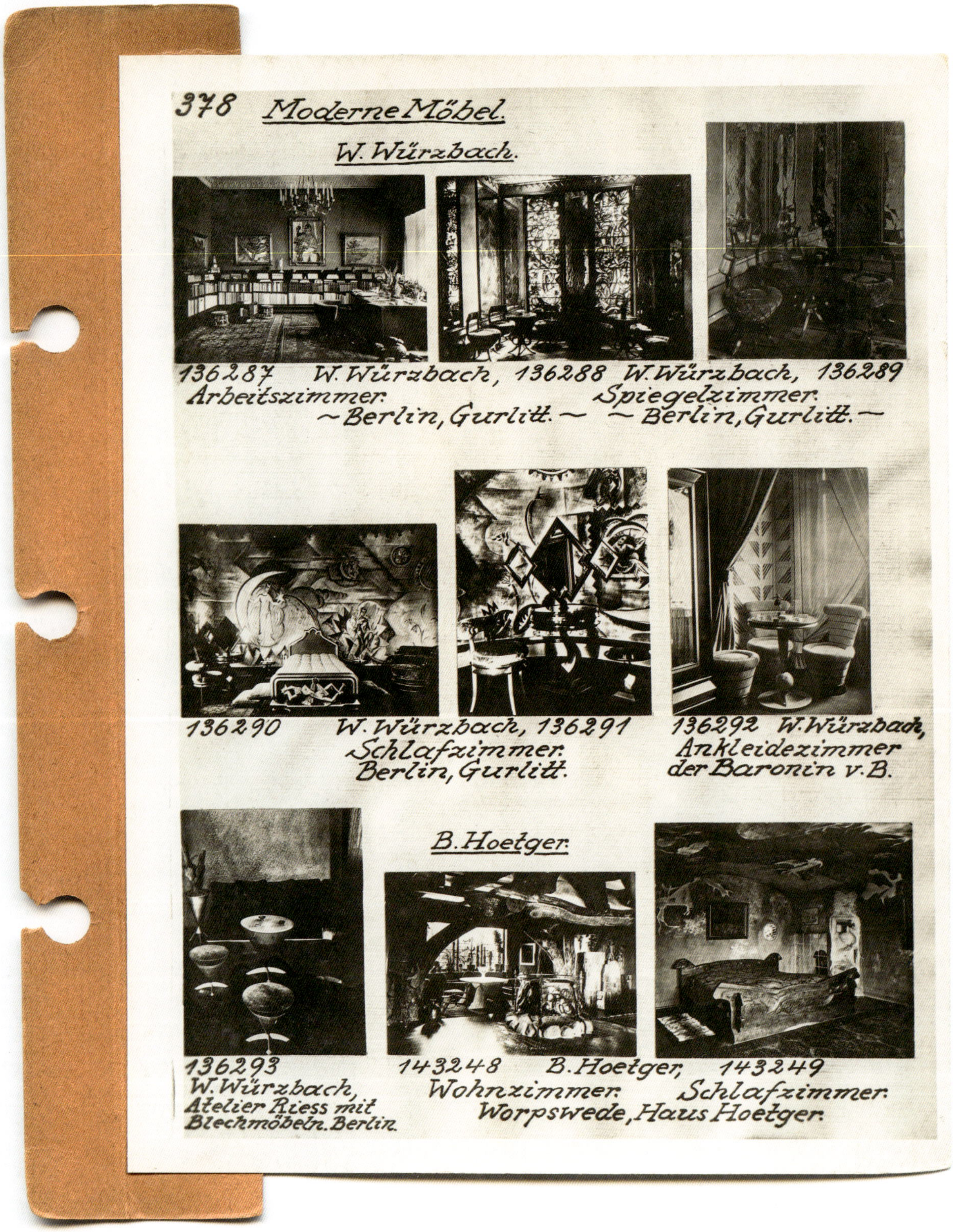

378 Moderne Möbel.

W. Würzbach.

136287 W. Würzbach, 136288 W. Würzbach, 136289
Arbeitszimmer. Spiegelzimmer.
~ Berlin, Gurlitt. ~ ~ Berlin, Gurlitt. ~

136290 W. Würzbach, 136291
Schlafzimmer.
Berlin, Gurlitt.

136292 W. Würzbach,
Ankleidezimmer
der Baronin v. B.

B. Hoetger.

136293
W. Würzbach,
Atelier Riess mit
Blechmöbeln. Berlin.

143248 B. Hoetger, 143249
Wohnzimmer. Schlafzimmer.
Worpswede, Haus Hoetger.

Abb. 22

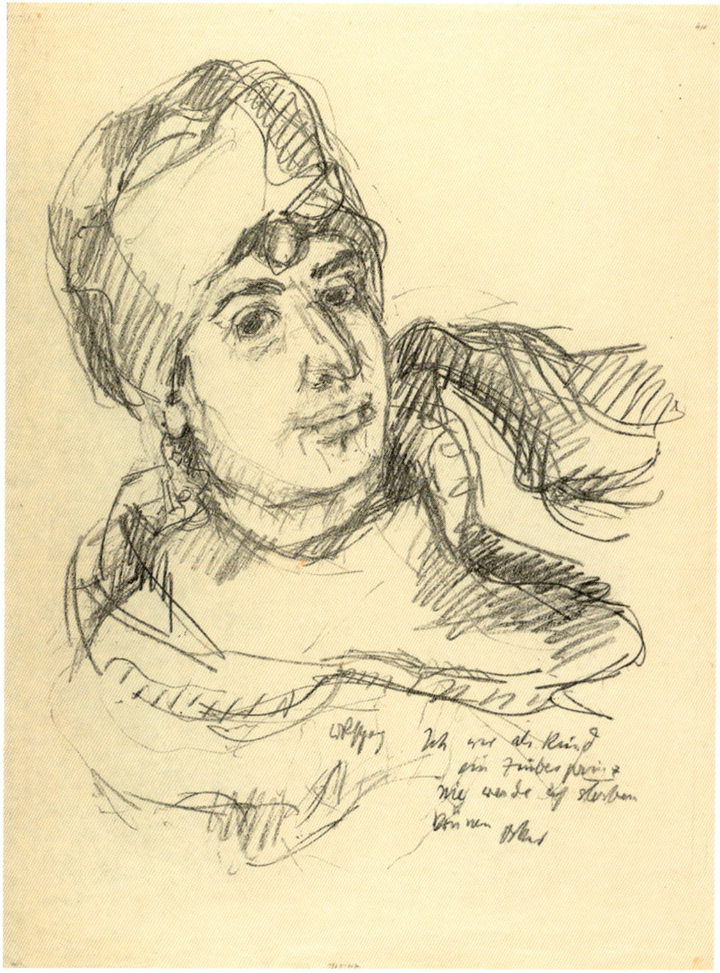

Abb. 24

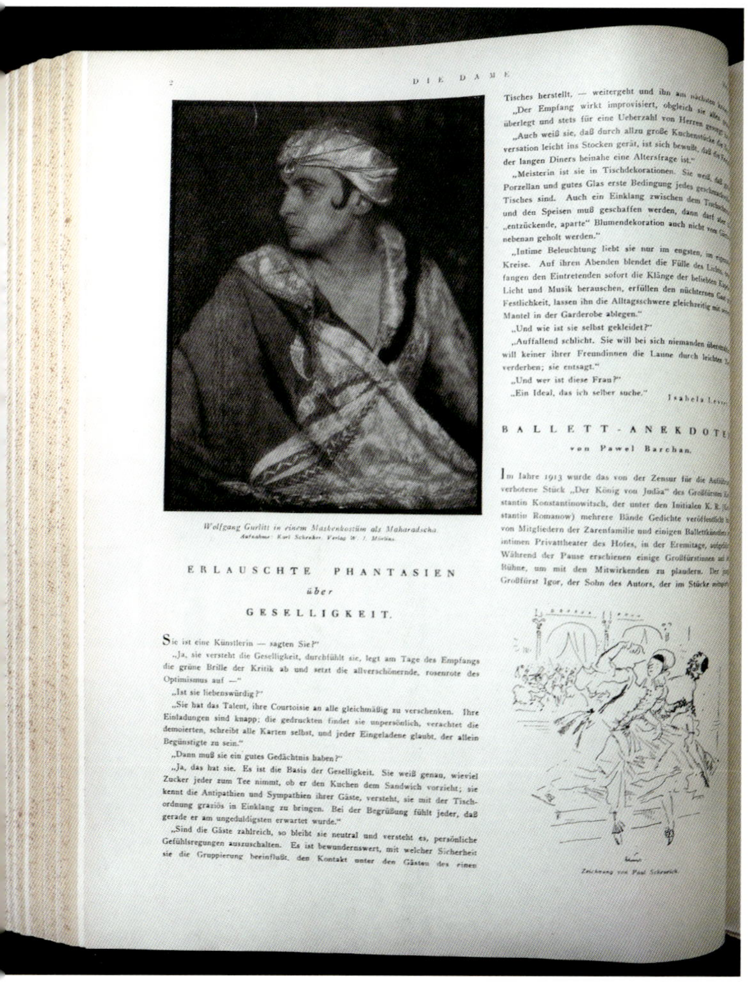

Wolfgang Gurlitt in einem Maskenkostüm als Maharadscha.
Aufnahme: Karl Schenker. Verlag W. J. Mörlins.

ERLAUSCHTE PHANTASIEN
über
GESELLIGKEIT.

Sie ist eine Künstlerin — sagten Sie?"

„Ja, sie versteht die Geselligkeit, durchfühlt sie, legt am Tage des Empfangs die grüne Brille der Kritik ab und setzt die allverschönernde, rosenrote des Optimismus auf —"

„Ist sie liebenswürdig?"

„Sie hat das Talent, ihre Courtoisie an alle gleichmäßig zu verschenken. Ihre Einladungen sind knapp; die gedruckten findet sie unpersönlich, verachtet die demoierten, schreibt alle Karten selbst, und jeder Eingeladene glaubt, der allein Begünstigte zu sein."

„Dann muß sie ein gutes Gedächtnis haben?"

„Ja, das hat sie. Es ist die Basis der Geselligkeit. Sie weiß genau, wieviel Zucker jeder zum Tee nimmt, ob er den Kuchen dem Sandwich vorzieht; sie kennt die Antipathien und Sympathien ihrer Gäste, versteht, sie mit der Tischordnung graziös in Einklang zu bringen. Bei der Begrüßung fühlt jeder, daß gerade er am ungeduldigsten erwartet wurde."

„Sind die Gäste zahlreich, so bleibt sie neutral und versteht es, persönliche Gefühlsregungen auszuschalten. Es ist bewundernswert, mit welcher Sicherheit sie die Gruppierung beeinflußt, den Kontakt unter den Gästen des einen Tisches herstellt, — weitergeht und ihn am nächsten [illegible]

„Der Empfang wirkt improvisiert, obgleich sie alles [illegible] überlegt und stets für eine Ueberzahl von Herren gesorgt [illegible]

„Auch weiß sie, daß durch allzu große Kuchenstücke [illegible] versation leicht ins Stocken gerät, ist sich bewußt, daß die [illegible] der langen Diners beinahe eine Altersfrage ist."

„Meisterin ist sie in Tischdekorationen. Sie weiß, daß [illegible] Porzellan und gutes Glas erste Bedingung jedes geschmack[illegible] Tisches sind. Auch ein Einklang zwischen dem Tisch[illegible] und den Speisen muß geschaffen werden, dann darf die [illegible] „entzückende, aparte" Blumendekoration auch nicht vom [illegible] nebenan geholt werden."

„Intime Beleuchtung liebt sie nur im engsten, im [illegible] Kreise. Auf ihren Abenden blendet die Fülle des Lichts, [illegible] fangen den Eintretenden sofort die Klänge der beliebten [illegible] Licht und Musik berauschen, erfüllen den nüchternen Gast [illegible] Festlichkeit, lassen ihn die Alltagsschwere gleichzeitig mit [illegible] Mantel in der Garderobe ablegen."

„Und wie ist sie selbst gekleidet?"

„Auffallend schlicht. Sie will bei sich niemanden über[illegible] will keiner ihrer Freundinnen die Laune durch leichten [illegible] verderben; sie entsagt."

„Und wer ist diese Frau?"

„Ein Ideal, das ich selber suche."

Isabela Le[illegible]

BALLETT-ANEKDOTE[illegible]
von Pawel Barchan.

Im Jahre 1913 wurde das von der Zensur für die Auffü[illegible] verbotene Stück „Der König von Judäa" des Großfürsten K[illegible] stantin Konstantinowitsch, der unter den Initialen K. R. (K[illegible] stantin Romanow) mehrere Bände Gedichte veröffentlicht [illegible] von Mitgliedern der Zarenfamilie und einigen Ballettkünstle[illegible] intimen Privattheater des Hofes, in der Eremitage, aufgefü[illegible] Während der Pause erschienen einige Großfürstinnen auf [illegible] Bühne, um mit den Mitwirkenden zu plaudern. Der ju[illegible] Großfürst Igor, der Sohn des Autors, der im Stücke mitge[illegible]

Zeichnung von Paul Scheurich.

Abb. 23

Abb. 1 / Hofkunsthandlung Fritz Gurlitt, Villa II, Potsdamer Straße 113, Aufnahme um 1920, Glasnegativ, 18 × 24 cm (Bildarchiv Foto Marburg, Aufn.-Nr. 146.211)

Abb. 2 / Durchfahrt, Villa I, Potsdamer Straße 113, Blick in Richtung Innenhof, Wandmalerei und Glasarbeiten von César Klein, 1918, Aufnahme um 1920, Glasnegativ, 24 × 18 cm (Bildarchiv Foto Marburg, Aufn.-Nr. 146.213)

Abb. 3 / **Rudolf Belling**, *Große Gruppe Natur*, 1918, Blick von der Treppe aus in die Durchfahrt, Aufnahme um 1920, Glasnegativ, 24 × 18 cm (Bildarchiv Foto Marburg, Aufn.-Nr. 146.215)

Abb. 4 / Villa I, Potsdamer Straße 113, rechts der Zugang zur Durchfahrt, Aufnahme um 1920, Glasnegativ, 18 × 24 cm (Bildarchiv Foto Marburg, Aufn.-Nr. 146.212)

Abb. 5 / Mosaik *Verkündungsengel aus der Anbetung der Könige* nach einem Entwurf von Max Pechstein, 1917/18, ausgeführt von den Vereinigten Werkstätten für Mosaiken und Glasmalerei Puhl & Wagner, Gottfried Heinersdorff, Berlin, Aufnahme von 1919, Glasnegativ, 18 × 24 cm (Bildarchiv Foto Marburg, Aufn.-Nr. 146.081)

Abb. 6 / *Almanach auf das Jahr 1919*, hg. v. Verlag Fritz Gurlitt, Berlin 1918; rechts: „Blick in den neuen Ausstellungsraum der Kunsthandlung Fritz Gurlitt. Mosaiken von Max Pechstein"

Abb. 7 / **Max Pechstein**, Glasfenster *Madonna* im Treppenhaus der Hofkunsthandlung Gurlitt, 1917, ausgeführt von den Vereinigten Werkstätten für Mosaiken und Glasmalerei Puhl & Wagner, Gottfried Heinersdorff, Berlin, Glasnegativ, 24 × 18 cm (Bildarchiv Foto Marburg, Aufn.-Nr. 145.410)

Abb. 8 / **Max Pechstein**, Glasfenster *Frühlingsreigen* im „Hause der Hofkunsthandlung Fritz Gurlitt", 1917, ausgeführt von den Vereinigten Werkstätten für Mosaiken und Glasmalerei Puhl & Wagner, Gottfried Heinersdorff, Berlin, Glasnegativ, 24 × 18 cm (Bildarchiv Foto Marburg, Aufn.-Nr. 145.418)

Abb. 9 / „Haus Wolfgang Gurlitt – Rotes Zimmer", Postkarte, Kupferdruck: O. Felsing, Charlottenburg, 1918 (Privatbesitz, Berlin)

Abb. 10 / „Gelbes Zimmer", Hofkunsthandlung Fritz Gurlitt, Potsdamer Straße 113, Aufnahme um 1918, Glasnegativ, 30 × 24 cm (Bildarchiv Foto Marburg, Aufn.-Nr. 83.420)

Abb. 11 / Schlafzimmer im Wohnhaus Wolfgang Gurlitt, Aufnahme um 1920, Glasnegativ, 24 × 18 cm (Bildarchiv Foto Marburg, Aufn.-Nr. 146.229)

Abb. 12 / Wohnhaus Wolfgang Gurlitt, „kleines Schlafzimmer", 1920/21, Aufnahme um 1920, Glasnegativ, 24 × 30 cm (Bildarchiv Foto Marburg, Aufn.-Nr. 83.429)

Abb. 13 / Wohnhaus Wolfgang Gurlitt, „kleines Schlafzimmer", um 1920/21, Aufnahme um 1920, Glasnegativ, 30 × 24 cm (Bildarchiv Foto Marburg, Aufn.-Nr. 83.430)

Abb. 14 / Wohnhaus Wolfgang Gurlitt, Vorraum zum „kleinen Schlafzimmer", um 1920/21, Aufnahme um 1920, Glasnegativ, 24 × 30 cm (Foto Marburg, Aufn.-Nr. 83.426)

Abb. 15 / Wohnhaus Wolfgang Gurlitt, Vorraum zum „kleinen Schlafzimmer", um 1920/21, Aufnahme um 1920, Glasnegativ, 24 × 30 cm (Bildarchiv Foto Marburg, Aufn.-Nr. 83.427)

Abb. 16 / Wohnhaus Wolfgang Gurlitt, Spiegelkabinett/Teezimmer, um 1920/21, Aufnahme um 1920, Glasnegativ, 30 × 24 cm (Bildarchiv Foto Marburg, Aufn.-Nr. 83.422)

Abb. 17 / Wohnhaus Wolfgang Gurlitt, Spiegelkabinett/Teezimmer mit Glasfenstern von César Klein und Mobiliar von Walter Würzbach, um 1920/21, Aufnahme um 1920, Glasnegativ, 30 × 24 cm (Bildarchiv Foto Marburg, Aufn.-Nr. 83.424)

Abb. 18 / **César Klein**: Glaspaneele aus dem Spiegelkabinett/Teezimmer des Wohnhauses Wolfgang Gurlitt, 1919, ausgeführt von den Vereinigten Werkstätten für Mosaiken und Glasmalerei Puhl & Wagner, Gottfried Heinersdorff, Berlin, 1919 (Kunstgewerbemuseum, Berlin, Staatliche Museen zu Berlin). Abbildung aus: Catharina Berents, *Art Déco in Deutschland. Das moderne Ornament*, Frankfurt am Main 1998, S. 160

Abb. 19 / Wohnhaus Wolfgang Gurlitt, Schlafzimmer, um 1920/21, Aufnahme um 1920, Glasnegativ, 30 × 24 cm (Bildarchiv Foto Marburg, Aufn.-Nr. 83.432)

Abb. 20 / Wohnhaus Wolfgang Gurlitt, Ankleidezimmer, um 1920/21, Aufnahme um 1920, Glasnegativ, 30 × 24 cm (Bildarchiv Foto Marburg, Aufn.-Nr. 83.434)

Abb. 21 / Wohnhaus Wolfgang Gurlitt, Ankleidezimmer, um 1920/21, Aufnahme um 1920, Glasnegativ, 30 × 24 cm (Bildarchiv Foto Marburg, Aufn.-Nr. 83.435)

Abb. 22 / Verkaufskatalog *Moderne Möbel* des Lichtbildverlages Dr. Franz Stoedtner (Bildarchiv Foto Marburg)

Abb. 23 / „Wolfgang Gurlitt in einem Maskenkostüm als Maharadscha (Foto: Karl Schenker)", aus: *Die Dame*, 49. Jg, Heft 9, Mitte Februar 1922, S. 2

Abb. 24 / **Oskar Kokoschka**, *Wolfgang Gurlitt als Zauberprinz*, 1923, Kreidelithografie, 70,4 × 51,7 cm, „Wolfgang | Ich war als Kind | ein Zauberprinz | Nie werde ich sterben | müssen | Oskar" Museum im Kulturspeicher Würzburg, © Fondation Oskar Kokoschka; Bildrecht, Wien 2019

Sonja Feßel

KUNST LEBEN. EXPRESSIONISTISCHE WOHNRÄUME ZWISCHEN KUNSTFÖRDERUNG, GALERIEERWEITERUNG UND EXTRAVAGANTEM LIFESTYLE[1]

„Wolfgang Gurlitt, der Berliner Kunsthändler, raffiniertester Schlemmer im Künstlerischen, […] hat sich eine Wohnung hergerichtet, die in einem äußersten Sinne mondän und zugleich künstlerisch ist. Eine einzigartig vorurteilslose Wohnung. Sie hat ein Parfum, das vermutlich sogar für einen Huysmans noch Überraschung gewesen wäre. […] Hier war ein Mann, der seinem Luxus Stil zu geben wußte […]. Es ist in diesen Räumen das Besondere gewollt; eine Freude am Spielerisch-Künstlerischen, am Eigenen und Eigenartigen konnte und sollte sich auswirken. Das dürfte schon die Intention des Auftraggebers gewesen sein, der nicht so oder so ‚ausgestattet' werden, sondern ein paar Künstlern Gelegenheit geben wollte, Talent und Laune zu entfalten."[2]

Diese den jungen Berliner Kunsthändler Wolfgang (Ludwig Heinrich Karl) Gurlitt (1888–1965) preisenden Zeilen verfasste der Kunsthistoriker und Kritiker Paul Westheim 1921 für die von ihm herausgegebene Zeitschrift *Das Kunstblatt*. Die Begeisterung galt der Gestaltung der Wohnräume des Galeristen, die ab 1919 auf die vorangegangene Erneuerung der Galerieräumlichkeiten 1917/18 folgte. Unter der Leitung des Innenarchitekten Walter Würzbach, der sich kurz vorher mit seinen Entwürfen für das Wein- und Tanzlokal im Berliner Scala Palast einen Namen gemacht hatte, entstand ein eindrucksvolles expressionistisches Raumensemble, dessen im Deutschen Dokumentationszentrum für Kunstgeschichte – Bildarchiv Foto Marburg (DDK) erhaltenen fotografischen Aufnahmen insofern von besonderer Bedeutung sind, als dieses im Zweiten Weltkrieg nahezu vollständig zerstört wurde.[3] Bei den Künstlern, denen Wolfgang Gurlitt „Gelegenheit geben wollte, Talent und Laune zu entfalten", handelt es sich um niemand Geringeren als Max Pechstein, César Klein und Rudolf Belling.

Der Kunstkritiker Max Osborn würdigte im gleichen Jahr wie Westheim das Engagement des Auftraggebers und die Leistung der Künstler, und dies in der Lifestyle-prägenden Zeitschrift *Die Dame. Illustrierte Mode-Zeitschrift*. Osborn zieht den Vergleich zum Vater, zu Fritz (Friedrich Louis Moritz Anton) Gurlitt (1853–1893), und attestiert Wolfgang Gurlitt, die Tradition des Hauses, nicht nur ältere, etablierte Kunst zu verkaufen, sondern junge, unbekannte Talente zu entdecken und zu fördern, fortzusetzen:

1 Der Beitrag geht auf einen Vortrag zurück, der am 1./2. Oktober 2015 bei der Tagung *Gurlitt. Eine Gelehrtendynastie zwischen Kunst und Wissenschaft* am Deutschen Literaturarchiv in Marbach gehalten wurde. Er erscheint zusätzlich im Sammelband Ursula Renner-Henke (Hg.), *Die Gurlitts. Auf dem Weg zu einer Familie zwischen Kunst, Wissenschaft und Kulturbetrieb*, Rombach, Freiburg 2019 (im Erscheinen).

2 Paul Westheim, „Wohnung Wolfgang Gurlitt", in: *Das Kunstblatt*, V. Jg., Dezember 1921, Nr. 12, S. 373–378 (Reprint: Kraus, Nendeln 1978).

3 Zum Glasplattenkonvolut der Kunsthandlung Fritz Gurlitt vgl. Sonja Feßel, „Fotografie zwischen Kunstmarkt und Wissenschaft. Zum Glasplattenbestand der Kunsthandlung Fritz Gurlitt, Berlin, im Deutschen Dokumentationszentrum für Kunstgeschichte – Bildarchiv Foto Marburg", in: *Rundbrief Fotografie*, 23. Jg., 2016, Nr. 3, N. F. 91, S. 8–22.

„Fritz Gurlitt, der Vater, setzte sich für die Meister der achtziger Jahre ein, mit so leidenschaftlicher Zähigkeit, daß er sich in diesem Kampf aufrieb – ‚Arti inserviendo consumptus' setzten die Freunde auf sein frühes Grab. Sein Sohn Wolfgang biegt mit vollen Segeln in den Strom der Experimente von heute ein. Der Kreis moderner Begabungen, denen er sein altes Haus in die Hand drückte, zauberte Bilder von überraschender Einheit hinein."[4]

Anhand der Glasplattennegative, die seit 1937 sorgfältig verwahrt im Depot des DDK lagen und erst 2015 wiederentdeckt wurden, lassen sich in Verbindung mit den zeitgenössischen Quellen die Räumlichkeiten in bisher nicht gekanntem Maße nachvollziehen. Die Fotografien dieses expressionistischen Gesamtkunstwerkes bezeugen darüber hinaus die Kunstförder- und Galeristentätigkeit Wolfgang Gurlitts ebenso wie sein künstlerisches Netzwerk um 1920, wohl zu einer Blütezeit der Kunsthandlung.

Zur Geschichte der Kunsthandlung Fritz Gurlitt

Die Kunsthandlung Fritz Gurlitt wurde 1880 von Friedrich Louis Moritz Anton Gurlitt, dem Sohn des Landschaftsmalers Louis Gurlitt (Heinrich Louis Theodor Gurlitt, 1812–1897) aus dessen dritten Ehe (mit Elisabeth Lewald, 1823–1909) und Bruder des Architekten und Kunsthistorikers Cornelius Gurlitt (1850–1938), in Berlin eröffnet.[5] Fritz Gurlitt, der zum Zeitpunkt der Firmengründung erst 26 Jahre alt war, zeigte neben Werken der älteren Kunst vor allem zeitgenössische Kunst. Seine Tätigkeit fand bereits früh die Beachtung der Kritiker. Fritz Gurlitts Interesse galt den neuen, erst wenig bekannten Kunstformen, für dessen Entstehung und Verbreitung er sich einsetzte. Er förderte Künstler wie Anselm Feuerbach oder Arnold Böcklin, dessen Werke er zu einer Zeit ankaufte, als dieser erst wenig Anerkennung erfuhr.[6]

Im Herbst 1883 präsentierte er mit der Privatsammlung von Carl und Felicie Bernstein sowie weiteren 23 Werken, die der Pariser Kunsthändler Paul Durand-Ruel beisteuerte, erstmalig in Deutschland eine Ausstellung französischer Impressionisten[7] – „zu[m] allgemeine[n] Entsetzen"[8], wie die Redaktion der Zeitschrift *Kunst und Künstler* 1905 vermerkte. Vereint wurden Werke von Édouard Manet, Edgar Degas, Pierre-Auguste Renoir, Mary Cassatt, Camille Pissarro, Alfred Sisley oder auch Claude Monet. Ein Kritiker des *Deutschen Kunstblatt* konstatierte:

„Fassen wir unser Urteil über die Bilder zusammen, so können wir ihnen kaum mehr als ein pathologisches Interesse einräumen. Als Krankheitserscheinung, als ein warnendes Exempel, wohin die Kunst gerät, wenn sie sich von dem Ideale des Schönen lossagt, verdienen sie Beachtung."[9]

Aber auch die deutschen Freilichtmaler und Wegbereiter der Moderne stellte Fritz Gurlitt – trotz reichlich scharfer Kritik – wiederholt aus, darunter Werke von Wilhelm Leibl, Max Liebermann, Wilhelm Trübner, Fritz von Uhde oder Lesser Ury. 1918 wurde Fritz Gurlitt vom deutschen Kunsthistoriker Alfred Lichtwark rückblickend gar als „wichtigste Persönlichkeit" der 1880er-Jahre bezeichnet.[10] Den großen Erfolg vieler der von Gurlitt bereits früh geförderten Künstler sollte dieser selbst jedoch nicht erleben. 1893 verstarb Fritz Gurlitt im Alter von nur 39 Jahren, sein Sohn Wolfgang war damals gerade erst fünf Jahre alt.

Die Kunsthandlung wurde zunächst von der Witwe Annarella (geb. Imhoff, 1858–1935) und dem vormaligen Sozius Fritz Gurlitts, Willi (Friedrich Wilhelm) Waldecker, zugleich Annarellas zweiter Ehemann, weitergeführt. Lesser Ury, Fritz von Uhde, Max Liebermann, Franz Stuck und Franz von Lenbach waren in Ausstellungen ebenso vertreten wie Max Slevogt. 1895 wurden zudem erstmals Arbeiten von Lovis Corinth gezeigt. 1899 ließ die Ausstellungstätigkeit jedoch nach, um zwischen 1902 und 1904 gänzlich zum Erliegen zu

4 Max Osborn, „Wohnung Wolfgang Gurlitt in Berlin. Expressionistische Innenarchitektur", in: *Die Dame*, 48. Jg., 1921, Nr. 19, S. 7, S. 8, S. 24, S. 26, hier S. 7.

5 Zur Geschichte der Kunsthandlung Fritz Gurlitt vgl. insbesondere Birgit Gropp, *Studien zur Kunsthandlung Fritz Gurlitt in Berlin 1880–1943*, Dissertation, TU Berlin, Berlin 2000 (publiziert auf Mikrofiche). Die hier kurz skizzierte Geschichte der Kunsthandlung Fritz Gurlitt erschien in ähnlicher Ausführung erstmalig im Artikel Feßel 2016, S. 8ff.

6 Gurlitt stellte ab 1880 regelmäßig Werke von Arnold Böcklin aus. 1889 kam es jedoch zum Bruch zwischen Gurlitt und Böcklin. Vgl. hierzu Gropp 2000, S. 55–73.

7 Vgl. hierzu Nicolaas Teeuwisse, *Vom Salon zur Secession. Berliner Kunstleben zwischen Tradition und Aufbruch zur Moderne 1871–1900*, Deutscher Verlag für Kunstwissenschaft, Berlin 1986, insbes. S. 106–109.

8 Anmerkung der Redaktion der Zeitschrift *Kunst und Künstler* zum posthum veröffentlichten Beitrag von Jules Laforgue zum Impressionismus. Jules Laforgue, „Impressionismus", in: *Kunst und Künstler. Illustrierte Monatsschrift für bildende Kunst und Kunstgewerbe*, 3. Jg., 1905, S. 501–506, Anmerkung auf S. 502.

9 L. G., „Die französischen ‚Impressionisten'", in: *Deutsches Kunstblatt*, 3. Jg., Nr. 4, 15.11.1883, S. 30.

10 Alfred Lichtwark, „Der junge Künstler und die Wirklichkeit", in: *Kunst und Künstler*, 16. Jg., 1918, Nr. 3, S. 91–107, hier S. 100.

kommen.[11] Als 1905 die Wiederaufnahme der Ausstellungstätigkeit – nun wohl unter der Federführung von Georg Caspari – erfolgte,[12] geschah dies in der Potsdamer Straße 113 mit zahlreichen Werken von Hans Thoma, aber auch von Böcklin und Feuerbach.[13]

Wolfgang Gurlitt begann 1907, mit 18 Jahren, zunächst als Mitarbeiter in der Kunsthandlung zu arbeiten. Am 3. Dezember 1912 erhielt er, zusammen mit dem Kunsthändler Carl Nicolai, Prokura. 1914 trat Wolfgang Gurlitt als offener Handelsgesellschafter in die Firma ein und zeichnete fortan für die Geschäfte verantwortlich.[14] Wie sein Vater interessierte sich auch Wolfgang Gurlitt für die zeitgenössische Kunst, stellte junge, noch wenig bekannte Künstler aus. Am 2. April 1912 zeigte die Kunsthandlung Fritz Gurlitt die erste und einzige Ausstellung der vollständigen Brücke-Gruppe in Deutschland mit Werken von Cuno Amiet, Erich Heckel, Ernst Ludwig Kirchner, Otto Mueller, Max Pechstein und Karl Schmidt-Rottluff. Ab 1915 und bis zum Zerwürfnis 1922 war Gurlitt alleiniger Vertreter von Max Pechstein.[15] Aber auch Lovis Corinth oder Edvard Munch wurden von Wolfgang Gurlitt in umfassenden Ausstellungen präsentiert, später auch Arbeiten von Egon Schiele, Oskar Kokoschka und anderen ‚Wiener' Künstlern.[16]

„Nicht[s] weniger als ein Tempel der Kunst".[17] Zur Neugestaltung der Kunsthandlung Fritz Gurlitt 1917/18

Bereits 1905 bezog die Kunsthandlung Fritz Gurlitt ihre Räumlichkeiten in der sogenannten Villa II der Potsdamer Straße 113 in Berlin, die Wolfgang Gurlitt dann ab 1917 aufwendig renovieren ließ.[18] Seit spätestens 1913 wird neben der Villa II auch die sich daneben befindende Villa I als Adresse der Kunsthandlung genannt.[19] Es handelte sich um zwei nebeneinanderliegende Häuser in der Potsdamer Straße 113, die von verschiedenen Parteien – Privatpersonen wie auch Unternehmen – bewohnt wurden. Auch Annarella und Willi Waldecker lebten hier. Wiederholt wird in der jüngeren Literatur von einem „Neubau seiner Villa" gesprochen.[20] Einen solchen hat es jedoch nicht gegeben. Birgit Gropp verweist auf den Erwerb des „benachbarte[n] Haus[es] hinter der Potsdamerstraße".[21] Gemeint ist damit möglicherweise ein Gebäude, zu dem man durch eine sich in der Villa I befindende Durchfahrt beziehungsweise den dahinterliegenden Innenhof gelangte. Von den beiden Gebäuden, den Villen I und II, haben sich im Glasplattenbestand der Kunsthandlung Fritz Gurlitt am DDK Fotografien erhalten, die nicht nur die Lage von Kunsthandlung und Durchfahrt verifizieren, sondern auch das Aussehen der im Krieg zerstörten Gebäude überliefern (Abb. 1 und 4).[22] Auf dem Schild am Pfosten der links liegenden Villa II lässt sich im hochaufgelösten Scan des Glasnegativs das Firmenemblem der „Hofkunsthandlung Fritz Gurlitt" erkennen.

11 Die Unterbrechung lässt sich möglicherweise durch personelle Veränderungen erklären. 1905 wurde Georg Caspari als offener Gesellschafter ins Handelsregister eingetragen, schied jedoch 1912 wieder aus. Vgl. hierzu Gropp 2000, S. 116.

12 Ebd., S. 115.

13 Chronik, in: *Kunst und Künstler*, 4. Jg., 1905/06, S. 48–50, hier S. 48.

14 Ab diesem Moment unterzeichnete Wolfgang Gurlitt – wie auch bereits zuvor Willi Waldecker – als Rechtsnachfolger von Fritz Gurlitt mit „Fritz Gurlitt" ohne weiteren Namenszusatz. Gropp 2000, S. 116f.

15 Ebd., S. 123. Im Dezember 1922 reichte Max Pechstein Klage zwecks „Herausgabe [s]einer Arbeiten" ein (Brief von Max Pechstein an Dr. Walter Minnich, 23.12.1922, Privatbesitz, Berlin).

16 Zur Verbindung der Kunsthandlung Fritz Gurlitt zu Egon Schiele und anderen Wiener Künstlern vgl. Michael Wladika, *Leopold Museum-Privatstiftung, LM Inv.-Nr. 653: Egon Schiele, Selbstbildnis mit hochgezogener nackter Schulter, Dossier „LM Inv. Nr. 653"*, Provenienzforschung bm:ukk – LMP, 16.1.2012, online verfügbar unter docplayer.org/17152565-Leopold-museum-privatstiftung-lm-inv-nr-653-egon-schiele-selbstbildnis-mit-hochgezogener-nackter-schulter-dossier-lm-inv-nr.html (abgerufen am 7.1.2019).

17 Georg Biermann, „Der neue Salon von Gurlitt und die Pechstein-Ausstellung", in: *Der Cicerone*, X. Jg., Nr. 13/14, Juli 1918, S. 215.

18 Die Gestaltung von Galerieräumen durch Künstler lässt sich in den ersten beiden Jahrzehnten des 20. Jahrhunderts einige Male beobachten. Insbesondere Henry van de Velde wurde wiederholt zu solchen auf die Erschaffung von Gesamtkunstwerken ausgerichteten Erneuerungen eingeladen. Bereits 1898 eröffneten Bruno und Paul Cassirer ihren von van de Velde gestalteten Salon. 1902 gestaltete derselbe das Folkwang-Museum und 1906 das Privathaus von Karl Ernst Osthaus; 1907 das Graphische Kabinett sowie weitere Räumlichkeiten der Galerie Ernst Arnold in Dresden.

19 So in einem Katalog des „Kunstsalon Fritz Gurlitt" 1913. Es ist heute nicht mehr im Detail nachvollziehbar, wann die Familie Gurlitt in welcher Villa Wohn- und/oder Geschäftssitze hatte. Es ist aber anzunehmen, dass dies teilweise gleichzeitig in beiden, teilweise aber auch nur in dem einen oder anderen Haus der Fall war.

20 So z. B. von Winfried Nerdinger: Winfried Nerdinger, *Rudolf Belling und die Kunstströmungen in Berlin 1918–1923 mit einem Katalog der plastischen Werke*, Deutscher Verlag für Kunstwissenschaft, Berlin 1981, S. 39.

21 So Birgit Gropp mit Verweis auf eine Notiz im *Kunstblatt*, ohne Quellenangabe. Gropp 2000, S. 127.

22 Die beiden nebeneinanderstehenden Villen I und II in der Potsdamer Straße 113 befanden sich gegenüber der damaligen St.-Matthias-Kirche (ab 1928 St. Ludgerus). Heute entspräche dies den Grundstücken Potsdamer Straße 79/81, gegenüber der Syrisch-Orthodoxen Kirche von Antiochien St. Jakob, Berlin-Tiergarten.

Die Wiedereröffnung der Kunsthandlung nach der Neugestaltung erfolgte im Juni 1918 – also noch während des Ersten Weltkrieges – mit einer umfassenden, zweiteiligen Werkschau von Max Pechstein.[23] Die Aufmerksamkeit zogen nicht allein die Gemälde Pechsteins auf sich, sondern der Kunsthistoriker Georg Biermann feierte geradezu die neuen Räumlichkeiten, für die Pechstein, aber auch César Klein und Rudolf Belling Werke beisteuerten:

> „[...] es [ist] ein bedeutsames Zeichen der Zeit, wenn im vierten Kriegsjahr in Berlin der altbewährte Salon von Fritz Gurlitt unter der glücklichen Initiative seines jungen Inhabers der werdenden Kunst ein neues Haus eröffnete, das dazu berufen scheint, deutsche Kunstgeschichte zu machen. Ein Haus, so festlich und schön, so bis ins letzte von künstlerischem Geschmack getragen, daß in solchem Rahmen von selbst die Kunstwerke ein neues eigenes Leben empfangen müssen. Unten der langgestreckte Oberlichtsaal in heiteren, lichten Tönen und daneben, durch eine kurze Treppe verbunden, die zu einem, von Pechsteins köstlichen Mosaiken geschmückten Durchgang hinaufführt, der in klassischem Rot gehaltene Vorraum. Und darüber im ersten Stock eine kleine Flucht von Gemächern, die – kurz gesagt – etwa das Milieu eines vornehmen Sammlers in sich begreifen. Eine Wohnung mit Eß- und Wohnzimmer, mit einem Schlafzimmer und Baderaum, in die Pechsteins bunte Glasfenster mystischen Glanz hineintragen. – Das Ganze nicht mehr und nicht weniger als ein Tempel der Kunst [...]. Das ist mit einem Worte lebendigste Kunstkultur, ein Etwas, an dem sich Geschmack und Glauben an die wirkenden Kräfte dieser Zeit aufrichten, künstlerisches Unternehmertum, das in seiner vornehmen Diskretion einfach vorbildlich wirkt. – Solche Tat verdient Anerkennung. Sie ist in schwerer Zeit mit jenem kühnen, selbstvertrauenden Optimismus durchgeführt worden, der schließlich doch aller Schwierigkeiten Herr geworden ist."[24]

Als Wolfgang Gurlitt ab 1917 die Künstler César Klein, Rudolf Belling und Max Pechstein mit der Gestaltung von Werken für seine Kunsthandlung beauftragte, standen diese teilweise noch am Anfang ihrer Künstlerkarrieren, machten jedoch zunehmend durch Arbeiten auf sich aufmerksam, die die Trennung von Kunst und Architektur sowie von Kunst und Handwerk zu überwinden suchten. Für alle drei ist die Phase um 1918 eine wichtige in ihrer künstlerischen Entwicklung. Dass Wolfgang Gurlitt ihre Werke nicht nur in Ausstellungen zeigte, sondern auch in gedruckter Form verbreitete – sei es in eigenen Publikationen oder durch die Distribution fotografischer Reproduktionen an Zeitschriften und Verlage –, dürfte nicht unerheblich zur rasch wachsenden Bekanntheit beigetragen haben.[25]

Der aus Hamburg stammende Maler, Grafiker und Bühnengestalter César Klein wurde mit dem Entwurf von Wandgemälden und Glasfenstern für eine Durchfahrt in der Villa I beauftragt.[26] Als zentraler Zugang zu den neuen Räumlichkeiten sollte diese repräsentativ gestaltet werden.[27] César Klein, der 1910 Mitbegründer der Neuen Secession in Berlin war und 1913 Glas- und Wandgemälde – gemeinsam mit Max Pechstein – in expressiver Form im Marmorhaus-Theater, einem vom Architekten Hugo Pál gebauten Kino am Kurfürstendamm, ausgeführt hatte,[28] entwarf hierfür Glasarbeiten in den Türen sowie vier Wandmalereien mit Landschaften der Jahreszeiten (Abb. 2). Skizzen der vier Wandbilder publizierte Wolfgang Gurlitt 1918 in seinem *Almanach auf das Jahr 1919* zusammen

23 Karl Scheffler, in: *Kunst und Künstler*, 16. Jg., 1918, Nr. 10, S. 405. Vgl. auch den kleinformatigen Katalog: *Max Pechstein*, Hof-Kunsthandlung Fritz Gurlitt, Potsdamer Straße 113, Villa II, Berlin 1919. Der erste Teil der Ausstellung – *Bildnisse, Landschaften, Stilleben* – fand vom 1. Juni bis 15. Juli 1918 statt, der zweite – mit Bildern aus Palau – vom 16. Juli bis 1. September 1918. Im Durchgangsraum wurden zudem die Mosaike *Vertreibung* und *Anbetung* von Max Pechstein gezeigt.

24 Biermann, „Der neue Salon", 1918, S. 215.

25 Spätestens seit 1914 betrieb Wolfgang Gurlitt – anfänglich zusammen mit seiner Mutter Annarella sowie Willi Waldecker – parallel zur Kunsthandlung den „Kunstverlag Gurlitt" (Landesarchiv Berlin, A Rep. 342-02, 16245, Königliches Amtsgericht, Unterlagen „Kunstverlag Gurlitt", Gesellschaftervertrag vom 5.3.1914).

26 César Klein vermerkt im November 1917 in seinem Tagebuch: „Gurlitt will Fenster im Eingang machen lassen", und im Dezember: „Montag bei Gurlitt wegen Fenster und Torweg." Die Ausführung erfolgte erst im Frühsommer 1918. Ruth Irmgard Dalinghaus, *Cesar Klein (1876–1954). Angewandte Kunst – Werkmonographie mit Katalog*, Dissertation, Freie Universität Berlin, Mikrofiche-Publikation, 1990, S. 99–106, hier. S. 99.

27 Die Einfahrt ist Teil des rechts liegenden Hauses, also der Villa I. Theodor Däubler bezeichnet die Durchfahrt als „Eingangshalle zum Haus von Herrn Wolfgang Gurlitt". Adolf Behne beschreibt den Raum genauer als Durchfahrt zu einem Wirtschaftshof, der jedoch an Abenden, an denen Vorträge stattfanden, als Eingang diente. Theodor Däubler, *César Klein*, Klinkhardt & Biermann, Leipzig 1919, S. 11; Adolf Behne, „Experimente", in: *Almanach Fritz Gurlitt auf das Jahr 1919*, Verlag Fritz Gurlitt, Berlin 1918, S. 73–85. Zu den Wandmalereien und Verglasungen von César Klein vgl. zudem Dalinghaus 1990, S. 99–106.

28 Grundrisse und Bilder zum Marmorhaus-Theater finden sich in: Hans Schliepmann, *Lichtspieltheater. Eine Sammlung ausgeführter Kinohäuser in Groß-Berlin*, Wasmuth, Berlin 1914, S. 27, S. 29 und S. 77–82. Georg Biermann schreibt 1918, dass Max Pechstein an den Wandgemälden mitgewirkt habe. Georg Biermann, „Max Pechstein", in: *Der Cicerone*, 10. Jg., 1918, Nr. 17/18, S. 263–270, hier S. 266f.

mit einem Text des Architekten und Architekturpublizisten Adolf Behne.[29] Dieser beschreibt eindrücklich die von Klein gewählte und in den Marburger Platten gänzlich fehlende Farbigkeit:

> „Durch das tiefe Sammetschwarz der schmalen Tonnenwölbung, das durch stumpf-lilafarbene, zackiggoldgerahmte Felder und aufgelegte Ornamente aus Gold, Blau und Rot intensiv gesteigert wird, durch das leuchtende klingende Grün der Wände des sich in die Tonne einschneidenden dunkelgoldenen Kreuzjoches und das gleichmäßige hellflammende Rot der Nische ist eine festliche Stimmung geschaffen, eine Stimmung besonderer und anspruchsvoller Erwartung, die dazu beitragen wird, das Publikum durchschnittlichen Vortragsleistungen gegenüber sehr kritisch zu machen. Es gehört schon etwas dazu, um sich nach dem Prangen dieses Vorraums zu halten."[30]

Die in einer einem Treppenaufgang gegenüberliegenden Nische stehende Skulptur *Große Gruppe Natur* (1918), die ebenfalls im Zweiten Weltkrieg zerstört wurde, stammte vom Berliner Bildhauer Rudolf Belling (Abb. 3).[31] Belling, der zunächst als Autodidakt im Bereich der Bühnenbildnerei tätig war und dort die neuen Tendenzen expressionistischer Kunst und Literatur kennenlernte, bevor er 1911 von Peter Breuer als Meisterschüler an der Kunstakademie Berlin-Charlottenburg angenommen wurde, gehörte – wie Klein und Pechstein – zur 1918 in Berlin gegründeten Novembergruppe, einer sich selbst als „radikal" und „revolutionär" bezeichnenden Künstlervereinigung, die 1933 nach der Machtergreifung Hitlers ihre Arbeit einstellen musste.[32] Belling arbeitete auch am Umbau des Berliner Scala Tanzcasinos mit Walter Würzbach zusammen, der später für die expressionistische Raumgestaltung der Wohnung Wolfgang Gurlitts verantwortlich zeichnete.[33]

Max Pechstein, der als ausgebildeter Dekorationsmaler begann und an der Dresdner Kunstgewerbeschule wie auch der Kunstakademie studierte, trieb ab 1906 auch als Mitglied der Künstlergruppe Brücke die Verbindung von Architektur und Innendekoration voran, und dies mit dem Ziel, alle Bereiche des privaten und öffentlichen Lebens künstlerisch zu durchdringen.[34] Mit der Auflösung der Disziplinen stand bereits die Brücke-Gruppe, deren künstlerische Werke 1912 in der Kunsthandlung Fritz Gurlitt umfangreich präsentiert wurden, trotz gänzlich neuem Formen- und Farbenkanon in ihren programmatischen Grundzügen in der Tradition der Reformbewegungen um die Jahrhundertwende.[35] Pechstein hatte in seiner Dresdner Zeit zahlreiche Glas- und Wandmalereien realisiert, wenn auch überwiegend als Auftragsarbeiten für kunstgewerblich tätige Firmen wie Villeroy & Boch.[36] Aber auch das Speisezimmer der Villa des Berliner Sammlers, Rechtsanwalts und Kunsthändlers Hugo Perls in Zehlendorf schmückte Pechstein 1912 mit einem kunstvollen, sich über mehrere Wände erstreckenden Wandgemälde.[37] Bereits 1913 stellte die Hofkunsthandlung Fritz Gurlitt neben Gemälden auch Glasarbeiten von Max Pechstein aus.[38]

---

29 Erhalten haben sich im Marburger Bestand zwei Aufnahmen der Wandgemälde mit jeweils angeschnittenen Glastüren (Aufn.-Nr. 146.213 und 146.214). In einer kurzen, von Wolfgang Gurlitt 1921 in *Das graphische Jahr* veröffentlichten Biografie heißt es über Klein: „Selbst eine Malerlehre mit Karrenschieben und Fußbodenstreichen wie auch der ganz vorzügliche Unterricht an Malschulen Akademien haben ihn nicht bessern können. Deshalb gefällt er auch so wenig allen guten Bürgern, obgleich er sehr solide lebt." *Fritz Gurlitt. Das graphische Jahr*, Verlag Fritz Gurlitt, Berlin 1921, o. S.

30 Behne 1918, S. 73–85, zit. nach Dalinghaus 1990, S. 102.

31 Carl Einstein publizierte die Skulptur 1926 unter dem Titel *Göttin*. Carl Einstein, *Die Kunst des 20. Jahrhunderts*, Propyläen-Verlag, Berlin 1926, S. 555. Zur Skulptur von Rudolf Belling vgl. auch Nerdinger 1981, S. 39–44 sowie Kat.-Nr. 18, S. 228. Als Material und Technik gibt Nerdinger „Hartguß (vergoldet, bemalt und mit farbigen Steinen geschmückt von C. Klein)" an. Letzteres, die Fassung der Skulptur in Farbe, hält Dalinghaus jedoch für unwahrscheinlich (Dalinghaus 1990, S. 100, Anm. 5). Von der Skulptur haben sich im Marburger Bestand vier Aufnahmen erhalten.

32 Die konstituierende Sitzung fand am 3. Dezember 1918 statt. Max Pechstein und César Klein gehörten zu den Initiatoren der Gruppe.

33 Vgl. Nerdinger 1981, S. 44–58. Nerdinger datiert die expressionistischen Räume des Wohnhauses Gurlitt früher als den Scala Palast, da er beide Gurlitt'schen Umbauten im Jahr 1918 ansetzt. Die Neugestaltung der Wohnung Gurlitt erfolgte jedoch erst um 1919/20, also zu einem Zeitpunkt, als die Planung für den Scala-Umbau und das berühmte Scala-Restaurant abgeschlossen und selbst die Ausführung wohl weitestgehend erfolgt war. Paul Westheim schreibt entsprechend 1921: „[...] er [Wolfgang Gurlitt] hatte einen verständnisvollen Helfer, einen, der sowohl Stil wie Einfälle hatte, in dem Architekten Würzbach, der in dem Scala-Kasino bereits eine talentierte Sicherheit erweisen konnte und jetzt dem Photographen-Atelier von Riess wiederum eine eigene Note zu geben wußte [...]." Westheim 1921, S. 373 und S. 375.

34 Vgl. dazu Aya Soika, „Malerei im Dienste der Architektur. Die Brücke-Künstler und die Dresdner Raumkunst", in: Birgit Dalbajewa, Ulrich Bischoff (Hg.), *Die Brücke in Dresden. 1905–1911*, Ausst. Kat., Galerie Neue Meister, Staatliche Kunstsammlungen Dresden, Verlag der Buchhandlung Walther König, Köln 2001, S. 272–277.

35 Ebd.

36 Vgl. ebd., S. 276, sowie Günter Krüger, „Glasmalereien der ‚Brücke'", in: *Brücke-Archiv*, 1. Jg., 1967, S. 19–40. Letzterer Beitrag ist mit Vorsicht zu betrachten, da zahlreiche Datierungen und Zuschreibungen von der Forschung mittlerweile überholt wurden.

37 Vgl. dazu Aya Soika, „Im Kreis von Freunden. Max Pechstein und die Förderer seiner Kunst", in: Hermann Gerlinger (Hg.), *Gemeinsames Ziel und eigene Wege. Die „Brücke" und ihr Nachwirken. Almanach der Brücke 1*, Hirmer, München 2009, S. 78–89, hier S. 81, online verfügbar unter www.pechstein.de/german/Soika-Pechstein_Publikationen/Soika-Foerderer_Max_Pechsteins_Kunst_2010.pdf (abgerufen am 7.1.2019).

38 Krüger 1967, S. 29.

Im Rahmen der Neugestaltung der Kunsthandlung Fritz Gurlitt schuf Pechstein die von Biermann als „köstlich" bezeichneten Wandmosaiken für einen Durchgang sowie Glasfenster für ein Treppenhaus und ein Badezimmer. Die beiden sich gegenüberliegenden, je dreiteilig komponierten Mosaiken zeigten biblische Szenen aus dem Alten beziehungsweise Neuen Testament, die „wie ein glitzerndes Wunder" – so Max Osborn 1922 in seiner Pechstein-Monografie – „den erstaunten Besucher begrüß[ten]".[39] Ersteres zeigte die Vertreibung aus dem Paradies, gerahmt vom vorausgehenden Sündenfall, und die daraus folgende Konsequenz in Form von Adam und Eva bei der Arbeit auf Erden. Das zweite Mosaik gab die Anbetung der Könige, links und rechts flankiert von Maria Empfängnis und Hirten auf dem Felde, wieder (Abb. 5). Osborn erläuterte dazu:

> „Da es sich um einen Durchgang handelte, dessen Tonnengewölbe bei Tage nicht viel Licht erhält, mußten die Flächen möglichst hell gehalten werden. Man half sich damit, daß man ihnen einen lichtgrauen Putz gab. In diesen Putz wurden die Steinchen ganz frei, nicht nach einem starren System lückenloser Füllung, sondern so, daß der Grund vielfach durchschimmerte, oft in größeren Zwischenräumen sichtbar wurde, eingedrückt."[40]

Die Aufnahmen aus dem Marburger Bestand zeigen nicht die im Gurlitt'schen Galerieraum verlegten Mosaiken, sondern Details noch unverlegter Mosaiken nach denselben Entwürfen, die von den Vereinigten Werkstätten für Mosaik und Glasmalerei Puhl & Wagner, Gottfried Heinersdorff, Berlin, vertrieben wurden.[41] Erhalten hat sich von diesen Werken einzig ein Entwurfskarton, der sich heute in den Staatlichen Museen zu Berlin befindet, der die ebenfalls bei Max Osborn beschriebene „schillernde Buntheit" des „farbigen Gefunkel[s]"[42] nur bedingt überliefert. Zudem ist Behnes Text im Gurlitt'schen *Almanach auf das Jahr 1919* (1918) mit einer Aufnahme bebildert (Abb. 6), die eines der Mosaiken – wenn auch stark angeschnitten – zeigt. Diese Aufnahme ließ Gurlitt zusammen mit weiteren auch als Postkarten drucken, mit denen er seine Kunsthandlung bewarb.

Für das Treppenhaus der Kunsthandlung entwarf Max Pechstein ein Glasfenster mit einer *Fruchtbarkeit*-Darstellung, die auch als *Madonna mit Kind* gedeutet wurde (Abb. 7). Theodor Heuss bemerkte dazu:

> „Madonnen wollen eigentlich nicht in Treppenhäusern verehrt werden. Aber man muß heute zufrieden sein, wenn das Glasgemälde, das nicht zum Element einer großen Architektur werden kann, in Haustüren und Hoftoren, in Treppengängen, Schlaf- und Badezimmern die Möglichkeit erhält, sich zu eigenwilligem Leben zu entfalten."[43]

Hatte Georg Biermann in seiner Rezension neben den Ausstellungssälen bereits von „Gemächern", von einer Wohnung mit Ess- und Wohnzimmer, einem Schlafzimmer und Baderaum gesprochen, vom „Milieu eines vornehmen Sammlers",[44] so haben sich von diesen Räumen nur teilweise Fotografien erhalten.[45] Von den Badezimmern gibt es zwar keine Raumansichten, jedoch mehrere Einzel- und Detailaufnahmen der Glasfenster.[46] Pechstein schmückte diese Räume mit Darstellungen wie *Das Jungbad*, *Susanna im Bade*, *Das Urteil des Paris* und einem *Frühlingsreigen* (Abb. 8). Max Osborn schwärmt 1921:

> „Meisterlich, wie der Maler hier, ebenso im Badezimmer nebenan und im Treppenhaus die strotzende Sinnlichkeit seiner Farbflächen auf die Sprache des transluciden Materials umstellt, die Verbleiungen als ausdrucksreiche Konturen verwendet."[47]

Auch weitere Räume – das „Gelbe Zimmer", das „Rote Zimmer" mit Oskar Kokoschkas Porträt der *Else Kupfer* (1911) im Hintergrund (Abb. 9), Wolfgang Gurlitts Büro in Grün[48] sowie der „Graue Salon" – sind wie der Ausstellungsraum mit Pechsteins

39 Max Osborn, *Max Pechstein*, Propyläen-Verlag, Berlin, 1922, S. 177–190, hier S. 189.

40 Ebd., S. 186.

41 Die Vereinigten Werkstätten für Mosaik und Glasmalerei Puhl & Wagner, Gottfried Heinersdorff, Berlin, arbeiteten ab 1906 wiederholt mit Max Pechstein zusammen. Sie stellten 1919 zudem von ihnen gefertigte Werke in der Hofkunsthandlung Fritz Gurlitt aus. In diesem Rahmen entstanden die Fotografien der Mosaiken.

42 Osborn 1922, S. 188.

43 Theodor Heuss, „Pechsteins Glasgemälde", in: *Wieland. Zeitschrift für Kunst und Dichtung*, 5. Jg., 1919/20, Nr. 7, S. 2–4, hier S. 3.

44 Biermann, „Der neue Salon", 1918, S. 215.

45 Die exakte Zuordnung der Räume zur Galerie beziehungsweise der privaten Wohnung ist heute schwierig. Hausenstein berichtet jedoch bereits 1918 über Werke Pechsteins „im neuen Kunstsalon Gurlitt oder im Gurlittschen Privathause an der Potsdamerstraße". Wilh. Hausenstein, „Max Pechstein", in: *Deutsche Kunst und Dekoration*, Bd. XLII, August 1918 – September 1919, S. 204–236, hier S. 228.

46 Erhalten haben sich im Marburger Bestand acht Aufnahmen der Mosaike (Aufn.-Nr. 146.080–146.084, 146.086–146.087, 146.090) sowie zehn Negative der Glasfenster von Max Pechstein (Aufn.-Nr. 145.410–145.419).

47 Osborn 1921, S. 24.

48 Max Osborn beschreibt das Büro mit einer „grüngestrichenen Tapete mit einer erlesenen kleinen Galerie Pechsteins". Ebd. S. 24.

Mosaiken als Postkarten erschienen.[49] Vom „Gelben Zimmer" (Abb. 10), vom Büro Wolfgang Gurlitts sowie etlichen weiteren, nicht als Postkarten veröffentlichten Räumen haben sich auch im Marburger Bestand Aufnahmen erhalten: so auch das Foto eines Schlafzimmers, das mit religiösen Objekten, Madonnen, Heiligenfiguren, einem ans Kreuz genagelten Christus, Gebetsbüchern, einem Rosenkranz, gar einem über das Bettende hängenden liturgischen Gewand übervoll ist (Abb. 11). Wem dieses Schlafzimmer gehörte, ist nicht überliefert, obschon es eine Wolfgang Gurlitt nahestehende Person gewesen sein muss – steht doch auf dem Nachttisch ein Foto des Hausherrn.

Wenngleich sich bereits bei der Neugestaltung der Kunsthandlung Tendenzen zur Ausweitung der Modernisierungsmaßnahmen auch auf privat genutzte Bereiche beobachten lassen, bleibt das Gros der Räume weitestgehend seiner Funktion als Präsentationsorte für Kunst verhaftet. Ob rot, grau, gelb oder grün, die Neugestaltung dieser auch zu repräsentativen Zwecken genutzten Räumlichkeiten erfolgte im Hinblick auf eine moderne – und wechselnde – Präsentation von überwiegend zweidimensionalen Kunstwerken.[50]

In den zeitgenössischen Besprechungen der Wiedereröffnung der Ausstellungsräumlichkeiten wird wiederholt auf die Verbindung von Kunst und Handwerk sowie die notwendige „Einheit der Künste"[51] im Bauwerk verwiesen, deren Erstreben die Kritiker in dieser Zeit bei jungen Künstlern wie Pechstein beobachteten. Pechsteins Mosaiken und Glasmalereien werden als „Glied der Baukunst"[52] begriffen, als „erster Versuch, die alte hohe Kunst von Ravenna im Sinne der Moderne neu zu beleben"[53]. Dabei steht hier die Kunst nicht im Dienst des Handwerks beziehungsweise der Architektur, wie dies im Rahmen der Raumkunstbewegung weitestgehend der Fall war, sondern das handwerkliche Geschick bildet die Basis für originäre künstlerische Werke. Dieses „Monumentalität"[54] verheißende Zusammenspiel von Kunst und Architektur zu ermöglichen, wird in den schwierigen Nachkriegsjahren besonders gewürdigt:

> „[…] Gurlitt ließ sich in seiner Wohnung, mitten in Berlin, die Toreinfahrt von César Klein ausmalen, und gab Pechstein den Auftrag, wo immer es mühelos ging, einige Glasfenster einzufügen. So allein, mit dieser Entschlossenheit, einer jungen Kunst das Leben zu ermöglichen, können die Ergebnisse gerettet werden, zu denen die Entwicklung geführt hatte, und die durch das Kriegsende schlechterdings in Frage gestellt sind, wenn nicht williges Mäzenatentum seine Aufgabe begreift. Vom halbbankrotten Staat und den betrübten Stadtkämmerern für die nächsten Jahre viel zu erwarten, wäre Illusion."[55]

Neben Theodor Heuss und Paul Westheim erkennt und betont auch Adolf Behne die Bedeutung des Kunsthändlers für die Weiterentwicklung der Kunst, die ihn diesen gar als „neuen Typ" beschreiben lässt, „der nicht mehr so sehr Händler als Förderer ist".[56] Solche positiven Besprechungen der Kritiker mögen Wolfgang Gurlitt darin bestärkt haben, seine 1917 begonnenen räumlichen Neugestaltungen in seinen privaten Wohnräumen nahezu nahtlos und in gesteigerter Form fortzusetzen.[57]

Wohnen in der Kunst. Ein „Neuschwanstein des Expressionismus"

Waren der Gestaltung der Galerieräume aufgrund ihrer kunstpräsentierenden Funktion Grenzen gesetzt und die explizit für diese Räumlichkeiten geschaffenen Kunstwerke – Wandmalereien, Mosaiken und Glasfenster – in die Neben- und Durchgangsbereiche verbannt, so konnten sich Walter Würzbach, César Klein und Rudolf Belling in der Wohnung Wolfgang Gurlitts sehr viel freier und raumgreifender betätigen. Das Resultat war nichts weniger als ein expressionistisches Gesamtkunstwerk, das eine unmittelbare Resonanz in so unterschiedlichen Zeitschriften wie dem *Kunstblatt*, *Wasmuths Monatshefte für Baukunst*, *Wieland. Zeitschrift für Kunst und Dichtung* oder *Die Dame. Illustrierte Mode-Zeitschrift*

49 Postkarten der neu gestalteten Gurlitt'schen Kunsthandlung befinden sich in Berliner Privatbesitz.

50 Das Wechseln der Präsentationen lässt sich gut an zwei Aufnahmen des Büros von Wolfgang Gurlitt beobachten, die aus zwei unterschiedlichen Beständen des Marburger Bildarchivs stammen: vgl. die Aufnahmen 83.418 (Bestand der Kunsthandlung Fritz Gurlitt, Berlin) und 1.136.287 (Dr.-Franz-Stoedtner-Archiv). Die Aufnahmen zeigen das Büro mit unterschiedlichen Präsentationen von Gemälden von Max Pechstein.

51 Heuss 1919/20, S. 2.

52 Ebd.

53 Biermann, „Max Pechstein", 1918, S. 269.

54 Ebd.

55 Heuss 1919/20, S. 3.

56 Behne 1918, S. 77f.

57 Dass sich das private Umfeld sowie auch die Ateliers besonders für das Verwirklichen eines konsequenten raumbezogenen Gestaltungswillens eigneten, beobachtete auch Aya Soika in Bezug auf Max Pechstein. Vgl. Soika 2001, S. 273.

fand.[58] Daneben wurden die Werke in monografischen Publikationen der Künstler besprochen.[59] Die Beiträge sind in der Regel mit einer kleinen Auswahl an Abbildungen illustriert.[60] Im Marburger Bestand finden sich jedoch darüber hinaus gänzlich unpublizierte Aufnahmen,[61] die auch drei weitere, bisher unbekannte Räume dokumentieren und somit für die Architekturforschung von besonderer Bedeutung sind, nicht zuletzt, da über das Werk von Walter Würzbach, der hier federführend tätig war, heute nur noch wenig bekannt ist. Die meisten der von ihm entworfenen Architekturen, so auch das in Zusammenarbeit mit Rudolf Belling mit sternförmigem Grundriss und von der Decke freiplastisch herabhängenden Kristallzacken gestaltete Tanz- und Weinrestaurant im Berliner Scala Palast,[62] sind dem Zweiten Weltkrieg zum Opfer gefallen.

Das am prominentesten besprochene Zimmer ist das „kleine Schlafzimmer", für dessen malerische Wandgestaltung César Klein 1919 den Auftrag erhielt (Abb. 12).[63] Auf „Gold- und Silberzonen auf Glättputz"[64] verwirklichte er – fast zeitgleich zur Kulisse und den Kostümen des 1920 gedrehten expressionistischen Films *Genuine*[65] – das wandumfassende Gemälde, das er selbst als „die Träume des Lebens"[66] bezeichnete. Die Deckengestaltung mit sternenförmigen in die Decke eingelassenen Lampen und das Mobiliar entwarf Walter Würzbach, das Relief am Fußende des Betts – eine geschnitzte Danae mit strahlenartigem Goldregen – stammt von Rudolf Belling.[67] In einer Ausgabe von *Wasmuths Monatsheften für Baukunst* von 1921/22 findet sich ein – wenn auch winziger und nur skizzenhafter – Grundriss des Zimmers.[68] Walter Würzbach hatte dieses mit abgerundeten Ecken angelegt. Es ist der einzige für das Haus in der Potsdamer Straße erhaltene Grundriss. Nicht nur das Haus selbst, sondern auch sämtliche Bauakten wurden im Krieg zerstört. Kleins Wandgemälde zieht sich über die gesamte Wand (Abb. 13). Paul Westheim bezeichnet es als „eine Runddekoration, ohne Anfang und Ende, eine Traumvision, in der Bild aus Bild sich entwickelt".[69] Und Max Osborn schreibt in freudiger Erregung:

> „Ein ovaler Einbau mit schwingender Kurve gibt ihm Gestalt, aus Gips gefertigt, poliert, mit matten Gold- und Silberlagen bedeckt und darüber mit lasierten Farben, wie ein Hauch, eine durchgeführte Malerei – die Ahnung eines phantastischen Reiches aus fernen, unwirklichen Welten. Darüber liegt ein gutmütiger Akkord aus Rot und Blau. Die Decke blaues Gipsmassiv mit sternartigen Goldausschnitten für die Beleuchtung. Die Möbel von dem jungen Architekten Würzbach gefertigt, in rotem Holz und dunkelblauen Bezügen."[70]

Paul Westheim liefert zu Würzbachs farbigen Möbeln zudem die Angabe, dass sie in „Schleiflack mit Vergoldungen" ausgeführt waren.[71] Da sich die Stühle und Tische in verschiedenen Räumen wiederfinden, kann man davon ausgehen, dass Rot und Blau zwei für die Gesamtgestaltung entscheidende Farben waren. Der sich links vom Bett befindende Frisiertisch mit den kleinen gläsernen Flacons scheint auf eine weibliche Bewohnerin des Schlafzimmers zu deuten. Welche Dame jedoch in diesem „phantastischen Reich aus fernen, unwirklichen Welten" träumen durfte, ist nicht überliefert.[72]

58 Vgl. im *Kunstblatt*: Paul Westheim, „Wohnung Wolfgang Gurlitt", S. 373–378; in: *Die Dame*: Max Osborn, „Wohnung Wolfgang Gurlitt in Berlin", S. 7, S. 8, S. 24, S. 26; hier S. 7; Ernst Wasmuth, „Innenräume", in: *Wasmuths Monatshefte für Baukunst*, VI. Jg., 1920/21, Nr. 7/8, Abb. S. 233–236; sowie Theodor Heuss, „Pechsteins Glasgemälde", S. 2–4.

59 Vgl. z. B. Hausenstein 1918, S. 205–236, oder Däubler 1919.

60 Der Beitrag von Max Osborn in *Die Dame* ist mit Aufnahmen der prominenten Berliner Gesellschaftsfotografin Frieda Riess bebildert, die jedoch nicht mit den Marburger Fotografien identisch sind. D. h. dass die Gurlitt'sche Wohnung mindestens von zwei FotografInnen aufgenommen worden sein muss. Der Fotograf der Marburger Platten konnte bisher nicht ermittelt werden. Vgl. dazu Feßel 2016, insbes. S. 15.

61 Vgl. Feßel 2016, S. 8–22.

62 Siehe dazu Nerdinger 1981, S. 44–58.

63 Nerdinger verweist auf eine ähnliche Schlafzimmergestaltung von Konrad Wittmann, in: *Moderne Bauformen*, Jg. 23, Februar 1924, Nr. 2, S. 52. Nerdinger 1981, S. 39–44.

64 Wasmuth 1920/21, S. 235.

65 Robert Wienes Stummfilm *Genuine* wurde im Juli 1920 gedreht. Klein gestaltete hierfür die Bühnendekoration und die Kostüme. Vgl. dazu Claudia Dillmann, „Sie hatten das Kino … Die Netzwerke im expressionistischen Film der frühen Weimarer Republik", in: Ralf Beil, dies. (Hg.), *Gesamtkunstwerk Expressionismus. Kunst, Film, Literatur, Theater, Tanz und Architektur 1905 bis 1925*, Ausst.-Kat., Institut Mathildenhöhe Darmstadt, Hatje Cantz, Ostfildern 2010, S. 276–285, sowie insbes. die Abbildungen auf S. 280 und S. 291.

66 So in einer Liste aller angewandten Arbeiten für August Wagner vom 24. September 1929. Zit. nach Dalinghaus 1990, S. 102, Anm. 11.

67 Eine als „Kalenderblatt" bezeichnete Lithografie von Alfred Kubin in der Sammlung Kulturspeicher, Würzburg (Schenkung Wolfgang Gurlitt, Inv.-Nr. S 6427), zeigt eine skizzenhafte Zeichnung des Schlafzimmers mit einer am Bett sitzenden, das Wandgemälde betrachtenden und sich im Spiegel eines Würzbach'schen Möbels spiegelnden Figur. Die Zeichnung ist mit AK signiert.

68 Wasmuth 1920/21, S. 235.

69 Westheim 1921, S. 377.

70 Osborn 1921, S. 24.

71 Wasmuth 1920/21, S. 235.

72 Max Osborn benennt neben diesem „kleinen Schlafzimmer" explizit ein „Herrenschlafzimmer", das in seinem Beitrag in der *Dame* abgebildet, im Marburg Bestand jedoch nicht überliefert ist. Dies stützt die These, dass es sich bei dem von César Klein ausgemalten Raum um ein Schlafzimmer für eine Dame handelte. Osborn 1921, S. 7 und S. 24.

Von besonderem Wert sind Aufnahmen im Marburger Bestand, die den vor dem Schlafzimmer liegenden, durch eine breite, mit einem schweren Vorhang bestückte Tür abgetrennten Raum zeigen (Abb. 14).[73] Dieser ist mit einer auffälligen Sternentapete geschmückt. In ihm stehen teils runde, teils rechteckige Tischchen – Letztere mit auffällig massiven, mit Zacken dekorierten Füßen – sowie markante runde gepolsterte Stühle und Sessel. An den Wänden hängen kleine Gemälde. Auf den Tischen sowie in scheinbar in die Wände eingelassenen, ebenfalls mit großen Zacken gestalteten Regalen stehen reichlich Objekte aus Glas und Porzellan, eine Tischuhr, kleine Figürchen, Karaffen, Schatullen – allerlei „Bric-à-brac", das Paul Westheim in Verzückung geraten ließ.[74]

Eine Ansicht aus entgegengesetzter Perspektive gibt den Blick auf einen in eine Art Schrank eingebauten marmornen Waschtisch frei (Abb. 15). Rechts davon befindet sich ein in die Wand eingelassener Schrank, daran anschließend der Durchgang zu einem weiteren Zimmer. In diesem auf dem Foto dunklen Durchgang befindet sich ein weiteres in die Wand eingelassenes Regal mit kleinen Figürchen und nicht weiter erkennbaren Objekten. Bemerkenswert ist, dass dieses Regal aus sich heraus hell erstrahlt, also elektrisch beleuchtet ist. Rechts davon hängen weitere Bilder. Auffallend ist zudem die große von der Decke herabhängende – ebenfalls elektrische – Lampe, welche die Zickzackformen der Möbel aufgreift. Die Aufnahmen dieses eleganten, sicherlich als Waschraum und Ankleide genutzten Zimmers sind gänzlich unpubliziert. Die Marburger Glasplatten sind die letzten visuellen Zeugnisse dieses von Würzbach gestalteten Raumensembles.

Wiederholt abgebildet und enthusiastisch umschrieben findet sich hingegen das mit Spiegeln und – bemerkenswerterweise gleichfalls künstlich beleuchteten – Wandpaneelen von César Klein ausgestattete „Teezimmer"[75] oder „Spiegelkabinett"[76] (Abb. 16 und 17).[77] Die „geduckt-zierlichen Möbel in rotem Lackschliff"[78], es sind die gleichen wie im Vorraum des „kleinen Schlafzimmers", stammen erneut von Würzbach, der sicherlich auch die abgehängte Decke mit dem Zackenfries und dem mittig platzierten, ebenfalls durch ein Zackenornament eingefassten Oberlicht gestaltete. Paul Westheim schreibt zu diesem Zimmer eindrücklich:

> „Auch das Spiegelkabinett ist durch solche Zusammenarbeit des Malers und des Architekten zur phantastischen Szenerie geworden. Mit Glas: Spiegel- und Buntglas ist da ein launiges Spiel getrieben worden, nicht scheerbartisch kosmisch, sondern ein übermütiges, harmlos frohes Kaleidoskopspiel, wie es auch der Barock und zuletzt das Empire liebte. [...] [W]enn in dem dunkeln Raum diese elektrisch durchleuchteten Glasfenster zu strahlen anfangen, wenn sie sich spiegeln und widerspiegeln, wenn dieses Farbenleuchten in mannigfachsten Brechungen und scheinbar endlosen Wiederholungen aufflammt, dann ist es, als ob auch hier ein Stück Traum- und Märchenspiel Wirklichkeit angenommen hätte."[79]

Und auch Max Osborn verleiht seiner Begeisterung Ausdruck:

> „Der ganze erregende Raum scheint zu flimmern, zu tänzeln, zu kokettieren. Oben an der Decke eine Art luftiger Balkenmalerei, den Blick auf einen Goldausschnitt mit verstecktem Licht freilassend, dessen milder Glanz dem exzentrischen Gewoge gravitätische Ruhe gebietet. Rokokostimmung, in moderne Nervosität übertragen."[80]

Die schillernde Farbigkeit lässt sich heute nur fragmentarisch rekonstruieren. Zumindest in Ansätzen nachvollziehbar wird sie anhand der Glaspaneele selbst, die sich glücklicherweise erhalten haben und sich heute im Berliner Kunstgewerbemuseum befinden (Abb. 18).[81]

Der Forschung bisher ebenfalls unbekannt war ein weiteres Schlafzimmer mit einem großen Bett mit Baldachin (Abb. 19).[82] Den Übergang von der Decke zur markanten Tapete mit geometrischem Muster bildet auch hier ein Zackenfries, diesmal aus Textil. Gespiegelt wird dieser von dem Baldachin, der oben gleichfalls mit einem – sogar mehrlagigen – Zackenfries abschließt. Das Bett sowie das sich daneben befindende Tischchen stehen auf großen Füßen, die aus geometrischen Elementen – aus Scheiben, flachen Vierkantpyramiden und

73 Zu diesem Zimmer gibt es in Marburg vier Ansichten (Aufn.-Nr. 83.426, 83.427, 83.428 und 83.425).

74 Westheim 1921, S. 373.

75 Wasmuth 1920/21, S. 234.

76 Westheim 1921, S. 373ff.

77 Im Marburger Bestand sind drei Ansichten des Spiegelzimmers erhalten (Aufn.-Nr. 83.422–83.424).

78 Osborn 1921, S. 26.

79 Westheim 1921, S. 377.

80 Osborn 1921, S. 26.

81 Die Glaspaneele werden im Kunstgewerbemuseum in Berlin fälschlicherweise als zwei zusammengehörige Flügel einer Glastür – und das in verkehrter Anordnung – ausgestellt. Vgl. Catharina Berents, *Art Déco in Deutschland. Das moderne Ornament*, Anabas-Verlag, Frankfurt am Main 1998, S. 164 sowie die farbige Abbildung auf S. 160.

82 Vgl. dazu Feßel 2016, S. 15. Erhalten haben sich im Marburger Bestand zwei Ansichten (Aufn.-Nr. 83.432 und 83.433).

großen Kugeln – aufgebaut sind. Über einem erneut mit reichlich Flacons und Glasfläschchen bestückten Regal hängt Max Pechsteins Gemälde *Drohendes Wetter* von 1919, das sich heute in der Sammlung des Städtischen Museums Mönchengladbach befindet. Hinter dem Bett ist ein ovales Sofa zu sehen, zu dem sich passende Polsterstühle und Hocker in einem weiteren Zimmer finden, welches möglicherweise als Ankleide in direkter Verbindung zu diesem Schlafzimmer stand (Abb. 20).[83] Hier kamen die gleiche Tapete, der gleiche textile Zackenfries zur Decke hin sowie schwere, an den Baldachin erinnernde Vorhänge zum Einsatz. Auch die große, markante Lampe, die sich im Vorzimmer zum „kleinen Schlafzimmer" befand, wiederholt sich hier. Es ist anzunehmen, dass sich das farbliche Konzept von Rot und Blau auch auf diese Räume erstreckte.

Interessanterweise taucht eine Detailansicht des Raumes auch noch in einem weiteren Marburger Bestand auf (Abb. 21): im Archiv des Lichtbildverlages Dr. Franz Stoedtner.[84] Der Kunsthistoriker Franz Stoedtner gründete 1895 in Berlin das Institut für wissenschaftliche Projection und damit einen der ersten kommerziellen Lichtbildvertriebe. Für diesen fertigte er einerseits eigene Aufnahmen, bediente sich jedoch andererseits an publizierten Aufnahmen, die er für seinen Verlag reproduzierte. Im Verkaufskatalog *Moderne Möbel* finden sich einige der Gurlitt'schen Aufnahmen abgebildet (Abb. 22).[85] Die Stoedtner-Aufnahme 136292, die identisch mit der Detailansicht aus dem Bestand der Kunsthandlung Fritz Gurlitt ist, wird im Katalog mit „W. Würzbach, Ankleidezimmer der Baronin v. B." bezeichnet. Wie Franz Stoedtner zu der Annahme kam, dass das Zimmer von einer „Baronin v. B." bewohnt wurde, und wer diese war, konnte bisher nicht rekonstruiert werden, auch nicht, von welcher Vorlage er die Aufnahme reproduzierte. Über den Glasplattenbestand der Kunsthandlung Fritz Gurlitt kann jedoch die Zugehörigkeit dieses Raumes zur Gurlitt'schen Wohnung eindeutig nachgewiesen werden.

Vor dem breiten Spiegelschrank, der das Hauptelement der Ankleide bildet, steht ein elektrischer Ventilator. Und auch in dem Schlafzimmer mit Baldachinbett befindet sich ein interessantes technisches Detail: Vor dem Bett liegt auf dem Boden ein großes Kissen, auf dem eine Katze zu schlafen scheint.[86] Unter dem Kissen spitzt eine Platte hervor, von der gedrehte Kabel wegführen: Selbst das Kissen für die Haustiere war elektrisch beheizt. Die überaus moderne elektrische Ausstattung der Gurlitt'schen Wohnräume, die sich auch in den wohl erstmalig überhaupt elektrisch hinterleuchteten Glasmalereien zeigte, ist im Berlin der 1920er-Jahre alles andere als selbstverständlich.

Nicht überall traf Wolfgang Gurlitts exzentrisches Wohnungsprojekt auf Zustimmung: Nicht nur schmeichelhaft wurde es auch als „Neuschwanstein des Expressionismus" bezeichnet.[87] Paul Westheim kommt in seiner begeisterten Besprechung der Wohnung Wolfgang Gurlitts zum Fazit: „Bürger wohnen nicht so, zugegeben; aber Bürger wollen ja auch nicht künstlerischen Wegsuchern: Würzbach, Klein, Belling [...], Experimentiergelegenheiten bieten."[88]

Die vollumfänglich künstlerisch durchgestaltete oder ‚durchgestylte' Wohnung mit ihrer überaus modernen technischen Ausstattung ist Ausdruck einer Extravaganz, die ihresgleichen sucht.[89] Ein Grund für diese außergewöhnlich prunkvolle Gestaltung mag in der von Wolfgang Gurlitt sicherlich angestrebten und kalkulierten ‚Erweiterung' des Galerieraumes gelegen haben. Dafür sprechen auch die zahlreichen Besprechungen der Wohnung in den zeitgenössischen Zeitschriften, für die Gurlitt das notwendige Bildmaterial zur Verfügung stellte. Besonders interessant ist jedoch der Beitrag von Max Osborn in der Zeitschrift *Die Dame. Illustrierte Mode-Zeitschrift*, welche ab 1912 im Ullstein Verlag erschien, der 1937 von den Nationalsozialisten enteignet und arisiert

83 Auch zu diesem Raum haben sich im Marburger Bestand zwei Aufnahmen erhalten (Aufn.-Nr. 83.434 und 83.435).

84 Zum Bestand Dr. Franz Stoedtner im Deutschen Dokumentationszentrum für Kunstgeschichte – Bildarchiv Foto Marburg vgl. www.uni-marburg.de/de/fotomarburg/bestaende/uebernahmen/stoedtner (abgerufen am 7.1.2019).

85 Ebenfalls angeboten werden dort eine Detailaufnahme, die das von Walter Würzbach gestaltete „Atelier [Frieda] Riess mit Blechmöbeln. Berlin" zeigt (Stoedtner-Nr. 136293), und Fotografien des von Würzbach und Belling gestalteten „Scala, Restaurant. Berlin" (Stoedtner-Nr. 135525 und 135526).

86 Bei der abgelichteten Katze handelt es sich um eine Porzellan- oder Keramikkatze, die stellvertretend für die Aufnahme auf dem Kissen platziert wurde. Sie findet sich in einer anderen Fotografie ein zweites Mal auf einem Kissen abgebildet (Aufn.-Nr. 146.220). Auf anderen Aufnahmen der Gurlitt'schen Wohnung liegen (echte) Hunde auf solchen Kissen (z. B. Aufn.-Nr. 146.221).

87 Vgl. dazu Soika 2010, S. 82, leider ohne Quellenangabe.

88 Westheim 1921, S. 378.

89 Vergleichbares ist von Ernst Ludwig Kirchner bekannt, der „Totalinstallationen des eigenen Lebensraums im Geiste des Gesamtkunstwerks" entwarf: dies zunächst in seinen Wohnateliers in Dresden, Berlin-Wilmersdorf und ab Ende 1913 in Berlin-Friedenau, später in seinen Privathäusern in Davos, aber auch im 1927/28 für das Folkwang Museum geplanten Festsaal. Vgl. Ralf Beil, „‚Ein anderes ‚Kunstwerk' gibt es für mich nicht'". Utopie und Praxis des Gesamtkunstwerks im Expressionismus", in: Beil, Dillmann 2010, S. 26–45, hier S. 31, sowie Tobias Burg, „Abgebrochene Moderne. Wandbildprojekte von Oskar Schlemmer und Ernst Ludwig Kirchner", in: *„Das schönste Museum der Welt". Museum Folkwang bis 1933*, Ausst.-Kat., Museum Folkwang, Essen, Ed. Folkwang, Steidl, Göttingen 2010, S. 119–128.

wurde.[90] Als Äquivalent zu den im Ausland erscheinenden Luxuszeitschriften wie der *Vogue* in Frankreich und den USA richtete sich *Die Dame* explizit an eine Leserschaft der gehobenen Gesellschaft. Neben Mode- und Reiseberichten sowie Porträts von Schauspielerinnen, Sängerinnen und Tänzerinnen erschienen seit Anbeginn der Zeitschrift mit Fotografien illustrierte Beiträge zu Wohnungen und Häusern nicht nur Berliner Persönlichkeiten und Berühmtheiten. Die in der *Dame* publizierten Interieurs gehörten unter anderem der Bühnenkünstlerin Tilly Waldegg,[91] der Filmschauspielerin Henny Porten,[92] dem Künstler Max Pechstein,[93] dem Illustrator und Bühnenausstatter Prof. Hans Meid,[94] dem Archäologen und Museumsdirektor Dr. Theodor Wiegand,[95] aber auch Verlegern, Textilfabrikanten und Großkaufmännern sowie „Kolonialpolitikern".[96] Ganz offensichtlich wollte sich Wolfgang Gurlitt in diese Reihe der Berliner Prominenz, die zugleich als potenzielle Galerieklientel betrachtet werden muss, eingeschrieben sehen.

Es ist ein weiteres Heft der *Dame*, welches das Bild des extravaganten Kunsthändlers und Förderers, das durch die Besprechungen der künstlerischen Neugestaltungen von Galerie und Wohnung gezeichnet wird, komplettiert: Eine Fotografie des bekannten Berliner Gesellschaftsfotografen Karl Schenker zeigt im Heft 9, erschienen Mitte Februar – also anlässlich des Faschings – 1922, den Galeristen als Maharadscha im Maskenkostüm (Abb. 23).[97] Schenkers Bildnis lässt Wolfgang Gurlitt eher als Dandy und Lebemann erscheinen denn als konservativen Kunstkenner und Geschäftsmann, wie er von Künstlern wie Edvard Munch oder Lovis Corinth dargestellt wurde.[98] Ein weiteres Foto, das sich heute in Berliner Privatbesitz befindet, zeigt Wolfgang Gurlitt mit seiner damaligen Ehefrau Julia (geb. Goob)[99] – beide in ihren orientalischen Kostümen. Es ist anzunehmen, dass ein solches Foto von Karl Schenker Oskar Kokoschka als Vorlage diente, als dieser den Kunsthändler als „Zauberprinz[en]", der „nie werde […] sterben müssen", porträtierte (Abb. 24) – oder aber Kokoschka nahm selbst an den Faschingsfestivitäten teil.[100]

Die Jahre 1917 bis 1919 sind auch jene, in denen die fotografische Dokumentation der Kunstwerke einen letzten Höhepunkt erreichte.[101] Alsbald ließ diese Praxis deutlich nach, um Ende der 1920er-Jahre gänzlich abzureißen, möglicherweise aus finanziellen Gründen. Auch die Hofkunsthandlung Fritz Gurlitt bekam in den 1920er-Jahren zunehmend die Inflation zu spüren und geriet in den Folgejahren wiederholt in finanzielle Nöte.[102] 1922 gingen Wolfgang Gurlitt und Max Pechstein im Streit auseinander. Finanzielle Uneinigkeiten mussten gerichtlich geklärt werden.[103] Kredite wurden nicht zurückbezahlt, Steuerschulden liefen auf, Firmen wurden geschlossen und in ähnlicher Form wieder neu gegründet.[104] Ruth Dalinghaus schreibt in ihrer Dissertation über César Klein, dass Wolfgang Gurlitt das Haus in der Potsdamer Straße 1927 verkauft habe.[105] Aus diesem Jahr ist ein Schreiben an die Firma Puhl und Wagner erhalten, in dem Gurlitt darum bittet, die Glasfenster des Badezimmers von Max Pechstein und die Glaspaneele von César Klein aus dem Teesalon bis auf Weiteres unterstellen zu dürfen.[106] Anderen Korrespondenzen lässt sich jedoch entnehmen, dass Gurlitt zumindest bis einschließlich 1930 die Adresse in der Potsdamer Straße nutzte. In einem Schreiben der Industrie- und Handelskammer zu Berlin vom 20. Oktober 1930, das auf eine Anfrage eines Justizrates zur Zahlungsfähigkeit von Wolfgang Gurlitt verfasst wurde, heißt es:

90 Zur Zeitschrift *Die Dame. Illustrierte Mode-Zeitschrift* und den darin publizierten Interieurs vgl. Enno Kaufhold, *Berliner Interieurs 1910–1930. Fotografien von Waldemar Titzenthaler*, Nicolai, Berlin 2013 (Erstausgabe 1999).

91 *Die Dame*, 1911/12, Heft 13.

92 *Die Dame*, 1921/22, Heft 14.

93 *Die Dame*, 1914/15, Heft 23.

94 *Die Dame*, 1919/20, Heft 16.

95 *Die Dame*, 1914/15, Heft 22.

96 Geheimrat Dr. Bernhard Dernburg, *Die Dame*, 1912/13, Heft 3.

97 Das Titelblatt des Heftes war zudem mit einem Foto von Wolfgang Gurlitts Ehefrau „Julyet" (Julia) Gurlitt geschmückt.

98 Z. B. Edvard Munch, *Porträt Wolfgang Gurlitt*, 1912, Lithografie, 57 × 73,5 cm (Museum im Kulturspeicher Würzburg, Inv.-Nr. S 6431, Schenkung Wolfgang Gurlitt 1957), oder das Gemälde von Lovis Corinth, *Porträt Wolfgang Gurlitt*, 1917, Öl auf Leinwand, 113 × 90,5 cm (LENTOS Kunstmuseum Linz, WV-Nr. 701).

99 Wolfgang Gurlitt heiratete die Elsässerin Julia Goob am 18. März 1918. In ihrer Wohnung in der Kaiserin-Augusta-Straße 33 wohnte das Ehepaar, bis die neu gestaltete Wohnung in der Potsdamer Straße 1920 bezugsbereit war. Vgl. Alexandra Cedrino-Nahrstedt, *Die schöne Leidenschaft des Suchens und Findens. Der Kunsthändler Wolfgang Gurlitt*, unveröffentlichtes Manuskript.

100 Die Lithografie von Kokoschkas Porträt befindet sich heute u. a. in der Albertina, Wien.

101 Vgl. dazu Feßel 2016, S. 16ff.

102 Zu den finanziellen Schwierigkeiten Gurlitts und den oft als „verworren" beschriebenen Geschäftsverhältnissen der späten 1920er- bis 1940er-Jahre vgl. Gropp 2000, S. 141–145, sowie Michael Wladika 2012, insbes. S. 14–16.

103 Gropp 2000, S. 136f.

104 Ebd.

105 Dalinghaus 1990, S. 106.

106 Ebd., S. 106, Anm. 22.

„Wolfgang Gurlitt, der Inhaber der eingetragenen Firma ‚Fritz Gurlitt' betreibt seine Firma von seinem eigenen Hause aus, in dessen Parterreräumen sich die Geschäftsräume der Firma befinden. [...] Gurlitt befindet sich in Zahlungsschwierigkeiten [...]. Das Haus des Gurlitt ist bereits unter Zwangsverwaltung gestellt worden."[107]

1931 wird im Handelsregister der Kunsthandlung Fritz Gurlitt der Geschäftssitz in der Matthaikirchstraße 27 vermerkt.[108] Ab 1936 findet sich die Angabe „Matthaikirchstraße 7" als Adresse der Kunsthandlung Fritz Gurlitt, ab 1938 die Kurfürstenstraße 78. Die Galerie ist offensichtlich in den 1930er-Jahren mehrfach umgezogen. Dass sich die Angaben scheinbar widersprüchlich lesen, mag darauf zurückzuführen sein, dass es sich um zwei Häuser – Villa I und II – und um (mindestens) zwei Wohneinheiten gehandelt hat. In den Akten wird diese Unterscheidung meist nicht vollzogen. Dass Wolfgang Gurlitt 1927 die Glasfenster von Pechstein und Klein in der Werkstatt von Puhl und Wagner unterstellte, rettete zumindest Letztere vor der Zerstörung. Das Schicksal der expressionistischen Raumkunst wurde spätestens mit den Bombenangriffen auf Berlin zwischen 1943 und 1945 besiegelt.[109]

Sonja Feßel / Geb. 1978, Dr. phil. 2014 Promotion über *Leere Bühnen: Historische Orte in der zeitgenössischen Fotografie* an der Universität Bern (publiziert 2018 im Jonas Verlag), derzeit Leiterin der Fotografischen Sammlung und Redakteurin von *Rundbrief Fotografie* am Deutschen Dokumentationszentrum für Kunstgeschichte – Bildarchiv Foto Marburg. Forschungsschwerpunkte: u. a. Geschichte und Theorie der Fotografie, zeitgenössische Kunst, Ausstellungs- und Museumswesen.

107 „Königliches Amtsgericht I Berlin (Blattsammlung zum Handelsregister A betreffend die Firma: Fritz Gurlitt); Hand.reg.nr. 11681", Landesarchiv Berlin, A Rep. 342-02, N. 46810.

108 „Amtsgericht Charlottenburg, Generalakten, Handelsregister Kunsthandlung Fritz Gurlitt", Landesarchiv Berlin, A Rep. 342-02, Nr. 57581. Zudem lässt sich Ausstellungsbesprechungen entnehmen, dass Gurlitt Mitte der 1920er-Jahre zusätzliche Galerieräume in Berlin bespielte – so z. B. ab 1924 in der Budapester Straße. Vgl. *Der Cicerone*, 16. Jg., 1924, Nr. 2, S. 826.

109 In einem Brief zur „Beschreibung der Zerbombung", verfasst am 15.12.1943 an Herrn [Theodor?] Brodersen, beschreibt Wolfgang Gurlitt den Verlust: „alles [...], was [er] in Berlin besass". Während er seinen Laden und Lagerräume in der Keithstraße sowie zwei Häuser am Lützowplatz und in der Lützowstraße benennt, wird die Potsdamer Straße nicht erwähnt (Brief in Privatbesitz, Berlin). Es ist anzunehmen, dass sich diese – und damit auch die expressionistischen Räumlichkeiten – zu diesem Zeitpunkt nicht mehr in seinem Besitz befand.

STIFTUNG LILLY CHRISTIANSEN-AGOSTON IM LENTOS KUNSTMUSEUM LINZ

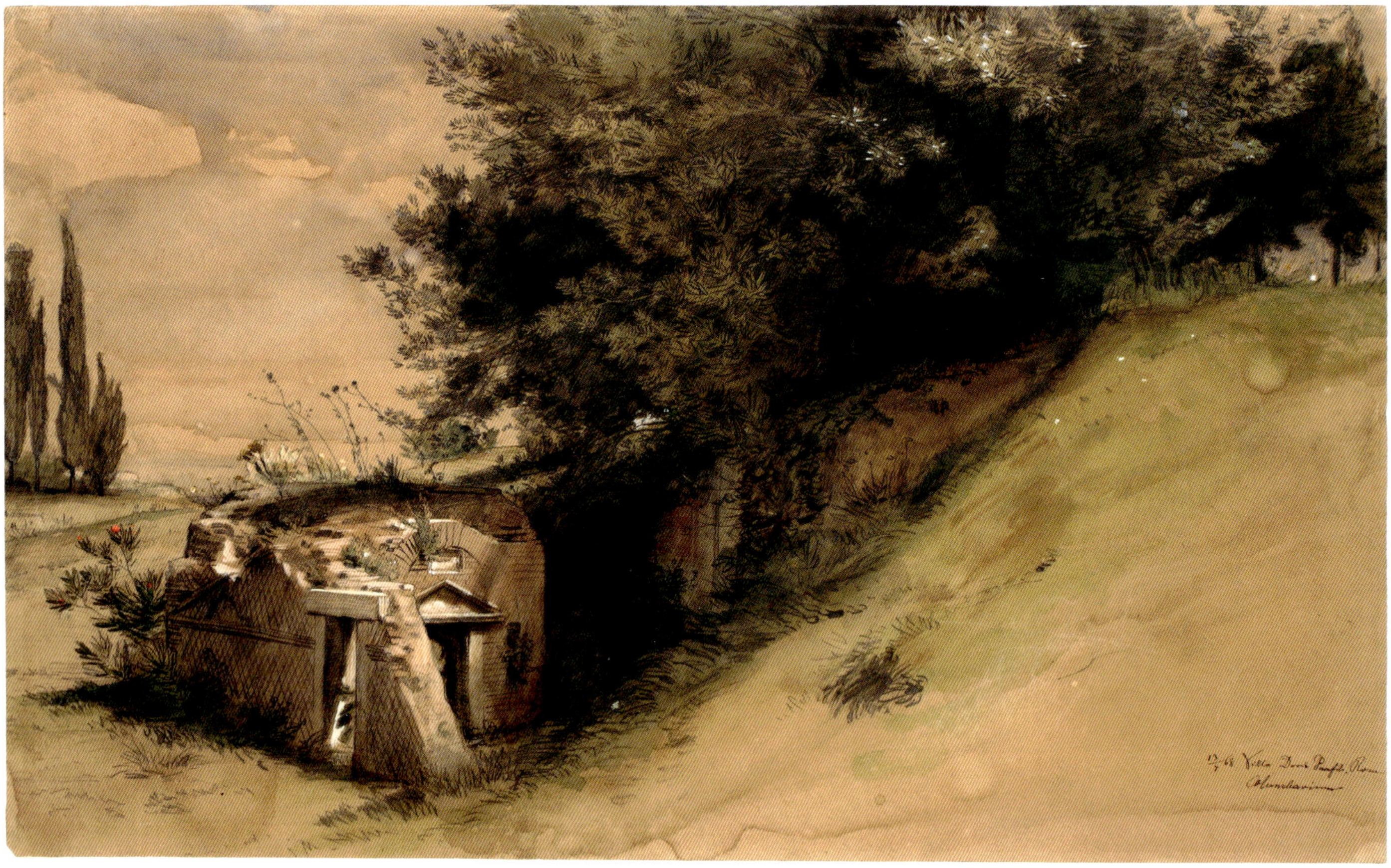

1

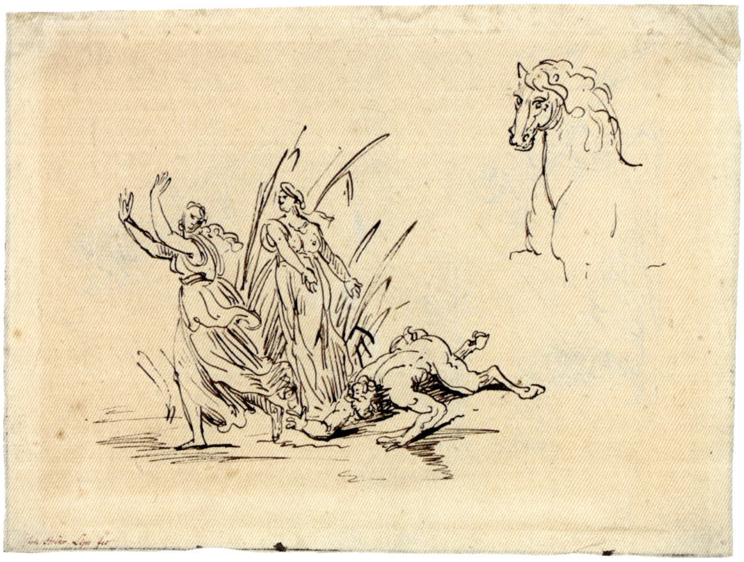

2

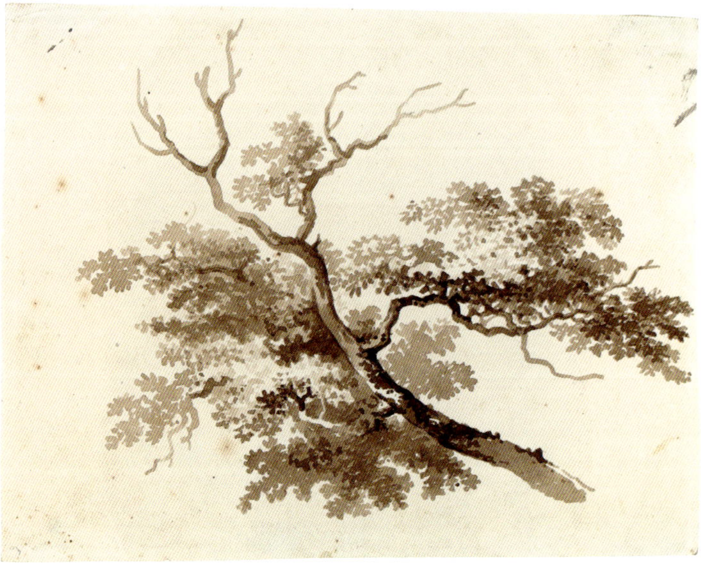

3

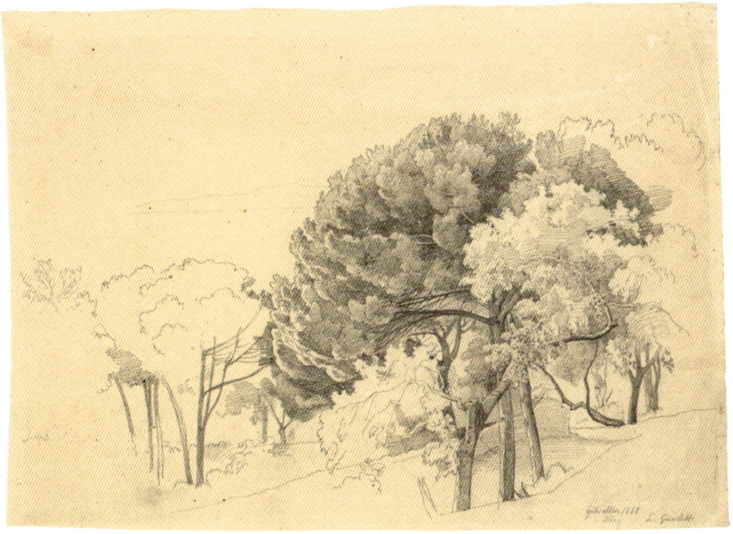

4

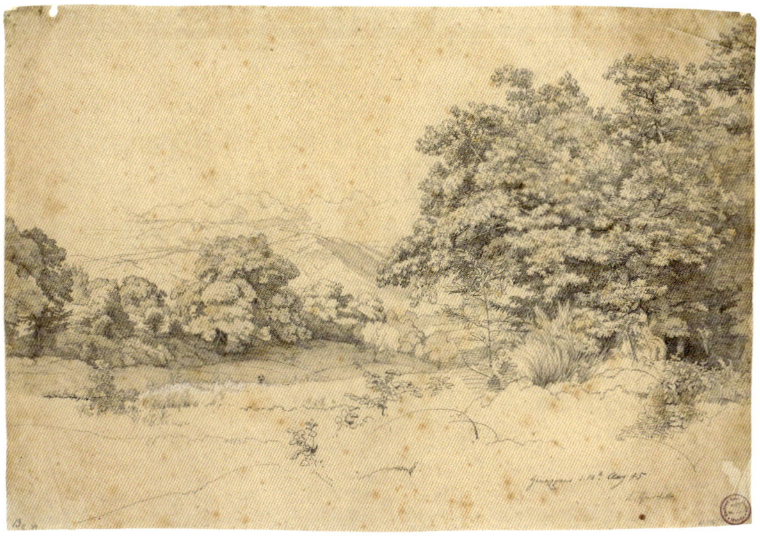

5

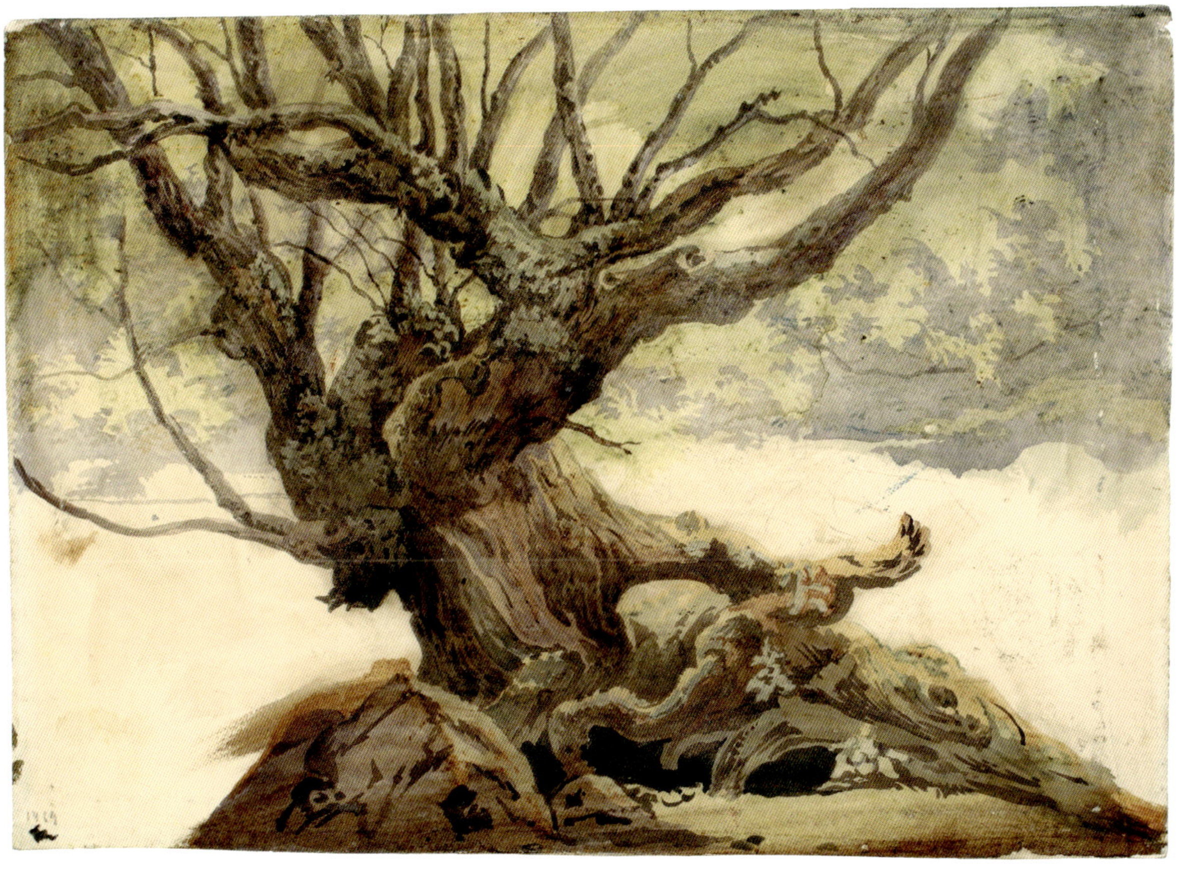

6

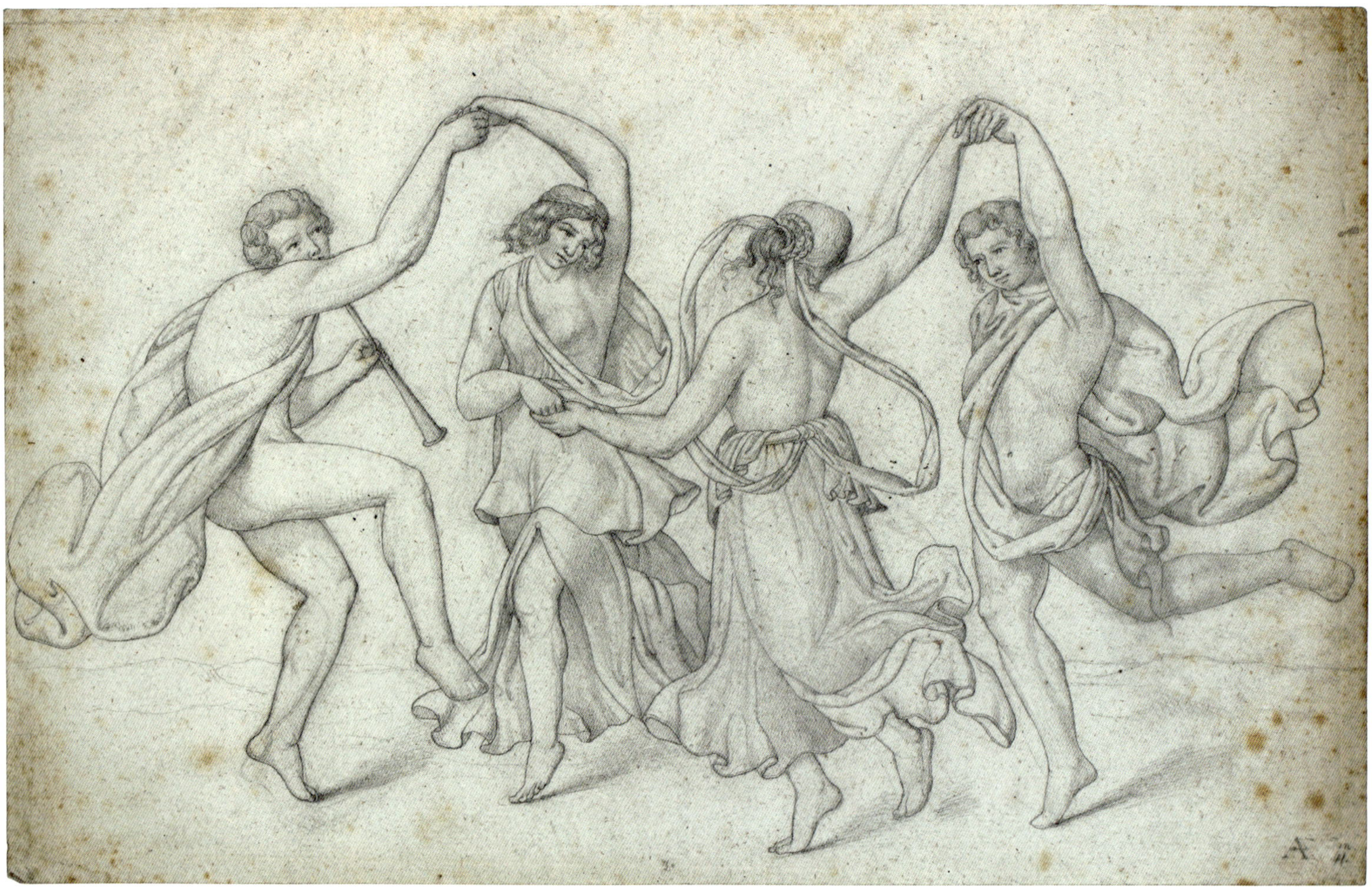

7

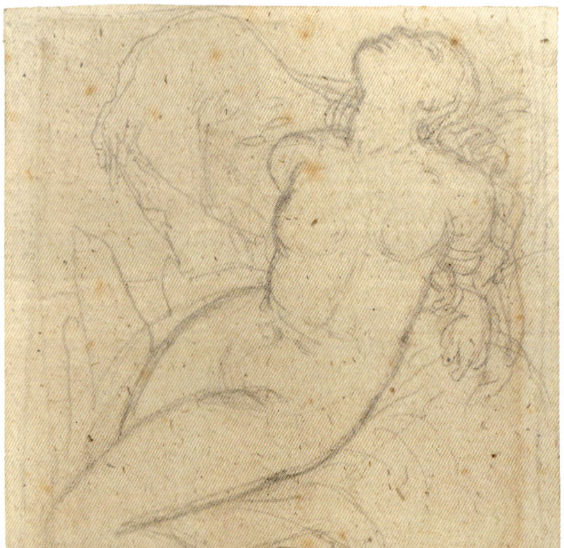

8

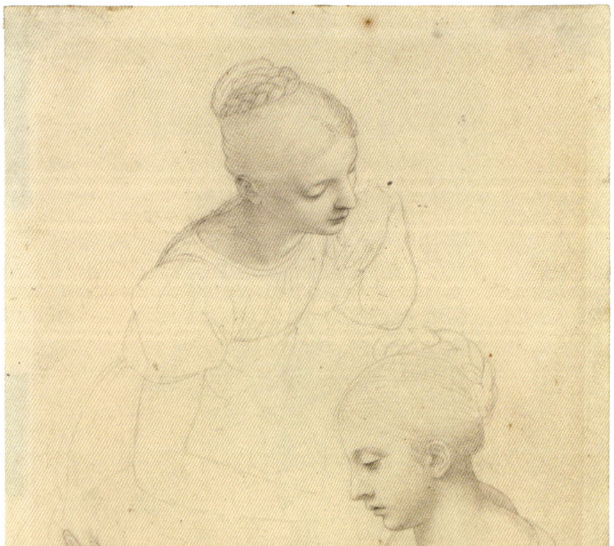

9

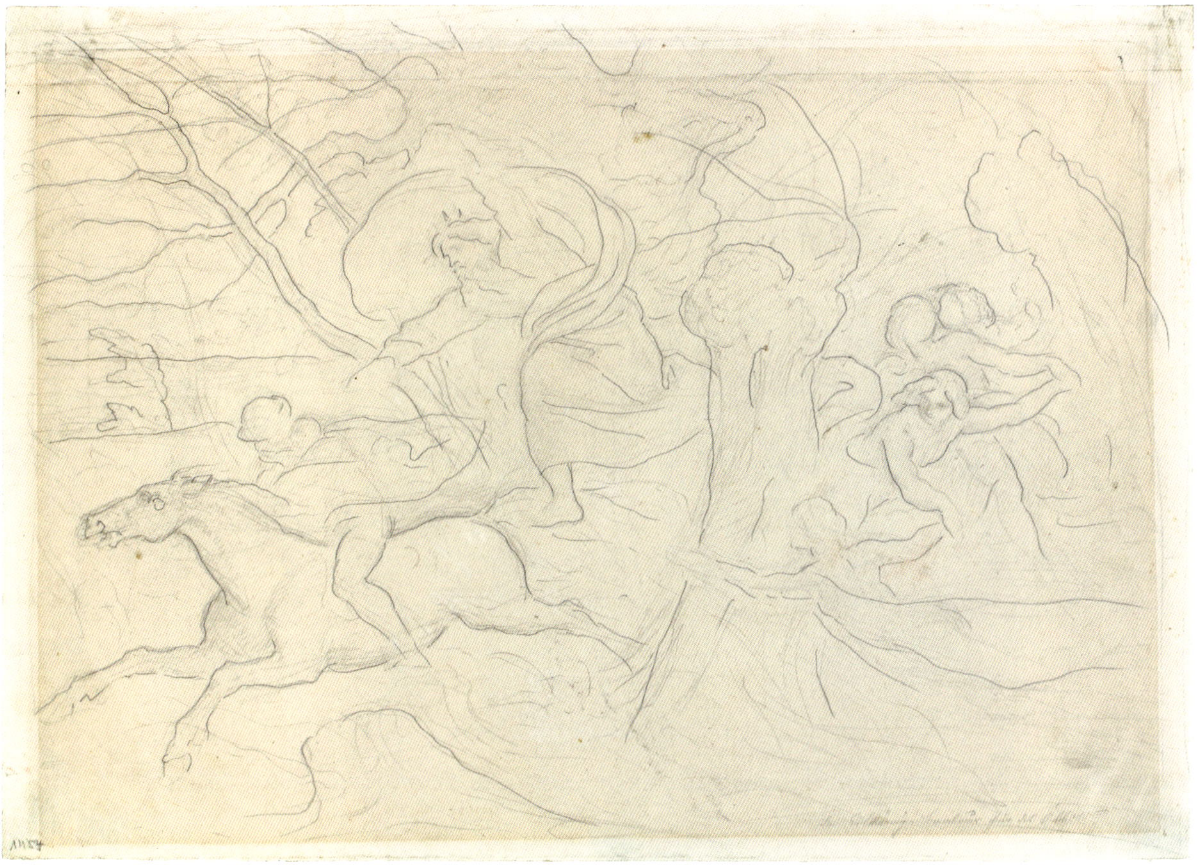

10

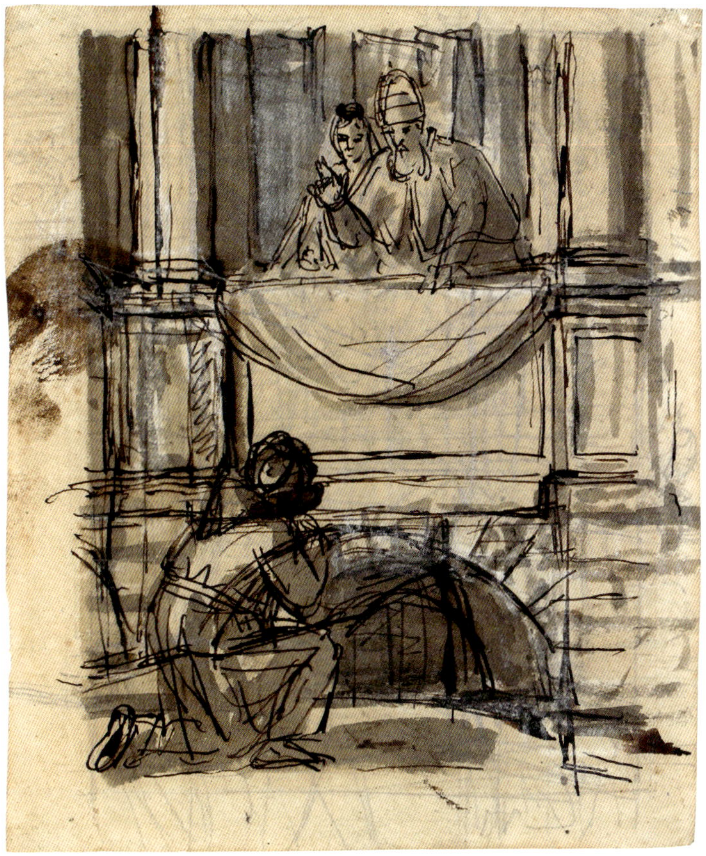

11

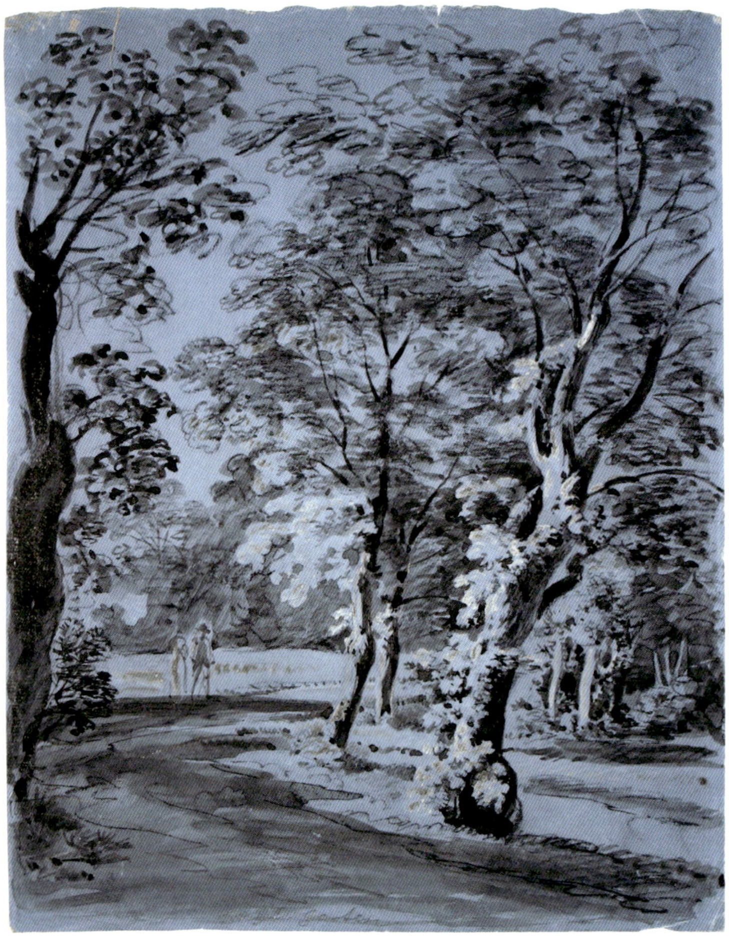

12

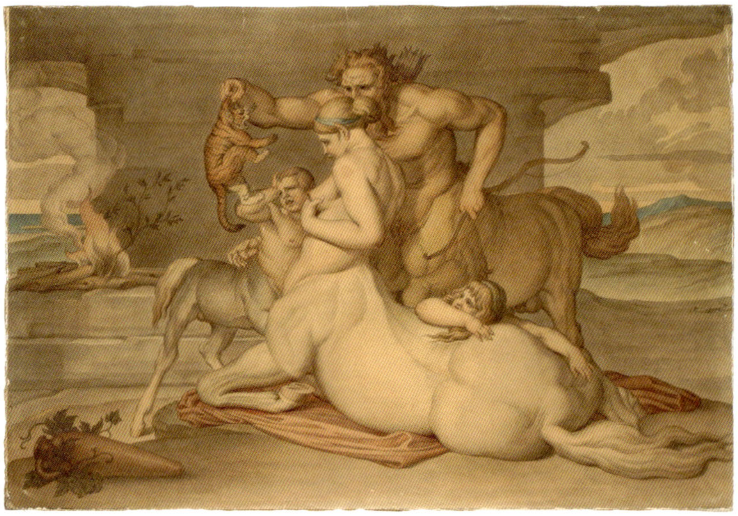

13

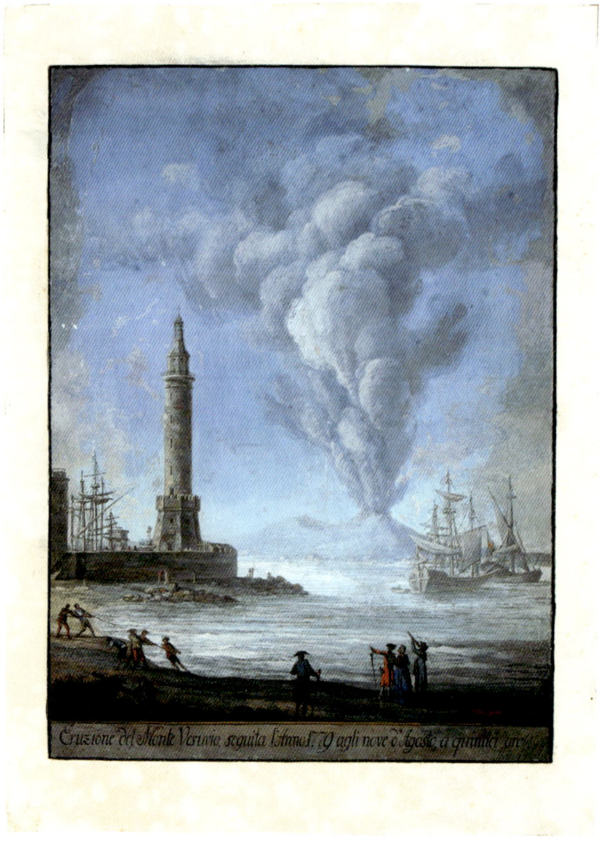
Eruzione del Monte Vesuvio, seguita l'Anno 1779 agli nove d'Agosto, a quindici ore

14

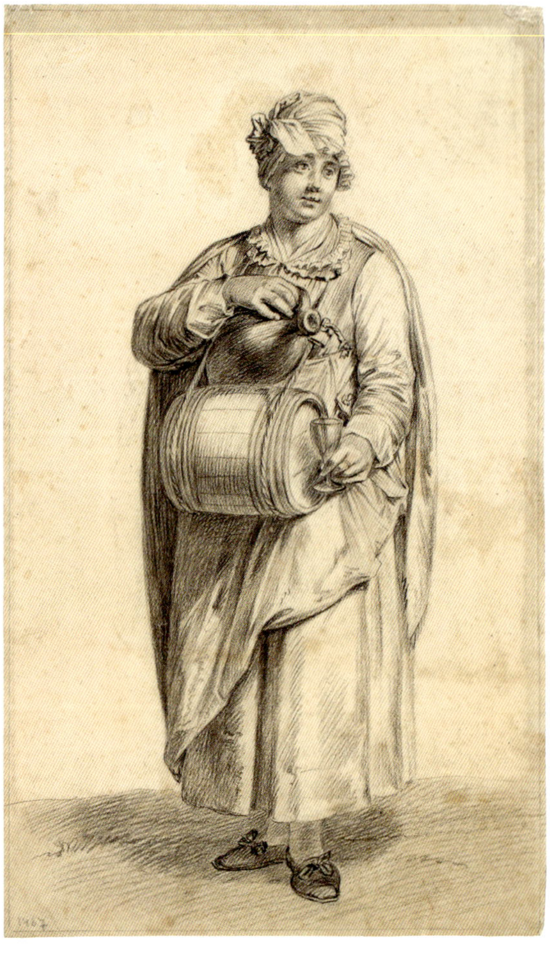

15

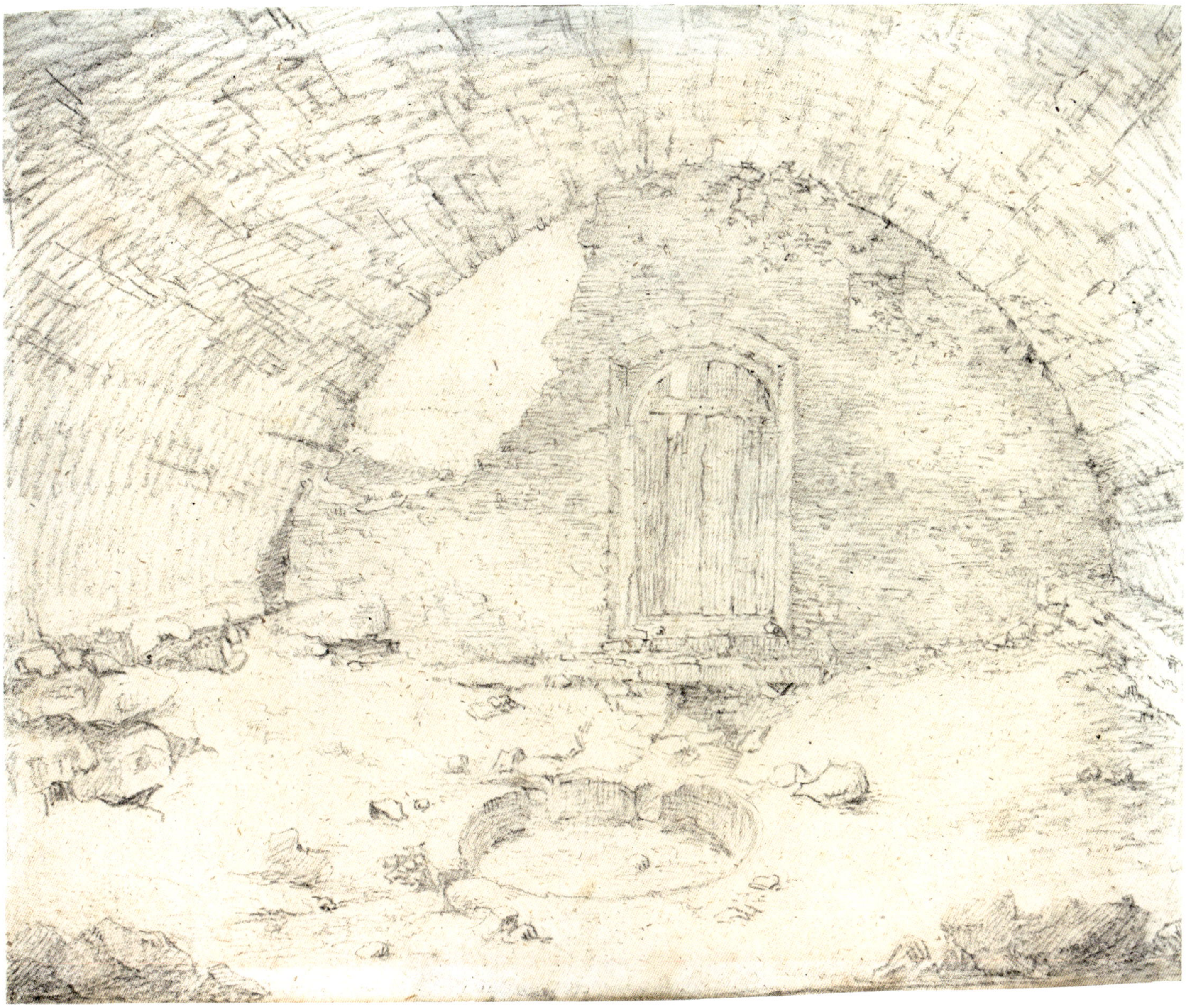

16

17, 18

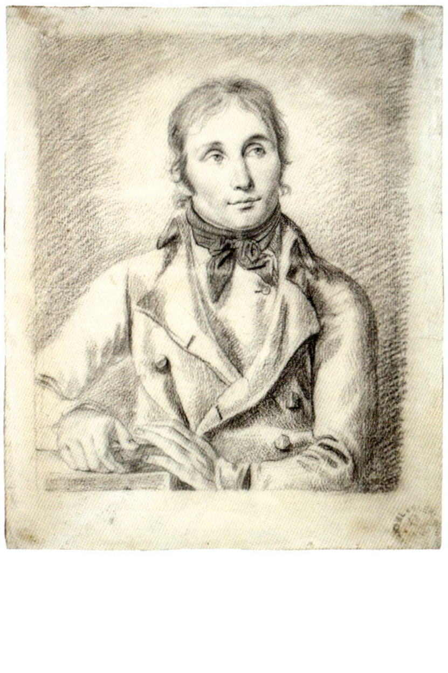

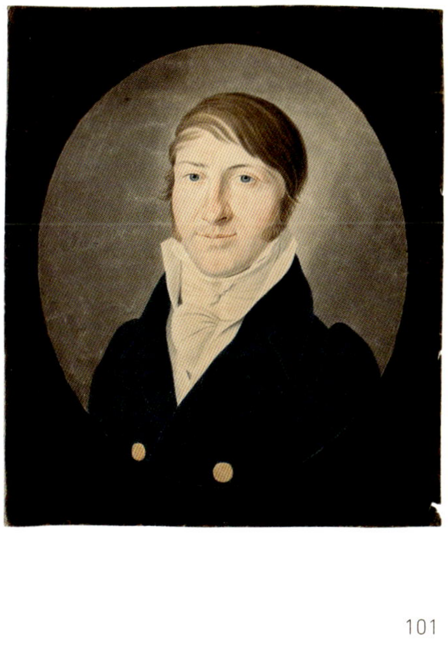

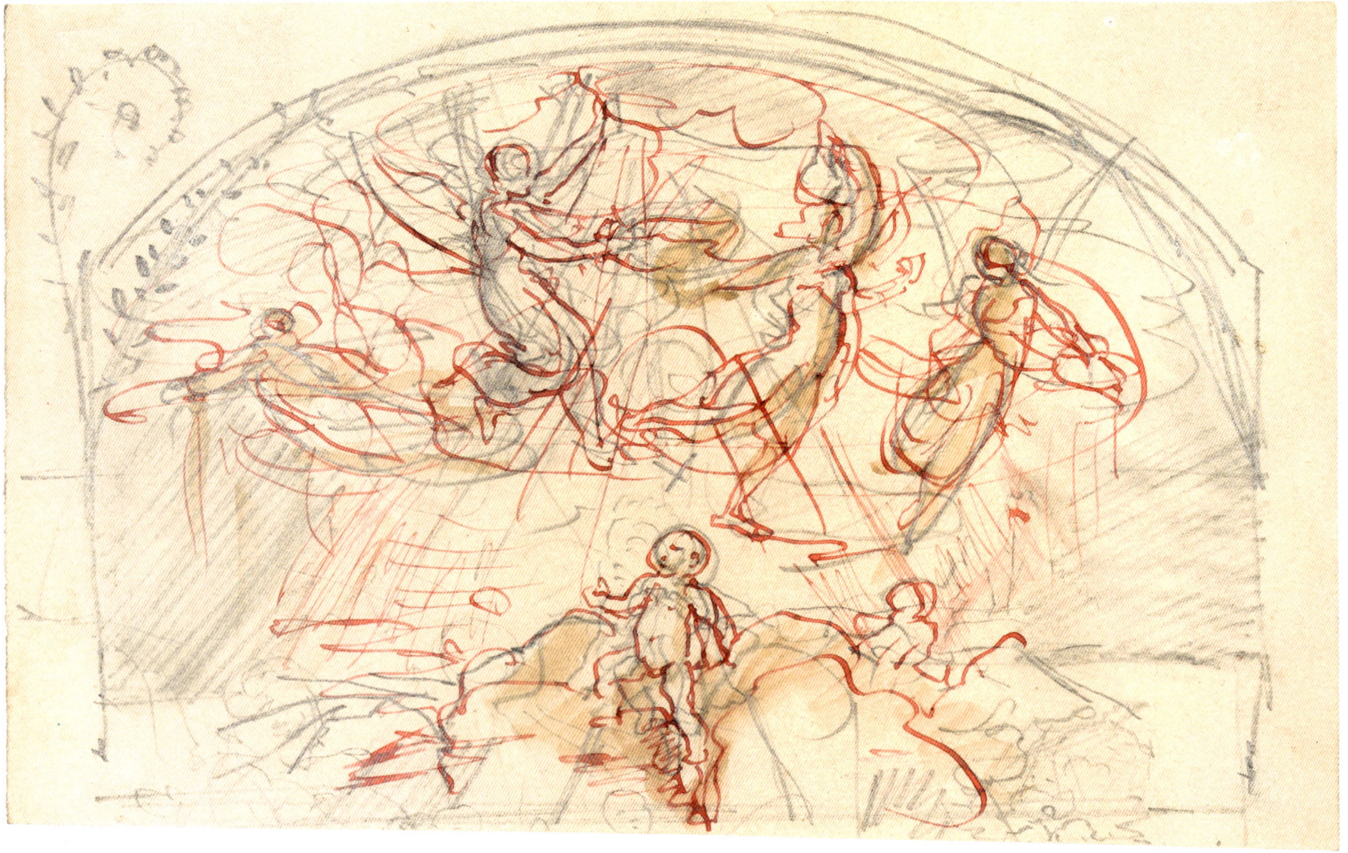

19

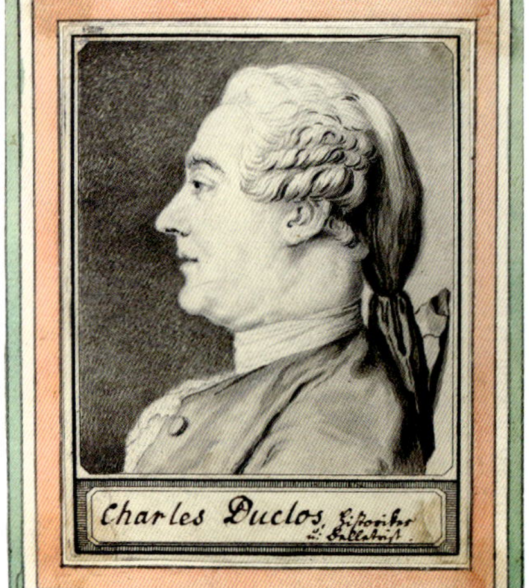
Charles Duclos

20

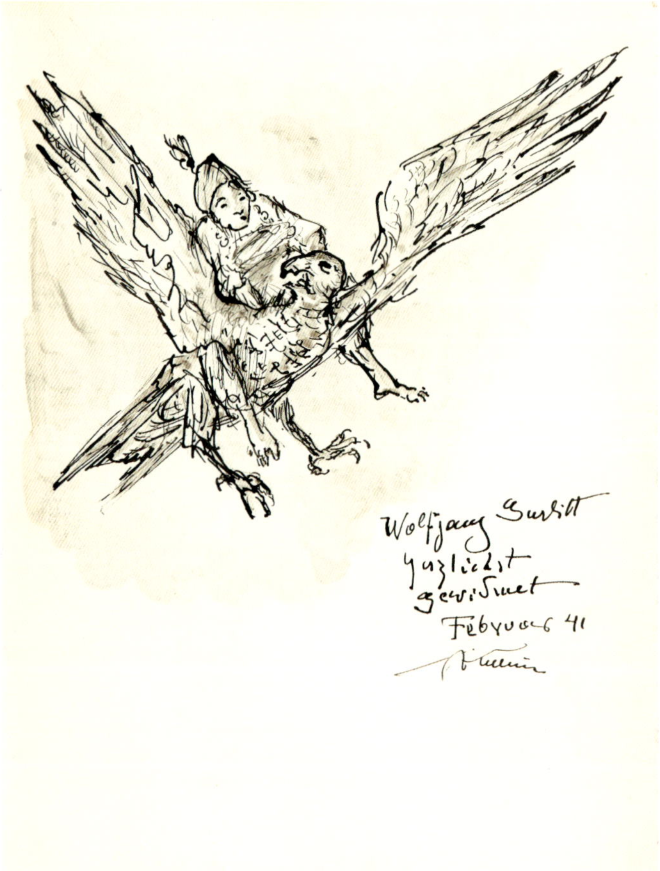
Wolfgang Gurlitt
herzlichst
gewidmet
Februar 41

21

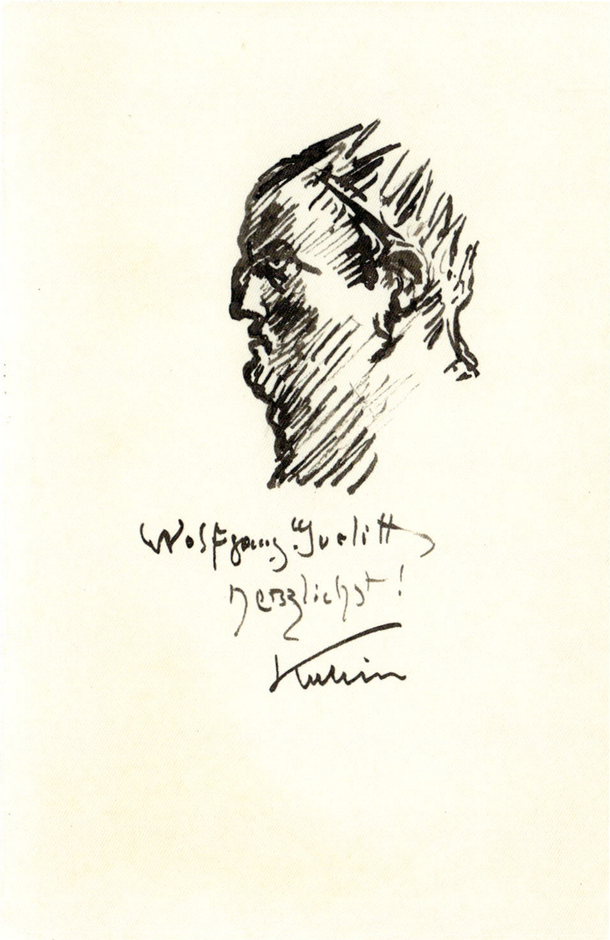

22

1 / **Rudolf Schick**
* 1840 Berlin, Deutschland, † 1887 Berlin, Deutschland
Villa Doria Pamphili, Rom-Columbarium, 1868
Aquarell, 28,5 × 46 cm
LENTOS Kunstmuseum Linz, Inv.-Nr. G 592, 1952 Stiftung Agoston

2 / **Johann Lips**
* 1758 Kloten, Schweiz, † 1817 Zürich, Schweiz
Ohne Titel (Fliehende Frauen und Faun), 1788
Feder in Sepia, 16,8 × 22,8 cm
LENTOS Kunstmuseum Linz, Inv.-Nr. G 580, 1952 Stiftung Agoston

3 / **Caspar David Friedrich**
* 1774 Greifswald, Deutschland, † 1840 Dresden, Deutschland
Ohne Titel (Baumast), um 1800
Pinsel in Sepia, 18,1 × 22,2 cm
LENTOS Kunstmuseum Linz, Inv.-Nr. G 582, 1952 Stiftung Agoston

4 / **Louis Gurlitt**
* 1812 Altona, Deutschland, † 1897 Naundorf, Deutschland
Landschaft bei Gibraltar, 1868
Grafit, 33 × 45,2 cm
LENTOS Kunstmuseum Linz, Inv.-Nr. G 594, 1952 Stiftung Agoston

5 / **Louis Gurlitt**
* 1812 Altona, Deutschland, † 1897 Naundorf, Deutschland
Landschaft bei Genazzano, 1845
Grafit, gehöht, 41 × 58,8 cm
LENTOS Kunstmuseum Linz, Inv.-Nr. G 593, 1952 Stiftung Agoston

6 / **Franz Xaver Gruber**
* 1801 Wien, Österreich, † 1862 Wien, Österreich
Kahler Baum, 1836
Aquarell, 26,9 × 37,6 cm
LENTOS Kunstmuseum Linz, Inv.-Nr. G 591, 1952 Stiftung Agoston

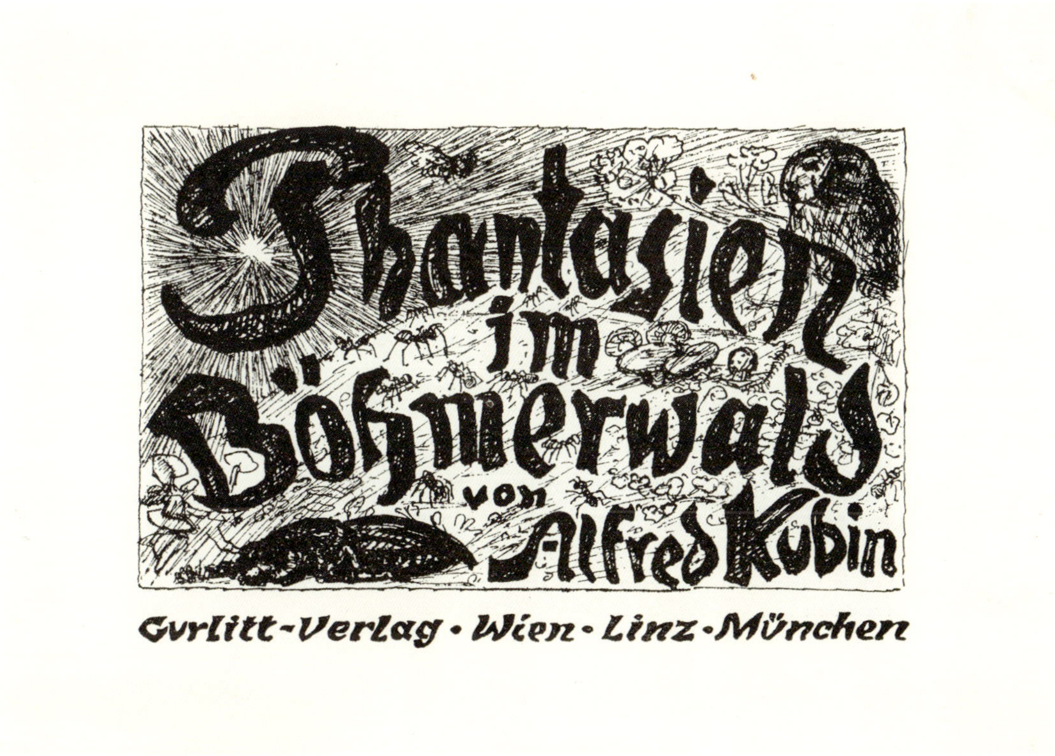

23

7 / **Anselm Feuerbach**
* 1829 Speyer, Deutschland, † 1880 Venedig, Italien
Tanzende (Reigen), 1841
Grafit, 23,5 × 36,5 cm
LENTOS Kunstmuseum Linz, Inv.-Nr. G 590, 1952 Stiftung Agoston

8 / **Johann Scheffer von Leonhartshoff**
* 1795 Wien, Österreich, † 1822 Wien, Österreich
Ohne Titel (Andromeda), undatiert
Bleistift, 11 × 8,3 cm
LENTOS Kunstmuseum Linz, Inv.-Nr. G 587, 1952 Stiftung Agoston

9 / **Johann Scheffer von Leonhartshoff**
* 1795 Wien, Österreich, † 1822 Wien, Österreich
Studienköpfe, undatiert
Grafit, 22,4 × 18,3 cm
LENTOS Kunstmuseum Linz, Inv.-Nr. G 588, 1952 Stiftung Agoston

10 / **Moritz von Schwind**
* 1804 Wien, Österreich, † 1871 Niederpöcking, Deutschland
Entwurf zu „Der Erlkönig", um 1830
Grafit, 31,3 × 43,7 cm
LENTOS Kunstmuseum Linz, Inv.-Nr. G 589, 1952 Stiftung Agoston

11 / **Peter von Cornelius**
* 1783 Düsseldorf, Deutschland, † 1867 Berlin, Deutschland
Canossa, undatiert
Feder in Sepia, gehöht, 20,6 × 17 cm
LENTOS Kunstmuseum Linz, Inv.-Nr. G 586, 1952 Stiftung Agoston

12 / **Wilhelm von Kobell**
* 1766 Mannheim, Deutschland, † 1853 München, Deutschland
Englischer Garten, undatiert
Tusche, Grafit, gehöht, 26,9 × 21 cm
LENTOS Kunstmuseum Linz, Inv.-Nr. G 584, 1952 Stiftung Agoston

13 / **Bonaventura Genelli**
* 1798 Berlin, Deutschland, † 1868 Weimar, Deutschland
Centaurenfamilie, undatiert
Grafit, Aquarell, 33,2 × 47,5 cm
LENTOS Kunstmuseum Linz, Inv.-Nr. G 553, 1953 Stiftung Agoston

14 / **Johann Gottfried Benedikt Theill**
* 1745 Dresden, Deutschland, † 1797 Dresden, Deutschland
Eruzione del Monte Vesuvio, 1779
Gouache, 34 × 24,5 cm
LENTOS Kunstmuseum Linz, Inv.-Nr. G 578, 1952 Stiftung Agoston

15 / **Gottfried Schadow**
* 1764 Berlin, Deutschland, † 1850 Berlin, Deutschland
Marketenderin, undatiert
Grafit, 34,5 × 19,8 cm
LENTOS Kunstmuseum Linz, Inv.-Nr. G 585, 1952 Stiftung Agoston

16 / **Johann Wolfgang von Goethe**
* 1749 Frankfurt am Main, Deutschland, † 1832 Weimar, Deutschland
Ohne Titel (Ruinengewölbe), um 1780
Bleistift, 18,6 × 22,1 cm
LENTOS Kunstmuseum Linz, Inv.-Nr. G 577, 1952 Stiftung Agoston

17 / **Philipp Otto Runge (zugeschrieben)**
* 1777 Wolgast, Deutschland, † 1810 Hamburg, Deutschland
Herrenbildnis, undatiert
Kohle und Grafit, 29,6 × 23,8 cm (25 × 20,5 cm)
LENTOS Kunstmuseum Linz, Inv.-Nr. G 583, 1952 Stiftung Agoston

18 / **Caspar David Friedrich**
* 1774 Greifswald, Deutschland, † 1840 Dresden, Deutschland
Herrenbildnis, undatiert
Tempera, 33,8 × 28,4 cm
LENTOS Kunstmuseum Linz, Inv.-Nr. G 581, 1952 Stiftung Agoston

19 / **Johann Wolfgang von Goethe**
Ohne Titel (Kind und Genien), undatiert
Bleistift und rote Feder, 8,5 × 13,9 cm
LENTOS Kunstmuseum Linz, Inv.-Nr. G 576, 1952 Stiftung Agoston

20 / **Johann Lips**
* 1758 Kloten, Schweiz, † 1817 Zürich, Schweiz
Charles Duclos, Historiker und Belletrist, undatiert
Grafit und Tusche, 10 × 7,5 cm
LENTOS Kunstmuseum Linz, Inv.-Nr. G 579, 1952 Stiftung Agoston

21 / **Alfred Kubin**
* 1877 Leitmeritz, heute: Tschechische Republik, † 1959 Zwickledt, Österreich
Otto Stoessl: Der bedenkliche Kauf oder der verlorene Kopf, 1930
Widmungsblatt, 25,8 × 19,5 cm
LENTOS Kunstmuseum Linz, Inv.-Nr. G 605, 1952 Stiftung Agoston
© Eberhard Spangenberg, München; Bildrecht Wien, 2019

22 / **Alfred Kubin**
Die andere Seite. Ein phantastischer Roman, 1909
unvollständiges Exemplar, Georg Müller, München 1909
Widmungsblatt, 1941, 20,5 × 14,2 cm
LENTOS Kunstmuseum Linz, Inv.-Nr. G 598, 1952 Stiftung Agoston
© Eberhard Spangenberg, München; Bildrecht Wien, 2019

23 / **Alfred Kubin**
Phantasien im Böhmerwald, 1935/1951
Gurlitt Verlag, Wien/Linz/München 1951
Drucker: Alfred Draschny, Vorzugsausgabe, Aufl.-Nr. VI
Buch mit Reproduktionen nach Zeichnungen, 39 × 52 cm
LENTOS Kunstmuseum Linz, Inv.-Nr. G 595, 1952 Stiftung Agoston
© Eberhard Spangenberg, München; Bildrecht Wien, 2019

LILLY CHRISTIANSEN UND WOLFGANG GURLITT

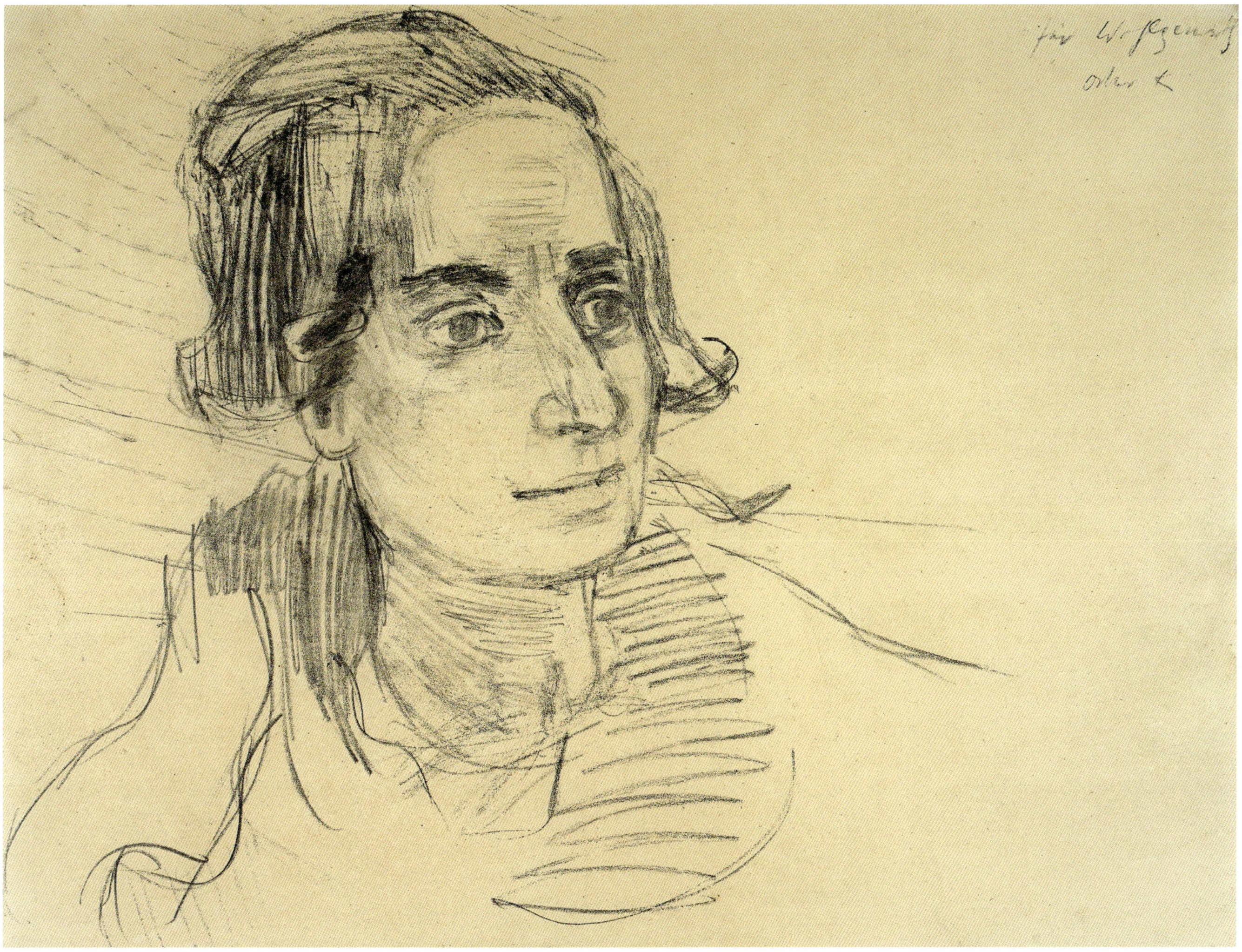

Abb. 1

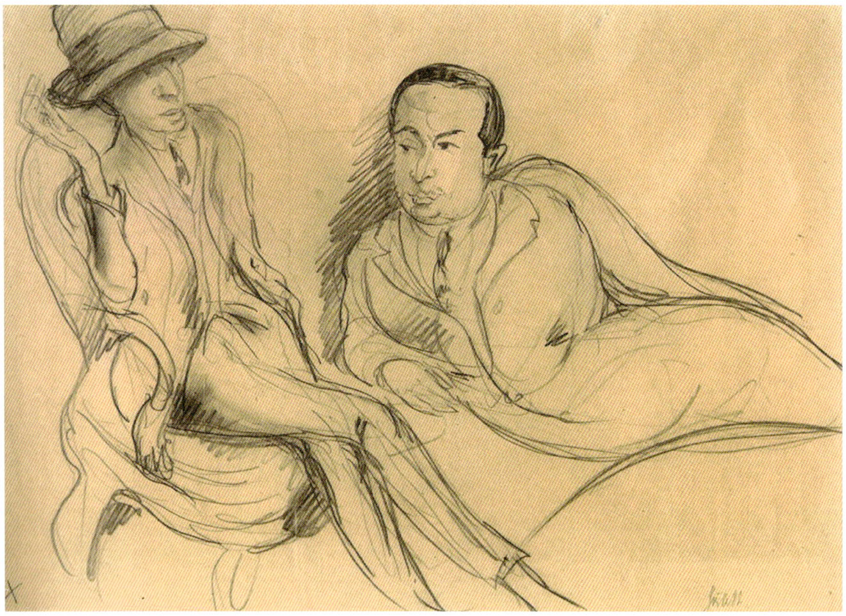

Abb. 2

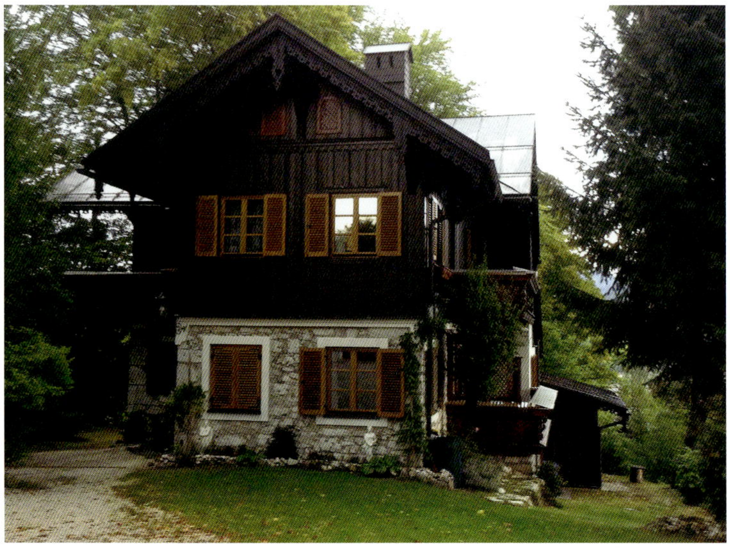

Abb. 3

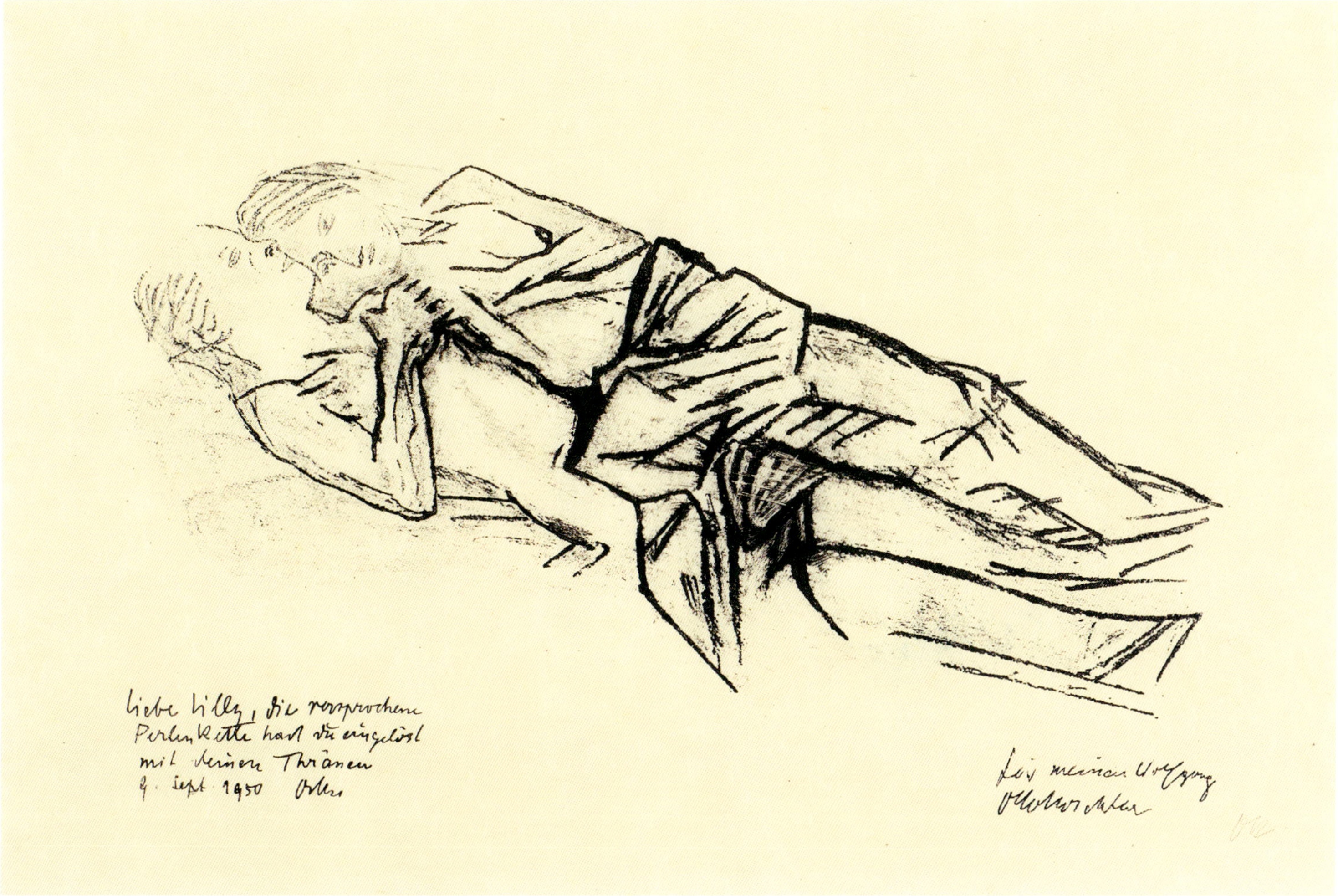
Liebe Lilly, die versprochene
Perlenkette hast du eingelöst
mit deinen Thränen
9. Sept. 1950 Otto
Für meinen Wolfgang

Abb. 4

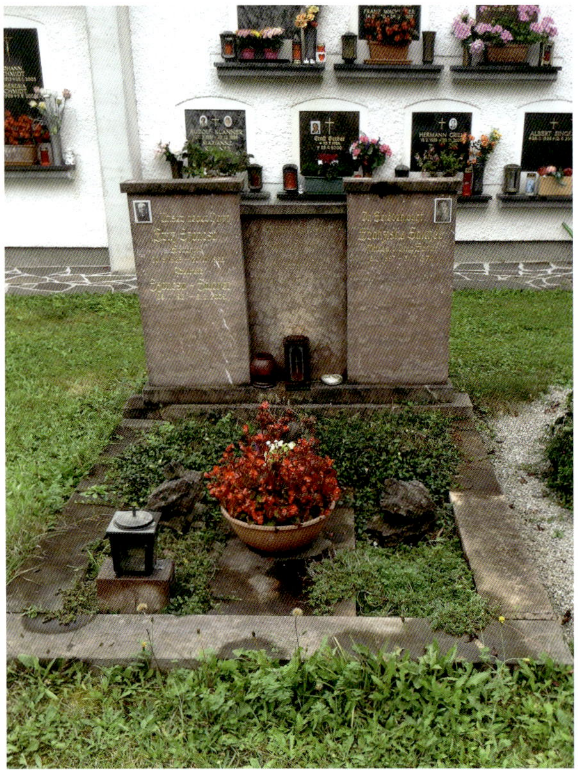

Abb. 5

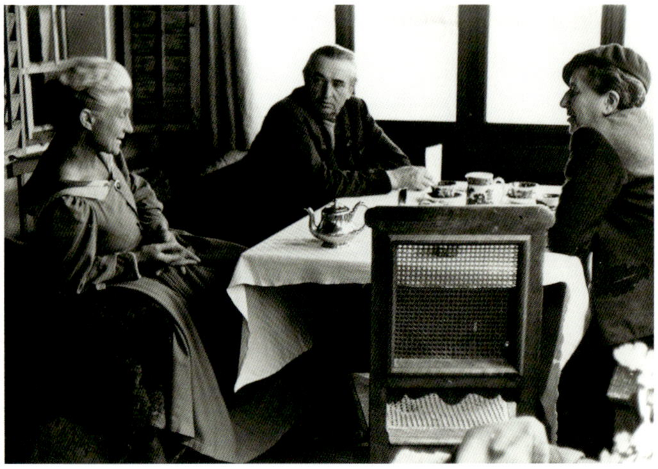

Abb. 6

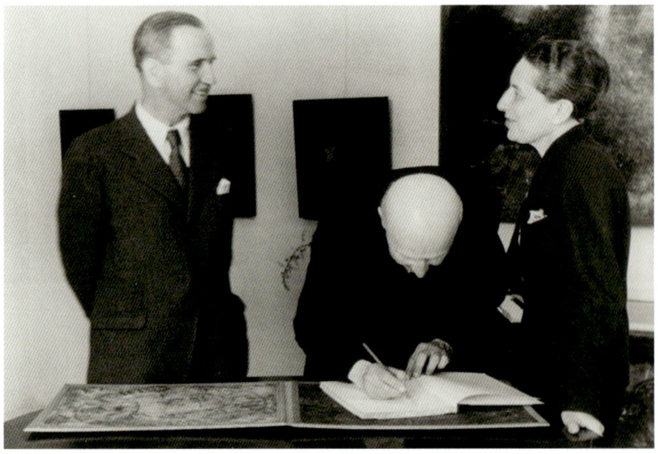

Abb. 7

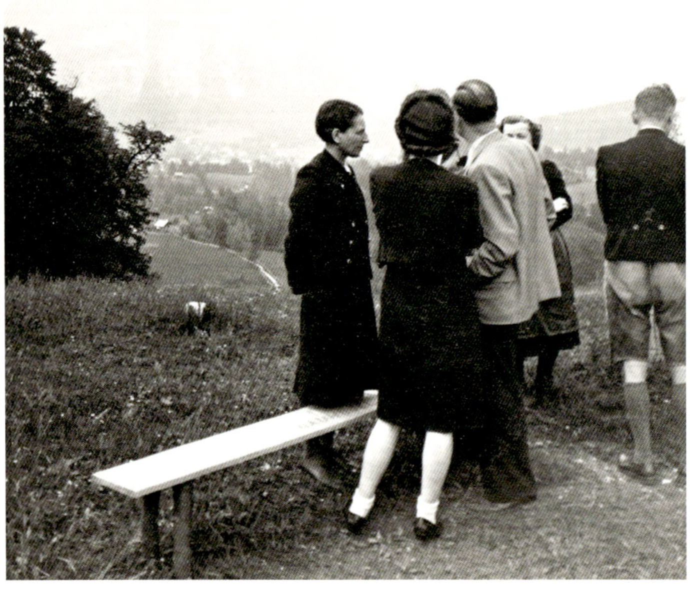

Abb. 8

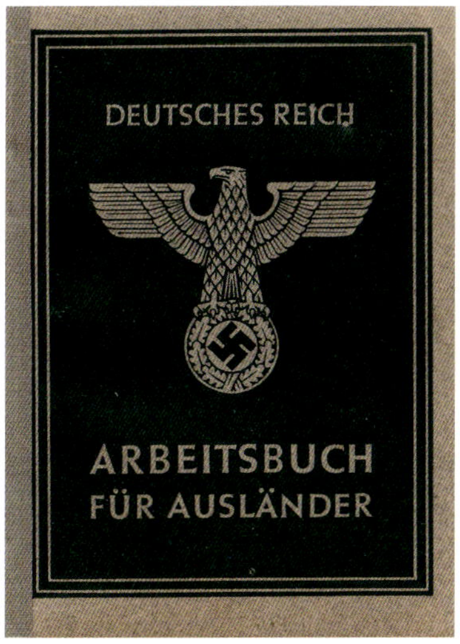

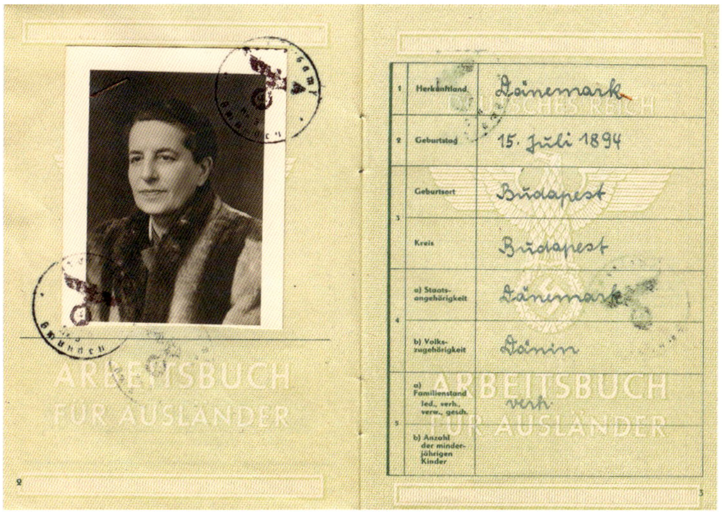

1	Herkunftland	Dänemark
2	Geburtstag	15. Juli 1894
3	Geburtsort	Budapest
	Kreis	Budapest
4	a) Staatsangehörigkeit	Dänemark
	b) Volkszugehörigkeit	Dänin
5	a) Familienstand led., verh., verw., gesch.	verh
	b) Anzahl der minderjährigen Kinder	

2 3

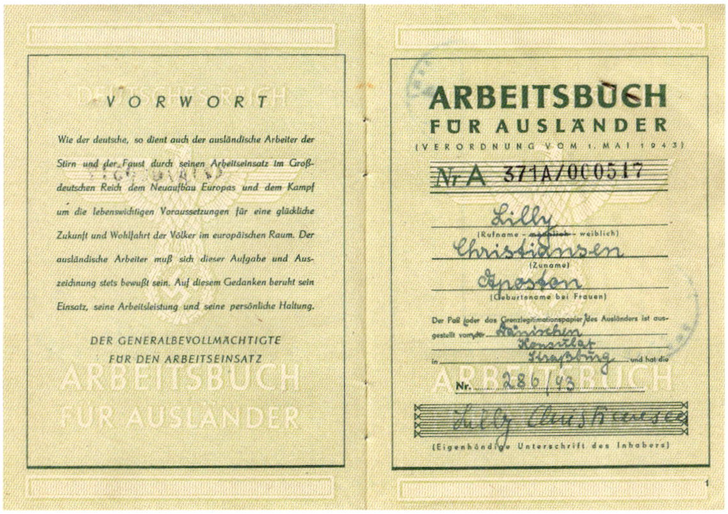

VORWORT

Wie der deutsche, so dient auch der ausländische Arbeiter der Stirn und der Faust durch seinen Arbeitseinsatz im Großdeutschen Reich dem Neuaufbau Europas und dem Kampf um die lebenswichtigen Voraussetzungen für eine glückliche Zukunft und Wohlfahrt der Völker im europäischen Raum. Der ausländische Arbeiter muß sich dieser Aufgabe und Auszeichnung stets bewußt sein. Auf diesem Gedanken beruht sein Einsatz, seine Arbeitsleistung und seine persönliche Haltung.

DER GENERALBEVOLLMÄCHTIGTE
FÜR DEN ARBEITSEINSATZ

ARBEITSBUCH
FÜR AUSLÄNDER
(VERORDNUNG VOM 1. MAI 1943)

Nr A 371A/000517

Lilly
(Rufname – ~~männlich~~ – weiblich)

Christiansen
(Zuname)

(Geburtsname bei Frauen)

Der Paß (oder das Grenzlegitimationspapier) des Ausländers ist ausgestellt vom Dänischen Konsulat in Straßburg und hat die Nr. 286/43

Lilly Christiansen
(Eigenhändige Unterschrift des Inhabers)

1

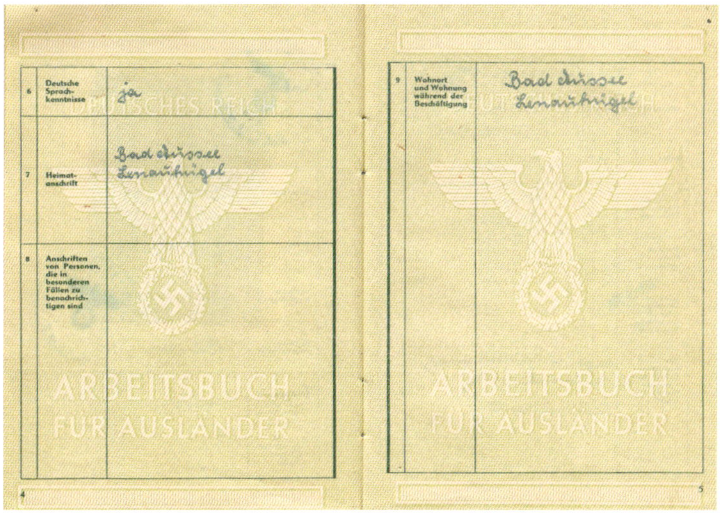

6	Deutsche Sprachkenntnisse	ja
7	Heimatanschrift	Bad Aussee
8	Anschriften von Personen, die in besonderen Fällen zu benachrichtigen sind	

9	Wohnort und Wohnung während der Beschäftigung	Bad Aussee

4 5

Abb. 9–12

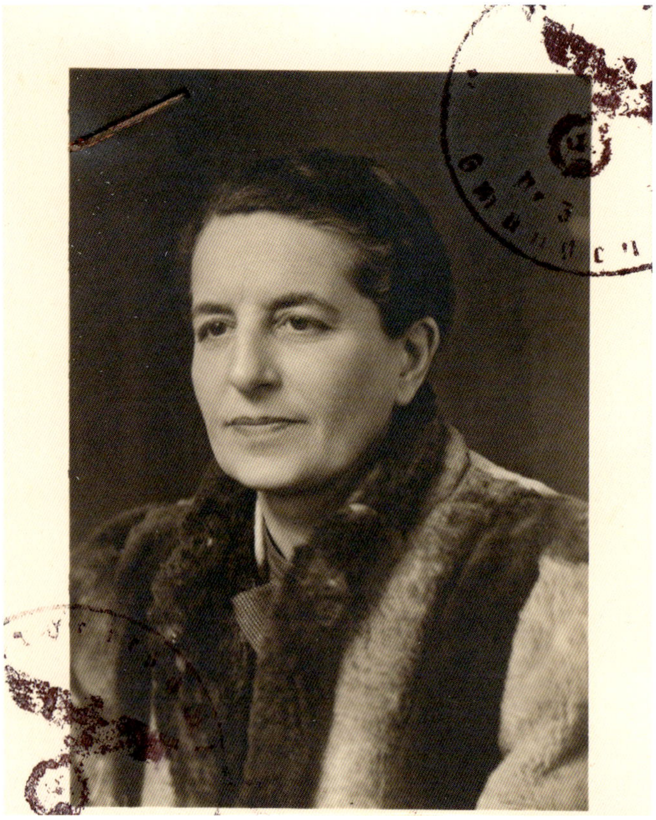

Abb. 13

Abb. 1 / **Oskar Kokoschka**, *Lilly Christiansen-Agoston*, 1921, schwarze Fettkreide auf Papier, 50 × 64 cm, Privatsammlung, Deutschland (mit österreichischer Povenienz). Diese Arbeit entstand 1922 auch als Lithografie. © Fondation Oskar Kokoschka; Bildrecht, Wien 2019

Abb. 2 / **Rudolf Großmann** (1882–1941), *Wolfgang Gurlitt und Frau Lilly Christiansen-Agoston*, um 1920, Bleistift auf Papier, 35,5 × 50 cm, Privatbesitz

Abb. 3 / Gurlitts Villa am Nikolaus-Lenau-Hügel in Bad Aussee, Foto: Elisabeth Nowak-Thaller

Abb. 4 / **Oskar Kokoschka**, Widmungsblatt zum Todestag von Lilly Christiansen-Agoston, 9. September 1950, Lithografie, 35 × 55,8 cm, LENTOS Kunstmuseum Linz, Inv.-Nr. G 535, 1952 Stiftung Agoston, © Fondation Oskar Kokoschka; Bildrecht, Wien 2019

Abb. 5 / Aufgelöstes Grab von Lilly Christiansen-Agoston am Friedhof von Bad Aussee, Foto: Elisabeth Nowak-Thaller

Abb. 6 / Margret Bilger (links), Wolfgang Gurlitt und Lilly Christiansen-Agoston (rechts) bei einer Besprechung, um 1947
LENTOS Kunstmuseum Linz, Archiv

Abb. 7 / Bürgermeister Koref mit Alfred Kubin und Lilly Christiansen-Agoston (rechts) in der Neuen Galerie, um 1947
LENTOS Kunstmuseum Linz, Archiv

Abb. 8 / Lilly Christiansen-Agoston in Bad Aussee, um 1945
Privatbesitz

Abb. 9–12 / Lilly Christiansen-Agoston, Arbeitsbuch für Ausländer
Privatbesitz, Foto: Ronald Gerhardt, Berlin

Abb. 13 / Lilly Christiansen-Agoston, Passfoto, Arbeitsbuch für Ausländer
Privatbesitz

Vanessa-Maria Voigt

LILLY CHRISTIANSEN UND WOLFGANG GURLITT

Am 14. September 1950 informierte Wolfgang Gurlitt den Linzer Bürgermeister Ernst Koref über den Tod seiner langjährigen Lebensgefährtin und Geschäftspartnerin Lilly Christiansen-Agoston: „Ich habe die traurige Pflicht Ihnen mitzuteilen, dass meine liebe, unvergessliche Mitarbeiterin, Frau Lilly Christiansen-Agoston, aus dieser Welt abberufen wurde."[1] Der Tod von Lilly Christiansen-Agoston, die Gurlitt – obwohl er verheiratet war und zwei Töchter hatte – als seinen „Lebensmenschen" bezeichnete, stürzte den Kunsthändler in eine tiefe Depression.[2] Dennoch versprach er Bürgermeister Koref, sich fortan „für zwei Menschen"[3] dem weiteren Aufbau der Neuen Galerie der Stadt Linz zu widmen. In Gedenken an seine Geliebte plante Gurlitt, „einen Raum im Museum [zu] schaffen, der in seiner Geschlossenheit ständig zusammengehalten und mit dieser Verpflichtung von der Stadt als Schenkung" übernommen werden sollte.[4] Dieser Gedächtnisraum sollte den Namen „Lilly Christiansen-Agoston" tragen. In der Folge schenkte Gurlitt der Stadt Linz für die Einrichtung dieses Raumes mehrere Aquarelle und Zeichnungen, die als „Lilly-Christiansen-Agoston-Gedächtnisstiftung" in der Neuen Galerie der Stadt Linz ausgestellt werden sollten.[5]

Die am 15. Juli 1894 als Tochter des Ingenieurs Gyula Auspitz (1862–1910) und von Anna-Maria Magaziner (1874–1935) in Budapest geborene Lili Mirel Auspitz war Schauspielerin und interessierte sich seit ihrer Jugend für die Kunst.[6] Nachdem sie Wolfgang Gurlitt um 1920 vermutlich in Berlin kennengelernt hatte, wurde sie seine Geliebte und begann, in dessen Berliner Galerie zu arbeiten. Hier lernte sie viele der von der Galerie Gurlitt vertretenen Künstler persönlich kennen. Darunter war auch Oskar Kokoschka, der 1921 eine Porträtzeichnung von Lilly Agoston (Abb. 1) in Bleistift anfertigte. Die Lithografie befindet sich heute im LENTOS Kunstmuseum Linz.[7]

Seit Mitte der 1920er-Jahre war die von Wolfgang Gurlitts Vater Fritz (1853–1893) 1880 in Berlin gegründete Galerie durch Kredite, die Wolfgang Gurlitt aufgenommen hatte, zunehmend in finanzielle Schwierigkeiten geraten.[8] Noch bevor es 1931 zur Auflösung des Betriebes kam und Gurlitt 1932 in einem Offenbarungseid versichern musste, zahlungsunfähig zu sein, hatte er 1926 – neben Galerie und Verlag – die

---

1 Archiv der Stadt Linz, KVD-Akten, Schuber 34 b, Neue Galerie 1951, Schreiben von Wolfgang Gurlitt an Ernst Koref, 14.9.1950.

2 Gespräch mit der Tochter von Wolfgang Gurlitt, Maria Gurlitt (1929–2018), München, Sommer 2018.

3 Archiv der Stadt Linz, KVD-Akten, Schuber 34 b, Neue Galerie 1951, Schreiben von Wolfgang Gurlitt an Ernst Koref, 14.9.1950.

4 Ebd.

5 Ebd., Schreiben von Ernst Koref an Wolfgang Gurlitt, 22.9.1950; Walter Schuster, *Die „Sammlung Gurlitt" der Neuen Galerie der Stadt Linz*, Archiv der Stadt Linz, Linz 1999, S. 47.

6 Die Eltern hatten am 8.10.1893 in Budapest geheiratet. Siehe hierzu: www.geni.com/people/Lily-Christiansen-Agoston/6000000031788099379 (abgerufen am 18.1.2019). 1899 ließen sich die Eltern scheiden. Der Vater änderte den Familiennamen für sich und seine Tochter in „Agoston". Lili änderte später auch die Schreibweise ihres Vornamens in „Lilly". Ihre Mutter Anna heiratete in zweiter Ehe am 20.10.1903 in Budapest den ungarischen Maler Jeno Paul Zoltan Feiks (1878–1935), auch bekannt als Eugen Feiks. Siehe hierzu: www.magazinertree.com/david.html (abgerufen am 20.1.2019). 1915 wurde auch diese Ehe wieder geschieden. Anna-Maria Agoston-Feiks verstarb am 6.11.1935 im Alter von 61 Jahren in Budapest.

7 LENTOS Kunstmuseum Linz, Inv.-Nr. G 436a. Anfang der 1950er-Jahre wurde diese Porträtzeichnung als OKA-Druck verlegt. Siehe hierzu auch: *Oskar Kokoschka. Ein Vagabund in Linz. Wild, verfemt, gefeiert*, Ausst.-Kat., LENTOS Kunstmuseum Linz, Verlag Bibliothek der Provinz, Weitra 2008, S. 12f.

8 *Oskar Kokoschka* 2008, S. 12.

„Kunsthandlung Fritz Gurlitt GmbH" mit Sitz in der Potsdamer Straße 113 gegründet und diese aus finanztechnischen Gründen Lilly Agoston übertragen.[9] Obwohl Gurlitt noch im Gründungsjahr dieses Unternehmens daraus ausgeschieden war und offiziell Lilly Agoston als Inhaberin fungierte, war er auch weiterhin in die Geschäfte involviert.[10] Im Jahr 1931 befanden sich die Räumlichkeiten der „Kunsthandlung Fritz Gurlitt GmbH" in der Matthäikirchstraße 27, seit 1936 dann an derselben Adresse wie die Galerie Gurlitt und der Gurlitt-Verlag, nämlich am Matthäikirchplatz 7, und ab 1938 in der Kurfürstenstraße 78.[11]

Die Gründung der „Kunsthandlung Fritz Gurlitt GmbH" mit Lilly Agoston als Inhaberin und Geschäftsführerin hatte besonders nach der Machtübernahme der Nationalsozialisten 1933 weitreichende Konsequenzen, denn Lilly Agoston galt nach den nationalsozialistischen „Rassegesetzen" als „Volljüdin" und benötigte für eine weitere Berufsausübung eine offiziell genehmigte Berechtigung. Mit Verfügung vom 26. Februar 1937 hatte Lilly Agoston von der Reichskammer der bildenden Künste in Berlin diese Sondergenehmigung zur Ausübung ihres Berufes als Kunsthändlerin vorübergehend bis März 1939 erhalten.[12] Im Juli 1938 war die Geheime Staatspolizei schließlich auf sie und vor allem auf die Beziehung zu Wolfgang Gurlitt aufmerksam geworden und konstatierte: „Er [Wolfgang Gurlitt] soll seit längerer Zeit mit der ungarischen Jüdin Agoston, die bei der geschiedenen Ehefrau des G. in Berlin, Matthäikirchplatz, gewohnt hat, in Geschäftsverbindung stehen und mit ihr gemeinsam eine Kunsthandlung betreiben."[13]

Die zunehmende Unsicherheit, vor allem aber die Angst vor einer möglichen Verhaftung führten dazu, dass sich Lilly Agoston am 21. März 1939 von Berlin nach Budapest abmeldete und von hier aus weiter nach Paris flüchtete.[14] Wie Archivunterlagen zu entnehmen ist, gelang es ihr, einige Kunstwerke mit nach Paris zu nehmen.[15] Von Paris aus reiste Lilly Agoston kurz vor Ausbruch des Zweiten Weltkrieges weiter nach Kopenhagen.[16] Sie heiratete den Dänen Christiansen, eine Scheinehe, die Wolfgang Gurlitt für sie arrangiert hatte.[17] Durch die Heirat wurde Lilly Christiansen dänische Staatsbürgerin und kehrte im Juni 1940 zurück zu Wolfgang Gurlitt nach Berlin.[18] Sie wohnte bei Gurlitts geschiedener Ehefrau am Matthäikirchplatz 7.[19]

Im Rahmen der Verkäufe von Kunstwerken der klassischen Moderne, die in deutschen Museen 1937 als „entartet" beschlagnahmt worden waren, gegen Devisen ins Ausland nutzte Wolfgang Gurlitt wiederholt Lillys dänische Staatsbürgerschaft.[20] So fungierte Lilly Christiansen in den Jahren 1939 bis 1941 wiederholt als Käuferin von Kunstwerken, die Gurlitt zum gewinnbringenden Verkauf aus dem in Niederschönhausen deponierten Bestand „entarteter" Kunst übernommen hatte. Die Rechnungen wurden in Devisen,

9 Landesarchiv Berlin, A Rep. 342-02, Nr. 57581, Amtsgericht Charlottenburg, Generalakten, Handelsregister, Kunsthandlung Fritz Gurlitt; Bundesarchiv Berlin, R 2 Pers., Wolfgang Gurlitt, Akt der Reichskulturkammer, Schreiben von Wolfgang Gurlitt an den Landesleiter der Reichskammer für bildende Künste, Berlin, 14.7.1936; sowie Bundesarchiv Berlin, R 2 Pers., Wolfgang Gurlitt, Akt der Reichskulturkammer, Mitteilung der Landesleitung der bildenden Künste, Berlin, an die Reichskammer der bildenden Künste, Landesleitung Berlin, 5.2.1940.

10 Bundesarchiv Berlin, R 2 Pers., Wolfgang Gurlitt, Akt der Reichskulturkammer, Schreiben von Wolfgang Gurlitt an den Landesleiter der Reichskammer für bildende Künste, Landesleitung Berlin, 14.7.1936.

11 Ebd.

12 Bundesarchiv Berlin, R 2 Pers., Wolfgang Gurlitt, Akt Reichskulturkammer, Schreiben von Reichsleiter Schmidt, Reichskammer für bildende Künste, Landesleitung Berlin, an die Parteiamtliche Prüfungskommission zum Schutze des NS-Schrifttums, 31.3.1938.

13 Ebd., Schreiben der Gestapo an den Landesleiter der Reichskammer für bildende Künste, Landesleitung Berlin, 7.7.1938; sowie Schuster 1999, S. 11.

14 Ebd., Schreiben der Landesleitung der Landesleitung für bildende Künste, Landesleitung Berlin, an die Reichskammer der bildenden Künste, Berlin, 5.2.1940; Schreiben der Gestapo an den Landesleiter für bildende Kunst, Berlin, 7.7.1938; sowie Schuster 1999, S. 9.

15 National Archives Washington D. C., DN1929, Cases and Reports, Claims processed by, and General Records of the Property Control Branch of the U.S. Allied Commission for Austria Section, 1945–1950, Correspondence and Related Records Regarding Pending Claims, compiled 1945–1950, P-1488 Lilly Christiansen, Schreiben von Lilly Christiansen, 12.9.1947.

16 Ebd., Schreiben von Lilly Christiansen, 12.9.1947.

17 Freundliche Mitteilung von Maria Gurlitt, München, 12.6.2018. Im Heiratsregister der Stadt Kopenhagen der Jahre 1939/40 konnte unter dem Namen „Christiansen" nur eine Person namens Hans Peter Christiansen nachgewiesen werden. Siehe hierzu: Rigsarkivet, Kopenhagen, Heiratsregister 1939, Nr. 284.

18 Bundesarchiv Berlin, Reichsministerium für Volksaufklärung und Propaganda, R 55/21015, Galerie Gurlitt, fol. 4., Schreiben der Deutschen Reichsbank an Lilly Christiansen, 25.6.1940; ebd., fol. 5, Schreiben der Reichshauptbank an Lilly Christiansen, 27.6.1940 (Abschrift). Zur „Scheinehe" siehe auch: Archiv der Stadt Linz, KVD-Akten, Schreiben des Kulturamtes der Stadt Linz, Dr. Hanns Kreczi an den Bürgermeister der Stadt Linz, 23.10.1950.

19 Bundesarchiv Berlin, R 2 Pers., Wolfgang Gurlitt, Akt Reichskulturkammer, Schreiben der Gestapo an den Landesleiter der Reichskammer für bildende Künste, Berlin, 7.7.1938; sowie Schuster 1999, S. 7.

20 Zu Wolfgang Gurlitts Beteiligung an den Verkäufen der als „entartet" in deutschen Museen beschlagnahmten Kunstwerke siehe auch: Schuster 1999, S. 19ff.; Andreas Hüneke, „Dubiose Händler operieren im Dunst der Macht", in: *Alfred Flechtheim. Sammler, Kunsthändler, Verleger*, Ausst.-Kat., Kunstmuseum Düsseldorf, Westfälisches Landesmuseum für Kunst- und Kulturgeschichte, Münster, Düsseldorf 1987, S. 101–105; sowie die Beiträge von Beatrix Piezonka, Maria Altrichter, Birgit Schwarz, Elisabeth Nowak-Thaller, Michael John und Meike Hoffmann in diesem Katalog.

entweder mit dänischen Kronen, Schwedenkronen oder Schweizer Franken, beglichen.[21] So konnte Gurlitt das Reichspropagandaministerium unter anderem Anfang Juli 1941 über den erfolgreichen Weiterverkauf des im Dezember 1937 im Städelschen Kunstinstitut in Frankfurt am Main als „entartet" beschlagnahmten Gemäldes *Frau in Landschaft* von Henri Edmond Cross (1856–1910) informieren.[22] Ganz offiziell nannte Gurlitt „Frau Christiansen" als Käuferin des Gemäldes, die den Kaufbetrag kurz darauf in dänischen Kronen bei der Devisenabteilung der Deutschen Reichsbank einzahlte.[23]

Entgegen der eigentlichen Bestimmungen behielt Wolfgang Gurlitt einige der dem Niederschönhausener Depot zum Weiterverkauf entnommenen Kunstwerke für sich privat. Hierzu gehört unter anderem das später von Gurlitt an die Stadt Linz verkaufte und heute im Sammlungsbestand des LENTOS Kunstmuseum Linz befindliche *Bildnis Wolfgang Gurlitt* von Lovis Corinth.[24]

Lilly Christiansen unterhielt gute Kontakte zum Luzerner Kunsthändler Theodor Fischer und lagerte – vermutlich in Gurlitts Auftrag – während des Krieges Kunstwerke aus seinem Privatbesitz im Wert von 80.000 Schweizer Franken als Kommissionsware in der Galerie Fischer ein.[25] Hierzu gehörten Werke von Karl Ballmer (1891–1958), Werner Schramm (1898–1970) und Giovanni Segantini (1858–1899). Im Gegenzug übernahm Lilly Christiansen Kunstwerke von Fischer und deponierte diese temporär in Kopenhagen.[26]

Mitte Februar 1940 erwarben Käthe Gurlitt, die Ehefrau von Wolfgang Gurlitt, und dessen geschiedene Frau Julia Gurlitt, geb. Goob, eine Liegenschaft mit Villa in Bad Aussee mit der Adresse Reitern 38 (Abb. 3).[27] Das Salzkammergut war ein sicherer Ort, den Gurlitt vor allem als Depot für seinen wertvollen Kunstbesitz nutzen wollte. Noch vor 1943 hatte er einen Großteil seiner Kunstsammlung in seine Villa nach Bad Aussee verbracht.[28] Auch Lilly Christiansen hatte 1942 Kisten mit Kunstwerken von Berlin nach Bad Aussee gesandt. Für die Einlagerung mietete sie einen Raum bei Theodor von Friedrich in Bad Aussee an.[29] Lilly Christiansen hielt sich noch 1943 in Berlin auf und wohnte am Lützowplatz, in einer Wohnung, in der sich angeblich auch viele Kunstwerke aus dem Besitz von Wolfgang Gurlitt befanden.[30] In der Nacht vom 22. auf den 23. November 1943 wurde das gesamte Haus durch einen Bombentreffer vollständig zerstört.[31]

Noch vor der Zerstörung seiner Berliner Wohnung und Galerie war es Gurlitt mithilfe der Landesleitung der Reichskammer der bildenden Künste in Berlin im August 1943 gelungen, einen weiteren Teil seines Kunstbesitzes von Berlin nach Bad Aussee zu verbringen.[32] Seit Oktober 1943 wohnte Gurlitt mit seiner Ehefrau und den beiden Töchtern Angelina und Maria in der Villa am Lenauhügel. Nach der Zerstörung des Berliner Hauses übersiedelte auch Lilly Christiansen nach Bad Aussee und wohnte fortan mit Gurlitt und seiner Familie in der Villa. Die Liaison mit seiner Geschäftspartnerin störte das Familienleben und vor allem Gurlitts zweite Ehefrau litt entsetzlich unter der ständigen Anwesenheit von Lilly Christiansen.[33]

Nach dem Ende des Zweiten Weltkrieges blieb Wolfgang Gurlitt mit seiner Familie und Lilly Christiansen in Bad Aussee und erhielt 1946 offiziell die österreichische Staatsbürgerschaft. Im selben Jahr, am 22. Juli 1946, stimmte der Stadtrat der Stadt Linz der Übernahme von Teilen der Sammlung Wolfgang Gurlitt zur Gründung der „Neuen Galerie der Stadt Linz" einstimmig zu.[34] Die künstlerische Leitung der Galerie

21 Bundesarchiv Berlin, R55/21015, Reichsministerium für Volksaufklärung und Propaganda, „Entartete Kunst", Galerie Gurlitt, Berlin, 1939–1941; Schuster 1999, S. 21.

22 Siehe hierzu auch: Datenbank zum Beschlagnahmeinventar der Aktion „Entartete Kunst", Forschungsstelle „Entartete Kunst", FU Berlin, EK-Nummer 15775.

23 Bundesarchiv Berlin, R55/21015, Reichsministerium für Volksaufklärung und Propaganda, „Entartete Kunst", Galerie Gurlitt, Berlin, 1939–1941.

24 LENTOS Kunstmuseum Linz, Inv.-Nr. 1. Zu weiteren Gemälden, die Gurlitt aus dem konfiszierten Konvolut „entarteter" Kunst aus deutschem Museumbesitz für sich behielt und später an die Stadt Linz verkaufte, siehe Schuster 1999, S. 21ff.

25 Thomas Buomberger, *Raubkunst, Kunstraub. Die Schweiz und der Handel mit gestohlenen Kulturgütern zur Zeit des Zweiten Weltkriegs*, Orell Füssli, Zürich 1998, S. 183f.

26 Ebd.

27 Schuster 1999, S. 31.

28 Bundesarchiv Koblenz, B 323/134, fol. 28, Nr. 146, Schreiben von Wolfgang Gurlitt an Hermann Voss, 22.6.1943.

29 Bundesdenkmalamt, Wien, BDA, Ausfuhrabteilung, Ausfuhrakt, Lilly Christiansen, Abschrift Theodor von Friedrich, Bad Aussee an Lilly Christiansen, 15.7.1942.

30 Gespräch mit Maria Gurlitt, München, 12.6.2018.

31 Bundesarchiv Berlin, R 2 Pers., Wolfgang Gurlitt, Akt Reichskulturkammer, Schreiben von Wolfgang Gurlitt an Landesleiter Schmidt, Reichskammer der bildenden Künste, Landesleitung, Berlin, 28.11.1943; ebd., Schreiben von Landesleiter Schmidt, Reichskammer der bildenden Künste, Landesleitung, Berlin, 7.12.1943; sowie Schuster 1999, S. 52f.

32 Bundesarchiv Berlin, R 2 Pers., Wolfgang Gurlitt, Akt Reichskulturkammer, Reichskammer der bildenden Künste, Landesleitung Berlin, Bescheinigung über die Verbringung von Kunstwerken aus dem Besitz von Wolfgang Gurlitt nach Bad Aussee, 31.8.1943.

33 Gespräch mit Maria Gurlitt, München, 12.6.2018.

34 Archiv der Stadt Linz, Stadtprotokolle, fol. 154–156, Sitzung vom 22.7.1946. Eine vorerst auf zehn Jahre befristete Vereinbarung hierüber wurde am 14.11.1946 unterzeichnet. Siehe hierzu: Archiv der Stadt Linz, Verträge, Sign. 19461114B, Vereinbarung Gurlitt – Stadt Linz vom 14.11.1946; sowie Schuster 1999, S. 36ff.

wurde Gurlitt übertragen. Unterstützt wurde er von Beginn an von Lilly Christiansen.[35] Diese durfte ihn darüber hinaus auch offiziell in allen Angelegenheiten, die sein Vertragsverhältnis mit der Stadt Linz betrafen, vertreten.[36] Am 31. Mai 1947 wurde die Galerie aufgrund noch nicht abgeschlossener Bauarbeiten zunächst provisorisch mit einer Alfred-Kubin-Ausstellung eröffnet.

Parallel zu ihrer Tätigkeit als Beraterin Gurlitts fahndete Lilly Christiansen nach 1945 nach Kunstwerken, die sie während des Krieges verloren hatte. So wandte sie sich im September 1947 von Bad Aussee aus an die amerikanischen Untersuchungsoffiziere der „Headquarter USFA Section. Reparation and Restitution Division“ in Wien, um sich hier nach dem Verbleib von Kunstwerken zu erkundigen, die sie – wie eingangs bereits erwähnt – 1939 mit nach Paris genommen hatte: „Ich bin dänische Staatsangehörige, gebürtige Ungarin und zur Zeit hier in Bad Aussee ansässig. Im Jahre 1939 bin ich von Deutschland aus nach Paris gegangen, um den Schwierigkeiten, die mir von Seiten der Nazis gemacht worden sind, zu entgehen. Ich hatte eine kleine Anzahl mir gehöriger Bilder nach Paris mitgenommen, unter diesen befand sich ein Bild des französischen Malers David ‚Heilige Familie'“.[37] Dieses Gemälde hatte Lilly Christiansen, wie sie weiter ausführte, angeblich kurz vor dem Ausbruch des Zweiten Weltkrieges aufgrund ihrer weiteren Reise von Paris nach Kopenhagen zur temporären Aufbewahrung an die Pariser Galerie St. Etienne, deren Inhaber der österreichische Kunsthändler Otto Kallir war, übergeben.[38] Dieser hatte nun mitgeteilt, so Christiansen weiter, dass das Gemälde des Malers David vermutlich versehentlich zu ihm nach New York geschickt worden war.[39] Kallir hatte das Gemälde daraufhin an die in New York ansässige „Alien Property Custodian“ übergeben.[40] Die amerikanischen Untersuchungsoffiziere empfahlen Lilly Christiansen, sich an die dänische Botschaft in Wien zu wenden, da das Headquarter hierfür nicht zuständig sei.[41] Ob Lilly Christiansen das Gemälde in der Folge zurückbekam, ist den überlieferten Quellen nicht zu entnehmen.

Im Juli 1945 traf im Münchner „Central Collecting Point“ das Gemälde *Kreuzigung* (um 1539) von Adriaen Isenbrant (1514–1551) mit dem Herkunftshinweis „Lilly Christiansen“ ein.[42] Wie die Mitarbeiter des Central Collecting Point zur Provenienz ermitteln konnten, wurde dieses Gemälde vor 1945 in Berlin aus der jüdischen Sammlung Dr. Fritz Loewenthal beschlagnahmt.[43] Wolfgang Gurlitt behauptete 1951 nach dem Tod Lillys, dass sie dieses Gemälde vor 1945 für eine Berliner Familie aufbewahrt hatte.[44] Noch vor Januar 1941 war das Gemälde jedoch an Maria Almas-Dietrich gelangt, die es dann für 26.000 Reichsmark an die Sammlung „Sonderauftrag Linz“ weiterverkaufte.[45] Hätte Lilly Christiansen ihr angebliches Versprechen, das Gemälde aufzubewahren, halten wollen, so hätte sich das Bild auch nach dem Ende des Krieges noch in ihrer Obhut befinden müssen. Lilly Christiansen hat demnach nachweislich die Notsituation der Familie Loewenthal bewusst ausgenutzt. Am 1. August 1951 erfolgte die Rückgabe des Gemäldes über das Israelische Konsulat in München an die Familie Loewenthal.[46] Dies ist nur ein Beispiel. Im Hinblick hierauf sollten jedoch grundsätzlich alle Kunstwerke mit dem Herkunftshinweis „Lilly Christiansen“ oder „Lilly Christiansen-Agoston“ sehr genau überprüft werden.

Der geplante Umzug in die Schweiz 1948

Im Verlauf des Jahres 1948 plante Lilly Christiansen ihren Umzug von Bad Aussee in die Schweiz, wo sie sich angeblich mit ihrem dänischen Ehemann, der 1943 von Berlin nach Kopenhagen zurückgekehrt war, niederlassen wollte. Im Zuge der Umzugsvorbereitungen wandte sie sich im September

35 Archiv der Stadt Linz, KVD-Akten, Schuber 34b, Vollmacht Wolfgang Gurlitt vom 18.5.1950; ebd., Neue Galerie 1951, Auszugsabschrift des Gedächtnisprotokolls vom 10.11.1949; ebd., Vollmacht Wolfgang Gurlitt vom 30.1.1951; ebd., Wolfgang Gurlitt an Ernst Koref, 31.1.1951; ebd., Ernst Koref an Wolfgang Gurlitt, 17.3.1951; sowie Schuster 1999, S. 42.

36 Ebd.

37 National Archives Washington D. C. (NARA), DN1929, Cases and Reports, Claims processed by, and General Records of the Property Control Branch of the U.S. Allied Commission for Austria Section, 1945–1950, Correspondence and Related Records Regarding Pending Claims, compiled 1945–1950, P-1488 Lilly Christiansen, Schreiben von Lilly Christiansen, 12.9.1947.

38 Ebd.

39 Ebd.

40 Ebd.

41 National Archives Washington D. C. (NARA), DN1929, Cases and Reports, Claims processed by, and General Records of the Property Control Branch of the U.S. Allied Commission for Austria Section, 1945–1950, Correspondence and Related Records Regarding Pending Claims, compiled 1945–1950, P-1488 Lilly Christiansen, Schreiben von James A. Garrison an Lilly Christiansen, 26.9.1946.

42 Bundesarchiv Koblenz, B 323/656, München-Nr. 4538, Linz-Nr. 1173; sowie Datenbank zum „Central Collecting Point München“, Deutsches Historisches Museum, Berlin, www.dhm.de/datenbank/ccp/dhm_ccp.php?seite=6&fld_1=4538&fld_3=&auswahl=6&fld_4=&fld_4a=&fld_5=&fld_6=&fld_7=&fld_8=&fld_9=&fld_10=&suchen=Suchen (abgerufen am 15.1.2019).

43 Ebd.

44 Ebd.

45 Ebd.

46 Ebd. Zur Verbindung zwischen dem jüdischen Sammler Loewenthal, Berlin, und Wolfgang Gurlitt siehe auch: Schuster 1999, S. 50ff.

1948 an den Landeskonservator von Salzburg, um hier die Ausfuhr ihrer Kunstwerke in die Schweiz zu beantragen.[47] Die zur Mitnahme vorgesehenen 202 Gemälde und Grafiken sowie weitere Zeichnungen, Aquarelle und grafische Konvolute hatte sie in einem Verzeichnis mit der Bezeichnung „Umzugsliste Christiansen“ erfasst.[48] Hierzu gehörten unter anderem Gemälde von Wilhelm Trübner, Max Liebermann, Lovis Corinth, Max Slevogt, Egon Schiele, Oskar Kokoschka und Anton Romako sowie Werke von Vertretern des französischen Impressionismus und weitere nicht näher zugeschriebene Gemälde, Zeichnungen und Aquarelle. Von Salzburg aus wurde dieses Verzeichnis im September 1948 an das Bundesdenkmalamt nach Wien gesandt. Die Liste sollte hier nochmals genauer geprüft und anschließend an die Direktion der Österreichischen Galerie in Wien übergeben werden. Man wollte kein Risiko eingehen, national wertvolle Kulturgüter zu verlieren, und der Österreichischen Galerie Gelegenheit geben, Kunstwerke aus diesem Bestand zu erwerben. Obwohl das Museum zunächst sein grundsätzliches Interesse an der Übernahme einiger der Kunstwerke bekundete, musste die Direktion aufgrund finanzieller Engpässe einen Ankauf letztlich ablehnen.[49] Noch bevor die beantragte Ausfuhr in die Schweiz schlussendlich genehmigt werden konnte, wurde Lilly Christiansen vom Bundesdenkmalamt dazu aufgefordert, die Herkunft der von ihr listenmäßig erfassten Kunstwerke genauestens zu benennen. Sie versicherte dem Bundesdenkmalamt in Linz im März 1949, dass „die in der Liste aufgeführten Bilder ihr rechtmäßiges Eigentum“ waren und dass sie die Werke „in den letzten Kriegsmonaten als Bergungsgut nach Österreich und zwar nach Bad Aussee“ in das Haus von Wolfgang Gurlitt, Reitern 38 hatte verbringen lassen.[50] Einige Werke befanden sich seit 1947 als Leihgabe in der neu gegründeten Neuen Galerie der Stadt Linz, so Christiansen – dies galt auch noch zum Zeitpunkt der Antragstellung im September 1948. Nach Erhalt der beantragten Ausfuhrgenehmigung in die Schweiz war Lilly Christiansen dazu bereit, einige Kunstwerke „leihweise für Ausstellungen in Österreich zur Verfügung zu stellen“.[51] Darüber hinaus wollte sie insgesamt 19 Werke weiterhin als Leihgabe in der Neuen Galerie der Stadt Linz belassen.[52]

Den Ausfuhrantrag hatte das Bundesdenkmalamt noch im April 1949 nicht positiv beschieden. Man wartete hier noch immer auf genauere Angaben zu den Provenienzen der Kunstwerke und hegte den Verdacht, dass die zur Ausfuhr in die Schweiz beantragten Kunstwerke eigentlich Wolfgang Gurlitt gehörten und dieser seine Geschäftspartnerin nur zur Tarnung eingesetzt hatte.[53] Daraufhin erschienen Lilly Christiansen und Wolfgang Gurlitt im April 1949 persönlich im Bundesdenkmalamt in Linz und versicherten, dass es sich bei allen Kunstwerken um den Besitz von Lilly Christiansen handelte, die Herkunft der einzelnen Werke jedoch aufgrund der im November 1943 erfolgten Zerstörung sämtlicher Geschäftsunterlagen der Berliner Galerie Gurlitt nicht mehr zu rekonstruieren beziehungsweise nachzuweisen war.[54] Lilly Christiansen war bereit, diese Aussage auch an Eides statt zu versichern, ebenso, „daß alle in der Liste genannten Objekte, mit wenigen Ausnahmen von ihr schon vor 1938 in Berlin besessen wurden“.[55] Das Bundesdenkmalamt zeigte sich wenig überzeugt und hegte auch weiterhin „größtes Misstrauen bezüglich der Besitzverhältnisse“.[56] Diese Zweifel gegenüber den angegebenen Besitzverhältnissen waren ebenso begründet wie das Infragestellen der vorgeschobenen Unwissenheit Gurlitts und Christiansens, die sich auf die Herkunft der Kunstwerke bezog. Die drei in der „Umzugsliste Christiansen“ aufgeführten Gemälde von Oskar Kokoschka, *Die Freunde*, *Bildnis Marcel von Nemes* und *Alter Herr (Vater Hirsch)*, stammten aus deutschem Museumsbesitz und wurden hier 1937 im Rahmen der Beschlagnahmeaktion „Entartete Kunst“ konfisziert und später nicht von Lilly Christiansen, sondern nachweislich von Wolfgang Gurlitt

47 Bundesdenkmalamt, Wien, BDA, Ausfuhrabteilung, Ausfuhrakt, Lilly Christiansen, Schreiben von Lilly Christiansen an die Landeskonservatorin, Dr. Margarethe Witternigg, Denkmalamt Salzburg, 21.9.1948; sowie Bundesdenkmalamt, Wien, BDA, Ausfuhrabteilung, Ausfuhrakt, Lilly Christiansen, Schreiben des Bundesdenkmalamtes Wien an den Landeskonservator für Oberösterreich, Linz, 19.5.1949.

48 Ebd., Schreiben von Lilly Christiansen an die Landeskonservatorin, Dr. Margarethe Witternigg, Denkmalamt Salzburg, 21.9.1948, Abschrift, Umzugsliste Christiansen.

49 Ebd., Schreiben der Direktion der Österreichischen Galerie, Wien, an das Bundesdenkmalamt, Wien, 11.5.1949.

50 Ebd., Schreiben des Bundesdenkmalamtes, Linz, an das Bundesdenkmalamt, Wien, 18.3.1949.

51 Ebd. Diejenigen Kunstwerke, die als Leihgaben in der Neuen Galerie der Stadt Linz bleiben sollten, markierte Lilly Christiansen in ihrer „Umzugsliste“ mit einem roten Punkt. Siehe hierzu: Bundesdenkmalamt, Wien, BDA, Ausfuhrabteilung, Ausfuhrakt, Lilly Christiansen, Schreiben von Lilly Christiansen an die Landeskonservatorin, Dr. Margarethe Witternigg, Denkmalamt Salzburg, 21.9.1948.

52 Ebd., Schreiben des Bundesdenkmalamtes Linz an das Bundesdenkmalamt Wien, 18.3.1949.

53 Ebd., Schreiben des Bundesdenkmalamtes Linz an das Bundesdenkmalamt Wien, 28.3.1949.

54 Ebd., Restitutionsmaterialien, K33, Christiansen, Lilly, Schreiben des Bundesdenkmalamtes Linz an das Bundesdenkmalamt, Wien, 1.4.1949.

55 Ebd.

56 Ebd., Schreiben des Bundesdenkmalamtes Linz an das Bundesdenkmalamt Wien, 18.3.1949.

erworben.[57] Und auch die Herkunft dieser Gemälde muss beiden, Lilly Christiansen und Wolfgang Gurlitt, trotz der 1943 in Berlin vernichteten Geschäftsunterlagen der Galerie Gurlitt sehr wohl bekannt gewesen sein. Alle drei Gemälde verkaufte Wolfgang Gurlitt 1953 an die Stadt Linz.

Im Mai 1949 ermächtigte das Bundesdenkmalamt das Landeskonservatorat für Oberösterreich, die Ausfuhrbewilligung zu erteilen.[58] Letztlich verblieben diese Werke in Bad Aussee bei Wolfgang Gurlitt oder befanden sich anteilig seit 1947 als Leihgaben in der Neuen Galerie der Stadt Linz. Per Testament gingen alle Kunstwerke nach Lilly Christiansens Tod in den Besitz von Wolfgang Gurlitt über.[59]

Lilly Christiansen war am 9. September 1950 56-jährig an plötzlichem Herzversagen in der Villa von Wolfgang Gurlitt in Bad Aussee verstorben, wo sie auch begraben wurde (Abb. 4, 5). Gurlitt fand seine Lebensgefährtin am Morgen tot in ihrem Bett.[60] Einsamkeit und Trauer stürzten den Kunsthändler fortan in eine tiefe Depression. In Gedenken an seine Lebensgefährtin gab Gurlitt eine weitere Porträtlithografie bei Oskar Kokoschka in Auftrag. Die hierauf angebrachte Widmung Kokoschkas „Liebe Lilly, die versprochene Perlenkette hast Du eingelöst mit deinen Tränen. 9. Sept. 1950. Oskar" zeugt von der unglücklichen Liaison zwischen Lilly Christiansen und Wolfgang Gurlitt.

Über den depressiven Gemütszustand Gurlitts machte sich auch Walter Kasten, Gurlitts Mitarbeiter in der Neuen Galerie, große Sorgen. Kasten unterrichtete hierüber das Linzer Kulturamt.[61] Dieses teilte dem Bürgermeister kurz darauf mit, dass Gurlitt „durch den Tod von Frau Christiansen derart erschüttert [sei], dass er vermutlich schon in der nächsten Zeit grundsätzliche Entscheidungen für die Zukunft wird fällen wollen".[62] Nahezu 30 Jahre hatten beide zusammengelebt und Gurlitt hatte es nicht geschafft, Lilly Christiansen zu heiraten, was ihm nach dem Tod seiner Lebensgefährtin wohl ein schlechtes Gewissen machte. Aus diesem Grunde war es ihm ein Anliegen, „ihr Andenken besonders [zu] ehren".[63] Gurlitt plante in der Neuen Galerie der Stadt Linz die Errichtung eines Gedächtnisraumes mit dem Namen „Lilly Christiansen-Agoston". Für diesen Raum erhielt die Stadt Linz von Gurlitt als „Stiftung Agoston" 33 Zeichnungen und Aquarelle bedeutender deutscher Romantiker, darunter Arbeiten von Caspar David Friedrich, Philipp Otto Runge, Wilhelm von Kobell, Gottfried Schadow, Moritz von Schwind und Anselm Feuerbach sowie Bücher von Alfred Kubin.[64] Die Trauer über „den Verlust eines mir unentbehrlichen, geliebten Menschen, der mich lassen – den ich lassen musste", plagte Gurlitt auch noch Monate nach dem Tod von Lilly Christiansen.[65] Vor allem aus diesem Grunde sollten die von ihm geplanten Gedächtnisausstellungen in der Neuen Galerie der Stadt Linz etwas „ganz besonders Schönes, Geschlossenes und Feierliches" sein.[66]

Die besonders tiefe Verbundenheit, die Gurlitt und Lilly Christiansen zeitlebens miteinander verband, zeigt sich nicht zuletzt in der von Gurlitt 1951 in der Neuen Galerie präsentierten Kokoschka-Ausstellung, die er explizit Lilly Christiansen widmete: „In MEMORIAM Lilly Christiansen-Agoston der getreuen Helferin am Werk für Oskar Kokoschka".[67] Im selben Jahr würdigte auch die Stadt Linz Lilly Christiansen und bezeichnete sie neben Wolfgang Gurlitt als Mitbegründerin der Neuen Galerie der Stadt Linz.[68] Und auch ein Gemeinderatsbeschluss vom 14. Juli 1952 würdigte Gurlitts Lebensgefährtin als Mitbegründerin der Neuen Galerie: „Die Stadtgemeinde Linz nimmt die Tatsache, daß die Gründer des oben genannten Museums Wolfgang Gurlitt und Lilly Christiansen Agoston sind, zur Kenntnis [...]."[69]

Lilly Christiansen war für Wolfgang Gurlitt sowohl privat als auch geschäftlich wichtigste Begleiterin. Als Geschäftspartnerin war sie in die wiederholt unseriösen Geschäftspraktiken des Kunsthändlers involviert. Über ihren Kunstbesitz ist bis heute nur wenig bekannt. Lediglich die eben besprochene Liste von Kunstwerken, die sie aus Österreich ausführen wollte, nennt jene Objekte, die sich angeblich 1948 in ihrem

57 Details zur Provenienz der drei Gemälde finden sich im Aufsatz *Verfemt und entartet. Beschlagnahmte Gemälde aus deutschem Museumsbesitz im LENTOS Kunstmuseum Linz* von Elisabeth Nowak-Thaller im vorliegenden Katalog.

58 Bundesdenkmalamt, Wien, BDA, Archiv, Christiansen Lilly, Ausfuhr von Gemälden, Schreiben der Direktion des Bundesdenkmalamtes an den Landeskonservator für Oberösterreich, 19.5.1949.

59 Archiv der Stadt Linz, KVD-Akten, Schreiben des Kulturamtes der Stadt Linz, Dr. Hanns Kreczi an den Bürgermeister der Stadt Linz, 23.10.1950.

60 Gespräch mit Maria Gurlitt, München, 12.6.2018.

61 Archiv der Stadt Linz, KVD-Akten, Schreiben des Kulturamtes der Stadt Linz, Dr. Hanns Kreczi an den Bürgermeister der Stadt Linz, 23.10.1950.

62 Ebd.

63 Ebd.

64 LENTOS Kunstmuseum, Linz, Inv.-Nrn. 576–608; *Oskar Kokoschka* 2008, S. 14.

65 Archiv der Stadt Linz, KVD-Akten, Schreiben von Hildebrand Gurlitt an Magistratsdirektor Egon Oberhuber, Linz, 22.12.1950.

66 Ebd.

67 *Oskar Kokoschka. In Memoriam Lilly Christiansen-Agoston, der getreuen Helferin am Werk für Oskar Kokoschka*, Ausst.-Kat., Neue Galerie der Stadt Linz, Linz 1951.

68 Archiv der Stadt Linz, KVD-Akten, Schuber 34 b, Neue Galerie 1951, Schreiben von Hanns Kreczi an Bürgermeister Ernst Koref, 27.9.1951.

69 Archiv der Stadt Linz, Gemeinderatsbeschluss, 14.7.1952.

Besitz befanden. Realisiert wurde jedoch weder der geplante Umzug in die Schweiz noch die Ausfuhr der Kunstwerke. Nach dem Tod von Lilly Christiansen übernahm Wolfgang Gurlitt alle in der Umzugsliste von 1948 aufgeführten Kunstwerke. Ein Anspruch des dänischen Ehemannes konnte bislang nicht aufgefunden werden. Aus welchem Grund die Scheinehe von Lilly Christiansen und ihrem dänischen Ehemann nach 1945 nicht geschieden wurde, ist nicht zu beantworten. Die Provenienzen aller von der Stadt Linz aus dem Besitz von Wolfgang Gurlitt und Lilly Christiansen übernommenen Kunstwerke, die sich heute im Sammlungsbestand des LENTOS Kunstmuseum Linz befinden, werden auch weiterhin akribisch überprüft.

Vanessa-Maria Voigt / Kunsthistorikerin, seit 2002 als Provenienzforscherin in Deutschland, Österreich, der Schweiz und den USA tätig, unter anderem auch für das LENTOS Kunstmuseum Linz. 2007 Dissertationsschrift *Kunsthändler und Sammler der Moderne im Nationalsozialismus*, ein Standardwerk der kunsthistorischen Provenienzforschung. Umfangreiche Erfahrung in der Erforschung und dem Umgang mit NS-Raubkunst.

AUS GURLITTS MAPPEN
DER VERLEGER WOLFGANG GURLITT

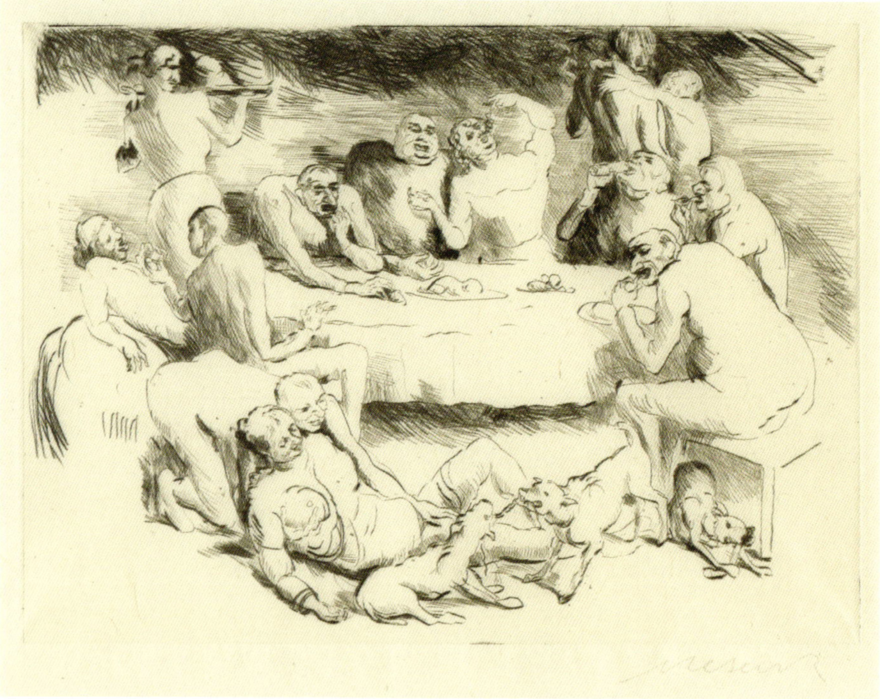

1

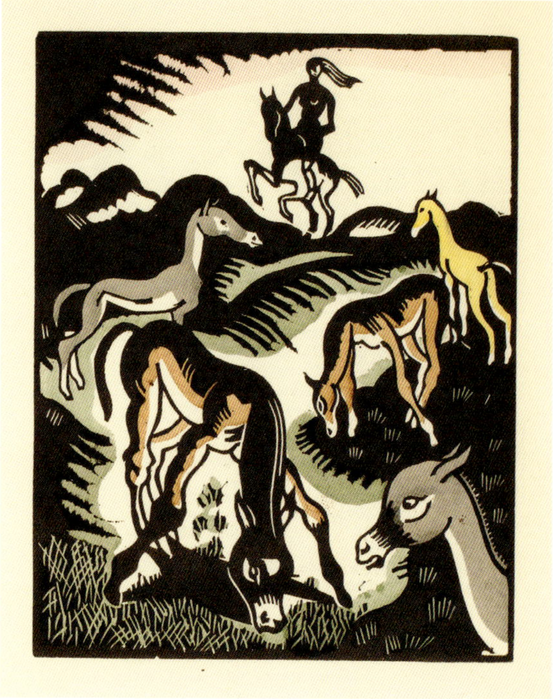

2

3

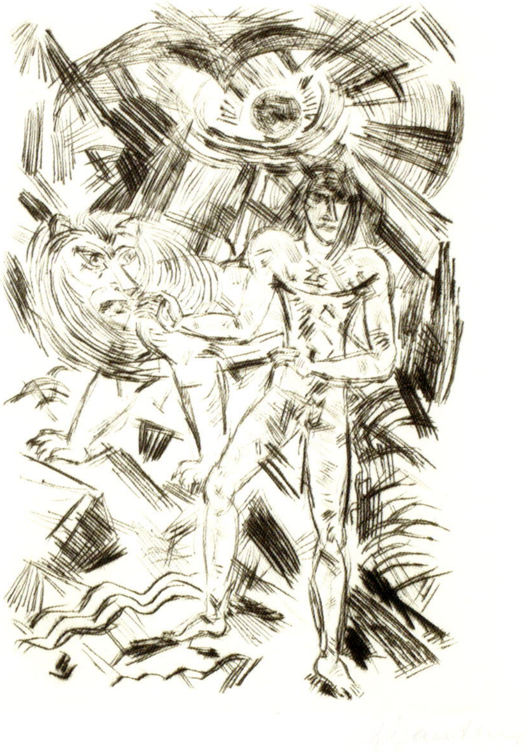

4

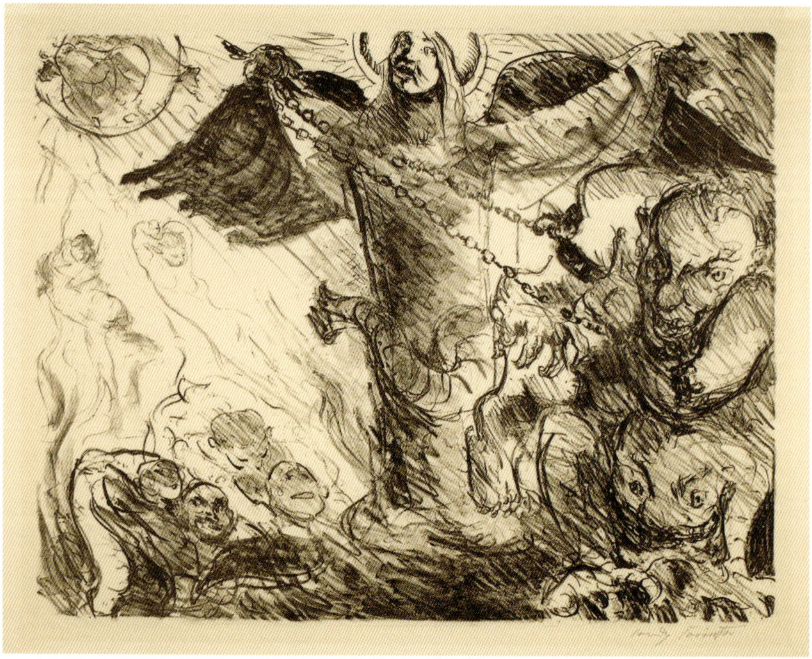

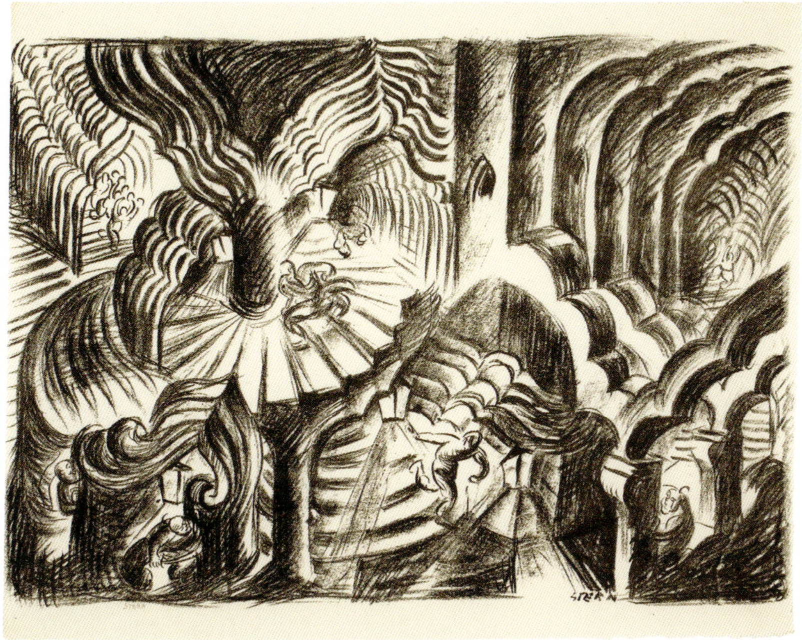

5

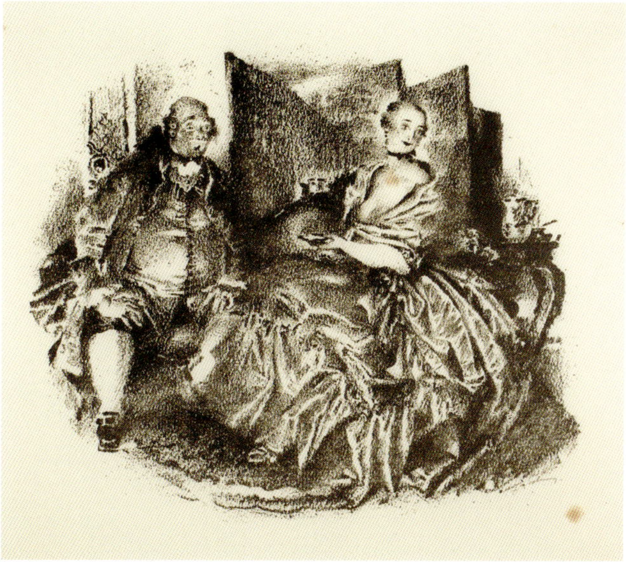

6

7

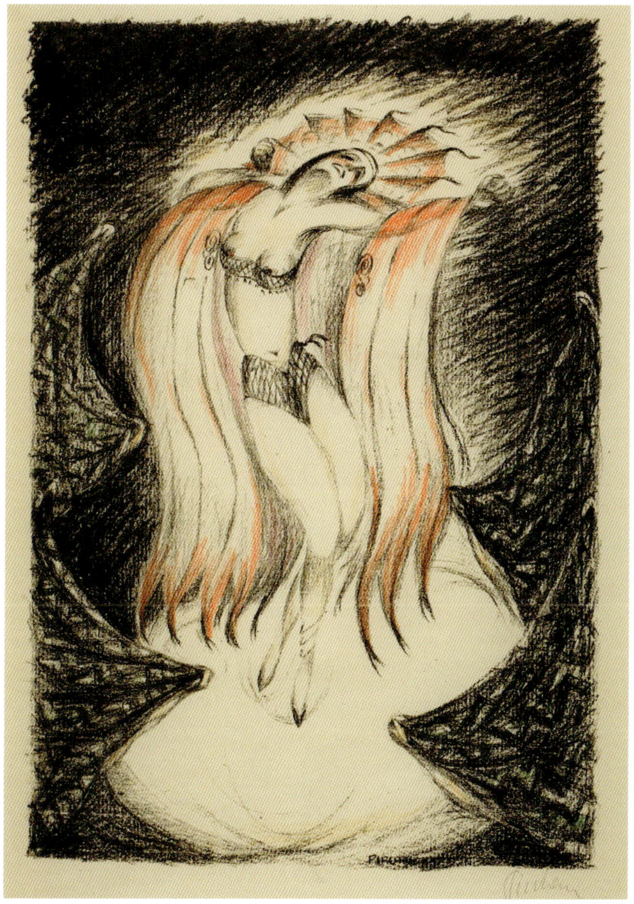

8

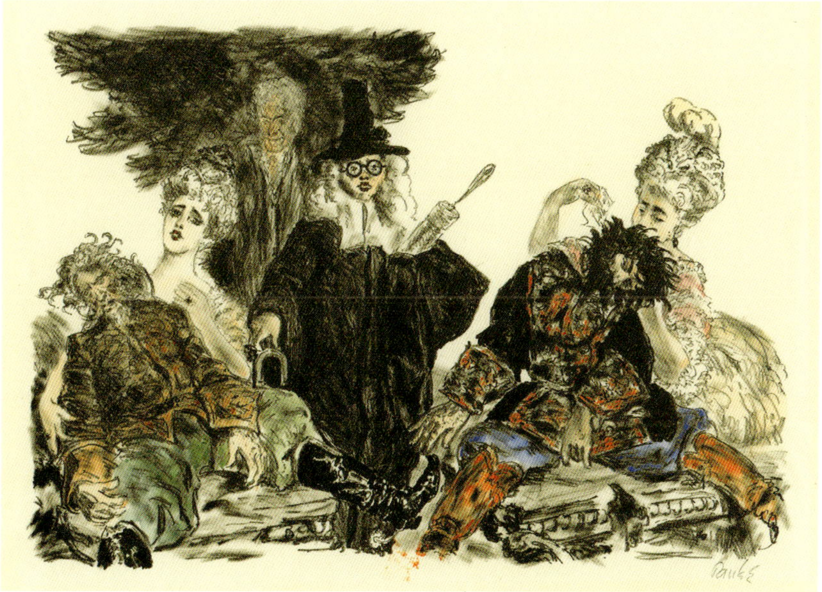

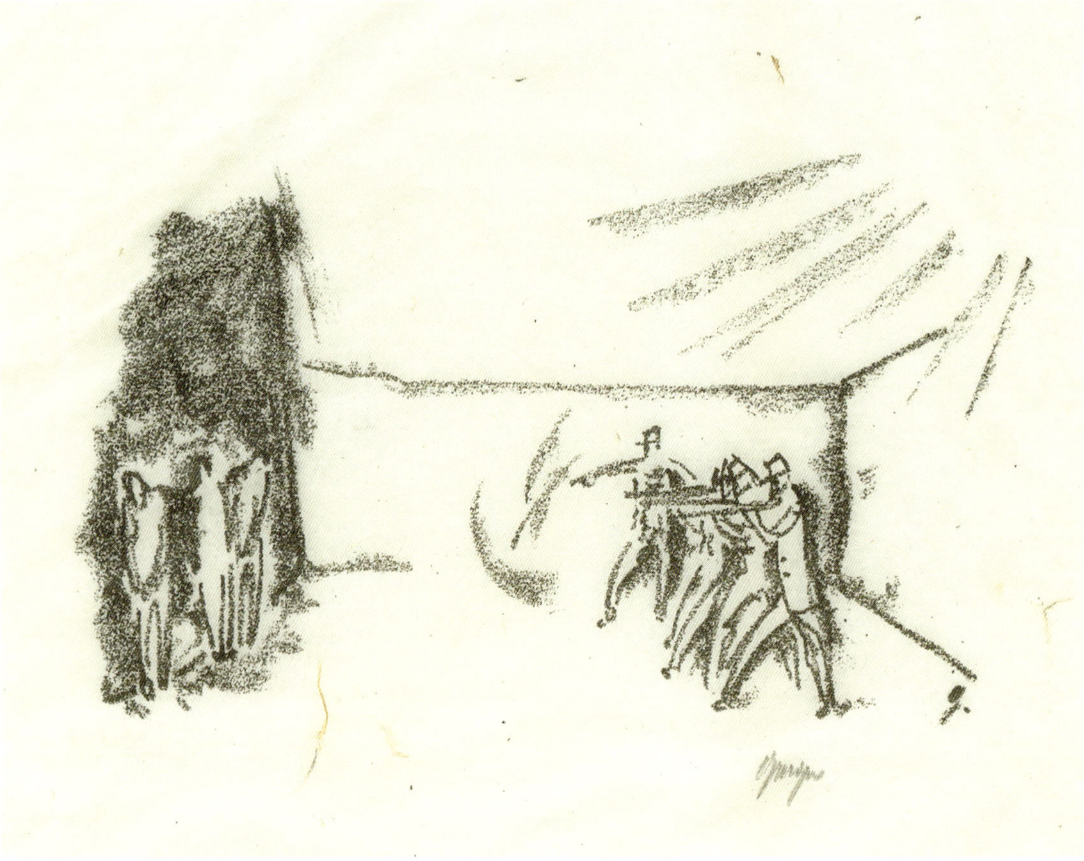

9

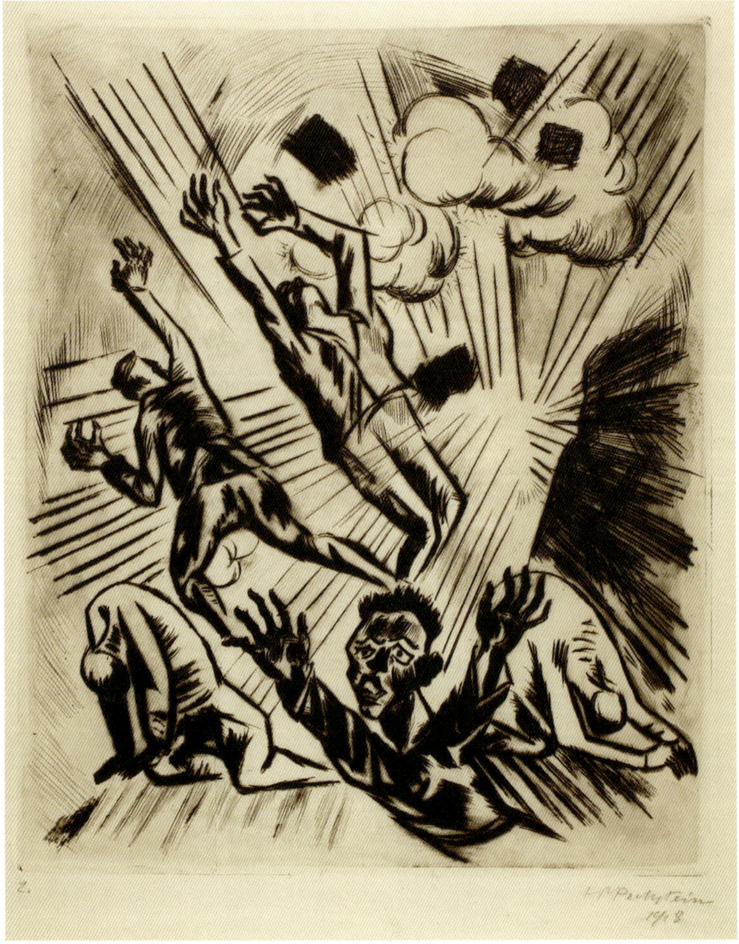

10

11

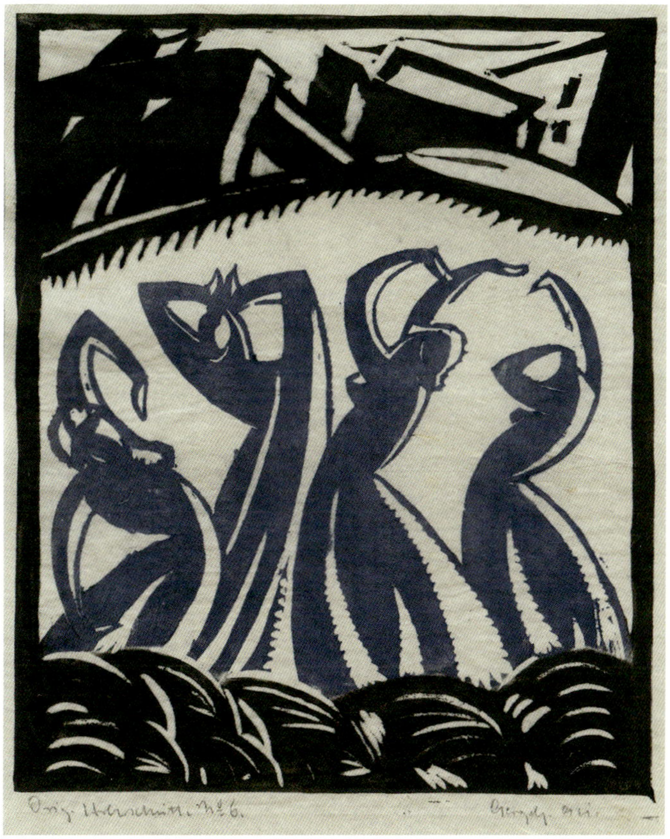

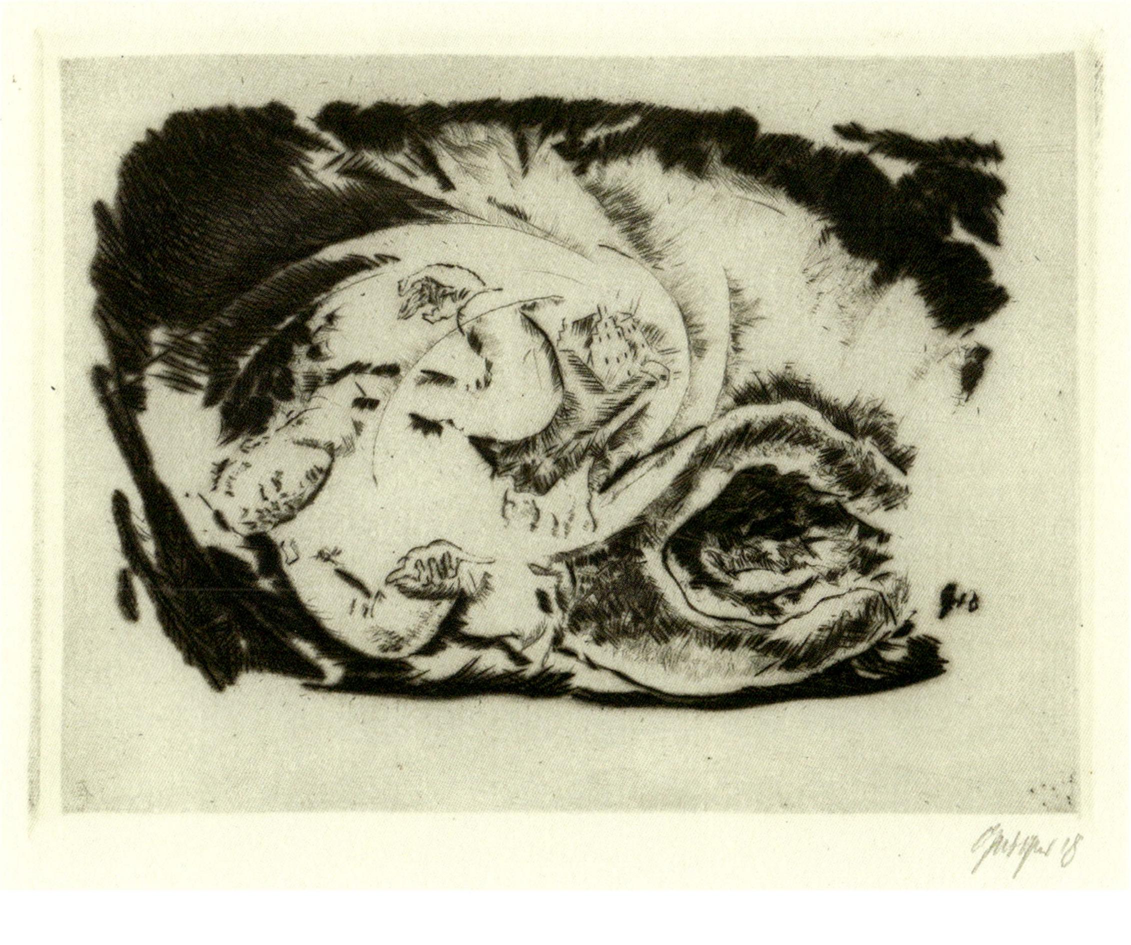

12

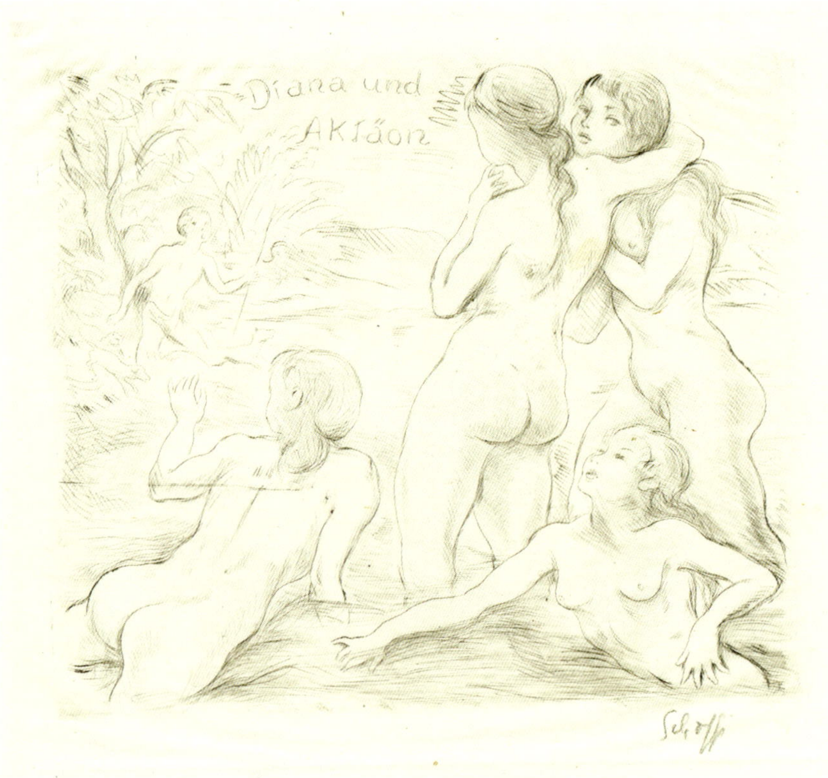

13

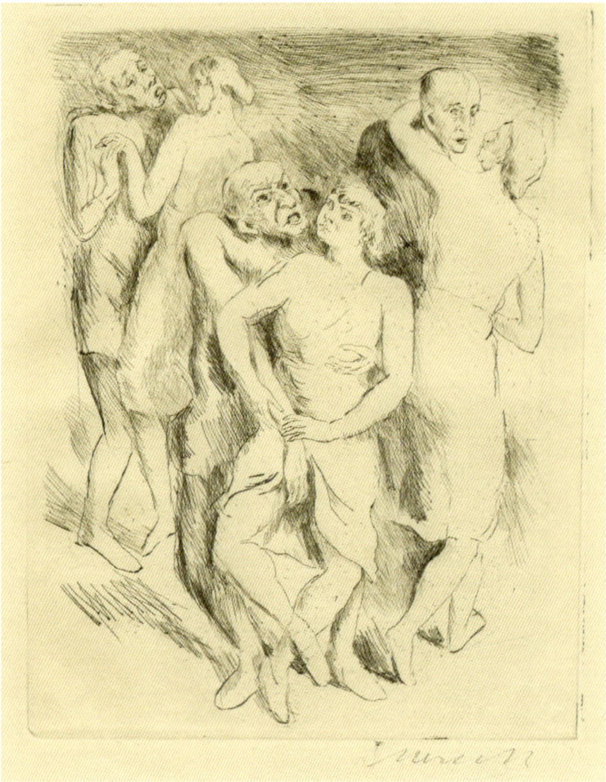

14

15

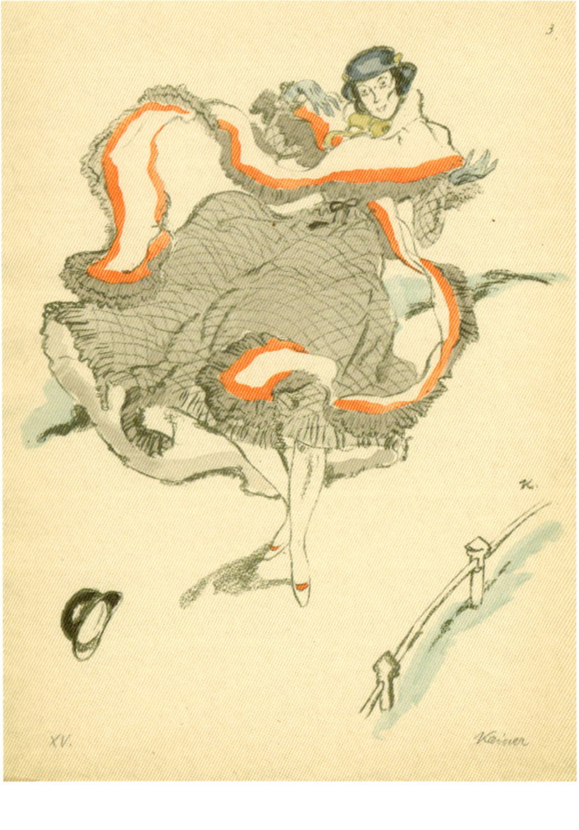

16

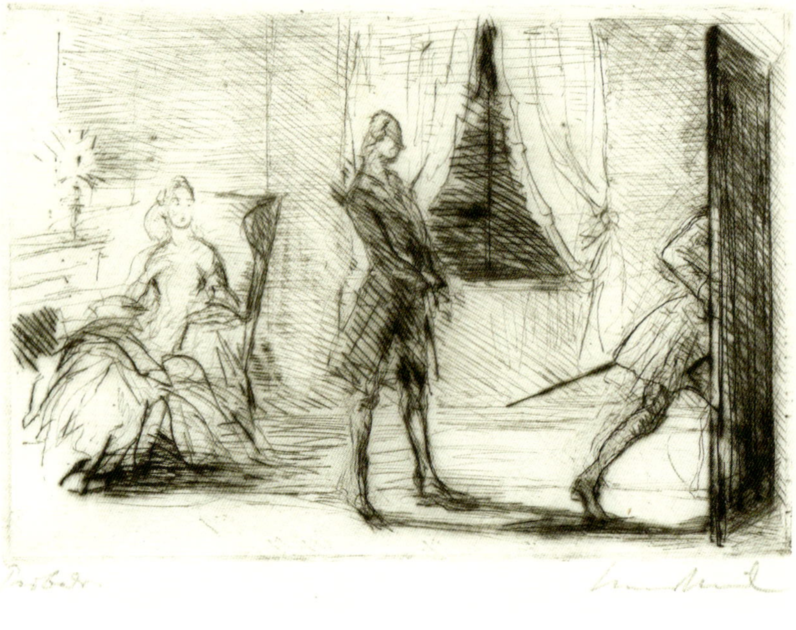

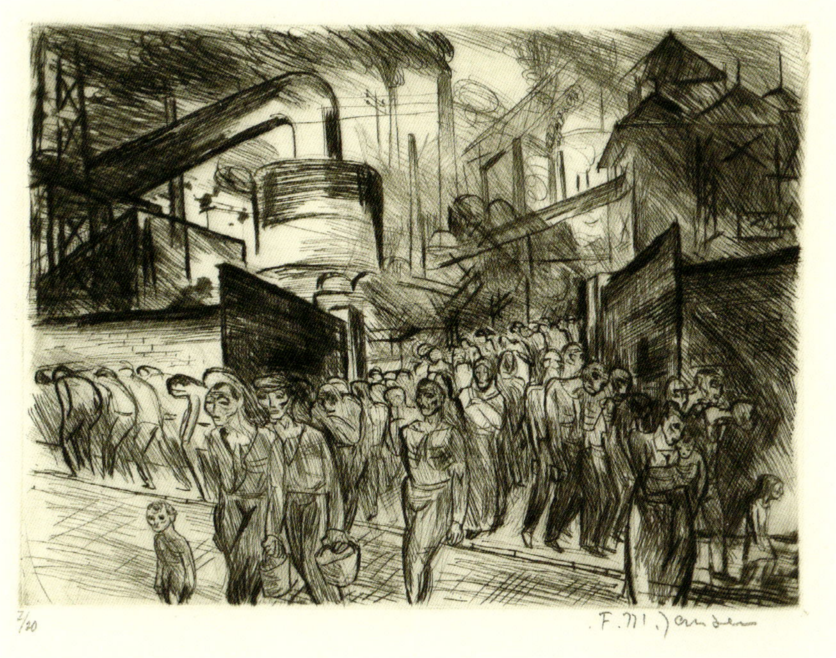

17

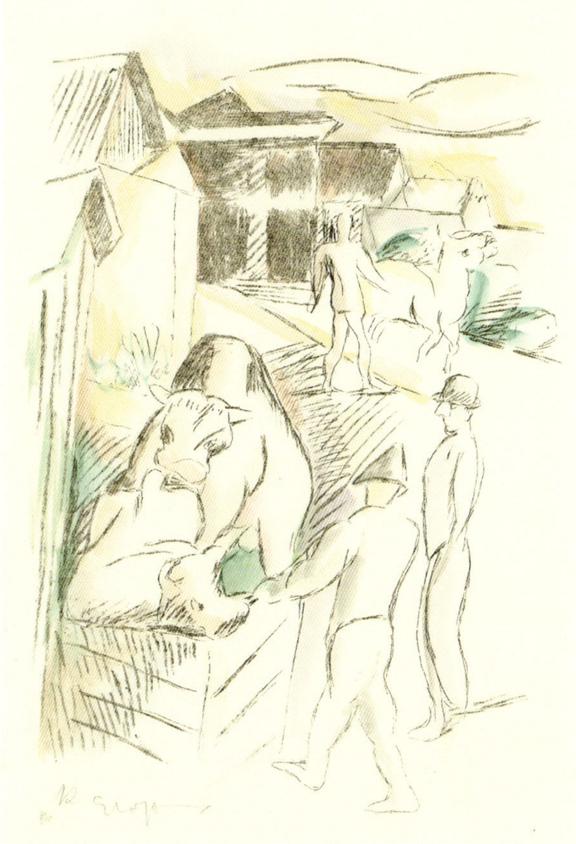

18

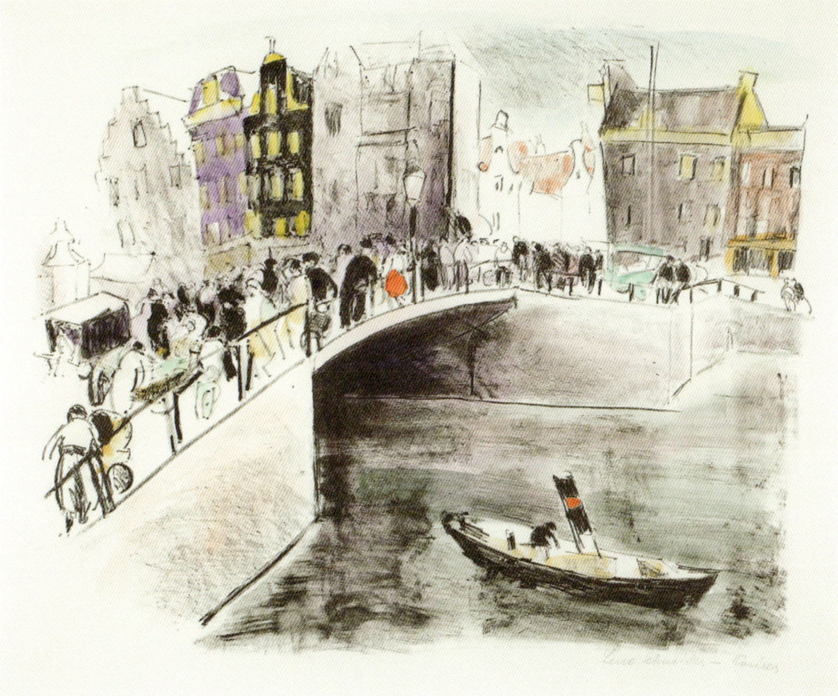

19

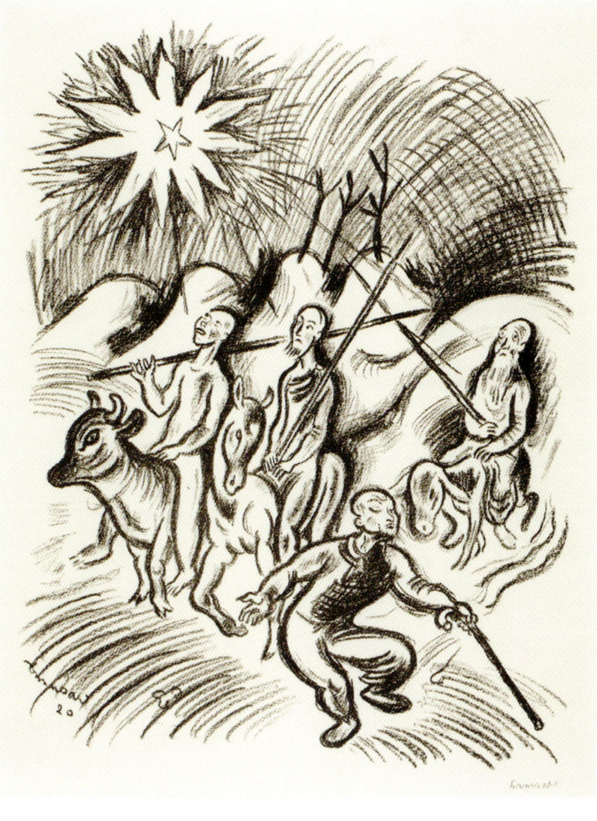

20

Text & Bild
... aus Gurlitts Mappen

1 / **Felix Meseck**, *Sintflut*, o. J. (1922), 3. von 11 Radierungen

2 / **Richard Seewald**, *Gellert-Fabeln*, 1920, 3. von 10 Holzschnitten

3 / **Richard Janthur**, *Gilgamesch. Eine Erzählung aus dem Orient*, 1919, 4. von 11 Kaltnadelradierungen

4 / **Lovis Corinth**, *Die Offenbarung des Johannis*, 1919, 6. von 6 Lithographien

Theater & Musik
... aus Gurlitts Mappen

5 / **Ernst Stern**, *Sumurûn*, o. J. (1920), 2. von 12 Kreidelithographien

6 / **Paul Scheurich**, *Der Rosenkavalier*, 1920, 4. von 18 Kreidelithographien

7 / **Emil Pirchan**, *Josephslegende*, 1922, 3. von 10 kolorierten Lithographien

8 / **Bernhard Pankok**, *Così fan tutte ossia la scuola degli amanti*, 1923, 6. von 10 kolorierten Kreidelithographien

Krieg & Gewalt
... aus Gurlitts Mappen

9 / **Willi Geiger**, *Erlebnis 1914*, o. J. (1921), 17. von 24 Kreidelithographien

10 / **Hermann Max Pechstein**, *Somme 1916*, 1919, 4. von 8 Radierungen

11 / **Sándor Gergely**, *Welttragödie*, o. J. (1921), 5. von 10 Farblinolschnitten

12 / **Willi Geiger**, *Visionen*, 1920, 2. von 10 Kaltnadelradierungen

Eros & Erotik
... aus Gurlitts Mappen

13 / **Otto Schoff**, *Götterliebschaften*, o. J. (1922), 8. von 10 Kaltnadelradierungen

14 / **Felix Meseck**, *Lust*, o. J. (1920), 3. von 10 Kaltnadelradierungen

15 / **Ludwig Kainer**, *Deutscher Moden-Almanach*, 1916, 3. von 21 aquarellierten Lithographien

16 / **Hans Meid**, *Aimé Leboeuf's Abenteuer (Michail A. Kuzmin)*, o. J. (1923), 23. von 24 Radierungen

Landschaft, Mensch & Tier
... aus Gurlitts Mappen

17 / **Franz M. Jansen**, *Industrie 1920*, 1921, 4. von 10 Kaltnadelradierungen

18 / **Rudolf Großmann**, *Lithographien*, o. J. (1921 oder 1922), 4. von 10 Farblithographien

19 / **Lene Schneider-Kainer**, *Amsterdam*, 1919, 5. von 12 kolorierten Kreidelithographien

20 / **Richard Seewald**, *Sieben Lithographien*, o. J. (1920), 5. von 7 Kreidelithographien

alle Blätter LETTER Stiftung, Köln

Bernd Ernsting

ÜBER STOCK UND STEIN. WOLFGANG GURLITT IM EDITIONS-GALOPP UM 1920

Im Eigenverständnis vor bald einhundert Jahren wie aus heutiger Rückschau gelten die *Roaring Twenties* als Ausdruck lebenshungrigen Vergessenwollens, dies nach über vier grauenhaften Weltkriegsjahren, des kühn-verwegenen Aufbruchs zu noch Unbekanntem, erhofftermaßen Besserem. Inmitten, allmählich wieder jenseits krasser Not, gesellschaftlicher Umwälzung und wirtschaftlichen Kollapses suchten Menschen in exzessiv geübter Unterhaltungs- und Vergnügungssucht auch konservative Alternativen einer Konsolidierung hergebrachter Wert(e)vorstellungen, zumal im privaten Umfeld ihrer Kultur und Bildung. Dies schließt das nach Inhalt wie Gestaltung anspruchsvolle Buch mit ein, in das man sich vertieft und so auf Zeit sich anderem entzieht: Typographie und Illustrations-, Druck- und Einbandkunst sind tradiertes Medium handwerklichen Könnens wie Erfüllungsgehilfen ästhetischen Verlangens. Ersteres gab es längst, das Verlangen nach dem Schönen an sich wuchs seit Kriegsende beträchtlich und löste ausweislich der Neuerscheinungslisten in den Buchmarktorganen einen bibliophilen Aufschwung in Deutschland aus. Der laut den Kunstadressbüchern steigenden Zahl von Liebhabern und oftmals systematisch vorgehenden Sammlern zeitgenössischer Buch- und Graphikkunst entsprach der Markt mit einem expandierenden Angebot etablierter sowie der Gründung neuer Verlage, die sich mit historischer wie moderner Belletristik befassten.[1] Solche erschien nun auf endlich wieder besserem Papier (was die Kriegswirtschaft verhindert hatte) mit teils durch Künstler neu entwickelter Typographie, das Ganze in bestem Druck und Einband (mit der Demobilisierung kehrten kriegsdienstverpflichtete Drucker und Buchbinder – hatten sie überlebt und waren nicht als Kriegskrüppel berufsunfähig geworden – zurück an ihre Arbeitsplätze). Dem Buche eingebunden oder ihm als Extrasuite lose beigegeben wurden Illustrationen, doch konnten Graphikzyklen auch ohne ausführlichen Text und gänzlich ohne literarischen Kontext erscheinen. Beider Klientel wies eine beachtliche Schnittmenge untereinander auf, wurden doch bezeichnenderweise Buch wie Mappe durch öffentliche Bibliotheken als verwandte Medien aufgenommen und katalogisiert. Selbst Warenhäuser offerierten nun Buch- und Graphikeditionen jüngerer Zeit, so das bis heute prominente Berliner Kaufhaus des Westens (KaDeWe), wenn es schon 1919 *Deutsche Vorzugsdrucke in begrenzter Auflagehöhe* mit eigenem Katalog anpries; die Broschur selbst erschien in limitierter Auflage und mit handkolorierter Originallithographie Emil Pirchans (1884–1957) auf dem Deckel.[2] Dieser während des Krieges einsetzende und zu Beginn der 1920er-Jahre geradezu inflationäre Boom ums schöne Buch, solch ein Editions-Galopp der Künstlergraphik vom Holzstock oder Lithostein, von Linol- und Radierplatte, entging selbstverständlich nicht Wolfgang Gurlitt (1888–1965), der seine Kunsthandlungskunden in vielen Fällen als gleichzeitig bibliophil Interessierte kannte; sein zeitlebens agiler Geschäftssinn wurde hier unfehlbar inspiriert.[3]

1 Zu den meistenteils luxuriösen Editionen siehe Julius Rodenberg, *Deutsche Pressen. Eine Bibliographie. Mit vielen Schriftproben*, Amalthea-Verlag, Zürich/Wien/München 1972 (Nachdruck der Ausgabe Zürich/Wien/Leipzig 1925 und des Nachtrags der Jahre 1925–1930, Zürich/Wien/Leipzig 1931).

2 *Zwei Jahrzehnte deutscher Buchkultur. Ein Katalog schöner Bücher*, Verk.-Kat., Kaufhaus des Westens, Berlin o. n. A. 1919. Hans Moellers (Lebensdaten unbek.) Vorwort definiert den Katalog als wissenschaftliche Bibliographie (S. VI–VII).

3 Überblick zu druckgraphischen Zyklen der fraglichen Zeit bei Gerhard Pommeranz-Liedtke, *Der graphische Zyklus. Von Max Klinger bis zur Gegenwart. Ein Beitrag zur Entwicklung der deutschen Graphik von 1880 bis 1955*, Deutsche Akademie der Künste, Berlin (Ost) 1965 (zur gleichnamigen Ausst. ebd. 10.3.–29.4.1956). – Waltraut Neuerburg, *Der graphische Zyklus im deutschen Expressionismus und seine Typen 1905–1925*, (Diss. phil., Bonn

Als junger Mann 1907, noch nicht volljährig, in die vormals väterliche Unternehmung eingetreten und seit 3. Dezember 1912 immerhin mit Prokura versehen, übernahm er 1914 mit dem Ausscheiden Willi Waldeckers (Lebensdaten unbekannt),[4] der nach Friedrichs (1853–1893) frühem Tod im Auftrag von dessen Witwe Annarella (1858–1935; Abb. 6, S. 21) und als Mitgesellschafter den Betrieb aufrechterhalten hatte, die alleinige Geschäftsführung der Kunsthandlung Fritz Gurlitt.[5] Im März desselben Jahres erfolgte beim zuständigen Berliner Amtsgericht die Eintragung von Eigentumsübergang und Tätigkeitsfelderweiterung des Kunstverlages Fritz Gurlitt: „Gegenstand der Gesellschaft ist der Erwerb und die Fortführung des von der Kunsthandlung Fritz Gurlitt als Nebenzweig betriebenen Kunstverlagsgeschäftes, sowie der Betrieb aller zu einem Kunstverlage gehörender und mit ihm im Zusammenhang stehender Geschäfte."[6] Die „Erwerbung" dürfte bis dahin durch Annarella Gurlitt, vielleicht auch durch Waldecker gehaltene Anteile betroffen haben. Das „Kunstverlagsgeschäft" war eine damals mit hoher Wachstumsrate florierende Branche, die manch eine etablierte Kunsthandlung nicht ausschließlich den wissenschaftlichen Buchverlagen und den sich neu gründenden bibliophilen Pressen mit Direktvertrieb überlassen wollte.[7] Weit gefasst, konnte sich ein Kunstverlag sowohl mit kunstwissenschaftlicher Literatur wie mit bibliophil gestalteter, zumal künstlerisch illustrierter Belletristik befassen, ferner auch Künstlerdruckgraphik edieren und vertreiben. Vorderhand also war Wolfgang Gurlitts Entschluss, das bis dahin „als Nebenzweig [!] betriebene Kunstverlagsgeschäft" der Kunsthandlung zu übernehmen und bald zu intensivieren, nicht sonderlich originell: Allein in Berlin existierte etwa neben dem Kunstsalon Paul Cassirer seit 1898 auch die Kunst- und Verlagsanstalt der Cousins Bruno (1872–1941) und Paul (1871–1926) Cassirer, welche 1908 die Pan-Presse begründete,[8] ferner seit 1910 das Graphische Kabinett I. B. (oder auch J. B. Neumann),[9] das mit Israel Ber Neumanns (1887–1961) Übersiedlung 1923 in die Vereinigten Staaten von Amerika seit 1924 durch Karl Nierendorf (1889–1947) unter Akzentsetzung auf die aktuelle Avantgarde und mit Münchner Dependance fortgeführt wurde. Seit 1921 sollte auch Alfred Flechtheim (1878–1937) mit einer Niederlassung seiner Düsseldorfer Galerie in Berlin vertreten sein und dort durch dieselbe von 1914 an, vermehrt seit 1919 edierte Mappenwerke zeigen.[10] Gleichzeitig öffneten sich gegenüber der Moderne, wiewohl verhalten, ursprünglich ein eher konservatives Programm vertretende Kunstverlage. So beispielsweise Amsler & Ruthardt in Berlin, die auf Max Klinger (1857–1920) Jahre später Emil Orlik (1870–1932) und Erich

1975), Bonn 1976 (darin „3. Der Einfluß der wirtschaftlichen Situation nach dem Kriege auf die gesteigerte Produktion an graphischen Zyklen", S. 54–57). – Henrike Junge, *Wohlfeile Kunst. Die Verbreitung von Künstlergraphik seit 1870 und die Griffelkunst-Vereinigung Hamburg-Langenhorn*, Philipp von Zabern, Mainz 1989 (darin „2. Die Verbreitung von Graphik zwischen den Weltkriegen. Neue Sammler", S. 89–95). – Zur umfangreichsten zeitgenössischen Sammlung, der von Heinrich Stinnes (1867–1932), durch dessen Erben zwischen 1932 und 1938 in sieben Versteigerungen aufgelöst, siehe die Auktionskataloge (hier ohne Einzelnachweis). – *„… ruhelos und ohne des Schlafes Geschenk". Katalog der zwischen 1903/04 und 1932 edierten deutschen druckgraphischen Mappenwerke, illustrierten Bücher sowie Zeitschriften mit Originalgraphik im Lindenau-Museum Altenburg. Der ursprüngliche Bestand des Lindenau-Museums, die 1994/95 erworbene Sammlung Hoh und die Erwerbungen seit 1995*, Best.-Kat., Lindenau-Museum, Altenburg, Mitteldeutsche Editionen, Leipzig 2000 (Sammlung Hoh, Bd. 2).

4 Auch nicht bei Michael Wladika, *Egon Schiele, Selbstbildnis mit hochgezogener nackter Schulter. Leopold-Museum Privatstiftung, Dossier „LM Inv. Nr. 653". Provenienzforschung*, o. O. (Wien) 2012, zu Waldecker S. 8–11, zur (bis heute) weitgehend offenen Unternehmerbiographie Wolfgang Gurlitts bis 1945 S. 12–27. Nach ungesicherten Quellen am 28. Dezember 1921 als Kunsthändler in München verstorben.

5 Kurz nach Fritz Gurlitts Tod schlossen Annarella Gurlitt und Willi Waldecker die Ehe.

6 Landesarchiv Berlin, A Rep. 342–02, 16245, Königliches Amtsgericht, Unterlagen „Kunstverlag Gurlitt", Gesellschaftervertrag vom 5.3.1914; zit. nach Sonja Feßel, „Fotografie zwischen Kunstmarkt und Wissenschaft. Zum Glasplattenbestand der Kunsthandlung Fritz Gurlitt, Berlin, im Deutschen Dokumentationszentrum für Kunstgeschichte – Bildarchiv Foto Marburg", in: *Rundbrief Fotografie. Analoge und digitale Bildmedien in Archiven und Sammlungen*, Bd. 23, 2016, Nr. 3 (N. F. 91), S. 8–22, hier Anm. 27; online verfügbar unter: rundbrief-fotografie.de/archiv/hefte/rf-91/sonja-feßel (abgerufen am 16.12.2018). – Kaum detailinformativ der Beitrag von J(oachim) K(irchner), „Der Verlag Fritz Gurlitt. Zum [50jährigen] Geschäftsjubiläum der Firma", in: *Börsenblatt für den Deutschen Buchhandel*, N. F. 13, 13. Jg., 1957, Teil 2, Nr. 69 (27.8.1957), S. 1135. – Auch nicht Edwin Kunz, „Wolfgang Gurlitt zum 75. Geburtstag", in: *Die Weltkunst*, 34. Jg., 1963, Nr. 4 (15.2.1963), S. 15.

7 Dorothea Peters, „Kunstverlage", in: Georg Jäger, Dieter Langewiesche, Wolfram Siemann (Hg.), *Geschichte des deutschen Buchhandels im 19. und 20. Jahrhundert. Die Weimarer Republik 1918–1933*, Bd. 2.1, Walter de Gruyter, Berlin/New York 2012, S. 463–508, zur „Wiederbelebung manueller Druckverfahren" S. 478–482, zur Gründungschronologie deutscher Kunstverlage die Tabelle S. 495–496.

8 Rahel E. Feilchenfeldt, Markus Brandis, *Paul Cassirer Verlag. Berlin 1898–1933. Eine kommentierte Bibliographie. Bruno und Paul Cassirer Verlag 1898–1901. Paul Cassirer Verlag 1908–1933*, 2., durchges. und verb. Aufl., K.G. Saur, München 2005. – Ähnliches steht für Gurlitt-Verlag und -Presse noch aus, wurde aber Ende 2018 bei LETTER Stiftung, Köln, durch Janine Breidenbend mit Elan und Akribie begonnen; ihr sei an dieser Stelle herzlich gedankt.

9 Simone Rodriguez-Stöhr, *„Kunst und Edition". Der Verlag J. B. Neumann und die Sammelmappe von Karl Schmidt-Rottluff und Erich Heckel*, (Magisterarbeit), Mainz 2015 (unpubl.). – Das Galeriearchiv wurde zerstreut: *Archiv und Teile der Sammlung J. B. Neumann*, Aukt.-Kat., Klipstein und Kornfeld, Bern 24.5.1962.

10 Rudolf Schmitt-Föller, „Veröffentlichungen der Galerie Alfred Flechtheim", in: Ottfried Dascher, *„Es ist was Wahnsinniges mit der Kunst. Alfred Flechtheim. Sammler, Kunsthändler, Verleger*, Nimbus, Wädenswil 2011 (Quellenstudien zur Kunst. Schriftenreihe der International Music and Art Foundation; hg. v. Walter Feilchenfeldt, Bd. 6), S. 461–477, Mappenwerke „Ausgaben und Drucke der Galerie Alfred Flechtheim" S. 471–475. – Vera Maas, *Alfred Flechtheim als Verleger. Mappenwerke und illustrierte Bücher der Galerie Flechtheim 1929–1924*, (Magisterarbeit), Düsseldorf 2014 (unpubl.). – Cordula Schieferstein, *„Die Holzstöcke sind zerstört, die Steine abgeschliffen". Die Mappenwerke der Galerie Alfred Flechtheim*, (Magisterarbeit), Mainz 2015 (unpubl.).

Glas (1897–1973) folgen ließen und – Wolfgang Gurlitt sollte es ihnen mit mehreren Œuvrekatalogen zu zeitgenössischen Graphikern gleichtun – mit Karl Stauffer-Berns (1857–1891) Werkverzeichnis eine Monographie (zugleich eine *want list* für Sammler) zu einem damals als modern geltenden „Schwarzkünstler" vorlegten, noch dazu einem skandalumwitterten und tragisch jung verstorbenem „Rebellen".[11]

Einstweilen konservativ sind auch die graphikeditorischen Anfänge des Kunstverlages Fritz Gurlitt zu nennen, als er sich auf hohem, eigentlich schon elitärem Niveau der „Kunst fürs Volk"-Bewegung um 1900 anschloss:[12] Von Wilhelm Leibl (1844–1900), den zugleich seine Kunsthandlung als Maler vertrat, gab er 1895 *Sechs Radierungen* heraus; ihnen folgten zeitnah zu des Künstlers Todesjahr 1905 *Fünf Radierungen*, 1915 dann – postum – alle elf zu *Original-Radierungen* zusammengefasst. Die wenigen Restexemplare der Normalausgabe offerierte Wolfgang Gurlitt 1919 als 1. Werk seiner Gurlitt-Presse.[13] Welchem jedoch sofort ein seitdem dezidiert zeitgenössisches Programm folgte, denn noch im selben Jahre erschienen hier – ein deutliches Manifest – in Folge gleich vier Mappen von Hermann Max Pechstein (1881–1955): zehn Holzschnitt-*Köpfe*, die weltkriegsthematischen acht Radierungen *Somme 1916*, sechs in Holz geschnittene *Exotische Köpfe* sowie *Bildnisse* in zehn Lithographien.[14] „Von Leibl bis Pechstein [...] die alte Tradition und das neue Wollen des Hauses" hatte schon 1913 Gurlitts Eröffnungsausstellung seines graphischen Kabinetts programmatisch definiert.[15] Diesem (spät)expressionistischen Paukenschlag innert der 1919 neuen Mappenreihe antwortete – man hatte ein breiteres Kundenspektrum im Blick – der als Impressionist hochgeschätzte und als Maler gleichfalls durch die Kunsthandlung vertretene Lovis Corinth (1858–1925). Ähnlich Leibl schon einmal, nämlich drei Jahre zuvor vorgelegt, wurden gleichfalls in dieser 1. Folge *Neue Mappenwerke* der Gurlitt-Presse seine sieben Radierungen *Die ersten Menschen* als nunmehr 6. Werk erneut, das 7. mit sechs Lithographien zur *Offenbarung des Johannis* hingegen erstmals publiziert. Dem 8. Werk *Die Büchse der Pandora. 12 Lithographien zu Frank Wedekinds* [1864–1918] *Drama von Ernst Stern* [1876–1954] schlossen sich als 9. Werk und diese 1. Folge endend Charlotte Berend-Corinths (1880–1967) sechs Lithographien zur österreichischen Sängerin und Schauspielerin *Fritzi Massary* (1882–1969) an.

1916, mitten im Kriege, hatte der Verlag – und noch Hofkunsthandlung – Fritz Gurlitt sowohl Ludwig Kainers (1885–1967) bieder avisierten *Deutschen Moden-Almanach* als auch die unverfänglich unter *Zwölf Lithographien* titelnden erotischen Blätter Wilhelm Wagners (1887–1968) herausgebracht – pikante Vorboten, vielleicht zwecks Erkundung kommerzieller Chancen gezielt lancierte Testballons der schließlich aufsehenerregenden Serie des neunbändigen *Venuswagen*. Solche Einzeleditionen außerhalb eines Reihenkontextes sollten zwar immer wieder erfolgen, doch hatte Wolfgang Gurlitt nebst anderen Verlegern im selben Metier treffend erkannt, und wahrscheinlich mit dem Verkaufserfolg seiner 1. Folge *Neue Mappenwerke* bestätigt gefunden, dass „sicheres Geld" ehestens mit Buch- und Mappen*reihen* zu verdienen war. Sprach man hier doch den Sammler gleichsam als Abonnenten an, der dann auch Titel aufnehmen mochte/musste, zu deren Einzelerwerb er sich sonst kaum entschlossen hätte; die ausufernde Subskriptionspraxis, zumal auf Vorzugsexemplare gerichtet, verstärkte diesen an Nötigung grenzenden Zwang. Diesem erlag nicht allein der grenzmanisch sammelnde Heinrich Stinnes, welcher stets das erstnummerierte Exemplar verlangte; weshalb mancher Künstler in wirtschaftlicher Not einen Zyklus nur deshalb schuf, weil er sich des Verkaufs wenigstens *eines* Exemplars – an Stinnes nämlich – sicher wähnte.[16] Andererseits gab es mit Oskar Kokoschka (1886–1980) Künstler im Verlagsumfeld, die vielleicht (zeitweilig)

11 *Karl Stauffer-Bern 1857–1891. Die Radierungen und Stiche des Künstlers in Nachbildungen mit einem Geleitwort von Hans Wolfgang Singer*, Amsler & Ruthardt, Berlin 1919. Die bibliophile Liebhaberausgabe mit beiliegender Originalradierung zählte 150 Exemplare.

12 Dem künstlerischen Schmuck fürs Heim, der Originalgraphik (besonders der Lithographie) statt der schieren Reproduktion von Gemälden, redete etwa kurz vor Kriegsausbruch Christoph Wienecke (Lebensdaten unbek.) das Wort: Christoph Wienecke, „Wir brauchen eine bürgerliche Kunst", in: *Kunstwart und Kulturwart*, 27. Jg., 1914, Heft 15 (1. Maiheft 1914), S. 145–148. – Die notorisch schlechte Quellenlage zu Kunsthandlung, Verlag und Presse Wolfgang Gurlitts vor 1945 ist großteils dem bombenkriegsbedingten Verlust der Geschäftsunterlagen zunächst im November 1943 in Berlin und weiter im März 1945 in Würzburg zuzuschreiben; hierzu auch Wladika 2012, S. 25. – Zur Gründergeneration siehe Birgit Anna Gropp, *Studien zur Kunsthandlung Fritz Gurlitt in Berlin 1880–1943*, (Diss. phil., FU Berlin 1999), Berlin 2000, zum graphikeditorischen Engagement eher kursorisch S. 137–141.

13 80 vermutlich nicht nummerierte Exemplare, die beiden Vorzugsausgaben zählten acht bzw. zwölf römisch nummerierte. – *Neue Mappenwerke*, 1. Folge; den Druck hatte die renommierte Berliner Kupferdruckerei Otto Felsing besorgt.

14 2. bis 5. Werk der Gurlitt-Presse, *Neue Mappenwerke*, 1. Folge.

15 Curt Glaser, „Ausstellungen. Berlin", in: *Mitteilungen der Gesellschaft für vervielfältigende Kunst* [Wien], 36. Jg., 1913, Nr. 2, S. 39–41, Zitat S. 39. Glaser (1879–1943) hob Gurlitts Kabinett als gegenüber jenem der Cassirers besonders zweckgeeignet hervor.

16 Beispielsweise ist Carlo Menses (1886–1965) Mappe *Großstadt* (zehn Radierungen), 1914 unter dem Pseudonym O. Marto im Jenaer Quadriga-Verlag in angeblich 15 Exemplaren erschienen, nur einmal nachgewiesen, mit Stinnes' (nicht aber in dessen Sammlungs-Auktionskatalogen registriert) Erwerbungsvermerk (Köln, LETTER Stiftung, Inv.-Nr. 1998.241).

auf ihrer „Exklusivität" außerhalb solcher Folgen bestanden, oder deren Werk dem Verleger selbst (der Kokoschka seitdem zeitlebens, auch kunsthandelnd verbunden bleiben sollte) dort nicht gut aufgehoben dünkte.[17] Oder es handelte sich um kriegsthematische Mappen, bei denen sich Gurlitt – bislang unerklärtermaßen – im Gegensatz zum Zeittrend seiner Mitbewerber am Editionsmarkt auffallend zurückhielt: Pechsteins oben erwähnte *Somme 1916*-Mappe erschien erst nach Ende eines Krieges, während dessen langer Dauer der Berliner Verlag offenbar nur eine einzige thematisch zeitbezogene Mappe publizierte, und dies unter dem irreführend martialisch-patriotischen Titel *Und wenn die Welt voll Teufel wär. Zwölf Holzschnitte von Fritz Lederer* (1878–1949) – die Blätter sind es keineswegs.[18]

Mit der 1. Folge *Neue Mappenwerke* war im Berliner Hause Gurlitt der Schritt ins Großgeschäft mit Editionen getan. Doch wie verschiedene Überlieferungen dem umtriebigen Verleger einen nimmermüden Ehrgeiz im Geschäftlichen nachsagen, der ihn (und andere Beteiligte?) nicht selten ins finanzielle Fiasko führte,[19] so scheint sich auch eine Kluft zwischen seinen verlautbarten Absichten und den nachgewiesenermaßen tatsächlich realisierten Editionen aufzutun. Janine Breidenbend, seit Herbst 2018 bei LETTER Stiftung in der Erstellung der ersten umfassenden Gurlitt-Editionsbibliographie engagiert, kann ein Lied davon singen …

Schon die durch Gurlitt-Verlag und -Presse selbst verantworteten Drucksachen – Almanache und Jahrbücher, Kataloge und Preislisten oder Annoncen in fremdedierten Periodika wie in eigenen Verlagsprodukten – sind untereinander oftmals widersprechend: Wenn etwa Pechsteins *Köpfe*, 1919 als 2. Werk der 1. Folge *Neue Mappenwerke* mit zehn Holzschnitten erschienen, kurz zuvor im Verlagsalmanach auf dieses Jahr 1919 noch als zwölf Lithographien angekündigt wurden.[20] Dieses ständige Wollen, Ändern oder Verwerfen kennzeichnet die gesamten Aktivitäten eines im künstlerischen Programm zumeist doch so vorausschauenden wie offenkundig enthusiastischen Verlegers von Graphik und Buch.[21] So eröffnete 1920 als 10. Werk seiner Gurlitt-Presse mit den acht Farblithographien *Die Liebschaften des Zeus* von Lovis Corinth die 2. Folge *Neue Mappenwerke*; Wilhelm Wagners *Frauen. Zehn Radierungen* beschlossen sie als 18. Werk – allerdings mit dem früheren Erscheinungsdatum 1919. Dieser Sprung, dass eine durch Impressum oder anderweitig mit Datum verifizierte Erscheinung nicht mit der Abfolge der Werknummern harmoniert, ist symptomatisch für die verworrenen Verlagsverhältnisse. Ohne dass seitdem von 3. oder späteren Folgen *Neuer Mappenwerke* die Rede wäre, zählen diese Editionen (einige bislang allein durch Vorankündigungen nachgewiesen) der Gurlitt-Presse bis 95, ab der 42. allerdings mit aktuell noch beträchtlichen Lücken.[22] Zeitgleich erschienen oder wurden zumindest avisiert zahlreiche weitere Mappeneditionen

17 Oskar Kokoschka, *Der gefesselte Kolumbus*, Fritz Gurlitt Verlag, Berlin o. J. (1916 Vorzugsausgabe A in 50 Exemplaren der zehn Lithographien, wohl 1918 Normalausgabe B in 150 Exemplaren). Außerdem 1921 sowohl eine Buchausgabe in der 3. Folge der *Neuen Bilderbücher* sowie, photolithographisch verkleinert, eine Volksausgabe als 4. Bd. der *Malerbücher*. Die Zeichnungen zur wahrscheinlich 1908 geschriebenen Erzählung entstanden 1913 und wurden im Umdruckverfahren auf die Lithosteine gebracht; den Text lithographierte der Typograph und Graphiker Emil Rudolf Weiß (1875–1942). – Die *Neuen Bilderbücher* wurden vom Verlag wechselnd als „Reihe" bzw. „Folge" (so hier im Folgenden) annonciert.

18 Berlin o. J. (wohl um 1915); divergierende Angaben zu Vorzugs- (handkoloriert) bzw. Normalausgabe schwanken zwischen zehn und 30 bzw. zwischen 50 und 70 Exemplaren. – Nach dem Krieg noch drei weitere: Hermann Max Pechsteins zwölf *Litho's 1917*, o. J. (wohl 1920; 28. Werk der Gurlitt-Presse), sowie zwei Folgen von Willy Jaeckel (1888–1944): *Visionen*, o. J. (wohl 1920; 14. Werk der Gurlitt-Presse), zehn Radierungen, und *Erlebnis*, o. J. (um 1921; 29. Werk der Gurlitt-Presse), 24 Lithographien. – Im weiteren Verständnis gleichfalls kriegsbezogen Jakob Steinhardts (1887–1968) *Litauische Juden* von 1922 (Platten der acht Radierungen bereits 1917).

19 Siehe die Rechercheergebnisse samt Quellen in Walter Schuster, *Die „Sammlung Gurlitt" der Neuen Galerie der Stadt Linz*, Archiv der Stadt Linz, Linz 1999; zu Gurlitts finanziellen Debakeln S. 6–8. – Zu zähen Honorarverhandlungen zwischen Gurlitt und Corinth, 1922 durch die galoppierende Inflation tagesaktuell geführt, siehe Nikola Löschenberger, *Held und Antiheld. Leitfiguren antiker Autoren in Grafikzyklen von Max Slevogt und Lovis Corinth*, (Diss. phil., TH Aachen), Aachen 2012, online verfügbar unter: publications.rwth-aachen.de/record/51090/files/4334.pdf (abgerufen am 17.1.2019), S. 17–19, S. 22–24.

20 Der Almanach laut Copyright-Eintrag schon 1917 – aber auf einer Tafel gegen Seite 18 mit Max Slevogts (1868–1932) Selbstbildnis von 1918.

21 Die wichtigsten Quellen unter den (Werbe-)Schriften des Verlages, hier in vermuteter chronologischer Folge: *Almanach auf das Jahr 1919*, Fritz Gurlitt Verlag, Berlin o. J. (wohl 1918). – *Sport Brevier*, Fritz Gurlitt Verlag, o. O. (Berlin) o. J. (wohl 1919). – *Damen-Brevier 1920*, Fritz Gurlitt Verlag, Berlin 1919. – *Almanach auf das Jahr 1920*, Fritz Gurlitt Verlag, Berlin o. J. (trotz Copyright-Vermerk 1920 wohl 1919; vgl. die vage Vorankündigung des tatsächlich schon ab 1919 erscheinenden *Venuswagen* S. IX). – *Drucke der Gurlitt-Presse. Neue Mappen-Werke. 1. Folge*, Verk.-Prospekt, Fritz Gurlitt Verlag, Berlin o. J. (wohl 1919). – *Der Venuswagen. Das Prospektbuch*, Verk.-Prospekt, Fritz Gurlitt Verlag, Berlin Herbst 1919. – Edwin Redslob (Einf.), *Das graphische Jahr. Fritz Gurlitt*, Verk.-Kat., Fritz Gurlitt Verlag, Berlin Herbst 1921. – Edwin Redslob (Einf.), *Das graphische Jahr. Fritz Gurlitt*, Verk.-Kat., Fritz Gurlitt Verlag, 2. Aufl., Berlin 1922 (identisch mit *Das graphische Jahr* 1921, jedoch die Biographien teils überarbeitet, einige 1921 angekündigte Werke hier als erschienen gemeldet, ferner seit 1921 offenbar vergriffene Werke nicht mehr gelistet). – Reinhold Hoberg, *Die graphischen Techniken und ihre Druckverfahren*, Fritz Gurlitt Verlag, Berlin 1923 (*Das graphische Jahr. Fritz Gurlitt*, Bd. 2). – Die drei Letztgenannten jeweils mit Anhang, einem Preiskatalog der offerierten Graphiken.
Dem Desiderat einer Gurlitt-Bibliographie hilft 2020 die Maximilian-Gesellschaft für alte und neue Buchkunst (Hamburg) ab: Bernd Ernsting, *Über Stock und Stein*. Wolfgang Gurlitt als Verleger von Buch und Graphik. Mit einer Gurlitt-Bibliographie von Janine Breidenbend.

22 Zählfolge von Werken der Gurlitt-Presse, ohne Nachweis einer Ankündigung oder erfolgten Erscheinens: 48, 50–54, 58, 60–61, 63–66, 68–71, 79–86, 88–89, 91, 94. – Allerdings besitzt LETTER Stiftung allein 12 Gurlitt-Mappenwerke, denen einstweilen keine Werknummer zuzuordnen ist.

ohne Zuweisung einer Werknummer; in diesem Beitrag sind nicht einmal alle Künstler aufzuzählen – dies und detaillierte Informationen bleiben einer Gurlitt-Bibliographie vorbehalten.

Deren aktuellen Redaktionsstand auf die Beteiligten hin zu analysieren, ist hingegen schon hier von Interesse und erlaubt trotz angedeuteter (Noch-)Unwägbarkeiten dennoch Aufschlüsse zu Phänomenen, die Gurlitt-Verlag und -Presse generell mit anderen Editeuren ihrer Zeit teilen: Niemand „verfügte" völlig über das druckgraphische Gesamtschaffen eines einzelnen Künstlers. Denn keiner von jenen verlegte exklusiv bei Gurlitt,[23] wiewohl manche bemerkenswert häufig; hier einige in absteigender Frequenzfolge: Lovis Corinth und Otto Schoff (1884–1938) bestritten jeweils 18 Titel, mit deutlichem Abstand je neun Richard Janthur (1883–1956), Felix Meseck (1883–1955), Hermann Max Pechstein, Paul Scheurich (1883–1945) und Jakob Steinhardt (1887–1968), jeweils sieben Beiträge kamen durch Rudolf Großmann (1882–1941) und – auch als Literat – bis 1952 Alfred Kubin (1877–1959).[24] Sechsmal trat Willy Jaeckel (1888–1944) als Graphiker in Erscheinung, jeweils fünfmal Joseph Budko (1888–1940) und Wilhelm Wagner, viermal Richard Seewald (1889–1976), ferner mit je drei Beiträgen József Bató (1888–1966), Charlotte Berend-Corinth, Robert Genin (1884–1941), F.(ranz) M. Jansen (1885–1958), Bruno Krauskopf (1882–1960; womöglich bis zu sechs Beiträge), Lene Schneider-Kainer (1885–1971) sowie Ernst Stern. Auffällig ist die Häufung der Geburtsjahrgänge in den 1880ern, wirklich junge Künstler blieben außen vor; die weitaus meisten Graphiker hatten zu Beginn ihrer Kooperation mit dem etwa gleichaltrigen Wolfgang Gurlitt das 30. Lebensjahr überschritten, manche gar deutlich. Einen quantitativen Sonderfall bildet Willi Geiger (1878–1971) mit angeblich 17 bei Gurlitt erschienenen Editionen, denn hier wurden teils längst zuvor im Künstler-Selbstverlag edierte Mappen des äußerst produktiven, dabei gerne Zyklen in Fortsetzung schaffenden Graphikers angeboten. Dieser Praxis dürfte sich der Gurlitt-Verlag – durchaus kostensparend – mehrfach beflei-ßigt haben. Auch bei anderen Mappen, die angeblich bei Gurlitt-Verlag oder -Presse erscheinen sollten, ist das Kommissionsgeschäftsmodell nicht auszuschließen, bei dem allein nach verkauften Exemplaren abzurechnen ist: Der Künstler übernahm die gesamten technischen Produktionskosten und stellte Exemplare aktuell neuer oder auch älterer Zyklen zwecks Vertrieb gegen Provision dem Verlag zur Verfügung. Letzterer hatte den geringsten finanziellen Aufwand, sieht man von Werbeannoncen ab; das wirtschaftliche Risiko blieb beim Künstler. Dass dieser nicht unbedingt in die korrekte Abrechnung seitens des pekuniär meist klammen Verlegers vertraute, deutet die schließlich gerichtsnotorische Auseinandersetzung 1922 zwischen Pechstein und Gurlitt an, der dann die noch in der Kunsthandlung befindlichen Pechstein-Arbeiten herausgeben musste.[25]

Dass explizite Avantgardisten wie Max Beckmann (1884–1950) und Alexej von Jawlensky (1864–1941) jeweils nur einmal die Zusammenarbeit mit Gurlitt eingingen, wird verschiedene und je individuell gewichtete Gründe gehabt haben.[26] Tatsächlich fügt sich beider persönlicher und – soweit dies kategorisierend zulässig wäre – „Zeitgeiststil" nicht eben in die Reihe der regelmäßigen „Verlagsgraphiker" ein. Sehr verallgemeinernd ließe sich denen nämlich ein stilsprachliches Spektrum zwischen Spätimpressionismus (z. B. Corinth) und Spätexpressionismus (etwa Jaeckel) ablesen. Dass der am Markt bestens etablierte und kontinuierlich graphische Zyklen vorlegende Max Slevogt (1868–1932) durchaus für Wolfgang Gurlitt von Interesse gewesen wäre, aber nur einmal und auch dort nur als Vorlagenzeichner ins Programm kam, dürfte im intensiven Kunsthandlungs- und Verlagsverhältnis zu Lovis Corinth begründet sein – der eine Künstler schloss den anderen wohl aus.[27] Mit extremen bis radikalen Tendenzen wie Dada oder der Abstraktion sollte sich Gurlitt auch später niemals befassen; solch zudem (damals noch) wirtschaftlich unsicheres Terrain überließ er Galerien wie dem *Sturm* Herwarth Waldens (1878–1941) und den (staatlich subventionierten) Bauhaus-Editionen. Überhaupt blieb das

23 Fritz Lederer edierte zeitgleich seine Mappen *Und wenn die Welt voll Teufel wär* (siehe den Text zu Anm. 18) bei Gurlitt bzw. *Mit den Egerländern in Russisch-Polen* bei I. B. Neumann (zehn Radierungen).

24 Zur besonderen Beziehung zwischen Gurlitt und Kubin siehe den Beitrag von Brigitte Reutner in dieser Publikation.

25 Was nicht die Aufnahme eines Pechstein-Zyklus in die *Neuen Bilderbücher* (5. Folge) kurz darauf hinderte. Willy Seidel, *Yali und sein weißes Weib. Mit 8 Radierungen von Max Pechstein*, Fritz Gurlitt Verlag, Berlin 1923.

26 Alexej von Jawlensky, *Weibliche Akte*, Fritz Gurlitt Verlag, Berlin o. J. (1921?; 36. Werk der Gurlitt-Presse); Mappe mit acht Lithographien nach Zeichnungen. – Clemens Brentano, *Fanferlieschen Schönefüsschen. Mit acht Radierungen von Max Beckmann*, Fritz Gurlitt Verlag, Berlin 1924 (*Neue Bilderbücher*, 5. Folge). – Von Jawlensky bot Gurlitt laut *Das graphische Jahr* 1921 immerhin 14 Einzelblätter an (2. Teil, Katalog, S. 18). Wohl kaum zufällig wurde dort ins *Verzeichnis der Künstler* (S. 78–90) zwar Jawlensky, nicht aber Beckmann eingetragen.

27 Lorenzo Da Ponte, *Don Juan. Heiteres Drama in zwei Akten von Lorenzo Da Ponte. Mit zwanzig Zeichnungen von Max Slevogt*, Fritz Gurlitt Verlag, Berlin 1921. Die Holzschnitte nach Slevogts Vorlagen schuf Reinhold Hoberg (1859–1932). – Slevogt wurde vornehmlich durch Cassirer vertreten. Bernhard Echte, Walter Feilchenfeldt (Hg.), *Kunstsalon Cassirer. Die Ausstellungen 1898–1933*, bislang 6 der wahrscheinl. 8 Bde., Nimbus, Wädenswil 2011–2016. (Quellenstudien zu Kunst. Eine Schriftenreihe der International Music and Art Foundation; hg. v. Walter Feilchenfeldt).

gesamte Gurlitt-Verlagsprogramm auffallend unpolitisch in einer Gegenwart, die ihrerseits hochpolitisch und darin stark polarisierend war. Was gerade doch andere Verlage von Buch und Kunst damals widerspiegeln: Auf der Linken etwa die Künstler-Solidaritätsmappen der *Internationalen Arbeiterhilfe* (IAH)[28] oder der Zyklus *Wir klagen an* … im Verlag Arbeiter-Kunst des Pazifisten Ernst Friedrich (1894–1967);[29] vor allem jedoch der 1916 durch Wieland Herzfelde (1896–1988) mit Antikriegs-Impetus gegründete und seit 1919 kommunistisch agitierende Malik-Verlag, der von 1917 an die meisten Bücher und Mappen von George Grosz (1893–1959) herausbrachte. Dass ebendieser Künstler selbst nur zweimal und vielleicht allein auf Fürsprache des (in beiden Fällen) Textautors Alfred Richard Meyer (1882–1956) bei Gurlitt involviert wurde, deutet auf dessen grundsätzlich distanzierte Verlegerhaltung gegenüber einem „Radikalen" hin – selbst wenn dieser sich sonst durch seine erotisch freizügigen Darstellungen doch zu allerlei Deftigkeiten im Gurlittschen Editions-Panoptikum der Frivolitäten empfohlen hätte (und dies im erstgenannten Ausnahmefalle auch bestätigte).[30] Wahrscheinlich empfand der ausgewiesene Ästhet Wolfgang Gurlitt die Grosz-Arbeiten als so provokant ordinär, wie ihn Beckmanns schroffer Zeichenstil als zu brutalistisch gedünkt haben wird;[31] so erfuhren denn auch Schreckenszeichner wie Otto Dix (1891–1969) nicht oder erst deutlich später seine Wertschätzung. Manches stilistisch ihm Randständige kündigte er zwar an, wie etwa die zehn Farblinolschnitte zur kriegstraumatisch gestimmten *Welttragödie* von Sándor Gergely (1889–1932), doch scheint er vor den fertigen Blättern zurückgeschreckt zu sein – die Mappe des Exil-Ungarn erschien 1921 in dessen Berliner Selbstverlag.[32] Insgesamt scheint Gurlitt gegenüber allem, was sich künstlerisch als radikal progressiv und damit fast immer auch politisch als linkstendierend gerierte, sehr reserviert geblieben zu sein; allerdings auch in die politische Gegenrichtung, denn, wie weiter unten nachzulesen, sein Verlag schloss „Polemik und politische wie religiöse Stellungnahme" grundsätzlich aus. Gurlitt, der das individualstilistische Spektrum „seiner" Künstler womöglich ein einziges Mal in einer von ihm edierten graphischen Sammelmappe nachzeichnete,[33] blieb stets an der Gegenständlichkeit gelegen. Was zwar, wie etwa bei Jaeckels Zyklen, die Expressivität nicht ausschloss, aber meistens doch einen ruhigen Gang des Zeichenstiftes und eine eher traditionsorientierte Auffassung von Bildformulierung präferierte. Sein Programmkonzept zu Graphik wie illustriertem Buch bevorzugt das narrative Moment, die entweder eigenständige Bildgeschichte (deshalb viele druckgraphische Zyklen unter exakt umrissener Thematik), oder eine Illustration, welche ihre literarische Vorlage dezidiert textnah begleitet. Auch hierzu begründete er sogleich mehrere Reihen, sicher nicht zuletzt, um innerhalb solcher Spartenvielfalt jeweils die allein schon kommerziell erwünschten Abonnenten verlässlich zur Abnahme zu verpflichten.

Zunächst seit 1918, mithin zu Kriegsende, begannen *Die neuen Bilderbücher* in sechs Folgen mit jeweils unterschiedlich vielen Einzelbänden zu erscheinen – bis 1926 immerhin 32 Titel, die Buchausgaben vorzugshalber teils von Extrasuiten der Graphiken in Mappen begleitet.[34] Sie „beabsichtigen eine Vermählung von zeichnender Kunst mit Literatur, die ebenso

28 1924 erschienen in Berlin ihre Mappen (je 3.000 Exemplare) *Krieg* und *Hunger* mit jeweils acht Beiträgen verschiedener Künstler.

29 Berlin o. J. (wohl 1924). Friedrich wurde europaweit durch seine erstmals 1924 (Berlin, Verlag Freie Jugend) publizierte Bilderanthologie *Krieg dem Kriege* mit Photos von Schlachtfeldern und ihren Opfern bekannt.

30 Alfred Richard Meyer, *Lady Hamilton oder Die Posen-Emma oder Vom Dienstmädchen zum Beefsteak à la Nelson. Eine ebenso romanhafte wie auch novellenschaukelnde durchwachsene Travestie von Alfred Richard Meyer – fleißigst und fleischigst bebildert von George Gross* [sic!], Fritz Gurlitt Verlag, Berlin 1923 (Neue Bilderbücher, 5. Folge); Buch mit acht Photolithographien. – Alfred Richard Meyer, *Munkepunke Dionysos. Groteske Liebesgedichte von Alfred Richard Meyer*, Fritz Gurlitt Verlag, Berlin 1921 (*Das Geschriebene Buch*, Bd. 5); Buch mit sechs Photolithographien. – Unter seinem Pseudonym A. Thurandt hatte der Autor Meyer im Almanach 1920 die Folge vorgestellt (S. 207–210).

31 Im durchaus progressiveren Berliner Verlag von I. B. Neuman (siehe den Text zu Anm. 9) erschien 1919 Beckmanns Mappe *Die Hölle* mit elf Kreidelithographien.

32 *Das graphische Jahr* 1921, 2. Teil, S. 55, 78, Abb. 1. Teil, S. (46): als zehn Holzschnitte *Weltkatastrophe*. – Exemplar VI ohne Gurlitt-Hinweis Köln, LETTER Stiftung, Inv.-Nr. 2015.261. – Besonders bitter für den seit 1920 in Berlin ansässigen und für den Gurlitt-Verlag auch arbeitenden Künstler, der diese Stellung 1924 verlieren sollte.

33 Allerdings unter gleichzeitiger Beteiligung mancher nicht durch ihn Vertretenen: *Arno Holz zum 60. Geburtstag. Gewidmet von deutschen Künstlern*, Fritz Gurlitt Verlag, Berlin 1923; Mappe mit 30 Graphiken; 30 Künstler- und 100 Exemplare zum Vertrieb. Bislang wurde kein vollständiges Exemplar dieser Edition nachgewiesen. Wahrscheinlich war wiederum Alfred Richard Meyer hier Spiritus Rector, zumal als Festredner des Geehrten fungierend: Weniger feierliche denn wesentliche *Worte zum 60. Geburtstag von Arno Holz gesprochen am 26. April 1923 im Lessing-Museum Berlin*, Berlin 1923 (6. Druck des Werk-Verlages). – Hingegen wohl nur in Kommission bei Gurlitt: *Künstlerspende für den deutschen Wald*, o. O. o. J. (1924); Mappe mit 13 Lithographien, sechs Radierungen und zwei Holzschnitten, hg. vielleicht von der Gesellschaft zur Förderung der forstlichen Forschung und des forstlichen Hochschulunterrichtes in Mitteldeutschland, „die Exemplare 1–250 im Vertrieb des Verlages Fritz Gurlitt, Berlin".

34 Ein undatiertes, vierseitig bedrucktes Prospektblatt als *Einladung zur Subskription* nennt Wolfgang Gurlitt und Heinrich Lautensack (1881–1919) als gemeinsame Herausgeber sowie zur Drucküberwachung die Buchdruckerei Gustav Ascher; es avisiert „Die ersten vier ‚Neuen Bilderbücher' Anfang [!] 1918 erscheinend". – Von den hier als ferner beabsichtigt genannten Künstlern schuf Willy Geiger schließlich keines, und Walter Bangerter (1891–1962) wurde offenbar nie für Gurlitt tätig.

fest und innig sein soll wie im Liede Text und Musik unlösbar miteinander verbunden sind".[35] Die Textvorlagen sind bis auf wenige deutschsprachige Zeitgenossen international der historischen Weltliteratur von Albius Tibullus (um 55–19 oder 18 v. Chr.) bis zu Rudyard Kipling (1865–1936) entlehnt, unter ihnen mit Martin Luther (1483–1546) ein Theologe neben Romanciers wie Jonathan Swift (1667–1745), Honoré de Balzac (1799–1850) und Prosper Mérimée (1803–1870), Klassiker wie Johann Wolfgang von Goethe (1749–1832) neben den Romantikern Novalis (1772–1801) und Heinrich Heine (1797–1856). Gemäß Burchards Interpretation „musizierte" zu sechs Titeln Corinth im Dialog mit den „Textern", Richard Janthur mit drei Büchern und bei jeweils zweien Willi Geiger, Oskar Kokoschka, Felix Meseck und Heinrich Zille (1858–1929; eines mit Text von Alfred Richard Meyer); daneben auch Hans Meid (1883–1957) und Max Unold (1885–1964), beide ansonsten nur noch in einer Gurlitt-Sammelmappe vertreten.[36]

Nahezu simultan folgten *Die Maler-Bücher* [*Malerbücher*], laut Vorankündigung auf mindestens 15 geplant, von denen zwischen 1920 und 1922 nur sechs und mit zeitlichem Abstand 1926 ein siebtes (und wahrscheinlich letztes) als tatsächlich erschienen nachgewiesen sind. Sie sollten Bild- und Textfindungen des jeweiligen Graphikers zusammenführen und in anspruchsvollem Druck auf sehr gutem Papier eine – wiederum an den Abonnenten appellierende – Reihe bilden. Diese eröffnete 1920 erneut Corinth, dessen *Gesammelte Schriften* einen autobiographischen Ausblick eröffnen, wie ihn schon im Folgeband desselben Jahres Robert Genin mit *Skizzen und Erinnerungen* fortsetzen sollte. Bei anderen Künstlern überwiegt hingegen das Graphische. Die Bücher erschienen in unterschiedlichsten Varianten als Normal- wie als Vorzugsausgabe. Im Falle Genins war Letztere (100 Exemplare auf handgeschöpftem Bütten) nochmals unterteilt, die ersten 20 enthielten eine weitere Radierung, und sämtliche Blätter wurden handsigniert. Bei Willi Geigers 1926 als *7. Malerbuch* (diesmal ohne Bindestrich) offenbar die Reihe beschließendem *Spanien* enthielten bei 350 Exemplaren mit vier Radierungen die darunter ersten 50 zusätzliche zehn. Mit dem Zusammenbruch des Marktes für zeitgenössische Bibliophilie – dazu ausführlich unten – kamen auch die *Maler-Bücher* zum Erliegen; der Geiger-Titel war seinem Impressum zufolge schon 1925 gedruckt worden und lag seit 1926 vermutlich bleischwer im Verlagslager.

In den erotischen und damit wesentlich durch Alfred Richard Meyer verantworteten Sektor reicht die Reihe *Das Geschriebene Buch*, in der mindestens acht von offenbar neun geplanten Bänden erschienen.[37] Meyer selbst trat hier als Nachdichter fernöstlicher Liebesliteratur auf.[38] Im selben Kontext erschienen 1921 als Band 2 bzw. 3 (schon zuvor, 1920) *Gedichte* Theodor Däublers (1876–1934) mit Illustrationen von Otto Theodor Wolfgang Stein (1877–1958) und postum *Zwölf Gedichte* Max Dauthendeys (1867–1918) mit solchen Bruno Krauskopfs. Den 7. Band bildete 1921 *Der verfehmte Eros aus den Gedichten des Grafen August von Platen. geschrieben* [sic!] *u. lithographiert von Otto Schoff.* Teils als Blockbuch im Seidenbezug gebunden, erschien *Das Geschriebene Buch* in jeweils 20 Exemplaren einer Vorzugs- sowie 80 der Normalausgabe.

Einen Höhepunkt der Bibliophilie bildet nicht zuletzt wegen der geschlossenen (ersten; eine angekündigte zweite blieb unrealisiert) Folge *Der Venuswagen. Eine Sammlung erotischer Privatdrucke mit Original-Graphik*, die Meyer bei Gurlitt herausgab. Das eigens im Herbst 1919 vorgelegte *Prospektbuch* in aufwendiger Typographie auf Bütten und „mit den verkleinerten Lithographien von Lovis Corinth zum ‚Venuswagen'"[39] offerierte diese „Privatdrucke der Gurlitt-Presse" nur zur geschlossenen Abgabe, wozu es eine Pappkassette

35 Ludwig Burchard, „Neue Bilderbücher", in: *Der Cicerone. Halbmonatsschrift für Künstler, Kunstfreunde und Sammler*, 11. Jg., 1919, Heft 10 (22.5.1919), S. 273–280, Zitat S. 273. Der Autor (1886–1960; 1911 promoviert über *Die holländischen Radierer vor Rembrandt*) beschreibt im Folgenden die gelegentlich schwierige Verbindung eines eher geringen Textumfangs mit den Bildern, zumal unter dem Zwang vorgegebener Buch- bzw. Mappenformate. In Oskar Kokoschkas elf Lithographien *Worte der Kantate nach Joh. Seb. Bach. O Ewigkeit – Du Donnerwort* (Berlin 1918; 3. Bd. der 1. Folge *Neuer Bilderbücher*) „bietet das Bilderbuch [dazu] eine vollkommene Lösung" (S. 276–278, Zitat S. 276). – Als Mappe war diese Folge schon früher bei Gurlitt erschienen: 1916 Vorzugsausgabe A in 25 Exemplaren und 1917 Normalausgabe B in 100. Entgegen dem Mappentitel nicht mit neun, sondern elf Lithographien.

36 *Arno Holz zum 60. Geburtstag 1923*, Bl. 15 bzw. 25.

37 Sämtlich in Lithographie, die Texte kalligraphisch durch die Illustratoren, gelegentlich durch Dritte wie Hans Steiner (1885 – nach 1942), auf Umdruckpapier geschrieben.

38 Jeweils deutsche Nachdichtung von Alfred Richard Meyer und Ernst Ulitzsch, illustriert von Richard Janthur, Fritz Gurlitt Verlag, Berlin 1921 (*Das Geschriebene Buch*): *Der indische Frühling. Sanskrit-Strophen des Ritusanhara der Kalidasa* (Bd. 1). – *Die Rosen von Schiras. Persische Liebesgedichte* (Bd. 4). – *Das Blumenboot der Nacht. Chinesische Liebesgedichte* (Bd. 6).

39 *Der Venuswagen. Ein Gedicht von Friedrich Schiller. 1781*, Fritz Gurlitt Verlag, Berlin 1919 (*Der Venuswagen*, Bd. 1). Die acht Lithographien von Lovis Corinth und deren Reproduktionen im Prospektbuch zeigen – bislang unerklärt – Unterschiede im Strichstein wie im Kolorit. – Zur Edition siehe den Beitrag von Camilla Smith in dieser Publikation. Eine deutschsprachige Ausgabe der *Bilitis* von Pierre Louÿs (1870–1925) hatte Gurlitt bereits 1924 in der 5. Folge *Neuer Bilderbücher* mit zehn Radierungen Willy Jaeckels ediert.

gab. Der zunächst mit „ungefähr Mark 160.-" angegebene Einzelbandpreis der Normalausgabe bzw. 650 Mark für eines von „etwa 15 Exemplaren mit vom Künstler handkolorierten Bildern" wurde alsbald erhöht; allein das Prospektbuch kostete 50 Mark, wurde allerdings mit einer Subskription der Folge verrechnet.[40] Die zwischen Sommer 1919 und April 1920 rasch aufeinanderfolgenden neun Bände weichen in zwei Fällen von der Ankündigung ab – ein symptomatisches Indiz für Verlagsplanung und -programmumsetzung im Hause Gurlitt: August von Platens (1796–1835) *Der verfehmte Eros* erschien statt im *Venuswagen* mit geplanten Lithographien Marcus Behmers (1879–1958) vielmehr mit Schoff-Illustrationen in der Reihe *Das Geschriebene Buch*;[41] auch lieferte Heinrich Zille keine *Hetärengespräche*.[42] An ihrer beider Stelle illustrierte Paul Scheurich *Die Königliche Orgie oder Die Österreicherin bei Laune* bzw. Wilhelm Wagner *Die Kirschen* von Wilhelm Heinse (1746–1803).[43] Bis auf einen waren die Illustratoren auch sonst mit dem Gurlitt-Verlag verbunden, darunter Scheurich als Spezialist fürs Galante bis Pikante ausgewiesen. Indem es nun Gurlitt und Meyer gelang, den bei Erotika-Sammlern hochgeschätzten Franz Christophe (1875–1946) zu gewinnen, landeten sie einen Coup – die „Szene" war informiert und der Christophe-Sammler genötigt, des einen Bandes wegen alle neun zu ordern.[44] Die hohe Auflage von 700 Exemplaren plus 40 (nur der letzte Band plus 35) der Vorzugsausgabe rechnete von vornherein auf den großen Kreis der einschlägigen Interessenten. Und nichts rührte schließlich die Werbetrommel so effizient wie die kriminalpolizeiliche Beschlagnahme von *Venuswagen*-Bänden im Verlag und die staatsanwaltliche Einschätzung beim Amtsgericht Berlin-Charlottenburg, es handele sich um pornographisches, also die Sittlichkeit gefährdendes Material.[45] Gurlitts editorisches Engagement auf erotischem Terrain, das im *Venuswagen*-Falle mit seiner (des Verlegers – nicht etwa auch der Künstler!) Verurteilung zu einer Geldstrafe ausging, endete mit dem Jahr 1923: Gewissermaßen als Resümee erschien mit dem 93. Werk seiner Presse die Mappe *Leda. Vierzehn Variationen* von ebenso vielen, zumeist im Verlagsprogramm längst heimischen Graphikern. Allerdings nur noch in kleinster Auflage, mit zehn Vorzugs- sowie 30 Normalausgabe-Exemplaren.

Wolfgang Gurlitts literarische Neigung ist auch seinem Engagement bei schieren Text-Editionen ablesbar. Ein früh und bis in die Zeit nach 1945 durch ihn häufig veröffentlichter, geradezu Haus-Autor, war der seinerzeit außerordentlich populäre Dramatiker und Essayist Herbert Eulenberg (1876–1949; von Corinth wie durch Pechstein im Gemälde porträtiert).[46] Dass Gurlitt dem während des Nationalsozialismus mit Publikationsverbot Belegten mitten im Zweiten Weltkrieg dennoch eine – zudem durch einen „entarteten" Künstler illustrierte – Edition ermöglichte, ist ihm hoch anzurechnen.[47] Ebenso wie sein postumer Einsatz für den Außenseiter Heinrich Lautensack, den er vielleicht schon anlässlich seiner häufigen München-Aufenthalte im Kabarett *Die Elf Scharfrichter* kennengelernt und 1917 oder 1918 zum Mitherausgeber seiner *Neuen Bilderbücher* gewählt hatte und der bis zum frühen Tod in geistiger Umnachtung wiederholt Opfer der Zensur geworden war.[48] Aus dem Kabarettmilieu auch, diesmal der *Fledermaus*, mochte Gurlitt mit Edgar Polgar (eigentlich: Alfred Polak; 1873–1955) zeitig einen der später wichtigsten

40 *Der Cicerone. Halbmonatsschrift für Künstler, Kunstfreunde und Sammler*, 11. Jg., 1919, Heft 16 (21.8.1919), S. 531.

41 Bd. 7, 1921; Buch mit sieben plus 18 Lithographien.

42 Diese gingen vielleicht über in Zilles *Hurengespräche. Gehört, geschrieben und gezeichnet von W. Pfeifer*, als Privatdruck ohne Verlagsangabe tatsächlich 1921 anonym durch Gurlitt ediert, allerdings – nach der *Venuswagen*-Beschlagnahme zensurprophylaktisch – unter dem falschen Erscheinungsdatum 1913.

43 o. V., *Die Königliche Orgie oder Die Österreicherin bei Laune. Eine Oper. Von einem Leibgardisten veröffentlicht am Tage der Pressefreiheit. In Musik gesetzt von der Königin. 1789*, Fritz Gurlitt Verlag, Berlin 1919 (*Der Venuswagen*, Bd. 7); Buch mit sechs Lithographien. – Den Heinse-Wagner-Band 8 (Buch mit sieben Lithographien) kündigte das Prospektbuch als „In Vorbereitung" für die 2., dann nicht erschienene Folge an (S. 20).

44 Henry de Kock, *Der Mord im Kastanienwäldchen oder Die ereignislose Hochzeitsnacht*, Fritz Gurlitt Verlag, Berlin 1919 (*Der Venuswagen*, Bd. 5); Buch mit sechs Farblithographien von Franz Christophe. – Laut Prospektbuch 1919 war auch dieser Band erst in Vorbereitung einer 2. *Venuswagen*-Folge (S. 20).

45 Der ausdrückliche Hinweis „Privatdruck" aller *Venuswagen*-Bände diente gewiss der Sicherstellung, dass dergleichen nicht vor unberufene (etwa weil noch minderjährige) Augen geriet. Gurlitts weitere inkriminierte Erotika-Editionen genannt in *Kunstchronik und Wochenmarkt. Wochenschrift für Kenner und Sammler*, Bd. 56, 1920–1921, Heft 8 (19.11.1920), S. 158. – Ebd., Heft 35 (27.5.1921), S. 673. – B., „Die Kunst und der Zensor", in: *Der Cicerone. Halbmonatsschrift für die Interessen des Kunstforschers und Sammlers*, 12. Jg., 1920, Heft 23 (2.12.1920), S. 857. – Zum Prozess siehe den Beitrag von Camilla Smith in dieser Publikation.

46 Allein im Anzeigenteil zum Almanach 1919 nehmen Eulenbergs Schriften – 28 plus zwei in Vorbereitung – drei Seiten ein (S. VIII, X–XI). „In unserem Verlag erscheinen sämtliche dramatischen Werke Eulenbergs" in broschierten, gebundenen und teils in Luxusausgaben (Almanach 1920, S. XIII). – Corinth illustrierte auch Eulenbergs, *Anna Boleyn. Henry Porten gewidmet*, Fritz Gurlitt Verlag, Berlin 1920 (*Die neuen Bilderbücher*, 3. Folge); Buch mit 24 Lithographien.

47 Herbert Eulenberg, *Nachsommer*, Fritz Gurlitt Verlag, Berlin o. J. (1942; *Bücher der Kunst*); Buch mit kalligraphiertem Text in Strichklischee und zwölf handkolorierten Abb. nach Zeichnungen von Albert Schaefer-Ast (1890–1951) auf Tafeln.

48 Fünf Publikationen, darunter ein „Drugulindruck auf Japanpapier in Batikpapier", laut Almanach 1920, S. XIV. – Lautensack war schon zu Lebzeiten eine Protegé von Gurlitts literarischem Intimus Alfred Richard Meyer gewesen, der ihn erstmals 1910 auch selbst verlegt hatte.

Protagonisten der Wiener Moderne erkannt haben; schon 1919 verlegte er dessen *Kleine Zeit*. Sein Faible für tragische Exzentriker wird ihn 1919 auch zur postumen Herausgabe von Felix Poppenbergs *Menschlichkeiten* bewogen haben – der 1869 geborene, sich in Berlin als Dandy inszenierende Literat hatte sich 1915 in der Nacht auf Goethes 166. Geburtstag selbst ins Herz geschossen.

Das literarische Programm des Gurlitt-Verlages scheint wesentlich durch Alfred Richard Meyer mitgeprägt worden zu sein, der hier als alleiniger Herausgeber (in einem Band zugleich als Autor) des *Venuswagen* auftreten sollte. Neben eigenen Texten (siehe auch oben zu den Illustrationen von George Grosz), ob unter Klarnamen oder seinen diversen Pseudonymen (am häufigsten Munkepunke), figurierte er als Nachdichter historischer Literatur.[49] Meyer hatte zuvor persönlich Erfahrungen als Verleger gesammelt und wirkte neben seinem Engagement bei Gurlitt auch weiterhin selbstständig als solcher. Seine expressionistischen Vorlieben – eigene Beiträge publizierte er auch in Herwarth Waldens Zeitschrift *Der Sturm* – konnte der Bohemien und Kabarett-Conférencier allerdings nicht auf eine breite Basis im Gurlitt-Verlag lancieren. Spätestens sein baldiger Schwenk auf die Linie der NS-Kulturpolitik, einschließlich der Wahrnehmung offizieller Funktionen in der Reichsschrifttumskammer, dürfte ihn Wolfgang Gurlitt entfremdet haben.

Dessen entschiedenes Eintreten für Literaten wie für bildende Künstler jüdischer, durch ihn selbst geteilter Herkunft wird eindrucksvoll in seinem *Verlag für jüdische Kunst und Kultur* manifest. Unter der Herausgeberschaft von Karl Schwarz (1885–1962, 1933 nach Palästina emigriert und bis 1947 Direktor des Tel Aviv Museums of Art), dem gleichfalls durch Corinth porträtierten Kunsthistoriker und zugleich Verfasser von dessen graphischem Werkverzeichnis (Gurlitt-Verlag 1916 und in erweiterter 2. Ausgabe 1922), erschienen zwischen 1920 und 1922 mindestens 15 durch jüdische Künstler geschaffene Graphikmappen bzw. illustrierte Bücher in anspruchsvoller Ausstattung.[50] Beteiligt waren mit jeweils gleich fünf Werken sowohl Joseph Budko als auch Jakob Steinhardt, daneben mit meist einer Produktion Friedrich Feigl (1884–1965), Fritz Lederer, Heinrich Tischler (1892–1938 als Häftling des KZ Buchenwald) sowie der als Maler allgemein anerkannte Lesser Ury (1861–1931).[51] Daneben gab Schwarz in einer Reihe *Jüdische Bücherei* und gleichfalls binnen kürzester Zeit 23 Schriften im weiten inhaltlichen Spektrum heraus: Texte jüdischer Autoren, historische Illustrationen Hans Holbeins d. J. (1497–1543) zum Alten Testament (vier Bände) sowie eine ganze Folge Künstlermonographien zu den jüdisch-deutschen Zeitgenossen Budko, Feigl, Lasar Segall (1891–1957), Hermann Struck (1876–1944) und Ury. „Unsere modernen jüdischen Künstler sind bei aller kulturellen Verschmelzung mit der bildenden Kunst ihrer Länder in mancher Hinsicht nicht nur ihrer Abstammung nach, sondern in ihren Kunstäußerungen Juden, die ihre eigene Sprache sprechen."[52] Genau dieses Verständnis sollte vielen jüdischen Literaten, bildenden Künstlern und sonst Kreativen wenige Jahre später zum – oftmals tödlich endenden – Verhängnis werden. Da schützte nicht der Verlagshinweis: „Was wir aus unserem Programme ausschließen, ist jede Polemik und politische wie religiöse Stellungnahme." Mit beidem fanden sich Verleger, Schriftsteller und Graphiker zunehmend und seit März 1933 brutal konfrontiert.

Zur Organisation, zu redaktionellen, kaufmännischen und logistischen Methoden des Gurlitt-Verlages fehlen grundlegende, ein Gesamtbild ermöglichende Informationen; im Folgenden deshalb nur wenige Schlussfolgerungen aufgrund der spärlichen Hinweise. Die große Linie, das Konzept und weitgehend auch das Programm werden wesentlich durch Wolfgang Gurlitt bestimmt worden sein. Neben und teils mit ihm verantwortete Alfred Richard Meyer den bibliophilen Sektor illustrierter Belletristik der *Neuen Bilderbücher* und des *Geschriebenen Buchs*, Karl Schwarz seinerseits den eigens gegründeten Verlag für jüdische Kunst und Kultur Fritz Gurlitt.

49 Alfred Richard Meyer, *Das Aldegrever-Mädchen. Eine Novelle von Alfred Richard Meyer. Mit handkolorierten Original-Lithographien von Georg Walter Rössner* [1885–1972], Fritz Gurlitt Verlag, Berlin 1919 (Der Venuswagen, Bd. 4); Buch mit acht handkolorierten Lithographien. – Albius Tibullus, *Das Buch Marathus. Elegien der Knabenliebe. Deutsche Nachdichtung von Alfred Richard Meyer*, Fritz Gurlitt Verlag, Berlin 1923 (*Die neuen Bilderbücher*, 5. Folge); Buch mit fünf Radierungen von Otto Schoff. – Alfred Richard Meyer, *Komm, Karlineken, komm! Alte und neue Berliner Kinder-Reime*, Fritz Gurlitt Verlag, Berlin 1924 (*Die neuen Bilderbücher*, 6. Folge); Buch mit 42, davon zehn farbigen Lithographien Heinrich Zilles.

50 Einen Verlagsprospekt hierzu unter „Neue Kataloge", in: *Der Cicerone. Halbmonatsschrift für die Interessen des Kunstforschers und Sammlers*, 12. Jg., 1920, Heft 10 (20.5.1920), S. 422. – Gleichzeitig trat Schwarz als Rezensent von Gurlitt-Editionen auf, so zu den *Malerbüchern*, hier den ersten vier Bänden: Ebd., 14. Jg., Heft 2 (30.1.1922), S. 73–74. – Gurlitts Unterfangen setzte sich vom längst in Berlin etablierten, den Zionismus propagierenden Jüdischen Verlag (1902–1938) ab.

51 Laut einer Pressemeldung hatte der Gurlitt-Verlag 1919 „das gesamte graphische Werk von Lesser Ury [...] erworben und gibt in einem Sonderprospekt bereits 50 Blätter des Künstlers bekannt." o. V., „Lesser Ury als Graphiker", in: *Der Cicerone. Halbmonatsschrift für die Interessen des Kunstforschers und Sammlers*, 11. Jg., 1919, Heft 23 (4.12.1919), S. 784.

52 Almanach 1920, S. XV. Dort auch das folgende Zitat.

Ob eingangs als selbstständiger Agent, auch für andere Verlage wie Cassirer tätig, oder ob ausschließlich als Gurlitts Hauptbeauftragter im Geschäftsverkehr mit den Graphikern wie den Druckern – ab 1920 fungierte jedenfalls als Produktionsleiter und Redakteur des Gurlitt-Verlags Paul Eipper (1891–1964), ausgebildeter Tierzeichner und bald auch Autor erfolgreicher Bücher (*Tiere sehen dich an*; EA Berlin 1928) und mancher Filme.[53] Obschon manchmal „Gedruckt auf [!] der Gurlitt-Presse" zu lesen ist, darf die Existenz einer ausschließlich verlagseigenen Kunst- und gar Buchdruckerei bezweifelt werden; Gurlitt suggerierte hier einen Manufakturbetrieb, wie ihn tatsächlich zum Beispiel Harry Graf Kessler (1868–1937) mit seiner 1913 in Weimar begründeten Cranach-Presse und internationalem Künstlerprogramm unterhielt (und sich darin ruinierte).[54] Als hingegen von Fall zu Fall durch Gurlitt beauftragter renommierter Drucker der Typographie figuriert vor allen anderen die Berliner Buch- und Kunstdruckerei Otto von Holten, ebendort auch die Firma Gustav Ascher, nur einmal W. Drugulin in Leipzig,[55] manchmal der Schriftkünstler und Graphiker Emil Rudolf Weiß. Auch den Einband besorgten offenbar wechselnde Firmen. Die Graphiken werden in einigen Fällen durch die Künstler als fertige Auflagen im vorgegebenen Format und Papier geliefert worden sein. Zumeist aber blieb die technische Produktion Verlagsaufgabe: Unter den sonst namentlich erwähnten Kunstdruckereien in Gurlitt-Auftrag finden sich so angesehene wie Heinrich Wetteroth in München, derweil in Berlin sehr oft die Manus-Offizin Fritz Voigt sowie Hermann Birkholz, der bis zu seinem Tode 1927 vornehmlich Lithographien für Künstler druckte, darunter auch Käthe Kollwitz (1867–1945). Gegenüber kaum 50 Editionen mit Radierung und weniger als zehn in Holz- oder Linolschnitt dominiert bei den graphischen Techniken kaum zufällig die Lithographie. Das Umdruckverfahren, unter den Künstlern spätestens durch ihre heimatfern gezeichneten Zyklen zum Ersten Weltkrieg populär geworden, erlaubt die Anlage von Zeichnungen auf speziell präpariertem Umdruckpapier. Dies unabhängig vom Ort einer Druckerei, welche anschließend solche Vorlagen zwecks Auflagendruck auf den Stein bzw. die Zinkplatte umsetzt; ein Vorteil ist auch das dabei seitengleiche Verhältnis des Druckes zur Zeichnung, besonders bei kalligraphischem Text (*Das Geschriebene Buch*). Gegenüber dem Tiefdruck, also vor allem der Radierung, ist der lithographische Druck sehr viel preisgünstiger und sogar auf der Schnellpresse möglich, außerdem einfacher mit dem typographischen Buchdruck ganzer Bögen kombinierbar.[56] Schon dies wird dem pekuniär wiederholt klammen Kaufmann Wolfgang Gurlitt die Lithographie empfohlen haben. Deren Umdruckzeichnungen gingen beim Abklatsch auf den Stein oder die Zinkplatte meistenteils verloren. Erhalten hat sich dagegen ein großer Bestand kupferner Radierplatten, die der Verlag nicht den Künstlern zurückreichte und die offenbar außerhalb des dann durch Bomben vernichteten Verlagsarchivs lagerten. Fatalerweise wurden die zum Druck höherer Auflagen verstählten, gegen Korrosion sachkundig in Ölpapier eingeschlagenen Platten jüngst von dieser Galvanik „befreit"; die anschließend erzeugten Nachdrucke gerieten von entsprechend minderer Qualität.[57] Den Vertrieb seiner Editionen förderte der Verlag durch die Versendung von Prospekten, durch seine Almanache wie durch Annoncen in Fachperiodika. Anfang 1923 eröffnete man ein separates Graphisches Kabinett in der Berliner Victoriastraße, das sogleich im April und Mai eine Einzelausstellung zur Graphik Max Liebermanns (1847–1935) zeigte. Daneben scheint der Verlag gelegentlich in auswärtigen Kunsthandlungen – so im November 1921 beim Kunsthaus Schaller in Stuttgart – mit Präsentationen seiner Erzeugnisse gastiert zu haben; eine besondere Auszeichnung bedeutete ein Jahr darauf die Verlagsvorstellung in der Deutschen Bibliothek zu Leipzig, der heutigen Deutschen Nationalbibliothek.[58]

53 Paul Eipper, *Ateliergespräche mit Liebermann und Corinth*, hg. v. Veronika Eipper, 3. Aufl., Piper, München/Zürich 1986 (EA München 1971).

54 John Dieter Brinks (Hg.), *Das Buch als Kunstwerk. Die Cranach Presse des Grafen Harry Kessler*, Triton, Laubach/Berlin 2003.

55 Egbert Johannes Baensch-Drugulin (1858–1945) fungierte als Vorsitzender der einflussreichen Gesellschaft der Bibliophilen und zählte zu den Gründungsmitgliedern der im Editionsprogramm mit Gurlitt konkurrierenden Maximilian-Gesellschaft.

56 Sofern die in geringer Auflagenhöhe schwarz bzw. monochrom gedruckten Blätter nicht einzeln durch den Künstler oder durch Dritte handkoloriert wurden, fertigten die Kunstdruckereien die stattdessen notwendigen Farbsteine eigenständig entsprechend der Künstlervorgabe. In der Regel diente dann ein vom Künstler freigegebener Probe- als Muster für den Auflagendruck.

57 Martin H. Schmidt (Hg.), *Ausgewählte Druckplatten expressionistischer Künstler aus dem Fritz Gurlitt-Verlag, Berlin (1911–1929)*, Verk.-Kat., Dr. Schmidt Kunstberatung, BoD, Norderstedt 2016 (Regardeur. Schriftenreihe für Kunst, Künstler, Betrachter, Bd. 9), zur Plattenbehandlung S. 12. – Dazu drei Ergänzungsbände A sowie (Hg. Martin H. Schmidt-Magin) B und C, ebd. 2016–2017 (Regardeur bis Bd. 9.c). – Im selben Konvolut auch zahlreiche Zinkplatten als Lithodruckform.
51626)

58 *Der Cicerone. Halbmonatsschrift für die Interessen des Kunstforschers und Sammlers*, 13. Jg., 1921, Heft 21 (3.11.1921), S. 633. – (Erich) Wiese, „Leipzig", in: ebd., 14. Jg., 1922, Heft 4 (23.2.1922), S. 181–182.

Spekulation und Verlust. Buch und Graphik als Wertpapier

Als Verleger machte Wolfgang Gurlitt eine absolut zeittypische Karriere, er tauchte herauf aus den eingangs noch seichten Tiefen und schwamm auf der Hochflut bibliophiler und schier graphischer Editionen. Und sein Verlag samt der Gurlitt-Presse teilte das Schicksal nahezu ausnahmslos all dieser Editionen der frühen ersten Nachkriegszeit im Deutschen Reich. Mit einer dort infolge immenser Kriegskosten rapide wachsenden Staatsverschuldung und durch eine Kriegsfinanzwirtschaft auf Kreditbasis, die zwar hohe Umsätze und Einkommen ermöglichte, denen aber weder eine Wertschöpfung noch eine adäquate Währungs- oder Kapitaldeckung gegenüberstanden, war die grassierende Geldentwertung spätestens zur Jahreswende 1915/1916 unübersehbar geworden. Einer solchen schleichenden Verarmung versuchten Vermögens- wie Einkommensstarke – unter Letzteren die zahlreich hinzukommenden Kriegsgewinnler – durch die Geldanlage in jene Werte entgegenzuwirken, die erfahrungsgemäß oder nach aktueller Erwartungsprognose einerseits eine Werterhaltung versprachen (neben dem Produktivvermögen von Industrie und teilweise dem Handel vor allem der Grund- und Immobilienbesitz), und die andererseits vergleichbar den Wertpapieren mutmaßlich relativ rasch und leicht gegen andere Werte einzutauschen wären, darunter Konsumgüter und Dienstleistungen des Primärbedarfs (von Lebensmitteln bis zu Wohnungsmieten). Zum letztgenannten Anlagesektor zählen außer Devisen absehbar stabiler Nationalökonomien, neben Edelmetallen und -steinen besonders „Werke der Plastik, Malerei und Graphik, Antiquitäten und Sammelgegenstände". Und ebensolche wurden rückwirkend zum 5. Mai 1918 per Gesetz vom 1. August 1918 mit einer Detailverkaufssteuer in Höhe von 10 % für den Enderwerber belegt.[59] An dieser Stelle mag nur darauf verwiesen sein, dass die jüngere Kunstmarktforschung dem deutschen Kunstmarkt schon für die Kriegszeit selbst und folgend für die 1920er-Jahre einen gewaltigen Umsatzaufschwung abliest, als die inländischen Interessenten mit wechselkursbegünstigten Ausländern konkurrierten.[60] Alles Angebotene, insbesondere auf Auktionen, wo ehestens ein aktueller „Börsenkurs" festzustellen ist, ließ sich verkaufen, neben den rarer werdenden (weil aus ebendiesem Grunde von ihren Besitzern möglichst zurückbehaltenen) Spitzenwerken über die sogenannte Mittelware bis zum Bodensatz – Hauptsache, es war im Konsens „alt, gut und gediegen" und suggerierte Wertbeständigkeit.[61] Die gleichzeitige Zunahme des Handels mit moderner Kunst (Impressionismus ließ sich absehbar später auch in künftige „Siegermärkte" wie den französischen und, ab Mai 1917 erkennbar, vor allem den US-amerikanischen, nämlich gegen Devisen, abgeben) und wachsend auch mit Zeitgenossen ist zu einem Gutteil einer Angebotsverknappung am Markt mit etwa Altmeistergemälden von mindestens solider Qualität zuzuschreiben.[62]

Die seitdem in der Weimarer Republik fortgeschriebene Steuergesetzgebung traf den gewerblichen deutschen Kunst- und Antiquitätenhandel empfindlich: Das Gesetz vom 24. Dezember 1919 legte die Luxusumsatzsteuer auf 15 % fest.[63] Zwar wurde der Katalog der hiermit belegten Waren zum 1. Oktober 1922 reduziert, doch half dies kaum den Galerien, nachdem durch Novelle vom August 1920 die Sondersteuer bei Erwerbungen direkt im Atelier des Künstlers (den auch dadurch zu unterstützen das Preußische Kultusministerium sich bemühte)[64] entfiel – für sich selbst spricht der eintretende

59 Grete Auerbach, „Die Luxusumsatzsteuer, ein neuer Weg für die Verbrauchsbesteuerung?", in: *Zeitschrift für die gesamte Staatswissenschaft*, Bd. 76, Heft 1–2, 1921, S. 114–146, zu Deutschland S. 128–133, hier S. 130–131. – „Die wichtigsten Daten aus der Geschichte der deutschen Umsatzsteuer" bei Eleonore Lusensky, *Die Luxusumsatzsteuer in Deutschland*, (Diss. iur., München 1927), Fischer, Jena 1928, S. (VI)–VII.

60 Angelika Enderlein, „Der Berliner Kunstmarkt und sein Einfluss auf die privaten und öffentlichen Sammlungen in der Weimarer Republik", in: Ulrike Wolff-Thomsen, Sven Kuhrau (Hg.), *Geschmacksgeschichte(n). Öffentliches und privates Kunstsammeln in Deutschland 1871–1933*, Ludwig, Kiel 2011, S. (176)–193, bes. S. 180–184.

61 Zur teilweisen Irrationalität des Käuferverhaltens siehe Adolph Donath, *Psychologie des Kunstsammelns*, 2., verm. Aufl., Richard Carl Schmidt, Berlin 1917 (Bibliothek für Kunst- und Antiquitätensammler, Bd. 9). – Zur Kunst als „nur noch Ware, Ersatz für Börsenspekulation, und augenblicklich vielleicht besser als Börsenspekulation" siehe Paul Westheim, „Der Kunstbetrieb", in: ders., *Für und Wider. Kritische Anmerkungen zur Kunst der Gegenwart*, Kiepenheuer, Potsdam 1923, S. 26–(33), Zitat S. 30.

62 Dass dies schließlich ein Problem für deutsche Kunstvereine wurde, sogar bei der Ausrichtung eigener Ausstellungen, belegt mit dem Jahresbericht 1917 des Barmer Kunstvereins exemplarisch Jenny Mues, *Kunstvereine als Vermittlungsinstanzen der Moderne in der Zeit der Weimarer Republik*, (Diss. phil., LMU München 2017), München 2018, S. 111.

63 II. 2. „Der erhöhten Steuer unterliegen nicht [...] Originalwerke der Plastik, Malerei und Graphik. [...] Zu den Originalwerken der Graphik gehören auch Radierungen, Holzschnitte, Kupferstiche und Künstlersteinzeichnungen; der erhöhten Steuer unterliegen jedoch 3. Erzeugnisse des Buchdrucks auf besonderem Papier mit beschränkter Auflage sowie sonstige Papierwaren, die aus handgeschöpftem oder Bütten-, China-, Japan- oder Reispapier hergestellt sind." *Reichs-Gesetzblatt*, 1919, Nr. 250, Umsatzsteuergesetz vom 24.12.1919, veröffentlicht am 31.12.1919, S. 2167. Betrifft dies die Erzeuger, also die Künstler, und den gewerblichen Zwischenhandel, so fallen jedoch Kunsthandlungen unter den „Kleinhandel" mit Enderwerbern von „Originalwerke[n]", auf welche die 15%ige „Erhöhte Umsatzsteuer" fällig wird; allein „Künstlersteinzeichnungen" sind steuerbefreit, [...] „sofern es nicht Vorzugsdrucke auf besserem Papier sind". Ebd., S. 2173, III., § 21, 2. Betroffen waren ebenso „Antiquitäten" aller Art (ebd., 3.), alles sowohl im Einzelhandel wie auf dem Versteigerungswege (ebd., S. 2174, § 23, 2.).

64 Kristina Kratz-Kessemeier, *Kunst für die Republik. Die Kunstpolitik des preußischen Kultusministeriums 1918 bis 1932*, (Diss. phil., TU Berlin 2005), Akademie Verlag, Berlin 2008, S. 466–467.

Abwärtsknick in der Ausstellungsstatistik deutscher Galerien vorwiegend zeitgenössischer Kunst (etwa Alfred Flechtheims, der wie andere betroffene Kollegen zeitweilig wieder verstärkt mit alter Kunst handelte) und von Kunstvereinen jener Zeit, die sich weitgehend durch die merkantile Vermittlung ausgestellter Werke finanzierten.[65] Bemerkenswert idealistisch ist hierbei die gesetzgeberische Einschätzung: „Die Bevorzugung des Künstlers [an dessen Steuerprivileg aber auch Kunsthandlungen zu partizipieren versuchten] begründet man mit der Eigenschaft der Kunst, elementares Bedürfnis [als solches nicht luxussteuerpflichtig] zu sein."[66] Zur Erleichterung aller Marktteilnehmer wurde der Steuersatz, auch wegen des im Abgleich mit dem Erhebungsaufwand geringen Ertrages, schrittweise gesenkt: zum 1. Jänner 1925 auf 10 % und zum 17. August desselben Jahres auf 7,5 %, um schließlich zum 31. März 1926 ganz zu entfallen.[67]

Dass just in diesem Jahr die Neuerscheinungsquote druckgraphischer Mappenwerke auf 52 gegenüber immerhin noch 196 des Vorjahres einbricht, also auf etwa noch ein Viertel, und dass sie bis 1932 um diese Marke dümpelt, belegt die These, dass Entwicklung, dass Hausse, Baisse und schließlich Verfall des deutschen Marktes mit zeitgenössischer Druckgraphik eng mit gesellschaftlichen wie politischen Entwicklungen und mit den großenteils aus beiden resultierenden wirtschaftlichen Umständen zusammenhängen. Basis einer solchen Evaluierung ist eine Statistik, die Rudolf Rieger auf Bitten des Autors im Dezember 2018 erstellte. Manchem bekannt, bewahrt LETTER Stiftung in Köln mit insgesamt ca. 2.500 Objekten die wohl umfangreichste Sammlung druckgraphischer Zyklen des deutschsprachigen Raumes, davon rund 1.760 im frühen 20. Jahrhundert (Mappen und Folgen loser Einzelblätter, mithin unberücksichtigt die ausschließlich gebunden erschienenen, originalgraphisch illustrierten Bücher). Weitere etwa 1.670 solcher Editionen sind in der Kölner Desiderataliste bibliographisch nachgewiesen. Ist auch nicht in allen Fällen das Erscheinungsjahr exakt zu fassen und müssen deswegen hier Mittel- oder Frühestens-Werte angesetzt bzw. bei zu weiten Zeiträumen die Objekte außer Betracht gelassen werden, so ist die Statistik zu über 3.400 Mappenwerken über 34 Jahre doch aussagekräftig.[68]

Simultan zu dem seit etwa dem letzten Drittel des 19. Jahrhunderts unter Sammlern erwachenden Interesse an zeitgenössischer, originär künstlerischer statt reproduzierender Druckgraphik, beginnend in Frankreich und Großbritannien und sich alsbald in Deutschland und in Österreich-Ungarn entwickelnd, befassten sich mehr und mehr Künstler auch oder gar ausschließlich mit der Druckgraphik, edierten diese selbstständig oder in den neu entstehenden Graphikkünstlerforen, darunter lokale oder überregionale Radiervereine.[69] Hinzu traten bald sowohl Kunsthandlungen, etablierte oder neu und oft mit diesem Schwerpunkt gegründete, als auch Sammlervereinigungen, die ebenso wie die Künstlerzirkel periodisch in Mappen gesammelte Graphik einzelner oder jeweils mehrerer Künstler publizierten und vertrieben – ein Markt für die freie künstlerische Originaldruckgraphik war begründet und wuchs seit 1900 beständig.

Deutsche Graphikmappen 1900-1933

Jahr	Mappen	Jahr	Mappen
1900	10	1917	119
1901	4	1918	145
1902	14	1919	234
1903	2	1920	563
1904	11	1921	294
1905	16	1922	362
1906	11	1923	252
1907	14	1924	221
1908	21	1925	196
1909	34	1926	52
1910	36	1927	48
1911	33	1928	43
1912	52	1929	44
1913	69	1930	56
1914	95	1931	28
1915	148	1932	39
1916	125	1933	25

65 Mues 2018, S. 181.

66 Lusensky 1928, S. 62. Zur Kunst ebd. S. 60–62.

67 Artikel *Luxussteuer* in Wikipedia, de.wikipedia.org/wiki/Luxussteuer (abgerufen am 23.12.2018).

68 Schon Neuerburg 1976, S. 54, stellte fest, dass „ab 1918 eine wahre Sturzflut an Mappenwerken und illustrierten Büchern einsetzte. Diese ungeheure Menge an Material, das qualitätsmäßig oft nicht einmal dem Tag standhalten konnte, macht es heute eigentlich unmöglich, einen kompletten Überblick und einen exakten Katalog aller erschienenen Werke aufzustellen." – Gut 40 Jahre später ist LETTER Stiftung weiterhin um diesen möglichst „kompletten Überblick" bemüht.

69 Allgemein zu diesen siehe Junge 1989.

Bis 1913 stieg die Zahl edierter Graphikmappen stetig, wiewohl in kleinen Schritten, um dann von 1913 aufs Folgejahr um fast 40 % zu wachsen, dies auch durch Neuerscheinungen ab August 1914. Denn mit Kriegsbeginn entwickelte sich ein neues motivisches Genre, die Kriegs-Ereigniskolportage bzw. künstlerische Auseinandersetzung. Kein anderes der beteiligten Länder sollte hierzu bis über das Weltkriegsende hinaus derart viele Produktionen hervorbringen wie das Deutsche Reich – zusammen mit Österreich-Ungarn verzeichnet ein bald erscheinender Gesamtkatalog nahezu 400 Zyklen, in denen sich Graphiker im weiten Spektrum zwischen patriotischer Siegesgewissheit und national-kulturellem Überlegenheitsdünkel einerseits und andererseits der resignativen bis verzweifelnden Ausdeutung der Geschehnisse als einer eingetretenen Apokalypse äußerten.[70] Die seitdem rapide bis 1918 steigende Quote verdankt sich mindestens großenteils diesen kriegsthematischen Mappen, während – dem gegenwärtigen Stand ihrer Evaluation zufolge – die Zahl der hiervon themenfernen stagnierte. Gleichzeitig erweiterten gerade die erstgenannten Produkte den Kreis der Graphik-Sammlerschaft, denn seit der Frühphase des Krieges entstanden allerorten öffentliche wie private, oft in Verbänden organisierte und mittels eigener Organe wohlinformierte Weltkriegssammlungen. Diese nahmen neben den üblichen Realien (etwa Trophäen) und Massendrucksachen (Literatur, Pressemitteilungen, amtliche Verlautbarungen, Plakate und schließlich Notgeld) nicht selten auch künstlerische Zeugnisse auf. Standen dort zwar offiziöse Mappen wie *Unsere Heerführer*[71] im Vordergrund, so bewirkten sie doch einen Sog, der die freikünstlerischen Editionen mit sich nahm. Vorkriegsetablierte Graphiker und Verleger sahen die Chance, sowohl ihre bestehende Klientel mit einer gesteigerten Produktion bedienen wie gleichzeitig neue Abnehmer hinzugewinnen zu können; zu den schier kunstinteressierten, teils aus Geldmittelmangel vom Unikat zur Druckgraphik wechselnden Sammlern, die Erich Wiese (1891–1979) doch leicht naiv im turbulenten Jahr 1922 vor Augen hatte, gesellten sich die Hasardeure.[72] Beides ließ Zahl wie (zumindest nominell) Auflagenhöhen der Zyklen steigen. Letztere – Ausdruck einer dann nicht vom Markt bestätigten Erwartungshaltung – wurden nachweislich nicht immer erfüllt, also nicht voll ausgedruckt; gerade jüngere Künstler ohne breite Vertriebsplattform wurden hier teils herb enttäuscht.[73]

Jener Boom – an dem selbstverständlich auch Wolfgang Gurlitt partizipieren wollte – im deutschen Graphikmarkt zunächst fortschreitender Kriegs- und dann der frühen Nachkriegszeit ist unmittelbar mit den wirtschaftlichen Kennzahlen dieser Jahre verknüpft und der Anzahl damals edierter Mappen repräsentativ ablesbar. Deren Klimax von 563 wurde 1920 erreicht, bis 1925 blieb das jeweils neue Angebot auf zahlenmäßig hohem Niveau. Wie bereits erwähnt, hatte die schon im Kriegsverlauf spürbar werdende Geldentwertung zu einer Flucht in Sachwerte geführt, darunter Kunstobjekte von in der Regel unikalem Charakter. Und genau dieser barg auch ein Risiko, indem der Anleger nicht sicher sein konnte, im Moment seiner (notwendig werdenden) Wiederveräußerungsabsicht einen Käufer unter mindestens geldwerterhaltenden Konditionen finden zu können. Als singulärer und damit höherpreisiger Wertgegenstand lässt sich das Gemälde oder die Handzeichnung, lassen sich die Plastik und Skulptur bestenfalls anhand der aktuellen Marktbeurteilung für den einzelnen Künstler, ein bestimmtes Sujet oder weitestens für die Stilrichtung taxieren. Anders verhält es sich hingegen mit der Druckgraphik (wie auch dem bibliophil gestalteten Buch)[74] in limitierter Auflage: An dieser wird jeder Erwerber eines Blattes zu moderatem Mitteleinsatz Anteilseigner, ähnlich der stückzahlmäßig begrenzt emittierten Aktie eines Unternehmens, die frei handelbar ist und für die jeweils ein Tageskurs festgesetzt wird, welcher sich aus Angebot und Nachfrage berechnet.[75] Indem sich möglichst viele Interessenten an einer

70 Petra Aescht, Bernd Ernsting, *Mich schaudert dieses Krieges. Zeichner zwischen Pathos und Trauma. Handbuch druckgraphischer Zyklen zum Ersten Weltkrieg*, voraussichtl. 3 Bde., LETTER Stiftung, Köln 2019 (LETTER Schriften, Bd. 23).

71 1.–5. Lieferung; Wien (Verlag des k.u.k. Kriegsfürsorgeamtes) 1915 und 1916.

72 Erich Wiese, „Vom Sammeln graphischer Kunst", in: *Der Cicerone. Halbmonatsschrift für Künstler, Kunstfreunde und Sammler*, 14. Jg., 1922, Heft 2 (30.1.1922), S. 71–72. – Wiese leitete damals das Cicerone-Ressort *Der Graphiksammler*; als Kustos (seit 1925) und als Direktor (1929 bis zur Entlassung 1933 durch die Nationalsozialisten) baute er am Schlesischen Museum der Bildenden Künste in Breslau eine bedeutende Sammlung moderner Graphik auf.

73 Obschon etwa Franz M. Jansen seine selbstedierte Mappe *Der Krieg* 1917 im Berliner Graphischen Kabinett I. B. Neumann zeigen konnte, verkaufte er aus ihrer ohnedies höchstens zehn Exemplare zählenden Auflage nur wenige – ein einziges ist derzeit nachgewiesen (Köln, LETTER Stiftung, Inv.-Nr. 1994.117).

74 Zur zeitgleichen Zunahme lokaler und überregionaler Bibliophilen-Vereinigungen (neben den beiden deutschlandweiten mehr als 25, „überwiegend zwischen 1918 und 1925 gegründet") Wolf D. von Lucius, „Buchgestaltung und Buchkunst", in: Jäger, Langewiesche, Siemann 2012, S. 315–340, bes. S. 336–337; Zitat Anm. 29 S. 336.

75 „Daß Kunstwerke heute wie Börsenpapiere gehandelt werden", beklagte eingangs schon Alfred Kuhn, „Über das Sammeln von Graphik. Überlegungen anlässlich der Auktion bei Graupe", in: *Kunstchronik und Kunstmarkt. Wochenschrift für Kenner und Sammler*, Bd. 58 (April bis September 1923), Heft 30 (27.4.1923), S. 594–597, Zitat S. 594; zu den deutschen Graphikern, deren Einzelblätter und Mappen die früheren Preise teils überstiegen, S. 597. – *Graphik und Handzeichnungen des 18. bis 20. Jahrhunderts*, Aukt.-Kat., Paul Graupe, Berlin 10.–12.4.1923 (Auktion 26).

Druckgraphik – hier: eines druckgraphischen Zyklus – zum Kauf entschlossen, bestätigten sie auf breiter Basis dessen Ausgabewert als angemessen und durften hoffen, mindestens diesen irgendwann am Markt wieder gegen Geld einzulösen. Generell galt auch dort: Je umfangreicher und aufwendiger das Werk und je kleiner die Auflagenhöhe, desto höher der Ausgabepreis. Der Unternehmens-Vorzugsaktie entsprach dabei die Vorzugsausgabe von Graphikmappe oder (illustriertem) Buch, und nicht zufällig sind solche Luxusvarianten gerade in den frühen 1920er-Jahren vor bzw. neben der Normalausgabe in oft mehreren Abstufungen üblich.[76] Außerdem sehr begehrt, wurden sie doch nicht selten bereits bei Ankündigung eines Werkes als vergriffen gemeldet – die rasch entschlossenen Subskribenten hatten sich ähnlich wie bei der Zeichnung von Aktien-Optionen zum Tageskurs gesichert, was infolge stetiger Inflation und steigender Nachfrage bereits bei Fertigstellung und Auslieferung der Edition nur teurer würde sein können.[77] Durch die Stückelung der Anteilsscheine am Editionsprojekt wurde das Risiko seiner wirtschaftlichen Nachhaltigkeit auf viele Schultern verteilt, und der anlageorientierte Sammler mischte hinsichtlich Künstlern und Stilrichtungen sein Portefeuille ähnlich dem breit streuenden Aktieninvestor – anders als der Erwerber unikaler Kunstwerke (äquivalent dem Investor in ein einziges oder nur wenige Unternehmen, womöglich ein und derselben Branche), die schon in der Anschaffung weitaus teurer waren und jeweils einen größeren Anteil des gesamtverfügbaren Kapitals mit den angedeuteten Risiken seiner Marktvolatilität (ver)banden. Den jeweils – dem Börsenhandel vergleichbar – tagesaktuellen Kurs konnte der Investor ehestens bei jenen Buch- und Graphikauktionen verfolgen, die in ebendiesen Jahren zunahmen, und zu denen außer dem Jahrbuch der Bücherpreise[78] die zeitgenössischen Kunstmarktberichte erhellende Aufschlüsse liefern. Auch der Neuling konnte sich hier leicht orientieren, und zur raschen Einführung ins Metier las er *Die neue deutsche Graphik* von G.(ustav) F.(riedrich) Hartlaub (1884–1963) – allein im Jahr der Hausse mit 563 Mappeneditionen erlebte dieses Heft drei Auflagen.[79] Nahe dem Höhepunkt der Inflation in Deutschland stellte Adolph Donath (1876–1937) anlässlich einer Berliner Auktion moderner Graphik im Juni 1923 und bei einem US-Dollarkurs von 80.000 Mark statt eines allgemeinen Wertwachstums zumeist nun eine Stagnation bzw. Verbilligung gegenüber den Vorkriegspreisen fest;[80] zu den wenigen „Gewinnern" zählten graphische Zyklen von Lovis Corinth (Gurlitts meistedierter Graphiker) und Max Slevogt. Dabei wurde der deutsche Kunstmarkt stark von ausländischen Bietern mit Valuta beherrscht, auch öffentliche Sammlungen wie das Basler Kupferstichkabinett und die Wiener Albertina erwarben relativ günstig.[81]

Im Oktober 1921 besaß die Mark noch ein Hundertstel ihrer Kaufkraft zu Kriegsbeginn im August 1914, ein Jahr darauf nur noch ein Tausendstel; die durch nichts wertgedeckte Geldmenge wuchs täglich ins Gigantische – insgesamt eine dringende Empfehlung, in Sachwerten anzulegen.[82] Stieg der Dollarkurs seit Oktober 1921 innert eines Jahres von 127 auf 4.440 Mark, so zeichnen die 362 allein 1922 erschienenen Graphikeditionen einer Fieberkurve ähnlich den Ansturm der

---

76 Der Vorzug ergibt sich aus unterschiedlichsten Möglichkeiten: Exemplarzahl- und -nummerierungsart, Art des Einbandes und des Papiers, Kolorierung, Beigabe zusätzlicher Blätter oder gar ganzer Suiten (auch in Druckzuständen), Beilage einer Vorzeichnung, Signatur jeden Blattes usw. – Letzteres musste Gurlitt etwa Corinth Blatt für Blatt extra honorieren; siehe Löschenberger 2012, S. 23–24.

77 Der Graphikspezialist Curt Glaser verurteilte diese Unsitte eines Vorverkaufs schon vor Annoncierung ebenso, wie er die Massenproduktion und den damit einhergehenden Verzicht auf Qualität von Editionen beklagte, die „heute Kostbarkeiten, für Künstler und Verleger so sicher wie eine eigene Notenpresse, morgen [prophetisch – siehe unten zum ungeklärten Verbleib von Sammlungen] Makulatur, so wertlos wie das Papiergeld einer gestürzten Regierung" seien. Ders., „Vom Graphik-Sammeln", in: *Das Kunstblatt*, 3. Jg., 1919, S. 321–330, hier S. 327–328 bzw. S. 328/329. – *Graphische Neuerscheinungen*, ebd. S. 331–337. – „Eine bestürzende Menge neuer Graphik-Mappen und illustrierter Bücher scheint der Winter erbringen zu wollen." Ebd. S. 331.

78 Ab 13./14. Jg. (1918/1919) mit wechselndem Zusatz: Ergebnisse der Versteigerungen in Deutschland, Österreich, Holland, Skandinavien, der Tschechoslowakei und Ungarn, 1.–34. Jg., für die Jahre 1906–1939; Leipzig 1907–1940.

79 Berlin 1920 (Tribüne der Kunst und Zeit. Eine Schriftensammlung, hg. v. Kasimir Edschmid, Bd. 14). – Orientierung zu den „angesagten" jungen Künstlern boten deren (Selbst-)Biographien in Hermann von Wedderkop (Hg.), *Deutsche Graphik des Westens*, Feuerverlag, Weimar 1922. Ebd. S. 13–19 Glasers Beitrag wiederabgedruckt.

80 *Piranesi-Sammlung. Handzeichnungen des 18. bis 20. Jahrhunderts. Graphik des 19. bis 20. Jahrhunderts (darunter eine umfassende Sammlung von Corinth-Probedrucken)*, Aukt.-Kat., Paul Graupe, Berlin 6.–8.6.1923 (Auktion 27). – *Moderne Bücher, Luxusdrucke*, Aukt.-Kat., Paul Graupe, Berlin 9.6.1923 (Auktion 28). – Adolph Donath, „Die Bewertung moderner Graphik", in: *Der Kunstwanderer*, Jg. 1923, 2. Juni-Heft, S. 42–428.

81 Adolph Donath, „Der deutsche Kunstmarkt 1919/1920", in: ders. (Hg.), *Jahrbuch für Kunstsammler*, 1. Jg., 1921, S. 67–108. Zur Druckgraphik allgemein S. 70, zur modernen S. 103–104. – Angelika Enderlein, „Der Berliner Kunstmarkt und sein Einfluss auf die privaten und öffentlichen Sammlungen in der Weimarer Republik", in: Wolff-Thomsen, Kuhrau 2011, S. (178)–193. Zum Berliner Schwerpunkt des Graphik-Auktionswesens bis 1927, etwa bei Paul Graupe (1881–1953; Buch-, Graphik- und Kunstauktionen seit 1916), S. 181–184. – Dem neuen Staate Österreich war es durch internationale Anleihen Ende 1922 gelungen, zunächst die Kronen-Inflation einzudämmen und dann seine zum 1. März 1925 eingeführte Schilling-Währung relativ inflationsgesichert zu etablieren.

82 Zur historischen Entwicklung der Kaufkraft in Deutschland, von der Mark zum Euro, siehe die allerdings wesentlich auf Lebensmittelpreisen basierenden Tabellen unter www.bundesbank.de/de/statistiken/unternehmen-und-private-haushalte/preise/kaufkraftvergleiche-historischer-geldbetraege-615098#tar-6 (abgerufen am 28.12.2018).

Anleger aufs vermeintlich Wertsichernde nach – gleich den Banknotenpressen standen auch die der Künstler und Verlage nicht still. Noch 1923, dem Jahr der deutschen Hyperinflation – im November kostete ein US-Dollar zunächst 4,2 und sechs Tage später 6,3 Billionen Papiermark gegenüber 4,20 Goldmark im Juli 1914 – infolge einer internationalen Wirtschaftsdepression, der stockenden Bedienung alliierter Reparationsforderungen samt folgender Ruhrbesetzung durch französische und belgische Truppen, einhergehend mit dem Zusammenbruch der Wirtschaft und des Bankensektors im Deutschen Reich, betrug die Zahl edierter Mappenwerke 252. Dass sie nach Einführung der goldgedeckten Rentenmark am 15. November 1923 – diese am 30. August 1924 durch die dann bis Juni 1948 gültige Reichsmark ersetzt – zunächst erst allmählich sank, um dann von 1925 auf 1926 um drei Viertel einzubrechen, ist wohl zwei Faktoren zuzuschreiben: dem Produktionsvorlauf bei Künstlern und Verlegern sowie dem einstweiligen Zuwarten investierender Sammler, ob die Währungsreform tatsächlich die versprochene Konsolidierung des Geldwertes mit sich brächte. Dies tat sie, zugleich erlebte die deutsche Wirtschaft einen Aufschwung und gewannen renditeträchtige Investitionen in sie neue Attraktivität. Der Markt an Graphikeditionen, dem schon Zeitgenossen eine geradezu inflationäre Überproduktion attestiert hatten, und in dem selbst engagierten Sammlern – also nicht etwa den spekulierenden „Hyänen des Graphikmarktes“[83] – beim Mithalten langsam mindestens das Geld aus-, wahrscheinlich auch die Lust verging, dieser Markt kollabierte.[84] Vornehmlich als Graphiker tätige Künstler gerieten in wirtschaftliche Not, ganz zu schweigen von den Verlegern, die teils noch auf Restauflagen früherer und mindestens auf ihren eben auslieferungsfertigen Editionen saßen. Unter ihnen war Wolfgang Gurlitt, der seine Schulden bereits 1925 nicht mehr bedienen konnte und (nach eigener Aussage) 1928 Konkurs (wohl der vom Vater übernommenen Kunsthandlung) anmelden musste. Seitdem erschienen kaum noch 50 druckgraphische Zyklen jährlich; der Kunsthistoriker und -marktbeobachter Alfred Kuhn (1885–1940) schrieb, 1926 sei dem Graphiksektor „das ‚schwarze Jahr‘ gewesen, wie es auch das schwarze Jahr der deutschen Wirtschaft war“.[85] Dass dann die Weltwirtschaftskrise, beginnend mit dem New Yorker Börsenzusammenbruch im Oktober 1929, keinen erneuten Anstieg graphischer Mappenproduktionen bewirkte, findet laut Entwicklung der Auktionspreise (der Börsenkursnotierungen) die Ursache in einer zuvor bis 1925 nicht erfüllten Anlegererwartung zur Werterhaltung und möglichst auch -steigerung dieser Editionen.

Deren im Deutschen Reich seither kontinuierlicher Rückgang simultan zur sich abzeichnenden Machtübernahme durch die Nationalsozialisten im Jänner 1933 ist signifikant – welcher freischaffende Künstler, dem sein Kundenkreis der wirtschaftlichen Krisenjahre derweil weitestgehend abhanden gekommen war, mochte sich kunstpublizistisch gegenüber einer alsbald diktatorisch reglementierenden Kunstpolitik positionieren, von welcher er (noch) nicht verlässlich prognostizieren konnte, ob sie seine Themen und Ausdrucksmittel tolerieren würde, geschweige denn goutieren? Und viele ehedem Boom-Künstler, denen Kuhn rückblickend ein hohes Maß an marktorientierter Promiskuität vorwarf, hatten sich ohnehin vom Graphiksektor zurückgezogen: „Nicht nur, daß schlechterdings jeder Malersmann, der irgend etwas von kalter Nadel, von Lithographenkreide gehört hatte, zum Graphiker wurde und seine Produkte auch leicht an den Mann brachte, selbst Leute mit berühmten Namen haben damals unter der Lockung des Augenblicks in einer Weise produziert, die sich auf die Dauer rächen mußte.“[86] Im Rückblick des Jahres 1930 scheute sich der Kunsthistoriker und -kritiker Ferdinand Eckhardt (1902–1995) nicht, mit Rudolf Großmann – einem der durch Gurlitt meistverlegten Künstler – einen der Protagonisten im Editions-Galopp beim Namen zu nennen, „zweifellos ein Talent, verwertet dieses aber in der Hauptsache für die geschäftliche Auswertung seiner Kunst“.[87]

83 Deren zuvorige Investitionen sollten sich nach Einführung der Goldmark nur anfangs noch bestätigen, so auf der Graupe-Auktion im Jänner 1924. *Graphik und Handzeichnungen des 19. bis 20. Jahrhunderts (darunter eine umfassende Sammlung von Probe- und Zustandsdrucken von Corinth, Liebermann, Meid, Oppler und Slevogt)*, Aukt.-Kat., Paul Graupe, Berlin 25.–26.1.1924 (Auktion 29). – Hierzu rückblickend Alfred Kuhn, „Die Lage auf dem Markte der modernen Graphik“, in: *Der Cicerone. Halbmonatsschrift für Künstler, Kunstfreunde und Sammler*, 18. Jg., 1926, Heft 19 (Mitte Oktober 1926), S. 646–647, Zitat S. 646. Mit Stand 1926 waren demnach „die Inflationskäufer vollständig ausgeschieden“. Ebd. – Der *Cicerone* trug dem wachsenden Sammlerkreis seit 1919 mit einer eigenen Rubrik zu bibliophilen Büchern und Graphik Rechnung (siehe Anm. 72 zu Erich Wiese).

84 Quellen zusammenfassend jüngst Franziska Ehrl, *„des allgemeinsten Interesses sicher“. Druckgraphische Totentanzfolgen im Sog des Ersten Weltkriegs*, (Diss. phil., Bamberg 2015), EOS, Sankt Ottilien 2018 (Reihe Kunstwissenschaft, Bd. 2), S. 225–329.

85 Kuhn 1926, S. 646.

86 Ebd.

87 Ferdinand Eckhardt, „Berliner Graphiker der Nachkriegszeit. I.“, in: *Die Graphischen Künste*, hg. v. d. Gesellschaft für vervielfältigende Kunst [Wien], 54. Jg., 1931, S. 10–28, Zitat S. 18. Teil II. ebd., S. 29–(42). Der Autor wurde später Nachlasspfleger Walter Gramattés (1897–1929), dessen Witwe Sophie-Carmen (Sonia) (1899–1974) er 1934 heiratete.

Überraschenderweise figuriert die eingangs „Kunsthandlung" bzw. „Salon" oder später auch „Galerie Fritz Gurlitt" genannte Unternehmung in den deutschsprachigen, (Deutsch-) Österreich einschließenden Adressbüchern zum Kunstleben der Zwischenkriegszeit ausschließlich unter den „Kunsthandlungen" und den wenigen „Kunstausstellungen", nicht jedoch gleichzeitig – wie in Berlin etwa Amsler & Ruthardt und Paul Cassirer – unter den „Kunstverlegern".[88] Dass Wolfgang Gurlitt 1926 als einziger deutscher Händler für „erotische Kunst" im allein nach Orten, nicht nach Sparten gliedernden *Pantheon* indiziert erscheint (oftmals der Libertinage verdächtigte Erotika-*Sammler* lassen sich dazu gar nicht eintragen, sondern mischen sich wohl diskret unter die „Bibliophilen"), dies dürfte in erster Linie der Folge des *Venuswagen* geschuldet sein.[89] Andererseits findet sich Gurlitt im Sachgebietsindex weder unter „Bibliophilie", „Graphik", sei es „alte" oder „moderne", noch unter „Illustrierte Bücher" oder „Pressendrucke".[90] In allen diesen Sparten war er nichtsdestoweniger einer der rührigsten Protagonisten seiner Zeit, als Verleger wie als Händler. Bis er 1931 die Löschung des Unternehmens „Fritz Gurlitt" beim zuständigen Charlottenburger Amtsgericht beantragen musste,[91] um jedoch seine Kunsthandelstätigkeit, nicht allerdings seine Editionsabsichten, (vorerst) fortzuführen.

Das Schicksal der allermeisten deutschen und österreichischen Privatsammlungen zu druckgraphischen Zyklen, die bis Mitte der 1920er-Jahre entstanden, ist ungewiss. Selbst Mappen, die zumindest laut ihrer Ankündigung Auflagen von über 50 Exemplaren erleben sollten, tauchen im Auktionsmarkt der jüngstvergangenen drei Jahrzehnte nicht ein einziges Mal auf.[92] Bei zumindest einer, wiewohl als späterer Nachklang entstanden, ist dies nachvollziehbar, denn sie manifestiert das endgültige Scheitern Wolfgang Gurlitts als Verleger: Erst 2018 erwarb LETTER Stiftung ein Konvolut von zehn handkolorierten und teils gold- und silbergehöhten Lithographien Emil Pirchans, *Der Garten des Paradieses*. Das typographisch gesetzte Titelblatt für diese *Dramatische Rhapsodie von Hans Reinhart, Musik von Felix Petyrek* weist (Pirchans?) handschriftliche Notizen für den Buchbinder auf, nennt den Gurlitt-Verlag in Wien, Linz und München sowie das Erscheinungsjahr 1951. Doch hierzu kam es nicht; der Bühnenbildner und Graphiker, der in den 1920er-Jahren für immerhin fünf der acht geplanten Mappen Gurlitts zum *Werk der Staatsoper*[93] vorgesehen war, und der im November 1949 (auf Vermittlung Gurlitts?) fürs Linzer Landestheater die Aufführung dieses szenischen Dreiakters ausgestattet hatte,[94] starb sechs Jahre später. Sein Verleger sollte ihn zwar um weitere acht überleben – doch war beider beruflicher Weg schon um 1950 dem Ende nahe, blieb das Editionsprojekt auf immer in der Lade.[95] Wolfgang Gurlitt, bis dahin als Initiator und Verleger zwischen Höhen und (Un-)Tiefen des Graphikmarktes sich tummelnd, mag damals resigniert haben.

Postskriptum: Gurlitts offenkundige Affinität zur Neun-Zahl – in zwei Folgen jeweils neun *Neue Mappenwerke*, je neun Bände *Das Geschriebene Buch* sowie des *Venuswagen* – bleibt unerklärt. Jedoch, in Abweichung von der Vollkommenheitszahl Zehn indiziert die Neun das Unvollendete, dem gerade die Eins

88 Beispielsweise in Max Osborn (Geleitwort), *Handbuch des Kunstmarktes. Kunstadressbuch für das Deutsche Reich, Danzig und Deutsch-Österreich. Mit sachlicher Unterstützung reichsbehördlicher, staatlicher und städtischer Institutionen sowie von Vereinen und Fachverbänden*, Antiqua Verlagsgesellschaft, Berlin 1926. Kunsthandlungen S. 344–347 (Eintrag Kunsthandlung Gurlitt S. 345), Kunstverleger S. 340–342, Kunstausstellungen S. 344.

89 Im selben Jahr verzeichnet das *Pantheon* unter derselben Adresse gleich zwei Gurlitt-Einträge: Fritz (eigentlich also Wolfgang) mit „Kunsthandlung, Verlag [allerdings ohne Index-Eintrag zur „Bibliophilie"], Antiquitäten, Gemälde-Ausstellungen" und Wolfgang persönlich mit „Alte Meister, Siam-Porzellan, erotische Kunst". Albert Schramm (Bearb.), *Pantheon. Internationales Adressbuch der Kunst- und Antiquitäten-Sammler und -Händler, Bibliotheken, Archive, Museen, Kunst-, Altertums- und Geschichtsvereine, Bücherliebhaber, Numismatiker. Ein Handbuch für das Sammelwesen der ganzen Welt*, 2. Aufl., Paul Neff (Max Schreiber), Esslingen a. N. 1926, S. 38 und Index S. 424. Die ebendort 1914 auf Anregung Joseph Zenkers (Lebensdaten unbek.) erschienene Erstausgabe erwähnt hingegen nichts zu Gurlitt.

90 Ebd. (Aufl. 1926) S. 397–400 bzw. S. 421–422 bzw. S. 427 bzw. S. 458.

91 Gropp 2000, S. 143. Ebd. zu Wolfgang Gurlitts erneuten, aber unverwirklichten Verleger-Ambitionen zum Ende der 1930er-Jahre.

92 Sammelmappen mit Blättern mehrerer Künstler werden bis heute oft fleddernd in Einzelblättern „verwertet", Buchreihen aufgelöst (komplette Folgen aller neun Bände des *Venuswagen* sind rar). Zu fürchten steht zudem, dass gerade die damaligen Geldanleger in Graphikmappe und illustriertem Buch infolge ihrer Spekulationsenttäuschung achtlos gegenüber diesen „wertlosen Aktien" waren und dieselben kaum besser behandelten als verfallene Wertpapiere oder entwertete Banknoten – „ab in die Tonne". Damit dürfte sich Curt Glasers Prophezeiung von 1926 erfüllt haben.

93 Drei als 1922 erschienen nachgewiesen; weitere Künstler, die ihre Bühnen-Gesamtausstattungen hier wiedergeben sollten, waren bzw. sollten sein Ludwig Kainer, Bernhard Pankok (1872–1943) und Hans Poelzig (1869–1936). Herausgeber war der Oberregisseur Franz Ludwig Hörth (1883–1934). – Wolfgang Gurlitts Halbbruder Manfred (1890–1972) war zeitweilig, aber wohl erst ab 1928 Gastdirigent der Berliner Staatsoper.

94 Erika Schepelmann-Rieder, *Emil Pirchan und das expressionistische Bühnenbild*, Bergland, Wien 1964, S. 72. – Der Stoff geht auf ein Märchen Hans Christian Andersens (1805–1875) zurück und wurde durch Hans Reinhart (1880–1963) 1909 in Winterthur erstpubliziert. Felix Petyreks (1892–1951) Komposition von 1932 war zehn Jahre später in Leipzig uraufgeführt worden; sein handgeschriebenes Notenblatt zum 1. Akt sollte als lithographisches Faksimile der Mappe beiliegen – kurz nach Signierung des Andruckbogens starb er am 1.12.1951 in Wien.

95 Offenbar nicht in der des Künstlers – seine Monographie kennt es nicht. Beat Steffan (Hg.), *Emil Pirchan. Ein Universalkünstler des 20. Jahrhunderts. Bühnenbildner, Graphiker, Architekt, Designer*, Nimbus, Wädenswil 2018.

noch fehlt.[96] Nichtvollenden als schicksalhaftes Lebensprinzip eines Menschen? Was hingegen in eben einmal sechs Jahren – die Mehrzahl seiner in die Zweihunderte gehenden Publikationen erschien zwischen 1919 und 1924 – der Buch- und Graphikverleger Wolfgang Gurlitt trotz aller Widrigkeiten wechselnder Zeitläufte ermöglichte, das bleibt ihm Denkmal auf immer.[97]

Bernd Ernsting / Gebürtiger Exil-Westfale. Studium der Kunstgeschichte, Geschichte und Christlichen Archäologie in Münster, München und Bonn. Von Köln (LETTER Stiftung) und St. Raning (Niederösterreich) aus tätig in Forschung und zeitweilig Lehre, Architektur und Denkmalpflege, Sammlungsentwicklung und Museumstechnik, Ausstellungs-, Publikations- und Stiftungswesen. Forschungsschwerpunkte: Malerei und Grafik um 1900, Bildhauerei vom 18. bis zum frühen 20. Jahrhundert, Kunst und Religion, ikonografische Seitenwege.

---

96 So wie der eine verlorene von eigentlich zehn Silbergroschen im Gleichnis bei Lukas 15,8–10. Der Kirchenvater Hieronymus (347–420) interpretierte die Neun als Indikator für Verfehlung, infolge jener zugleich für Strafe und daraus folgendem Leid.

97 Hier nicht mehr betrachtet der Versuch eines editorischen Neubeginns nach 1945, etwa mit der *Kleinen Gurlitt-Reihe* seit 1951 sowie den Illustrata des Gurlitt-Verlages, nunmehr mit Sitz in Wien, Linz und (dort auch die neu eröffnete Galerie) München.

KÜNSTLERINNEN
DER GALERIE GURLITT IN BERLIN

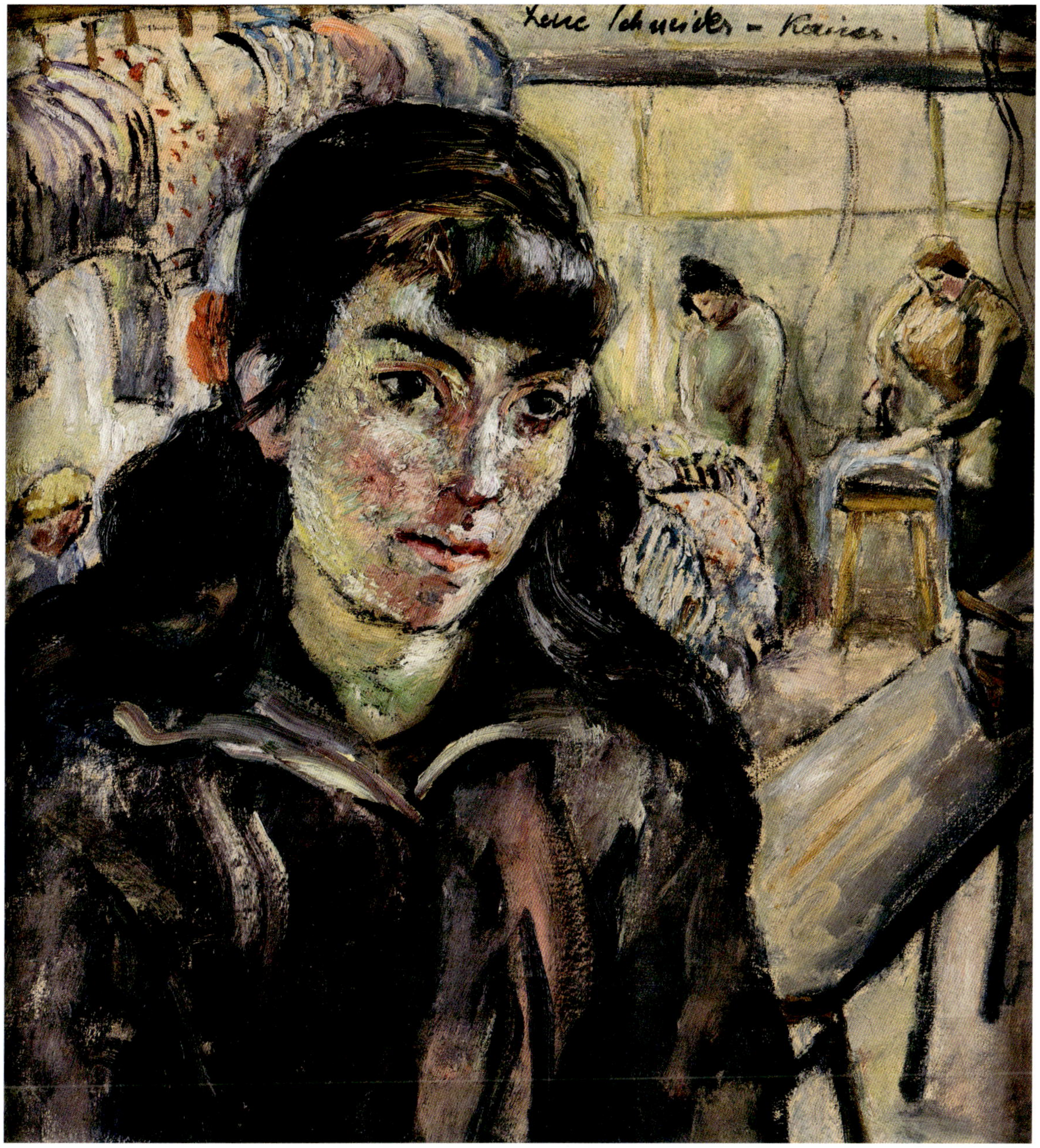

1

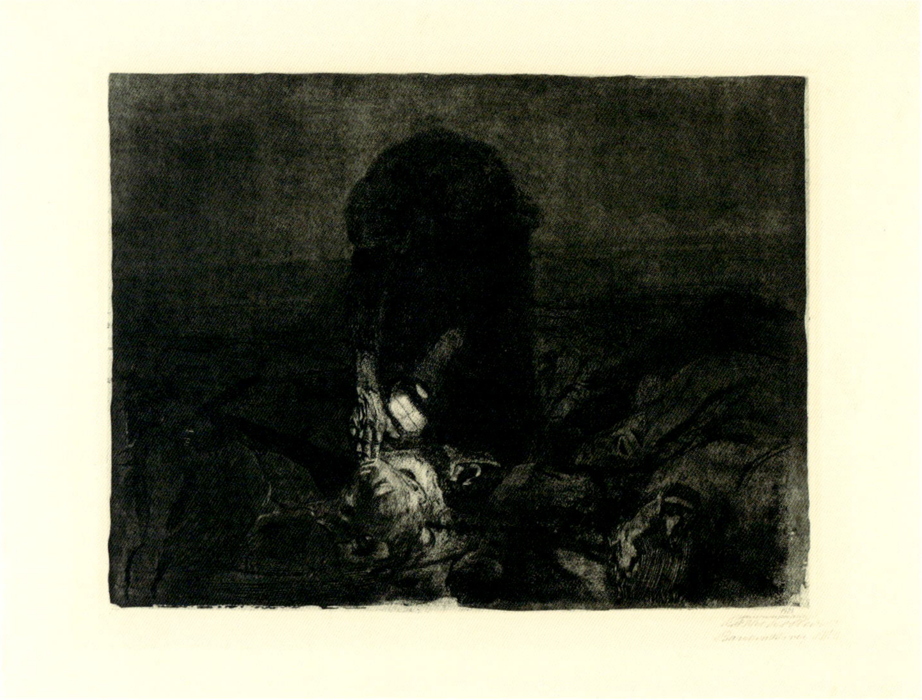

2

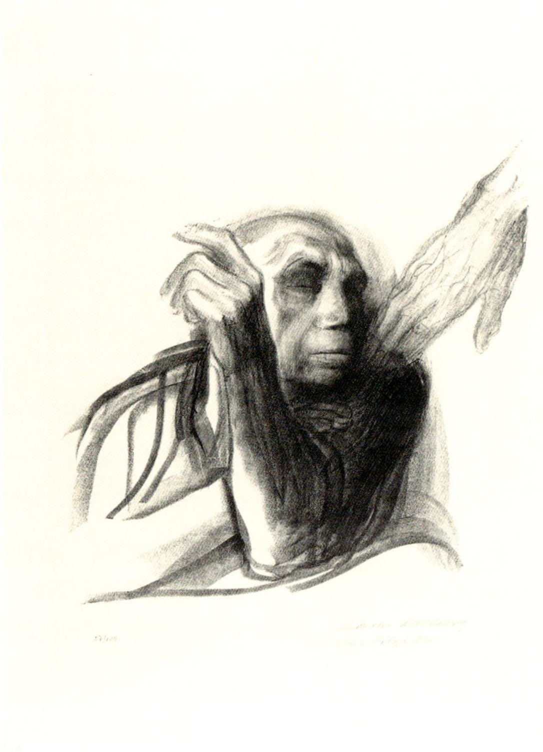

3

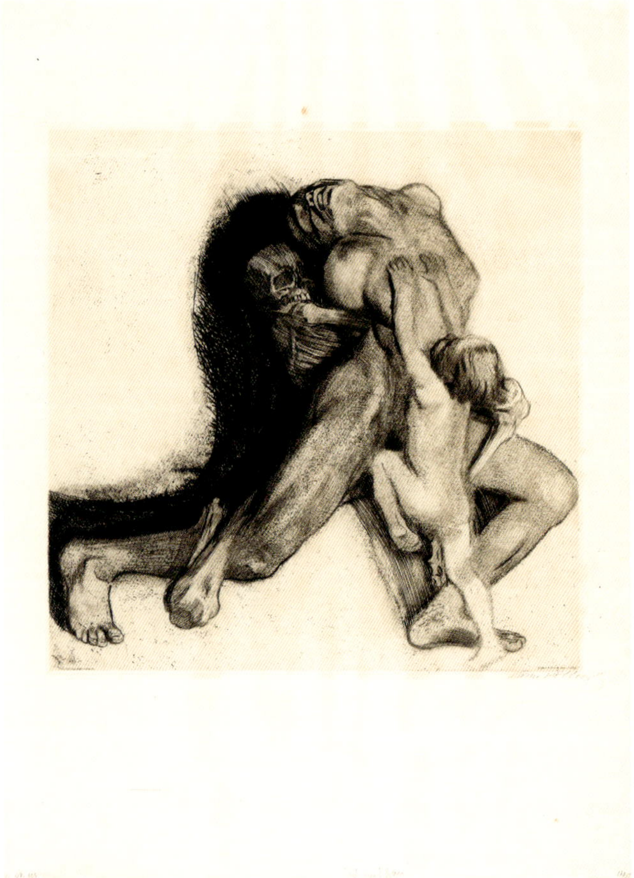

4

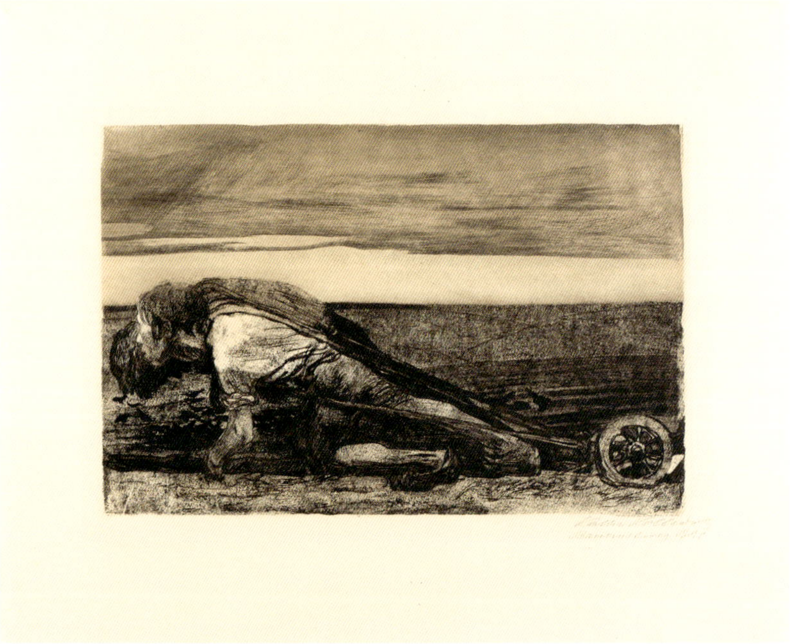

5

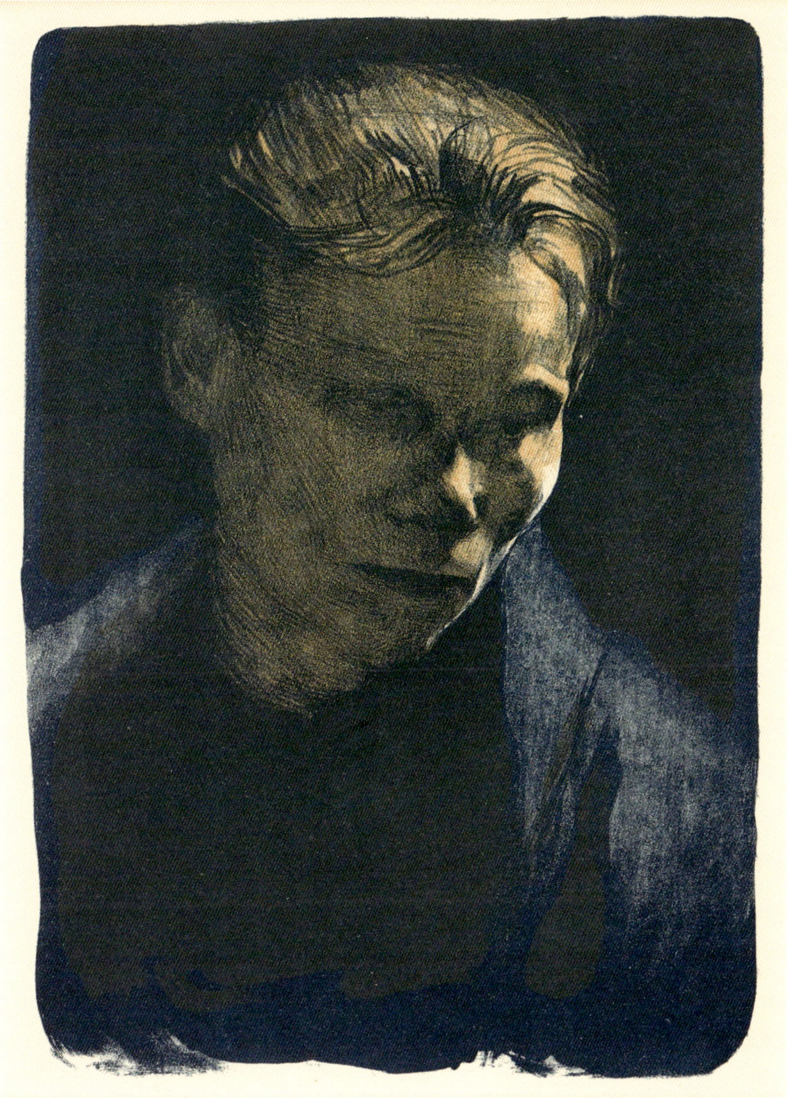

6

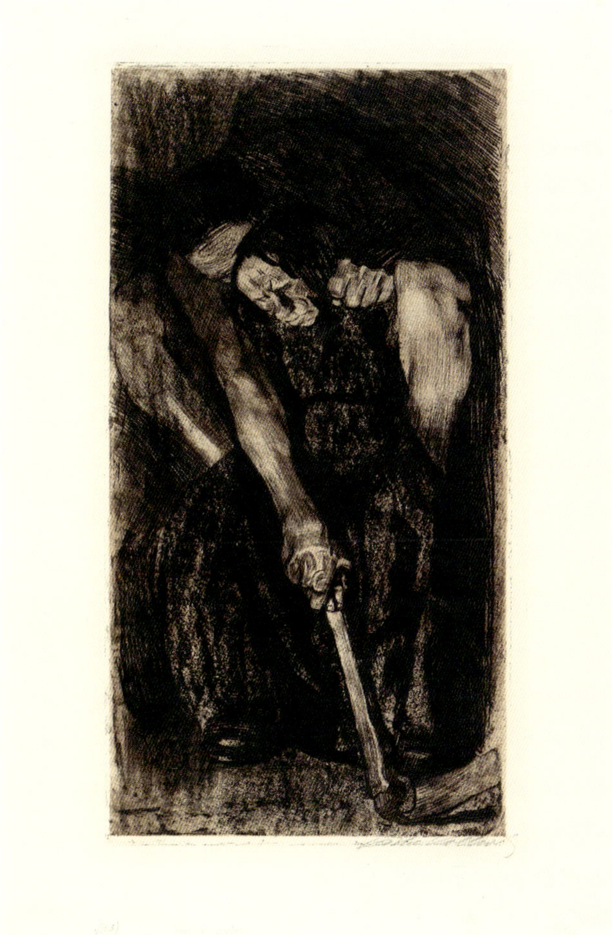

7

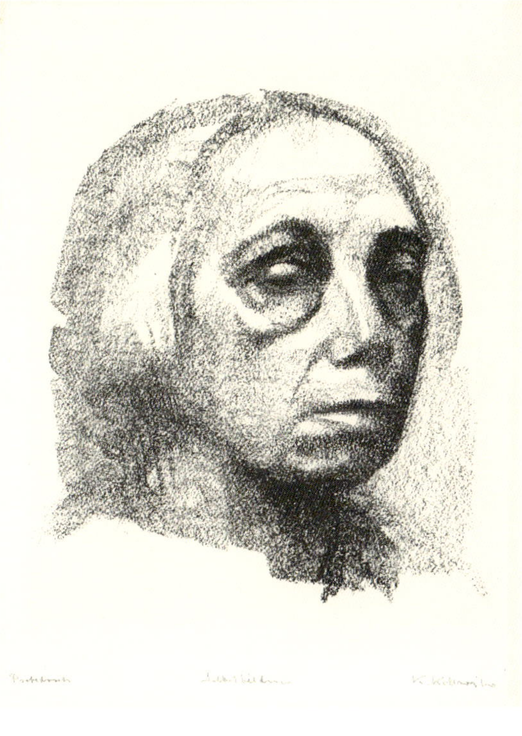

8

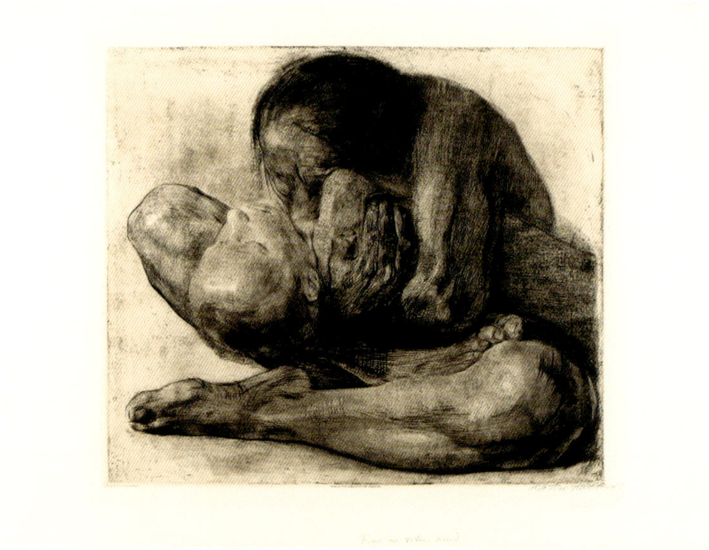

9

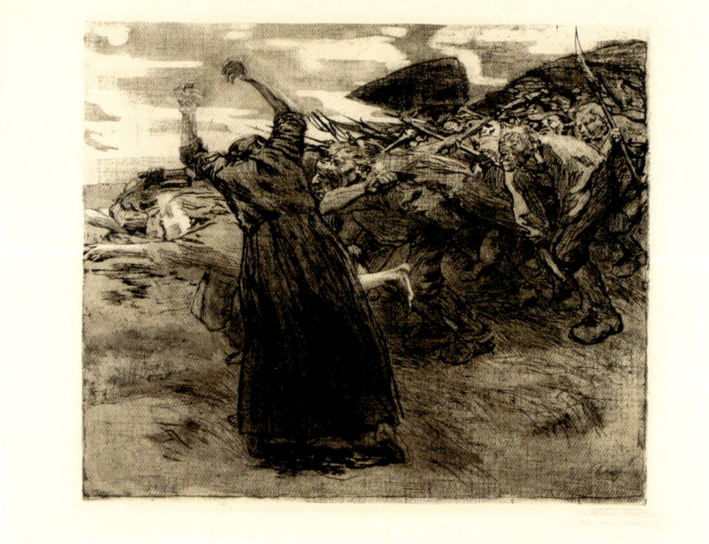

10

1 / **Lene Schneider-Kainer**
* 1885 Wien, Österreich, † 1971 Cochabamba, Bolivien
Näherinnen, undatiert
Öl auf Leinwand, 55 x 60,8 cm
Museum Kunst der Verlorenen Generation, Salzburg, Sammlung Böhme
Foto: Hubert Auer

2 / **Käthe Kollwitz**
* 1867 Königsberg, Ostpreußen, heute Russland, † 1945 Moritzburg, Deutschland
Bauernkrieg (Schlachtfeld), 1906
Radierung, 52 × 68 cm (40 × 52 cm)
Neue Galerie der Stadt Linz, *Käthe Kollwitz. Das graphische Werk. Druckgraphik. Zeichnungen*, 28. April – 21. Mai 1956, Abbildung
LENTOS Kunstmuseum Linz, Inv.-Nr. G 1300, erworben 1957

3 / **Käthe Kollwitz**
Ruf des Todes, Blatt 8 der Folge *Tod*, 1934–1937
Kreidelithografie, 63 × 48 cm
Neue Galerie der Stadt Linz, *Käthe Kollwitz. Das graphische Werk. Druckgraphik. Zeichnungen*, 28. April – 21. Mai 1956
LENTOS Kunstmuseum Linz, Inv.-Nr. G 1303, erworben 1957

4 / **Käthe Kollwitz**
Tod und Frau, 1910
Radierung, 71,4 × 51 cm (44 × 43,5 cm)
Neue Galerie der Stadt Linz, *Käthe Kollwitz. Das graphische Werk. Druckgraphik. Zeichnungen*, 28. April – 21. Mai 1956, Abbildung
LENTOS Kunstmuseum Linz, Inv.-Nr. G 1302, erworben 1957

5 / **Käthe Kollwitz**
Der Pflüger, aus der Folge *Bauernkrieg*, 1921
Radierung, 50 × 61,5 cm (30 × 44,5 cm)
Neue Galerie der Stadt Linz, *Käthe Kollwitz. Das graphische Werk. Druckgraphik. Zeichnungen*, 28. April – 21. Mai 1956
LENTOS Kunstmuseum Linz, Inv.-Nr. G 1299, erworben 1957

6 / **Käthe Kollwitz**
Brustbild einer Arbeiterfrau mit blauem Tuch, 1920
Lithografie, 32,5 × 24,2 cm
Neue Galerie der Stadt Linz, *Käthe Kollwitz. Das graphische Werk. Druckgraphik. Zeichnungen*, 28. April – 21. Mai 1956
LENTOS Kunstmuseum Linz, Inv.-Nr. G 69, erworben 1950 Sammlung Wolfgang Gurlitt

7 / **Käthe Kollwitz**
Inspiration, 1905
Radierung, 68 × 45,5 cm (56 × 29 cm)
Neue Galerie der Stadt Linz, *Käthe Kollwitz. Das graphische Werk. Druckgraphik. Zeichnungen*, 28. April – 21. Mai 1956
LENTOS Kunstmuseum Linz, Inv.-Nr. G 1304, erworben 1957

8 / **Käthe Kollwitz**
Selbstbildnis, 1920
Lithografie, 32,5 × 24,2 cm
Neue Galerie der Stadt Linz, *Käthe Kollwitz. Das graphische Werk. Druckgraphik. Zeichnungen*, 28. April – 21. Mai 1956, Abbildung
LENTOS Kunstmuseum Linz, Inv.-Nr. G 356, erworben 1950 Sammlung Wolfgang Gurlitt

9 / **Käthe Kollwitz**
Frau mit totem Kind, 1903
Radierung, 52 × 68 cm
Neue Galerie der Stadt Linz, *Käthe Kollwitz. Das graphische Werk. Druckgraphik. Zeichnungen*, 28. April – 21. Mai 1956, Abbildung
LENTOS Kunstmuseum Linz, Inv.-Nr. G 1298, erworben 1957

10 / **Käthe Kollwitz**
Losbruch, aus dem Zyklus *Bauernaufstand*, 1902
Radierung, 56 × 73,5 cm
Neue Galerie der Stadt Linz, *Käthe Kollwitz. Das graphische Werk. Druckgraphik. Zeichnungen*, 28. April – 21. Mai 1956
LENTOS Kunstmuseum Linz, Inv.-Nr. G 1297, erworben 1957

Arbeiten von Käthe Kollwitz wurden in den von Wolfgang Gurlitt kuratierten Ausstellungen *Die schöpferische Frau. Margret Bilger – Vilma Eckl – Ottilie Kasper – Käthe Kollwitz – Clara Siewert*, Neue Galerie der Stadt Linz, August 1947, und *Käthe Kollwitz. Das graphische Werk. Druckgraphik. Zeichnungen*, Neue Galerie der Stadt Linz, 28. April – 21. Mai 1956, ausgestellt.

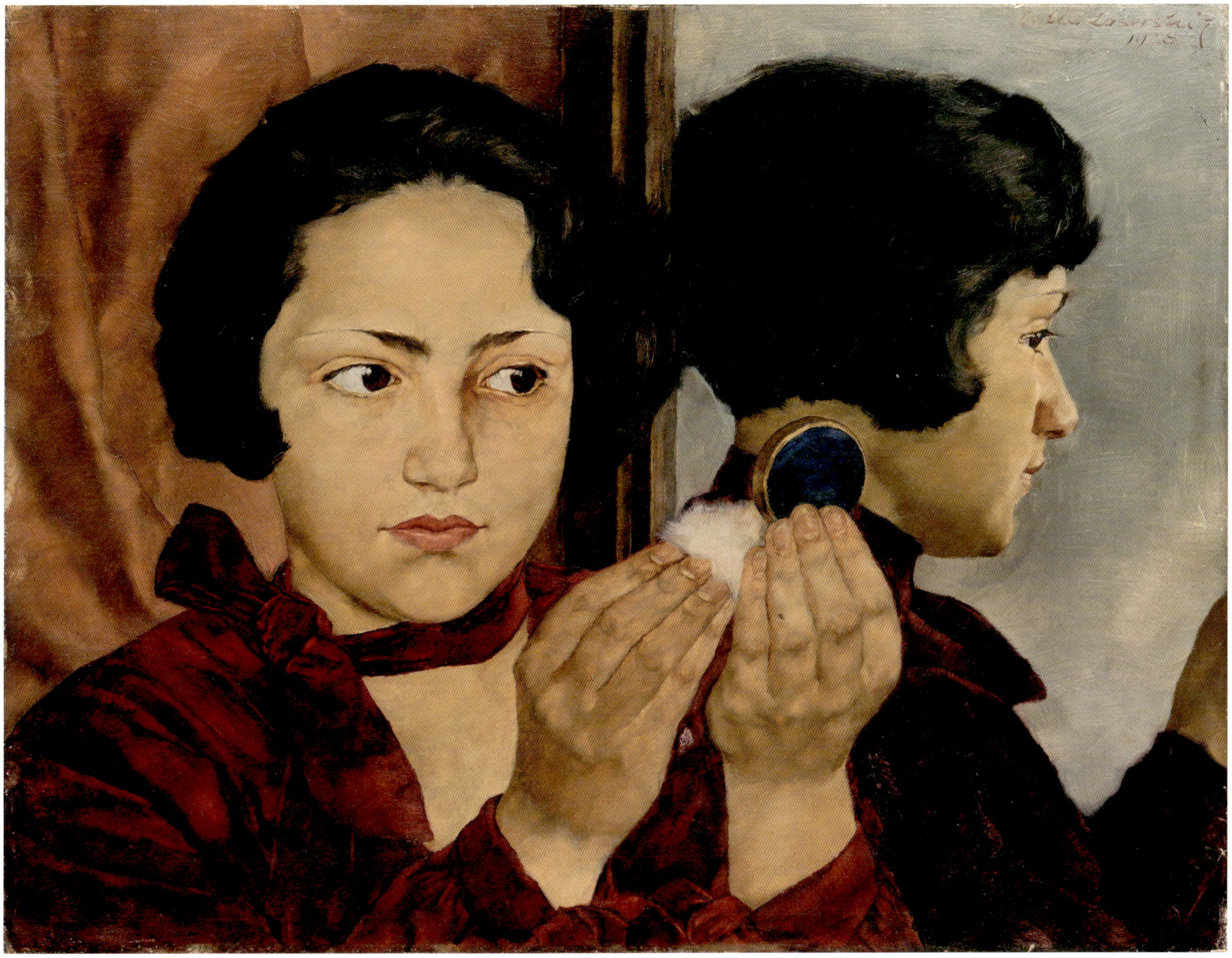

11

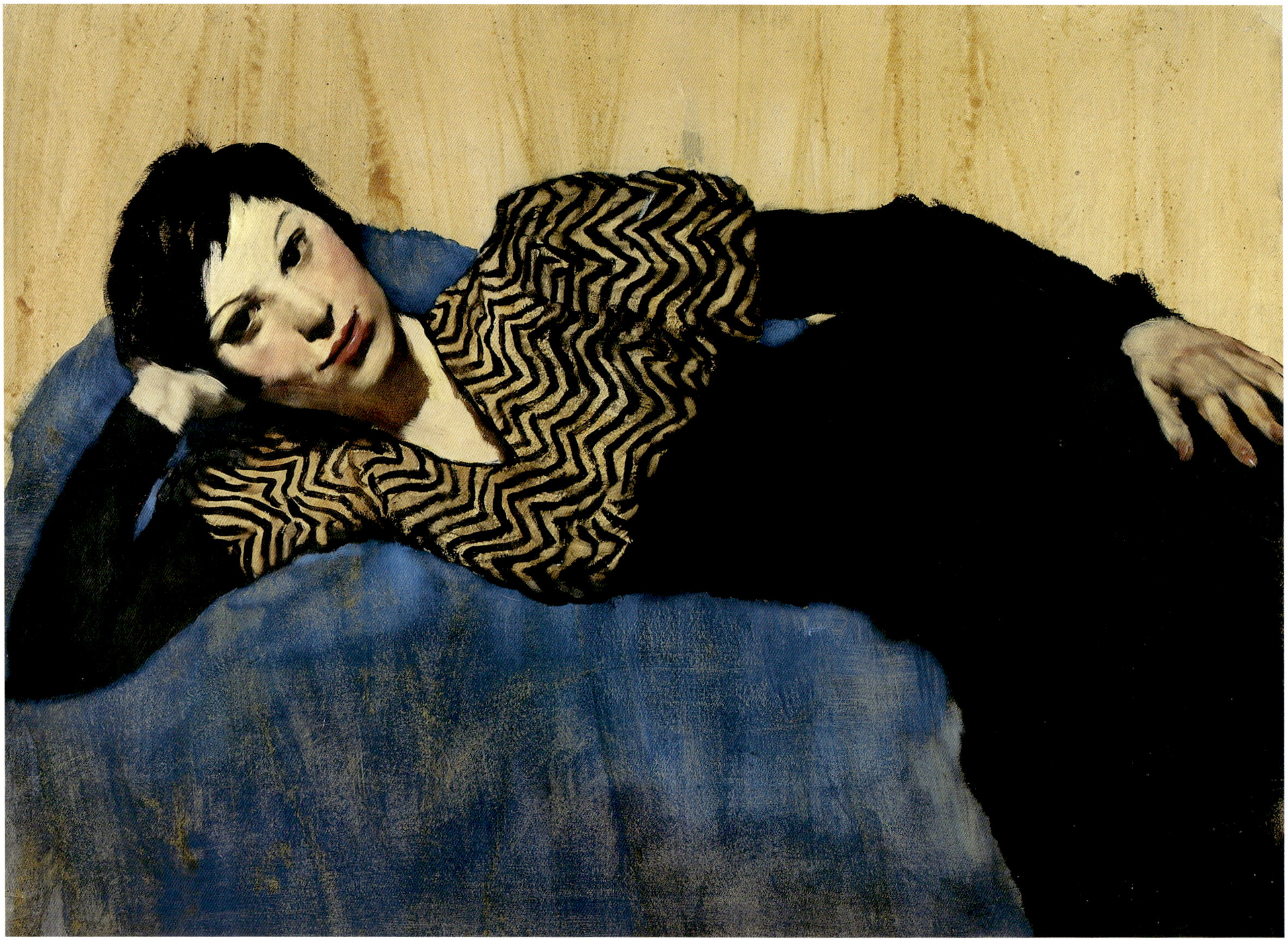

12

11 / **Lotte Laserstein**
* 1898 Preußisch Holland, Ostpreußen, heute Pastęk, Polen, † 1993 Kalmar, Schweden
Russisches Mädchen mit Puderdose, 1928
Öl auf Holz, 31,7 × 41 cm
Städel Museum, Frankfurt am Main, Foto: © Städel Museum – ARTOTHEK; © Bildrecht, Wien 2019

12 / **Lotte Laserstein**
Liegendes Mädchen auf Blau, 1931
Öl auf Papier, 69 × 93 cm
Privatbesitz, Courtesy DAS VERBORGENE MUSEUM, Berlin
© Bildrecht, Wien 2019

13 / **Clara Siewert**
* 1862 Budda, Preußen, heute Polen, † 1944 Berlin, Deutschland
Märchen, um 1905
Öl auf Leinwand, 102,5 × 74,5 cm
LENTOS Kunstmuseum Linz, Inv.-Nr. 55, erworben 1953 aus der Sammlung Wolfgang Gurlitt

14 / **Clara Siewert**
Selbstporträt mit erhobener Hand, um 1895
Öl auf Leinwand, 57,5 × 47,5 cm
LENTOS Kunstmuseum Linz, Inv.-Nr. 54, erworben 1953 aus der Sammlung Wolfgang Gurlitt

15 / **Clara Siewert**
Mädchen mit Tod, um 1920
Tusche und Kohlezeichnung aquarelliert, 43,8 × 31,3 cm
LENTOS Kunstmuseum Linz, Inv.-Nr. G 572, erworben 1953 aus der Sammlung Wolfgang Gurlitt

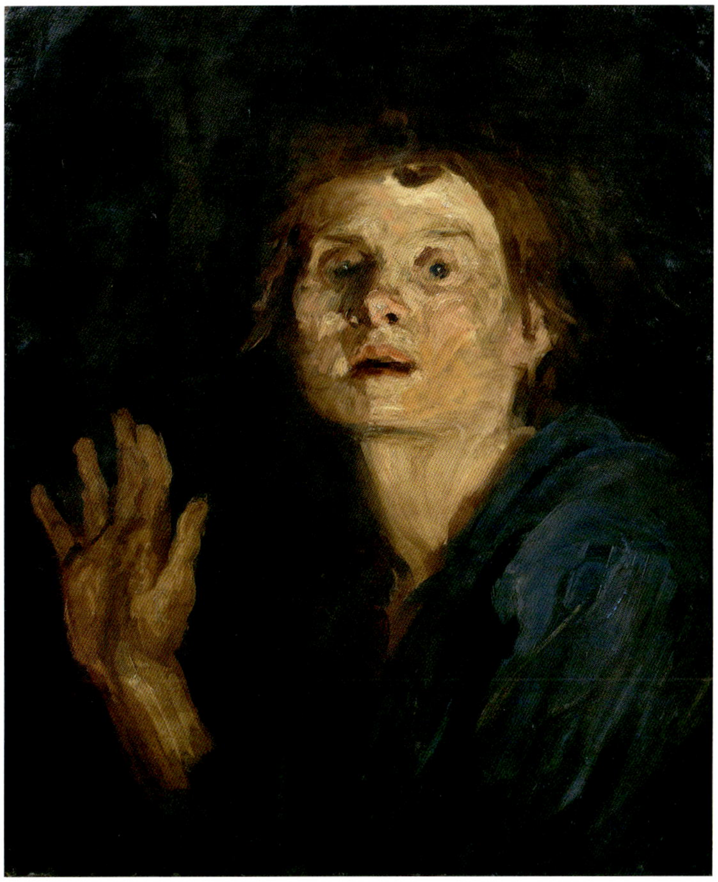

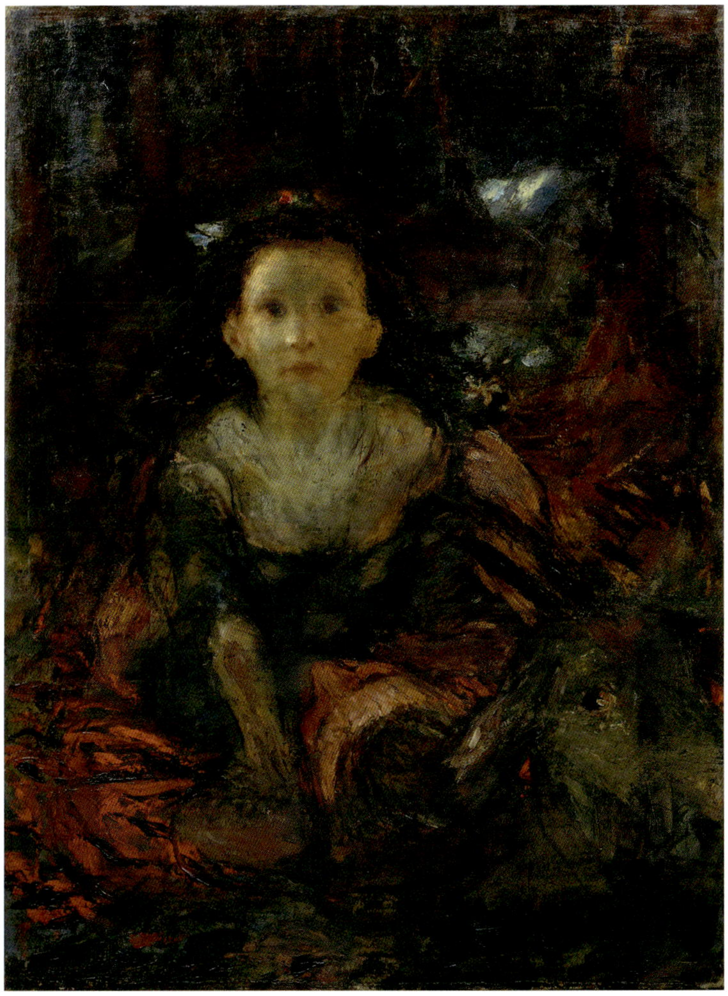

14

13

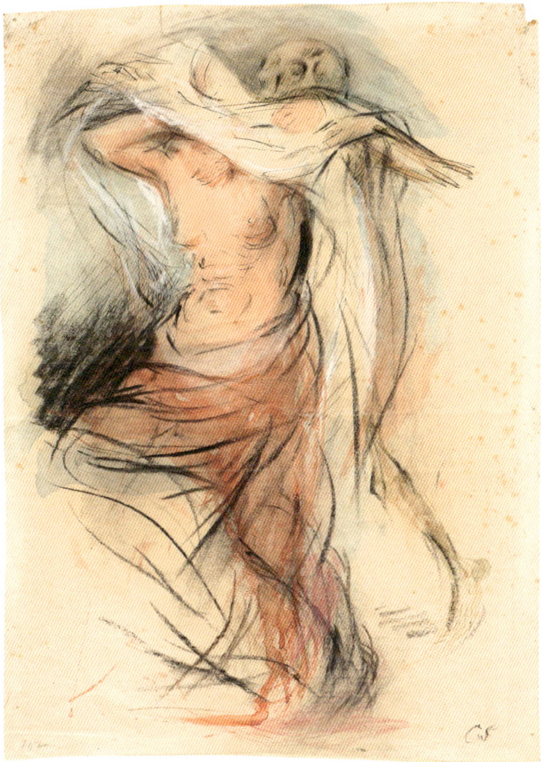

15

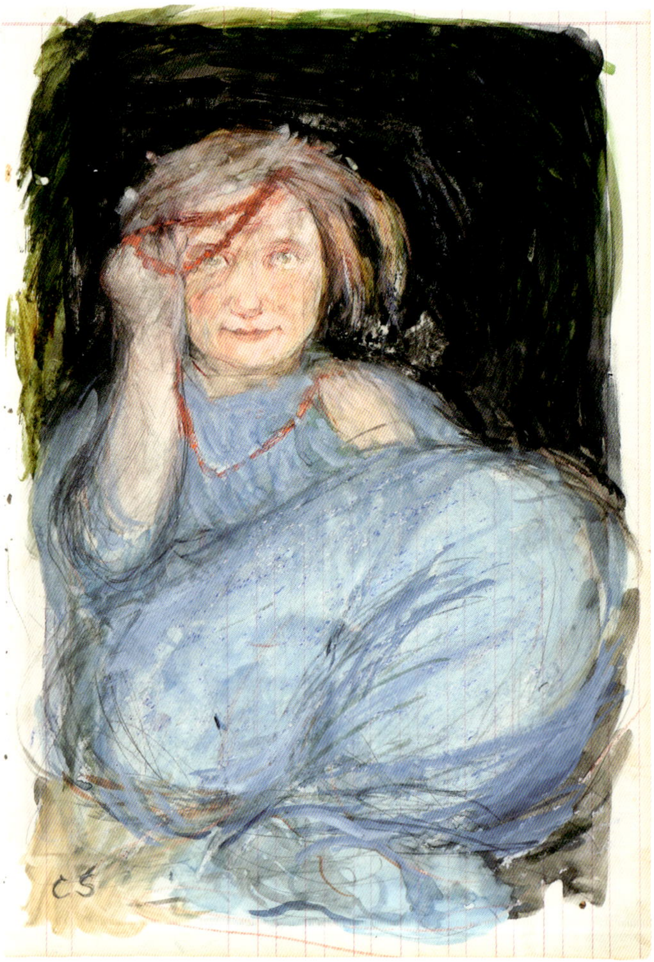

16

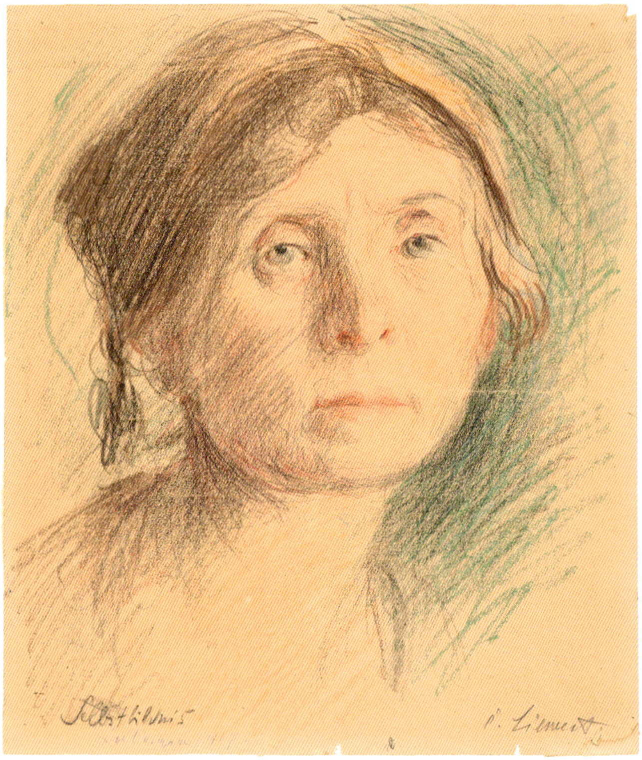

17

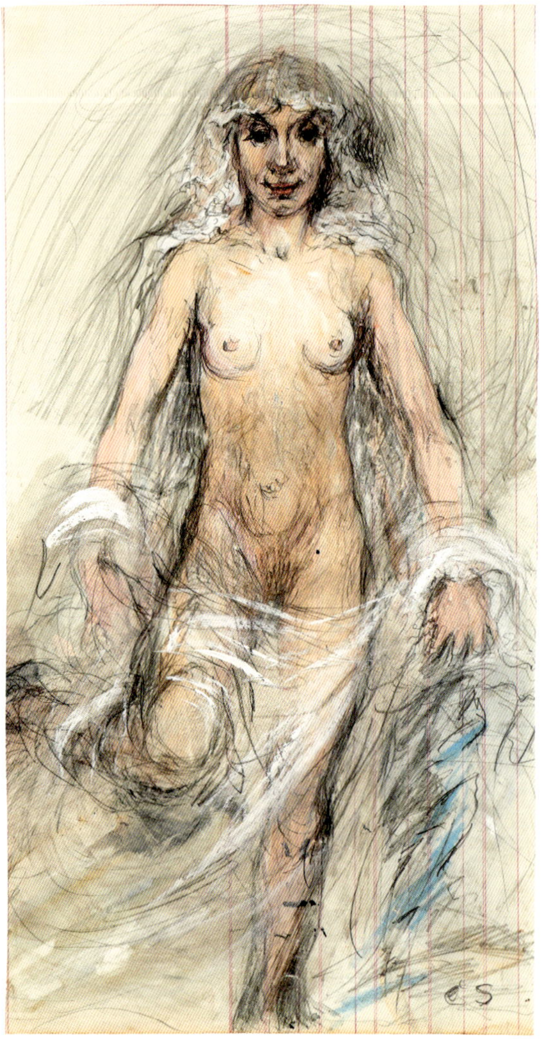

18

16 / **Clara Siewert**
Kind mit Korallenkette, undatiert
Tempera, Aquarell, Bleistift, Kreide auf liniertem Buchungspapier, 41,8 × 28,7 cm
LENTOS Kunstmuseum Linz, Inv.-Nr. G 6, erworben 1947 aus der Sammlung Wolfgang Gurlitt

17 / **Clara Siewert**
Selbstbildnis, um 1917
Pastell und Bleistift, 30,5 × 25,7 cm
LENTOS Kunstmuseum Linz, Inv.-Nr. G 8, erworben 1947 aus der Sammlung Wolfgang Gurlitt

18 / **Clara Siewert**
Venus (Weiblicher Akt), um 1925
Bleistift, Farbstift, Tempera, Deckweiß auf liniertem Buchungspapier, 41 × 21,2 cm
LENTOS Kunstmuseum Linz, Inv.-Nr. G 7, erworben 1947 aus der Sammlung Wolfgang Gurlitt

Arbeiten von Clara Siewert wurden in den von Wolfgang Gurlitt kuratierten Ausstellungen *Die schöpferische Frau. Margret Bilger – Vilma Eckl – Ottilie Kasper – Käthe Kollwitz – Clara Siewert*, Neue Galerie der Stadt Linz, August 1947, und *Die Landschaft. 19. Jahrhundert und Gegenwart*, Neue Galerie der Stadt Linz, November–Dezember 1947, ausgestellt.

Clara Siewert wurde lebenslang auf vielfältige Weise von ihrem Galeristen Wolfgang Gurlitt unterstützt, der die Künstlerin auch entdeckt hatte.

Katrin Schmidt

„AUSSTELLEN – EINE KUNST FÜR SICH“ DIE GALERIE FRITZ GURLITT IN BERLIN (1880-1943)

Als Wolfgang Gurlitt im Alter von nur 24 Jahren die Prokura für die Galerie Fritz Gurlitt erteilt wurde,[1] war diese bereits eine feste Größe in der Berliner Kunstlandschaft. 1880 unter dem Vater Fritz Gurlitt (1853–1893) in der Behrenstraße 29 in Berlin-Mitte eröffnet,[2] konnte sich die Galerie in kurzer Zeit eine gesicherte Position innerhalb des Berliner Kunstmarktes verschaffen.[3] Sie galt als Vorreiterin für die Galeriepräsentation von Werken deutscher Künstler des 19. Jahrhunderts, darunter Adolph von Menzel, Franz von Lenbach, Max Klinger, Hans Makart, Fritz von Uhde, Wilhelm Trübner, Max Slevogt und Max Liebermann. Besonders verdient machte sich Fritz Gurlitt als Förderer von Arnold Böcklin, Anselm Feuerbach, Hans Thoma und Wilhelm Leibl. Bekannt für seine fortschrittliche Haltung, verfolgte Fritz Gurlitt von Anfang an eine internationale Ausrichtung. Sein Interesse galt dabei unter anderem den französischen Impressionisten, deren Werke er 1883 erstmals in Deutschland im Rahmen einer kleinen, jedoch auserlesenen Ausstellung zeigte.[4] Die Zusammenstellung von Leihgaben aus der Berliner Sammlung Carl und Felicie Bernstein sowie aus der des Pariser Kunsthändlers Paul Durand-Ruel umfasste Werke von Claude Monet, Éduard Manet, Edgar Degas, Auguste Renoir, Camille Pissarro und Alfred Sisley. „Wenn Berlin ein wenig mehr künstlerische Atmosphäre bekommt“, schrieb Jules Lafourges über Fritz Gurlitt, „so wird es das besonders Herrn Gurlitt verdanken.“[5]

Nach dem Tod von Fritz Gurlitt im Jahr 1893 übernahmen dessen Witwe Annarella Gurlitt[6] (1858–1935) sowie der langjährige Mitarbeiter des Geschäfts Willi Waldecker (?–1921) die Leitung der Galerie.[7] Über die Bedeutung des angetretenen Erbes hieß es in der Presse:

> „Ein Kunstsalon mit solchen Traditionen hat natürlich besondere Verpflichtungen gegen die Kunst sowohl als auch gegen das Publikum. Man erwartet von ihm etwas Besseres als nur respektable Ausstellungen. Er soll eine eigene Physiognomie haben.“[8]

Nachdem die Ausstellungstätigkeit 1902 zum Erliegen gekommen war,[9] erfolgte am 28. September 1905 mit einer Retrospektive zu Ehren von Hans Thoma die Wiedereröffnung.[10] Der Kunsthändler Georg Caspari (1878–1930) war nun offener Handelsgesellschafter der Galerie Fritz Gurlitt,[11] die in der Zwischenzeit neue Räume in einer Villa in der Potsdamer

1 Vgl. Birgit Gropp, *Studien zum Berliner Kunsthändler Gurlitt. Wolfgang Gurlitt und Max Pechstein*, Hochschulschrift, Freie Universität Berlin, Berlin 1991, S. 116.

2 Vgl. Anonym, „Vom Kunstmarkt“, in: *Kunstchronik*, Jg. 16, H. 5, 11.11.1880, S. 76–77, hier S. 76; siehe auch Gropp 1991, S. 4.

3 Vgl. Anonym, „Sammlungen und Ausstellungen“, in: *Kunstchronik*, Jg. 16, H. 28, 21.4.1881, S. 458–461, hier S. 458.

4 Für das Folgende vgl. Sonja Feßel, „Fotografie zwischen Kunstmarkt und Wissenschaft. Zum Glasplattenbestand der Kunsthandlung Fritz Gurlitt, Berlin, im Deutschen Dokumentationszentrum für Kunstgeschichte – Bildarchiv Foto Marburg“, in: *Rundbrief Fotografie*, Jg. 23, H. 3, 2016, S. 8–22, rundbrief-fotografie.de/archiv/hefte/rf-91/sonja-fe%C3%9Fel (abgerufen am 17.3.2019).

5 Aus dem Tagebuch von Jules Lafourges, dem Vorleser von Kaiserin Auguste, zit. nach: Edwin Kuntz, „Wolfgang Gurlitt zum 75. Geburtstag“, in: *Weltkunst*, Jg. 33, H. 4, 15.2.1963, S. 15.

6 Vgl. A. R., „Sammlungen und Ausstellungen“, in: *Kunstchronik*, Jg. 5, H. 2, 19.10.1894, S. 27–30, hier S. 27.

7 Vgl. Gropp 1991, S. 111.

8 Hans Rosenhagen, „Aus den Berliner Kunstsalons“, in: *Kunst für alle*, Jg. 21, H. 3, 1.11.1905, S. 66–69, hier S. 67.

9 Vgl. Gropp 1991, S. 116.

10 Vgl. Rosenhagen 1905, S. 67.

11 Vgl. Gropp 1991, S. 115.

Straße 113 bezogen hatte.[12] Diese umfassten auch einen Oberlichtsaal, der für intime Präsentationen sehr gut geeignet war. Gezeigt wurden hier 1906 Arbeiten von Clara Siewert, Henri Fantin-Latour[13] sowie im Dezember desselben Jahres die Werke der Künstlerkolonie Worpswede. Einige Jahre waren vergangen, seitdem Hans am Ende, Fritz Mackensen, Otto Modersohn, Fritz Overbeck und Heinrich Vogeler zuletzt geschlossen ausgestellt worden waren.[14]

Übernahme der Galerie durch Wolfgang Gurlitt

Im Jahr 1907 trat Wolfgang Gurlitt in das Geschäft seines verstorbenen Vaters ein. Gemeinsam mit Carl Nicolai (1878–?) wurde ihm am 3. Dezember 1912 die Prokura für die Galerie Fritz Gurlitt erteilt.[15] Georg Caspari schied zeitgleich als offener Handelsgesellschafter aus dem Galeriegeschäft aus.[16] Bereit dazu, auf dem Gebiet des Kunsthandels Pionierarbeit zu leisten, nahm Wolfgang Gurlitt viele moderne Künstler in das Programm der Galerie auf, darunter Max Slevogt, Max Pechstein, Henri Matisse, Ernst Ludwig Kirchner, Carl Moll, Edvard Munch, Karl Schmidt-Rottluff, Erich Heckel, Alfred Kubin und Oskar Kokoschka. Zeitgleich fand eine gründliche Umgestaltung der Galerieräume statt, deren neue Schlichtheit sich an das veränderte Programm der Galerie anpasste:

> „Reste falschen Renaissancegeschmacks, die hier noch aus der Böcklin-Lenbach-Epoche in unsere Zeit hineinragten, sind beseitigt worden. Die Räume sind bescheidener geworden und gerade dadurch passender zur Aufnahme von Kunstwerken."[17]

Trotz aller Veränderungen vergaß Wolfgang Gurlitt die „alten Kunstfreunde" seines Vaters nicht. Zumeist waren sie es, die der Galerie die nötigen Einnahmen sicherten, um auf dem Gebiet der zeitgenössischen Kunst Weiteres wagen zu können.[18] Denn in den Augen Wolfgang Gurlitts war der Beruf des Kunsthändlers nicht nur beschränkt auf die Vermittlung zwischen Künstler und Käufer, vielmehr verstand er sich als Veranstalter, dessen Galerie „zum Ort turbulenter Auseinandersetzungen um einen Künstler oder einen ‚Ismus', oft aber auch zum Sprungbrett in den Erfolg" wurde.[19]

Etwa drei bis fünf Ausstellungen jährlich fanden zwischen 1907 und 1913 in der Galerie Fritz Gurlitt statt. Gezeigt wurden Malerei, Grafik sowie Skulpturen, aber auch kunsthandwerkliche Erzeugnisse. Die Exponate stammten zumeist aus dem Fundus der Galerie, selten wurden Werke aus Privatsammlungen ergänzt.[20] Den Auftakt bildete eine Ausstellung von Gemälden und Lithografien Henri de Toulouse-Lautrecs. Es war die zweite größere Lithografie-Ausstellung des Künstlers in Deutschland, der eine Schau in der Bremer Kunsthalle im Oktober 1906 vorangegangen war.[21] 1909 widmete die Galerie Karl Hofer eine Einzelausstellung, deren Exponate der Kunsthistoriker und spätere Beauftragte des „Sonderauftrages Linz" Dr. Hermann Voss (1884–1969) im *Cicerone* jedoch als „enttäuschend" und „zerquält" kritisierte.[22] Wohlwollender wurde die Thoma-Ausstellung im Dezember desselben Jahres aufgenommen. Gezeigt wurden nicht nur mehr als 60 Gemälde des Künstlers, sondern auch Majoliken aus dessen Hand.[23] 1911 richtete Wolfgang Gurlitt eine Gauguin-Ausstellung in den eigenen Räumen aus, die zuvor in der Galerie Ernst Arnold in Dresden zu sehen gewesen war.[24] Weiterhin eröffnete er im November eine Gedächtnisausstellung zu Ehren des Landschaftsmalers Louis Gurlitt, seines Großvaters.[25] 1912 folgten eine Feuerbach-Ausstellung sowie eine erste geschlossene Präsentation der Künstlergruppe Brücke in Berlin.[26] Es war ihre zweite und zugleich vorletzte Wanderausstellung, die anschließend in der Galerie Commeter in Hamburg Station machte. Zuvor hatte eine Auseinandersetzung zwischen den Mitgliedern zum Ausschluss Pechsteins geführt. In einer Rezension der Ausstellung in der Galerie Fritz Gurlitt wurde

12 Für das Folgende vgl. Rosenhagen 1905, S. 67.

13 Vgl. Anonym, „Chronik", in: *Kunst und Künstler*, Jg. 4, 1906, S. 177–182, hier S. 178.

14 Vgl. Anonym, „Ausstellungen"; in: *Kunstchronik*, Jg. 18, H. 8, 7.12.1906, S. 118–119, hier S. 118.

15 Vgl. Gropp 1991, S. 116.

16 Vgl. ebd., S. 115.

17 Vgl. Glaser, „Neue Kunstsalons in Berlin", in: *Die Kunst für alle*, Jg. 29, H. 6, 15.12.1913, S. 128–130, hier S. 128.

18 Vgl. Wolfgang Gurlitt, „Ausstellen – Eine Kunst für sich. Zur Situation des Kunsthandels", in: *Weltkunst*, Jg. 22, H. 12, 15.6.1952, S. 3.

19 Für das Folgende vgl. ebd.

20 Vgl. Michael Dorrmann, *Eduard Arnold. Eine biographische Studie zu Unternehmer- und Mäzenatentum im Deutschen Kaiserreich*, Akademie Verlag, Berlin 2002, S. 126f.

21 Vgl. Alfred Walter Heymel, „Das lithographische Werk Henri de Toulouse-Lautrecs", in: *Kunst und Künstler*, Jg. 5, H. 7, 1907, S. 257–277, hier S. 277.

22 Vgl. Hermann Voss, „Ausstellungen", in: *Der Cicerone*, Jg. 1, H. 6, 1909, S. 196–198, hier S. 197.

23 Vgl. E. B., „Kleine Kunstnachrichten", in: *Deutsche Kunst und Dekoration*, Jg. 25, H. 7, 1909, S. 293–296, hier S. 293.

24 Vgl. Karl Scheffler, „Kunstausstellungen", in: *Kunst und Künstler*, Jg. 9, H. 7, 1911, S. 364–366, hier S. 364.

25 Vgl. Ludwig Gurlitt, „Louis Gurlitts Frühkunst", in: *Kunst und Künstler*, Jg. 9, H. 3, 1911, S. 147–152, hier S. 147.

26 Vgl. Anonym, „Berlin", in: *Kunst und Künstler*, Jg. 10, H. 8, 1912, S. 415.

dieser als „ohne Frage der reifste und bedeutendste" Vertreter des Brücke-Kreises hervorgehoben.[27] Wolfgang Gurlitt sollte ihm ein Jahr später eine erste große Einzelausstellung widmen und einen Exklusivvertrag schließen, der ihn zum alleinigen Vertreter des Künstlers machte.[28] Nach der Auflösung der Brücke zeigte Wolfgang Gurlitt im Winter 1912/13 noch einmal jedes einzelne Mitglied der Gruppe für sich.[29] Für Erich Heckel bedeutete dies die erste Einzelausstellung in seiner Künstlerlaufbahn.[30] Das Ausstellungsjahr 1913 umfasste eine Präsentation kunstgewerblicher Erzeugnisse von Henri Matisse[31] sowie eine *Gedächtnisausstellung anläßlich des Regierungsjubiläums des deutschen Kaisers*, die einen Überblick über die Kunst der letzten 25 Jahre lieferte. Gezeigt wurden Werke von Feuerbach, Böcklin, Thoma, Leibl, Trübner, Uhde, Menzel, Liebermann sowie der Franzosen Courbet, Corot und Pissarro. „Man steht mit Empfindungen der Dankbarkeit vor diesen Bildern", hieß es später in der Presse,[32] die im gleichen Zuge einmal mehr den Verdienst der Galerie Fritz Gurlitt bei der Förderung und Verbreitung der genannten Künstlerpersönlichkeiten hervorhob.[33]

Erster Weltkrieg (1914–1918)

1914 wurde Wolfgang Gurlitt offizieller Mitinhaber der Firma und löste Waldecker als Gesellschafter ab.[34] Im selben Jahr gründete sich der Gurlitt-Verlag, unter dessen Namen fortan Mappenwerke, Einzelgrafiken und Buchreihen mit Originalgrafiken erschienen.[35] Wolfgang Gurlitt bewies mit diesem Schritt, dass er begriffen hatte, in welch besonderer Weise der Expressionismus mit dem Medium Grafik zusammenhing.[36] Dieses erfreute sich in der Weimarer Republik besonderer Beliebtheit, da es auch für weniger vermögende Bevölkerungskreise erschwinglich war.[37] Über tausend Einzelblätter wurden in jenen Jahren durch Wolfgang Gurlitt vertrieben.[38]

Mit etwa vier Ausstellungen jährlich setzte die Galerie Fritz Gurlitt ihre Tätigkeit auch nach dem Ausbruch des Ersten Weltkrieges fort. Der jährliche Herbstsalon war den Vertretern der Moderne gewidmet, darunter Jaeckel, Pechstein und Moll.[39] Das Ausstellungsjahr 1915 brachte eine Präsentation Hans Brühlmanns sowie die erste von insgesamt sechs *Ausstellungen zum Besten der Kriegshilfe für bildende Künstler*. Gezeigt wurden Werke deutscher Künstler aus privatem Besitz, darunter Gemälde bekannter Größen wie Feuerbach, Trübner, Böcklin, Knaus, Blechen, Menzel und von Werner. Unter den Spendern befanden sich vor allem Berliner Sammler, die in der Vergangenheit einige der Werke von der Galerie Fritz Gurlitt erworben hatten. Im zugehörigen Ausstellungskatalog schrieb Wolfgang Gurlitt zum Hintergrund der Reihe: „In diesem Jahre der schweren Prüfung unseres Volkes gilt es vor allem, der materiellen Not nach Kräften zu steuern. Der Kriegshilfsstelle, die wir errichteten, wird der Ertrag dieser Ausstellung zufließen".[40] In der Presse wurde das Engagement der Galerie wohlwollend zur Kenntnis genommen und Wolfgang Gurlitt als junger Inhaber gewürdigt, „der in seiner erst kurzen Tätigkeit schon öfter den Willen gezeigt hat, eigene Wege zu gehen".[41] Die zweite Ausstellung der Reihe stellte Arbeiten von Corinth und Liebermann einander gegenüber. Sie diente dem Kunstkritiker Julius Elias als Anlass, das Verhältnis der Deutschen gegenüber ausländischer Kunst in Zeiten des Krieges zu diskutieren. Als ein Verfechter des Impressionismus in Deutschland warnte er in der Zeitschrift *Kunst und Künstler* vor einem „chauvinistischen Stolz" und „blinder Ablehnung" vor allem der französischen Malerei gegenüber.[42] Wie ernst das Thema war, bekam Wolfgang Gurlitt im Jahr

---

27 Vgl. Curt Glaser, „Aus den Berliner Kunstsalons", in: *Die Kunst für alle*, Jg. 27, H. 16, 15.5.1912, S. 386.

28 Vgl. Meike Hoffmann, Nicola Kuhn, *Hitlers Kunsthändler. Hildebrand Gurlitt 1895–1956*, C. H. Beck, München 2016, S. 31. Zum Verhältnis zwischen Gurlitt und Pechstein siehe auch den Beitrag von Aya Soika im vorliegenden Katalog.

29 Vgl. Anonym, „Ausstellungen", in: *Kunstchronik*, Jg. 25, H. 28, 3.4.1914, S. 421–427, hier S. 422.

30 Vgl. Anton Henze, *Erich Heckel. Leben und Werk*, Belser, Stuttgart 1983, S. 44.

31 Vgl. Karl Scheffler, „Kunstausstellungen", in: *Kunst und Künstler*, Jg. 11, H. 10, 1913, S. 532–535, hier S. 532.

32 Vgl. Anonym, „Ausstellungen", in: *Der Cicerone*, Jg. 5, H. 2, 1913, S. 66–69, hier S. 66.

33 Vgl. Anonym, „Ausstellungen", in: *Kunstchronik*, Jg. 24, H. 16, 17.1.1913, S. 229–231, hier S. 229.

34 Vgl. Gropp 1991, S. 116.

35 Vgl. ebd., S. 137. Mit Gurlitts verlegerischen Tätigkeiten beschäftigt sich ausführlich der Beitrag von Bernd Ernsting im vorliegenden Katalog.

36 Vgl. Edwin Kuntz, „Wolfgang Gurlitt zum 75. Geburtstag", in: *Weltkunst*, Jg. 33, H. 4, 15.2.1963, S. 15.

37 Vgl. Hoffmann, Kuhn 2016, S. 31.

38 Vgl. Kuntz 15.2.1963, S. 15.

39 Vgl. Karl Scheffler, „Kunstausstellungen", in: *Kunst und Künstler*, Jg. 12, H. 2, 1914, S. 119–125, hier S. 120.

40 Vgl. *Werke deutscher Meister aus Privatbesitz. 1. Ausstellung. Zum Besten der Kriegshilfe für bildende Künstler*, Ausst.-Kat., Galerie Fritz Gurlitt, Berlin, Februar 1915, o. S.

41 Vgl. Hans Friedenberger, „Werke Deutscher Meister aus Privatbesitz bei Fritz Gurlitt", in: *Der Cicerone*, Jg. 7, H. 4, 1915, S. 80–87, hier S. 88.

42 Vgl. Julius Elias, „Liebermann – Corinth", in: *Kunst und Künstler*, Jg. 13, H. 9, 1915, S. 408–420, hier S. 408.

1916 zu spüren, als die geplante Honoré-Daumier-Ausstellung in seinen Räumen vom Oberkommando der kaiserlichen Armee verboten wurde.[43]

Zum Zwecke der Kriegshilfe eröffneten 1915 weitere Einzelausstellungen von Slevogt sowie Thoma.[44] Die *Kunstchronik* begleitete diese mit einem Bericht über das Charakteristische der Galerie Fritz Gurlitt:

> „Diese rückschauenden Ausstellungen bei Gurlitt haben ihren besonderen Reiz in der Intimität ihrer Wirkung. Wir sahen dort Corinth anders als in der großen Sezessionsschau, Liebermann anders als so oft bei Cassirer, erhielten eine neue Anschauung von Slevogts Schaffen und haben nun Gelegenheit, bei einem Hans Thoma zu verweilen. [...]"[45]

Mit einer Präsentation der Werke von Anselm Feuerbach kehrte die Galerie Fritz Gurlitt im Februar 1915 zu ihren künstlerischen Ursprüngen zurück.[46] Für die Verbreitung und den Ruhm des Künstlers hatte sich diese schon zuzeiten Fritz Gurlitts besonders verdient gemacht. Henriette Feuerbach war Patin des jungen Wolfgang Gurlitt. Im April 1916 zeigte dieser erneut deutsche Künstler des 19. Jahrhunderts, zusammengefasst in einer Gruppenausstellung. Zu sehen waren unter anderem Hans Thoma, Adolph von Menzel, Hans von Marées, Friedrich Decker sowie Carl Blechen.[47] Ein Jahr später eröffnete eine Einzelausstellung mit Grafiken von Corinth. Zeitgleich erschien im Gurlitt-Verlag ein umfangreicher Katalog von Karl Schwarz über das grafische Werk Corinths.[48] Im Juni 1918 richtete die Galerie Fritz Gurlitt eine große Einzelausstellung mit neueren Arbeiten von Pechstein aus. Viele der hier ausgestellten Werke gingen anschließend in Museumsbesitz über. So erwarben die Kunsthalle in Mannheim und das Museum in Erfurt jeweils ein Stillleben, das Museum in Posen ein Jungenbildnis sowie das Museum in Darmstadt das Werk *Großes Rettungsboot*.[49] Im selben Jahr meldete Wolfgang Gurlitt das Unternehmen Gurlitt-Presse an, unter dessen Obhut Einzelgrafiken, Mappenwerke sowie illustrierte Bücher des Verlags gedruckt wurden.[50]

Die Zwischenkriegsjahre (1919–1932)

Etwa fünf bis sieben Ausstellungen pro Jahr fanden zwischen 1919 und 1926 in der Galerie Fritz Gurlitt statt. Eine Besonderheit war die Ausstellung von Mosaiken der „Vereinigten Werkstätten für Mosaik und Glasmalerei, Puhl & Wagner sowie Gottfried Heinersdorff" im Sommer 1919. Sie umfasste Reproduktionen italienischer Mosaike genauso wie die dekorativen Wandmosaike von Pechstein, die seit einiger Zeit die Räume der Galerie schmückten.[51] 1922 eröffnete eine Ausstellung mit über hundert Grafikblättern von Oskar Kokoschka.[52] Dieser war mit Wolfgang Gurlitt befreundet, der selbst eine umfassende Kokoschka-Sammlung besaß. Im darauffolgenden Jahr verkündete die Presse die Eröffnung des „Grafischen Kabinetts und Antiquitätensalons" der Galerie Fritz Gurlitt in der Viktoriastraße 21 in Berlin.[53] Ebenfalls im Jahr 1923 trat Wilhelm Uhde als neuer Mitarbeiter in das Galeriegeschäft ein, wo er fortan hauptsächlich für die Pflege der modernen Kunst zuständig war.[54] Weitere Räumlichkeiten wurden 1924 in der Budapester Straße bezogen. Diese eröffneten mit einer Gruppenausstellung von Lovis Corinth, Guiseppe Crespi, Johann von Aachen, Abraham Janssen, Friedrich Rehberg, Friedrich August von Kloeber, Sighard Gille, Thomas Rowlandson sowie mit außereuropäischer Kunst und Kunsthandwerk.[55] In der Potsdamer Straße präsentierte Wolfgang Gurlitt zeitgleich Zeichnungen und Aquarelle von

---

43 Vgl. Anonym, „Ausstellungen", in: *Kunstchronik*, Jg. 28, H. 5, 1916, S. 37–41, hier S. 40.

44 Siehe *Werke deutscher Meister aus Privatbesitz. Zum Besten der Kriegshilfe für bildende Künstler. 3. Ausstellung: Max Slevogt*, Ausst.-Kat., Galerie Fritz Gurlitt, Berlin, Juni 1915, und *Werke deutscher Meister aus Privatbesitz. Zum Besten der Kriegshilfe für bildende Künstler. 4. Ausstellung: Hans Thoma*, Ausst.-Kat., Galerie Fritz Gurlitt, Berlin, November 1915.

45 Vgl. Glaser, „Berliner Ausstellungen", in: *Kunstchronik*, Jg. 27, H. 10, 3.12.1915, S. 98–99, hier S. 98.

46 Für das Folgende vgl. Hermann Uhde-Bernays, „Unbekannte Bilder von Anselm Feuerbach in der Ausstellung aus Privatbesitz bei Fritz Gurlitt", in: *Der Cicerone*, Jg. 7, H. 4, 1915, S. 80–87, hier S. 80.

47 Vgl. Anonym, „Kunstausstellungen", in: *Kunst und Künstler*, Jg. 14, H. 8, 1916, S. 415–416, hier S. 415.

48 Vgl. H. Fr., „Ausstellungen", in: *Der Cicerone*, Jg. 9, H. 9/10, 1917, S. 175; siehe auch Karl Schwarz, *Das graphische Werk von Lovis Corinth*, Verlag Fritz Gurlitt, Berlin 1917.

49 Vgl. Anonym, „Sammlungen", in: *Kunstchronik*, Jg. 29, H. 37, 28.6.1918, S. 408.

50 Vgl. Hoffmann, Kuhn 2016, S. 30.

51 Vgl. Karl Scheffler, „Kunstausstellungen", in: *Kunst und Künstler*, Jg. 17, H. 7, 1919, S. 275–278, hier S. 275ff.

52 Vgl. Karl Scheffler, „Berliner Herbstausstellungen", in: *Kunst und Künstler*, Jg. 20, H. 3, 1922, S. 104–108, hier S. 105.

53 Vgl. Anonym, „Der Markt", in: *Der Cicerone*, Jg. 15, H. 16, 1923, o. S.; siehe auch Anonym, „Aus der Sammlerwelt und dem Kunsthandel", in: *Der Cicerone*, Jg. 15, H. 6, 1923, S. 312. An dieser Stelle wird vom „Grafischen Kabinett und Antiquitätensalon" der Galerie Fritz Gurlitt gesprochen.

54 Vgl. Anonym, „Bevorstehende Versteigerungen", in: *Kunstchronik und Kunstmarkt*, Jg. 58, H. 30, April–September 1923, S. 587–598, hier S. 598.

55 Vgl. *Neues Geschäftslokal in der Budapester Straße. Corinth, Crespi, Johann von Aachen, Abraham Janssen, Friedrich Rehberg, Friedrich August von Kloeber, Gille, Rowlandson, außereuropäische Kunst und Kunsthandwerk*, Ausst.-Kat., Galerie Fritz Gurlitt, Berlin 1924.

Kubin.[56] Auch mit diesem Künstler verband ihn eine enge Freundschaft, die sich auch auf die eigene Sammlung niederschlug, in der Kubin mit zahlreichen Werken vertreten war. 1926 veranstaltete Wolfgang Gurlitt eine Gedenkausstellung zu Ehren von Corinth, der ein Jahr zuvor verstorben war.[57] Bereits 1894 hatte die erste Ausstellung des Künstlers in der Galerie Fritz Gurlitt stattgefunden. Von Corinth stammt auch das bekannteste Porträt Wolfgang Gurlitts aus dem Jahr 1917, das sich heute als Inventarnummer 1 in der Sammlung des LENTOS Kunstmuseum Linz befindet.

Ebenfalls 1926 wurde das Unternehmen „Kunsthandlung Fritz Gurlitt G. m. b. H." gegründet. Nach eigenen Angaben schied Wolfgang Gurlitt noch im selben Jahr aus der Firma aus. Inhaberin war seine langjährige Galeriemitarbeiterin Lilly Agoston (1894–1950). Diese Ausweitung der Geschäftstätigkeiten der Galerie Fritz Gurlitt konnte jedoch nicht über deren finanzielle Probleme hinwegtäuschen, die sich in den 1920er- und 1930er-Jahren eingestellt hatten und unter anderem auf Kreditschulden aus den Jahren nach dem Ersten Weltkrieg zurückzuführen waren. Sie brachten die Galeriegeschäfte zwar nie völlig zum Stillstand, beeinträchtigten diese jedoch merklich.[58] So reduzierten sich die Aktivitäten ab 1927 auf lediglich ein bis zwei Ausstellungen pro Jahr. Diese waren vor allem den Vertretern der Moderne gewidmet, darunter Wilhelm Wagner, Conrad Felixmüller sowie Christian Schad.[59] Zudem fand 1930 in der Galerie Fritz Gurlitt die erste Einzelausstellung von Jeanne Mammen statt, die den Beginn der zunehmenden Anerkennung der Künstlerin markierte.[60] Gezeigt wurden unter anderem die Ölgemälde *Friedhof in Nidden* (o. J.) sowie *Nutten (Auf der Straße)* (um 1930). Ein Jahr später widmete die Galerie der Malerin Lotte Laserstein eine erste Einzelausstellung.[61] Bereits 1928 war die Künstlerin im Rahmen der Vergabe des Georg-Schicht-Preises für das schönste deutsche Frauenporträt mit dem Bildnis *Russisches Mädchen mit Puderdose* in der Galerie Fritz Gurlitt vertreten gewesen. Obwohl sie den Wettbewerb nicht gewann, sorgte die mediale Aufmerksamkeit, die die Wettbewerbsausstellung erhielt, doch für eine wachsende Bekanntheit der Künstlerin.[62]

Trotz der finanziellen Schwierigkeiten der Galerie Fritz Gurlitt und der abnehmenden Anzahl an Ausstellungen belegen ihre Verkäufe eine durchaus intensive Handelstätigkeit in den Zwischenkriegsjahren. Allein die Berliner Nationalgalerie erwarb elf Werke, darunter das Gemälde *Sonnenblumen* (1912) von Heinrich Nauen,[63] eine Landschaftsdarstellung von Louis Gurlitt (1832/36), die Gurlitt als Kommissionsware aus Privatbesitz übernommen hatte,[64] sowie das Bild *Ruderer* (1913/28) von Pechstein.[65] Darüber hinaus überließ Wolfgang Gurlitt der Nationalgalerie das Gemälde *Urteil des Paris* (1910/11) von Mueller[66] sowie weitere Werke von Jules Pascin[67] und Friedrich August Elsasser[68] als Schenkungen. Trotzdem kam es im Jahr 1931 wegen Zahlungsschwierigkeiten zur Auflösung der „Kunsthandlung Fritz Gurlitt G. m. b. H.". Ein Jahr später leistete Wolfgang Gurlitt den Offenbarungseid.[69]

Aktivitäten der Galerie im Nationalsozialismus (1933–1945)

Die Anzahl der verfügbaren Kataloge sowie Besprechungen in der Presse belegen eine gleichbleibend geringe Anzahl an Ausstellungen der Galerie Fritz Gurlitt in den 1930er- und

56 Vgl. Karl Scheffler, „Kunstausstellungen", in: *Kunst und Künstler*, Jg. 22, H. 10, 1924, S. 305–307, hier S. 306.

57 Vgl. *Gedenkausstellung Corinth*, Ausst.-Kat., Galerie Fritz Gurlitt, Berlin 1926.

58 Für das Folgende vgl. Walter Schuster, *Die „Sammlung Gurlitt" der Neuen Galerie der Stadt Linz*, Archiv der Stadt Linz, Linz 1999, S. 31.

59 Vgl. *Wilhelm Wagner*, Ausst.-Kat., Galerie Fritz Gurlitt, Berlin 1927; *Conrad Felixmüller*, Ausst.-Kat., Galerie Fritz Gurlitt, Berlin 1929; *Christian Schad*, Ausst.-Kat., Galerie Fritz Gurlitt, Berlin 1930.

60 Vgl. Anonym, „Kunstausstellungen", in: *Der Kunstwanderer*, Jg. 14, November/Dezember 1932, S. 390–392, hier S. 391. Siehe hierzu auch den Aufsatz von Camilla Smith im vorliegenden Katalog.

61 Für das Folgende vgl. *Lotte Laserstein. Von Angesicht zu Angesicht*, Ausst.-Kat., Städel Museum, Frankfurt am Main, Prestel, München 2018, S. 34.

62 Vgl. ebd., S. 175.

63 Heinrich Nauen, *Sonnenblumen*, 1912, Öl auf Leinwand, 151 × 90 cm, SMB – Neue Nationalgalerie, Berlin, angekauft 1919. Siehe auch: SMB-ZA, I/NG 930, Angebot der Galerie Fritz Gurlitt, Berlin: „Stilleben" von Nauen und Aquarelle von Pechstein, 14.3.1928.

64 Louis Gurlitt, *Bild & Skizze*, um 1832/36, Öl auf Leinwand, 20 × 27 cm, SMB – Alte Nationalgalerie, Berlin, angekauft 1929.

65 Max Pechstein, *Ruderer*, 1913/28, Öl auf Karton, 46 × 38 cm, SMB – Neue Nationalgalerie, Berlin, angekauft 1928. Siehe auch: SMB-ZA, I/NG 470, Angebot der Galerie Gurlitt, Berlin: Corinth, Pechstein und Mueller. Schenkung des Gemäldes „Das Urteil des Paris" von Mueller, 28.1.1928.

66 Otto Mueller, *Das Urteil des Paris*, 1910/11, Leimfarbe, Rupfen, 179 × 124,5 cm, SMB – Neue Nationalgalerie, Berlin, Geschenk der Galerie Fritz Gurlitt 1928. Siehe auch: SMB-ZA, I/NG 470, Angebot der Galerie Gurlitt, Berlin: Corinth, Pechstein und Mueller. Schenkung des Gemäldes „Das Urteil des Paris" von Mueller, 28.1.1928.

67 Jules Pascin, *Liegendes Mädchen*, 1920, SMB – Neue Nationalgalerie, Berlin, Geschenk der Galerie Fritz Gurlitt 1926.

68 Friedrich August Elsasser, *Landschaft mit Ruine*, vor 1845, SMB – Neue Nationalgalerie, Berlin, Geschenk der Galerie Fritz Gurlitt 1929. Siehe auch: SMB-ZA, I/NG 999, Galerie Fritz Gurlitt, Berlin übersendet ein Bild von Elsasser und zwei graphische Arbeiten von Pechstein zum 50-jährigen Bestehen der Nationalgalerie, 15.4.1926.

69 Vgl. Schuster 1999, S. 6f. Siehe auch: GStA PK, VI. HA Familienarchive und Nachlässe, NI Kurt Reutti, Nr. 1, Bl. 234–251, hier Bl. 245, Die Fälschungen des Kunsthändlers Wolfgang Gurlitt. Laut Reutti ließ Wolfgang Gurlitt etwa in den 1920er-Jahren Bronzen des Künstlers René Sintenis nachgießen. Er wurde daraufhin verklagt und zu Schadenersatz verurteilt, was zum Ablegen des Offenbarungseides führte.

1940er-Jahren. Im Januar 1933 eröffnete eine Ausstellung mit Werken des jüdischen Künstlers Eric Isenburger.[70] Die Schau wurde von der nationalsozialistischen Presse scharf angegriffen und Isenburger als „entartet“ diffamiert.[71] 1934 folgte eine Einzelschau mit Werken von Melchior Lechter, die letzte zu Lebzeiten des Künstlers.[72] Für das Jahr 1935 ist eine Präsentation der Werke des Pfälzer Expressionisten Ludwig Waldschmidt überliefert.[73] Ein Jahr später eröffnete in der Galerie Fritz Gurlitt die mit 173 Werken bis dato umfangreichste Ausstellung der Malerin Clara Siewert. Die Künstlerin war Wolfgang Gurlitt vermutlich seit ihrer Beteiligung an den Ausstellungen der „Vereinigung von Künstlerinnen“ seines Vaters sowie von der *Berliner Großen Kunstausstellung* bekannt.[74] Gezeigt wurden Aquarelle und Zeichnungen der Jahre 1890 bis 1930, die sehr gute Rezensionen in der Presse erhielten: „Hier liegt ein Werk vor, das so etwas wie das westpreußische Gegenstück zu dem ostpreußischen Lebenswerk von Käthe Kollwitz ist – nur daß die Westpreußin streckenweise härter, schärfer, problematischer ist.“[75] Für das Jahr 1937 lassen sich insgesamt drei Einzelausstellungen von Werner Luft und Carl Max Rebel[76] sowie von Paul Renner, der deutsche und italienische Landschaftsbilder präsentierte, nachweisen.[77] 1938 fand eine Gruppenausstellung von Erhard Klepper, Herbert Ortel und Franz Xaver Gruber statt. Anfang 1940 wurde der in Griechenland ansässige deutsche Maler Otto Westphal gezeigt.[78] Im September 1940 beschied die Reichskammer der bildenden Künste Wolfgang Gurlitt, dass gegen die Eröffnung der Ausstellung Otto Modersohns keine Bedenken bestünden.

1936 hatten Nachforschungen zum Familienstammbaum von Wolfgang Gurlitt begonnen, der gemäß der nationalsozialistischen Rassentheorie als sogenannter „Mischling 2. Grades“ galt.[79] Zudem wurde ihm der Handel mit „ausländischen Juden“ sowie seine Geschäftsverbindung zur ungarischen Jüdin Lilly Agoston vorgeworfen.[80] Zusätzlich machten Wolfgang Gurlitt ab 1937 erneut finanzielle Probleme zu schaffen.[81] Diese waren das Ergebnis eines Konkurses aus dem Jahr 1928 und beliefen sich 1942 auf etwa 81.000 Reichsmark.[82] Wolfgang Gurlitt überschrieb die Geschäfte daraufhin seiner früheren Ehefrau Julia Gurlitt-Goob.[83] Die gelernte Innenarchitektin war zwischen 1915 und 1931 als Angestellte für die Galerie tätig gewesen und dürfte die Geschäfte gut gekannt haben. Zudem galt sie als „arisch“ und war somit nicht von der wirtschaftlichen Ausschaltung der jüdischen Bevölkerung im Deutschen Reich betroffen. Die wirtschaftliche Lage Wolfgang Gurlitts führte schließlich dazu, dass er 1941 als Inhaber der Galerie Fritz Gurlitt zwar offiziell ausscheiden musste, de facto aber seine Kunsthandlung unter dem Namen seiner Ex-Frau weiterführte.[84]

Trotz dieser politischen und finanziellen Probleme behielt die Galerie Fritz Gurlitt ihre feste Position in der Berliner Kunstlandschaft auch unter der nationalsozialistischen Herrschaft bei und konnte ihre Tätigkeit weitestgehend ungehindert fortführen.[85] Dafür sorgten nicht zuletzt Gurlitts gute Kontakte zu leitenden Positionen des nationalsozialistischen Regimes wie dem Berliner Landesleiter der Reichskammer

70 Siehe hierzu ausführlich den Aufsatz von Gregory Hahn im vorliegenden Katalog.

71 Vgl. Deutsche Nationalbibliothek, Virtuelle Ausstellung *Künste im Exil*, Eric Isenburger, kuenste-im-exil.de/KIE/Content/DE/Personen/isenburger-eric.html (abgerufen am 23.3.2019).

72 Vgl. *Melchior Lechter*, Ausst.-Kat., Galerie Fritz Gurlitt, Berlin 1934.

73 Vgl. Anonym, „Ausstellungen der Woche“, in: *Weltkunst*, Jg. 9, H. 9, 3.3.1935, S. 4.

74 Vgl. *Clara Siewert. Zwischen Traum und Wirklichkeit*, Ausst.-Kat., Kunstforum Ostdeutsche Galerie Regensburg, Käthe-Kollwitz-Museum Köln, Regensburg 2008, S. 31. Die Ausstellungen der „Vereinigung von Künstlerinnen“ fanden spätestens seit 1896 in der Galerie Fritz Gurlitt statt. Sie ernteten zwar überwiegend vernichtende Kritik der Presse, welche die Exponate als „Erzeugnisse aus ‚Malspielschulen‘, denen man selbst in nichtöffentlichen Räumen mit Schaudern begegnet“ betitelte, wurden jedoch noch bis mindestens 1909 fortgeführt. Vgl. Hans Rosenhagen, „Berliner Ausstellungen“, in: *Die Kunst für alle*, Jg. 16, H. 12, 15.3.1901, S. 292; R. Sch., „Von Ausstellungen und Sammlungen“, in: *Die Kunst für alle*, Jg. 24, H. 16, 15.5.1909, S. 388.

75 Ebd.

76 Vgl. Gropp 1991, S. 157–178, Ausstellungstätigkeit der Galerie Gurlitt bis 1938.

77 Vgl. *Ausstellung Paul Renner. Deutsche und italienische Landschaften*, Ausst.-Kat., Galerie Fritz Gurlitt, Berlin 1937.

78 Für das Folgende vgl. Schuster 1999, S. 14f.

79 Vgl. LAB, A Rep. 243-04, Nr. 2875, Personenakte Wolfgang Gurlitt, Schreiben der NSDAP, Gauleitung Berlin an die Landesleitung der RKdbK, Berlin, 14.1.1939. Wolfgang Gurlitts Großmutter war mosaischen Glaubens. Vgl. Schuster 2005, S. 213.

80 Vgl. A Rep. 243-04, Nr. 2875, Personenakte Wolfgang Gurlitt, Schreiben der Gestapo, Berlin an die Landesleitung der RKdbK, Berlin, 7.7.1938.

81 Vgl. Schuster 1999, S. 8; siehe auch: LAB, A Rep. 243-04, Nr. 2874, Personenakte Wolfgang Gurlitt, Bl. 2102, Schreiben der Landesleitung der RKdbK, Berlin, 27.4.1942.

82 Vgl. LAB, A Rep. 243-04, Nr. 2875, Personenakte Wolfgang Gurlitt, Bl. 2009, Schreiben der Landesleitung der RKdbK, Berlin, an den Präsidenten der RKdbK, Berlin, 28.7.1942.

83 Für das Folgende vgl. LAB, A Rep. 243-04, Nr. 2874, Personenakte Julia Gurlitt-Goob, Bl. 1930f., Fragebogen der RKdbK, 13.4.1937; siehe auch Hoffmann, Kuhn 2016, S. 31.

84 Vgl. ebd., S. 8; siehe auch: LAB, A Rep. 243-04, Nr. 2874, Personenakte Julia Gurlitt-Goob, Bl. 2102, Schreiben der Landesleitung der RKdbK, Berlin, 27.4.1942.

85 Vgl. Schuster 1999, S. 14. Siehe hierzu auch den Aufsatz von Michael John im vorliegenden Katalog.

der bildenden Künste Schmidt, der sich wiederholt um Gurlitt bemühte.[86] Neben kleineren Gefälligkeiten, wie der Zuteilung einer Telefonkennziffer beim Fernsprechamt zur Durchführung von Ferngesprächen,[87] schrieb Schmidt im Februar 1942 persönlich an das Amtsgericht Berlin-Schöneberg und bat um die Verschiebung des Offenbarungseides für Wolfgang Gurlitt.[88] Durch einen Vergleich mit den Gläubigern konnten die Schulden auf 25.000 Reichsmark gesenkt und der zweite Konkurs in der Firmengeschichte abgewendet werden.[89] Im selben Jahr wurde die Firma „Galerie Julia Gurlitt" in das Berliner Handelsregister eingetragen.[90]

Ab 1940 pflegte Wolfgang Gurlitt Kontakte zum Reichsministerium für Volksaufklärung und Propaganda, in dessen Auftrag er als Kunsthändler tätig war.[91] So erwarb er im Februar 1940 vier Gemälde von Corinth, die zuvor in den Museen in Chemnitz, Frankfurt am Main und Hannover sowie in der Hamburger Kunsthalle im Rahmen der Aktion „Entartete Kunst" beschlagnahmt worden waren.[92] Weiterhin stand er in den Jahren zwischen 1941 und 1944 in umfangreicher Korrespondenz mit dem Leiter des „Sonderauftrages Linz", zuerst mit Dr. Hans Posse, der 1942 verstarb, ab 1943 mit Dr. Hermann Voss.[93]

Zerstörung der Galerie Fritz Gurlitt und Umzug nach Österreich

In der Nacht vom 22. auf den 23. November 1943 wurden durch einen Bombenangriff auf Berlin die Galerieräume in der Kurfürstenstraße und die Privatwohnung Gurlitts in der Lützowstraße sowie die Lagerräume in der Keithstraße und am Lützowplatz vollständig vernichtet. Von der Zerstörung betroffen war nicht nur der Privatbesitz Gurlitts, sondern auch Kommissionsware von Privatpersonen und die Geschäftsbücher der Galerie. Wolfgang Gurlitt selbst gab in einem Brief an den Landesleiter der Reichskammer der bildenden Künste Schmidt an, dass „die wichtigsten Dinge […] in Atome aufgelöst wurden",[94] und beantragte beim Hauptamt für Kriegsschäden eine finanzielle Wiedergutmachung in Höhe von 3,4 Millionen Reichsmark.[95]

Die enormen Kriegsschäden bedeuteten das Ende der Galerie Gurlitt in Berlin. Im Herbst 1943 zog Wolfgang Gurlitt nach Würzburg und am 22. Februar 1944 nach Bad Aussee.[96] Die Übersiedlung nach Österreich war schon länger geplant. Bereits im Februar 1940 hatte Käthe Gurlitt zusammen mit Julia Gurlitt-Goob ein Haus in Bad Aussee erworben.[97] Kurz vor dem Bombeneinschlag im November waren bereits sämtliche Koffer gepackt.[98]

---

86 Vgl. LAB, A Rep. 243-04, Nr. 2875, Personenakte Wolfgang Gurlitt, Bl. 2052, Schreiben der Landesleitung der RKdbK, Berlin, an das Amtsgericht Berlin-Schöneberg, 22.4.1942.

87 Vgl. Schuster 1999, S. 16.

88 Vgl. LAB, A Rep. 243-04, Nr. 2875, Personenakte Wolfgang Gurlitt, Bl. 2052, Schreiben der Landesleitung der RKdbK, Berlin, an das Amtsgericht Berlin-Schöneberg, 22.4.1942.

89 Vgl. LAB, A Rep. 243-04, Nr. 2875, Personenakte Wolfgang Gurlitt, Bl. 2009, Schreiben der Landesleitung der RKdbK, Berlin, an den Präsidenten der RKdbK, Berlin, 28.7.1942.

90 Vgl. LAB, A Rep. 342-02, Nr. 18889, Registerakten über die Firma Galerie Julia Gurlitt, Bl. 2, Handblatt aus dem Handelsregister, Abteilung A, 17.3.1942.

91 Vgl. BA R 55/21015, Galerie Gurlitt, Mikrofiche 4, Vertrag zwischen Wolfgang Gurlitt und dem Ministerium für Volksaufklärung und Propaganda, 31.1.1940; siehe auch Andreas Hüneke, „‚Dubiose Händler operieren im Dunst der Macht'. Vom Handel mit ‚entarteter' Kunst", in: *Alfred Flechtheim. Sammler, Kunsthändler, Verleger. 1937: Europa vor dem Zweiten Weltkrieg*, Ausst.-Kat., Kunstmuseum Düsseldorf, Westfälisches Landesmuseum für Kunst und Kulturgeschichte Münster, Düsseldorf 1987, S. 101–105, hier S. 104.

92 Vgl. BA R 55/21015, Galerie Gurlitt, Mikrofiche 1, Vertrag zwischen Wolfgang Gurlitt und dem Ministerium für Volksaufklärung und Propaganda, 6.2.1940. Informationen zu den Werken sind online abrufbar unter: Freie Universität Berlin, Beschlagnahmeinventar „Entartete Kunst", URL: www.geschkult.fu-berlin.de/e/db_entart_kunst (abgerufen am 23.3.2019).

93 Vgl. Schuster 1999, S. 25.

94 LAB, A Rep. 243-04, Nr. 2875, Personenakte Wolfgang Gurlitt, Bl. 1946, Schreiben von Wolfgang Gurlitt, Berlin, an die Landesleitung der RKdbK, Berlin, 28.11.1943.

95 LAB, A Rep. 005-07, Nr. 938, Schreiben des Hauptamtes für Kriegsschäden, Berlin, an das Finanzamt Berlin-Tiergarten, 8.1.1945.

96 Meldezettel von Wolfgang Gurlitt, Gemeindeamt Bad Aussee, Hinweis von Dr. Elisabeth Nowak-Thaller.

97 Vgl. Schuster 1999, S. 31.

98 Vgl. LAB, A Rep. 243-04, Nr. 2875, Personenakte Wolfgang Gurlitt, Bl. 1946, Schreiben von Wolfgang Gurlitt, Berlin, an die Landesleitung der RKdbK, Berlin, 28.11.1943.

Katrin Schmidt / Geb. 1988, M. A., Studium der Kunstgeschichte sowie Publizistik- und Kommunikationswissenschaft an der Freien Universität Berlin. 2014 einjähriger Arbeitsaufenthalt als Provenienzforscherin in London, danach Graduiertenstudium der Vergleichenden Literatur- und Kunstwissenschaft an der Universität Potsdam. 2017 Master of Arts mit einer Arbeit über Performancekunst und Intermedia in der DDR. Seit 2018 Provenienzforscherin bei der Kunstverwaltung des Bundes. Forschungsschwerpunkte: u. a. Provenienz- und Sammlungsforschung, Kunst- und Kulturpolitik in autoritären Regimen, künstlerische Avantgarden.

CHARLOTTE BEREND
ANITA BERBER

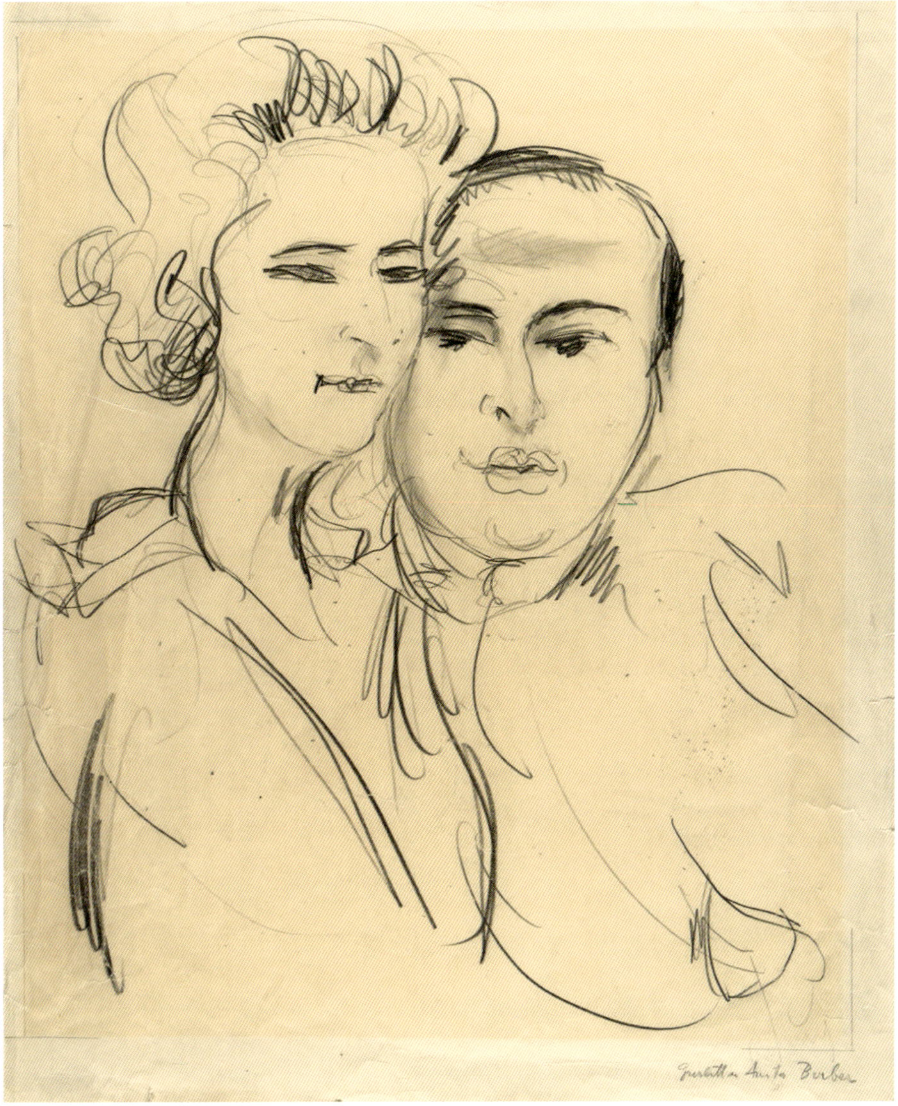

Abb. 1

Abb. 2–11

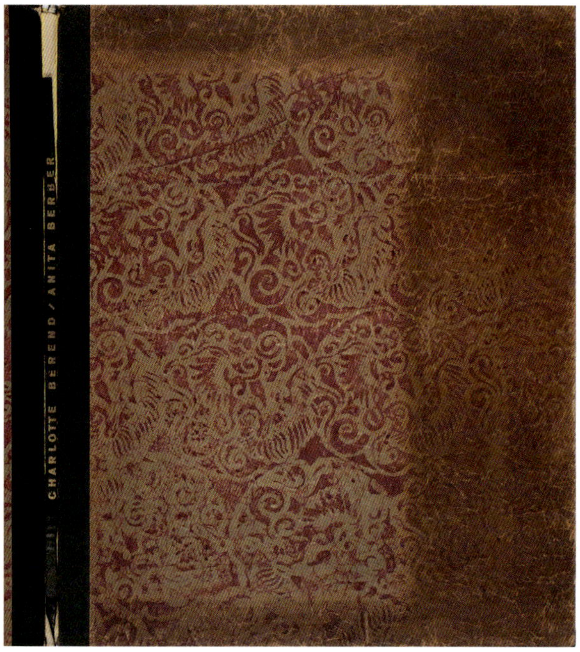

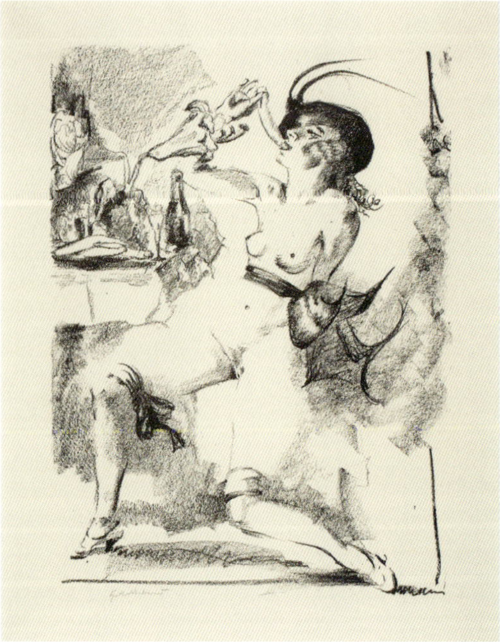

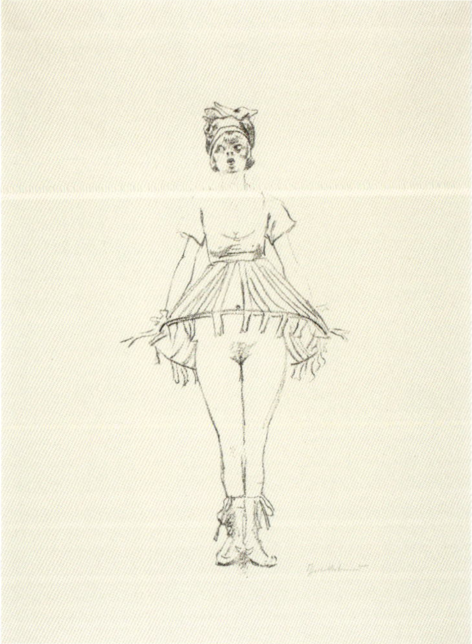

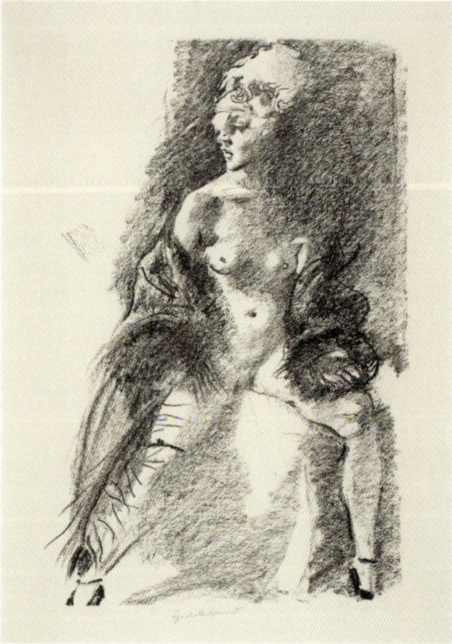

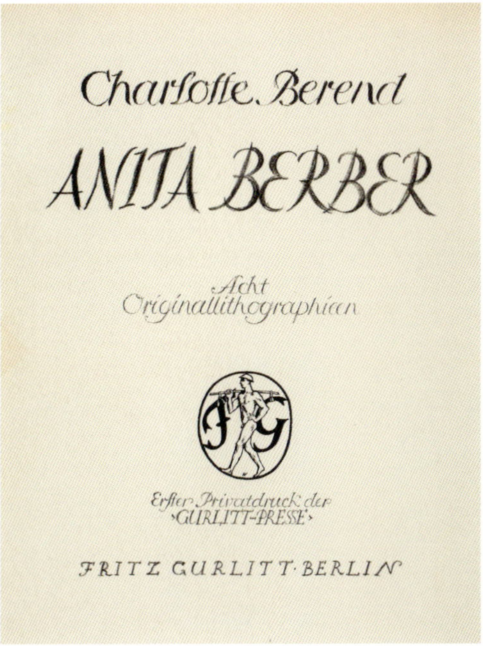
Charlotte Berend
ANITA BERBER
Acht
Originallithographien
Erster Privatdruck der
»GURLITT-PRESSE«
FRITZ GURLITT · BERLIN

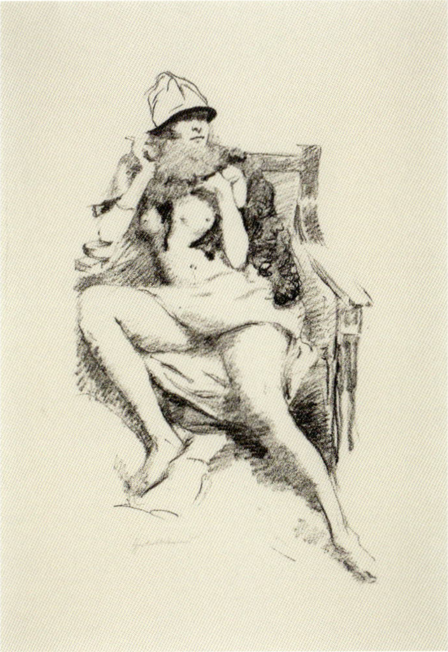

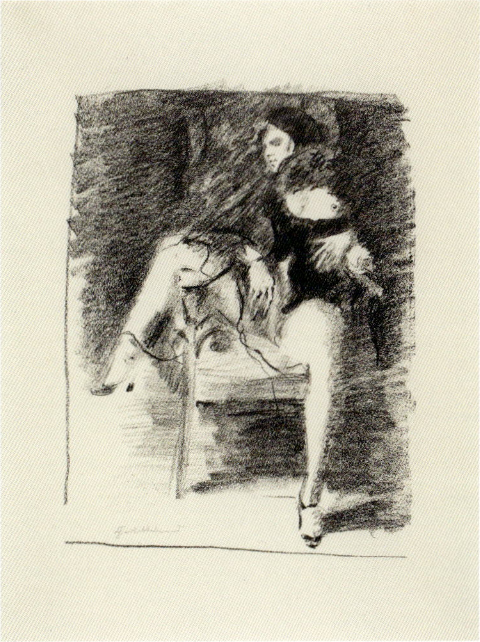

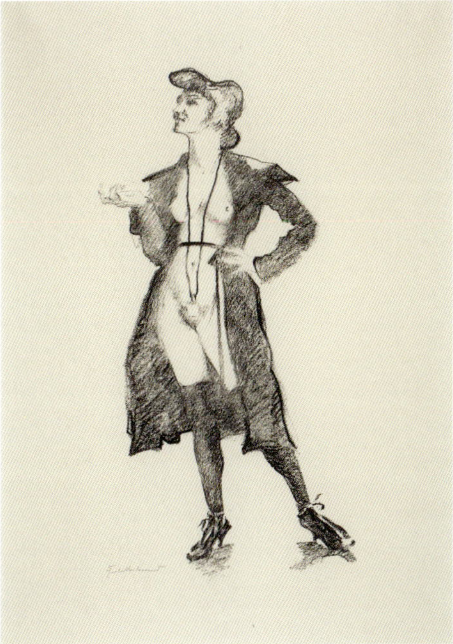

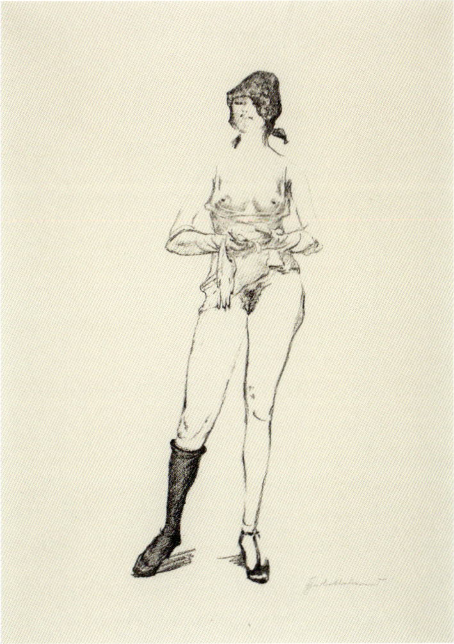

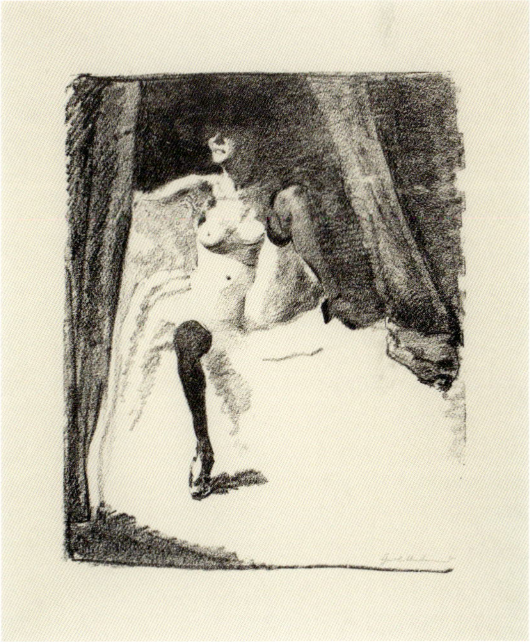

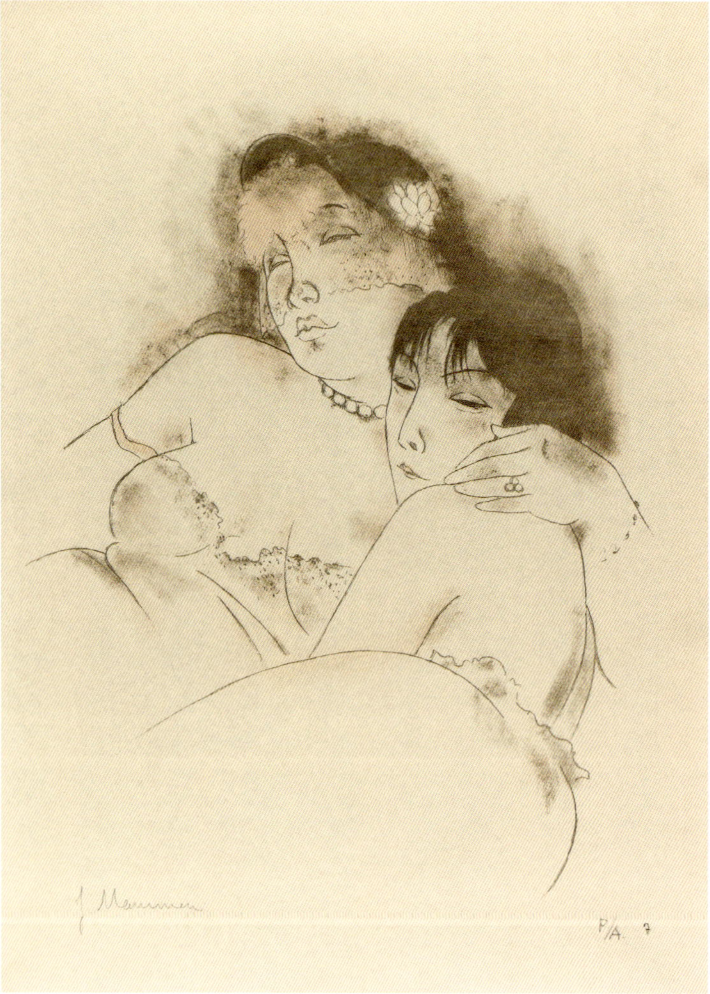

Abb. 12

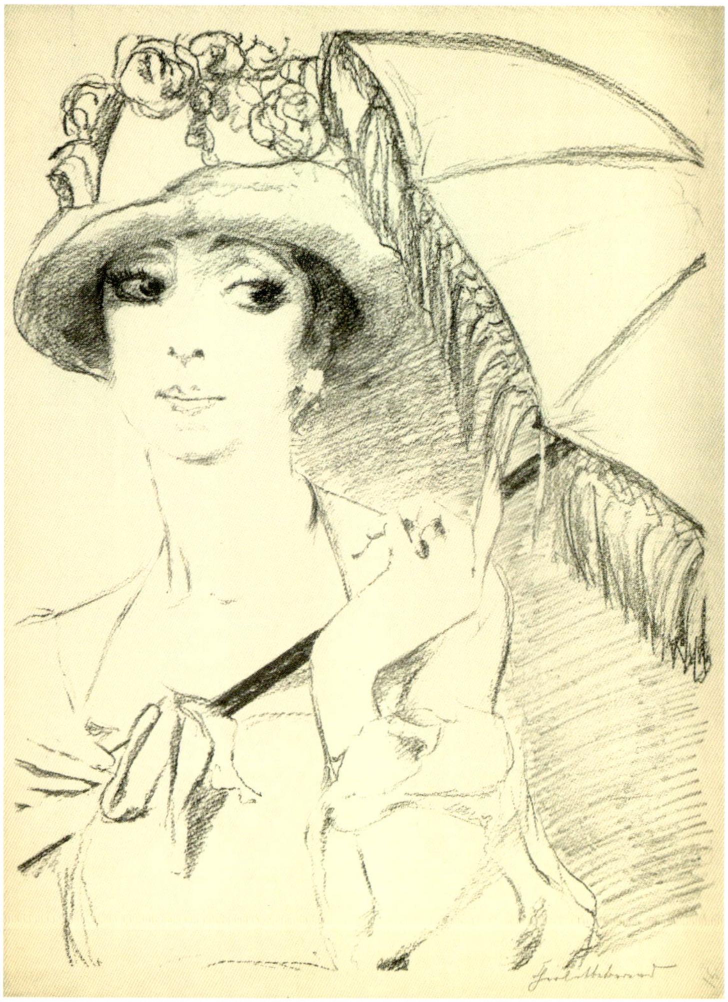

Abb. 13

Abb. 1 / **Rudolf Großmann**
* 1882 Freiburg im Breisgau, Deutschland, † 1941 Freiburg im Breisgau, Deutschland
Wolfgang Gurlitt und Anita Berber, um 1919
Bleistift auf Papier, 51 × 41 cm
Ehemals Besitz Maria Gurlitt, München, LENTOS Kunstmuseum Linz

Abb. 2 / **Charlotte Berend**
* 1880 Berlin, Deutschland, † 1967 New York, USA
Anita Berber: Acht Originallithografieen, 1919
Umschlag der Standard-Edition, Privatdruck der Gurlitt-Presse, Verlag Fritz Gurlitt 1919

Abb. 3 / **Charlotte Berend**
Anita Berber: Acht Originallithografieen, 1919
Titelseite

Abb. 4–11 / **Charlotte Berend**
Anita Berber: Acht Originallithografieen, 1919
Ohne Titel, Lithografien auf Bütten, je 62 × 68 cm

Abb. 12 / **Jeanne Mammen**
Siesta, um 1930–1932
Aus der neunteiligen Serie *Die Lieder der Bilitis*
Farblithografie, 57 × 40,5 cm
Jeanne-Mammen-Stiftung im Stadtmuseum Berlin

Abb. 13 / **Charlotte Berend**
Fritzi Massary, 1919
Ohne Titel, Blatt 5, Lithografie, Fritz Gurlitt Verlag, 1919, Standard-Edition
Reproduktion: Howard L. and Muriel Weingrow Collection at Hofstra University, Special Collections

Abb. 14 / **Waldemar Titzenthaler**
* 1869 Laibach, heute Ljubljana, Slowenien, † 1937 Berlin, Deutschland
Die Tänzerin Anita Berber in neuen Kleidern, aus: *Die Dame: Illustrierte Frauenzeitung*, Ullstein Verlag, Berlin, 15. Dezember 1918

Abbey Rees-Hales

„MIT EINER ZIEMLICH WEITGEHENDEN WEIBLICHEN INDISKRETION"
EIN MAPPENWERK CHARLOTTE BERENDS ÜBER ANITA BERBER IM GURLITT-VERLAG

Im Juni 1919 veröffentlichte Wolfgang Gurlitt eine Serie sexuell eindeutiger Grafiken, die zu den frühesten von einer Künstlerin auf diesem Gebiet geschaffenen Arbeiten gehören: *Anita Berber: Acht Originallithographieen*, eine Grafikmappe in limitierter Auflage von Charlotte Berend (1880–1967), einem Mitglied der Berliner Secession. Veröffentlicht in der Reihe *Privatdrucke der Gurlitt-Presse*, die Gurlitt, eine betuchte Zielgruppe im Blick, für die Herausgabe von Erotika eingerichtet hatte, bieten Berends acht Lithografien freizügige Bilder der neunzehnjährigen deutschen Tänzerin, Schauspielerin und Selbstdarstellerin Anita Berber (1899–1928), auf denen diese, spärlich bekleidet, provokante Posen einnimmt (Abb. 4–11).[1]

Im Dezember 1918, einen Monat nachdem Kaiser Wilhelm II. abgedankt hatte, die Deutsche Republik ausgerufen, der Waffenstillstand unterzeichnet worden war und die kurzlebige deutsche Revolutionsregierung sowohl die Zensur abgeschafft als auch das Frauenwahlrecht eingeführt hatte, hatte Anita Berber ihr Debüt in *Dida Ibsens Geschichte* (1918), Richard Oswalds Aufklärungsfilm, der die Themen Ehebruch, außereheliche Schwangerschaft, von Missbrauch geprägte Eheverhältnisse und Selbstmord abhandelte. Zugleich erschienen Bilder von ihr als elegantes, unnahbares Model in

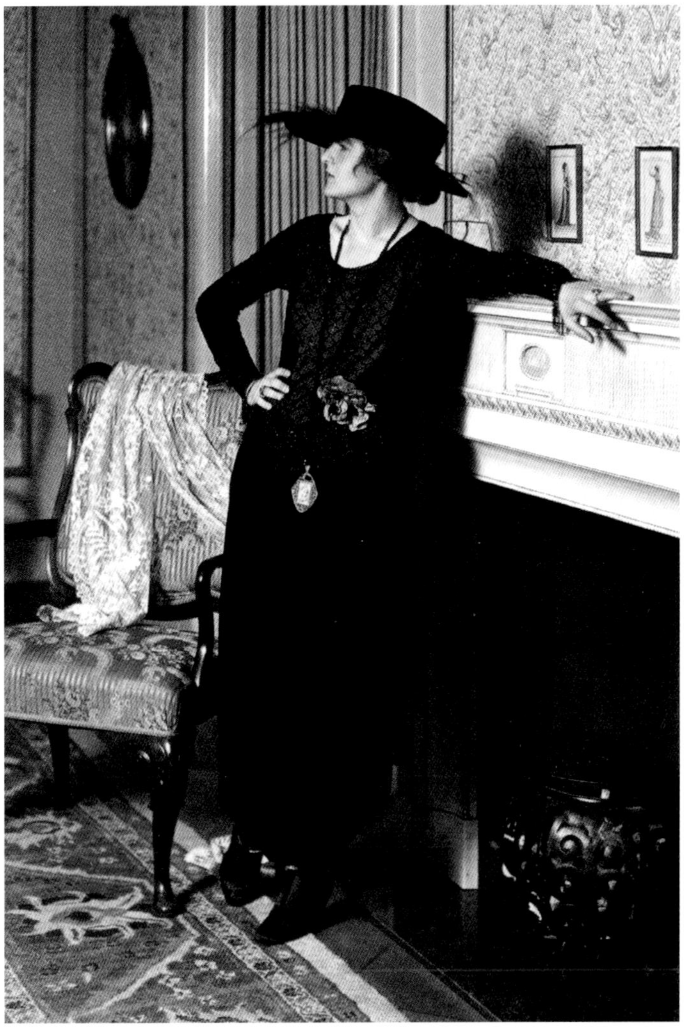

Abb. 14

1 Charlotte Berend, *Anita Berber: Acht Originallithographieen*, Privatdrucke der Gurlitt-Presse, Fritz Gurlitt Verlag, Berlin 1919. Bei dem doppelten „e" im Titel handelt es sich nicht um einen Schreibfehler im vorliegenden Text; die Mappe erschien tatsächlich in dieser Schreibweise. Dieser Aufsatz folgt im Wesentlichen der nicht veröffentlichten Masterarbeit der Autorin: Abbey Rees-Hales, *„A New Erotic Renaissance Threatens Germany". Charlotte Berend's „Anita Berber: Acht Originallithographien" (1919)*, University of Birmingham, 2017. Berends Berber-Mappe wird auch besprochen in: Marsha Meskimmon, *We Weren't Modern Enough. Women Artists and the Limits of German Modernism*, Tauris, London/New York 1999, S. 51–56; Susan Laikin Funkenstein, „Anita Berber: Imaging a Weimar Performance Artist", in: *Woman's Art Journal*, 26:1, 2005, S. 26–31.

der Frauenzeitschrift *Die Dame*.[2] Nur wenige Monate später, im Frühjahr 1919, hatte sich Berber bereits in der Berliner Tanzszene einen Namen gemacht, in mehreren von Oswalds umstrittenen Aufklärungsfilmen die Hauptrolle gespielt und war als Celebrity auf Postkarten und in Zeitschriften allgegenwärtig. Ein zeitgenössischer Kritiker merkte an: „Namen wie Anita Berber [...] bedürfen keiner Erläuterung."[3] Berbers Bekanntheit dürfte Grund genug gewesen sein, um zu rechtfertigen, dass Gurlitt eine Luxus-Grafikmappe bei Charlotte Berend beauftragte, die sich sonst nicht im Berliner Zwielicht bewegte.

Ab Juni 1919 war die Mappe in einer limitierten Auflage von achtzig signierten Exemplaren erhältlich.[4] Während die Standardausgabe 450 Mark kostete, wurde für die Luxusausgabe, die vier einfarbige und vier handkolorierte Lithografien enthielt, die exorbitante Summe von 900 Mark fällig – fast das Doppelte des Monatsgehalts eines Staatsbeamten.[5] Der hohe Preis stellte sicher, dass Berends erotische Mappe einer betuchten Elite vorbehalten blieb und im Umkehrschluss wenig Gefahr barg, die Aufmerksamkeit des Staatsanwaltes auf sich zu lenken.[6]

Die Standardausgabe wurde auf industriell gefertigtem Büttenpapier gedruckt, das den handgeschöpften Büttenkarton der Luxusausgabe nachahmte. Der Büttenkarton seinerseits sollte die Mappe für Grafiksammler noch begehrenswerter machen.[7] Die Blätter wurden in einem Halbband-Elefantenfolio, dessen Ober- und Unterseite mit Reispapier eingebunden und mit einem Batikmuster verziert war, angeboten (Abb. 2). Angesichts der kurz zuvor eingeführten Luxussteuer, die auf limitierte nummerierte Editionen sowie auf Bütten- und Reispapierdrucke fällig wurde, liegt die Vermutung nahe, das Gurlitt mit dieser Produktion gezielt die Kriterien erfüllte, die automatisch zu einer offiziellen Klassifizierung des Folios als Luxusware führten.[8] Die Art, wie Gurlitt möglichen KäuferInnen und dem Staat gegenüber das Folio als ein Luxusobjekt ankündigte, ist durchaus vergleichbar mit der Weise, in der Berend Berber als begehrenswerte Luxusware darstellte.

Berends acht freizügige Grafikblätter sind ein kompromissloses Beispiel dafür, wie Anfang des 20. Jahrhunderts Schauspielerinnen, Tänzerinnen und die sogenannte „neue Frau" in Verbindung mit Prostituierten gebracht wurden. Nach der Premiere von Oswalds *Die Prostitution* im Mai 1919 mit Berber in der Titelrolle wurde genau diese Engführung zu einem zentralen Bestandteil ihres Bildes in der Öffentlichkeit und gab den Ausschlag für Berends Darstellung.[9] Berends Lithografien zeigen Berber beim Ausagieren unverkennbar sexualisierter Rollen, als *demi-mondaine*, die sich masturbierend auf einem Stuhl räkelt, nur mit Glockenhut und Pelzstola bekleidet, als hedonistische Cabaret-Tänzerin, die es sich einmal so richtig gut gehen lässt, und als Ratlosigkeit mimende Puppe. Deren kindliche Pose erinnert an Berbers Pritzelpuppen-Tanz und löst im Verein mit der Zurschaustellung ihrer Sexualität stark widersprüchliche Empfindungen bei der Wahrnehmung der Frauenfigur aus. Laut dem Theaterwissenschaftler Karl Toepfer begann Berber 1919 mit der Darbietung

2 „Die Tänzerin Anita Berber in neuen Kleidern", in: *Die Dame. Illustrierte Frauenzeitung*, 15.12.1918, S. 10.

3 Aus einer Besprechung von Oswalds Film *Die Reise um die Erde in 80 Tagen*, in dem Berber eine Hauptrolle spielte. Die Premiere fand in Berlin am 20.3.1919 statt. Anonym, *Neue Berliner Zeitung, das 12 Uhr Blatt*, o. D., zit. nach: John T. Soister, *Conrad Veidt on Screen. A Comprehensive Illustrated Filmography*, McFarland, Jefferson/London 2002, S. 61. Berber spielte Hauptrollen in vier Filmen, in denen Oswald zwischen Dezember 1918 und Mai 1919 Regie führte: *Dida Ibsens Geschichte*, *Die Prostitution*, *Peer Gynt* und, vielleicht am bemerkenswertesten, in dem unserem Wissen nach ersten Film zum Thema Homosexualität, *Anders als die Andern*. Dieser Film hatte am 24.5.1919 seine Premiere in Berlin. Zu Berbers Präsenz in Zeitschriften siehe: Mel Gordon, *The Seven Addictions and Five Professions of Anita Berber. Weimar Berlin's Priestess of Depravity*, Feral House, Los Angeles 2006, S. 199.

4 Die Besprechung des Berber-Folios in *Der Cicerone* im Juni 1919 macht ein Erscheinungsdatum von Berends „intime[r] Folge" etwa um diese Zeit wahrscheinlich. Hermann Voss, „Neue Graphik und Liebhaberbücher", in: *Der Cicerone*, 11.6.1919, S. 344. Die Information bezüglich des Drucks und der verschiedenen Editionen stammt von der Impressumsseite des Berber-Folio.

5 Zum Gehalt von Staatsbeamten siehe: Jürgen Kocka, *Facing Total War. German Society, 1914–1918*, Harvard University Press, Cambridge, Mass. 1984, S. 88. Obwohl sich die Auflage laut der Impressumsseite auf 80 Exemplare belief, wurden nur 60 Stück (40 in der Standard- und 20 in der Luxusausgabe) erwähnt in der Liste in Gurlitts *Almanach auf das Jahr 1920* (Fritz Gurlitt Verlag, Berlin 1920, S. VI), laut der die Auflage bereits vollständig verkauft war. Spätestens im Herbst 1921, als Gurlitts *Das Graphische Jahr* (Fritz Gurlitt Verlag, Berlin 1921, S. 52) erschien, waren weitere 20 Exemplare der Luxusausgabe aufgetaucht, wobei darauf hingewiesen wurde, dass es von beiden Ausgaben nur mehr Restexemplare gab.

6 Obwohl es zunächst so aussah, als sei die Zensur mit 12.11.1918 vollständig abgeschafft worden, wurde der Paragraph 184 des Strafgesetzbuches für das Deutsche Reich beibehalten, mit dem die Publikation als „unzüchtig" eingestufter Texte und Bilder verboten wurde.

7 Ich bin Helmfried Luers zu großem Dank verpflichtet, dass er mir mit seinem großen Wissen auf dem Gebiet des Papiers und des Drucks geholfen hat.

8 Das Gesetz enthielt zwar keine Angaben darüber, ab wann von einer limitierten Auflage gesprochen werden kann, in der Regel wird jedoch davon ausgegangen, dass nicht mehr als 50 Exemplare gedruckt werden durften. Erin Sullivan Maynes, *Speculating on Paper. Print Culture and the German Inflation, 1918–1924*, unveröffentl. PhD-Arbeit, University of Southern California, S. 4–57, online verfügbar unter http://digitallibrary.usc.edu/cdm/ref/collection/p15799coll3/id/438088 (abgerufen am 20.5.2019). Ich danke Erin Sullivan Maynes, dass sie mir ihre Forschungsergebnisse mitgeteilt hat.

9 Zu Berbers Rolle in Oswalds *Die Prostitution*: Jill Suzanne Smith, „Richard Oswald and the Social Hygiene Film. Promoting Public Health or Promiscuity?", in: Christian Rogowski (Hg.), *The Many Faces of Weimar Cinema. Rediscovering Germany's Filmic Legacy*, Camden House, Rochester 2010, S. 13–30.

ihrer Nackttänze. Aus dieser frühen Zeit sind Berends Lithografien die einzigen heute bekannten bildlichen Darstellungen, die Berber nackt zeigen. Unter Umständen nahmen die Lithografien also die weitere Entwicklung Berbers vorweg. Das würde ihnen die Rolle eines Wendepunktes in der Konstruktion von Berbers Image als einer alle Grenzen sprengenden Akteurin zuweisen.[10]

Während Berends Sohn Thomas die Ansicht vertrat, seine Mutter habe Berber über Gurlitts Vermittlung oder durch ihre Theaterkontakte kennengelernt, stellte sich während der Vorbereitungsarbeiten für die Ausstellung im LENTOS Kunstmuseum heraus, dass Gurlitt und Berber möglicherweise eine kurze Liaison eingegangen waren. Dies impliziert eine Rudolf Großmann zugeschriebene Bleistiftzeichnung, die die beiden Wange an Wange zeigt (Abb. 1).[11] Auf der Suche nach einem modernen Sujet mit Sex-Appeal und ermutigt von der angeblichen Abschaffung der Zensur sah Gurlitt in einer Serie von Bildern des jungen Stars kommerzielle Erfolgsaussichten, wobei er vielleicht seine offenbar intime Beziehung zu Berber zusätzlich auszunützen gedachte. Angesichts der Überschwemmung des deutschen Marktes der frühen Nachkriegszeit mit teuren neuen Druckwerken und des Umstandes, dass Berber auf dem Höhepunkt ihrer Karriere war, scheint Gurlitt gehofft zu haben, aus der Beliebtheit von Objekt und Sujet Kapital schlagen zu können. Als weiterer begünstigender Faktor kam hinzu, dass überall Debatten stattfanden über Geschlecht, Sexualität und die Entsittlichung, die als Folge der Novemberrevolution wahrgenommen wurde.[12] Berber mag angenommen haben, dass ein derartiges Unternehmen ihrem Ruf zugutekommen werde, indem es die Entwicklung ihrer Karriere visuell dokumentierte. Gurlitt wiederum mag gehofft haben, dass diese Publikation vom erotischen Reiz der weiblichen Autorenschaft profitieren werde. Unklar ist einzig, was Berend sich von diesem ihrem einzigen Vorstoß in das Gebiet der Erotika versprach. Wie auch immer der Gewinn aussah, den Berend sich davon erhoffte: Mit diesen weiblichen Aktzeichnungen verstieß sie gegen die bürgerlichen Begriffe weiblichen Anstands und gegen ihre eigene gesellschaftlich sanktionierte Rolle als „ebenbürtige Partnerin" ihres Mannes Lovis Corinth (1858–1925).[13] Der Verstoß war umso größer, als trotz der Ängste vor einer weitverbreiteten weiblichen „sexuellen Megalomanie", um Magnus Hirschfelds frauenfeindliche Diktion zu verwenden, Berend eine Frau mit hohem Wiedererkennungswert als aggressive sexuelle Akteurin zum Thema ihrer Darstellung machte und nicht ein anonymes sexuelles Objekt.[14]

Berends außergewöhnliches Portfolio verweist auf die Diskrepanz, die zwischen dem Nachruhm der Porträtierten und dem der Künstlerin besteht: Berber ist für ihre Erotik bekannt, während Berend für „puritanische Häuslichkeit" steht.[15] Wenn man die Berber-Lithografien mit Berends zeitgleichem, ebenfalls von Gurlitt verlegtem Fritzi-Massary-Folio vergleicht (Abb. 13), ist der Gegensatz zwischen grafischer Provokation im einen Fall und dick aufgetragener Sentimentalität im anderen Fall unübersehbar. Gurlitt bewarb das Massary-Folio im *Damen-Brevier 1920*. Dieses brachte nebeneinander Modefotos, Kunstdrucke und Werbeinserate für seine eigenen Druckerzeugnisse, wenn auch nur für solche, die „für eine Dame schicklich" waren.[16] Zu dieser Art von Publikationen gehörte das Berber-Folio ganz eindeutig nicht. Es hatte Hermann Voss in der deutschen Kunstzeitschrift *Der Cicerone* im Juni 1919 zum abfälligen Urteil über Berends „ziemlich weitgehend[e] weiblich[e] Indiskretion" veranlasst.[17] Unklar ist, ob Gurlitt sich in dieser frühen Phase der Republik (vor

10 Karl Toepfer, *Empire of Ecstasy. Nudity and Movement in German Body Culture, 1910–1935*, University of California Press, Berkeley/Los Angeles/London 1997, S. 84. Die frühesten der Verfasserin bekannten Aktfotografien Berbers stammen von Madame D'Ora (Dora Kallmus). Sie wurden in einem reich illustrierten Band von Gedichten, Fotografien und Zeichnungen veröffentlicht, einem Gemeinschaftswerk von Berber und ihrem Tanzpartner und damaligen Ehemann Sebastian Droste. Anita Berber und Sebastian Droste, *Die Tänze des Lasters, des Grauens und der Ekstase*, Gloriette Verlag, Wien 1923.

11 Thomas Corinth an Lothar Fischer, 3.10.1983, zitiert nach Lothar Fischer, *Tanz zwischen Rausch und Tod. Anita Berber, 1918–1928 in Berlin*, Haude und Spener, Berlin 1984, S. 52.

12 Starr Figura (Hg.), *German Expressionism. The Graphic Impulse*, Ausst.-Kat., The Museum of Modern Art, New York 2011, S. 31; Robin Reisenfeld, „The Revival, Transformation, and Dissemination of the Print Portfolio in Germany and Austria. 1890 to 1930", in: Richard A. Born, Stephanie D'Alessandro (Hg.), *The German Print Portfolio 1890–1930. Serials for a Private Sphere*, Ausst.-Kat., Detroit Institute of Arts, Tampa Museum of Art, Philip Wilson Publishers, London 1992, S. 19–33. Berbers zweideutiger Ruhm nahm zwar im Lauf der 1920er-Jahre immer weiter zu, ihre produktivste Zeit, besonders im Hinblick auf ihre Filmrollen, waren allerdings die Jahre am Beginn ihrer Karriere. Siehe Anne K. Reimers, „From Fashion Icon to Incarnation of the Abject. Anita Berber and Otto Dix", in: Anthony Patterson, Marilena Zackheos (Hg.), *Vile Women. Female Evil in Fact, Fiction and Mythology*, Inter-Disciplinary Press, Oxford 2014, S. 15; Alexandra Kolb, *Performing Femininity. Dance and Literature in German Modernism*, Peter Lang, Bern 2009, S. 206–221.

13 Gurlitt hatte Corinth ab 1913 vertreten. Iris Schmeisser, „Notes on the Publishers", in: Figura 2011, S. 264; „Studio-Talk", in: *The International Studio. An Illustrated Magazine of Fine and Applied Art*, 45, 1908, S. 152.

14 Magnus Hirschfeld, *The Sexual History of the World War*, Cadillac Publishing, New York 1941, S. 193 (deutsche Originalausgabe: *Sittengeschichte des Weltkrieges*, Verlag für Sexualgeschichte, Schneider & Co., Wien 1930).

15 Funkenstein 2005, S. 27.

16 Charlotte Berend, *Fritzi Massary*, Fritz Gurlitt Verlag, Berlin 1919. Sowohl das Berber-Folio als auch *Der Venuswagen* wurden in Gurlitts Almanach 1920 beworben, allerdings fand keines der beiden Werke Erwähnung im *Damen-Brevier 1920*.

17 Voss 1919, S. 344.

dem Aufkommen der lesbischen Presse in Berlin) schon vollkommen im Klaren war über das kommerzielle Potenzial, das eine weibliche Leserschaft bei der Vermarktung aufwendiger Erotika hatte. Gut ein Jahrzehnt später, 1930, war er diesbezüglich jedenfalls zu einem positiven Schluss gekommen, als er Jeanne Mammen den Auftrag erteilte, Pierre Louÿs' pseudosapphische Mystifikation *Les Chansons de Bilitis* (1894) zu illustrieren.[18]

Dass sich die Ereignisse rund um Berends Berber-Folio so verdichteten – man denke nur an das zeitliche Zusammentreffen von Berbers Auftreten als Tänzerin und Schauspielerin und an die zur selben Zeit sich ausweitenden Debatten über Geschlecht, Sexualität und Obszönität –, war keineswegs zufällig. Oswald mag zwar die Saat von Berbers Erscheinungsbild, das sich über bestehende sexuelle Rollenklischees radikal hinwegsetzte, ausgebracht und einem Massenpublikum vermittelt haben, es blieb aber der respektablen Künstlerin Charlotte Berend und dem Buchhändler und Verleger Wolfgang Gurlitt vorbehalten, die diesbezügliche Ernte mit einer für eine betuchte Elite gedachten Reihe aufwendiger Lithografien einzufahren. Die Mappe *Anita Berber: Acht Originallithographieen* trug dazu bei, den Rahmen abzustecken, in dem Berber auch heute noch gesehen wird – sei es zu ihrem Nutzen oder zu ihrem Nachteil.

18 Erst gegen Mitte der Weimarer Republik entstand in Berlin eine lesbische Presse, nämlich mit dem ersten nachweisbar lesbischen Magazin *Die Freundin* (1924–1933) und dem ersten lesbischen Stadtführer, Ruth Margarete Roelligs *Berlins lesbische Frauen*, Bruno Gebauer Verlag, Leipzig 1928. Clare Rogan, „Good Nude Photographs'. Images for Desire in Weimar Germany's Lesbian Journals", in: Mary McAuliffe, Sonja Tiernan (Hg.), *Tribades, Tommies and Transgressives. History of Sexualities: Volume I*, Cambridge Scholars Publishing, Newcastle 2008, S. 145–161. Über Jeanne Mammens Zyklus siehe ausführlich den Beitrag von Camilla Smith im vorliegenden Katalog.

Abbey Rees-Hales / Trägerin eines Forschungsstipendiums des britischen Arts and Humanities Research Council und wissenschaftliche Hilfskraft am Department of Art History, Curating and Visual Studies der University of Birmingham. Ihre Dissertation *(S)Ex-Libris: Women Artists and the Trade in Erotic Illustrated Books in Interwar Germany and France* untersucht den Beitrag, den Künstlerinnen wie Lene Schneider-Kainer, Renée Sintenis, Jeanne Mammen und Mariette Lydis zur homoerotischen visuellen Kultur der Zwischenkriegszeit in Berlin und Paris geleistet haben.

NETZWERKE MIT KÜNSTLERN UND KÜNSTLERINNEN MAX PECHSTEIN

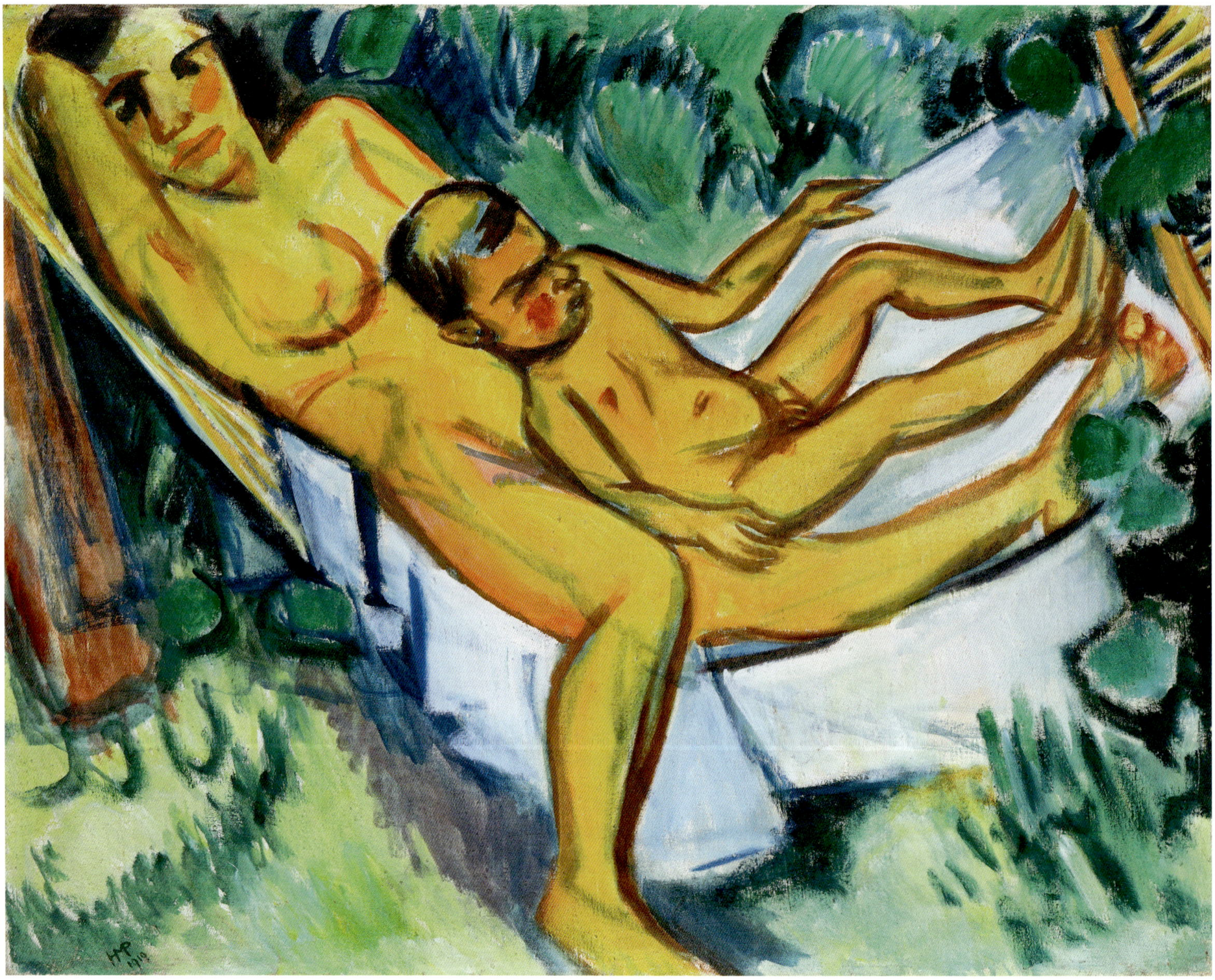

1

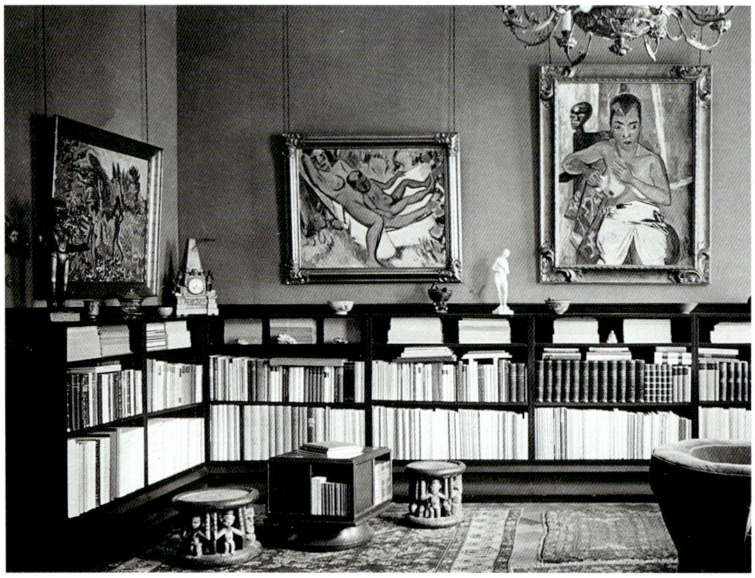

2

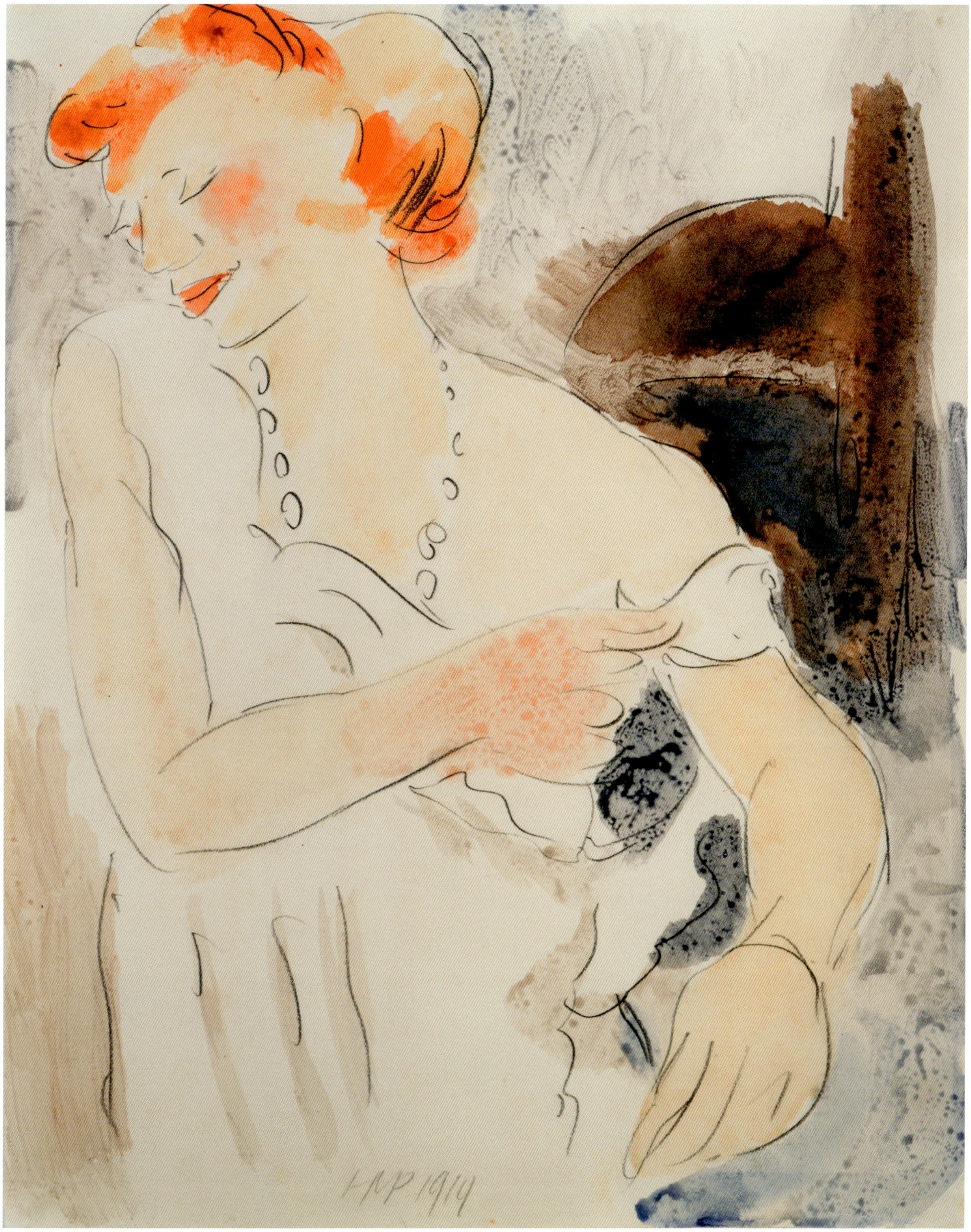

3

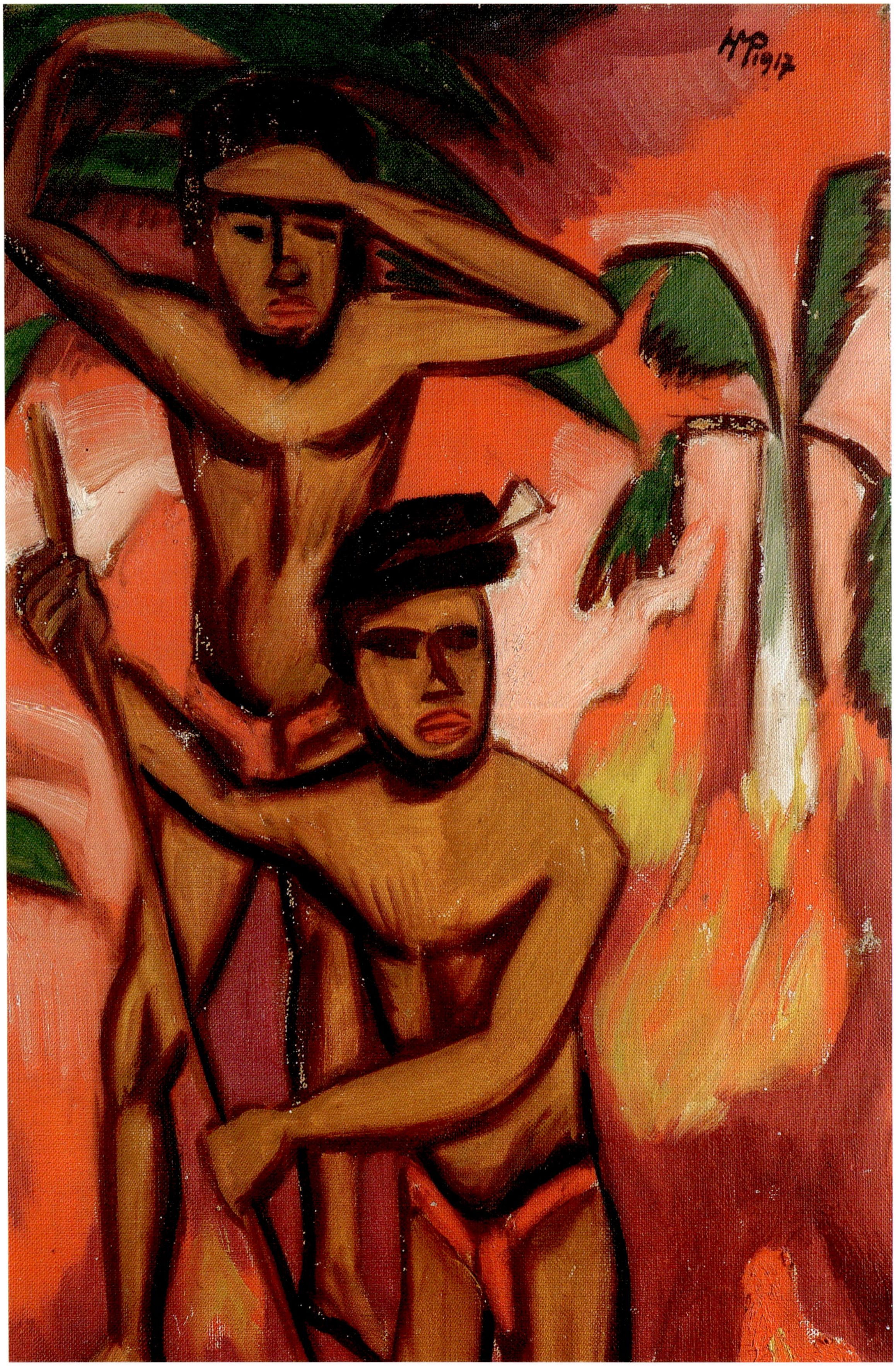

4

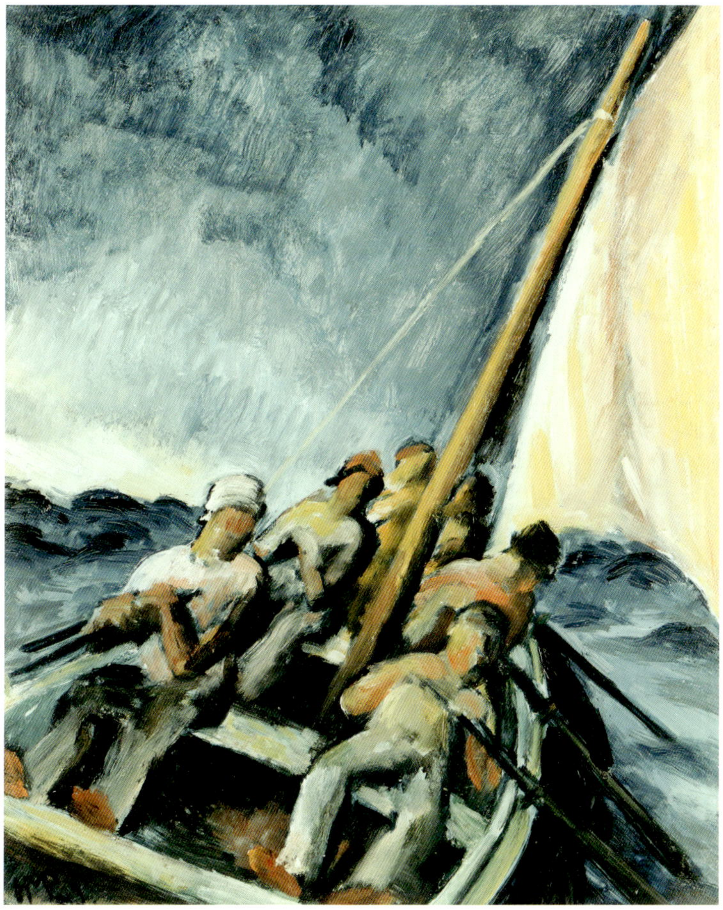

5

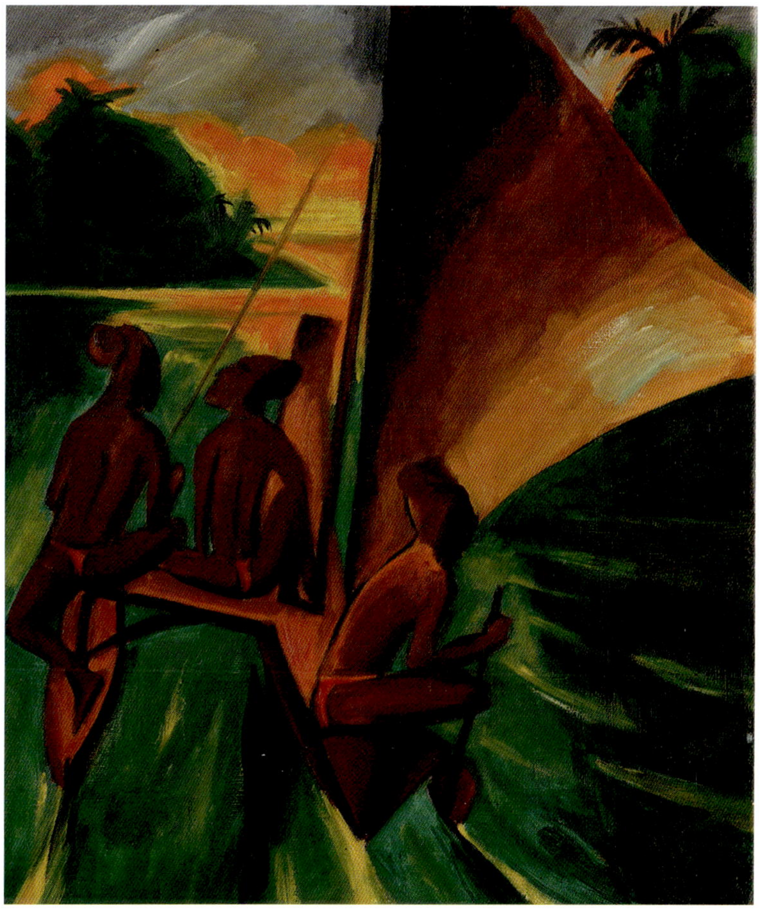

6

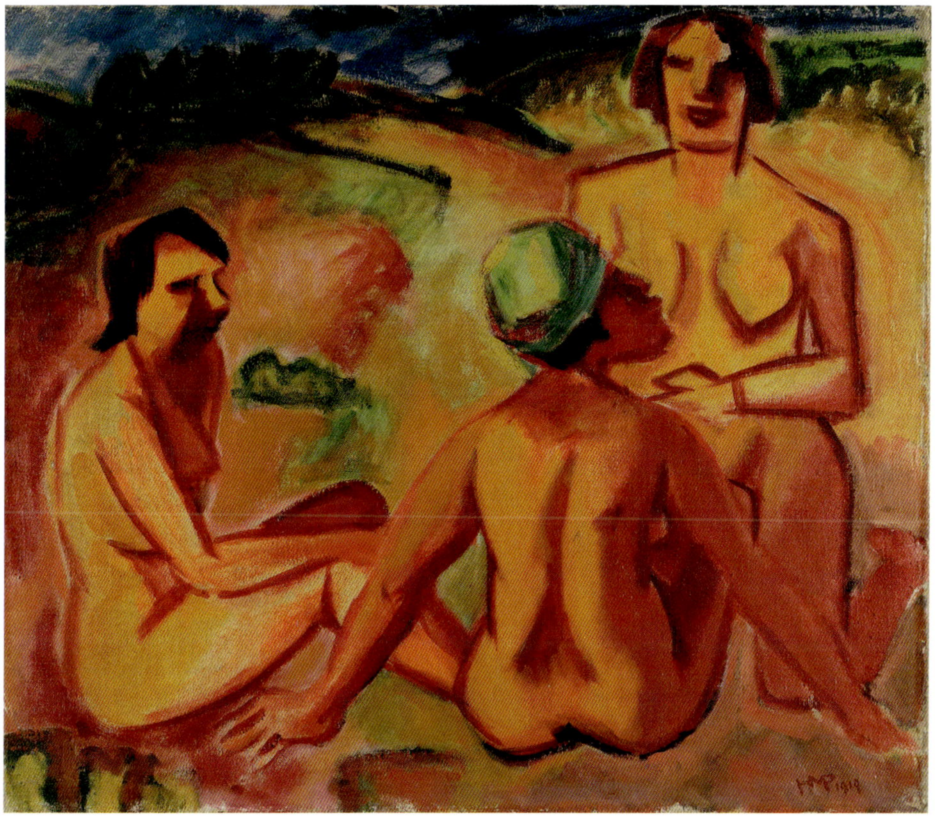

7

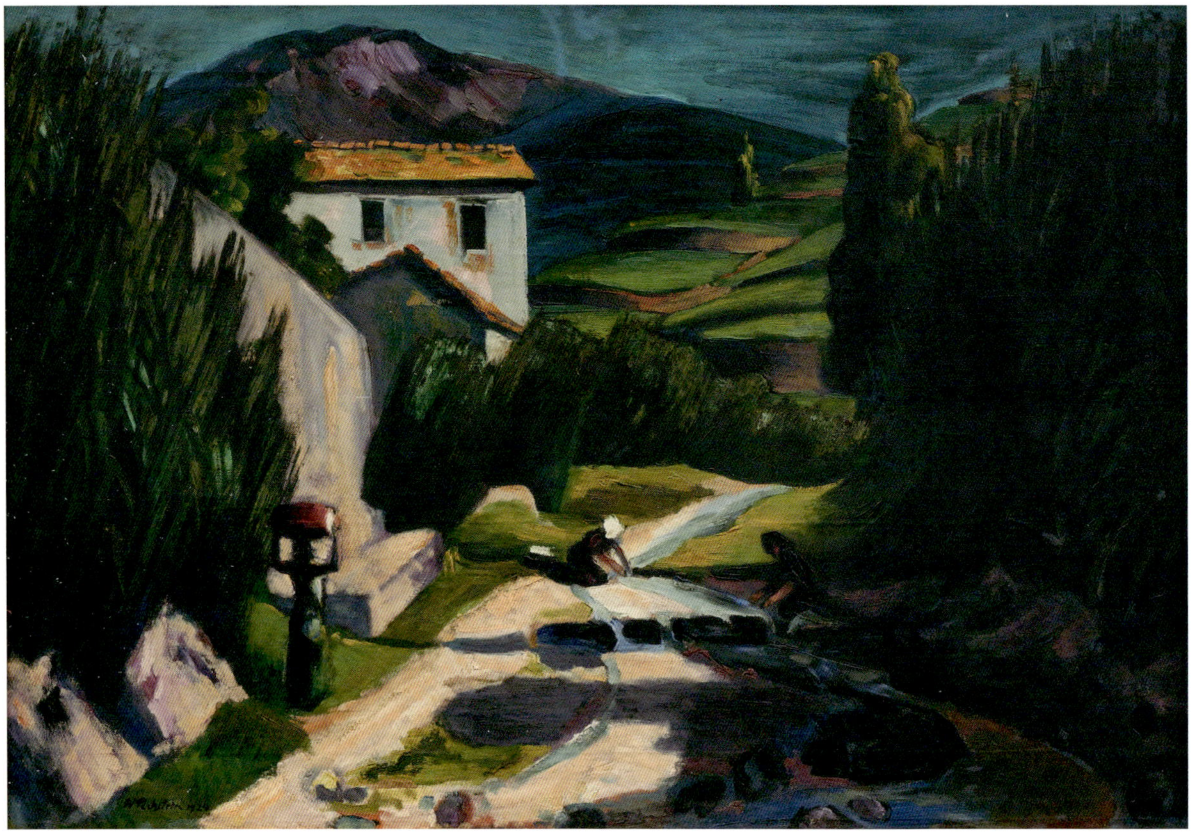

8

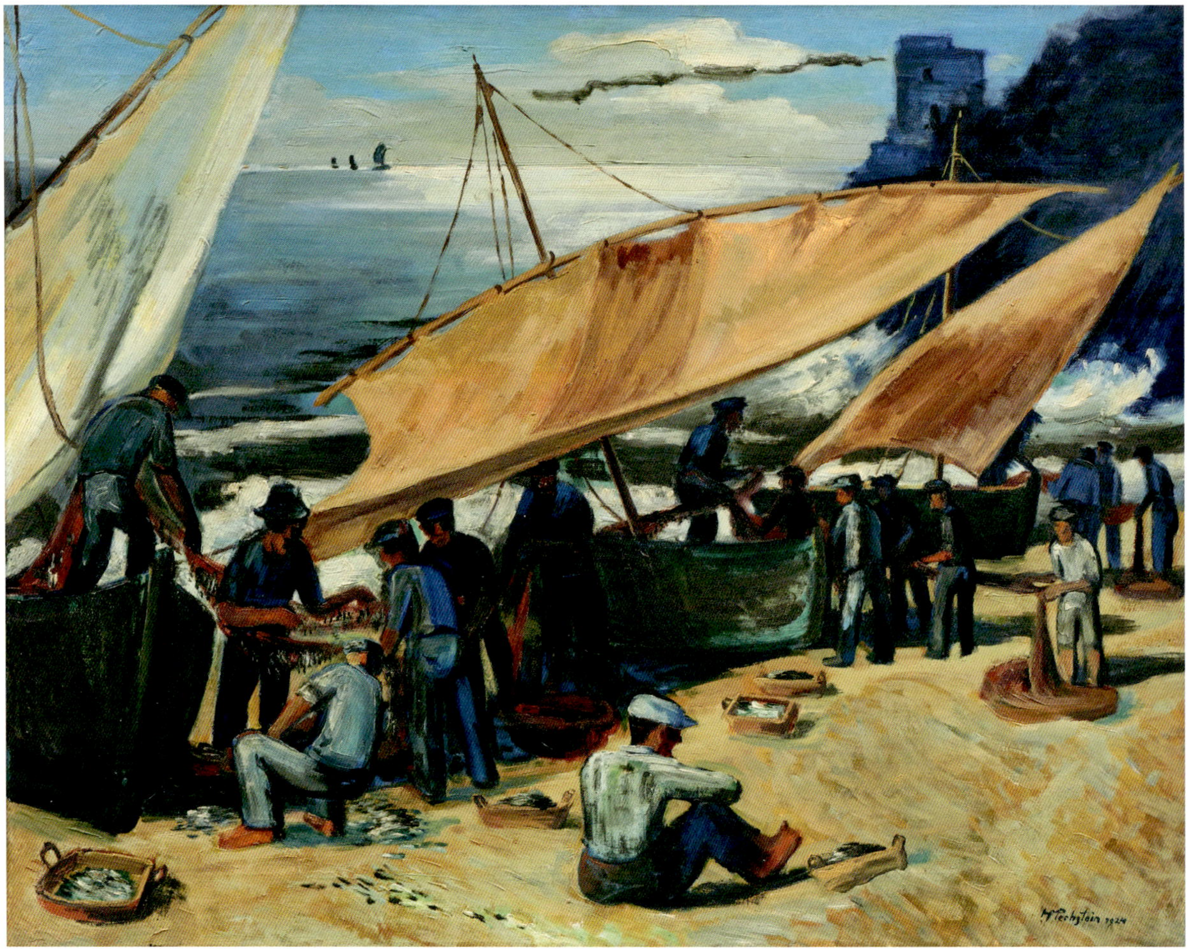

9

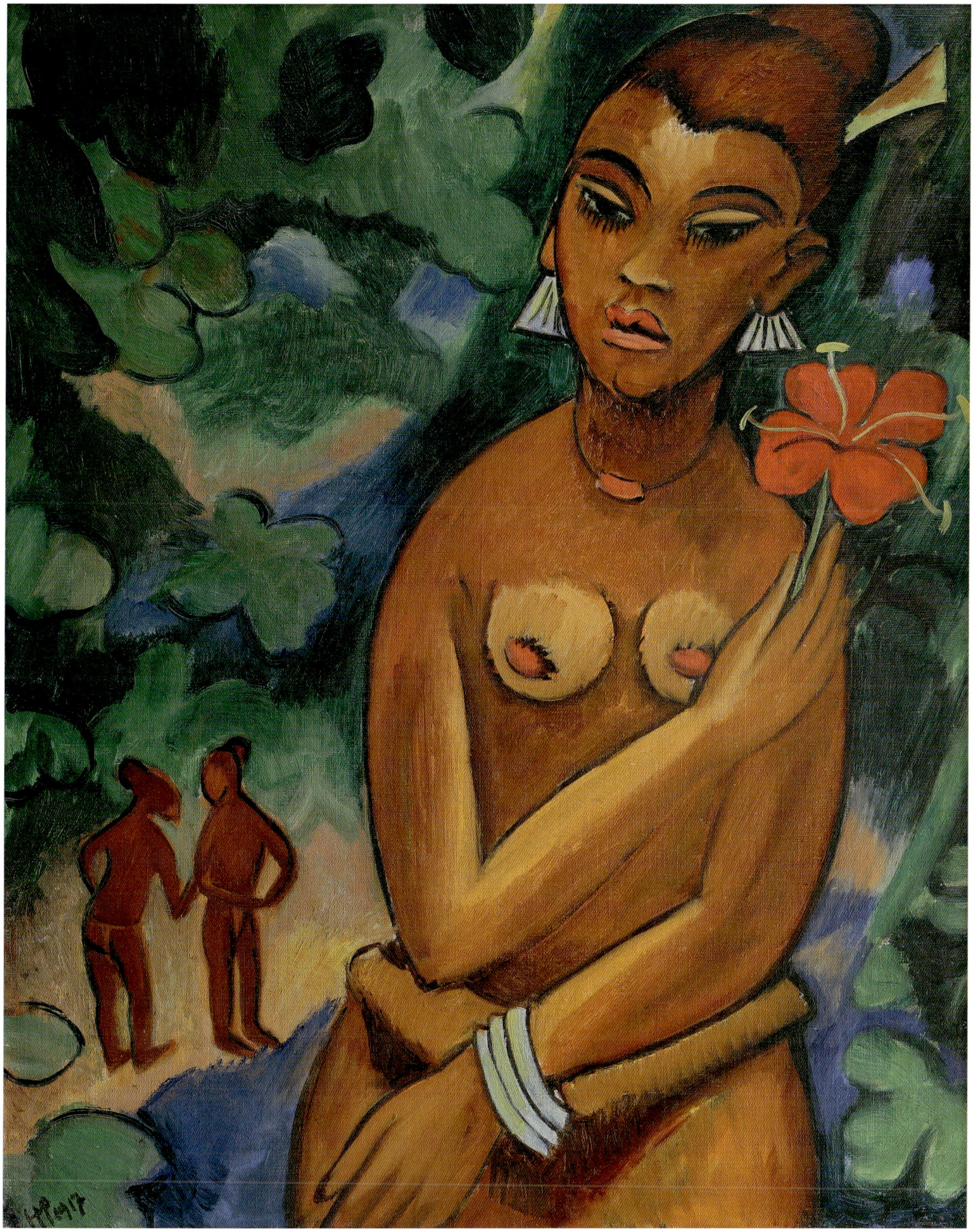

10

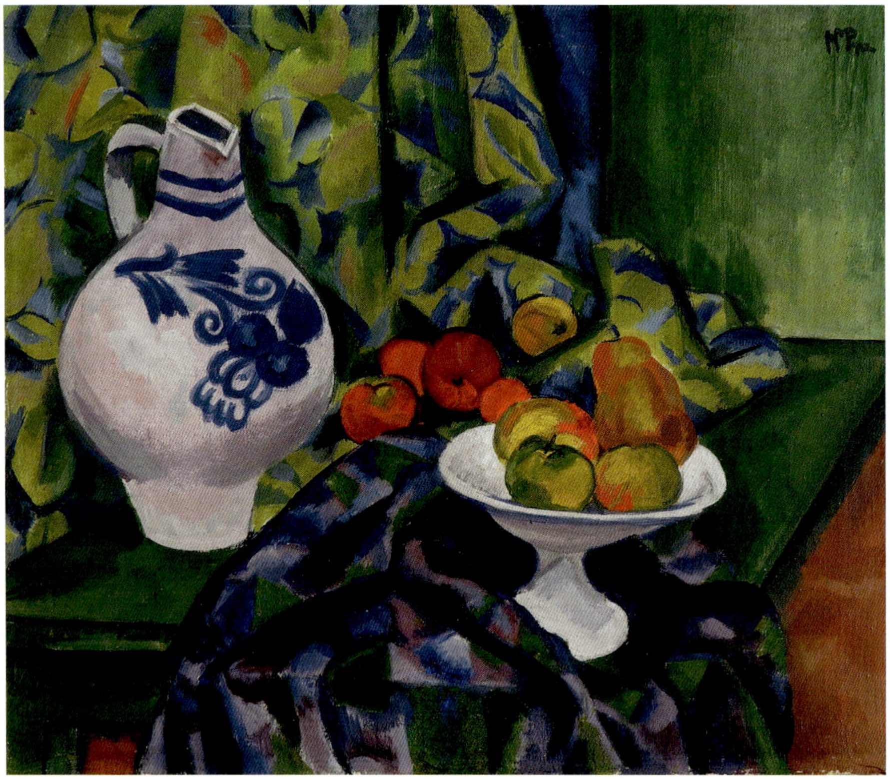

11

1 / **Max Pechstein**
* 1881 Zwickau, Deutschland, † 1955 Berlin, Deutschland
Hängematte I, 1919, Öl auf Leinwand, 80,5 × 100,8 cm
WV 1919/100, Kunsthalle Emden – Stiftung Henri und Eske Nannen und Schenkung Otto van de Loo, Foto: Elke Walford, Fotowerkstatt Hamburger Kunsthalle, © Pechstein Hamburg/Tökendorf; Bildrecht, Wien 2019

2 / Das Arbeitszimmer Wolfgang Gurlitts mit Gemälden Pechsteins aus den Jahren 1911, 1919, 1920, (Ausschnitt).
Von links nach rechts: *Am Waldrand zwischen Licht und Schatten*, *Hängematte I*, *Freudlose Witwe*.
Die Gemälde an der Stirnseite gingen mit dem Vergleich in Gurlitts Eigentum über. Foto: Frieda Riess, Bildarchiv Foto Marburg, vgl. Abb. 8, Seite 179

3 / **Max Pechstein**
Frau mit rotem Haar, 1919, Aquarell und Bleistift, 47,5 × 37 cm
LENTOS Kunstmuseum Linz, Inv.-Nr. G 566, erworben 1953 von Wolfgang Gurlitt. © Pechstein Hamburg/Tökendorf; Bildrecht, Wien 2019

4 / **Max Pechstein**
Zwei Eingeborene, 1917, Öl auf Leinwand auf Karton, 60 × 40 cm
WV 1917/64, Provenienz u. a. Galerie Gurlitt Berlin
Kunstsammlungen Zwickau Max Pechstein Museum, Leihgabe aus Privatbesitz. Foto: Foto-Atelier LORENZ
© Pechstein Hamburg/Tökendorf; Bildrecht, Wien 2019

5 / **Max Pechstein**
Ruderer, 1913, Öl auf Pappe, 46 × 38 cm
WV 1913/28, 1928 Ankauf Galerie Fritz Gurlitt Berlin
Neue Nationalgalerie: Staatliche Museen zu Berlin, Nationalgalerie
© Pechstein Hamburg/Tökendorf; Bildrecht, Wien 2019

6 / **Max Pechstein**
Im Kanu: Auslegerboot, 1917, Öl auf Leinwand, 55,5 × 45,5 cm
WV 1917/59, Provenienz Galerie Gurlitt Berlin
Kunstsammlungen Zwickau Max Pechstein Museum
Foto: Foto-Atelier LORENZ
© Pechstein Hamburg/Tökendorf; Bildrecht, Wien 2019

7 / **Max Pechstein**
Unterhaltung, 1919, Öl auf Leinwand, 70,5 × 80,5 cm
WV 1919/106, LENTOS Kunstmuseum Linz, Inv.-Nr. 174, erworben 1955, Städtische Sammlungen Linz
© Pechstein Hamburg/Tökendorf; Bildrecht, Wien 2019

8 / **Max Pechstein**
Scirocco, 1924, Öl auf Leinwand, 70 × 100 cm
WV 1924/13, Privatsammlung, Linz
© Pechstein Hamburg/Tökendorf; Bildrecht, Wien 2019

9 / **Max Pechstein**
Nach dem Sardinenfang, Monterosso al Mare, 1924
Öl auf Leinwand, 80 × 100 cm
WV 1924/17, Privatsammlung, Linz
© Pechstein Hamburg/Tökendorf; Bildrecht, Wien 2019

10 / **Max Pechstein**
Ronmay, 1917, Öl auf Leinwand, 75,5 × 59,5 cm
Rückseitig bezeichnet „Palau"
WV 1917/92, Privatsammlung
© Pechstein Hamburg/Tökendorf; Bildrecht, Wien 2019

11 / **Max Pechstein**
Stillleben mit Fruchtschale, 1912, Öl auf Leinwand, 71,5 × 81 cm
WV 1912/8, Provenienz Galerie Gurlitt Berlin
Kunstsammlungen Zwickau Max Pechstein Museum
Foto: Foto-Atelier LORENZ
© Pechstein Hamburg/Tökendorf; Bildrecht, Wien 2019

EIN EXKLUSIVVERTRAG MIT FOLGEN. MAX PECHSTEIN UND WOLFGANG GURLITT

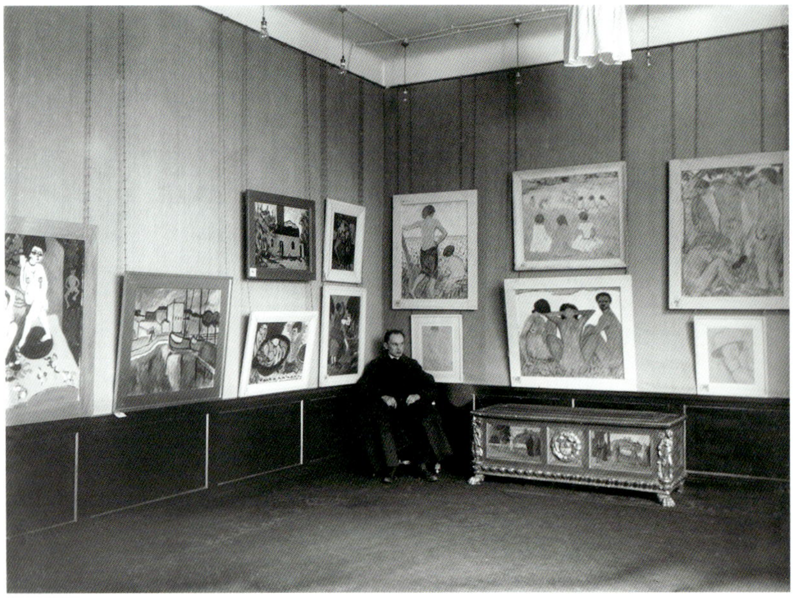

Abb. 1

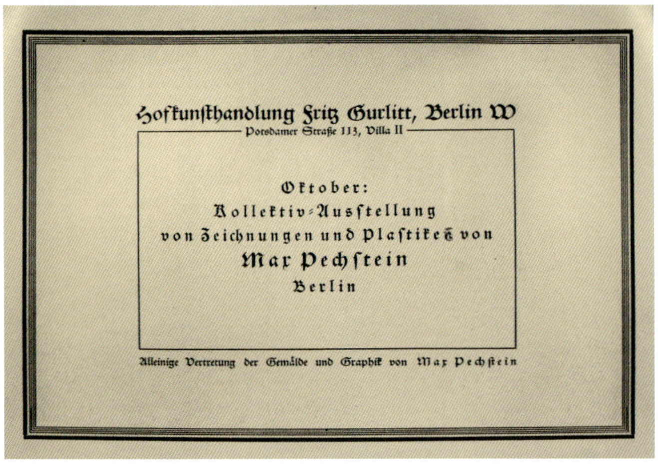

Hofkunsthandlung Fritz Gurlitt, Berlin W
Potsdamer Straße 113, Villa II

Oktober:
Kollektiv-Ausstellung
von Zeichnungen und Plastikes von
Max Pechstein
Berlin

Alleinige Vertretung der Gemälde und Graphik von Max Pechstein

Abb. 2

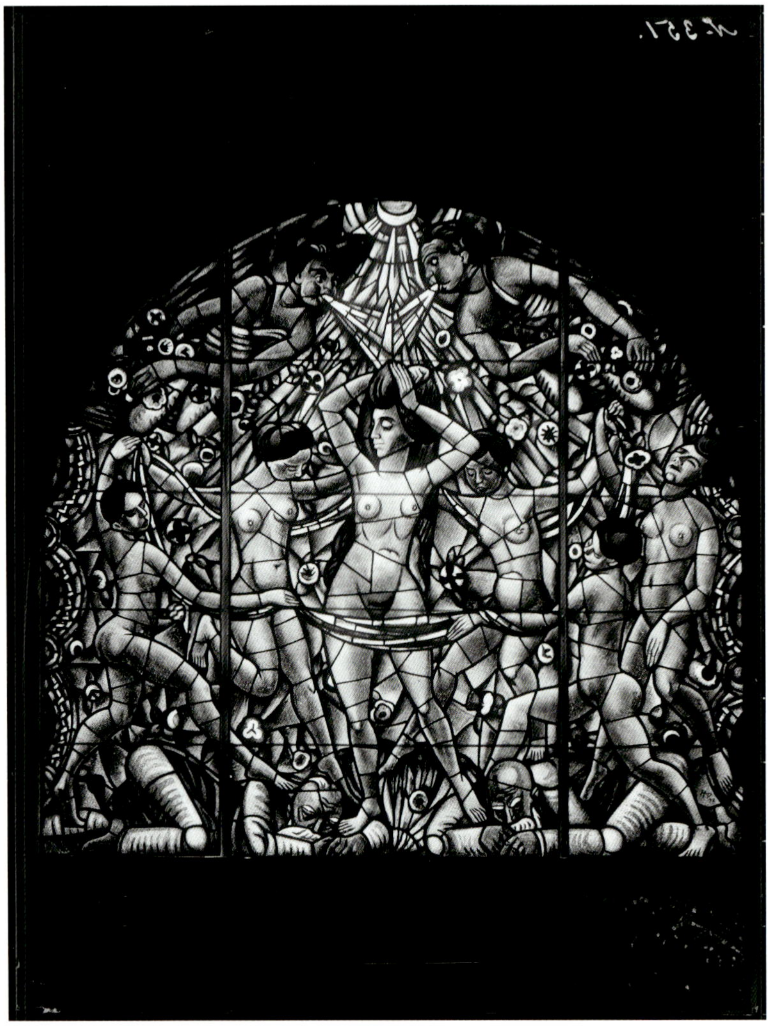

Abb. 3

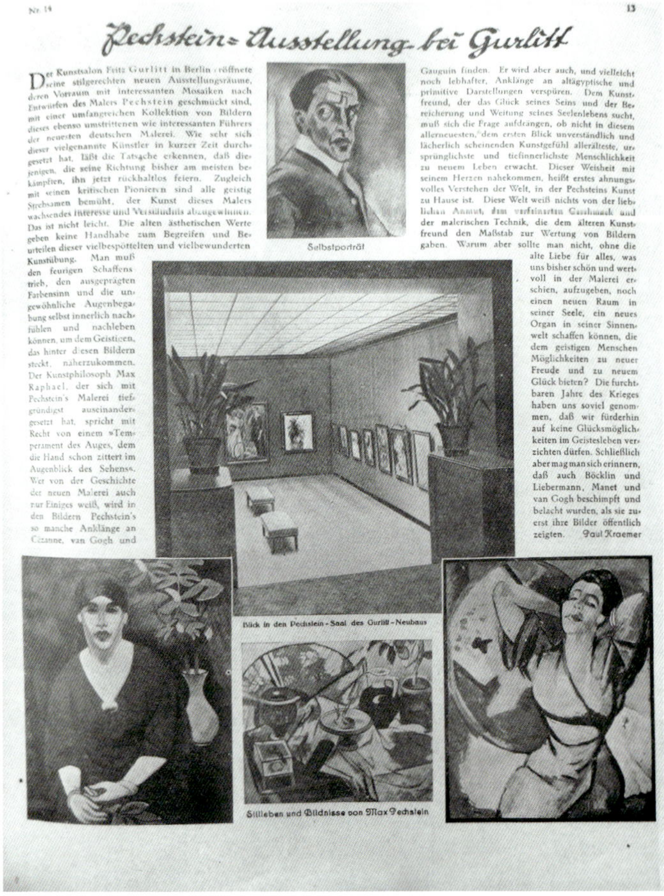

Nr. 14 13

Pechstein-Ausstellung bei Gurlitt

Der Kunstsalon Fritz Gurlitt in Berlin eröffnete seine stilgerechten neuen Ausstellungsräume, deren Vorraum mit interessanten Mosaiken nach Entwürfen des Malers Pechstein geschmückt sind, mit einer umfangreichen Kollektion von Bildern dieses ebenso umstrittenen wie interessanten Führers der neuesten deutschen Malerei. Wie sehr sich dieser vielgenannte Künstler in kurzer Zeit durchgesetzt hat, läßt die Tatsache erkennen, daß diejenigen, die seine Richtung bisher am meisten bekämpften, ihn jetzt rückhaltlos feiern. Zugleich mit seinen kritischen Pionieren sind alle geistig Strebsamen bemüht, der Kunst dieses Malers wachsendes Interesse und Verständnis abzugewinnen. Das ist nicht leicht. Die alten ästhetischen Werte geben keine Handhabe zum Begreifen und Beurteilen dieser vielbespöttelten und vielbewunderten Kunstübung. Man muß den feurigen Schaffenstrieb, den ausgeprägten Farbensinn und die ungewöhnliche Augenbegabung selbst innerlich nachfühlen und nachleben können, um dem Geistigen, das hinter diesen Bildern steckt, näherzukommen. Der Kunstphilosoph Max Raphael, der sich mit Pechstein's Malerei tiefgründigst auseinandergesetzt hat, spricht mit Recht von einem »Temperament des Auges, dem die Hand schon zittert im Augenblick des Sehens«. Wer von der Geschichte der neuen Malerei auch nur Einiges weiß, wird in den Bildern Pechstein's so manche Anklänge an Cézanne, van Gogh und Gauguin finden. Er wird aber auch, und vielleicht noch lebhafter, Anklänge an altägyptische und primitive Darstellungen verspüren. Dem Kunstfreund, der das Glück seines Seins und der Bereicherung und Weitung seines Seelenlebens sucht, muß sich die Frage aufdrängen, ob nicht in diesem allerneuesten, dem ersten Blick unverständlich und lächerlich scheinenden Kunstgefühl allerälteste, ursprünglichste und tiefinnerlichste Menschlichkeit zu neuem Leben erwacht. Dieser Weisheit mit seinem Herzen nahekommen, heißt erstes ahnungsvolles Verstehen der Welt, in der Pechsteins Kunst zu Hause ist. Diese Welt weiß nichts von der liehlichen Anmut, dem verfeinerten Geschmack und der malerischen Technik, die dem älteren Kunstfreund den Maßstab zur Wertung von Bildern gaben. Warum aber sollte man nicht, ohne die alte Liebe für alles, was uns bisher schön und wertvoll in der Malerei erschien, aufzugeben, noch einen neuen Raum in seiner Seele, ein neues Organ in seiner Sinnenwelt schaffen können, die dem geistigen Menschen Möglichkeiten zu neuer Freude und zu neuem Glück bieten? Die furchtbaren Jahre des Krieges haben uns soviel genommen, daß wir fürderhin auf keine Glücksmöglichkeiten im Geistesleben verzichten dürfen. Schließlich aber mag man sich erinnern, daß auch Böcklin und Liebermann, Manet und van Gogh beschimpft und belacht wurden, als sie zuerst ihre Bilder öffentlich zeigten.

Paul Kraemer

Selbstporträt

Blick in den Pechstein-Saal des Gurlitt-Neubaus

Stilleben und Bildnisse von Max Pechstein

Abb. 4

Abb. 5

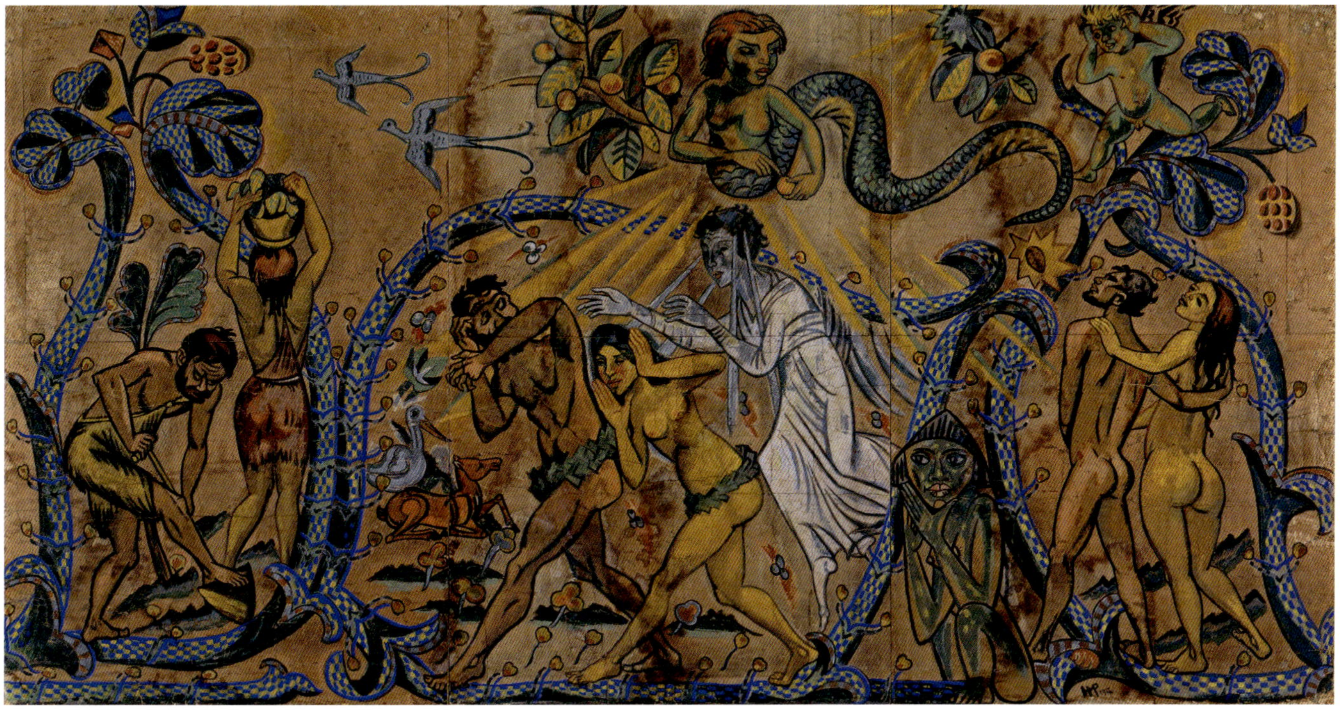

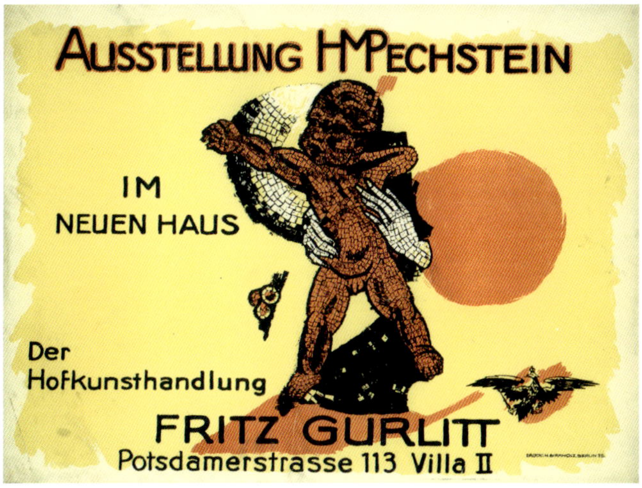

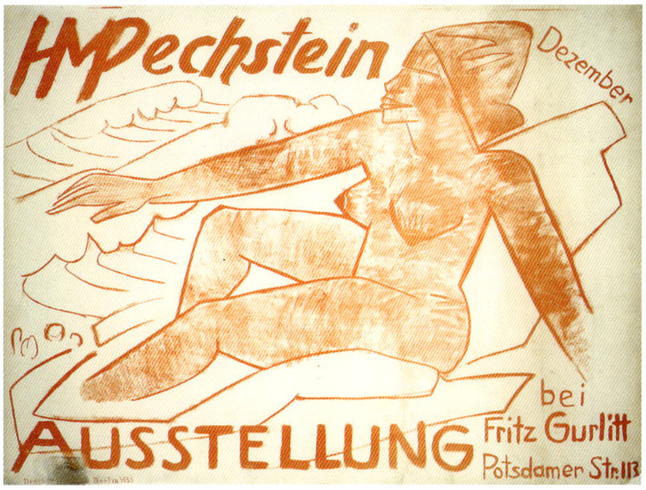

Abb. 6, 7

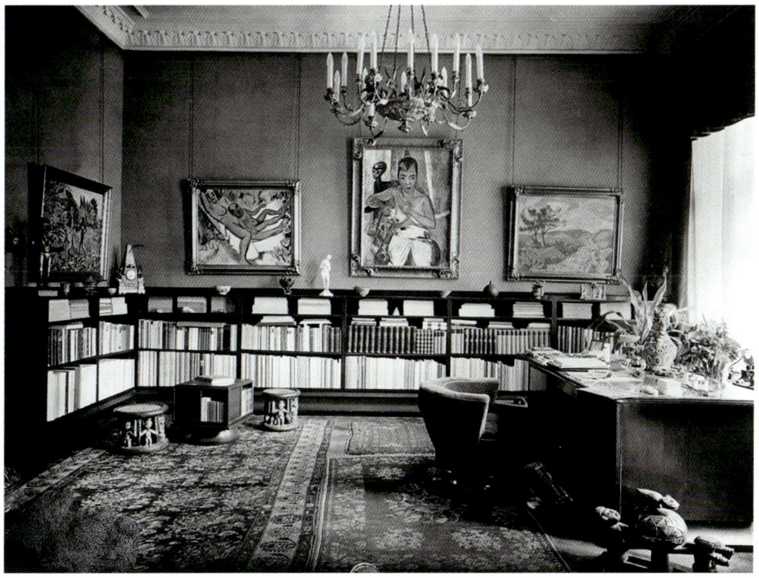

Abb. 8

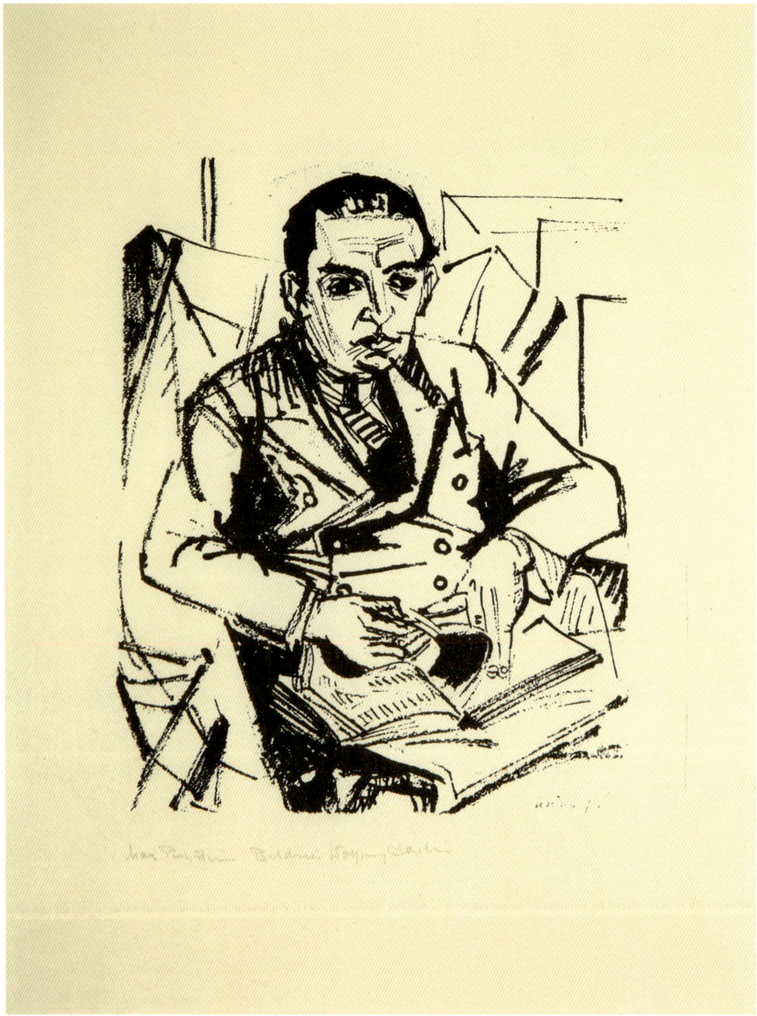

Abb. 9

Abb. 1 / Die Brücke-Ausstellung im Kunstsalon Fritz Gurlitt, Berlin (in der Ecke sitzend: Erich Heckel), 1912, Foto: E. L. Kirchner, Kirchner Museum, Davos

Abb. 2 / Anzeige der „Hofkunsthandlung Fritz Gurlitt" mit dem Zusatz: „Alleinige Vertretung der Gemälde und Graphik von Max Pechstein", aus: *Licht und Schatten*, Jg. 4, Nr. 2, 1913, o. S., Archiv Pechstein, Hamburg

Abb. 3 / **Max Pechstein**, Glasfenster für das Badezimmer der Berliner Villa von Wolfgang Gurlitt, 1917, zerstört, Bildarchiv Foto Marburg

Abb. 4 / Foto der Pechstein-Ausstellung in den neu eröffneten Ausstellungsräumen des Kunstsalons Fritz Gurlitt, Sommer 1918, aus: *Die Elegante Welt*, Jg. 7, Nr. 14, 3.7.1918, S. 13

Abb. 5 / **Max Pechstein**, *Vertreibung aus dem Paradies*, 1917
Leimfarbe auf Papier auf Sperrholz
Bildmaß gesamt 207 x 402 cm (drei Teile)
Staatliche Museen zu Berlin, Nationalgalerie
© bpk / Nationalgalerie, SMB / Roman März
© 2019 Pechstein Hamburg/Tökendorf; Bildrecht, Wien 2019

Abb. 6 / Plakat für die Pechstein-Ausstellung im neuen Haus des Kunstsalons Fritz Gurlitt, 1918, Farblithografie

Abb. 7 / Plakat für die Pechstein-Ausstellung im Kunstsalon Fritz Gurlitt, 1919, Farblithografie

Abb. 8 / Das Arbeitszimmer Wolfgang Gurlitts mit vier Gemälden Pechsteins aus den Jahren 1911 *(Am Waldrand zwischen Licht und Schatten)*, 1919 (*Hängematte I*, *Weg in den Dünen*) und 1920 *(Freudlose Witwe)*, Foto: Frieda Riess, Bildarchiv Foto Marburg. Die drei Gemälde auf der Stirnseite gingen mit dem Vergleich in Gurlitts Eigentum über.

Abb. 9 / **Max Pechstein**, *Bildnis Wolfgang Gurlitt*, 1919, Lithografie
(Krüger L 301)
Museum im Kulturspeicher Würzburg
© Pechstein Hamburg/Tökendorf; Bildrecht, Wien 2019

Aya Soika

EIN EXKLUSIVVERTRAG MIT FOLGEN. MAX PECHSTEIN UND WOLFGANG GURLITT

Seit 1910 versuchte Max Pechstein als Berliner Sprachrohr seiner Dresdner Brücke-Kollegen Erich Heckel, Ernst Ludwig Kirchner und Karl Schmidt-Rottluff, Wolfgang Gurlitt von einer Brücke-Ausstellung zu überzeugen.[1] Zunächst war der Galerist, der den bereits 1880 gegründeten Kunstsalon seines Vaters Fritz in der Potsdamer Straße 113 übernommen hatte, zögerlich, schließlich aber stimmte er dem Auftritt der Dresdner Künstlergemeinschaft in seinen Räumen zu.[2] Im April 1912 wurden die Werke der Brücke-Gruppe erstmals in Berlin in Gurlitts Galerie präsentiert (Abb. 1).[3] Für Pechstein war dies ein gelungenes Entree, denn für das folgende Jahr bot Gurlitt ihm eine Einzelausstellung in seinem Kunstsalon an. Die „Marke Pechstein" – der Maler hatte in der Berliner Kunstszene als Präsident der rebellischen Neuen Secession und als Berliner Vertreter der Brücke bereits einen Ruf – bot Gurlitt die Möglichkeit, das Profil der traditionsreichen Galerie als Ort für die neueste Gegenwartskunst nachhaltig zu prägen.[4] Im Februar 1913 zeigte die Galerie nicht nur 42 Gemälde, sondern auch drei große Glasfenster Pechsteins und weitere Kartons für Fenster und Mosaiken.[5] Damit betonte Gurlitt Pechsteins Errungenschaften als Erneuerer der mittelalterlichen Glasfenster- und Mosaikkunst. Pechsteins Einzelausstellung stieß auf beträchtliches öffentliches Echo, das Emil Noldes Frau Ada kurz nach der Eröffnung folgendermaßen kommentierte: „Hier in Berlin ist große Pechstein Affaire anlässlich seiner Ausstellung bei Gurlitt. Bald steht er als gekrönter Liebling der Berliner."[6] Gurlitt war von Pechsteins Fähigkeiten so überzeugt, dass er ihm im Frühjahr 1913 einen Exklusivvertrag anbot und ihn damit zu einem der zentralen Künstler in seinem Galerieprogramm machte. Werbeanzeigen des Kunstsalons waren von nun an durch den Vermerk ergänzt: „Alleinige Vertretung der Gemälde und Graphik von Max Pechstein" (Abb. 2).[7] Für Pechstein bedeutete die Bindung, dass er ein regelmäßiges monatliches Grundeinkommen erhielt und alle geschäftlichen Angelegenheiten an Gurlitt abgeben konnte. Nach seinem Bruch mit den Brücke-Kollegen im Mai 1912 war diese Art der umfassenden kunsthändlerischen Vertretung durch die renommierte Berliner Galerie eine willkommene Stärkung seiner Position. Für Gurlitt bedeutete das Bündnis, dass er über alle Werke Pechsteins verfügen konnte, ohne sich darum sorgen zu müssen, dass ein anderer Kunsthändler (immerhin hatte auch Paul Cassirer schon Pechstein ausgestellt) mit ihm in Konkurrenz treten würde. Pechsteins vergleichsweise gefälliger Malstil war ein Garant für seinen Erfolg: Insbesondere die Landschaften und Figurenbilder kamen beim Berliner Publikum gut an. Seine Gemälde wurden mit der Kunst Paul Gauguins und den

1 Eine Postkarte belegt, dass ein erstes Treffen im Januar 1910 stattfand: „Gehe morgen zu Gurlitt." Vgl. Max Pechstein an Erich Heckel, 19.1.1910, Altonaer Museum, Inv.-Nr. 1964/137.

2 Vgl. Max Pechstein an Erich Heckel, o. D. [Februar 1911], Altonaer Museum, Inv.-Nr. 1964/153: „Lieber Erich, dieser Kerl, Gurlitt, hat mir nun schon wieder geschrieben, er lehne die Ausstellung ab, habe ihm nun schon das 3x geschrieben, dass es nicht geht, und ihm das 3x geschrieben, dass nicht ich sondern Du die Geschäfte der Brücke leitest." Im Sommer 1911 scheint Gurlitt der Brücke-Ausstellung zugestimmt zu haben, die im Frühling 1912 stattfand. Vgl. Max Pechstein an Erich Heckel, 20.7.1911, Altonaer Museum, Inv.-Nr. 1964/117: „[...] dann Frühjahr Gurlitt sehr gut!".

3 Pechstein war mit acht Ölgemälden und sechs Zeichnungen vertreten. Kunstsalon Fritz Gurlitt, *Ausstellung von Künstlergruppe Brücke*, 2.–27.4.1912. Vgl. M[ax] O[sborn], in: *Kunstchronik*, NF 23, 1911/12, Nr. 28, 24.5.1912, Sp. 443–444, hier Sp. 444; Paul Fechter, in: *Vossische Zeitung*, April 1912; Curt Glaser, „Aus den Berliner Kunstsalons", in: *Die Kunst für Alle*, Jg. 27, 1911/12, Heft 16, S. 386.

4 Schon einige Jahre zuvor hatte ihn der Kunsthistoriker Curt Glaser bei Gurlitt eingeführt, doch lehnte der Galerist zunächst die Anfragen der Brücke-Künstler, bei ihm eine Ausstellung zu veranstalten, ab. Vgl. Max Pechstein an Christian Töwe, 20.1.1947, Privatbesitz.

5 Kunstsalon Fritz Gurlitt, *Max Pechstein. Gemälde, Glasfenster, Entwürfe und Kartons für Fenster und Mosaiken*, Februar 1913.

6 Ada Nolde an Johanna Schiefler, 21.2.1913, zit. in: Indina Woesthoff, *Korrespondenz zwischen Emil und Ada Nolde und Gustav und Luise Schiefler*, 2 Bde., noch unveröffentlichtes Manuskript.

7 Vgl. z. B. die Anzeigen im Katalog der XXVI. Ausstellung der Berliner Secession Berlin 1913 (2. Aufl.) sowie in *Der Kunstmarkt*, Nr. 41, 15.8.1913, S. 351.

Fauves assoziiert und waren dennoch weitaus erschwinglicher als die Werke der Franzosen.[8] Aber Gurlitts Pläne mit dem Maler waren noch ambitionierter: Den Erfolg der Südseebilder Gauguins vor Augen, war Gurlitt bereit, Pechstein eine zweijährige Reise in die Südsee zu ermöglichen. Im Dezember 1913 stand das Ziel zwar noch nicht fest, aber Gurlitt hatte seine Unterstützung schon zugesagt. Pechstein schrieb an einen Freund: „Gurlitt hat mir versprochen, die zur Reise nötigen 10000 Mark vorzuschießen, und ich will es nun nicht aufschieben [...]."[9] Im Laufe der folgenden Monate reifte der Plan, für zwei Jahre auf die Palau-Inseln umzusiedeln. Bis dahin hatte Pechstein für Gurlitt noch einiges zu erledigen: „Das große Bild für Gurlitts Bibliothek habe ich noch fertig bekommen, nun quält er mich, die andern noch zu vollenden, aber der Geist ist schon fern von hier, so wird es wohl nicht werden."[10] Vor seiner Abreise in die ‚deutsche Südsee' im Mai 1914 gab Pechstein dem Galeristen sein komplettes künstlerisches Werk in Obhut: 149 Gemälde, 512 Zeichnungen und Aquarelle, 827 Druckgrafiken, 56 Holzstöcke, sieben Lithografieplatten und mehr als zehn Skulpturen.[11] Doch noch bevor Pechstein sich auf der Inselgruppe wie geplant ein Stück Land kaufen und ein Haus bauen konnte, kollabierte mit dem Ausbruch des Ersten Weltkriegs die koloniale Infrastruktur. Nachdem japanische Truppen die Inseln besetzt hatten, wurden die Eheleute Pechstein – nach einem nur viermonatigen Aufenthalt – mit anderen deutschen Beamten Anfang November 1914 auf einem japanischen Schiff abtransportiert und interniert. Schließlich gelangten sie nach Manila, wo sie zwischen Mitte November 1914 und April 1915 auf einem deutschen Dampfer im Hafen ausharrten. Ohne Geld war der Gedanke an eine Weiterfahrt illusorisch. Bereits Mitte Dezember 1914 schrieb Pechstein daher Gurlitt einen langen Brief, den er mit folgender Bitte abschloss: „Ich lege die Adresse einer hiesigen Bank bei. Bitte versuchen Sie, durch Vermittlung der Deutschen Bank dort für mich Geld anzuweisen [...]."[12] Mithilfe der Überweisung Gurlitts, die allerdings erst im März eintraf, gelang den Eheleuten die Weiterreise nach San Francisco und von dort nach New York.[13] Einige Monate später glückte schließlich auch die Rückkehr nach Deutschland, wo Pechstein eingezogen wurde. Während Pechsteins Kriegsdienst – zunächst in der Kaserne in Zwickau, dann an der Westfront in Flandern und Frankreich – überwies Gurlitt an Pechsteins Frau Lotte, die sich und den 1913 geborenen Sohn Frank ernähren musste, monatlich hundert Mark. Als es Pechstein dann im Februar 1917 gelang, nach Berlin zurückzukehren und eine Freistellung vom Militärdienst zu erwirken, war er so produktiv wie selten zuvor – nicht nur, weil er nach den Entbehrungen der Südseereise und der Erfahrung des Weltkriegs endlich wieder künstlerisch tätig sein konnte, sondern auch, um bei Gurlitt seine hohen Schulden abzuzahlen. Im Sommer 1917, also nach weniger als einem halben Jahr, überreichte Pechstein seinem Händler 82 neue Gemälde, 42 Zeichnungen, 32 Lithografien und dazugehörige Platten sowie 23 Holzschnitte und Holzstöcke! Zusammen mit den Werken, die Gurlitt vor der Reise übernommen hatte, verwaltete er zu diesem Zeitpunkt insgesamt 231 Gemälde und über 500 Aquarelle und Zeichnungen sowie rund 900 Druckgrafiken.[14]

Während in Berlin Lebensmittelknappheit herrschte, von der auch die Pechsteins betroffen waren, schien Wolfgang Gurlitts Geschäft gut zu laufen; viele Menschen investierten in Sachwerte. Im Laufe des Jahres 1917 entwickelte Gurlitt ambitionierte Umbaupläne für sein Anwesen an der Potsdamer Straße. Im Rahmen der extravaganten Sanierung seiner Villa beauftragte er Pechstein mit fünf großen Glasfenstern: zwei für das Schlafzimmer, zwei für das Badezimmer und eines für das Treppenhaus. Der Kunsthistoriker Theodor Heuss, später der erste Präsident der Bundesrepublik Deutschland, lobte die Entwürfe und pries Pechsteins *Frühlingsreigen* mit tanzenden weiblichen Akten für seinen Rhythmus, seine Melodie und Bewegung (Abb. 3).[15] Der eigentliche Clou an dem Badezimmerfenster war die elektrische Beleuchtung, die es ermöglichte, den Tanz unabhängig von der Tageszeit zu bewundern. Im Kontrast zum Trend hin zur Vereinfachung der Formgebung regierte in Gurlitts Villa das Ornament. Nach der Fertigstellung bezeichnete ein Kritiker das Ensemble, zu dem auch Pechsteins Kollegen César Klein und Rudolf

8 Im Jahr 1911 hatte Gurlitt eine Gauguin-Ausstellung veranstaltet. Vgl. „Berlin Kunstsalons", in: *Der Cicerone*, 1911, Heft 5, S. 179.

9 Vgl. Max Pechstein an Alexander Gerbig, 24.12.1913, Städtische Kunstsammlungen Zwickau.

10 Max Pechstein an Alexander Gerbig, 23.4.1914, Städtische Kunstsammlungen Zwickau.

11 Vgl. die Einträge in Pechsteins Werkstattbuch, Archiv Pechstein, Hamburg.

12 Max Pechstein an Wolfgang Gurlitt, 14.12.1914, Kopie im Archiv Krüger, Berlin.

13 Max Pechstein an Paul Fechter, 28.3.1915, Getty Research Library, Special Collections, 2001.M.19.

14 Vgl. die Einträge in Pechsteins Werkstattbuch, Archiv Pechstein, Hamburg.

15 Theodor Heuss, „Pechsteins Glasgemälde", in: *Wieland* 5, 1919/20, Nr. 7, S. 3–4, hier S. 4. Vgl. auch Günter Krüger, „Glasmalereien der ‚Brücke'-Künstler", in: *Brücke-Archiv* 1, 1967, S. 30.

Belling Entwürfe beigetragen hatten, als „Neuschwanstein des Expressionismus".[16]

Neben dem Umbau der Villa an der Potsdamer Straße wurde auch die Erweiterung der Galerieräume durch einen Oberlichtsaal in Angriff genommen (Abb. 4). Der Durchgang zum Neubau wurde von zwei jeweils vier Meter langen und zwei Meter hohen Mosaiken Pechsteins geschmückt: auf der einen Seite *Die Vertreibung aus dem Paradies*, auf der anderen *Die Anbetung der heiligen drei Könige* (Abb. 5). Im Sommer 1918 eröffnete Gurlitt den Erweiterungsbau mit einer großen zweiteiligen Pechstein-Ausstellung: Im ersten Teil präsentierte er ab Juni 44 Porträts und Stillleben, ab Mitte August waren dann Pechsteins Südseegemälde zu sehen (Abb. 6). Beide Ausstellungen wurden im kriegsmüden Berlin mit Interesse aufgenommen.[17] In Kunstzeitschriften schaltete Gurlitt außerdem, wie schon in den Jahren zuvor, die Anzeigen seiner Galerie mit dem Hinweis auf die „alleinige Vertretung der Gemälde/Zeichnungen/Graphik von Max Pechstein".[18] Und tatsächlich scheinen Pechsteins Werke sowohl im letzten Kriegsjahr als auch in den ersten Nachkriegsjahren Verkaufsschlager gewesen zu sein. Der Berliner Kunsthistoriker Curt Glaser, der Pechstein um 1910 bei Gurlitt vorgestellt hatte, schrieb anlässlich einer weiteren Pechstein-Schau bei Gurlitt im Dezember 1919, „daß schon wenige Tage nach der Eröffnung der Ausstellung fast die Mehrzahl der Bilder verkauft" gewesen sei (Abb. 7).[19] Ein weiterer Rezensent befand Ende 1921: „Was Pechstein malt, wird verkauft; seine Bilder gehen ab ‚wie heiße Semmeln'. Und zu sehr anständigen Preisen. Wer sie kauft, ist Kunstförderer und aufgeklärt – und will sich nicht lumpen lassen."[20] An diesem Erfolg hatten Gurlitts Vermarktungsstrategien und sein großes Kundennetzwerk sicherlich einen beträchtlichen Anteil. Doch Pechstein fühlte sich zunehmend benachteiligt. Im Laufe des Jahres 1921 wurde der Exklusivvertrag zur Fessel; Pechstein konnte über seine eigenen Bilder nicht so verfügen, wie er es gerne getan hätte. Im Juli 1922 klagte er: „Der jahrelange Ärger mit Gurlitt hat nun hoffentlich bald sein Ende, geerntet habe ich bei ihm nichts, nichts als Ärger. Mir ist es so leid, daß er [Gurlitt] infolge meiner geschäftlichen Dummheit eine Reihe schöner Bilder besitzt, welche ich anderen Menschen lieber gegönnt hätte."[21] Nun, da das Verhältnis zunehmend angespannt war, beklagte Pechstein auch, dass Gurlitt ihm all die Jahre weder Abrechnungen über Bildverkäufe noch Details zu den Käufern übermittelt hatte. Seine Gemälde wurden im Keller der Galerie gelagert und Pechstein zufolge von Gurlitt so behandelt, als seien sie sein Privateigentum.[22] In seinen Memoiren erinnerte sich Pechstein, dass Gurlitt ihn „zappeln und um das Nötigste bitten" ließ.[23] Im Sommer 1922 forderte Pechstein, den knapp zehn Jahre zuvor geschlossenen Exklusivvertrag aufzulösen. Pechstein setzte als Frist den 19. August 1922 und schrieb einem Freund: „Hoffentlich komme ich nun von ihm los."[24] Erst nach weiteren Drohungen stellte Gurlitt Ende des Jahres zumindest den weiteren Vertrieb von Pechsteins Arbeiten ein. Pechstein berichtete über den Teilerfolg: „Gurlitt habe ich glücklich nun auch soweit, daß er den Verkauf eingestellt hat und so hoffe ich da auch, allmählich mein Eigentum herauszubekommen. Ein ganz verflixt schwieriger Kerl, man könnte sogar sagen schmieriger."[25] Gurlitt weigerte sich, Pechstein all die Werke zurückzugeben, die sich im Keller der Galerie als Kommissionsware befanden. Notgedrungen entschloss sich der Künstler Ende des Jahres 1922 zur Klage. Um die Anwalts- und Gerichtskosten bezahlen zu können, verkaufte er einige Gemälde an die Galerie van Diemen in Berlin, die von seinem Freund Eduard Plietzsch geleitet wurde. Die Gerichtsverhandlungen liefen für Pechstein zwar vielversprechend an, dennoch stimmte er der vorgeschlagenen Einigung zu: „Zu schade, es fehlen doch noch wichtige Werke, welche mir Gurlitt einfach aus meinem Lager herausgenommen und in seine Wohnung geschafft hatte, also deutsch gesagt, gestohlen hat. Der Prozeß ist noch nicht zu Ende und kostet einen Haufen Geld, so daß ich vielleicht doch

16 Vgl. Max Osborn, „Wohnung Wolfgang Gurlitt in Berlin. Expressionistische Innenarchitektur", in: *Die Dame*, 1919, Heft 19, S. 7–8; siehe auch N. N., „Innenarchitektur", in: *Wasmuths Monatshefte für Baukunst*, 1921/22, S. 234–236.

17 Kunstsalon Fritz Gurlitt, *Max Pechstein. Teil I: Bildnisse, Landschaften, Stilleben*, 1.6.–15.7.1918, 44 Gemälde; *Teil II: Bilder aus Palau*, 16.7.–1.9.1918, 31 Gemälde.

18 Anzeige in *Das Kunstblatt*, Juni 1918, Heft 6, Umschlag (Rückseite).

19 Kunstsalon Fritz Gurlitt, *Max Pechstein. Ergebnisse des letzten Sommers 1919 auf Nidden*, Dezember 1919 – Januar 1920. Vgl. Curt Glaser, „Pechstein", in: *Berliner Börsen-Courier*, 14.12.1919, Nr. 583; erneut abgedruckt in: Andreas Strobl, *Curt Glaser. Kunsthistoriker – Kunstkritiker – Sammler. Eine deutsch-jüdische Biographie*, Böhlau, Köln/Weimar/Wien 2006, S. 329–331. Pechstein entwarf auch das Ausstellungsplakat (Krüger L 362).

20 Franz Servaes, „Pechstein-Ausstellungen", o. O. u. D. [ca. Dezember 1921]; Pechstein-Dokumentation, Zentralarchiv SMB-PK, Berlin.

21 Max Pechstein an Walter Minnich, 23.7.1922, Altonaer Museum, Inv.-Nr. 1987/49.6.

22 Max Pechstein an Walter Minnich, 22.2.1923, Altonaer Museum, Inv.-Nr. 1987/49.11.

23 Max Pechstein, *Erinnerungen*, hg. v. Leopold Reidemeister, Limes, Wiesbaden 1960, S. 107.

24 Max Pechstein an Eduard Plietzsch, 12.8.1922, Altonaer Museum, Inv.-Nr. 1964/446.

25 Max Pechstein an Walter Minnich, 23.11.1922, Altonaer Museum, Inv.-Nr. 1987/49.7.

einen Vergleich eingehen werde [...].“[26] Kurz darauf willigten beide Parteien ein, den 1913 geschlossenen Vertrag aufzuheben. Gurlitt wurden vierzehn Pechstein-Gemälde zugestanden; allerdings mit der Auflage, bei einem etwaigen Verkauf die Hälfte des Erlöses dem Künstler oder seinen Nachfahren zu übermitteln.[27] Drei der ihm zugebilligten Werke sind auf einem um 1921 entstandenen Foto seines Arbeitszimmers zu sehen (Abb. 8).[28] Pechstein erhielt „sämtliche in dem Besitz der Firma Gurlitt befindlichen Handzeichnungen, Entwürfe, Skizzen, Aquarelle, Eigen- und Auflage-Drucke [...] zurück.“[29] Das bedeutete die Rückgabe von insgesamt 174 Aquarellen und farbigen Zeichnungen, 291 Federzeichnungen, 886 Holzschnitten und über 900 Lithografien und Radierungen. Vor allem aber wurde schriftlich vereinbart, dass Pechstein „sämtliche Ölbilder“ zurückerhalte, insgesamt über 180 Werke.[30] Für zehn Gemälde, die Gurlitt in der Zwischenzeit verkauft hatte, erhielt Pechstein eine Entschädigung in Höhe von 180.000 Mark zugesprochen. Aufgrund der Inflation des Jahres 1923 waren die Scheine, als Pechstein diese von Gurlitt ausgezahlt bekam, völlig wertlos.[31]

Der Bruch mit Gurlitt war für Pechstein zweifellos eine Zäsur in seiner Karriere. Zehn Jahre lang hatte Gurlitt alle geschäftlichen Dinge für ihn erledigt. Zwar war Pechstein froh, dass die Abhängigkeit von Gurlitt ein Ende hatte, doch fiel es ihm nicht leicht, sich selbst um seine geschäftlichen Angelegenheiten zu kümmern und einen eigenen Sammlerstamm aufzubauen.[32] Aufschlussreich ist ein Brief Pechsteins an Gurlitts Cousin Hildebrand, in dem der Künstler dem Leiter des Zwickauer Museums erklärte, warum er mit Adressen von privaten Leihgebern nicht weiterhelfen könne: „Was nun die Ausstellung meiner Arbeiten angeht [...], so weiß ich leider nicht, oder besser gesagt sehr wenig, in welche Hände meine Arbeiten gegangen sind, da Ihr Vetter Wolfgang Gurlitt bis vor 3 Jahren unumschränktes Vertrauen meinerseits besaß und sämtliche geschäftliche Angelegenheiten für mich erledigte. Er hatte mein gesamtes Werk, leider erhielt ich nie eine Abrechnung, welche mir Einsicht ermöglichte. Also ist er nur imstande, Auskunft zu geben, von welcher Seite man die wichtigsten Arbeiten erlangen könnte.“[33] Tatsächlich besaß Gurlitt Mitte der 1920er-Jahre über zwanzig Gemälde.[34]

Erst Anfang des Jahres 1944 nahm Pechstein notgedrungen den Kontakt zu Gurlitt wieder auf. Der Künstler benötigte von Gurlitt eine „Schadensmeldung“ in Form einer eidesstattlichen Versicherung für jene in Gurlitts Villa verbrannten Kunstwerke, bei denen der Händler im Falle eines Verkaufs die Hälfte des Erlöses zusagen musste.[35] Pechstein schilderte in seinem Brief die dramatischen Bombennächte, die er in Berlin erlebt hatte, und endete mit einigen Sätzen zum Schicksal der Villa und der Galerie Gurlitts: „Auch Du, mein Lieber, tust mir leid, wir sind nicht mehr die Jüngsten, um erneut aufzubauen, und leid ist mir um die Kunstwerke, welche nie wieder hergestellt werden können, sind es doch Zeitdokumente.“[36] Wolfgang Gurlitt antwortete auf die drei Schreiben Pechsteins in versöhnlichem Ton aus Bad Aussee und schickte ihm die gewünschte Bestätigung.[37] Doch eine Entschädigungszahlung erhielt Pechstein nicht. Nur ein Bruchteil der Pechstein-Gemälde, die sich einst in Gurlitts Kommission bzw. in seinem Besitz befanden, existiert heute noch. Während manche Gemälde wohl noch in den 1920er-Jahren verkauft wurden, ist der Großteil der Werke dem Zweiten Weltkrieg zum Opfer gefallen: in Gurlitts Villa in Berlin, die wie auch Pechsteins Atelier in der Nacht des 23. November 1943 zerstört wurde, vor allem aber als Auslagerungsgut des Künstlers im Schloss Moritzburg bei Dresden.[38] Erhalten hat sich dagegen ein Konvolut von rund 200 Fotos der Gemälde, die Gurlitt

26 Max Pechstein an Walter Minnich, 22.2.1923, Altonaer Museum, Inv.-Nr. 1987/49.11.

27 Vergleich zwischen Pechstein und Wolfgang Gurlitt, Berlin, 7.3.1923, Kopie im Archiv Krüger, Berlin.

28 Für eine Übersicht der Gemälde, die Gurlitt übereignet wurden, vgl. Aya Soika, *Max Pechstein. Das Werkverzeichnis der Ölgemälde*, hg. v. d. Max-Pechstein-Urheberrechtsgemeinschaft, Hirmer, München 2011, Bd. 1, S. 111.

29 Ebd. Vgl. auch Quittung Pechsteins vom 9.3.1923 über den Rückerhalt der Arbeiten, Kopie im Archiv Krüger, Berlin. Liste der 14 Gemälde vom 16.3.1923.

30 Für eine Übersicht der Gemälde in Gurlitts Kommission vgl. Soika 2011, Bd. 1 und 2.

31 Max Pechstein an eine Bekannte in Rom, o. D. [1939]; zit. bei Leonie von Rüxleben, „Lebensdaten 1881–1955“, in: Magdalena M. Moeller (Hg.), *Max Pechstein, Sein malerisches Werk*, Ausst.-Kat., Brücke-Museum, Berlin, Kunsthalle Tübingen, Kunsthalle zu Kiel, Hirmer, München 1996, S. 11–40, hier S. 37.

32 Max Pechstein an Walter Minnich, o. D. [April 1922], Altonaer Museum, Inv.-Nr. 1987/49.4.

33 Max Pechstein an Hildebrand Gurlitt, 7.7.1925, Städtische Kunstsammlungen Zwickau.

34 Eine detaillierte Auflistung befindet sich bei Soika 2011, Bd. 1, S. 111.

35 Max Pechstein an Wolfgang Gurlitt, 25.1.1944, Kopie im Archiv Pechstein, Hamburg. Vgl. auch Briefe Max Pechsteins an Wolfgang Gurlitt, 11.1.1944, 11.2.1944 und 15.2.1944, Kopie im Archiv Pechstein, Hamburg.

36 Max Pechstein an Wolfgang Gurlitt, 25.1.1944, Kopie im Archiv Pechstein, Hamburg.

37 Wolfgang Gurlitt an Max Pechstein, 11.11.1944, Kopie im Archiv Pechstein, Hamburg.

38 Vgl. Antwortschreiben Pechsteins an den Kunsthistoriker Dr. Christian Töwe, o. D. [ca. Januar/Februar 1947], Kopie im Archiv Krüger, Berlin. Für die Werke in Gurlitts ehemaligem Besitz vgl. die Briefe mit Listen von Wolfgang Gurlitt an Hildebrand Gurlitt, 17.9.1925 und 9.4.1929 (Akte Schriftverkehr 1925–1930, Kunstsammlungen, Städtische Museen Zwickau). Vgl. Soika 2011, Bd. 2, S. 121–124 („Kriegsbedingte Auslagerungen und Verluste aus dem Besitz des Künstlers“).

als Kommissionsware bei sich lagerte. Als „Fotokonvolut Wolfgang Gurlitt-Archiv" sind sie im Deutschen Dokumentationszentrum für Kunstgeschichte (Bildarchiv Foto Marburg) inzwischen digitalisiert abrufbar.[39]

Aya Soika / Geb. 1975 in Berlin. Studium der Kunstgeschichte in Berlin und Cambridge (UK), seit 2011 Professorin für Kunstgeschichte am deutsch-amerikanischen Bard College Berlin. Forschungsschwerpunkt im Bereich der deutschen Moderne. 2011 erschien das zweibändige Werkverzeichnis der Ölgemälde Max Pechsteins, 2012 gemeinsam mit Bernhard Fulda die Biografie *Max Pechstein. The Rise and Fall of Expressionism*. 2014 Veröffentlichung von *Weltenbruch. Die Künstler der Brücke im Ersten Weltkrieg. 1914 bis 1918*, 2016 von *Der Traum vom Paradies. Max und Lotte Pechsteins Reise in die Südsee* und Konzeption gleichnamiger Ausstellungen. 2019 Co-Autorin von Publikationen und Co-Kuratorin der Ausstellungen zur Rolle Emil Noldes im Nationalsozialismus *Emil Nolde–eine deutsche Legende* (Neue Nationalgalerie Berlin) und zur Rolle der Brücke-Künstler im Nationalsozialismus *Flucht in die Bilder? Die Künstler der Brücke im Nationalsozialismus* (Brücke-Museum Berlin).

39 Die Fotos können über die folgende Website eingesehen werden: www.bildindex.de (abgerufen am 30.12.2018).

JEANNE MAMMEN

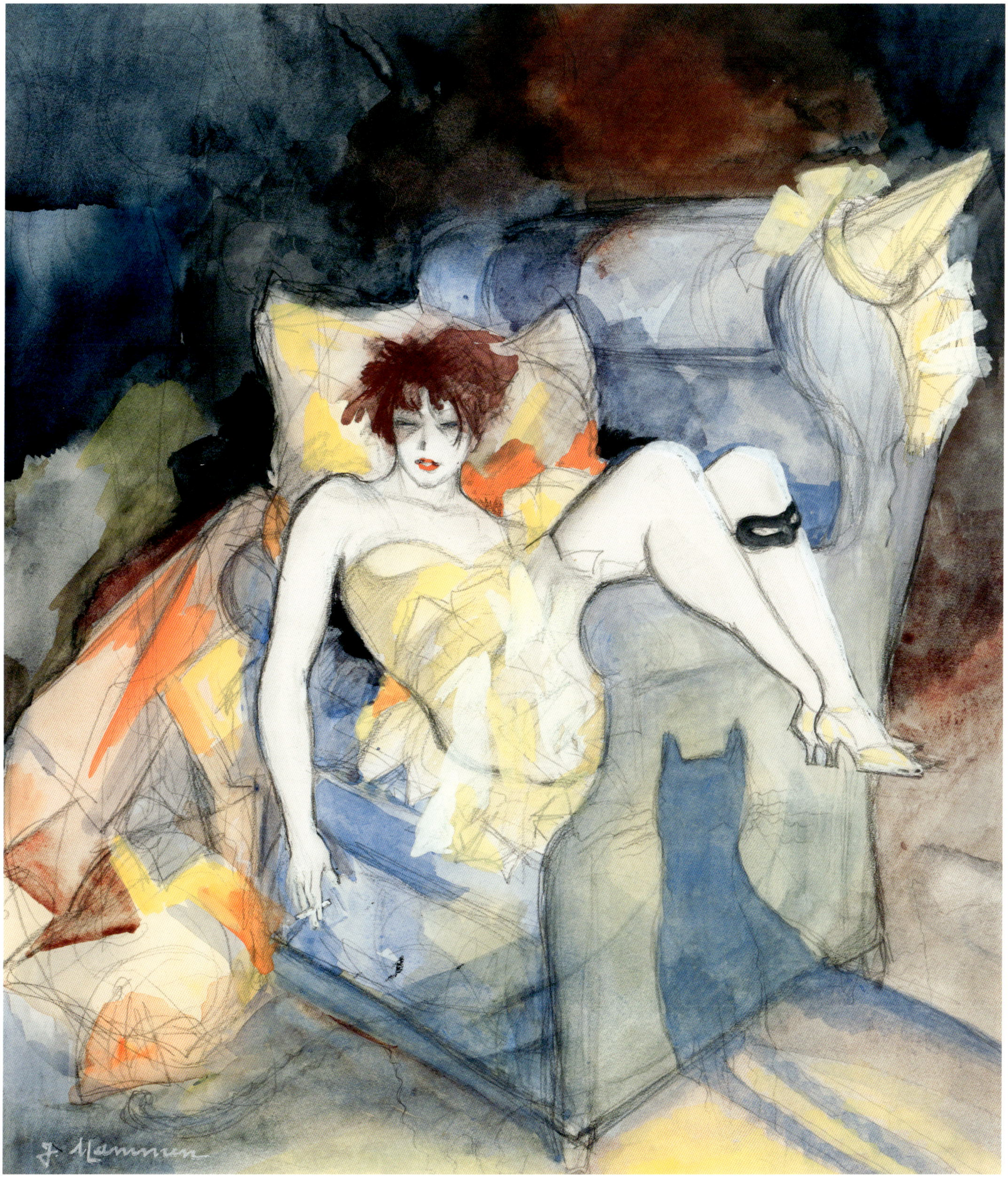

Abb. 1

Abb. 2

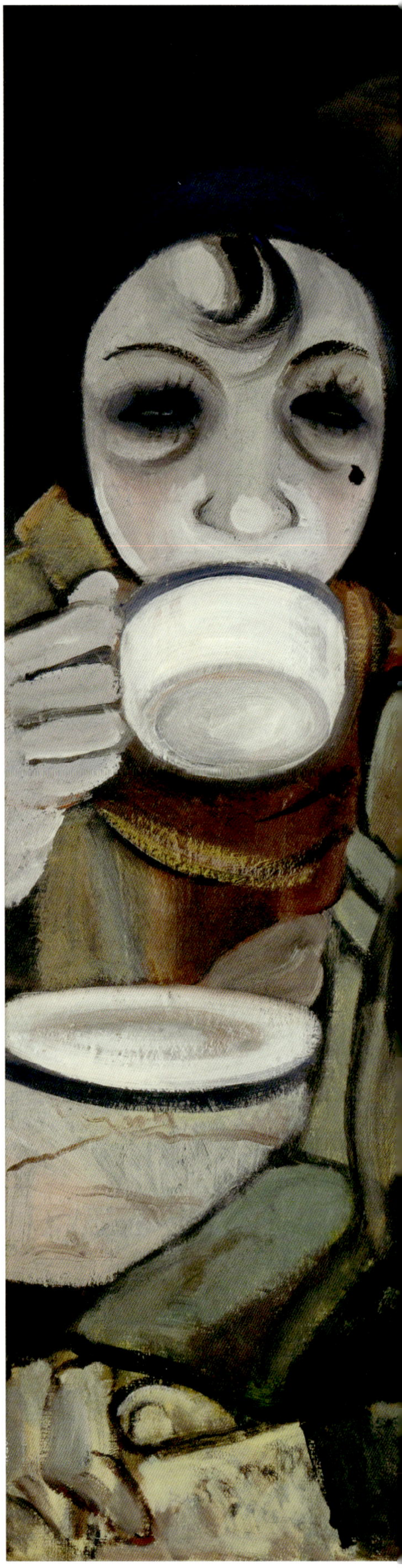

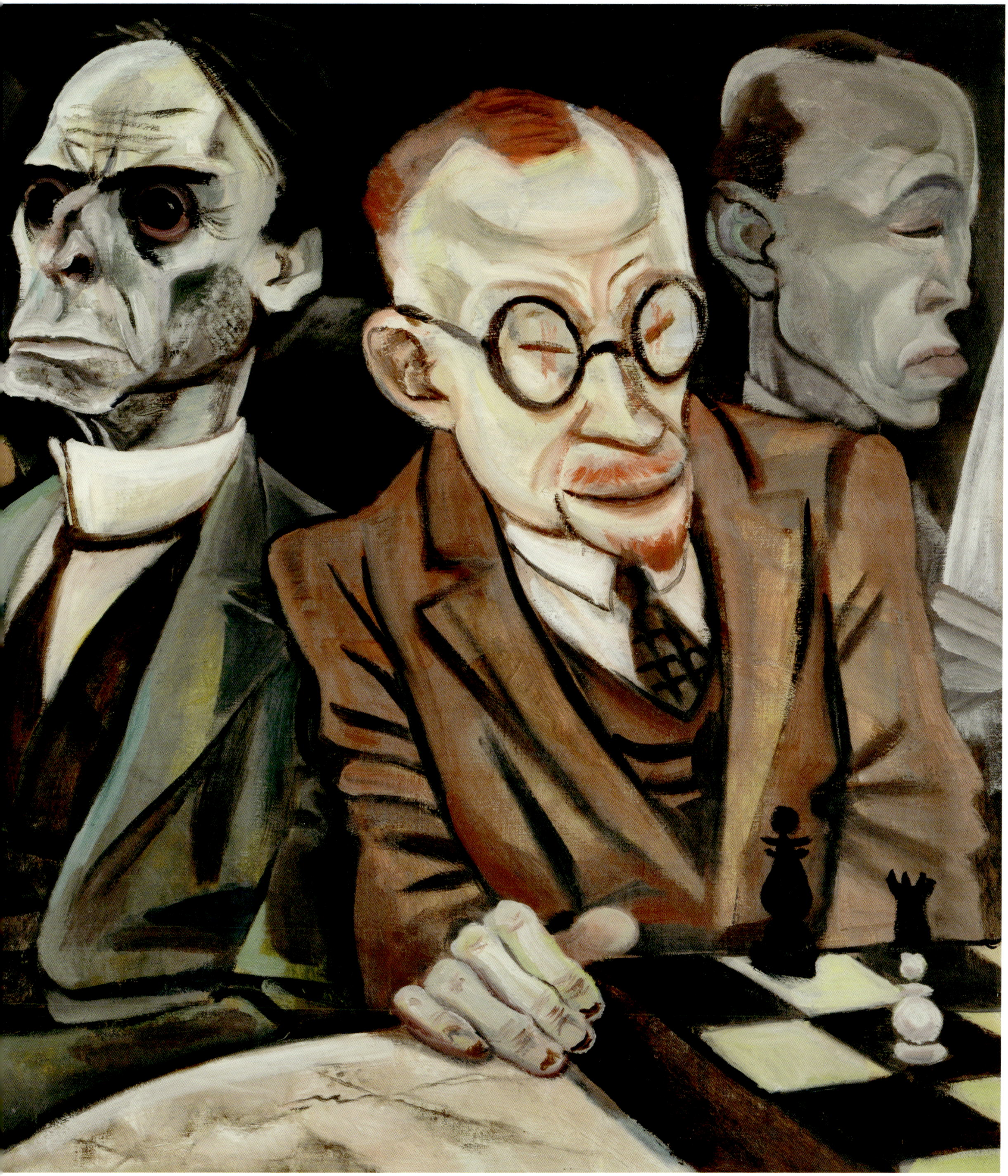

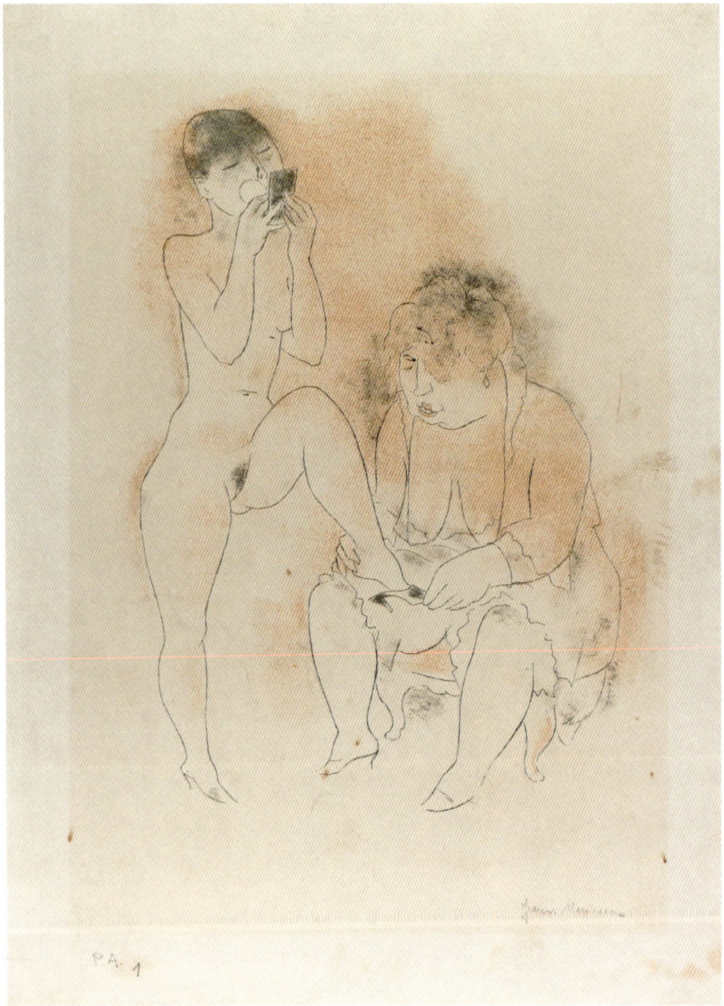

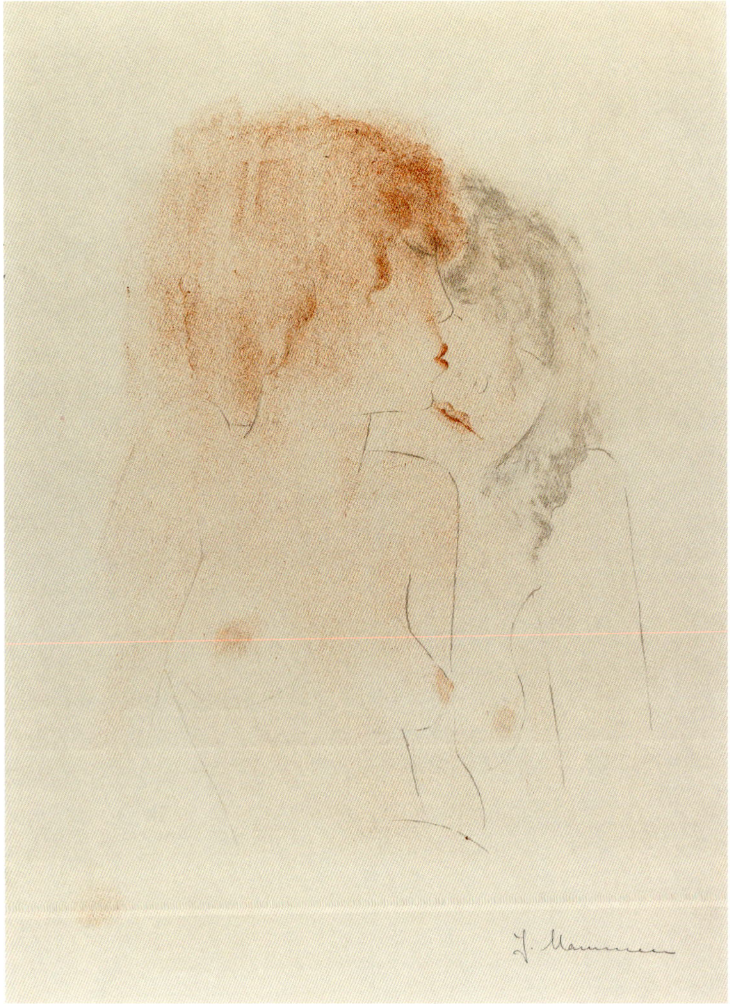

Abb. 3–6

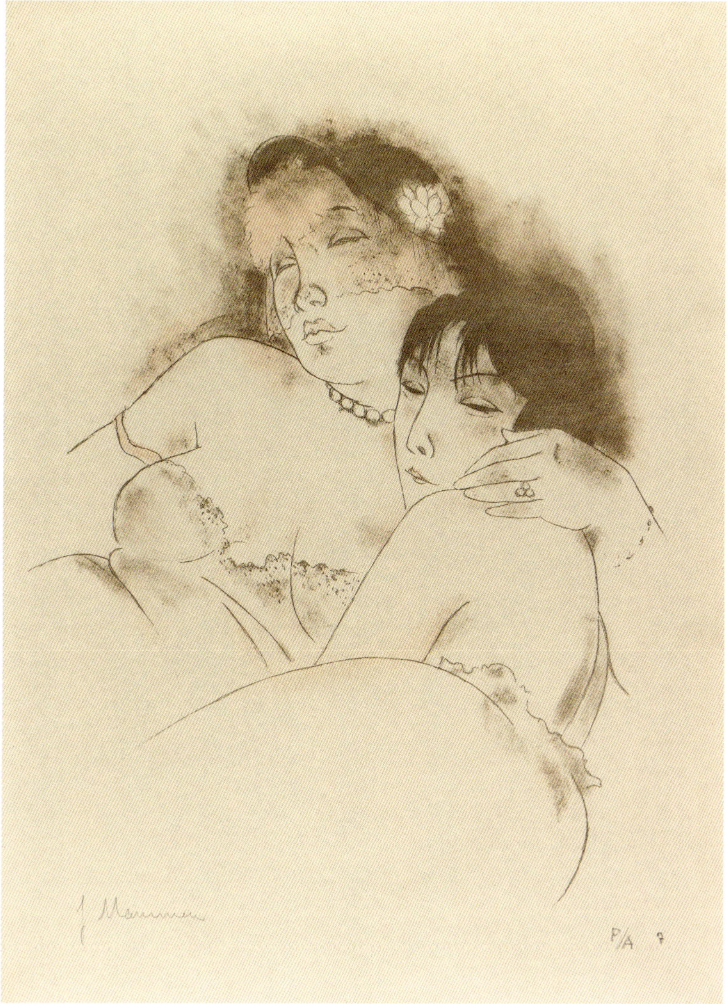
P/A

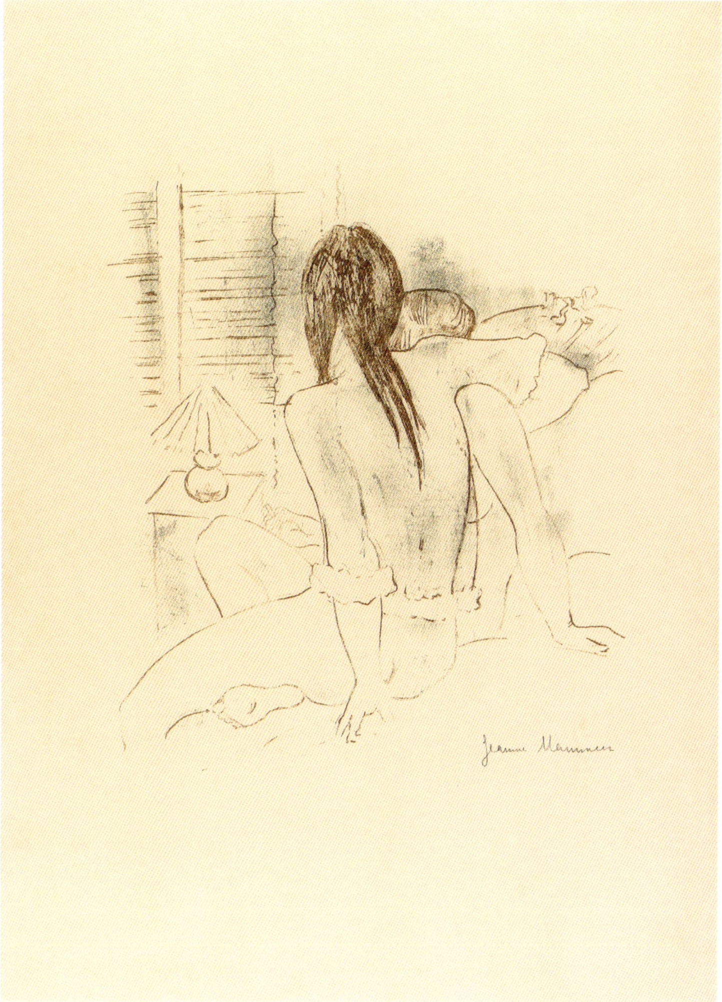
Jeanne Mammen

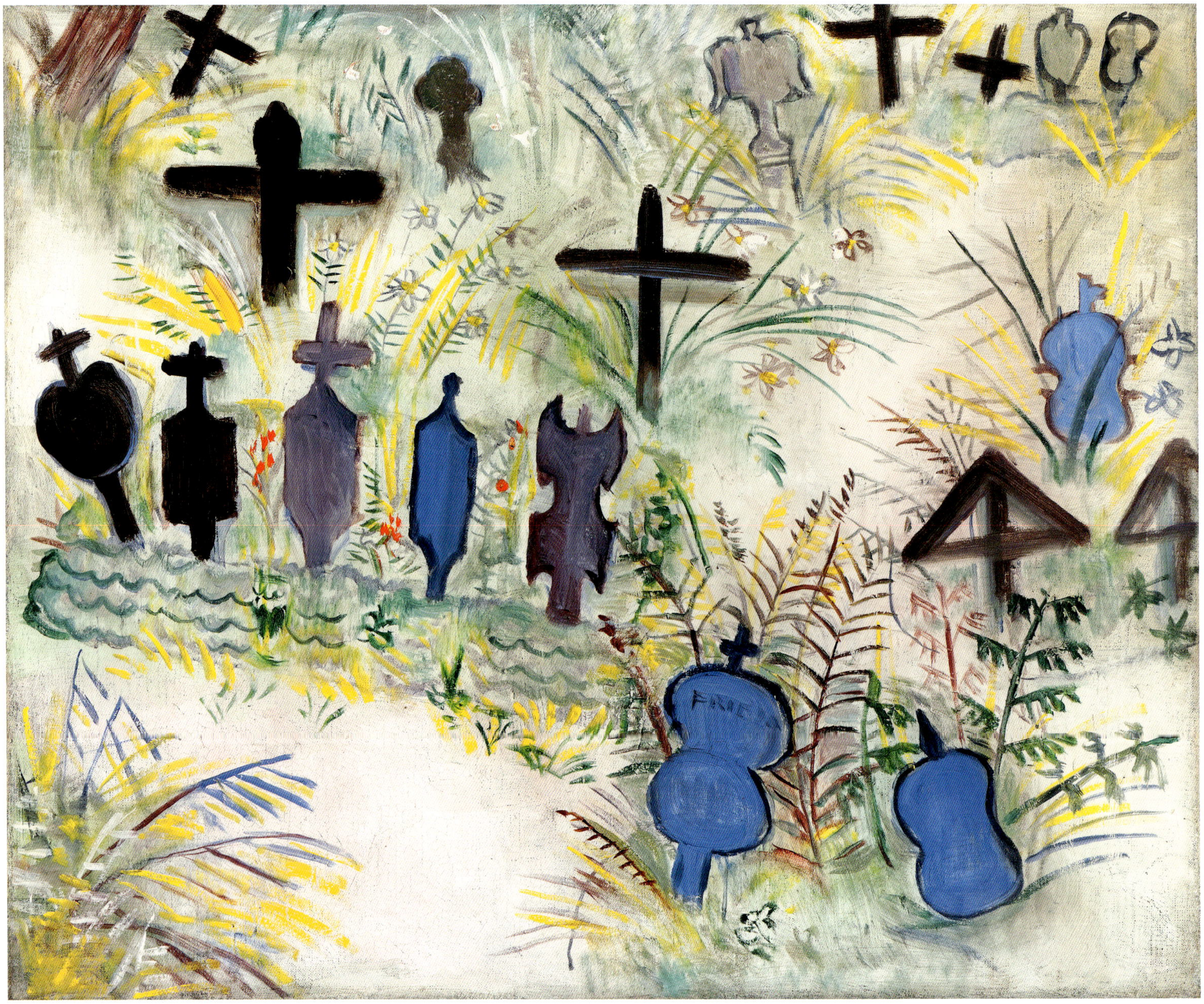

Abb. 7

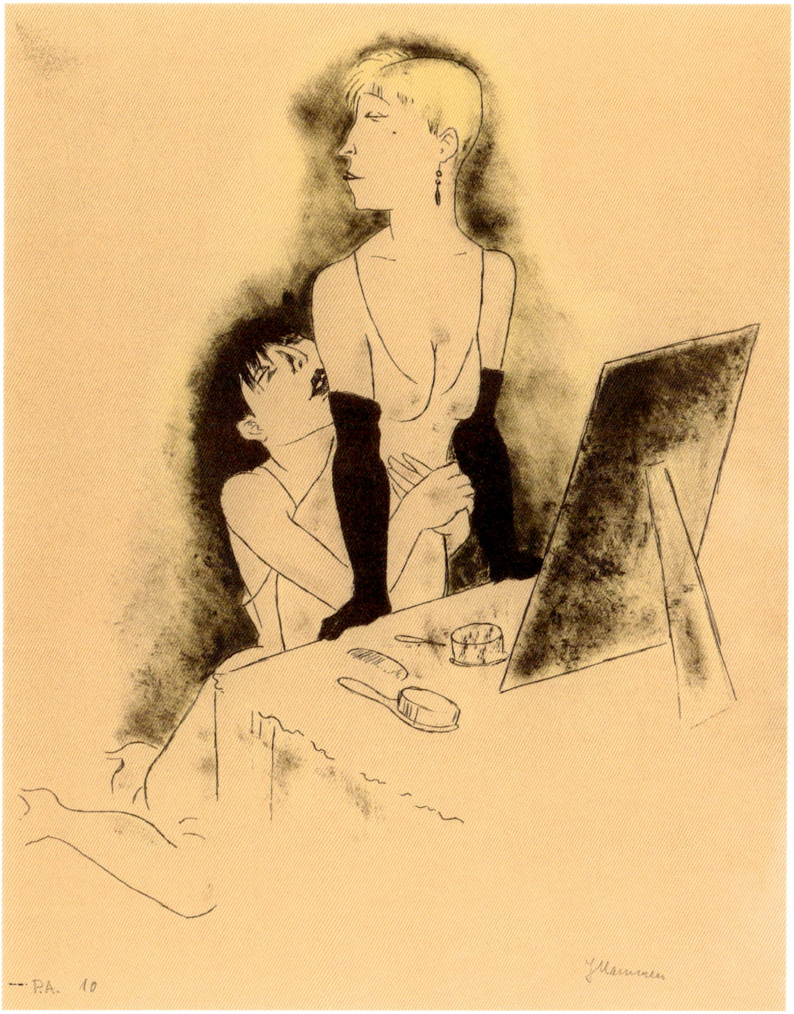

Abb. 8

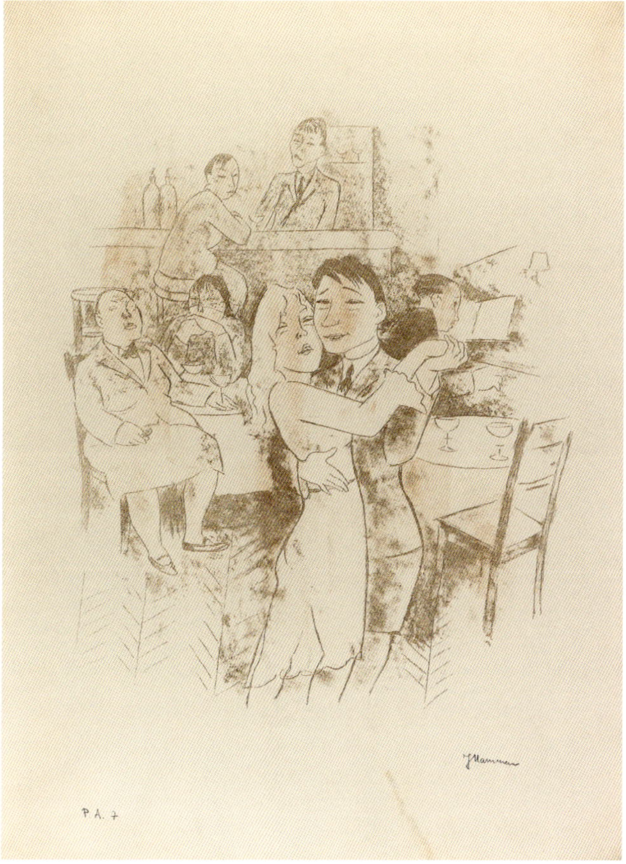

Abb. 9

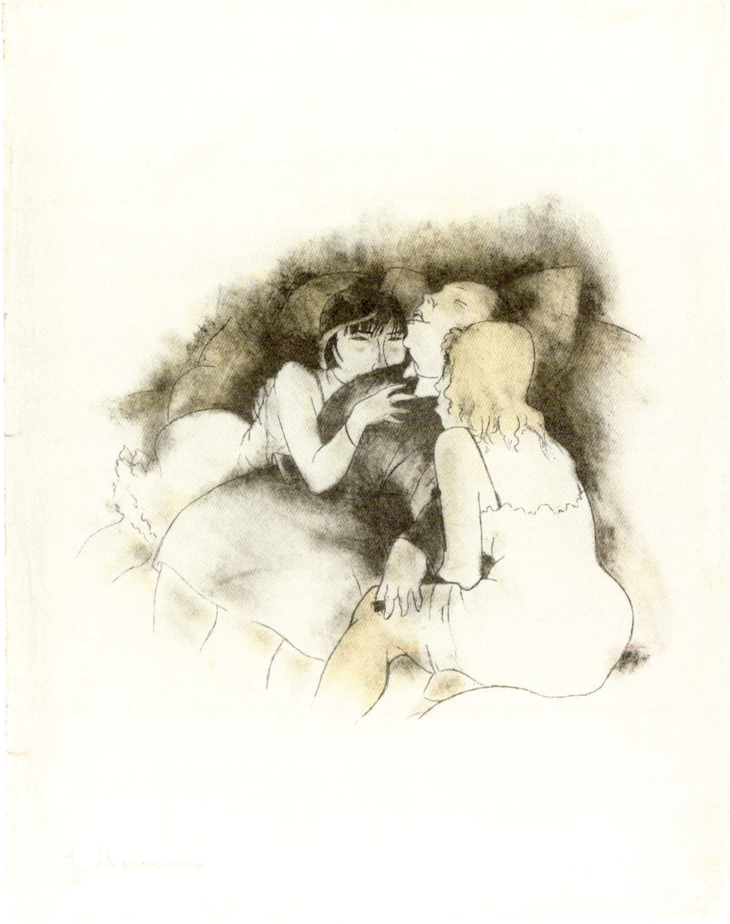

Abb. 10

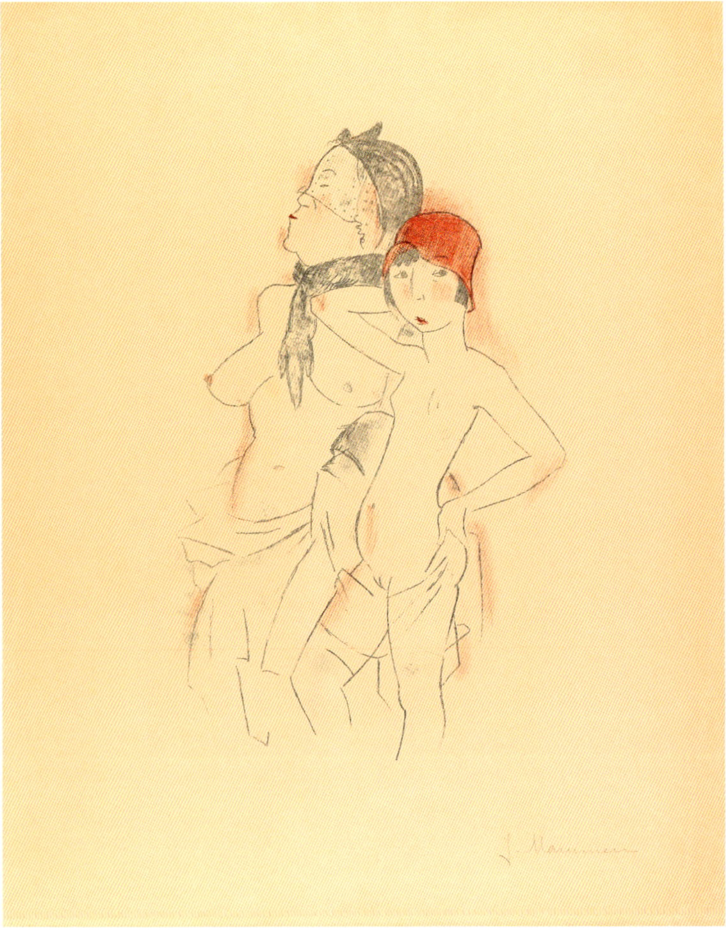

Abb. 11

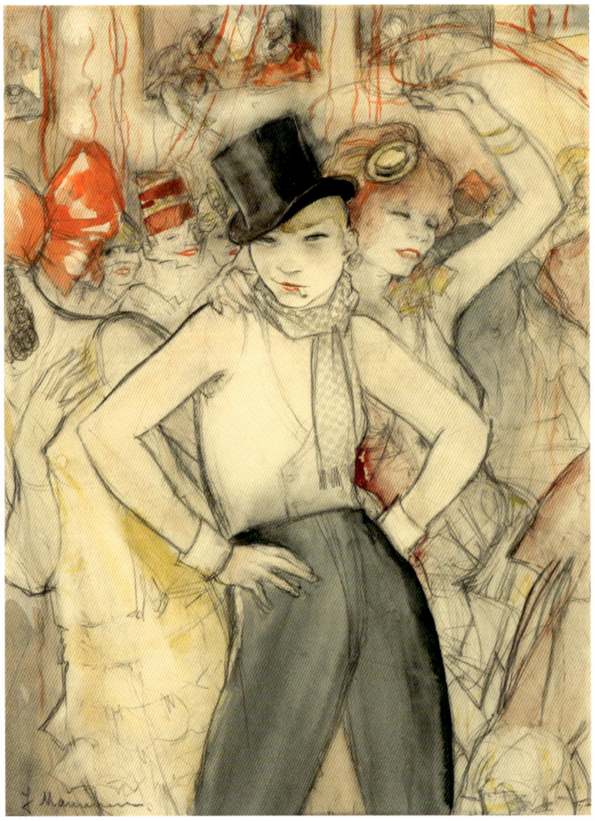

Abb. 12

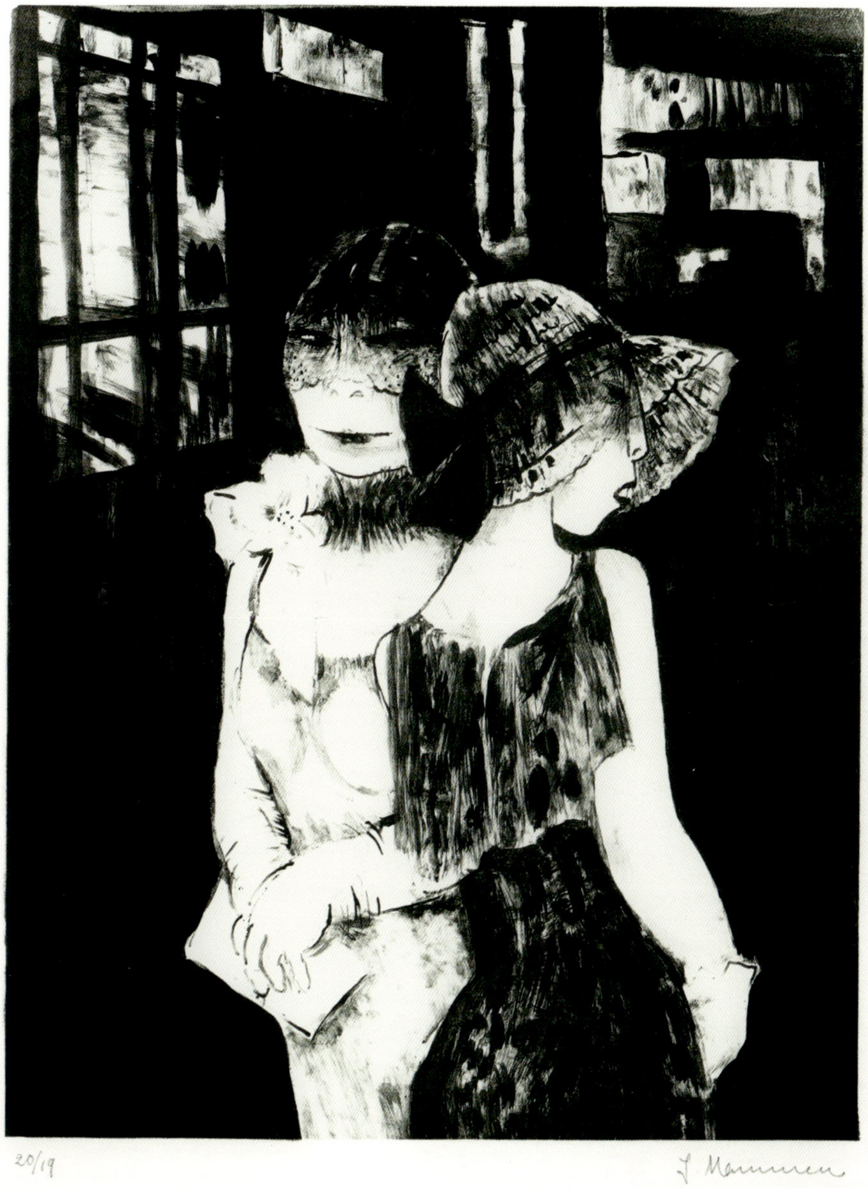

Abb. 13

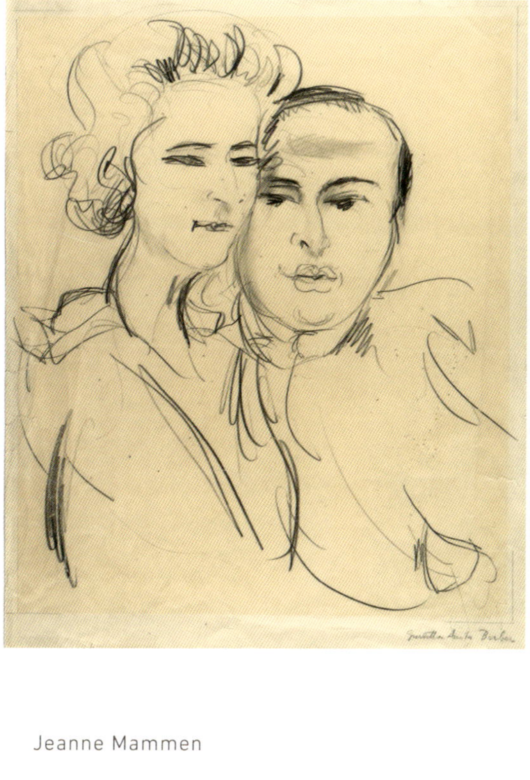

Abb. 14

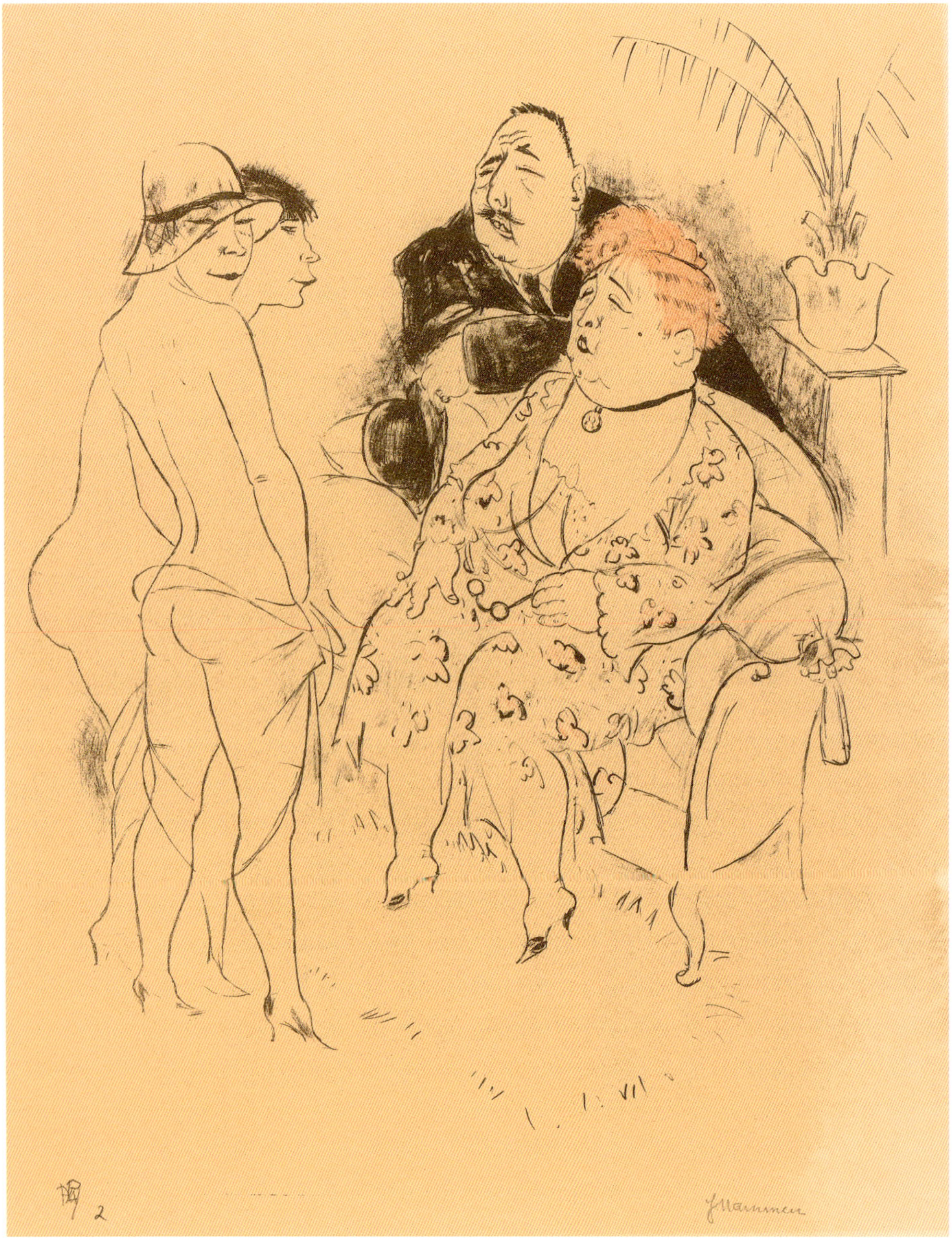

Abb. 15

Abb. 16

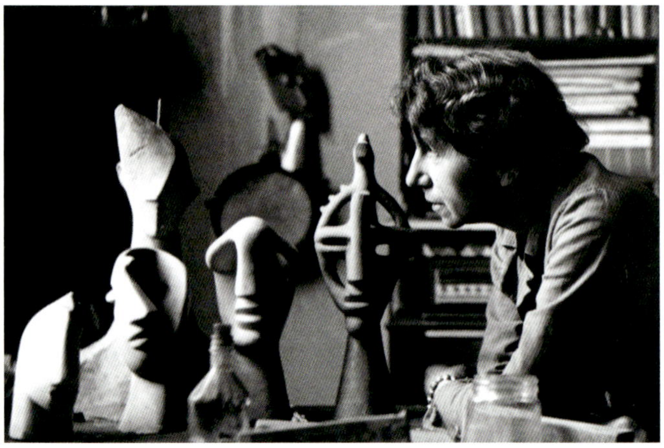

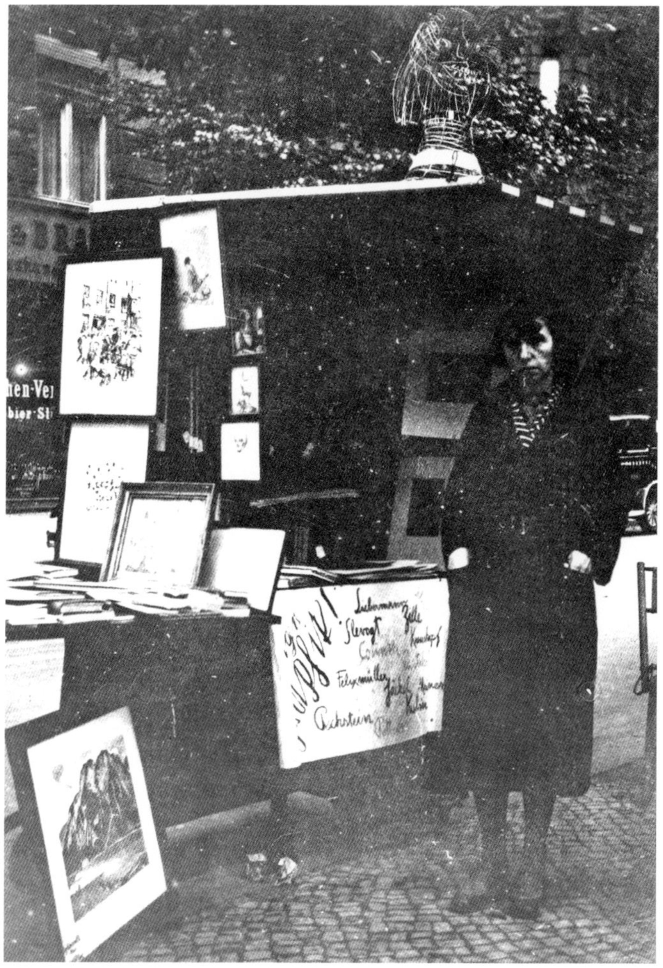

Abb. 17

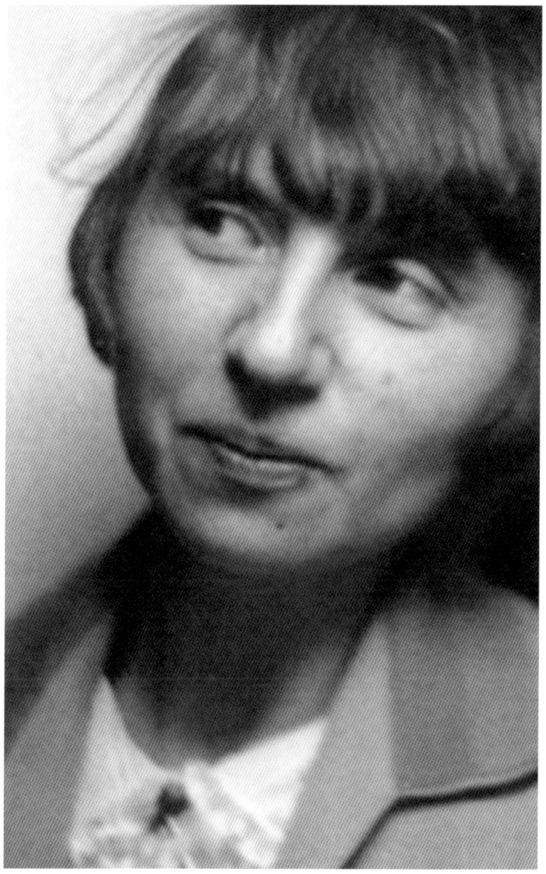

Abb. 18

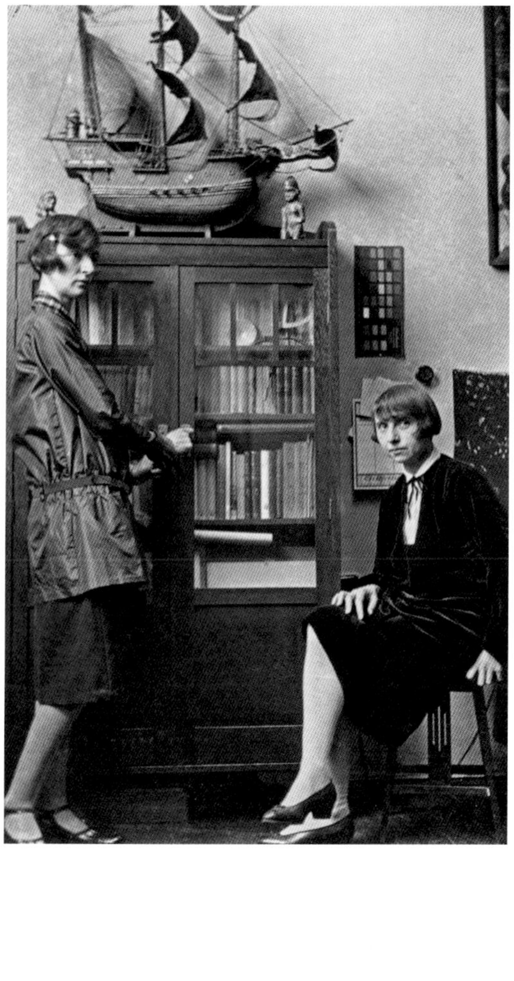

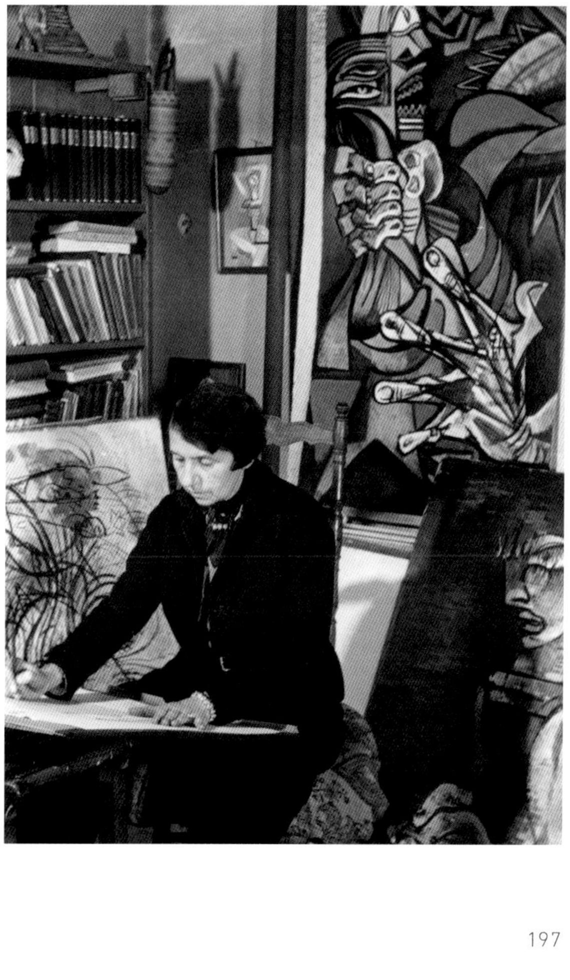

Abb. 19, 20

Abb. 1 / **Jeanne Mammen**
* 1890 Berlin, Deutschland, † 1976 Berlin, Deutschland
Aschermittwoch, um 1926
Aquarell und Bleistift auf Papier, 34 × 29 cm
Privatsammlung, Berlin
© Bildrecht, Wien 2019, Foto: © Mathias Schormann

Abb. 2 / **Jeanne Mammen**
Schachspieler, 1929/30
Öl auf Leinwand, 70 × 80,5 cm
Berlinische Galerie – Landesmuseum für Moderne, Kunst Fotografie und Architektur
© Bildrecht, Wien 2019, Foto: Kai-Annett Becker / Berlinische Galerie
Nr. 7 Gurlitt-Katalog Berlin 1930

Abb. 3–6, 8–11, 15 / **Jeanne Mammen**
9 Illustrationen zu *Die Lieder der Bilitis* von Pierre Louÿs (1870–1925)
Zweifarbige Lithografie-Folge für Wolfgang Gurlitts geplante Luxusausgabe, um 1930–1932

Abb. 3 / **Jeanne Mammen**
Beim Schminken, um 1930–1932
Aus der neunteiligen Serie *Die Lieder der Bilitis*
Farblithografie, 49,5 × 41,7 cm
Jeanne-Mammen-Stiftung im Stadtmuseum Berlin

Abb. 4 / **Jeanne Mammen**
Freundinnen, um 1930–1932
Aus der neunteiligen Serie *Die Lieder der Bilitis*
Farblithografie, 50 × 35 cm
Jeanne-Mammen-Stiftung im Stadtmuseum Berlin

Abb. 5 / **Jeanne Mammen**
Siesta, um 1930–1932
Aus der neunteiligen Serie *Die Lieder der Bilitis*
Farblithografie, 57 × 40,5 cm
Jeanne-Mammen-Stiftung im Stadtmuseum Berlin

Abb. 6 / **Jeanne Mammen**
Am Morgen, um 1930–1932
Aus der neunteiligen Serie *Die Lieder der Bilitis*
Farblithografie, 58,3 × 42,9 cm
Jeanne-Mammen-Stiftung im Stadtmuseum Berlin

Abb. 7 / **Jeanne Mammen**
Friedhof in Nidden, um 1929
Öl auf Leinwand, 55,3 × 65,3 cm
Jeanne-Mammen-Stiftung im Stadtmuseum Berlin
© Bildrecht, Wien 2019, Foto: © Mathias Schormann
Nr. 18 Gurlitt-Katalog 1930, Berlin

Abb. 8 / **Jeanne Mammen**
Eifersucht, um 1930–1932
Aus der neunteiligen Serie *Die Lieder der Bilitis*
Farblithografie, 55,3 × 40,4 cm
Jeanne-Mammen-Stiftung im Stadtmuseum Berlin

Abb. 9 / **Jeanne Mammen**
Damenbar, um 1930–1932
Aus der neunteiligen Serie *Die Lieder der Bilitis*
Lithografie, 62 × 43 cm
Jeanne-Mammen-Stiftung im Stadtmuseum Berlin

Abb. 10 / **Jeanne Mammen**
Bordellszene, um 1930–1932
Aus der neunteiligen Serie *Die Lieder der Bilitis*
Farblithografie, 53 × 41,5 cm
Jeanne-Mammen-Stiftung im Stadtmuseum Berlin

Abb. 11 / **Jeanne Mammen**
Frau und Mädchen, um 1930–1932
Aus der neunteiligen Serie *Die Lieder der Bilitis*
Lithografie, 54,3 × 42 cm
Jeanne-Mammen-Stiftung im Stadtmuseum Berlin

Abb. 12 / **Jeanne Mammen**
Sie repräsentiert (Faschingsszene), um 1928
Aquarell und Bleistift auf Papier, 42 × 30,4 cm
Privatsammlung
© Bildrecht, Wien 2019, Foto: © Mathias Schormann

Abb. 13 / **Jeanne Mammen**
Nutten, um 1930
Lithografie, 77,6 × 52 cm
Jeanne-Mammen-Stiftung im Stadtmuseum Berlin
© Bildrecht, Wien 2019, Foto: © Mathias Schormann

Abb. 14 / **Rudolf Großmann**
* 1882 Freiburg im Breisgau, Deutschland, † 1941 Freiburg im Breisgau, Deutschland
Wolfgang Gurlitt und Anita Berber, um 1919
Bleistift auf Papier, 51 × 41 cm
ehemals Besitz Maria Gurlitt, München, LENTOS Kunstmuseum Linz

Abb. 15 / **Jeanne Mammen**
Die Wahl, um 1930–1932
Aus der neunteiligen Serie *Die Lieder der Bilitis*
Lithografie, 55,6 × 42 cm
Jeanne-Mammen-Stiftung im Stadtmuseum Berlin

Abb. 16 / **Jeanne Mammen**
Jeanne Mammen in ihrem Atelier mit ihren Skulpturen, um 1946/47;
Mitte: *Männerkopf*, um 1946–1949, rechts: *Krieger II*, um 1945–1949
Foto: K. L. Haehnchen

Abb. 17 / Unbekannter Fotograf
Jeanne Mammen neben dem Bücherstand „Zur lächelnden Berolina" (die Drahtskulptur von Hans Uhlmann mit gleichem Namen thront als Maskottchen obenauf), Ecke Wielandstraße/Kurfürstendamm in Berlin-Charlottenburg, Herbst 1933

Abb. 18 / Unbekannter Fotograf
Jeanne Mammen, um 1930

Abb. 19 / Unbekannter Fotograf
Marie Louise (links) und Jeanne Mammen in ihrem Atelier am Kurfürstendamm, um 1924–1928

Abb. 20 / Unbekannter Fotograf
Jeanne Mammen in ihrem Atelier, um 1945

Fotos: Archiv Jeanne-Mammen-Stiftung im Stadtmuseum Berlin

Alle Werke der Bilitis-Serie: Jeanne-Mammen-Stiftung im Stadtmuseum Berlin, © Bildrecht, Wien 2019, Fotos: © Mathias Schormann

Camilla Smith

SEX SELLS! WOLFGANG GURLITT GIBT BEI JEANNE MAMMEN EINE SERIE EROTISCHER LITHOGRAFIEN IN AUFTRAG

Einleitung

Zwischen 1930 und 1932 schuf die Berliner Künstlerin Jeanne Mammen (1890–1976) im Auftrag von Wolfgang Gurlitt neun zweifarbige Lithografien zu Pierre Louÿs' *Les Chansons de Bilitis* (*Lieder der Bilitis*), einem Gedichtzyklus, den der französische Dichter 1894 verfasst hatte.[1] Dabei bediente er sich der Fiktion, es handle sich um eine Übersetzung aus dem Griechischen. Die Gedichte erzählen die Geschichte von Bilitis, einer jungen Frau im antiken Griechenland, ursprünglich aus einfachen bäuerlichen Verhältnissen stammend, jetzt auf Lesbos in den Kreis der Sappho und deren Gefährtinnen aufgenommen und selbst in ein Mädchen aus diesem Kreis, Mnasidika, verliebt. Mammens Lithografien sind freimütige Darstellungen homoerotischer Liebe und verlegen Louÿs' antiken Schauplatz in das Berlin der 1920er-Jahre. Der deutsche Kunstmarkt hatte Derartiges zuvor noch nicht gesehen (Abb. 3–6, 8–11, 15).[2]

Dass der Lithografie-Zyklus zu Lebzeiten der Künstlerin wenig Beachtung fand, ist dem Umstand geschuldet, dass er nie veröffentlicht wurde. Mammen bewahrte die fertige Auflage in ihrem Wohnatelier am Kurfürstendamm auf, wo sie bis zu ihrem Tod 1976 lebte. Während eines alliierten Bombenangriffs im Zweiten Weltkrieg gingen das Atelierfenster und das Oberlicht zu Bruch und zerstörten einen Großteil ihrer Arbeit; „nur einige Probedrucke, welche in der Bodenkammer lagen, blieben verschont".[3] Erst 1974 wurden fünf dieser lithografischen Motive erstmals in der Öffentlichkeit gezeigt, nämlich in einer Ausstellung ihrer Arbeiten in der Galerie G. A. Richter in Stuttgart.[4] Lange wusste man nur von der Existenz von sieben Motiven des *Bilitis*-Zyklus, wie aus dem Werkverzeichnis der Künstlerin von 1997 hervorgeht.[5] 2013 wurden zwei weitere Mammen-Lithografien mit den bis dahin unbekannten Motiven *Bordellszene* und *Frau und Mädchen* in der Frühjahrsauktion des Münchner Auktionshauses Ketterer aus einer ehemaligen privaten Sammlung angeboten (Abb. 10 und 11).[6] Die Entdeckung dieser beiden Werke, welche auch die innige Umarmung dreier Frauen darstellen und eine selbstsichere Sicht auf nicht idealisierte weibliche Körper bieten, führt uns mit Nachdruck die Schwierigkeiten vor Augen, denen sich KunsthistorikerInnen bei der Analyse homosexueller Thematiken stellen müssen, deren eigentliche Aussagen oft versteckt oder verleugnet wurden.

1 Im Folgenden *Bilitis* genannt.

2 Zum Stand der Forschung zu Mammens *Bilitis*-Folge: Annelie Lütgens, *„Nur ein Paar Augen sein …" Jeanne Mammen – eine Künstlerin in ihrer Zeit*, Reimer, Berlin 1991, S. 70–75; Hildegard Reinhardt, „Die Lieder der Bilitis", in: Marga Döpping (Hg.), *Jeanne Mammen. Köpfe und Szenen. Berlin 1920 bis 1933*, Ausst.-Kat., Kunsthalle Emden u. a., Emden 1991, S. 55–73; Hildegard Reinhardt, „Die *Lieder der Bilitis* (1930–1932). Jeanne Mammens bildnerische Interpretationen zu *Les Chansons de Bilitis* (1894) von Pierre Louÿs", in: *Jeanne Mammen. Paris – Bruxelles – Berlin*, hg. v. Förderverein der Jeanne-Mammen-Stiftung e. V., Deutscher Kunstverlag, Berlin 2016, S. 80–101.

3 Reinhardt 2016, S. 81.

4 *Lithographien der zwanziger Jahre. Öl- und Tempera-Bilder aus drei Jahrzehnten*, Galerie G. A. Richter, Stuttgart, April–Mai 1974.

5 Marga Döpping, Lothar Klünner, *Jeanne Mammen, 1890–1976. Monographie und Werkverzeichnis*, hg. v. Jörn Merkert, Wienand, Köln 1997, S. 426–428.

6 *Frau und Mädchen* und *Bordellszene* waren im Besitz von Charlotte Schoenberner (1890–1976), der ersten Frau von Franz Schoenberner (1892–1970). Franz Schoenberner war zwischen 1929 und 1933 Chefredakteur der Satirezeitschrift *Simplicissimus*, in der viele Arbeiten von Mammen abgedruckt wurden. Cornelia Pastelak-Price, Ines Quitsch, „Jeanne Mammen – Biografie. Versuch einer ‚Bioschraffie'", in: *Jeanne Mammen* 2016, S. 178–209, hier S. 186–187.

1930 hatte sich Wolfgang Gurlitt bereits seinen Platz als allseits anerkannter Kunsthändler und Verleger in Berlin gesichert. Er führte die äußerst erfolgreiche Kunsthandlung weiter, die er von seinem Vater geerbt hatte, und gab zugleich exquisite Kunstbände und handgedruckte erotische Publikationen in Auftrag, die unter dem Impressum *Privatdrucke der Gurlitt-Presse* erschienen. Erst heute wird klar, dass Gurlitt in der Zeit der Weimarer Republik mit seinem Verlag und mithilfe privater Sammlungen eine wichtige Rolle bei der Veröffentlichung und Verbreitung erotischen Materials spielte. Dies ist in der mit dieser Periode befassten Forschung noch wenig bekannt. In offenem Widerspruch zum herrschenden Zeitgeist ermutigte er auch Künstlerinnen dazu, mit erotischen Bildern einen Beitrag zu leisten und den Kunstmarkt auf diese Weise mitzugestalten. Im Folgenden vertrete ich die Auffassung, dass sein Auftrag an Mammen – eine Suite von Lithografien zur Illustration einer neuen deutschen Prachtausgabe von Louÿs' *Les Chansons de Bilitis* – möglicherweise im Hinblick auf eine weibliche Leserschaft konzipiert gewesen sein könnte. Während es an Versuchen nicht mangelte, den Paragrafen 175 des Deutschen Strafgesetzbuches abzuschaffen, der für Akte männlicher Homosexualität Gefängnisstrafen von bis zu fünf Jahren vorsah, weigerte sich der Gesetzgeber weiterhin, die Möglichkeit der Existenz weiblicher Homosexualität auch nur in Betracht zu ziehen. Stattdessen wurde das Verlangen nach weiblicher sexueller Autonomie häufig pathologisiert. Die Geschichte, die Louÿs erzählt, stellt dies ebenso infrage wie Mammens Lithografie-Zyklus.

Les Chansons de Bilitis: Jeanne Mammens moderne Interpretation

Pierre Louÿs' Gedichtzyklus, in dem die Ich-Perspektive vorherrscht, besteht aus drei Teilen: *Pamphylische Hirtenlieder* – so der Titel in der deutschen Übersetzung –, Bilitis' Beschreibung ihres vorherigen Lebens, in dem sie einem unehelichen Kind das Leben schenkte; *Mythilenische Elegien*, in denen es um Bilitis' Liaison mit Sappho und um ihre nachfolgende Beziehung zur jugendlichen Mnasidika geht; und *Epigramme auf der Insel Kypros*, in denen Bilitis von ihrer Zeit als berühmte, in Aphroditens Diensten stehende Kurtisane berichtet und die mit ihrem Tod enden. *Bilitis* ist insofern ein wichtiger Text, als es sich dabei um eines der ersten Werke der Literatur handelt, in dem die explizit erotisierte Beziehung zwischen Sappho and ihren Schülerinnen thematisiert wird.[7] Louÿs' Text ist ohne Frage hocherotisch; Szenen beim Baden, Spielen und Liebeswerben unter Frauen werden detailreich geschildert. Bilitis' Beschreibung ihres Zusammenseins mit ihrer großen Liebe Mnasidika – der „Unvergesslichen", wie schon ihr Name verrät (mnasis = Erinnerung, díke = Gerechtigkeit) – ist ein Beispiel, das die sinnliche Aufladung, die über weite Strecken im Text betont wird, gut veranschaulicht:

> „Unter die Decke von durchsichtiger Wolle sind wir geschlüpft, sie und ich.
> Selbst unsere Köpfe duckten wir drunter und die Lampe durchleuchtete den Stoff über uns.
> So sah ich ihren geliebten Leib in einem geheimnisvollen Licht. Wir waren einander näher, freier, inniger, nackter.
> ‚Im selben Hemde', sagte sie.
> Das Haar behielten wir aufgesteckt, um noch mehr enthüllt zu sein, und in der knappen Luft des Bettes stiegen die Gerüche zweier Frauen wie aus zwei natürlichen Räucherpfannen empor."[8]

Mammen selbst beschreibt die Gedichte als ein Werk „sehr zarter und anmutiger Art" und erinnert sich daran, wie Gurlitt sich von ihr Illustrationen gewünscht habe, die „ganz frei und ‚modern'" sein sollten, im Einklang mit ihren anderen Werken dieser Zeit.[9] In den zehn Jahren, die diesem Auftrag vorangegangen waren, waren Mammens Aquarelle und Zeichnungen im Stil der Neuen Sachlichkeit zu einem Synonym für massenmediale Konstruktionen modebewusster Typen der Weimarer Republik geworden; dies trifft besonders für die „neue Frau" mit ihrem Bubikopf zu. Dutzende populärer illustrierter Magazine wie *Simplicissimus*, *Der Junggeselle*, *Jugend* oder *Der Querschnitt* hatten Arbeiten von ihr übernommen – und Aquarelle wie *Aschermittwoch* (Abb. 1) waren vom Verlag Der Junggeselle in großen Auflagen als Farb-Künstlerpostkarten gedruckt worden. *Aschermittwoch* zeigt eine junge Diva, offensichtlich erschöpft von einer Nacht der Ausschweifung. Sie hat es sich auf einem Lehnstuhl bequem gemacht, die Karnevalsmaske unterhalb des Knies lässig um das linke Bein geschlungen, eine Zigarette in der Hand.

---

7 Joan E. DeJean, *Fictions of Sappho 1546–1937*, University of Chicago Press, Chicago 1989, S. 276–277.

8 Pierre Louÿs, *Lieder der Bilitis*, Teil II: Mythilenische Elegien, Zeitler, Leipzig 1907, S. 81.

9 Reinhardt 2016, S. 81.

Wolfgang Gurlitt richtete Mammens erste Einzelausstellung 1930 in der Galerie seines Vaters Fritz aus. Gezeigt wurden Gemälde, Aquarelle, Zeichnungen und Druckgrafik. Im Ausstellungskatalog sind unter anderem die Gemälde *Schachspieler* (Abb. 2) und *Friedhof in Nidden* (Abb. 7) sowie die Lithografie *Nutten* (Abb. 13) aufgeführt. *Friedhof in Nidden* hat Mammen vermutlich während einer Reise in das litauische Nidden ein Jahr zuvor unter freiem Himmel (en plein air) gemalt.[10] Gurlitt legte offensichtlich Wert darauf, Mammens Fähigkeit, verführerische Figuren treffsicher darzustellen, ins rechte Licht zu rücken. Für die Titelseite des Ausstellungskatalogs wählte er eine ihrer Zeichnungen, *Mädchen im Korsett auf Stuhl sitzend* (ca. 1930).

Mammen hielt sich bei der Ausdeutung der Gedichte von Louÿs eng an Gurlitts Vorgaben. In allen neun Blättern – *Freundinnen*, *Siesta*, *Eifersucht*, *Die Wahl*, *Am Morgen*, *Beim Schminken*, *Damenbar*, *Frau und Mädchen* und *Bordellszene* – meidet die Künstlerin ganz bewusst alle klassischen, auf das antike Griechenland verweisenden Anklänge und konzentriert sich auf aktuelle Kontexte und Details. Sie schafft so einen wichtigen Brückenschlag zwischen sapphischem Mythos und lesbischer Kultur in der Weimarer Republik. Bis jetzt konnte zwischen Mammens Lithografien und Louÿs' Gedichten kein textspezifischer Zusammenhang hergestellt werden. Es lassen sich jedoch Vermutungen anstellen, wie ihre Motive mit manchen Themen des Textes zusammenhängen könnten. So meint Hildegard Reinhardt, dass Mammens Blätter sich in erster Linie auf den zweiten Teil von *Bilitis*, die *Mythilenischen Elegien*, beziehen. Hier wird im Detail die Beziehung zwischen der älteren Bilitis – für Reinhardt ist das die junge Frau mit braunem Haar – und der noch mädchenhaften blonden Mnasidika beschrieben. Es geht um das Reifen ihres Verhältnisses über einen Zeitraum von zehn Jahren, vom ersten Zusammentreffen der beiden jungen Frauen bis zu dem Augenblick, an dem Mnasidika die Beziehung mit einem Abschiedsbrief beendet.[11] Mammens Lithografien betonen die familiäre Intimität, die zwischen den zwei, manchmal auch drei Frauen (Bilitis, Mnasidika und möglicherweise Sappho) besteht. Man sieht sie, wie sie schlafen, einander umarmen und sich zurechtmachen. Die Zurückweisung, die Bilitis von Mnasidika erfährt, liefert offensichtlich die Motive für mehrere Lithografien. In *Eifersucht* steht Mnasidika in einer Art Abendrobe an ihrem Toilettentisch. Sie scheint die Annäherungsversuche der hinter ihr knienden und ihre Arme um Mnasidikas Mitte schlingenden Bilitis voll Verachtung zurückzuweisen (Abb. 8). Das Blatt deutet auf eine Stelle in den *Elegien* hin, als sich Bilitis schmerzlich erinnert, wie sie zusehen musste, dass Mnasidika ihr langsam entglitt – und sich bereits für eine andere schön machte: „Ich seh sie ihre Milchtasse halten und mich von der Seite anschaun, mit einem Lächeln. Ich sehe sie, gepudert und frisiert, mit großen offnen Augen vor dem Spiegel, wie sie mit ihrem Finger das Rot auf ihren Lippen nachfärbt."[12] Ähnlich verhält es sich in *Damenbar*, wo die Dreiergruppe mit einer älteren Frau (Sappho?) und ihren beiden Protégées, die auch in der Bordellszene dargestellt ist, sich mit einer vierten, offenbar noch unbekannten Tanzpartnerin konfrontiert sieht, die anscheinend Mnasidikas Aufmerksamkeit auf sich zieht (Abb. 9 und 10).

In Louÿs' Gedichtzyklus wird Bilitis auch als eine Art Lehrerin oder Mentorin dargestellt, die Ratschläge zu Haushaltsführung, persönlichem Auftreten und sexuellen Beziehungen gibt. So wie Louÿs sie beschreibt, ist ihre Rolle vergleichbar mit der des erotischen Mentors in der *paiderastía*, dem bürgerschaftlichen männlichen Initiationsprogramm, das im antiken Griechenland zwischen einem erwachsenen Mentor und einem Knaben im Ephebenalter stattfand. Während Homosexualität unter Männern in Griechenland einen festen Platz in der gesellschaftlichen Ordnung hatte, blieb dieser Art der Beziehung zwischen Frauen Entwicklung und Anerkennung verwehrt. Louÿs' Erzählung unternimmt es, hier die Dinge zurechtzurücken. Bilitis unterstreicht ausdrücklich die Tauglichkeit der Frau für die Rolle des moralisch untadeligen „Anderen", indem sie sagt, „Warum ich lesbisch geworden, o Bilitis, verlangst du zu wissen? […] Wie sollten wir den Mann lieben, der so grob zu uns ist? Er packt uns als Mädchen und läßt uns vor dem Genuß. Du, du bist ein Weib, du weißt, was ich fühle. Du benimmst dich dabei, wie für dich selbst."[13] Mit der Visualisierung dieser Rituale in ihren Lithografien nimmt Mammen ganz bewusst Partei für Louÿs' alternatives Modell. Ihre Darstellung der reifen Frau und des grazilen jungen Mädchens wie in *Frau und Mädchen* (Abb. 11) gleicht der Entsprechung zur bereits erwähnten Beziehung zwischen erwachsenem Mann und Epheben.

10 Pastelak-Price, Quitsch 2016, S. 185.

11 Reinhardt 1991, S. 59; Reinhardt 2016, S. 86.

12 Louÿs 1907, Teil II: Mythilenische Elegien, S. 107.

13 Louÿs 1907, Teil III: Epigramme auf der Insel Kypros, S. 140.

Mammens Bilder sind keine direkte Transposition von Louÿs' Text. Sie siedelte seinen Gedichtzyklus weit außerhalb des griechischen Modells in der Jetztzeit an und kam so dem Wunsch Gurlitts weitgehend entgegen. Keine Spur mehr von Inseln der Ägäis oder von arkadischen Landschaften, die uns von den bürgerschaftlichen Tugenden griechischer *paiderastía* sprechen. Stattdessen rauchen die Protagonistinnen der „neuen Frau" Zigaretten, tragen Make-up, Kurzhaarschnitt und maßgeschneiderten Anzug, Glockenhut und durchsichtigen Umwurf aus neuartigen Materialien. Sie bewegen sich in modernen Inneneinrichtungen und in Bars. Bars und Nachtclubs waren bevorzugte Orte für sexuelle Streifzüge und (homosexuelle) Autonomie und wurden von der Künstlerin als solche behandelt. Mitte der Zwanzigerjahre gab es ein florierendes homosexuelles Nachtleben in Berlin, der zu diesem Zeitpunkt permissivsten Stadt Europas. Voraussetzung dafür war eine stillschweigende Übereinkunft zwischen der homosexuellen Gemeinde und der Polizei der Hauptstadt, die zu erreichen nicht schwerfiel, gehörten doch manche Polizisten selbst zur Stammkundschaft dieser Etablissements.[14] In dieser Stadt, in der 1919 das erste Institut für Sexualwissenschaft weltweit unter der Leitung des Mitbegründers der ersten Homosexuellen-Bewegung, des Sexualwissenschaftlers Magnus Hirschfeld, gegründet worden war, wurden solche Lokale sogar in manchen Stadtführern erwähnt.[15] In den 1920er-Jahren lebte Mammen mit ihrer Schwester Mimi in ihrem Wohnatelier am Kurfürstendamm in unmittelbarer Nähe des pulsierenden Nachtlebens im Berliner Westen (Abb. 19). In Aquarellen wie beispielsweise *Sie repräsentiert* (ca. 1928), das auch im *Führer durch das „lasterhafte" Berlin* abgedruckt ist, gelang es ihr, die Atmosphäre dieser Welt meisterhaft einzufangen (Abb. 12).[16] Statt Modelle in ihr Wohnatelier einzuladen, zog sie es vor, die Menschen in deren Umgebung zu beobachten und zu skizzieren.

Mehrere erhaltene Pastell-Bleistift- bzw. Feder-Tusche-Vorzeichnungen weiblicher Akte sind erhalten und zeigen, wie Mammen für die *Bilitis*-Folge mit Komposition und verschiedenartigen Figurenkonstellationen experimentierte.[17] In diesen Blättern ging es der Künstlerin in erster Linie um die geschwungenen Konturen der weiblichen Figur und weniger um eine genaue Ausarbeitung des Hintergrunds. Dargestellt sind einander umarmende weibliche Figuren und einzelne weibliche Akte von hinten gesehen, auf einem Bett sitzend. Möglicherweise sind einige dieser Vorzeichnungen in Zeichenkursen entstanden, die Mammen seit der Mitte der 1920er-Jahre regelmäßig besuchte.

Im lithografischen Druckverfahren wird das Bild meist mithilfe von Lithografiekreide direkt auf eine Steinplatte gezeichnet, nicht geritzt. Die Oberfläche der Steinplatte wird dann befeuchtet, wobei die fetthaltigen Linien der Zeichnung das Wasser abstoßen, die Druckerschwärze aber, die anschließend auf die Steinplatte aufgebracht wird, zurückhalten. Das Motiv wird dann auf Papier gedruckt. Die Detailtreue des Drucks hängt stark vom Auftrag der Umrisse am Beginn des Prozesses ab. Dies könnte der Grund sein, weshalb Mammens fertige lithografische Motive nicht mit Details überladen sind. Den Druckvorgang selbst führte sie an der Hochschule für bildende Künste in Berlin-Charlottenburg mit dem Drucker Herrn Seelig aus. Mammen äußerte sich über den Entstehungsprozess: „Es dauerte eine ganze Zeit, bis wir die ganze Auflage fertig stellten".[18] Nicht zufrieden mit Schwarz-Weiß, verwendete sie zusätzliche Farben für ihre Blätter. Gedecktes Rosa, Rot, Braun, Gelb and Grau steuern Tiefe und Textur bei und lenken die Aufmerksamkeit auf bestimmte Akzente im Haar und in der Kleidung der Figuren. Angesichts der Meisterschaft ihrer lithografischen Motive erstaunt es, dass sich die Künstlerin erst 1930 dieses Druckverfahrens bediente.[19] Neben ihren Illustrationen zu *Bilitis* schuf sie in dieser Zeit auch weitere großformatige Lithografien, wie *Kurfürstendammpaar*, *Witwe*, *Mädchen mit Katze* und *Nutten* (alle ca. 1930) (Abb. 13).[20] Später äußerte sich die über achtzigjährige Künstlerin in einem Gespräch mit dem Kunstkritiker Hans Kinkel dezidiert über die bessere Qualität, die man beim Druck direkt von der

14 Florence Tamagne, „The Homosexual Age. 1870–1940", in: Robert Aldrich (Hg.), *Gay Life and Culture. A World History*, Thames & Hudson, London 2006, S. 167–195, hier S. 187. Zu Polizisten als Stammkunden: Claire Waldoff, *Weeste noch …! Aus meinen Erinnerungen*, Progress, Düsseldorf/München 1953.

15 Aquarellierte Zeichnungen von Mammen in einem Führer des Kulturpublizisten Curt Moreck: Details bei Camilla Smith, „Challenging *Baedeker* through the Art of Sexual Science. An Exploration of Homosexuality in Curt Moreck's Guide to 'Depraved' Berlin (1931)", in: *Oxford Art Journal*, 36. Jg., Nr. 3, 2013, S. 231–256. Zum Berliner Nachtleben generell siehe Joachim Schlör, *Nachts in der großen Stadt. Paris, Berlin, London 1840 bis 1930*, Artemis & Winkler, München/Zürich 1991.

16 Das Bild hat in verschiedenen Publikationen verschiedene Titel: *Faschingsszene*, *Ballfest*, *Maskenball* und *Zwei Frauen in einem Club*. Eine Erörterung über das Erscheinen der Abbildung in Morecks Führer bei Smith 2013. Das Aquarell wurde zwei Jahre zuvor schon abgedruckt im *Simplicissimus*, 32. Jg., Heft 47, Februar 1928, S. 636.

17 Zu diesen Vorzeichnungen und wie sie in der endgültigen lithografischen Serie verändert wurden siehe Reinhardt 2016, S. 80–99.

18 Ebd., S. 81.

19 Mammen hatte bereits vor 1920 Radierungen angefertigt. Beispiele in Döpping, Klünner 1997, S. 423–424.

20 Weitere Lithografien von Mammen aus dieser Zeit in ebd., S. 424–426.

originalen Lithografieplatte erhält.[21] Die neun lithografischen Motive der *Bilitis*-Serie sind direkt von der Platte gedruckt. Unserem Wissen nach war Gurlitts Druckauftrag der einzige, den Mammen vor der Machtergreifung der Nationalsozialisten im März 1933 erhielt. Nun fand Mammens erfolgreiche Karriere ein jähes Ende, da sie sich „dem offiziellen Kunstbetrieb" des neuen Regimes nicht anpassen wollte. Ihrem Hauptauftraggeber, dem *Simplicissimus*, kam sie mit einer Kündigung zuvor, „sie sei jetzt anderweitig beschäftigt".[22] Für die gleichgeschalteten Zeitschriften arbeitete sie nicht.

Pierre Louÿs und französische Erotica

Trotz Berlins vielfach gerühmter Freiheit *in eroticis* richteten viele Deutsche ihr Hauptaugenmerk auf die Kunst und Literatur Frankreichs. Nicht nur galten die Franzosen als viel „aufgeklärter" in diesen Dingen, der besondere Reiz (sexueller) Alterität war hier von vornherein gegeben.[23] Es waren daher sehr oft Werke von Henri de Toulouse-Lautrec, Edgar Degas, Marcel Vertès und Édouard Chimot, die für populäre erotische Publikationen dieser Zeit herangezogen wurden, besonders für die *Sittengeschichten*, die den Versuch unternahmen, die Entwicklung der Moral und der Sitten unter einer historischen Perspektive auszuleuchten. *Bilitis* erschien im Jahr 1900 im Verlag G. Grimm, Budapest, in der Übersetzung von Franz Wagenhoff erstmals auf Deutsch. Skandale im Zusammenhang mit der Veröffentlichung trugen gemeinsam mit den Spekulationen, die sich um Louÿs' eigenes Leben rankten, zweifellos dazu bei, dass das Werk auf deutsche Leserschaften eine starke Faszination ausübte.

Als Louÿs *Les Chansons de Bilitis* 1894 erstmals veröffentlichte, bediente er sich der Fiktion, es handle sich dabei um einen Kranz von Gedichten, die in das Grabmal der Bilitis, einer Dichterin des antiken Zypern, eingemeißelt und von einem deutschen Archäologen, einem gewissen G. Heim, entdeckt worden seien. In seiner eigenen Ausgabe von *Bilitis* ging Louÿs so weit, eine frei erfundene Bibliografie mitzuliefern, in der eine von G. Heim erstellte deutsche Version von *Bilitis* als erste Veröffentlichung des Gedichtzyklus angeführt wird.[24] Das Wortspiel mit dem deutschen Wort „geheim" im Namen des fiktiven Archäologen konnte ernsthafte deutsche Gelehrte wie Ulrich von Wilamowitz-Moellendorff, der Louÿs umgehend den Fehdehandschuh hinwarf, nicht hinters Licht führen.[25] In der Zwischenzeit hatten Philologen echte ägyptische Papyri mit Sapphos Gedichten gefunden, die Louÿs' Darstellung als freie Erfindung entlarvten.[26] Statt dem Autor zu schaden, erhöhte dies, im Verein mit den Geheimnissen, die sein eigenes Wesen umspielten – Insomniker, Sonderling und manischer Bibliophile mit besonderer Vorliebe für Fotografien junger Mädchen –, nur die Faszination, die von ihm ausging. Dazu trug auch der Umstand bei, dass er in Paris dem Kreis um André Gide und Natalie Clifford Barney angehörte.[27] Es wurde kolportiert, er habe den Großteil von *Bilitis* auf seinen Reisen im Mittelmeerraum gedichtet. Selbst die Schreibweise seines Namens, Louis, änderte er auf Louÿs, um zu erreichen, dass das abschließende s ausgesprochen wurde, was für ihn ein Zeichen seiner Bewunderung für die griechische Kultur war. In den drei Jahren nach dem frühen Tod des Autors 1925 – er war erst 55 – erschienen in Europa fünf postume Ausgaben seines Werkes, zusammen mit einer erweiterten Version seines ebenfalls skandalumwitterten Gedichts *Aphrodite. Mœurs antiques*, eine Beschreibung des Kurtisanenlebens im antiken Alexandria. *Aphrodite* erschien auf Deutsch erstmals 1928.[28] Es gab also einen Markt für französische Erotica, und das bedeutete, dass Gurlitts Neuausgabe von *Bilitis* gute Verkaufschancen hatte, obwohl sie erst nach der Weltwirtschaftskrise von 1929 in Auftrag gegeben worden war.

Gurlitts Auftrag an Mammen war nicht der erste Kontakt des Verlegers mit Louÿs' Gedichtzyklus. Schon 1924 hatte er die *Lieder der Bilitis* in der Übersetzung von Richard Hübner mit zehn Stichen von Willy Jaeckel (1888–1944) veröffentlicht. Die Auflage war auf zweihundert Stück beschränkt; dazu kamen

21 Hans Kinkel, „Begegnung mit Jeanne Mammen", in *Jeanne Mammen* 2016, S. 213–217, hier S. 216.

22 Pastelak-Price, Quitsch 2016, S. 189.

23 Frankreich im Besonderen hatte Verleger vorzuweisen, die sich fast ausschließlich auf Erotica spezialisierten; die Freiheit der Verlage ermöglichte außerdem den Druck von sehr gewagten Texten viel früher als in Deutschland. Paul Englisch, „Verleger erotischer Schriften" in: ders., *Irrgarten der Erotik. Eine Sittengeschichte über das gesamte Gebiet der Welt-Pornographie*, Lykeion Kulturwissenschaftliche Verlagsgesellschaft, Leipzig 1931, S. 11–100, bes. S. 68, S. 99; Curt Moreck, *Kultur und Sittengeschichte der neuesten Zeit. Das Genussleben des modernen Menschen*, Bd. 3, Aretz, Dresden 1929, S. 420–422.

24 Diese Bibliografie ist abgedruckt in Pierre Louÿs, „The Songs of Bilitis", in: ders., *The Collected Works*, übers. v. Mitchell S. Buck, Liveright, New York 1932, S. 301.

25 Ich danke Abbey Rees-Hales für den Hinweis auf dieses Wortspiel. Zu der Querele siehe DeJean 1989, S. 200 und S. 276–277.

26 Ebd., S. 200.

27 Patrick Kearney, *A History of Erotic Literature*, Macmillan, London 1982, S. 167–176.

28 Hugo Hayn, Alfred N. Gotendorf, *Bibliotheca Germanorum Erotica & Curiosa*, 9 Bde., 1912–1928, hg. v. Paul Englisch, hier Bd. 9, Verlag Müller und Kiepenheuer, München 1928, S. 377.

fünfzig Exemplare einer Luxusausgabe mit zwölf signierten Bildtafeln.[29] Das verlegerische Risiko war gering: Es war anzunehmen, dass der Nimbus, der sich um Louÿs gebildet hatte, zusammen mit den Illustrationen von Jaeckel, einem bekannten Expressionisten, dem Werk Aufmerksamkeit in den Kreisen des deutschen liberalen Bildungsbürgertums sichern würde. Diese früheren Illustrationen unterscheiden sich allerdings sehr stark von Mammens sensibler, moderner Ausdeutung der Erzählung. Jaeckels Stiche zeigen hochgewachsene androgyne Figuren, die sich in einer vor Hitze flirrenden Umgebung aneinanderklammern. Hier gibt es so gut wie keine Anzeichen einer zarten, intimen Beziehung zwischen Bilitis und ihrer Geliebten. Anders als Jaeckel hatte Mammen lange in Paris gelebt, wo sie 1907 ihre künstlerische Ausbildung an der Académie Julian begonnen hatte.[30] Manche Motive in Mammens *Bilitis*-Folge scheinen von dieser Stadt und ihren Künstlern inspiriert zu sein, was bei der Erschaffung eines erotischen Werkes für den deutschen Kunstmarkt nur von Vorteil sein konnte.

Mammens Familie zog um 1900, als Jeanne gerade zehn Jahre alt war, nach Paris und lebte dort, bis sie nach dem Ausbruch des Ersten Weltkriegs als Staatsfeinde zur Flucht gezwungen wurde. Hier entwickelte Mammen ihre leidenschaftliche, anhaltende Liebe zur französischen Literatur.[31] Ihre Bibliothek lässt annehmen, dass sie mit den Werken von Louÿs und seinen Zeitgenossen vertraut war. Da sie die französische Sprache wie eine Muttersprache beherrschte, las sie diese Werke im Original und besaß fast doppelt so viele Bücher in französischer wie in deutscher Sprache, darunter *Bilitis* in einer Ausgabe von 1911, illustriert von „Notor" (Vicomte Gabriel de Roton, 1865–1964).[32] Es finden sich Gesamtausgaben der Werke von Arthur Rimbaud, Marcel Proust und Paul Verlaine, andere Bände homosexueller Literatur sowie Émile Zolas *Nana* (1880) und Charles Baudelaires *Les Fleurs du mal* (1857), in denen auch das Thema der weiblichen Homosexualität zur Sprache kommt.

Nach dem Gesagten ist es wenig überraschend, dass die Kritiker von Mammens Einzelausstellung in der Galerie Gurlitt im Jahr 1930 das Vorhandensein von „französischen" Aspekten in ihrem Werk betonten. Hugo Kubsch meinte in der *Deutschen Tageszeitung*: „Es ist viel in ihr; Toulouse-Lautrec, Grosz, Dix, doch verleugnet kein Blatt, keine Zeichnung ihr Wesen: dieses Überlegensein, dieses gespannte Mitleben, diese Herbheit, diese Distanz zu ihren Modellen."[33] Curt Glaser erklärte im *Börsen Courier*: „Diese Zeichnerin hat die Gabe, eine Situation klar zu erfassen. Sie scheint zuerst von Toulouse-Lautrec und dann von George Groß [sic!] gelernt zu haben, wie Eindrücke aus dem großstädtischen Amüsierbetrieb auf eine knappe Formel zu bringen sind."[34] Auch die KunsthistorikerInnen der neueren Zeit sehen besonders in der *Bilitis*-Folge derartige Parallelen. Vor allem die Darstellung der Bordell- und Schlafzimmerszenen und die Konstellation zwischen älterer Frau und jüngerer Partnerin erinnern an Bilder aus *Elles*, Toulouse-Lautrecs Lithografiemappe aus dem Jahr 1896. Diese Serie von zehn farbigen Lithografien erschien in französischer Sprache bereits zwei Jahre nach der Publikation von Louÿs' Gedichtzyklus und hatte erstmals das Alltagsleben der in einem Pariser Bordell arbeitenden Prostituierten zum Thema.[35] Wir wissen nicht, ob Mammen diese Serie kannte, und mit einer Überbetonung der Parallelen laufen wir Gefahr, ihre *Bilitis*-Folge zu sehr in die Nähe der Konformität mit dem männlichen heterosexuellen Blick zu rücken. Mammens Bilder sind zwar intim, aber im Gegensatz zu den Szenen in Toulouse-Lautrecs *Elles* sind sie nicht betont voyeuristisch. In ihren Blättern gibt es nur sehr wenige visuelle Verweise auf Männer. Anders gesagt, Mammens Lithografien verweisen auf die Kluft zwischen männlich (hetero)sexueller Fantasie und den normativen Erfahrungen von Lesben im Deutschland der Weimarer Republik – wobei es belanglos ist, ob die Figuren nun bei ihrem privaten Zusammensein abgebildet sind oder in öffentlichen Bars und Bordellen. Der Grund dafür liegt möglicherweise darin, dass Mammens Lithografien nicht nur unter Berücksichtigung eines männlichen Betrachters konzipiert wurden.

29 Pierre Louÿs, *Lieder der Bilitis*, übers. v. Richard Hübner, Fritz Gurlitt Verlag, Berlin 1924.

30 Sie besuchte auch die Académie Royale des Beaux-Arts in Brüssel (1908–1910) und die Scuola Libera del Nudo – Accademia di Belle Arti in Rom (1911–1912). Pastelak-Price, Quitsch 2016, S. 181–182.

31 Margarete Zimmermann, „Jeanne Mammens Bibliothek. Ein Ort des Kulturtransfers", in: *Jeanne Mammen* 2016, S. 144–157.

32 Hildegard Reinhardt weist darauf hin, dass Mammens Notor-Ausgabe zwanzig kleine Papierstreifen enthält, die jeweils bei illustrierten Seiten in das Buch eingelegt sind. Reinhardt 2016, S. 90–91.

33 Hugo Kubsch, *Deutsche Tageszeitung*, 5.11.1930.

34 Curt Glaser, „Jeanne Mammen bei Gurlitt", in: *Börsen Courier*, 15.10.1930.

35 Katharina Sykora, „Jeanne Mammen", in: *Women's Art Journal*, 9. Jg., Nr. 2 (Herbst 1988 – Winter 1989), S. 28–31; Lütgens 1991, S. 72–74; Reinhardt 1991, S. 68; Reinhardt 2016, S. 90; Johanna Maria Eder, *Die Darstellung von Homoerotik im Werk von Jeanne Mammen*, Diplomarbeit, Universität Wien, Wien 2013, S. 51–59. Eder vergleicht Mammens Darstellungen von Prostituierten auch mit Arbeiten von Edgar Degas.

Frauen als Sammlerinnen erotischer Werke

Sappho war in dieser Zeit eine wichtige Identifikationsfigur und ein historisches Vorbild für Frauen in gleichgeschlechtlichen Beziehungen.[36] Der bereits erwähnte Sexualwissenschaftler Magnus Hirschfeld, der seit dem Ende des 19. Jahrhunderts unermüdlich um die Legalisierung der Homosexualität in Deutschland kämpfte, bemühte in seiner ersten Publikation zu dieser Thematik Sappho (und Sokrates), um die zwei Figuren für diesen Kampf als historische Parallelen dienstbar zu machen.[37] Inserate für Sappho-Romane wie Heinz Martenaus *Sappho und Lesbos (Die Homosexualität unter Frauen)* (1931) wurden in *Die Freundin* und in anderen Frauenzeitschriften geschaltet.[38] Gurlitts neue Luxusausgabe eines Gedichtzyklus, der den Kreis um Sappho zum Thema hat, hätte zweifellos diesem Interesse in einer einschlägigen LeserInnenschaft weiteren Auftrieb gegeben. Neben den Inseraten für Romane gibt es auch andere Werbeanzeigen in Frauenzeitschriften, die mit lockenden Zusätzen wie „Galante Mappe" und „Mondäne Werke liefert auf besondere Anfrage ..." versehen sind. Hier wird ein wachsender Markt für Erotica (wie Fotos, Bücher und Grafikmappen) sichtbar, an dem ganz offensichtlich Frauen teilhaben. Die Bandbreite von Werken und Preisen ist beträchtlich und reicht von billigen illustrierten Romanen für weniger als drei Reichsmark bis zu bibliophilen Raritäten und Luxusausgaben im drei- und vierstelligen Bereich.[39]

Wolfgang Gurlitt scheint sehr wohl gewusst zu haben, dass es sich dabei um einen wachsenden Markt handelte, und er folgte dem Beispiel seines Vaters, indem er Künstlerinnen förderte.[40] Der Verlag verwendete auch sein *Damen-Brevier* als zusätzliches Vehikel, um Gurlitts eigene *Bilderbücher* mit Werken von Lovis Corinth, Max Pechstein und Willi Geiger potenziellen Sammlerinnen schmackhaft zu machen.[41] Besonders bemerkenswert ist die Förderung, die Gurlitt Charlotte Berend-Corinth in einer Reihe verschiedenartiger Projekte in den frühen 1920er-Jahren angedeihen ließ, einschließlich einer erotischen Grafikmappe, die 1919 der bisexuellen Tänzerin Anita Berber gewidmet war. Es ist bekannt, dass Gurlitt Berber nahestand und eine Zeit lang in ihrem Freundeskreis verkehrte. Wie nahe die Beziehung tatsächlich war, wissen wir nicht. Es gibt eine (undatierte) Bleistiftzeichnung aus der Sammlung der vor Kurzem verstorbenen Tochter von Wolfgang Gurlitt, auf der Berber und Gurlitt zu sehen sind (Abb. 14). Berber, eine Berühmtheit, wurde auch von vielen Frauen als sexuell attraktiv erlebt. Gurlitts Berber-Mappe richtete sich denn auch, unbeschadet seines eigenen Naheverhältnisses zu der Tänzerin, vermutlich in erster Linie an eine weibliche Käuferschicht.[42]

Auf derselben Linie liegt Gurlitts Lieferung von Bildern für erotische *Sittengeschichten* in den 1920er-Jahren. Eine dieser Publikationen stellte ganz ausdrücklich ausschließlich auf eine weibliche Leserschaft ab: Agnes Gräfin Eszterházys *Das lasterhafte Weib. Schriften zur weiblichen Sexualität* (1930). Diese Publikation ist insofern einzigartig in dieser Zeit, als sie mehrheitlich von Frauen verfasst wurde.[43] Die Bilder in diesem Band – Werke unter anderem von Otto Schoff, Lovis Corinth, Max Pechstein, Christian Schad und Willi Geiger – wurden alle von Gurlitt zur Verfügung gestellt. Er ist der einzige im Buch namentlich genannte Kunsthändler. Darüber hinaus stammten einige der abgebildeten aquarellierten Tuschezeichnungen aus seiner privaten Sammlung.[44] Die Abschnitte über Männerbordelle, Transvestiten und Glücksspiel enthalten Illustrationen

36 Vgl. zum Beispiel die Erörterungen zu Sappho bei Marsha Meskimmon, *We Weren't Modern Enough. Women Artists and the Limits of German Modernism*, University of California Press, Berkeley 1999, S. 208–215; und Aldrich 2006, S. 47.

37 Magnus Hirschfeld, *Sappho und Sokrates*, M. Spohr, Leipzig 1896. Hirschfeld verweist auch auf Louÿs' *Bilitis*-Gedichte in seinem Buch *Die Homosexualität des Mannes und des Weibes*, Louis Marcus Verlagsbuchhandlung, Berlin 1914, S. 1023, online verfügbar unter: https://archive.org/details/DieHomosexualittDesMannesUndDesWeibes1914/page/n1045 (abgerufen am 13.2.2019).

38 *Die Freundin*, 8. Jg., Nr. 14, 13.7.1932.

39 Zum Beispiel *Die Freundin*, 3. Jg., Nr. 15, 8.8.1927; und *Die Freundin*, 3. Jg., Nr. 21, 31.10.1927.

40 Fritz Gurlitt veranstaltete Ausstellungen mit Arbeiten von Clara Siewert und Dora Hitz. Birgit Gropp, *Studien zur Kunsthandlung Fritz Gurlitt in Berlin 1880–1943*, Dissertation, Freie Universität Berlin, Berlin 2000, S. 115. Gurlitt zeigte 1917 eine Ausstellung von Lene Schneider-Kainer, 1920 von Renée Sintenis und 1931 von Lotte Laserstein.

41 Karl Schwarz, „Neue Bilderbücher", in: *Damen-Brevier*, Fritz Gurlitt Verlag, Berlin 1920, S. 131–134.

42 Marsha Meskimmon gelangt zu einer ähnlichen Interpretation. Meskimmon 1999, S. 50–56, bes. S. 55. Gurlitts bemerkenswertes Einfühlungsvermögen in den auf Frauen zielenden Markt für Erotica wird möglicherweise eher verständlich, wenn man seine eigenen durchaus ungewöhnlichen Familienumstände bedenkt. Wolfgangs Geschäftspartnerin und spätere Lebenspartnerin Lilly Christiansen-Agoston unterhielt eine Liebesbeziehung zu seiner ersten Frau, der Schauspielerin Julia Goob. Gurlitt war sich der Situation zweifellos bewusst, lebten die beiden Frauen doch zeitweise mit ihm zusammen unter einem Dach. Biografische Details wie diese beruhen auf innerhalb der Familie weitergegebenen Erinnerungen und auf Spekulationen; dementsprechende Vorsicht ist im Umgang mit ihnen geboten. Ich danke Frau Dr. Elisabeth Nowak-Thaller für die überaus wertvollen Hinweise auf die Familie Gurlitt und auf Anita Berber. Siehe hierzu auch den Aufsatz von Abbey Rees-Hales im vorliegenden Katalog.

43 Agnes Gräfin Eszterházy (Hg.), *Das lasterhafte Weib. Schriften zur weiblichen Sexualität* (1930), 2. Aufl., Ullstein, Berlin/Frankfurt am Main 1989.

44 Ebd., S. 33–35.

von Mammen.[45] Ähnlich wie in ihrer *Bilitis*-Folge zeigen diese Bilder modebewusste „neue" Frauen beim Kartenspielen, Zeitunglesen, beim genüsslichen Schnapstrinken oder in der Unterhaltung. Während *Das lasterhafte Weib* letztlich innerhalb eines von patriarchaler Diagnose abgesteckten Rahmens blieb, war es doch das erste Buch seiner Art, das sich direkt an ein weibliches Publikum wandte, um es zum Voyeurismus zu ermutigen. Darüber hinaus wirft das Buch ein Schlaglicht – ohne jeden tadelnden Unterton – auf die Freizeitnutzung von Bordellen durch Frauen, ein Motiv, das auch Mammens *Bilitis*-Lithografie *Die Wahl* aufgreift (Abb. 15). Hier muss sich eine Dame mittleren Alters, die offensichtlich der bürgerlichen Gesellschaft angehört, zwischen zwei Prostituierten entscheiden; beide sind nackt und stellen sich zur Schau mit wenigen modischen Accessoires, einem Glockenhut und einem durchsichtigen Tuch.[46] Dieser Fokus auf die Frau als potenzielle Konsumentin von Sex und Erotica markiert einen wichtigen Übergang von den Anfängen der *Sittengeschichten* im ersten Jahrzehnt des Jahrhunderts, als noch die gesetzliche Vorschrift bestand, die es Frauen untersagte, solche Geschichten zu lesen.[47] Indem sie Kunstwerke für derartige Publikationen zur Verfügung stellten, trugen Mammen und auch Gurlitt aktiv zu diesem Wandel bei.

Zensur, Bankrott und der Aufstieg der Nationalsozialisten

Wäre sie denn veröffentlicht worden, dann hätte Gurlitts neue Ausgabe von *Bilitis* zweifellos einen wichtigen Beitrag zur zunehmenden Sichtbarkeit von Lesben in Deutschland geleistet. Mammens Notizen belegen zwar, dass sie die Lithografien der Serie fertigstellte, das Buch wurde aber nie publiziert.[48] Eine naheliegende Erklärung dafür ist, dass die Veröffentlichung eines erotischen Werkes im Klima der frühen Dreißigerjahre, das vom Aufstieg der Nationalsozialisten gekennzeichnet war, als zu riskant erachtet wurde.[49] Schon die frühe nationalsozialistische Wahlwerbung benutzte Bilder von Magnus Hirschfeld für NSDAP-Wahlplakate. Kaum an die Macht gelangt, plünderten und verbrannten die Nazis die Bücher der Bibliothek des Instituts für Sexualwissenschaft.[50] Es versteht sich von selbst, dass homoerotische Gedichte eines französischen Autors, dessen Werke schon in den späten 1920er-Jahren als „Schund- und Schmutzschriften" auf dem Index der Zensurbehörde gestanden hatten, illustriert von einer Künstlerin, deren Bilder in erotischen Kulturgeschichten wie der von Eszterházy reproduziert wurden, zweifellos mehr als problematisch waren.[51]

Gurlitt wusste sehr wohl, wie es sich anfühlt, in die Fänge der Zensur zu geraten. Trotz Artikel 118 der ersten demokratischen Verfassung Deutschlands, der die Abschaffung der Zensur bekräftigte, mischte sich der Staat bereitwillig bei der Veröffentlichung von erotischem Material ein.[52] So war Gurlitt bereits 1921 vor Gericht gestellt und zu 1.000 Mark Strafe verurteilt worden. Anlass war die Veröffentlichung einer Prachtausgabe illustrierter erotischer Bücher – *Der Venuswagen*, nach dem gleichnamigen Gedicht von Friedrich Schiller aus dem Jahr 1781 –, die als eine Gefährdung der öffentlichen Moral erachtet wurden.[53] Die Reihe enthielt Illustrationen von Künstlern wie Lovis Corinth, Franz Christophe und Otto Schoff und war eindeutig für liberal denkende Bibliophile gedacht. Band 2 in der Reihe ist in unserem Zusammenhang von besonderem Interesse, da es hier anhand einer Geschichte von Victor-Joseph Étienne de Jouy (1764–1846), *Sappho oder die Lesbierinnen*, um das Thema lesbischer Liebe geht. 1799 geschrieben, wurde dieser Band vom Gericht ausdrücklich als „unzüchtig" eingestuft.[54] Der Fall beleuchtet die notorisch vertrackte Beziehung zwischen der Weimarer Sexualpolitik und den sogenannten demokratischen Freiheiten, die denn auch der extremen Rechten als Zündstoff dienten.

45 Ebd., S. 79, S. 149, zwischen S. 208 und 209, zwischen S. 224 und 225, S. 225, S. 227.

46 Vgl. Meskimmon 1999, S. 225, die diese Arbeit ähnlich interpretiert.

47 Stephanie D'Alessandro, „A Lustful Passion for Clarification: *Bildung*, *Aufklärung*, and the Sight of Sexual Imagery", in: *Studies in Twentieth Century Literature*, 22.1, Winter 1998, S. 83–128, hier S. 105.

48 Reinhardt 2016.

49 Ebd., S. 90; Pastelak-Price, Quitsch 2016, S. 186.

50 Rainer Herrn, „Magnus Hirschfeld, Institut für Sexualwissenschaft und die Bücherverbrennung", in: Julius H. Schoeps und Werner Treß (Hg.), *Verfemt und Verboten. Vorgeschichte und Folgen der Bücherverbrennungen 1933*, Olms, Hildesheim/Zürich/New York 2010, S. 113–168. Herrns Essay enthält Fotos der Plünderungen.

51 *Bilitis* steht mit anderen Werken von Louÿs auf der Liste zensurierter Bücher, die vom Berliner Polizeipräsidium zusammengestellt und in den Jahren 1920, 1926, 1929 und 1936 jeweils neu publiziert wurde. Zum Jahr 1936 siehe Walter von Murat (Hg.), *Erotische Literatur in Deutschland 1928–1936*, Bell, Hamburg 1986, S. 10, S. 13, S. 81 und S. 89.

52 Ein knapper Überblick über die Zensur bei Corey Ross, *Media and the Making of Modern Germany. Mass Communications, Society, and Politics from the Empire to the Third Reich*, Oxford University Press, Oxford/New York 2010, S. 74–78.

53 Englisch 1931, S. 252.

54 Zur Gerichtsverhandlung vgl. Bernhard Kellermann, „Der Venuswagen in Moabit", in: *Der Querschnitt*, Bd. 1, Heft 6, Dezember 1926, S. 226–231.

Gurlitt hatte allerdings in den frühen 1930er-Jahren auch eigene Probleme, die seine Fähigkeit beeinträchtigten, Transaktionen mit KünstlerInnen, möglicherweise auch mit Mammen, erfolgreich abzuschließen. Trotz mehrerer Ausstellungen – darunter eine Gruppenausstellung in der Zeit vom Dezember 1932 bis Jänner 1933, die Arbeiten von Mammen zusammen mit solchen von Albert Schaefer-Ast (1890–1951) und Hans Uhlmann (1900–1975) zeigte – musste die Kunsthandlung Fritz Gurlitt Bankrott anmelden. Schon 1928 hatte Gurlitt damit begonnen, Werke aus seiner eigenen Sammlung zu verkaufen, um einen Kredit über 50.000 Dollar zu tilgen, den er 1925 aufgenommen hatte.[55] Eine weitere Möglichkeit, zu Geld zu kommen, bestand darin, sich beim Verkauf von Werken aus der Galerie Gurlitt der Hilfe von KünstlerInnen zu bedienen. Von Ende August bis Dezember 1933 stand Mammen, wahrscheinlich mit ihrem Künstlerkollegen Hans Uhlmann, an der Ecke Wielandstraße/Kurfürstendamm mit einem Bücherstand und bot nicht nur antiquarische Bücher und Journale zum Verkauf an, sondern auch Originalgrafiken, die Gurlitt, die Galerie Nierendorf und andere in Kommission gaben (Abb. 17). Auf dem Foto, das Mammen neben dem Stand zeigt, kann man folgende Namen lesen: Max Liebermann, Max Slevogt, Heinrich Zille, Lovis Corinth, Conrad Felixmüller und Max Pechstein – die Namen wichtiger Künstler, die einst von der Galerie Gurlitt vertreten worden waren. Wir wissen nicht, wer den Bücherstand finanzierte, auch nicht, ob Gurlitt tatsächlich direkt an dieser Unternehmung beteiligt war. Sehr wohl bekannt ist jedoch, dass es sich dabei um ein wenig lukratives Unterfangen handelte. Man muss dabei auch berücksichtigen, dass der Bücherstand nicht alle Tage im Monat im Einsatz war. Auf mehreren Seiten eines Rechnungsbuches dokumentieren verschiedene Handschriften die geringen Verkäufe: In einem Zeitraum von drei Monaten beliefen sich diese auf die bescheidene Summe von „98,35 [Mark]".[56]

Viel später in ihrem Leben, 1974, notierte Mammen, dass Gurlitts Galerie erst nach Kriegsende wieder Kontakt zu ihr aufgenommen und sich nach dem Verbleib der *Bilitis*-Folge erkundigt habe.[57] Es gibt jedoch keinen Anhalt dafür, dass sie Gurlitt je originale Drucke aus dieser Serie verkauft hat oder dass der Auftrag erneuert wurde. Tatsächlich tauchten Mammens Werke erst in den 1970er-Jahren auf dem Kunstmarkt auf. Heute erinnert uns Mammens lithografische *Bilitis*-Folge nachdrücklich an die vielen Lücken in der Geschichte lesbischer Emanzipation, in der auch Wolfgang Gurlitt eine nicht unbedeutende Rolle spielte. Als Kunsthändler und Verleger von erotischem Material vergab er oft genug Aufträge, die bewusst provokant waren. Er tanzte aus der Reihe, indem er Texte und Bilder veröffentlichte, ohne dabei Zuflucht zu Pseudonymen zu nehmen, was ihm Auftritte vor Gericht eintrug. Sein wichtigster Beitrag aber bestand in seiner Förderung von Künstlerinnen wie Jeanne Mammen und Charlotte Berend-Corinth, deren Werke im komplexen und immer wieder stockenden Prozess der lesbischen Emanzipation im Deutschland der Ersten Republik nach wie vor aussagestarke Positionen markieren.

Besonderer Dank geht an Otmar Binder für seine aufschlussreichen Bemerkungen und seine sorgfältige Übersetzung.

Camilla Smith / Dozentin für Kunstgeschichte am Department of Art History, Curating and Visual Studies der University of Birmingham. Ihre Artikel über die visuelle Kultur der Weimarer Republik erschienen in Fachzeitschriften wie *Art History*, *Oxford Art Journal* und *New German Critique*. Mitherausgeberin (zusammen mit Dorothy Price) der Sonderausgabe des Journals *Art History* mit Schwerpunkt Weimarer Republik (2019). Ihre Monografie über die Künstlerin Jeanne Mammen ist in Vorbereitung.

55 Details zu den finanziellen Schwierigkeiten bei Walter Schuster, *Die „Sammlung Gurlitt" der Neuen Galerie der Stadt Linz*, Archiv der Stadt Linz, unveröffentlichtes Typoskript, Linz 1999, S. 6–8. Ich danke Walter Schuster für den Hinweis.

56 Pastelak-Price, Quitsch 2016, S. 189–190.

57 Reinhardt 2016.

ERIC ISENBURGER

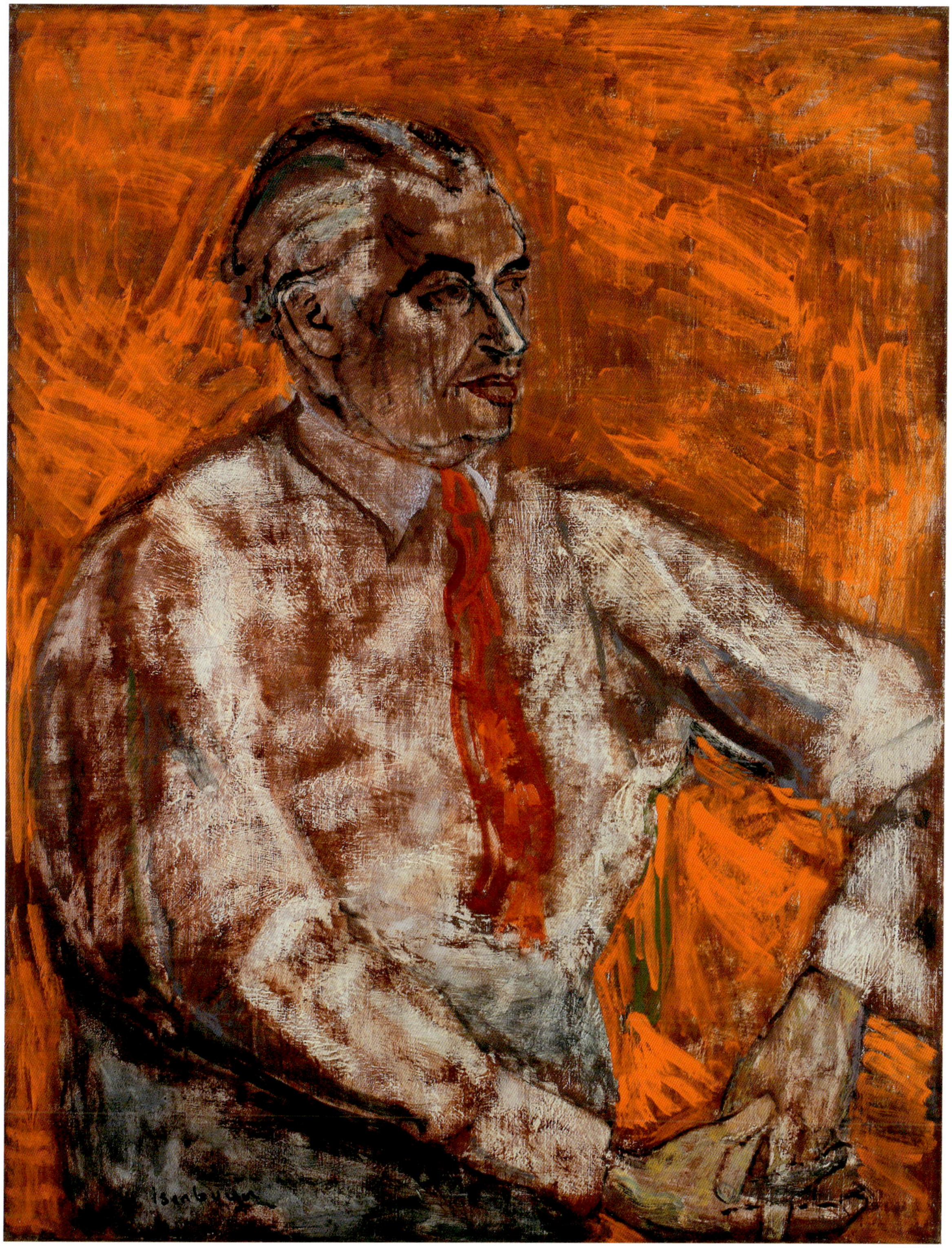

1

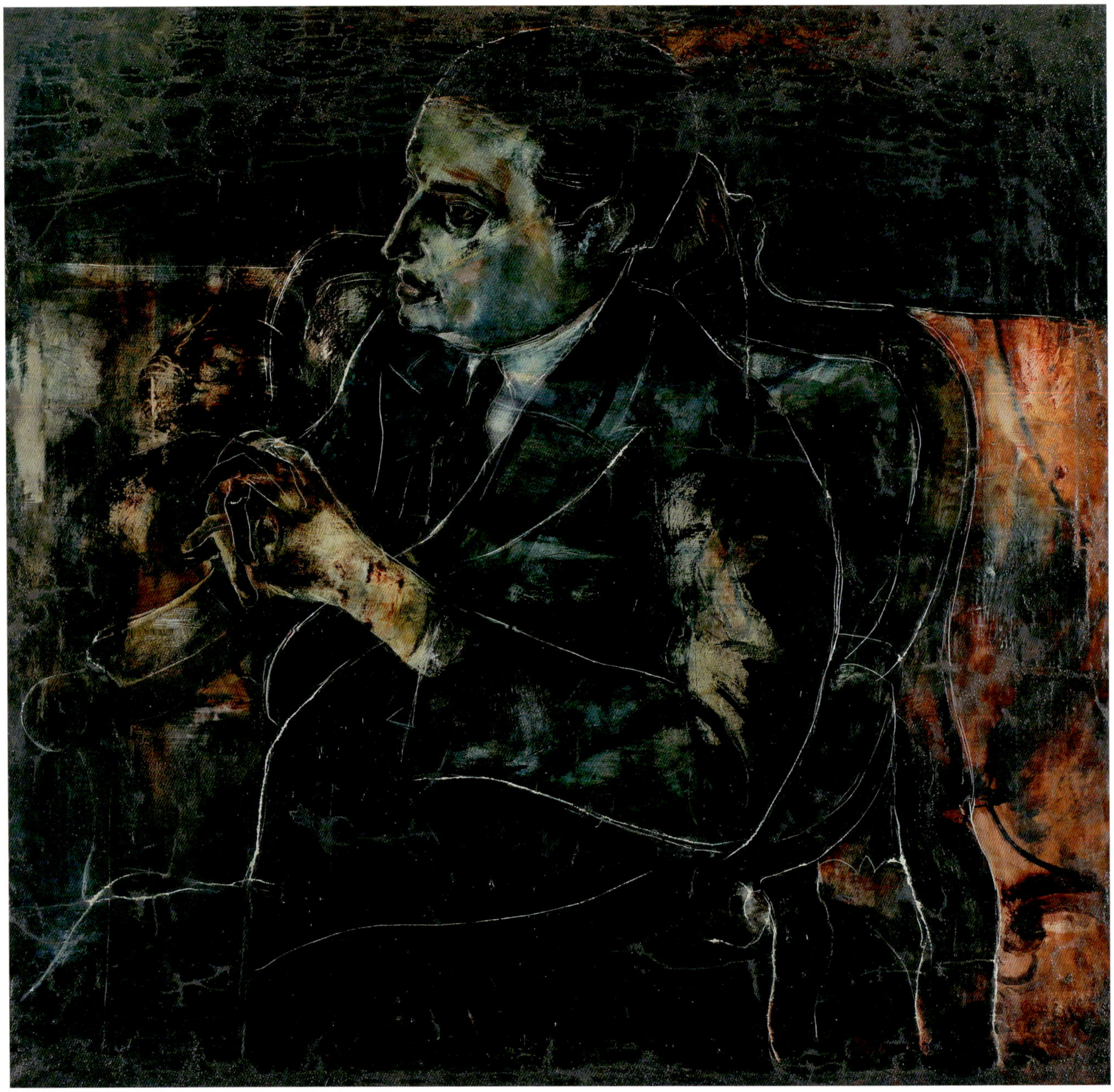

2

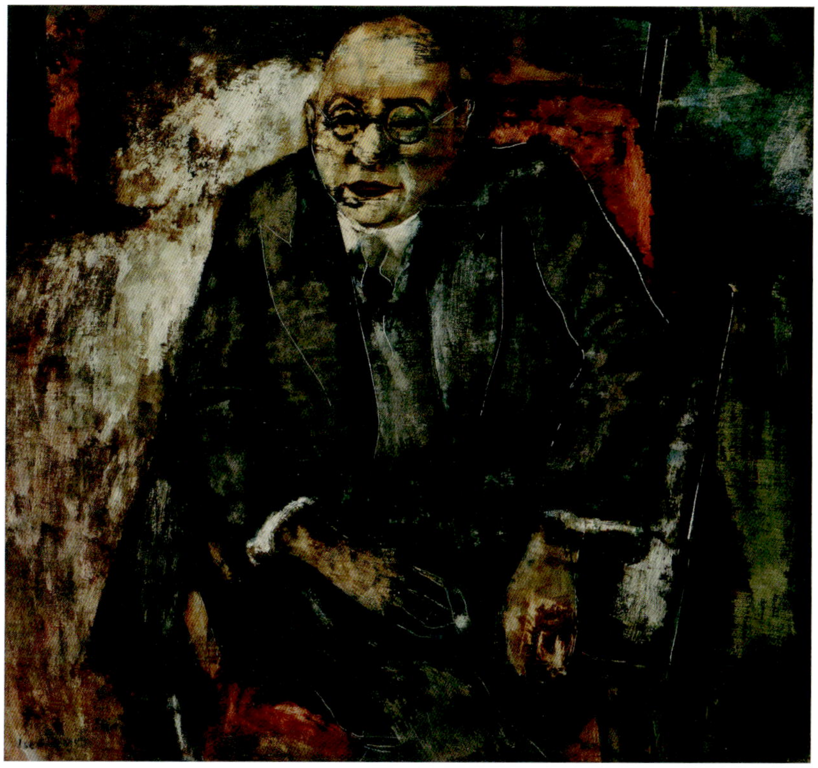

3

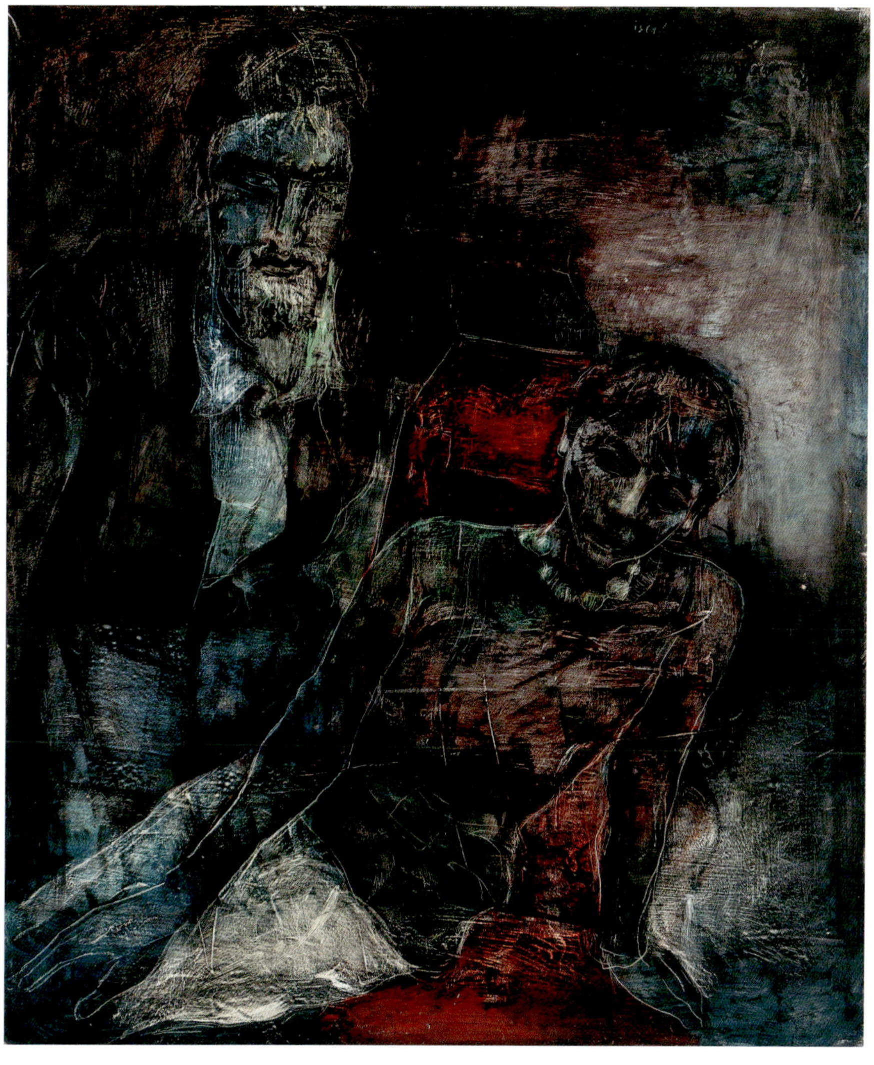

4

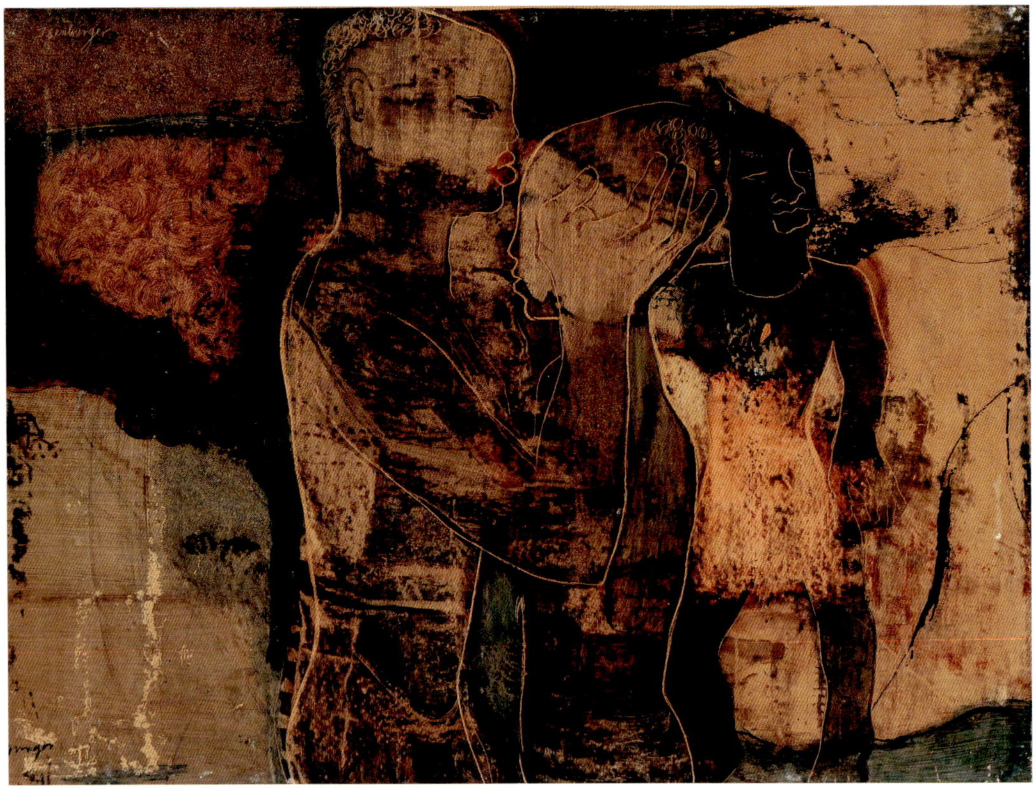

5

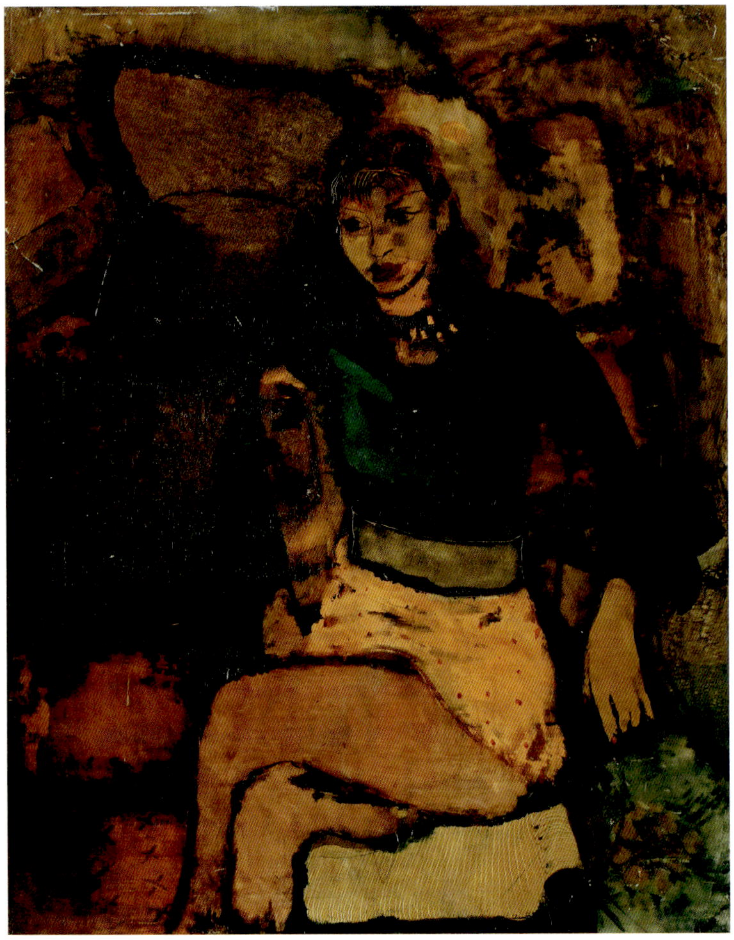

6

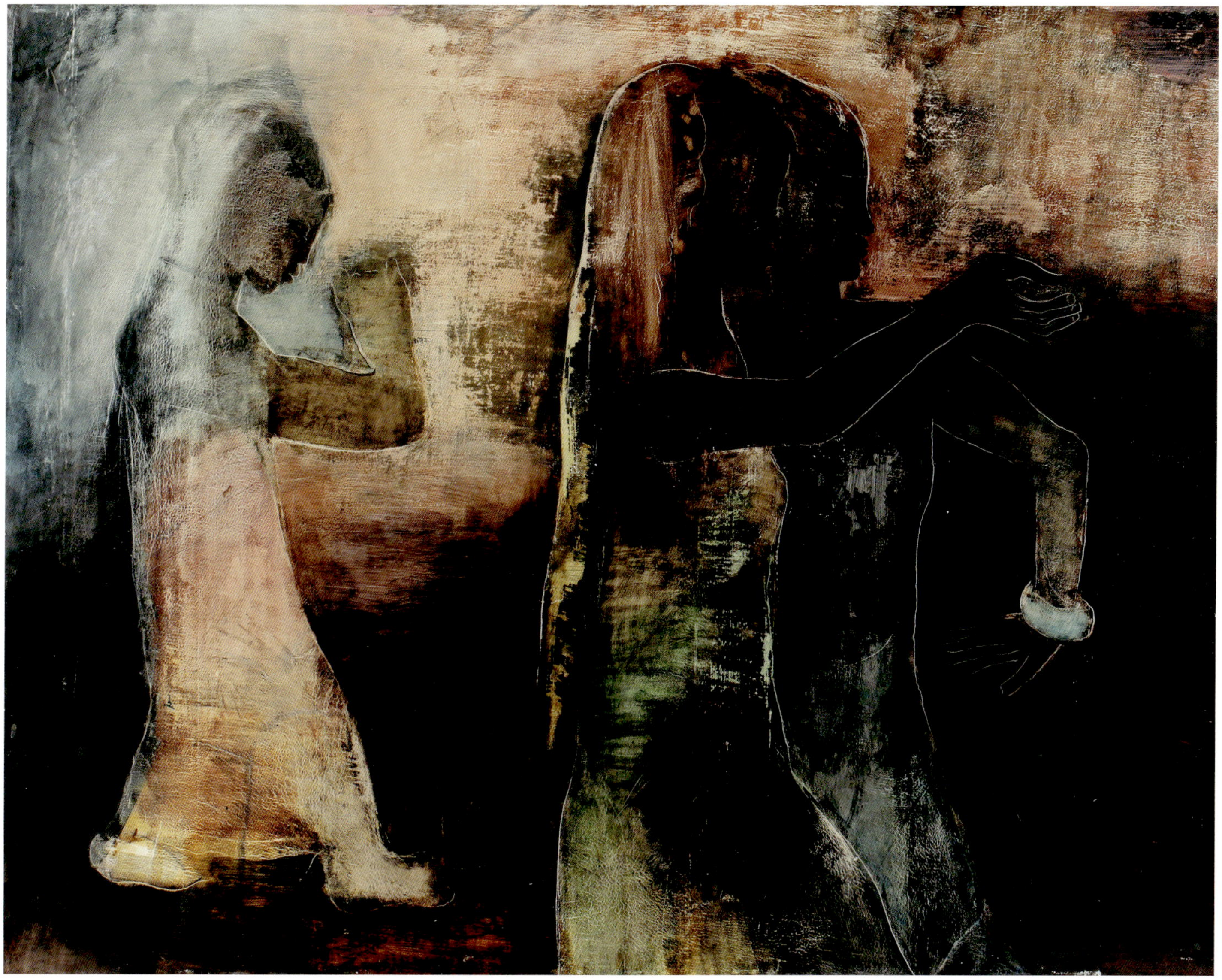

7

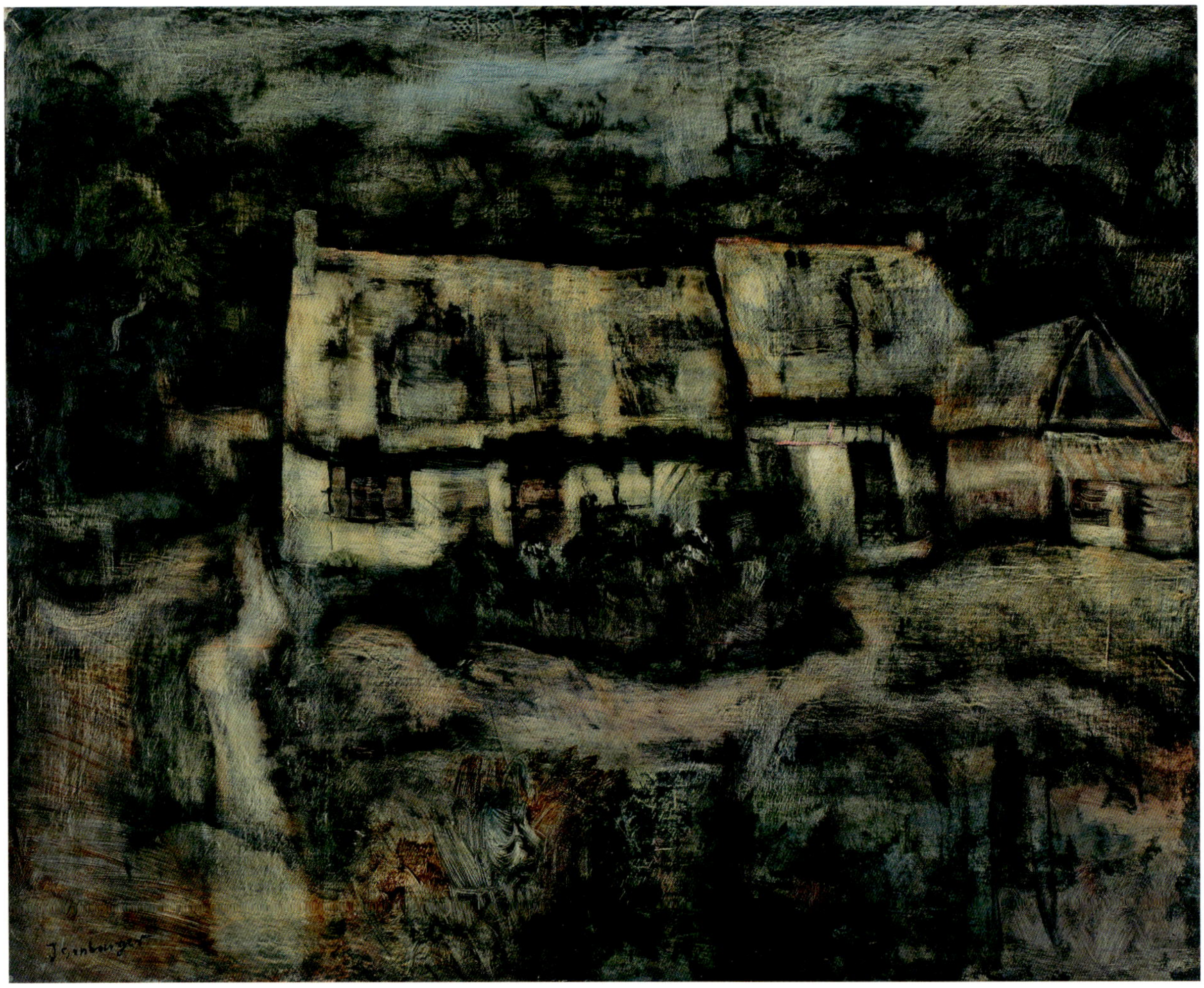

8

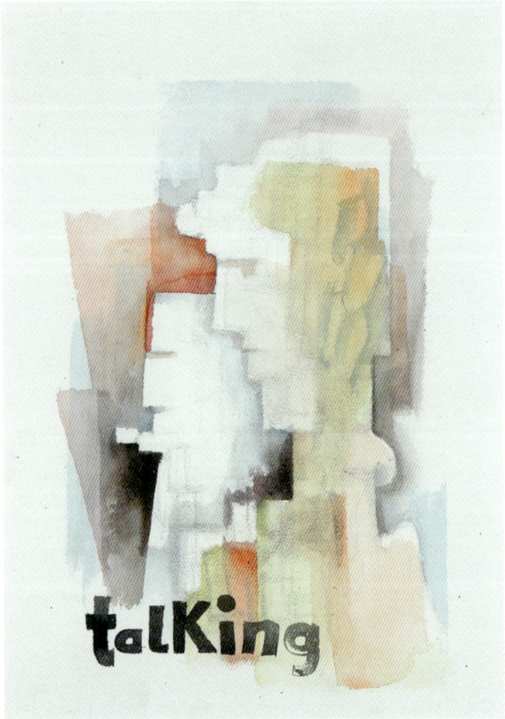
talKing

9

10

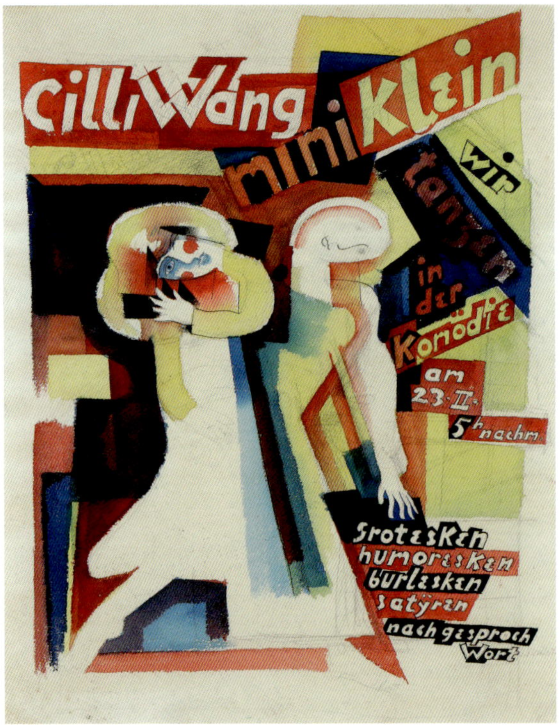
Cilli Wang
mini Klein
wir
tanzen
in der Komödie
am 23. II.
5h nachm.
Grotesken
humoresken
burlesken
satyren
nach gesproch
Wort

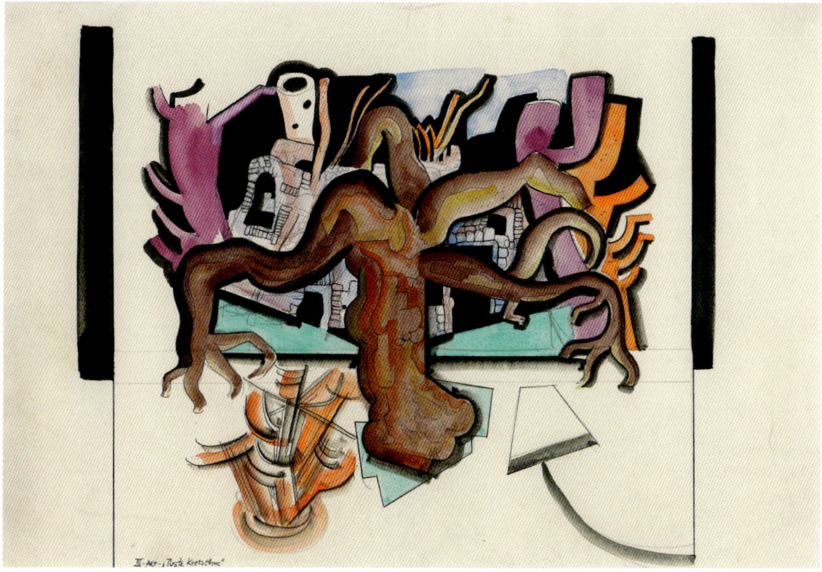

11

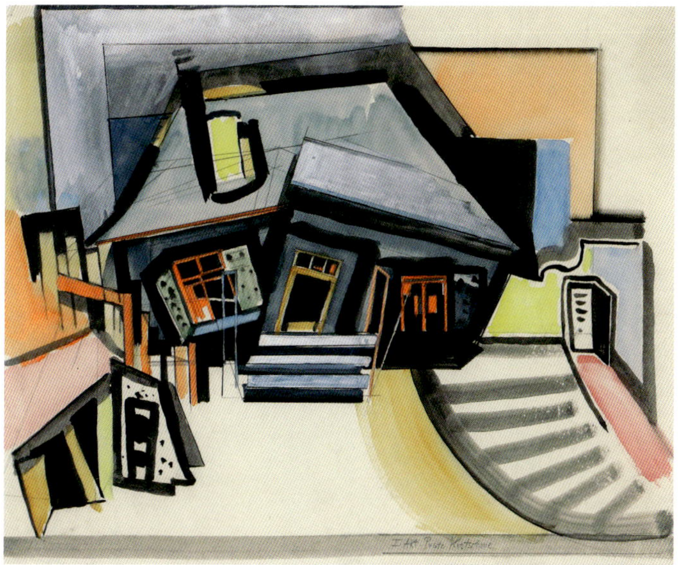

12

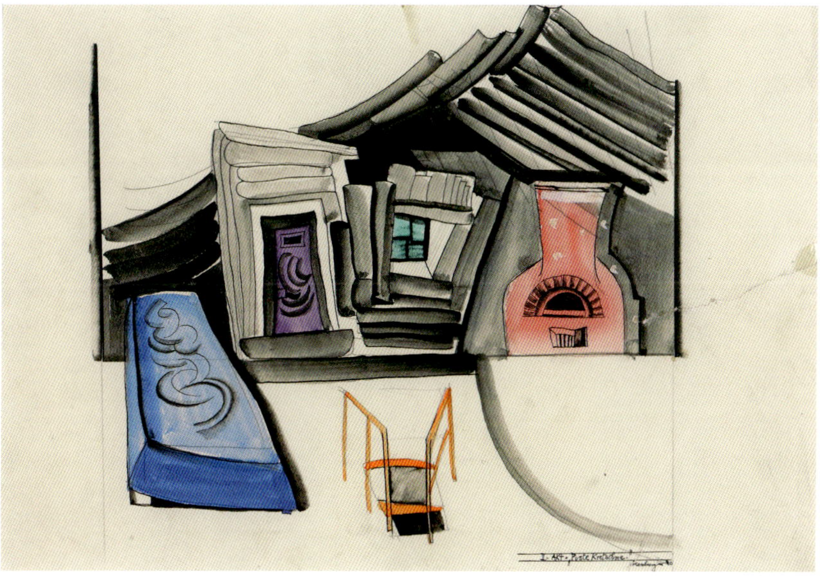

13

1 / **Eric Isenburger**
* 1902 Frankfurt am Main, Deutschland, † 1994 New York, USA
Wolfgang Gurlitt, 1961
Öl auf Leinwand, 102,5 × 77,4 cm
Zentrum für verfolgte Künste im Kunstmuseum Solingen
© Shmuel Elen; Foto: Museum Giersch der Goethe-Universität, Frankfurt a. M.

2 / **Eric Isenburger**
Wolfgang Gurlitt, um 1933
Öl auf Leinwand, 77 × 80 cm
Zentrum für verfolgte Künste im Kunstmuseum Solingen
© Shmuel Elen; Foto: Museum Giersch der Goethe-Universität, Frankfurt a. M.

3 / **Eric Isenburger**
Porträt des Kunsthändlers Paul Westheim, 1932
Öl auf Leinwand, 77,3 × 80,4 cm
Nachlass Wolfgang Gurlitt, Schriftverkehr/Angebot von Wolfgang Gurlitt an die Nationalgalerie Berlin
Zentrum für verfolgte Künste im Kunstmuseum Solingen
© Shmuel Elen; Foto: Museum Giersch der Goethe-Universität, Frankfurt a. M.

4 / **Eric Isenburger**
Deux Personages Portrait (Porträt von zwei Personen), 1932
Öl auf Leinwand, 77 × 65 cm

Ausgestellt 1933 in der Galerie Gurlitt, Berlin. *Deux Personnages. Portrait No. 24*. Stempelabdruck auf Keilrahmen: „Stockholms Tullpackhus (X)7 Dec. 1934". Ausgestellt 1934/35 in der Galerie Moderne, Stockholm, unter dem Titel *Två manniskor* (Kat.-Nr. 13). Der Mann ist der Bildhauer Alexander (Sándor) Gonda, der im Jahr 1933 erfolgreich untertauchte. Nach dem Krieg wurde er Professor an der Hochschule für Bildende Künste Berlin.
Sammlung Gregory Hahn und Nicolai Baron von Uexküll-Güldenband,
© Shmuel Elen; Foto: Peter Frese, Wuppertal

5 / **Eric Isenburger**
Figurenkomposition, 1933/34
Öl auf Papier auf Hartfaser, 46,6 × 61,3 cm
Sammlung Gregory Hahn und Nicolai von Uexküll-Güldenband,
© Shmuel Elen; Foto: Peter Frese, Wuppertal

6 / **Eric Isenburger**
Jula in Blau, 1933/34
Öl auf Leinwand, 116,2 × 89,2 cm
Zentrum für verfolgte Künste im Kunstmuseum Solingen
© Shmuel Elen; Foto: Museum Giersch der Goethe-Universität, Frankfurt a. M.

7 / **Eric Isenburger**
Neger-Komposition, 1932
Öl auf Leinwand, 86 × 108 cm
Ausstellung in der Galerie Gurlitt, Berlin, Jänner 1933
Zentrum für verfolgte Künste im Kunstmuseum Solingen
© Shmuel Elen; Foto: Museum Giersch der Goethe-Universität, Frankfurt a. M.

8 / **Eric Isenburger**
Paysage de Normandie, 1933/34
Öl auf Leinwand, 59,8 × 73 cm
Zentrum für verfolgte Künste im Kunstmuseum Solingen
© Shmuel Elen; Foto: Museum Giersch der Goethe-Universität, Frankfurt a. M.

9 / **Eric Isenburger**
Talking, o. D.
Aquarell auf Papier, 37,3 × 27,8 cm
Zentrum für verfolgte Künste im Kunstmuseum Solingen
© Shmuel Elen; Foto: Museum Giersch der Goethe-Universität, Frankfurt a. M.

10 / **Eric Isenburger**
Plakatentwurf *Cilli Wang Mimi Klein*, um 1929
Bleistift, Feder und Aquarell, 61,4 × 48,2 cm
Zentrum für verfolgte Künste im Kunstmuseum Solingen
© Shmuel Elen; Foto: Museum Giersch der Goethe-Universität, Frankfurt a. M.

11–13 / **Eric Isenburger**
Bühnenbildentwurf *III. Akt Puste Kretschme*, 1930
Bleistift, Feder, Gouache auf Papier, 30 × 43,4 cm

Bühnenbildentwurf *I. Akt Puste Kretschme*, 1930
Bleistift, Feder, Gouache auf Papier, 32,6 × 39 cm

Bühnenbildentwurf *II. Akt Puste Kretschme*, 1930
Bleistift, Feder, Gouache auf Papier, 30 × 44 cm

Zentrum für verfolgte Künste im Kunstmuseum Solingen
© Shmuel Elen; Foto: Museum Giersch der Goethe-Universität, Frankfurt a. M.

ZEUGE, SACHVERSTÄNDIGER, FREUND: WOLFGANG GURLITT UND DER EXILMALER ERIC ISENBURGER

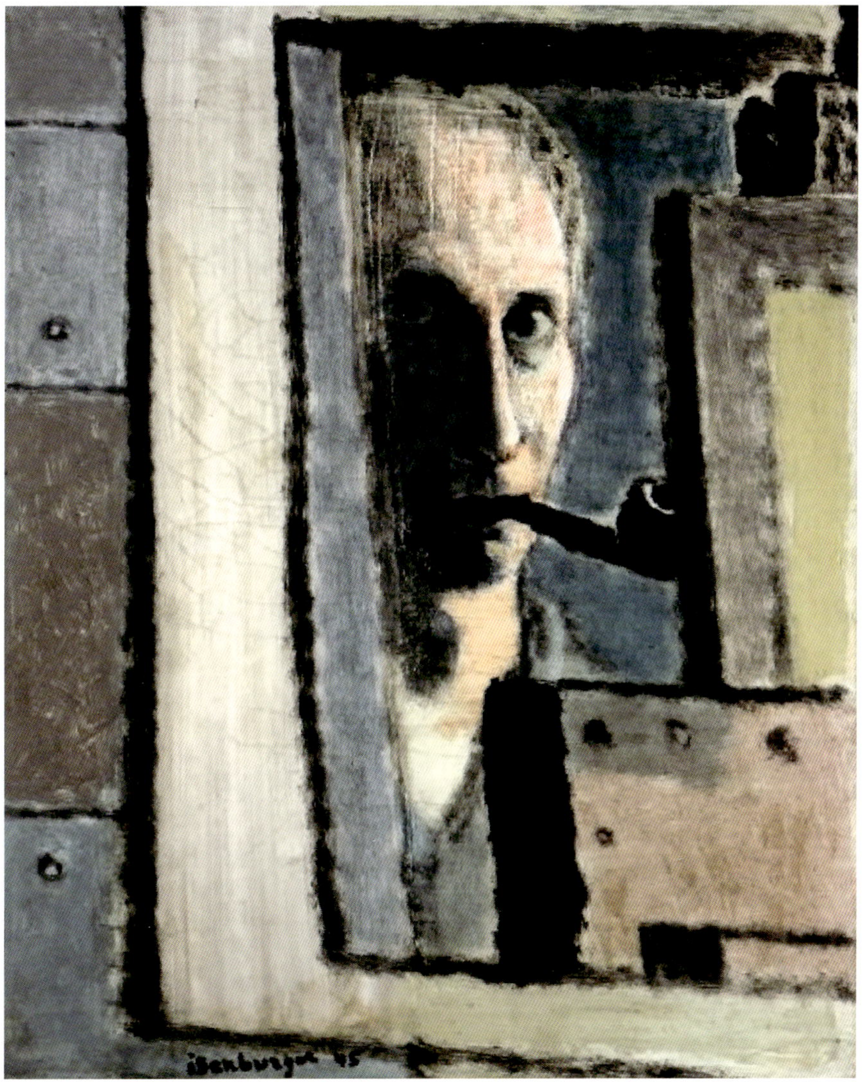

Abb. 1

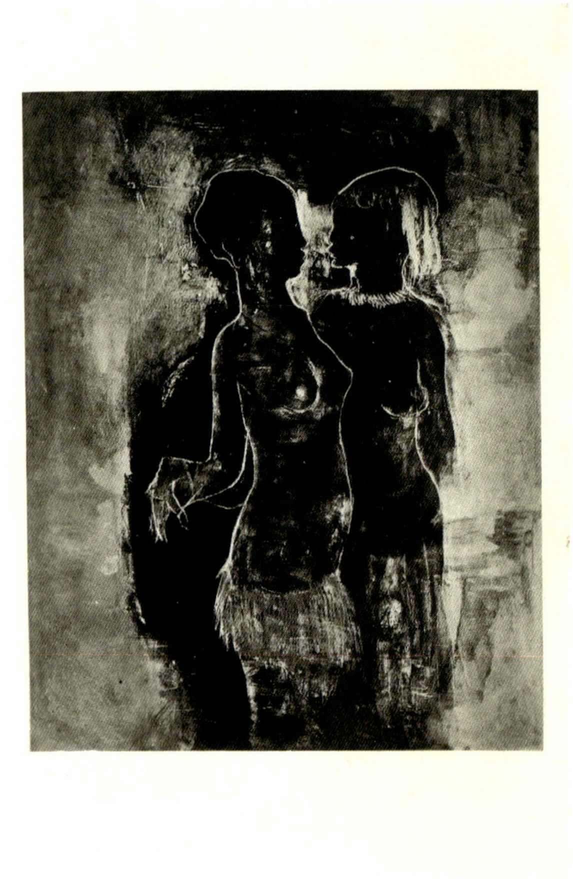

Abb. 2

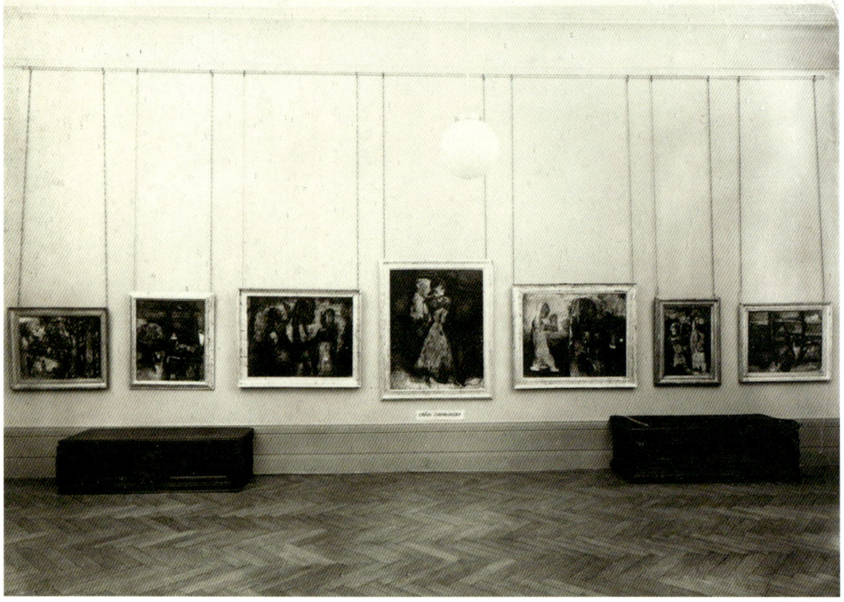

Abb. 3

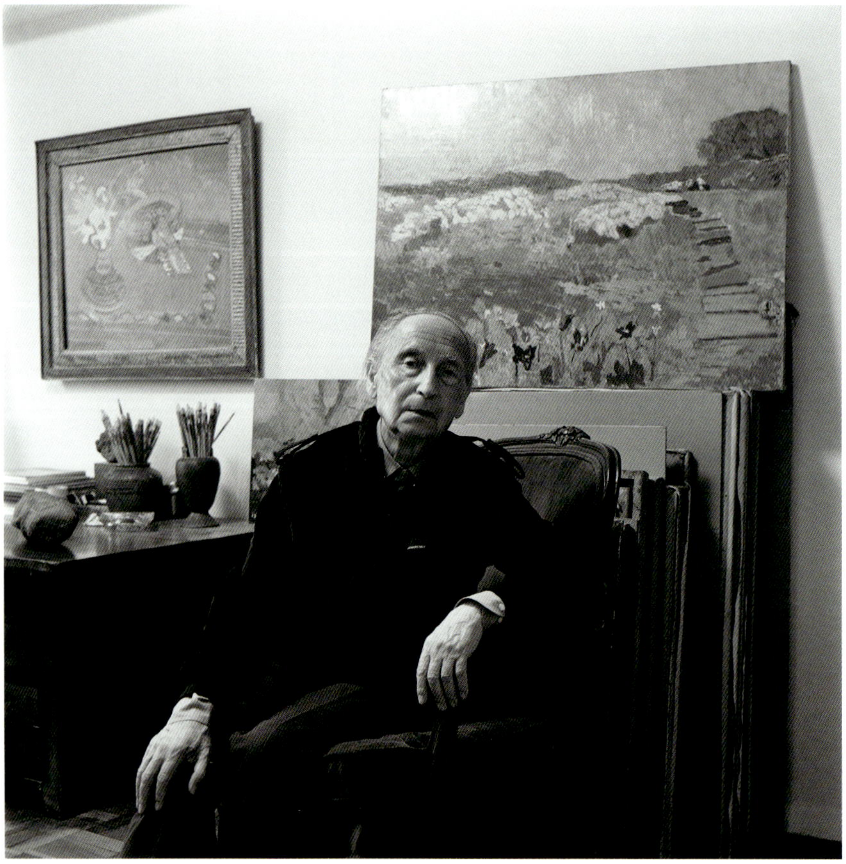

Abb. 4

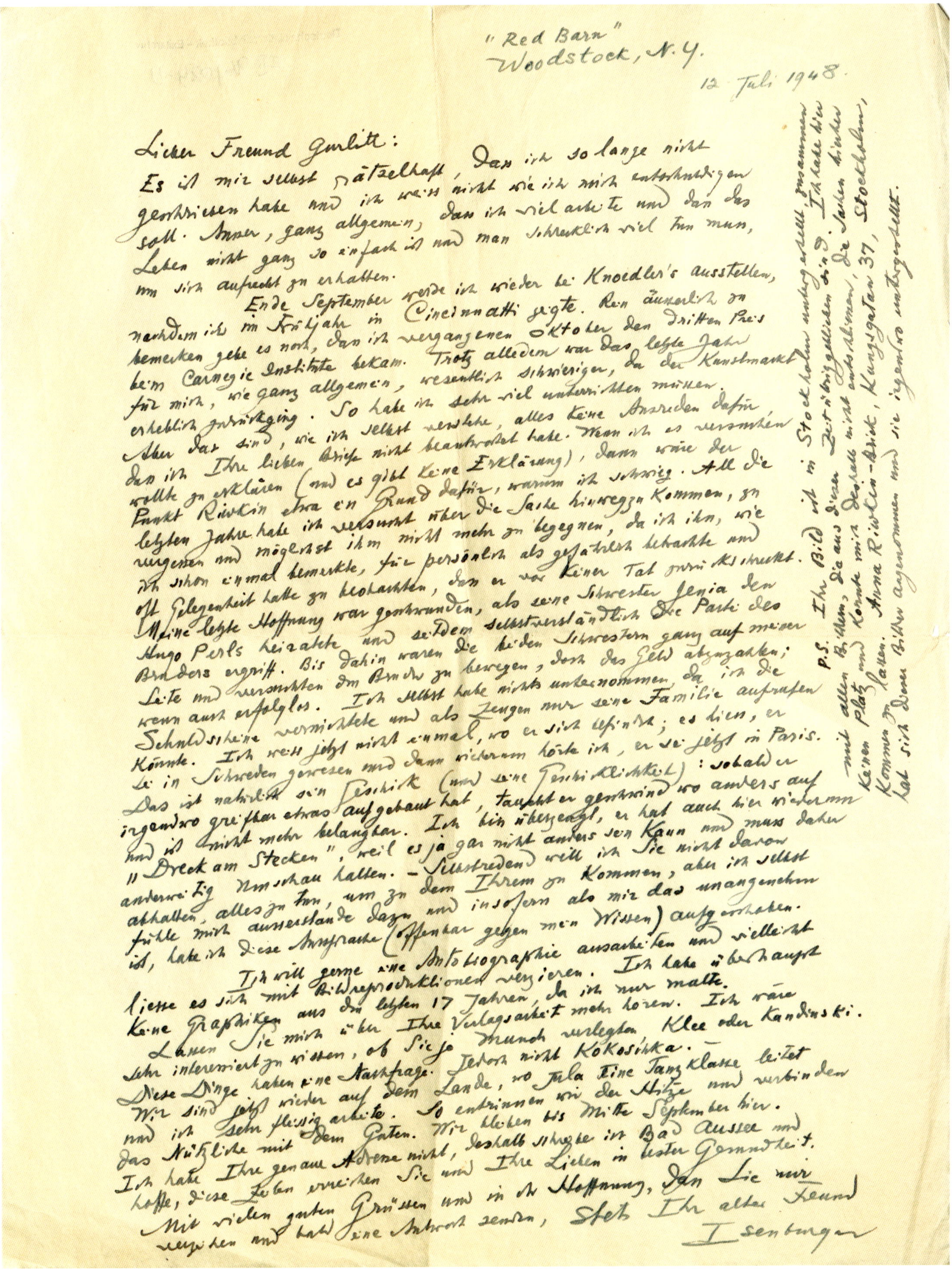

"Red Barn"
Woodstock, N.Y.

12. Juli 1948.

Lieber Freund Gurlitt:

Es ist mir selbst rätselhaft, dass ich so lange nicht geschrieben habe und ich weiss nicht wie ich mich entschuldigen soll. Immer, ganz allgemein, dass ich viel arbeite und dass das Leben nicht ganz so einfach ist und man schrecklich viel tun muss, um sich aufrecht zu erhalten.

Ende September werde ich wieder bei Knoedler's ausstellen, nachdem ich im Frühjahr in Cincinnati zeigte. Rein äusserlich zu bemerken gebe es noch, dass ich vergangenen Oktober den dritten Preis beim Carnegie Institute bekam. Trotz alledem war das letzte Jahr für mich, wie ganz allgemein, wesentlich schwieriger, da der Kunstmarkt erheblich zurückging. So habe ich sehr viel unterrichten müssen. Aber das sind, wie ich selbst verstehe, alles keine Ausreden dafür dass ich Ihre lieben Briefe nicht beantwortet habe. Wenn ich es versuchen wollte zu erklären (und es gibt keine Erklärung), dann wäre der Punkt Rivkin etwa ein Grund dafür, warum ich schwieg. All die letzten Jahre habe ich versucht über die Sache hinwegzukommen, zu vergessen und möglichst ihm nicht mehr zu begegnen, da ich ihn, wie ich schon einmal bemerkte, für persönlich als gefährlich betrachte und oft Gelegenheit hatte zu beobachten, dass er vor keiner Tat zurückschreckt. Meine letzte Hoffnung war geschwunden, als seine Schwester Jenia den Hugo Perls heiratete und seitdem selbstverständlich die Partei des Bruders ergriff. Bis dahin waren die beiden Schwestern ganz auf meiner Seite und versuchten den Bruder zu bewegen, doch das Geld abzuzahlen; wenn auch erfolglos. Ich selbst habe nichts unternommen, da ich die Schuldscheine vernichtete und als Zeugen nur seine Familie aufrufen könnte. Ich weiss jetzt nicht einmal, wo er sich befindet; es hiess, er sei in Schweden gewesen und dann wiederum hörte ich, er sei jetzt in Paris. Das ist natürlich sein Geschick (und seine Geschicklichkeit): sobald er irgendwo greifbar etwas aufgebaut hat, taucht er geschwind wo anders auf und ist nicht mehr belangbar. Ich bin überzeugt, er hat auch hier wiederum "Dreck am Stecken", weil es ja gar nicht anders sein kann und muss daher anderweitig Umschau halten. – Selbstredend will ich Sie nicht davon abhalten, alles zu tun, um zu dem Ihrem zu kommen, aber ich selbst fühle mich ausserstande dazu und insofern als mir das unangenehm ist, habe ich diese Aussprache (offenbar gegen mein Wissen) aufgeschoben.

Ich will gerne eine Autobiographie ausarbeiten und vielleicht liesse es sich mit Bildreproduktionen verzieren. Ich habe überhaupt keine Graphiken aus den letzten 17 Jahren, da ich nur malte. Lassen Sie mich über Ihre Verlagsarbeit mehr hören. Ich wäre sehr interessiert zu wissen, ob Sie je Munch verlegten, Klee oder Kandinski. Diese Dinge haben eine Nachfrage. Jedoch nicht Kokoschka.

Wir sind jetzt wieder auf dem Lande, wo Jula eine Tanzklasse leitet und ich sehr fleissig arbeite. So entrinnen wir der Hitze und verbinden das Nützliche mit dem Guten. Wir bleiben bis Mitte September hier. Ich habe Ihre genaue Adresse nicht, deshalb schreibe ich Bad Aussee und hoffe, diese Zeilen erreichen Sie und Ihre Lieben in bester Gesundheit.

Mit vielen guten Grüssen und in der Hoffnung, dass Sie mir verzeihen und bald eine Antwort senden,

Stets Ihr alter Freund
Isenburger

P.S. Ihr Bild ist in Stockholm untergestellt zusammen mit allen Bildern, die aus dieser Zeit übriggeblieben sind. Ich habe hier keinen Platz und konnte mich deshalb nicht entschliessen, die Sachen hierher kommen zu lassen. Anna Rivkin-Brick, Kungsgatan 37, Stockholm, hat sich dieser Bilder angenommen und sie irgendwo untergestellt.

Abb. 5

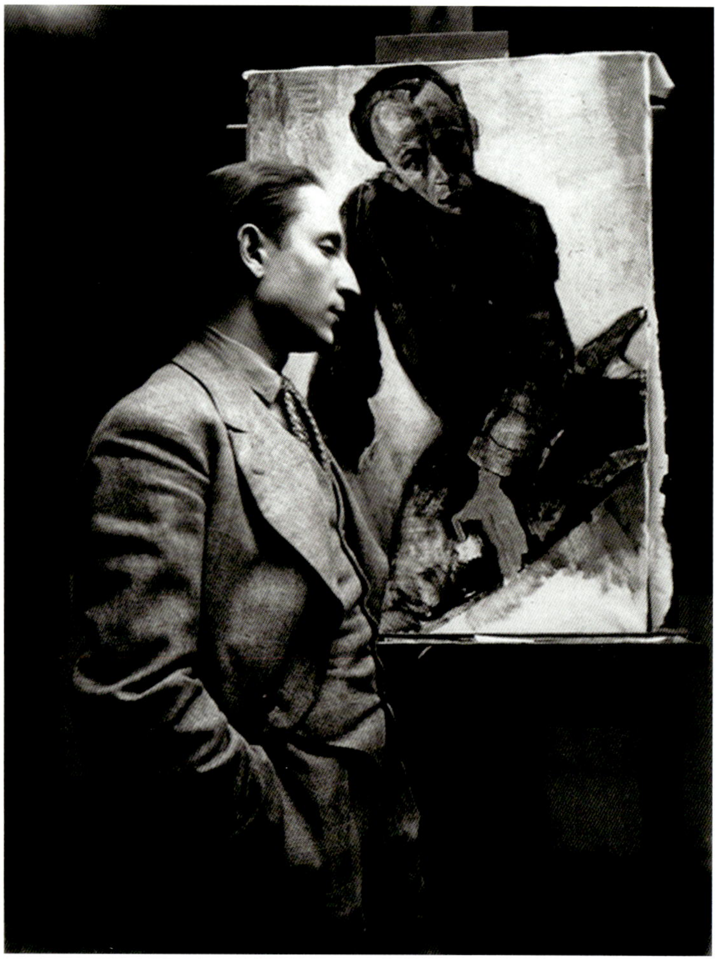

Abb. 6

Abb. 1 / **Eric Isenburger**, *Selbstporträt*, 1945, Öl auf Leinwand, 49,5 × 29,4 cm, Nachlass Frederick Mont, mit Dank an David Killen Gallery New York, © Shmuel Elen

Abb. 2 / **Eric Isenburger**, *Negermädchen*, Öl auf Leinwand, Berlin 1932. Ausgestellt 1933 in der Galerie Gurlitt, Berlin. Verbleib unbekannt, zuletzt Queens, New York. Foto: Bruno Schuch, Isenburger-Archiv, Teilnachlass IAN, Exilarchiv der Deutschen Nationalbibliothek, Frankfurt am Main, © Shmuel Elen

Abb. 3 / Sieben der ca. 25 ausgestellten Isenburger-Gemälde, Galerie Gurlitt, Berlin, 1933, Foto: vermutlich Bruno Schuch, der später Görings Sammlung dokumentierte. Von links nach rechts: *Landschaft mit Figuren, Interieur mit Stuhl, Katze und Tisch, Neger-Komposition II, Jula stehend, Neger-Komposition I, Zwei Figuren, Landschaft mit Figuren*. IAN

Abb. 4 / Der Maler Eric Isenburger, New York City, 1983, Foto: Willy Maywald, © Association Willy Maywald. Mit besonderem Dank an Jutta Niemann.

Abb. 5 / IAN

Abb. 6 / Eric Isenburger mit Porträt Fritz Klingenbeck, aufgenommen im Atelier über dem Gasthaus „Zum weißen Rauchfangkehrer" (Weihburggasse 4/5/4) in Wien, 1929/30, Foto: vermutlich Martin Imboden, IAN

Abb. 7 / Fritz Klingenbeck, Dezember 1948, mit Widmung an Cilli Wang, Privatfoto, Österreichische Nationalbibliothek, Literaturarchiv, Nachlass Cilli Wang

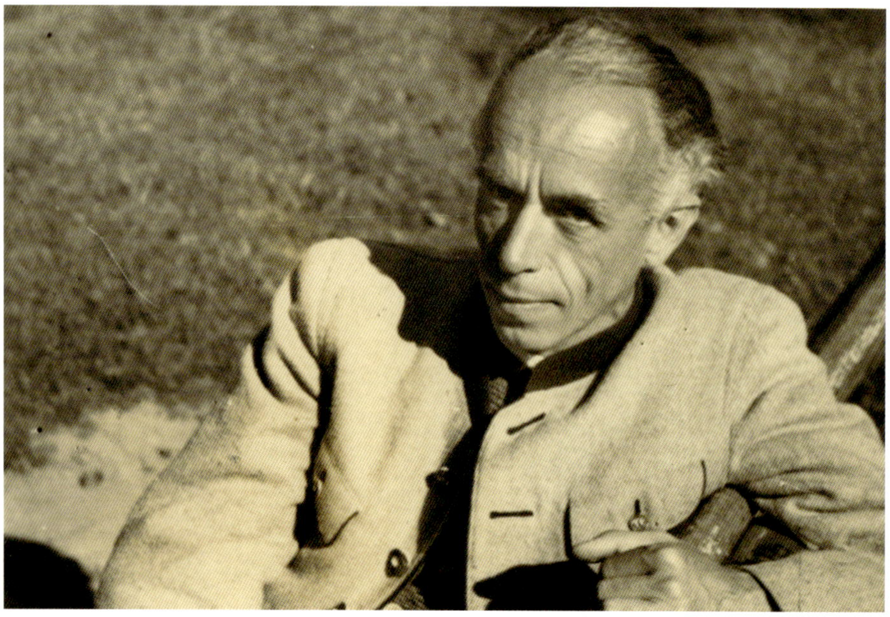

Abb. 7

Gregory Hahn

ZEUGE, SACHVERSTÄNDIGER, FREUND: WOLFGANG GURLITT UND DER EXILMALER ERIC ISENBURGER

Die erste Begegnung

Es war Eric Isenburgers Bild *Negermädchen* in der Herbstausstellung der Preußischen Akademie der Künste und andere seiner Gemälde und Zeichnungen, die den Berliner Galeristen und Verleger Wolfgang Gurlitt 1932 beeindruckten. Der 1902 in Frankfurt am Main geborene und 1931 von Wien nach Berlin übersiedelte Maler und Grafiker war Gurlitt als besonders begabt aufgefallen. Kurzerhand machte dieser sich mit dem Gesamtwerk des erst dreißigjährigen Künstlers vertraut. Als Kulisse für die ersten Gespräche im Herbst 1932 diente Isenburgers schlichte, moderne Atelierwohnung mit Dachgarten – vom Architekten Joseph Neufeld gestaltet, in der Paulsborner Straße 77. Unterhalb der Arbeitsempore befand sich eine Übungsfläche für Isenburgers Frau und Muse, die Tänzerin Jula Isenburger, geb. Elenbogen, die damals Mitglied der Truppe von Margarethe Wallmann war. So bescheiden, wie das Ehepaar in Wien über dem Gasthaus „Zum weißen

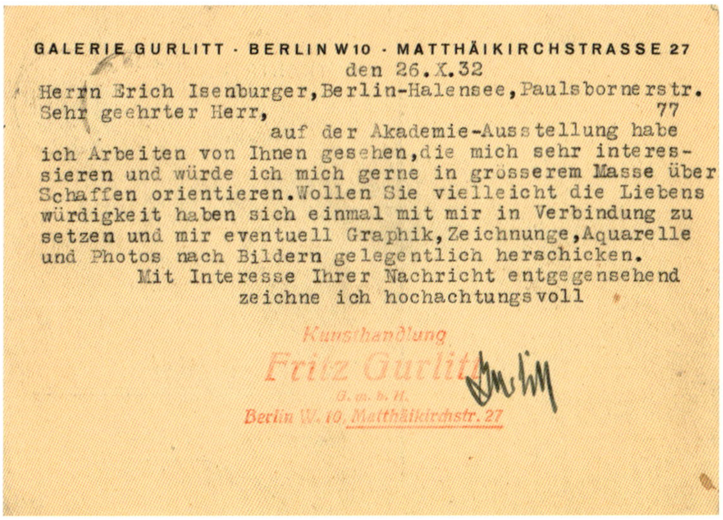
GALERIE GURLITT · BERLIN W10 · MATTHÄIKIRCHSTRASSE 27
den 26.X.32
Herrn Erich Isenburger, Berlin-Halensee, Paulsbornerstr. 77
Sehr geehrter Herr,
auf der Akademie-Ausstellung habe ich Arbeiten von Ihnen gesehen, die mich sehr interessieren und würde ich mich gerne in grösserem Masse über Schaffen orientieren. Wollen Sie vielleicht die Liebens würdigkeit haben sich einmal mit mir in Verbindung zu setzen und mir eventuell Graphik, Zeichnunge, Aquarelle und Photos nach Bildern gelegentlich herschicken.
Mit Interesse Ihrer Nachricht entgegensehend zeichne ich hochachtungsvoll
Kunsthandlung Fritz Gurlitt G.m.b.H. Berlin W. 10, Matthäikirchstr. 27

Isenburger-Archiv, Teilnachlass IAN, Exilarchiv der Deutschen Nationalbibliothek, Frankfurt am Main

Rauchfangkehrer" gelebt hatte, waren die Wohnverhältnisse in Berlin nicht mehr.

Schon am 14. November 1932 bestätigte Gurlitt sein Angebot an Isenburger, dass dieser an einer Kollektivausstellung im Januar 1933 teilnehmen könne. Er entschied sich schnell für eine Hängung im Hauptsaal.[1]

Über die Geschehnisse zu dieser Ausstellung existieren keine Primärquellen. Erst sechzehn Jahre später, lange nachdem sich Isenburger bei der Galerie Knoedler in New York als europäischer Maler der Moderne erfolgreich positioniert hatte, wird man in den Berliner Winter des Jahres 1933 zurückgeführt. "It is perhaps not surprising that [Isenburger] was much more abstract in his debut than he is today", schreibt der New Yorker Galerist und Kritiker Harry Salpeter in einem biografischen Interview für die Zeitschrift *American Artist*. "But he had chosen a most inconvenient and inappropriate time; the Nazis came to power on the last day of this exhibition, Jan. 31, 1933, by which time they had denounced the show as an example of 'degenerate art' and had given Isenburger's dealer other indications of their displeasure. In plenty of time Isenburger shipped a few cases of his paintings out of the country and followed early in March, 1933, when he commenced his secondary career of refugee."[2] Die Informationen in dieser Schilderung stimmen aber nicht mit jenen überein, die in den Akten zu Isenburgers Entschädigungs- und Rückerstattungsverfahren in den 1950er- und 1960er-Jahren zu lesen

1 Wolfgang Gurlitt, Berlin, an Eric Isenburger, Berlin, 14.11.1932 und 17.12.1932, IAN. Der Isenburger-Teilnachlass IAN (Isenburger-Archiv Neuburg an der Donau) befindet sich seit 2017 im Bestand des Exilarchivs der Deutschen Nationalbibliothek, Frankfurt am Main. Der Teilnachlass IAO (Isenburger-Archiv Ossining) befindet sich noch im Privatbesitz in New York. Die Abkürzungen IAN und IAO werden hier weiterverwendet.

2 Harry Salpeter, „Isenburger", in: *American Artist*, 13/1, Januar 1949, S. 25.

sind.[3] Stimmen die dort gemachten Angaben, dann flüchteten Isenburger und seine Frau auf eindringliche Warnung Gurlitts schlagartig am 30.[4] bzw. 31.[5] März 1933 nach Paris, nachdem Isenburger in einer Nazi-Zeitschrift gezielt angegriffen worden war. Sie ließen alles im Stich. „Nur ein Teil der Bilder, die ich in Berlin gemacht hatte", berichtet Isenburger in seiner ersten eidesstattlichen Erklärung, „wurde mir nach Paris nachgesandt."[6] Vom 26. März 1954 bis zum 16. November 1964 übernahm Wolfgang Gurlitt in diesen Verfahren die Doppelrolle als Hauptzeuge und als Sachverständiger.

Biografisches

Ein Mangel an Primärquellen erschwert das Erzählen über „Flüchtling" und „Zauberprinz". Zwischen Berlin und Paris gab es im Frühjahr 1933 zwischen Gurlitt und Isenburger Kommunikationswege, die leider keine Spuren hinterlassen haben. Der Maler und sein Händler trafen sich sechs Monate nach der Flucht kurz wieder in Berlin, um finanzielle Angelegenheiten, vermutlich aber auch Fragen rund um Kunsttransporte zu regeln.[7] Diese Begegnung hatte aber weitreichende Folgen. Kataloge zu Ausstellungen in Paris, unter anderem zur ersten Exilausstellung, der *Exposition du Comité français pour la Protection des Intellectuels Juifs persécutés* im Rahmen des Salon d'Automne 1933, zur Londoner *Exhibition of German-Jewish Artists' Work: Sculpture, Painting, Architecture* (Juni 1934) und besonders zu Isenburgers allererster Einzelausstellung – in der Galerie Moderne in Stockholm (29. Dezember 1934 – 13. Januar 1935) – lassen darauf schließen, dass ein Teil der Bilder aus Isenburgers Berliner Zeit noch bis Dezember 1934 bei Gurlitt in Berlin lagerte.

Briefe aus Nizza an einen Frankfurter Schulfreund in Stockholm, den Bildhauer und Erfinder der spekularen Holografie Hans Weil, im Winter 1938 zeigen Isenburgers verzweifelte Bemühungen, vier Bilder, die Gurlitt gehörten, einschließlich *Negermädchen* und *Jula stehend*, wegen nicht bezahlter Lagerkosten beim Stockholmer Spediteur Olson & Wright vor dem Auktionshammer zu retten. Isenburger war es wichtig, „dass Herr Gurlitt nicht durch mein Verschulden um seinen Besitz kommt, da er von jeher ein Gönner meiner Kunst gewesen ist."[8] Zu Begegnungen zwischen Gurlitt und Isenburger in Frankreich fehlen Spuren, obgleich Wolfgang Gurlitt („Kurfürstenstraße 78, Berlin") und Lilly Agoston („6 rue Royal, Paris 8e") im ‚Flüchtlingsadressbuch' von Isenburger genannt sind.[9]

In einer Postkarte vom April 1948 findet sich der Hinweis von Gurlitt auf einen langen, unbeantworteten, verschollenen Brief vom 14. September 1947 an Isenburger.

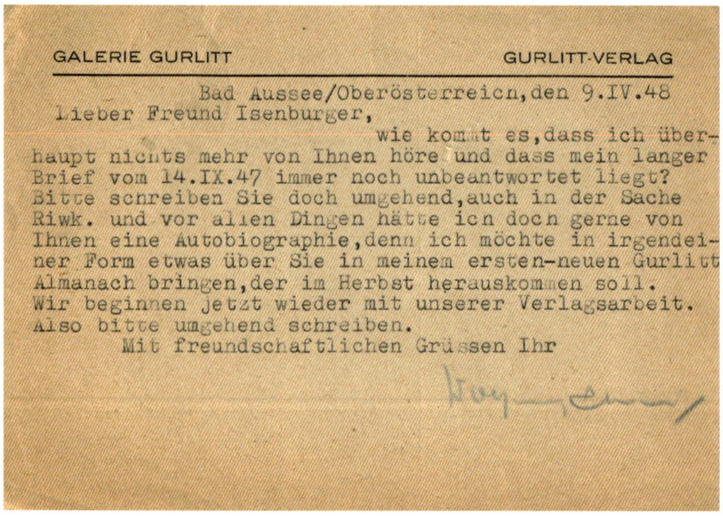
GALERIE GURLITT GURLITT-VERLAG

Bad Aussee/Oberösterreich,den 9.IV.48
Lieber Freund Isenburger,
wie kommt es,dass ich überhaupt nichts mehr von Ihnen höre und dass mein langer Brief vom 14.IX.47 immer noch unbeantwortet liegt? Bitte schreiben Sie doch umgehend,auch in der Sache Riwk. und vor allen Dingen hätte ich doch gerne von Ihnen eine Autobiographie,denn ich möchte in irgendeiner Form etwas über Sie in meinem ersten-neuen Gurlitt Almanach bringen,der im Herbst herauskommen soll. Wir beginnen jetzt wieder mit unserer Verlagsarbeit. Also bitte umgehend schreiben.
Mit freundschaftlichen Grüssen Ihr

IAN

Isenburgers Antwort an Gurlitt vom 11. Juli 1948, die nicht abgeschickt oder als unzustellbar nach New York zurückgesandt wurde, ist lehrreich für die junge Isenburger-Provenienzforschung. Das im Postskriptum erwähnte, von der Fotografin Anna Riwkin-Brick „irgendwo" in Stockholm „untergestellte" Bild ist aller Wahrscheinlichkeit nach Isenburgers Porträt von Gurlitt (Bild 2) aus dem Jahr 1933.[10] Der Brief kann also keinesfalls der erste Austausch zwischen Isenburger und Gurlitt nach dem Krieg gewesen sein.

Am 7. März und 6. Juni im Jahr 1949 wurden Eric und Jula Isenburger amerikanische Staatsbürger. Es folgten lange und regelmäßige Reisen nach Europa, die sich anhand von

3 Isenburger, Eric, LABO Berlin, Entschädigungs-Akte Reg.-Nr. 262 136. Zur Vereinfachung werden die Buchstaben und Zahlen der Verfahrensakten übernommen. M = Mantelbogen, C = Schaden an Freiheit, D = Schaden an Eigentum und Vermögen, E = Schaden im beruflichen Fortkommen. Die Verfahrensakten im Wiedergutmachungsamt (LAB, B Rep. 025) 53 WGA 756/62 werden hier in der Folge mit „WGA" und Seitenzahl bezeichnet.

4 Eric Isenburger, New York, Antragsbogen, unterzeichnet am 20.4.1962, D1.

5 Eric Isenburger, New York, Antragsbogen, unterzeichnet am 16.6.1955, E1.

6 Erich Isenburger, New York, eidesstattliche Erklärung, unterzeichnet am 16.4.1954, E2–E3.

7 Am Abend des 1.10.1933 oder tagsüber am Montag, 2.10.1933. Eric Isenburger, New York, in: Robert Schlesinger, Bad Homburg v. d. H., an das Entschädigungsamt Berlin, 25.11.1964, D40.

8 Eric Isenburger, Nizza, an Olson & Wright, Stockholm, 28.1.1938, Teilnachlass Hans Weil, Exilarchiv der Deutschen Nationalbibliothek, Frankfurt am Main.

9 IAN. Lilly Agoston, geb. „Lili" Auspitz. Ihr hebräischer Vorname war מירל – die jiddische Verkleinerungsform von „Miriam". A budai izr. hitközség születési anyakönyve. Lapszám: 199. Év 1894. Folyó szám. 70.

10 Isenburgers Inventar zufolge entstand das Porträt von Gurlitt (Nr. 21 im Inventar) im Jahr 1933, IAN.

Schiffspassagierlisten[11] und Kalendereintragungen[12] rekonstruieren lassen. Im Frühjahr fand jeweils die Hinreise nach Europa statt, im Herbst die Rückreise. Manchmal tauchen in den Kalendern kurze Vermerke auf, die mit den im Jahr 1954 eingeleiteten Entschädigungs- und Rückerstattungsverfahren zusammenhängen.

Obgleich vermutlich ein erstes Wiedersehen mit Gurlitt schon im Jahr 1949 oder 1950 stattfand – die Isenburgers hielten sich von Anfang August 1949 bis Ende Juli 1950 ein ganzes Jahr lang in Europa auf –, wird Gurlitt erst am Ende der Europareise 1960 in den Kalendern erwähnt. Vom 21. bis 23. August besuchen die Isenburgers und Gurlitt in München die Utrillo-Valadon-Ausstellung im Haus der Kunst, die Alte Pinakothek, essen zusammen und eilen vor der Rückreise nach Paris um 13:05 Uhr durch die Campendonk-Ausstellung in der Städtischen Galerie im Lenbachhaus. Im folgenden Jahr ist das Tempo in München gemächlicher. Sie kommen am 1. Juli aus Frankfurt an. Am 4., 5. und 6. Juli entsteht das zweite Porträt von Gurlitt – in seiner Farbgebung passend zum amerikanischen Unabhängigkeitstag (Bild 1). Bis zum 19. Juli gibt es Partys, feierliche Abendessen, einen Besuch im Kabarett Die kleine Freiheit, einen Blick auf Richard Seewalds Wandbilder in den Hofgartenarkaden, einen Theaterbesuch (*Der kaukasische Kreidekreis* in den Münchner Kammerspielen), einen Ausflug zur Wallfahrtskirche in Wies, ein Mittagessen mit Gurlitts Ehefrau Käthe und seiner Tochter Angelina, die Vernissage zur Ausstellung *Von Bonnard bis heute* im Haus der Kunst, die 13. *Assemblée Générale* der Association Internationale des Critiques d'Art tagsüber, mit Konzert im Cuvilliés-Theater am Abend, ein Besuch der Galerie Günther Franke ... und ab nach Venedig. Die Isenburgers waren lange wieder zurück in New York, als Gurlitt im September 1961 versuchte, Isenburgers Porträt von Paul Westheim (Berlin, 1933,[13] Bild 3) an die Berliner Galerie des 20. Jahrhunderts zu verkaufen. „Der Maler Eric Isenburger", heißt es im gekritzelten Postskriptum, „gehört zu [den] gesuchtesten deutschen Maler[n] in New York."[14]

29 Jahre nach der ersten Schau fand während der nächsten Europareise im Jahr 1962 Isenburgers zweite Ausstellung bei Gurlitt statt. Das neue Gurlitt-Porträt hing mit 18 anderen Gemälden aus den Jahren 1958 bis 1961 und einem Selbstporträt von 1945 (Abb. 1) als Leihgabe[15] vom 4. bis zum 26. Juni in der Münchner Galerie. Bevor das Ehepaar Isenburger und Gurlitt nach einem kurzen Kulturprogramm für vier Tage nach Bad Aussee entschwanden, wo sie bei Gurlitt am Lenauhügel wohnten, wurde Eric für die Regionalpresse interviewt: „Man sprach damals zwar viel von entarteter Kunst, aber was kümmerte das mich. Da rief mich eines Tages Wolfgang Gurlitt an: ‚Eric, bitte, komme gleich mit deiner Frau zu mir, und bringt eure Pässe mit!' Wir verstanden kein Wort, aber wir taten, was er gesagt. Und so fuhren wir eben ein paar Stunden später nach Paris, einfach ins Blaue hinein. Gurlitt hatte alles arrangiert."[16]

Die Geschehnisse laut Verfahrensakten

Isenburgers Verfahren gegen das Deutsche Reich wurden in zwei Etappen eingeleitet. Neben Zuständigkeitswirrwarr und Zeichen der Überforderung angesichts der Antragsberge und Gesetzesnovellierungen beinhalten die etwa 400 Seiten Missverständnisse, eklatante Widersprüche, prozessuale Mankos und dramatische rhetorische Zuspitzungen. Die erste Verfahrensetappe begann am 5. April 1954 unter dem Bundesergänzungsgesetz (BERG)[17] bzw. am 16. Juni 1955 wegen „Schaden im beruflichen Fortkommen" (§§ 25–55 BEG) sowie am 18. Dezember 1955 wegen „Schaden an Freiheit"[18] (§§ 16–17 BEG). Die zweite Etappe folgte am 20. April 1962, wegen „Schaden an Eigentum" (§§ 51–55, 146 BEG) und „Schaden an

11 Passenger and Crew Lists of Vessels and Airplanes Departing from New York, New York, Records of the Immigration and Naturalization Service, U. S. National Archives, Washington, D. C.

12 IAN.

13 Isenburgers Inventar zufolge entstand das Porträt von Westheim (Nr. 20 im Inventar) im Jahr 1933. IAN.

14 Wolfgang Gurlitt, München, an Dr. Adolf Jannasch, Direktor der Galerie des 20 Jahrhunderts, Berlin, 6.9.1961, Staatliche Museen zu Berlin, Zentralarchiv. Vier Gemälde werden in Isenburgers Inventar als „Gifts to Gallery Wolfgang Gurlitt, Munich" aufgeführt: „Negro Composition 1932, 68 × 108 cm; Westheim Portrait 1933; Portrait Gurlitt 1933; Portrait Gurlitt 1962 [sic! 1961] 40 × 30 [Zoll]." IAN.

15 Das Selbstporträt, Nr. 135 in Isenburgers Inventar, gehörte dem New Yorker Kunsthändler und Galeristen Frederick Mont (Adolf Fritz Mondschein) und war ein Geschenk von Isenburger (IAN). Es wurde am 9.12.2018 von der David Killen Gallery in New York verkauft. Isenburger traf sich (zwischen den Porträtsitzungen zum zweiten Gurlitt-Porträt) mit Mont am 5.7.1961 in München zum Mittagessen. Isenburgers Kalendereintrag, IAN.

16 I. S., „In München trafen ein: Eric Isenburger, Kunstmaler aus New York. Hotel: ‚Das Blaue Haus'", Zeitungsausschnitt mit Foto, Quelle und Datum unbekannt, IAO. Isenburgers Kalendereintrag vom 4.6.1962: „Interview Miss Schneeberger", IAN.

17 Das Bundesergänzungsgesetz zur Entschädigung für Opfer der nationalsozialistischen Verfolgung vom 18.9.1953 (abgekürzt BErG) wurde rückwirkend vom Bundesentschädigungsgesetz vom 29.6.1956 (BEG) abgelöst.

18 Am 23.11.1960 abgelehnt. Die Internierung deutscher Zivilisten in Frankreich war u. a. „keine unmittelbare nationalsozialistische Verfolgungsmaßnahme im Sinne des § 2 BEG" (C8–C9). Als Zeugen dienten die mit Isenburger in Les Milles und St. Nicholas (bei Nîmes) inhaftierten Zivilisten Dr. med. Fritz Wengraf und *Simplicissimus*-Chefredakteur Franz Schoenberner, die beide nach New York geflüchtet waren (C6, C7).

Vermögen" (§§ 56–58, 146 BEG). Da ein Teil der Ansprüche rückerstattungsrechtlicher Natur war, beantragte am 5. Mai 1962 Isenburgers Prozessbevollmächtigter Robert Schlesinger in Bad Homburg die Verweisung gemäß § 30 des Bundesrückerstattungsgesetzes (BRÜG)[19] an das zuständige Berliner Wiedergutmachungsamt.[20]

Isenburger und Gurlitt stimmten ihre Schriftsätze miteinander ab. Chronologisch führte immer Gurlitt, der mit „Direktor des Wolfgang-Gurlitt-Museums der Stadt Linz/Donau und Leiter der Galerie Wolfgang Gurlitt München" unterzeichnete.[21] „Leider zeigte es sich, daß der Erfolg der Ausstellung in keiner Weise ausgenutzt werden konnte, weil ein Teil der Presse, der Zeitschriften sich der Nazipartei verschrieben hatten. Besonders eine Zeitung ‚Student',[22] in der ein Maler namens Schreiber Kunstkritiken schrieb, zeichnete sich durch einen unerhörten Hetzartikel aus, indem er sich gegen den jüdischen Maler Isenburger wandte. Dies hatte zur Folge, daß die Ausstellung, die von verschiedenen anderen Stellen übernommen werden sollte, nicht mehr weitergeleitet werden konnte, so daß es in kurzer Zeit überhaupt nicht mehr möglich war, Werke des Künstlers zu verkaufen. Ich bin daher in der Lage, Herrn Isenburger zu bestätigen, daß er nicht nur einen Verdienstausfall seit 1933 von vielen Tausenden Mark hatte, sondern daß er auch noch genötigt war, Berlin fluchtartig zu verlassen und sein Atelier und seine Wohnung aufzugeben. Im Zusammenhang mit diesen Tatsachen hat Herr Isenburger nicht nur sein gesamtes graphisches Werk und seine Original-Radierungsplatten verloren, sondern auch Hunderte von Zeichnungen, Aquarellen und Ölbildern."[23]

Drei Wochen später folgte in seiner ersten eidesstattlichen Erklärung Isenburgers Darstellung als Antragsteller: „Ich, der Unterzeichnete, Eric Isenburger, mußte Ende März 1933 Deutschland fluchtartig verlassen, nachdem ich verständigt wurde, daß in einer Nazi-Zeitschrift (ich glaube, es war ‚Der Student') ein Hetzartikel gegen mich und meine Bilder erschienen war. Als Kunstmaler hatte ich eine Ausstellung meiner Gemälde im Januar 1933 in der Galerie Gurlitt in Berlin, die großes Aufsehen erregt hatte und die einen großen Erfolg bedeutete. [...] Mein Kunsthändler, Herr Wolfgang GURLITT, Inhaber der berühmten Gurlitt Galerie in Berlin, hat mir daraufhin einen langfristigen Vertrag angeboten mit einer Garantie von DM [sic! RM] 2.000 monatlich, als Minimum, zu verrechnen auf die laufenden Verkäufe. Etwa 2 Monate danach erschien der höllische Hetzartikel und ich mußte Hals über Kopf das Land verlassen. [...] Die Verluste lassen sich schwerlich in Zahlen ausdrücken, aber es ist sicher, daß es sich um viele, viele Hunderttausende handelte."[24]

Im Herbst 1932 hätte Isenburger im Auftrag Gurlitts ein Wiederaufleben des Bandes *Das Graphische Jahr* leiten sollen und er sollte junge, vielversprechende Künstler für die in finanzielle Not geratene Galerie gewinnen. Ausgerechnet mit dem Maler, Kunstideologen und SA-Sturmführer Otto Andreas Schreiber, aus Fritz Hipplers Kreis X des Nationalsozialistischen Deutschen Studentenbundes (NSDStB) Berlin-Brandenburg, machte Isenburger Gurlitt bekannt. Entweder basierte seine Empfehlung allein auf Schreibers Werken, die 1932 in der Herbstausstellung und der Ausstellung zum Großen Staatspreis gezeigt wurden, oder Isenburger mangelte es an grundsätzlicher Menschenkenntnis. Infolgedessen stand Schreiber selbst Anfang Februar 1933 für eine Ausstellung seiner „ländlichen Malereien" unter Vertrag bei Gurlitt. Schreiber hatte Isenburgers Ausstellung im Januar besucht und war über dessen Vertragsverhältnis mit Gurlitt gut informiert. „‚Da kann man mal sehen, wer die Jahresverträge in Galerien bekommt'", spricht Isenburger auf Band, „‚Da ist es ein jüdischer Maler, Eric Isenburger, der mit seinem vielen Geld Goldrahmen um sämtliche Bilder hat und ein Feuerwerk von Bildern ausstellt.'"[25]

Im Verfahren von 1962 führte wieder Gurlitt mit einem neuen Schriftzeugnis. „Der große künstlerische Erfolg, der zuerst von großer Bedeutung war und die beste künstlerische und geschäftliche Konjunktur zu versprechen schien",

19 Bundesrückerstattungsgesetz bzw. Bundesgesetz zur Regelung der rückerstattungsrechtlichen Geldverbindlichkeiten des Deutschen Reichs und gleichgestellter Rechtsträger vom 19.7.1957.

20 Robert Schlesinger, Bad Homburg v. d. H., an das Entschädigungsamt Berlin, 5.5.1962, D11.

21 Wolfgang Gurlitt, München, Schriftzeugnis vom 26.3.1954, E4.

22 Gemeint ist die in Kleinauflage erschienene, nach dem Vorbild von Joseph Goebbels' *Der Angriff* gestaltete Zeitschrift *Der Student* des Kreises X des Nationalsozialistischen Deutschen Studentenbundes Berlin-Brandenburg, die zu der Zeit wegen Markenverletzung zwangsmäßig in *Der Deutsche Student* umbenannt wurde.

23 E4.

24 E2.

25 Eric Isenburger, New York, Audio-Interview von John M. Spalek, New York City, 3.6.1986, Kassette 155. The John M. Spalek Collection, M. E. Grenander Department of Special Collections and Archives, State University of New York, Albany, im Digitalisat ab 00:52:10. Bei allen Isenburger-Quellen außer den Verfahrensakten wird empfohlen, den einführenden Abschnitt „Kurze Bemerkung zu Quellen und Zielsetzung" aus folgendem Band zu lesen: Gregory Hahn, Karolina Hyży, „Beyond the Irretrievable Moment: Background Notes on Eric and Jula Isenburger" / „Jenseits des unwiederbringlichen Augenblicks. Bemerkungen zur Lebensgeschichte von Eric und Jula Isenburger", in Susanne Wartenberg (Hg.), *Von Frankfurt nach New York. Eric und Jula Isenburger*, Ausst.-Kat., Museum Giersch der Goethe-Universität, Frankfurt am Main, Zentrum für verfolgte Künste, Solingen, Kunstmuseum Bayreuth, Michael Imhof Verlag, Petersberg 2017, S. 19–126, hier S. 20–22.

schreibt er, „wirkte sich in jeder Weise gegenteilig aus, als der Nationalsozialismus die Regierungsgewalt übernahm. Es waren nicht nur die politisch eingestellten Kreise, die gegen Herrn Isenburger vorgingen, sondern vor allen Dingen auch nationalsozialistisch eingestellte Kollegen, die sich freuten, einen ihnen lästig gewordenen und erfolgreichen Kollegen ausschalten zu können. Herr Eric Isenburger mußte auch, auf mein Anraten hin, fluchtartig Berlin verlassen, was zur Folge hatte, daß er nicht nur seinen gesamten Besitz verlor, sondern daß anschließend auch Haussuchung in meiner Galerie, als die den Künstler vertretende Kunsthandlung gemacht wurde, um alles bei mir befindliche Material des Malers zu beschlagnahmen."[26] Den Akten zufolge wurden 36 druckfertige Radierungsplatten beschlagnahmt.

Was genau und zu welchem Zeitpunkt Gurlitt über eine Verschwörung gegen Isenburger wusste, ist nicht bekannt. Aus seinem dritten Schriftzeugnis kann man erfahren, dass die Hausdurchsuchung „unangemeldet am frühen Morgen an einem der ersten Apriltage des Jahres 1933" stattfand und „von Beamten der Gestapo durchgeführt" wurde.[27] Der Fehler in dieser Aussage blieb nicht unentdeckt: Die Gestapo ist erst durch das Preußische Gesetz vom 26. April 1933 errichtet worden.[28] Unter Umständen meinte Gurlitt SA-Männer oder SA-Hilfspolizisten – vielleicht sogar Schreibers Leute. Schreibers eigene Ausstellung bei Gurlitt, die kurz nach der Hausdurchsuchung am 9. April eröffnet wurde, hing bis zum 7. Mai – bis kurz vor der „Aktion wider den undeutschen Geist" des Nationalsozialistischen Deutschen Studentenbundes. So wurde die Galerie Gurlitt einerseits von Nazis überfallen, stellte andererseits aber zeitgleich Werke eines Nazi-Künstlers aus. Eine geplante Ausstellung von Werken des Berliner Kunsthistorikers, Malers und späteren Rabbiners Dr. Frederick K. Solomon[29] wurde aus dem Programm gestrichen.[30]

Es gab aber einen zweiten Tatort: die Atelierwohnung in der Paulsborner Straße 77. Trotz des aufwendigen Umbaus dieser Wohnung waren die Isenburgers schließlich nur Untermieter. Vermieter, im gleichen Gebäude wohnend, war der Innenarchitekt und Designer Kurt Frankenschwerth, zukünftiger Ehemann der expressionistischen Dichterin Henriette Hardenberg.[31] „Es war mir nicht möglich, zum Atelier zurückzukehren", behauptet Isenburger, „da ich verständigt wurde, dass eine Haussuchung stattgefunden hatte. Ich [...] habe das Land fluchtartig verlassen und alles knall und Fall im Stich lassen müssen."[32] Weder das Datum dieser Hausdurchsuchung noch das Datum der geplanten Rückkehr werden aber genannt. Ist der 30. oder 31. März 1933 gemeint, kann die Frage nicht vermieden werden, wie Eric und seine Frau je zwei Koffer für die Flucht haben packen können.[33] Geht es hingegen um den 1. oder 2. Oktober 1933, als Eric es gewagt hatte, binnen 48 Stunden von Paris nach Berlin und wieder zurück zu fahren, kann von einer „Flucht" nicht die Rede sein.[34]

Die Schäden laut Verfahrensakten

Gurlitts erstes Schriftzeugnis untermauerte Isenburgers Verfahren „im beruflichen Fortkommen". Am 14. November 1961 wurde Isenburger in einem Vergleich mit dem Land Berlin eine Geldentschädigung in Höhe von 40.000 DM brutto gewährt.[35]

Zu Beginn der zweiten Verfahrensetappe wurden die Gesamtschäden von Isenburger und Gurlitt mit 712.000 RM angesetzt. Architekt Neufeld, der auch in die USA geflüchtet war, bewertete Innenausbau- und Einrichtungskosten der Atelierwohnung mit 22.000 RM.[36] Gurlitt, diesmal in der Rolle als Sachverständiger, schätzte den gesamten Kunstverlust aus der Atelierwohnung auf 450.000 RM.[37] Die aus den

26 Wolfgang Gurlitt, München, Schriftzeugnis, 5.3.1962, D10.

27 Wolfgang Gurlitt, München, Schriftzeugnis, unterzeichnet am 12.1.1964, Unterschrift beglaubigt am 23.1.1964, WGA 43.

28 Sondervermögens- und Bauverwaltung beim Landesfinanzamt Berlin an die Wiedergutmachungsämter Berlin, 21.7.1965, WGA 85.

29 Eigenhändig „Fritz Salamonski", Preußische Akademie der Künste, PrAdK 1332, Großer Staatspreis 1930, Lebenslauf, 10.12.1930, Bl. 379.

30 "This exhibition was booked for the spring of 1933. It promised the young artist that he had 'arrived'. The well known political events in Germany during that season prevented the fulfillment of the artist's expectations. The one-man show at Gurlitt's was cancelled." *The Artist Biography of Frederick Solomon. Typescript*, 1973, Rabbi Marc H. Tanenbaum Collection, The Jacob Rader Marcus Center of the American Jewish Archives (Cincinnati, Ohio).

31 Margaretha, geb. Rosenberg, geschiedene Ehefrau von Alfred Wolfenstein.

32 Eric Isenburger, New York, eidesstattliche Versicherung, unterzeichnet am 28.3.1962, D8.

33 Eric Isenburger, New York, Interview von John M. Spalek 1986, im Digitalisat bei 1:00:27.

34 „Im übrigen war ich am 1.10.1933 überhaupt nicht in unserer ehemaligen Wohnung in der Paulsborner Str. 77, da ich davor gewarnt wurde." Eric Isenburger, in: Robert Schlesinger, Bad Homburg v. d. H., an das Entschädigungsamt Berlin, 25.11.1964, D40.

35 Entschädigungsamt Berlin, Vergleich, 14.11.1961, E19.

36 Joseph Neufeld, New York, an das Entschädigungsamt Berlin, 24.5.1965, D55.

37 56 Ölgemälde (Durchschnittspreis 2.500 RM), 300 Zeichnungen (Durchschnittspreis 500 RM) und 200 Aquarelle (Durchschnittspreis 800 RM). D8.

beschlagnahmten Radierungsplatten zu erwirtschaftenden Erträge schätzte er auf 240.000 RM.[38]

Rund um diese Radierungsplatten tauchten im Zuge einer Überprüfung im Wiedergutmachungsamt ernsthafte Bedenken wegen Gurlitts Rolle als einziger Zeuge und einer nicht eidesstattlich versicherten Erklärung auf.[39] Als um eine neue Stellungnahme zur Hausdurchsuchung in der Galerie gebeten wurde, war Gurlitt allerdings schon vier Monate tot.[40] „Die ganze Welt weiß, dass Herr Gurlitt ein einzigartiger Mensch war. Wie man das Wort eines solchen Mannes anzweifeln kann, ist mir unvorstellbar", schreibt der entrüstete Isenburger.[41] Weitere Zeugen wurden gesucht und nicht gefunden. Käthe Gurlitt berichtete an das Landgericht Berlin, dass sämtliche Mitarbeiter aus der Zeit nicht mehr lebten.[42] Am 16. Oktober 1968, nach einem von der Zivilkammer des Landgerichts Berlin bestellten Gutachten der gerichtlich zugelassenen Sachverständigen Dr. Margaretha Sell, kam es zu einem Vergleich von 6.500 DM.

Die Verhandlungen im Entschädigungsamt wegen der 556 in der Atelierwohnung zurückgelassenen Ölgemälde, Zeichnungen und Aquarelle dauerten sieben Monate länger. Besonders nach Stellungnahmen des Berufsverbandes Bildender Künstler und des Deutschen Künstlerbundes wurden die geschätzten Werte als illusorisch angesehen.[43] Zum Schluss spielte aber Geld – ob übertrieben hohe Summen oder bei der Höchstentschädigungssumme von 75.000 DM pauschal niedrige – keine Rolle mehr, denn am 23. Mai 1969 wurden Isenburgers Ansprüche als unbegründet zurückgewiesen. Seinen Schilderungen zufolge wurde die Atelierwohnung vor der Flucht nach Paris „untervermietet".[44] „Bei einer so eiligen Flucht, wie sie vom Antragsteller geschildert wurde", erklärt das Entschädigungsamt im Bescheid, „dürfte keine Zeit verblieben sein, eine Untervermietung [...] durchzuführen." Auch die kurze Rückkehr am 1. Oktober 1933 belastete den Fall schwer – da sich Isenburger amtlich von der Paulsborner Straße auf eine zweite Berliner Adresse umgemeldet hatte, eine „Scheinanmeldung", wie er erklärt, um die Sperrung seines Bankkontos zu vermeiden.[45] „Eine derartige Gefährdung seiner Person, wie sie vom Antragsteller vorgetragen wird, [kann] nicht vorgelegen haben, wenn er sich schon 6 Monate später entschloß, nach Berlin zurückzukehren, um geschäftliche Verhandlungen mit seinem Kunsthändler aufzunehmen. Sein Eigentum und seine Kunstwerke müssen demnach bei seiner Rückkehr nach Berlin, also 6 Monate nach seiner Abreise Ende März 1933, noch vorhanden gewesen sein. Nach dem vom Antragsteller und Bevollmächtigten geschilderten Sachverhalt ist zwingend davon auszugehen, daß eine die Interessen wahrende Aufsicht für die gesamte Habe des Antragstellers vorhanden war und damit die Voraussetzungen des § 51 AbS. 3 BEG-SG [Schlussgesetz] in keinem Falle gegeben sind."[46]

Ein kleiner Provenienz-Cliffhanger

Der Fall Isenburger ist insgesamt undurchsichtig und das Schicksal der 556 Werke aus der Atelierwohnung bleibt bis heute ungeklärt. Größtenteils stammten die vermissten Kontingente aus Isenburgers Wiener Zeit und davor. Einige der verschollenen Ölgemälde sind namentlich bekannt: „ein riesiges Doppelbildnis, Selbstporträt mit Frau 2 m × 2 ½ m, in der gleichen Größe ein Doppelbildnis der berühmten Solotänzer Georg Groke und Ruth Abramowitsch, damals Prima-Ballerina und Solo-Tänzer an der Charlottenburger Oper, Berlin. 1 Doppelbildnis von Albert Einstein und Dr. Jakob Klatzkin (Philosoph und Redakteur in Berlin), 1 Porträt 1 m × 1 ½ m der Tänzerin Gertrud Kraus, 1 Porträt von Jehuda Ehrenkranz und viele andere."[47] Jula Isenburger, die aus unerklärlichen Gründen und trotz Einladung[48] nicht als Zeugin in den Verfahren diente, spricht im Jahr 1986 auf Band von zwei Freunden, einem Paar (der Mann war Bildhauer), das die Erlaubnis hatte,

38 Je 12 aus Frankreich, Italien und Spanien. Zwei Ausgaben wurden vorgesehen. Diese sind nach Gurlitts Beschreibungen eine einfache und eine Luxusausgabe „auf besonders kostbares Japanpapier gedruckt, die in 30 Exemplaren geplant war. Es handelte sich um Pergamentmappen, und jede derselben wurde dadurch besonders kostbar gemacht, dass eine der 36 Originalradierungsplatten in den Mappendeckel eingearbeitet wurde." Für die einfache Ausgabe in einer Auflagengröße von 100 Stück lag der Preis bei 1.500 RM für die komplette Serie, die Luxusausgabe war zweimal teurer. WGA 43.

39 WGA 85.

40 Wiedergutmachungsämter Berlin an Robert Schlesinger, Bad Homburg v. d. H., 26.7.1965, WGA 86.

41 Eric Isenburger, in: Robert Schlesinger, Bad Homburg v. d. H., an die Wiedergutmachungsämter Berlin, 25.8.1965, WGA 89.

42 Käthe Gurlitt, Galerie Wolfgang Gurlitt München, an das Landgericht Berlin, 7.4.1966, WGA 103.

43 Der Senator für Wissenschaft und Kunst Berlin an das Entschädigungsamt Berlin, 27.7.1964, D30.

44 Eric Isenburger, in: Robert Schlesinger, Bad Homburg v. d. H., an das Entschädigungsamt Berlin, 30.11.1959, M25.

45 Eric Isenburger, in: Robert Schlesinger, Bad Homburg v. d. H., an das Entschädigungsamt Berlin, 25.11.1964, D40.

46 Bescheid des Entschädigungsamtes Berlin an Robert Schlesinger, Bad Homburg v. d. H., 23.5.1969, D78.

47 Eric Isenburger, New York, eidesstattliche Versicherung, unterzeichnet am 28.3.1962, D7.

48 Zivilkammer des Landgerichts Berlin, 30.3.1966, WGA 101.

die Atelierwohnung zu räumen.[49] Als Beispiele für das mitgenommene Hab und Gut nennt sie nur das von Isenburgers Mutter Olga, geb. Neumond, ererbte Silber sowie Pelzmäntel – keine Kunstwerke. Fast im gleichen Atemzug bestehen sie und Eric darauf, dass sämtliche Kunstwerke in einem *direct hit*, einem Volltreffer, verloren gingen – eine Absurdität, wenn es sich um die erst zehn Jahre später, nämlich im November 1943, ausgebombte Paulsborner Straße 77 handelt, denkbar aber, wenn es um Gurlitts Berliner Wohnung, Galerie und Lagerräume geht. Diese wurden im selben Bombenangriff zerstört. Von Kriegsverlusten ist in den Verfahrensakten aber kein einziges Mal die Rede.

Teile von Gurlitts Kunstbesitz und des ihm anvertrauten Fremdeigentums waren vor dem Großangriff nach Bad Aussee in Sicherheit gebracht worden. Wie viele und welche Werke von Isenburger dort und später in der Münchner Galerie lagerten, bleibt unbekannt. Sie müssen sich aber vor Juni 1971 – vielleicht sogar lange vor diesem Zeitpunkt – noch dort befunden haben, denn sonst hätte Isenburger nicht den Auftrag erteilen können, sie zu zerstören. „Nachdem ich den Auftrag gab, die meisten von den alten Bildern, die sich [in der Galerie Wolfgang Gurlitt in München] befinden, zu zerstören", schreibt er in einem Briefentwurf an den alten Freund aus Wien, den Regisseur, Choreografen und Theaterintendanten Fritz Klingenbeck, „sind verschiedene vorhanden, die ausgezeichnet sind."[50]

Der Kontakt mit Klingenbeck wurde erst kurz vor Weihnachten 1970 wiederaufgenommen. Nach fast vierzig Jahren wollte ihn Isenburger mit dem Porträt aus dem Münchner Restbestand bei Gurlitt überraschen. „Ich bin ungeheuer beschämt", musste er aber ein halbes Jahr später berichten, „nach Jahren von Korrespondenz stellt sich plötzlich heraus, dass Ihr und ein anderes Porträt, an dem mir lag, sind unauffindbar."[51] „Ihr Lieben", schreibt Klingenbeck aus St. Gilgen zurück, „wieder ist es später geworden, als ich es wollte, Ihnen für Ihren lieben Brief zu danken, Eric, und Sie zu bitten, sich nicht ‚beschämt' zu fühlen, weil es doch nicht Ihre Schuld ist, daß ‚unser' Porträt in München verschollen ist. Es tut mir mit Ihnen darum leid, aber ich hoffe noch die Fotos, die ich szt. bei Ihnen im Atelier gemacht habe, zu finden, vielleicht gelingt es mir, davon Reproduktionen herstellen zu lassen!"[52]

Ein handgeschriebener Briefentwurf von Isenburger erläutert den Restbestand: „Ein stehendes Bildnis von Jula, eine kleine Landschaft von Nice, 1935, und ich glaube, ein Blumenstilleben." Klingenbeck möge bitte alle abholen und als Ersatz für das verschollene Porträt behalten. Für die Endfassung des Briefes hat sich Isenburger diesen Vorschlag aber anders überlegt, wie ein kurzes Schreiben von Andreas Bartsch verdeutlicht:

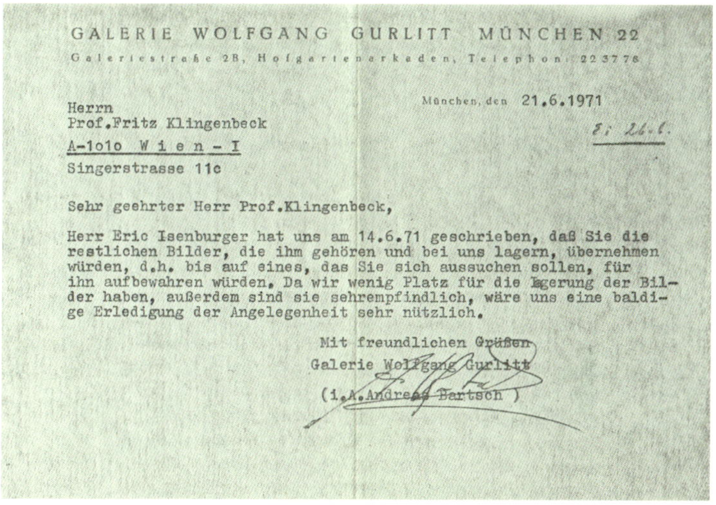
GALERIE WOLFGANG GURLITT MÜNCHEN 22
Galeriestraße 2B, Hofgartenarkaden, Telephon: 223778

München, den 21.6.1971

E: 26.6.

Herrn
Prof. Fritz Klingenbeck
A-1010 Wien - I
Singerstrasse 11c

Sehr geehrter Herr Prof. Klingenbeck,

Herr Eric Isenburger hat uns am 14.6.71 geschrieben, daß Sie die restlichen Bilder, die ihm gehören und bei uns lagern, übernehmen würden, d.h. bis auf eines, das Sie sich aussuchen sollen, für ihn aufbewahren würden. Da wir wenig Platz für die Lagerung der Bilder haben, außerdem sind sie sehrempfindlich, wäre uns eine baldige Erledigung der Angelegenheit sehr nützlich.

Mit freundlichen Grüßen
Galerie Wolfgang Gurlitt
(i.A. Andreas Bartsch)

IAN

Klingenbeck sei es nicht gelungen, „[…] selbst nach München zu Gurlitt (Bartsch) zu fahren. Statt dessen hat dies ein guter Freund für mich besorgt", schreibt er an Isenburger, „war bei Herrn Bartsch + hat das Vorhandensein von (nur) drei Bildern von Ihnen festgestellt: 1 Porträt, Format 90 x 120, 1 Blumen [Stillleben] 70 x 50, 1 Landschaft 70 x 50, das vierte Bild war irgendwo verräumt, doch schrieb mir Herr Bartsch am 5.8.71 ausdrücklich von vier Bildern, von denen 2 in einem PKW nach Salzburg gebracht werden könnten, die beiden anderen (größeren) jedoch nur durch einen Spediteur. […] Wenn Sie also damit einverstanden sind, dann würde ich jetzt veranlassen, daß zunächst einmal die beiden kleineren Bilder mit PKW nach Salzburg ins Festspielhaus gebracht werden. […]"[53]

Waren es aber nur vier Bilder? Wurde der Auftrag Isenburgers, Bilder zu zerstören, ausgeführt? „Tatsache ist", schreibt im März 2019 Andreas Bartsch, ehemaliger Mitarbeiter der Galerie Wolfgang Gurlitt, „dass bis 1977 bei Gurlitt im Lager ein riesiger Bestand in einer Kiste an Bildern (von den Keilrahmen abgenommen), Aquarellen, Zeichnungen usw. von Eric Isenburger vorhanden war. Es dürfte sich mit

49 Jula Isenburger, in: Eric Isenburger, Interview von John M. Spalek 1986, im Digitalisat ab 1:06:14.

50 Eric Isenburger, New York, handgeschriebener Briefentwurf an Fritz Klingenbeck, 14.6.1971, IAN.

51 Ebd.

52 Fritz Klingenbeck, St. Gilgen, an Eric und Jula Isenburger, New York, 21.7.1971, IAN.

53 Fritz Klingenbeck, Wien, an Eric Isenburger, New York, Ostersonntag 1972, IAN.

größter Wahrscheinlichkeit um den Berliner Bestand von Eric Isenburgers Werk handeln. Die Kiste wurde von Berlin nach Aussee und später nach München transportiert."[54]

Handelt es sich tatsächlich um den Berliner Bestand, scheint das im Jahr 1962 eingeleitete Entschädigungsverfahren versuchter Betrug gewesen zu sein. Wem der Inhalt der Kiste bei der Auflösung der Wolfgang-Gurlitt-Galerie gehörte, ist unbekannt. Dieser „sog. Nachlass von Isenburger" wurde später von Wolfgang Gurlitts Tochter Angelina Cedrino bzw. von seinem Schwiegersohn Orlando Cedrino verkauft.[55] Inwiefern die im Jahr 1948 zur Ausfuhr in die Schweiz aufgelisteten 330 Isenburger-Werke – ausschließliches Eigentum von Lilly Christiansen-Agoston – mit diesem Nachlass in Zusammenhang stehen, ist auch unbekannt.[56] Der Transportweg führt ab 1941/42 von Berlin nach Bad Aussee, von dort im Jahr 1945 zur Festung Hohensalzburg und nachher nach Linz.[57]

In ihren Stellungnahmen auf Einladung des Berliner Senators für Wissenschaft und Kunst im Frühjahr 1964 war Isenburger weder dem Deutschen Künstlerbund noch dem Berufsverband Bildender Künstler bekannt.[58] „Wenn der Berufsverband für bildende Künstler in Berlin meinen Namen nicht mehr kennt", antwortet Isenburger, „so liegt dies daran, dass die Nazis mich vertrieben haben und meine glänzend begonnene Karriere dort auslöschten."[59] Dies bleibt eine gute Antwort. 1932 hatte Gurlitt Isenburger entdeckt, seine „metallisch schimmernde Halberotik"[60] 1933 in Berlin ausgestellt, anschließend ihm und seiner Frau zur Flucht nach Paris geholfen. 1941 gelang den Isenburgers die Weiterflucht von Lissabon in die USA, wo Eric als Exilmaler schnell den Weg nach oben, aber nie den Weg zurück zum „unwiederbringlichen Augenblick" fand.[61] Erst durch Gurlitts Engagement in den 1960er-Jahren und die transatlantische Zusammenarbeit zwischen Sheila Low-Beer, Jula Isenburger-Elenbogen und Sabine Kammerl Ende der 1990er-Jahre kam es zu Isenburgers Wiederentdeckung in Europa. In Gang gesetzt von der Galeristin Cornelia Cotton in Croton-on-Hudson, New York, präsentierten 2017/18 das Giersch-Museum der Goethe-Universität Frankfurt, das Zentrum für verfolgte Künste Solingen und das Kunstmuseum Bayreuth die erste Ausstellungstournee Isenburgers in Europa.

Gregory Hahn / Geb. 1952 Milwaukee, US-amerikanischer Literatur-, Kultur- und Urheberrechtshistoriker in Berlin. Ph.D. (Indiana University, Bloomington). Langjährige transatlantische Lehrtätigkeiten und Kooperationen als Filmproduzent im Bildungssektor, Industrie und Öffentlichkeitsarbeit. Seit 2011 als Provenienzforscher in 22 Ländern tätig. 2017 erschien gemeinsam mit Karolina Hyży der biografische Ausstellungskatalogbeitrag *Beyond the Irretrievable Moment: Background Notes on Eric and Jula Isenburger* im Michael Imhof Verlag. Zurzeit Arbeit u. a. an einer Biografie des Wiener Grafikers Arthur Paunzen (1890–1940).

54 Andreas Bartsch an Elisabeth Nowak-Thaller, März 2019.

55 Ebd.

56 „E. Isenburger, 20 Bilder u. Studien – 40 kleine Ölstudien u. Skizzen auf Pappe u. div. – ca. 150 Zeichnungen u. Aquarelle – ca. 120 Graphische Blätter". Bundesdenkmalamt Wien, Christiansen, Lilly (Bad Aussee), Ausfuhr von Gemälden, Umzugsliste Christiansen, z. Zl. 8191 v. 1948, Abschrift.

57 Ebd. Lilly Christiansen an Landeskonservatorin Dr. Margarethe Witternigg, Salzburg, und Erklärung der Galerie Gurlitt (21. September 1948), Abschriften.

58 D30.

59 D39.

60 p.f. sch., „Berliner Sezession und andere Ausstellungen", in: *Vorwärts. Berliner Volksblatt. Zentralorgan der Sozialdemokratischen Partei Deutschlands*, 28.1.1933, Abend-Ausgabe, S. 3.

61 Hahn, Hyży 2017.

OSKAR KOKOSCHKA

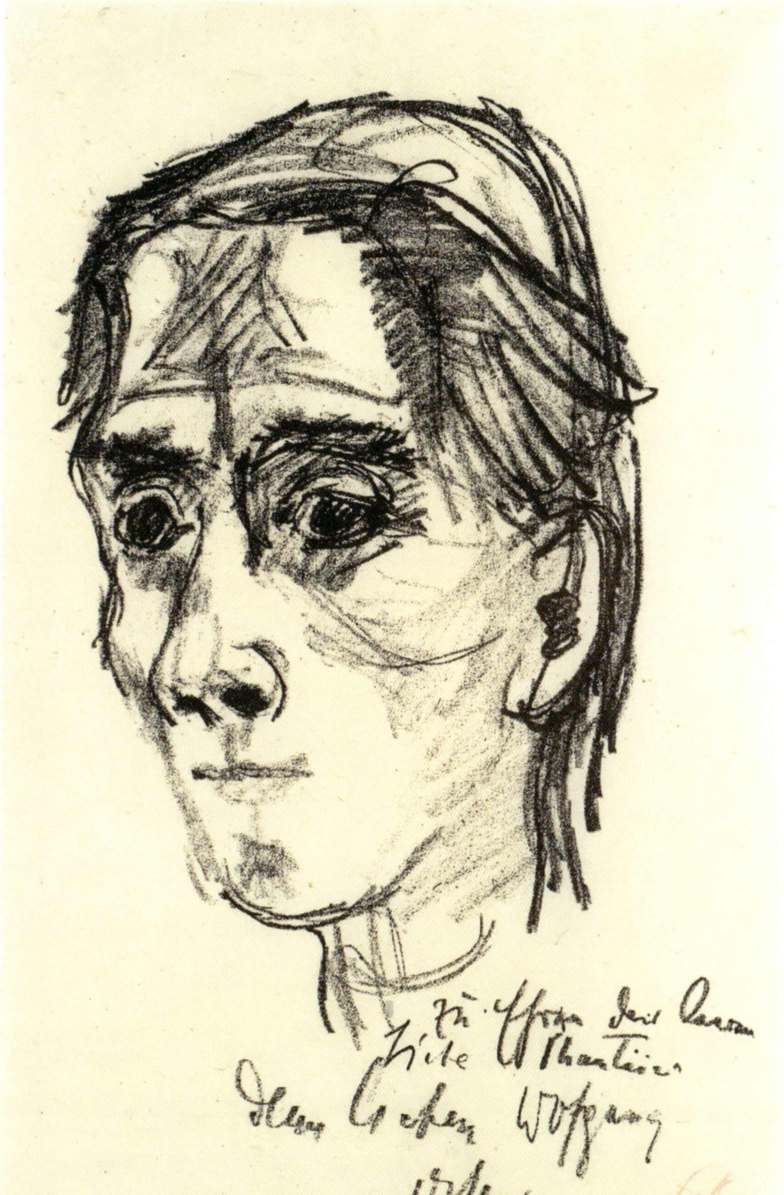

Abb. 1

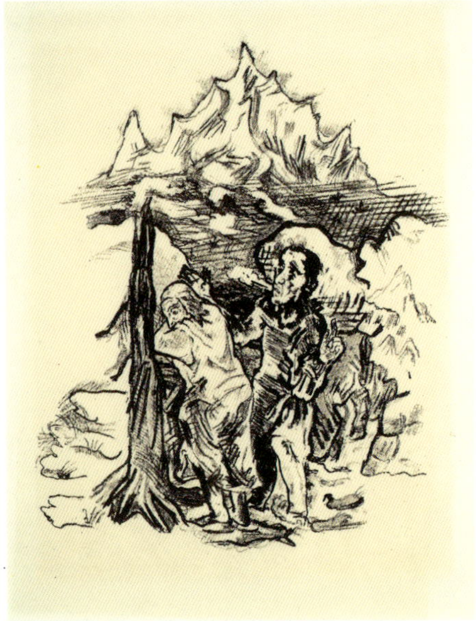
Abb. 2

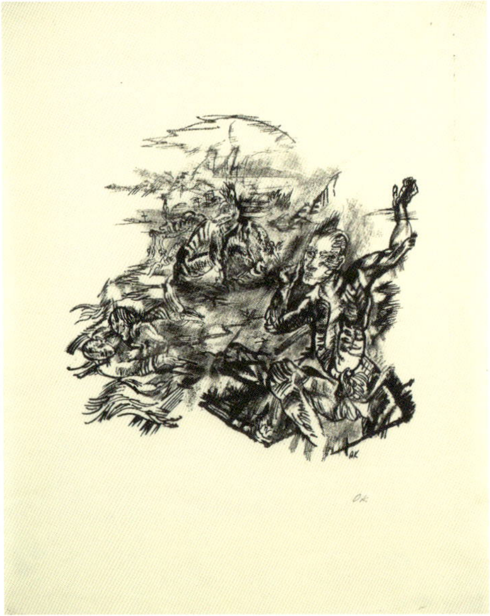
Abb. 3

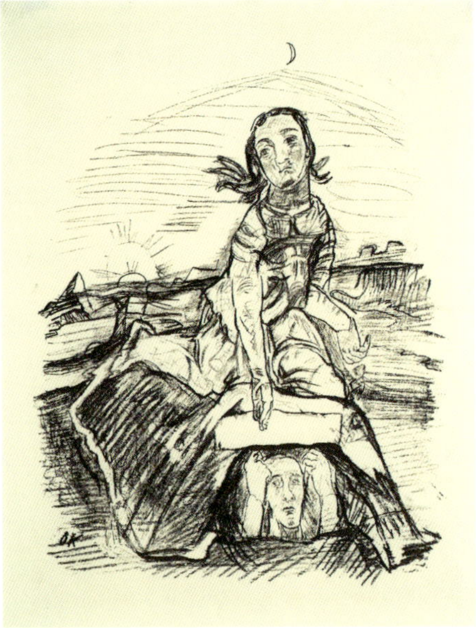
Abb. 4

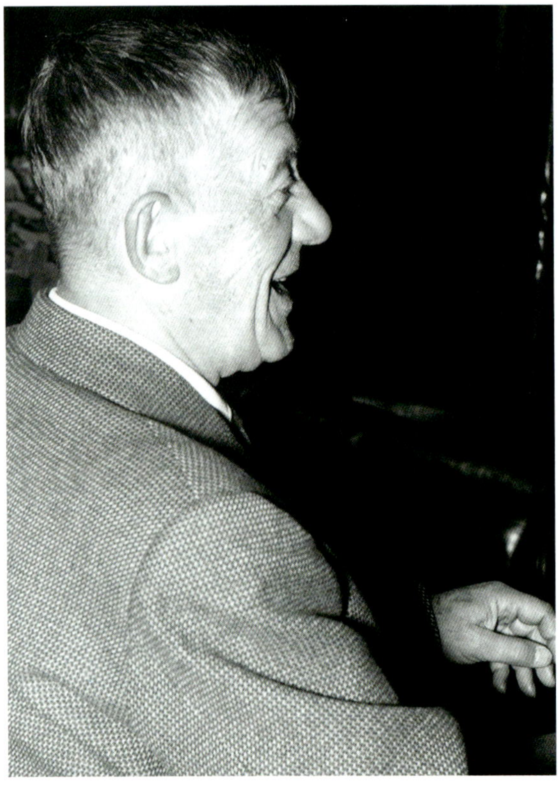
Abb. 5

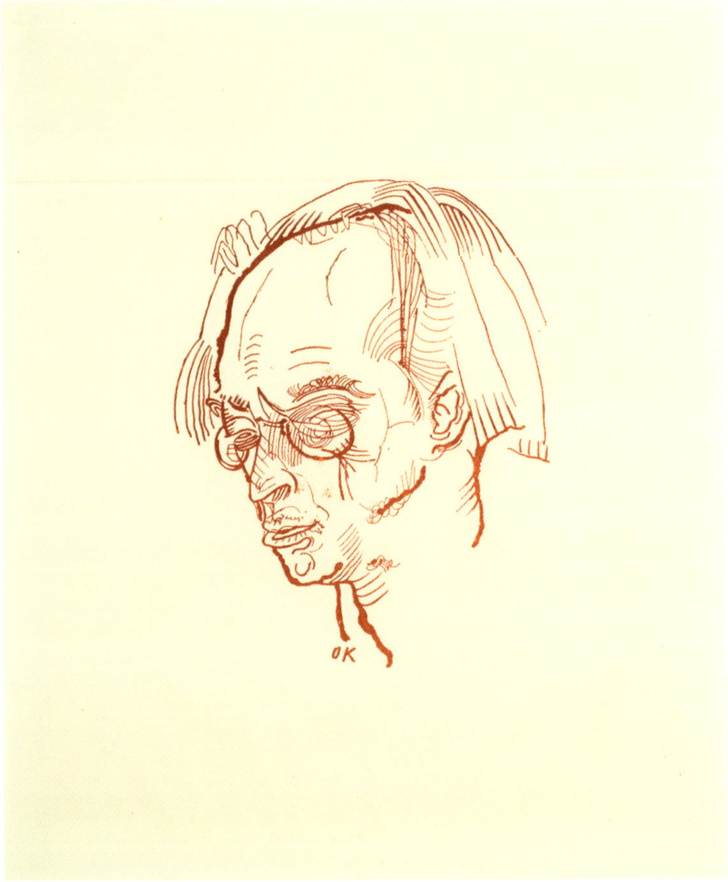
Abb. 6

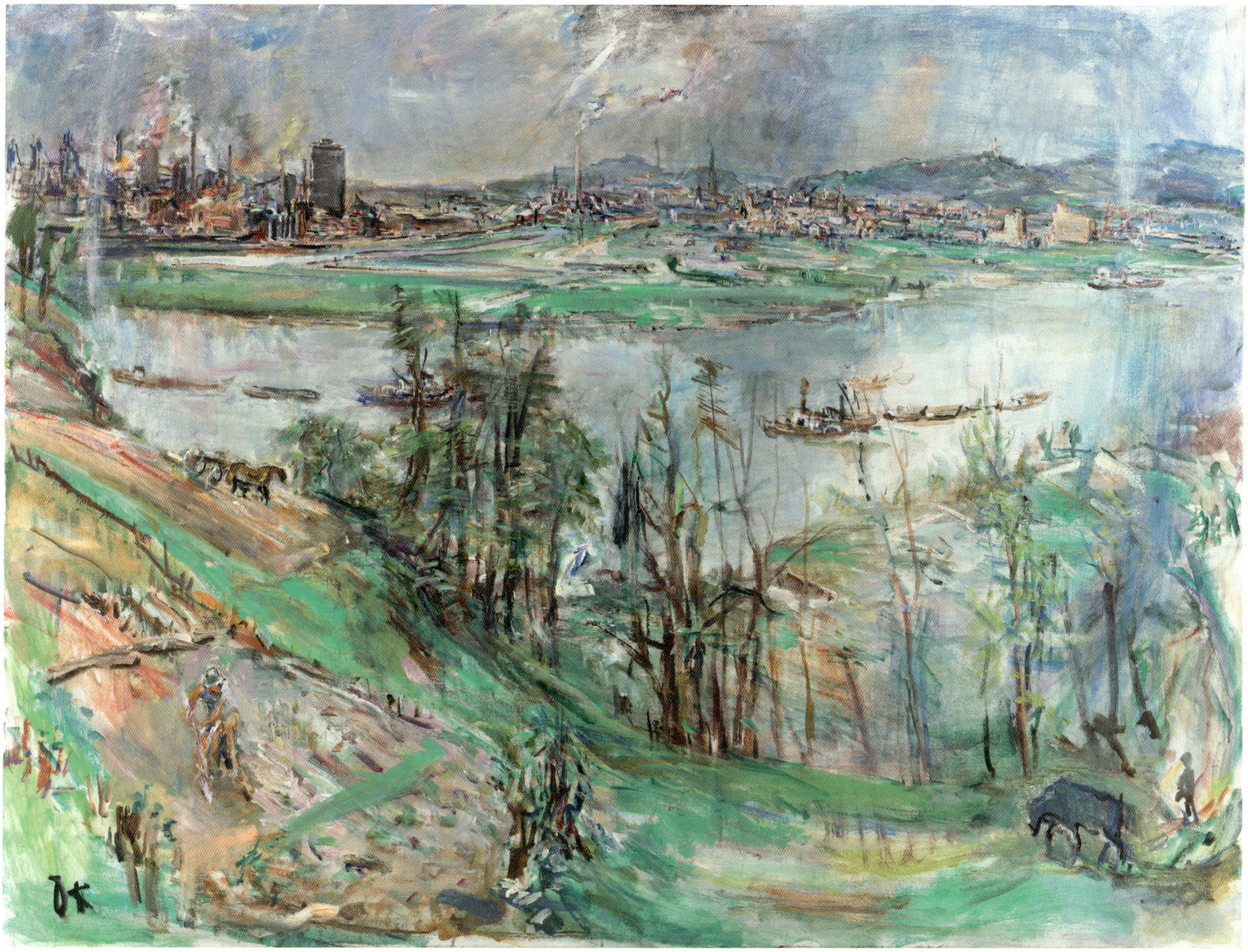

Abb. 7

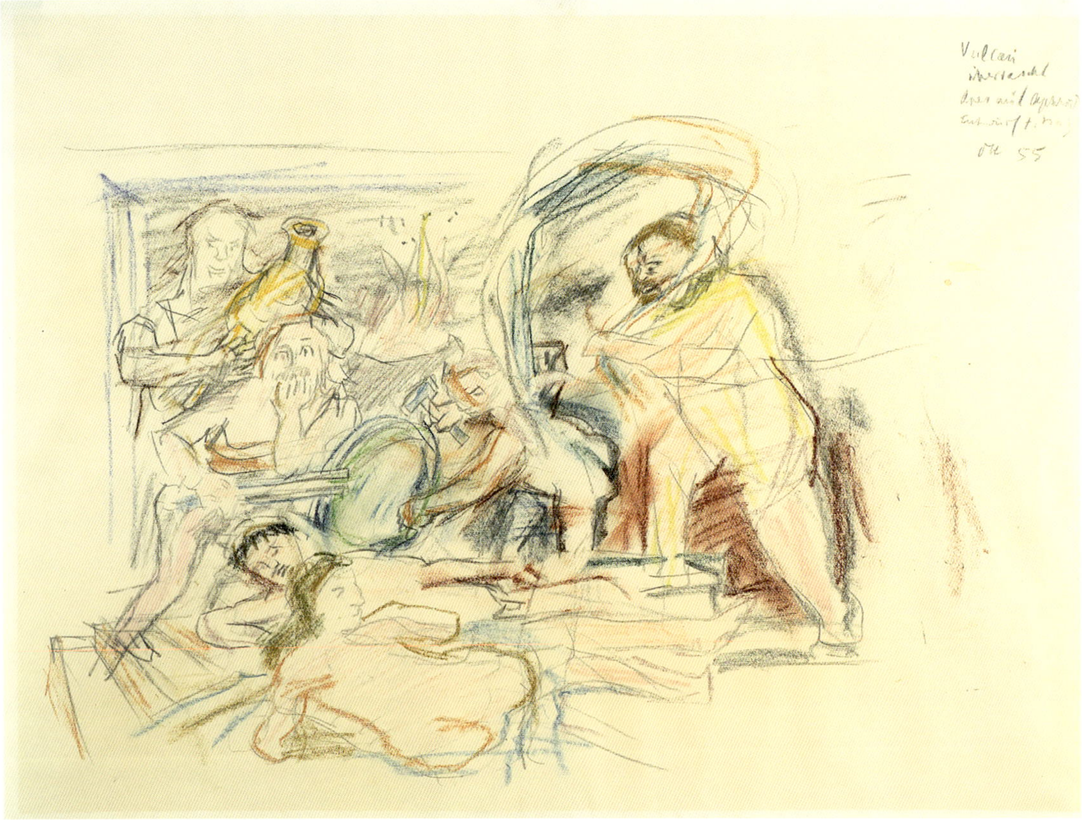

Abb. 8

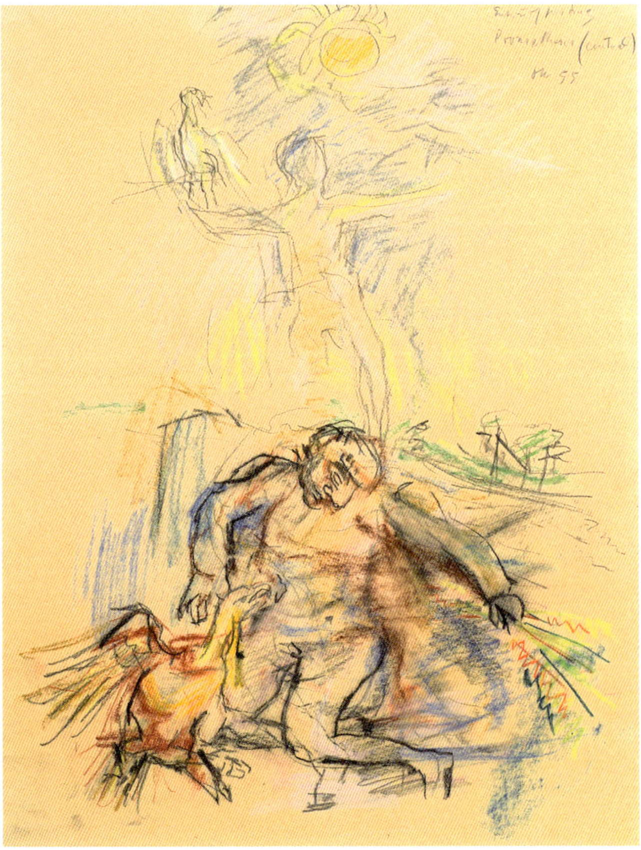

Abb. 9

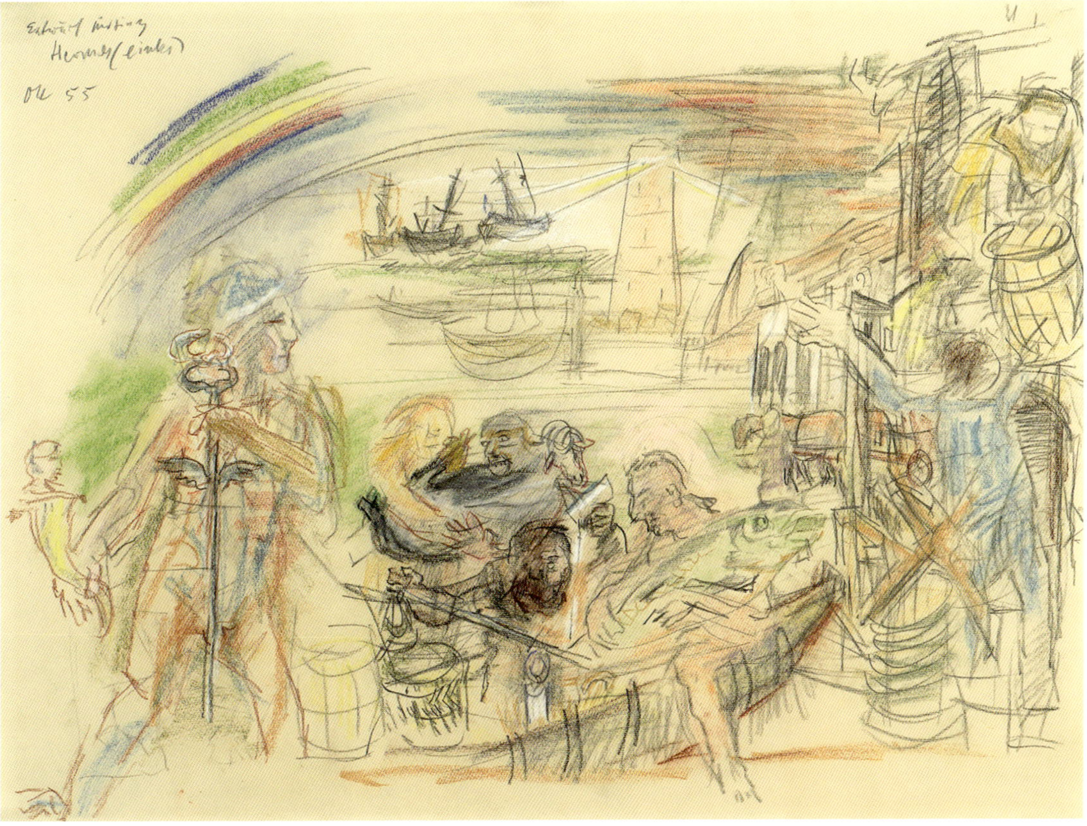

Abb. 10

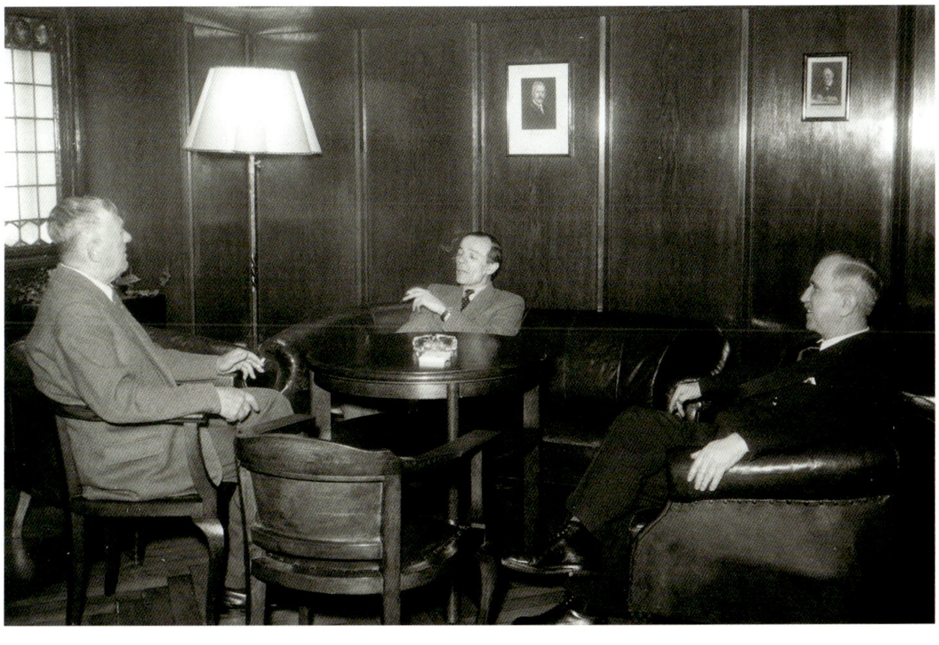

Abb. 11

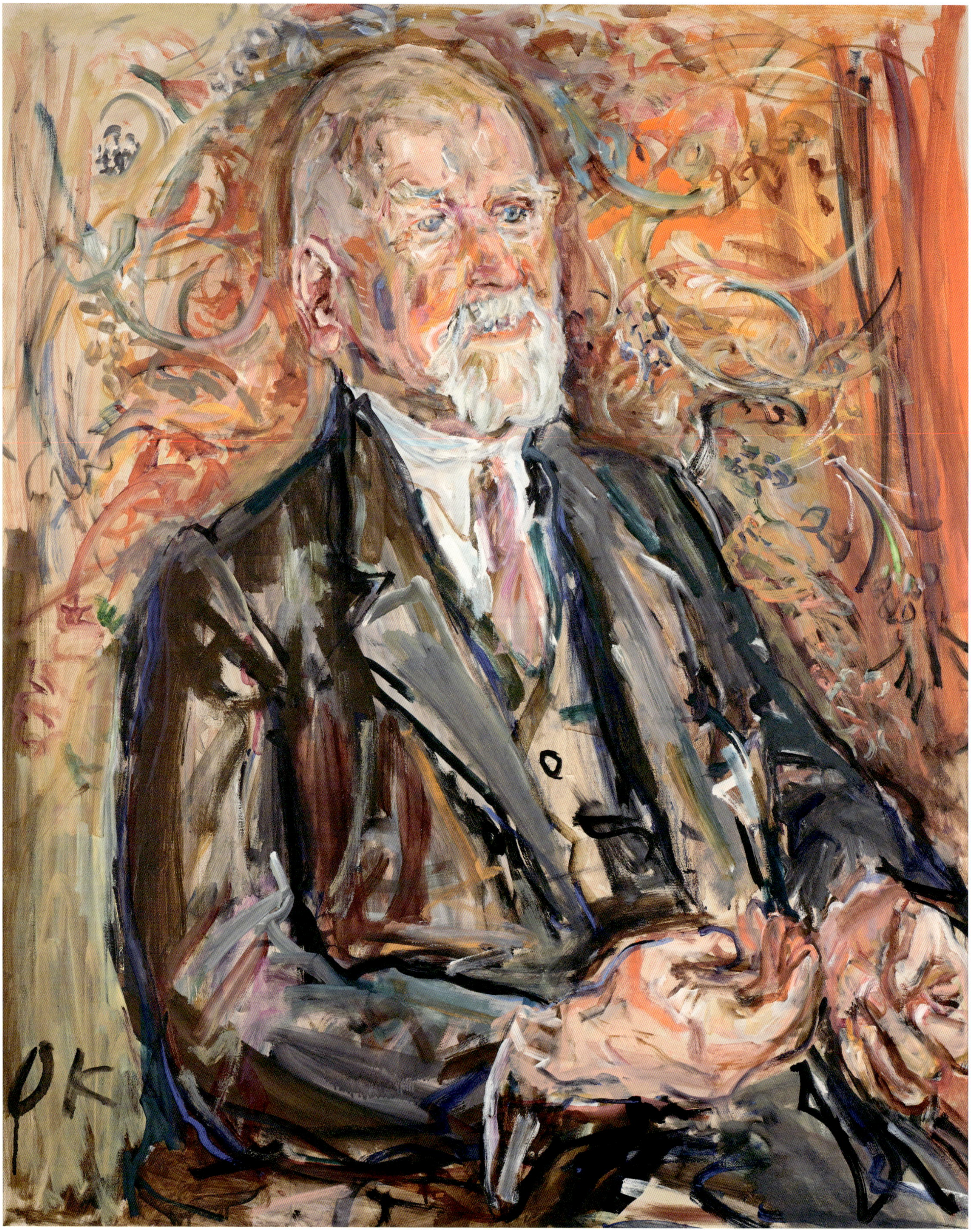

Abb. 12

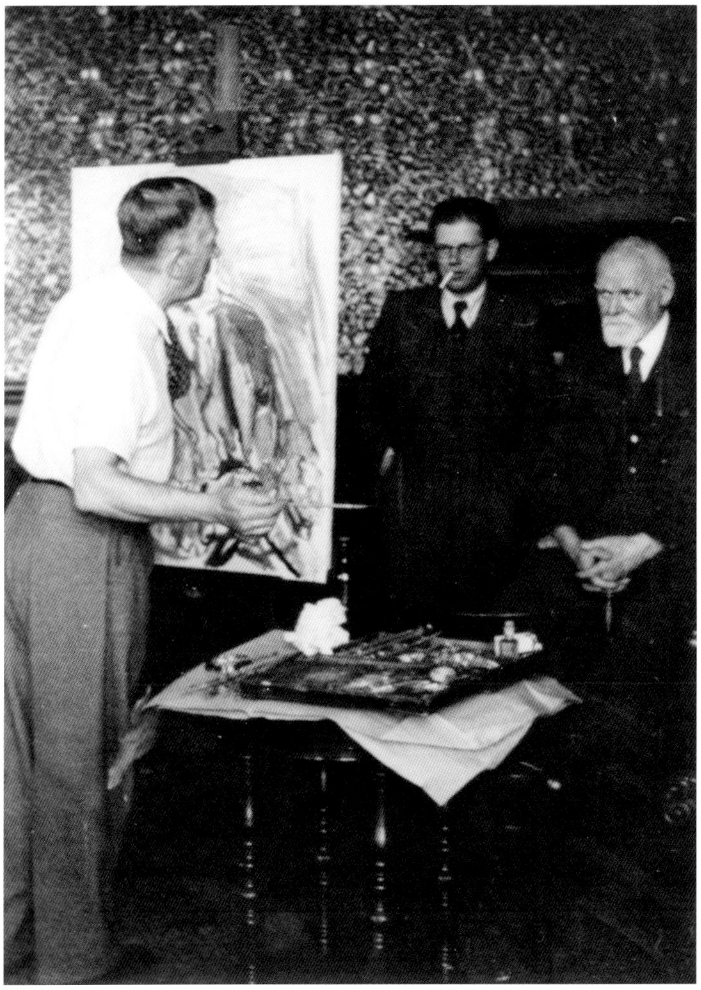

Abb. 13

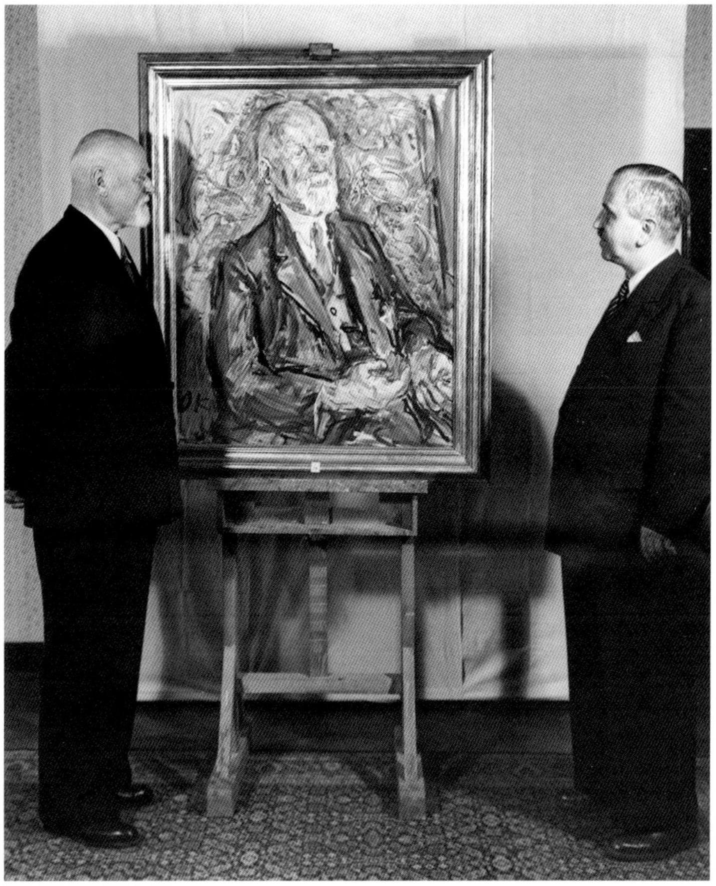

Abb. 14

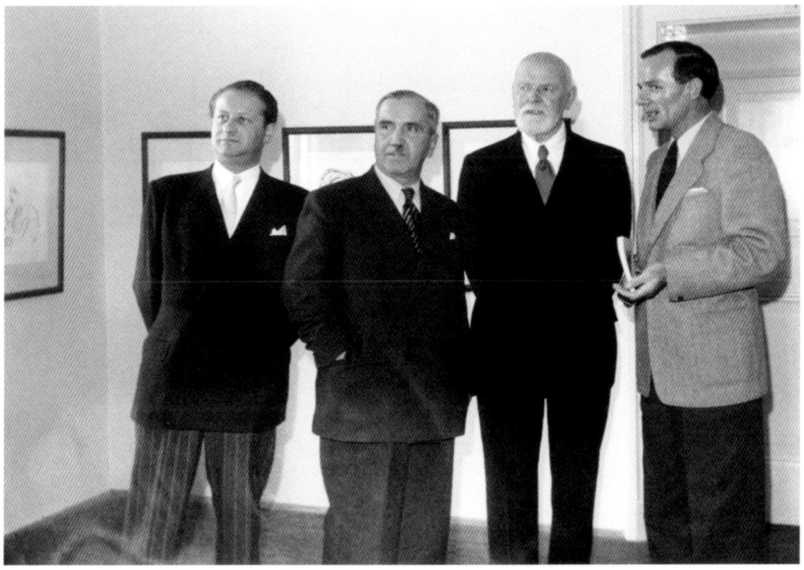

Abb. 15

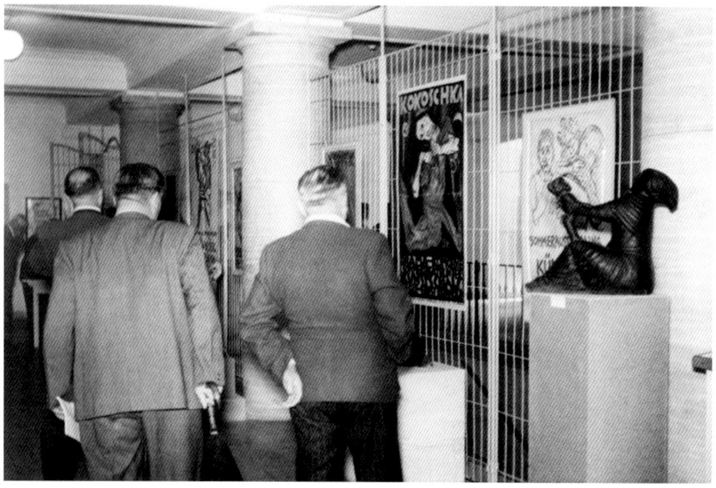

Abb. 16

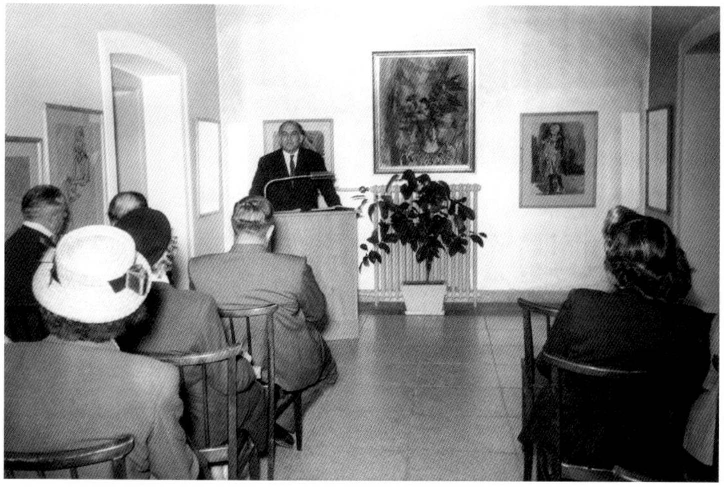

Abb. 17

Abb. 1 / **Oskar Kokoschka**, *Selbstbildnis*, 1921, Lithografie, 54 × 34,5 cm, Widmung im Stein: Zu Ehren der heeren Liebe und Phantasie Dem lieben Wolfgang Oskar, LENTOS Kunstmuseum Linz, Inv.-Nr. G 400, erworben 1951 aus der Sammlung Wolfgang Gurlitt

Abb. 2 / **Oskar Kokoschka**, *Furcht und Hoffnung*, aus: *Bachkantate (O Ewigkeit, Du Donnerwort)*, 1916/17 und 1918, OKA-Druck entstanden um 1950, mit Stempel, 54 × 39 cm, LENTOS Kunstmuseum Linz, Inv.-Nr. G 522, erworben 1952 aus der Sammlung Wolfgang Gurlitt

Abb. 3 / **Oskar Kokoschka**, *Der Weg ins Grab*, aus: *Der gefesselte Kolumbus*, 1916/18, Lithografie, 49,5 × 39 cm, LENTOS Kunstmuseum Linz, Inv.-Nr. G 5075

Abb. 4 / **Oskar Kokoschka**, *Der Mann erhebt seinen Kopf aus dem Grabe*, aus: *Bachkantate (O Ewigkeit, Du Donnerwort)*, 1916/17 und 1918, OKA-Druck entstanden um 1950, mit Stempel, 53,5 × 39 cm, LENTOS Kunstmuseum Linz, Inv.-Nr. G 524, erworben 1952 aus der Sammlung Wolfgang Gurlitt

Abb. 5 / Oskar Kokoschka bei seinem Besuch im Rathaus in Linz, um 1950, NORDICO Stadtmuseum Linz, Inv.-Nr. NA-027696, Foto: Hans Wöhrl

Abb. 6 / **Oskar Kokoschka**, *Herwarth Walden*, OKA-Druck entstanden um 1950, 54,2 × 39,2 cm, LENTOS Kunstmuseum Linz, Inv.-Nr. G 424

Abb. 7 / **Oskar Kokoschka**, *Linzer Landschaft*, 1955, Öl auf Leinwand, 88 × 116 cm, LENTOS Kunstmuseum Linz, Inv.-Nr. 110, erworben 1955 direkt vom Künstler

Abb. 8–10 / **Oskar Kokoschka**, *Vulkan*, *Prometheus* und *Hermes*, Entwürfe für die Ausgestaltung des Sitzungssaales der Handelskammer in Linz, 1955, Farbkreiden, 60,2 × 42,7 cm, 48,5 × 63 cm, 48 × 63,5 cm, LENTOS Kunstmuseum Linz, Inv.-Nr. G 1889, 1887, 1890 erworben 1967 von Dr. Egon Hofmann

Abb. 11 / Oskar Kokoschka mit Kustos Walter Kasten und Bürgermeister Ernst Koref im Jahr 1950 im Linzer Rathaus, Bildarchiv LENTOS Kunstmuseum Linz und NORDICO Stadtmuseum Linz, Foto: Hans Wöhrl

Abb. 12 / **Oskar Kokoschka**, *Porträt Bundespräsident Dr. Theodor Körner*, 1949, Öl auf Leinwand, 100 × 81 cm, LENTOS Kunstmuseum Linz, Inv.-Nr. 106, erworben 1955 direkt vom Künstler über Galerie Welz, Salzburg

Abb. 13 / Oskar Kokoschka mit dem Wiener Bürgermeister Theodor Körner und Viktor Matejka bei der Porträtsitzung im Jahr 1949, Archiv: Viktor Matejka, Wien

Abb. 14 / Bundespräsident Körner vor seinem Kokoschka-Porträt in Linz, 1951, rechts der Linzer Bürgermeister Ernst Koref, NORDICO Stadtmuseum Linz, Inv.-Nr. NA-016743, Foto: Hans Wöhrl

Abb. 15 / Besuch von Bundespräsident Theodor Körner anlässlich der Kokoschka-Ausstellung in der Neuen Galerie. Von links nach rechts: Legationsrat Bruno Kreisky, Bürgermeister Ernst Koref, Bundespräsident Theodor Körner und Kustos Walter Kasten bei der Führung durch die Kokoschka-Ausstellung in der Neuen Galerie, 1951, NORDICO Stadtmuseum Linz, Inv.-Nr. NA-017876, Foto: Hans Wöhrl

Abb. 16 / Einblicke in die Kokoschka-Ausstellung 1951, NORDICO Stadtmuseum Linz, Inv.-Nr. NA-018160, Foto: Hans Wöhrl

Abb. 17 / Magistratsdirektor Egon Oberhuber als Redner bei der Kokoschka-Eröffnung 1951, NORDICO Stadtmuseum Linz, Inv.-Nr. NA-018154, Foto: Hans Wöhrl

Elisabeth Nowak-Thaller

WOLFGANG GURLITT UND DER „BESTE DEUTSCHE MALER“ OSKAR KOKOSCHKA[1]

1 *Oskar Kokoschka. Ein Vagabund in Linz. Wild, verfemt, gefeiert*, Ausst.-Kat., LENTOS Kunstmuseum Linz, Verlag Bibliothek der Provinz, Weitra 2008, S. 9–38. Der hier vorliegende adaptierte und erweiterte Beitrag erschien erstmalig in dieser seit Langem vergriffenen Publikation.

Am 28. Juni 1951 wurde in Österreich die erste Kokoschka-Ausstellung nach dem Krieg eröffnet, und zwar nicht in Wien, sondern in Linz. Die Neue Galerie wurde anlässlich der Erfolgsschau von den Medien zum „Zentrum der bildenden Kunst in Österreich“ erklärt. Diese vom Linzer Museumsgründer Wolfgang Gurlitt initiierte, international erfolgreiche Kokoschka-Retrospektive und der Ankauf von insgesamt fünf Gemälden sowie großen Grafikkonvoluten in den 1950er-Jahren – das LENTOS verfügt über eine der bedeutendsten Kokoschka-Sammlungen Österreichs – festigten die Bindung Oskar Kokoschkas zu Linz.

Die Neue Galerie der Stadt Linz stand mit Kokoschka seit ihrer Gründung 1946 durch den deutschen Kunsthändler und -sammler Wolfgang Gurlitt in engem Kontakt. Kokoschka hatte Gurlitt während seines längeren Berlin-Aufenthaltes vermutlich um 1910 kennengelernt, wo der junge Wolfgang bereits in der Galerie seines 1893 verstorbenen Vaters arbeitete. Schon 1913 zeigte Kokoschka in Waldens *Erstem Deutschen Herbstsalon* in Berlin Ausstellungen. Die meisten seiner grafischen Arbeiten und Zyklen wurden zwar im Verlag von Paul Cassirer bzw. im Berliner Verlag der Zeitschrift *Sturm* publiziert, aber auch die Kunsthandlung Fritz Gurlitt, mittlerweile von Wolfgang geleitet, konnte den ab 1916 in Dresden lebenden Oskar Kokoschka bereits 1913 gewinnen. So erschienen unter anderem die erste Ausgabe der berühmten *Bachkantate (O Ewigkeit, Du Donnerwort)* 1916/17 (Abb. 2, 4) sowie die zweite Ausgabe 1918 als Mappenwerk im Verlag Fritz Gurlitt. Der zwölf Kreidelithografien umfassende Zyklus *Der gefesselte Kolumbus* (Abb. 3) kam in Einzelblättern im Gurlitt-Verlag erstmals 1916, in der 2. Auflage 1918 heraus und wurde 1920/21 als Buchausgabe publiziert. Eine verkleinerte Volksausgabe der gebundenen Edition kam 1921 ebenfalls im Gurlitt-Verlag auf den Markt.[2]

Leider sind die bekannten Zyklen, die in der Linzer Ausstellung 1951 zu sehen waren, in der LENTOS-Sammlung heute unvollständig. So besitzt das Linzer Museum nur drei Lithografien aus der *Kolumbus*-Serie; von den insgesamt elf Kreidelithografien der *Bachkantate* sind drei späte OKA-Drucke vorhanden.

Das Leben von Wolfgang Gurlitt und Oskar Kokoschka ist von schicksalhaften Parallelen geprägt: Beide mussten über lange Lebensphasen mit existenziellen finanziellen Problemen kämpfen, beide verloren im Zweiten Weltkrieg nicht nur wichtige Kunstwerke, Existenz, Heimat und Wohnung. Mehrere Neustarts in der Fremde, ein „Vagabundieren“ durch Europa waren die Folge. Alles einschneidende, traumatische Erlebnisse, die Kokoschka wie Gurlitt lebenslang begleiteten, wie auch auf beiden Seiten der schmerzliche Verlust innig geliebter Frauen: Alma Mahler bei Kokoschka und Lilly Agoston bei Gurlitt. Beide waren schillernde Persönlichkeiten, die eng in jüdischen, zugleich aber auch in hohen NS-Kreisen integriert waren, pflegten ein kosmopolitisches, phasenweise exzentrisches Leben, das durch Liebe und Leidenschaft zur Kunst geprägt war und in umfassenden Korrespondenzen in einer barocken, bildlichen, fantasievollen Sprache seinen Niederschlag fand. Überdies erfanden Kokoschka und Gurlitt phasenweise ihre eigene Biografie durchaus immer wieder neu. Vielleicht konnte Kokoschka – wie Porträts belegen – sich aufgrund dieser „Seelenverwandtschaft“ deshalb so gut in

2 Hans M. Wingler, Friedrich Welz, *Oskar Kokoschka. Das druckgraphische Werk*, Verlag Galerie Welz, Salzburg 1975, S. 81ff.

die Person des manischen Kunstsammlers Gurlitt einfügen, der zur selben Zeit in Künstler- und Schauspielerkreisen verkehrte und von einem vergleichbaren nonkonformistischen, liberalen bzw. exotischen Umfeld geprägt war.

Dass mit der Gründung der Neuen Galerie der Stadt Linz der künstlerische Aufschwung der Stadt Linz begann, war nicht zuletzt Kokoschka zuzuschreiben. Als am 14. Juli 1952 vom Gemeinderat ein erstes Kontingent in Höhe von 1.790.000,– Schilling für Ankäufe aus der Sammlung Gurlitt bewilligt wurde, waren drei Kokoschka-Gemälde und 83 Kokoschka-Grafiken im Ankaufstalon – neben Kubin das umfassendste Ankaufskontingent der Frühzeit.[3]

Nach der Eröffnung des Kubin-Kabinetts plante Gurlitt ein Kokoschka-Archiv in Linz, das lückenlos die grafischen Werke des Meisters enthalten sollte, ergänzt von einer Sammlung von Handzeichnungen und Aquarellen.[4] Diese hochtrabenden Pläne scheiterten kurz vor der Verwirklichung durch Gurlitts Zerwürfnis mit Kokoschka und der Stadt Linz.

Oskar Kokoschkas Bildnis der „Feixerin"[5] Lilly Agoston

1921 entstand Oskar Kokoschkas erste Porträtzeichnung von Lilly Christiansen-Agoston, die 1922 als Kreidelithografie und Anfang der 1950er-Jahre als OKA-Druck neuerlich verlegt wurde. Als Lilly im Herbst 1950 unerwartet in Bad Aussee verstarb, wurde Kokoschka von Gurlitt wiederum mit einer Lithografie beauftragt. Als Vorlage verwendete Kokoschka Studien zur *Windsbraut*, die seine unglückliche Liebe zu Alma Mahler thematisierten. Der Tod der geliebten Lilly löste bei Gurlitt, ähnlich wie bei Kokoschka die schmerzliche Trennung von Alma Mahler, eine tiefe Krise aus.[6] Die intime Widmung des Blattes (Seite 107) „Für meinen Wolfgang. Liebe Lilly, die versprochene Perlenkette hast du eingelöst mit deinen Thränen. 9. Sept. 1950. Oskar" verweist auf Kokoschkas Kenntnisse über die große Verbundenheit zwischen dem verheirateten Familienvater Gurlitt und seiner Geschäfts- und Lebenspartnerin. Diese poetischen Worte verwendet Kokoschka erneut in dem Erinnerungsband, den Gurlitt posthum für Lilly als Memorabile verlegen lässt und in dem neben Kokoschka befreundete Künstlerinnen und Künstler wie Margret Bilger, Ernst Schönwiese, Alfred Kubin, Anton Faistauer oder Emmy Haesele durch kleine Grafiken und persönliche Widmungen, begleitet von Abschiedsworten von Wolfgang Gurlitt, ihre Verbundenheit mit der Verstorbenen zum Ausdruck bringen: „Lilly Christiansen-Agoston der unermüdlichen Mitarbeiterin, die an allen Planungen und Erfolgen unseres Hauses größten Anteil hatte gilt – heute und immer – unser Dank. Ihr Name soll dem des Hauses Wolfgang Gurlitt verbunden bleiben als Mitbegründerin der Neuen Galerie, der Galerie Wolfgang Gurlitt und des Gurlitt-Verlages. [...]"[7]

Die bedeutende Kokoschka-Ausstellung der Neuen Galerie im Jahr 1951 wird, wie am eigens konzipierten Titel ersichtlich, Lilly gewidmet: „In MEMORIAM Lilly Christiansen-Agoston der getreuen Helferin am Werk für Oskar Kokoschka". Im umfassenden Schriftverkehr Kokoschkas finden sich keine Briefe an Lilly, jedoch aufschlussreiche Textstellen, die das Verhältnis von Wolfgang Gurlitt zu Kokoschka näher beleuchten.

Zwischen dem „gottverdammten Gurlitt" und „meinem alten Freund": Ein Händlerleben anhand von Briefzitaten

Der Name Gurlitt wird erstmals in einem Brief von Kokoschka an Alma Mahler vom 25. November 1912 erwähnt:

> „Mein liebes Almili, der Gurlitt ist im Grunde einverstanden mit unserem Angebot. So werden wir zusammen ein gutes Buch machen, das von Dir handelt. Freut Dich das, mein lieber Kerl?"[8]

Die Rede ist von der Dichtung *Der gefesselte Kolumbus* (W/W 43–54), an der Kokoschka ab 1913 arbeitete – erste Ideen stammen aus *Der weiße Tiertöter* (1908). Aus dem Jahr 1913 stammen wichtige Porträt- und Aktstudien von Alma Mahler sowie Studien zum berühmtesten Gemälde von Oskar Kokoschka, der *Windsbraut*. 1914 entstanden, konnte das großformatige Gemälde für die Linzer Ausstellung 1951 von Wolfgang Gurlitt als sensationelle Leihgabe gewonnen werden. Sowohl die von Gurlitt edierte *Bachkantate* (W/W 58–68) als auch *Der gefesselte Kolumbus* thematisieren das stürmische, zerstörerische Liebesverhältnis von Oskar Kokoschka und Alma Mahler.

3 Hanns Kreczi, *Städtische Kulturarbeit in Linz. Ein geschichtlicher Überblick anläßlich des 40-jährigen Bestandes des Kulturamtes der Stadt Linz*, Kulturverwaltung der Stadt Linz, Linz 1959, S. 175ff.

4 Laudatio „Wolfgang Gurlitt – 65 Jahre", in: *Oberösterreichische Nachrichten*, 14.2.1953.

5 Oskar Kokoschka, *Briefe II. 1919–1934*, hg. v. Olda Kokoschka, Heinz Spielmann, Claassen Verlag, Düsseldorf 1985, S. 238f.

6 Siehe den Beitrag von Vanessa Voigt im vorliegenden Katalog.

7 *Gedächtnisbuch in memoriam Lilly Christiansen-Agoston*, Leihgabe Galerie Altnöder, Salzburg.

8 Oskar Kokoschka Briefe, *Briefe I. 1905–1919*, hg. v. Olda Kokoschka, Heinz Spielmann, Claassen Verlag, Düsseldorf 1984, S. 65.

In einem im Sommer 1913 in Wien geschriebenen Brief an Herwarth Walden (Abb. 6), Herausgeber der expressionistischen Berliner Zeitschrift *Der Sturm* (1910–1932), ist über die enge Bindung Kokoschkas zum Verleger Gurlitt zu lesen:

„Zur Beschickung der Herbstausstellung stört mich der Paragraph, daß kein Kunsthändler gleichzeitig ausstellen darf, weil ich schon seit einem Jahr dem Gurlitt verpflichtet bin für September 13, der sich mir [gegenüber] ungeheuer nobel und entgegenkommend benimmt. Was ist da zu machen, da Gurlitt von mir druckt und immer wieder Vorschüsse gibt?"[9]

Auch an Alma schreibt Oskar am 22. August 1913 beruhigende Zeilen: „Wenn jetzt noch die Gurlittsammlung herauskommt, kann ich wieder halt machen und überblicken, was ich gewesen bin, und dann wieder vergessen und leben."[10]

Im November 1913 reiste Kokoschka zu einer Besprechung mit Walden und Gurlitt nach Berlin.[11] Von einer geplanten Ausstellung bei Gurlitt ist in einem Brief an den Konkurrenten Walden vom 9. März 1914 die Rede:

„Mit Gurlitt bin ich jetzt vorläufig über die Ausstellung so ausgekommen, daß sie nicht im März, sondern einmal im Herbst stattfindet, weil die Besitzer die Bilder nicht hergegeben haben. [...] Ich konnte dem Gurlitt mein Versprechen nicht brechen, aber wenn Sie sich mehr bekümmern, so machen eben Sie die Sache früher."[12]

Am 7. April 1914 berichtet Kokoschka Walden über ein großes Bild, das er an Gurlitt gesandt hatte. Da Gurlitt aber statt eines Ankaufes nur einen Vorschuss erwog, zog Kokoschka das Werk zurück.[13] Im Juni 1914 informiert Kokoschka Walden über den Fortgang der *Bachkantate*: „Ich [...] arbeite von Morgen bis Nachts in der Druckerei, um die Steine zu korrigieren, und habe mir kaum Zeit zum Essen genommen. Die Mappe ist Ihnen ja seit 1912 bekannt, in welchem Jahr ich zu arbeiten begann auf Auftrag Gurlitt, der mir das Honorar ein Jahr vorausbezahlte."[14]

Wieder an Alma Mahler im Mai 1914: „Mein Goldammerl, [...] [d]as Frauenzimmerbild, das Dir nicht gefallen hat, habe ich vernichtet, um der Nachwelt die üble Kost zu ersparen. Heute fange ich eine dritte Gurlittzeichnung an."[15]

Kokoschka, der 1913 im Auftrag Gurlitts intensiv an den Zeichnungen für den *Gefesselten Kolumbus* bzw. ab 1912 an der *Bachkantate* arbeitet, ist wieder in Geldnöten und wendet sich am 1. August 1914 an einen anderen Gurlitt-Konkurrenten, den Verleger Reinhard Piper: „Wollen Sie mich für Ihren Verlag verpflichten? [...] Ich schlage Ihnen ein größeres vom Umdruck-lithographiertes Werk vor, ähnlich wie Gurlitt eines herausgibt. [...]"[16]

Wiederum bei Walden beschwert sich im Kriegsjahr 1915 der schwer verwundete Kokoschka verzweifelt über Gurlitt: „Warum druckt denn der Gurlitt meine Sachen nicht aus? Ich möchte sie doch gerne sehen, bevor ich vielleicht keine Möglichkeit mehr habe. Der Loos hat eine Photographie von mir (im Spital in Wladimir-Wolinky), wie ich im Bett liege mit Verbänden."[17] Auch an den Lyriker Albert Ehrenstein ergeht die Bitte, zehn Zeichnungen aus Geldnöten irgendwo zu drucken, und weiter: „Bitte recht schön, reden Sie diesem gottverdammten Gurlitt solange zu, meine 2 Sachen im Jänner endlich fertig zu drucken, bis er sie wirklich macht."[18] Aus dem Pallfy-Spital in Wien beklagt Kokoschka wenige Tage darauf erneut die Druckverzögerung der *Bachkantate*.[19]

Einem Brief an die Eltern vom 9. September 1916 entstammt endlich folgende Jubelmeldung:

„Liebe Eltern, heute habe ich mit meinem Freund Gurlitt folgenden Vertrag abgeschlossen. Jedes Lithographieblatt 100 MK, jedes Bild Mindestpreis 2.000 MK (bedenke das Agio!). Bedingung: Wenn ich telegraphiere, daß ich ein Bild habe und den Preis ansetze, so schickt er das Geld, ohne daß er mit dem Bild vorher Bekanntschaft gemacht hat!! (Also keine Hin- und Herschickerei mehr.) Landschaft 3000 MK. Außerdem verpflichte ich mich, ihm ein Jahr lang ausschließlich Arbeiten zu sichern, er, sie ein Jahr lang nicht anderwärts zu verkaufen, damit er die Preise regulieren und Ausstellungen machen kann. Alles das, weil sich Cassirer, Neumann, Walden um mich gestritten haben wie um eine Primadonna. Walden, der über ein Riesenvermögen verfügt und drei Stockwerke

9 Ebd., S. 132.

10 Ebd., S. 135f.

11 Ebd., S. 346.

12 Ebd., S. 146.

13 Ebd., S. 157.

14 Ebd., S. 169.

15 Ebd., S. 160.

16 Ebd., S. 178f.

17 Ebd., S. 231.

18 Ebd., S. 232.

19 Ebd., S. 232f.

> in einem noblen Stadtteil als Bureau hat, bin ich aber auch sehr verpflichtet. [...] Ich strebe jetzt noch an, über den Krieg in Dresden oder Darmstadt eine Professur zu kriegen, dann werden wir wohl alle bald mit unseren Sorgen fertig sein. Schicke demnächst ersten Gurlittvorschuß, die Gage gehört Dir."[20]

Vier Tage später schreibt Kokoschka an die Eltern über den immer noch nicht unterzeichneten Gurlitt-Vertrag: „Cassirer will immer Bilder und Druckwerke, aber ich glaube, ich gehe mit Gurlitt ein Übereinkommen ein, habe aber noch keinen Vertrag unterschrieben. Je mehr ich zeigen kann, daß mir nichts daran liegt, desto besser wird er."[21]

Ein Schreiben über den möglichen „Sponsor" Gurlitt, bei dem Kokoschka die 1918 im Schauspielhaus Berlin engagierte hochbegabte Schauspielerin Käthe Richter erwähnt, die auch in seinem Gemälde *Die Freunde* zentral abgebildet ist, stammt vom 28. Januar 1919 aus dem Sanatorium Weißer Hirsch in Dresden:

> „Lieber guter Kobe, also, unsere Wanderbühne muß werden, und zwar soll, was interessanter ist, eine Frau, u. zw. Käthe Richter, Direktor sein. [...] Versuchen, mit Käthe zusammen von Gurlitt die Mittel zu bekommen, indem Sie ihm vernünftige Vorschläge machen und das Ganze kaufmännisch einkleiden. Ich schreibe ihm eben darüber. Es soll ein Wandertheater werden."[22]

Weder kam es zu dem Idealvertrag, noch gibt es bislang Hinweise auf die Unterstützung der Theaterstücke durch Wolfgang Gurlitt, der allerdings, genau wie Kokoschka, in Theater- und Schauspielerkreisen verkehrte.

1919 erfolgt vom Direktor der Nationalgalerie Berlin, Ludwig Justi, der Ankauf des noch „farbfrischen" Bildes *Die Freunde* (Seite 425) mit dem ursprünglichen Titel *Die Glücksspieler* direkt vom Künstler über Vermittlung von Paul Cassirer. Cassirer, nicht Gurlitt, hatte das Gemälde von November bis Dezember 1918 in der Kokoschka-Ausstellung mit weiteren 29 Bildern des Künstlers präsentiert. Im umfassenden Schriftverkehr mit Justi beklagt Kokoschka am 9. April 1919 seine Untätigkeit aufgrund seiner „tückischen Anfälle (nach dem Kopfschuss)", ebenso thematisiert er das schwierige Ankaufsprozedere des Bildes: „Wie ich aus Zeitungsausschnitten sehe, hat Ihr Einsetzen für meine ‚Freunde' eine wahre Palast=Commissionsrevolution zur Folge gehabt. [...] Ich hoffe, verehrter Herr Geheimrath, daß die Angelegenheit nicht zu viel persönliches Ungemach für Sie zur Folge gehabt hat. [...]"[23] Im Mai bittet Kokoschka Justi erneut um Geduld wegen der verspäteten Lieferung der Zeichnungen, denn „ich kann mich nicht eher zufrieden geben, bis die Blätter ganz so sind, wie sie dem Eigenthümer, der deutschen Stadt würdig sein müssen".[24] Am 25. August 1919 wiederum schreibt der Direktor an den Maler, der bei einem Besuch der Nationalgalerie die Hängung Justis kritisiert hatte:

> „[...] Von Dr. Wallerstein hörte ich, dass Ihnen die Aufhängung Ihrer beiden Bilde nicht gefallen habe, dass Sie fänden eins schade dem andern. Ich habe heute infolgedessen alsbald umgehängt, jeder der beiden als Mittelstück an einer der Seitenlichtwände, das Hafenbild an der Eingangswand, flankiert von zwei kleinen van Goghs, die Freunde an der Blickwand, mit drei grösseren van Goghs. Der ganze Saal wirkt jetzt eigentlich als ein Kokoschka-Saal. Ihre Bilde sind nicht leicht zu hängen [...] Wie dächten Sie über eine Kokoschka-Ausstellung im Kronprinzen-Palais? eine möglichst umfassende!? Raum ist nach Belieben vorhanden."[25]

Während die meisten Druckgrafiken nun im Cassirer-Verlag in Berlin erscheinen, vertieft sich der Kontakt mit Wolfgang Gurlitt wieder in den 1920er-Jahren. 1921 porträtiert Kokoschka, wie eingangs erwähnt, Lilly Agoston und 1923 erscheint im Verlag Gurlitt die Lithografie *Wolfgang Gurlitt als Zauberprinz* (Seite 388) nach einer Kreidezeichnung als Studie zu dem Gemälde *Der Perser* (Seite 389). Sowohl in der prächtigen Zeichnung, die den als eitel bekannten Gurlitt mit edelsteinbesetztem Turban in exotischer Verkleidung zeigt, als auch im farbintensiven Gemälde präsentiert Kokoschka den 33-jährigen Kunsthändler als schillernde Persönlichkeit. Die Darstellung Gurlitts als orientalischer Prinz scheint durch das märchenhaft üppige Interieur von Gurlitts Galerie angeregt zu sein, andererseits war der Kunsthändler als „Womanizer" bekannt. Die freundschaftliche Widmung „Wolfgang. Ich war als Kind ein Zauberprinz nie werde ich sterben müssen. Oskar" ist, wie das Sujet, eine Anspielung auf Gurlitts freigiebigen, liberalen Lebensstil. Ausgehend von dieser vertieften freundschaftlichen Verbindung fanden im Jahr 1922 eine Solo-Ausstellung und 1924

20 Ebd., S. 247.

21 Ebd., S. 248.

22 Ebd., S. 307. Der Name des Schauspielers ist unbekannt, Kokoschka nannte ihn „den Flieger Kobe".

23 Kokoschka an Justi, 9.4.1919, Zentralarchiv Staatliche Museen Berlin.

24 Kokoschka an Justi, 8.5.1919, ebd.

25 Justi an Kokoschka, 25.8.1919, ebd.

bzw. 1926 Gruppenpräsentationen Kokoschkas, gemeinsam unter anderem mit Werken von Egon Schiele, in der Gurlitt-Galerie, von Katalogen begleitet, statt.

Am 18. bzw. am 28. September 1931 richtet Kokoschka in Wien folgende selbstbewusste Zeilen an den „alten Getreuen" Wolfgang Gurlitt:

> „Lieber Freund Gurlitt, ich höre, daß Sie sich von neuem rühren können [Gurlitts Galerie steckte in großen finanziellen Schwierigkeiten]. Nachdem ich von dem Ring der Altkunsthändler in Berlin ausgesperrt worden bin, [...] so bin ich froh, wenn einer von meinen alten Getreuen wieder sich regt. Ich möchte gerne Lithos machen und unsere alte Serie von Mappen fortsetzen. Ich bin vertragsfrei und brauche außerdem dringend Geld. Können Sie mir 1000 DM Vorschuß sofort schicken? Ich mache Ihnen wieder eine schöne Mappe, wie die zwei alten. Und hoffe, daß Sie damit auch in Paris was machen können. Ich bin dort eine große Hoffnung, gelte als der beste deutsche Maler, und auch in Amerika und anderswo ist der ganze Markt für mich offen, weil man von dem modischen Talmudismus, den die anderen machen, übersättigt ist. Leider kann ich nicht ein oder zwei Jahre dort ruhig arbeiten, ohne mich um das Geld gleichzeitig kümmern zu müssen, davon ich mein Wiener Haus und mein Leben in Paris bestreiten soll. Und dadurch bin ich in meiner besten Arbeitsphase aus rein mechanischen Gründen gehemmt. [...] Schließlich hat auch Dürer sich vor einen Hundewagen spannen und seine Drucke verkaufen müssen, während seine italienischen Kollegen wie Prinzen behandelt wurden von ihrem Volk! In Deutschland muß man vor allem Ausländer sein, wie immer, auch früher. Ich fahre in einigen Wochen nach Paris zurück, wo ich ein kleines Haus gemietet habe. Hier soll ich für die Gemeinde ein Bild malen, sie zahlt 9.000 Mk. Indessen regnet es aber und ich kann weder wegen Geld die Arbeit beschleunigen noch kann ich ohne Mittel lange aushalten. Da ist Ihre Gelegenheit, mein alter Freund, einzuspringen, und Ihre Worte von früher zu beweisen. Außerdem habe ich Muße, jetzt schön zu zeichnen. Der Titel soll sein: ‚Die fünf Sinne'. Wieder etwa 10 Lithos. Vorne préface. Dieselbe Ausstattung wie dazumal. Aber gleich Geld senden, fertig bin ich vor Weihnachten, damit die Mappe noch ausgelegt werden kann. Wieviel können Sie im ganzen anlegen? Denken Sie daran, wie der Titel grade heute vom Publikum einleuchten muß, dem nicht nur Geld, sondern auch vor allem die 5 Sinne fehlen. Bitte drahten Sie mir Ihr Einverständnis zu dem Vorschuß 1.000 MK und seien Sie umarmt samt der Feixerin [Lilly Agoston] von Ihrem O. Kokoschka."[26]

Die fünf Sinne wurden nie verwirklicht. Ohnedies konnte Gurlitt in seiner prekären finanziellen Situation – 1931 kam es wegen Zahlungsschwierigkeiten zur Auflösung seines Betriebes[27] – auf die finanziellen Ansprüche Kokoschkas nicht eingehen. Dementsprechend vorwurfsvoll fällt am 28. September 1931 eine weitere Geldforderung des Künstlers aus, der von Gurlitts Konkurs vermutlich nichts wusste:

> „Lieber Freund Gurlitt, ist das Freundschaft, daß Sie mich an Vorschüsse aus der Dresdner Zeit erinnern, wo so viele Inflationen etc. hinter uns liegen und wo mein Gedächtnis ausreichende Beweise bräuchte als vage Behauptungen? Habe ich Ihnen z.B. nicht eine Zeichnung mit ihrem Turbanportrait einmal gemacht und geschenkt? Das war wohl zum letzten Mal, daß wir uns gesehen hatten. Und wenn ich jetzt Lust und auch äußerlich Möglichkeit hätte (weil ich keinen Vertrag habe), für Sie was zu zeichnen, warum schicken Sie mir da nicht gleich wirklich Geld, wenn ich es so notwendig brauche? [...] [E]s wäre dumm, eine Chance, die sich vielleicht nicht so schnell wieder bietet, zu vernachlässigen, nur aus solcher Sparsamkeit. Sie können in einem Monat das fertige Werk bei mir abholen. Aber sind Sie nobel und spielen Sie nicht Bankdirektor in Deutschland und lassen den besten Künstler, den die Deutschen haben, bei lebendigem Leib verhungern. Man bietet mir die Stelle in der Dresdner Akademie zum x-ten(?) Mal an, aber ich will von allen diesen kleinlichen Verhältnissen nichts wissen. [...] Bitte, mein Lieber werken Sie nicht lange herum und telegraphieren Sie mir den gewünschten Betrag und seien Sie der Dankbarkeit versichert Ihr OKokoschka."[28]

Gurlitts Blockbuster: Die Linzer Sensationsausstellung von Oskar Kokoschka 1951

Auf Einladung von Wolfgang Gurlitt findet am 17. September 1950 ein Treffen – eine legendäre „Sonntags-Kaffeestunde" – mit Kokoschka im Arbeitszimmer des Linzer Bürgermeisters

26 Kokoschka 1985, S. 238f.

27 Walter Schuster, *Die „Sammlung Gurlitt" der Neuen Galerie der Stadt Linz*, Archiv der Stadt Linz, Linz 1999, S. 7.

28 Kokoschka 1985, S. 239f.

statt (Abb. 5, 11). Wenige Tage nach dieser Sitzung schreibt der Museumsleiter begeistert an Bürgermeister Koref:

> „Was ich Ihnen heute mitteilen möchte ist, dass es mir gelungen ist, Oskar Kokoschka für unsere Arbeit in Linz und für Linz selbst zu interessieren, sodass wir die Möglichkeit hatten, in einer vom Künstler genehmigten Mitteilung über die städtische Pressestelle davon der Öffentlichkeit Kenntnis zu geben, dass Kokoschka seinen Besuch in Linz durchgeführt hat und dass alles, was er in kultureller Hinsicht sah, ihn ausserordentlich beeindruckt hat. [...] Was Kokoschka neben der Neuen Galerie besonders beeindruckt war mein Vorschlag der Errichtung von Gastateliers, über die Kokoschka das Protektorat übernommen hat. Wir haben dadurch die erste offizielle Zusammenarbeit mit Kokoschka erreicht."[29]

Gurlitt schlägt einen Museumsraum vor und stellt großzügig seine auf dem Lenauhügel in Bad Aussee gelegene „Almhütte", seinen neu errichteten Familienbungalow, als Sommeratelier zur Verfügung. Um Kokoschka noch enger zu binden, erwägt er die Errichtung eines Kokoschka-Archivs in Linz, das als Privatstiftung fungieren soll. Im selben Zug beklagt er das noch immer nicht realisierte Kubin-Kabinett. Am 25. Januar 1951 unterbreitet der Kulturamtsdirektor den Vorschlag, Kokoschka zum Ehrenbürger der Stadt Linz zu ernennen.[30]

So fand nicht in Wien, sondern – durch Gurlitt initiiert – in Linz die erste prominente Kokoschka-Ausstellung, die in Teilen vom Haus der Kunst in München übernommen werden konnte, statt. 28 Gemälde, 64 Aquarelle und Zeichnungen sowie 273 Druckgrafiken konnten vom 28. Juni bis August 1951 in den beschränkten Räumlichkeiten im Brückenkopfgebäude am Hauptplatz gezeigt werden. Als Ausstellungskuratoren und Organisatoren fungierten Wolfgang Gurlitt und Walter Kasten. Bürgermeister Koref bemühte sich höchstpersönlich um Leihgaben und verfasste Leihansuchen. Magistratsdirektor Oberhuber sowie Kulturdirektor Kreczi waren eng in die Ausstellung involviert, wurden stets über deren Fortgang informiert und engagierten sich ebenfalls bei der Leihgabenakquise.

Die Liste der in Linz ausgestellten Exponate war prominent: Das früheste Werk, Kat.-Nr. 1, das Gemälde *Vater Hirsch*, stammte aus dem Jahr 1909, das späteste Bild, Kat.-Nr. 28, das *Bildnis Dr. Körner*, war mit 1949 datiert. Neben drei bedeutenden Stillleben, darunter *Stilleben mit totem Hammel* (Kat.-Nr. 2) und *Stilleben mit Katze* (Kat.-Nr. 12), konnten fünf Landschafts- und Städtebilder, Ansichten aus Venedig (Kat.-Nr. 19), Amsterdam (Kat.-Nr. 21), Prag (Kat.-Nr. 26), Dresden (Kat.-Nr. 18) und Bordeaux (Kat.-Nr. 20) gezeigt werden. Den größten Anteil machten Porträts aus: Bildnisse von Herwarth Walden (Kat.-Nr. 5), Tilla Durieux (Kat.-Nr. 4), Dr. Rudolf Blümner (Kat.-Nr. 3), Karl Moll (Kat.-Nr. 9), Ludwig Ficker (Kat.-Nr. 14), Jakob Goldschmidt (Kat.-Nr. 23), Marcel von Nemes (Kat.-Nr. 24) und anderen waren zu sehen. Das absolute Sensationswerk war jedoch das monumentale Hauptwerk *Die Windsbraut* (Kat.-Nr. 11), das eine aufregende Geschichte hat: 1913 gemalt, 1924 von der Kunsthalle Hamburg vom Kunstsammler Otto Winter gekauft, 1937 beschlagnahmt und 1939 vom Kunstmuseum Basel erworben, sind Oskar Kokoschka und seine Geliebte Alma Mahler, als Schiffbrüchige in innigster Umarmung auf den stürmischen Wellen des Weltmeeres treibend, dargestellt. 273 von Gurlitt gesammelte, oft neu verlegte Druckgrafiken bildeten den Hauptanteil der Ausstellung.

Überschwänglich bedankt sich Oskar Kokoschka in der Linzer Katalogwidmung bei Wolfgang Gurlitt für die Rettung und Präsentation seiner Grafiken:

> „Was für eine Erklärung gibt es dafür, daß es Dir, mein lieber Freund Wolfgang Gurlitt, geglückt ist, die meisten meiner Steindrucke und Handzeichnungen wieder zu finden? Oft sind bloß ein paar Linien auf einem armseligen Papierblatt von mir vor 40 bis 50 Jahren da hingeschrieben, die Blätter in alle vier Weltteile verstreut gewesen. Doch wie von einer magnetischen Kraft angezogen, kommen sie meist unversehrt, wenn auch ein wenig vergilbt in deine Hände zurück, dem Bannfluch eines totalitären Regimes trotzend. In zwei Weltkriegen hatten sie ihren existenziellen Wert behauptet, wenn Staatsobligationen ihren Kurswert verloren hatten und Staaten von der Landkarte verschwunden sind. [...] Waren diese Blätter, solange von der Gesellschaft dem geistigen Dunkel stattgegeben war, etwa nicht dem Zerstörungstrieb des Mobs schutzlos preisgeben? Allein meine Signatur O. K. galt doch zwölf Jahre hindurch diesem als Symbol der Entartung und ausgebürgert aus meiner Heimat und geächtet begann ich zu trauern über einen möglichen Gestaltzerfall des Abendländischen.
> Ist es auch symbolisch im guten Sinne zu nehmen, daß von Dir für die erste Ausstellung meines Werkes mit Anspruch auf Vollständigkeit, soweit es diese Graphik betrifft, ein Rahmen geschaffen wurde in jener Stadt, aus

29 Archiv der Stadt Linz, KVD-Akten, Schuber 34 b, Gurlitt an Koref, 28.9.1950.

30 Archiv der Stadt Linz, KVD-Akten, Neue Galerie 1951.

welcher der Tyrann [Hitler] hervorging? Dessen Antlitz, wie jenem der Gorgo, keiner gewagt hatte entgegenzutreten, ohne dem Finstern einen Tribut zu zollen, dem Dunkel stattzugeben!
Man reibt sich die Augen und kann sich heute wundern, daß das Abendland aus sich selber heraus die Kräfte zur Abwehr des Grauens finden konnte. Wer wünschte nicht gleich mir sehnlichst, daß Europa aus sich selber die Hinsicht zum gestaltenden Prinzip finden möge nach einer Umbruchzeit, in welcher die Gesellschaft sich dem Prinzip der Fatalität verschrieben hatte und Weltgeschehen und Zeitdenken ewig als vom starren Automatismus ausgelöst angesehen waren, das eine bloße Oberflächenwelt reflektiert, wie es vom menschlichen Tun losgelöst gedacht wird!
Dem Mythos des Hasses stellt aber die Kunst den Mythos der Liebe gegenüber. Immer wird zwar die Notwendigkeit bestehen, Götter als Ewige zu denken, obwohl sie vergehen mit ihrer Zeit wie die tausendjährigen Reiche der Schwärmer. Doch nur die Liebe allein vermag es, die starren Züge der Maske der Ewigkeit mit der neu aus der Empfindung geschöpften Vermenschlichung zu beleben. Also wird das Ebenbild des Menschen unsterblich aus wahrer Schöpfermacht. Dieses in anschaulicher Weise darzustellen, ist die fundamentale Aufgabe des Künstlers, wenn ich mich nicht täusche."[31]

Wiens verlorener Kampf um das Körner-Porträt

Die Beschaffung der Leihgaben, damals ebenso schwierig wie heute, wurde auf höchster politischer Ebene unterstützt. Der Linzer Bürgermeister Koref bittet in einem Leihansuchen vom 2. Juni 1951 den Hamburger Oberbürgermeister Brauer um Leihgaben, nachdem eine Absage von Dr. Carl Georg Heise, dem Direktor der Hamburger Kunsthalle, in Linz eingetroffen war.[32] Die erbetenen Bilder finden sich jedoch nicht auf der Exponatenliste. In einem Aktenvermerk vom 31. Mai 1951 informiert Walter Kasten den Kulturdirektor, dass Kokoschka, dem das „Körner-Bild faktisch gehört", großen Wert darauf legt, dass dieses Bild nach Linz kommt:

„Wien hatte zugesagt als Honorar für das Gemälde eine Sammlung zu veranstalten, deren Ergebnis – in der ungefähren Höhe des Wertes eines Kokoschka-Bildes – dem Künstler zur Verwendung für notleidende Wiener Kinder zur Verfügung stehen sollte. Diese Sammlung ist bis heute nicht durchgeführt. – Könnte man so etwas in Linz versuchen und damit das Bild des jetzigen Bundespräsidenten nach Linz bringen? [...] Herr Gurlitt ist z. Zt. in Wien und versucht, über das Kulturamt der Stadt Wien, die beiden Bilder des historischen Museums nach Linz zu bekommen, da die Festwochen-Ausstellung zu unserem Termin evtl. schon beendet seien, zumindestens sich aber dem Ende zuneigen dürfte."[33]

Immer wieder werden in den Akten die Vorverhandlungen zur Linzer Kokoschka-Ausstellung mit den „Wiener Stellen" (Hofrat Dr. Garzarolli und Ministerialrat Dr. Thomasberger) als „kontrovers" bezeichnet. Gurlitt informiert über Meinungsverschiedenheiten, unkollegiale Verhaltensweisen, die Androhung eines Boykotts und über einen „groben Brief" vom Unterrichtsministerium. Er ruft die verantwortlichen Linzer Politiker zur „Gegenwehr" auf und vermerkt sarkastisch, „dass die Wiener Städtischen Sammlungen sich nicht in der Lage sehen, ihr Kokoschka-Bild der in Linz geplanten Kokoschka-Ausstellung zur Verfügung zu stellen, im Gegensatz zu vielen deutschen und schweizerischen öffentlichen und privaten Leihgebern". Er zitiert den Münchner Ausstellungsverantwortlichen Dr. Grote, der zwar eine Übernahme für Wien anbahnt, doch Wien zeigt sich uninteressiert, ja ablehnend. „Schließlich sei Linz der weitaus bedeutendere Leihgeber für die Ausstellung gewesen, als Wien." Auch führt Gurlitt seine großzügige Unterstützung der Albertina und der Österreichischen Galerie mit Schiele- bzw. Romako-Leihgaben aus seiner Privatsammlung als triftiges Argument für Linz an.[34]

In nachdrücklichen Briefen des Linzer Bürgermeisters an den Direktor des Historischen Museums der Stadt Wien, Dr. Franz Glück, geht es immer wieder um die Rekrutierung wichtiger Leihgaben. Aufgrund der Festwochen-Ausstellung wird die Herausgabe des wichtigen Körner-Porträts nach Linz zunächst mit dem Argument verweigert, dass das Porträt bislang in Wien nie gezeigt wurde. Die Wiener Absage wird von den Verantwortlichen in Linz jedoch nicht hingenommen. Wie aus einem vertraulichen Akt vom 21. Mai 1951 ersichtlich, wird der Künstler nun höchstpersönlich eingeschaltet:

„In einem Briefe an Herrn Gurlitt hat der Künstler mitgeteilt, daß er die Annahme des Ehrenringes der Stadt

31 Oskar Kokoschka, Widmung im Ausstellungskatalog Neue Galerie der Stadt Linz, Linz 1951, S. 5.

32 Archiv der Stadt Linz, KVD-Akten, Neue Galerie 1951, 2.6.1951.

33 Archiv der Stadt Linz, KVD-Akten, Neue Galerie 1951, 31.5.1951.

34 Archiv der Stadt Linz, KVD-Akten, Neue Galerie 1951, 19.3.1951.

Wien verweigert hat, daß er außerdem nicht wünscht, daß Bilder von ihm in Wien ausgestellt werden. Dieser Wunsch bezieht sich besonders auf das Porträt des Herrn Bürgermeisters Dr. Körner, das nach den vorliegenden Informationen sich noch im Besitz des Künstlers befindet und über das er infolgedessen nur allein verfügen kann."[35]

Letztendlich siegt die Stadt Linz im Kampf um das *Bildnis Dr. Körner* (Abb. 12). Das Porträt reist zur Ausstellung und verbleibt in Linz. Es kann 1955 vom Gemeinderat um stattliche 100.000 Schilling erworben werden.

Schon drei Jahre vor der Entstehung seines Bildnisses wendet sich der Wiener Bürgermeister Theodor Körner am 27. Februar 1946 in einem kürzlich entdeckten berührenden Schreiben anlässlich des 60. Geburtstages des Künstlers freundschaftlich an Kokoschka. Er bittet den hochgeschätzten Maler, doch in seine ungeliebte Heimat Wien zurückzukehren:

„[…] Während der sieben Jahre der Unterdrückung wurden Sie und Ihre Kunst als ‚entartet' abgetan und den Verfolgungen des kulturlosen Nazipöbels preisgegeben. Aber jeder Schimpf, der von dieser Seite kam, mußte Ihnen eine Ehre sein, denn neben Ihren künstlerischen Qualitäten stehen Ihre menschlichen. Sie können wohl, als einer der wenigen unter vielen, mit ruhigem Gewissen von sich sagen, daß Sie nie auch nur die leiseste Verbeugung vor diesem Regime gemacht haben. Sie haben im Gegenteil immer gegen alle faschistischen Mächte gekämpft. Ihre Kunst ist nicht zuletzt auch im Feuer des Kampfes gegen die faschistische Barbarei groß geworden und Sie haben der Welt ein Beispiel eines reinen und mutigen Lebens gegeben, dessen Echo umso größer war, als Sie ein Künstler sind, auf den die ganze Welt blickt.
Daß Sie Österreicher geblieben sind, daß Sie nie vergaßen, für unser unglückliches Land sich einzusetzen, daß Sie durch Ihre Kunst Österreich der ganzen Welt nahe brachten, sei Ihnen nie vergessen.
Wie sollen wir dafür unseren Dank sagen?
Wir laden Sie ein, nach Wien zu kommen, um hier Ihrer Kunst zu leben. Wien hat es nötig, seine größten Söhne in seinen Mauern zu wissen, wenn diese Mauern auch brüchig geworden sind. Heute mehr denn je.
Wir wollen Ihnen bei Ihrer Ankunft in Wien eine Ehrung bereiten, die gleichzeitig manches Versäumnis gutmachen soll. Seien Sie auf das herzlichste gegrüßt
Körner, Bürgermeister.[36]

Zukunftsprojekte

Linz kämpft weiter um Kokoschka, belegt durch einen Vermerk vom 17. März 1951 in einem Akt des Kulturamtsleiters an den Linzer Bürgermeister: „[A]uf Wien ist Kokoschka nicht gut zu sprechen, weil man seine ehem. Wohnung in Wien freigegeben hat und das Porträt Körner noch immer nicht bezahlt ist. […] Vielleicht gelingt es Linz, Kokoschka mit Österreich wieder zu verbinden."[37]

Linz und Salzburg waren die beiden österreichischen Städte, zu denen Kokoschka nach dem Zweiten Weltkrieg enge Beziehungen unterhielt. Der Weltbürger Oskar Kokoschka fand im Linz der Nachkriegszeit, in der aufstrebenden Industriestadt an der Donau, kongeniale politische Partner – Bürgermeister Dr. Ernst Koref, Magistratsdirektor DDr. Egon Oberhuber, Kulturamtsleiter Dr. Hanns Kreczi – und mit Wolfgang Gurlitt und Walter Kasten zwei engagierte Museumsdirektoren. Die regelmäßigen Kontakte des in der Schweiz lebenden Künstlers mit der Linzer Stadtverwaltung zwischen 1950 und 1956 ebenso wie Kokoschkas Freundschaft mit Wolfgang Gurlitt und später mit Walter Kasten führten zu außergewöhnlichen Auftragsarbeiten und Ausstellungen des international renommierten Künstlers in Linz.

1955 malte Kokoschka im Auftrag des Linzer Bürgermeisters das Gemälde *Linzer Landschaft* (Abb. 7). Im selben Jahr wurde er von der oberösterreichischen Handelskammer mit einem Entwurf für ein Triptychon für die Ausgestaltung des neu erbauten Sitzungssaales beauftragt. Die großformatigen Leinwände kamen nicht zustande, drei Entwurfsskizzen (Abb. 8–10) zum geplanten Triptychon fanden jedoch Eingang in die LENTOS-Sammlung. Im Jahr 1973 beschloss die Handelskammer nach Einwilligung des Künstlers eine monumentale Gobelin-Wiedergabe der *Linzer Landschaft*, die in einer Wiener Gobelinmanufaktur 1976 fertiggestellt wurde.

Bemühungen der Kulturdirektion, Oskar Kokoschka ab 1945 als Direktor an die neu gegründete Linzer Kunstschule bzw. nach dessen Absage im Jahr 1951 wenigstens zu einem

35 Archiv der Stadt Linz, KVD-Akten, Neue Galerie 1951, 21.5.1951.

36 Mein Dank gilt der Sammlungsleiterin des Leopold Museums, MMag. Heike Eipeldauer, für den Hinweis auf dieses neu entdeckte Schriftstück, sowie Mag. Dr. Bernadette Reinhold, Leitung Oskar-Kokoschka-Zentrum. Autograf, Universität für angewandte Kunst Wien, Inst. Kunstsammlung und Archiv / Oskar-Kokoschka-Zentrum.

37 Archiv der Stadt Linz, KVD-Akten, Neue Galerie 1951, 17.3.1951.

jährlichen Meisterkurs zu verpflichten, scheiterten ebenso wie die bereits von Gurlitt vereinbarte Einrichtung eines Kokoschka-Archivs 1952 in der Neuen Galerie Linz.

Der Medienhype um die Linzer Kokoschka-Ausstellung 1951

„Die Pranke des Löwen Kokoschka", „Oskar Kokoschkas Lebensodyssee", „Der Maler der Persönlichkeit", „Meister OK in Linz", „Kokoschkas Weg zu sich selbst", „An der Brücke von Urfahr" und „Linz, Linz – nur du allein" – so euphorisch beurteilten Kritiker das Werk von Oskar Kokoschka. Es herrschte kulturelle Hochstimmung in Linz.

Die von „tiefem Verständnis und echter innerer Erfülltheit" getragene Ansprache von Magistratsdirektor Oberhuber (Abb. 17), der den in den USA weilenden Bürgermeister vertrat, wurde ebenso medial gewürdigt wie die „herrliche Ausstellung, die zweifellos den Höhepunkt der gesamten Arbeit der Neuen Galerie seit ihrem Bestehen darstellt". Die Kunst Kokoschkas und sein Hauptwerk *Die Windsbraut* sowie das erstmals vereinte druckgrafische Lebenswerk (Abb. 16) wurden in höchsten Tönen gerühmt. Aufgrund des großen Erfolges musste Oberhuber als Linzer Vertreter sogar die Festansprache bei der Eröffnung der Kokoschka-Retrospektive in Wien am 15. Oktober 1955 halten.

Die *Oberösterreichischen Nachrichten* warben mit einem Beitrag von Herbert Lange am 30. Juni 1951 für die einmalige Schau:

> „Die denkwürdige Kokoschka-Ausstellung 1937 in Wien war unversehens zur letzten für Österreich geworden, und es musste erst der Juli 1951 herankommen, ehe Österreich seines größten Malers dieser Zeit wieder würdig gedachte. Daß die Kokoschka-Ausstellung 1951, die ein wahrhaft längst fälliger Ausdruck des Dankes an den weltberühmten Meister ist, in Linz an der Donau stattfindet, darf Oberösterreich mit nachdrücklicher Genugtuung erfüllen."[38]

Die Presse vom 3. Juli 1951 würdigt Wolfgang Gurlitts persönliche Beziehung zu Oskar Kokoschka und die Ausstellung als bedeutsamste Schau der jungen Neuen Galerie. Jörg Mauthe schreibt in der *Furche* vom 4. August 1951:

> „Die ‚Neue Galerie' in Linz hat mit ihrer Kokoschka-Ausstellung allen anderen Galerien unseres Landes, staatlichen und privaten, einen Vorsprung abgewonnen, der sich schwer wird einholen lassen; ihr weiteres Ausstellungsprogramm – auf dem unter anderem die Namen von Redon und Ensor stehen – läßt erwarten, daß sich dieser Vorsprung eher noch vergrößern wird. Es scheint, als ob über kurz oder lang derartige Ausstellungssensationen nur mehr in Linz zu erwarten seien."

Mauthe kritisiert zwar das Fehlen von neuen Ölbildern und Aquarellen, lobt aber den lückenlosen Überblick über die Druckgrafik aus Gurlitts Sammlung, die in der Ausstellung nahezu komplett dargeboten wird. Über Kokoschkas Vergangenheit als „entarteter" Künstler berichtet er:

> „[...] Vor dreißig Jahren hat man ihm Schimpf und Schande angetan. Heute wird die Ausstellung der ‚Neuen Galerie' selbst von solchen akklamiert, die in ihrer Jugend noch am liebsten mit dem Messer in der Hand auf ein Kokoschka-Bild losgegangen wären. Seltsam, wie sich die Zeiten ändern und die Meinung über Kunst und Künstler mit ihnen! [...]"

Unter dem Titel *LINZ, LINZ – nur du allein* berichtet wiederum Herbert Lange am 29. August 1951 in den *Oberösterreichischen Nachrichten* über den ersten Linzer Blockbuster, der die Linzer Kunstlandschaft national wie international aufwertet. Im ehrgeizigen Wettkampf mit Wien wird sogar ein moralischer Sieg errungen:

> „Obwohl die Ausstellung in den für kulturelle Veranstaltungen weniger günstigen Sommermonaten Juli und August durchgeführt werden musste, erfreut sie sich im Durchschnitt eines Besuches von 100 bis 200 Personen pro Tag. Darunter befanden sich ganze Gruppen durchreisender Ausländer: Engländer, Dänen, Italiener, Franzosen und andere. Aus sämtlichen Bundesländern, besonders aus Wien fanden viele Menschen den Weg nach Linz, nur um die für Österreich einzigartige Kokoschka-Ausstellung sehen zu können. Sogar hohe bundeshauptstädtische Direktoren mischten sich unauffällig unter die gewöhnlichen Sterblichen, vielleicht um mit raschem Blick zu überfliegen, was man sich hatte entgehen lassen. [...] [D]as lebhafte Ausstellungsinteresse zeigte sich auch an Katalogbestellungen, die aus Amerika, England, Deutschland, der Schweiz und anderen Ländern eingingen. [...] [M]it dieser Ausstellung hat unsere Linzer Galerie zweifellos bewiesen, daß sie zur Spitze aller lebendigen Kunstpflege in Österreich steht,

38 Archiv der Stadt Linz, KVD-Akten, Neue Galerie 1951, *Oberösterreichische Nachrichten*, 30.6.1951.

> eine Tatsache, die ohne den Gründer und Leiter der Galerie, Wolfgang Gurlitt, kaum denkbar wäre. Aus dem Privatbesitz Gurlitts stammt auch das Material von zwei Kokoschka-Ausstellungen, die neben der großen Linzer Ausstellung gleichzeitig in Alpbach etwa siebzig und in Wien etwa fünfundzwanzig Werke zeigen. [...] Dieses reiche und durchwegs anerkennende Echo, das die Linzer Kokoschka-Ausstellung gefunden hat, sollte allen zu denken geben, die in der Arbeit der Neuen Galerie noch immer etwas für Oberösterreich und seine Hauptstadt Nebensächliches, wenn nicht gar Überflüssiges erblicken. Es ist vielmehr an der Zeit, anzuerkennen, daß die aufgeschlossene Kulturpolitik unserer Stadtverwaltung und ganz besonders die unermüdliche Arbeit der Neuen Galerie Wesentliches dazu beitragen, daß sich Linz in Zukunft nie mehr auf Provinz reimen läßt."[39]

Der *Wiener Kurier* beklagt offen die „Wiener Zustände", die eine Kokoschka-Ausstellung in der Hauptstadt verhindert hatten, und lobt, ebenso wie die *Salzburger Nachrichten*, das große Engagement Wolfgang Gurlitts.[40]

In der *Presse* wird die Linzer Ausstellung als „beachtliches Ereignis" gewürdigt, „das weit über Linz hinaus, ja für ganz Österreich Bedeutung hat. [...] Erstaunlich, daß Wien sich diese Gelegenheit entgehen ließ und doch die Mühen scheute, die damit verbunden waren, eine solche Schau zustande zu bringen, Gurlitt jedenfalls verdient das Verdienst, sie gewagt zu haben."[41]

Die Kokoschka-Ausstellung wird nicht nur wegen der herausragenden Kritiken im In- und Ausland und wegen des Besucheransturms zu Gurlitts größtem Erfolg als Museumsdirektor. In seiner Euphorie richtet der ehrgeizige Ausstellungsmacher ein von großen Zukunftsvisionen geprägtes Schreiben an Bürgermeister Koref, das auf den USA-Besuch des Bürgermeisters Bezug nimmt:

> „Gerade der amerikanische Museumsbetrieb interessiert mich ausserordentlich, da ja dort der Versuch gemacht wird, von dem starren Museumsbetrieb vergangener Zeiten loszukommen, um durch wechselnde Ausstellungen, Führungen und mancherlei Anregungen, einen engeren Kontakt zum Publikum zu bekommen. Dies ist und war auch immer mein Bestreben, und aus dieser Erkenntnis heraus, habe ich immer wieder den Versuch gemacht, nicht nur Ausstellungen für ein größeres Publikum, sondern Lehrausstellungen zu veranstalten, die sich in erster Linie auch an die Lernenden wenden sollen. Hier erschien mir nun eine Zusammenarbeit mit der Kunstschule als gegeben, aber ich habe feststellen müssen, dass meine diesbezüglichen Bestrebungen auf unfruchtbaren Boden fielen, und dass man es ängstlich vermied, eine Neuerung im Rahmen der Lehrfächer einzurichten, um hier etwas Besonderes und Anregendes zu schaffen. [...] Ich weiss nicht, ob Sie Gelegenheit hatten, die Pressestimmen über meine Oskar Kokoschka-Ausstellung zu lesen, aus denen einstimmig hervorgeht, dass die in Linz von uns geleistete Arbeit jetzt überall voll und ganz anerkannt wird, und dass man feststellt, dass wir nun schon bald in Österreich, im Hinblick auf das Ausstellungswesen, an erster Stelle rangieren. Ich bin nun der Ansicht, und dies ist der eigentliche Grund meines heutigen Schreibens, dass man diesen Erfolg unbedingt ausnutzen müsste, und dass wir in Zukunft jedes Jahr während der Sommerzeit in den Räumen der Neuen Galerie der Stadt Linz, eine grosse, wichtige Ausstellung veranstalten, die zu einem feststehenden Punkt im Rahmen des städtischen Kulturprogramms werden sollte. Es wird mir ohne weiters möglich sein, nicht nur österreichische Ausstellungen, sondern auch grosse und offizielle Ausstellungen anderer europäischer Länder nach Linz zu bringen."[42]

Zu einem medialen Höhepunkt entwickelte sich der Besuch des neuen Bundespräsidenten Theodor Körner in Linz (Abb. 15). Begleitet wurde der einstige Wiener Bürgermeister, der kurz zuvor im Mai 1951 zum Staatsoberhaupt gewählt worden war, von Legationsrat Dr. Bruno Kreisky. Den pompösen Empfang mit Musikkapelle am Linzer Hauptplatz bereitete der Linzer Bürgermeister, die Führung durch die Ausstellung wurde von Walter Kasten, dem späteren Direktor der Neuen Galerie, in Vertretung von Wolfgang Gurlitt vorgenommen.

39 Archiv der Stadt Linz, KVD-Akten, Neue Galerie 1951, *Oberösterreichische Nachrichten*, 29.8.1951.

40 Archiv der Stadt Linz, KVD-Akten, Neue Galerie 1951, *Wiener Kurier*, 3.7.1951, und *Salzburger Nachrichten*, 9.7.1951.

41 Archiv der Stadt Linz, KVD-Akten, Neue Galerie 1951, *Presse*, 21.7.1951.

42 Archiv der Stadt Linz, KVD-Akten, Neue Galerie 1951, Gurlitt an Koref aus Bad Aussee, 10.8.1951.

„Kokoschka ist ein Verrückter“. Der Streit um das erste Werkverzeichnis und um die OKA-Drucke

Bei den in der LENTOS-Sammlung vorhandenen Druckgrafiken von Oskar Kokoschka handelt es sich in großer Anzahl um sogenannte Oskar-Kokoschka-Archiv-Drucke, in der Fachliteratur auch als OKA-Drucke bezeichnet. Gurlitt, der das grafische Werk Kokoschkas erstmals zusammenführte, reproduzierte zunächst im Einverständnis mit dem Künstler vorhandene Kreide- und Tuschzeichnungen sowie Lithografien und kennzeichnete diese mit einem Rundstempel durch Blindprägung als Archivdrucke. Die OKA-Drucke entstanden nach dem Zweiten Weltkrieg bzw. Anfang der 1950er-Jahre. Kokoschka monogrammierte und signierte diese Drucke, obwohl sie keine Originalgrafiken waren. Da sich der Rundstempel, der bei einigen in der LENTOS-Sammlung befindlichen Drucken nachweisbar ist, jedoch außerhalb der Darstellung befand, wurde er im Handel mitunter durch Beschneiden des Blattes entfernt. Dies führt bis heute am Kunstmarkt zu schwierigen technischen Zuschreibungen. Die Zeichnungen entwarf Kokoschka generell meist zum Zwecke der mechanischen Reproduktion, die der Gurlitt-Verlag dann umsetzte. Auch Hans M. Wingler und Friedrich Welz sprechen in ihrem 1975 erschienenen Werkverzeichnis von sogenannten Klischeedrucken: OKA-Drucken, die in den Bereich der (oft signierten) Reproduktion gehören und die in mehreren Farben in meist kleineren, gelegentlich auch größeren Formaten ohne Auflagenangabe in der Gurlitt-Presse gedruckt wurden.

Vorläufer des Werkverzeichnisses von Wingler und Welz war die Publikation *Das graphische Werk Kokoschkas* von Wilhelm F. Arntz. Diese wurde im Ausstellungskatalog im Haus der Kunst in München im Jahr 1950 veröffentlicht, dann 1951 von Gurlitt übernommen und mit einigen Angaben zu Blättern, die Arntz nicht als Originalgrafiken anerkannte, mit OKA-Drucken aus dem Gurlitt-Verlag, zunächst im Einverständnis mit Kokoschka, erweitert. Der von Gurlitt mit Arntz herausgegebene Kokoschka-Katalog war somit das erste, jedoch in aller Eile entstandene und weitgehend unwissenschaftliche Werkverzeichnis.

Hans M. Wingler und der Salzburger Kunsthändler Friedrich Welz, ein Konkurrent Gurlitts, würdigen im Vorwort ihres Werkverzeichnisses Gurlitt posthum: „Das Verdienst von Wolfgang Gurlitt, der Kokoschka verlegerisch schon um die Zeit des Ersten Weltkrieges gefördert hatte, liegt in dieser frühen und engagierten Betreuung wie auch darin, daß er durch alle Gefährdungen hindurch einen höchst bemerkenswerten Bestand an früher Kokoschka-Graphik gerettet hat. Wolfgang Gurlitt, der 1965 verstarb, hat sein Material für unsere Studienzwecke in großzügiger Weise zur Verfügung gestellt.“[43]

Die OKA-Drucke führten 1953 zu einem heftigen Konflikt zwischen dem Künstler und Wolfgang Gurlitt. Der mit Kokoschka später befreundete Walter Kasten, der Gurlitt als engster Mitarbeiter im Kunsthandel vertrat, beklagt sich in einem deftigen Brief an Gurlitt am 4. November 1953 vehement über das nun unverständliche Verhalten Kokoschkas:

> „Kokoschka ist ein Verrückter. Die Vollmacht hat er vor meinen Augen hier unterschrieben. – Mehr kann man nicht verlangen, als dass der Alte nun nicht mehr wissen will, was er getan hat. Er müsste ja dann seine eigene Unterschrift als nicht gegeben anerkennen. Aber hat es einen Sinn, eine Sache soweit zu treiben? Man müsste dem OK doch zureden, dass er dem Arntz nun Bescheid sagt, denn was kann dabei für ihn herauskommen, als eine scheussliche Blamage, die ihn zum Kindskopf macht. Ausserdem haben wir ja die von ihm eigenhändig geänderten Titel und dazu ist ja auch Frau Käthe' [Gurlitts Ehefrau] Zeuge für das, was in dieser Hinsicht mit ihm besprochen wurde. [...] Ich hoffe, sie regen sich über den depperten OK nicht allzu sehr auf.“[44]

Aufgrund dieser heftigen Streitigkeiten reist Gurlitt zu Oskar Kokoschka in die Schweiz und antwortet nicht minder zynisch an Kasten:

> „Dann fuhren wir nach Villeneuve zu Kokoschka, kamen dort am Abend an und waren etwa drei Stunden bei dem Meister, der so idiotische Dinge gemacht hat, dass man ihn in Zusammenhang mit der Arntz-Affäre wirklich nur als Troddel [sic!] bezeichnen kann. Ich möchte mich über die Sache nicht extra auslassen, sondern schicke Ihnen Durchschläge der Schriftstücke, die ich in diesem Zusammenhang verfassen muss. Gesagt sei nur, und Sie wissen ja dann zunächst genug, dass er sein Einverständnis zu den Arntz'schen Titeln gegeben hat und mit dem Prozess nicht einverstanden ist. Nun muss dieser selbstverständlich verloren werden. [...] An Kokoschka senden Sie zunächst noch gar nichts, weder Drucke noch das Heft der Stadt, letzteres wird ihm überhaupt keine Freude machen, da ja auch Schiele gebracht wurde.“[45]

---

43 Wingler, Welz 1975, S. 8.

44 Archiv der Stadt Linz, MD-Oberhuber-Akten, Kasten an Gurlitt, 4.11.1953.

45 Archiv der Stadt Linz, MD-Oberhuber-Akten, Gurlitt an Kasten, 15.11.1953.

Der Streit um dieses erste Werkverzeichnis soll hier nicht weiter ausgeführt werden. Die problematischen OKA-Drucke begründeten später Gurlitts Konflikt mit der Linzer Stadtverwaltung, denn der Kunsthändler verkaufte unkommentiert den unkundigen Linzern die im Gurlitt-Verlag produzierten Drucke als Originalgrafiken.

Noch einmal im Jahr 1957 berichten österreichische Zeitungen von Gurlitts verlegerischer Tätigkeit in München bzw. Linz:

> „[...] Der Gurlitt Verlag wurde in München wieder aufgebaut. In München ist auch das ‚Kunstkabinett der Galerie Wolfgang Gurlitt' eingerichtet, das wesentlich zur Verbreitung österreichischer Kunstwerke beiträgt. Heute stehen die Werke Alfred Kubins und Oskar Kokoschkas im Mittelpunkt der Sammlungen Gurlitts. Wolfgang Gurlitts besondere Leistung für Linz ist die Gründung der Neuen Galerie der Stadt Linz mit den angeschlossenen Instituten Kubin-Kabinett und Kokoschka-Archiv."[46]

Das angekündigte Kokoschka-Archiv wurde in Linz nie verwirklicht. Nach dem Weggang von Wolfgang Gurlitt betreut nun Walter Kasten persönlich Meister Kokoschka bei dessen Anwesenheit in Linz. Trotz der belastenden „Arntz-Affäre", in die Gurlitt verwickelt war, entwickelt sich eine innige Freundschaft zwischen Kasten und dem Maler, die durch Korrespondenzen und zwei weitere Kokoschka-Einzelausstellungen 1955 und 1956 in Linz verbürgt ist. Kastens persönlichem Engagement, seiner Hartnäckigkeit und seiner „Rund um die Uhr"-Unterstützung bei Kokoschkas Linz-Aufenthalten ist es zu verdanken, dass das von der Stadt Linz bei Kokoschka in Auftrag gegebene Hauptwerk *Linzer Landschaft* (Abb. 7) tatsächlich im Frühjahr 1955 entstanden ist. Aber das ist eine eigene Geschichte.

46 *Linzer Volksblatt* vom 12.7.1957; Artikel zum 50-jährigen Berufsjubiläum von Wolfgang Gurlitt, in: *Salzburger Nachrichten*, 13.7.1957; *Neue Zeit*, 12.7.1957; *Tagblatt*, 12.7.1957.

ALFRED KUBIN

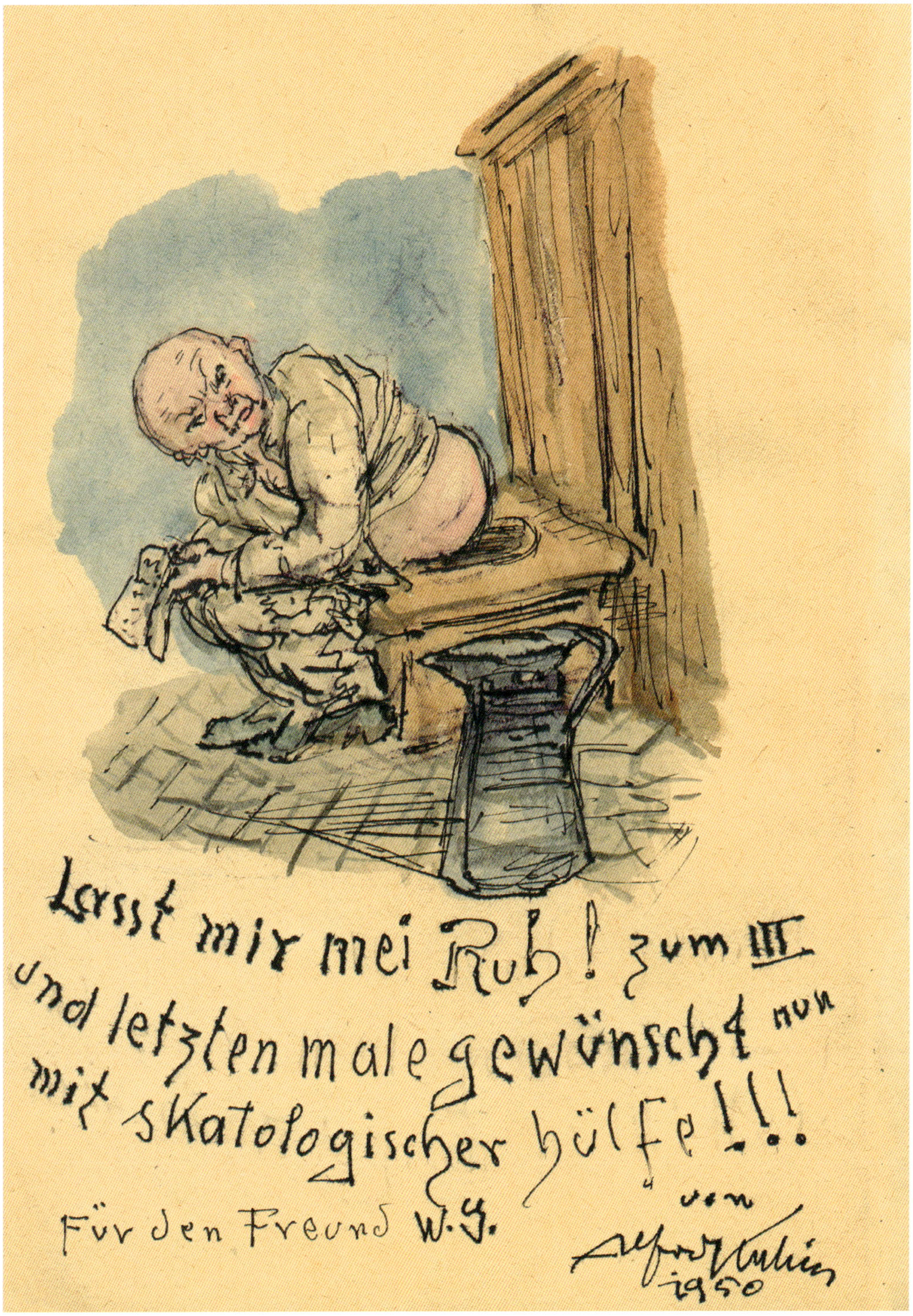

1

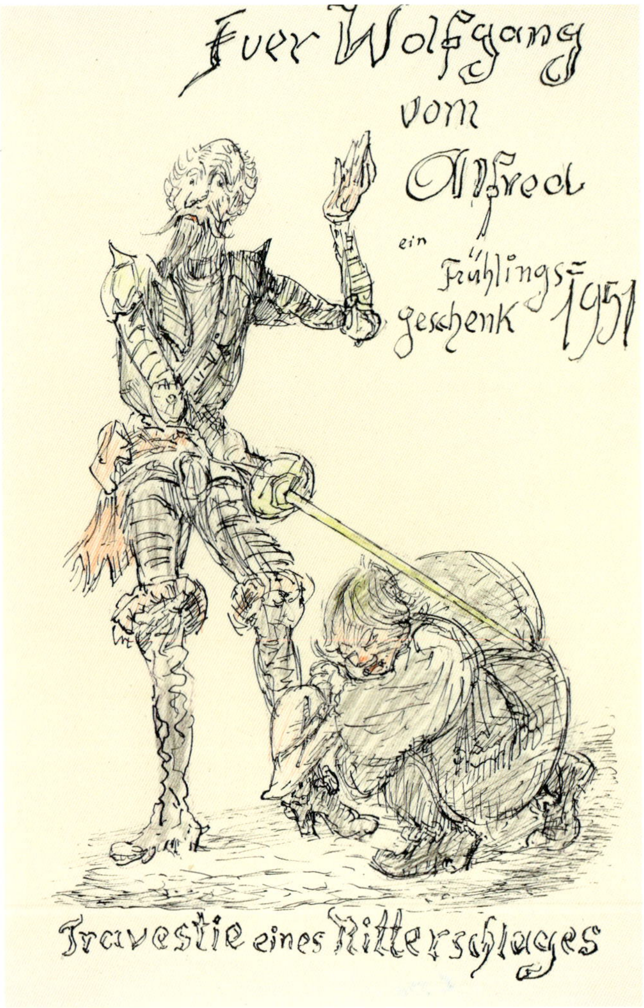
Fuer Wolfgang
vom
Alfred
ein
Frühlings-
geschenk 1951
Travestie eines Ritterschlages

2

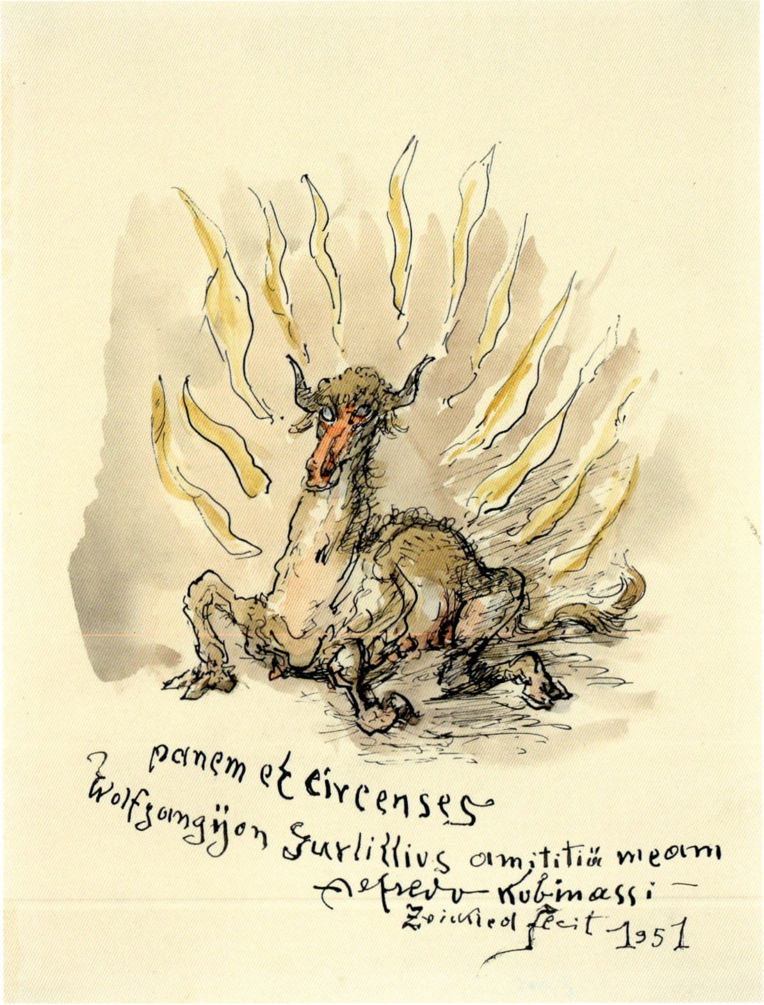
panem et circenses
1951

3

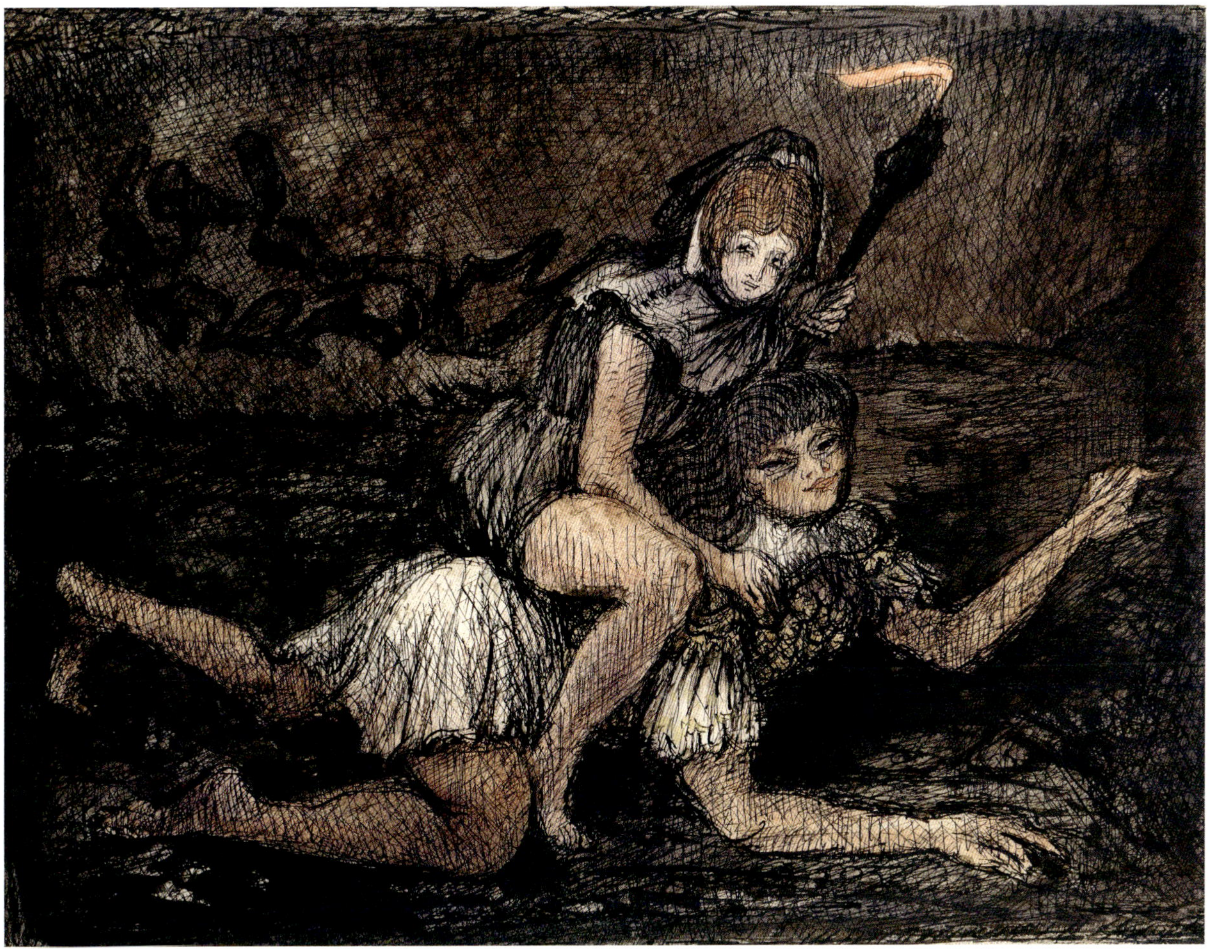

4

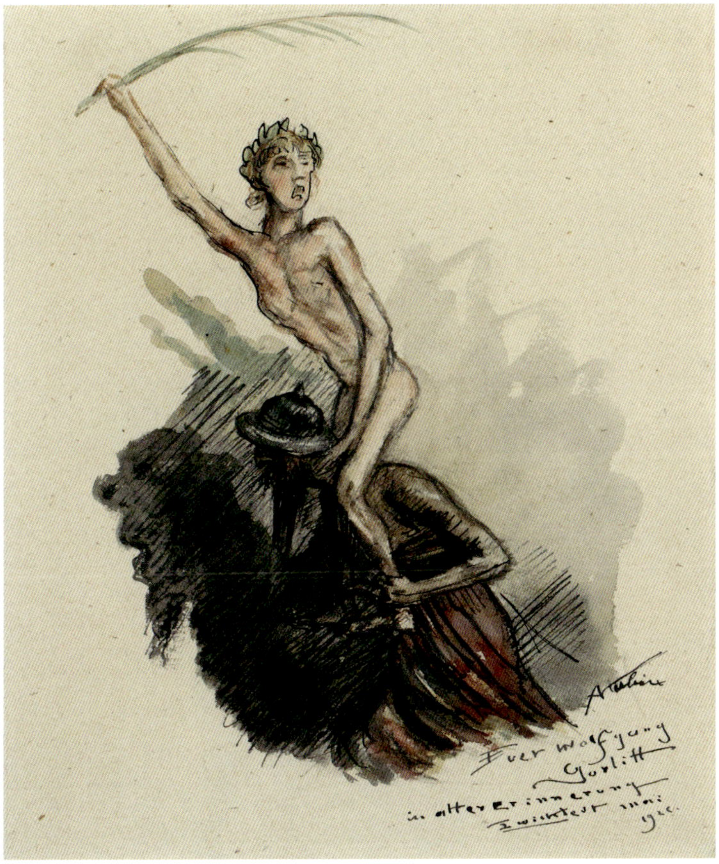

5

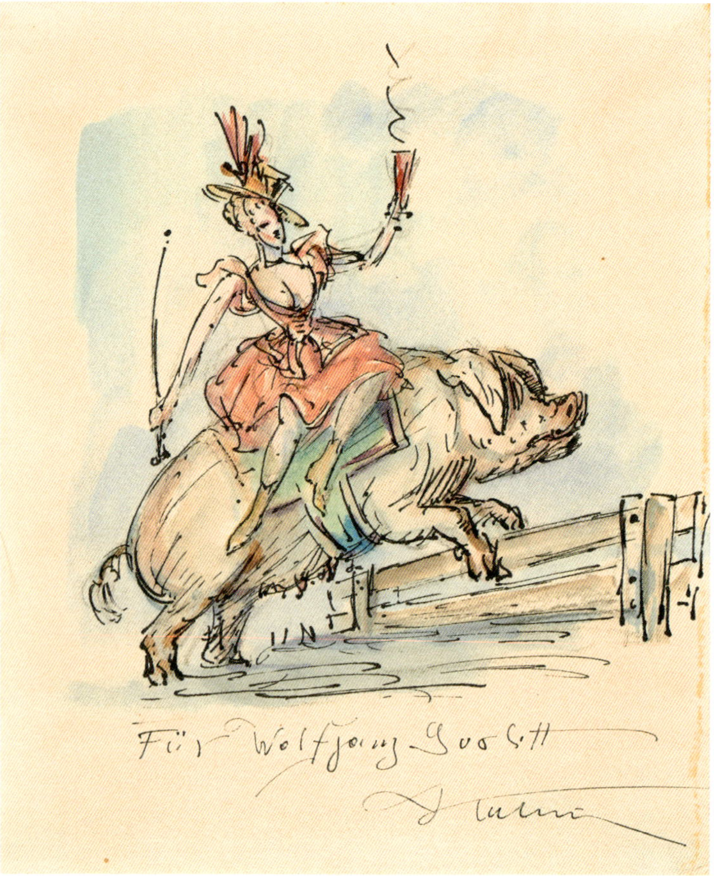
Für Wolfgang Gurlitt

6

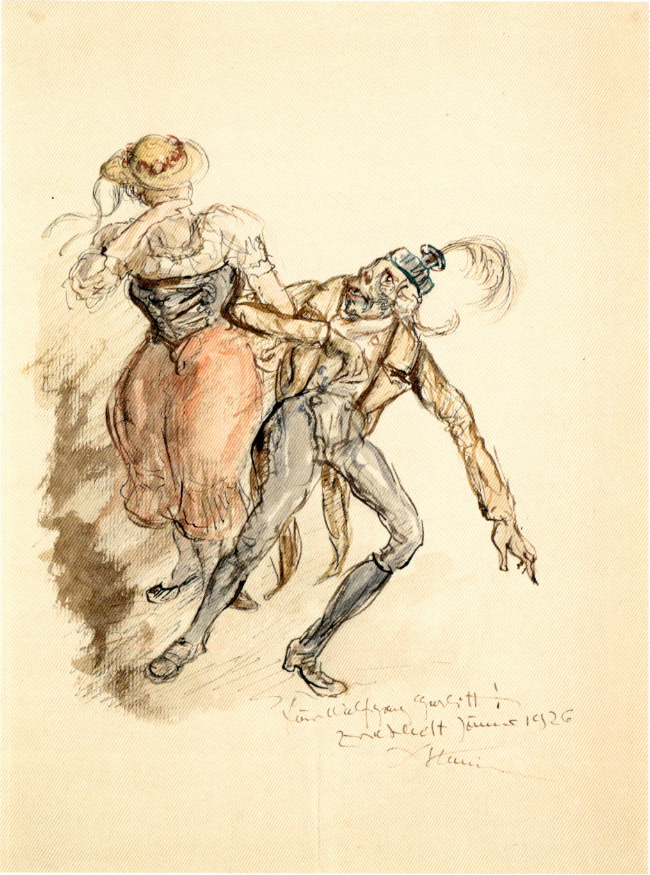

7

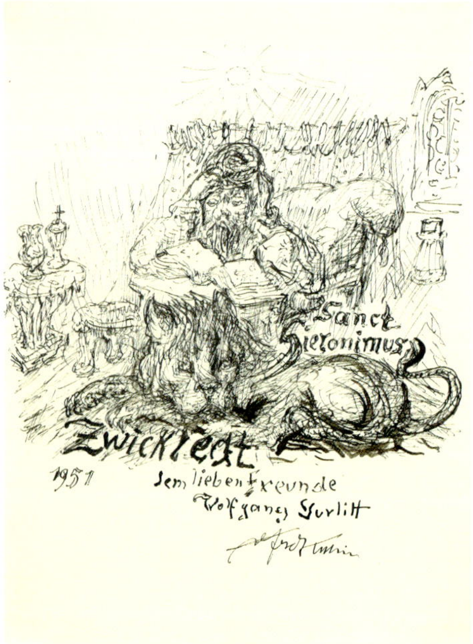
Sanct Hieronimus
Zwickledt
1951
dem lieben Freunde
Wolfgang Gurlitt

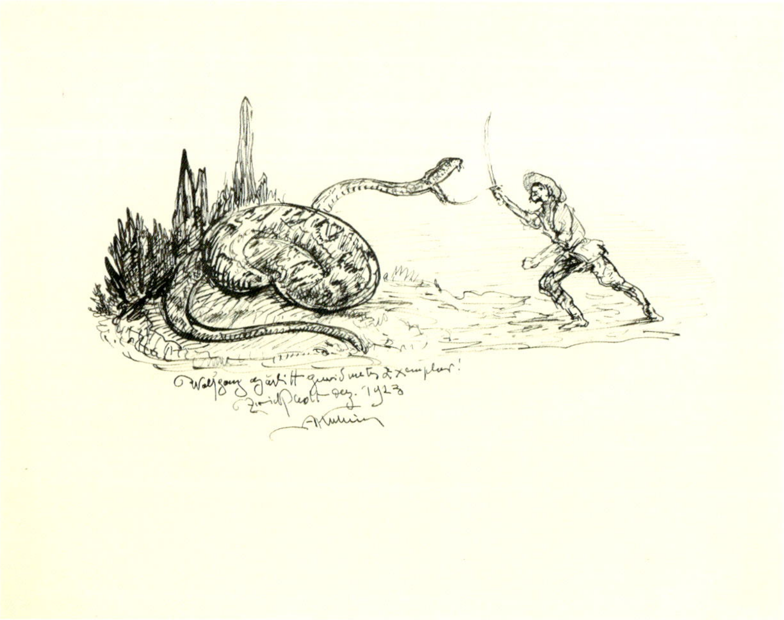

8–9

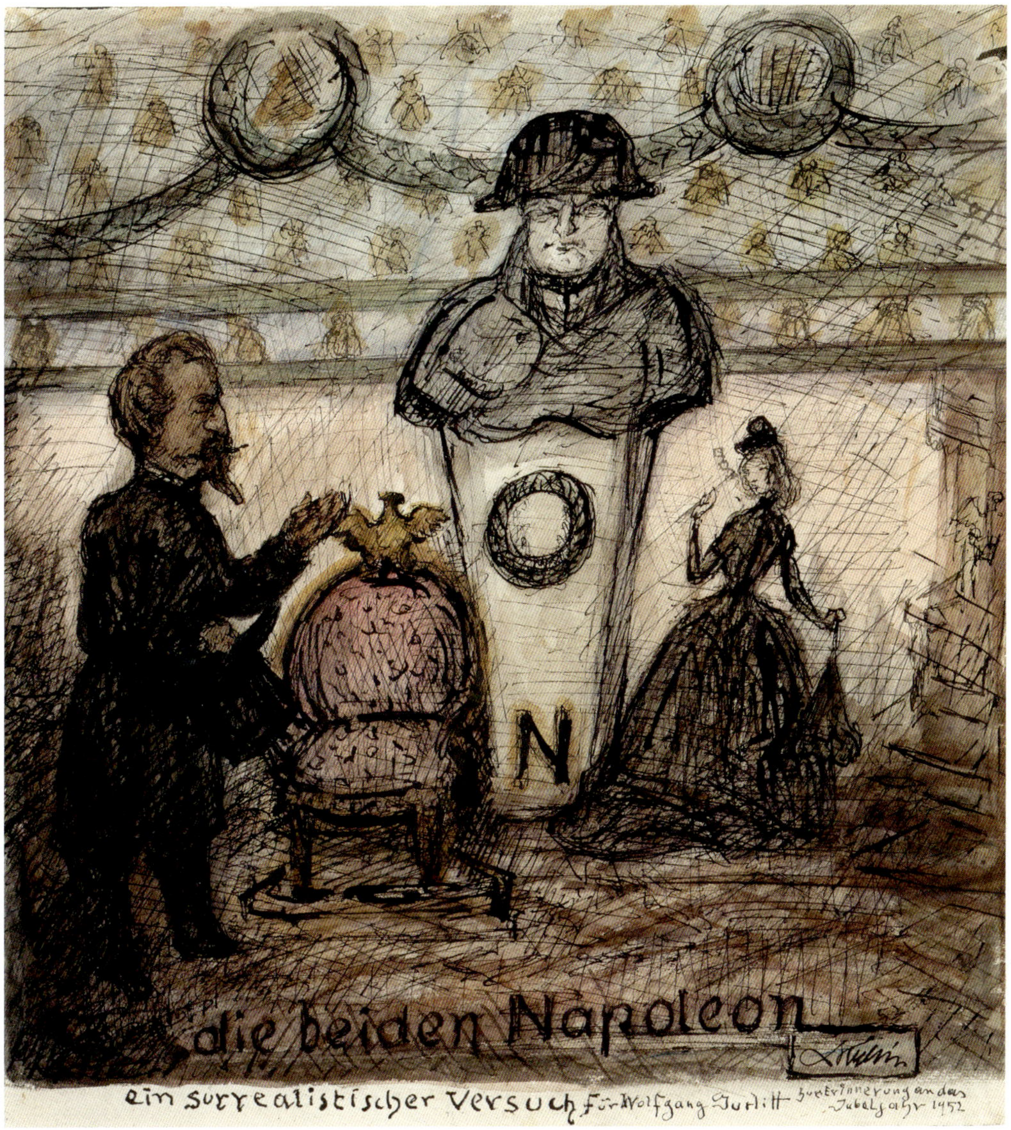
die beiden Napoleon
ein surrealistischer Versuch
Für Wolfgang Gurlitt
zur Erinnerung an das Jubeljahr 1952

10

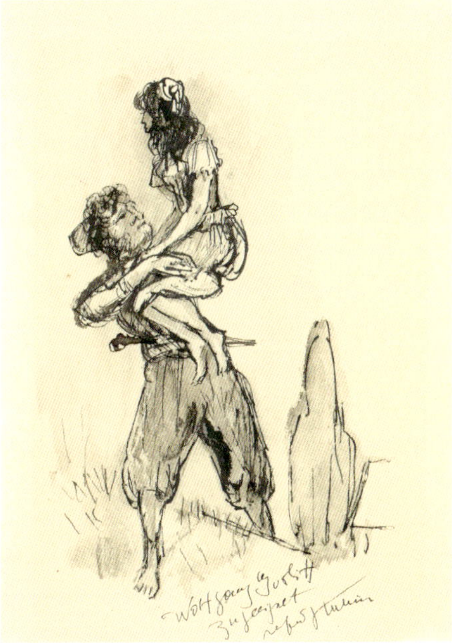

11

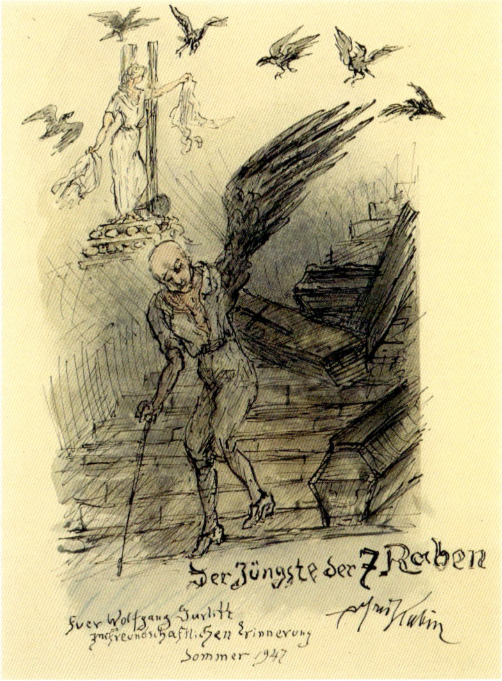
Der Jüngste der 7 Raben
Fuer Wolfgang Gurlitt
zur freundschaftlichen Erinnerung
Sommer 1947

12

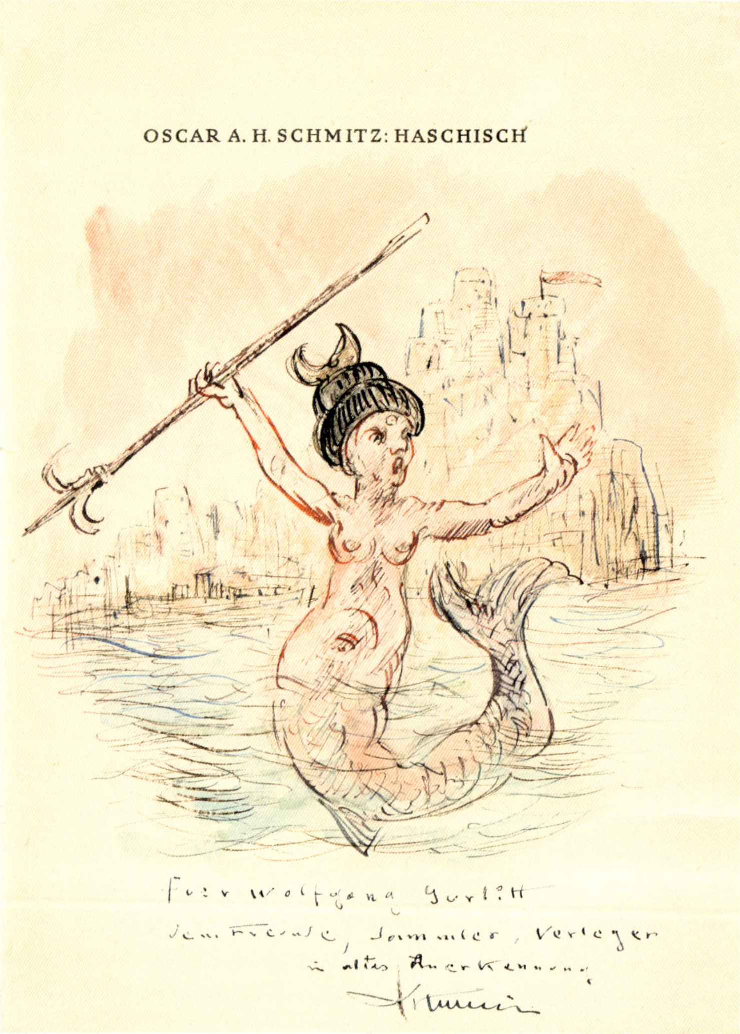
OSCAR A. H. SCHMITZ: HASCHISCH
Für Wolfgang Gurlitt
dem Freunde, Sammler, Verleger

13

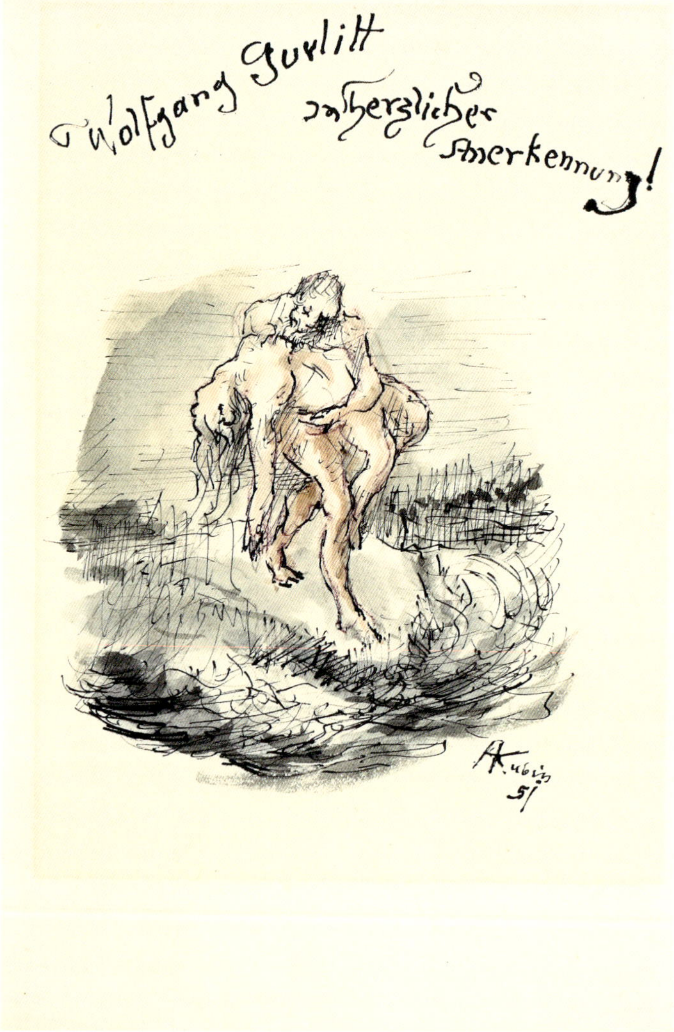
Wolfgang Gurlitt in herzlicher Anerkennung!
A. Kubin 51

14

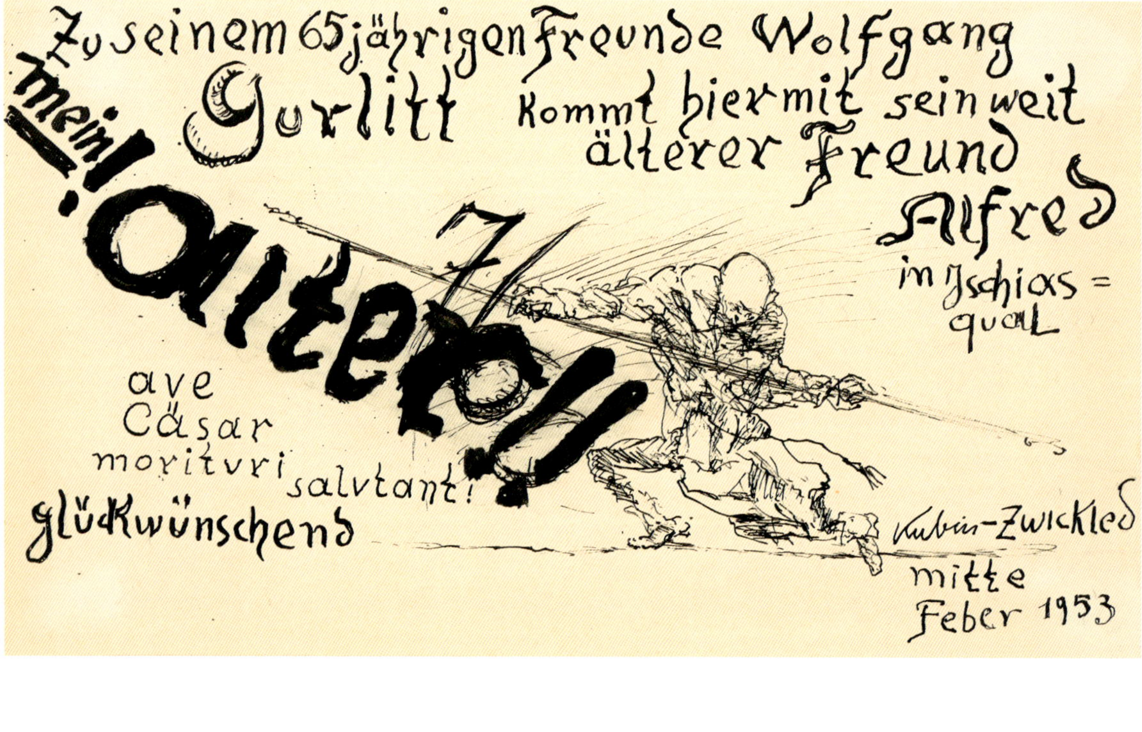
Zu seinem 65jährigen Freunde Wolfgang Gurlitt kommt hiermit sein weit älterer Freund
Alfred
in Ischias=qual
mein! alter!!
76
ave Cäsar moritvri salvtant!
glückwünschend
Kubin-Zwickled
mitte Feber 1953

15

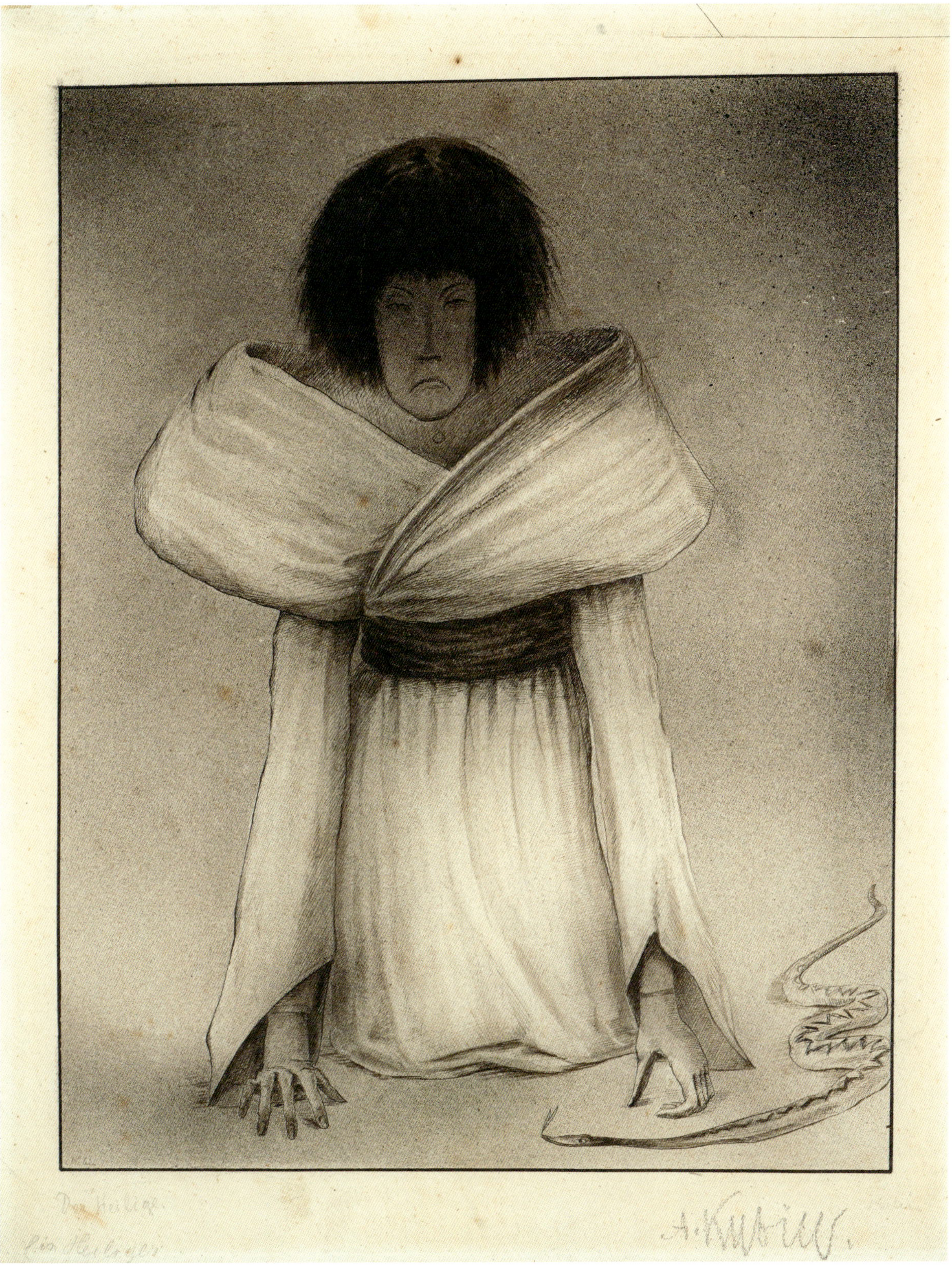

16

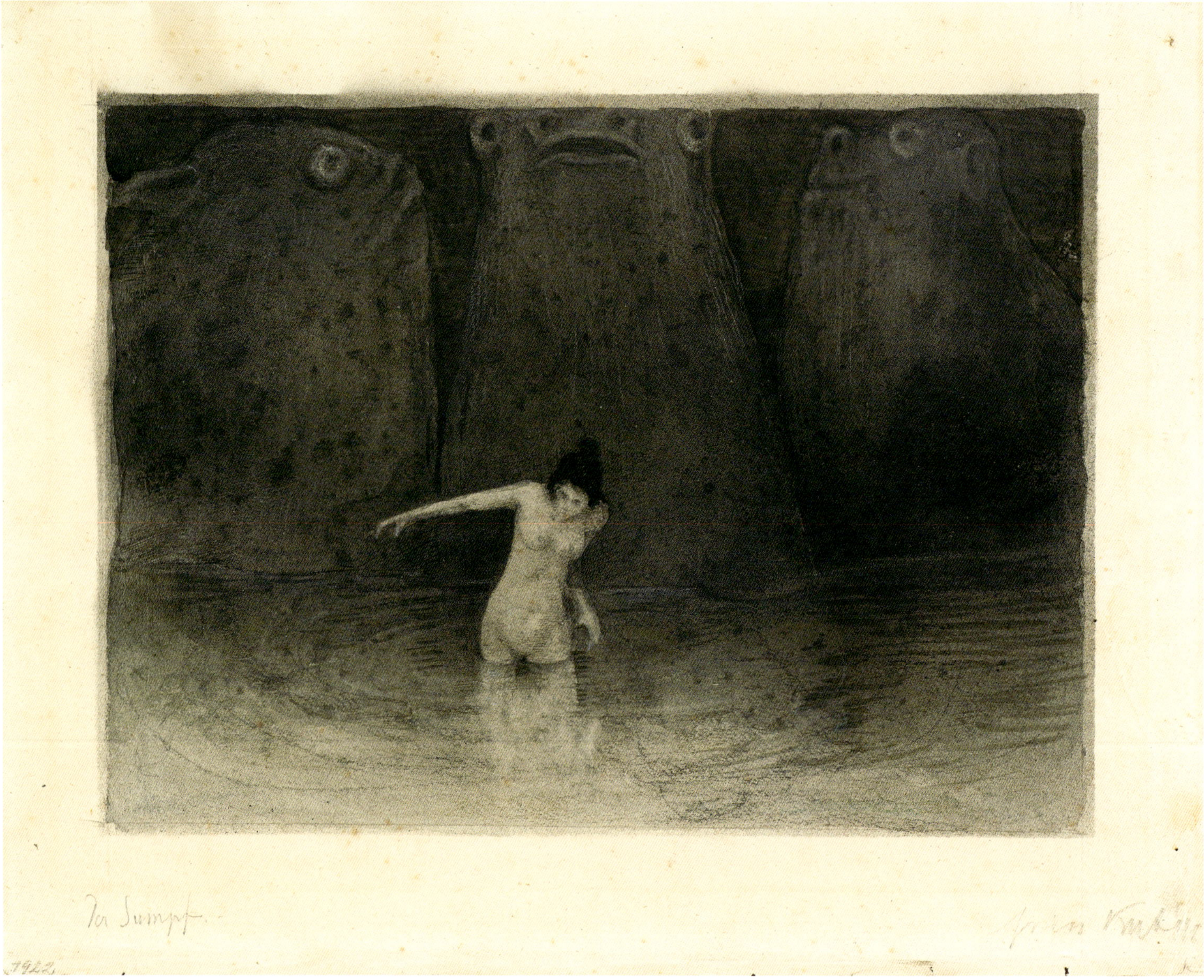

17

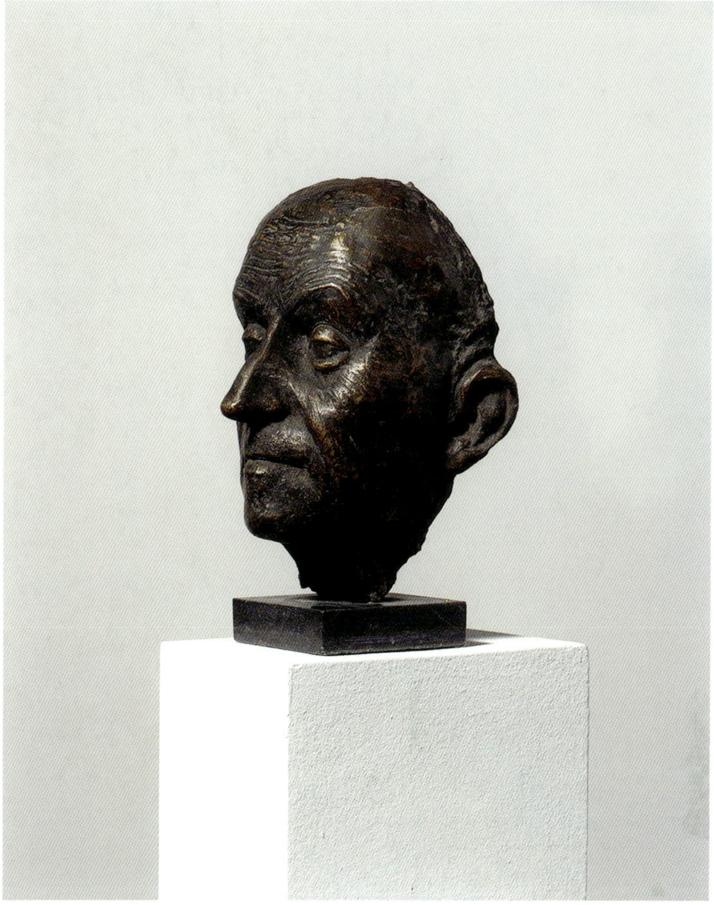

18

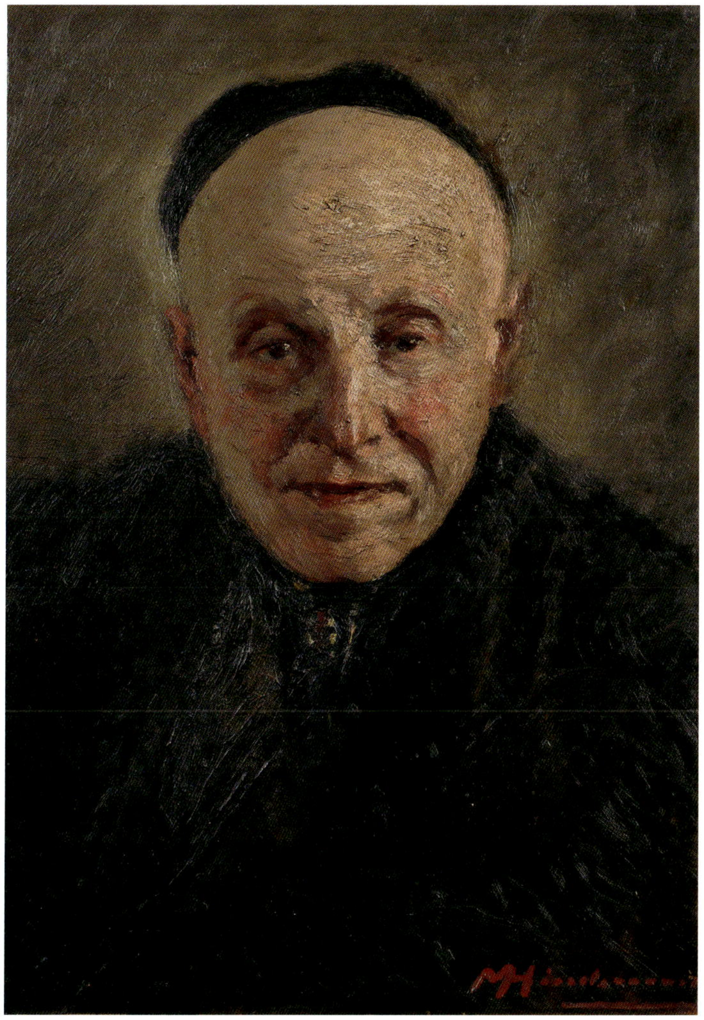

19

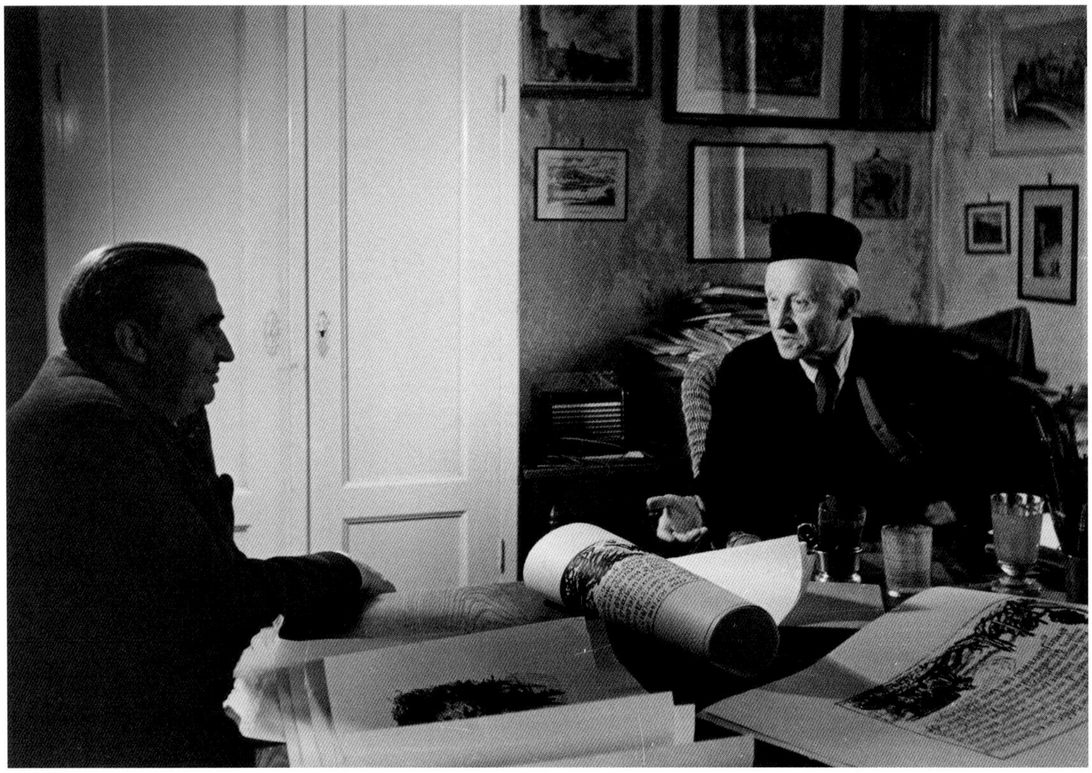

20–24

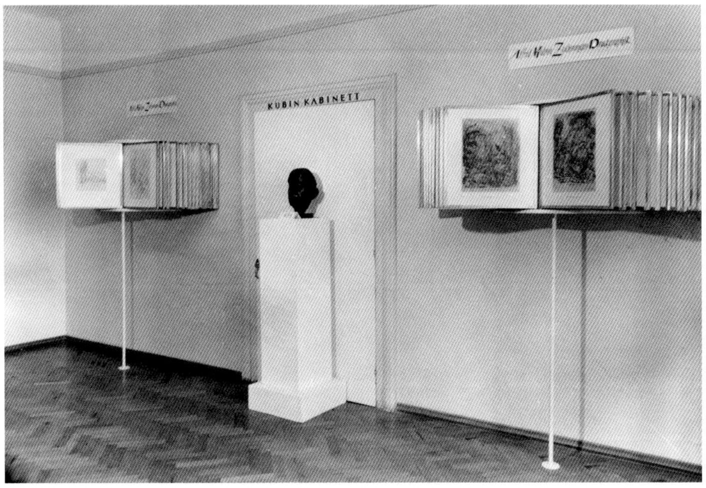

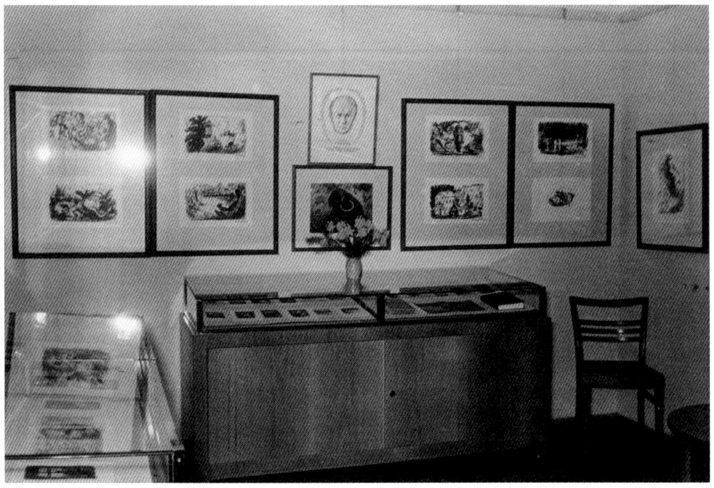

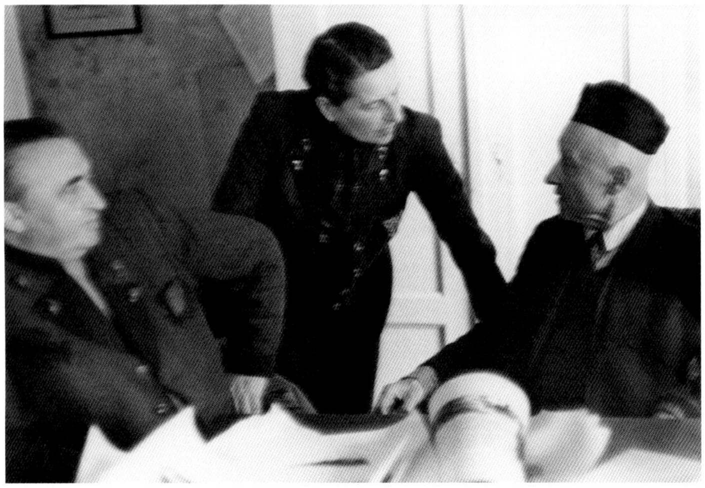

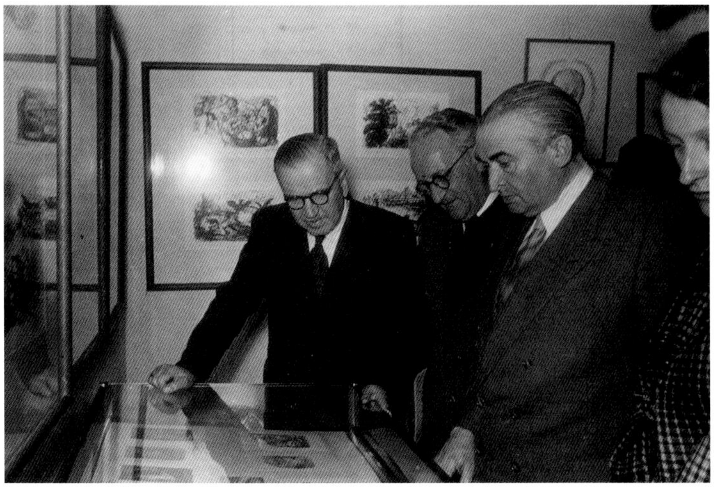

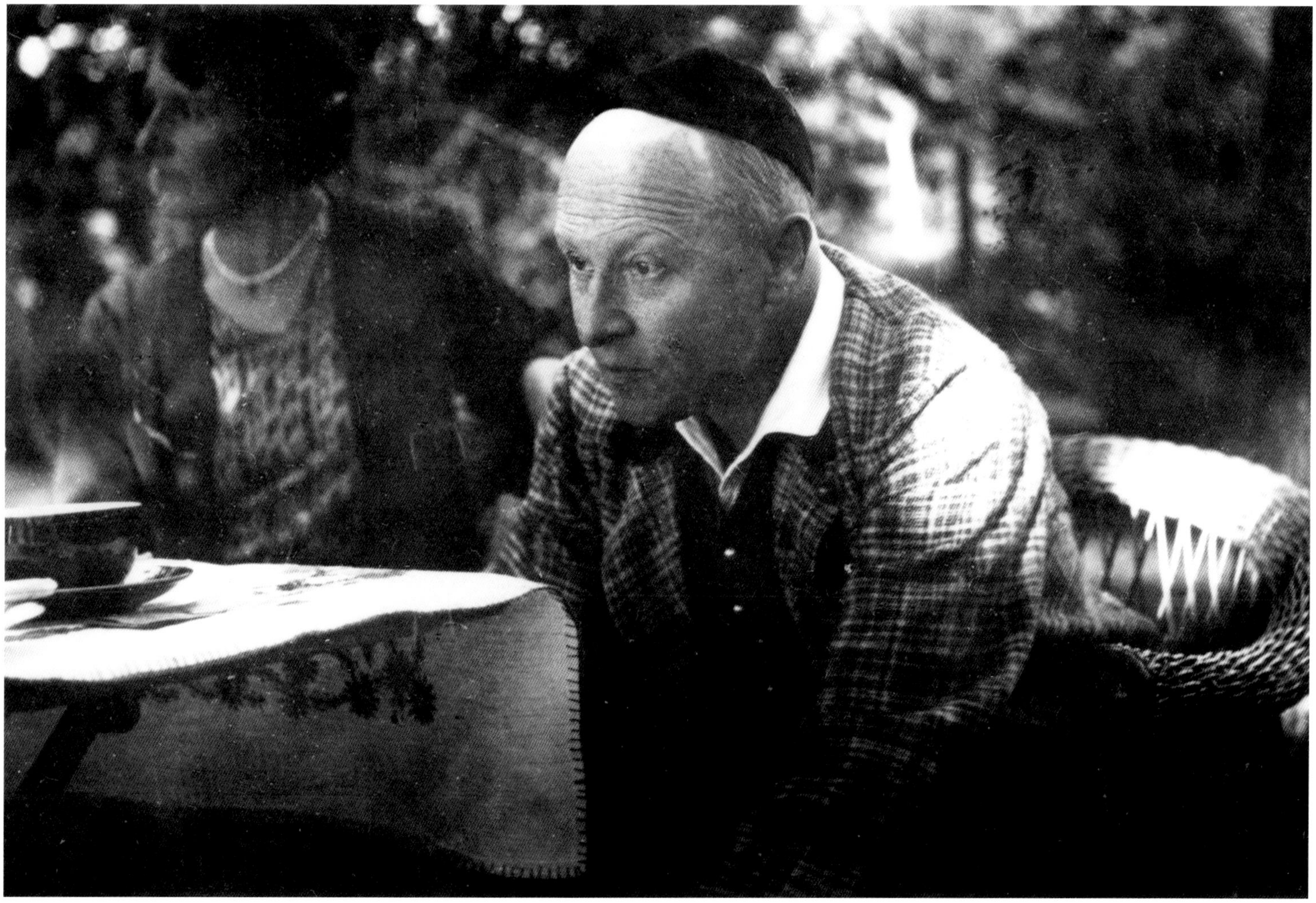

25

1 / **Alfred Kubin**
* 1877 Leitmeritz, Böhmen, heute Tschechien, † 1959 Zwickledt, Österreich
„Ein Bilder ABC, mit begleitenden Texten des Künstlers", 1933
Feder in Tusche laviert und aquarelliert, 21,9 × 15,6 cm
Widmung: Lasst mir mei Ruh! zum III und letzten male gewünscht nun mit skatologischer hülfe! Für den Freund W.G. Von Alfred Kubin 1950
LENTOS Kunstmuseum Linz, G 720, erworben aus der Sammlung Gurlitt 1954

2 / **Alfred Kubin**
„Travestie eines Ritterschlages", 1951
Feder in Tusche laviert und aquarelliert auf Papier, 29,7 × 19 cm
Widmung: Fuer Wolfgang von Alfred ein Frühlingsgeschenk 1951
LENTOS Kunstmuseum Linz, G 820, erworben aus der Sammlung Gurlitt 1954

3 / **Alfred Kubin**
„Panem et circenses", 1951
Feder in Tusche laviert und aquarelliert auf Papier, 27,5 × 20,6 cm
Widmung: panem et circenses Wolfgangijon Gurlittius amititiä meam Alfredo Kubinassi
Widmungsblatt aus einem Buch von Wolfgang Götz
LENTOS Kunstmuseum Linz, G 819, erworben aus der Sammlung Gurlitt 1954

4 / **Alfred Kubin**
„Der hörige Mann", 1942
Feder in Tusche laviert und aquarelliert auf Katasterpapier, 30,8 × 39,2 cm
LENTOS Kunstmuseum Linz, G 809, erworben aus der Sammlung Gurlitt 1954

5 / **Alfred Kubin**
„Friedenspalme" (Der Sieger), 1925
Feder in Tusche laviert und aquarelliert auf Papier, 27,3 × 23,5 cm
Widmung: Fuer Wolfgang Gurlitt in alter Erinnerung Zwickledt Mai 1925
LENTOS Kunstmuseum Linz, G 814, erworben aus der Sammlung Gurlitt 1954

6 / **Alfred Kubin**
„Das Glück" (Zirkusreiterin auf der Sau), 1923
Feder in Tusche laviert und aquarelliert auf Papier (Buchseite), 24,5 × 20 cm
Widmung: Für Wolfgang Gurlitt
Vorsatzblatt des Buches von Albrecht Schaeffer, *Lene Stelling*, Berlin 1923
LENTOS Kunstmuseum Linz, G 1289, erworben aus der Sammlung Gurlitt 1957

7 / **Alfred Kubin**
„Greis mit Bauernmädchen", 1926
Feder in Tusche laviert und aquarelliert auf Papier, 32,5 × 24,5 cm
Widmung: Für Wolfgang Gurlitt Zwickledt Jänner 1926
LENTOS Kunstmuseum Linz, G 1287,
erworben aus der Sammlung Gurlitt 1957

8 / **Alfred Kubin**
„Sanct Hieronimus", 1951, Feder in Tusche auf Papier, 30 × 21,8 cm
Widmung: Zwickledt dem lieben Freunde Wolfgang Gurlitt
LENTOS Kunstmuseum Linz, G 1293,
erworben aus der Sammlung Gurlitt 1957

9 / **Alfred Kubin**
„Wilde Tiere", Schlange und Krieger, 1923
Feder in Tusche auf Papier, 27,2 × 34,8 cm
Widmung: Wolfgang Gurlitt gewidmetes Exemplar! Zwickledt Dez. 1923
LENTOS Kunstmuseum Linz, G 1292,
erworben aus der Sammlung Gurlitt 1957

10 / **Alfred Kubin**
„die beiden Napoleon. ein surrealistischer Versuch", 1952
Feder in Tusche laviert und aquarelliert auf Katasterpapier,
33,5 × 29,4 cm
Widmung: Für Wolfgang Gurlitt zur Erinnerung an das Jubeljahr 1952
LENTOS Kunstmuseum Linz, G 807,
erworben aus der Sammlung Gurlitt 1954

11 / **Alfred Kubin**
„Soldat und Mädchen", 1920
Feder in Tusche laviert und aquarelliert auf Papier, 27,5 × 19,1 cm
Widmung: Wolfgang Gurlitt zugeeignet
Vorsatzblatt des Buches von Gustave Flaubert, *Der Büchernarr*, Berlin 1920
LENTOS Kunstmuseum Linz, G 1288,
erworben aus der Sammlung Gurlitt 1957

12 / **Alfred Kubin**
„Der Jüngste der 7 Raben", 1947
Feder in Tusche laviert und aquarelliert auf Papier, 36,7 × 26,7 cm
Widmung: fuer Wolfgang Gurlitt, zur freundschaftlichen Erinnerung Sommer 1947
LENTOS Kunstmuseum Linz, G 805,
erworben aus der Sammlung Gurlitt 1954

13 / **Alfred Kubin**
Meerjungfrau, 1913
Feder in Tusche laviert und aquarelliert auf Papier, 24,5 × 18 cm
Widmung: Fuer Wolfgang Gurlitt dem Freunde, Sammler, Verleger in aller Anerkennung
Vorsatzblatt des Buches von Oscar A. H. Schmitz, *Haschisch*, München 1913
LENTOS Kunstmuseum Linz, G 1291,
erworben aus der Sammlung Gurlitt 1957

14 / **Alfred Kubin**
„Die Rettung", 1951
Feder in Tusche laviert und aquarelliert auf Papier, 28,2 × 18,3 cm
Widmung: Wolfgang Gurlitt in herzlicher Anerkennung!
Vorsatzblatt
LENTOS Kunstmuseum Linz, G 812,
erworben aus der Sammlung Gurlitt 1954

15 / **Alfred Kubin**
„Mein Alter", 1953
Feder in Tusche auf Papier, 15,5 × 26,9 cm
Widmung: Zu seinem 65jährigen Freunde Wolfgang Gurlitt kommt hiermit sein weit älterer Freund Alfred in Ischiasqual ave Cäsar morituri salutant glückwünschend, mitte Feber 1953
LENTOS Kunstmuseum Linz, G 1285,
erworben aus der Sammlung Gurlitt 1957

16 / **Alfred Kubin**
„Der Heilige", um 1903–1905
Feder in Tusche und Spritztechnik auf Papier
LENTOS Kunstmuseum Linz, G 828,
erworben aus der Sammlung Gurlitt 1954

17 / **Alfred Kubin**
„Der Sumpf", um 1903–1905
Feder in Tusche und Spritztechnik auf Katasterpapier, 30,7 × 37,9 cm
Widmung: Dein Kubin
LENTOS Kunstmuseum Linz, G 817
erworben aus der Sammlung Gurlitt 1954

18 / **Walter Ritter**
* 1904 Graz, Österreich, † 1986 Linz, Österreich
Porträt Alfred Kubin, 1952
Bronze, Höhe: 30 cm
LENTOS Kunstmuseum Linz, Inv.-Nr. 100, erworben 1952

19 / **Max Hirschenauer**
* 1885 Schärding, Österreich, † 1955 Schärding, Österreich
Porträt Alfred Kubin, 1950
Öl auf Hartfaserplatte, 35 × 50 cm
LENTOS Kunstmuseum Linz, Inv.-Nr. 175, erworben 1955

20 / Wolfgang Gurlitt und Alfred Kubin bei der Besprechung der *Böhmerwald*-Mappe in Zwickledt, um 1951, Fotoarchiv: LENTOS Kunstmuseum Linz

21–22 / Alfred-Kubin-Kabinett der Neuen Galerie der Stadt Linz am Hauptplatz, Fotoarchiv: NORDICO Stadtmuseum Linz

23 / Wolfgang Gurlitt, Lilly Christiansen-Agoston und Alfred Kubin bei einer Besprechung in Zwickledt, um 1947, Fotoarchiv: NORDICO Stadtmuseum Linz

24 / Eröffnung der Alfred-Kubin-Ausstellung, Juni 1947, Bürgermeister Ernst Koref (links) und Wolfgang Gurlitt (rechts) beim Betrachten einer Vitrine mit der von Gurlitt neu verlegten *Böhmerwald*-Mappe, Fotoarchiv: NORDICO Stadtmuseum Linz

25 / Alfred Kubin und Emmy Haesele am 20.5.1932 bei ihrer ersten Begegnung in Zwickledt, © Nachlass Emmy Haesele

Brigitte Reutner

DIE KUBIN-SAMMLUNG DES LENTOS KUNSTMUSEUM LINZ

Alfred Kubin und Wolfgang Gurlitt, eine Künstlerfreundschaft

„Man nennt Alfred Kubin einen Visionär. Er erscheint vornehmlich als Gestalter des Visionären. Aber damit ist das Wesen seines Werkes nicht umrissen. Er stammt von den Unterirdischen, die zum Lichte drängen; von denen, die am grausamsten teilhaft wurden des Fluches über das Menschengeschlecht und sich in immer neuen Geburten ihres Wesens erlösen. In seine Seele ist eingeprägt das tiefe und schmerzliche Wissen um das Sein aller Dinge. Er kennt keine Gegenwart als die der Ewigkeit.“[1]

1 Joachim Friedenthal, „Paraphrase über Kubins Werk“, in: *Alfred Kubin. Zeichnungen und Aquarelle*, O. C. Recht, München 1922, o. S.

Wolfgang Gurlitt befasste sich mit dem Schaffen des in Zwickledt lebenden Künstlers Alfred Kubin, seit er die väterliche Galerie in Berlin übernahm. Bereits um 1914 trug er eine „Sammlung ausgesuchter Blätter von Kubins Hand zusammen“.[2] Der rege Austausch zwischen dem Galeristen und dem Künstler begann 1922, als Kubin für eine Woche nach Berlin kam, um die Grafiken der beiden *Traumland*-Mappen, die im Gurlitt-Verlag herausgebracht worden waren, zu signieren.[3] 1923 schuf Kubin die Titelzeichnungen zum Gurlitt-Almanach *Das Graphische Jahr*.[4]

Die freundschaftliche Verbindung lässt sich fortan anhand gezeichneter Weihnachts- und Neujahrsgrüße Jahr für Jahr gut nachvollziehen. Überdies sind auch Widmungen auf Vorsatzblättern von Büchern und Mappenwerken erhalten.

Wolfgang Gurlitt übersiedelte 1944 von Berlin nach Bad Aussee. Seine Berliner Kunstsammlung transferierte er ebenfalls ins Salzkammergut. Der Wiener Kunsthistoriker Justus Schmidt machte als Kunstreferent der von der US-Besatzungsmacht eingesetzten oberösterreichischen „Beamtenregierung“ die Linzer Stadtverwaltung auf den Galeristen und seine Kunstsammlung aufmerksam. Egon Oberhuber, der damalige Magistratsdirektor, unterstützte in der Folge Schmidts Vorschlag, eine Galerie für moderne Kunst in Linz zu errichten.

2 Walter Kasten „In memoriam Alfred Kubin“, maschinengeschriebenes Manuskript, o. D., Archiv der Stadt Linz, Kulturarchiv.

3 Nicht publiziertes Gutachten Alfred Kubins, erstellt für das Kulturamt der Stadt Linz, Zwickledt, 28.8.1952, LENTOS-Archiv.

4 Kasten o. D.

Im Mai 1946 kam es zu ersten Gesprächen zwischen Bürgermeister Ernst Koref und Wolfgang Gurlitt zur Gründung der Kunstinstitution, die den Namen „Neue Galerie der Stadt Linz“ tragen sollte.

Ein Jahr später, am 31. Mai 1947, wurde diese im Brückenkopfgebäude West am Linzer Hauptplatz eröffnet. Obwohl die Bauarbeiten noch nicht abgeschlossen waren, zeigte man damals bereits eine umfassende Werkschau von Alfred Kubin mit 120 Zeichnungen und 108 Büchern. Die Werke stammten aus dem Privatbesitz Gurlitts, seiner Familie und seiner jahrelangen Lebensgefährtin und Geschäftspartnerin Lilly Christiansen-Agoston.[5] Alfred Kubin nannte Christiansen-Agoston Wolfgang Gurlitts „rechte Hand im Geschäfte“.[6] Er kannte Lilly aus seiner Münchner Zeit, wo er sie 1904 „als Kindchen“ kennengelernt hatte.[7]

In der Ausstellung war eine große Anzahl von „persönlichen Widmungsblättern an Gurlitt“ zu sehen, wodurch die herzliche Beziehung zwischen dem Galeristen und seinem Künstler offenkundig zutage trat.[8] Kubin unterstützte die Schau tatkräftig, indem er seinerseits 35 Zeichnungen aus der Serie *Phantasien im Böhmerwald* nach Linz schickte. Auch das

5 Nicht publizierter Brief Wolfgang Gurlitts an Walter Kasten vom 8.1.1956, Archiv der Stadt Linz, Kulturarchiv.

6 Alfred Kubin in einem nicht publizierten Brief an Egon Hofmann vom 16.9.1950, LENTOS-Archiv.

7 Ebd.

8 Vgl. Walter Kasten, „Alfred Kubin. Der Graphiker unserer Zeit“, in: *Der Demokrat*, Juli 1948, S. 21.

OÖ. Landesmuseum beteiligte sich mit sieben Blättern an der Ausstellung. Bei der Eröffnung durfte Kubin eine besondere Ehrung entgegennehmen: Es wurde ihm von Bürgermeister Koref der Ehrenbürgerbrief der Stadt Linz überreicht.

In seiner Eröffnungsrede verlieh Gurlitt seiner langjährigen Beziehung zum Künstler Ausdruck: „Fünfundzwanzig Jahre – ein Vierteljahrhundert – so lange ist es her; da kamen Sie, lieber Freund, als Gast zu mir in mein Haus, mein Traumhaus, das genau im Mittelpunkt der übergroßen, überwachen, unwirklich realen Stadt stand. Die Decke des für Sie bereiteten Gastzimmers war zum tiefblauen, sternbegoldeten Himmel gerundet. Aus den leuchtenden Wänden schwebten auf silbern-goldenem Grund Traumgestalten, geschaffen von Meister Cäsar Klein. Wie in einem farbenfrohen Märchen feierten wir Abschied von Ihnen, DEM SCHÖPFER EINER WELT AUS EIGENEN IDEEN MIT BESONDEREN GESETZEN."[9]

Kubin bedankte sich ein paar Tage später in einem Brief mit ebenso großer Begeisterung: „Ihre Willens- (oder Zauber)kraft ist aber so klar, dass die neue städt. Galerie gewiss schwebend glücken wird. – Im Katalog las ich mit Vergnügen Ihre so schönen Worte und freue mich Ihrer Haltung und Lage [...]."[10] Die offizielle Eröffnung der Neuen Galerie der Stadt Linz fand erst mehr als ein Jahr später, im Oktober 1948, statt.[11]

1951 erfüllte Gurlitt einen sehnlichen Wunsch Kubins und gab dessen *Böhmerwald*-Mappe heraus. Zeichnungen dazu waren bereits ab 1935 entstanden. Kubin arbeitete insgesamt zwölf Jahre an der Mappe. Sie stellte für ihn etwas ganz Besonderes dar: „Was daneben entstand an Folgen oder Illustrationen wird seinen Weg finden, hat aber nicht diese umfassende Bedeutung wie die Böhmerwaldphantasien [...]."[12] Den Böhmerwald bezeichnete der naturverbundene Künstler als „die Heimat [s]einer Seele".[13] In seinen brieflichen Ausführungen ließ er sogar „die tiefsten Wurzeln [s]eines Wesens"[14] in diesem großen, urwaldähnlichen Naturraum gründen: „Dieses Bewusstsein erfüllt mich seitdem ganz und gar, mit unwiderstehlicher Gewalt zieht es mich Jahr für Jahr in dieses Land. So mußten auch diese Blätter entstehen, die dem Beschauer einige Eindrücke von diesem für mich so bedeutungsvollen Erdenwinkel vermitteln sollen [...]."[15]

Kubin hatte lange Zeit trotz intensiver Bemühungen keinen Verlag gefunden, der seine Mappe herausgeben wollte. Es scheiterte immer wieder an etwas anderem. In einem Brief an Egon Hofmann vom 13. August 1938 schildert der Künstler zum Beispiel, dass der Verlag der Neuen Galerie Wien ausfiel, da der Verleger und Besitzer der Neuen Galerie, Dr. Nirenstein, als Nichtarier das Land verlassen musste.[16] Erst 1951 gelang also die Herausgabe dieses Mappenwerks, auf die Galerist und Künstler gleichermaßen stolz waren.

Fotos aus dem Archiv des LENTOS zeigen Alfred Kubin beim Signieren der „Böhmerwald-Blätter" in Kubins Arbeitszimmer in Zwickledt. Wolfgang Gurlitt leistete ihm dabei Gesellschaft. Die Mappe wurde in einer Auflage von 60 Stück gedruckt; die erste und zweite Vorzugsausgabe wurden vom Künstler handsigniert.

Von einer weiteren Ehrerbietung an den Künstlerfreund kündet Gurlitts Kubin-Kabinett in den Räumen der Neuen Galerie, das ebenfalls 1951 angelegt wurde. Gurlitt legte in Kubin offenbar große Hoffnungen. Das Kubin-Kabinett sollte eine Pflege-, Sammel- und Forschungsstätte zu Alfred Kubin werden und permanent Ausstellungen über den Künstler zeigen. Als Eröffnungsdatum wählte man den 75. Geburtstag Kubins am 10. April 1952. Dieser Ehrentag sowie die Eröffnung des Kubin-Kabinetts wurden mit der Uraufführung von Herbert Langes *Nacht der Verwandlung* mit Zwölftonmusik von Robert Schollum feierlich begangen.[17]

Die erste Ausstellung in diesem Kubin eigens gewidmeten Raum zeigte Blätter aus der Mappe *Phantasien im Böhmerwald*, den *Totentanz*[18], Illustrationen aus der Erstausgabe des Romans *Die andere Seite* von 1909 und aus der – anlässlich des Geburtstages entstandenen – Festausgabe sowie weitere von Kubin illustrierte Bücher.[19] Alfred Kubin schildert in seinem Roman den Aufstieg und Fall der fantastischen Stadt Perle und seiner Bewohner und Bewohnerinnen. Kubins Buch wird heutzutage als visionär angesehen. Das Buch liest sich,

9 Wolfgang Gurlitt, „Lieber Freund Kubin!", in: *Alfred Kubin*, Ausst.-Kat., Neue Galerie der Stadt Linz, Linz 1947, S. 5.

10 Nicht publizierter Brief Alfred Kubins an Wolfgang Gurlitt vom 8.6.1947, LENTOS-Archiv.

11 Vgl. Walter Schuster, *Die Sammlung Gurlitt der Neuen Galerie der Stadt Linz*, vervielfältigtes Manuskript, Linz 1999, o. S.

12 Alfred Kubin in einem derzeit noch unpublizierten Brief an Wolfgang Gurlitt vom 17.9.1947, LENTOS-Archiv.

13 Alfred Kubin in der Einleitung des Künstlers zu *Phantasien im Böhmerwald*, Gurlitt-Verlag, Wien/Linz/München 1951.

14 Ebd.

15 Ebd.

16 Alfred Kubin in einem nicht publizierten Brief an Egon Hofmann vom 13.8.1938, LENTOS-Archiv.

17 Vgl. J. Unfried, „Das Kubin-Kabinett", in: *Linzer Volksblatt*, 12.4.1952.

18 Es dürfte sich um den Honegger'schen *Totentanz* (Inv.-Nr. G 596) handeln, der 1951 in Linz gedruckt wurde.

19 Vgl. *Demokratisches Volksblatt*, 15.4.1952, S. 3.

als ob das Abgründige des Krieges bereits einige Jahre zuvor atmosphärisch in der Luft gelegen habe.

Für die Sonderausgabe schuf der Künstler alle Illustrationen neu und war mit dem Ergebnis hochzufrieden, wie er seinem Verleger freudig mitteilte. Mittlerweile wechselte man auch vom höflichen Sie zum freundschaftlichen Du über: „Ein jedes Wort steht für einen Centner Entlastung! Ich sah die A[andere]. S[eite]. in ihrem großartigen Neugewand – ein Phönix – bestrahlt von jenem Gleichgewicht aus dunkel und hell, welches jedem perpetuum mobile den geheimen Antrieb verleiht – wie schön Deine einführenden Worte – wie glücklich die Sätze H. Langes auf dem Umschlag – wie sympathisch dieser als glückliche Erfindung Ortners – und vor Allem die Qualität des Materials – Papier, Einband, Druck – Anordnung – die sorgende Hand Kastens allüberall gegenwärtig – auf dem Ganzen […].“[20]

Im gleichen Jahr stellte der Künstler seinem Galeristen im Gegenzug für die tatkräftige Unterstützung ein sehr wohlwollendes Zeugnis aus. Es schien, als ob sich beide – Künstler und Galerist – gegenseitig gut unterstützen konnten. Die Stadt Linz erwog in den frühen 1950er-Jahren, weitere Werke aus dem Besitz Gurlitts anzukaufen, und erbat ein Gutachten von Alfred Kubin. Kubin kam dieser Anfrage selbstredend nach und beschrieb darin Wolfgang Gurlitts Engagement für die Kunst auf das Freundlichste: „Soviel wusste ich: was dieser Mann in seinem Verlag in die Hand nahm, war qualitätsmässig jedesmal von erlesenem Geschmack. Papier, Druck, Druckverfahren wie Einband sind ein Fest für die Augen. Und alle jene Ergriffenen danken Gurlitt besonders für die vielen Ausstellungen, die die Verbindung herstellen mit der gigantischen Entwicklung der modernen Kunstbestrebungen. Als Zeichner und Illustrator habe ich durch fünf Jahrzehnte meine Arbeit auf diese modernen Kunstbestrebungen eingestellt und sehe tief gerührt, wie da ein warmer und kunstbegeisterter Mensch aus dem Norden in unsere herrliche Heimat kommt – auf seine Weise sich hingebend, helfend und zielstrebig die wichtigsten Aufgaben gestaltet – wofür ich ganz selbstverständlich nur grösste Dankbarkeit im Herzen tragen muss.“[21]

Auch Kurt Otte, der Archivar Alfred Kubins, bewunderte Gurlitts Geschick bei der Neuauflage des Romans. Der mit Kubin befreundeten Künstlerin Emmy Haesele gegenüber ließ er verlauten: „Ich weiß sehr wohl, dass allein Gurlitt, welcher sich um das Kubin-Werk sein Lebtag größte Mühe gab (wenn es auch nicht immer ein materieller Erfolg war) dazu in der Lage ist, dieses Buch in einer Form herauszubringen, die dem Alten von Zwickledt gerecht wird, kein anderer Verleger hat diese intime Kenntnis und diese außergewöhnliche Gabe der Intuition, ein Kubinwerk zu starten […].“[22]

Im Jahr 1953 verkaufte Wolfgang Gurlitt seine Kubin-Sammlung, bestehend aus etwa 150 Büchern und Mappen und etwa 250 Zeichnungen und Aquarellen, an die Stadt Linz unter der Bedingung, dass sie als „Wolfgang Gurlitt-Sammlung des Kubin Kabinetts“ bezeichnet und ausgestellt werden sollte. Der Galerist plante ferner noch, das literarische Werk Alfred Kubins herauszugeben.[23] Dazu kam es jedoch nicht mehr. Als Galerist und Museumsmann in einer Person geriet er in Turbulenzen. Unsaubere Geschäfte wurden ihm vorgeworfen. Wegen größerer Dissonanzen mit der Linzer Stadtverwaltung verließ Gurlitt Linz bereits im Januar 1956 endgültig. Schon vorher war er nach München übersiedelt, wo er zwei Galerien, eine am Stachus und die andere in den Hofarkaden, eröffnete.

Kubin-Ausstellungen in der Neuen Galerie der Stadt Linz

Die erste Ausstellung der Neuen Galerie der Stadt Linz 1947 war Alfred Kubin gewidmet. Es folgten Kubin-Ausstellungen in den Jahren 1951, 1957 (zur Feier des 80. Geburtstags des Meisters) und 1960 (Gedenkausstellung anlässlich seines Todes). Im Jahr 1970 wurden erneut Aquarelle und Zeichnungen Kubins ausgestellt. Die 1977 veranstaltete Schau zum 100. Geburtstag Kubins fand bereits unter der Leitung von Prof. Peter Baum in den neuen Räumlichkeiten im Lentia 2000 in Linz-Urfahr statt. Es folgten die Ausstellungen im Jahr 1978 *(Hommage à Kubin)*, 1980 *(Alfred Kubin – Zeichnungen und Lithografien)*, 1991 *(Alfred Kubin – Zeichnungen und Druckgrafik)*, 2001 gemeinsam mit Peter Sengl *(Peter Sengl – Zu und über Kubin hinaus)* und 2003 im neu erbauten LENTOS Kunstmuseum Linz *(Alfred Kubin 1877–1959)* bzw. 2010 im NORDICO Stadtmuseum Linz *(Berührungen. Begegnungen. Alfred Kubin und die Künstlerinnen Emmy Haesele, Clara*

20 Nicht publizierter Brief Alfred Kubins an Wolfgang Gurlitt vom 7.4.1952, LENTOS-Archiv.

21 Nicht publiziertes Gutachten Alfred Kubins, erstellt für das Kulturamt der Stadt Linz, Zwickledt, 28.8.1952, LENTOS-Archiv.

22 Nicht publizierter Brief Kurt Ottes, Hamburg, an Emmy Haesele, Bad Aussee, 4.1.1952, LENTOS-Archiv.

23 Vgl. eine entsprechende Notiz im Archiv des LENTOS: Die Auflistung beinhaltet folgende Werke: I *Gelebtes Leben*, II *Die andere Seite*, III *Der Guckkasten*, IV *Von verschiedenen Ebenen*, V *Vom Schreibtisch eines Zeichners*, VI *Das Buch der Freundschaft*.

Siewert und Margret Bilger). Die Ausstellungen der Jahre 1947, 1951, 1957, 1960, 1977, 1991 und 2010 wurden jeweils von eigenen Publikationen begleitet.

Die Sammlung der Werke von Alfred Kubin im LENTOS Kunstmuseum Linz

Die Kubin-Sammlung des LENTOS besteht aus 600 Grafiken, 180 Büchern sowie 230 Briefen und 55 Postkarten. Zu den wertvollsten Beständen zählen die Tuschezeichnungen.

Kubins Personalstil veränderte sich im Laufe seines Lebens, in dem er unermüdlich, Tag für Tag entweder zeichnete oder seinen umfangreichen Korrespondenzen mit Freunden und Künstlerkollegen nachging. Frühe Zeichnungen waren noch stark vom Symbolismus geprägt. Die Bildfindungen verloren im Laufe der Zeit ihre symbolische Überhöhung. Genrehafte Details fanden stattdessen mehr und mehr Eingang in seine Zeichnungen. Einer expressiven Ausdrucksweise blieb der Künstler bis zuletzt treu.

Ein Großteil des Grafikbestandes setzt sich aus Bleistiftzeichnungen, Skizzenblättern und Entwürfen zusammen, die als Vorstudien zu Tuschezeichnungen entstanden. Die Zeichnungen zeigen besonders einprägsam, wie der Künstler zu seinen Bildfindungen kam. Sie gewähren Einblick in die Reflexionen des Künstlers und sind geprägt von einem vorsichtig abwägenden Herantasten an ein bestimmtes Sujet. Inhaltlich sprühen sie vor Witz und Ironie oder sind voll morbider Details.

In seinem 1909 publizierten Roman *Die andere Seite* wird Kubins Affinität zur Literatur offenkundig. In einem „rauschhaften seelischen Zustande“[24] in einem Zeitraum von vier Monaten niedergeschrieben, bekundet *Die andere Seite* die große Imaginationskraft des jungen Künstlers. Darüber hinaus arbeitete er kontinuierlich an seiner Autobiografie. Sequenzen daraus wurden in Büchern und Mappen wie *Sansara. Ein Cyclus ohne Ende* (1911), *Die andere Seite* (1926), *Dämonen und Nachtgesichte* (1931), *Abendrot* (1952) und *Aus meinem Leben* (1970) publiziert.

In der Mappe *Böhmerwald* schließlich verbindet Kubin Text und Bild zu einer schaurig-schönen Beschreibung des Mythos vom dunklen, unheimlichen Wald, der von Gespenstern, Kobolden und Vampiren bevölkert wird. Die Parallele von Schreiben und Zeichnen fiel auch Kubins Künstlerkollegen und Zeitgenossen Axl Leskoschek auf, der anlässlich der Eröffnung des Kubin-Archivs im April 1952 bemerkte: „Der Stil Kubins ist einmalig: Seine Feder schreibt auf das Papier scheinbar achtlos eine Fülle von Strichen, die sich verdichten oder aufhellen wie Gestrüpp; aber was für eingeordnetes, klar erkennbares und blühendes Gestrüpp; und was übrigbleibt sind Blüten. Kubin ist nicht nur Erzähler, er ist auch Lyriker: Malt er seine Zeichnungen an, dann verwendet er wenig Farben, aber jede sitzt; wie es überhaupt kaum einen Künstler unserer Tage gibt, der mit so gleichbleibender Vollkommenheit schafft.“[25]

Im Jahr 1925 wurde im Verlag der Johannes-Presse in Wien das Buch *Der Guckkasten* mit Lithografien und Texten von Alfred Kubin herausgegeben. In der Schlussbemerkung des Werkes schrieb er: „Die Mitteilung durch das Wort fällt mir mit den Jahren immer schwerer, meine Vorstellungen drängen mich mehr zum bildmäßigen Darstellen.“[26]

Gurlitts Kubin-Bücher

Gurlitts Kubin-Buchsammlung datiert in den Zeitraum 1909 bis 1952. Sie umfasst illustrierte Bücher und Dokumentationen über Kubin. Letztere datieren bis 1966. Zu den wertvollsten Büchern zählen frühe (1909 und 1928 herausgegebene) Ausgaben von *Die andere Seite*, zwischen 1909 und 1911 publizierte Bücher von Edgar Allan Poe (unter anderem *Das schwatzende Herz und andere Novellen*, 1909, *Die denkwürdigen Erlebnisse des Arthur Gordon Pym*, 1911, *König Pest und andere Novellen*, 1911), E. T. A. Hoffmanns *Nachtstücke* von 1913, Dostojewskijs *Bei nassem Schnee* von 1914, Oscar Wildes *Die Ballade von Reading Gaol* von 1918, Achim von Arnims *Die Majoratsherren* von 1922, Gustave Flauberts *Büchernarr* von 1923 und August Strindbergs 1937 herausgegebenes *Tschandala*.

Die Kubin-Büchersammlung Wolfgang Gurlitts stellt somit einen besonders wertvollen Bestand des LENTOS dar. Viele dieser Bücher sind mit Illustrationszeichnungen (Strichätzungen) des Künstlers ausgestattet. Gurlitt erhielt sie direkt aus der Hand des Künstlers. Die zahlreichen Widmungszeichnungen wurden meist in Tusche auf dem Vorsatzblatt des jeweiligen Buches ausgeführt, aquarelliert und mit kurzen persönlichen Zueignungen versehen. Sie sind daher Unikatgrafiken.

24 Wolfgang Gurlitt, „Vorwort“, in: Alfred Kubin, *Die andere Seite*, Gurlitt-Verlag, Wien/Linz/München 1952, o. S.

25 Axl Leskoschek, „Kubin-Kabinett eröffnet“, in: *Neue Zeit*, Linz, 11.4.1952, S. 4.

26 Schlussbemerkung in: Alfred Kubin, *Der Guckkasten*, Verlag der Johannes-Presse, Wien 1925, o. S.

Wie es zu solchen Widmungen kam, belegt folgendes Beispiel. Nach der bereits erwähnten Ausstellungseröffnung der Kubin-Schau in der Neuen Galerie schrieb Kubin an Gurlitt: „Auch Ihnen möchte ich meiner Freude Ausdruck geben, indem ich hübsche Widmungen in die ‚Türme des Beg Begouja' (Frick Verlag), den neuen Totentanz (Wiener Vg) und die E Th A Hoffmannschen Märchen, die im Lichtenstein Vg. z. zt. in Herstellung befindlich sind, machen würde, wenn Sie mir die Bücher zuschicken [...]."[27]

Manchmal übersandte Gurlitt dem Künstler sogar zwei Exemplare ein und desselben Buches zu verschiedenen Zeitpunkten, um die Gewogenheit des Künstlers und die Gunst der Stunde für sich zu nützen. Kubin bemerkte dies und „revanchierte" sich, indem er dem übereifrigen Sammler „nicht sehr Freundliches hinein[malte]".[28] Eines der betreffenden Exemplare zeigt den auf einem Holzklo brütenden Kubin mit der Bemerkung „Lasst mir mei Ruh! Zum III. und letzten Male gewünscht nun mit skatologischer Hülfe!!!! Für den Freund W. G." (Abb. S. 249).

Die Kubin-Briefe

Die im LENTOS Kunstmuseum Linz vorhandenen Briefe Kubins stammen aus der Korrespondenz mit Wolfgang Gurlitt, seinem Assistenten bzw. Nachfolger Walter Kasten und dem Industriellen und Künstler Egon Hofmann. Sie wurden teilweise erst später im Kunsthandel erworben. Der Briefwechsel zwischen Kubin und Gurlitt bzw. zwischen Kubin und Kasten erstreckt sich auf das Jahrzehnt zwischen 1943 und 1953. Briefe an Hofmann stammen aus den Jahren 1936 bis 1955. Sie bieten einen Einblick in den Alltag des Künstlers, in die Vorbereitung und Organisation von Ausstellungen, Verkäufen und Publikationen.

Die Briefe geben außerdem reichlich Kunde von den besonderen Befindlichkeiten und Gestimmtheiten des Künstlers. Die Härten des Zwickledter Winters setzten dem Meister Jahr für Jahr mehr zu und hemmten seinen Schaffensdrang. Kubin wurde zusehends menschenscheuer und entzog sich immer häufiger dem Trubel der Ausstellungseröffnungen. Davon zeugt das folgende Statement, das einem Brief an Egon Hofmann anlässlich der Eröffnung der Kubin-Ausstellung zur Feier des 60. Geburtstages des Meisters in der Albertina im Jahr 1937 entstammt: „Meine Stimmung hebt sich je mehr es aper wird draussen – Sie wird sicher sinken wenn die Eröffnung der A.[lbertina-]Schau meinen niederträchtigen Leichnam als einen Ecce Homo nach Wien zitieren wird, denn dort werde ich mich nicht ruhig und friedlich wie unter Ihrer Ägide fühlen, sondern in einen höllischen Trubel innerer Abwehr, Beschwörungsformeln flüsternd."[29]

Kubin war wohl an die vielen Menschen nicht mehr gewohnt. Zu lange hatte er schon in seinem Refugium in Zwickledt in selbst gewählter Einsamkeit gelebt.

Abgesehen davon erlebt man den Zeichner auch als interessierten Beobachter seiner Zeit. Über den Umgang mit Kunst im Dritten Reich äußert er sich ebenfalls in seinen Briefen. Der gut informierte Künstler wusste Bescheid über die Verunglimpfungen von Werken Kokoschkas, Barlachs, Beckmanns, Corinths und Faistauers.[30] An Egon Hofmann schrieb er: „Mir tut es so weh, dass man/drittreichs/offiziell nun auch Rembrandt ‚den Ghettomaler' ‚ablehnt' gleich wie Grünewald, van Gogh, E. Munch, u.s.w. u.s.f. So wurde bei einem ‚Schulungskurs für Galeriedirektoren' ‚gelehrt', wobei 7 der Hörer widersetzlich wurden, was denen aber nichts helfen wird. – warum der Carrikatur und kein Ende – als wenn unsere Zeit nicht ohnehin schon öde Farcen genug aufführen würde – [...]."[31]

An Hofmann richtet er auch die folgende – wie sich später herausstellte, pessimistische – Einschätzung: „Ich bin gewiss, mit meiner Kunst aus dem I. Drittel des XX. Jahrhunderts nicht fortgedacht werden zu können, deshalb hat es grotesken Eindruck gemacht, wenn offiz. Neudeutsche sie nicht ‚ausgerichtet' (so ist dafür der hübsche Ausdruck) finde[n] [...]."[32]

Die Folgen des „neudeutschen Kunstgeschmacks" wirkten sich tatsächlich auf Alfred Kubins Schaffen negativ aus. So beklagt er in einem 1936 geschriebenen Brief an Egon Hofmann, dass die 1924 erschienene Folge *20 Bibelblätter* beschlagnahmt worden war.[33] Auch seine Zeichnungen standen auf Messers Schneide. Doch er hatte Glück: „Offiziell ist die meinige [Kunst] haarscharf an der sog. ‚Entartung' vorbeigeglitten – und ich

27 Alfred Kubin in einem nicht publizierten Brief an Wolfgang Gurlitt vom 28.7.1947, LENTOS-Archiv.

28 Kasten o. D.

29 Alfred Kubin in einem nicht publizierten Brief an Egon Hofmann, o. D. [vor dem 14.3.1937], LENTOS-Archiv.

30 Vgl. Alfred Kubin in einem nicht publizierten Brief an Egon Hofmann vom 13.10.1938, LENTOS-Archiv.

31 Alfred Kubin in einem nicht publizierten Brief an Egon Hofmann vom 16.1.1938, LENTOS-Archiv.

32 Alfred Kubin in einem nicht publizierten Brief an Egon Hofmann vom 1.10.1937, LENTOS-Archiv.

33 Alfred Kubin in einem nicht publizierten Brief an Egon Hofmann vom 13.10.1936, LENTOS-Archiv.

finde Anerkennung, moralischer wie materieller Art. – Ja in dem letzten Halbjahr melden sich Besuche oft von sehr weit her, die behaupten, ‚entscheidende' Anregungen etc. aus meinen Werken empfangen zu haben – was will man also mehr – Allerdings mein Blick aus dem Fenster zeigt mir in einiger Entfernung ein Arbeitslager von 8 Baracken und man hört Kommandos und Geschimpfe […].“[34]

Die Folgen von Nationalsozialismus und Krieg hielten somit auch Einzug in Kubins ländliche Abgeschiedenheit. Näheres berichtete der Künstler über das Arbeitslager aber nicht. Er hatte sich selbst auch hier die Rolle eines Beobachters aus der Ferne zugedacht. Andererseits monierte er: „Der Tschechenstaat erwarb von mir 3 Originale – da bekommt man wenigstens das Geld – in Deutschland N° 3 aber nicht.“[35] Auch kritisierte er, dass sein 60. Geburtstag nicht gebührend gewürdigt wurde: „[…] als man in Neudeutschland meine Sache möglichst unauffällig zum 60. Hinstellte – bringt das Ausland dieser besonders hochschätzende Zeitschriftartikel [sic!] – so eben Französische, Schweizer und Tschechoslowakische – […].“[36]

Andere Briefe künden von der Anteilnahme am Schicksal der Familienmitglieder und anderer Künstlerkollegen. Sie enthalten räsonierende Gedanken wie den folgenden: „Alles, was sich ereignet, gehört eben in unsre fragwürdige Welt und jedes Ding hat auch sanfte Seiten / Anpassung ist die Weisheit der Natur vom ersten bis zum letzten Hauch –/.“[37]

Ob sich dieses Motto auch vorbehaltlos auf das Dritte Reich anwenden ließ, muss man bezweifeln. Kubin wollte die fragwürdige Zeit offenbar einfach nur ohne gröbere Verluste überstehen.

Wenn man sich mit Alfred Kubins Zeichnungen auseinandersetzt, entdeckt man ein eigenes Bilduniversum. Es erlaubt viel Aufschluss über seine persönlichen Anschauungen und Gedanken. Nach und nach eröffnet sich ein breites Spektrum an narrativen Details und treffsicheren Gleichnissen zur Deutung der Welt, wie Kubin sie sah.

Die Kubin-Sammlung des LENTOS ist Teil des Gesamtœuvres, dessen überwiegender Teil im oberösterreichischen Landesmuseum aufbewahrt wird. Die Gesamtheit aller Kubin-Werke wird heute auf ca. 20.000 Zeichnungen geschätzt.[38] Es kündet vom unermüdlichen Schaffen eines Künstlers, der bis ins hohe Alter geistig rege blieb und durch seine Briefkontakte auch in großer Abgeschiedenheit den Anschluss an die Welt nicht verlor. Seine Zeichnungen stellten seinen Zugang zur Welt dar.

Brigitte Reutner / Geb. 1969 in Waldhausen (Oberösterreich). Studium der Kunstgeschichte an den Universitäten Salzburg und Wien. Seit 2000 Leiterin der Grafik- und Fotosammlung und Ausstellungskuratorin in der Neuen Galerie der Stadt Linz / LENTOS Kunstmuseum Linz. Mehrere Publikationen zur zeitgenössischen Kunst, vor allem zur Grafik- und Fotosammlung des LENTOS Kunstmuseum Linz und zum Stadtmuseum NORDICO; zuletzt erschienen: *Klick! Linzer Fotografie der Zwischenkriegszeit. Von Berufsfotografen, Amateuren und Knipsern. Aus dem Bestand des NORDICO Stadtmuseum Linz, Art brut aus Gugging. Die Sammlung Leo Navratil und spätere Erwerbungen, Auguste Kronheim. Holzschnitte und Zeichnungen, Lassnig – Rainer. Das Frühwerk.*

34 Alfred Kubin in einem nicht publizierten Brief an Egon Hofmann vom 14.11.1938, LENTOS-Archiv.

35 Alfred Kubin in einem nicht publizierten Brief an Egon Hofmann vom 30.1.1937, LENTOS-Archiv.

36 Alfred Kubin in einem nicht publizierten Brief an Egon Hofmann vom 1.10.1937, LENTOS-Archiv.

37 Alfred Kubin in einem nicht publizierten Brief an Egon Hofmann vom 23.1.1939, LENTOS-Archiv.

38 Ferdinand Altnöder, „Öffentliche Sammlungen. Versuch eines Überblicks“, in: *Alfred Kubin. 1877–1959. 100 Jahre Kubins Roman „Die andere Seite“. 50. Wiederkehr des Todestages*, Ausst.-Kat., Galerie Altnöder, Salzburg, Salzburg 2009, o. S.

EMMY HAESELE

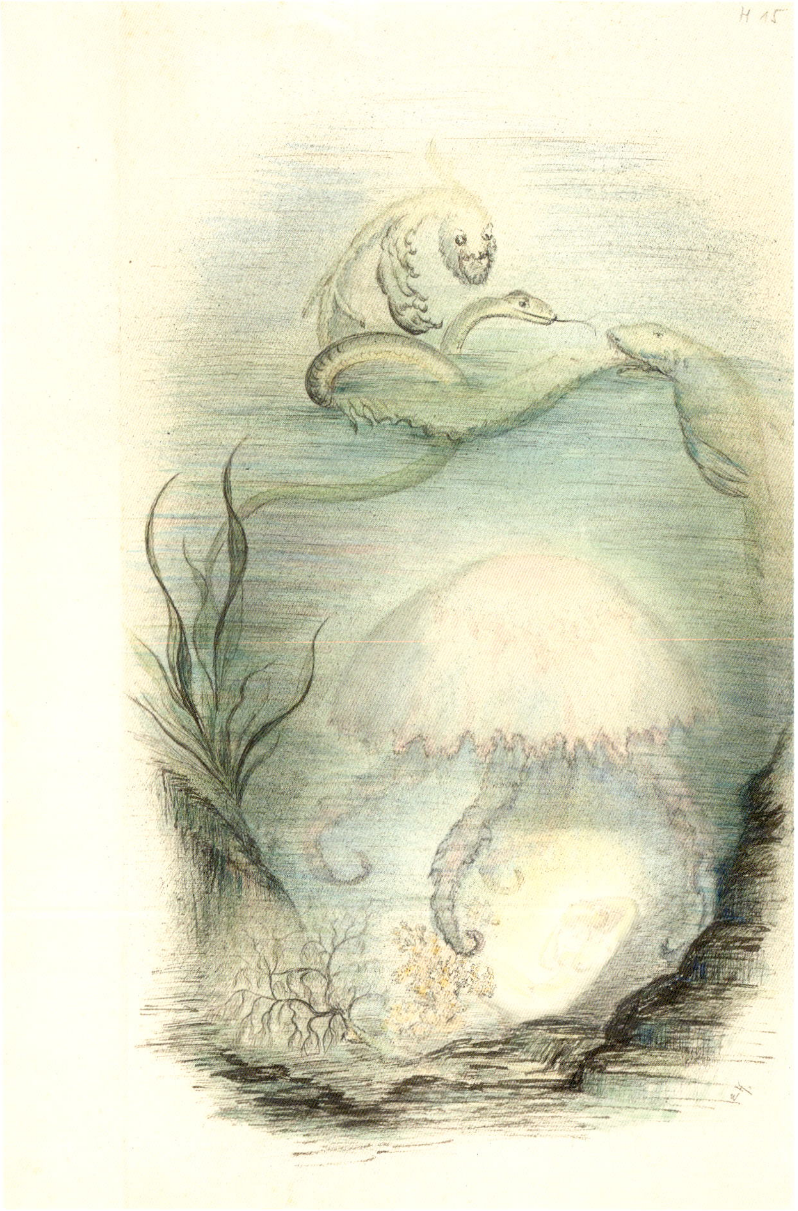

1

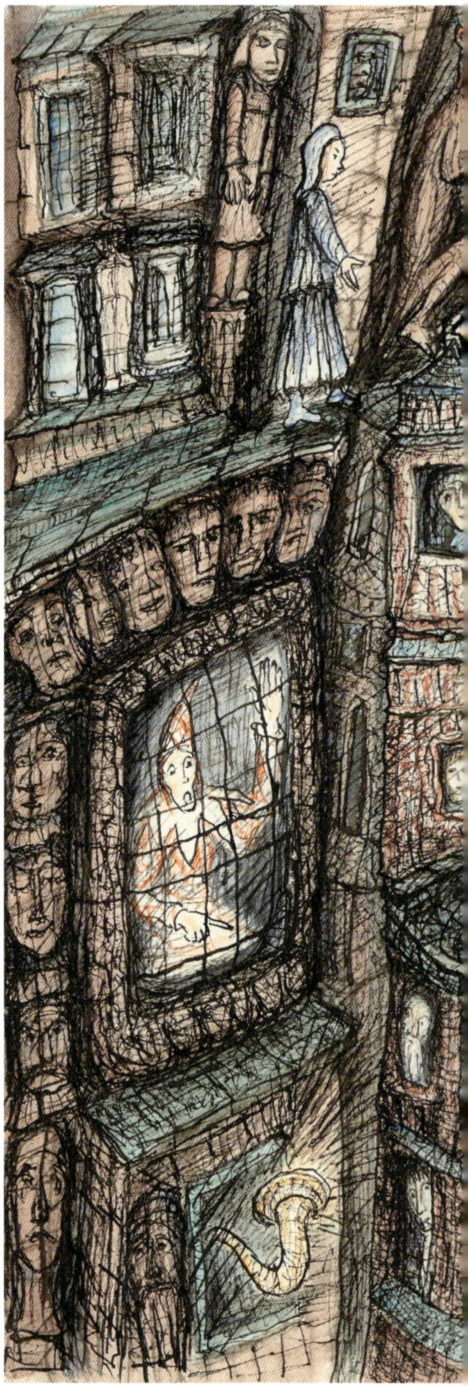

2

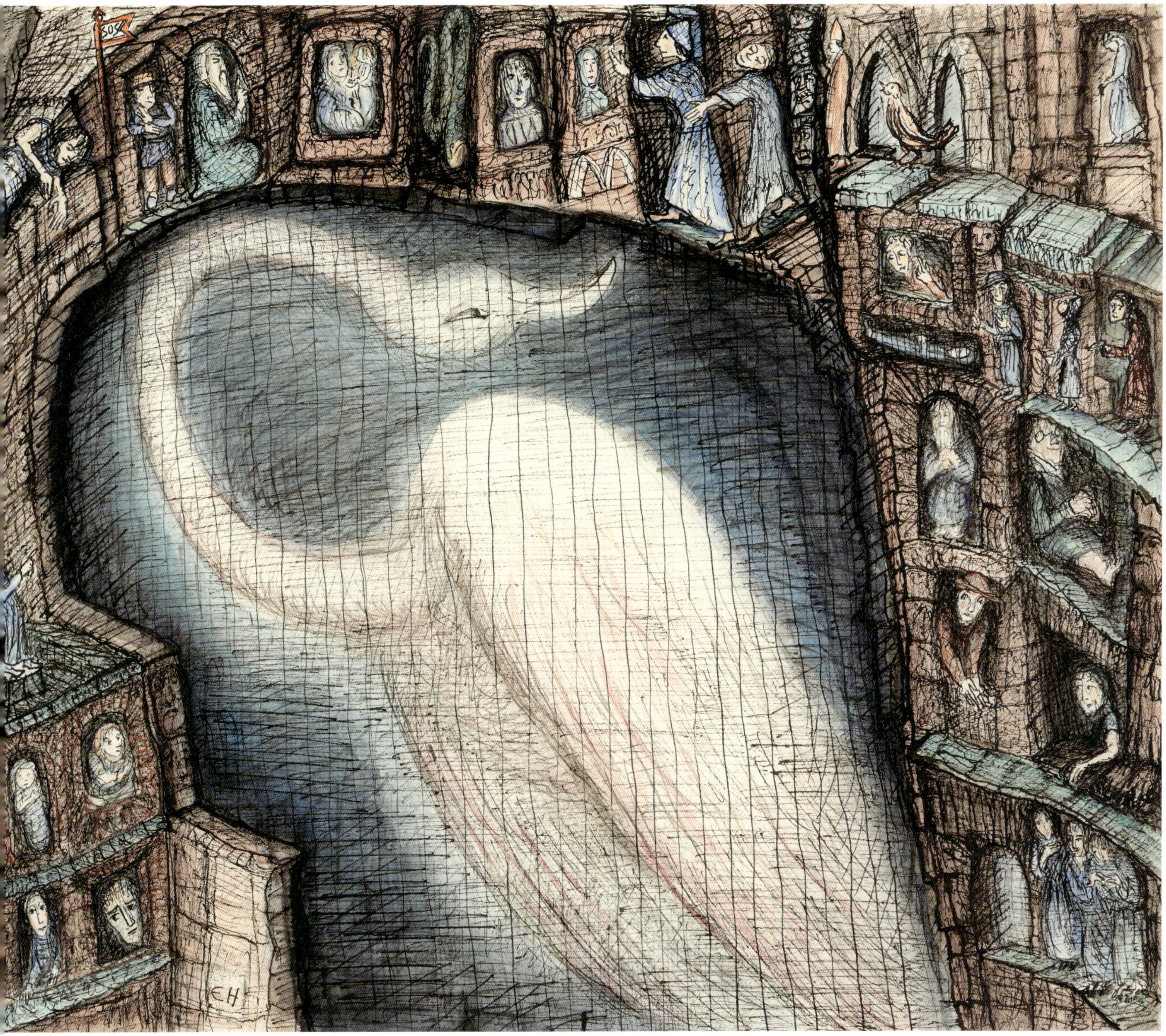

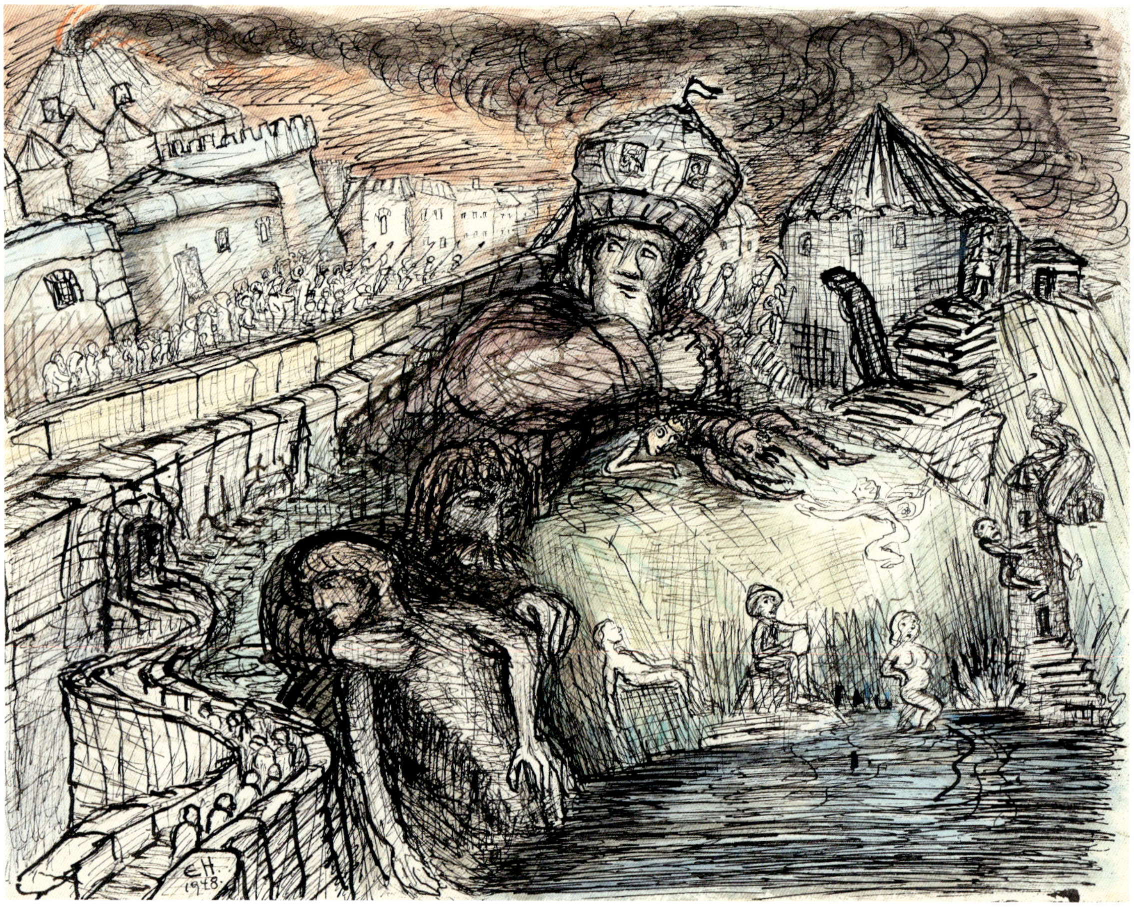

3

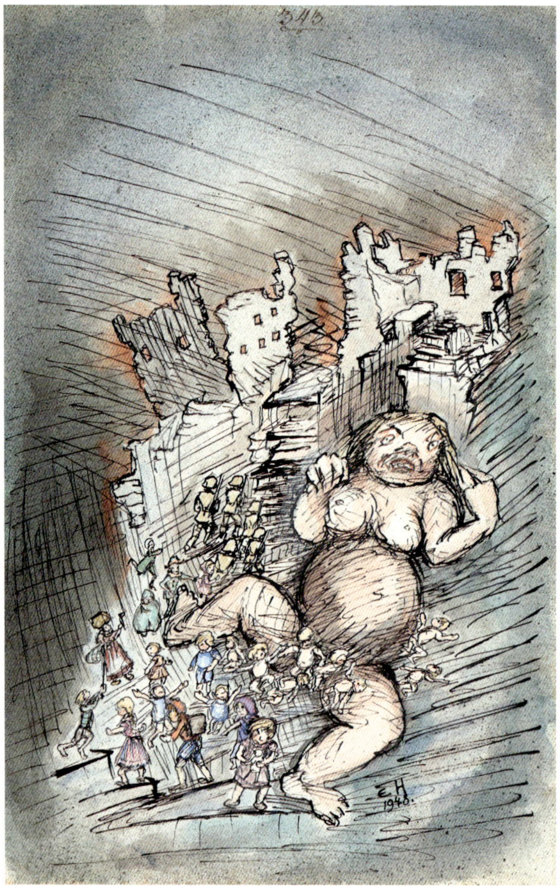

4

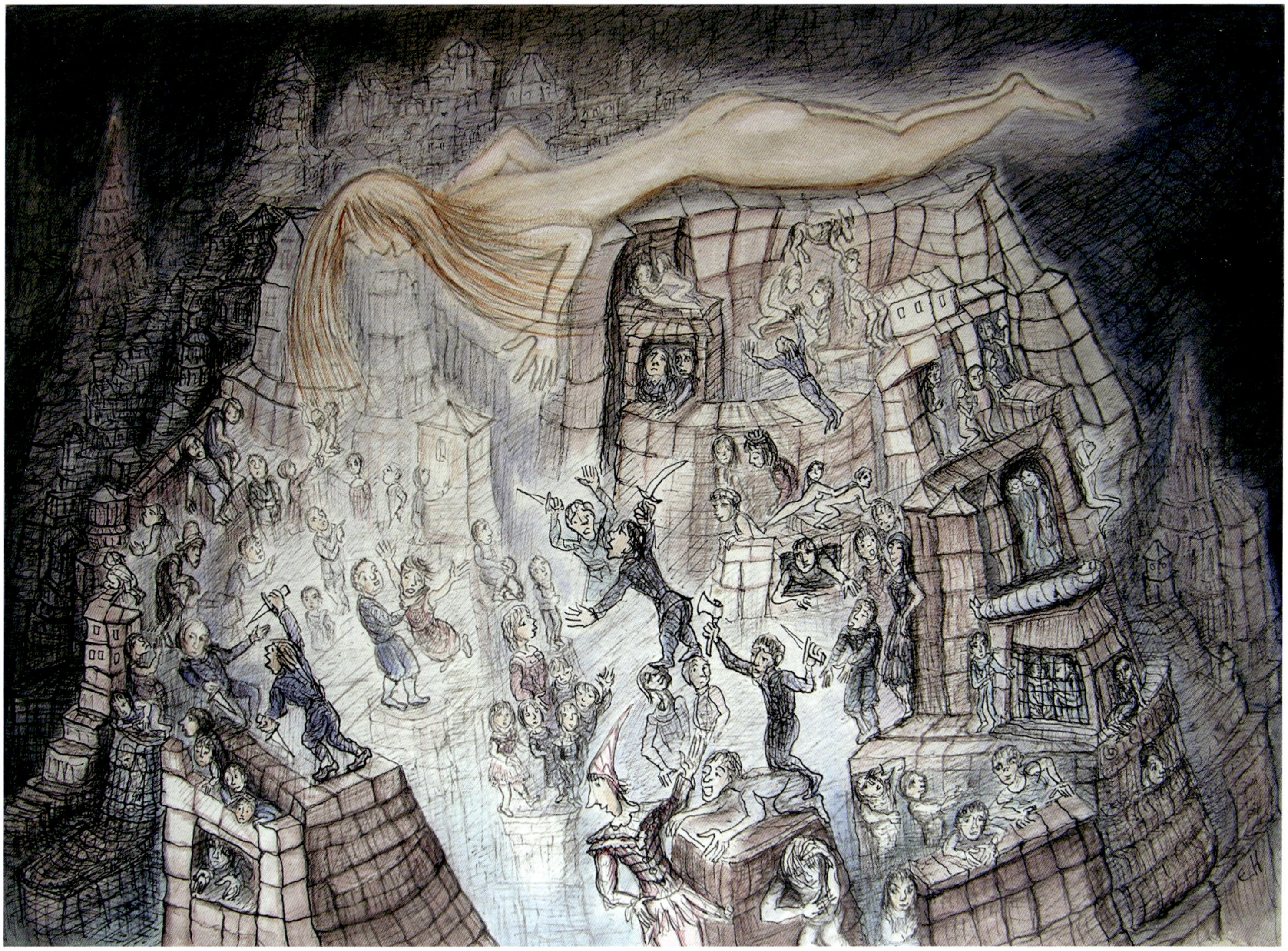

5

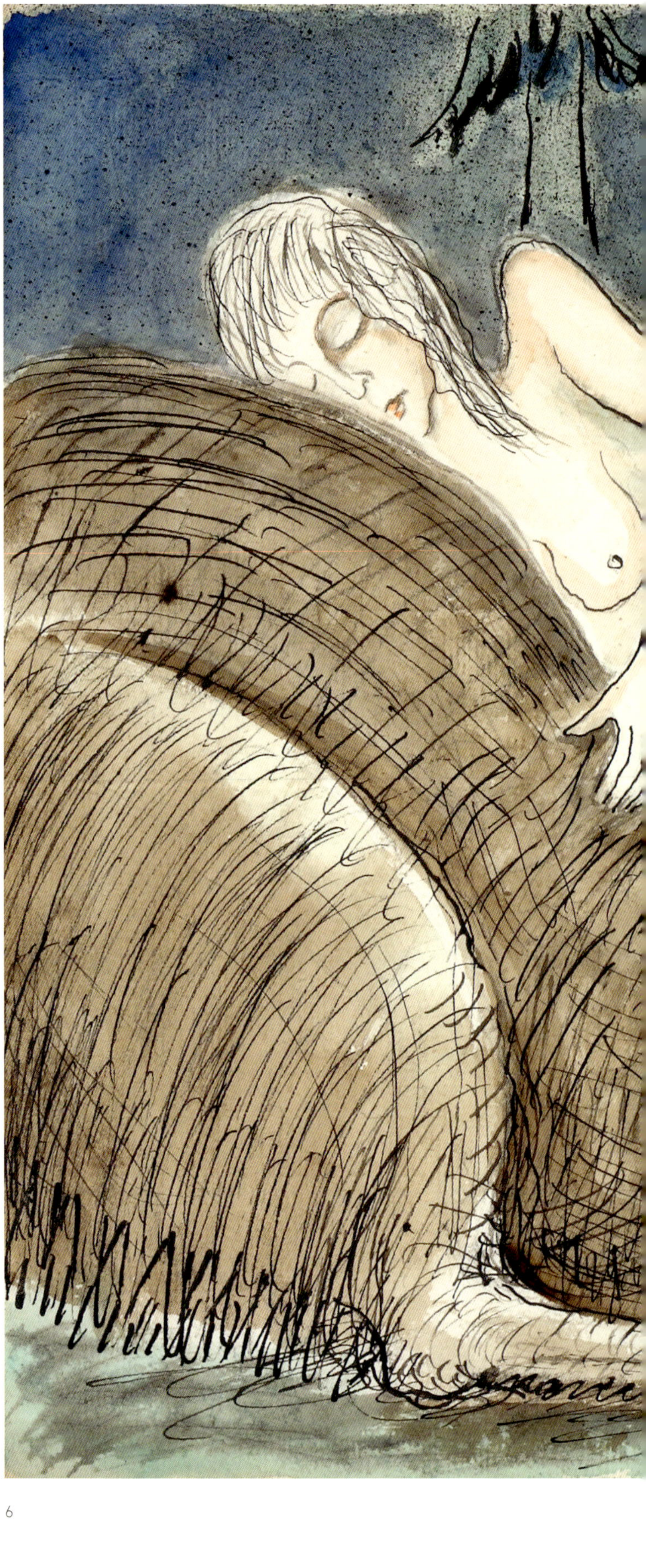

6

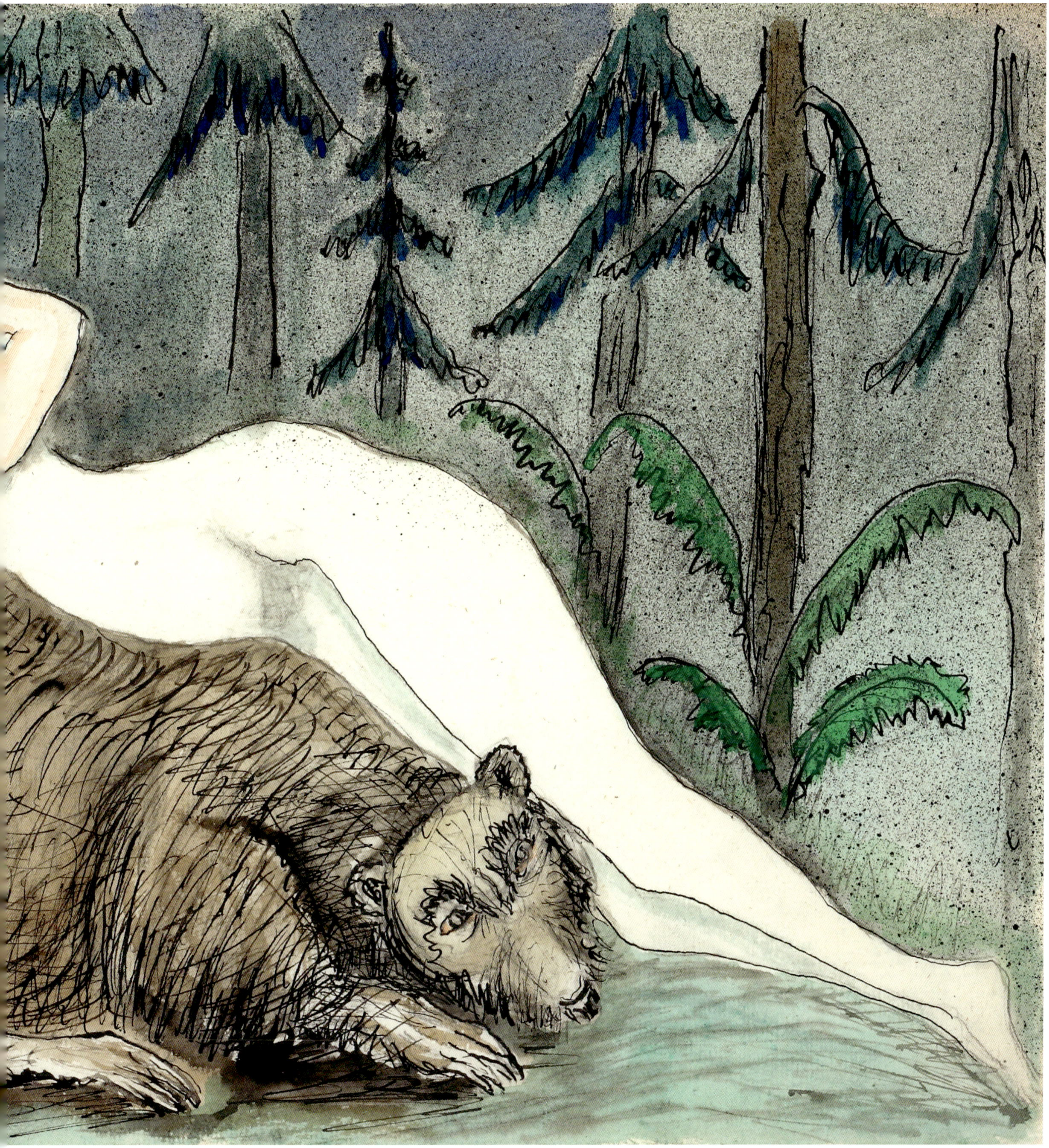

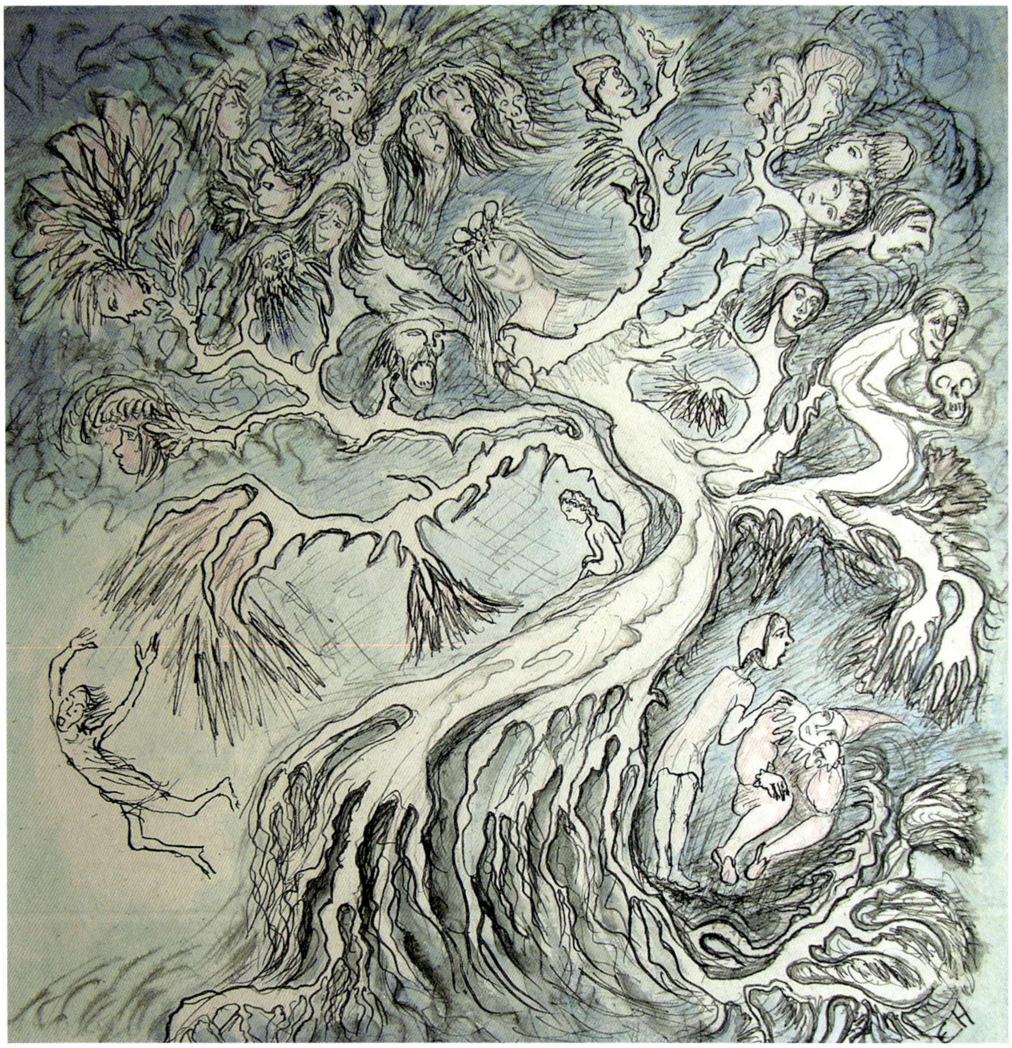

7

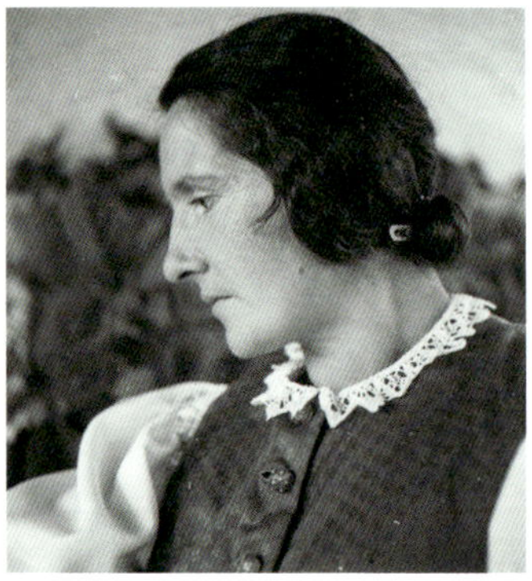

8

1 / **Emmy Haesele**
* 1894 Mödling, Österreich, † 1987 Bad Leonfelden, Österreich
Ohne Titel (Meerprinzessin), um 1937
Feder in Tusche und Aquarell auf Papier, 48,1 × 31,7 cm
Galerie Altnöder, Salzburg

2 / **Emmy Haesele**
SOS, 1963
Feder in Tusche und Aquarell auf Papier, 31,2 × 48 cm
Galerie Altnöder, Salzburg

3 / **Emmy Haesele**
Ohne Titel (Herrscher), 1948
Feder in Tusche und Aquarell auf Papier, 31,2 × 39,3 cm
Galerie Altnöder, Salzburg

4 / **Emmy Haesele**
Ohne Titel (Für den Krieg geboren), 1948
Feder in Tusche und Aquarell auf Papier, 35,8 × 22,5 cm
Galerie Altnöder, Salzburg

5 / **Emmy Haesele**
„Die rote Hexe", undatiert
Feder in Tusche und Aquarell auf Papier, 30 × 40,5 cm
LENTOS Kunstmuseum Linz, Inv.-Nr. G 8525,
erworben 2010 aus dem Nachlass der Künstlerin

6 / **Emmy Haesele**
Ohne Titel (Frau mit Bär), undatiert
Feder in Tusche und Aquarell auf Papier, 29,7 × 40,5 cm
LENTOS Kunstmuseum Linz, Inv.-Nr. G 8523,
erworben 2010 aus dem Nachlass der Künstlerin

7 / **Emmy Haesele**
„Der Maskenbaum", undatiert
Feder in Tusche und Aquarell auf Papier, 32,5 × 32,2 cm
LENTOS Kunstmuseum Linz, Inv.-Nr. G 8524,
erworben 2010 aus dem Nachlass der Künstlerin

8 / FotografIn: unbekannt
Emmy Haesele in Unken, um 1938
S/W-Fotografie, 5,7 × 5,2 auf 6,3 × 6,7 cm
Privatbesitz, Nachlass Emmy Haesele

Ferdinand Altnöder

„MEINE AUFGABE, MIR VOM SCHICKSAL GESTELLT“

Zum Leben, Werk und Umfeld der Künstlerin Emmy Haesele

In einem Briefentwurf an den Galeristen Wolfgang Gurlitt berichtet die Künstlerin Emmy Haesele (1894–1987)[1] von jener Anregung, die um 1931 ihr Leben auf den Kopf stellt: „‚Also zeichnen Sie', sagte Schmitz. Und dieser Satz bewirkte in mir einen heißen Schreck, so als hätte plötzlich eine Empfängnis stattgefunden! Zu Hause angelangt, setzte ich mich sogleich hin und wie in einem Rausch machte ich eine ganze Reihe von Zeichnungen. Kindlich unbeholfen mit bunten Zeichenstiften, absolut dilettantisch.“[2]

Emmy Haesele wird am 8. Juli 1894 als Emma Helene Göhring in Mödling geboren und wächst in einem wohlhabenden Arzthaushalt in Wien mit einer Schwester und zwei Brüdern auf. Das Familienklima ist großbürgerlich-liberal, in der Ausbildung der Kinder freizügig und musisch orientiert. Zahlreiche Vorstellungen, auch düstere Erinnerungen, Träume obsessiver Art, Einsamkeit sowie Gedanken über ihre Existenz, Enttäuschung über Gott und pubertäre Krisen, auch Visionen prägen das Mädchen. Ihr späterer Liebhaber Kubin wurde in seiner Kindheit und Jugend ähnlich stark geprägt. Wie ihre Biographin Barbara Wally schreibt, lernt Emmy Haesele diese psychischen und physischen Extremsituationen „durch ihr späteres intensives Studium der Schriften C. G. Jungs zu deuten und schöpferisch zu gestalten“.[3]

Zu Haeseles jungen Jahren gehören Provokation, Mutproben und waghalsige Motorradtouren. Bei einer Klettertour kommt ihr Bruder Rudolf ums Leben. Im Ersten Weltkrieg dient sie als Rot-Kreuz-Schwester. 1916 heiratet sie ihren Jugendfreund Dr. Hans Haesele, damals Lazarettarzt. 1917 wird ihr Sohn Heinz, 1918 ihre Tochter Lieselotte (Mesi) geboren. 1919 nimmt Dr. Haesele eine Stelle als Sprengelarzt in Unken, einem kleinen Bergbauerndorf im Salzburger Pinzgau, an. Ein Klavier und eine umfangreiche Bibliothek schaffen kulturelles Ambiente, erweitert um einen oft besuchten Freundeskreis in Salzburg. Zu diesem Zirkel gehören Julius Leisching, Direktor des Salzburger Museums, der Historiker Johannes Graf Moy, der Maler Theodor Kern, zuweilen auch Stefan Zweig sowie der Frankfurter Schriftsteller Oscar A. H. Schmitz und seine Frau Emma (Emeline). Manche dieser Freunde waren auch in Unken zu Gast.[4]

---

1 Ein Katalog und zwei Bücher widmen sich ausführlich dem Leben und Werk von Emmy Haesele: Ferdinand und Heidi Altnöder, *Emmy Haesele*, Galerie Altnöder, Salzburg o. J. (1989), Text: Barbara Wally; Barbara Wally, *Emmy Haesele 1894–1987. Leben und Werk*, hg. v. d. Galerie Altnöder mit dem Amt der Niederösterreichischen Landesregierung Kulturabteilung, Salzburg 1993; Brita Steinwendtner, *Du Engel Du Teufel. Emmy Haesele und Alfred Kubin – eine Liebesgeschichte*, Haymon, Innsbruck/Wien 2009.
Alle drei Publikationen benützen hauptsächlich Quellen, die sich im „Nachlass Haesele", dzt. in der Galerie Altnöder (Salzburg) sowie im „Kubin-Archiv" im Lenbachhaus (München) befinden. Kurt Otte, Student, später Apotheker, sammelte seit den frühen 1920er-Jahren Archivalien zu Kubin und gründete 1927 das „Kubin-Archiv". Die Stadt München kaufte dieses Archiv 1971 für die Städtische Galerie im Lenbachhaus, wo es heute von Dr. Annegret Hoberg, der kundigsten Kennerin des Werkes von Alfred Kubin, betreut wird. Die Digitalisierung der Bestände des Kubin-Archivs wurde 2017 in Angriff genommen, 2017/2018 wurden über 80.000 Scans erstellt.
Eine Liste der Quellen findet sich bei Wally 1993, S. 166f. Eine Liste von Haeseles Ausstellungen seit 1986 bietet www.galerie-altnoeder.com/haesele.html (abgerufen am 5.3.2019). Mein Beitrag baut hauptsächlich auf der Monographie von Wally 1993 auf, dazu auf den Quellen im Nachlass Haesele, auf vielen Gesprächen, langjähriger Befassung mit dem Werk der Künstlerin sowie mit Leben und Werk Kubins und seinem Umfeld.

2 Oscar Adolf Hermann Schmitz (1873–1931) war Schriftsteller, Philosoph und Psychoanalytiker, lebte damals in Salzburg und war Freund und Gesprächspartner der Haeseles. Haesele, Briefentwurf an Gurlitt, in dem sie berichtet, wie sie zum Zeichnen gekommen ist, 1948, o. S., Nachlass Haesele.

3 Wally 1993, S. 8.

4 Ebd., S. 13.

Ganz im Zeitgeist der 1920er-Jahre befasst sich das Paar mit philosophischen und theosophischen Schriften, astrologischen Studien, esoterischen und fernöstlichen Lehren, Graphologie, parapsychologischen Phänomenen und psychologischen Strömungen. Zweimal besuchen die Haeseles die „Schule der Weisheit" von Hermann Graf Keyserling in Darmstadt, wo sie Vorträge von Carl Gustav Jung, Hans Prinzhorn, Max Scheler, Hans Driesch, Keyserling selbst und anderen hören. Ihr wichtigster Gesprächspartner im Salzburger Zirkel wird Oscar A. H. Schmitz, ein Schwager von Alfred Kubin, eng vernetzt mit Künstlern, Schriftstellern und Philosophenkreisen. Er vermittelt den Haeseles einen authentischen Zugang zu den Lehren des Schweizer Psychiaters C. G. Jung. Um 1931, an einem der Abende im Salzburger Haus von Schmitz, berichtet dieser über die Arbeitsmethode von Jung, der seine Patienten zeichnen lässt. Emmy Haesele: „Ich machte den Einwand, wie das denn wäre, wenn jemand nicht zeichnen könne. Schmitz sagte, das habe mit Zeichnen-Können nichts zu tun" und zeigt ein Heft mit seinen Zeichnungen. Haesele packen diese Bilder „und die unbekannte geistige Macht, die sich auf diese Weise manifestierte" und sie sagt zu Schmitz, „daß ich mir zutraue, solche Bilder auch zu produzieren". Schmitz darauf mit dem oben zitierten Satz: „Also zeichnen Sie."[5]

Haesele beginnt mit dem Zeichnen und lässt ihrer Phantasie freien Lauf: „Sobald ich die richtige lebendige innere Vorstellung hatte, dann formte sich das Bild zauberhaft von selber."[6] Die ersten Zeichnungen sind deutlich von den Lehren Jungs, seiner Traumdeutung und seiner Symbolik geprägt. Schmitz leiht sich Zeichnungen aus und zeigt sie seinem Schwager Kubin. Eine Einladung nach Zwickledt, dem Wohnsitz der Kubins in der Nähe von Schärding, erfolgt und führt am 20. Mai 1932 zu einer ersten Begegnung von Hedwig und Alfred Kubin mit Emmy und Hans Haesele. Emmy Haesele: „Die Begegnung mit der Welt Kubins wirkte auf mich wie ein Elementarereignis: hier fand ich alle undeutlich und gärend in mir lebenden Phantasievorstellungen verwirklicht!"[7]

Der Besuch zeigt Wirkung. Emmy Haesele möchte sich mit Alfred Kubin „verständigen" und seine Arbeit besser kennenlernen.[8] Briefe werden getauscht. 1933 verbringen die Kubins ihren Sommerurlaub in Unken. Über die freundschaftliche Beziehung der Paare hinaus vertieft sich das Verhältnis zwischen Emmy Haesele und Alfred Kubin. Am 19. August bekennen sie sich zu ihrer Liebe. „Für Emmy Haesele bedeutet ihre Leidenschaft zu Alfred Kubin einen nie zuvor erlebten Gefühlsausbruch und den Umsturz ihres bisherigen Lebensplanes. Sie erlebt die Begegnung als vom Schicksal vorherbestimmt, als immer schon ersehnte Erfüllung ihrer bisher empfundenen Unvollkommenheit."[9] „Bedingungslose Liebe" auch bei Kubin, der mit Emmy Haesele einen Menschen gefunden hat, der ihm im Innersten verwandt ist und den er „unsterblich" liebt: „In der Hauptsache schwebe ich."[10]

Von Kubin übernimmt Haesele unter anderem die „schöpferische Indifferenz" des Philosophen Salomo Friedländer (Mynona), die Kubin schon seit Jahren zu Ausgeglichenheit und Balance verhilft. Haeseles Zeichenstil verändert sich radikal, wird fein in Tusche und Aquarell oder Tusche und Farbstift. Kubin, vor Haesele in Krise und Altersdepression gefangen, erlebt einen neuen Schaffensschub.

Die Korrespondenz von Kubin an Haesele im Kubin-Archiv im Lenbachhaus in München umfasst 368 Inventarnummern. Haeseles Briefe, von Kubin in „meinem abgeschlossenen Schrank (im 9. Fach von oben)"[11] abgelegt, sind bis auf drei, die sich im Kubin-Archiv befinden, verschollen.[12] Kubin schreibt an Haesele als „mein Z.U.W." (Zwillingsurweib) und unterzeichnet mit „Z.U.M." (Zwillingsurmann). Beide erleben ihre Beziehung in Tiergestalt, Kubin als „Ali, der Schimmelhengst", Haesele als „Fatme, die Schimmelstute". Zwei Mal reisen sie gemeinsam in den Böhmerwald.

Hedwig Kubin und Hans Haesele versuchen zu verstehen und zu tolerieren. Unter dem Motto „Hüte das Geheimnis" wird strengste Verschwiegenheit gewahrt.[13] Nahezu zornig schreibt Haesele an Kubin, weil dieser seinen Archivar Kurt Otte in ihre Beziehung einweiht: „Nicht umsonst habe ich Dich vor 2 Jahren angefleht: Hüte das Geheimnis!!!"[14] Brita Steinwendtner schreibt in ihrem Roman: „Niemals erwähnt sie [Haesele] öffentlich ihre intime Nähe zu Kubin, nie brüstet sie sich damit, ihn näher gekannt zu haben. Worüber sie spricht, ist

5 Haesele, Briefentwurf an Gurlitt, 1948, o. S.

6 Ebd.

7 Ebd.

8 Haesele an Kubin, Unken, 8.3.1933, in: Wally 1993, S. 115.

9 Wally 1993, S. 17.

10 Kubin an Haesele, Zwickledt, 28.9.1934, in: Wally 1993, S. 24f.

11 Kubin an Haesele, Zwickledt, 11.11.1933, in: Wally 1993, S. 118.

12 Mündliche Auskunft von Dr. Annegret Hoberg, Kubin-Archiv München, 22.2.2019.

13 Haesele hat einen Teil ihrer Korrespondenz, den sie dem Kubin-Archiv übergab, versiegelt. Ich durfte diese Siegel nach ihrem Tod im Einverständnis mit ihrer Familie öffnen und das Geheimnis lüften.

14 Haesele an Kubin in einer Notiz auf dessen Brief vom 18.12.1935, dem sie ihn zurücksendet, in: Wally 1993, S. 119. Das Motto greift vielleicht auch Kubins Zeichnung *Hütet das Geheimnis* von 1928 auf, abgebildet in: Aukt.-Kat., Dorotheum, Wien 20.5.2003, Lot 140, S. 110.

das Geheimnis seiner Bilder."[15] Eingeweiht sind letztlich neben Kurt Otte die beiden Ehepaare und Hedwigs Schwester Tilly Spier. Hedwig Kubin muss ausziehen, wenn Emmy Haesele anreist, um mit ihrem Geliebten einen intensiven Austausch auch über Kunst, Philosophie, Literatur und sein Werk zu pflegen. Für Hedwig Kubin wird der Zustand allmählich unerträglich. Sie weiß um die Seitensprünge ihres Mannes, von denen auch Haesele im Lauf der Jahre erfährt, denen mit seinen Schwägerinnen Tilly Spier und Emeline Schmitz, unter anderen auch dem mit Maria Waldek,[16] die mir bei einem Besuch in Linz sagt: „Ich war für ihn der Böhmerwald." Vorsichtig auf Kubin angesprochen, meint Waldek nur: „Ein Schlaucherl war er schon." Hedwig empfindet Haesele als Frau, „die ihn behext" wie noch keine und ihn ihr entfremdet. „Warum blickt er auf mich wie ein Mörder?", fragt Hedwig in den Briefen an Hans Haesele und in ihrem Tagebuch.[17] Tilly Spier sowie der Freund und Schriftsteller Hans Carossa in Passau[18] intervenieren bei Alfred Kubin, der einlenkt. Kubin, der Haesele noch im Jänner geschrieben hat: „Du Unbeschreibliche", „Du meine Sonnenmelodie", „Du Spiegel meiner Seele",[19] schlägt ihr Mitte Februar 1936 vor, zum Status ante quo zurückzukehren. „Pack deine Koffer und geh!", soll es geheißen haben. Abschied für immer, Hausverbot. Kubin sucht nach zweieinhalb Jahren entsprechend seiner Weltanschauung, der „schöpferischen Indifferenz", Balance und Ruhe.

Haesele erlebt diese Zurücksetzung als Zusammenbruch ihrer eben erlebten Welt, als schwersten Schock. Steinwendtner dazu: „Alle Jahre, die noch kommen, werden mit diesem Tag verbunden bleiben."[20] „Sie hat auf ihn zugelebt, lange bevor sie ihn kannte. Und als die kurze Zeit ihrer erfüllten Liebe zu Ende war, hat sie auf ihn zurückgelebt, lange bevor sie es wußte."[21] Und: „Eine der schönsten, eine der traurigsten und ergreifendsten Liebesgeschichten des an Künstler-Amouren reichen 20. Jahrhunderts. Bis Februar 1936 läuft ein Geschehen ab, das voll von Dramatik, Glück, Schmerz und Heroismus ist und das nicht zu Ende ist, wenn es zu Ende ist."[22]

15 Steinwendtner 2009, S. 174.

16 S. Walter Zachl, Ferdinand Altnöder, „Maria Waldek (1897–1993). Die Freundin", in: *Alfred Kubin (1877–1959). Zur 125. Wiederkehr des Geburtstages*, Ausst.-Kat., Galerie Altnöder, Salzburg, Salzburg 2002, o. S.

17 Steinwendtner 2009, S. 79.

18 Auskunft von Eva Kampmann-Carossa, der Tochter Carossas, in einem Gespräch mit dem Autor.

19 Kubin an Haesele, Zwickledt, 21.1.1936, in: Wally 1993, S. 120.

20 Steinwendtner 2009, S. 82.

21 Ebd., S. 184.

22 Ebd., S. 47.

Haesele beginnt, intensiv zu zeichnen, thematisiert künstlerisch ihre Verletzung, findet ihre eigene Themenwelt aus ihrer Seelenlandschaft. Auch ihre späteren Motive nehmen Gestalt an: Menschengewimmel mit Ahnen, Mördern und Liebespaaren, phantastische Architektur, Krieg, Tod, Verwüstung und immer wieder dazwischen ein Harlekin oder Eulenspiegel als Gegenfigur, als Hofnarr und auch als positive Kraft, die den Menschen ihren Weg zeigen will. Erste Tiere tauchen auf.

Kubin übernimmt in seinen Blättern 1936/38 Elemente aus den Zeichnungen Haeseles, wie den symmetrischen Aufbau, Kreuzschraffuren, die Konzentration auf wenige große Figuren und eine Vermenschlichung von Tieren.[23] Haesele ist damit die wohl einzige Frau, die Kubin künstlerisch beeinflusst. Kubin lobt in seinen Briefen den „schönsten gefühlsmäßigen Ausdruck", Haeseles Lavieren und ihre „Ausdruckskraft"[24], nicht jedoch die Ästhetik – das künstlerische Gestalten. Die Formgebung ist seine Domäne.

1938 – der Einmarsch Hitlers in Österreich. Emmy Haesele begrüßt den „Anschluss", weniger den Nationalsozialismus, dem ihr Mann und ihr Sohn anhängen. Der Zweite Weltkrieg fordert seinen bitteren Tribut: Sohn Heinz fällt und Dr. Hans Haesele, dessen Leben seinen Sinn verlor, meldet sich zum Kriegsdienst, wird vermisst und später für tot erklärt. Schwiegersohn Heinz Ludwiczek stirbt ebenfalls an der Front. Haesele meldet sich von Oktober 1943 bis Sommer 1944 als Waffenhelferin zur Flak. Sie sucht ein „Gottesurteil" über die Mitschuld am Tod ihres Mannes.[25] Nach dem Krieg, im Juli 1945, wird sie denunziert und wegen Waffenbesitzes und Unterstützung eines SS-Mannes zu einem Jahr, ihre Tochter Mesi wegen Mitwisserschaft zu einem halben Jahr Gefängnis verurteilt. Acht Monate ist Haesele im Gefangenenhaus des Landesgerichts Salzburg inhaftiert. Daheim ist ihre Wohnung geplündert, Kubin-Zeichnungen sind entwendet. Haesele steht vor dem Nichts. Wieder beginnt sie zu zeichnen, Kunst soll ihr Brotberuf werden und ihre Tochter später finanziell absichern. Von Unken zieht Haesele 1948 nach Bad Aussee, von dort 1956 nach Wien, um ihre Mutter und ihren Enkel Herbert zu betreuen. An beiden Orten findet sie neue Kreise und Kontakte. Schließlich übersiedelt die Künstlerin 1979, pflegebedürftig geworden, nach Bad Leonfelden zu ihrer Tochter Mesi.

23 Annegret Hoberg zur Kubinzeichnung *Die Schildkröte* (1936), in: Annegret Hoberg (Hg.), *Alfred Kubin 1877–1959*, Ausst.-Kat., Städtische Galerie im Lenbachhaus, München, Hamburger Kunsthalle, o. O. 1990, S. 368.

24 Wally 1993, S. 27.

25 Haesele an Baronin Helene von Thienen-Adlerflycht, 8.9.1948, in: Wally 1993, S. 131.

In den Jahren zuvor fährt Haesele des Öfteren nach Wernstein, umkreist Zwickledt und leidet an ihrer Liebe. Sie möchte nach dem Tod von Hedwig 1948 Kubin besuchen und wird an der Schwelle abgewiesen. Briefe bleiben möglich, auch kleine Geschenke von ihr. Zu Weihnachten und zum Geburtstag schenken sich beide Originale. Das geht bis 1952. Kurz zuvor, Ende 1950, konvertiert Haesele zum katholischen Glauben, begleitet von Pfarrer Samhaber in Wernstein, der engen Kontakt zu Kubin hat.[26] Haesele will sich von diesem endgültig lösen und bittet den Pfarrer, Kubin mitzuteilen, dass jeglicher Briefkontakt mit ihr eingestellt werden soll. Der Platz, den Kubin in ihrem Herzen eingenommen hat, ist nun einer, der „Gott allein gebührt".[27] Ihre lange Auflehnung gegen Gott hat ein Ende. Zu ihrer früheren Motivik mit Geburt, Wiedergeburt, Leben wie in einem Gefängnis und Einsamkeit kommen nun biblische Themen. Die großen Tiere, zuvor Träger menschlicher Emotionen, mutieren in babylonischen Szenen zu Allegorien von Laster und Tugenden. Der Harlekin steht nun für Erlösung und Christus. Die Bewegung im Bild strebt häufig nach oben, zum Licht. Doch auch das Anekdotische und die Katastrophenbilder bleiben. Außerdem werden aktuelle Themen wie Abtreibung oder der Kalte Krieg aufgegriffen.

Mit Dr. Kurt Otte[28] und Wolfgang Gurlitt sind inzwischen zwei weitere Personen in Haeseles Leben wichtig geworden. Otte (1902–1983), eingeweiht in das Liebesgeheimnis, hält in reger Korrespondenz Kontakt zu Emmy Haesele. Sie schreibt ihm ihre Vita und berichtet ihm vieles von Kubin. Sie verwöhnt Otte mit Post für sein Archiv, Briefen von Kubin und seinem Umfeld, mit Zeichnungen, Archivalien und Neuigkeiten. Beide begleiten sich in ihren Lebensgeschichten.

1947 lernt Emmy Haesele in Bad Aussee den Münchner Kunsthändler, Verleger und Sammler Wolfgang Gurlitt (1888–1965) kennen, der zu dieser Zeit die Gründung eines Museums in Linz vorbereitet. Von der Korrespondenz zwischen Gurlitt und Haesele sind im Nachlass Haesele nur wenige Stücke erhalten. Für die Forschung kommt erschwerend hinzu, dass die Erben Gurlitts nach dessen Tod „zwei Tonnen Unterlagen" vernichten, wie mir Gurlitts Schwiegersohn Orlando Cedrino bei einem der Treffen in München zwischen 1995 und 1997 berichtet.[29] Haesele wird Thema im Briefwechsel Kubins mit Gurlitt.[30] Gurlitt muss Kubin von Haeseles Werk als einem „Phänomen nach Art der Hypnose" geschrieben haben. Kubin: „Es ist wahrscheinlich, dass durch meine Produktion von E. H. anlehnend an diese, Elementares geweckt wurde." Kubin sieht in ihrem Werk mehr „Erscheinung", „Elementares", „seelische Leistung", „Schwankendes", „Traumartiges",[31] „mehr und weniger wie Kunst".[32] „Ich aber bin froh wenn ich solche ‚Schau' durch Formung überwinde um nicht diesem Schwankenden Traumartigen völlig anheimzufallen"[33] – ein Keil, den Kubin zwischen seine Auffassung von Kunst und das von ihm nur als emotionales Schaffen beurteilte Werk seines „Zwillingsurweibes" treibt. Haesele würde solches Verhalten Kubins als „Fußtritt"[34] bezeichnen, hat er doch in mindestens 14 Briefen ihre zeichnerische Arbeit gewürdigt.[35] Kubin hat, so teilt er Gurlitt weiter mit, Haesele empfohlen, in Salzburg „ähnlich den Malerinnen wie überall – kleine Ausstellungen anzustreben. Die Zeit ist so dass sie mindestens Interesse mit ihrer Produktion beim Beschauer erwecken kann."[36] „Sehr freuen würde es mich, wenn Sie ihr deren äusseres Leben so viel Schweres hatte irgendwie helfen können."[37]

1948 stellt Gurlitt als Erster in der Kleinen Bücherei seiner Neuen Galerie in Linz das Werk von Haesele aus. Gurlitts Vorschlag, dass Kubin zur Ausstellung ein paar einführende Wort schreiben soll, lehnt Haesele ab: „Zu viele der mühsam eingegrabenen Gefühle würde[n] da aufgewühlt, ein sogenannter ‚objektiver' Standpunkt ist da überhaupt nicht möglich."[38] An Gurlitt schreibt Haesele 1948: „[…] denn jetzt erst, seit ich mich ganz diesem Schaffenszwang hingegeben habe, erst jetzt weiß ich, daß ich die mir vom Schicksal gestellte Aufgabe erfülle. Ein Glücksgefühl sondergleichen u. eine innere Befriedigung sind mir gültige Bestätigung."[39]

26 Die Kunstsammlung Samhabers umfasst u. a. an die 600 Werke von Kubin.

27 Haesele an Otte, Bad Aussee, 22.1.1951, in: Wally 1993, S. 141.

28 Die Korrespondenz Haesele/Otte im Nachlass Haesele umfasst die Jahre 1933 bis 1983. Neben Briefen von Otte enthält sie Kopien einiger Haesele-Briefe, Zeitungsausschnitte und Fotos.

29 Unsere Galerie Altnöder hat von Cedrino 16 Zeichnungen von Haesele, Werke von Margret Bilger, Hans Fronius und Kubin erworben.

30 Die Briefe von Kubin an Gurlitt werden im LENTOS Kunstmuseum Linz aufbewahrt. Die mir als Manuskript vorliegende und transkribierte Korrespondenz zählt 146 Inventarstücke aus den Jahren 1943 bis 1953, Archiv Galerie Altnöder.

31 Kubin an Gurlitt, Zwickledt, 16.1.1948.

32 Kubin an Gurlitt, Zwickledt, vermutlich 5.1.1948.

33 Kubin an Gurlitt, Zwickledt, 16.1.1948.

34 Haesele gebraucht diesen Ausdruck in der Korrespondenz mit Otte mehrfach, wenn sie Kubins Verhalten ihr gegenüber kritisiert, u. a. in: Haesele an Otte, Bad Aussee, 27.10.1948, in: Wally 1993, S. 133.

35 Haesele an Otte, Wien, 4.11.1961, in: Wally 1993, S. 149.

36 Kubin an Gurlitt, Zwickledt, vermutlich 5.1.1948.

37 Kubin an Gurlitt, Zwickledt, 16.1.1948.

38 Haesele an Gurlitt, 16.1.1948, handschriftliche Kopie ihres Briefes, Nachlass Haesele.

39 Haesele an Gurlitt, Briefentwurf 1948.

Der Hüter des Kubin-Archivs, Dr. Kurt Otte, möchte zunächst mit Gurlitt auf keinen Fall zusammenarbeiten,[40] bevor es nicht zu einer Aussöhnung kommt.[41] Gurlitt wird für Otte „wirklich der einzige, der sich rührt und etwas für die Kunst tut".[42] Von den Plänen Gurlitts, in Linz ein weiteres Kubin-Archiv zu gründen, will Kubin nichts wissen. Otte sagt Gurlitt trotzdem seine Unterstützung zu,[43] später nicht für ein Archiv, aber für eine „Kubinstube".[44] Der Magistrat stellt zunächst keinen Raum zur Verfügung.[45] Im April/Mai 1951 kommt es allerdings zur feierlichen Eröffnung eines „Kubin-Kabinetts", bei der Bürgermeister Koref anwesend ist. Über weitere Aktivitäten dieses Kabinetts ist derzeit nichts bekannt.

Die Wege Ottes und Gurlitts kreuzen sich des Öfteren. Da ein Schweizer Verleger ausfällt, plant Otte die Neuausgabe von Kubins Buch *Die andere Seite* und verhandelt mit Verleger Ernst Rowohlt.[46] Gurlitt nutzt die Gelegenheit, gibt den Roman 1952 zum 75. Geburtstag des Autors im eigenen Verlag heraus und erfüllt damit dringende Wünsche von Kubin und Otte.[47] Otte möchte mit Gurlitt einen Kubin-Katalog über sein Archiv herausbringen. Er schreibt über Gurlitt, dass dieser „sich um das Kubin-Werk sein Lebtag die grösste Mühe gab",[48] und lobt seine Publikationen: „Ja, was der Herr Gurlitt unternimmt, hat in jedem Falle Geschmack und Format."[49] Das geplante Werk über Kubin, für Otte damals „die Krönung des Otte-Daseins im 20. Jahrhundert!",[50] erscheint allerdings erst 1957, herausgegeben bei Rowohlt.[51] Als Autor wird – als Verletzung wahrgenommen – Ottes Mitarbeiter Paul Raabe angeführt, nicht er als Gründer und Inhaber des Kubin-Archivs selbst.

Gurlitt hat inzwischen in Linz seine „Neue Galerie der Stadt Linz. Gründer und Leiter Wolfgang Gurlitt" 1947 mit einer Kubin-Ausstellung provisorisch, dann 1948 offiziell eröffnet. Er verkauft der Stadt 1953 außerdem seine Kubin-Sammlung. Diese bringt ihm 240.000 Schilling, wenn auch „nicht alle Stücke von Gurlitt entsprechend übergeben werden konnten", wie man in Linz kritisch anmerkt.[52] Zur Kubin-Sammlung gehören über 100 Bücher, die der geplagte Künstler von ca. 1924 bis 1951 für Gurlitt mit Widmungszeichnungen versehen hat.[53] Als die Linzer Stadtverwaltung zu der Ansicht kommt, dass Gurlitt solche Widmungsblätter aus den verkauften Büchern entfernt habe, widerruft Bürgermeister Koref, auch unter Anführung anderer Gründe, die Übertragung der ehrenamtlichen Leitung der Neuen Galerie an Gurlitt. Ein paar Jahre zuvor hat Otte Gurlitt einmal so charakterisiert: „Dass er nicht angenehm ist weiss ich, wissen wir alle. Aber dagegen kann man sich ja schützen."[54]

Pech haben Gurlitt und sein Mitarbeiter Walter Kasten auch, als sie 1954 Kubins Werk und Nachlass gegen eine monatliche Rente erwerben wollen. Wie Kubins Haushälterin Cilli Lindinger berichtet, nähert sich Kasten Kubin über den Vorschlag eines Filmprojekts, will aber, wie Kubin argwöhnt, gegen eine günstige Leibrente an sein graphisches Werk kommen. Über Kubins Haushälterin[55] wird Pfarrer Samhaber informiert, über diesen wiederum Otto Mauer, der seine Beziehungen aktiviert, sodass Kubin 1955 sein Werk in einem Schenkungsvertrag der Republik Österreich überlässt. Kubin erhält dafür eine Leibrente von 3.000 Schilling monatlich. Kasten, der schon einen Vertrag vorbereitet hat, muss unverrichteter Dinge abziehen.[56] Auch Haesele hat mehrfach erfahren, dass das Interesse des Kunsthändlers Gurlitt nicht nur ihrem Werk, sondern auch ihrer Kubin-Sammlung gilt – „worauf es ihm ankommt", wie sie kritisch anmerkt.[57] Haesele ist und bleibt für Gurlitt, für Otte, für andere Sammler und für das Dorotheum in Wien eine wichtige Quelle und Ansprechpartnerin in Sachen Kubin.

Das Werk der Künstlerin findet Interesse. Gurlitt hat sich für ihre Zeichnungen entschieden und zeigt in ihrer ersten

40 Otte an Haesele, Hamburg, 11.9.1949. Briefe Otte an Haesele, dazu Durchschläge der Briefe Haesele an Otte befinden sich im Nachlass Haesele und im Kubin-Archiv.

41 Haesele an Otte, Bad Aussee, 9.10.1950, in: Wally 1993, S. 140.

42 Otte an Haesele, Hamburg, 26.3.1950.

43 Otte an Haesele, Hamburg, 12.3.1950.

44 Otte an Haesele, Hamburg, 26.3.1950.

45 Haesele an Otte, Bad Aussee, 22.1.1951, Kopie.

46 Otte an Haesele, Hamburg, 12.3.1950.

47 Otte an Haesele, Hamburg, 17.12.1951.

48 Otte an Haesele, Hamburg, 4.1.1951.

49 Otte an Haesele, Hamburg, 1.8.1951.

50 Otte an Haesele, Hamburg, 1.8.1951.

51 Paul Raabe, *Alfred Kubin. Leben, Werk, Wirkung*, Rowohlt, Hamburg 1957.

52 Walter Schuster, *Die „Sammlung Gurlitt" der Neuen Galerie der Stadt Linz*, Archiv der Stadt Linz, Linz 1999, S. 45f.

53 Ferdinand Altnöder, „Ein ‚skatologischer Hülfe'-Schrei ...", in: *Alfred Kubin 1877–1959. 100 Jahre Kubins Roman „Die andere Seite". 50. Wiederkehr des Todestages*, Ausst.-Kat., Galerie Altnöder, Salzburg, Salzburg 2009, o. S.

54 Otte an Haesele, Hamburg, 26.3.1950.

55 Davon abweichend hat Christin Fronius dem Autor berichtet, dass ihr Mann Hans Fronius anstelle der Haushälterin involviert war.

56 Geschildert im Manuskript: „Cilli Lindinger, Schenkungsvertrag zwischen Kubin und der Republik Österreich", in: *Cilli Lindinger, Erlebnisse mit Prof. Kubin von Cilli Lindinger am 14.I.1937 bis 20. VIII.1959 im Dienste geschrieben 1962–1963 durch Anraten des Pfr. Samhaber der am 18.1.1967 gestorben ist*, Archiv Galerie Altnöder. Cilli Lindinger lebte1908 bis 1982.

57 Haesele an Otte, Wien, 27.3.1961, in: Wally 1993, S. 148; auch: Haesele an Otte, Bad Aussee, 28.7.1960, in: ebd., S. 146; Gurlitt an Haesele, München, 17.2.1961, in: ebd., S. 148.

Ausstellung vom Mai bis Juni 1948 32 Arbeiten in der „Kleinen Bücherei" der Neuen Galerie der Stadt Linz.[58] In einer *Kunstausstellung* der Galerie ist Haesele 1949 – neben Faistauer, Klimt, Kokoschka, Kubin, Schiele und anderen – mit fünf Arbeiten in Bad Aussee vertreten. Mit einer *Gastausstellung der Galerie Gurlitt* folgt 1951 eine Präsentation der Künstlerin in der Neuen Galerie am Landesmuseum Joanneum in Graz mit 59 Bildern. Der junge Ernst Fuchs, mit dem Haesele Freundschaft geschlossen hat, stellt sie zehn Jahre später in seiner kleinen Wiener Galerie vor. Weitere Präsentationen in den Wiener Galerien Fuchs-Fischhof, Basilisk und Schwarzer, in der Wert-Galerie sowie in Feldkirch, Hallein, Bad Leonfelden, Piberstein, Bad Aussee und Salzburg folgen.[59] Einige Jahre ist Haesele in der Wiener Szene unterwegs, so in der Galerie nächst St. Stephan und anderen Galerien, in Museen, auf Vernissagen und im Café Hawelka. Mit Monsignore Mauer beschäftigt sie ein Disput, da dieser behauptet, Kubin habe einen Pakt mit dem Teufel geschlossen. Haesele dazu: „Im Gegenteil: A. K.'s Schaffen war ein Dienst im Auftrag Gottes!" Kubin habe den Menschen wie in einem Spiegel die Abgründe gezeigt.[60]

Haeseles Präsentationen in der Galerie Schwarzer haben auch mir das Werk der Künstlerin bekannt gemacht. Auf den Spuren Kubins hat unsere Galerie Haesele ein paar Jahre später wiederentdeckt und 1987 in Salzburg und in Bad Aussee gezeigt, zu ihrer Freude, wie sie uns sagte, „ihre unbedingt letzten Ausstellungen". Im gleichen Jahr stirbt Emmy Haesele nach einem Unfall in Bad Leonfelden. Haupterbin wird ihre Tochter Mesi Ludwiczek[61] und nicht das Kubin-Archiv, wie es früher in der Korrespondenz mit Otte angedacht war. Seit Haeseles Tod betreut unsere Galerie ihren künstlerischen Nachlass und ihr Archiv in Zusammenarbeit mit ihrer Familie, publiziert und stellt aus.

58 Folder Nachlass Haesele, Archiv Galerie Altnöder, Kubin-Archiv; *Emmy Haesele*, Neue Galerie der Stadt Linz, Mai–Juni 1948, Vorwort von Ernst Köller, Kleine Gurlitt Bücherei, Linz 1948.

59 Im Nachlass Haesele finden sich zudem Hinweise auf einige kleinere Ausstellungsbeteiligungen. Eine Liste dazu ist in Arbeit.

60 Haesele an Otte, Wien, 11.10.1959, in: Wally 1993, S. 144; siehe auch: Haesele an Otte, Wien, 17.1.1960, in: ebd., S. 145f.

61 Steinwendtner 2009, S. 178.

Das letzte Wort habe die Künstlerin: „Ich fühle mich ganz demütig als das höchst unvollkommene Werkzeug einer höheren Macht, die sich meiner unzureichenden Hand bedient, um einen Fingerzeig in jene andere Welt zu geben".[62]

Ferdinand Altnöder / Geb. 1947 in Schwandorf (Bayern). Studium der Theologie an der Philosophisch-Theologischen Hochschule St. Gabriel, Mödling, Magister der Theologie. Fünf Jahre Redakteur bei der *Wiener Kirchenzeitung*, 15 Jahre Redakteur bei der Kooperation der Kirchenzeitungen Westösterreich mit Schwerpunkt Weltkirche. 1984 Gründung der Galerie Altnöder in Salzburg mit Frau Heidi, Ausstellungstätigkeit mit über 350 Präsentationen bis 2014, seither Büro Galerie Altnöder, Salzburg. Schwerpunkt der Galerietätigkeit ist die österreichische Moderne von 1900 bis zur jüngsten Gegenwart. Intensive Befassung mit Alfred Kubin und seinem Freundeskreis (u. a. Nachlässe Fritz von Herzmanovsky-Orlando, Emmy Haesele), mit Art brut (Gugging), Fritz Wotruba und seiner Schule (Nachlass Otto Eder) und Einzelpositionen wie Maria Bussmann, Christian Eisenberger, Bruno Gironcoli, Johanna Kandl, Alois Mosbacher, Oswald Oberhuber, Florentina Pakosta, Gerhard Rühm, Ingeborg Strobl, Thomas Stimm, Elmar Trenkwalder, Lois Weinberger etc.

62 Haesele, Briefentwurf an Gurlitt, 1948, o. S.

MARGRET BILGER

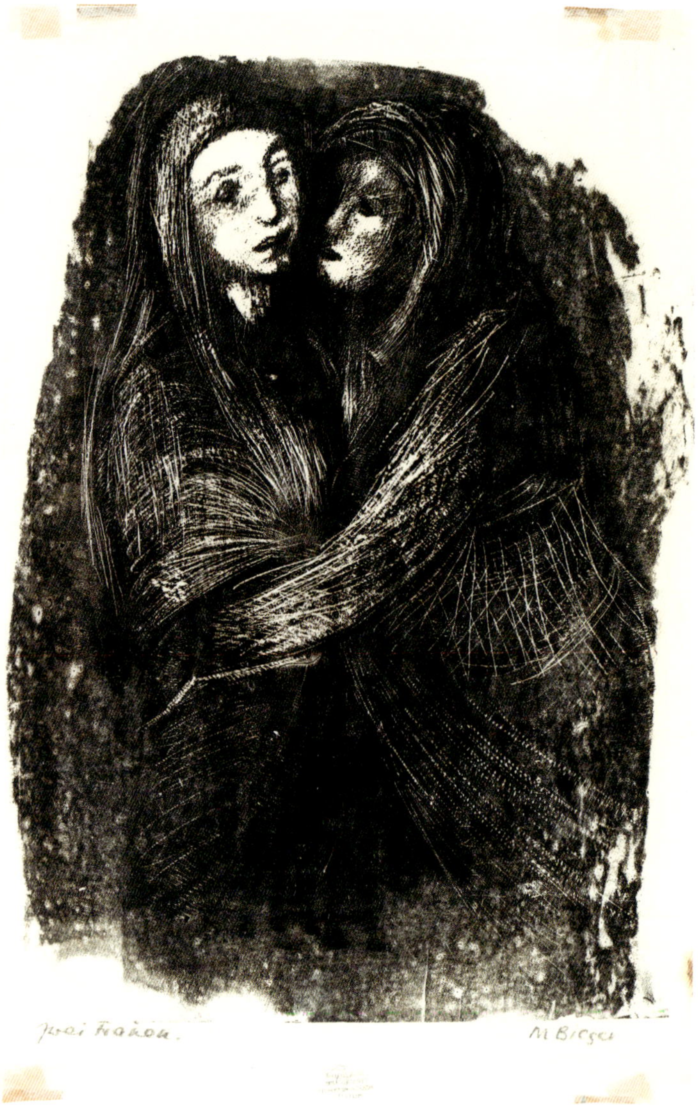

1

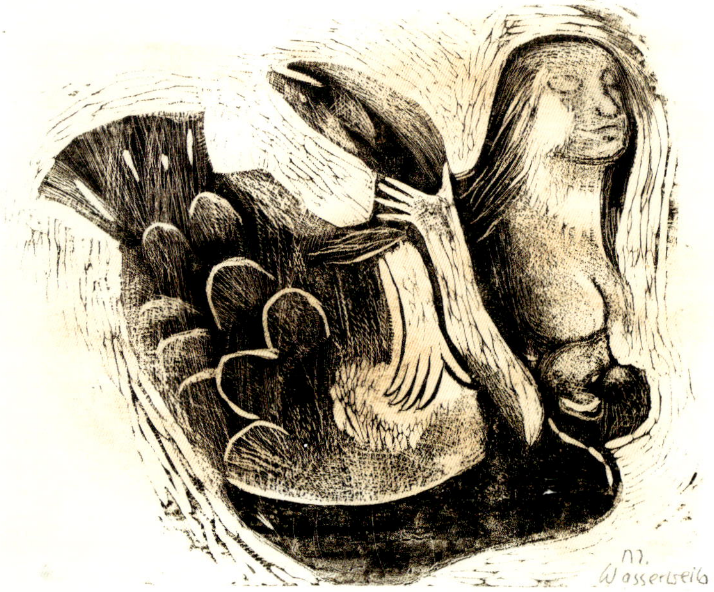

2

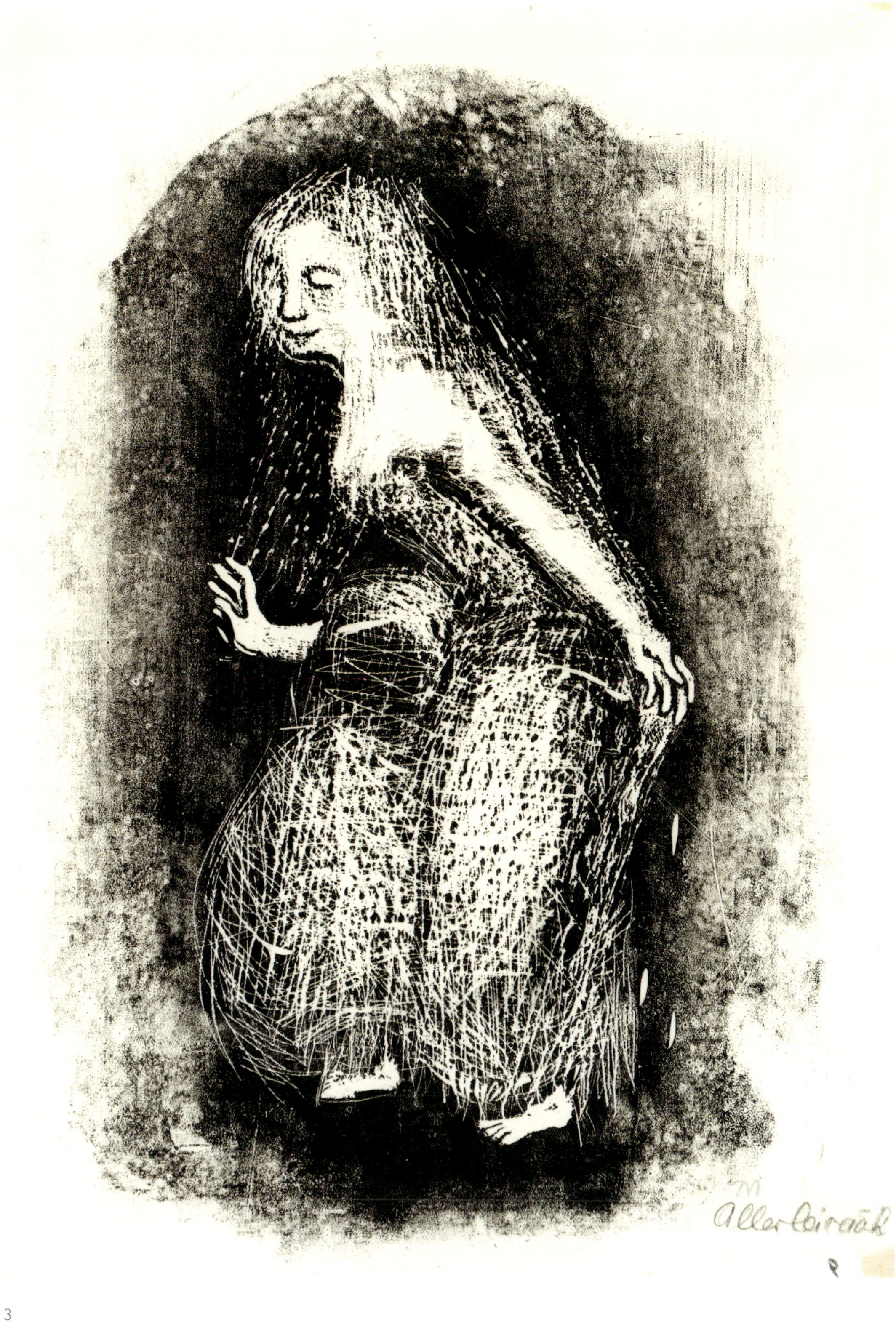

3

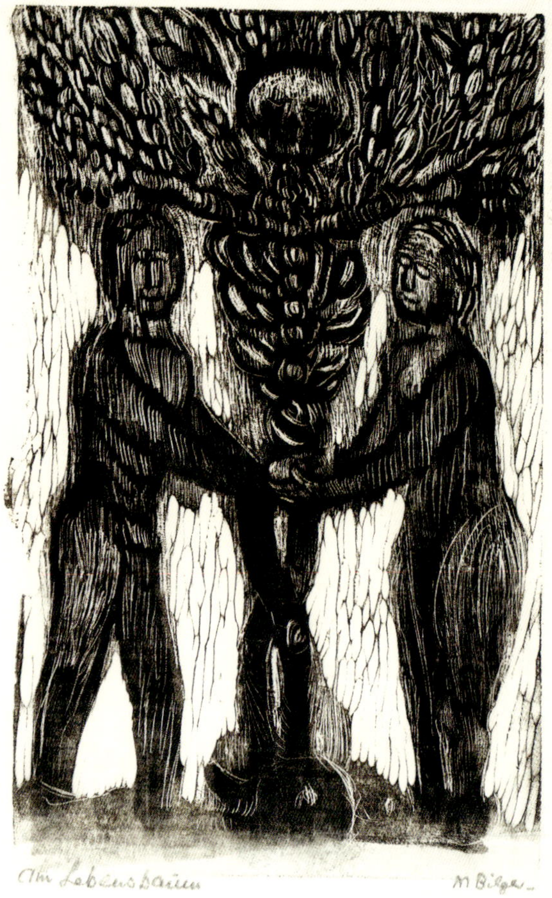

4

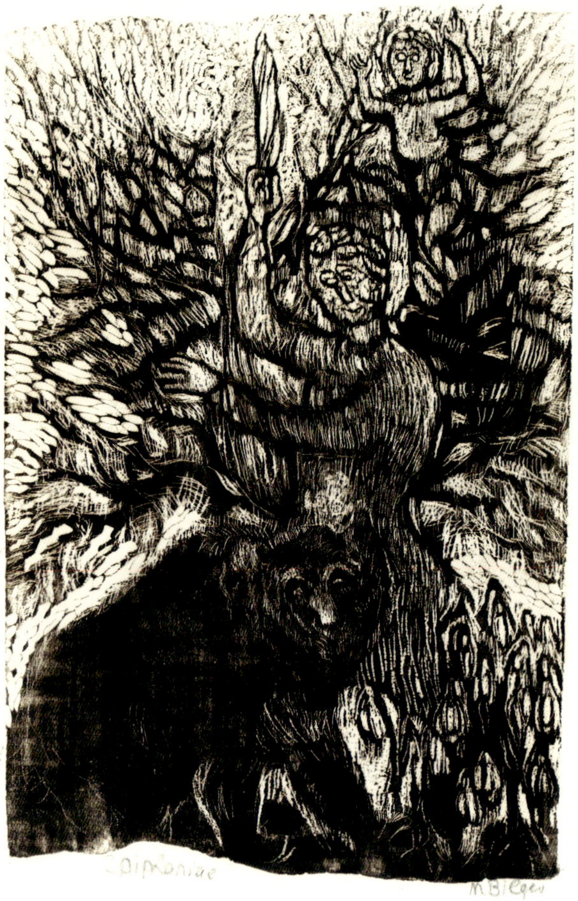

5

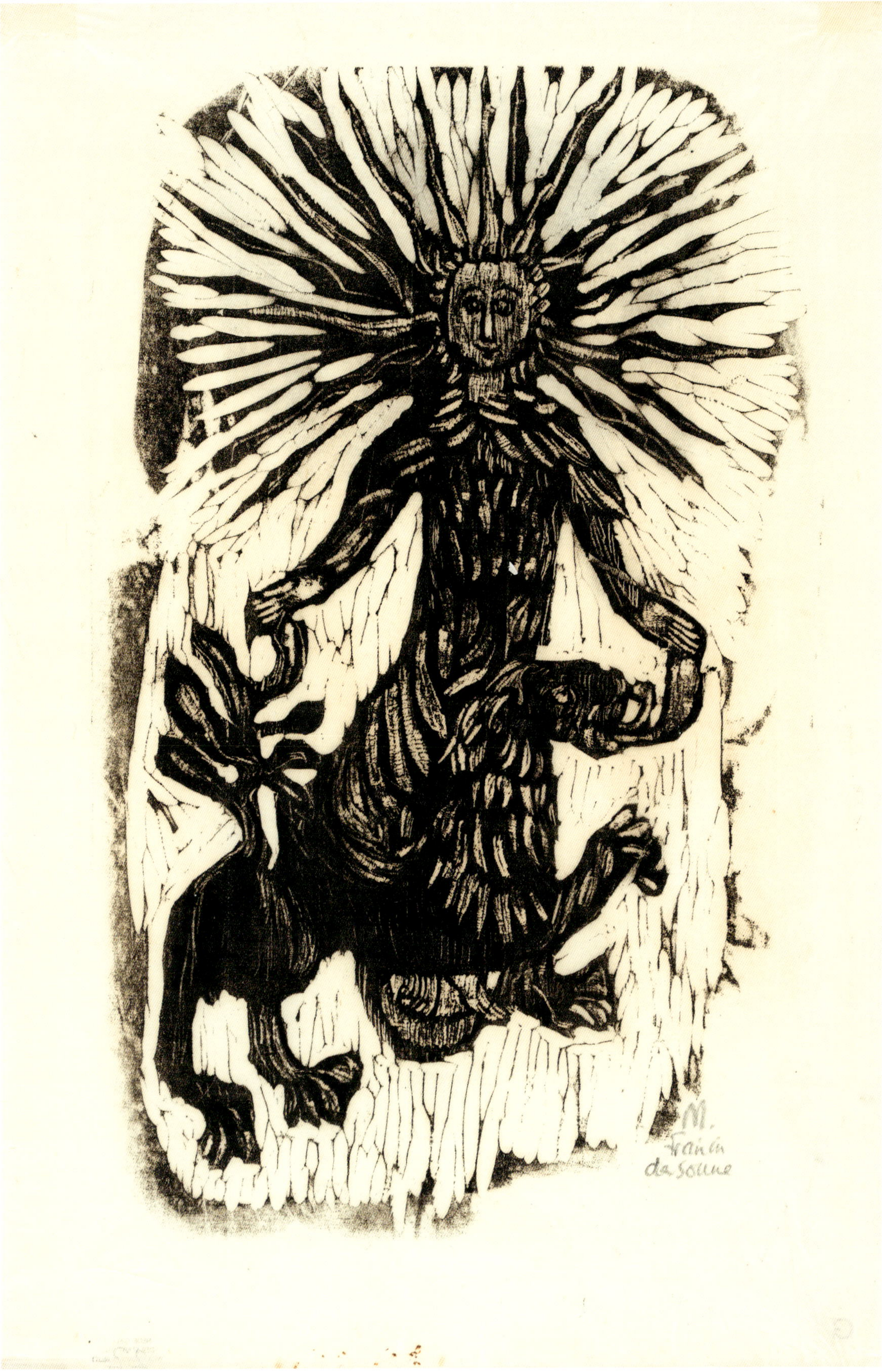

6

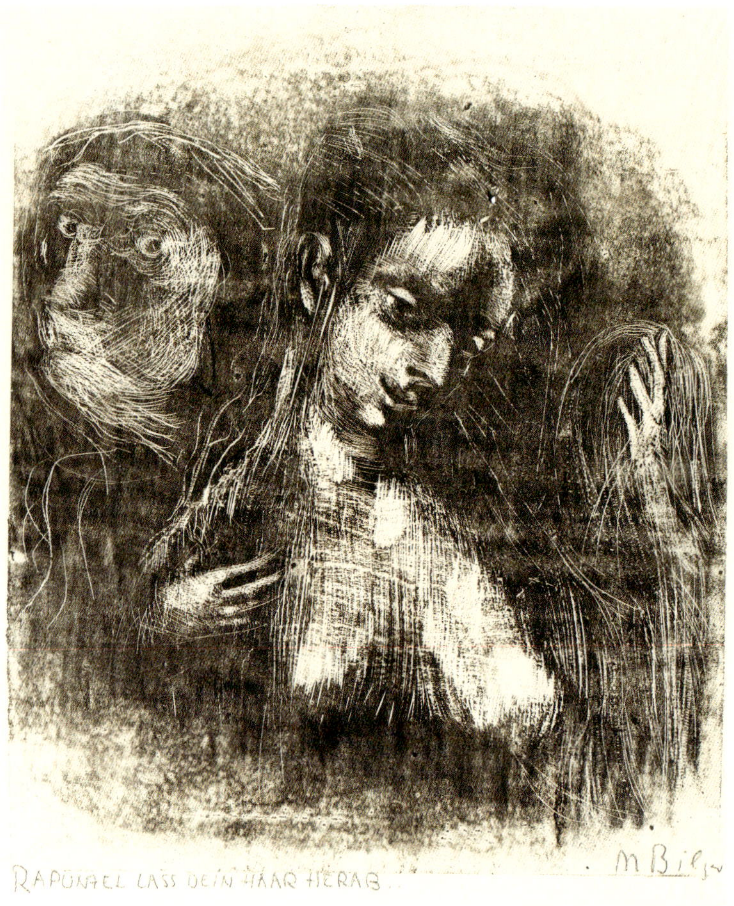

7

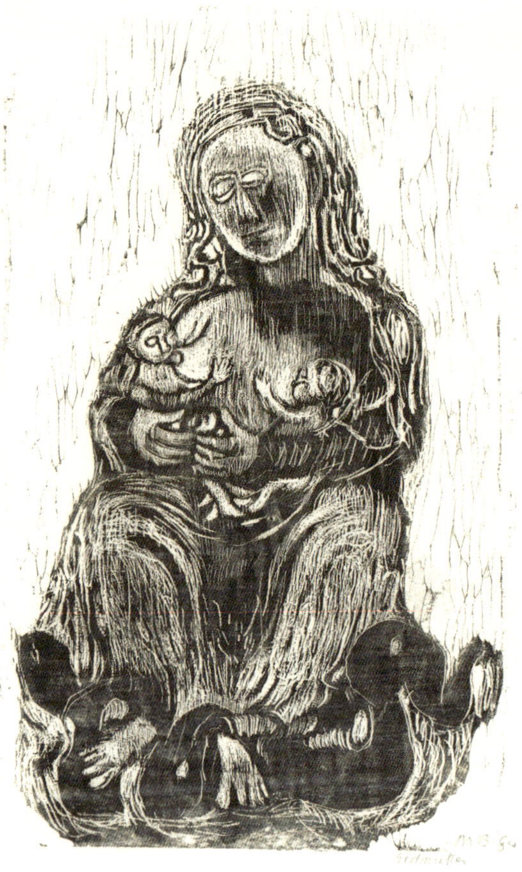

8

1 / **Margret Bilger**
* 1904 Graz, Österreich, † 1971 Schärding am Inn, Österreich
Zwei Frauen, 1943
Holzriss auf Japanpapier, 46 × 36 cm
Margret-Bilger-Ausstellung in der Neuen Galerie der Stadt Linz, 1950, Kat.-Nr. 119, mit Abbildung
LENTOS Kunstmuseum Linz, Inv.-Nr. G 178, erworben von Wolfgang Gurlitt 1950

2 / **Margret Bilger**
Wasserweib, 1938/39
Holzriss auf Japanpapier, 43 × 61 cm
Margret-Bilger-Ausstellung in der Neuen Galerie der Stadt Linz, 1950, Kat.-Nr. 31
LENTOS Kunstmuseum Linz, Inv.-Nr. G 10, erworben von Wolfgang Gurlitt 1947

3 / **Margret Bilger**
Allerleirauh, 1939
Holzriss auf Japanpapier, 46 × 36 cm
Margret-Bilger-Ausstellung in der Neuen Galerie der Stadt Linz, 1950, Kat.-Nr. 24
LENTOS Kunstmuseum Linz, Inv.-Nr. 9, erworben von Wolfgang Gurlitt 1947

4 / **Margret Bilger**
Am Lebensbaum, aus dem *Pfingstzyklus*, um 1947
Holzriss auf Japanpapier, 46 × 29,5 cm
Margret-Bilger-Ausstellung in der Neuen Galerie der Stadt Linz, 1950, Kat.-Nr. 206
LENTOS Kunstmuseum Linz, Inv.-Nr. G 21, erworben von Wolfgang Gurlitt 1947

5 / **Margret Bilger**
Lichtweih (Epiphaniae), 1949
Holzriss auf Japanpapier, 61 × 44,3 cm
Margret-Bilger-Ausstellung in der Neuen Galerie der Stadt Linz, 1950, Kat.-Nr. 240
LENTOS Kunstmuseum Linz, Inv.-Nr. G 22, erworben von Wolfgang Gurlitt 1950

6 / **Margret Bilger**
Frau in der Sonne, um 1947
Holzriss auf Japanpapier, 46,4 × 30,7 cm
Rechts unten: Stempel der Sammlung Gurlitt
Margret-Bilger-Ausstellung in der Neuen Galerie der Stadt Linz, 1950, Kat.-Nr. 210
LENTOS Kunstmuseum Linz, Inv.-Nr. G 22, erworben von Wolfgang Gurlitt 1947

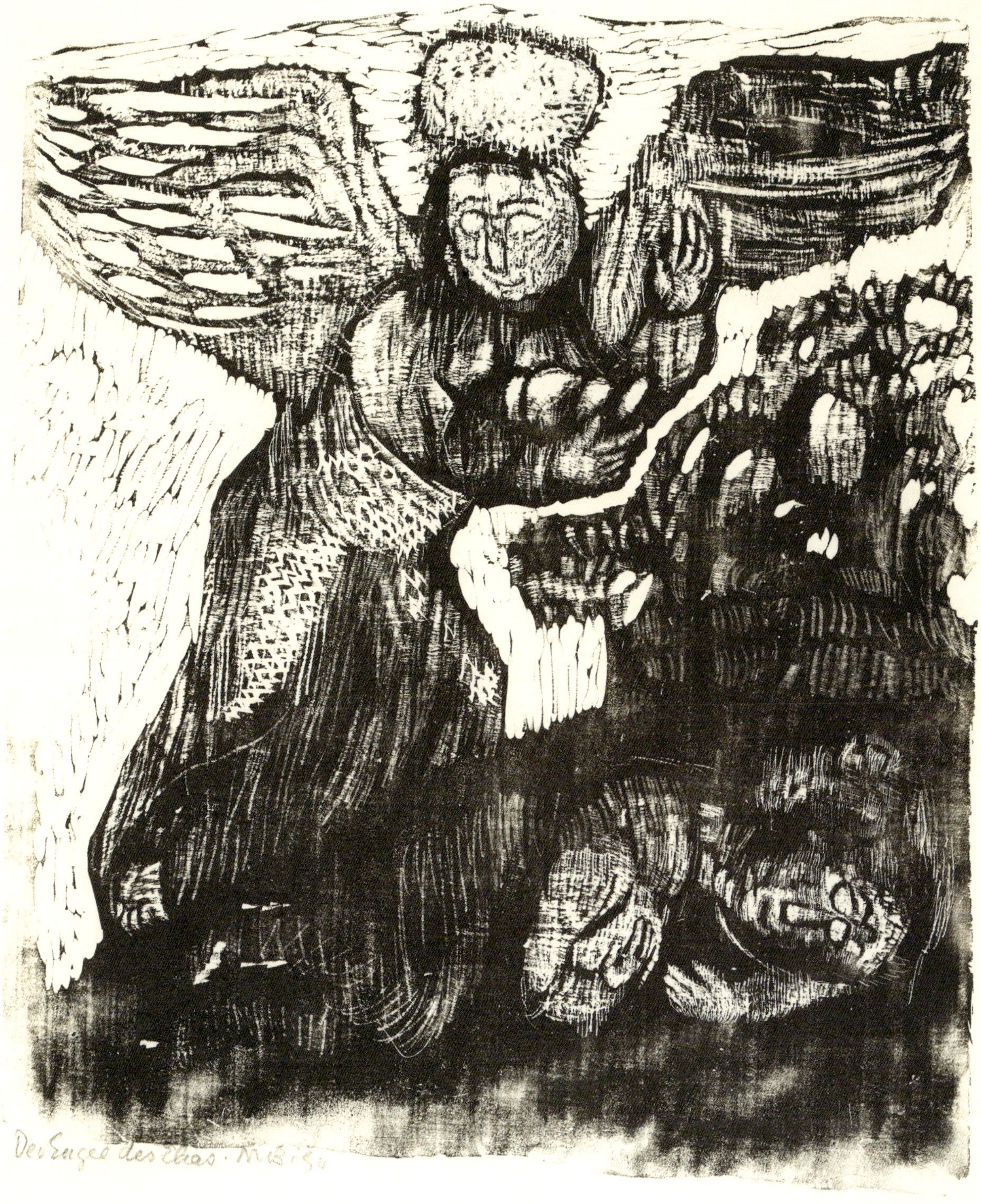

9

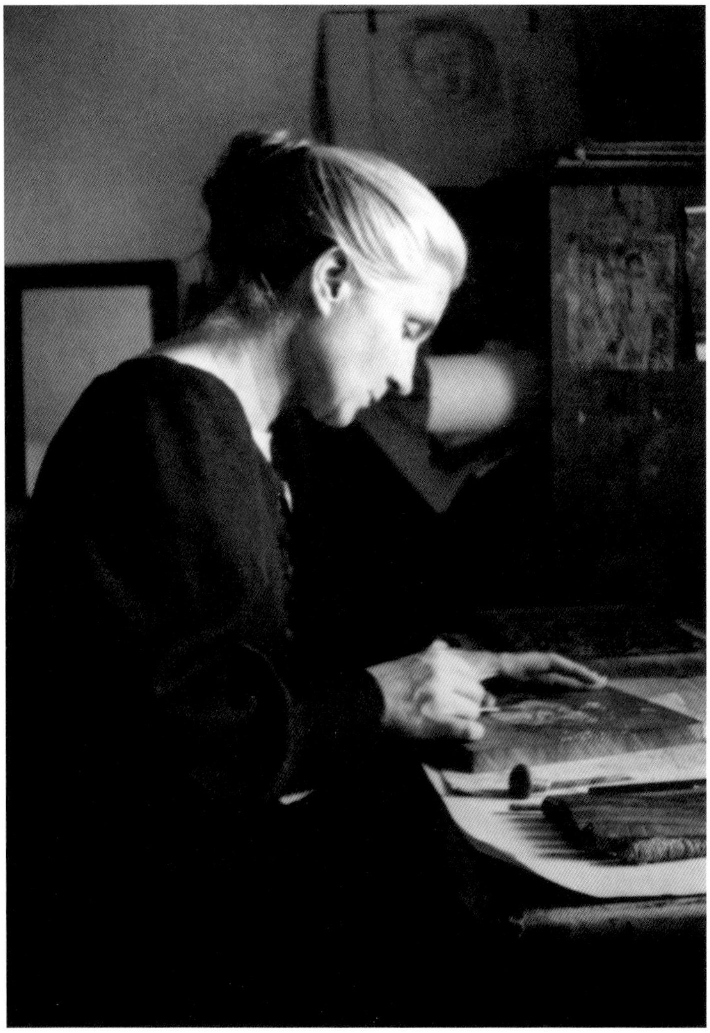

10

7 / **Margret Bilger**
Rapunzel, lass dein Haar herab, um 1942
Holzriss auf Japanpapier, 60 × 45,5 cm
Margret-Bilger-Ausstellung in der Neuen Galerie der Stadt Linz, 1950, Kat.-Nr. 110, mit Abbildung
LENTOS Kunstmuseum Linz, Inv.-Nr. G 13, erworben von Wolfgang Gurlitt 1947

8 / **Margret Bilger**
Erdmutter, 1947/48
Holzriss auf Japanpapier, 45,7 × 30,5 cm
Rechts unten: Stempel der Sammlung Gurlitt
LENTOS Kunstmuseum Linz, Inv.-Nr. G 16, erworben von Wolfgang Gurlitt 1947

9 / **Margret Bilger**
Der Engel des Elias, um 1948
Holzriss auf Japanpapier, 61 × 47,5 cm
LENTOS Kunstmuseum Linz, Inv.-Nr. G 173, erworben von Wolfgang Gurlitt 1950

10 / Margret Bilger in ihrem Atelier bei der Anfertigung eines Holzrisses, Taufkirchen, 1940er Jahre, © Bilger-Archiv, Taufkirchen / Pram

11 / Margret Bilger, Wolfgang Gurlitt und Lilly Christiansen-Agoston bei einer Besprechung um 1947 im Bilger-Breustedt-Haus in Taufkirchen, Oberösterreich, Fotoarchiv: NORDICO Stadtmuseum Linz, Hans Wöhrl

11

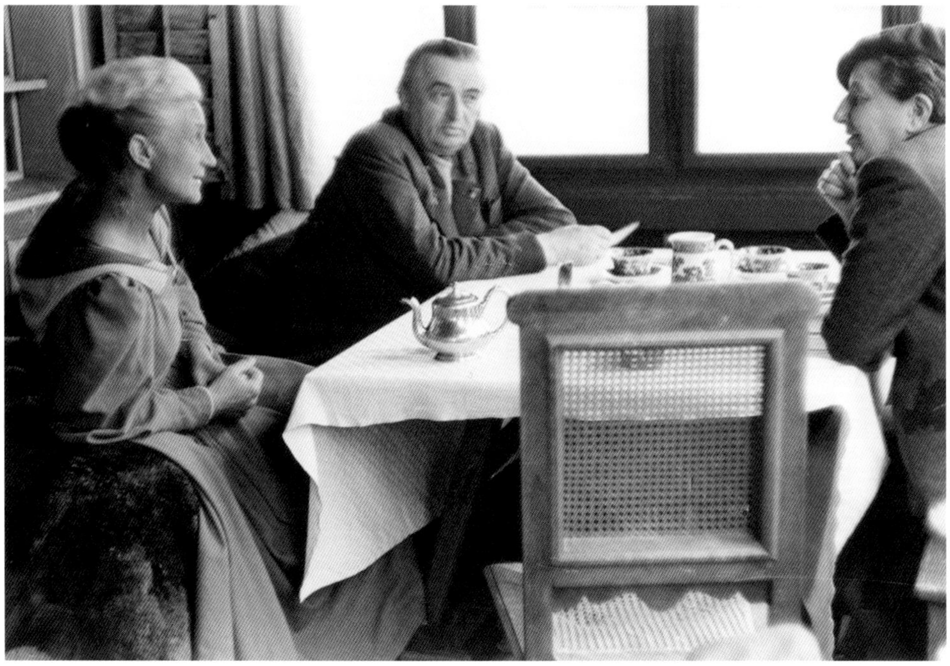

Melchior Frommel

WOLFGANG GURLITT. SAMMLER UND KUNSTHÄNDLER VON MARGRET BILGER[1]

„Es wird mich nie etwas von der Dankbarkeit und Neigung, die ich Ihnen gegenüber habe, abbringen."
(Margret Bilger an Wolfgang Gurlitt, 11.1.1952)

1 In kürzerer Form erschien dieser Aufsatz bereits im Katalog *„Wie ist darin doch auch viel Gemeinsames". Das Künstlerpaar Bilger-Breustedt*, Ausst.-Kat., Museum Moderner Kunst Wörlen, Passau 2016, S. 43–68.

Die Erfolgsgeschichte bildender Künstler und Künstlerinnen lässt sich an ihren Beziehungen zu Sammlern und Kunsthändlern ablesen. Im Fall von Margret Bilger (1904–1971) sind es ein Dutzend Namen, die genannt werden müssen. Aus ihnen sollen sechs hervorgehoben werden, die von besonderer Bedeutung für sie waren: Gregor Sebba, der zur Emigration gezwungene Freund und Sammler der ersten Stunde; Günther Franke, der Münchner Galerist und Kunsthändler, mit dem es zu einer Liebesbeziehung kam; Otto Mauer, der kunstbegeisterte Priester, Sammler und Autor; Wolfgang Gurlitt, der einflussreiche Kunsthändler, Museumsgründer und Verleger; Wolfgang Graninger, der passionierte junge Kunstliebhaber aus Schärding und Salzburg; und Otto Bejvl, der Galerist der späten Jahre in Linz. Alfred Kubin wird hier nicht eingereiht, obwohl er eine umfangreiche Sammlung von Werken seiner Künstlerfreunde und der von ihm bewunderten Künstler aus früheren Jahrhunderten besaß. Insgesamt 1.800 nicht eigenhändige Werke gingen nach seinem Tod an die Albertina und das Oberösterreichische Landesmuseum, darunter auch einige Bilger-Blätter. Seine große, mehr als 150 Nummern umfassende Bilger-Sammlung hatte er schon zu Lebzeiten an Alois Samhaber, den Pfarrer in Wernstein, weitergegeben – als Ausdruck seiner Freundschaft und weil Samhaber Bilgers Grafik offenbar besonders schätzte; vielleicht auch, um seine Sammlungen zu erleichtern. Nach Kubins Tod suchte Samhaber die Bilger-Sammlung weiter zu vervollständigen. Nach Samhabers Tod wiederum wurde seine Schwester Rosa Eigentümerin. Von ihr erwarb Otto Breicha in den 1980er-Jahren eine vom Verfasser dieses Aufsatzes getroffene umfassende Auswahl für das Rupertinum in Salzburg.

Bilgers frühen Holzschnitt *Einsamkeit* hatte Kubin, wie er es gerne tat, gegen ein eigenes Blatt eingetauscht und der jungen Kollegin damit ein Kompliment gemacht. Im Verlauf der Jahre bekam er die jeweils ersten und somit besten Abzüge von der „Bilgerin", wie er sie nannte, persönlich überbracht oder mit der Post zugeschickt, wofür er sich mit begeisterter Zustimmung, fachmännischer Kritik und gelegentlich mit eigenen Blättern bedankte. Im Briefwechsel zwischen Bilger und Kubin lässt sich das nachlesen.[2]

Kubin war die wichtigste Bezugsperson Grete Bilgers in künstlerischen Fragen. Bewunderter Zeichner von Weltgeltung, Mentor, mutmachender Ratgeber, Sammler und Freund – alles in einer Person. Er machte Günther Franke auf die Künstlerin aufmerksam und schrieb auf dessen Wunsch hin einen Text für den Prospekt ihrer ersten Ausstellung in München bei Franke. Er empfahl sie an Wolfgang Gurlitt und Otto Mauer. Er sorgte dafür, dass sie für ihr Holzschnittverfahren einen passenden Namen fand.

Wie Kubin werden auch die Museumsdirektoren, die für ihre Sammlungen Bilger-Blätter erwarben, hier nicht näher behandelt. Dies waren Otto Benesch von der Albertina, Otto Breicha vom Rupertinum in Salzburg, Peter Assmann und Martin Hochleitner vom Oberösterreichischen Landesmuseum in Linz sowie Elfriede Prodinger vom Salzburg Museum. Benesch, Breicha, Hochleitner und Assmann haben sich in Texten zu

2 Melchior Frommel, Franz Xaver Hofer (Hg.), *Margret Bilger – Alfred Kubin. Briefwechsel*, Verlag Landstrich, Schärding 1997.

Margret Bilgers Werk geäußert.[3] Otto Benesch tat dies im Jahr 1949 mit dem oft zitierten kühnen Satz: „Margret Bilger ist eine große Gestalterin, wohl die bedeutendste Graphikerin der Gegenwart."[4] Nicht vergessen werden darf Hofrat Dr. Otto Wutzel, der durch Erwerbungen der Oberösterreichischen Landeskulturabteilung in den 1950er-Jahren den Grundstock der heute 255 Werke umfassenden Bilger-Sammlung im Landesmuseum in Linz legte.[5]

Einige Jahre nach Margret Bilgers Tod nahm sich der Galerist Ferdinand Altnöder in Salzburg um ihr Œuvre an – wie auch um Fritz von Herzmanovsky-Orlando oder Emmy Haesele, die ebenfalls zum Umkreis Alfred Kubins gehörten. Er veranstaltete innerhalb von zwanzig Jahren, zwischen 1986 und 2006, viermal Ausstellungen, die Margret Bilger gewidmet waren. Bei weiteren zehn Präsentationen waren Werke von ihr vertreten. Von Altnöder gingen Bilger-Blätter an den Sammler Rudolf Leopold in Wien und an das Rupertinum in Salzburg. Er bezog Blätter aus der Samhaber-Sammlung in Wernstein, aus dem Gurlitt-Nachlass in München und aus dem Bilger-Nachlass in Taufkirchen an der Pram. Bei Altnöder erwarb der Verfasser dieser Zeilen Bilger-Gurlitt-Briefe und Durchschläge von Briefen zwischen Wolfgang Gurlitt bzw. Walter Kasten und Bilger für das Archiv, und er erhielt Nachrichten über seltene Stücke, die an ungenannt sein wollende Käufer gegangen waren, etwa das frühe, verbrannt geglaubte Ölbild eines sitzenden Mädchens mit Früchtekorb aus dem Gurlitt-Nachlass. Im Jahr 2014 stellten Ferdinand und Heidi Altnöder den Galeriebetrieb ein.[6]

Wolfgang Gurlitt war die wichtigste Persönlichkeit im Kunstbetrieb der Stadt Linz in der unmittelbaren Nachkriegszeit. Er hatte 1940 die Villa auf dem Lenauhügel in Bad Aussee erworben, um seine Familie und seine Kunstsammlung vor den Bombenangriffen in Berlin in Sicherheit zu bringen. Er war mit Kubin und Kokoschka befreundet, und er war Gründer eines städtischen Museums in Linz, der Neuen Galerie der Stadt Linz / Wolfgang-Gurlitt-Museum, aus dem das LENTOS Kunstmuseum Linz hervorging. Dass es gelang, Kokoschka nach Linz zu holen, wo 1951 die erste Kokoschka Ausstellung nach dem Krieg in Österreich stattfand und wo er 1955 die *Linzer Landschaft* malte, war Wolfgang Gurlitt zu verdanken. Allerdings war es Kubin und nicht Kokoschka, der Gurlitt auf Margret Bilger hinwies. Sie schrieb im August 1946 an Gregor Sebba nach New York: „Es ist hier nun Gurlitt, der sich sehr für mich interessiert."[7]

Im Archiv in Taufkirchen an der Pram befinden sich 44 Schreiben von Gurlitt bzw. seinem Vertreter Walter Kasten an Margret Bilger, ferner 46 handschriftliche Briefe oder Karten von Bilger an Gurlitt. Weitere 57 Schriftstücke, darunter auch solche von Bilger und von ihrem Ehemann Hans Joachim Breustedt, die die Beziehung der Neuen Galerie und somit Gurlitts zu Bilger und Breustedt betreffen, verwahrt das Stadtarchiv Linz.

Aus dem Archiv der Stadt Linz bestätigen zwischen August und Dezember 1947 – Anlass war die Ausstellung *Die schöpferische Frau*, in der Bilger neben Vilma Eckl, Ottilie Kasper, Käthe Kollwitz und Clara Siewert erstmals umfassend präsentiert wurde – fast wöchentliche Schreiben zwischen der Künstlerin und dem Kustos Walter Kasten im Auftrag von Wolfgang Gurlitt eine intensive Künstlerbetreuung. So möchte die Künstlerin ihre Glasfenster ausstellen, urgiert Kataloge und Presseartikel.[8] Kasten wiederum berichtet von erfreulichen Verkäufen der Blätter *Leda* und *Ophelia*, beklagt aber, dass zwar die Stöcke vorhanden, aber – vermutlich aus Papiermangel – keine Abzüge verfügbar sind.[9] „Ja leider hab ich keinen in Vorrat, ich werde sie dann gleich abziehen, wie ich zu den Stöcken kann. Ich bekam aus Amerika einige Bögen

3 Otto Benesch, Geleitwort in: *Das graphische Werk. Margret Bilger*, Gurlitt-Verlag, Linz 1949, S. 5; Otto Breicha, „Die die Erde feierte. Margret Bilgers Holzrisse", in: ders., Melchior Frommel (Hg.), *Margret Bilger. Holzrisse, Zeichnungen, Glasfensterentwürfe*, Salzburger Landessammlung Rupertinum, Salzburg 1988, S. 15–25; Martin Hochleitner, „Margret Bilger. Ihre Situation und Stellung in der oberösterreichischen Kunst des ersten Nachkriegsjahrzehnts", in: Peter Assmann, Melchior Frommel (Hg.), *Margret Bilger. Das malerische Werk*, Ausst.-Kat., Landesgalerie Oberösterreich, Bibliothek der Provinz, Weitra 1997, S. 9–13; Peter Assmann, „Hinterglasbilder" sowie „Aquarelle und Pastelle", in: ders., Frommel 1997, S. 257–258 und S. 327.

4 Benesch 1949, S. 5, wiederabgedruckt in: Otto Wutzel (Hg.), *Margret Bilger (1904–1971). Zeitgenössische Kunst in barocken Räumen. Ausstellung des Landes Oberösterreich*, Zisterzienserstift Schlierbach, OÖ Landesverlag, Linz 1975, S. 33.

5 Otto Wutzel war treibende Kraft der Margret-Bilger-Gedächtnisausstellung 1975 des Landes Oberösterreich in den Räumen von Kloster Schlierbach und Herausgeber des Katalogs dieser Ausstellung. Er dürfte bei Entscheidungen, öffentliche Glasfensteraufträge in Oberösterreich an Margret Bilger zu vergeben, beteiligt gewesen sein.

6 Sammler, die sich erst nach Margret Bilgers Tod um ihre Werke bemühten, etwa der mit hohem Kunstverstand und zupackender Energie sammelnde Maler Alois Riedl in Brunnenthal (Alois Riedl, „Über Margret Bilger", in: *Margret Bilger. Die Ölbilder, mit einem Werkverzeichnis sämtlicher Ölbilder*, Museum Moderner Kunst Passau, Passau 1991, S. 41–45) oder die Geschwister Anna und Karl Gugerbauer in Schärding am Inn, wurden ebenso wenig in diese Betrachtung miteinbezogen wie Personen aus dem persönlichen Umkreis der Künstlerin, denen im Laufe der Jahre eine Sammlung zufiel.

7 Margret Bilger an Gregor Sebba, 17.8.1946, zit. nach: Melchior Frommel, *Gretel Bilger und Gregor Sebba. Eine Freundschaft – in Briefen*, unveröffentlichtes Typoskript, 2009, S. 7.

8 Archiv der Stadt Linz, Akten Kulturarchiv, Postkarten 7.8.1947, Margret Bilger an Walter Kasten, 365, 361, 362.

9 Ebd., Walter Kasten an Margret Bilger, 22.8.1947, 360.

schönes Japan."[10] Bilger möchte die ohnehin niedrigen Preise der Blätter erhöhen, bekommt jedoch von Gurlitt und Kasten mit dem Argument, „dass zwar alle Dinge des täglichen Lebens in die Höhe steigen, dass aber die Kunst der Lebenden die Aufwärtsbewegung nicht mitmacht", den Rat, die Preise nicht zu steigern. „[...] [I]ch habe mich auch mit Herrn Gurlitt über dieses Problem unterhalten, der übrigens der gleichen Meinung ist [...]", schreibt Kasten an die Künstlerin.[11] Ein Hauptproblem ist das Fehlen von Holz für die notwendigen Holzstöcke und für die Werkstattbeheizung in der kalten Jahreszeit. Gurlitt und Kasten setzen sich zwar persönlich bei der Heimatgemeinde Taufkirchen und beim Linzer Magistrat ein, doch vorerst ohne Erfolg. „Inzwischen hatte auch Herr Gurlitt noch die Idee, Ihnen von Aussee aus Holz zu besorgen. [...] Es ist wirklich scheusslich, dass Sie sich mit diesen Sorgen herumschlagen müssen, dass es anderen auch so geht und mir, während ich dies schreibe, die Finger blau anlaufen ist ja wirklich kein Trost. Seien Sie versichert, dass wir alles tun werden, Ihnen so schnell als möglich zu helfen."[12] Selbst der Versand der heiklen Japandrucke bereitet der Künstlerin, die Kasten verzweifelt um Versandrollen bittet, unüberwindbare Probleme.[13] Immer wieder ersucht die Künstlerin um Unterstützungsschreiben seitens der Neuen Galerie an den Bürgermeister in Taufkirchen, „dass ich für den österreichischen Staat etwas bedeute, denn der Prophet in seiner Heimat gilt nicht, wenn er nicht einmal ein Auto hat. [...] Ich friere sehr. [...] Mir steht oft der Geist stille in der Kälte. Ich werde Ophelia und alles brav besorgen. [...]" Denn die Künstlerin hatte den vom Museum immer wieder erbetenen, bereits verkauften Druck *Ophelia* „verwurstelt".[14] Oft kommen mit Postkarten „Hilfeschreie" von der „Bilgerin", die neben Papier und Holz nun auch Druckerschwärze bei ihrem Galeristen anfordert.[15] Am 2. Dezember 1947 erhält Bilger – Walter Kasten nennt die Künstlerin immer förmlich „Fräulein Bilger" – endlich die erlösende Nachricht: dass nun „Gurlitts Bemühungen, wenn nicht alles täuscht, zum Erfolg führen werden. Jedenfalls ist der Bezirkshauptmann von Schärding aufgefordert (von Seiten der Landesregierung) Ihnen und Meister Kubin durch das Forstamt Holz zur Verfügung zu stellen. [...] Auch Ihr Druckerschwärzen-Hilfeschrei kam heute an und ich werde Ihnen, wie ich hoffe, morgen ein Quantum der kostbaren Schwärze besorgen können und gleich absenden."[16]

10 Ebd., Margret Bilger an Walter Kasten, 23.8.1947, 359.

11 Ebd., Walter Kasten an Margret Bilger, 4.9.1947, 358.

12 Ebd., Walter Kasten an Margret Bilger, 29.10.1947, 354.

13 Ebd., Margret Bilger an Walter Kasten, 349, 350.

14 Ebd., Margret Bilger an Walter Kasten, 347.

15 Ebd., Margret Bilger an Walter Kasten und Wolfgang Gurlitt, 346.

Aus den Dokumenten in Taufkirchen geht hervor, dass Gurlitt der in prekärer Lage befindlichen Margret Bilger vorschlug, ihre „Alleinvertretung" zu übernehmen und ihr im Gegenzug ein Fixum in Höhe von 400 Schilling anbot, zu zahlen jeweils zum 15. des Monats. Margret Bilger bestätigt 1949 den Erhalt: „Eben 400 S von Ihnen schon hart erwartet."[17]

Der Zeitraum von 1949 bis 1952, in dem Gurlitt die Künstlerin vertrat, war die Zeit ihrer größten Erfolge. Unmittelbar nach der Eröffnungsausstellung der Neuen Galerie mit Werken von Alfred Kubin im Juni 1947 präsentierte Gurlitt unter großer medialer Beachtung ab August 1947 in Linz seine zweite Ausstellung *Die schöpferische Frau*. Ein klares Statement für Kunst von Frauen! Im Vorwort von Justus Schmidt werden Eckl und Bilger als heimische Vorzeigekünstlerinnen ausgewiesen.

Im November 1948 ist die Rede von einem von Gurlitt zu verlegenden Katalog mit Grafik von Bilger. Gurlitt stellte den Katalog mit 241 Nummern Holzrissen in chronologischer Folge zusammen und gab ihn in seinem Verlag heraus.[18] Erst nach dem Tod Bilgers wurde der Gurlitt-Katalog durch das vollständige Werkverzeichnis mit 467 Nummern überholt.[19] Gurlitt dürfte am Zustandekommen der Bilger-Ausstellung in der Albertina vom Mai 1949 mitgewirkt haben, zu der die Sonderausgabe seines Katalogs mit einem Originalabzug des *Prager Jesulein* mit Texten von Otto Benesch und Otto Mauer sowie mit neun eingeklebten Holzrissreproduktionen in limitierter Auflage von 200 Exemplaren im Gurlitt-Verlag erschien.[20]

Dass Margret Bilger auf der Biennale von Venedig 1950 mit sechs Holzrissen und zwei Aquarellen vertreten war, dürfte auf Gurlitt und Otto Benesch, den Direktor der Albertina, zurückgegangen sein. Im März 1950 zeigte Gurlitt in der Neuen Galerie der Stadt Linz Holzrisse, Aquarelle und Zeichnungen.

16 Ebd., Walter Kasten an Margret Bilger, 2.12.1947, 345.

17 Bilger-Breustedt-Haus, Taufkirchen, Margret Bilger an Wolfgang Gurlitt, undatiert [1949].

18 *Margret Bilger. Verzeichnis*, mit einem Vorwort von Otto Mauer, Gurlitt-Verlag, Linz 1949. Der Text Otto Mauers war bereits erschienen in *Wort und Wahrheit*, Heft 9, 1947, S. 575ff.

19 Melchior Frommel (Hg.), *Margret Bilger. Die Holzrisse. Mit einem vollständigen Werkkatalog*, (*Österreichische Graphiker der Gegenwart*, hg. v. Kristian Sotriffer, Bd. IX), Edition Tusch, Wien 1973.

20 Im Bilger-Archiv in Taufkirchen an der Pram befindet sich die von Gurlitt mit blauer Tinte durchgezählte Nr. 3 des Kataloges.

Der Publizist, Schriftsteller und Maler Herbert Lange (1908–1971) hielt die Einführung.

Als im Jahr 1950 Gurlitts Lebensgefährtin Lilly Christiansen-Agoston starb, gestaltete er ein bibliophiles ‚In Memoriam', in dem „seine" Künstler – Alfred Kubin, Oskar Kokoschka, Margret Bilger und Anton Faistauer – mit jeweils einer Abbildung vertreten sind. Die mit Lilly befreundeten Künstler und Künstlerinnen – Kokoschka, Kubin und Bilger – steuerten zusätzlich einen faksimiliert abgebildeten handschriftlichen Abschiedsgruß bei.

Wie aus Äußerungen Otto Mauers hervorgeht, waren dem Geistlichen Gurlitts Engagement für Margret Bilger und sein Alleinvertretungsanspruch suspekt und hinderlich. So schreibt er im März 1952: „Darf ich wissen, wie weit Sie noch an Gurlitt gebunden sind? Wir machen eine Ausstellung religiöser Graphik anlässlich des Österreichischen Katholikentages im September dieses Jahres. Die Ausstellung soll international sein. Dabei wollen wir auch im großen Umfang Ihre Blätter zeigen. Wenn ich weiß, dass Sie an Gurlitt nicht mehr gebunden sind, tu ich mir in vielen Dingen leichter. Er versucht sich ja überall einzumengen und blockiert die Dinge dann oft in einer sehr unerfreulichen Weise. So hat er z.B. die Kubin Ausstellung in der Akademie, die sehr schön hätte werden können, richtig ruiniert dadurch, dass er die belanglosesten Blätter, wenn nur eine Widmung für ihn darauf verzeichnet war, zur Ausstellung gebracht."[21]

Gurlitts Geschäftspraktiken mögen nicht immer ganz durchsichtig gewesen sein. Ob es allerdings klug war von Margret Bilger, im Jahr 1952 den Bruch mit Gurlitt zuzulassen, kann angesichts des Geschicks, das Gurlitt in ihrer Vermarktung bewiesen hatte, bezweifelt werden. Jedenfalls kam es spätestens im Frühjahr 1952 zu ernsthaften gegenseitigen Vorwürfen. Gurlitts großer Klagebrief vom 20. März 1952 listet auf, was aus seiner Sicht alles falsch gelaufen war:

> „Liebe Bilgerin, es fällt mir sehr schwer, Ihnen zu schreiben, da ich, wie Sie wissen, in allen meinen Beziehungen zu Menschen den ungestörten persönlichen Kontakt gebrauche, der allein eine Zusammenarbeit auf die Dauer möglich macht. Dieser Kontakt ist zwischen uns auf empfindliche Weise gestört worden und ich vermag ihn fürs nächste nicht wiederzugewinnen. Ich glaube, dass diese Feststellung Sie nicht überrascht, und ich will auch glauben, dass Sie sich nicht bewusst sind, dass diese Störung, so unnötig sie erscheint, durch Sie hervorgerufen wurde, weniger durch irgendwelche Aktivität, sondern durch mehr passives Verhalten Dingen und Ereignissen gegenüber, die sich zwischen uns schoben.
>
> Unsere Beziehung war von Anfang an keine ‚geschäftliche' im üblichen Sinne, denn ich war mir von Anbeginn an darüber im Klaren, dass ein Geschäft mit Ihrem Werk nicht zu machen sein würde, sondern wollte lediglich versuchen, Ihrer Kunst, die ich sehr schätze, den Boden zu bereiten. Wenn dabei wenigstens die Aufwendungen, die ich zu diesem Zweck machte, wieder hereinkommen würden, wäre ich durchaus zufrieden gewesen. Dazu hätte es aber eines langen Zusammenhaltens bedurft, einer Treue um Treue, die nicht duldete, dass sich irgend etwas zwischen uns stellen konnte. Ich will Ihnen erklären, was ich meine:
>
> Nachdem ich Sie ins Bad geschickt hatte, verabredeten wir, dass Sie in Kloster Schlierbach das Fenster für mich arbeiten sollten. Die Kosten Ihres Aufenthaltes wollte ich übernehmen, ebenso die Kosten der Herstellung des Fensters durch die Klosterwerkstatt. Zweck des Fensters sollte wiederum sein: Ihnen die Möglichkeit zu geben ein Musterfenster zu machen, das ich ausstellen wollte in der Absicht, Aufträge für Sie zu bekommen. Später wollte ich dann das Fenster evtl. übernehmen.
>
> Sie gingen nach Schlierbach, arbeiteten dort, aber trotz wiederholter Mahnungen bekamen wir von Ihnen keine Rechnung über Ihre Aufenthaltskosten, die ich bezahlen wollte, hörte sehr wenig, über den Fortgang der Arbeit, zu sehen bekam ich überhaupt nichts und bei einem Besuche traf ich Sie nicht an. Statt dessen trat in der Person des Paters Petrus das Kloster auf, voller Misstrauen gegen mich als einem ‚Kunsthändler' und vertrat mir gegenüber Ihre Interessen. Das Kloster trug – konsequenter Weise – Ihre Aufenthaltskosten und schaltete mich aus – immer mit dem diskreten Hinweis darauf, dass ich ein Kunsthändler sei, dessen seriöses Verhalten doch zweifelbar sei. Unsere Verabredung war damit gebrochen und ich meine, Sie hätten das nicht zulassen dürfen. Dass ich unter diesen Umständen das Interesse an dem Fenster verlieren musste, ist einleuchtend. Dazu kam das Gerede, das kursierte, und aus dem unschwer zu entnehmen war, dass ich es darauf angelegt hätte, sie auszubeuten. Wie das auch immer zustande gekommen sein mag, darüber wollen wir nicht rechten.

21 Bilger-Breustedt-Haus, Taufkirchen, Otto Mauer an Margret Bilger, 1.3.1952.

> Jedenfalls nahm es mir nun überhaupt jede Freude an Ihnen und Ihrer Arbeit. Wofür hatte ich mich jahrelang für Sie eingesetzt? Weshalb habe ich nicht unerhebliche finanzielle Opfer für Sie auf mich genommen? Um schließlich zu erfahren, dass ich es sei, der finanzielle Vorteile zu Ihrem Schaden aus Ihrer Arbeit zöge?
> Sehr wenig hat mich auch gefreut zu hören, dass Sie meinen Ankauf der Hoflehnerschen Arbeiten als eine Hintansetzung Ihrer Person betrachteten und meine Geldausgabe für diesen Künstler nicht gut aufnahmen.
> [...] Ich habe mich nie um das gekümmert, was Sie privat an Ihre Freunde verkauften, die Einkünfte daraus haben mich nie interessiert. Ich habe mich erst eingeschaltet, als ich erfuhr, dass Sie durch solche Verkäufe die Preisbasis des Kataloges, die Sie selbst angegeben hatten, zunichte machten und jedwede Verkaufsmöglichkeiten vom Verlage aus damit zerstörten. Wenn ein Blatt, das laut Katalog S. 250.– kostet, bei Ihnen für S. 80.– zu haben ist, dann ist es klar, dass der Verlag nichts verkaufen kann und überdies schon bei der Forderung eines solchen Preises in den Verruf übermäßiger Überhöhung der Preise – selbstverständlich zu seinem eigenen Vorteil kommt.
> Auch das ist wenig angenehm.
> Wie und in welcher Weise wir die ungute Situation klären, damit habe ich mich infolge meiner Überlastung mit anderen wichtigen Dingen noch nicht beschäftigen können. Ich hoffe jedoch bald dazu einmal Gelegenheit zu haben. Dass ich inzwischen nicht besonders schreiblustig bin, werden Sie verstehen und ich bitte Sie, mir das nicht nachzutragen.
> Mit den besten Grüßen Ihr Wolfgang Gurlitt"[22]

Margret Bilger hatte sich schon am 11. Januar 1952 zu wehren versucht und durchblicken lassen, dass sie ein Ende des Vertragsverhältnisses wünschte: „[...] Ich habe nun in jedem Ihrer Briefe Vorwürfe erhalten, ich kann hierauf einzeln nicht eingehen, es wird über Sie und mich viel geredet u. das wissen die Leute immer besser als wir selbst. Was ich klar sehe aus allem ist, dass ich wenn ich leben muss mich auf mich selbst zu stellen habe. Ich bin durchaus entschlossen es zu tun. Was die Verlegung von Büchern betrifft, habe ich vieles vor u. bin nach wie vor an Ihrem Verlag interessiert [...]."[23]

In einem an Ostern 1952 datierten Brief legt Bilger ihrem Galeristen ihre Sicht der Dinge nochmals ausführlich dar, indem sie sehr selbstbewusst betont, dass viele Ausstellungen auch ohne Zutun von Wolfgang Gurlitt, sondern durch Unterstützung von Freunden wie Franke oder Benesch ermöglicht wurden : „[...] Sie wissen wer ich bin – und ich weiß auch wer Sie sind – Es kann unmöglich eine wahrhafte Enttäuschung vorliegen. [...] Wir müssen uns jetzt die Mühe des Auseinanderkönnens in Klarheit nicht scheuen. [...]"[24] Jedoch wird im selben Schreiben noch ein weiteres gemeinsames Projekt – das *Lappenmärchen* mit einem Preis von 500 Schilling – angekündigt.

Im Jahr 1952 erschien im Gurlitt-Verlag das *Lappenmärchen* als bibliophil gestaltetes, etwas unhandliches Album ohne festen Einband: ein neunteiliger Holzrisszyklus mit Vignette zu einer märchenhaften Rentiergeschichte von Robert Crottet (1908–1987), allerdings mit maschinell hergestellten Abzügen von den Holzstöcken auf festem Papier. Sie können sich in der Qualität mit Handabzügen auf Japanseidenpapier nicht messen.

Im Nachhinein ist schwer festzustellen, wer die größere Schuld daran hatte, dass das Vertrauensverhältnis zwischen Gurlitt und Bilger nicht von Dauer war. Die Trennung scheint jedoch für Bilger eine folgerichtige Entscheidung gewesen zu sein. Ihr Schaffensschwerpunkt hatte sich den Erfolgen, die sie mit ihrer Grafik hatte, zum Trotz oder, wenn man so will, als Folge dieser Erfolge wegverlagert von der Grafik, hin zur Arbeit an Glasfenstern. Diese sollten ihre Schaffenskraft in den kommenden Jahren beanspruchen, und sie konnte nicht daran interessiert sein, Gurlitt an ihren Einkünften aus den Fenstern zu beteiligen. Die letzten Holzrisse entstanden noch bis zur Ausstellung in der Galerie Welz in Salzburg 1954. Bei der *Internationalen Ausstellung Christlicher Kunst* in Wien im selben Jahr errang Margret Bilger für das Taufkapellenfenster in Wien-Liesing die Goldmedaille für Glasmalerei. Während Otto Mauer mit seiner Galerie St. Stephan der informellen Kunst in Österreich zum Durchbruch verhalf, waren die für Fensteraufträge zuständigen geistlichen Herren mit der traditionelleren Bildsprache Margret Bilgers noch auf Jahre hinaus zufrieden. Einigen Landgemeinden waren ihre figurativen Vereinfachungen sogar noch zu modern, und es kam zu Protesten und Steinwürfen auf die Fenster.

22 Ebd., Wolfgang Gurlitt an Margret Bilger, 20.3.1952.

23 Ebd., Margret Bilger an Wolfgang Gurlitt, 11.1.1952.

24 Ebd., Margret Bilger an Wolfgang Gurlitt, 13.4.1952.

Wenn die Beziehung zwischen dem Förderer und Kunsthändler und der eigensinnigen Künstlerin auch nur wenige Jahre andauerte und nach Missverständnissen auf beiden Seiten im Zerwürfnis endete, so darf man die Bedeutung dieser Zusammenarbeit und ihre beträchtliche Auswirkung auf Bilgers Erfolge in der Nachkriegszeit nicht gering schätzen. Gurlitts Versuch, der erste überhaupt, das grafische Werk der Künstlerin in einem chronologisch geordneten Katalog zusammenzufassen, ist von entscheidender Bedeutung. Wir wissen nichts Genaues darüber, können aber vermuten, wie sehr vor allem sein Einfluss dazu beitrug, dass Bilger-Grafiken auf den Biennalen von Venedig, São Paulo und Tokio zu sehen waren. Noch immer gilt das holzrissgrafische Werk von Margret Bilger als ihr wesentlicher Beitrag zur Kunst des 20. Jahrhunderts und man muss hoch greifen – wie der Rembrandt-Forscher und Albertina-Chef Otto Benesch es tat –, will man den Stellenwert dieser Kunst richtig bewerten: „[...] Der christliche Ikonograph wird eine Fülle ungewöhnlicher Gedanken und Gestaltungen in Frau Bilgers Werk finden, so kühn und neuartig, daß sie vielleicht in früheren Jahrhunderten als häretisch angesehen worden wären, doch von niemals nachlassender Glut des mystischen Erlebens erfüllt. [...] Sie ist [...] eine der letzten Mystikerinnen der Geschichte, eine geistesverwandte Nachfahrin von Hildegard von Bingen und Mechthild von Magdeburg, eine Gottsucherin, nicht auf dem Wege der leidenden Masse, sondern der einsamen Erleuchtung."[25]

Heute sehen wir die Holzrissgrafik als einen wichtigen Baustein im Gesamtwerk, dem das glasmalerische Werk mit über hundert Nummern, darunter Riesenformate wie das Eucharistie-Fenster in Salzburg-Herrnau mit 300 Quadratmetern, gegenübersteht. Oder die Landschaftszeichnungen und -aquarelle, die wunderbar zarten Bildniszeichnungen sowie die kleinen späten Gattungen der Webereien und Hinterglasbilder, die noch immer nur den Eingeweihten und Kennern ein Begriff sind.

Melchior Frommel / Geb. 1937 als Sohn des Komponisten Gerhard Frommel, Kindheit in Heidelberg, lebt in Oberschlierbach. Studium der Malerei an der Kunstakademie in München, 1960 Praktikum bei der Glasmalerei in Stift Schlierbach, Gymnasiallehrer in Bayern und Griechenland. Nachlassverwalter und Biograf von Margret Bilger.

25 Wutzel 1975, S. 32f.

MUSEUMSNETZWERKE WIEN, BERLIN, LEIPZIG, WÜRZBURG UND LINZ

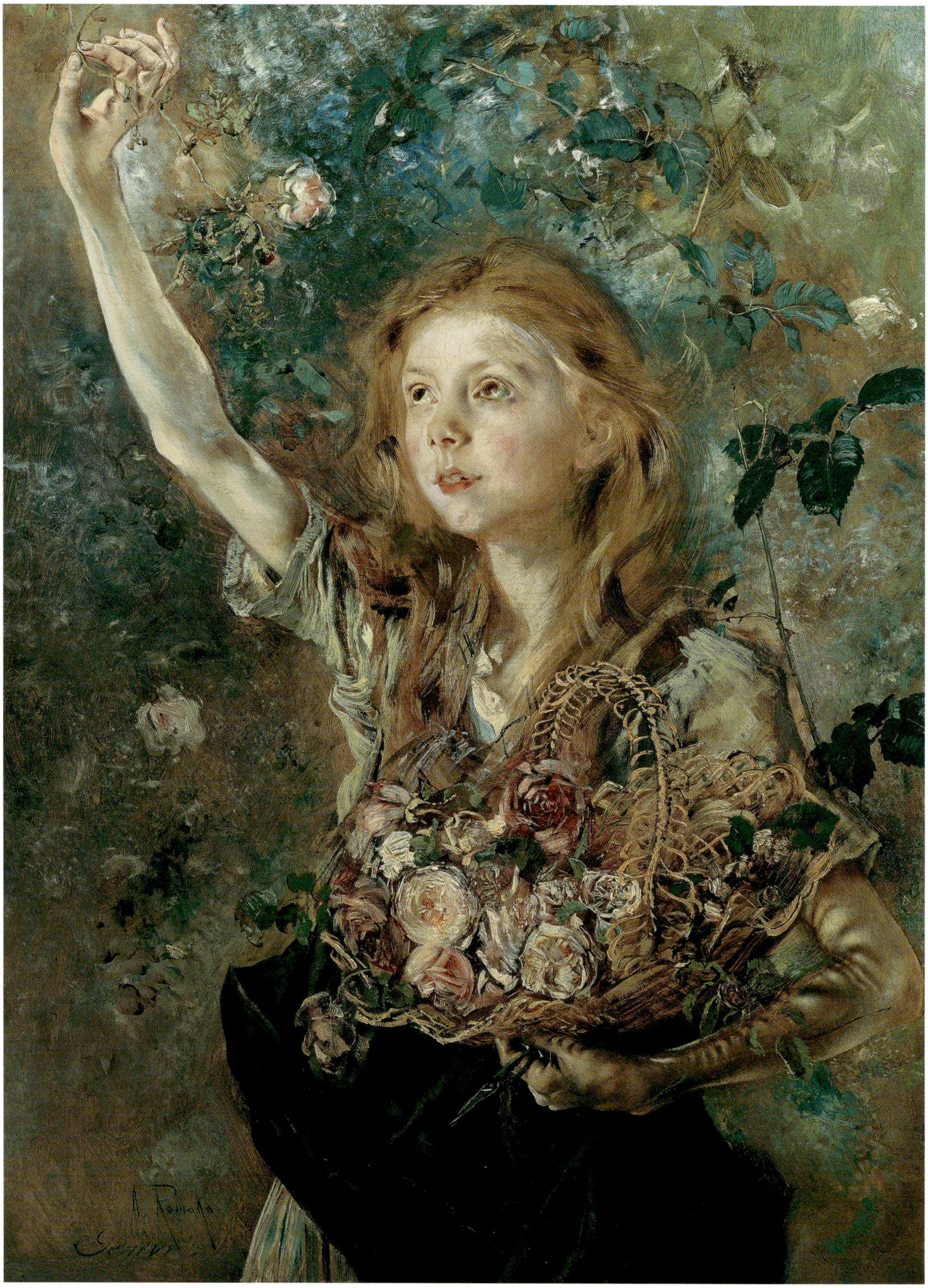

1

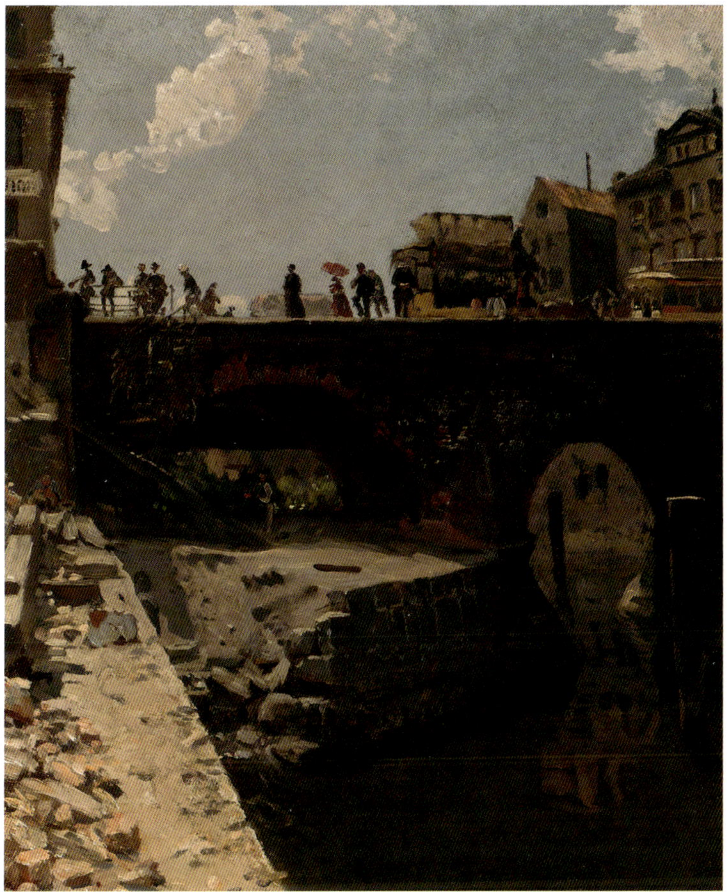

2

3

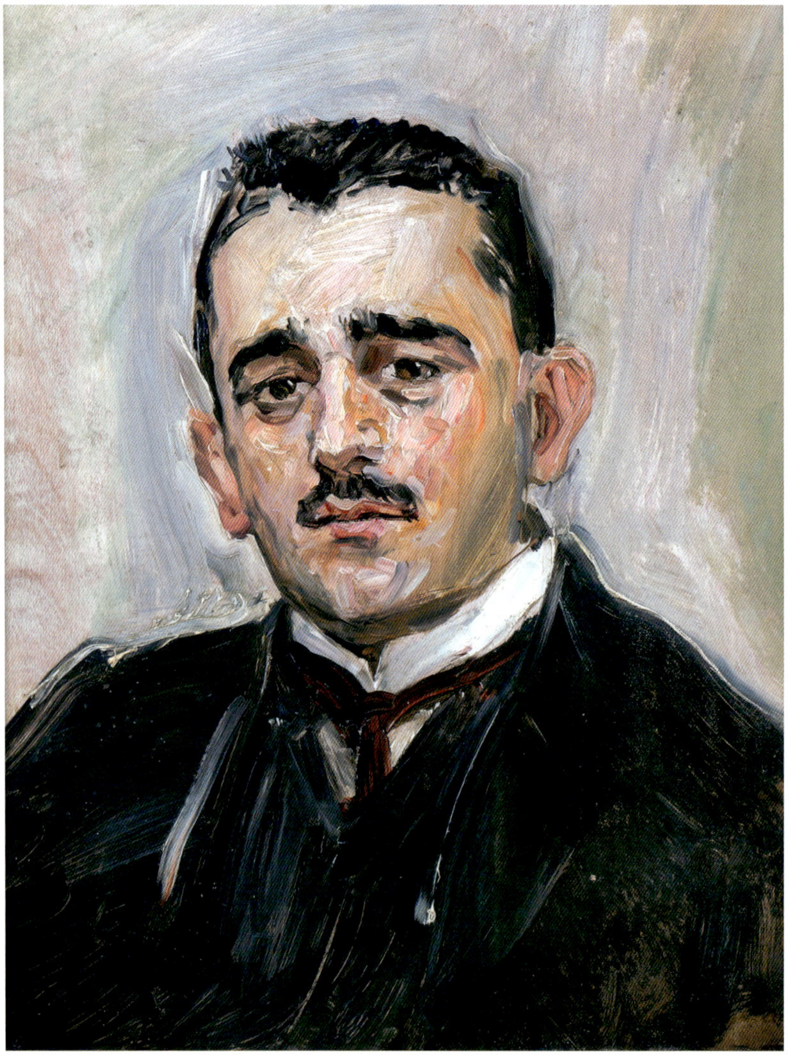

4

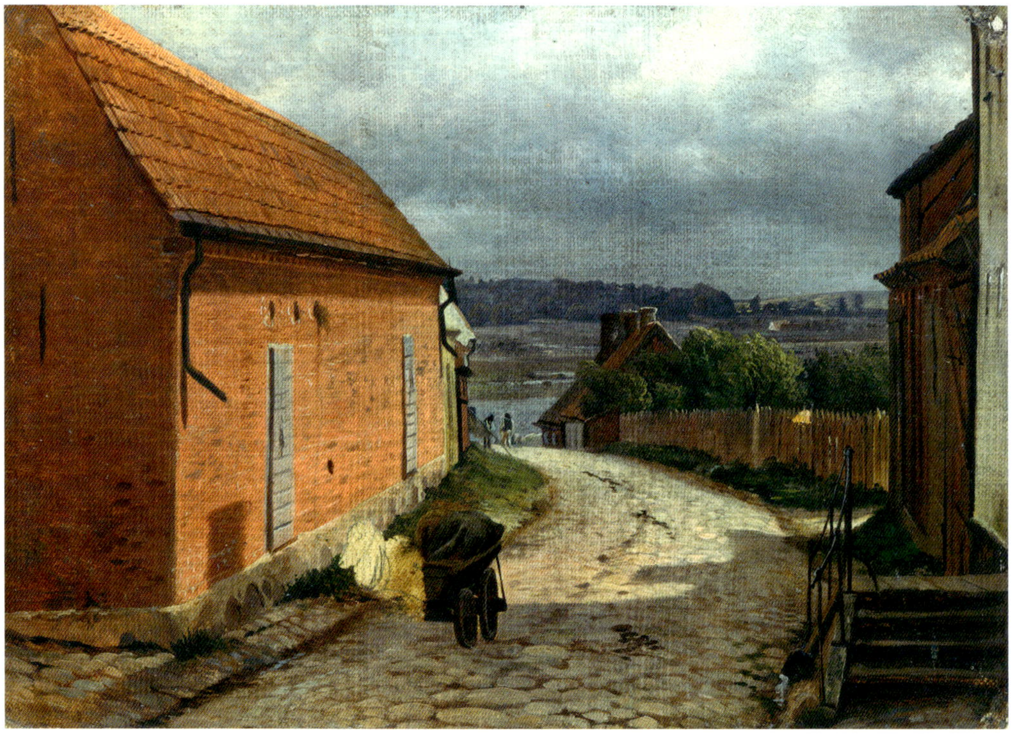

5

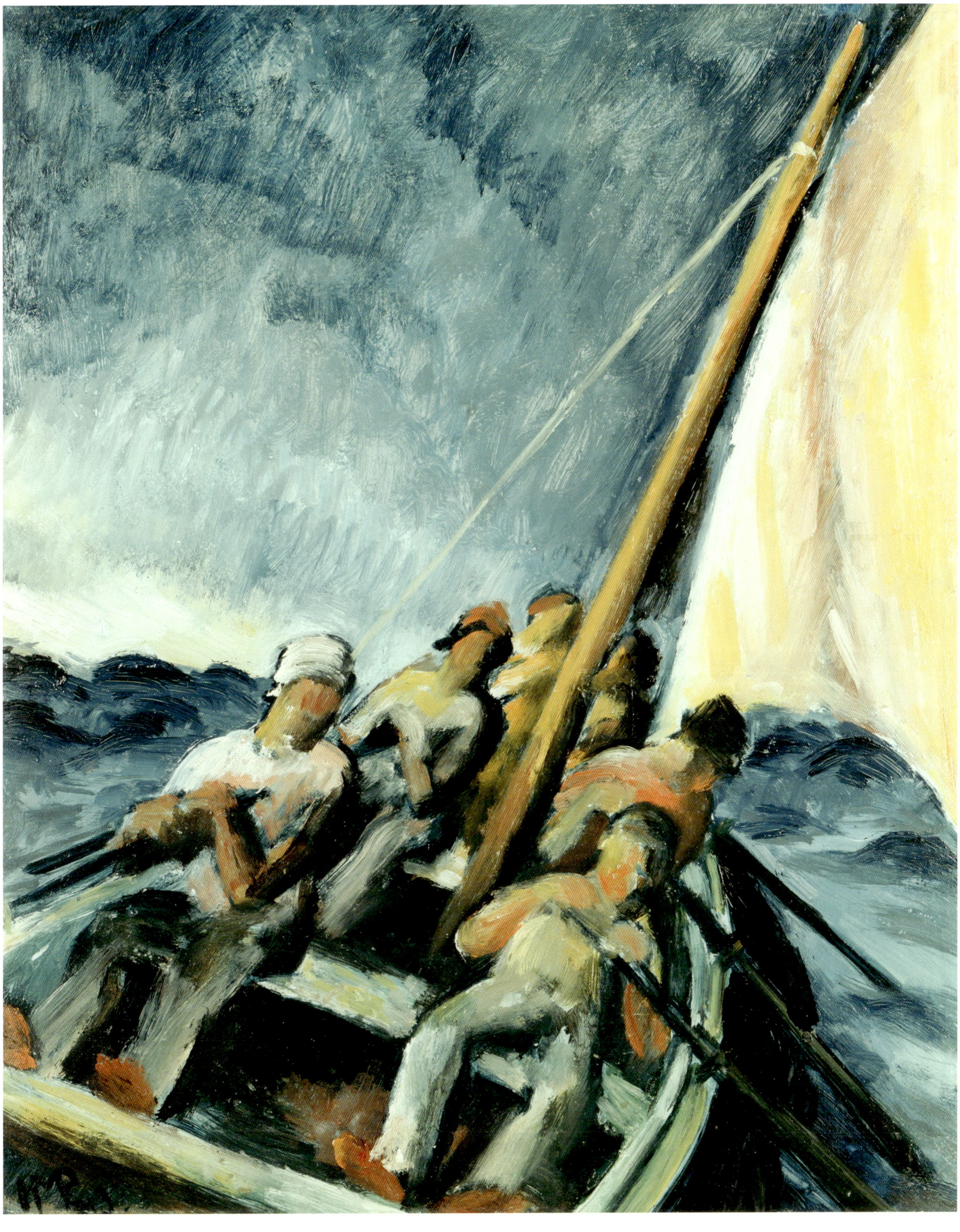

6

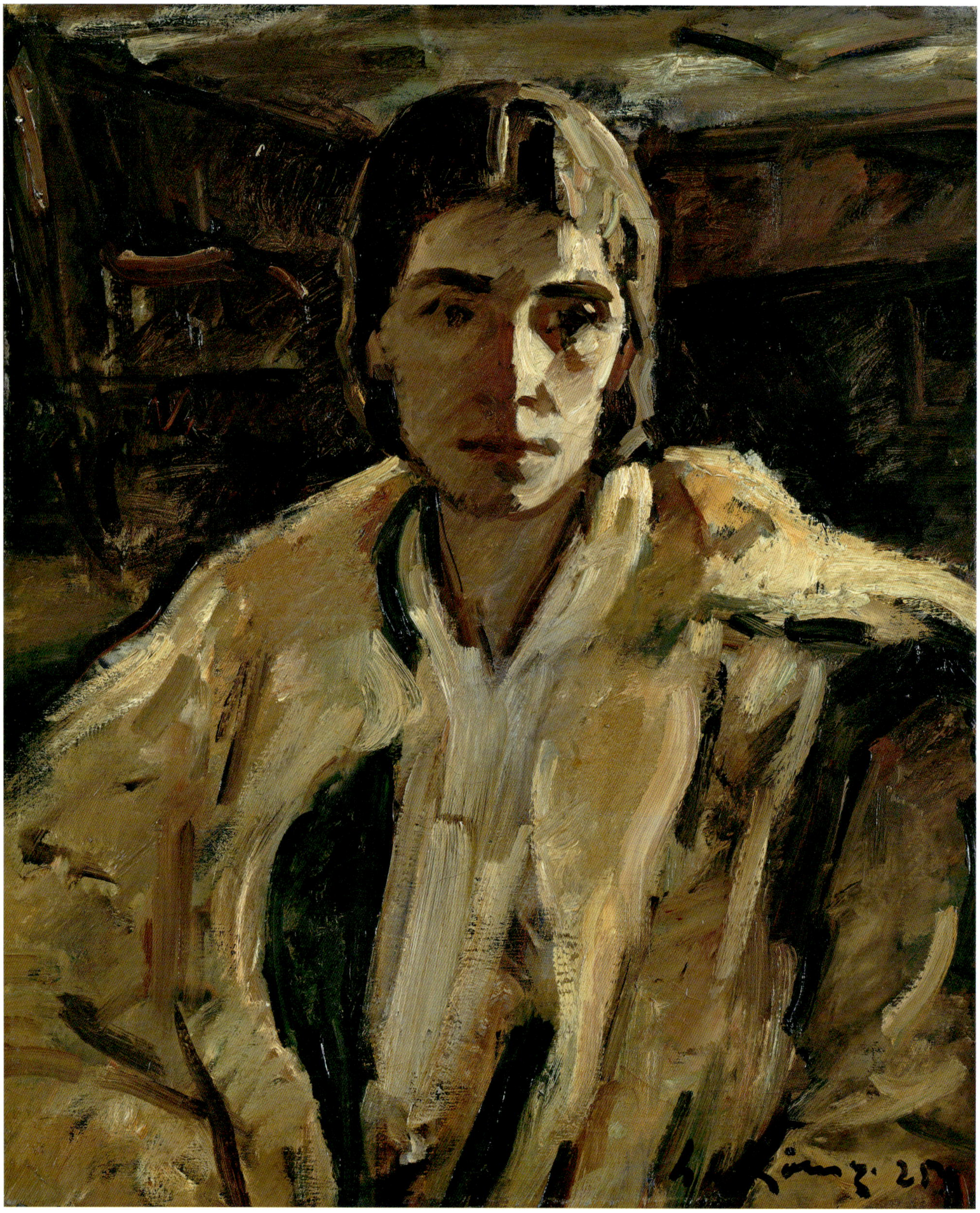

7

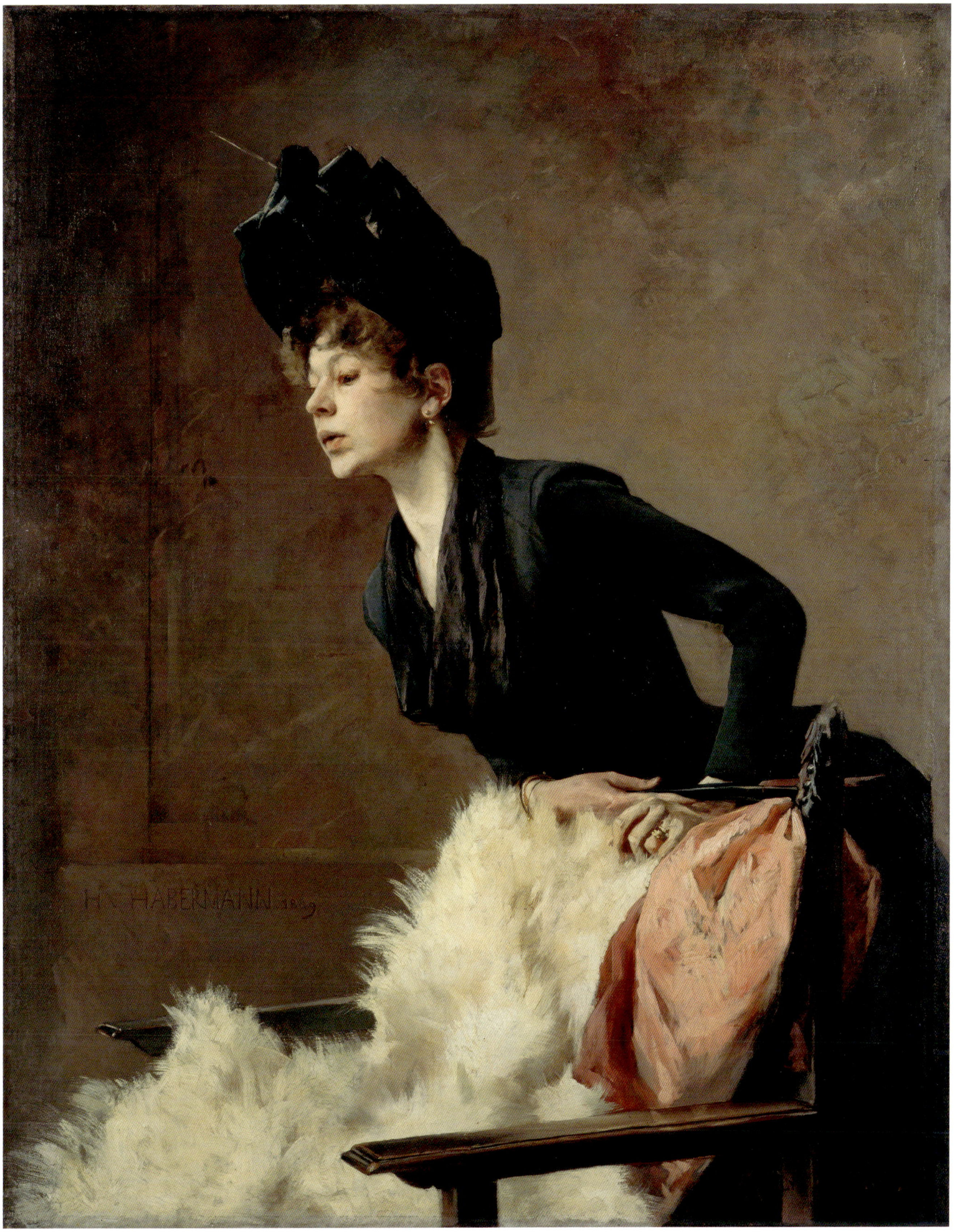

8

1 / **Anton Romako**
* 1832 Atzgersdorf bei Wien, Österreich, † 1889 Wien, Österreich
Die Rosenpflückerin, um 1882/84
Öl auf Leinwand, 89 × 66 cm
© Belvedere, Wien,
erworben 1916 von der Galerie Fritz Gurlitt, Berlin

2 / **Stanislas Victor Edouard Lépine**
* 1835 Caen, Frankreich, † 1892, Paris, Frankreich
Brücke in einer französischen Stadt, um 1870
Öl auf Leinwand, 51,5 × 41,5 cm
© Belvedere, Wien, Foto: Johannes Stoll,
erworben 1949 von Lilly Christiansen-Agoston über Vermittlung von Wolfgang Gurlitt

3 / **Carl Spitzweg**
* 1808 München, Deutschland, † 1885 München, Deutschland
Drachensteigen, um 1880/85
Öl auf Pappe, 38 × 12 cm
Staatliche Museen zu Berlin, Nationalgalerie, Foto: Jörg P. Anders,
erworben 1908 von der Galerie Fritz Gurlitt, Berlin

4 / **Max Slevogt**
* 1868 Landshut, Deutschland, † 1932 Leinsweiler, Deutschland
Bildnis Bruno Cassirer, 1911
Öl auf Holz, 41 × 31,5 cm
Staatliche Museen zu Berlin, Nationalgalerie, Foto: Jörg P. Anders,
erworben 1961 von der Galerie Wolfgang Gurlitt, München

5 / **Louis Gurlitt**
* 1812 Altona bei Hamburg, Deutschland, † 1897 Naundorf, Deutschland
Dorfstraße, um 1832/36
Öl auf Leinwand, 20 × 27 cm
Staatliche Museen zu Berlin, Nationalgalerie, Foto: Ulrich Wirth,
erworben 1929 von der Galerie Fritz Gurlitt, Berlin

6 / **Max Pechstein**
* 1881 Zwickau, Deutschland, † 1955 Berlin, Deutschland
Ruderer, 1913
Öl auf Pappe, 46 × 38 cm
Staatliche Museen zu Berlin, Nationalgalerie, © bpk / Nationalgalerie, SMB, 2019 Pechstein Hamburg/Tökendorf; Bildrecht Wien, 2019,
erworben 1928 von der Galerie Fritz Gurlitt, Berlin

7 / **Leo von König**
* 1871 Braunschweig, Deutschland, † 1944 Tutzing, Deutschland
Frau in gelbem Pelz, 1925
Öl auf Leinwand, 75 × 61,3 cm
Staatliche Museen zu Berlin, Nationalgalerie
© bpk / Nationalgalerie, SMB, Foto: Jörg P. Anders,
erworben 1963 über Vermittlung von Wolfgang Gurlitt, München durch das Land Berlin

8 / **Hugo von Habermann**
* 1849 Dillingen an der Donau, Deutschland, † 1929 München, Deutschland
Bildnis einer jungen Dame (Eugenie Knorr?), 1889
Öl auf Leinwand, 131 × 100,5 cm
Museum der bildenden Künste Leipzig
© bpk / Museum der bildenden Künste Leipzig,
erworben 1913 von der Galerie Fritz Gurlitt, Berlin

STÄDTISCHE GALERIE WÜRZBURG

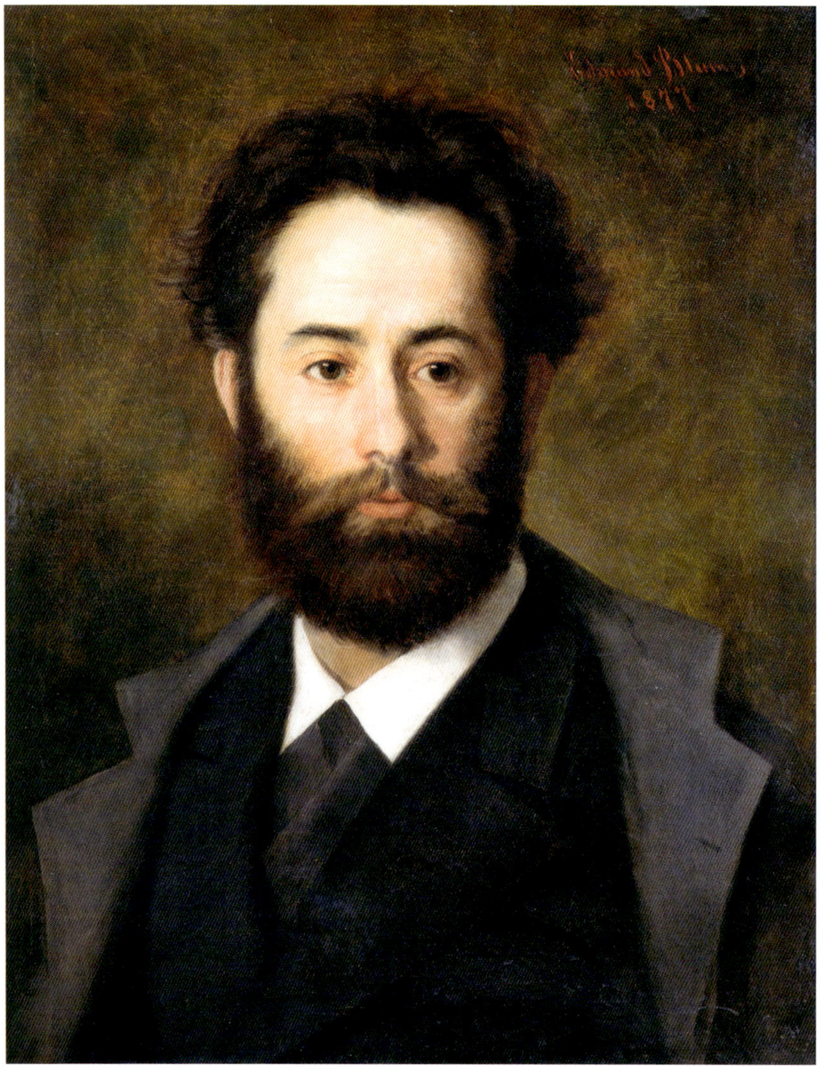

1

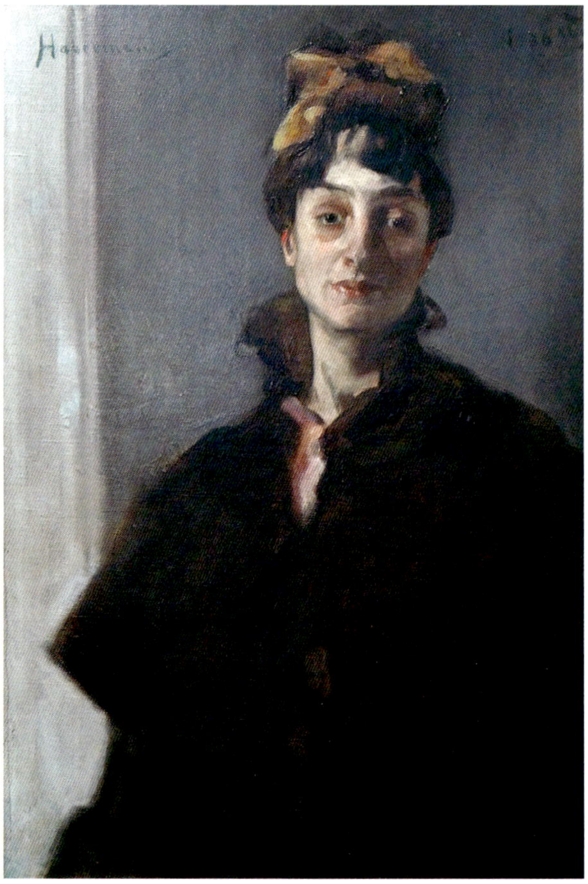

2

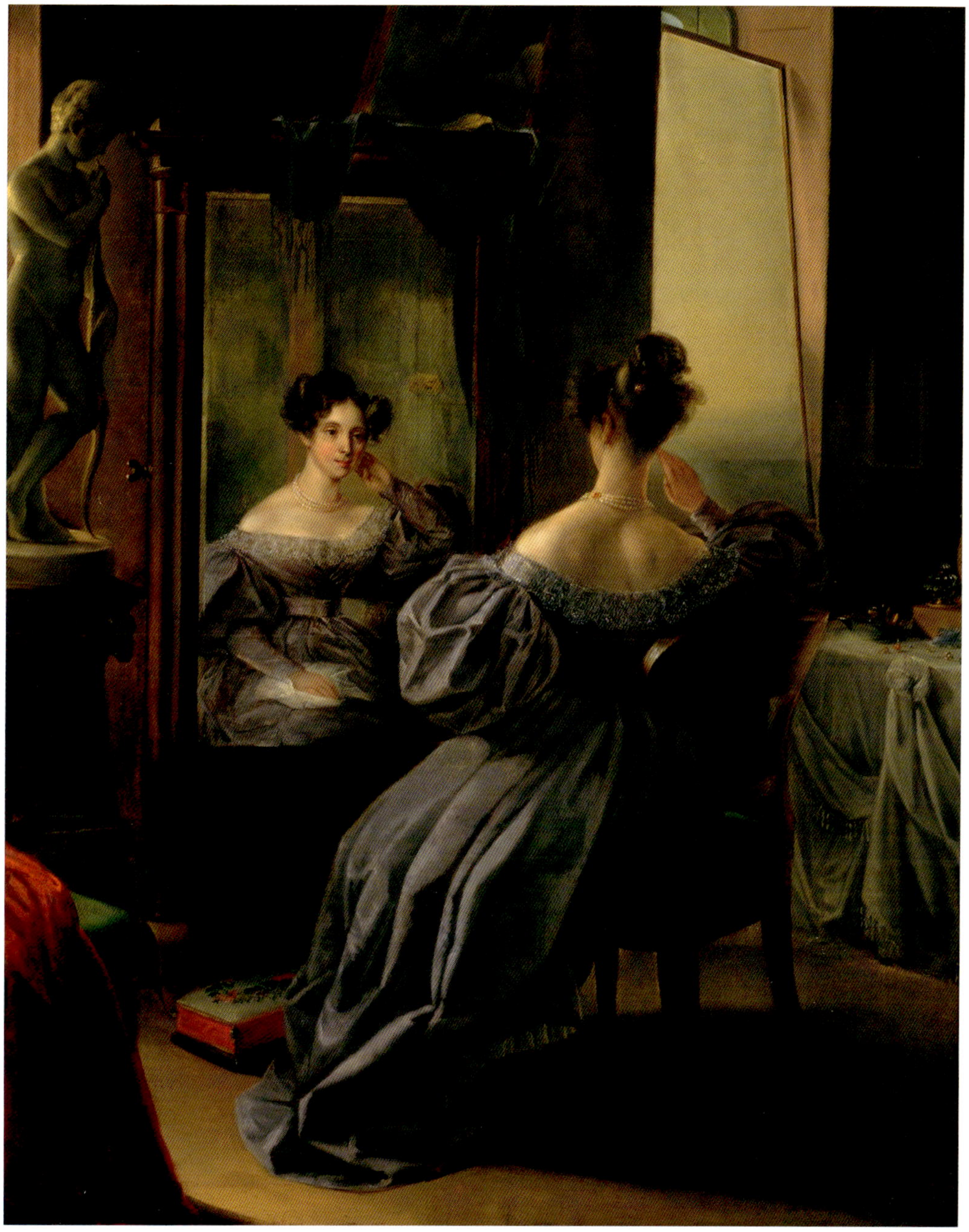

3

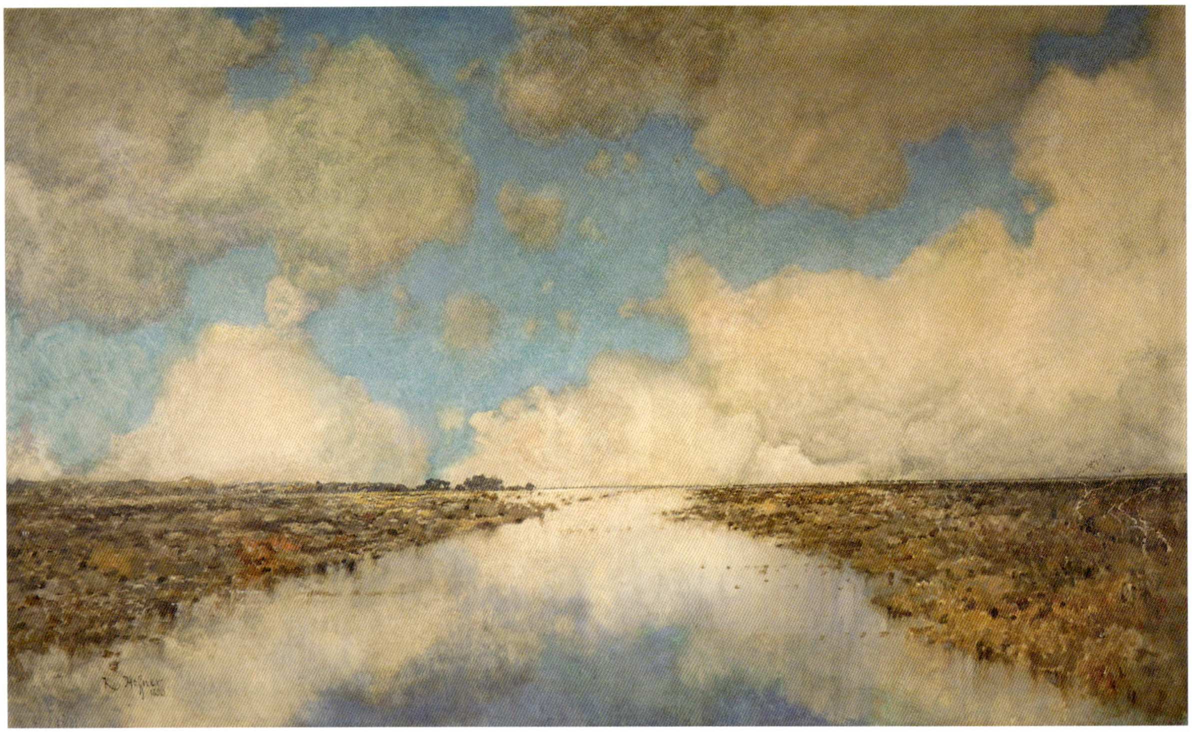

4

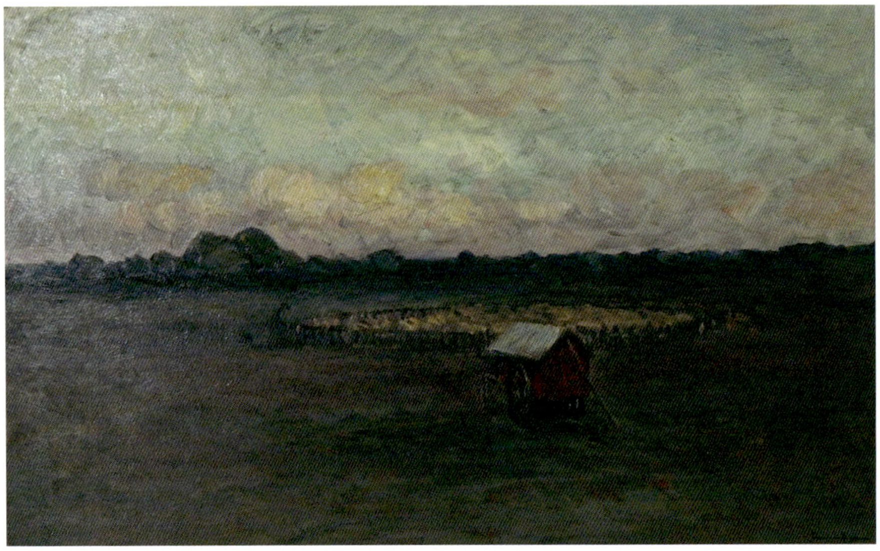

5

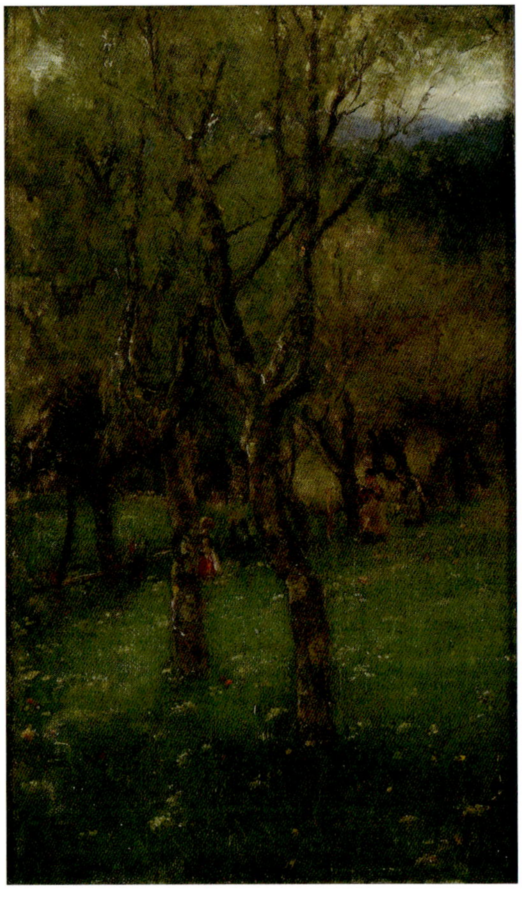

6

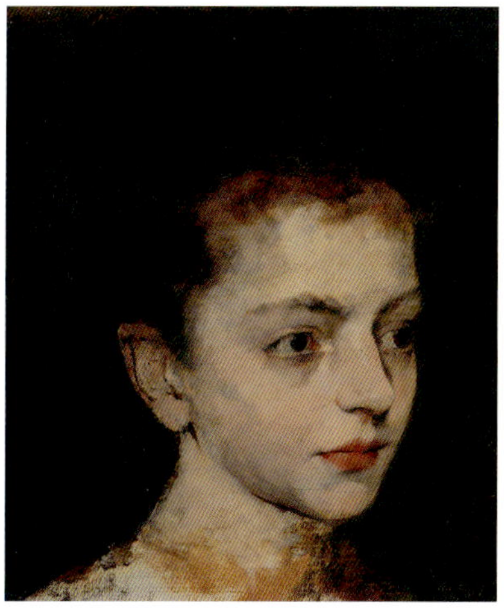

7

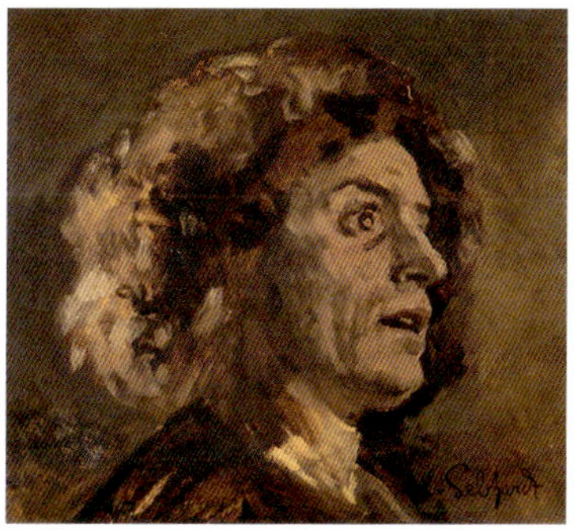

8

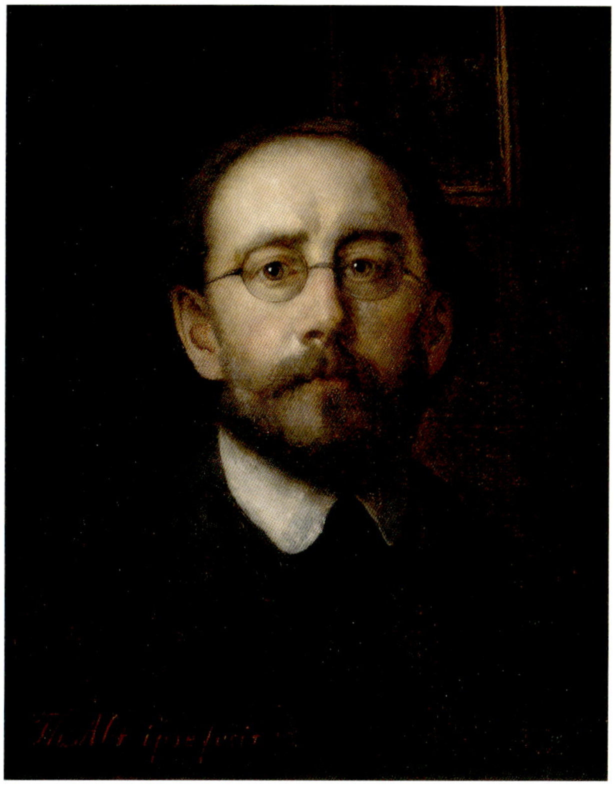

9

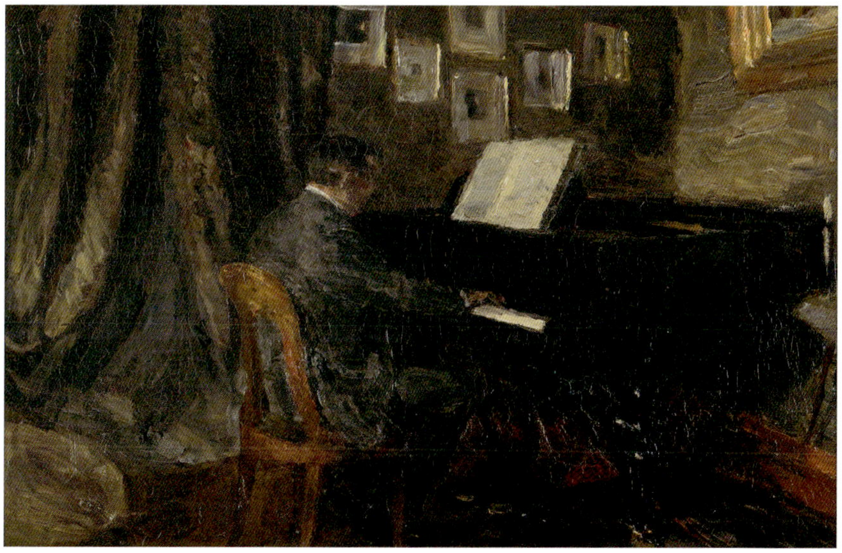

10

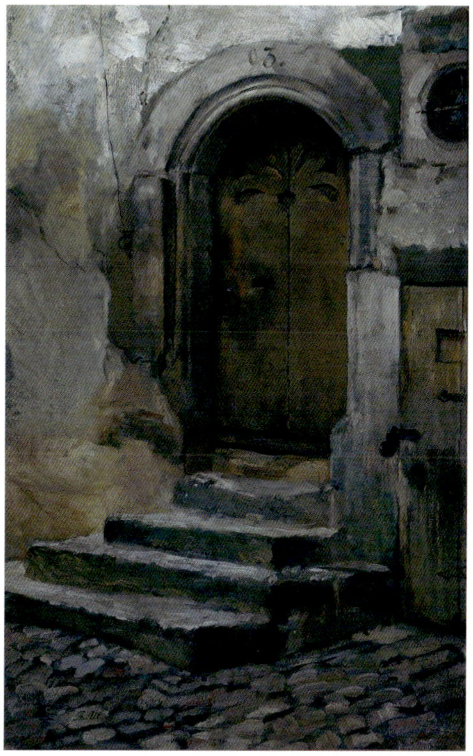

11

1 / **Edmund Blume**
* 1844 Halberstadt, Deutschland, † 1914 Altaussee, Österreich
Bildnis des Malers Alfred Sisley, 1877
Öl auf Leinwand, 63,5 × 50,5 cm
Inv.-Nr.: 02588, erworben 1942 bei Galerie Wolfgang Gurlitt, Berlin
Museum im Kulturspeicher Würzburg, © Andreas Bestle

2 / **Hugo von Habermann**
* 1849 Dillingen, Deutschland, † 1929 München, Deutschland
Bildnis einer Dame, 1886
Öl auf Leinwand, 75 × 50 cm
Inv.-Nr.: 06018, erworben 1954 bei Galerie Wolfgang Gurlitt, München
Museum im Kulturspeicher Würzburg, © Tom Haasner

3 / **Ferdinand Freiherr von Lütgendorff-Leinburg**
* 1785 Würzburg, Deutschland, † 1858 Würzburg, Deutschland
Frau vor dem Spiegel (*Frau von Muhr*), 1834
Öl auf Leinwand, 92,5 × 77,5 cm
Inv.-Nr.: 02909, erworben 1942 bei Galerie Wolfgang Gurlitt, Berlin
Museum im Kulturspeicher Würzburg, © Andreas Bestle

4 / **Karl Heffner**
* 1849 Würzburg, Deutschland, † 1925 Berlin, Deutschland
Schottisches Hochmoor, 1890
Öl auf Leinwand, 96,5 × 152,5 cm
Inv.-Nr.: 02825, erworben 1943 bei Galerie Wolfgang Gurlitt, Berlin
Museum im Kulturspeicher Würzburg, © Andreas Bestle

5 / **Ludwig von Gleichen-Russwurm**
* 1836 Bonnland, Deutschland, † 1901 Weimar, Deutschland
Schafpferch bei Bonnland, o. D.
Öl auf Holz, 50,3 × 79,5 cm
Inv.-Nr. 02764, erworben 1943 bei Galerie Wolfgang Gurlitt, Berlin
Museum im Kulturspeicher Würzburg, © Tom Haasner

6 / **Johann Sperl**
* 1840 Buch, Deutschland, † 1914 Bad Aibling, Deutschland
Auf der Wiese, 1897
Öl auf Holz, 31,5 × 18,5 cm
Inv.-Nr. 02995, erworben 1943 bei Galerie Wolfgang Gurlitt, Berlin
Museum im Kulturspeicher Würzburg, © Andreas Bestle

7 / **Alois Erdtelt**
* 1851 Herzogswalde, Schlesien, heute Polen, † 1911 München, Deutschland
Porträtstudie einer jungen Dame, um 1875
Öl auf Pappe, 30 × 25,5 cm
Inv.-Nr. 02694, erworben 1944 bei Galerie Wolfgang Gurlitt, Berlin
Museum im Kulturspeicher Würzburg, © Andreas Bestle

8 / **Eduard von Gebhardt**
* 1838 Järva-Jaani, Estland, † 1925 Düsseldorf, Deutschland
Kopf eines Mannes mit reichem Haar, o. D.
Öl auf Holz, 35,5 × 39,5 cm
Inv.-Nr. 02773, erworben 1944 bei Galerie Wolfgang Gurlitt, Berlin
Museum im Kulturspeicher Würzburg, © Andreas Bestle

9 / **Theodor Alt**
* 1846 Döhlau bei Hof, Deutschland, † 1937 Ansbach, Deutschland
Selbstbildnis, um 1878
Öl auf Leinwand, 46,5 × 36,5 cm
Inv.-Nr. 02570, erworben 1943 bei Galerie Wolfgang Gurlitt, Berlin
Museum im Kulturspeicher Würzburg, © Andreas Bestle

10 / **Max Slevogt**
* 1868 Landshut, Deutschland, † 1932 Leinsweiler-Neukastel, Deutschland
Professor Goering am Flügel, 1892
Öl auf Leinwand, 44,5 × 66 cm
Inv.-Nr. 06757, erworben 1960 bei Galerie Wolfgang Gurlitt, München
Museum im Kulturspeicher Würzburg, © Andreas Bestle

11 / **Theodor Alt**
* 1846 Döhlau bei Hof, Deutschland, † 1937 Ansbach, Deutschland
Altes Haustor (Rothenburg), nach 1884
Öl auf Leinwand auf Karton, 65 × 42 cm
Inv.-Nr. 02569, erworben 1944 bei Galerie Wolfgang Gurlitt, Berlin
Museum im Kulturspeicher Würzburg, © Andreas Bestle

WOLFGANG GURLITT UND HEINER DIKREITER IN WÜRZBURG – GESCHÄFTS-BEZIEHUNGEN UND FREUNDSCHAFT

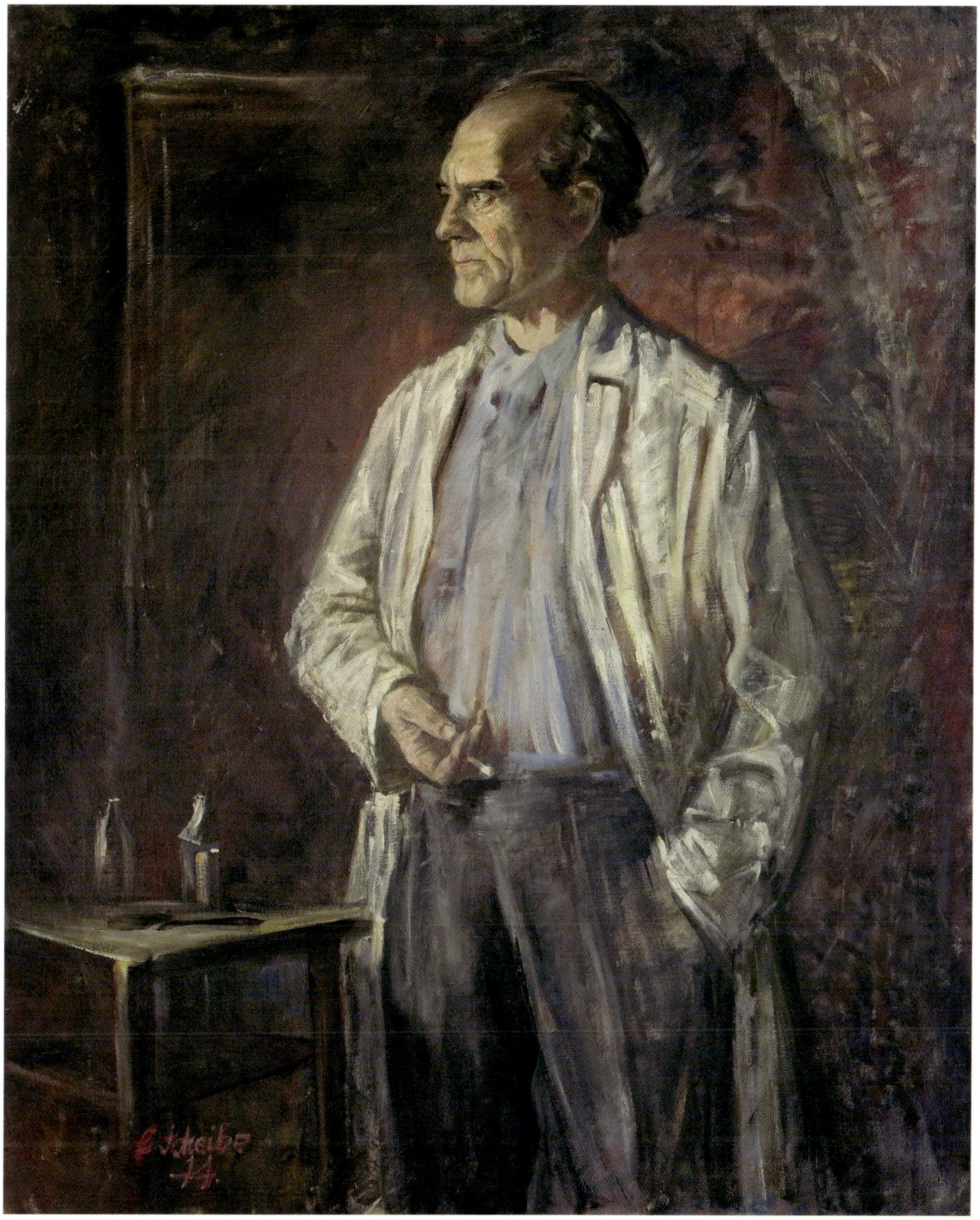

Abb. 1

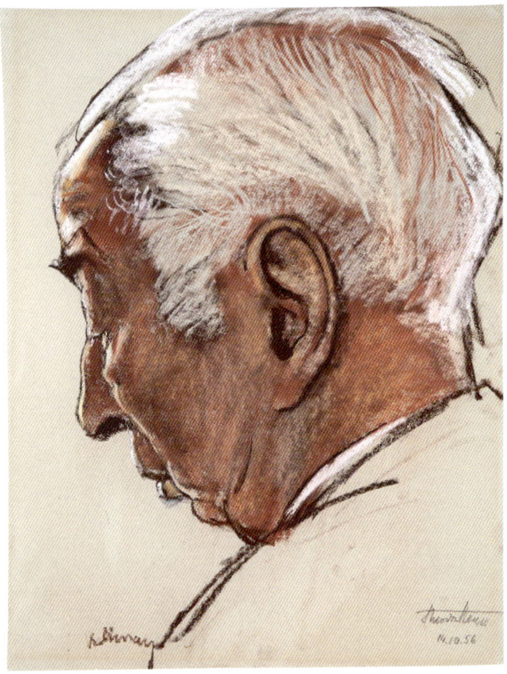

Abb. 2

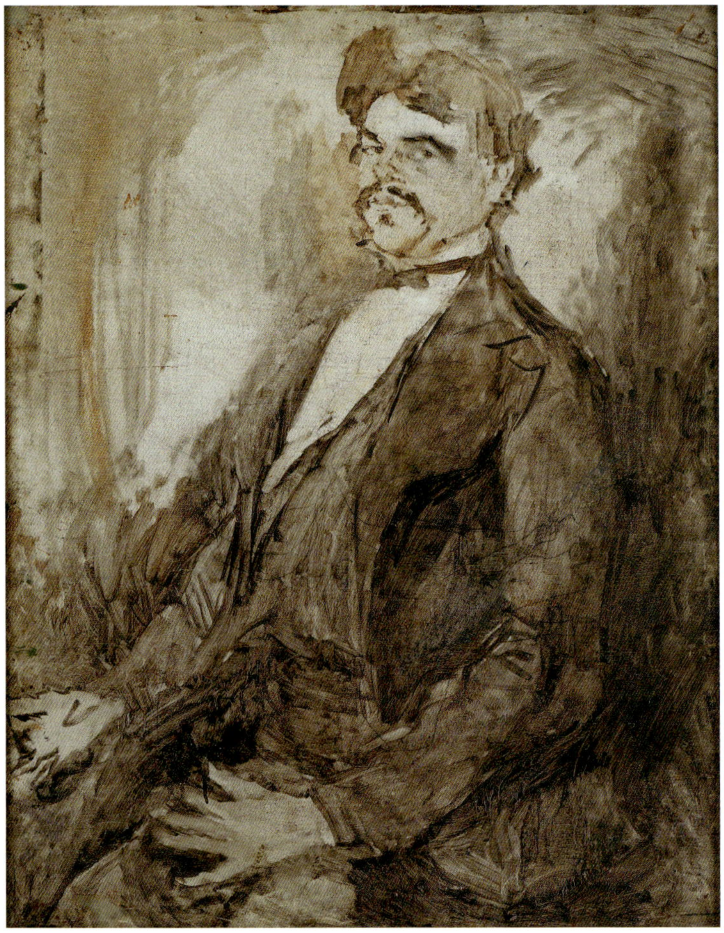

Abb. 3

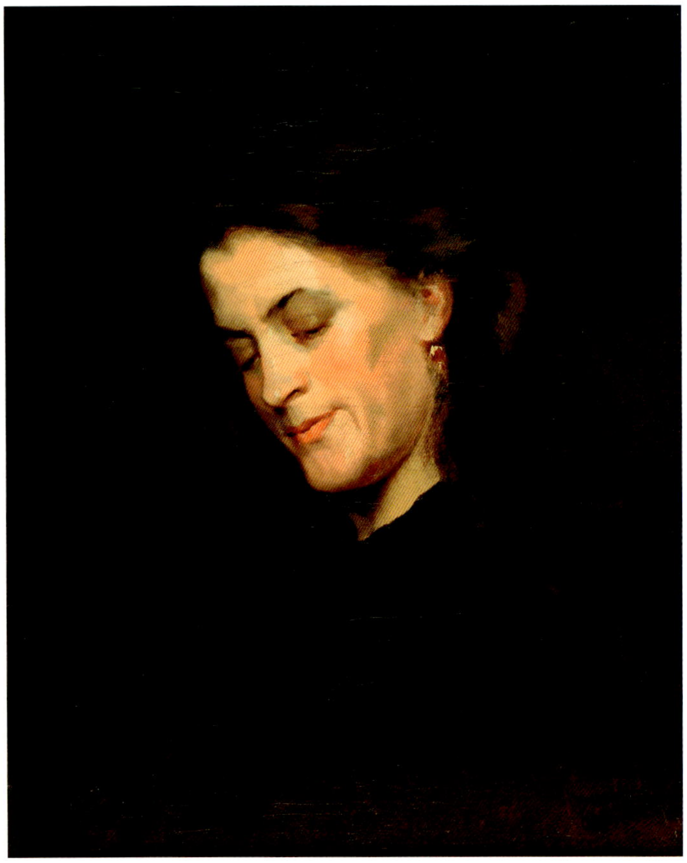

Abb. 4

Abb. 1 / **Emil Scheibe**, *Porträt Heiner Dikreiter*, 1944, Öl auf Leinwand, 140 × 110 cm, Museum im Kulturspeicher Würzburg, Schenkung Olga Lindner, Foto: Andreas Bestle, © Bildrecht Wien, 2019

Abb. 2 / **Hans-Jürgen Kallmann**, *Bildnis Theodor Heuss*, 1956, Pastell, 61 × 46 cm, Museum im Kulturspeicher Würzburg, erworben bei Galerie Gurlitt, München, Juni 1957, Foto: Andreas Bestle, © Bildrecht Wien, 2019

Abb. 3 / **Wilhelm Leibl**, *Bildnis eines Herrn (Kniestück)*, Öl auf Leinwand (Untermalung), 100 × 77 cm, Museum im Kulturspeicher Würzburg, erworben bei Galerie Gurlitt, Berlin, 1942, Foto: Andreas Bestle

Abb. 4 / **Unbekannt** (erworben als „Wilhelm Leibl"), *Bildnis eines Mädchens mit dunkler Bluse*, Öl auf Leinwand, 61 × 49 cm, Museum im Kulturspeicher Würzburg, erworben bei Galerie Gurlitt, München, März 1957, Foto: Andreas Bestle

Henrike Holsing

WOLFGANG GURLITT UND HEINER DIKREITER IN WÜRZBURG – GESCHÄFTSBEZIEHUNGEN UND FREUNDSCHAFT

Im Juli 1957 veranstalteten der Leiter der Städtischen Galerie Würzburg, Heiner Dikreiter (1893–1966, Abb. 1), und Wolfgang Gurlitt eine Ausstellung zu Ehren des 50. Berufsjubiläums Gurlitts. In der städtischen Ausstellungshalle, der Otto-Richter-Halle, wurden Grafiken aus Gurlitts Sammlung gezeigt, die die Schwerpunkte seiner Sammel- und Geschäftstätigkeit spiegeln sollten. Im dazu erschienenen Faltblatt gedenkt der Würzburger Maler und Galeriedirektor Dikreiter „jenes Tages, der uns zusammenführte in den letzten Jahren des Schrecklichsten aller Kriege, als Ihnen in Berlin Ihr Haus in Schutt und Asche fiel und Sie obdachlos von einer Himmelsrichtung in die andere zogen, nicht wissend, wo nun endgültig, für den Rest des Krieges, Station gemacht werden könnte. Ein rascher Einfall von meiner Seite, von Ihnen ebenso rasch aufgegriffen, und die Bindung zu Würzburg war da."[1] Es sind solche auch in den Tagebüchern Heiner Dikreiters und in seinem Briefwechsel mit Wolfgang Gurlitt gelegentlich aufscheinenden Erinnerungen,[2] die über Gurlitts zeitweiligen Aufenthalt in Würzburg während des Zweiten Weltkrieges Auskunft geben. Weitere Dokumente dazu, etwa Meldeunterlagen Gurlitts, sind nicht bekannt.[3] So ist die Geschichte „Gurlitt in Würzburg" aus den spärlichen Quellen zu rekonstruieren.

Der erste Kontakt zwischen den späteren Freunden und Geschäftspartnern Gurlitt und Dikreiter fand möglicherweise bereits 1938 statt. Dies legt die Erklärung nahe, die Lilly Christiansen-Agoston für Heiner Dikreiters Spruchkammerverfahren abgab: „Ich bestätige hierdurch Herrn Heiner Dikreiter Würzburg, dass ich ihn seit 1938 kenne und durch meine Tätigkeit im Rahmen der Galerie und des Verlags Gurlitt häufig mit ihm zusammengekommen bin."[4] Als Künstler und Interessierter mag Heiner Dikreiter bereits damals Wolfgang Gurlitt in seiner Berliner Galerie aufgesucht haben. Schon seit einiger Zeit trug er sich mit dem Gedanken an eine für Würzburg zu gründende städtische Sammlung, für die er auch schon fertige Künstlerlisten im Kopf hatte. Er legte seine Ideen bereits 1924 in einem Zeitungsartikel dar und wiederholte sie 1937 in einem mit der Frage „Könnte man in Würzburg eine mainfränkische Galerie schaffen?" überschriebenen Manuskript.[5] Der kulturpolitisch äußerst rege agierende Maler forderte darin die Errichtung einer städtischen Kunstsammlung, die sich der Kunst der seit der NS-Zeit „Mainfranken" genannten Region seit dem 19. Jahrhundert annehmen sollte. Enthalten sein sollten nicht nur Werke der Künstler, die in Würzburg und Umgebung gearbeitet hatten, sondern auch von solchen, die nur Berührungspunkte mit der Region hatten; ganz oben auf seiner Liste standen etwa Wilhelm Leibl, der familiäre Verbindungen nach Würzburg hatte und auch hier verstorben war, oder Max Slevogt, der seine Jugend in der Stadt verbracht hatte. Für beide Künstler war Wolfgang Gurlitts Galerie eine sehr gute Adresse.

1941 erfolgte dann endlich die offizielle Gründung der „Mainfränkischen Galerie" als städtische Sammlung Würzburgs – im

1 Heiner Dikreiter, „Wolfgang Gurlitt, dem Kunsthändler, Verleger, Galerieleiter und Kunstförderer", in: *Ausstellung Wolfgang Gurlitt. Eine Auslese aus der Graphiksammlung des Kunsthändlers, Galerieleiters, Verlegers und Kunstförderers aus Anlaß seines 50jährigen Berufsjubiläums*, hg. v. Freunde Mainfränkischer Kunst und Geschichte, Ausst.-Kat., Otto-Richter-Halle Würzburg, Juli 1957, o. S.

2 Dieser 1946 einsetzende Briefwechsel ist – wenn auch nicht vollständig – erhalten in der Künstlerakte Schriftverkehr Wolfgang Gurlitt bzw. im Nachlass Heiner Dikreiters, Archiv Museum im Kulturspeicher Würzburg (im Folgenden: MiK). Die frühere Korrespondenz – geschäftlich wie privat – ist leider durch die Bombardierung Würzburgs 1945 vollständig verloren.

3 Meldeunterlagen der Kriegsjahre sind nur teilweise erhalten. Ich danke sehr herzlich Dr. Axel Metz, Stadtarchiv Würzburg, für diese Auskunft.

4 Bayerisches Staatsarchiv Würzburg (BayStAW), Spruchkammer Würzburg, 1466, Heiner Dikreiter, Blatt 19, Schreiben von Lilly Christiansen, Bad Aussee, 15.9.1946.

5 Nachlass Dikreiter, MiK, Archiv, Mappe „Typoskripte I".

Auftrag der NS-Stadtregierung unter Oberbürgermeister Theo Memmel, der sich auf diese Weise kulturpolitisch profilieren wollte.[6] Heiner Dikreiter wurde nun als „Beauftragter Städtische Galerie" eingesetzt und zwei Jahre später offiziell zum Direktor ernannt.[7] Innerhalb weniger Jahre trug Dikreiter, ausgestattet mit einem beträchtlichen Etat, einen beachtlichen Gründungsbestand zusammen. Während er die vorwiegend regional wirkenden Künstler oft zu Schenkungen großer Konvolute oder günstigen Verkäufen bewegen konnte, musste er für die überregional bekannten Künstler seine Fühler in den Kunsthandel ausstrecken. Spätestens jetzt also nahm er auch den Kontakt zu Wolfgang Gurlitt wieder auf und erwarb 1942 fünf, im Jahr darauf acht Gemälde und eine Reihe Zeichnungen in Gurlitts Berliner Galerie – der Auftakt zu einer lebenslangen geschäftlichen Beziehung. Anfang 1944 muss es dann gewesen sein, dass Gurlitt nach der Zerstörung seiner Berliner Häuser durch Bomben im November 1943 zusammen mit Lilly Christiansen-Agoston und seinem Mitarbeiter Erik Berger nach Würzburg kam. Dikreiter erinnert sich 1948 in seinem Tagebuch: „Mit Hilfe der Stadt gelang es mir, für Gurlitt eine geräumige Wohnung im Neiderthaus neben der Richterhalle zu bekom[m]en, die Wohn- und Ausstellungszwecken dienen konnte. Gurlitt verlegte also einen Teil seiner Arbeit nach Wzbg. U. Wohnung nahm da für die Dauer sein gleichfalls in Berlin ausgebombter Mitarbeiter Berger mit Familie."[8] Seit 1944 war Erik Berger, dessen Meldeunterlagen sich im Stadtarchiv erhalten haben, in der Maxstraße 1 in Würzburg gemeldet, der Adresse des sogenannten Neiderthauses; Gleiches galt wohl für Wolfgang Gurlitt, der hier nach eigenen Aussagen eine Galerie einrichtete.[9] Unterstützt wurde der Zuzug Gurlitts durch Oberbürgermeister Theo Memmel, der Dikreiter in seinen Plänen, das kulturelle Leben der Stadt voranzubringen, bestärkte.[10]

Nun also setzte ein engerer Verkehr zwischen Gurlitt und Dikreiter ein. „[...] und dann gingen wir zusammen durch die Strassen Würzburgs sprachen über museale Zusammenarbeit und planten mancherlei Schönes für meine Galerie und den Verlag", erinnert sich Gurlitt in einem der ersten Nachkriegsbriefe.[11] Die „museale Zusammenarbeit" wurde noch im Jahr 1944 in einer Ausstellung von über 100 Zeichnungen Karl Blechens aus Gurlitts Besitz in der städtischen Otto-Richter-Halle manifest.[12] Im gleichen Sommer erfolgte ein beiderseitig lebenslang gern erinnerter Besuch Heiner Dikreiters auf dem Lenauhügel in Bad Aussee, während dessen ihre Freundschaft sich vertiefte und um einen Dritten im Bunde erweiterte: Der Direktor der Kunsthalle Bremen, Emil Waldmann, weilte gleichfalls als Gast bei Gurlitt. Nach seiner Ausbombung in Bremen überzeugten Dikreiter und Gurlitt auch ihn, in Würzburg in der Maxstraße 1 Wohnung zu nehmen. Gemeinsam mit dem Leibl-Experten planten sie eine Ausstellung zu Wilhelm Leibl, die jedoch nicht mehr zustande kam.[13] Am 16. März 1945 wurde Würzburg Opfer eines der schwersten Bombenangriffe des Zweiten Weltkrieges. Emil Waldmann und seine Frau fanden am folgenden Tag den Freitod im Main.[14] Während Gurlitts Verlagsunterlagen im Neiderthaus verbrannten, konnte sein noch hier befindlicher Kunstbesitz offenbar wenigstens zum Teil gerettet werden; er hatte ihn möglicherweise in Sicherheit gebracht. Jedenfalls berichtet Gurlitt Dikreiter im Januar 1950: „Dr. Berger hat mir jetzt nach München die Bilder gesandt, die in Würzburg gerettet wurden, darunter ist auch die Landschaft von Ihnen, die ich seinerzeit bei Ihnen eintauschte, so werde ich späterhin einmal durch dieses Werk eine Erinnerung an Würzburg haben."[15]

Auch nach seinem Weggang aus Würzburg erhielt Gurlitt den Kontakt zu Dikreiter aufrecht. Der Briefwechsel zeugt von

6 Vgl. hierzu Bettina Keß, „Gründungsjahr 1941", in: *Tradition & Propaganda. Eine Bestandsaufnahme. Kunst aus der Zeit des Nationalsozialismus in der Städtischen Sammlung Würzburg*, Ausst.-Kat., Museum im Kulturspeicher Würzburg, Würzburg 2013, S. 54–61.

7 Vgl. hierzu auch: Henrike Holsing, „‚Um diese Pläne in die Wirklichkeit umzusetzen, war mir jedes Mittel recht ...'. Der Galeriegründer und Maler Heiner Dikreiter", in: ebd., S. 62–93; Henrike Holsing: „Alarmstufe Rot – der Aufbau einer Städtischen Sammlung in der NS-Zeit", in: *Herkunft & Verdacht. Provenienzforschung am Museum im Kulturspeicher Würzburg. Die Zugangsjahre 1941 bis 1945*, Ausst.-Kat., Museum im Kulturspeicher Würzburg, Würzburg 2018, S. 11–19.

8 Heiner Dikreiter, Tagebuch 1, 14.1.1948, MiK, Archiv, Nachlass Dikreiter.

9 Vgl. Text Wolfgang Gurlitt im Faltblatt zur Ausstellung anlässlich seines 70. Geburtstages, Februar 1958, MiK, Archiv, Künstlerakte Wolfgang Gurlitt.

10 Wie Gurlitt Dikreiter am 6.3.1947 schrieb, bescheinigte er Memmel später in einer Erklärung für dessen Spruchkammerverfahren, „wie ausserordentlich korrekt und grosszügig" er sich in seinem Fall verhalten habe. MiK, Archiv, Künstlerakte Schriftverkehr Wolfgang Gurlitt.

11 Gurlitt an Dikreiter, Bad Aussee, 6.3.1947, MiK, Archiv, Künstlerakte Schriftverkehr Wolfgang Gurlitt.

12 Vgl. den dazu erhaltenen kleinen Katalog: *Ausstellung August 1944. Karl Blechen 1798–1840. Zeichnungen und Aquarelle. Veranstaltet von der Galerie Gurlitt im Mainfränkischen Kunst-Verein, Würzburg, Maxstraße 4.*

13 Dies geht aus einem Brief Wolfgang Gurlitts an Heiner Dikreiter hervor, Bad Aussee, 15.9.1946, MiK, Archiv, Künstlerakte Schriftverkehr Wolfgang Gurlitt.

14 Vgl. Dikreiter 1957.

15 Gurlitt an Dikreiter, Bad Aussee, 27.1.1950, MiK, Archiv, Künstlerakte Schriftverkehr Gurlitt. Diese „Landschaft" Dikreiters, wohl eine Stadtansicht Würzburgs, lässt sich heute nicht mehr ausfindig machen. Gurlitt lieh sie Dikreiter 1957 für eine Ausstellung in Nürnberg. Erik Berger war nach dem Ende des Krieges für den amerikanischen Kunstschutz tätig und könnte in dieser Rolle die Bilder für Gurlitt gerettet haben. Er ließ sich im Oktober 1949 in Bad Kissingen nieder (vgl. Stadtarchiv Würzburg, Meldekarte Erik Berger), wo er einen Kunsthandel betrieben zu haben scheint.

einer aufrichtig freundschaftlichen Beziehung;[16] immer wieder wird der Wunsch geäußert, einander zu begegnen und die gemeinsamen Ferientage in Bad Aussee zu wiederholen. Gleichzeitig jedoch hofften beide, von ihrer Beziehung persönlich und beruflich zu profitieren. So stand für Heiner Dikreiter nach dem Ende des Krieges seine „Entnazifizierung" an; sowohl Wolfgang Gurlitt als auch Lilly Christiansen-Agoston verfassten ihm für sein Spruchkammerverfahren Gutachten, in denen sie ihm seine ‚antifaschistische Haltung' bescheinigten.[17] In Dikreiters Verteidigung wird auch angeführt, dass sein Einsatz für Gurlitt „äußerst gefährlich" gewesen sei, „da der Inhaber dieser Firma Halbjude war, wie auch sein damaliger engster Mitarbeiter Dr. Berger. Die engste Mitarbeiterin Gurlitts, Frau Christiansen, war Ungarin. Alles dies wußte der Betroffene, verschwieg es aber dem Gau gegenüber, um die Einbürgerung dieser drei in Würzburg nicht zu gefährden. Ein Tun, das dem Betroffenen, wäre es bekannt geworden, schärfste Strafen, wenn nicht das Leben, gekostet hätte."[18]

Nach erfolgtem Spruchkammerurteil, in dem Dikreiter milde als „Mitläufer" eingestuft wurde, konnte er seinen Aktivitäten für die Städtische Galerie wieder mit vollem Eifer nachgehen. Umso interessierter verfolgte er Gurlitts Bemühungen, seine Galerie- und Verlagstätigkeit wieder auf sichere Füße zu stellen: „Je sicherer sein Grund ist, desto besser ist das für mich u. meine Pläne, die einmünden müssen u. sollen in eine schöne Gemeinschaftsarbeit mit Gurlitt als Verleger u. Kunsthändler" – so offen formulierte Dikreiter es in seinem Tagebuch im Februar 1948.[19] Aber auch Gurlitt drängte seinerseits immer wieder auf gemeinsame Aktivitäten und zielte dabei vor allem auf Ausstellungen, die er dem Kollegen in Würzburg vermitteln wollte.[20] Im Mai 1952 öffnete das städtische Ausstellungshaus, die Otto-Richter-Halle, wieder seine Pforten; hier wurden unter der Ägide der „Freunde Mainfränkischer Kunst und Geschichte" zumeist von Dikreiter kuratierte Ausstellungen im fast monatlichen Wechsel gezeigt. Wiederholt bot Gurlitt ihm dafür Grafikkollektionen aus seiner Sammlung und andere Ausstellungen an; verwirklicht wurde im März 1953 eine Ausstellung mit Grafik von Ernst Barlach, im Mai 1956 mit Arbeiten von César Klein und im September desselben Jahres mit Blättern von Hans Thoma. Im November 1957 zeigte Dikreiter Grafiken von Alfred Kubin aus der Sammlung Gurlitt, im Februar 1959 Rudolf Schlichter. Im September 1954 übernahm Dikreiter die Curt-Herrmann-Ausstellung, die Gurlitt zuvor in seiner Galerie gezeigt hatte. Höhepunkte der Zusammenarbeit waren im Februar 1959 die Ausstellung *Französische Meister des 19. Jahrhunderts*, die außerordentlich erfolgreich war, und natürlich die eingangs erwähnte Ausstellung zum 50. Berufsjubiläum Gurlitts im Sommer 1957 mit Grafik seiner bevorzugten Künstler vom 19. Jahrhundert bis in die Gegenwart.

Gegenseitige Gefälligkeiten bildeten einen wichtigen Bestandteil der freundschaftlichen Verbindung zwischen Gurlitt und Dikreiter. Beide zeichneten sich dabei durch eine gewisse Dreistigkeit aus; dieser gemeinsame Wesenszug trug sicher dazu bei, dass sie sich so gut verstanden. Manche dieser Bitten waren harmloser Art; so hoffte Gurlitt, über Dikreiter Kontakt zu Georg Schäfer in Schweinfurt zu bekommen, und bat ihn, den bedeutenden Sammler deutscher Kunst des 19. Jahrhunderts auf seine Galerietätigkeit aufmerksam zu machen.[21] Eine gewisse Schamlosigkeit zeigt Gurlitts (erfolgloses) Ersuchen an Dikreiter, sich an der Würzburger Universität für eine Ehrendoktorwürde für Wolfgang Gurlitt einzusetzen, da Bemühungen dieser Art in Österreich leider fruchtlos geblieben seien.[22] Ende Mai 1957 bat Gurlitt Dikreiter wieder um einen Gefallen: Er hatte Hans-Jürgen Kallmanns Pastellbildnisse von Theodor Heuss, von denen er eines auch an die Städtische Galerie Würzburg verkauft hatte (Abb. 2), so außerordentlich gut absetzen können, dass er mehr davon wollte. „Nun kommen noch immer Anfragen, auch von offiziellen Stellen, die Interesse für ein Heuss Porträt haben. Ich hatte [...] daher [...] um eine nochmalige Sitzung für Herrn Kallmann, und anschliessend für den ausgezeichneten Bildhauer Rudolf Belling, gebeten. Dass der Bundespräsident

16 Vgl. etwa den Brief von Gurlitt vom 6.3.1947: „Ich freue mich immer wieder, dass unser damaliges Zusammenkommen in Würzburg, das Ihrer liebenswürdige[n] Initiative entsprang, eine so dauerhafte Freundschaft geworden ist. Wenn wir zunächst durch die Grenzen getrennt uns auf den schriftlichen Gedankenaustausch einstellen müssen, so hat es sich doch gezeigt, dass auch die örtliche Trennung der Verbundenheit unserer Gefühle keinen Abbruch tut." MiK, Archiv, Künstlerakte Schriftverkehr Wolfgang Gurlitt.

17 Bayerisches Staatsarchiv Würzburg (BayStAW), Spruchkammer Würzburg, 1466, Heiner Dikreiter, Blatt 18, Schreiben von Wolfgang Gurlitt, Bad Aussee, 15.9.1946, und Blatt 19, Schreiben von Lilly Christiansen, Bad Aussee, 15.9.1946.

18 Ebd., Blatt 1.

19 Tagebuch 2, 16.2.1948, MiK, Archiv, Nachlass Dikreiter.

20 So in einem Brief am 31.7.1952: „Ich habe sehr viel interessantes Material zusammengetragen, bemühe mich, meine Sammlungen immer weiter auszubauen und könnte Ihnen sicherlich für Würzburg manche interessante Ausstellung gaben [sic!]." MiK, Archiv, Künstlerakte Schriftverkehr Wolfgang Gurlitt.

21 Briefe von Gurlitt an Dikreiter, 22.1.1954 und 3.2.1954: „Wenn Sie einmal mit ihm zusammenkommen, wäre ich Ihnen sehr dankbar, wenn sie sich einmal über mich, meine Galerie, und über die Wichtigkeit der Objekte unterhalten könnten, die ich immer wieder habe und bekomme." MiK, Archiv, Künstlerakte Schriftverkehr Wolfgang Gurlitt.

22 Gurlitt an Dikreiter, 23.5.1955, MiK, Archiv, Künstlerakte Schriftverkehr Wolfgang Gurlitt.

keine grosse Freude am Sitzen hat, ist ja selbstverständlich, und sein Beauftragter schreibt, dass er nur dann sitzen kann, wenn ein fester Auftrag nachweislich vorliegt. Ich gebrauche nun einen oder zwei Aufträge von offiziellen Stellen, die natürlich fingiert sein können. Bestände nicht die Möglichkeit, dass Sie mir einen solchen Auftrag geben, denn da Sie ja schon ein Heuss Bildnis gekauft haben, könnte dieses ja auch das nächste sein, das neu entstehen würde."[23] Umgehend schrieb Heiner Dikreiter Gurlitt in einem „fingierten" Brief von seinem Wunsch, ein Bildnis von Heuss von der Hand Kallmanns oder Bellings zu erhalten.[24]

Ob er auch Gurlitts Bitte nachkam, eine Expertise zu einem vorgeblichen Frühwerk von Toulouse-Lautrec zu verfassen, das kurz zuvor in der Ausstellung *Französische Malerei des 19. Jahrhunderts* als Leihgabe Gurlitts zu sehen gewesen war, ist nicht überliefert.[25] Allein das Ansinnen Gurlitts wirft ein interessantes Licht auf sein Geschäftsgebaren: Warum sollte Heiner Dikreiter, der sich niemals vertieft mit französischer Malerei beschäftigt hatte, über die notwendige Kennerschaft für eine Expertise zu Toulouse-Lautrec verfügen? Und was sind solche Expertisen aus dem Hause Gurlitt dann wert? Dem Würzburger Galerieleiter hätte das zu denken geben müssen. Denn wenn er der Vermittlung Gurlitts auch einige Hauptwerke der Städtischen Sammlung wie etwa das meisterhafte Biedermeierbildnis *Dame vor dem Spiegel* von Ferdinand von Lütgendorff-Leinburg verdankte (Bild 3), holte er sich in einigen Fällen doch auch „faule Eier" ins Haus.

Gurlitt als Kunsthändler für die Städtische Galerie Würzburg

Die Freundschaft zwischen Gurlitt und Dikreiter nahm ihren Anfang mit ihrer Geschäftsbeziehung Anfang der 1940er-Jahre. Während der Kriegsjahre 1942 bis 1945 konnte Gurlitt mit Dikreiter recht gute Geschäfte machen; der Ankaufsetat der jungen Galerie als Prestigeprojekt kommunaler nationalsozialistischer Kulturpolitik ließ es zu, dass Dikreiter aus dem Vollen schöpfte.[26] Ein erstes Werk erwarb er am 4. Januar 1942 bei Wolfgang Gurlitt: ein Bildnis des Münchner Malers August Holmberg, das den Auftakt zu einem kleinen Bestand mit Werken der Münchner Schule in der Sammlung der Städtischen Galerie bildete.[27] Gerade für die überregional renommierten Künstler, deren Werke der frisch gebackene Galerieleiter für die Würzburger Sammlung zusammentragen wollte, wandte er sich vielfach an Gurlitt bzw. erhielt sicher von diesem auch gezielt Angebote. So wusste Gurlitt, dass Dikreiter an Werken des auf dem Würzburger Hauptfriedhof begrabenen Wilhelm Leibl und seines Kreises ein besonderes Interesse hatte; als zweites Werk verkaufte er ihm im Februar 1942 das unvollendete *Bildnis eines Herrn* (Abb. 3). Werke des vermeintlich „urdeutschen Bauernmalers" waren in der NS-Zeit extrem gefragt, Hauptwerke kaum noch auf dem Markt. So war Dikreiter über dieses immerhin großformatige und authentische Bild sehr glücklich, ebenso wie über eine Serie von elf Radierungen Leibls und die Werke der mit Leibl befreundeten Maler Johann Sperl und Theodor Alt, die Gurlitt ihm verkaufen konnte (vgl. Bild 6, 9 und 11). Einen Schwerpunkt von Dikreiters Sammeltätigkeit bildete das Werk des in Würzburg aufgewachsenen Max Slevogt, von dem er 1944 bei Gurlitt nicht nur die Radierungsfolge *Eine Passion* erwarb, sondern auch das inzwischen als verfolgungsbedingt entzogen identifizierte *Bildnis Pater Nivard* (vgl. Seite 317).[28] Werke des aus Würzburg stammenden, Ende des 19. Jahrhunderts in England erfolgreichen Karl Heffner (Bild 4) waren ebenso unter den „Gurlitt-Erwerbungen" wie die des zeitweise in Franken tätigen Landschaftsmalers und Porträtisten Ferdinand von Rayski; auch dessen *Die großen Kavaliere* betiteltes fragmentarisches Historiengemälde aus dem ehemaligen Besitz des jüdischen Kunsthändlers Hugo Perls wurde inzwischen als NS-„Raubkunst" identifiziert.[29] Im Fall von Rayski tat Gurlitt sich auch als Vermittler hervor: Dank seines Einsatzes konnte Dikreiter im Sommer 1942

23 Gurlitt an Dikreiter, 31.5.1957, MiK, Archiv, Künstlerakte Schriftverkehr Wolfgang Gurlitt.

24 Dikreiter an Gurlitt, 4.6.1957, MiK, Archiv, Künstlerakte Schriftverkehr Wolfgang Gurlitt.

25 Gurlitt an Dikreiter, München, 5.3.1956: „Es braucht keine direkte Expertise zu sein, sondern Sie können die Briefform wählen, allerdings möchte ich Sie bitten, dass Sie das Schreiben nicht an mich mit meinem Namen richten, sondern einfach ‚Sehr geehrter Herr' schreiben [...]. Es ist immer ein Kreuz mit den Bildern, wenn diese von Leuten gekauft werden sollen, die Geld haben aber nichts von den Objekten verstehen – so im Fall Toulouse Lautrec. Das Bildchen ist, wie Sie wissen, nicht signiert, trägt aber den Stempel des Meisters und ist aus seiner früheren, noch impressionistischen Periode, aber, wie sie wohl auch meinen, von allerbester Qualität." MiK, Archiv, Künstlerakte Schriftverkehr Wolfgang Gurlitt.

26 Gerade diese Werke müssen nun allerdings von der Provenienzforschung näher in Augenschein genommen werden. Vgl. in diesem Band den Beitrag von Beatrix Piezonka.

27 *Bildnis einer jungen Frau*, Öl auf Leinwand, Inv.-Nr. 02854; außerdem Bilder von Alois Erdtelt (Bild 7) und Ernst Karl Georg Zimmermann. Letzteres ist möglicherweise als NS-verfolgungsbedingt entzogen einzustufen, vgl. Beatrix Piezonka: „Wolfgang Gurlitt – ein besonderer Geschäftsfreund des Sammlungsgründers", in: *Herkunft & Verdacht* 2018, S. 58–70, hier S. 64f.

28 Vgl. den Text von Beatrix Piezonka in diesem Band.

29 Vgl. Piezonka 2018, S. 65–68.

zwei Bildnisse des Künstlers von einem „Dr. W. Luft" in Berlin kaufen.[30] Möglicherweise ebenfalls durch Vermittlung Gurlitts kam ein Ankauf einer *Heroischen Landschaft* von Rayski bei Theodor Friedrich in Bad Aussee Anfang 1943 zustande.[31]

Insgesamt erwarb Heiner Dikreiter in den drei Jahren 1942 bis 1944 achtzehn Gemälde in Gurlitts Galerie, außerdem Zeichnungen und Druckgrafik. Dem stehen nur elf Gemälde in den 20 Nachkriegsjahren bis zu Gurlitts Tod 1965 gegenüber, die zum größten Teil eher Studiencharakter haben. Die „fetten Jahre" – für die Städtische Galerie Würzburg ausgerechnet die Kriegsjahre – waren vorbei. Dikreiter musste nun mit einem kleinen Ankaufsetat haushalten. Hugo von Habermanns *Bildnis einer Dame* von 1886 (Bild 2) und Max Slevogts *Goering am Flügel* (Bild 10) gehören zu den glücklichsten Erwerbungen.

Gurlitt war darüber deutlich enttäuscht. Im Mai 1950 schrieb er noch optimistisch: „Was suchen Sie für Ihr Museum? Können Sie interessante Bilder von Trübner, Habermann, Keller, Busch u.a. Meister aus diesem Kreis gebrauchen? Schreiben Sie einmal darüber!"[32] Im Oktober 1958 konstatierte er dann, es sei doch schade, „dass Ihr Ankaufsfonds so niedrig ist".[33] Immer wieder bot er Dikreiter erfolglos Bilder an, wobei er sich in seinen Angeboten schon auf die geringen finanziellen Möglichkeiten des Freundes einstellte. Die großen Namen fehlen nun zumeist; zu den Erwerbungen gehören ein Aquarell von Karl Heffner,[34] mehrere Studien Hugo von Habermanns,[35] ein frühes und unattraktives Porträt von Max Slevogt.[36] Zwei Mal gelang es Gurlitt, Dikreiter bei seiner Leibl-Begeisterung zu packen und ihm angebliche Leibl-Gemälde zu einem „Freundschaftspreis" unterzujubeln. Um diese erwerben zu können, brachte Dikreiter seine Überzeugungskraft beim Oberbürgermeister persönlich in Anschlag. Es handelte sich zum einen um das *Bildnis des Malers Gutmann*,[37] zum anderen um zwei Studienköpfe, *Bildnis eines Mädchens mit heller Bluse*[38] und *Bildnis eines Mädchens mit dunkler Bluse*[39] (Abb. 4). Für das erstere Bild brachte Gurlitt ein Gutachten des Kunsthistorikers Hermann Uhde-Bernays bei, während die beiden Mädchenbildnisse angeblich aus der Sammlung des Leibl-Mäzens Ernst Seeger kamen. In keinem Fall ist die Zuschreibung an Leibl stilistisch auch nur annähernd haltbar.[40] Dikreiters Blauäugigkeit in dieser Hinsicht erstaunt auch insofern, als gerade sein Freund Emil Waldmann in zwei Aufsätzen auf die zahlreichen im Handel kursierenden Leibl-Fälschungen und falsche Zuschreibungen hingewiesen hatte. „Ein plötzliches Auftauchen eines jahrzehntelang verborgen gewesenen Leiblbildes dürfte heute zu den grössten Seltenheiten gehören", hatte Waldmann bereits 1914 gewarnt.[41] Genau dies wäre aber bei dem *Bildnis des Malers Gutmann* und den beiden Mädchenbildnissen der Fall gewesen.

Nur durch seine Freundschaft zu Gurlitt, so glaubte Dikreiter, konnte er diese Bilder zu einem erstaunlich niedrigen Preis kaufen. Bei dem „Gutmann" war Gurlitt von ursprünglich 7.500 DM auf 5.000 heruntergegangen und erließ Dikreiter letztendlich noch einmal 500 DM.[42] Die beiden Mädchenbilder erhielt der Galerieleiter für insgesamt 5.000 DM. Sie seien so günstig gewesen, schrieb Dikreiter dem Oberbürgermeister, weil Gurlitt „keinen Gewinn bei diesem Handel erzielen möchte"[43] – eine kaum glaubhafte Großzügigkeit bei einem so gewieften Geschäftsmann. Großzügig scheint Gurlitt eher im Hinblick auf seine Zuschreibungen gewesen zu sein. Augenzwinkernd beschreibt der Kunsthistoriker Erhard Göpel die Schlitzohrigkeit des von ihm auch bewunderten Gurlitt: „Sehr autoritativ" habe dieser bei vielen Werken bestimmt, „daß es sich um Originale und um große Namen handele. [...] Da er zugleich Hunderte von Plänen verfolgte, mußte er sehen, wie er die Mittel zu ihrer Realisierung immer neu aufbrachte. In München, aber auch anderswo, verging keine Auktion, an

30 *Bildnis der Freifrau von Zobel* und *Bildnis eines Herrn*, Museum im Kulturspeicher Würzburg, Inv.-Nr. 02953 und 02955; zumindest Letzteres scheint fragwürdig in der Zuschreibung.

31 Museum im Kulturspeicher Würzburg, Inv.-Nr. 02951.

32 Postkarte von Gurlitt an Dikreiter, Bad Aussee, 24.5.1950, MiK, Archiv, Künstlerakte Schriftverkehr Wolfgang Gurlitt.

33 Dies die Reaktion auf die Ablehnung eines Faistauer-Stilllebens, das Dikreiter schätzte, aber nicht bezahlen konnte: Gurlitt an Dikreiter, München, 2.10.1958.

34 *Fischerboot bei Roncono*, 1908, Inv.-Nr. 03885, erworben bei Gurlitt, Bad Aussee, 1951.

35 *Weiblicher Akt*, 1882, Öl auf Pappe, Inv.-Nr. 06020, erworben 1954; Händestudie zum *Sorgenkind*, Öl auf Holz, Inv.-Nr. 06019, erworben 1954; *Bildnis einer Dame mit Hut*, um 1890, Öl auf Pappe, Inv.-Nr. 06312, erworben 1956; Ölstudie zum Gemälde *Die Geigerin*, Öl auf Leinwand, Inv.-Nr. 06338, erworben 1956; zwei *Stehende weibliche Akte*, Rötel- und Kreidezeichnungen, Inv.-Nr. 06552 und 06553, erworben 1958.

36 *Bildnis Heinrich Lukas*, 1889, Öl auf Holz, Inv.-Nr. 06833, erworben 1961.

37 Öl auf Leinwand, Inv.-Nr. 06311, erworben 1956.

38 Öl auf Leinwand, Inv.-Nr. 06379, erworben 1957.

39 Öl auf Leinwand, Inv.-Nr. 06380, erworben 1957.

40 Vgl. hierzu Henrike Holsing, „Wilhelm Leibl und Würzburg", in: dies., Marlene Lauter (Hg.), *Rein malerisch. Wilhelm Leibl und sein Kreis*, Ausst.-Kat., Museum im Kulturspeicher Würzburg, Imhof-Verlag, Petersberg 2013, S. 197–213, hier S. 208f.

41 Emil Waldmann, „Unbekannte, sogenannte und apokryphe Bilder von Leibl, I", in: *Kunst und Künstler* 12, 1914, S. 86–94, hier S. 89.

42 Vgl. Heiner Dikreiter, Tagebuch 30, 22.3., 26.3. und 27.3.1956, MiK, Archiv, Nachlass Dikreiter.

43 Heiner Dikreiter an Helmut Zimmerer, 7.3.1957, MiK, Archiv, Künstlerakten Schriftverkehr Wilhelm Leibl.

der er nicht mit Dutzenden von Blättern beteiligt war. Oft stieß man, verfolgte man die Spuren eines Bildes, einer mit Expertisen raffiniert gestützten Zuschreibung, auf die mehr als geschickte Hand dieses den Auktionatoren turmhoch überlegenen Intellekts. Traf er auf jemanden, der ihn durchschaute, zeigte er nur noch wahre Edelsteine der Künste, die er liebte."[44]

Heiner Dikreiter durchschaute Gurlitt nicht. Begeistert hatte er schon 1944 die Schenkung einer angeblich von Carl Schuch gemalten Landschaftsstudie entgegengenommen.[45] Eine weitere Schenkung Gurlitts war ein größerer Gewinn für die Würzburger Städtische Sammlung: Anlässlich der Ausstellung zu seinen Ehren im Sommer 1957 schenkte er der Würzburger Galerie neun Grafiken von Lovis Corinth, Edvard Munch, Oskar Kokoschka, Alfred Kubin, Max Pechstein und Renée Sintenis (u. a. Seite 30, 31). Im Mai oder Juni 1957 schrieb Gurlitt an Dikreiter: „Gern würde ich Ihnen für Würzburg eine Stiftung machen. Leider war ja meine Tätigkeit für Ihre Stadt nur von kurzer Dauer, sodass nicht viel an Erinnerung an mich geblieben sein dürfte."[46] Diese Erinnerung wollte er nun durch die Ausstellung und vor allem durch die Schenkung der Grafiken, die zumeist sein Bildnis zeigen, auffrischen.

Dikreiter zeigte sich erkenntlich: Sein auch im Begleitheft abgedrucktes Grußwort zur Eröffnung der *Ausstellung Wolfgang Gurlitt* ist ein einziger Lobgesang, der sich Gurlitts Freundschaft mit den Künstlern und seiner Liebe zur Kunst widmet, aber auch „der Arbeit Ihres Hauses und damit Ihrer eigenen, die seit Jahrzehnten den privaten Sammlern und den deutschen Galerien zugute gekommen ist in der Auffindung und Übermittlung hervorragender deutscher und ausländischer Meisterwerke. [...] Das alles zusammengefaßt müßte eine Lobpreisung geben, gegen die auch die schönsten Worte zur Würdigung Ihres Wirkens nur ein armseliges Gestammel wären."[47]

Die letzten Jahre

1961 fand mit dem *Bildnis Heinrich Lukas* von Max Slevogt der letzte Ankauf der Städtischen Galerie Würzburg bei Wolfgang Gurlitt statt;[48] auch Ausstellungsübernahmen sind für die letzten fünf Lebensjahre Gurlitts nicht mehr zu verzeichnen. Dennoch riss der Kontakt zwischen Gurlitt und Dikreiter nicht ab, der Ton wurde sogar noch vertraulicher, vielfach ging es jetzt auch um die beiderseitig nachlassende Gesundheit und das Alter. 1964, im Jahr vor seinem Tod, veranstaltete Wolfgang Gurlitt noch eine Ausstellung mit Bildern Heiner Dikreiters in seiner Münchner Galerie – ein letzter Freundschaftsdienst.[49] Käthe Gurlitt schrieb Dikreiter nach dem Tod ihres Mannes einen ausführlichen Brief: „Weil ich weiß, wie sehr Wolfgang Dir und Du ihm verbunden warst, möchte ich Dir heute erzählen, wie alles zugegangen ist."[50] Bei aller Schlitzohrigkeit Gurlitts, mit der er dem Freund falsche „Leibls" unterjubelte, und obwohl auch Dikreiter sich von der Beziehung zu dem bekannten Kunsthändler berufliche Vorteile versprach, bildeten aufrichtiger gegenseitiger Respekt und freundschaftliche Neigung die Basis ihrer Beziehung. Ihr Tun in der Zeit des Nationalsozialismus, in der beide von der vorherrschenden Kunstpolitik zu profitieren wussten, wird jedoch in ihrem Briefwechsel weder unmittelbar nach dem Krieg noch später hinterfragt. Auch die Herkunft der Bilder, die Gurlitt Dikreiter anbot, ist kein Thema. Nur einmal, 1951, notierte Heiner Dikreiter in sein Tagebuch, Gurlitt habe ihm ein Aquarell und ein Ölbild von Karl Heffner angeboten: „Aquarell wird erworben, Ölbild geht zurück: zu bedenkliche Verkaufsware!"[51]

Henrike Holsing / Studium der Kunstgeschichte, Klassischen Archäologie und Soziologie in Köln. 2004 Promotion über *Luther und sein Image. Martin Luther in der deutschen Historienmalerei des 19. Jahrhunderts*. 2004–2009 und 2011 Volontariat und wissenschaftliche Mitarbeit an der Kunsthalle Bremen, dort unter anderem Erarbeitung eines wissenschaftlichen Bestandskataloges zur französischen Malerei des 19. und frühen 20. Jahrhunderts. 2010 Leitung der Kunsthalle Jesuitenkirche in Aschaffenburg. Seit 2012 stellvertretende Leiterin des Museum im Kulturspeicher Würzburg. Kuratorin zahlreicher Ausstellungen zur Kunst vom 19. Jahrhundert bis zur Gegenwart.

44 Erhard Göpel, „Wolfgang Gurlitt. Zu seinem Tode", in: *Frankfurter Allgemeine Zeitung*, 6.4.1965, Zeitungsausschnitt MiK, Archiv, Künstlerakte Wolfgang Gurlitt.

45 Unbekannter Maler, *Haus am Weiher*, Öl auf Holz, Inv.-Nr. 03024; vgl. zur Zuschreibung: Holsing 2013, S. 207.

46 Undatierte Karte von Wolfgang Gurlitt an Heiner Dikreiter.

47 Dikreiter 1957.

48 Vgl. Anm. 36.

49 *Ausstellung Heiner Dikreiter, Würzburg*, Faltblatt Galerie Wolfgang Gurlitt, München, 25.6.–20.7.1964.

50 Käte Gurlitt an Heiner Dikreiter, 21.6.1965, MiK, Archiv, Künstlerakte Schriftverkehr Wolfgang Gurlitt.

51 Tagebuch 18, 17.5.1951, MiK, Archiv, Nachlass Dikreiter.

LETZTER VORBESITZ: GALERIE GURLITT ERWERBUNGEN DER STÄDTISCHEN SAMMLUNG WÜRZBURG BEI EINEM GESCHÄFTSFREUND

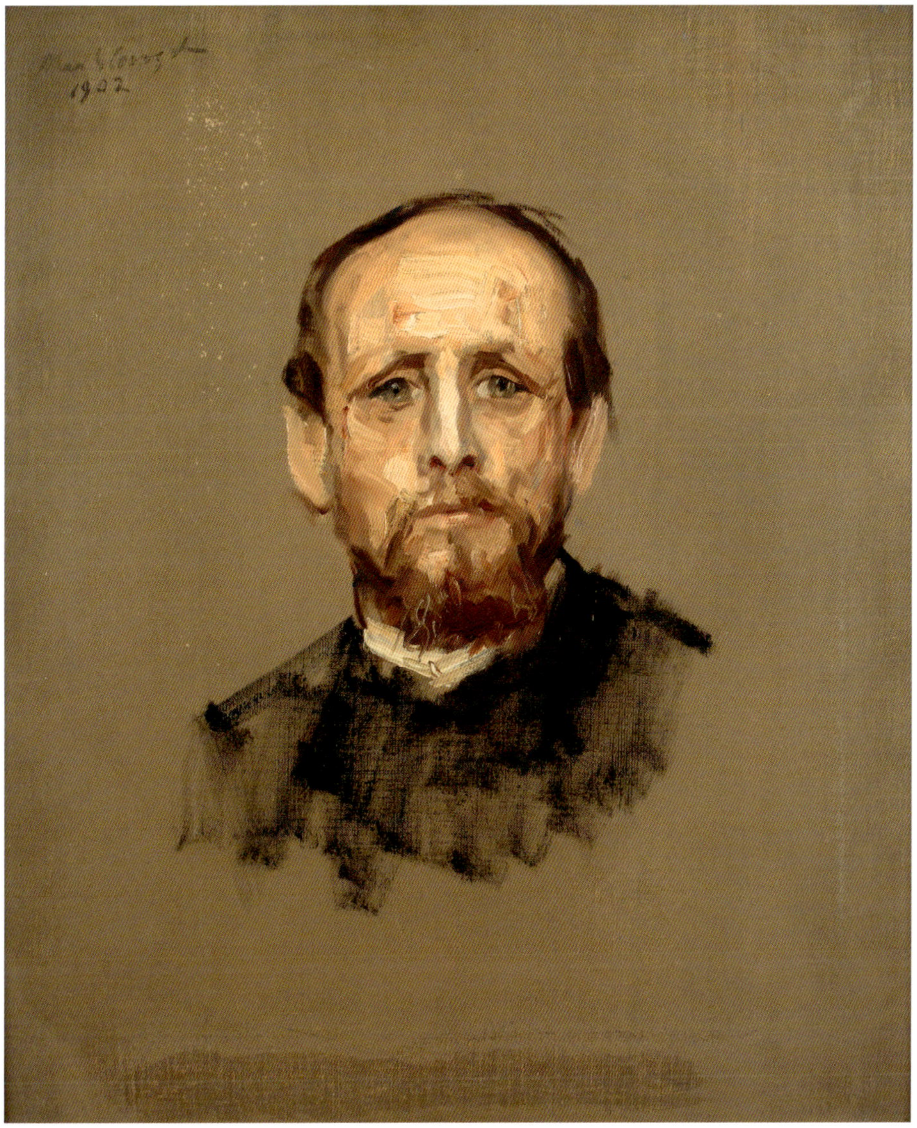

Abb. 1

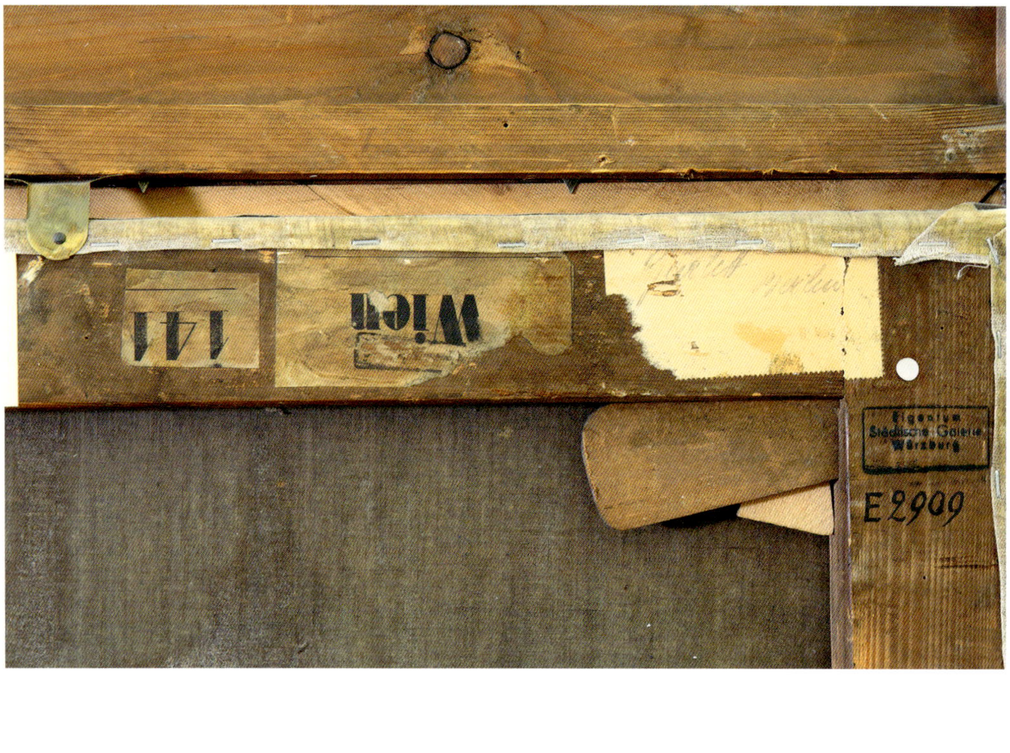

Abb. 2

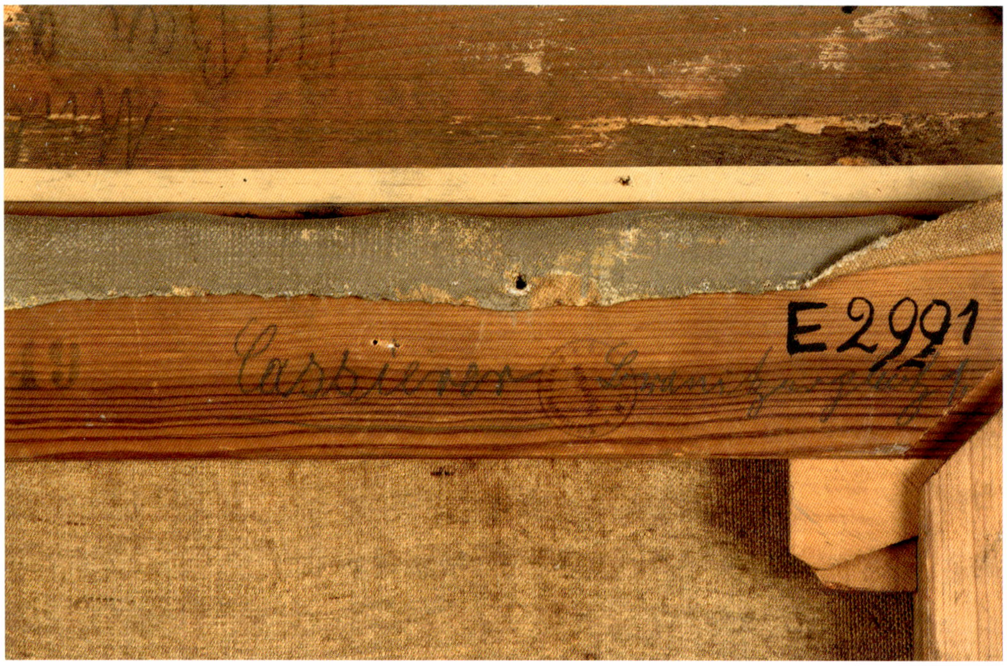

Abb. 3

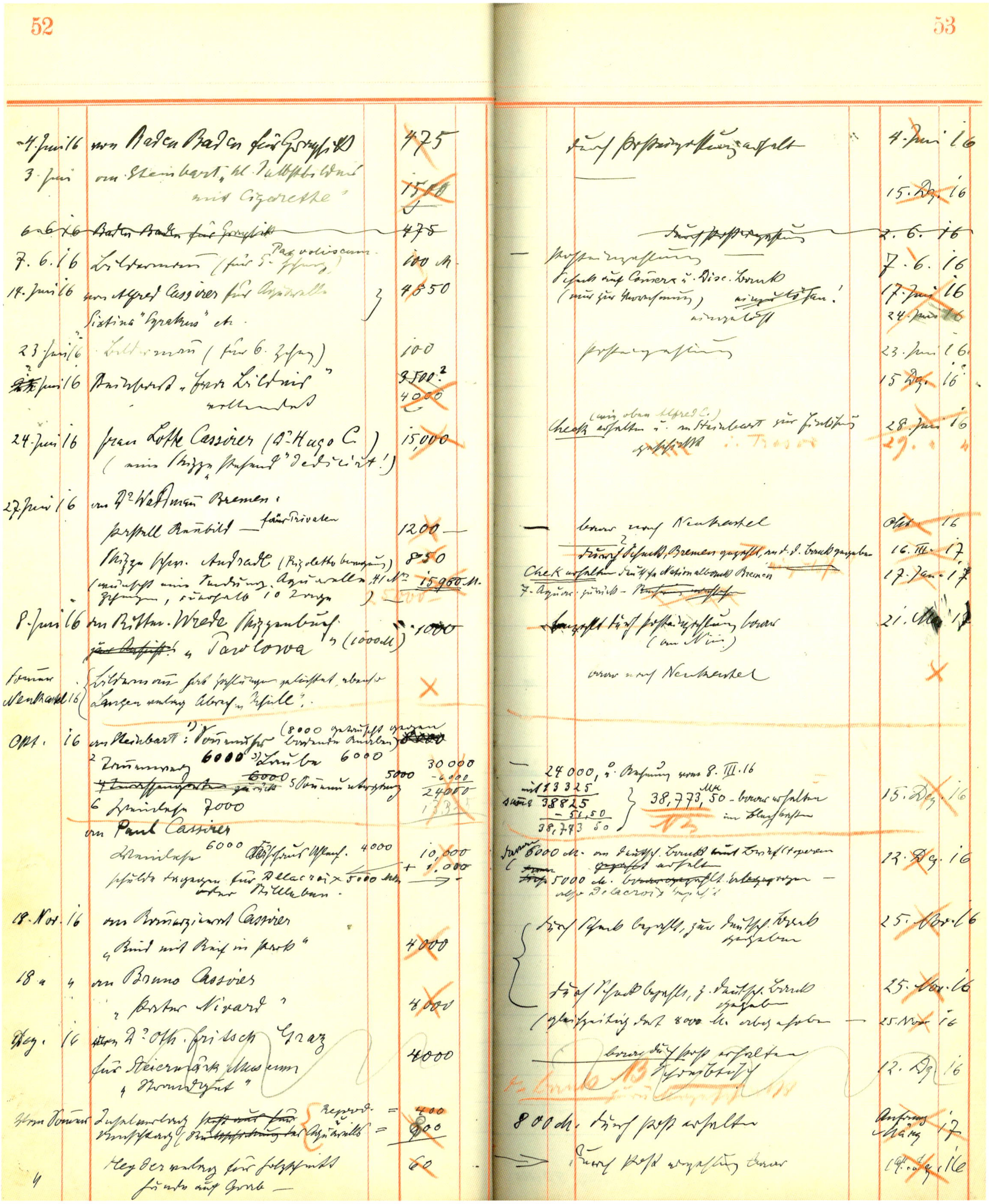

Abb. 4

Abb. 1 / **Max Slevogt**, *Bildnis eines bärtigen Mannes (Pater Nivard)*, 1902, erworben im Juli 1944 bei der Galerie Wolfgang Gurlitt für 9.000 RM, © Museum im Kulturspeicher, Foto: Andreas Bestle

Abb. 2 / **Ferdinand Freiherr von Lütgendorff-Leinburg**, *Frau vor dem Spiegel*, 1834, Rückansicht (Detail), © Museum im Kulturspeicher, Foto: Andreas Bestle

Abb. 3 / **Max Slevogt**, *Bildnis eines bärtigen Mannes (Pater Nivard)*, Rückansicht (Detail), © Museum im Kulturspeicher, Foto: Andreas Bestle

Abb. 4 / **Max Slevogt**, Rechnungsbuch Gemälde, Eintrag vom 18. November 1916, © LBZ / Pfälzische Landesbibliothek Speyer

Beatrix Piezonka

LETZTER VORBESITZ: GALERIE GURLITT ERWERBUNGEN DER STÄDTISCHEN SAMMLUNG WÜRZBURG BEI EINEM GESCHÄFTSFREUND

Nicht selten stößt man im Inventar der Städtischen Sammlung Würzburg auf die Galerie Gurlitt – sowohl mit Standort Berlin als auch später Bad Aussee und München. Mit dem Besitzer Wolfgang Gurlitt (1888–1965) pflegte der Gründungsdirektor Heiner Dikreiter (1893–1966) nachweislich eine intensive Geschäftsbeziehung, die über die Jahre zu einem freundschaftlichen Verhältnis reifte.[1] Tatsächlich gibt es keinen anderen Kunsthändler, von dem seit der Konstituierung der Städtischen Galerie 1941 so viele Gemälde – konkret 29 – in den Bestand kamen. Zusätzlich wurden 100 Arbeiten auf Papier bei ihm erworben, darunter jede Menge Druckgrafiken und Zeichnungen sowie jeweils ein Aquarell und ein Pastell.

Die schillernde (und ambivalente) Persönlichkeit des Protagonisten machte eine proaktive Provenienzforschung der bei ihm erfolgten Ankäufe zwingend erforderlich, schließlich handelte Wolfgang Gurlitt erwiesenermaßen mit NS-verfolgungsbedingt entzogenen Kunstwerken.[2] Er verfügte über Kontakte zu NS-Institutionen, wohl auch zur Berliner Landesleitung der Reichskammer der bildenden Künste, und nutzte diese geschickt für persönliche Vorteile. Am Museum im Kulturspeicher ist allerdings die Ausgangssituation der Recherche nicht optimal: Erste Anhaltspunkte zu den Herkunftsgeschichten liefern oftmals klassische Erwerbungsunterlagen; solche Angebotsschreiben und Rechnungen liegen im Haus für die Aufbaujahre 1941 bis 1945 nicht vor.[3] Für die Nachkriegszeit existieren Teile des Schriftverkehrs zwischen Dikreiter und Gurlitt, die durch Tagebuchnotizen von Heiner Dikreiter ergänzt werden; jedoch sind Aussagen zur Provenienz darin eher selten. Somit standen zu Beginn neben den speziellen Datenbanken verstärkt Werkverzeichnisse sowie Künstlernachlässe im Fokus der Arbeit. Da Wolfgang Gurlitt bekanntlich in den 1940er-Jahren Versteigerungen des Wiener Dorotheums besuchte, wurden die zeitlich relevanten Auktionskataloge ausgewertet.[4] Gleich für zwei Gemälde ergaben sich Hinweise: Das Bild *Auf der Wiese* von Johann Sperl kam am 2. Juni 1942 zur Versteigerung (Seite 306).[5] Gurlitt wiederum verkaufte es im Juli 1943 an die Städtische Sammlung, der Preis ist nicht überliefert. Bereits am 24. Februar 1942 hatte er in Wien das Gemälde *Dame vor dem Spiegel* ersteigert (Seite 305).[6] 1834 im damaligen Preßburg (heute Bratislava)

1 Zum speziellen Verhältnis von Dikreiter und Gurlitt siehe den Beitrag von Henrike Holsing in diesem Band.

2 Bisherige Restitutionen des LENTOS Kunstmuseum Linz werden in diesem Band ausführlich dargestellt. Vgl. außerdem Beatrix Piezonka, „Wolfgang Gurlitt – ein besonderer Geschäftsfreund des Sammlungsgründers", in: Marlene Lauter, Henrike Holsing, Beatrix Piezonka (Hg.), *Herkunft & Verdacht. Provenienzforschung am Museum im Kulturspeicher Würzburg. Die Zugangsjahre 1941–1945*, Ausst.-Kat., Museum im Kulturspeicher Würzburg, VDS, Neustadt a. d. Aisch 2018, S. 58–70; sowie Walter Schuster, „Facetten des NS-‚Kunsthandels' am Beispiel Wolfgang Gurlitt", in: Gabriele Anderl, Alexandra Caruso (Hg.), *NS-Kunstraub in Österreich und die Folgen*, StudienVerlag, Innsbruck 2005, S. 212–226.

3 Unerwartet fanden sich Ende April 2018 außerhalb des eigenen Hauses im Stadtarchiv Würzburg zwei bisher verschollene Ordner der Stadthauptkasse mit Belegen zur Jahresrechnung 1942. Tatsächlich enthielten diese einige Originalrechnungen der Städtischen Galerie. Vereinzelt ließen sich daraus weiterführende Informationen ziehen und neue Rechercheansätze ableiten.

4 Vgl. Schuster 2005, S. 215.

5 *Ölgemälde, Aquarelle, Zeichnungen und Graphik […]*, Aukt.-Kat., Dorotheum, Wien 2.6.1942, S. 15 sowie Tafel 32, digi.ub.uni-heidelberg.de/diglit/dorotheum1942_06_02/0016 und /0092 (abgerufen am 12.3.2019); vgl. auch Werner Moritz, *J. Sperl 1840–1914*, Rosenheimer Verl.-Haus, Rosenheim 1990, S. 161.

6 *Gemälde des 15. bis 20. Jahrhunderts […]*, Aukt.-Kat., Dorotheum, Wien 24.2.1942, S. 11 sowie Tafel 29, digi.ub.uni-heidelberg.de/diglit/dorotheum1942_02_24/0013 und /0091 (abgerufen am 12.3.2019).

von Ferdinand von Lütgendorff-Leinburg geschaffen, zeigt dieses Porträt Frau von Muhr, geb. Ricci, die zum Freundeskreis des Künstlers gehörte. So notierte der Sohn Gottfried über einen Hausball am 12. Januar 1840: „Es waren natürlicherweise wieder alle unsere alten Freunde, darunter Glatz, [...] und Frau v. Muhr" anwesend.[7] Es ist zu vermuten, dass sich das Gemälde zunächst in Familienbesitz befand. Aber wann und wie gelangte es nach Wien? Die Rückseite des Bildes – für die Provenienzforschung oft wichtiger als die Vorderseite – datierte lediglich die spätere Verbringung von Wien nach Berlin auf den 6. März 1942 (Abb. 2). Am Ende kam es am 4. Juli 1942 für 4.400 Reichsmark aus Berlin nach Würzburg.

Das Dorotheum war als Versteigerungsanstalt unstrittig am Kulturgüterraub in Österreich beteiligt. Hier „verwertete" die Verwaltungsstelle für jüdisches Umzugsgut der Geheimen Staatspolizei Wien, kurz VUGESTA, seit Herbst 1940 das Umzugsgut der emigrierten sowie die Wohnungseinrichtungen der deportierten österreichischen Jüdinnen und Juden. Diese beschämende Rolle in der NS-Zeit hat das Dorotheum aufgearbeitet und die vorhandenen Quellen zugänglich gemacht.[8] Allerdings enthält keiner der Wiener Kataloge eine Einliefererliste und anhand der Unterlagen lässt sich die Herkunftsgeschichte eines Werkes nur in den seltensten Fällen ermitteln – auch für die beiden gesuchten Gemälde konnte bisher keinerlei Hinweis auf den Vorbesitz eruiert werden. Die Provenienzen verbleiben lückenhaft, ein verfolgungsbedingter Entzug kann weder bestätigt noch ausgeschlossen werden.

Aber für einzelne Bilder gelang bereits die vollständige Rekonstruktion der Werkbiografie. Der Galerieleiter Dikreiter schätzte den deutschen Impressionisten Max Slevogt; dieser hatte einige Jahre seiner Kindheit und Jugend in Würzburg verbracht und wies damit den (vom Sammlungskonzept geforderten) regionalen Bezug auf. Beim Auffinden solch begehrter Gemälde setzte Heiner Dikreiter auf seinen Geschäftsfreund Gurlitt, der ihm insgesamt drei Slevogt-Bilder verkaufte. So wurde auch die Studie *Bildnis eines bärtigen Mannes* im Sommer 1944 für 9.000 Reichsmark bei Wolfgang Gurlitt erstanden (Abb. 1). Den ersten Hinweis erbrachte die Gemälderückseite, sie zeigte einen blauen Kreidevermerk: „Cassierer [sic!] Branitzerplatz 1" (Abb. 3). Die Einsichtnahme in den verstreuten (und nicht vollständigen) Nachlass des Künstlers konnte diese Angabe verifizieren. Eine von Slevogt handschriftlich verfasste Bilderliste betitelte das Werk als „Pater Nivard" und führte als Besitzer Bruno Cassirer auf.[9] Die Slevogt-Monografie des Kunsthistorikers Hans-Jürgen Imiela listet das Bild unter dem Titel *Nivard Streicher* und macht zur Provenienz die Angabe „ehem. Slg. Matthias Streicher".[10] Ein Widerspruch? Von dieser Männerstudie existiert eine Abbildung aus dem Jahr 1918, auf der – später übermalt – sowohl eine Personenbezeichnung als auch eine Widmung zu erkennen ist.[11] Der Abgebildete war Nivard Georg Streicher (1854–1927); der gelernte Kunst- und Bautischler trat 1880 in ein Trappistenkloster in Bosnien ein und ging wenig später nach Südafrika, wo er das Kloster Mariannhill erbaute.[12] Aus Nivard Streicher war „Pater Nivard" geworden. Sein Porträt war dem Bruder „Hias" Streicher gewidmet; der Bildhauer und Professor an der Aachener Kunstgewerbeschule Matthias Streicher (1864–1916) war ein Freund des Künstlers. Nach dem frühen Tod Streichers kam die Studie wieder in den Besitz von Max Slevogt zurück und er notierte in seinem Rechnungsbuch: „18. Nov. 16 an Bruno Cassirer ‚Pater Nivard', M 4.000 – bezahlt per Scheck am 25.11.16" (Abb. 4).[13]

Der Verleger und Galerist Bruno Cassirer (1872–1941) war zunächst Mitglied, später Sekretär der Berliner Secession und gab von 1902 bis 1933 die Zeitschrift *Kunst und Künstler* heraus.[14] Durch seine Tätigkeit war er gut mit Max Slevogt

7 Gottfried von Leinburg, *Das Paradies meiner Kindheit 1825–1840*, Werner & Hörnig, Lübeck 1909, S. 191.

8 Die Akten werden heute sowohl von der Kommission für Provenienzforschung im Bundesdenkmalamt als auch im Österreichischen Staatsarchiv, Archiv der Republik verwahrt. – Auf die Verstrickung des Dorotheums in den NS-Kulturgüterraub sei hier lediglich verwiesen. Vgl. Stefan Lütgenau, Alexander Schröck, Sonja Niederacher, *Zwischen Staat und Wirtschaft. Das Dorotheum im Nationalsozialismus*, Oldenbourg, Wien/München 2006.

9 Landesmuseum Mainz, Graphische Sammlung, SL NL 2013/26 Bilderliste, S. 8.

10 Hans-Jürgen Imiela, *Max Slevogt. Eine Monographie*, Braun, Karlsruhe 1968, S. 90 sowie Anm. 7, S. 376.

11 Ebd.; sowie Alfred Lichtwark, „Der junge Künstler und die Wirklichkeit", in: *Kunst und Künstler. Illustrierte Monatsschrift für bildende Kunst und Kunstgewerbe*, 16, 1918, S. 106, digi.ub.uni-heidelberg.de/diglit/kk1918/0116 (abgerufen am 12.3.2019).

12 Zur Biografie siehe Adalbert Ludwig Balling, *Der braune Abt von Mariannhill. Nivard Georg Streicher (1854–1927). Architekt am Kap der guten Hoffnung*, Missionsverlag Mariannhill, Würzburg 2003; sowie www.zisterzienserlexikon.de/wiki/Streicher,_Nivard (abgerufen am 12.3.2019). – Die Bezeichnung innerhalb der Religionsgemeinschaft lautete „Bruder" und nicht „Pater".

13 LBZ / Pfälzische Landesbibliothek Speyer, HS. 674, AF-4352 Rechnungsbuch Max Slevogt: Gemälde, S. 52. – Interessant ist, dass Dr. Hans-Jürgen Imiela in der Korrespondenz mit Dikreiter (nicht jedoch in seiner Veröffentlichung) einen Eigentümerwechsel zu Bruno Cassirer durchaus erwähnt; dieser sei Leihgeber des Gemäldes auf der Slevogt-Ausstellung der Berliner Akademie von 1928 gewesen. Vgl. Schreiben von Dr. Hans-Jürgen Imiela an Heiner Dikreiter, 5.1.1961, Museum im Kulturspeicher (MiK), Künstlerakten Schriftverkehr, Max Slevogt.

14 Zur Biografie Bruno Cassirers u. a. Georg Brühl, *Die Cassirers. Streiter für den Impressionismus*, Edition Leipzig, Leipzig 1991; sowie de.wikipedia.org/wiki/Bruno_Cassirer (abgerufen am 12.3.2019).

bekannt, wurde 1911 von ihm porträtiert und verlegte zahlreiche Werke des Illustrators (Seite 298). Aufgrund der rassischen Verfolgung durch die Nationalsozialisten floh Bruno Cassirer mit seiner Familie Ende 1938 von Berlin nach Oxford. Sein gesamtes Vermögen, darunter der Kunstbesitz, unterstand seit Januar 1941 zunächst einem Vermögensverwalter, wurde am 3. März 1942 von der Gestapo beschlagnahmt und am 22. Juli 1942 als „dem Reich verfallen" erklärt.[15] Die „Verwertung" begann und gipfelte 1944: „Auf Veranlassung des Oberfinanzpräsidenten Berlin-Brandenburg fanden am 1. März 1944 eine Versteigerung von Kunstgegenständen und Bildern des Bruno Cassirer und am 6. und 7. Januar 1944 von Hausratsgegenständen des Erblassers statt."[16] Diesbezügliche Auktionsprotokolle haben sich erhalten; sie führen unter 387 Positionen elf Ölgemälde auf, darunter vier Bilder von Max Slevogt. Drei davon erwarb „Gurlitt Bad-Aussee (Oberdonau) Lenauhügel".[17] Welche waren das? Eines wurde als „Totenmaske" gelistet, hier kann ein Zusammenhang mit der Porträtstudie der Würzburger Sammlung ausgeschlossen werden. Gilt das aber auch für ein „En-farce [sic!] Bildnis"?[18] In einer weiteren Wiedergutmachungsakte fand sich Cassirers zweiseitige Schätzliste seines Vermögens vom 27. April 1938, die – neben etlichen Arbeiten auf Papier – 23 Ölgemälde aufführte. Aufmerken ließ „Max Slevogt, Baptistenpater, Oel" mit einem Taxwert von 1.000 Reichsmark.[19] War nicht auf der Slevogt-Ausstellung der Berliner Akademie 1928 das *Bildnis eines Baptistenpaters* gezeigt worden? Die Überprüfung des entsprechenden Kataloges schaffte Klarheit: Die Maße stimmen mit dem Bild in der Würzburger Sammlung überein, es ist identisch mit dem Cassirer geraubten Porträt.[20] Damit muss das Gemälde *Bildnis eines bärtigen Mannes (Pater Nivard)* von Max Slevogt als NS-verfolgungsbedingt entzogen bewertet werden. Das Museum im Kulturspeicher hat demzufolge mit der Erbenvertretung Kontakt aufgenommen. Jedoch möchten die Erben keine Ansprüche mehr geltend machen – und so kann das Gemälde in der Würzburger Sammlung verbleiben.

Ganz aktuell fand sich folgender Hinweis in der Korrespondenz: Am 27. Juni 1954 bot Wolfgang Gurlitt der Städtischen Galerie vier Bilder „des Meisters" Slevogt an. Darunter „ein kleines, ausgezeichnetes, etwas späteres Porträt von Bruno Cassirer, und ein schönes, grösseres Bild, Kopf eines Verstorbenen, das den Titel ‚Ewiger Schlaf' trug. Zwei der Bilder waren sogar bei mir in Würzburg [...] und haben sich zu mir hinübergerettet".[21] Wenige Wochen später präzisierte Gurlitt: „Der Name des dargestellten Toten, ist der eines Mitgliedes der Familie Cassirer – ich glaube, dass es der Vater von Bruno Cassirer gewesen ist."[22] Höchstwahrscheinlich ist das Gemälde *Ewiger Schlaf* identisch mit der „Totenmaske" und befindet sich vermutlich unter dem Titel *Der Vater Bruno Cassirers auf dem Totenbett* heute in der Neuen Nationalgalerie Berlin. Es erscheint mehr als plausibel, dass beide Bilder zum Zeitpunkt der Beschlagnahmung Eigentum von Bruno Cassirer waren.[23] Wolfgang Gurlitt offerierte demnach in der Nachkriegszeit weiterhin NS-Raubkunst, und das ohne ersichtliches Unrechtsbewusstsein.

Jedoch sind nicht alle Zugänge mit Vorbesitz Galerie Gurlitt problematisch: Das Gemälde *Professor Goering am Flügel* von Max Slevogt kaufte Dikreiter beim Kunsthändler – jetzt in München – im April 1960 für 3.500 Deutsche Mark an (Seite 307). Die handschriftliche Bilderliste von Slevogt vermerkte „Dr. Th. Goering am Flügel bei Dr. G. Bleibtreustr. 14".[24] Genauer lautete der Eintrag zum Eigentümer „Dr. Robert Goering, Charlottenburg" in der von der Tochter des Künstlers erstellten Liste „Papa's Bilder: Handschriftliche Aufzeichnungen von Nina Slevogt".[25] Sowohl den Musikkritiker Dr. Theodor Goering (1844–1907) als auch dessen Bruder Dr. Robert Goering porträtierte Max Slevogt; von Ersterem genoss er musikalischen Unterricht und Letzterer besaß mehrere seiner

15 Landesarchiv Berlin (LAB), B Rep. 025-01, Nr. 300/60, Bl. 173.

16 Ebd.

17 LAB, B Rep. 025-01, Nr. 2835/57, Bl. 27.

18 Ebd. – Das letzte Ölbild wurde nicht betitelt.

19 LAB, B Rep. 025-01, Nr. 3301/50, Bl. 180 f.

20 *Max Slevogt. Gemälde, Aquarelle, Pastelle, Zeichnungen zu seinem 60. Geburtstage ausgestellt in der Preussischen Akademie der Künste*, Ausst.-Kat., Preußische Akademie der Künste, Berlin, Bruno Cassirer Verlag, Berlin 1928, S. 10.

21 Schreiben von Wolfgang Gurlitt an Heiner Dikreiter, 27.6.1954, MiK, Künstlerakten Schriftverkehr, Wolfgang Gurlitt.

22 Schreiben von Wolfgang Gurlitt an Heiner Dikreiter, 21.9.1954, ebd.

23 Laut Rechnungsbuch Max Slevogt: Gemälde (LBZ / Pfälzische Landesbibliothek Speyer, HS. 674, AF-4352), S. 10, ging im Mai 1911 eine „Bildnisskizze" direkt an Bruno Cassirer. Auch für eine – irrtümlicherweise – 1904 zugeordnete „Skizze des toten H.[errn] Cassirer" wird er als Eigentümer angegeben. Saarlandmuseum, Papa's Bilder, Sammlung Kohl-Weigand, Best. 4 Abschriften, B4/6, S. 15. – Ich danke der Archivleiterin Dr. Eva Wolf für die Zusendung des Scans.

24 Landesmuseum Mainz, Graphische Sammlung, SL NL 2013/26 Bilderliste, S. 8.

25 Saarlandmuseum, Papa's Bilder, Sammlung Kohl-Weigand, Best. 4 Abschriften, B4/6, S. 4. – Mein herzlicher Dank gilt Maité Schenten, Provenienzforscherin am Saarlandmuseum, für die Übermittlung angefragter Daten per E-Mail am 8.12.2017.

Werke.[26] 1942 war das Gemälde im Besitz des Kunsthistorikers Dr. Max Goering (1902–1945), des Sohnes von Robert. Zu diesem Zeitpunkt übergab er Kunstwerke dem Bayerischen Landesamt für Denkmalpflege, um sie an einen „mutmaßlich sicheren auswärtigen Bergungsort" verbringen zu lassen.[27] Er verstarb bei einem Bombenangriff. Seine Witwe Elsbeth Goering beantragte Ende 1945 die Rückgabe der verwahrten Kunstgegenstände und erhielt sie 1946 von den „Monuments Men" zurück.[28] Wann sie das Gemälde *Professor Goering am Flügel* von Max Slevogt an die Galerie Wolfgang Gurlitt weitergab, ist nicht bekannt. Der Zeitpunkt lag jedoch nach 1946 und die Provenienz ist somit unbedenklich.

Bisher konnten lediglich drei Gemäldebiografien vollständig und weitere drei halbwegs abgeklärt werden;[29] für die übrigen Würzburger Erwerbungen beim Geschäftsfreund Gurlitt geht die Provenienzforschung weiter und bleibt möglicherweise brisant. Wolfgang Gurlitt könnte in diesem Prozess immer mehr „entzaubert" werden.

Beatrix Piezonka / Geb. 1959 in Hamburg, Historikerin M.A., wissenschaftliche Mitarbeiterin u. a. beim Deutschen Historischen Institut Paris, am Museum für Hamburgische Geschichte und am Historischen Museum Frankfurt am Main. Erarbeitung von Ausstellungen zur jüdischen Geschichte sowie zur NS-Zeit. 2011–2014 Provenienzforscherin am DLM Deutsches Ledermuseum in Offenbach und mit der Recherche zu den Erwerbungen in der NS-Zeit betraut. Seit 2014 Provenienzforscherin am Museum im Kulturspeicher Würzburg, Kuratorin der dortigen Ausstellung *Herkunft & Verdacht* sowie Autorin und Mitherausgeberin des gleichnamigen Kataloges. Weitere Veröffentlichungen und Vorträge zur Provenienzforschung.

26 Vgl. Maité Schenten, „Die Suche nach dem Schicksal der Bilder. Neue Erkenntnisse der Provenienzforschung am Saarlandmuseum", in: Roland Mönig (Hg.), *Bilder/Schicksale. Provenienzforschung am Saarlandmuseum*, Ausst.-Kat., Saarlandmuseum, Saarbrücken, Krüger Druck + Verlag, Saarbrücken 2017, S. 17.

27 Schreiben (Abschrift) B. Landesamt für Denkmalpflege an Dr. Max Goering, 4.9.1942, zit. nach ebd., S. 37. – Die aufgeführte dritte Position ist das betreffende Slevogt-Gemälde.

28 Ebd., S. 18 sowie Abdruck des Antrages, S. 38.

29 Neben den im Text dargestellten Bildern wurde das Gemälde *Die Hinrichtung der Grafen Egmont und Hoorn* (vormals betitelt *Die großen Kavaliere*) von Ferdinand von Rayski abgeklärt und musste als verfolgungsbedingt entzogen eingestuft werden. Hingegen fehlt das letzte Puzzleteil für die Einschätzung als NS-Raubkunst für das Bild *Die Kartoffelschälerin* von Ernst Karl Georg Zimmermann noch. Sehr starke Indizien für Unbedenklichkeit besitzen die Gemälde *Bildnis eines Mädchens mit heller Bluse* sowie *Bildnis eines Mädchens mit dunkler Bluse*. Beim Ankauf 1957 von Gurlitt als frühe Werke Wilhelm Leibls bezeichnet, werden beide heute unbekannten Malern zugeschrieben.

Michael John

EIN MANN, DREI ORTE, EIN NETZWERK
DER ÖSTERREICHISCHE GURLITT

Jüdische Kunstsammlerinnen und -sammler wurden in den Jahren des Nationalsozialismus verfolgt und enteignet, sie verloren ein Vermögen, viele Betroffene auch ihr Leben. Schnörkellos und klar brachten es Eva Blimlinger und Monika Mayer, die ein Buch zum Thema herausgegeben haben, auf den Punkt:

> „Der Kunsthandel, das zeigen die internationalen Forschungen der letzten Jahre, zählte zu den großen Profiteuren der gewaltsamen rassistischen Umverteilungsmaßnahmen. Es gilt inzwischen als Tatsache, dass der Kunsthandel tief in den nationalsozialistischen Kunst- und Kulturgutentzug verstrickt gewesen ist."[1]

Nach 1945 war bei einer Reihe von Kunsthändlern keine kritische Sicht auf die Geschäftspraktiken während der NS-Jahre erkennbar, im Gegenteil, einige versuchten, nochmals Gewinn aus den Vorgängen und ihrem Insiderwissen zu ziehen.

Vorbemerkung

Bei dem „Mann", um den Titel des Beitrags zu erläutern, handelt es sich um den 1888 in Berlin geborenen Wolfgang Gurlitt.[2] Aus seiner Berliner Zeit rühren seine Bekanntheit als Sohn eines Stars unter den deutschen Kunsthändlern und seine vielfältigen Verbindungen. Berlin ist daher als Ausgangspunkt dieser Darstellung anzusehen, als einer der „drei Orte". Gurlitt hatte bereits seit den 1930er-Jahren Kontakt zur Linzer Kunstszene. Es berichtete die *Linzer Tagespost* im August 1931 über eine Ausstellung des Linzer Malers und Mitgliedes des Künstlerbundes MAERZ Adolf Mutter im „Kunstsalon Gurlitt in Berlin", der als besonders renommiert angesehen wurde. Ob Ernst Koref, der spätere Bürgermeister der Stadt Linz, der damals ebenfalls mit Künstlern des MAERZ zu tun hatte, sich der Verbindung gewahr war, ist nicht belegt.[3] Ab 1940 hielt sich Gurlitt jedenfalls zeitweilig in Bad Aussee auf, er besorgte ein Haus für seine Familie, meldete einen Wohnsitz an und verlagerte seine Kunstsammlung ins Salzkammergut. 1946 wurde er infolge von Interventionen österreichischer Staatsbürger.[4] Doch nicht nur aus diesem Grund und um eine Abgrenzung zu Hildebrand und Cornelius Gurlitt vorzunehmen, wurde „Der österreichische Gurlitt" als Titel dieses Beitrags gewählt, sondern auch weil so manche Details charakteristisch „österreichisch" anmuten: die sogenannte „Freunderlwirtschaft" und viele Interventionen,

1 Vgl. Eva Blimlinger, Monika Mayer, „Editorial", in: dies. (Hg.), *Kunst sammeln, Kunst handeln* (= Schriftenreihe der Kommission für Provenienzforschung, Bd. 3), Böhlau, Wien/Köln/Weimar 2012, S. 11–18, hier S. 11.

2 Dieser Beitrag baut auf vorhergehenden Forschungen des Autors auf, vgl. dazu insbesondere Birgit Kirchmayr, Friedrich Buchmayr, Michael John, *Geraubte Kunst in Oberdonau* (= Oberösterreich in der Zeit des Nationalsozialismus 6), hg. v. Oberösterreichisches Landesarchiv, Linz 2007; Michael John, „Die ‚Connection' Bad Aussee – Berlin – Linz. Kunsthandel mit Folgen", in: Blimlinger, Mayer 2012, S. 101–118; Michael John, „Profiteure und ‚Hyänen', sozialer Neid und organisierter Raub. Arisierung und Vermögensentzug in der ostmärkischen Provinz", in: Friedrich Edelmayer, Margarete Grandner, Jiří Pešek, Oliver Rathkolb (Hg.), *Über die österreichische Geschichte hinaus. Festschrift für Gernot Heiss zum 70. Geburtstag*, Aschendorff Verlag, Münster 2012, S. 151–178.

3 Vgl. Wolfgang Reder, *Ernst Koref 1891–1988. Eine politische Biographie des Linzer Bürgermeisters*, Univ.-Diss., Linz 2017, S. 433.

4 Vgl. Walter Schuster, „Facetten des NS-‚Kunsthandels' am Beispiel Wolfgang Gurlitt", in: Gabriele Anderl, Alexandra Caruso (Hg.), *NS-Kunstraub in Österreich und die Folgen*, StudienVerlag, Innsbruck 2005, S. 212–226, hier S. 213.

die langjährige Unbeschwertheit des Umgangs mit der NS-Vergangenheit, die Verniedlichung der Vorgänge und einiges mehr.[5]

Die besondere Rolle der „Führerstadt“ Linz und Adolf Hitlers Heimatgau Oberösterreich („Oberdonau“) in den NS-Jahren ist als bekannt vorauszusetzen. Das Salzkammergut – als besonders attraktive Region und damals vornehmlich in Oberösterreich gelegen – war bald Ziel von Begehrlichkeiten geworden. Auch deutsche Interessenten trachteten hier danach, „jüdischen“ und sonstigen zur Distribution stehenden Besitz in die Hand zu bekommen. Schließlich kam es ab 1943 zu einem riesigen Bergungsunternehmen, einer gigantischen Ansammlung von Kunstschätzen in Altaussee.[6] Den Orten Berlin, Bad Aussee und Linz wäre in späteren Jahren noch München hinzuzufügen: Gurlitt betrieb dort eine private Galerie und wohnte auch in der Stadt an der Isar. Hinzuweisen bleibt darauf, dass Wolfgang Gurlitts Kontakte über die genannten Destinationen hinausgingen: Er hatte zeitweilig in Würzburg gelebt, verbrachte dorthin eine Kunstsammlung, hatte intensive Kontakte nach Salzburg, Wien, Turin und in andere Städte.

Es werden in der Folge in den NS-Jahren, davor und danach entstandene Beziehungsgeflechte, in die Wolfgang Gurlitt involviert war, beschrieben. Gurlitts Netzwerke gingen insgesamt aber über den hier beschriebenen Rahmen hinaus. Die dabei handelnden Personen werden später dokumentiert. Im Mittelpunkt dieses Essays stehen nicht nur – aber doch in erster Linie – die Ereignisse rund um den „Sonderauftrag Linz“, den Bilderbestand in Bad Aussee und die Vorgänge betreffend die „Neue Galerie der Stadt Linz – Wolfgang-Gurlitt-Museum“ sowie jenes Netzwerk, das damit im Zusammenhang stand.

Der lange Schatten der Vergangenheit

Mit der nationalsozialistischen Machtübernahme in Österreich 1938 begann sich die geopolitische, demografische und wirtschaftliche Situation der Stadt Linz gravierend zu ändern. Aus einer Landeshauptstadt im Kleinstaat Österreich wurde die Hauptstadt des vergrößerten Gaus Oberdonau im großflächigen Deutschen Reich. Linz erfuhr als sogenannte „Patenstadt“ Adolf Hitlers und als „Führerstadt“ gemeinsam mit Hamburg, München, Berlin und Nürnberg eine enorme Aufwertung. Aus der oberösterreichischen Provinzstadt sollte eine Großstadt mit 300.000 bis 400.000 EinwohnerInnen und eine Kulturstadt europäischer Dimension werden, außerdem sollte hier ein kriegswirtschaftlich und industriell bedeutsamer Standort forciert werden.[7]

In Linz wollte Adolf Hitler ein neues Museum errichten lassen, das wesentlich zur Entwicklung der Stadt zur Kulturmetropole beitragen sollte. Der Beschaffungsauftrag dazu wurde „Sonderauftrag“ genannt. Von 1939 bis 1944 hat der damit beauftragte Stab für das zu schaffende Linzer Kunstmuseum, das sogenannte „Führermuseum“, Tausende Kunstwerke und Kunstgegenstände in ganz Europa akquiriert, das heißt offiziell beschlagnahmt oder formlos geraubt, durch erzwungenen Verkauf, Ankauf, Schenkung bzw. erzwungene Schenkung in Besitz genommen. Das „Führermuseum“ blieb bis Kriegsende Fiktion, es wurde nie eingerichtet. Das Oberösterreichische Landesmuseum – damals mit der offiziellen Bezeichnung Museum des Reichsgaues – und dessen Eigentümer, der Reichsgau Oberdonau, waren jedoch in die kulturpolitischen Bemühungen um das geplante Mega-Museum durchaus involviert.[8] Am Ende dieser Bemühungen stand im Mai 1945 ein Stollen in Altaussee, in dem die US-Armee die Kunstwerke des „Sonderauftrags“ barg.[9]

Auch nach dem Zusammenbruch der NS-Herrschaft gab es in der Region einige Spezifika. Erst nach Kriegsende gelangten bedenkliche Kunstobjekte in den Besitz der Stadt Linz oder des Landes Oberösterreich; man schuf sich also auch nach dem Ende der NS-Herrschaft noch potenzielle Restitutionsfälle. Bei den hier angesprochenen Kunstgütern handelte es sich um entzogene Vermögenswerte. Die Bandbreite des Erwerbs von ehemals „arisierten“ Kunstwerken nach 1945 beinhaltete „Legalisierungen“[10], Schenkungen bzw.

5 Die Familie Gurlitt war in Deutschland beheimatet. Der Titel „österreichischer Gurlitt“ wurde 2014 in einem Artikel der Zeitschrift *Profil* verwendet, jedoch ohne die hier angelegte doppelsinnige Bedeutung, vgl. „NS-Raubkunst. Der österreichische Gurlitt“, in: *profil*, 14.4.2014, online verfügbar unter: www.profil.at/oesterreich/ns-raubkunst-der-gurlitt-374273 (abgerufen am 20.4.2019).

6 Birgit Kirchmayr, „Raubkunst im ‚Heimatgau des Führers‘“, in: dies., Buchmayr, John 2007, S. 151–157.

7 Vgl. dazu grundsätzlich Fritz Mayrhofer, „Die ‚Patenstadt des Führers‘. Träume und Realität“, in: ders., Walter Schuster (Hg.), *Nationalsozialismus in Linz*, Bd. 1, Archiv der Stadt Linz, Linz 2001, S. 327–386; Kurt Tweraser, „Die Linzer Wirtschaft im Nationalsozialismus“, in: Mayrhofer, Schuster 2001, S. 387–555.

8 Vgl. Birgit Kirchmayr, „‚Kulturhauptstadt des Führers‘? Anmerkungen zu Kunst, Kultur und Nationalsozialismus in Oberösterreich und Linz“, in: dies. (Hg.), *„Kulturhauptstadt des Führers“. Kunst und Nationalsozialismus in Linz und Oberösterreich*, Verlag Bibliothek der Provinz, Weitra 2009, S. 33–58.

9 Vgl. Birgit Schwarz, *Hitlers Museum. Die Fotoalben Gemäldegalerie Linz: Dokumente zum „Führermuseum“*, Böhlau, Wien/Köln/Weimar 2004, S. 13–21. Bei Weitem nicht alle Kunstwerke, die im Stollen aufgefunden wurden, können dem geplanten Führermuseum zugeordnet werden.

10 Unter Legalisierung ist hier die Einbeziehung von Kunstwerken unbekannter oder unklarer Herkunft in den Bestand eines Museums zu verstehen.

Zwangswidmungen[11], Übergaben durch die US-Behörden, Kauf in diversen Variationen (gutgläubig – bona fide oder um die Herkunft wissend, bösgläubig – mala fide) und Versteigerungen.[12]

Bereits zu Beginn der Zweiten Republik wurde von den verantwortlichen Stellen im oberösterreichischen Museumsbereich versucht, möglichst viele der im Land befindlichen Kunstschätze für oberösterreichische Stellen zu reklamieren. In Linz traf bereits am 15. Oktober 1945 (!) eine Runde aus Kunstexperten und Politikern zu einem offiziellen Gespräch zusammen. Daran nahmen neben Landeshauptmann Heinrich Gleißner hochrangige Vertreter aus Kunst und Kultur teil. Im Rahmen dieser Konferenz wurde ein Forderungskatalog erstellt, der den Titel „Ansprüche Oberösterreichs auf Grund der Bodenzugehörigkeit der betreffenden Kunstwerke" trug. Es sollte, so die Forderung, eine erhebliche Anzahl von Werken an oberösterreichische Stellen übergeben werden, auch solche, die sich vorher nicht in deren Eigentum befunden hatten.[13] Der Anspruch gründete darauf, dass die Bilder für das „Führermuseum" in Linz vorgesehen gewesen waren und sich im Mai 1945 auf einem Gebiet befanden, das damals zu Oberösterreich/Oberdonau gehörte, wie etwa das Ausseerland. Dass es sich bei dem besprochenen Kunstbestand um geraubte oder unter dubiosen Umständen erworbene Kunst handelte, wurde bei dem Treffen nicht diskutiert.

Drei Teilnehmer der Runde seien besonders hervorgehoben, da sie sowohl in den NS-Jahren als auch nach 1945 eine bedeutsame Rolle im Kulturbetrieb spielten: Hanns Kreczi, Justus Schmidt und Franz Juraschek.[14] Juraschek (1895–1959) war Kunsthistoriker und von 1939 bis 1945 Gaukonservator in Oberdonau. Unmittelbar nach Kriegsende wurde er vom amerikanischen Geheimdienst CIC interniert. Juraschek konnte nach seiner Freilassung im Amt bleiben, ab 1952 fungierte er als Landeskonservator des Burgenlandes. Hanns Kreczi (1912–2003) war Sekretär des letzten NS-Oberbürgermeisters von Linz, Franz Langoth. Er wurde zum Erstaunen der US-Behörden von Bürgermeister Ernst Koref direkt als Sekretär übernommen und fungierte als Kulturamtsleiter bzw. Kulturdirektor der Stadt Linz. Kreczi war ein wesentlicher Betreiber der Einrichtung einer städtischen Galerie. Heinrich Justus Schmidt (1903–1970) war Kustos des Gaumuseums, ab 1941 Kulturbeauftragter des Gaus Oberdonau, Beauftragter des Reichsführers-SS, NS-Depotbeauftragter, nach 1945 ungeachtet des Verdachts der NS- und SS-Mitgliedschaft Direktor des Oberösterreichischen Landesmuseums, schließlich Kunstkonsulent der Stadt Linz, einige Jahre lang persönlicher Freund Gurlitts und Vermittler bei der Übernahme von Beständen aus dessen Kunstsammlung.[15] Ludwig Langoth, der Bruder des letzten NS-Bürgermeisters, vertrat Justus Schmidt als Rechtsanwalt und es gelang ihm, die Streichung der Registrierung Schmidts als Nationalsozialist durchzusetzen.[16] Über das Verhältnis Schmidts zu Gurlitt befragt, äußerte dessen ehemalige Sekretärin:

> „Ich habe Justus Schmidt und Wolfgang Gurlitt öfter mitsammen gesehen. Aus der Art, wie sie miteinander gesprochen haben, wie sie sich zueinander verhalten haben, konnte man entnehmen, dass sie miteinander sehr vertraut waren. Das waren Freunde. [...] Justus Schmidt hat gern geredet und er hat anfangs immer betont, dass er es war, der den Gurlitt nach Linz gebracht hat."[17]

Nach 1945 war Oberösterreich ein vom Zweiten Weltkrieg gezeichnetes Land. Nicht zuletzt aufgrund der unter Marshall-Plan-Hilfe entwickelten Wirtschaftskraft verbreitete sich im Lande ein gewisser Optimismus, man erwartete wirtschaftlichen Aufschwung und gesellschaftlichen Aufbruch. Auch in Hinblick auf Kunst und Kultur wurden Planungen durchgeführt. Das Land Oberösterreich wollte den Komplex Landesmuseum wieder instand setzen und ausbauen. Oberösterreich erhielt ein Adalbert-Stifter-Institut, Landeshauptmann Heinrich Gleißner (ÖVP) startete zusammen mit dem Linzer Bürgermeister Ernst Koref (SPÖ) eine Initiative für die Errichtung eines Konzerthauses, das den Namen Brucknerhaus tragen sollte.[18] Über den Griff nach Beständen aus dem „Sonderauftrag" wurde bereits berichtet. Die Stadt Linz strebte jedenfalls bald nach Kriegsende die Errichtung einer eigenen Kunstgalerie an. Kunst und Kultur hatten sofort einen sehr hohen Stellenwert. Wie weit diese Bestrebungen gingen, zeigt sich auch an einem Schreiben Korefs an

11 Vgl. Robert Holzbauer, „Kuh-Handel. Erzwungene Schenkungen an österreichische Bundesmuseen – Versuch einer Bilanz", in: *Academia. Zeitschrift für Politik, Wirtschaft, Religion, Kultur*, 56, Mai 2005, S. 32–33.

12 Vgl. auch Gert Kerschbaumer, „Gutgläubiger Erwerb oder institutionelle Habgier?", in: Anderl, Caruso 2005, S. 159–170.

13 Vgl. Birgit Kirchmayr, „Sonderauftrag Linz. Zur Fiktion eines Museums", in: Mayrhofer, Schuster 2001, S. 557–596, hier S. 588–589.

14 Vgl. ebd., S. 588–596.

15 John 2012, S. 117–118.

16 Vgl. Kirchmayr 2007, S. 90–97.

17 Interview des Verf. mit der ehemaligen (namentlich anonymisierten) Sekretärin (1922–2017) von Wolfgang Gurlitt und Walter Kasten, 8.3.2009.

18 Vgl. Rudolf Lehr (Hg.), *Landeschronik Oberösterreich. 3000 Jahre in Daten, Dokumenten und Bildern*, Brandstätter, Wien/München 2000, S. 372.

die US-amerikanischen Militärbehörden in Český Krumlov (Krumau), also in der Tschechoslowakei. Im Sommer 1945, nur zweieinhalb Monate nach Kriegsende, forderte Koref die Amerikaner auf („request"), vermeintlich „deutsches" Kulturgut aus Südböhmen ohne Absprache mit tschechischen Stellen nach Linz zu verbringen, weil die tschechische Bevölkerung damit nichts anzufangen wisse.[19]

Linz hatte als wichtigstes Wirtschaftszentrum der US-Zone in Österreich einen neuen Status erlangt und versuchte, dieser Stellung Rechnung zu tragen. Dem Ausbau der Industrie sollte ein kulturelles Pendant zur Seite gestellt werden, eine städtische Kunstgalerie sollte aufgebaut werden. Als Wolfgang Gurlitt über den Kunsthistoriker Justus Schmidt im Herbst 1945 und 1946 in Kontakt mit der Stadt Linz trat, nahm dieser Plan realistische Konturen an. Von Anbeginn dieser Bestrebungen wusste man aber auch über die Problematik des Erwerbs und Weiterverkaufs beschlagnahmter bzw. „arisierter" Kunstwerke Bescheid.

Eine klar reflektierte Haltung gegenüber Kunstwerke betreffende Vermögensumschichtungen während der NS-Zeit hatte nach 1945 bei den politisch Verantwortlichen offenbar keine Priorität. In das Bild eines wenig problembewussten Umgangs fügt sich auch, dass die Stadt Linz Anfang der 1950er-Jahre Kunstgegenstände und -werke aus dem persönlichen Besitz Adolf Hitlers unter Bezugnahme auf dessen Testament reklamierte (!). In Hitlers privatem Testament findet sich der Passus: „Ich habe meine Gemälde [...] niemals für private Zwecke, sondern stets nur für den Ausbau einer Galerie in meiner Heimatstadt Linz a. d. Donau gesammelt. Dass dieses Vermächtnis vollzogen wird, wäre mein sehnlichster Wunsch."[20] Der bizarre (und letztlich erfolgslose) Rekurs auf Hitlers Testament steht wohl im Zusammenhang mit den Bestrebungen, die Stadt Linz im Zuge eines wirtschaftlichen und kulturellen Neubeginns mit einer eigenen Gemäldegalerie auszustatten.[21]

Am 14. Juli 1952 bewilligte der Gemeinderat in einem ersten Schritt den Betrag von 1.790.000 Schilling für Ankäufe aus der Gurlitt-Sammlung. Die Bilder waren auch bereits namentlich aufgelistet worden.[22] Vom Leiter des städtischen Kulturamtes Hanns Kreczi wurde der Ankaufsbeschluss in einem paradigmatischen Artikel unter dem Titel Linz übernimmt eine geschichtliche Verantwortung gefeiert, aus dem wohl das damalige Denken der für Kultur verantwortlichen Eliten hervorgeht:

> „Die Stadt hat allen Schwierigkeiten zum Trotz, die in den Kriegsjahren zusammengebrochenen Kultureinrichtungen nach 1945 wieder errichtet und sich mutig an Neugründungen gewagt. [...] Der Ankauf der Gurlittschen Gemäldesammlung ist ein Beispiel dafür, wie die Verantwortlichen eine geschichtliche Situation erfassen und in der Verantwortung vor unserer und den kommenden Generationen bleibende kulturelle Werte schaffen. [...] Die Stadt Linz hat die einmalige Gelegenheit erkannt und genützt, um nachzuholen, was ihr geschichtlich versagt geblieben ist."[23]

Die von Kreczi angesprochene „einmalige Gelegenheit" bestand im Ankauf einer wertvollen und umfangreichen, relativ geschlossenen Sammlung – nämlich der Sammlung Gurlitt – zu einem günstigen Preis, der allerdings, um es salopp auszudrücken, „Mundgeruch" anhaftete. Die Situation war auch im Jahre 1952 keineswegs dergestalt, dass es damals nicht kritische Stimmen gegeben hätte, die gegen einen Ankauf votierten. Jedem aufmerksamen Zeitungsleser konnte dies bekannt sein; in den *Salzburger Nachrichten* war folgender Artikel erschienen:

> „Gurlitt bietet Linz Kunstsammlung an. Entscheidung der Stadtgemeinde noch verfrüht? Trotz der günstig erscheinenden Kondition gibt es in der oberösterreichischen Landeshauptstadt Stimmen, die dem Gemeinderat zu bedenken geben wollen, daß diese umfangreiche Erwerbung unter Umständen etwas verfrüht sein könnte. Man müsse bei den gegenwärtig noch immer ungeklärten zwischenstaatlichen Rechtsverhältnissen auf Eventualitäten gefasst sein, die gerade bei einem Aufwand öffentlicher Mittel ein äußerstes Maß an Vorsicht nahelegten. Noch seien in Linz im Zusammenhang mit der sogenannten ‚Führer-Sammlung' fatale Probleme in Schwebe."[24]

---

19 Dies geschah nicht. Zum Brief vgl. Archiv der Stadt Linz (AStL), Besatzungsamt 1945–1948, Fasz. B 59, Ernst Koref an Military Government Krumau, 26.6.1945.

20 AStL, Neue Registratur, Nationalsozialismus, Sch. B 23c, Adolf Hitler, Mein privates Testament, datiert Berlin, 29.4.1945, S. 2.

21 Vgl. Hanns Kreczi, *Städtische Kulturarbeit in Linz. Ein geschichtlicher Überblick anläßlich des 40jährigen Bestandes des Kulturamtes der Stadt Linz*, Kulturverwaltung der Stadt Linz, Linz 1959, S. 107–108.

22 AStL, Gemeinderatsprotokolle, fol. 53–59, Sitzung vom 14.7.1952, zit. nach: Walter Schuster, *Die „Sammlung Gurlitt" der Neuen Galerie der Stadt Linz*, Archiv der Stadt Linz, Linz 1999, S. 70.

23 Hanns Kreczi, „Linz übernimmt eine geschichtliche Verpflichtung", in: *Oberösterreichische Nachrichten*, 17.7.1952, S. 5.

24 *Salzburger Nachrichten*, 15.7.1952.

Nach dem Grundsatzbeschluss wurde ab 1953 jedenfalls seitens der Stadt Linz real angekauft.

Ein Damenbildnis, ein Städtchen und handschriftliche Randnotizen

Die beiden folgenden Fallbeispiele sind prominent und werden in diesem Katalog daher mehrfach erwähnt. Gurlitt hatte die zwei Bilder in seinen Besitz gebracht und an die Stadt Linz weiterverkauft.[25] Zu *Damenbildnis* (*Frauenbildnis*) oder *Ria Munk III*,[26] einem unvollendeten Gemälde von Gustav Klimt: Maria „Ria" Munk, Tochter des Industriellen Alexander Munk und seiner Frau Aranka Munk, nahm sich 1911 aus Liebeskummer das Leben. Auf Wunsch der Familie wurde Klimt mit der Anfertigung eines posthumen Porträts beauftragt. Aranka Munk wurde 1862 als Aranka Pulitzer in Budapest geboren. Sie war mit dem amerikanischen Verleger und Stifter des Pulitzer-Preises Joseph Pulitzer verwandt. Aranka Munk lebte die längste Zeit ihres Lebens in Wien. Als vernetzte Gruppe kann man die aus der jüdischen Familie Pulitzer stammenden Geschwister Aranka Munk, Sidonie („Serena") Lederer, Daisy Hellmann und Jenny Steiner und ihre Familien bezeichnen; sie besaßen eine Vielzahl an Kunstwerken, darunter Werke von Klimt und Schiele.[27]

Aranka Munk erwarb das Haus Marktleithe 78 in Bad Aussee im Jahre 1914 und hielt sich dort im Frühling und im Sommer auf. Nach der Trennung von ihrem Mann lebte sie in bescheideneren Verhältnissen und zurückgezogen. In Adressenverzeichnissen von Bad Aussee schien sie ebenso wie ihr Verwandter Ervin (Erwin) Alberti, geborener Politzer, auf, der als Unternehmer in Budapest und im Sommer gleich vis-à-vis in einer Villa lebte. 1938 war Aranka Munk 75 Jahre alt – und, wie die Dokumente zeigen, überfordert mit der Verordnung über die Anmeldung jüdischen Vermögens und den Schikanen und Verfolgungen der Nationalsozialisten. Im Oktober 1941 wurde sie mit ihrer jüngeren Tochter Lola nach Łódź deportiert, wo sie wenig später ums Leben kam. Auch ihre Tochter fiel dem Holocaust zum Opfer.[28] Das Haus in Bad Aussee, den Kunstbesitz und die Möbel erklärte das NS-Regime für „verfallen".[29]

Diverse Stellen interessierten sich bald für den Besitz und die Kunstwerke im Hause Munk. So schrieb Gaukonservator Franz Juraschek am 7. Juli 1942 an Dr. Justus Schmidt vom Gaumuseum (Landesmuseum) in Linz:

> „Die Villa Munk Bad Aussee ist in Reichsbesitz übergegangen. Wie Sie wissen, besaß Frau Munk u.a. das wertvolle Damenporträt von Gustav Klimt. [...] Außerdem fand ich 2 Porträts vom Bruder des Gustav, Ernst Klimt (nicht bedeutend) und zwei interessante Zeichnungen von Fernand Khnopff vor. Falls das Gaumuseum an der Erwerbung solcher Stücke Interesse hätte. [...]"[30]

Und am 30. November 1942 informierte Herbert Seiberl, Leiter der Zentralstelle für Denkmalschutz in Wien, ebenjenen Justus Schmidt, damals Kulturbeauftragter des Reichsgaus Oberdonau, über die Villa Munk:

> „Ich erlaube mir, auf die [...] vorhandenen Kunstgegenstände aufmerksam zu machen insbesondere auf ein unvollendetes Gemälde von Gustav Klimt. [...] Ich empfehle Ihnen, sich rechtzeitig um die Übernahme der in Betracht kommenden Gegenstände zu bemühen."[31]

Auf nicht zur Gänze geklärtem Wege gelangte das *Damenbildnis* in die Hände Wolfgang Gurlitts. In Bad Aussee hat sich Gurlitt jedenfalls nach Möglichkeiten umgesehen, für den „Sonderauftrag Linz" tätig zu werden und Kunstwerke zu verwerten. Er schrieb 1943 an den Sonderbeauftragten Hermann Voss. Der Brief ist viel zitiert, er stellt in diesem Zusammenhang ein Schlüsseldokument dar:

> „Dann wollte ich Sie darauf aufmerksam machen, dass in Bad-Aussee in einem Haus, das verkauft werden soll, ein paar Bilder sind, die vielleicht für Linz etwas wären. Es soll dort auch ein schöner Kremser-Schmidt sein. Der Besitzer des Hauses ist Ungar und Halbarier. [...]"

25 Der Autor dieses Beitrags fungierte bei beiden Gemälden als Gutachter in Provenienzfragen.

26 Vgl. Schuster 1999, S. 64–65; vgl. weiters Sophie Lillie, „The Golden Age of Klimt", in: Renée Price (Hg.), *Gustav Klimt. The Ronald S. Lauder and Serge Sabarsky Collections*, Prestel, München/Wien/New York 2007, S. 67–69; John 2012, S. 105–107.

27 Vgl. dazu Tobias Natter, *Die Welt von Klimt, Schiele und Kokoschka. Sammler und Mäzene*, DuMont, Köln 2003, S. 111–139, S. 294.

28 Sophie Lillie, *Was einmal war. Handbuch der enteigneten Kunstsammlungen Wiens*, Czernin, Wien 2003, S. 777–778.

29 Österreichisches Staatsarchiv (ÖStA), Archiv der Republik (AdR) 06, FLD Akt 14148, Betreff Aranka Munk, Schreiben der Geheimen Staatspolizei, Wien, an den Oberfinanzpräsidenten in Wien Niederdonau, 19.10.1942 (nummeriert S. 81).

30 Oberösterreichisches Landesmuseum (OÖLM), Gaukonservator Franz Juraschek an Justus Schmidt, Gaumuseum Linz, 8.7.1942.

31 Archiv Bundesdenkmalamt (BDA), Karton 10, Mappe 12, Posse-Korrespondenz, Herbert Seiberl an Heinrich Justus Schmidt, Bl. 25.

Gurlitt schrieb ferner, dass er die Bilder besichtigen möchte, und setzte hinzu:

> „Ich wäre Ihnen dankbar, wenn Sie mir vielleicht ein paar Zeilen zukommen lassen könnten, dass ich in Ihrem Auftrag und in Ihrem Interesse die Besichtigung vornehmen soll."[32]

Voss zeigte sich durchaus interessiert. Bei dem „Halbarier" handelte es sich um Ervin Alberti, den unmittelbaren Nachbarn und Verwandten Aranka Munks, von der sich Fahrnisse in der Villa Alberti befanden.[33]

In Bad Aussee hatte Gurlitt auch engeren Kontakt mit Herbert Seiberl sowie mit Justus Schmidt. Seiberl lebte in den letzten NS-Jahren zeitweilig und nach Kriegsende zur Gänze in Bad Aussee, Justus Schmidt hielt sich gelegentlich im Salzkammergut auf. Seiberl, Schmidt sowie Franz Juraschek wussten vom „wertvollen Klimt-Gemälde" in der Villa Munk, womit ein Hinweis darauf gegeben ist, in welchem Kontext das Bild möglicherweise zu Gurlitt gelangte. Dass sich das Bild in der Villa Munk befand, wird durch einen Brief (1940) und einen Zeugen (1942) bestätigt.[34] Es muss „arisiert" worden sein, denn angesichts von Aranka Munks Deportation ist eine legale Übertragung wohl auszuschließen. Das Bild tauchte 1946 als „Besitz" (?) Wolfgang Gurlitts auf einer Liste mit potenziell nach Linz zu verkaufenden Kunstwerken wieder auf.[35] Es ist möglich, dass Gurlitt es von der „Ariseurin" der Villa Munk auf nicht legalem Weg erworben hatte.

Walter Schuster hat bereits folgende Vorgänge penibel recherchiert: Als die Besprechungen Gurlitts mit dem Magistrat Linz in eine entscheidende Phase traten, wurde das Bild zum speziellen Gesprächsgegenstand. Bei einem internen Meeting 1952 hinsichtlich der zu treffenden Bildauswahl vermerkte Magistratsdirektor Egon Oberhuber über das Bildnis in einer handschriftlichen Randnotiz: „Klimt jüdischer Besitz! Vorbehalt bis Klärung!"[36] 1953 hielt der Magistratsdirektor in einer weiteren Besprechung wieder fest: „Bin nicht für diesen Klimt!"[37] Dreimal wurde der Erwerb des Bildes von der Stadt Linz abgelehnt, nach dem Auslaufen der Fristen des Dritten Rückstellungsgesetzes – neue Ansprüche anzumelden war nun nicht mehr möglich – hat die Stadt Linz das Bild 1956 erworben.[38] Ohne Zustimmung von Justus Schmidt und Hanns Kreczi ist der Erwerb nicht denkbar; die beiden – auf jeden Fall aber Gurlitts Freund Justus Schmidt – wussten nachweisbar von der Herkunft des Bildes, betrieben dennoch den Kauf und die Stadt Linz hat diesen ohne genauere Provenienzangabe – Gurlitt hatte nichtssagend „Privatbesitz Wien" als Provenienz angegeben – vollzogen.[39]

„Mit Sicherheit hat Wolfgang Gurlitt absichtlich so gehandelt, damit man nicht erkennt, wo das Bild herkommt, alles andere wäre blauäugig. Er wollte die Provenienz verschleiern", hält Ralf Jacobs fest. Erich Lederer (1896–1985), der Sohn Serena Lederers, war der Großonkel von Ralf Jacobs,[40] der einer der Erben des Bildes *Ria Munk III* ist:

> „Sehen Sie, Gurlitt handelte doch eiskalt. Beim *Städtchen am Fluss*, im Besitz von Daisy Hellmann, auch aus der Pulitzer-Familie, hat er zwei Mal im Zuge der Verhandlungen der Rückstellungskommission erklärt, er habe nicht gewusst, dass das Bild in jüdischem Besitz war. Gurlitt, ein absoluter Schiele-Experte, zwei Mal – und er konnte das Bild behalten, ein Bild, das eindeutig Raubkunst war, das die Gestapo eingezogen hat. [...] Von Empathie für die jüdischen Verfolgten, sie mussten flüchten oder wurden ermordet – keine Spur."[41]

Tatsächlich hatte Gurlitt 1942 den Wiener Kunsthändler Robert Hertzig – er gehörte zum Netzwerk Gurlitts und war mehrfach in Rückstellungsverfahren involviert – mit der Ersteigerung des von der Gestapo beschlagnahmten Bildes *Krumau 1916* bzw. *Städtchen am Fluss* von Egon Schiele beauftragt.[42]

Die Rückstellungsbegehren wurden abgewiesen, Daisy Hellmann, die aufgrund ihrer jüdischen Herkunft aus Europa flüchten musste, hatte jahrelang um das Bild gekämpft.

32 Bundesarchiv Koblenz, Treuhandverwaltung von Kulturgut, B 323/134, fol. 28, Nr. 144, Hermann Voss an Wolfgang Gurlitt, 25.6.1943.

33 Vgl. Leopold Emmerich Walkner, *„Ein Gedächtnis geben". „Arisierungen" im steirischen Salzkammergut*, Univ.-Dipl.-Arb., Graz 2005, S. 38; Schuster 1999, S. 27–31.

34 Schriftliche Erklärung Ernst Schiestl, geb. 28.8.1933, gegeben am 14.11.2008 (Kopie im Besitz des Verf.); Interview des Verf. mit Ernst Schiestl am 6.3.2009. Ernst Schiestl ist der Sohn des damaligen Hausmeisters der Villa Munk.

35 Oberösterreichisches Landesarchiv (OÖLA), MF 809, Nr. 613 Liste Gemäldegalerie der Stadt Linz; Landesregierung Oberösterreich, Aktenvermerk vom 14.1.1947, Betreff Gemäldegalerie der Stadt Linz, Zl. K 8/1 – 1947, Wopelka.

36 Zit. nach Schuster 1999, S. 64.

37 Ebd., S. 65.

38 Vgl. Michael John, „‚Bona fide'-Erwerb und Kunstrestitution – Fallbeispiele zur Aneignung und Restitution von Kunstgütern nach 1945", in: Verena Pawlowsky, Harald Wendelin (Hg.), *Enteignete Kunst. Raub und Rückgabe – Österreich von 1938 bis heute*, Mandelbaum-Verlag, Wien 2006, S. 70–76.

39 Schuster 1999, S. 94 (Neue Galerie der Stadt Linz, Inventarblatt, Frauenbildnis, Privatbesitz Wien, Preis 9.600,–, Inv.-Nr. 149).

40 Erbengemeinschaft nach Aranka Munk, Übersicht Erbfolge, 2009, Kopie im Besitz des Verf.

41 Interview des Verf. mit Ralf Jacobs, 8.3.2019.

42 Archiv BDA, Restitution, Karton 37/1, Mat. Hellmann, Akt 21.6.1947.

Obwohl es eindeutig entzogenes Vermögen darstellte, wurde es nicht rückgestellt, Wolfgang Gurlitt hat man nach zwei Verfahren „redlichen Erwerb" – er habe nicht gewusst, dass es sich um entzogenes Vermögen handle, und dies im Jahr 1942 – zugebilligt.[43] Die Stadt Linz kaufte das Bild 1953 und stufte das von der Gestapo entzogene Bild somit als unbedenklich ein.[44] Zu beiden Bildern ebenso wie zu anderen gab es magistratsinterne Erörterungen. Walter Schuster fiel bereits in seiner Studie aus dem Jahr 1999 auf:

> „Bemerkenswert bleibt die Tatsache, dass die seinerzeit sicherlich erfolgten [...] Beratungen keinen Niederschlag in den überlieferten Akten gefunden haben. Ob dementsprechende Aufzeichnungen später entfernt wurden oder ob das heikle Thema in erster Linie nur mündlich beraten wurde, kann nicht mehr rekonstruiert werden."[45]

Wie die Causa verlaufen wäre, wenn Daisy Hellmann das Rückstellungsverfahren gegen Gurlitt gewonnen hätte, lässt sich tatsächlich ohne gewagte Spekulationen rekonstruieren, und zwar anhand des Bildes *Mutter mit zwei Kindern*, ebenfalls ein Spätwerk Egon Schieles. Das Gemälde wurde ungeachtet diverser Verschleierungsmanöver zurückgestellt und 1950 dem Rechtsanwalt einer Wiener Spedition – die vor den Nationalsozialisten geflüchtete Besitzerin Jenny Steiner (die Mutter Daisy Hellmanns) lebte in den USA – übergeben. Das notwendige Ausfuhransuchen wurde abschlägig beschieden. Dazu gibt es einen kurz gefassten Akt, auf dem handschriftlich von „allf. Ausfuhr-Gegenmaßnahmen" mit dem Vermerk „erledigt" die Rede ist.[46] Handschriftlich wurde dem Akt am 18. November 1950 hinzugefügt, Hofrat Garzarolli von der Österreichischen Galerie, der später noch genauere Erwähnung finden wird, „teilt fernmündlich mit, dass die Ausfuhr für das genannte Bild nicht zu erteilen ist".[47] Die Besitzerin konnte das Gemälde also nicht an ihren Wohnort New York transferieren und hat das Bild daher an die Galerie im Belvedere, wie von Garzarolli angestrebt, verkauft.[48]

Zur „deutschen Kolonie" in Bad Aussee

Zurück zu Wolfgang Gurlitt: Dieser befand sich 1945 in Bad Aussee, als er über den Kunsthistoriker Justus Schmidt in Kontakt mit der Stadt Linz trat. Dies war der Beginn der Geschäftsbeziehung Gurlitts nach Linz, die schließlich zum Verkauf seiner Sammlung und der Gründung der Neuen Galerie der Stadt Linz führte. Die Geschichte der Umstände, die zu dem Kontakt führten, begann früher, vor 1945. Das Interesse deutscher Prominenter, Kunst- und Kulturschaffender am Salzkammergut wurde bereits erwähnt. Im Ausseerland hatten sich Reichsdeutsche bereits in der Kaiserzeit und in der Ersten Republik aufgehalten, mit dem „Anschluss" Österreichs an das Deutsche Reich war jedoch ein erneuter Zuzug verbunden. In diesem Zusammenhang ist der Berliner Kunsthändler Johannes Hinrichsen zu erwähnen, der bereits im Mai 1938 zusammen mit seiner Gattin Hortensia die sogenannte Wassermann-Villa, das Haus Fischerndorf 48 in Altaussee, vom jüdischen Eigentümer erwarb, der das Anwesen unter dem realen Preis verkaufte.[49] Diese „Arisierung" ist als eine der ersten im Ausseerland zu verzeichnen.

Ab 1940 hielt sich auch Wolfgang Gurlitt regelmäßig in Bad Aussee auf, am 15. Februar 1940 hatten Käthe Gurlitt, geb. Lange, und Julia Gurlitt, geb. Goob, also die Ehegattin und die Ex-Ehegattin Gurlitts, die Liegenschaft Reitern 38 in Bad Aussee erworben (Villa am Lenauhügel). Im Oktober 1943 wurde als Gurlitts Wohnadresse bereits nicht mehr Berlin, sondern „Bad Aussee/Oberdonau, Lenauhügel" angegeben.[50] Es war Gurlitt in diesen drei Jahren gelungen, wertvollen Kunstbesitz aus Berlin nach Bad Aussee zu transferieren.[51] Auch der Berliner Kunsthändler Hans W. Lange, der ein Auktionshaus führte, hielt sich zeitweilig im Ausseerland auf. Lange war als Verkäufer direkt in den „Sonderauftrag Linz" involviert, er kann ebenfalls als einer der Profiteure des „Anschlusses" Österreichs gelten und machte Geschäfte mit „arisierter" Kunst aus Österreich.[52]

Wolfgang Gurlitt war Teil einer gar nicht so kleinen deutschen Kolonie in Bad Aussee, die aus Intellektuellen, KünstlerInnen und Geschäftsleuten bestand, aber auch aus

---

43 Steiermärkisches Landesarchiv, Landesgericht Graz, Rückstellungskommissionsakt 440/1948, Erkenntnis vom 25.2.1949.

44 Schuster 1999, S. 63.

45 Vgl. ebd., S. 80.

46 Archiv BDA, Restitution, Karton 47/1, Zl. 10.601/50, Anfrage zwecks allf. Ausfuhr-Gegenmaßnahmen (Jenny Steiner Ölbild v. Schiele).

47 Ebd., handschriftliche Notiz vom 18.11.1950.

48 Vgl. Lillie 2003, S. 1248.

49 Vgl. Walkner 2005, S. 28.

50 AStL, Materialsammlung Dr. Ernst Kubin, Kopien aus den US National Archives Washington, Consolidated Interrogation Report No. 4, 15.12.1945, Attachment 41, Bescheinigung vom 11.10.1943.

51 Schuster 1999, S. 31–34.

52 Zu den Aktivitäten Langes vgl. Caroline Flick, „Hans W. Lange", in: Christine Fischer-Defoy, Kaspar Nürnberg, *Gute Geschäfte. Kunsthandel in Berlin*, Ausst.-Kat., Aktives Museum Faschismus und Widerstand, Berlin, Landesarchiv Berlin, Berlin 2011, S. 67–72.

sogenannten Ausgebombten oder präventiv vor Bombenangriffen sich in Sicherheit bringenden Personen, die aus dem „Altreich" nach Österreich gelangten. Alpine Regionen galten im Wesentlichen als vor Bombenangriffen geschützt. Zu den Übersiedlern zählte auch der in Berlin lebende Musiker und Kunstsammler Willy Hahn mit seiner Familie.[53] Der Sohn Peter Hahn wuchs einige Jahre in diesem Milieu in Bad Aussee auf:

> „Wir waren mehrfach zu Besuch bei Gurlitt, in diesem großbürgerlichen Ambiente auf dem Lenauhügel. Es war eine beeindruckende Welt, in die ich da kam. Als Kind hat mich das beeindruckt. Wir hatten ja nicht so viel, lebten viel bescheidener. Die Villa war bestückt mit feinem Mobiliar und es war dort immer eine Reihe von Leuten. Und dann die Frauen, das war ja verwirrend: Es lebte dort Gurlitts Ex-Frau, seine Frau und er hatte auch noch eine Geliebte, seine jüdische Lebensgefährtin, Lilly Agoston. Wir haben dort doch einige Zeit verbracht. [...] Zu Gast waren auch der Chefrestaurator des Kunstdepots, der Kunstwerke, die in Altaussee eingelagert waren, Karl Sieber, auch ein Berliner, und seine Tochter.[54] Und Walter Kasten, der Assistent Gurlitts, auch er kam aus Berlin. Gurlitt war großzügig, soweit ich das aus meiner Familie weiß, und er hatte viele Kontakte."[55]

Der Berliner Kunsthändler war auf jeden Fall eine schillernde Persönlichkeit.[56] Den Nationalsozialisten galt er nach den Nürnberger Gesetzen als „Mischling zweiten Grades", ebenso wurde er als potenzieller Opponent eingeschätzt. Gurlitt hatte seitens der Reichskammer der bildenden Künste in Berlin keine günstige politische Beurteilung seiner Person erhalten. Ihm wurde dabei nicht nur politische Unzuverlässigkeit, sondern auch mangelnde Vertrauenswürdigkeit vorgeworfen.[57] Gurlitt war auf keinen Fall Nationalsozialist, er hatte in Berlin Verfolgte unterstützt, privat war er damals mit einer Jüdin, Lilly Agoston, liiert.[58] Hilfe und Großzügigkeit im privaten Rahmen sind Begriffe, die mehrfach im Zusammenhang mit Gurlitt, auch seine Zeit in Bad Aussee betreffend, verwendet wurden. 1944 fand er etwa eine Möglichkeit, den wesentlich jüngeren Willy Hahn vor dem Militärdienst zu schützen. Auch Gurlitt musste Arbeitsdienst leisten und fand hierzu den Fabrikanten Eduard Winnicki. Dieser beschäftigte Wolfgang Gurlitt und Willy Hahn von 1944 bis Kriegsende als Metallarbeiter. Auf Vermittlung Gurlitts erhielt Hahn eine sogenannte Schlüsselstellung, um ihn vor Militärdienst und Fronteinsatz zu bewahren.[59] Zur „deutschen Kolonie" zählte auch Erwin Gurlitt, ein Verwandter, den ein Liebesverhältnis zu Christine Kerry verband, eine Wiener Künstlerin jüdischer Herkunft, die in den NS-Jahren in Bad Aussee überleben konnte.[60]

Wolfgang Gurlitt fand offenbar häufig Wege, um schwierige Situationen zu bewältigen, ging aber gleichzeitig nachhaltig seinen Geschäftsinteressen nach. Bereits in den frühen 1930er-Jahren, vor der NS-Herrschaft, sagte man ihm außerordentlichen Geschäftssinn und dubiose Transaktionen nach,[61] dennoch – oder vielleicht gerade deswegen – war er häufig in finanziellen Schwierigkeiten. Ungeachtet aller Probleme hatte Wolfgang Gurlitt in der späteren Phase des NS-Regimes Nischen wie den Verkauf „entarteter" Kunst gefunden und erfolgreich Kunstgeschäfte abgeschlossen. Es war ihm gelungen, zu einem Agenten im Rahmen des „Sonderauftrages Linz" zu werden. Sein Cousin Hildebrand Gurlitt, einer der Haupteinkäufer im Rahmen des „Sonderauftrages",[62] war nach NS-Diktion ebenfalls „Mischling zweiten Grades". Offensichtlich wurden diskriminierende Maßnahmen gegen „Nichtarier" in Einzelfällen bewusst außer Kraft gesetzt, wenn die Nationalsozialisten davon profitieren konnten.[63] Tatsächlich dürfte dies auch für Lilly Agoston gegolten haben, Gurlitts jüdische Lebensgefährtin. Frauen spielten privat und als *figure heads* auch geschäftlich eine große Rolle in Gurlitts Leben – das betraf sowohl seine erste als auch seine zweite Frau, seine Tochter Maria nominierte Gurlitt später auch als seine Stellvertreterin. Im Fall der Deals mit „entarteter" Kunst konnte Wolfgang Gurlitt manches Kunstwerk in seinen eigenen Besitz bringen, dabei ging er durchaus kühn vor. Als Käuferin

53 Vgl. Peter Hahn, „Der sammelnde Musiker. Zur Biografie von Willy Hahn", in: Birgit Dalbajewa, ders., Agnes Matthias (Hg.), *Kokoschka als Zeichner. Die Sammlung Willy Hahn*, Ausst.-Kat., Staatliche Kunstsammlungen Dresden, Museum der Moderne Salzburg, Hatje Cantz, Ostfildern 2011, S 11–21.

54 Zu Karl Sieber vgl. Ernst Kubin, *Sonderauftrag Linz. Die Kunstsammlung Adolf Hitler. Aufbau, Vernichtungsplan, Rettung. Ein Thriller der Kulturgeschichte*, Orac, Wien 1989, S. 122–123, S. 193–194.

55 Interview des Verf. mit Peter Hahn, geb. 1938, 28.5.2011.

56 Vgl. dazu das interessante Porträt in Schuster 2005, S. 212–226.

57 Vgl. Schuster 1999, S. 12.

58 Vgl. dazu auch den Brief der Zeitzeugin Elizabeth Wills im vorliegenden Katalog.

59 Familienarchiv Hahn, Berlin, Brief von Willy Hahn, Bad Aussee, an Edmund Winnicki, 25.4.1947.

60 Mitteilung Ursula Kals-Friese, Altaussee (Telefonat vom 6.9.2008). Ursula Kals-Friese war eine langjährige Freundin von Christine Kerry und Sekretärin von Friedrich Torberg in Altaussee.

61 Vgl. Schuster 1999, S. 6–8.

62 Vgl. Marion Goers, „Sonderauftrag Linz", in: Fischer-Defoy, Nürnberg 2011, S. 179.

63 *Der Standard*, 7.8.2008, S. 26; vgl. auch Vanessa-Maria Voigt, *Kunsthändler und Sammler der Moderne im Nationalsozialismus. Die Sammlung Sprengel 1934 bis 1945*, Berlin 2007.

fungierte Lilly Agoston alias Lilly Christiansen, die Ausländerin war und mit Schwedenkronen, Dänenkronen und Schweizer Franken bezahlte – 1941, also inmitten nationalsozialistischer Herrschaft.[64] Auf ein gewisses Selbstbewusstsein Gurlitts lässt auch schließen, dass er in seiner Korrespondenz mit NS-Kunstverantwortlichen meist auf die obligate Schlussformel „Heil Hitler!" verzichtete, die andere Stellen sehr wohl anbrachten.[65]

Von Gurlitt ist aus den Monaten nach Kriegsende ein Schreiben an den Landeskonservator Juraschek erhalten, in dem er mit „Kulturamt Bad Aussee, Wolfgang Gurlitt" unterzeichnete: „Sehr geehrter Herr Dr. Juraschek, Herr Dr. Herbert Seiberl hatte die Liebenswürdigkeit, als er letzthin, um Sie zu besuchen, nach Linz fuhr, auch in unserer Angelegenheit bei Ihnen vorzusprechen."[66] Auch diese Unternehmung Gurlitts kann man als „kühn" bezeichnen. Es ging um eine Ausstellung von Plastiken, die gegen Ende der NS-Herrschaft geborgen worden waren. Tatsächlich planten Gurlitt und Seiberl in Bad Aussee im Herbst 1945 gemeinsam eine Ausstellung aus Beständen des „Sonderauftrags" (!).[67] Es gibt Hinweise darauf, dass die Bad Ausseer und Altausseer Kunstbestände möglicherweise nicht zu 100 % durch US-Soldaten gesichert waren und ein Zugang durch dritte Personen möglich war. Schließlich waren auch mehr als 20 Bilder sowohl seitens der US-Behörden als auch der zuständigen Landesstellen bis Mai 1947 in einem Gasthaus „vergessen" worden, die Bilder wurden erst nach massiven Protesten des Gastwirtes – sie hatten eine Gaststube blockiert – abgeholt.[68] Die „Sonderauftrags"-Ausstellung nach 1945 in Bad Aussee wurde dennoch nicht realisiert, Herbert Seiberl befand sich immerhin auf der „Red Flag List" des US-amerikanischen Geheimdienstes OSS, auf der die in den NS-Kunstraub verwickelten Personen geführt wurden. Auch Hildebrand Gurlitt, als zentral belastet, und Wolfgang Gurlitt, als weniger belastet, fanden sich auf der US-amerikanischen Kunstraubliste.[69]

64 Vgl. Schuster 2005, S. 216.

65 Ebd., S. 217–218.

66 Oberösterreichisches Landeskonservatorat (OÖLK), Provenienzforschung, M 1, Ausstellungen oder Bergungen von Landesfremden Kunstbesitz [sic!], Kulturamt Bad Aussee, Wolfgang Gurlitt an Landeskonservator Dr. Juraschek, 15.10.1945.

67 Die Ausstellung kam ungeachtet der positiven Haltung Juraschеks letztlich nicht zustande.

68 Vgl. Kirchmayr 2007, S. 248.

69 National Archives and Records Administration, Art Looting Unit (ALIU) 1945–1946, Red Flag List, www.archives.gov/research/holocaust/art/ sowie www.lootedart.com/MVI3RM469661 (abgerufen am 20.4.2019).

Wolfgang Gurlitt wird Österreicher

Wolfgang Gurlitt war stets auf der Suche nach jenen Netzwerken und Kontakten, die für einen Kunsthändler von Bedeutung waren. Im Fall der Stadt Linz gelang ihm in dieser Hinsicht ein nachhaltiger Erfolg: Eingeführt von Justus Schmidt, erhielt er Zugang zu den zeitgenössischen Spitzenpolitikern Heinrich Gleißner, Landeshauptmann von Oberösterreich, und Ernst Koref, Bürgermeister der Stadt Linz. Beide unterstützten – im Fall von Koref auch aktiv – die Einrichtung einer städtischen Galerie. Für seine Reisen stellte man Gurlitt im Jahre 1946 sogar ein Automobil bereit.[70]

Ab dem Sommer 1946 bemühte sich Gurlitt um den Erwerb der österreichischen Staatsbürgerschaft, die damals für einen ausgebombten Berliner Kunsthändler mit Hausbesitz in Bad Aussee *the better deal* darstellte. Walter Schuster zitierte einschlägige Quellen, laut denen Gurlitt samt seiner Gattin und seiner Töchter in der Folge „unter kräftiger Mithilfe der Stadt Linz und des Landes Oberösterreich – österreichischer Staatsbürger" wurde.[71] Wichtig scheint es, in diesem Zusammenhang auch einen weiteren Akteur anzuführen und damit auf die vielfältigen Verzweigungen in Gurlitts Netzwerk hinzuweisen: Es geht hier um Hofrat Karl Garzarolli, Leiter der Albertina, späterer Leiter der Österreichischen Galerie (Belvedere), der bereits im Juli 1946 bei Landeshauptmann Heinrich Gleißner in Hinblick auf Gurlitts Staatsbürgerschaft intervenierte. Gleißner war mit Sicherheit der gewichtigste Intervenient in dieser Angelegenheit, immerhin hatte Gurlitt auch den staatlichen Museen Leihgaben in Aussicht gestellt.[72] Einige Jahre später sollte Garzarolli neben Justus Schmidt zum wichtigsten Mitglied der Experten- und Ankaufskommission der Stadt Linz für die Gurlitt-Sammlung werden. Die Akteure warfen sich hier, salopp gesagt, die Bälle zu, als wiederum etwas später Garzarolli als Belvedere-Direktor dem Linzer Bürgermeister hinsichtlich des Ankaufs der Sammlung Gurlitt ein überschwängliches Gratulationsschreiben zusandte, das Koref sogleich in der folgenden Gemeinderatssitzung öffentlich zitierte.[73]

70 Schuster 1999, S. 37–38.

71 Schuster 2005. Der Autor zitiert dabei Interventionsakten des Landes Oberösterreich und der Stadt Linz. OÖLA MF 809, Nr. 613, Gurlitt an Landeshauptmann Gleißner, Dankesbrief, 17.12.1946.

72 Vgl. OÖLA, MF 549, Garzarolli an Landeshauptmann Gleißner, 5.7.1946; Gleißner an Garzarolli, 5.8.1946; Bundesminister für Inneres an Gleißner, 28.11.1946.

73 Vgl. Reder 2017, S. 448–449.

Kontakte und Interventionen

Bereits am 22. Juli 1946 hatte der Linzer Stadtrat einem ersten Vertrag mit Gurlitt zugestimmt. Die wichtigsten Punkte der vorerst befristeten Vereinbarung, die am 14. November 1946 unterzeichnet wurde, waren: Gurlitt stellt der Stadt „aus dem Besitz seiner Familie und aus von ihm vertretenen Freundbesitz" als Grundstock 120 bis 150 Ölgemälde und 170 bis 200 Aquarelle, Zeichnungen und grafische Blätter ohne Entgelt als Leihgaben zur Verfügung.[74] Spitzenbeamte der Stadt Linz wie Hanns Kreczi und Egon Oberhuber hatten regelmäßig Kontakt zu Gurlitt. Justus Schmidt, der den Kunsthändler mehrfach zu wichtigen Terminen begleitete, war in hohem Maß in die nationalsozialistische Kulturpolitik in Oberdonau involviert, dessen ungeachtet jedoch von der Stadt Linz als Kunstkonsulent engagiert worden. Er wurde in der Folge zum wichtigen Berater in Fragen der Linzer Kunstpolitik.

Die geplante Gemäldegalerie wurde tatsächlich eingerichtet, die Sammlung Gurlitt ohne Berücksichtigung einer Reihe zeitgenössischer Warnungen angekauft.[75] Der private Kunsthändler Wolfgang Gurlitt fungierte von November 1946 bis 31. Jänner 1956 als Leiter der städtischen Galerie.[76] Es bestand die Vereinbarung, dass sich Gurlitt von seiner Lebensgefährtin Lilly Christiansen-Agoston bzw. nach deren Ableben ab dem 31. Jänner 1951 von seiner ältesten Tochter Maria Gurlitt vertreten lassen konnte. Gurlitts Mitarbeiter Walter Kasten agierte als Kustos bzw. stellvertretender Leiter der Neuen Galerie.[77] Als atmosphärische Wahrnehmung kann man hier die Erinnerung der ehemaligen Sekretärin der Neuen Galerie heranziehen:

> „Der Gurlitt ist gekommen zusammen mit seiner Lebensgefährtin und Sekretärin, der Lilly Christiansen, die waren ein zusammengeschweißtes Team [...] und er hat das alles besprochen mit dem Dr. Schmidt, dem Justus Schmidt, die haben das allem Anschein nach am Anfang alles ausgehandelt, soweit ich das gesehen habe. Justus Schmidt war sehr oft da. Den Walter Kasten hat er [Gurlitt] da herausgehalten."[78]

Insgesamt bezahlte die Stadt Linz 1.847.685 Schilling für 117 Objekte der Kunstsammlung Gurlitt; die letzte Zahlung erfolgte 1956.[79] Damit fanden die permanenten Geldschwierigkeiten Gurlitts ein Ende.[80]

Gurlitt pflegte sein Netzwerk, intervenierte immer wieder für nahestehende Personen bzw. nahm Interventionen für sich selbst in Anspruch.[81] Der Kunsthändler stellte in dieser Hinsicht keineswegs einen Einzelfall dar. Geschäfte mit günstig ersteigerten, unter Preis gekauften oder sonst wie erworbenen Kunstwerken wurden in der Nachkriegszeit von vielen Kunsthändlern gemacht, in Wien, München, auch in Paris, London und New York.[82] Gegen Gurlitt stand bereits seit 1948 der Vorwurf im Raum, er handle mit Raubkunst, mit Kunstwerken, die auf bedenkliche Weise erworben wurden.[83] Er widersetzte sich überdies generell der Verpflichtung, während der NS-Zeit erworbenes Vermögen gemäß der Anmeldeverordnung aus dem Jahr 1946 zu registrieren.[84]

Dass Gurlitt auch dem österreichischen Ministerium für Vermögenssicherung zu einem bestimmten Grad „suspekt" war, geht aus einem Akt des Ministeriums an die „Restitution Division, Control Branch" der U. S. Army hervor. Der Akt ist in einem süffisanten Ton gehalten: „Wolfgang Gurlitt empfängt seine Freunde stets in einer sehr warmen Atmosphäre." Weiter heißt es in dem Schriftstück vom April 1948: „In seiner Galerie [in München] sind praktisch alle alten Freunde zu finden, dabei darf der liebe Friedrich Welz nicht fehlen."[85] Der Kunsthändler Welz (1903–1980), ehemals NSDAP-Mitglied, war auf Veranlassung der US-Militärbehörden bis 1947 in Haft, er scheint auf der „Red Flag List" des Geheimdienstes als „Baldur von Schirach's personal agent for art purchases" auf. „Wir wollen uns aber", heißt es im Akt weiter, „vorerst nur auf die Herren Degenhart und Afuhs konzentrieren, deren Tätigkeit in der Albertina und in Italien im Auftrag von Baldur

74 Vgl. Schuster 1999, S. 34–35.

75 Vgl. Michael John, „Zusammenfassung und Resümee", in: Kirchmayr, Buchmayr, ders. 2007, S. 528–529.

76 Wieland Mittmannsgruber, „Die Ämter und Einrichtungen des Magistrates der Stadt Linz 1945–1990", in: *Historisches Jahrbuch der Stadt Linz 1990*, Linz 1991, S. 250.

77 Ebd.

78 Interview des Verf. mit der Sekretärin von Gurlitt und Kasten (1922–2017), 8.3.2009.

79 Zu den Details des Deals und den Veränderungen bei der Objektanzahl vgl. Schuster 1999, S. 43–44.

80 Vgl. ebd., S. 77.

81 Vgl. ebd., S. 38–39; vgl. ferner ÖStA, AdR 06, BMfVS, Abt. 35, Gurlitt Wolfgang, Akt 106101-6/49; Gurlitt Wolfgang, BM für Finanzen, Akt VS 171.483/1 6/50.

82 Vgl. Tina Walzer, Stephan Templ, *Unser Wien. „Arisierung" auf österreichisch*, Aufbau-Verlag, Berlin 2001, S. 101.

83 Vgl. dazu im Besonderen Schuster 2005, S. 220–226.

84 Sämtliche Recherchen in Archiven in Wien, der Steiermark und in Oberösterreich blieben ergebnislos.

85 Bundesministerium für Vermögenssicherung und Wirtschaftsplanung an Headquarters, United States Forces in Austria, Reparations, Deliveries and Restitution Division, Zl. 273.227-15/48 Wolfgang Gurlitt Munich, 15.4.1948, Kopie im Besitz des Verf. Dank an Ralf Jacobs, Paderborn, für die Überlassung.

von Schirach."[86] Auf einem weiteren Aktenblatt wird darauf hingewiesen, dass sich „in entspannter Atmosphäre" in der Münchner Galerie Gurlitt dessen Mitarbeiter Walter Kasten, Olda Kokoschka und die „beiden Herren des österreichischen Konsulats Afuhs und Regli, die nicht so gerne fotografiert werden wollen", trafen.[87] Dies wurde auch bildlich dokumentiert.

Um auf den erwähnten Friedrich Welz zurückzukommen: Der „Ariseur" der Wiener Galerie Würthle, der vor dem Linzer Volksgericht auch wegen weiterer „Arisierungen" angeklagt war, konnte sich „reinwaschen": Der Staatsanwalt vertrat 1950 die Ansicht, die „Erwerbungen" (sprich die „Arisierungen") von Welz seien in den NS-Jahren „gutgläubig" erfolgt.[88] Wolfgang Gurlitt hatte zu Welz gute Kontakte. Unter anderem bezog die Neue Galerie unter der Direktorenschaft Gurlitts eine Reihe von Bildern aus der Galerie Welz in Salzburg, von der eben bekannt war, dass sie in vielen Fällen mit Kunstwerken aus ehemals jüdischem Besitz gehandelt hatte.[89] Nun sind Kontakte und Netzwerke für den Kunsthandel generell bedeutsam, wichtig dafür, Geschäfte durchführen zu können. In der Community gab es aber offenbar Gespräche darüber, wie weit die „Geschäftsfreundschaft" denn gehen könne. So erinnert sich Hugo Schwarz (1913–1994), Betreiber von Warenhäusern (darunter das Kraus & Schober in Linz), Sohn des jüdischen Sammlers Walter Schwarz und später selbst Kunsthändler, an Folgendes: Im Gespräch mit Wolfgang Gurlitt, den er sehr schätzte, seien die Kontakte mit Friedrich Welz problematisiert worden, nämlich dahingehend, dass es „eine Schande" sei, „sich von einem Mann wie Welz vertreten zu lassen, der NS-Kunstaufkäufer war".[90] Wolfgang Gurlitt war übrigens bei Hugo Schwarz, der eine Zeit lang als Assistent Oskar Kokoschkas tätig gewesen war, gemeldet – von 7. Mai 1948 bis 27. Jänner 1950 – unter der Adresse Salzburg, Kranzlmarkt 4.[91]

Bis 1948 waren Bad Aussee und das Ausseerland Teil des Landes Oberösterreich, danach gehörte die Region wieder zur Steiermark, wie vor dem „Anschluss". Bis zu diesem Zeitpunkt war Gurlitt speziell geschützt, danach versuchten die steiermärkischen Behörden und das Bundesministerium für Vermögenssicherung und Wirtschaftsplanung („Krauland-Ministerium"), eine öffentliche Verwaltung hinsichtlich der Kunstsammlung Gurlitt einzurichten. Der öffentliche Verwalter, der den Bestand auch überprüfen sollte, war bereits bestimmt (!), als massive Interventionen Korefs und Gleißners bei den zuständigen Stellen des Ministeriums einlangten. Landeshauptmann Gleißner schrieb an Sektionschef Dr. Otto Gleich:

> „Die Beschickung der Neuen Galerie der Stadt Linz mit Bildern ist dadurch zu Stande gekommen, dass Herr Gurlitt Gemälde, Zeichnungen, Graphiken etc. aus seiner Privatsammlung, aus dem Besitze seiner Familie und seines Freundeskreises als Leihgabensammlung der Stadt Linz überlassen hat. Die Stadt Linz sowohl, wie das Land Oberösterreich, haben größtes Interesse daran, dass dieser [...] Kulturbesitz in der damaligen Form weiterhin ungestört erhalten bleibt. [...] Herr Wolfgang Gurlitt hat einen Privatkunstbesitz, der für Österreich einen bedeutenden kulturellen Faktor darstellt, der Öffentlichkeit aus eigener Initiative in einer Weise zur Verfügung gestellt. [...] Es wäre für den Genannten nicht nur eine Beeinträchtigung, sondern auch eine Kränkung, würde durch Errichtung einer öffentlichen Verwaltung seine Rolle als der von der Stadt Linz bestellte Leiter der Galerie irgendwie beeinträchtigt oder ganz in Frage gestellt werden. Nicht unerwähnt sollen hiebei auch die finanziellen Auswirkungen, die eine derartige Maßnahme für Herrn Gurlitt und seine Freunde nach sich ziehen könnte, bleiben."[92]

Schließlich konnten die Interventionen eine öffentliche Verwaltung der Kunstsammlung abwenden. Die Sammlung wurde angekauft, die Stadt Linz richtete ein städtisches Museum ein und hatte zu einem vernünftigen Preis eine Kunstsammlung erworben, die internationalen Standards entsprach.

Seltsame Geschäfte

Auch der prominente Sammler Rudolf Leopold (1925–2010), dessen Name das Leopold Museum in Wien trägt, hatte mehrfach Verbindung zu Gurlitt. Die Kontakte liefen im Anfangsstadium über Linz: „Der Wolfgang Gurlitt wollte seine Sammlung in der Neuen Galerie der Stadt Linz unterbringen, die ja heute seinen Namen als Untertitel – ‚Wolfgang Gurlitt

86 Ebd.

87 Ebd.

88 Vgl. Kerschbaumer 2005, S. 166.

89 Schuster 1999, S. 4.

90 Interview von Helga Embacher, Michael John und Albert Lichtblau mit Hugo Schwarz (1913–1994), 5.8.1993.

91 Meldeauskunft, Mitteilung von Elisabeth Nowak-Thaller.

92 ÖStA, AdR 06, BMfVS, Abt. 35, Gurlitt Wolfgang, Akt 106101-6/49, Landeshauptmann von Oberösterreich Heinrich Gleißner an Sektionschef Gleich, 2.1.1950.

Museum' – trägt."[93] Das Wort „unterbringen" war wohl nicht zufällig gewählt, denn es war bekannt, dass Gurlitt nach Käufern suchte. Den ersten kuriosen Geschäftskontakt beschreibt Leopold in seinen Erinnerungen, daraus geht hervor, dass er und Gurlitt in Linz Kontakt hatten, sich kannten und miteinander verkehrten und verhandelten. Nach der Erinnerung von Walter Kasten verkaufte Gurlitt um das Jahr 1952 drei Schiele-Bilder direkt an Rudolf Leopold, darunter das aufsehenerregende Bild *Blinde Mutter*, das sich auf der Linzer Ankaufsliste befunden hatte. Das Bild wurde gegen ein anderes ausgetauscht – ein weiteres „kühnes" Geschäft Gurlitts.[94] Zum Verkauf der *Blinden Mutter* an Rudolf Leopold existiert keine Rechnung, man kennt den Preis nicht. Hinsichtlich „der Eigentümerfrage klafft eine Lücke von 1930 bis 1949, [...] von 19 Jahren", so Michael Wladika.[95] Es gibt für die Jahre des Nationalsozialismus also keinerlei Aufzeichnungen, 1949 scheint das Bild ohne Provenienzangabe nunmehr im Besitz Gurlitts auf.[96]

Rudolf Leopold und Wolfgang Gurlitt hatten weiterhin Geschäftsbeziehungen, so auch in den 1960er-Jahren, als Egon Schieles *Die Mutter und die Tochter* den Besitzer wechselte. Dieses Bild wurde im März 1949 in der Neuen Galerie der Stadt Linz ohne Provenienzangabe ausgestellt. Es wurde weiterhin gezeigt, so auch 1964 in München, und zwar mit dem Eigentümervermerk „Galerie Gurlitt, München". Das Bild entstand 1913, wer waren die Vorbesitzer? Aufgrund persönlicher Naheverhältnisse und einer großen Sammelleidenschaft hatten sich vor der NS-Herrschaft viele Klimt- und Schiele-Werke im Besitz der Familie Lederer befunden. Rudolf Leopold gibt selbst als Vorbesitzer „August und Serena Lederer" an. Diese Angabe ist nach einem Dossier des Bundeskanzleramtes falsch, ebenso wie die Angabe Rudolf Leopolds, er habe das Bild im Jahre 1963 von der Galleria Galatea in Turin erworben, unrichtig ist.[97] Die Herkunft des Bildes bleibe „im Dunklen", heißt es in dem Dossier.[98]

Wolfgang Gurlitt selbst hat in vielen Fällen, besonders in den 1950er-Jahren, einfach keine schlüssigen Provenienzen angegeben. In einem Schreiben des Bundesdenkmalamtes wird die Standardbehauptung Gurlitts, alle Geschäftsunterlagen seien bei einem Bombenangriff vernichtet worden, als „billige Ausrede" bezeichnet.[99] Beim Magistrat Linz führte die Verschleierung von Provenienzen („unklar") bekanntlich ebenfalls zu Diskussionen.[100] Auch in den frühen 1960er-Jahren führte Gurlitt diverse Verschleierungsmanöver durch, als er und Rudolf Leopold wichtige Leihgeber für die Klimt-Gedächtnisausstellung in der Albertina waren. Gurlitt hat nur bei 26 Kunstwerken seine Provenienz angegeben, aber insgesamt 45 Klimt-Zeichnungen, wie aus der Korrespondenz der Albertina hervorgeht, für die Ausstellung zur Verfügung gestellt. Gehörten die Bilder nicht ihm, sondern seinem „Freundeskreis", wobei die Provenienz verschleiert werden sollte, oder handelte es sich um Bilder unklarer Herkunft, weshalb Gurlitt nicht genannt werden wollte?[101] Jedenfalls hat Wolfgang Gurlitt – dies ist nachweisbar – einige Blätter nach Turin verkauft, Leopold könnte das angesprochene Bild frühestens 1964 oder 1965 in Turin erworben haben. Es ist allerdings nicht ohne Weiteres nachvollziehbar, warum Wolfgang Gurlitt, der eine eigene Galerie in München betrieb, an einen Sammler wie Rudolf Leopold, den er bereits seit den frühen 1950er-Jahren gut kannte, nicht direkt verkauft hat – außer es entstand für beide Seiten ein Vorteil. Da die Galleria Galatea Zwischenbesitzer war, wurde ein gutgläubiger Erwerb rein rechtlich möglich.[102]

Gurlitt und das Bundesdenkmalamt

Das Bundesdenkmalamt (BDA) ebenso wie das nachgeordnete Landeskonservatorat Oberösterreich, dies lässt sich aus den vorliegenden Akten schließen, misstrauten Wolfgang Gurlitt, behandelten ihn letztlich aber freundlich und entgegenkommend. Es ging dabei um Bilder, die sich in Linz und Bad Aussee befanden und ins Ausland verbracht werden sollten. Die Ausfuhrangelegenheit „Christiansen Lilly, Bad Aussee"

93 Diethard Leopold, *Rudolf Leopold – Kunstsammler*, Holzhausen-Verlag, Wien 2003, S. 23.

94 Vgl. dazu den Beitrag von Michael Wladika im vorliegenden Katalog.

95 Michael Wladika, Leopold Museum-Privatstiftung, *Egon Schiele, Blinde Mutter. Dossier „LM Inv. Nr. 483"*, 2012, S. 12, www.kunstkultur.bka.gv.at/documents/340047/625341/dossier_schiele_blindemutter.pdf/d1a8e905-cfd3-4272-bde6-071a4ce20cc1 (abgerufen am 9.6.2019).

96 Ebd.

97 Michael Wladika, Leopold Museum-Privatstiftung, *Egon Schiele, Die Mutter und die Tochter 1913, Dossier „LM Inv. Nr. 2356"*, 2015, S. 6f., www.kunstkultur.bka.gv.at/documents/340047/625323/Egon_Schiele_Mutter_Tochter.pdf/520c8ad7-d113-4279-a215-8143b094a18a (abgerufen am 9.6.2019).

98 Ebd., S. 8.

99 Archiv BDA, Karton 33, Mat. Christiansen Lilly, Landeskonservator für Oberösterreich (Franz Juraschek) an Erwin Hainisch, BDA Wien, 28.3.1949.

100 Vgl. Schuster 1999, S. 57–58.

101 Vgl. Graphische Sammlung Albertina, *Gustav Klimt 1862–1918. Zeichnungen, Gedächtnisausstellung, 16. Oktober bis 16. Dezember 1962*, Wien 1962, S. 19–64; Archiv Albertina, Korrespondenzen, Gedächtnisausstellung Klimt 1962, Walter Koschatzky, Albertina, an Wolfgang Gurlitt, München, 24.1.1953.

102 Das Dossier Wladikas zu *Die Mutter und die Tochter* ist nach Ansicht des Autors dahingehend problematisch, als es Gurlitt (und Leopold) per se bona fide unterstellt, wozu es aufgrund fälschlicher Angaben und der vielfach belegten Verschleierungstaktik Gurlitts keinen Grund gibt.

datiert in die Jahre 1948 und 1949. Dem „streng vertraulichen" BDA-Akt ist, datiert mit dem 14. April 1949, zu entnehmen: „[E]s erscheint Herr Wolfgang Gurlitt im Amte und überbringt die inliegende Liste der Kunstwerke, deren Ausfuhr Frau Lilly Christiansen derzeit anstrebt. Das Verlangen [...] wird vorläufig zurückgestellt."[103] Die Liste basiert auf der eidesstattlichen Erklärung der „Galerie Gurlitt, Unterschrift unleserlich", dass die Eigentümer der Kunstwerke Lilly Christiansen und ihr Gatte seien. In der Beilage wird erläutert, dass die Erklärung von Wolfgang Gurlitt stammt, bei der „Galerie Gurlitt" handelt es sich um die Neue Galerie der Stadt Linz.[104] Die beigelegte Liste ist ein sehr oberflächliches Dokument, auf dem etwa die Angabe „ca. 150 Zeichnungen und Aquarelle" ohne genauere Details oder der Vermerk „E. Isenburger 20 Bilder und Studien" aufscheinen. Die Liste wurde dementsprechend auch als „ungenügend" zurückgewiesen. Auch der Hinweis, dass es sich um hochwertige Kunstwerke handelt, taucht auf.[105] Streng vertraulich heißt es im BDA-Akt: „[...] wird das Bundesdenkmalamt mit Rücksicht auf die vermutlich nicht hinlänglich nachweisbare Herkunft der Bilder diesen Fall dem US Monuments and Fine Art Representative vorlegen müssen", so der Präsident des BDA an Landeskonservator Juraschek, dem Gurlitt seit NS-Tagen ein Begriff ist.[106]

Juraschek hatte zuvor festgehalten: „Auftragsgemäss werde ich versuchen den Erwerbungsnachweis [...] der Ihnen eingesandten Liste einsehen zu können. Ich fürchte allerdings, dass die billige Ausrede gebraucht werden wird, dass die entsprechenden Akten mit der Zerstörung der Wohnung in Berlin zugrunde gingen. Man wird sich also mit irgendwelchen eidesstattlichen Erklärungen zufrieden geben müssen und es wird schwierig sein, die Glaubwürdigkeit der von der Partei vermutlich vorgeschlagenen Zeugen [Wolfgang Gurlitt] anzuzweifeln. [...]"[107] Juraschek stellte auch die vertrauliche Vermutung in den Raum, dass nur ein kleiner Teil der Sammlung „Tarnung für verschlepptes Gut" sei, für Juraschek handle es sich hingegen „um eine Tarnung des Kunsthändlers [Wolfgang Gurlitt], der einen Teil seines Besitzes, und zwar sind es durchaus sogenannte Mittelwerte, die auch heute in der Schweiz eine gewisse Käuferschicht finden, als Besitz einer Ausländerin leichter in das Ausland bringen will".[108] An anderer Stelle heißt es:

> „Die Vorgeschichte des sogenannten ‚Umzugsgutes Lilly Christiansen' ist Ihnen ja sicher bekannt. Ich habe größtes Mißtrauen bezüglich der Besitzverhältnisse. Sie wissen, dass die genannte Dame seit Jahrzehnten Geschäftsführerin (und gerüchteweise zweite Lebensgefährtin?) bei Gurlitt ist und auch in seinem Haushalte neben der Familie in Bad Aussee wohnt. Somit ist die Frage, ob es sich um ein Gut eines Ausländers handelt durchaus offen."[109]

Lilly Christiansen wurde vom Landeskonservator somit als Strohmann Gurlitts, also als „Strohfrau", angesehen; die eidesstattliche Erklärung, dass es sich um das Eigentum Lilly Christiansens handelt, stammte hingegen wieder von Wolfgang Gurlitt. Schließlich wurde Juraschek, der selbst in die NS-Machinationen als Gaukonservator involviert war, seitens der BDA-Direktion in Wien ermächtigt, die Ausfuhrbewilligung für die Bilder auf Christiansens Liste zu erteilen.[110]

Wolfgang Gurlitt stellte 1955 ein Ansuchen, die „Restbestände aus Linz", also jene Bilder, die nicht von der Stadt Linz angekauft wurden, nach München zu verbringen. Gurlitt legte keine Liste mit Provenienzen vor, wir können daher nicht nachvollziehen, welche Werke seinerzeit von Berlin nach Bad Aussee verbracht worden waren. Kasten wurde in Linz 1955 als Vertreter Gurlitts ersucht, in Hinblick darauf eine Liste beizubringen. Dies geschah nicht, zumindest findet sich im Akt kein Hinweis darauf. Für das Landesdenkmalamt stellte die Tatsache, dass der Großteil der angegebenen 437 Kunstwerke zum Zeitpunkt des Ansuchens sich bereits „im Vormerkverkehr" in München befand und in keiner Weise von BDA-Stellen vidiert worden war, eine Überraschung dar.[111] Konsequenzen gab es keine, am 19. Juli 1955 wurde das Ansuchen vom Landesdenkmalamt bewilligt.[112] Um es auf den Punkt zu

103 Archiv BDA, Christiansen Lilly, Bad Aussee, Ausfuhr von Gemälden, Aktenvermerk Hainisch, 14.4.1949.

104 Ebd., eidesstattliche Erklärung, Galerie Gurlitt, 21.9.1948.

105 Ebd., Abschrift Umzugsliste Christiansen 1948, S. 1–6, bes. S. 5; Aktenvermerk Landeskonservatorat Salzburg, 5.10.1948.

106 Archiv BDA, Karton 33, Mat. Christiansen Lilly, Ausfuhrangelegenheit, Erwin Hainisch, BDA Wien, an Landeskonservator für Oberösterreich Franz Juraschek, 31.3.1949.

107 Archiv BDA, Karton 33, Mat. Christiansen Lilly, Ausfuhrangelegenheiten, Landeskonservator für Oberösterreich Franz Juraschek an Erwin Hainisch, BDA Wien, 28.3.1949.

108 Ebd.

109 Ebd., Landeskonservator für Oberösterreich Franz Juraschek an Erwin Hainisch, BDA Wien, 18.3.1949.

110 Archiv BDA, Christiansen Lilly, Ausfuhr von Gemälden, Direktion BDA an Landeskonservator für Oberösterreich, 19.5.1949.

111 Archiv BDA, Landeskonservatorat Oberösterreich, Ausfuhrangelegenheiten Galerie Gurlitt, Landeskonservatorat Oberösterreich an BDA, 13.6.1955; Landeskonservatorat Oberösterreich an BDA, 14.6.1955; Sammlung Wolfgang Gurlitt Linz, Liste 1 und Liste 2, 8.5.1955.

112 Archiv BDA, Landeskonservatorat Oberösterreich, Ausfuhrangelegenheiten Galerie Gurlitt, Ansuchen um Ausfuhrbewilligung, Neue Galerie der Stadt Linz, Bescheid (bewilligt), 19.5.1955.

bringen: Dem Akt ist nicht zu entnehmen, dass das Bundesdenkmalamt samt nachgeordneten Behörden seine Funktion als Kontrollinstanz nachhaltig wahrgenommen hat.

Wenn man davon ausgeht, dass die aufgefundenen Dokumente zur Ausfuhr von Kunstwerken vollständig sind und auch keine Akten entfernt wurden – dies hätte vermerkt werden müssen –, fällt auf, dass Wolfgang Gurlitt in seinen Listen für das BDA (konkreter für das Landeskonservatorat Oberösterreich) um die Ausfuhr von insgesamt zehn Klimt-Zeichnungen angesucht hatte.[113] Laut offizieller Angabe der Wiener Secession – ohne Ausweis von Vorbesitzerangaben – war die Galerie Gurlitt, München, im Besitz von mindestens 100 Klimt-Zeichnungen.[114] Da sich der Gurlitt'sche Bildbesitz nach seinen Angaben bis dato in Bad Aussee und Linz (als Leihgaben der Neuen Galerie) befunden hatte, liegt der Schluss nahe, dass die Zeichnungen ohne Provenienz und ohne Genehmigung nach München verbracht wurden. Wenn dies in dieser Form zutrifft, haben wir es wohl mit einem als „verwegen" und auch als ungesetzlich zu bezeichnenden Verschub von Kunstwerken zu tun.

„Unstimmigkeiten" – Risse im Netzwerk

Zu Details der Entfremdung zwischen Gurlitt und der Stadt Linz sei auf den akkurat recherchierten Beitrag von Martin Krenn in diesem Katalog verwiesen. An dieser Stelle nur in Kürze: Während der gesamten Zeit der Direktorenschaft Gurlitts in der Neuen Galerie der Stadt Linz hatte es auch Unstimmigkeiten gegeben. Gegen Gurlitt wurden Ressentiments geäußert, er galt als problematische Person, die massiv ihre eigenen Interessen verfolgte – er hatte mittlerweile eine Galerie in München eröffnet, mitunter war nicht unterscheidbar, was nun der Galerie Gurlitt und was der Neuen Galerie gehörte. Selbst der damals Gurlitt wohlgesonnene Direktor der Österreichischen Galerie im Belvedere, Hofrat Garzarolli, hatte Gurlitt vorgeworfen, dass er seine Funktionen als Leiter der Neuen Galerie in Linz und als privater Kunsthändler in München nicht nachvollziehbar trennte.[115]

Es war bekannt, dass Gurlitt mit Rückgabeforderungen konfrontiert war. Am 9. September 1951 hatte jedenfalls infolge einer Rückstellungsangelegenheit (Causa Loewenthal) Ernst Koref vertraulich an Magistratsdirektor Oberhuber geschrieben: „Wenn das so weitergehen sollte, werden wir uns den Ankauf der Sammlung (wegen ev. Gefahr der ‚Bedenklichkeit') wohl überlegen müssen!?" Oberhuber wandte dagegen ein: „In den Vertrag sollen Sicherheiten eingebaut werden. Ich glaube, dass Gurlitt infolgedessen bestimmte Bilder austauscht."[116] Die in der Folge – wohl um 1952 – ergangene Empfehlung des Kulturamtes, mit dem Abschluss des Geschäftes noch zuzuwarten, da „für viele Bilder" noch „die Provenienzangaben und übrigen Nachweisungen" fehlten, verzögerte den weiteren Fortgang bis zur Vertragsunterzeichnung 1953.[117] Auch nach diesem Zeitpunkt musste festgestellt werden, dass Gurlitt „für einige restliche noch nicht übernommene Gemälde die verlangten Unterlagen nicht beibringen konnte".[118] Gurlitt versuchte – anders ist sein Verhalten in diesem Zusammenhang nicht zu deuten –, einige „bedenkliche Bilder" an den Mann zu bringen.

Offenbar spielte Gurlitt mit der Stadt Linz seine Spielchen, wobei der Magistrat der Stadt Linz Gurlitts Geschäftsgebaren zwar intern kritisierte, gleichzeitig aber selbst provinziell anmutende Aktionen setzte, etwa in Hinblick auf eine aufgebauschte Zigarettenwerbungsaffäre.[119] Bürgermeister Koref setzte den Kunsthändler im Jänner 1956 als Dienststellenleiter der Neuen Galerie ab, weil er beim Verkauf der Kubin-Sammlung an die Stadt Linz unseriöse Praktiken an den Tag gelegt habe.[120] Schließlich distanzierten sich Oberhuber, Kreczi, Schmidt und Juraschek zunehmend von Gurlitt, in Wien hatte sich auch Hofrat Garzarolli früh über Gurlitts diverse Aktionen verärgert gezeigt.[121] Sein unbeschwerter Umgang mit Provenienzen und geraubter Kunst war für Gurlitts nunmehrige Kritiker im Zusammenhang mit seiner Absetzung jedoch kein Thema.[122]

---

113 Archiv BDA, Landeskonservatorat Oberösterreich, Ausfuhrangelegenheiten Galerie Gurlitt, Landeskonservatorat Oberösterreich an BDA, 13.6.1955; Landeskonservatorat Oberösterreich an BDA, 14.6.1955; Sammlung Wolfgang Gurlitt Linz, Liste 1 und Liste 2, 8.5.1955.

114 Wiener Secession, *Hundert Zeichnungen von Gustav Klimt. Aus der Sammlung Wolfgang Gurlitt*, 23.8.–16.9.1956, S. 1–2.

115 ÖStA, AdR, BMfU, Sig. 15 B1, Österreichische Galerie 1949–1953, Kt. 151, Zl. 20.438-II/6-50, Direktion der Österreichischen Galerie, Garzarolli, an das Bundesministerium für Unterricht, Sektion II, 26.4.1950; Zl. 20.438-II/6-50, Bundesministerium für Unterricht, Sektion II, Perntner, an Wolfgang Gurlitt, 10.5.1950.

116 AStL, KVD-Akten, Sch. 34b, Mappe Loewenthal, Dienstzettel an Magistratsdirektor am 9.9.1951, zit. nach Schuster 1999, S. 57.

117 Zit. nach Schuster 1999, S. 45.

118 Kreczi 1959, S. 222.

119 Vgl. Elisabeth Nowak-Thaller, „Oskar Kokoschka. Ein Vagabund in Linz. Wild, verfemt, gefeiert", in: *Oskar Kokoschka. Ein Vagabund in Linz. Wild, verfemt, gefeiert*, Ausst.-Kat., LENTOS Kunstmuseum Linz, Bibliothek der Provinz, Weitra 2008, S. 9–39, hier S. 33–35.

120 Vgl. Schuster 1999, S. 72–73.

121 Vgl. auch Wladika 2012, S. 35–36.

122 In Hinblick auf die Absetzung Gurlitts gibt es dazu keinen einzigen Beleg.

Nach dem Ankauf der letzten Bilder im August 1956 verschlechterte sich das Verhältnis zwischen dem Magistrat und dem Kunsthändler weiter, bis schließlich ein Abbruch sämtlicher Geschäftsbeziehungen und eine Verlagerung auf die Ebene von Gerichtsverfahren deutlich wurden.[123] Ein gewisser Einfluss Gurlitts blieb aber weiterhin erhalten – Walter Kasten (1902–1984), der Assistent Gurlitts schon aus Berliner Tagen, bis dato stellvertretender Leiter, sollte Gurlitts Nachfolger werden.[124] Wolfgang Gurlitt selbst hatte sich in den 1950er-Jahren zunehmend aus Linz, aus Oberösterreich, aus Österreich absentiert; München war sein neuer Lebensmittelpunkt.

„Ist ein Ende der Causa nicht abzusehen"?

Im Zusammenhang mit internationalen Diskussionen und internationalem Druck, aber auch im Zuge nationaler Debatten war in Österreich in der zweiten Hälfte der 1990er-Jahre eine neue Situation entstanden. 1998 wurde ein Kunstrückgabegesetz beschlossen. Dieses erstreckte sich auf Museen des Bundes, nicht auf solche der Länder und Städte. 1999 gab der Linzer Bürgermeister Franz Dobusch den Auftrag, die Sammlung Gurlitt und die Bestände der Neuen Galerie der Stadt Linz zu überprüfen. Walter Schuster hat in diesem Zusammenhang seine detailreiche Studie verfasst, die als Grundlage für alle weiteren Provenienzforschungen dienen sollte. Die Restitutionen der Stadt Linz werden in diesem Katalog in einem eigenen Beitrag von Maria Altrichter analysiert.

Um an dieser Stelle einige Meilensteine jüngeren Datums zu referieren: 1999 wurde als Konsequenz von Schusters Studie *Die Näherin* an Michael Löwenthal, den Erben des ursprünglichen Eigentümers, zurückgegeben. Im Jänner 2003 hat man den Erben nach Daisy und Wilhelm Hellmann das Bild *Krumau 1916 (Städtchen am Fluss)* von Egon Schiele übergeben.[125] Im Zuge der Restitution des Schiele-Gemäldes hat die Stadt Linz sich auf eine „moralische Verantwortung" gegenüber den Erben bezogen, weiters hieß es in der einschlägigen Pressemitteilung dazu:

> „Aus heutiger Sicht kann die [in der Nachkriegszeit] geübte Praxis in Rückstellungsverfahren nicht als Wiedergutmachung, sondern vielmehr als nachträgliche Legalisierung des während der NS-Herrschaft erlittenen Unrechts bezeichnet werden."[126]

Als politischer Akteur hat sich hier 2002/03 Bürgermeister Dobusch persönlich eingebracht und den Beschluss zur treuhändischen Übergabe des Bildes an die Israelitische Kultusgemeinde vorangetrieben.[127]

2009 hat die Stadt Linz schließlich nach langen Debatten Gustav Klimts *Damenbildnis* (*Ria Munk III*), das sich im Nachfolgemuseum der Neuen Galerie, dem LENTOS Kunstmuseum Linz, befand, den anspruchsberechtigten Erben übergeben. Am 4. Juni 2009 wurde ein einstimmiger Gemeinderatsbeschluss gefällt.[128] 2010 wurde das Bild vom Auktionshaus Christie's in London versteigert. Das Boulevardblatt *Kronen Zeitung* titelte: „Ein Zeuge machte 32 Erben um 22,67 Millionen Euro reicher. Linzer Klimt wurde in Londoner Auktionshaus versteigert. [...] Linz hat aber noch einen Klimt – und 60 weitere umstrittene Kunstwerke."[129] Diese Zahl ist sicherlich zu hoch gegriffen, angesichts der belegten Geschäftspraktiken Gurlitts „ist ein Ende der Causa jedoch nicht abzusehen", formulierte der Autor dieses Beitrags im Jahr 2012.[130] Und: Gurlitts Aktivitäten in Österreich betrafen nicht nur die Neue Galerie der Stadt Linz, sondern auch das Oberösterreichische Landesmuseum und das Leopold Museum in Wien. Auch dort sind von Gurlitt verkaufte Kunstwerke als restitutionsverdächtig eingestuft worden.[131] Mittlerweile ist seitens der Stadt

123 Vgl. Schuster 1999, S. 70–76.

124 Nowak-Thaller 2008, S. 35–37.

125 Protokoll über die 55. Sitzung des Gemeinderates der Landeshauptstadt Linz am 30.1.2003, in: *Amtsblatt der Landeshauptstadt Linz*, Folge 1, 2003, S. 30.

126 AStL, Pressemitteilung der Stadt Linz, 17.12.2002.

127 Vgl. dazu Michael John, „In den Köpfen und im Stadtbild. Zum Umgang mit Hitlers Spuren in Linz", in: *Journal zeitgeschichte*, 4/2012, S. 276–294, hier S. 282; Interview des Verf. mit Franz Dobusch, geb. 1951, 15.3.2010.

128 AStL, Gemeinderatsprotokolle, Gemeinderatssitzung vom 4.6.2009.

129 *Kronen Zeitung*, 25.6.2010, S. 16.

130 John 2012, S. 116.

131 Mittlerweile wurden Bilder von Anton Romako, die sich im Besitz Gurlitts befanden, als Rückgabefälle eingestuft. Gurlitt hatte die Bilder an den Wiener Sammler Rudolf Leopold verkauft, der eines an Walther Kastner verkaufte, das dieser 1975 dem Oberösterreichischen Landesmuseum schenkte. Vgl. dazu Birgit Kirchmayr, unter Mitarbeit von Manuel Heinl, Provenienzforschung Oberösterreichische Landesmuseen, Bestand Sammlung Kastner, erster Zwischenbericht vom 13.10.2010, S. 28–30. Die über Gurlitt erworbenen Schiele-Bilder *Blinde Mutter* und *Die Mutter und die Tochter*, nunmehr im Besitz des Leopold Museum, wurden nicht restituiert; mögliche Erben sehen die Entscheidung der sog. Michalek-Kommission, einer vom BKA eigens für die Leopold Museum-Privatstiftung eingerichteten Provenienzforschungskommission, kritisch. Zu den Beschlüssen vgl. BKA, Leopold Museum-Privatstiftung, Beschlüsse, www.kunstkultur.bka.gv.at/leopold-museum-privatstiftung#Beschluesse (Egon Schiele, *Blinde Mutter*, 10.4.2013; Egon Schiele, *Die Mutter und die Tochter*, 5.12.2017, abgerufen am 10.5.2019).

Linz eine Reihe weiterer Restitutionsvereinbarungen getroffen worden; auch ein von der Galerie Welz erworbenes Werk hat man restituiert.[132]

Im Jahr 2012 wurde nun der „Fall Jäger" virulent, der seitens der Stadt Linz nicht unmittelbar als „Causa Gurlitt" geführt wird. Um einen Fall von geraubter Kunst handelt es sich hier nicht, mit Wolfgang Gurlitt steht er allerdings durchaus im Zusammenhang. Der Wiener Rechtsanwalt Andreas Cwitkovits, der die Familie Jäger vertritt, hielt in diesem Zusammenhang fest: „Eine Stadt muss dafür einstehen, wen sie sich einst als Partner ausgesucht hat."[133] Der Partner, der hier gemeint ist, war Wolfgang Gurlitt. Vier Bilder wurden 1951 von Olga Jäger (1880–1965), einer Linzer Kunstsammlerin und Malerin, an die Neue Galerie der Stadt Linz verliehen. Ein Leihschein dokumentiert das. Walter Kasten unterzeichnete das Dokument mit dem Briefkopf Wolfgang Gurlitts.[134] Es ist plausibel, dass die Sammlerin ihr Vertrauen dem prominenten Galeristen Gurlitt (und nicht dem Kustos Walter Kasten) schenkte. In Hinblick darauf, dass es sich um Klimt- und Schiele-Werke handelte, darunter Schieles wertvolle *Tote Stadt*, ist es kaum denkbar, dass Wolfgang Gurlitt 1951 nicht in den Leihvorgang involviert war. Wir wissen aus den Interventionsschreiben zugunsten Gurlitts, dass dieser der Stadt Linz nicht nur Bilder aus eigenem Besitz, sondern auch aus seinem „Freundeskreis" angeboten hat.[135]

Es ist davon auszugehen, dass von Olga Jäger vier Bilder übergeben wurden, Gurlitt war meist abwesend, Kasten unterschrieb, er ist in den frühen 1950er-Jahren als verlängerter Arm Gurlitts anzusehen. Der Kunsthändler starb 1965, im gleichen Jahr wurde die Sammlerin Olga Jäger beerdigt. Walter Kasten fungierte ab 1958 offiziell als Direktor der Neuen Galerie. Als Olga Jägers Erben den Leihschein aus dem Jahr 1951 fanden und im Jahr 2006 die Bilder retourniert haben wollten, waren diese nicht auffindbar. Während eines lang andauernden Rechtsstreits tauchte 2017 die Klimt-Zeichnung *Zwei Liegende* auf, damit bahnte sich eine Niederlage der Stadt an. Die Stadt Linz hatte einen Rechtsanspruch der Erben stets bestritten. Was genau mit den Bildern geschehen ist, lässt sich noch nicht sagen – sicher ist, dass die ehemalige Sekretärin Gurlitts und Kastens das Bild in ihrem Schrank versteckt hatte, samt der Verfügung, das Kunstwerk nach ihrem Tod an die Stadt Linz zurückzugeben. Sie starb 2017.[136] Mittlerweile hat die Stadt Linz, folgt man den Medienmitteilungen, mehr als 8,3 Millionen Euro Schadenersatz an die Erben bezahlt.[137] Ob die Sekretärin, wie in den Medien kommuniziert, das Bild widerrechtlich an sich genommen hatte, weil es ihr als „Schweigegeld" für „Unregelmäßigkeiten im Leihverkehr" angeboten worden war, oder ob Kasten von ihr erpresst wurde, und wohin auch immer die anderen Bilder verschwanden, ist zur Zeit lediglich Gegenstand von Spekulationen.

Der Autor dieses Beitrags hat mit der 1922 geborenen Sekretärin, die das Bild an sich nahm, 2009 ein Interview geführt, in dem sie sich sehr kooperativ verhielt und – so der Eindruck des Interviewers – gerne über die „vergangenen Zeiten" sprach. Sie war zuvor bereits von Elisabeth Nowak-Thaller zur Causa *Ria Munk III* befragt worden und in beiden Fällen lässt sich sagen, dass von der Befragten mit großem Geschick Des- und Fehlinformationen verbreitet wurden.[138] Sie legte falsche Fährten, brachte vor allem ihre Antipathie gegenüber Wolfgang Gurlitt zum Ausdruck und sparte heikle Details aus.[139] Wer dies zur Kenntnis nimmt und aus anderen Interviews weiß, wie teilweise der Leihverkehr und die Akzeptanz von Eigentumsverhältnissen von den 1940er- bis in die 1960er-Jahre in Österreich gehandhabt wurden, kann nicht annehmen, dass – um zur Formulierung in der Zwischenüberschrift zurückzukommen – ein „Ende der Causa" abzusehen ist.[140]

In der kulturwissenschaftlichen und zeithistorischen Forschung werden im Zusammenhang mit Wolfgang Gurlitt die Beschreibungen „Ambivalenz", „Charmeur", „Zauberprinz", „leidenschaftlicher Sammler" verwendet, ebenso wie etwa auch „Skrupellosigkeit". Ihn in Anlehnung an Klaus Manns Schlüsselroman über Gustav Gründgens aber zum „Mephisto" zu stilisieren, wäre zu hoch gegriffen. Wolfgang Gurlitts Strategie war jene der Verschleierung, der Intransparenz, der

132 Vgl. dazu den Beitrag von Maria Altrichter im vorliegenden Katalog.

133 „Wenn Kunst zum Kriminalfall wird", in: *Oberösterreichische Nachrichten*, 12.6.2012, online verfügbar unter: www.nachrichten.at/kultur/Wenn-Kunst-zum-Kriminalfall-wird;art16,903954 (abgerufen am 10.5.2019).

134 Ebd.

135 Vgl. beispielsweise ÖStA, AdR 06, BMfVS, Abt. 35, Gurlitt Wolfgang, Akt 106101-6/49, Landeshauptmann von Oberösterreich Heinrich Gleißner an Sektionschef Gleich, 2.1.1950.

136 „Lentos präsentiert verschwundene Klimt-Zeichnung", www.lentos.at/html/de/4745.aspx (abgerufen am 16.5.2019).

137 „Linz gibt im Streit über verschollene Bilder auf", 16.11.2018, ooe.orf.at/radio/stories/2947823/ (abgerufen am 10.5.2019).

138 Protokoll, 24.11.2008, niedergeschrieben von Dr. Elisabeth Nowak-Thaller nach Diktat/Gespräch in Anwesenheit der (namentlich anonymisierten) Sekretärin von Gurlitt und Kasten (1922–2017); Interview des Verf. mit der Sekretärin, 8.3.2009.

139 Ebd.

140 Vgl. dazu Kirchmayr, Buchmayr, John 2007, S. 540 (Liste der Interviewpartner).

Täuschung, aber auch des Risikos. Aus diesem Grund werden Geschäfte Gurlitts in diesem Beitrag mehrfach als „kühn" bezeichnet. Man hat den Eindruck, dass er mit einem gewissen Elan seine Unternehmungen durchführte. Wolfgang Gurlitt war kein konturlos Angepasster. Aus wirtschaftshistorischer Sicht ist letztlich festzuhalten, dass auf Wolfgang Gurlitts Wirken und jenes seiner „Freunde" ein finanzielles Ergebnis zulasten der Stadt Linz zurückzuführen ist, das sich, konservativ gerechnet, auf ein Minus von mindestens 50 Millionen Euro beläuft. Dazu führte eine Verkettung von Ereignissen.[141]

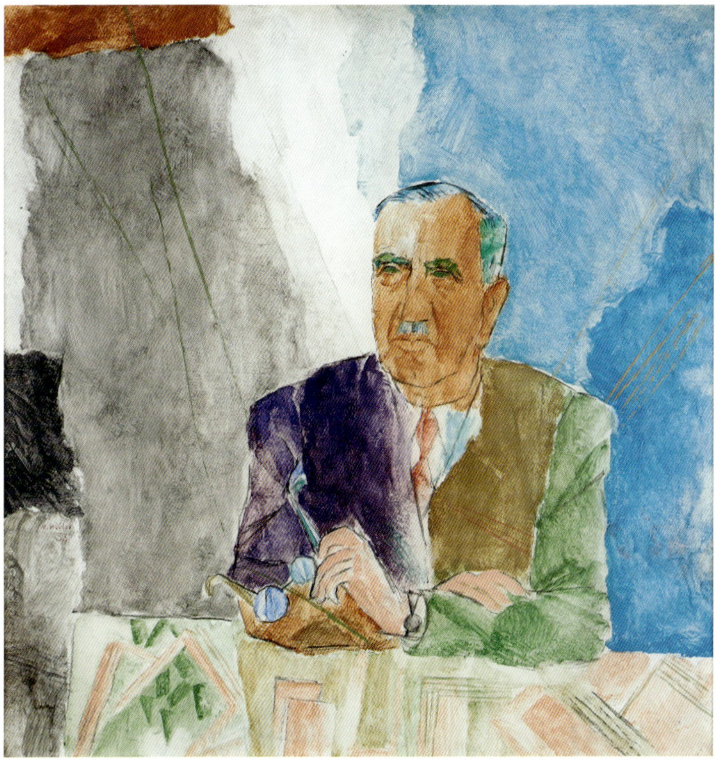

1 / **Max Weiler**
* 1910 Absam, Österreich, † 2001 Wien, Österreich
Portrait Bürgermeister Dr. Ernst Koref, 1955
Tempera auf Leinwand, 100 x 96 cm
LENTOS Kunstmuseum Linz, erworben 1954/1955 vom Künstler

Michael John / Dr. phil., Historiker, a. Univ.-Prof. am Institut für Sozial- und Wirtschaftsgeschichte der Johannes-Kepler-Universität Linz. Einschlägige Forschungs-, Publikations-, Gutachter- und Beratungstätigkeit in den Bereichen NS-Zwangsarbeit und Entschädigung, „Arisierung", Kunstraub und Restitution.

141 18,3 Millionen Euro erzielte Schieles *Städtchen am Fluss*, 22,9 Millionen Euro Klimts *Ria Munk III* laut Christie's Client Information, Kopie im Besitz des Verf.; 8,3 Millionen Euro erhielten die Erben nach Olga Jäger. Dazu kommen weitere Bilder und diverse Aufwendungen im Zuge der Recherchen und des Rechtsstreits; der reale Betrag liegt mit Sicherheit jenseits von 50 Millionen Euro.

VON DER VISION ZUM ZERWÜRFNIS

WOLFGANG GURLITT, DIE NEUE GALERIE UND DIE STADT LINZ

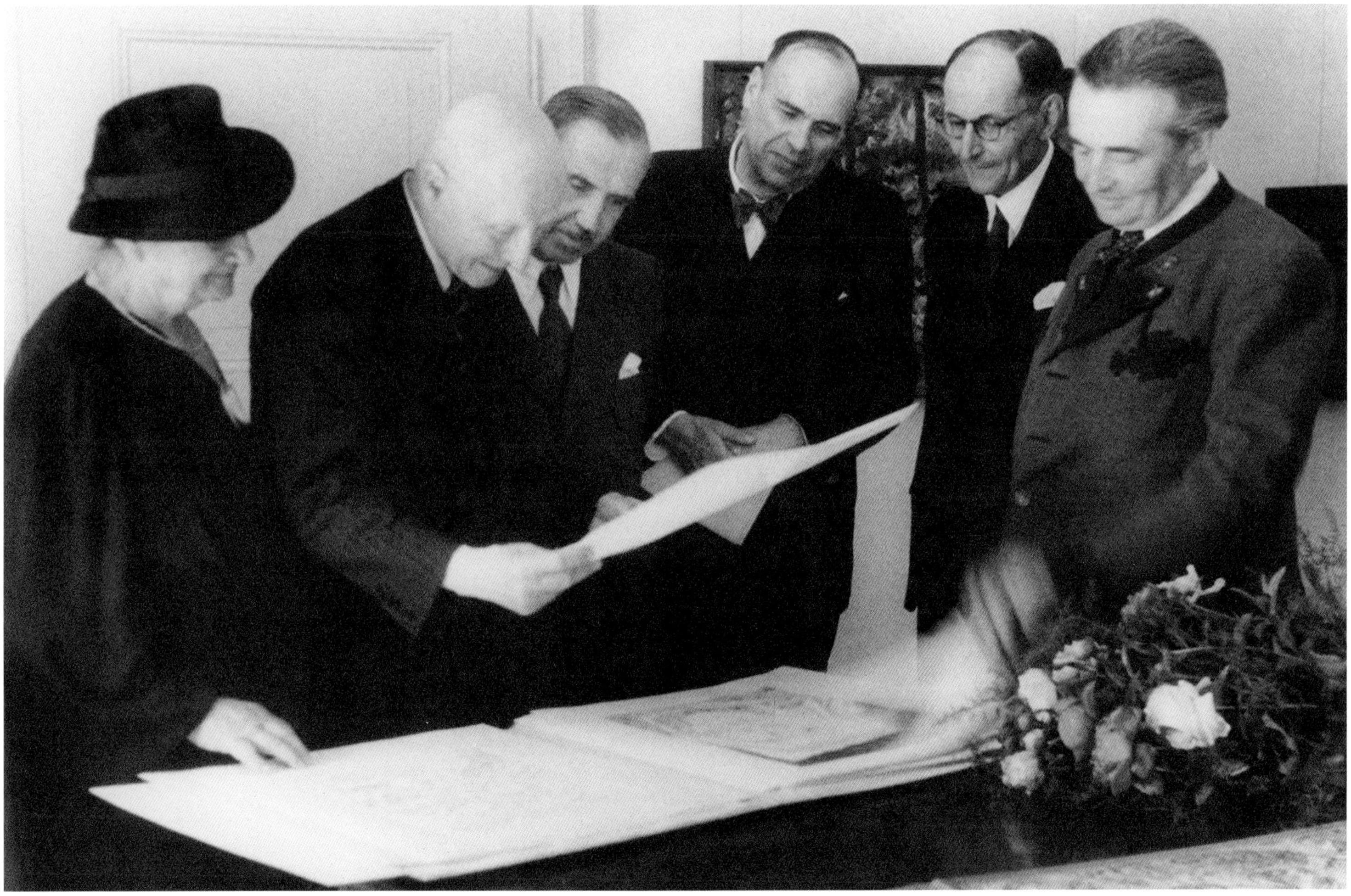

Abb. 1

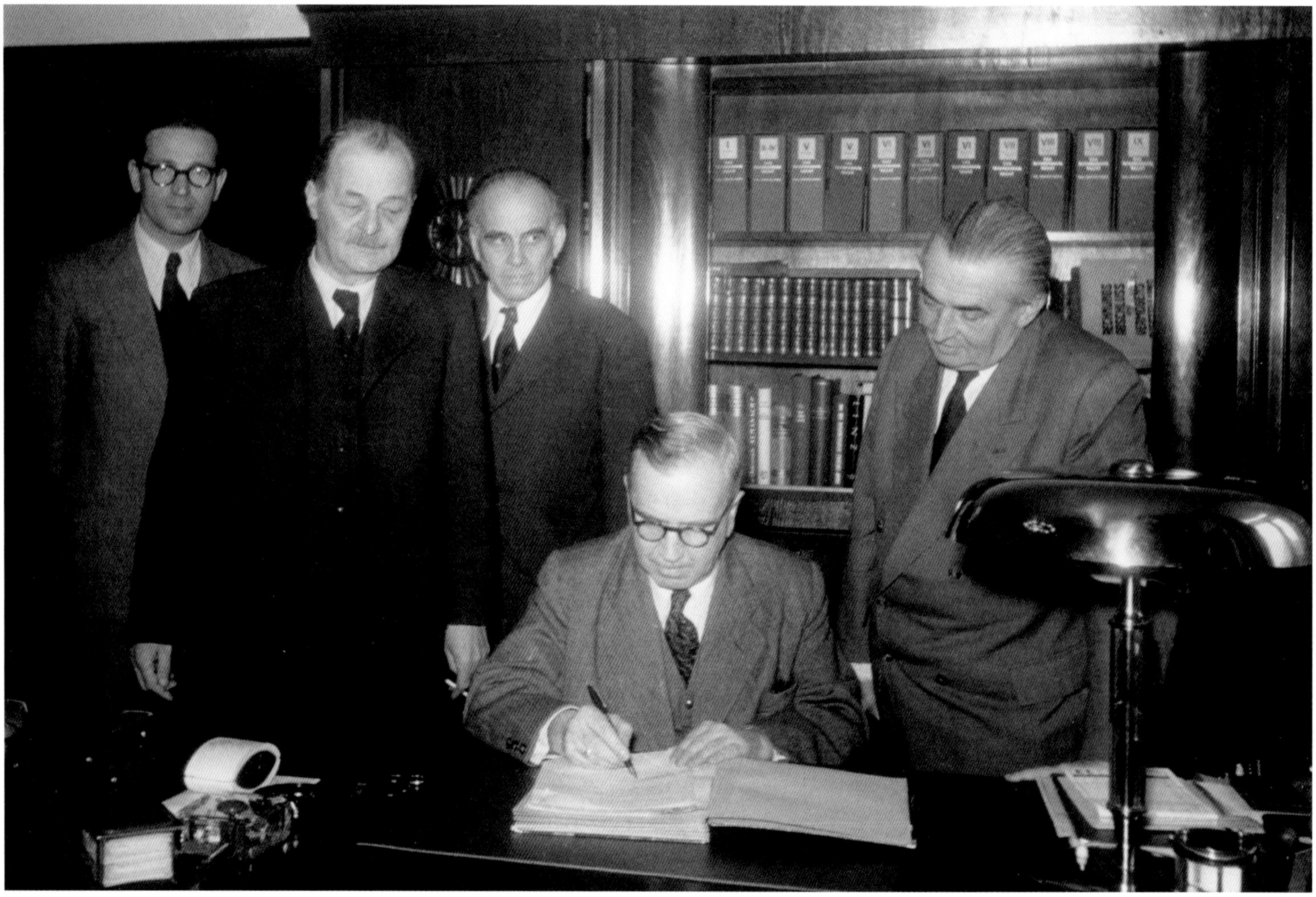

Abb. 2

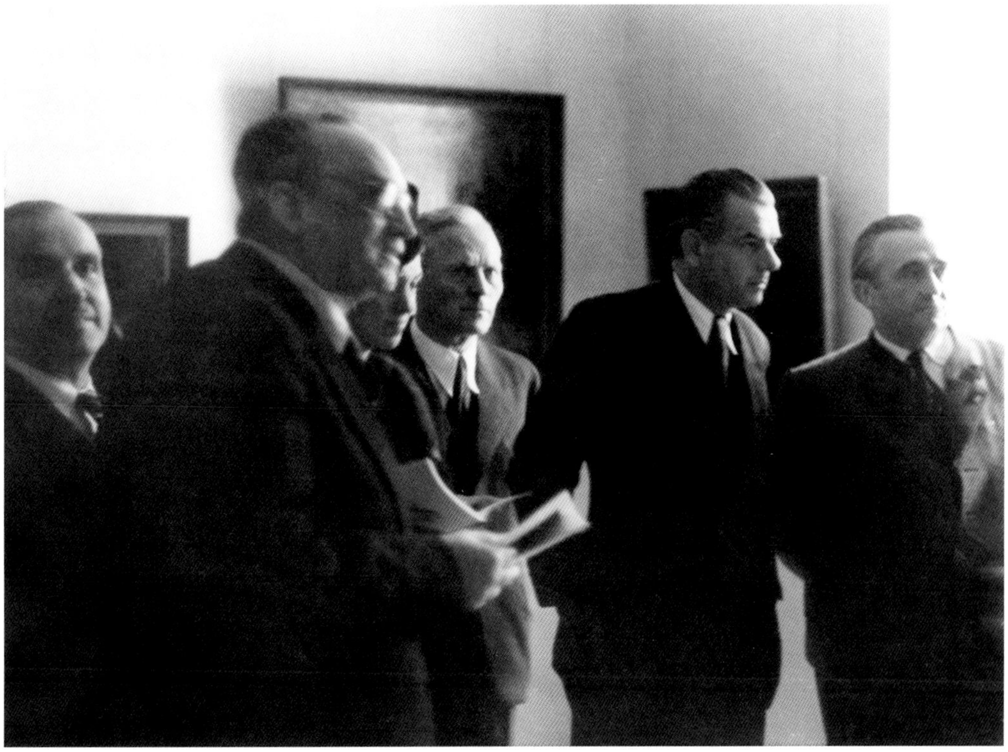

Abb. 3

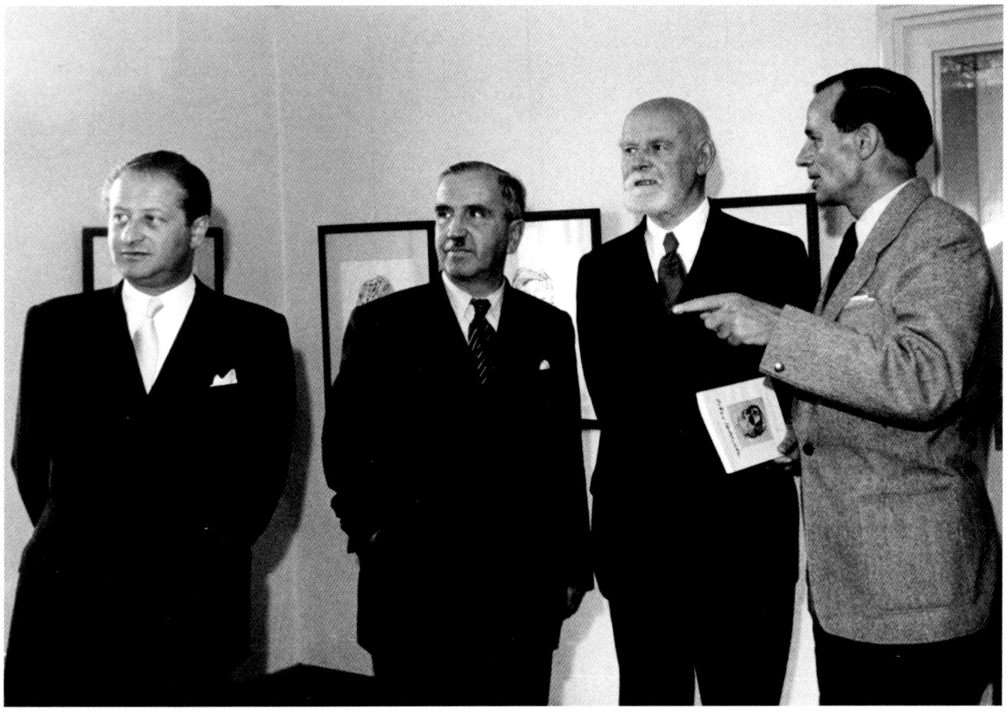

Abb. 4

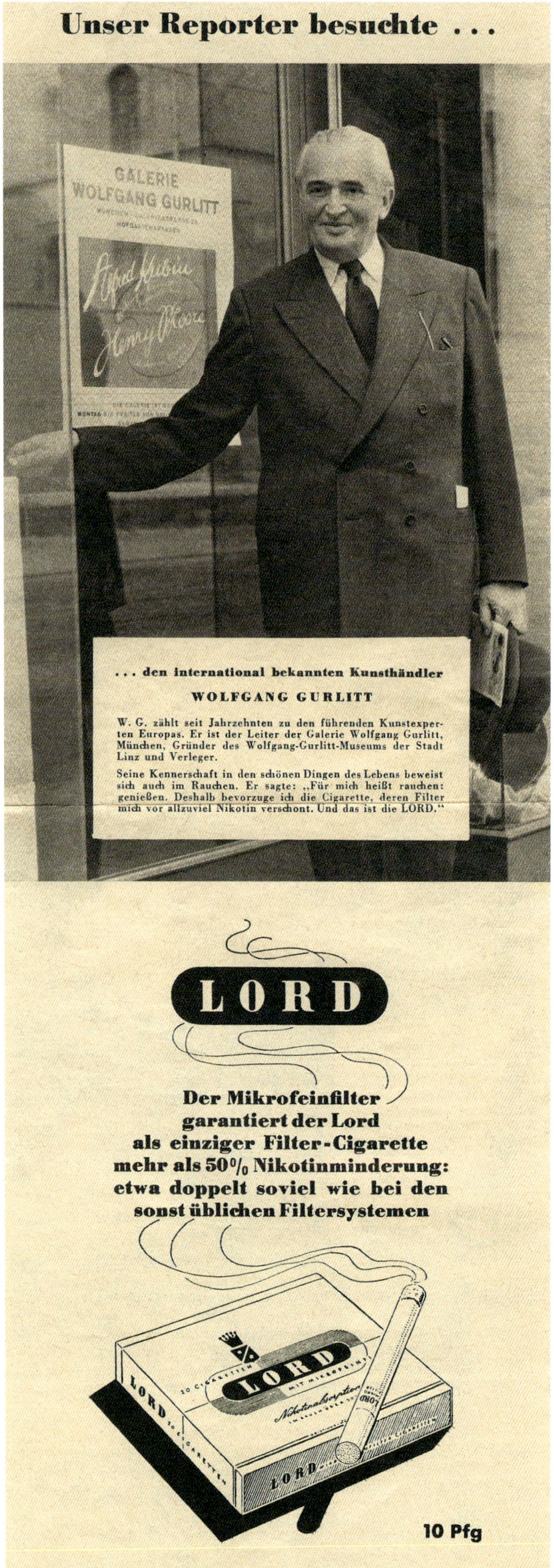
Unser Reporter besuchte ...

... den international bekannten Kunsthändler

WOLFGANG GURLITT

W. G. zählt seit Jahrzehnten zu den führenden Kunstexperten Europas. Er ist der Leiter der Galerie Wolfgang Gurlitt, München, Gründer des Wolfgang-Gurlitt-Museums der Stadt Linz und Verleger.

Seine Kennerschaft in den schönen Dingen des Lebens beweist sich auch im Rauchen. Er sagte: „Für mich heißt rauchen: genießen. Deshalb bevorzuge ich die Cigarette, deren Filter mich vor allzuviel Nikotin verschont. Und das ist die LORD."

LORD

Der Mikrofeinfilter garantiert der Lord als einziger Filter-Cigarette mehr als 50% Nikotinminderung: etwa doppelt soviel wie bei den sonst üblichen Filtersystemen

10 Pfg

LORD rauchen heißt mit Verstand rauchen!

Abb. 5

Abb. 1 / Eröffnung der Kubin-Ausstellung am 31. Mai 1947. Ganz rechts im Bild Wolfgang Gurlitt, 3. von links (neben Alfred Kubin) Bürgermeister Ernst Koref. Foto: Archiv der Stadt Linz

Abb. 2 / Unterzeichnung des Kaufvertrages der Sammlung Gurlitt am 14. Januar 1953. Ganz links Kulturamts-Leiter Hanns Kreczi. Foto: Archiv der Stadt Linz

Abb. 3 / Offizielle Eröffnung der Neuen Galerie am 23. Oktober 1948. Ganz rechts im Bild Wolfgang Gurlitt, 2. von rechts Bundesminister Felix Hurdes, 3. von rechts Landeshauptmann Heinrich Gleißner. Ganz links im Bild Bürgermeister Ernst Koref. Foto: Archiv der Stadt Linz

Abb. 4 / Eröffnung der Kokoschka-Ausstellung in der Neuen Galerie 1951. Von links nach rechts: Staatssekretär Bruno Kreisky, Bürgermeister Ernst Koref, Bundespräsident Theodor Körner, Walter Kasten. Foto: Archiv der Stadt Linz

Abb. 5 / Zeitungsausschnitt „Unser Reporter besuchte ... den international bekannten Kunsthändler Wolfgang Gurlitt".

Martin Krenn

VON DER VISION ZUM ZERWÜRFNIS

WOLFGANG GURLITT, DIE NEUE GALERIE UND DIE STADT LINZ

1. Einleitung

Die Gründung der Neuen Galerie der Stadt Linz als Vorläuferinstitution des heutigen LENTOS Kunstmuseum Linz war, wie Rudolf Ardelt festhält, „nicht das Produkt einer zielgerichteten kulturpolitischen Strategie der Stadt Linz in der unmittelbaren Nachkriegsperiode".[1] Im Fokus der Linzer Stadtpolitik unter der Ägide des ersten frei gewählten Bürgermeisters seit 1931, Ernst Koref (SPÖ),[2] standen zunächst die Neuorganisation der während der NS-Zeit entstandenen Kultur- und Bildungseinrichtungen der Stadt gemäß den Erfordernissen einer pluralistischen Gesellschaft[3] sowie die Schaffung gänzlich neuer kultureller Institutionen wie der Volkshochschule (offizielle Gründung als Dachorganisation 1947)[4] oder einer städtischen Kunstschule (Eröffnung des Schulbetriebs Oktober 1947).[5]

Ein zwingender kulturpolitischer ‚Automatismus' zur Einrichtung einer Gemäldegalerie in der unmittelbaren Nachkriegszeit war also nicht gegeben. Die entsprechende Willensbildung entstand vielmehr aus dem Zusammenwirken mehrerer Akteure, deren spezifische Konstellation durchaus als „Produkt des Zufalls"[6] oder, in den zeitgenössischen Worten des städtischen Kulturamtes, als „schicksalshafte Fügung"[7] angesehen werden kann: Es waren dies eine aufgeschlossene Stadtpolitik in Person von Koref, eine begeisterungsfähige Linzer Verwaltungsspitze (Magistratsdirektor Egon Oberhuber), ein interessiertes fachliches Umfeld, repräsentiert durch den Kunsthistoriker und Landesmuseums-Angestellten Justus Schmidt, sowie Wolfgang Gurlitt als Kunsthändler, der ein vitales Eigeninteresse für das Projekt einer zentralen Linzer Kunstausstellung entwickeln und schließlich ein treibender Motor bei dessen Realisierung werden sollte.

2. Die Gründung der Neuen Galerie – Wolfgang-Gurlitt-Museum

Wolfgang Gurlitt und Linz

Bereits seit Anfang Februar 1940 hatte sich Gurlitt in zumindest räumlicher Nähe zu Linz aufgehalten, als er eine Villa in Bad Aussee in dem im Jahr 1938 dem Gau Oberdonau zugeschlagenen Ausseerland bezog.[8] Ab Herbst 1943 firmierte

1 Archiv der Stadt Linz (AStL), Archivablage Provenienzforschung: Rudolf Ardelt, *Der historische Hintergrund der Gründung und Führung der Neuen Galerie der Stadt Linz 1946–1953*, elektr. Manuskript, Linz 2012, S. 2.

2 Zur politischen Biografie Korefs siehe zuletzt Wolfgang Reder, *Ernst Koref 1891–1988. Eine politische Biographie des Linzer Bürgermeisters*, Univ.-Diss., Johannes Kepler Universität Linz, Linz 2017; zu Korefs Tätigkeit als Kulturpolitiker im Speziellen ebd., S. 396–467.

3 Hanns Kreczi, „Linzer Kulturpolitik miterlebt (1938–1947)", in: *Historisches Jahrbuch der Stadt Linz 1991*, Archiv der Stadt Linz, Linz 1992, S. 169–259, hier S. 207–209.

4 Hanns Kreczi, *Städtische Kulturarbeit in Linz. Ein geschichtlicher Überblick anlässlich des 40jährigen Bestandes des Kulturamtes der Stadt Linz*, Kulturverwaltung der Stadt Linz, Linz 1959, S. 255–258.

5 Ebd., S. 187–202.

6 Ardelt 2012, S. 2.

7 AStL, Schriftverkehr des Kulturverwaltungsdirektors (im Folgenden: KVD-Akten), Sch. 34b (Neue Galerie 1946–1958): Pressemitteilung des Kulturamts der Stadt Linz vom 10.1.1947, fol. 21rv, hier 21r.

8 Walter Schuster, *Die „Sammlung Gurlitt" der Neuen Galerie der Stadt Linz*, Archiv der Stadt Linz, Linz 1999, S. 31; sowie, gleichsam als Verdichtung der zuvor erwähnten Arbeit, ders., „Facetten des NS-‚Kunsthandels' und die Folgen am Beispiel Wolfgang Gurlitt", in: Gabriele Anderl, Alexandra Caruso (Hg.), *NS-Kunstraub in Österreich und die Folgen*, StudienVerlag, Innsbruck/Wien/Bozen 2005, S. 212–226, hier S. 213 und 219. Die Umstände des Kaufes sind einigermaßen dubios, traten doch Gurlitts Ehefrau Käthe wie auch seine Ex-Ehefrau Julia als Käuferinnen auf. Seit 1948 gehört Bad Aussee verwaltungsmäßig wieder zur Steiermark.

Bad Aussee als fester Wohnsitz Gurlitts,[9] wohin dieser nun sukzessive seine eigenen Kunstwerke evakuieren ließ. Gurlitt sollte hier eine durchaus glückliche Hand beweisen, wurden doch seine Berliner Privatwohnung ebenso wie seine Berliner Galerie und Lagerräume kurze Zeit später durch Bombentreffer im Zuge eines alliierten Luftangriffs am 22./23. November 1943 vollkommen zerstört.[10]

Auch zuvor stand Gurlitt schon in engerem Kontakt mit Linz, wenngleich über einen Seitenweg: Zwar war er kein offizieller Mitarbeiter des geplanten „Führermuseums" in Linz, für dessen Verwirklichung Hitler im Rahmen eines euphemistisch als „Sonderauftrag Linz" umschriebenen Raubprogramms Kunstwerke aus ganz Europa zusammentragen ließ.[11] Auch handelte es sich bei Wolfgang Gurlitt um keinen jener Kunsthändler wie seinen Cousin Hildebrand Gurlitt (1895–1956),[12] derer sich die jeweils Verantwortlichen des „Sonderauftrags Linz" bedienten, um die gewünschten Sammlungsbestände zu aggregieren. Gleichwohl ist eine intensivere Korrespondenz von Gurlitt mit Hans Posse (1879–1942)[13] und vor allem mit Hermann Voss (1884–1969)[14] – den jeweiligen Leitern des „Sonderauftrags Linz" – überliefert, die Tätigkeiten Gurlitts für das projektierte Linzer Kunstmuseum dokumentieren.[15] Am 6. März 1944 und nochmals im September 1944 erbot sich Gurlitt gegenüber Voss gar, in Bad Aussee „ehrenamtlich" für die Evakuierung von Kunstgegenständen tätig zu werden.[16] Es sei ja, so Gurlitt, „vielleicht auch möglich, dass an dieser Stelle junge Kräfte abgezogen werden und da ich inzwischen ja auch 56 Jahre alt bin, könnte ich vielleicht dort nutzbringend tätig sein".[17] Ohne dass diese Bemühungen auf eine positive Resonanz gestoßen wären, gelang Gurlitt im Austausch mit Voss doch immerhin der amtliche Dispens von der Verpflichtung zur Einquartierung von ausgebombter Zivilbevölkerung in seiner Ausseer Villa. Voss zeigte sich gegenüber dem Argument Gurlitts aufgeschlossen, „dass es selbstverständlich nicht möglich ist, so grosse Werte in Räumen zu verwahren, die unter Umständen von fremden Personen betreten werden und von ihnen benutzt sind".[18] Das Kriegsende 1945 erlebten Wolfgang Gurlitt und seine Kunstsammlung vor diesem Hintergrund weitgehend unbeeinträchtigt.

Erste Schritte der Galeriegründung nach 1945

Als externer Impulsgeber für die Gründung der Neuen Galerie der Stadt Linz fungierte zunächst der provisorische Leiter des Oberösterreichischen Landesmuseums Justus Schmidt (1903–1970),[19] der von Mai bis Oktober 1945 zudem Mitglied der von der US-Besatzungsmacht eingesetzten, aus Fachexperten rekrutierten oberösterreichischen Landesregierung

9 Bundesarchiv Berlin, R 2 Pers, Wolfgang Gurlitt, Akt Reichskulturkammer: Gurlitt an Landesleiter Artur Schmidt vom 2.10.1943 (unfol.); siehe auch die Auswertung dieses Bestands bei Schuster 1999, passim (hier etwa S. 32).

10 Bundesarchiv Berlin, R 2 Pers, Wolfgang Gurlitt, Akt Reichskulturkammer: Gurlitt an Schmidt vom 28.11.1943 (unfol.).

11 Im Überblick: Ernst Kubin, *Sonderauftrag Linz. Die Kunstsammlung Adolf Hitler. Aufbau, Vernichtungsplan, Rettung. Ein Thriller der Kulturgeschichte*, ORAC Buch- und Zeitschriftenverlag, Wien 1989, passim; Hanns Christian Löhr, *Das Braune Haus der Kunst, Hitler und der „Sonderauftrag Linz". Kunstbeschaffung im Nationalsozialismus*, 2. Aufl., Gebr. Mann-Verlag, Berlin 2016; Birgit Kirchmayr, „Raubkunst im ‚Heimatgau des Führers'. Aspekte, Zusammenhänge und Folgen von nationalsozialistischer Kulturpolitik und Kunstenteignung im Reichsgau Oberdonau, in: dies., Friedrich Buchmayr, Michael John (Hg.), *Geraubte Kunst in Oberdonau* (= Oberösterreich in der Zeit des Nationalsozialismus 6), Oberösterreichisches Landesarchiv, Linz 2007, S. 35–190; oder die Arbeiten von Birgit Schwarz: „Sonderauftrag Linz und ‚Führermuseum'", in: Inka Bertz, Michael Dorrmann (Hg.), *Raub und Restitution. Kulturgut aus jüdischem Besitz von 1933 bis heute*, Ausst.-Kat., Jüdisches Museum Berlin, Jüdisches Museum Frankfurt am Main, Wallstein, Göttingen 2008, S. 127–140; dies., *Auf Befehl des Führers. Hitler und der NS-Kunstraub*, Konrad Theiss Verlag, Stuttgart/Darmstadt 2014; dies., *Geniewahn. Hitler und die Kunst*, 2. Aufl., Böhlau, Wien/Köln/Weimar 2011.

12 Kathrin Iselt, *„Sonderbeauftragter des Führers". Der Kunsthistoriker und Museumsmann Hermann Voss (1884–1969)* (= Studien zur Kunst 20), Böhlau, Wien/Köln/Weimar 2010, S. 289; Lynn H. Nicholas, *Der Raub der Europa. Das Schicksal europäischer Kunstwerke im Dritten Reich*, Kindler, München 1995, S. 231 (amerik. Original unter dem Titel *The Rape of Europa*, New York 1994). Zur Person von Hildebrand Gurlitt siehe Meike Hoffmann, Nicola Kuhn, *Hitlers Kunsthändler Hildebrand Gurlitt 1895–1956. Die Biographie*, C. H. Beck, München 2016.

13 Birgit Schwarz, „Hitlers Sonderbeauftragter Hans Posse", in: *Die Ausstellung „Entartete Kunst" und der Beginn der NS-Kulturbarbarei in Dresden*, red. v. Hans-Peter Lühr (= Dresdner Hefte, Jg. 22, H. 1, Nr. 77), Dresdner Geschichtsverein, Dresden 2004, S. 77–85.

14 Zu Voss siehe Iselt 2010.

15 Bundesarchiv Koblenz, Treuhandverwaltung von Kulturgut, B 323/134, fol. 15r–39v. Umfassend ausgewertet bei Schuster 1999, S. 24–30. Siehe auch Michael John, „Die ‚Connection' Bad Aussee –Berlin – Linz. Kunsthandel mit Folgen", in: Eva Blimlinger, Monika Mayr (Hg.), *Kunst sammeln, Kunst handeln. Beiträge des Internationalen Symposiums in Wien* (= Schriftenreihe der Kommission für Provenienzforschung 3), Böhlau, Wien/Köln/Weimar 2012, S. 101–118. Zu Gurlitts Verbindung zum „Sonderauftrag Linz" siehe auch den Beitrag von Birgit Schwarz im vorliegenden Katalog.

16 Bundesarchiv Koblenz, Treuhandverwaltung von Kulturgut, B 323/134: Gurlitt an Voss vom 6.3.1944, fol. 18r.

17 Bundesarchiv Koblenz, Treuhandverwaltung von Kulturgut, B 323/134: Gurlitt an Voss vom 11.9.1944, fol. 16r.

18 Bundesarchiv Koblenz, Treuhandverwaltung von Kulturgut, B 323/134: Gurlitt an Voss vom 22.6.1943, fol. 32r.

19 Zur Biografie Schmidts siehe den Nachruf von Georg Wacha, „Der Kunsthistoriker Dr. Justus Schmidt", in: *Jahrbuch des Oberösterreichischen Musealvereins*, 149a, 2005, S. 639–654; sowie den biografischen Exkurs bei Kirchmayr 2007, S. 90–97.

(„Landesregierung Eigl") war.[20] Schmidt hatte bereits während der NS-Zeit in seiner Funktion als Vorstand der Kunstsammlungen des Landesmuseums im Rahmen des „Sonderauftrags Linz" am Aufbau des Linzer „Führermuseums" mitgewirkt[21] und machte nach Kriegsende die Stadt Linz auf den in Bad Aussee lebenden Wolfgang Gurlitt aufmerksam.[22] Ob die Idee zur Schaffung einer Gemäldesammlung in Linz von Schmidt ausging, wie er es für sich selbst in Anspruch nahm,[23] oder von Gurlitt, wie dieser[24] und auch der Linzer Bürgermeister Ernst Koref (1891–1988), etwa anlässlich der Eröffnung der Kubin-Ausstellung im Jahr 1947, bekundeten,[25] mag dahingestellt bleiben – in jedem Fall zeigten sich die Spitzen der Linzer Stadtpolitik und Stadtbürokratie dem Vorhaben gegenüber mehr als aufgeschlossen. Insbesondere in Magistratsdirektor Egon Oberhuber (1896–1972)[26] fand das Projekt einen starken Befürworter; der im Januar 1948 zum Leiter des städtischen Kulturamtes bestellte Hanns Kreczi (1912–2003) weiß gar von „Begeisterung" auf dessen Seite zu berichten.[27] Am 11. Mai 1946 kam es schließlich zu einem ersten, vielversprechend verlaufenden ‚Gipfeltreffen' zwischen Koref, Oberhuber und Schmidt mit Gurlitt und dessen Vertrautem Walter Kasten (1902–1984),[28] auf einer weiteren Besprechung am 28. Mai konnte schließlich ein grundsätzliches Einvernehmen über die Schaffung einer städtischen Galerie erzielt werden. Demnach sollte die Galerie „das Museum aus Gurlitt'schem und öffentlichem Musealbesitz, vor allem Wiens, und Wechselausstellungen, vor allem zeitgenössischer Künstler umfassen".[29]

Wenige Tage zuvor, am 20. Mai 1946, hatte Koref bereits den Linzer Stadtrat über den Inhalt der Gespräche unterrichtet und sich das Pouvoir geholt, „die notwendigen Vorbereitungsarbeiten in die Wege zu leiten gegen fallweise Berichterstattung im Stadtrat".[30] In seiner Argumentation verwies Koref auf Gurlitts „ausserordentlich wertvolle reichhaltige Bildsammlung, die einen ungeheuren Wert darstellt".[31] Es wäre daher „im sachlichen Interesse Österreichs gelegen, diesen Mann bei uns zu halten".[32] Koref entwarf auch bereits künftige Entwicklungsszenarien für die Kulturpolitik der Stadt, indem er etwa Synergieeffekte, konkret eine „Parallelität zwischen Kunstschule und Kunstgalerie", hervorstrich.[33] Generell umschrieb er seine Absicht später (etwas pathetisch) damit, „aus dem Wiederaufbau und aus der materiellen Not nicht bloß ein seelenloses steinernes Meer erstehen zu lassen, sondern vor allem auch das geistige Antlitz nicht zu vernachlässigen".[34] Gurlitt auf der anderen Seite hatte ein vitales Eigeninteresse am Aufbau der Galerie und dem zügigen Beginn der Arbeiten, da ihm – so das Urteil Kreczis – „die Beziehungen der Stadt Voraussetzungen [sicherten], ohne die er sich zu weiterer Untätigkeit auf dem Lande [...] verurteilt gesehen hätte".[35] Tatsächlich eröffnete Wolfgang Gurlitts Engagement für die Stadt Linz ihm in den ersten Nachkriegsjahren ungeahnte Möglichkeiten (Gewährung weitreichender Bewegungsfreiheit in der amerikanischen Besatzungszone, Zugriff auf finanzielle Rücklagen,

20 Harry Slapnicka, *Oberösterreich – Die politische Führungsschicht ab 1945* (= Beiträge zur Zeitgeschichte Oberösterreichs 12), Oberösterreichisches Landesarchiv, Linz 1989, S. 259–261; sowie im Allgemeinen Kurt Tweraser, *US-Militärregierung Oberösterreich*, Bd. 1: *Sicherheitspolitische Aspekte der amerikanischen Besatzung in Oberösterreich-Süd 1945–1950* (= Beiträge zur Zeitgeschichte Oberösterreichs 14), Oberösterreichisches Landesarchiv, Linz 1995, S. 131–166.

21 Wacha 2005, S. 646; Birgit Schwarz, *Hitlers Sonderauftrag Ostmark. Kunstraub und Museumspolitik im Nationalsozialismus* (= Schriftenreihe der Kommission für Provenienzforschung 7), Böhlau, Wien/Köln/Weimar 2018.

22 Darstellung nach Kreczi 1959, S. 203; siehe auch Schuster 1999, S. 35.

23 AStL, KVD-Akten, Sch. 34b: Gutachten von Justus Schmidt über die Neue Galerie im Allgemeinen und die Sammlung Gurlitt im Besonderen (Entwurf), o. D. [Oktober 1951], fol. 704r–708r, hier fol. 704r–705r, sowie als Ausfertigung samt Ankaufslisten für die Sammlung Gurlitt ebd., fol. 446r–461r.

24 Siehe z. B. AStL, KVD-Akten, Sch. 34b: Gurlitt an das Kulturamt der Stadt Linz vom 24.9.1949, fol. 62r–63r, hier fol. 62r.

25 AStL, Bürgermeisterakten, Akten des Bürgermeisters Ernst Koref (Koref-Akten), Sch. 197: Rede von Koref anlässlich der Eröffnung der Kubin-Ausstellung, o. D. [31.5.1947], fol. 47/1–47/9, hier fol. 47/8: „Herr Wolfgang Gurlitt, von dem auch die Idee zu dieser Galerie ausgeht, wird der Stadt mit seinen Ideen und seinen Mitteln helfend zur Seite stehen."

26 Zu Oberhubers Bestellung als Magistratsdirektor im Besonderen sowie zur Frage nach personalpolitischen Kontinuitäten und Zäsuren im Linzer Magistrat im Allgemeinen siehe Walter Schuster, „Eliten in Politik und Verwaltung: Die Stadt Linz 1918 – 1934 – 1938 – 1945", in: Wolfgang Weber, ders. (Hg.), *Biographien und Zäsuren. Österreich und seine Länder 1918 – 1933 – 1933* (= Historisches Jahrbuch der Stadt Linz 2010/2011), Archiv der Stadt Linz, Linz 2011, S. 55–91.

27 Kreczi 1959, S. 203.

28 AStL, Kulturarchiv, Kunstpflege, Sch. 53: Kunstpflege allgemein, Faszikel „Gurlitt-Sammlung (Neue Galerie)": Amtsvermerk Oberhuber vom 17.5.1946 (unfol.); AStL, Stadtsenatsprotokolle (im Folgenden StS-Protokolle), Stadtsenats-Protokoll (im Folgenden StS-Protokoll) vom 20.5.1946, fol. 32r. Siehe auch Kreczi 1959, S. 203.

29 Kreczi 1959, S. 204.

30 AStL, StS-Protokolle, StS-Protokoll vom 20.5.1946, fol. 33r.

31 Ebd.

32 Ebd.

33 Ebd.

34 Ernst Koref, *Die Gezeiten meines Lebens*, Jugend & Volk, Wien/München 1980, S. 340.

35 Kreczi 1959, S. 204.

Verlagskonzession etc.) zur Re-Etablierung seines Kunsthandels.[36]

Nur knapp zwei Monate sollten nach den Besprechungen im Mai vergehen, ehe Koref am 22. Juli 1946 im Stadtrat eine vertragliche Vereinbarung mit Gurlitt präsentieren konnte,[37] die von den Mitgliedern des Gremiums einstimmig abgesegnet wurde; eine Diskussion zu diesem Punkt ist im Protokoll nicht überliefert.[38] Offiziell unterzeichnet wurde diese Vereinbarung am 14. November 1946. Damit war die Neue Galerie der Stadt Linz (bis 1947 zunächst noch unter der Bezeichnung „Moderne Galerie" firmierend) formell als eine Institution errichtet, die sich durch eine „Hybridstruktur" auszeichnete, in der sich „die Sphären des Privatmannes, Kunstsammlers und Fachmannes auf dem Gebiet der Kunst Wolfgang Gurlitt sowie des Unternehmens, Kunsthändlers und Verlegers Wolfgang Gurlitt und der öffentlich-rechtlichen Körperschaft der Stadt Linz"[39] miteinander verschränkten.

Der Vertrag 1946: Schaffung und Ausgestaltung der Neuen Galerie

Elf Punkte umfassend, legte die auf zunächst zehn Jahre[40] abgeschlossene Vereinbarung vom 14. November 1946 grundlegende Verfahrensschritte der Galeriegründung sowie die Position Gurlitts innerhalb der Institution fest. Kernpunkte waren unter anderen die gleich anfangs unter Punkt 1 angeführte Verpflichtung Gurlitts, „zur Förderung des kulturellen Lebens der Stadt Linz [...] die Einrichtung und Gründung einer Modernen Galerie der Stadt Linz vorzunehmen", sowie nicht zuletzt die Übernahme der „künstlerische[n] Leitung" dieser Galerie durch Gurlitt selbst (Punkt 2). Faktisch jedoch wurde in der Praxis hier nicht weiter zwischen einer künstlerischen und einer nicht-künstlerischen Geschäftsführung differenziert; in der Folge sprach man von Gurlitt schlicht als „Leiter" (in einem durchaus monokratischen Verständnis). Als Grundstruktur der Sammlung sollte Gurlitt der Neuen Galerie Leihgaben aus seinem Besitz zur Verfügung stellen, mit der Berechtigung, die einzelnen Werke jederzeit austauschen zu können (Punkt 1). Darüber hinaus verpflichtete er sich zur Organisation von jährlich vier Wechselausstellungen (Punkt 1) und zur Aufnahme eines geordneten Leihverkehrs mit anderen österreichischen Kunstmuseen (Punkt 1). Beachtlich ist, dass Gurlitt alle diese Tätigkeiten rein ehrenamtlich ausführen wollte (Punkt 3).

Die Zugeständnisse an Gurlitt fielen verhältnismäßig moderat aus: Ihm wurde vertraglich das Recht eingeräumt, einen ständigen Vertreter für sich zu nominieren, da Gurlitt selbst „keine Verpflichtung eingehen kann, ständig anwesend zu sein" (Punkt 4). Auch die Honorierung dieses Vertreters sollte von Gurlitt übernommen werden (Punkt 4). Die Stadt Linz verpflichtete sich neben der Bereitstellung von geeigneten Räumlichkeiten und entsprechendem Personal nur, eine Beteiligung an Gurlitts Ausgaben im Ausmaß von monatlich 250 Schilling zu übernehmen (Punkt 4). Immerhin behielt sich Linz auch das Recht vor, über etwaige Ankäufe „nach Beratung durch Herrn Wolfgang Gurlitt" selbst zu entscheiden (Punkt 6). Im Rahmen der Neuen Galerie sollte es Gurlitt jedoch privat ermöglicht werden, „Verkaufsausstellungen" (Punkt 4) abzuhalten. An diesem Punkt manifestiert sich wohl am deutlichsten die „enge Verknüpfung der Galerie mit der unternehmerischen Tätigkeit des Kunsthändlers Gurlitt";[41] gleichzeitig war hier bereits im Kern die Basis für spätere Auseinandersetzungen zwischen Gurlitt und der Stadt Linz gelegt.

Nach Unterzeichnung der vertraglichen Vereinbarung schritten die Arbeiten rasch voran, wobei Gurlitt, so Walter Schuster, „mit viel Sachkenntnis, Initiative und Tatkraft an den Aufbau der Institution" heranging, und dies „in einer Zeit, wo bereits die bauliche Adaptierung und die Beheizung der Museumsräumlichkeiten, die Beschaffung von Bilderrahmen wegen Glasmangels oder die Organisierung eines Lastwagens für Transporte wegen Benzinmangels beinahe unüberbrückbare Schwierigkeiten darstellten".[42]

Am 31. Mai 1947 wurde die Neue Galerie, die nach der Überwindung einiger Schwierigkeiten schließlich im ersten Stock des westlichen Brückenkopfgebäudes – von den Nationalsozialisten als Teil der geplanten gigantomanischen Donauuferverbauung[43] errichtet und seit 1943 Sitz des

36 Siehe die mannigfaltigen Interventionen der Stadt Linz zugunsten Gurlitts unter AStL, KVD-Akten, Sch. 34b, insbes. fol. 1r–23r; sowie die Auswertung bei Schuster 1999, S. 39, hier insbes. Anm. 176.

37 AStL, StS-Protokolle, StS-Protokoll vom 22.7.1946, fol. 153r–156r.

38 Ebd., fol. 156r.

39 Ardelt 2012, S. 6.

40 Hier und im Folgenden: AStL, Verträge der Stadt Linz, Sign. 461114B (Neue Galerie): Vertrag zwischen der Stadt Linz und Wolfgang Gurlitt vom 14.11.1946, fol. 2r–3r, hier Punkt 8 (fol. 3r).

41 Ardelt 2012, S. 9.

42 Schuster 1999, S. 38.

43 Im konzisen Überblick Fritz Mayrhofer, „Die ‚Patenstadt'. Hitlers Baupläne für Linz", in: ders., Walter Schuster (Hg.), *Bilder des Nationalsozialismus in Linz*, Archiv der Stadt Linz, Linz 2007, S. 55–94, hier insbes. S. 55–61.

Oberfinanzpräsidiums Linz[44] – ihr erstes festes Quartier gefunden hatte, mit einer Ausstellung über Gurlitts persönlichen Freund Alfred Kubin (1877–1959) provisorisch eröffnet.[45] Die offizielle Eröffnung mit einer ständigen Schausammlung folgte unter Beteiligung überregionaler Prominenz, allen voran Bundesunterrichtsminister Felix Hurdes (1901–1974) von der ÖVP, nach Beendigung aller Bauarbeiten im Jahr darauf am 23. Oktober 1948.[46]

Der Namenszusatz „Wolfgang-Gurlitt-Museum"

Offen blieb zunächst die Namensfrage. Hier legte sich Gurlitt bereits zu einem frühen Zeitpunkt darauf fest, dass sein eigener Name als integraler Teil der offiziellen Bezeichnung der Institution aufscheinen sollte. Nachdem im April 1947 Kulturamtsleiter Herbert Grau (1916–1973) im Zusammenhang mit der bereits erwähnten Kubin-Ausstellung von einer „Neuen Galerie der Stadt Linz" gesprochen hatte,[47] intervenierte Gurlitt und brachte selbst den Vorschlag ein, die Institution „Neue Galerie der Stadt Linz, Gründer und Leiter Wolfgang Gurlitt" zu nennen.[48] Für Gurlitt war es nämlich, wie Ardelt ausführt, „von essentieller Bedeutung", dass die Neue Galerie „untrennbar mit [...] seiner Person als Gründer' und ‚Leiter' in der Außendarstellung und -wahrnehmung verbunden wurde".[49]

Koref äußerte wenig später seine Zustimmung („bewilligt")[50] und bekräftigte diese auch im Rahmen einer Besprechung am 10. November 1949, an der neben ihm und Gurlitt auch noch Bürgermeister-Stellvertreter Josef Scherleitner (1891–1967), Magistratsdirektor Oberhuber, Hanns Kreczi als Graus Nachfolger in der Leitung des Kulturamtes, Walter Kasten und Gurlitts Geschäfts- und Lebenspartnerin Lilly Christiansen-Agoston (1894–1951) teilnahmen.[51] Gurlitt selbst legte weiterhin größten Wert auf die Nennung seines Namens in der Titulatur der Neuen Galerie, wie ein Schreiben an das Kulturamt vom 24. September 1949 belegt.[52] Er bemerkte dabei, „der sich zuweilen ergebenden irrtümlichen Bezeichnung ‚Galerie Gurlitt' [...] unter Betonung des offiziellen und nicht privaten Charakters unserer gemeinsamen Gründung" stets entgegenzutreten, und wollte im Gegenzug unmissverständlich festgehalten wissen:

> „Andererseits waren wir uns aber von Anbeginn darüber im Klaren, dass mein Name stets mit der von mir initiierten Gründung in Verbindung gebracht werden müsse. Als Leiter des Institutes muss ich daran interessiert sein, dass der Name desselben bei allen seinen Beteiligungen mit Leihgaben in der Propaganda aufscheint."[53]

Die im November 1949 getroffenen Absprachen fanden durch einen einstimmig gefassten Gemeinderatsbeschluss am 14. Juli 1952 eine nochmalige, nun auf breiter politischer Basis gefasste Absicherung: Demnach erklärte sich die Stadt Linz unter Punkt 5

> „bereit, bei Lebzeiten des Herrn Gurlitt die Sammlung unter dem Namen ‚Neue Galerie der Stadt Linz, Gründer und Leiter Wolfgang Gurlitt' im Falle der Erwerbung weiterzuführen und sie, wenn Herr Gurlitt es wünscht, spätestens jedoch nach seinem Ableben als ‚Neue Galerie der Stadt Linz, Wolfgang Gurlitt-Museum' zu bezeichnen".[54]

Gurlitt wünschte sichtlich eine schnelle Klärung,[55] denn bereits am 13. Januar 1953 wurde seinem Ansuchen entsprochen, die Institution künftig offiziell als „Neue Galerie der Stadt Linz. Wolfgang Gurlitt-Museum" zu bezeichnen.[56] Gegen die in der Folge oftmals verkürzend verwendete Bezeichnung

44 *Österreichische Kunsttopographie*, hg. v. Institut für österreichische Kunstforschung des Bundesdenkmalamtes, Bd. XLII: *Die profanen Bau- und Kunstdenkmäler der Stadt Linz*, Teil I: Die Altstadt, bearb. v. Alexander Wied, Anton Schroll & Co., Wien 1977, S. 181–183; Hanns Kreczi, *Linz. Stadt an der Donau*, Buchverlag der Demokratischen Druck- und Verlagsgesellschaft, Linz o. J. [1951], S. 26–28.

45 Kreczi 1959, S. 209; Neue Galerie der Stadt Linz (Hg.), *Alfred Kubin*, Ausstellungskatalog (Juni 1947), Demokratische Druck- und Verlagsgesellschaft, Linz 1947.

46 Kreczi 1959, S. 213.

47 AStL, Kulturarchiv, Kunstpflege, Sch. 53: Kunstpflege allgemein, Faszikel „Gurlitt-Sammlung (Neue Galerie)", Mappe „NG 1946–1959": Herbert Grau an Gurlitt vom 10.4.1947 (unfol.).

48 AStL, Kulturarchiv, Kunstpflege, Sch. 53: Kunstpflege allgemein, Faszikel „Gurlitt-Sammlung (Neue Galerie)", Mappe „NG 1946–1959": Gurlitt an Grau vom 18.4.1947 (unfol.).

49 Ardelt 2012, S. 6.

50 AStL, Kulturarchiv, Kunstpflege, Sch. 53: Kunstpflege allgemein, Faszikel „Gurlitt-Sammlung (Neue Galerie)", Mappe „NG 1946–1959": Randbemerkung vom 24.4.1947 am Schreiben von Gurlitt an Grau vom 18.4.1947 (unfol.)

51 AStL, Verträge der Stadt Linz, Sign. 461114B (Neue Galerie): Gedächtnisprotokoll über die grundsätzliche Besprechung der Neuen Galerie der Stadt Linz vom 11.11.1949, fol. 8r–10r, hier Punkt 15 (fol. 10r). Eine Abschrift einliegend in AStL, KVD-Akten, Sch. 34b, fol. 95r–97r.

52 AStL, KVD-Akten, Sch. 34b: Gurlitt an das Kulturamt der Stadt Linz vom 24.9.1949, fol. 62r–63r.

53 Ebd., fol. 62r.

54 AStL, Gemeinderatsprotokolle (im Folgenden GRP), Gemeinderatsprotokoll (im Folgenden GR-Protokoll) vom 14.7.1952, fol. 55r.

55 Ersichtlich aus AStL, Verträge der Stadt Linz, Sign. 461114B (Neue Galerie): Magistrat Linz an Gurlitt vom 13.1.1953 (Abschrift), fol. 16r.

56 Ebd.

„Neue Galerie" in diversen städtischen Publikationen, Programmen oder Einladungen protestierte Gurlitt wie bereits 1949 mit größter Hartnäckigkeit.[57]

Der Weg zum Kaufvertrag 1953

In operativer Hinsicht zeigte sich bereits unmittelbar nach Abschluss der Vereinbarung vom November 1946, dass die finanziellen Zuschüsse der Stadt zur Neuen Galerie zu niedrig bemessen waren und in den ersten Jahren des Bestehens ebenso kontinuierlich wie signifikant zu steigen begannen. Auch Gurlitt selbst war daran beteiligt, da er Linz zum einen hohe Telefon- und Reisespesen zur Rückvergütung vorlegte,[58] zum anderen die Übernahme der Personalkosten seines Mitarbeiters Walter Kasten als städtische Obliegenheit betrachtete.[59] Als schließlich in einem durch den Wahlerfolg des Verbandes der Unabhängigen (VdU) geänderten stadtpolitischen Umfeld nach der Gemeinderatswahl vom 9. Oktober 1949 (28 % Stimmenanteil des VdU, minus 15 % bei der SPÖ)[60] zu Beginn des Jahres 1950 auch die städtischen Zuschüsse für die Neue Galerie Gegenstand der tagespolitischen Debatte wurden und Max Dobelke (1900–1969) namens des VdU eine „weitgehende Beschränkung der im Haushalt für kulturelle Zwecke vorgesehenen Ausgaben" beantragte,[61] schien für Koref und die Kulturverwaltung Handlungsbedarf gegeben.

Kreczi sah den zentralen Schwachpunkt bei der Gründung der Neuen Galerie darin, dass aufseiten der Stadt Linz verhältnismäßig hohe Mittel für eine zeitlich befristete Konstruktion aufgewendet werden mussten. Die Neue Galerie, die an sich eine „erstrebenswerte Kulturaufgabe der Stadt" wahrnehmen würde, stünde damit immer unter einem Rechtfertigungsdruck, wie Kreczi am 26. April 1950 gegenüber Koref darlegte.[62] Als möglichen Ausweg schlug Kreczi, wie schon in einem Schreiben vom 28. Oktober 1949,[63] den Ankauf der Sammlung Gurlitt vor: „Der jährliche Zuschussbedarf von jährlich 200 000 Schilling für die Neue Galerie ist nach Auffassung des gef. Amtes nur dann vertretbar, wenn der Kunstbesitz Gurlitts für die Stadt Linz dauernd gesichert werden kann."[64] Aus dem leihweise ausgestellten Besitzstand Gurlitts sollte somit in der Perspektive Kreczis der Nukleus einer stadteigenen Linzer Sammlung erwachsen, zumal Kreczi in einem vertraulichen Bericht an Koref den Gegenpart Gurlitt nach dem Scheitern dessen privater Ambitionen in der Defensive sah. Nicht mehr die Neue Galerie würde demnach „vom Kunstmäzen Gurlitt gehalten", sondern sei „selber zum Träger und Unterstützer Gurlitts geworden".[65]

Koref antizipierte diese Position und vertrat sie auch im persönlichen Gespräch mit Gurlitt bzw. darauffolgend in größerer Runde am 20. Dezember 1950. Demnach hatte Koref Gurlitt „in freundschaftlicher Weise darauf aufmerksam gemacht [...], dass es für ihn sehr schwierig sei, das wachsende Budget der Neuen Galerie vor dem Stadtrat zu vertreten, insbesondere deshalb, weil die Arbeit der Neuen Galerie nicht den gewünschten Widerhall im Stadtrat und in der Stadt finde".[66] Es wäre auch deshalb so schwierig, die Mittel für die Neue Galerie zu rechtfertigen,

> „weil das Institut nicht im Besitz der Stadt sei, d.h. die Bestände desselben nur Leihgaben darstellen. Gelänge es jedoch einen Weg zu finden, die Bestände des Institutes für dauernd an die Stadt zu binden, sei es leichter, die für den Betrieb der Galerie aufzuwendenden Mittel bereitzustellen und zu vertreten."[67]

An diesem Punkt zeigte Gurlitt sich nun unverbindlich aufgeschlossen. Sein Bestreben lag gemäß Protokoll darin, zu einer „alle Schwierigkeiten ausschliessenden neuen Vereinbarung zu kommen",[68] was aber noch keineswegs ein Präjudiz für den

57 Siehe die diversen Schreiben in AStL, KVD-Akten, Sch. 34b; auch angeführt bei Schuster 1999, S. 71, Anm. 321.

58 Dies wurde von Gurlitt bereits im Vorfeld der Besprechung vom 11.11.1949 angesprochen (AStL, KVD-Akten, Sch. 34b: Gurlitt an Koref vom 20.10.1949, fol. 80rv) und blieb in der Folge ein ständiger Diskussionspunkt zwischen ihm und der Stadt; siehe etwa die magistratsinterne Korrespondenz unter AStL, KVD-Akten, Sch. 34b, fol. 230r–241r, wo Kreczi von Gurlitts Spesenaufstellung als einem im Allgemeinen „wunden Punkt" sprach (ebd., Kreczi an Koref vom 31.8.1950, fol. 230r).

59 AStL, KVD-Akten, Sch. 34b: Gurlitt an den Magistrat Linz vom 18.5.1949, fol. 51r–55r, hier fol. 51r–52r.

60 Kurt Tweraser, „Der Linzer Gemeinderat 1934–1962. Ständestaat, NS-Regime und die Ära Koref", in: *Historisches Jahrbuch der Stadt Linz 1983*, Archiv der Stadt Linz, Linz 1985, S. 153–244, hier S. 194 ff.

61 AStL, GRP, GR-Protokoll vom 13.2.1950, fol. 50r. Die Neue Galerie wurde als eine jener Einrichtungen begriffen, „die, wenn überhaupt, nur für einen verhältnismäßig kleinen Kreis anregend und befruchtend sind, die allenfalls einzelnen Gelegenheit bieten, geistreich zu dilettieren, die höchstens durch den Widerspruch, den sie hervorrufen, befruchtend wirken" (ebd., fol. 51r).

62 AStL, KVD-Akten, Sch. 34b: Kreczi an Koref vom 26.4.1950, fol. 167r–168r, hier fol. 167r, Hervorhebung im Original.

63 AStL, KVD-Akten, Sch. 34b: Kreczi an Koref vom 28.10.1949, fol. 89r–91r, hier fol. 90r.

64 AStL, KVD-Akten, Sch. 34b: Kreczi an Koref vom 26.4.1950, fol. 167r–168r, hier fol. 167r, Hervorhebung im Original.

65 AStL, KVD-Akten, Sch. 34b: Kreczi an Koref vom 18.12.1950, fol. 268r–271r, hier fol. 268r.

66 AStL, KVD-Akten, Sch. 34b: Erinnerungsprotokoll über die Besprechung bei Bürgermeister Koref vom 20.12.1950, fol. 275r–279r, hier fol. 275r.

67 Ebd.

68 Ebd., fol. 276r.

späteren Verkauf seiner Sammlung an Linz darstellte. Allerdings standen die Zeichen für Linz günstig, befand sich Gurlitt doch zu Beginn der 1950er-Jahre tatsächlich in einer finanziell äußerst angespannten Situation, da er nach dem Scheitern seiner Pläne zum Wiederaufbau eines professionellen Kunsthandels einen Bankkredit nicht mehr bedienen konnte und in diesem Zusammenhang versuchte, die Stadt als Bürge für einen weiteren Kredit zu verpflichten.[69] Im April 1951 zeigte sich Gurlitt schließlich „grundsätzlich" mit dem Verkauf seiner Sammlung an die Stadt einverstanden,[70] was in der Folge zu einem wahren Reigen an intensiven (Ver-)Kaufsverhandlungen führte.[71] Am 14. Juli 1952 waren diese so weit gediehen, dass dem Linzer Gemeinderat ein Grundsatzbeschluss zum Ankauf von 88 Ölgemälden und 33 Grafiken zum Preis von 1.790.000 Schilling vorgelegt werden konnte.[72] Der Beschluss erfolgte, da auch der VdU ihn angesichts der „günstigen Gelegenheit" mittragen wollte,[73] einstimmig.[74] Bedenken hinsichtlich der Provenienz von Gurlitts Bildern, wie sie nicht zuletzt Koref selbst geäußert hatte, waren im Vorfeld vonseiten der Magistratsdirektion zerstreut worden.[75]

Allerdings wurde der eigentlich für September 1952 avisierte Vertragsabschluss[76] auf Vorschlag des Kulturamtes wieder vertagt, da bei einem Gutteil der Bilder noch Provenienznachweise fehlten.[77] Für einige Bilder konnte Gurlitt die verlangten Nachweise bis zuletzt nicht erbringen, sodass die Stadt deren Hineinnahme in ihr Kaufangebot ablehnte.[78] Letztlich kam es am 14. Januar 1953 zur Unterzeichnung des Kaufvertrages über 76 Ölgemälde und 33 Grafiken für einen Gesamtbetrag von 1.446.060 Schilling (1.404.560 Schilling für die Gemälde, 41.500 für die Grafiken).[79] Die preisliche Bandbreite der Gemälde lag zwischen 1.800 Schilling (*Der Todesengel* des Historienmalers Carl Rahl) und 112.000 Schilling (Arnold Böcklins *Italienische Landschaft*).[80] Auch mehrere Werke Oskar Kokoschkas (*Alter Herr*, *Marcel von Nemes*, *Die Freunde*; Letzteres mit 100.000 Schilling das zweitteuerste Werk in der Liste) oder Egon Schieles (*Dame in Rot*, *Doppelbildnis Benesch*, *Krumau*) gelangten zum Verkauf. Unter den Grafiken befanden sich mehrere durchaus niederpreisig taxierte Werke Gustav Klimts (*Sitzende*, *Sängerin*, *Junges Mädchen*, *Damenbildnis*, je 480 Schilling); die teuersten Arbeiten kamen hier von Wilhelm Leibl (*Herr mit Brille*) sowie von Philipp Otto Runge (*Ballade*, *Alte Frau*, *Männerkopf*) und waren mit jeweils 3.600 Schilling angeschrieben.[81] Die Stadt Linz bezahlte damit für die Werke knapp die Hälfte ihres eigentlichen Marktwertes, wie das Kulturamt im Vorfeld feststellte.[82]

Angesichts der zuvor aufgekommenen Zweifel an den Provenienzen einzelner Bilder in der Sammlung wurde durch § 5 des Kaufvertrages eine Haftungserklärung Gurlitts eingefügt, wonach dieser sich verpflichtete, die Stadt Linz im Falle von gerichtlich anerkannten Rückstellungs- oder Regressforderungen dritter Parteien „schad- und klaglos zu halten".[83] Unter § 10 wurde zudem festgehalten, dass mit dem Kaufvertrag gleichzeitig auch die Vereinbarung vom 14. November 1946 formell außer Kraft gesetzt wurde.[84] Damit wurden auch jene ‚Vorrechte' Gurlitts wie etwa sein Recht zur Abhaltung von privaten Verkaufsausstellungen annulliert, die die Hybridstruktur der Neuen Galerie ab 1946 entscheidend determiniert hatten.

Bereits vor der förmlichen Vertragsunterzeichnung erfolgten Zahlungen der Stadt an Gurlitt, da dieser dringenden

69 Ersichtlich aus AStL, KVD-Akten, Sch. 34b: Kreczi an Koref vom 10.4.1951, fol. 320r (und nochmals abschriftlich 411r); Kreczi 1959, S. 216.

70 AStL, KVD-Akten, Sch. 34b: Kreczi an Koref vom 10.4.1951, fol. 320r; zit. auch von Kreczi 1959, S. 216 f.

71 Siehe den Schriftverkehr unter AStL, KVD-Akten, Sch. 34b; sowie die Darstellung bei Schuster 1999, S. 43–46.

72 AStL, GRP, GR-Protokoll vom 14.71952, fol. 53r–59r. Siehe dazu auch den vorbereitenden Amtsbericht unter AStL, KVD-Akten, Sch. 34b: Amtsbericht betr. käufliche Erwerbung der Neuen Galerie durch die Stadtgemeinde Linz von Wolfgang Gurlitt vom 9.4.1952 (Entwurf des Kulturamts), fol. 558r–562r (originaler Amtsbericht unter AStL, Amtsberichte zu den Gemeinderatsprotokollen, Amtsbericht zum GR-Protokoll vom 14.7.1952).

73 AStL, GRP, GR-Protokoll vom 14.7.1952, fol. 56r.

74 Ebd., fol. 57r.

75 Siehe etwa AStL, KVD-Akten, Sch. 34b: Koref an Oberhuber vom 9.9.1951, fol. 999r (Koref sprach von der „Gefahr der ‚Bedenklichkeit'"); zur Frage der Herkunft der Bilder im Detail Schuster 1999, S. 47–69.

76 AStL, Präsidialamt (im Folgenden PrA), Akten von Magistratsdirektor Egon Oberhuber (im Folgenden MD Oberhuber), Sch. 41: Städtisches Kulturamt an Koref und Oberhuber vom 22.8.1952, fol. 400r.

77 Kreczi 1959, S. 221.

78 Ersichtlich aus AStL, KVD-Akten, Sch. 34b: Amtsbericht des Kulturamts (zur Vorlage an den Stadtrat) vom 23.2.1953, fol. 784rv, sowie ebd., Amtsbericht des Kulturamts (zur Vorlage an den Stadtrat) vom 5.11.1953, fol. 803r–804r.

79 AStL, Verträge der Stadt Linz, Sign. 461114B (Neue Galerie): Kaufvertrag zwischen der Stadtgemeinde Linz und Wolfgang Gurlitt vom 14.1.1953, fol. 18r–23r (Vertrag samt Kauflisten). Die Nr. 62 wurde doppelt vergeben.

80 Ebd., Kauflisten Ölgemälde, fol. 20r–22r.

81 Ebd., Kauflisten Grafiken, fol. 22r–23r.

82 AStL, PrA, MD Oberhuber, Sch. 41: Kreczi an Koref vom 18.12.1950, fol. 331r. Siehe auch AStL, KVD-Akten, Sch. 34b, fol. 268r–271r.

83 AStL, Verträge der Stadt Linz, Sign. 461114B (Neue Galerie): Kaufvertrag zwischen der Stadtgemeinde Linz und Wolfgang Gurlitt vom 14.1.1953, fol. 19r. Siehe auch die dem Kaufvertrag beiliegende Haftungserklärung Gurlitts, ebd., fol. 15r (undatiert).

84 AStL, Verträge der Stadt Linz, Sign. 461114B (Neue Galerie): Kaufvertrag zwischen der Stadtgemeinde Linz und Wolfgang Gurlitt vom 14.1.1953, fol. 19v.

Geldbedarf angemeldet hatte.[85] Auf diese Weise flossen bereits 1952 790.000 Schilling als Teilzahlung an Gurlitt; für den restlichen Kaufpreis wurde eine Ratenzahlung über drei Jahre vereinbart.[86] Damit war das Einkaufsprogramm der Stadt Linz bei Gurlitt allerdings noch nicht abgeschlossen. Am 13. April 1953 kaufte sie weitere acht Ölgemälde zum Preis von 161.625 Schilling an,[87] am 9. November 1953 Gurlitts Kubin-Sammlung zum Preis von 240.000 Schilling.[88]

Nicht in den Vertrag flossen diverse Nebenbedingungen ein, die durch Beschluss des Gemeinderates vom 14. Juli 1952 jedoch bindenden Charakter bekamen. So wurde etwa die Position Gurlitts in der Neuen Galerie geklärt, indem man ihm die Leitung der Institution „ehrenamtlich auf Lebzeiten" übertrug (Punkt 7 des Antrages). Gurlitt erhielt dadurch innerhalb der Verwaltungshierarchie die unbesoldete Stellung eines Amtsleiters im Sinne der Geschäftsordnung des Linzer Magistrats.[89] Diese Übertragung der Leitungsfunktion wurde Gurlitt im unmittelbaren Vorfeld der Vertragsunterzeichnung am 13. Januar 1953 seitens der Stadt Linz nochmals explizit versichert.[90] Ganz allgemein nahm die Stadt Linz auf dieser Gemeinderatssitzung „zur Kenntnis, daß die von Herrn Gurlitt abzukaufenden Gemälde eine geschlossene Sammlung darstellen", und zeigte sich bereit, „diese in keiner anderen Sammlung aufgehen zu lassen, sondern in ihrem Charakter zu erhalten und im Rahmen der zur Verfügung stehenden Mittel zu pflegen, zur Schau zu stellen und weiter auszubauen" (Punkt 4).[91] Unter Punkt 8 wurde zudem die Stellung von Gurlitts Mitarbeiter Walter Kasten geregelt, der nunmehr als Vertragsbediensteter in den Personalstand der Stadt Linz übernommen werden sollte; sein Eintritt erfolgte schließlich mit 1. Januar 1953.

Die weitere Entwicklung nach dem Abschluss des Kaufvertrages vom 14. Januar 1953 zeigte jedoch, dass Wolfgang Gurlitt „keineswegs zu einem neuen Weg der sachlichen und vertrauensbildenden Kooperation mit dem Magistrat" bereit war.[92] Aus dem ohnehin bereits belasteten Verhältnis sollten bald ein offener Bruch zwischen den vormaligen Vertragspartnern und mehrfache juristische Auseinandersetzungen entstehen.

3. Dissonanzen und Bruch

Spannungen, Irritationen, Eskalationen

Eintrübungen im Verhältnis Gurlitts zur Stadt lassen sich bereits in den ‚Gründerjahren' der Neuen Galerie ausmachen und betrafen etwa den zu geringen Raumbedarf, Probleme bei der Abrechnung von Reisespesen oder bei der Personalauswahl.[93] Zusätzliche Dynamik bekamen die vorhandenen Dissonanzen, als im Jahr 1948 mit Hanns Kreczi ein Gurlitt-skeptischer Beamter die Führung des städtischen Kulturamtes übernahm, dem die Neue Galerie „verwaltungsmäßig angegliedert" war, wie die entsprechende Passage in der formell am 11. Juli 1949 vom Stadtrat verabschiedeten „Verwaltungsgliederung der Landeshauptstadt Linz" hieß.[94]

Gurlitt beklagte beispielsweise, dass die Stadtverwaltung nicht mehr arbeitsfähige Angestellte aus dem Bauamt für Tätigkeiten in der Neuen Galerie und den Aufsichtsdienst abstellte.[95] Kreczi selbst konzedierte hier durchaus, dass „der Arbeitsapparat der Neuen Galerie [...] so gut und so schlecht [läuft], wie dies nun einmal in der öffentlichen Verwaltung möglich ist".[96] In der zweiten Hälfte des Jahres 1949 kam es vor diesem Hintergrund schließlich zu regen Diskussionen zwischen Gurlitt und der Stadt über Forderungen Gurlitts bzw. die Erfüllung von (mündlichen) Nebenvereinbarungen.[97] Deutlich erkennbar wird auch die Haltung der Linzer Verwaltungsspitze, Zugeständnisse an Gurlitt einzuschränken und generell auf deren schriftliche Fixierung zu drängen.[98] Die

85 AStL, PrA, MD Oberhuber, Sch. 41: Amtsvermerk Oberhuber vom 21.7.1952, fol. 397r; AStL, KVD-Akten, Sch. 34b: Präsidialverfügung betr. Vorauszahlung von 100.000 Schilling an Wolfgang Gurlitt vom 25.8.1952, fol. 734rv.

86 AStL, Verträge der Stadt Linz, Sign. 461114B (Neue Galerie): Kaufvertrag zwischen der Stadtgemeinde Linz und Wolfgang Gurlitt vom 14.1.1953, § 2 (fol. 18rv).

87 AStL, StS-Protokolle, StS-Protokoll vom 13.4.1953, fol. 145r–146r; vorbereitender Schriftverkehr unter AStL, KVD-Akten, Sch. 34b.

88 AStL, StS-Protokolle, StS-Protokoll vom 9.11.1953, fol. 527r–528r; vorbereitender Schriftverkehr unter AStL, KVD-Akten, Sch. 34b.

89 AStL, GRP, GR-Protokoll vom 14.7.1952, fol. 55r.

90 AStL, Verträge der Stadt Linz, Sign. 461114B (Neue Galerie): Magistrat Linz an Gurlitt vom 13.1.1953 (Abschrift), fol. 16r.

91 AStL, GRP, GR-Protokoll vom 14.7.1952, fol. 55r.

92 Ardelt 2012, S. 23.

93 Siehe etwa AStL, KVD-Akten, Sch. 34b: Kreczi an Koref vom 24.10.1949, fol. 81r–83r, sowie einen 16 Punkte umfassenden Forderungskatalog von Gurlitt ebd., Gurlitt an das Kulturamt des Magistrats Linz vom 27.10.1949, fol. 84r–88r.

94 Amtsblatt der Landeshauptstadt Linz, Jg. 1949, Sondernummer vom 20.7.1949, S. 68. Die Neue Galerie wurde unter den Bereich „Sonstige Einrichtungen" der Geschäftsgruppe I: Präsidial- und Kulturverwaltung subsummiert (hier Nr. 13), ebenso wie die Volkshochschule der Stadt Linz oder die Kunstschule der Stadt Linz.

95 AStL, KVD-Akten, Sch. 34b: Kreczi an Koref vom 24.10.1949, fol. 82r; ebd., Gurlitt an das Kulturamt des Magistrats Linz vom 27.10.1949, fol. 88r.

96 AStL, KVD-Akten, Sch. 34b: Kreczi an Koref vom 24.10.1949, fol. 82r.

97 Siehe den entsprechenden Schriftverkehr in AStL, KVD-Akten, Sch. 34b.

98 Ardelt 2012, S. 17.

bereits erwähnte Besprechung am 10. November 1949 fungierte in dieser Hinsicht als eine Art bindende Präzisierung des Vertrages von 1946,[99] wobei die grundsätzliche, schon länger aufgeworfene Frage, wer realiter über die Ankäufe für die Neue Galerie entscheiden sollte,[100] in diesem Rahmen ebenfalls thematisiert wurde.[101] Koref gestand Gurlitt in einer wenige Tage später erteilten Vollmacht das dem Vertrag von 1946 eigentlich widersprechende Vorrecht zu, „bis auf weiteres die Entscheidung über Bildankäufe der Neuen Galerie [zu] treffen".[102] Bei dieser Entscheidung schien nicht zuletzt die von Kreczi im Hinblick auf einen möglichen Erwerb der Sammlung Gurlitt empfohlene Vorgehensweise zum Tragen gekommen zu sein, das „gute Einvernehmen mit Gurlitt" zu diesem Zeitpunkt „nicht zu trüben".[103]

Vonseiten der Stadt – und im Übrigen auch von anderen mit Gurlitt in Verbindung stehenden Stellen wie dem österreichischen Unterrichtsministerium[104] – wurde es zunehmend als problematisch betrachtet, dass Gurlitt weiterhin nicht sauber zwischen seinen Tätigkeiten als Leiter der Neuen Galerie und als Unternehmer differenzierte.[105] Unzufrieden zeigte sich die Stadt auch wegen anderer Aspekte: In einem von Kreczi beauftragten[106] ‚Gutachten' von Justus Schmidt wurde etwa bemängelt, dass „nicht mit dem nötigen Nachdruck die Beistellung entsprechender Leihgaben aus den staatlichen Beständen durchgesetzt" wurde und überhaupt die „Grundaufgabe des Museums, die Erwerbung eigener Bestände, bisher nur unzureichend betrieben" worden sei.[107]

So erwies sich auch nach dem Kauf der Sammlung das Verhältnis zwischen Gurlitt und der Stadt Linz als belastet, wobei insbesondere die Position Gurlitts als ehrenamtlicher Leiter der Neuen Galerie ins Zentrum der Auseinandersetzung rückte. Gurlitt agierte nämlich seit 1950 über das in München ansässige „Kunstkabinett der Galerie Wolfgang Gurlitt" auch als gewerblicher Kunsthändler[108] – nicht zuletzt gegenüber der Neuen Galerie.[109] Diese Doppeleigenschaft Gurlitts, der als amtlicher Käufer von Werken auftrat, die von ihm selbst über seinen Kunsthandel angeboten wurden, wurde innerhalb der Stadt Linz immer kritischer betrachtet[110] und ab 1954 vom Kulturamt nachweislich als Unvereinbarkeit angesehen.[111] Unternommen wurde dagegen vorerst nichts, doch die Positionen verhärteten sich zunehmend.

Im April 1955 kulminierten die schwelenden Auseinandersetzungen in einem internen Verdikt Kreczis, wonach Gurlitt „nach einvernehmlicher Ansicht [...] in den letzten Jahren überhaupt nichts mehr" für die Stadt Linz geleistet habe.[112] Da er zudem „keine Bilder mehr hat, die für die Neue Galerie von Interesse sind, ist nicht einzusehen, warum die ständigen Klagen Gurlitts länger ertragen werden sollen".[113] Kreczi nahm

99 AStL, Verträge der Stadt Linz, Sign. 461114B (Neue Galerie): Gedächtnisprotokoll über die grundsätzliche Besprechung der Neuen Galerie der Stadt Linz vom 11.11.1949 (unfol.).

100 AStL, KVD-Akten, Sch. 34b: Gurlitt an den Magistrat Linz vom 18.5.1949, fol. 51r–55r, hier fol. 53r, wo Gurlitt explizit das Entscheidungsrecht über Ankäufe einforderte.

101 AStL, Verträge der Stadt Linz, Sign. 461114B (Neue Galerie): Gedächtnisprotokoll über die grundsätzliche Besprechung der Neuen Galerie der Stadt Linz vom 11.11.1949 (unfol.), Punkt 9 (pag. 2): „Das Entscheidungsrecht über Bildankäufe steht grundsätzlich der Stadt zu. Doch gibt Herr Bürgermeister Herrn Gurlitt eine Vollmacht, bis auf Widerruf in eigener Verantwortung Bildankäufe zu tätigen."

102 AStL, KVD-Akten, Sch. 34b: Koref an Gurlitt vom 17.11.1949 (Erledigungsentwurf), fol. 100r.

103 AStL, KVD-Akten, Sch. 34b: Kreczi an Koref vom 28.10.1949, fol. 89r–91r, hier fol. 90r.

104 Österreichisches Staatsarchiv, Archiv der Republik, Bundesministerium für Unterricht, Sig. 15 B1, Österreichische Galerie 1949–1953, Kt. 151, Zl. 20.438-II-6/50: Bundesministerium für Unterricht, Thomasberger, an Wolfgang Gurlitt vom 10.5.1950 (unfol.): Demnach könnte es das BMU „nicht gutheißen, wenn im Ausland der Eindruck erweckt würde, dass eine große staatliche Sammlung von einem Museumsleiter, der gleichzeitig privater Kunsthändler ist, sozusagen ins Schlepptau genommen wird und dieser die Verhandlungen wegen einer die gesamte Öffentlichkeit berührenden Ausstellung bei sich monopolisiert." Das Schreiben auch unter AStL, KVD-Akten, Sch. 34b, fol. 175rv.

105 Siehe beispielsweise AStL, KVD-Akten, Sch. 34b: Kreczi an Koref vom 3.12.1950, fol. 263r.

106 AStL, KVD-Akten, Sch. 34b: Gutachten von Justus Schmidt über die Neue Galerie im Allgemeinen und die Sammlung Gurlitt im Besonderen (Entwurf), o. D. [Oktober 1951], fol. 704r–708r, hier fol. 704r.

107 Ebd., fol. 705r. Schmidt anerkannte aber als „gewaltiges Plus die hervorragende Tätigkeit der Galerie im Veranstalten von Sonderausstellungen".

108 Dieses „Kunstkabinett der Galerie Wolfgang Gurlitt" (später: „Galerie Wolfgang Gurlitt München 22") in den Hofgartenarkaden an der Galeriestraße in München hatte seit März 1950 Bestand: Schuster 1999, S. 72; Michael Wladika, *Dossier „LM Inv. Nr. 653" zu Egon Schiele, Selbstbildnis mit hochgezogener nackter Schulter*, Provenienzforschung bm:ukk – Leopold Museum-Privatstiftung, 16.01.2012, www.uni-marburg.de/de/fotomarburg/bestaende/uebernahmen/galerie/gurlitt/michael_wladika.pdf (abgerufen am 21.3.2019), S. 31.

109 AStL, KVD-Akten, Sch. 34b: Kreczi an Koref vom 28.8.1950, fol. 216r. Kreczi spricht hier von der „nunmehr wiedererscheinenden Tatsache, dass die Stadt dem Kunsthändler Gurlitt Bilder um Tausende von Schillingen im Jahr abkauft". Im April 1951 führte Kreczi aus, dass gemäß Ankaufsliste der Neuen Galerie für das Jahr 1951 allein der Kunsthändler Gurlitt zum Zug kommen sollte (AStL, KVD-Akten, Sch. 34b: Kreczi an Koref vom 7.4.1951, fol. 319r).

110 Siehe z. B. AStL, KVD-Akten, Sch. 34b: Kreczi an Koref vom 16.11.1951, fol. 471r–472r, hier fol. 471r: Kreczi bezeichnete darin Gurlitts Praxis, „nur aus seinem eigenen Bestand Graphiken an die Stadt" zu verkaufen, als „auf die Dauer untragbar".

111 AStL, Verträge der Stadt Linz, Sign. 461114B (Neue Galerie): Kreczi an Koref vom 7.4.1954 (unfol.).

112 AStL, Verträge der Stadt Linz, Sign. 461114B (Neue Galerie): Kreczi an Koref vom 15.4.1955 (unfol.).

113 Ebd.

daher den Standpunkt ein, dass es „unzweckmässig" wäre, „Gurlitt in irgendeiner Hinsicht nachzugeben".[114]

Gurlitt wiederum beklagte eine „immer feindlicher werdende, ablehnende Einstellung" der Stadt, namentlich des städtischen Kulturamtes, gegenüber seiner Person.[115] Im Allgemeinen fühlte er sich und seine Verdienste vom offiziellen Linz nicht ausreichend gewürdigt, was etwa die Darstellung in der Öffentlichkeit betraf. Auch hier zielte er insbesondere auf das Vorgehen des Kulturamtes ab, das es verabsäumt hätte, in Einladungen „nach aussen hin die Anerkennung meiner Verdienste durch die Stadt zu dokumentieren", sowie in einschlägigen Presseunterlagen jenen Passus gestrichen hätte, der „auf meine Tätigkeit und meine Verdienste Bezug nahm".[116] Zudem beanstandete Gurlitt, dass Zusagen des Kulturamtes (Professorentitel, Ehrenring) nicht eingehalten worden wären.[117]

Zu Jahresbeginn 1956 war eine neue Eskalationsstufe erreicht: Als im Zusammenhang mit einer umfangreichen Überprüfung der von Gurlitt an die Stadt verkauften Kubin-Sammlung festgestellt wurde, dass er Blätter mit eigenhändigen Widmungen Kubins entfernt hatte,[118] entband Bürgermeister Koref ihn am 11. Januar 1956 von der Leitung der Neuen Galerie.[119] Koref hielt darüber hinaus fest, dass Gurlitt „nicht mehr berechtigt" sei, „einen auf diese Funktion hinweisenden Titel zu führen", und forderte Gurlitt darüber hinaus auf, „sich künftighin jeder Einflußnahme auf die Leitung der Neuen Galerie zu enthalten".[120] Infolgedessen gab Gurlitt am 31. Januar 1956 eine Verzichtserklärung ab und schied aus der Leitungsfunktion der Neuen Galerie aus.[121] An seine Stelle rückte ab 1. Februar 1957 sein enger Mitarbeiter Walter Kasten, zunächst als provisorischer, ab dem 1. Februar 1958 (und bis zum 31. Dezember 1973) dann als definitiver Leiter der Neuen Galerie.[122]

Gleichzeitig wurde Koref interbehördlich gegenüber dem Land Oberösterreich tätig und zog am 23. Februar 1956 den Antrag auf Verleihung des Professorentitels für Gurlitt bei Landeshauptmann Heinrich Gleißner (1893–1984) formell zurück.[123] Ebenso befand sich Gurlitt nicht auf der Liste der ersten Träger des Ehrenrings der Stadt Linz[124] und sollte diese Auszeichnung auch zu keinem späteren Zeitpunkt erhalten.

Damit steuerten Gurlitt und die Stadt Linz auf einen neuen Tiefpunkt ihres Verhältnisses hin, wenngleich zunächst Erwägungen, Gurlitt auch zum Verzicht des Namenszusatzes „Wolfgang-Gurlitt-Museum" zu bewegen, mit Rücksicht auf seine Reputation in Kunstkreisen, wo sich sein Name „einer gewissen Wertschätzung erfreut, der auch der Sammlung zugute kommt",[125] nicht weiter verfolgt wurden. Linz zeigte sich aber höchst irritiert, dass Gurlitt aus eigenem Antrieb keineswegs auf die Nennung der Neuen Galerie im Zusammenhang mit seiner Person verzichtete. Besonders pikant erschien den Stadtverantwortlichen, dass er im Jahr 1957 für eine in deutschen Illustrierten geschaltete kommerzielle Werbung der Zigarettenmarke Lord als bereitwilliges Werbesujet fungierte – „Seine Kennerschaft in den schönen Dingen des Lebens beweist sich auch im Rauchen"[126] – und sich dabei als „Gründer des Wolfgang-Gurlitt-Museums der Stadt Linz" ansprechen ließ.[127] Für Kreczi bedeutete dies einen schwerwiegenden Fauxpas, sah er doch hierin „zumindest nach österreichischer Auffassung [...] eine Herabwürdigung einer öffentlichen Institution"[128] und gab magistratsintern klar zu verstehen: „Wenn er [Gurlitt] sich selber dadurch vor allen bloßstellt, darf nicht übersehen werden, daß immer wieder

114 Ebd.

115 AStL, Verträge der Stadt Linz, Sign. 461114B (Neue Galerie): Gurlitt an die Stadt Linz [ohne Adressat], o. D. [1955], unfol. (pag. 3).

116 Ebd.

117 Ebd.

118 AStL, Verträge der Stadt Linz, Sign. 461114B (Neue Galerie): Niederschrift Egon Oberhuber über die Überprüfung der Bestände des Kubin-Kabinetts vom 30.11.1955 (unfol.), pag. 1, sowie ebd., Amtsvermerk über die Besprechung betreffend Schreiben MD betr. Kubin-Kabinett vom 6.12.1955 (unfol.).

119 Konkret widerrief Koref die seinerzeit verfügte Übertragung der ehrenamtlichen Leitung der Neuen Galerie an Gurlitt: AStL, Verträge der Stadt Linz, Sign. 461114B (Neue Galerie): Koref an Gurlitt vom 11.01.1956 (Erledigungsentwurf), unfol.

120 Ebd.

121 AStL, Verträge der Stadt Linz, Sign. 461114B (Neue Galerie): Verzichtserklärung Gurlitt vom 31.1.1956 (unfol.).

122 AStL, KVD-Akten, Sch. 36 (Neue Galerie 1952–1973): Kreczi an die Presseabteilung des Magistrats Linz vom 11.2.1958, fol. 815r; Wieland Mittmannsgruber, „Die Ämter und Einrichtungen des Magistrates der Stadt Linz 1945–1990", in: *Historisches Jahrbuch der Stadt Linz 1990*, Archiv der Stadt Linz, Linz 1991, S. 165–274, hier S. 250.

123 AStL, KVD-Akten, Sch. 34b: Koref an Gleißner vom 23.2.1956, fol. 852r. Bereits am 5. Januar hatte Koref Gleißner ersucht, die Angelegenheit gewissermaßen zu „sistieren". Ebd.: Koref an Gleißner vom 5.1.1956 (Konzept), fol. 850r (die Zusicherung Gleißners vom 20.2.1956 ebd., fol. 851a).

124 AStL, GRP, GR-Protokoll vom 2.7.1956, fol. 1r–8r.

125 AStL, KVD-Akten, Sch. 34b: Aktenvermerk des Präsidialamts vom 3.2.1956, fol. 853r–854r, hier fol. 854r.

126 AStL, Verträge der Stadt Linz, Sign. 461114B (Neue Galerie): Zeitschriften-Ausschnitte (u. a. *Madame*, *Quick*), Titel „Unser Reporter besuchte ..." (unfol.).

127 Ebd.

128 AStL, Verträge der Stadt Linz, Sign. 461114B (Neue Galerie): Kreczi an das Präsidialamt vom 22.11.1957 (unfol.).

der Ruf der Neuen Galerie und damit der Ruf der Stadt Linz hiedurch betroffen ist."[129]

Auch erteilte Gurlitt im Jahr 1957 die Druckerlaubnis für ein Kokoschka-Gemälde, das sich im Besitz der Neuen Galerie befand.[130] Koref sah sich vor diesem Hintergrund dazu veranlasst, abermals den direkten Kontakt zu Gurlitt zu suchen, nachdem er bereits im Zusammenhang mit der Zigarettenwerbung Gurlitt sein „Befremden" kundgetan und ihn ersucht hatte, „künftighin den Namen der Stadt Linz in derartigen Fällen wegzulassen".[131] Am 25. Oktober 1957 zeigte sich Koref von Gurlitt „enttäuscht" und drohte unverhohlen: „Sollte sich daher Ihr Verhalten noch einmal gegen die Interessen der Stadt, im besonderen gegen die der Neuen Galerie richten, dann wäre ich gezwungen, dem Gemeinderat die Streichung des Beisatzes ‚Wolfgang Gurlitt Museum' vorzuschlagen."[132] Koref beließ es zu diesem Zeitpunkt – entgegen der in Person von Präsidialdirektor Rudolf Humer (1907–1967) offen geäußerten Empfehlung der Verwaltungsspitze des Linzer Magistrats, auf einen klaren Bruch mit Gurlitt zu orientieren[133] – noch bei einer Warnung, sichtlich von der Hoffnung getragen, durch seine Schreiben die „‚auf beiden Seiten offenbar etwas erregten Gemüter' beruhigt zu haben".[134] Gleichzeitig forderte er ihn auf, seine noch in Räumen der Neuen Galerie gelagerten privaten Bilder zu entfernen.[135]

129 AStL, Verträge der Stadt Linz, Sign. 461114B (Neue Galerie): Kreczi an Oberhuber vom 12.6.1957 (unfol.).

130 Siehe den umfangreichen Schriftverkehr in AStL, Verträge der Stadt Linz, Sign. 461114B (Neue Galerie), so etwa das „ursächliche" Schreiben des Österreichischen Bundesverlags an die Neue Galerie vom 15.7.1957 (unfol.). Zum weiteren Vorgehen der Stadt siehe u. a. ebd.: Kreczi an Koref vom 6.9.1957 (unfol.); ebd.: Koref an Gurlitt vom 25.10.1957 (Abschrift), unfol., sowie ebd.: Amtsbericht der Neuen Galerie vom 3.6.1960 (Abschrift), unfol.

131 AStL, Verträge der Stadt Linz, Sign. 461114B (Neue Galerie): Koref an Gurlitt vom 1.7.1957 (Konzept), unfol.

132 AStL, Verträge der Stadt Linz, Sign. 461114B (Neue Galerie): Koref an Gurlitt vom 25.10.1957 (Abschrift), unfol.

133 AStL, Verträge der Stadt Linz, Sign. 461114B (Neue Galerie): Humer an Bürgermeister-Stellvertreter Theodor Grill vom 17.9.1957 (unfol.): „Die Gelegenheit zu der schon lange gehegten Absicht auf Änderung der Bezeichnung ist derzeit sehr günstig. Man sollte sich daher mit einer Drohung nicht begnügen, die übrigens an der Rechtslage nichts ändern dürfte. Es ist nicht anzunehmen, daß Gurlitt mit einer Klage antworten wird. Dazu dürfte er sich derzeit zu schuldbewußt fühlen. Ein Prozeß wäre auch seiner publicity gefährlich."

134 AStL, Verträge der Stadt Linz, Sign. 461114B (Neue Galerie): Koref an Gurlitt vom 7.12.1957 (Abschrift), unfol.

135 AStL, KVD-Akten, Sch. 34b: Koref an Gurlitt vom 4.10.1957 (Abschrift), fol. 964r.

Rechtliche Auseinandersetzungen: Die Streichung des Namenszusatzes „Wolfgang-Gurlitt-Museum"

Der Casus Belli zwischen Gurlitt und der Stadt Linz wurde schließlich im Jahr 1959 gesetzt. Anlassfall waren, ähnlich wie bei den Malversationen im Zusammenhang mit der Kubin-Sammlung, dieses Mal Unstimmigkeiten rund um Bilder des deutschen Malers Lovis Corinth (1858–1925): Drei von sieben Corinth-Gemälden im Besitz der Neuen Galerie wurden nämlich nicht in das 1958 erschienene neue Werkverzeichnis des Künstlers aufgenommen,[136] weshalb von Kunstexperten deren Herkunft und Originalität in Zweifel gezogen wurden.[137] Als Koref Aufklärung einforderte,[138] schien der endgültige Bruch zwischen Gurlitt und der Stadt unausweichlich. Zur zentralen Aussprache in der Angelegenheit am 19. Oktober 1959 bei Koref (unter Teilnahme von Oberhuber, Kreczi und Kasten) erschien Gurlitt nicht mehr persönlich, sondern ließ sich mit Verweis auf seinen schlechten Gesundheitszustand – er hatte 1956 einen Herzinfarkt erlitten[139] – durch seinen Wiener Rechtsanwalt Christian Broda (1916–1987) vertreten,[140] der wenig später als Justizminister in verschiedene Kabinette der österreichischen Bundesregierung (Raab III und IV, Gorbach I und II, Klaus I, Kreisky I bis IV) eintreten sollte.

Broda zeigte in dieser Besprechung durchaus Bereitschaft, Gurlitt „zu veranlassen, Nachweise für die Echtheit der drei in das Werksverzeichnis Corinths nicht aufgenommenen Gemälde zu erbringen", und erklärte dies mit „moralischen menschlichen Erwägungen".[141] In einem anderen Punkt standen die Zeichen allerdings auf Konfrontation, hatte doch die Stadt Linz angedroht, „im Falle eines rechtlichen Verschuldens (sei es ein persönliches Versehen oder Absicht) Gurlitts die Eliminierung ‚Wolfgang Gurlitt Museum' aus dem offiziellen Namen der NG beim Gemeinderat" zu beantragen, worauf

136 Charlotte Berend-Corinth, *Die Gemälde von Lovis Corinth*, Bruckmann, München 1958.

137 Siehe unter AStL, Verträge der Stadt Linz, Sign. 461114B (Neue Galerie) den umfangreichen Schriftwechsel mit der Familie Corinth, sowie zusammenfassend AStL, Verträge der Stadt Linz, Sign. 461114B (Neue Galerie): Amtsbericht der Neuen Galerie vom 3.6.1960 (Abschrift), unfol.

138 Ersichtlich aus ebd.; siehe auch AStL, KVD-Akten, Sch. 36, Mappe „Namensstreit": Humer an Edmund Aigner vom 25.4.1963, fol. 16r–17r.

139 AStL, KVD-Akten, Sch. 34b: Gurlitt an Oberhuber vom 19.4.1956, fol. 863r–865r; ärztliche Bescheinigung des Städtischen Krankenhauses München-Oberföhring für Wolfgang Gurlitt vom 16.3.1956 ebd., fol. 866r.

140 AStL, KVD-Akten, Sch. 36, Mappe „Namensstreit": Gedächtnisprotokoll von Kreczi über die Aussprache vom 19.10.1959 betreffend Corinth-Bilder Neue Galerie – Gurlitt mit Rechtsanwalt Dr. Broda unter Teilnahme von MD, KVD und Direktor Kasten, fol. 1rv, hier fol. 1r.

141 Ebd.

Broda entgegnete, dass Gurlitt „im Falle der Eliminierung seines Namens aus dem Titel der Neuen Galerie die Gemeinde klagen werde".[142]

Trotz mehrfacher Urgenzen lieferte Gurlitt jedoch keine weiteren Informationen zu den inkriminierten Werken,[143] weshalb der Linzer Gemeinderat auf Antrag des Linzer Stadtsenats[144] im nicht-öffentlichen Teil seiner Sitzung vom 11. Juli 1960 einstimmig die Weglassung des Namenszusatzes „Wolfgang-Gurlitt-Museum" in der Institutionenbezeichnung der Neuen Galerie beschloss.[145] Koref wollte einen klaren „Trennungsstrich" ziehen und vergaß nicht, den Gemeinderat über den schwierigen Charakter Gurlitts („sentimentalische Erscheinung") und dessen mangelnde Handschlagqualität („man kann mit ihm konkret nicht verhandeln") zu informieren.[146]

Wie von Broda angekündigt, legte Gurlitt gegen dieses Vorgehen Anfang 1961 Rechtsmittel ein, indem er beim Landesgericht Linz auf Erfüllung des 1953 geschlossenen Vertrages mit der Stadt Linz klagte.[147] Der Prozess zog sich unter medialer Begleitung[148] über zwei Jahre hin, wobei sich die Stadt Linz noch Ende 1962 siegessicher gab. In einer hochrangig besetzten Besprechung am 31. Oktober 1962 beim städtischen Rechtsanwalt Walter Gastgeb, an der etwa Präsidialdirektor Herbert Wöß (1920–1989) und Kreczi teilnahmen, ging Gastgeb davon aus, dass „die Stadt den Prozeß gewinnt".[149] Dabei wurde ersichtlich, dass die Stadt Linz an einem zuvor geäußerten Vergleichsangebot Gurlitts nicht interessiert war, da die Aussichten als günstig eingeschätzt wurden und zudem „eine Weiterführung des Prozesses [...] für die Stadt kein besonderes Risiko [bedeutet], weil die Kosten relativ gering sind".[150] Auch bestand auf städtischer Seite zu diesem Zeitpunkt darüber Einvernehmen, dass eine Wiederaufnahme des Namens Gurlitts in der Titulatur der Neuen Galerie keinesfalls infrage käme, ein Vergleich höchstens die „Anbringung einer Gedenktafel oder einer Ehrung ähnlicher Art" umfassen könnte.[151]

Die Entscheidung des Landesgerichts Linz vom 17. April 1963[152] machte alle diese Überlegungen hinfällig. Anders als von der Stadt Linz erwartet, verwarf das Gericht die bereits in der Besprechung mit Broda 1959 vorgebrachten Argumente,[153] wonach es sich bei der Namensgebung der Neuen Galerie um einen einseitigen Beschluss der Stadtgemeinde gehandelt hätte und damit die Festlegung eines neuen Namens auch als deren alleiniges Recht anzusehen wäre.[154] Vielmehr sah es das Gericht unter Berufung auf § 861 ABGB[155] als erwiesen an, dass hinsichtlich der Namensfrage zwischen Gurlitt und Linz ein Vertrag entstanden war, der nicht einseitig gekündigt werden konnte.[156] Klar festgehalten wurde zudem, dass die institutionelle Ansiedlung der Neuen Galerie in der Geschäftsgruppe der Kulturverwaltung und ihre rechtliche Stellung als Einrichtung der Stadt Letzterer „nicht das Recht" erteile, „den Namen des Klägers durch einen Gemeinderatsbeschluß aus dem Namen des Museums zu eliminieren".[157]

142 Ebd.

143 Siehe den Schriftverkehr unter AStL, Verträge der Stadt Linz, Sign. 461114B (Neue Galerie) und AStL, KVD-Akten, Sch. 34b, sowie zusammenfassend AStL, Verträge der Stadt Linz, Sign. 461114B (Neue Galerie): Amtsbericht der Neuen Galerie vom 3.6.1960 (Abschrift), unfol.

144 AStL, StS-Protokolle, StS-Protokoll vom 27.6.1960, fol. 414v–416v. Der Beschluss erfolgte einstimmig. Zuvor hatte Magistratsdirektor Humer erklärt, dass „nach der bestehenden Rechtslage die Stadtgemeinde ohneweiteres [sic!] die Möglichkeit habe, den Namen der Neuen Galerie zu ändern und die Bezeichnung ‚Wolfgang-Gurlitt-Museum' wegzulassen" (ebd., fol. 416v).

145 AStL, GRP, GR-Protokoll vom 11.7.1960, fol. 280v–281v.

146 Ebd., fol. 281v.

147 AStL, Archivablage Provenienzforschung, Ordner „Wolfgang Gurlitt – Lentos wegen Namensgebung": Klage von Wolfgang Gurlitt gegen die Stadt Linz vom 19.1.1961, fol. 1r–2v; ersichtlich auch aus AStL, KVD-Akten, Sch. 36, Mappe „Namensstreit": Protokoll der Verhandlung des Landesgerichts Linz in der Streitsache Wolfgang Gurlitt gegen Stadtgemeinde Linz vom 7.11.1961 (Kopie), fol. 2r–14r.

148 Siehe etwa die Berichterstattung in den *Oberösterreichischen Nachrichten* oder dem *Linzer Volksblatt* vom 20.1.1962.

149 AStL, KVD-Akten, Sch. 36, Mappe „Namensstreit": Amtsvermerk des Präsidialamts vom 6.11.1962, fol. 15rv, hier fol. 15r.

150 Ebd.

151 Ebd., fol. 15v.

152 AStL, Archivablage Provenienzforschung, Ordner „Wolfgang Gurlitt – Lentos wegen Namensgebung": Urteil des Landesgerichts Linz vom 17.4.1963, fol. 151r–169r.

153 AStL, KVD-Akten, Sch. 36, Mappe „Namensstreit": Gedächtnisprotokoll von Hanns Kreczi über die Aussprache vom 19.10.1959 betreffend Corinth-Bilder Neue Galerie – Gurlitt mit Rechtsanwalt Dr. Broda unter Teilnahme von MD, KVD und Direktor Kasten, fol. 1rv.

154 AStL, Archivablage Provenienzforschung, Ordner „Wolfgang Gurlitt – Lentos wegen Namensgebung": Urteil des Landesgerichts Linz vom 17.4.1963, fol. 151r–169r, hier fol. 167r.

155 „Wer sich erklärt, dass er jemandem sein Recht übertragen, das heißt, dass er ihm etwas gestatten, etwas geben, dass er für ihn etwas tun, oder seinetwegen etwas unterlassen wolle, macht ein Versprechen; nimmt aber der andere das Versprechen gültig an, so kommt durch den übereinstimmenden Willen beider Teile ein Vertrag zustande."

156 AStL, Archivablage Provenienzforschung, Ordner „Wolfgang Gurlitt – Lentos wegen Namensgebung": Urteil des Landesgerichts Linz vom 17.4.1963, fol. 151r–169r, hier fol. 167r; ersichtlich auch aus AStL, KVD-Akten, Sch. 36, Mappe „Namensstreit": Amtsbericht vom 25.4.1963, fol. 16r–17v, hier fol. 17r. Das Landesgericht sah den Tatbestand von § 861 als erfüllt an, da Linz im Vorfeld der Vertragserrichtung 1953 gegenüber Gurlitt das Versprechen abgegeben hatte, die Bezeichnung der Neuen Galerie mit dem Namenszusatz „Wolfgang-Gurlitt-Museum" zu versehen.

157 AStL, Archivablage Provenienzforschung, Ordner „Wolfgang Gurlitt – Lentos wegen Namensgebung": Urteil des Landesgerichts Linz vom 17.4.1963, fol. 151r–169r, hier fol. 168r.

Die Entscheidung des Landesgerichts hielt auch im Instanzenweg, den die Stadt Linz in der Folge beschritt. Sowohl das Oberlandesgericht Linz als Berufungsgericht als auch der Oberste Gerichtshof als Revisionsgericht teilten in ihren Urteilen vom 9. Juli 1963[158] bzw. 22. Oktober 1963[159] die Rechtsauffassung des Erstgerichts, wobei der Oberste Gerichtshof nochmals festhielt, dass die Namensfrage „nach privatrechtlichen Gesichtspunkten" und nicht als wie auch immer gearteter Akt der Hoheitsverwaltung zu klassifizieren sei.[160]

Die Stadtverwaltung war in der Folge um Schadensbegrenzung bemüht und versuchte, bei Gurlitt einen Kompromiss in der Namensfrage zu erreichen: Vorgeschlagen wurde eine Abänderung des Namenszusatzes der Neuen Galerie in „(Mit-)Begründer Wolfgang Gurlitt", da die Bezeichnung Wolfgang-Gurlitt-Museum den „tatsächlichen Verhältnissen nicht gerecht" werde.[161] Gurlitt ließ sich allerdings auf diesen Vorschlag nicht ein und stellte, gewissermaßen im Gegenzug, am 12. Februar 1964 beim Landesgericht Linz den Antrag auf gerichtliche Exekution der Urteile von 1963.[162] Nachdem Bürgermeister Edmund Aigner (1900–1968) am 19. März 1964 die Weisung erteilt hatte, „unverzüglich für eine dem Urteil des Landesgerichtes Linz [...] entsprechende Bezeichnung dieser Einrichtung (Neue Galerie der Stadt Linz, Wolfgang Gurlitt-Museum) Sorge zu tragen",[163] und daraufhin von der Neuen Galerie ein siebenstufiger Maßnahmenkatalog umgesetzt worden war,[164] fanden die Auseinandersetzungen zwischen Gurlitt und der Stadt einen vorläufigen Endpunkt – zumindest nach außen hin.

Magistratsintern wurde weiterhin um den akkuraten Umgang mit der Causa Gurlitt im Allgemeinen bzw. mit der Namensfrage im Besonderen gerungen. Vornehmlich die von Kreczi geleitete Kulturverwaltung wollte sich nicht mit der juristischen Niederlage der Stadt abfinden und brachte im April 1964 eine neue Idee ins Spiel: Demnach sollte die Neue Galerie in einzelne Abteilungen gegliedert werden und fortan unter der neuen Oberbezeichnung „Galerie der Stadt Linz" firmieren.[165] Die „Neue Galerie der Stadt Linz – Wolfgang-Gurlitt-Museum" sollte als eine Abteilung unter anderen (etwa der Diathek, der Plakatsammlung oder der Kunstsammlung des 19. und 20. Jahrhunderts) in dieser „Galerie der Stadt Linz" aufscheinen.[166] Nach Auffassung Kreczis war nämlich „der Name Neue Galerie der Stadt Linz – Wolfgang-Gurlitt-Museum nur für einen Teil der Kultureinrichtung Neue Galerie rechtlich verbindlich und auch sachlich richtig".[167] Innerhalb der Linzer Stadtverwaltung traf dieser Vorschlag durchaus auf positive Resonanz – Präsidialamt und Magistratsdirektion nannten ihn in einer internen Besprechung am 12. Juni 1964 „beachtenswert".[168] In einer am 9. Juli 1964 vom späteren Magistratsdirektor Peter Esterl (1921–1991) und von Wöß unterzeichneten Stellungnahme an die Magistratsdirektion gingen die Linzer Präsidialjuristen dann aber davon aus, dass die von Kreczi vorgeschlagene Bezeichnung „zu enge" und „die Absicht einer Berichtigung des Urteils zu offensichtlich" sei.[169] Allenfalls käme nach Ansicht der Präsidiale die Pluralbezeichnung „Galerien der Stadt Linz" infrage, wobei die Tatsache, dass die Neue Galerie zum Zeitpunkt der Vertragserrichtung mit Gurlitt als Amt firmierte, problematisch gesehen wurde.[170] Zudem erschien es den Stadtjuristen „fraglich, ob Herr Gurlitt diese auch für einen Außenstehenden erkennbare nunmehrige ‚capitis deminutio' (und zwar insbesondere im Hinblick auf die bisherige Führung der NG als Einrichtung der Stadt) widerspruchslos hinzunehmen gedenkt".[171]

158 AStL, Archivablage Provenienzforschung, Ordner „Wolfgang Gurlitt – Lentos wegen Namensgebung": Urteil des Oberlandesgerichts Linz vom 9.7.1963, fol. 194r–204r.

159 AStL, Archivablage Provenienzforschung, Ordner „Wolfgang Gurlitt – Lentos wegen Namensgebung": Urteil des Obersten Gerichtshofes vom 22.10.1963, fol. 228r–234r; siehe auch abschriftlich unter AStL, KVD-Akten, Sch. 36, Mappe „Namensstreit", fol. 18r–19r.

160 AStL, Archivablage Provenienzforschung, Ordner „Wolfgang Gurlitt – Lentos wegen Namensgebung": Urteil des Obersten Gerichtshofes vom 22.10.1963, fol. 228r–234r, hier fol. 234r.

161 AStL, KVD-Akten, Sch. 36, Mappe „Namensstreit": Amtsvermerk des Präsidialamts vom 21.1.1964, fol. 20r.

162 AStL, KVD-Akten, Sch. 36, Mappe „Namensstreit": Antrag Gurlitt auf Bewilligung der Exekution vom 12.2.1964 (Abschrift), fol. 21r–22r; einliegend auch unter AStL, Archivablage Provenienzforschung, Ordner „Wolfgang Gurlitt – Lentos wegen Namensgebung", fol. 252r–253r.

163 AStL, KVD-Akten, Sch. 36, Mappe „Namensstreit": Aigner an den Kulturverwaltungsdirektor vom 19.3.1964, fol. 24r.

164 AStL, KVD-Akten, Sch. 36, Mappe „Namensstreit": Kasten an das Präsidialamt vom 23.3.1964, fol. 25r.

165 AStL, KVD-Akten, Sch. 36, Mappe „Namensstreit": Kreczi an Aigner vom 10.4.1964 (Erledigungsentwurf), fol. 26rv, hier fol. 26v.

166 Ebd.

167 Ebd.

168 AStL, KVD-Akten, Sch. 36, Mappe „Namensstreit": Amtsvermerk des Präsidialamts vom 12.6.1964, fol. 29r: „Von den Besprechungsteilnehmern wurde – ohne auf die Frage der Benennung im einzelnen einzugehen – übereinstimmend die Auffassung vertreten, daß gg. Vorschlag zweifelsohne entsprechend Beachtung verdiene [...]."

169 AStL, KVD-Akten, Sch. 36, Mappe „Namensstreit": Esterl und Wöß an Humer vom 9.7.1964 (Abschrift), fol. 30r–31v, hier fol. 30v.

170 Ebd., fol. 31r.

171 Ebd.

Nicht zuletzt wurden in diesem Fall auch Dissonanzen und schwelende Animositäten innerhalb der Linzer Stadtverwaltung, namentlich zwischen der Kulturverwaltungsdirektion und der Präsidiale, evident. Esterl und Wöß versicherten in einer Spitze gegenüber Kreczi, dass ihr Prüfergebnis

> „nicht, wie KVD [Kulturverwaltungsdirektor] zu befürchten scheint, als die Folge einer ‚unrichtigen Einstellung', sondern als der ernste Versuch anzusehen ist, anhand der Vereinbarung und des Urteils die Absicht der Parteien zu erforschen und die Vereinbarung so zu verstehen, wie es der Übung des redlichen Verkehrs entspricht".[172]

Schließlich wollte auch Kreczi die geäußerten Vorbehalte akzeptieren und schwenkte auf die Position ein, dass es zum Zeitpunkt Juli 1964 wohl „zweckmäßig" sei, „derzeit beim Status quo zu verbleiben und die weitere Entwicklung abzuwarten".[173]

Letzte gerichtliche Auseinandersetzungen

Die weitere Entwicklung brachte im Herbst 1964 eine nochmalige gerichtliche Auseinandersetzung zwischen Gurlitt und Linz. Am 15. Oktober brachte Gurlitt einen Exekutionsantrag gegen die Stadt ein, da diese durch die Verwendung unterschiedlicher Schriftgrößen („Neue Galerie" in großen Buchstaben, „Wolfgang-Gurlitt-Museum" verhältnismäßig klein), wie Gurlitt argumentierte, „meinen Namen, zu dessen Verwendung in der Bezeichnung der Galerie sie [die Stadt Linz] schuldig erkannt wurde, praktisch unleserlich macht, sodass er leicht übersehen wird".[174] Gurlitt sah also in der Gestaltung des Briefpapiers eine bewusste Hintertreibung des Urteils von 1963 durch die Stadt Linz. Dieses Mal jedoch entschied das Bezirksgericht zugunsten von Linz und wies in seiner Entscheidung vom 18. November 1964 darauf hin, dass die Stadt „lediglich zu einer bestimmten Bezeichnung ihrer Galerie" verpflichtet wäre, nicht jedoch dazu, „in welcher äußeren Form diese Bezeichnung zu erfolgen" hätte.[175] Der Verpflichtung zur vollständigen Wiedergabe des Namens der Neuen Galerie samt Zusatz „Wolfgang-Gurlitt-Museum" sei Linz nachgekommen, wenngleich das Bezirksgericht durchaus eingestand, dass

> „die Worte ‚Neue Galerie' in wesentlich auffallenden [sic!] Druck gehalten sind, als der Beisatz ‚Wolfgang Gurlitt Museum'. Damit kann aber noch nicht gesagt werden, daß die verpflichtete Partei die Handlungen, zu deren Vornahme sie mit dem erwähnten Urteil verpflichtete [sic!] wurde, etwa nicht durchgeführt hätte."[176]

Zwar legte Gurlitt gegen diesen Beschluss des Bezirksgerichts Rekurs beim Landesgericht Linz ein, drang aber dort mit seiner Argumentation nicht durch.[177] Damit war der Status quo juristisch festgeschrieben. Durch das Ableben Wolfgang Gurlitts am 26. März 1965 sollte sich an dieser Situation auch nichts mehr ändern. Offiziell führte die Neue Galerie weiterhin im Untertitel die Bezeichnung „Wolfgang-Gurlitt-Museum", wie auch in den jährlichen Einträgen im Verwaltungsbericht des Magistrats Linz ersichtlich wird.[178]

Erst zu Beginn des neuen Jahrtausends trat hier eine – allerdings nachhaltige – Änderung ein: Nachdem bereits im Tätigkeitsbericht des Jahres 2002 die Neue Galerie unter der einfachen Bezeichnung „Neue Galerie der Stadt Linz" angeführt wurde,[179] kam es im Zuge des Museumsneubaus an der Donaulände und einer Neustrukturierung der städtischen Museumslandschaft zu einer mit den Erben akkordierten[180] Umbenennung der Neuen Galerie in „LENTOS Kunstmuseum"; dieses wurde als Teil der neu geschaffenen Unternehmung „Museen der Stadt Linz" auch dezidiert als „Nachfolger der Neuen Galerie / Wolfgang-Gurlitt-Museum" angesprochen.[181]

---

172 Ebd.

173 AStL, KVD-Akten, Sch. 36, Mappe „Namensstreit": Kreczi an Humer vom 22.7.1964, fol. 32r.

174 AStL, KVD-Akten, Sch. 36, Mappe „Namensstreit": Antrag Gurlitt auf Bewilligung der Exekution vom 15.10.1964 (Abschrift), fol. 33r–34v, hier fol. 33v; einliegend auch unter AStL, Archivablage Provenienzforschung, Ordner „Wolfgang Gurlitt – Lentos wegen Namensgebung", fol. 268r–269r.

175 AStL, KVD-Akten, Sch. 36, Mappe „Namensstreit": Beschluss des Bezirksgerichts Linz vom 18.11.1864 (Abschrift), fol. 35r–36v, hier 35v; siehe auch AStL, Archivablage Provenienzforschung, Ordner „Wolfgang Gurlitt – Lentos wegen Namensgebung", fol. 270r–271r.

176 Ebd.

177 AStL, Archivablage Provenienzforschung, Ordner „Wolfgang Gurlitt – Lentos wegen Namensgebung": Beschluss des Landesgerichts Linz vom 13.1.1965, fol. 278r–282r.

178 So z. B. Magistrat der Landeshauptstadt Linz, *Jahresbericht 2001*, S. 223: „Neue Galerie der Stadt Linz – Wolfgang-Gurlitt-Museum".

179 Magistrat der Landeshauptstadt Linz, *Jahresbericht 2002*, stadtgeschichte.linz.at/images/42/gg4.pdf (abgerufen am 22.3.2019), S. 244: „Neue Galerie der Stadt Linz".

180 E-Mail von Dr. Elisabeth Nowak-Thaller an den Verfasser vom 7.2.2019.

181 Magistrat der Landeshauptstadt Linz, *Jahresbericht 2003*, stadtgeschichte.linz.at/images/42/Museen.pdf (abgerufen am 22.3.2019), S. 270.

Resümee

Die „Gründerzeit" der Neuen Galerie der Stadt Linz zeichnete sich durch ein charakteristisches Beziehungsgeflecht von Stadtpolitik, städtischer Kulturverwaltung und der Person Wolfgang Gurlitt aus. Letzterer vermochte es zunächst mit einigem Geschick, seine Eigeninteressen am Aufbau eines Linzer Kunstmuseums als Akte selbstlosen Mäzenatentums zu codieren. Die Stadt Linz wiederum erachtete die Zusammenarbeit mit Gurlitt und das Projekt einer städtischen Galerie als spannende Möglichkeit, in der unmittelbaren Nachkriegszeit ein kulturpolitisches Ausrufezeichen mit überregionaler Bedeutung zu setzen. Insbesondere der Linzer Bürgermeister Ernst Koref erwies sich als bestimmender Akteur aufseiten der Linzer Stadtpolitik und rechtfertigt durchaus seine unlängst getroffene Charakterisierung eines „wendige[n] Realpolitiker[s] auf kultureller Mission".[182]

Die Unterstützungsleistungen, die die Stadt Gurlitt gewährte, waren in jedem Fall vielfältiger – geschäftlicher wie privater – Natur und reichten bis zu Interventionen Korefs zur Verleihung der österreichischen Staatsbürgerschaft an Gurlitt.[183] Gleichzeitig bewirkte, auf Basis der Vereinbarung vom November 1946, die starke Position Gurlitts bei gleichzeitigem Fehlen entsprechender Aufsichts- und Kontrollrechte der Stadt Linz eine zunehmende Irritation städtischer Verantwortungsträger, zumal im Magistrat mit Hanns Kreczi ab 1948 ein Gurlitt gegenüber skeptisch (bis feindselig) eingestellter Beamter an die Spitze der Kulturverwaltung gelangte. Nach Ankauf der Sammlung Gurlitt durch die Stadt zu Beginn des Jahres 1953 wurde das ohnehin bereits belastete Verhältnis nachhaltig zerrüttet, was seine Gründe nicht allein in unseriösen Geschäftspraktiken Gurlitts,[184] sondern darüber hinaus in dessen „schwieriger Persönlichkeit"[185] (Schuster) wie auch in der Tatsache gehabt haben dürfte, dass Gurlitt „jede Rückweisung von Forderungen seinerseits als Affront seitens der Stadt betrachtete" (Ardelt).[186] In dieser Perspektive erscheint es nur folgerichtig, dass sich die ehemaligen Vertragspartner während Gurlitts letzten fünf Lebensjahren als Streitparteien vor Gericht begegneten. Es mag als durchaus bezeichnend gelten, dass in Korefs Memoiren Wolfgang Gurlitt daher nur an einer einzigen Stelle Erwähnung findet – und dort als „heimatlos gewordener Preuße" firmiert.[187]

Martin Krenn / DDr., Historiker und Archivar, hauptberuflich tätig am Archiv der Stadt Linz. Forschungsschwerpunkte: Linzer Stadtgeschichte des 19. und 20. Jahrhunderts, Wissenschaftsgeschichte, burgenländisch-westungarische Geschichte der Frühen Neuzeit, burgenländische Zeitgeschichte.

182 Reder 2017, S. 412.

183 AStL, KVD-Akten, Sch. 34b: Bundesministerium für Inneres an Koref vom 10.12.1946, fol. 19r mit der Mitteilung, dass Gurlitt aufgrund von Korefs Intervention die Staatsbürgerschaft verliehen werde.

184 Schuster 1999, S. 77.

185 Ebd. Ähnlich auch Kreczi 1959, S. 209: „Das Grundanliegen Gurlitts, ständig und überall seine Person in den Vordergrund zu schieben, ist für sein schließliches Scheitern in Österreich von wesentlicher Bedeutung gewesen."

186 Ardelt 2012, S. 27.

187 Koref 1980, S. 346.

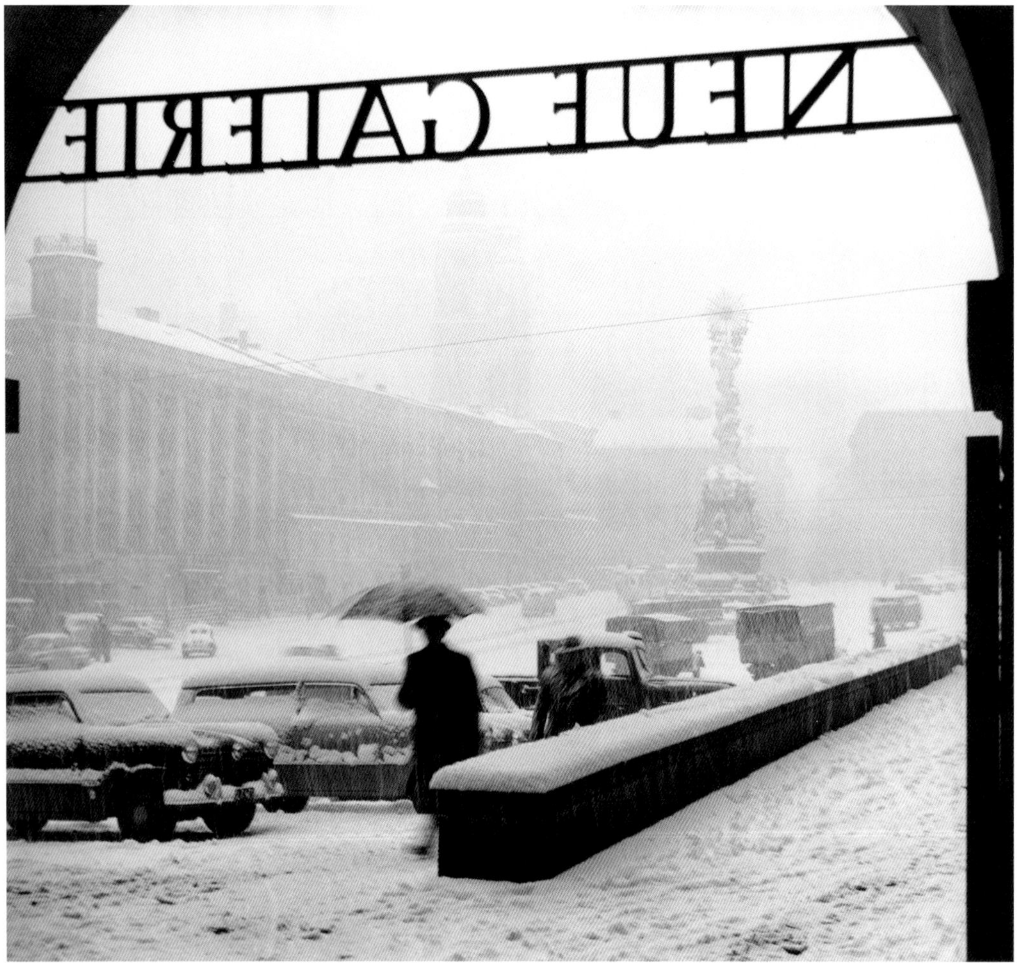

Blick aus der Neuen Galerie der Stadt Linz, Wolfgang Gurlitt-Museum
auf den Linzer Hauptplatz, um 1948
Foto: NORDICO Stadtmuseum Linz

ZEITLEISTE

Februar 1940 / Wolfgang Gurlitt bezieht (zunächst als Zweitwohnsitz, ab Herbst 1943 als Hauptwohnsitz) eine Villa in Bad Aussee.

11. Mai 1946 / Treffen Ernst Koref, Egon Oberhuber, Justus Schmidt, Wolfgang Gurlitt

22. Juli 1946 / Beschluss der Errichtung der Neuen Galerie im Stadtrat Linz

14. November 1946 / Vertrag zwischen der Stadt Linz und Gurlitt über die Errichtung und Ausgestaltung der Neuen („Modernen") Galerie der Stadt Linz

1. Juni 1947 / Dienstantritt Walter Kastens als Kustos der Neuen Galerie (Dienstverhältnis zu Wolfgang Gurlitt)

23. Oktober 1948 / Offizielle Eröffnung der Neuen Galerie der Stadt Linz

1949 / In der Verwaltungsgliederung von 1949 wird die Neue Galerie als Teil der Geschäftsgruppe I verwaltungsmäßig dem Kulturamt angegliedert.

28. Oktober 1949 / Vorschlag Hanns Kreczis zum Ankauf der Sammlung Gurlitt durch die Stadt Linz

10. November 1949 / Festlegung, dass die Neue Galerie künftig die Bezeichnung „Neue Galerie der Stadt Linz, Gründer und Leiter Wolfgang Gurlitt" führt

1950 / Gurlitt als Kunsthändler mit „Kunstkabinett der Galerie Wolfgang Gurlitt" in München tätig

14. Juli 1952 / Grundsatzbeschluss des Gemeinderates der Stadt Linz zum Ankauf der Sammlung Gurlitt. Der Gemeinderat überträgt Gurlitt die Leitung der Neuen Galerie auf Lebenszeit („unbesoldete Stellung eines Amtsleiters im Sinne der Geschäftsordnung des Magistrates der Landeshauptstadt Linz") und beschließt den Namen „Neue Galerie der Stadt Linz, Wolfgang Gurlitt-Museum".

1. Januar 1953 / Walter Kasten im Personalstand der Stadt Linz

14. Januar 1953 / Vertragsunterzeichnung des Verkaufs der Sammlung Gurlitt an die Stadt Linz (76 Ölgemälde, 33 Grafiken)

13. April 1953 / Ankauf weiterer acht Ölgemälde aus der Sammlung Gurlitt durch die Stadt Linz

9. November 1953 / Ankauf der Kubin-Sammlung Gurlitts durch die Stadt Linz

(nach) 1953 / Die Stadt kritisiert private Geschäfte Gurlitts unter dem Namen der Neuen Galerie.

20. Juli 1955 / Aufforderung der Stadt an Walter Kasten, dass Gurlitt seine privaten Bilder aus Depots der Neuen Galerie entfernen soll

11. Januar 1956 / Koref widerruft die ehrenamtliche Leitung der Neuen Galerie durch Wolfgang Gurlitt.

31. Januar 1956 / Verzicht Gurlitts auf seine Funktion als Leiter der Neuen Galerie. Verpflichtung Gurlitts, sich jeder Einflussnahme auf die Neue Galerie zu enthalten

23. Februar 1956 / Koref zieht bei Landeshauptmann Heinrich Gleißner den Antrag zurück, Gurlitt den Professorentitel zu verleihen.

1. Februar 1957 / Walter Kasten wird neuer Leiter der Neuen Galerie (zunächst provisorisch, ab 1. Februar 1958 definitiv bestellt).

4. Oktober 1957 / Aufforderung Korefs an Wolfgang Gurlitt, seine privaten Bilder aus Depots der Neuen Galerie zu entfernen

11. Juli 1960 / Aberkennung des Namenszusatzes „Wolfgang Gurlitt-Museum" im Titel der Neuen Galerie durch den Gemeinderat der Stadt Linz

(ab) 1960 / Beginn der juristischen Auseinandersetzungen zwischen Wolfgang Gurlitt und der Stadt Linz

22. Oktober 1963 / Der Oberste Gerichtshof entscheidet im Namensstreit gegen die Stadt Linz.

26. März 1965 / Tod Wolfgang Gurlitts in München

DOKUMENT

[*fol. 2r*]
Linz, den 14. November 1946.

Vereinbarung

Zwischen der Stadt Linz, vertreten durch Herrn Bürgermeister Dr. Ernst Koref, und Herrn Wolfgang Gurlitt, Bad Aussee, Reitern 38, Lenauhügel, wird nachfolgende Vereinbarung getroffen:

1. Zur Förderung des kulturellen Lebens der Stadt Linz erklärt sich Herr Wolfgang Gurlitt bereit, die Einrichtung und Gründung einer Modernen Galerie der Stadt Linz vorzunehmen.

Als Grundstock für die Galerie stellt Herr Wolfgang Gurlitt aus dem Besitze seiner Familie und aus von ihm vertretenen Fremdbesitz 120 – 150 Ölgemälde und 170 – 200 Aquarelle, Zeichnungen und graphische Blätter von Meistern des 19. Jahrhunderts als Leihgaben zur Verfügung.

Er ist berechtigt, einzelne Kunstwerke jederzeit auszutauschen, verpflichtet sich aber, die Bestände nach Anzahl und Qualität stets auf gleicher Höhe zu halten.

Auf Grund von Besprechungen, die Herr Gurlitt mit der Generaldirektion der Wiener Museen getroffen hat, wird der Grundstock der Modernen Galerie durch Leihgaben aus dem Besitz österreichischer Museen abgerundet.

Ferner wird sich Herr Gurlitt bemühen, Besitzer privater Kunstsammlungen anzuregen, durch Leihgaben den Ausbau der Modernen Galerie zu fördern.

Schließlich verpflichtet sich Herr Gurlitt, in den der Modernen Galerie angeschlossenen Ausstellungsräumen jährlich vier wechselnde Ausstellungen zu veranstalten.

2. Herr Gurlitt übernimmt die künstlerische Leitung der Modernen Galerie.

3. Für die Überlassung der Leihgaben und für seine Tätigkeit im Rahmen der Galerie und des Kulturamtes der Stadt Linz [*fol. 2v*] beansprucht Herr Gurlitt keinerlei Entschädigung und übt seine Tätigkeit ehrenamtlich aus.

4. Die Stadt Linz nimmt die Gründung der Modernen Galerie an und übernimmt für das Institut folgende Verpflichtungen:

Die Unterbringung der Modernen Galerie erfolgt in geeigneten Räumlichkeiten, zunächst in provisorischer Form in bis zu 16 Ausstellungsräumen, einem Büro und einem Abstellraum in dem Bau der Finanzverwaltung.

Nach Möglichkeit werden weitere vier Räume für die wechselnden Ausstellungen der Modernen Galerie angeschlossen.
Da diese Ausstellungen z.T. als Verkaufsausstellungen gedacht sind, ist auch dafür ein Büro und ein Lagerraum erforderlich.

Die Stadt Linz übernimmt die finanzielle Betreuung der Räume der Modernen Galerie und der Ausstellungsräume sowie die laufenden Unkosten (Mieten, Erhaltung, Beleuchtung, Beheizung, Transportkosten, Drucksachen, Kataloge usw.). Versicherung wird keine eingegangen. Das Museum wird aber in der Zeit, in der es geschlossen ist, in der Form bewacht, daß ein Tag- und Nachtportier für das Gebäude bestellt ist. Das Personal der Galerie (Bürokraft, Aufsicht, Putzfrau, Diener) wird von der Stadt gestellt und gehört zum Kulturamt. Es wird der Museumsleitung unterstellt. Auswahl und Einstellung der Personen wird gemeinsam mit Herrn Wolfgang Gurlitt vorgenommen. Die Führung der Modernen Galerie und der wechselnden Ausstellungen macht die Anwesenheit einer leitenden Persönlichkeit notwendig. Da Herr Gurlitt durch seine anderwertigen Bindungen keine Verpflichtung eingehen kann, ständig anwesend zu sein, stellt er einen geeigneten Vertreter, der von ihm honoriert wird. Zu den dadurch für Herrn Gurlitt entstehenden Barausgaben leistet die Stadt Linz einen Honorarbeitrag von monatlich S 250.--.

5. Die Eintrittsgelder der Modernen Galerie und der wechselnden Ausstellungen fließen der Stadt zu. Bei vorkommenden Verkäufen in den wechselnden Ausstellungen erhält die Stadt Linz einen Anteil von 10% des Verkaufspreises.

Diese Beträge sollen dazu dienen, Ankäufe für die Moderne Galerie zu tätigen, die Eigentum der Stadt Linz sind.

6. [*fol. 3r*] Die Entscheidungen über Ankäufe werden von der Stadt nach Beratung durch Herrn Wolfgang Gurlitt getroffen.

7. Die Erlaubnis zur Reproduktion von ausgestellten Werken wird von der Museumsleitung erteilt. Die Einkünfte aus diesen Reproduktionen, auch aus Postkarten, fließen dem städt. Museumsfonds zu.

8. Um der Stadt Linz die Möglichkeit zu geben, nach dem Vorbild der Modernen Galerie ein eigenes Museum aufzubauen und um einen nennenswerten Betrag aus den Einkünften der Modernen Galerie und den wechselnden Ausstellungen anzusammeln, erklären die Stadt Linz und Herr Wolfgang Gurlitt dieses Abkommen zunächst für die Dauer von 10 Jahren als bindend.

Die Kündigungsfrist beträgt ein Jahr; erfolgt keine Kündigung, läuft das Abkommen automatisch um 3 Jahre weiter. Jedem Vertragspartner steht das Recht zu, den Vertrag auch vor Ablauf der vorgesehenen Frist dreimonatlich zu kündigen, wenn außerordentliche Verhältnisse die Gefahr für die Sicherheit des Ausstellungsgutes erhöhen.

9. Um die in Verbindung mit der Modernen Galerie und den wechselnden Ausstellungen entstehenden erzieherischen Aufgaben durchführen zu können, richtet die Stadt im Kulturamt eine Stelle für Kunstausstellungswesen ein, der Herr Wolfgang Gurlitt angehört.

10. Für den Fall seines Ablebens bestimmt Herr Wolfgang Gurlitt eine ihm geeignet erscheinende Persönlichkeit, die seine Pflichten und Rechte aus diesem Abkommen übernimmt.

11. Die Kosten dieses Abkommens werden von der Stadt Linz getragen.

Wolfgang Gurlitt eh. Dr. Ernst Koref, Bürgermeister eh.

Quelle: AStL, Verträge der Stadt Linz, Sign. 461114B (Neue Galerie): Vertrag zwischen der Stadt Linz und Wolfgang Gurlitt vom 14. November 1946, fol. 2r–3r.

Ausstellungen unter der Leitung von Wolfgang Gurlitt

1947

Alfred Kubin • Ludwig Kasper • Die schöpferische Frau • Max Liebermann • Die Landschaft. 19. Jahrhundert und Gegenwart • Sion Longley Wenban

1948

Erlebnis und Deutung. Alfons Ortner – Herbert Ploberger – Hans Weibold • Hanns Kobinger • Malerei und Graphik aus Tirol • Emmy Haesele • Demeter Koko – Matthias May • Französische Meister der Zeichenkunst des 19. Jahrhunderts • Eröffnungs-, Sammlungspräsentation • Alexander Wahl • Oberösterreichischer Werkbund

1949

Junge Bühnenbildner aus der Meisterschule Emil Pirchan • Art Club • Egon Schiele • Hans Fronius – Ursula Schuh • Georges Rouault • Walter Kampmann • Deutsche Meister der Graphik • Secession Graz • Römische Maler • Egon Hofmann • Hans Joachim Breustedt • Schweizer Graphik der Gegenwart • Werner Scholz

1950

Pepo Grabner – Hilde Heger – Hugo Schwarz – Franz Zülow • Aus der Werkstatt Walt Disney • Margret Bilger • Otto Beckmann – Walter Eckert – Karl Kreutzberger – Kurt Moldovan • Toni Hofer – Johannes Krejci – Franz Poetsch – Josef Schnetzer – Toni Vorauer • Salzburger Künstler • Klassiker des Kubismus • Die Lehrer der Kunstschule der Stadt Linz • Museum der Kunst des 19. und 20. Jahrhunderts (Sammlung) • Alfred Wickenburg • Emil Zeides • Kindermalereien aus Großbritannien

1951

Indien • Rudolf Hoflehner • Alfred Kubin • Ernst Fuchs • 1. Oberösterreichische Fotoausstellung • Erich Landgrebe • Rudolf Baschant • Oskar Kokoschka • Paul Flora • Hermann Walenta • Seff Weidl • Max Weiler

1952

Henry Moore • Werner Drewes • Odilon Redon • Gerhard Swoboda • Das französische Theater von heute in Großfotos • Lovis Corinth • Ernst Reischenböck • Heinrich Zille • Theo Braun • Handzeichnungen französischer Bildhauer des 20. Jahrhunderts (Palais Lobkowitz Wien) • Sport und Foto • Elisabeth Turolt • Französische Meister der Zeichenkunst des 19. Jahrhunderts • Internationale Graphik • Franz Sedlacek • Ernst Barlach

1953

Der Krieg • MAERZ • Erste internationale Fotoschau • Matthias May und seine Schule • Britische Lithographien der Gegenwart • Anton Kolig • Reproduktionen nach Handzeichnungen von Leonardo da Vinci und nach Ölgemälden der Meister des 19. und 20. Jahrhunderts • Das Theater in der Graphik und Karikatur • Lisl Engels – Irma Toledo – Christiane Laran

1954

Anton Faistauer • Edward Jakob von Steinle • Wilhelm Thöny • Kärntner Graphik • Der Ring bildender Künstler Berlins • Hans Orlowski • Hans Gassebner • Wiener Künstler • Ernst Huber • Egon Hofmann • Peter Kubovsky – Erich Ruprechter • Herbert Dimmel • Marc Chagall • Adolf Kloska • Subjektive Fotografie • Weihnachtsverkaufsausstellung • Italienische Graphik der Gegenwart

1955

Künstlergruppe *der kreis* • Margarete Melzer • Giacomo Manzù • Paul Klee • Rudolf Baschant – Karl Prantl • Internationale Plakatausstellung • Louis-Nicolas Cabat (Palais Lobkowitz Wien) • 3 Frauen • Holländische Kunst der Gegenwart • Oskar Kokoschka (Residenz Salzburg) • 4. Österreichischer Graphikwettbewerb im Tiroler Kunstpavillon (Innsbruck) • Das junge Frankreich (Forum Alpbach) • Michael Neumüller • Karl Heinz Hansen (u. a. Hamburger Kunsthalle) • Max Weiler – Otto Herbert Hajek • Weihnachtsverkaufsausstellung

WOLFGANG GURLITTS LINZER AUSSTELLUNGSMARATHON

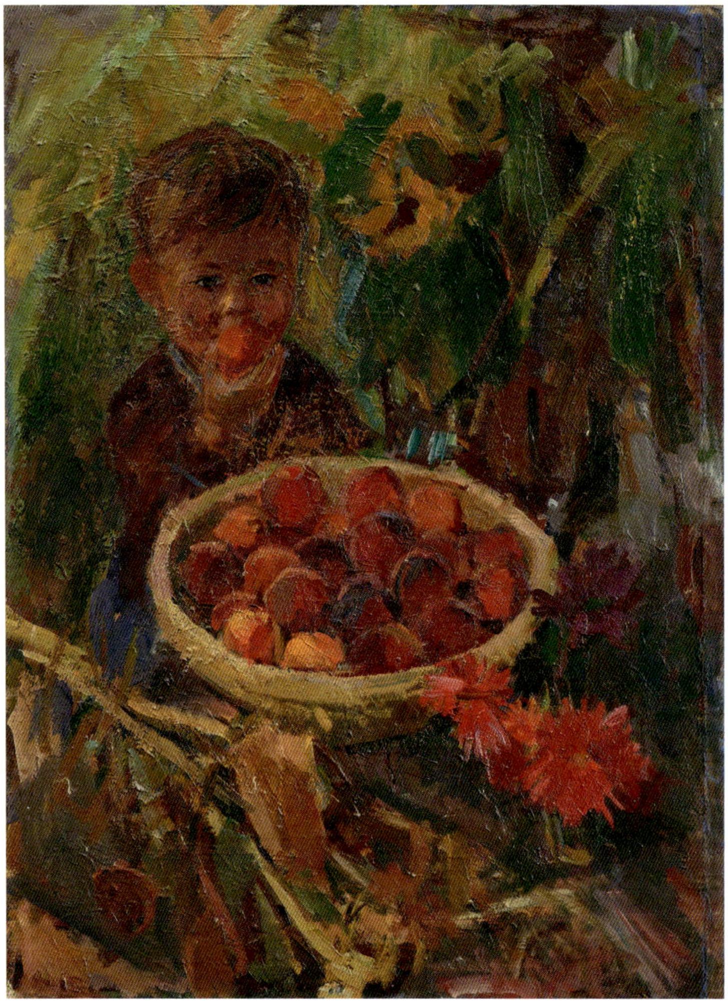

1

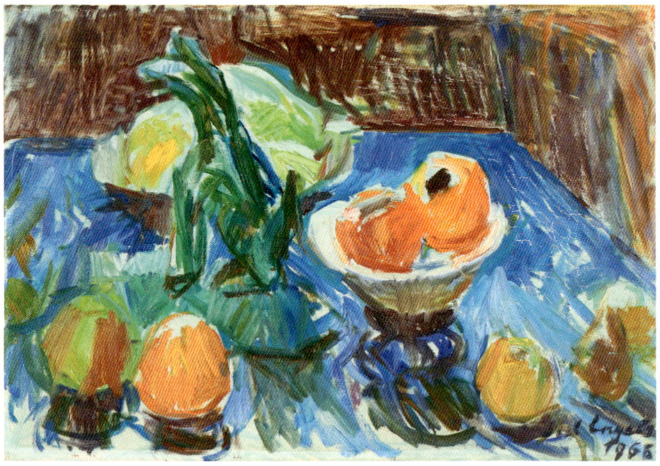

2

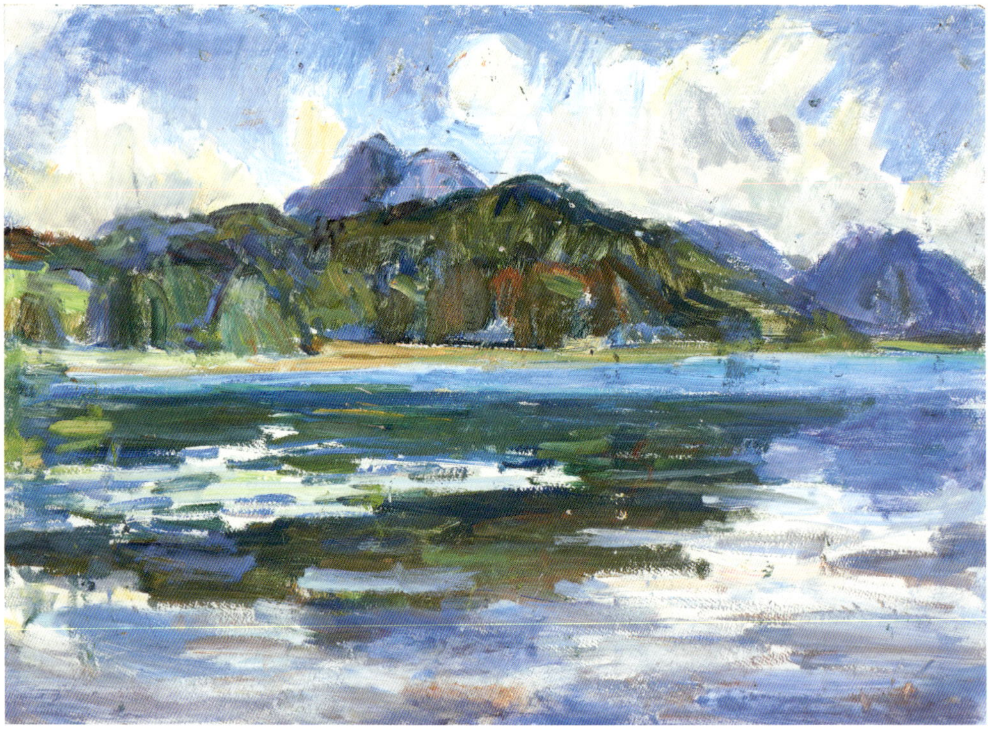

3

1 / **Lisl Engels**
* 1916 Mödling, Österreich, † 2006 Thalgauegg, Österreich
Fridolin mit Pfirsichen (Mein Sohn Fridolin), 1944
Öl auf Leinwand, 90 × 64 cm
Fridolin Engels, Wien
Foto: Reinhard Haider, LENTOS Kunstmuseum Linz

2 / **Lisl Engels**
Obststillleben mit chinesischem Dachreiter, 1966
Öl auf Leinwand, 50 × 70 cm
Fridolin Engels, Wien
Foto: Reinhard Haider, LENTOS Kunstmuseum Linz

3 / **Lisl Engels**
Der Fuschlsee, um 1950
Öl auf Hartfaserplatte, 50 × 70 cm
Fridolin Engels, Wien
Foto: Reinhard Haider, LENTOS Kunstmuseum Linz

4 / **Lisl Engels**
Selbstbildnis Lisl Engels, 1956
Öl auf Hartfaserplatte, 80 × 63 cm
Fridolin Engels, Wien
Foto: Reinhard Haider, LENTOS Kunstmuseum Linz

5 / **Lisl Engels**
Sohn Fridolin am Fuschlsee, 1949
Öl auf Leinwand, 55 × 75 cm
Fridolin Engels, Wien
Foto: Reinhard Haider, LENTOS Kunstmuseum Linz

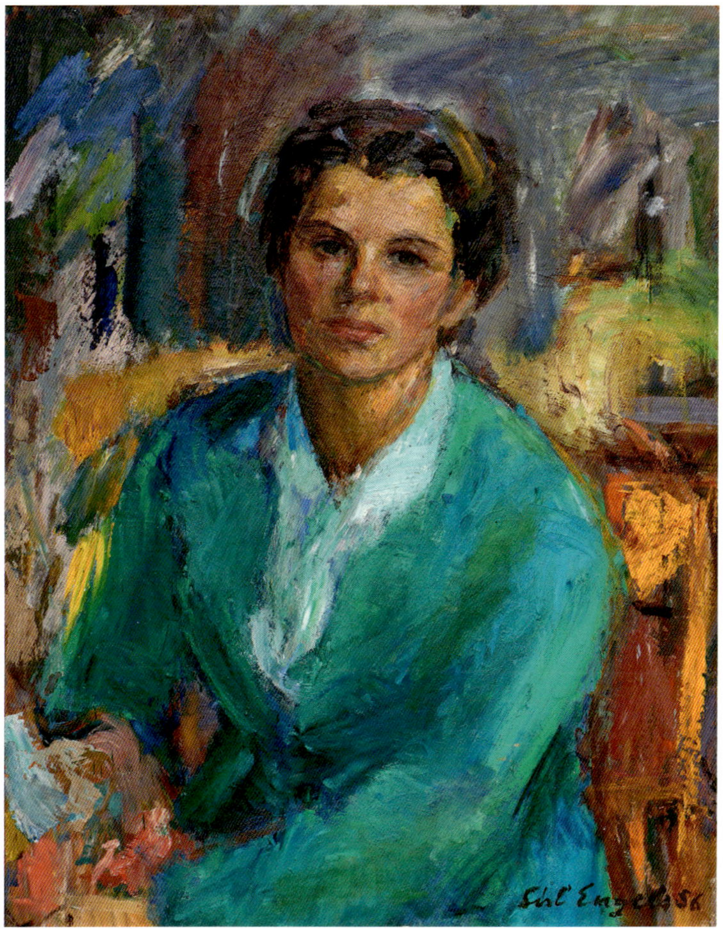

4

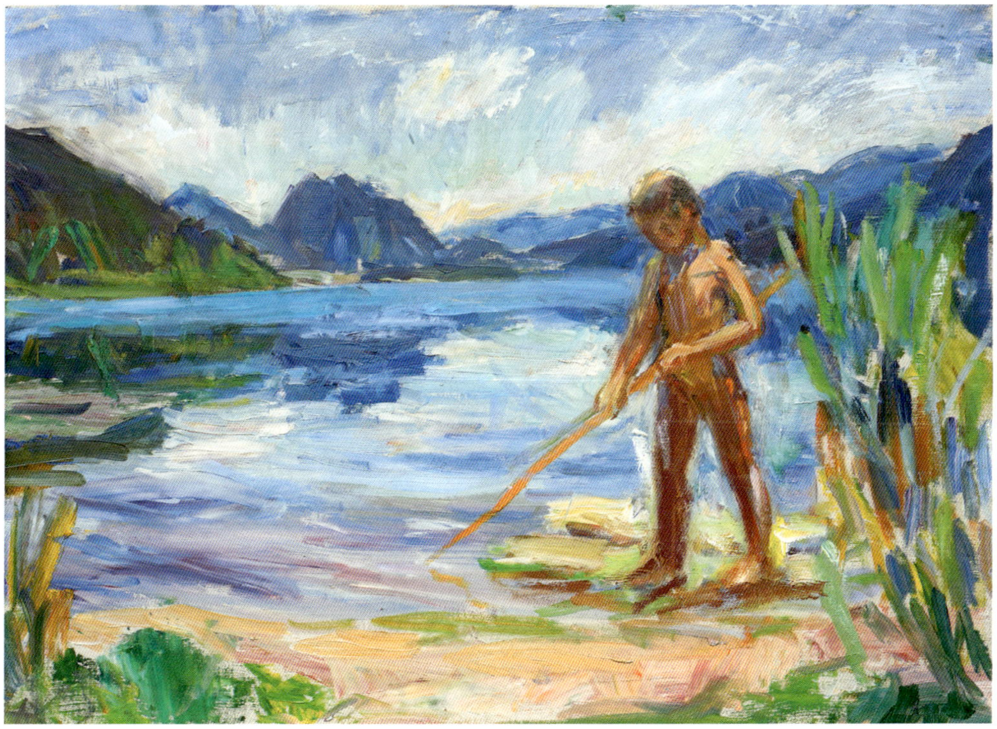

5

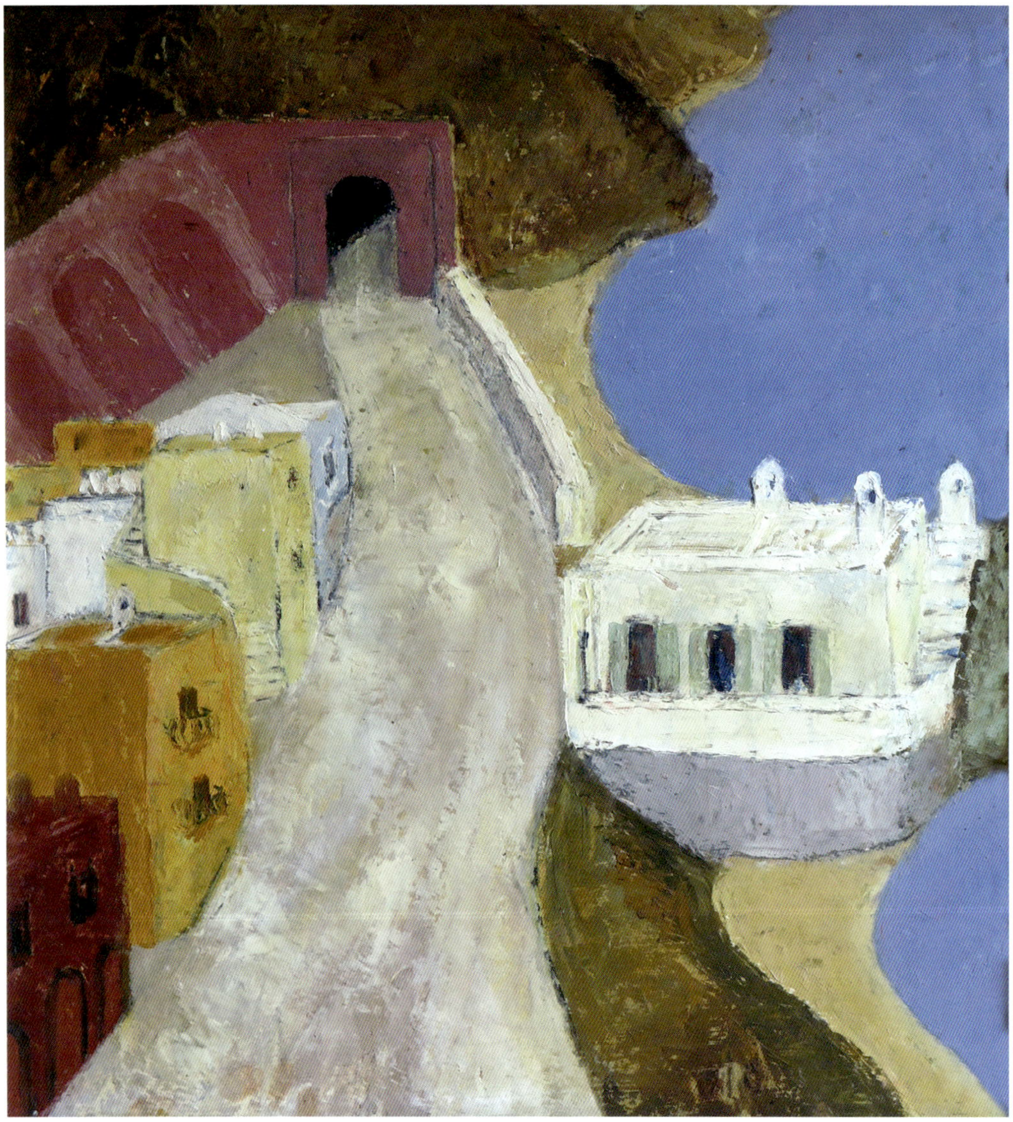

6

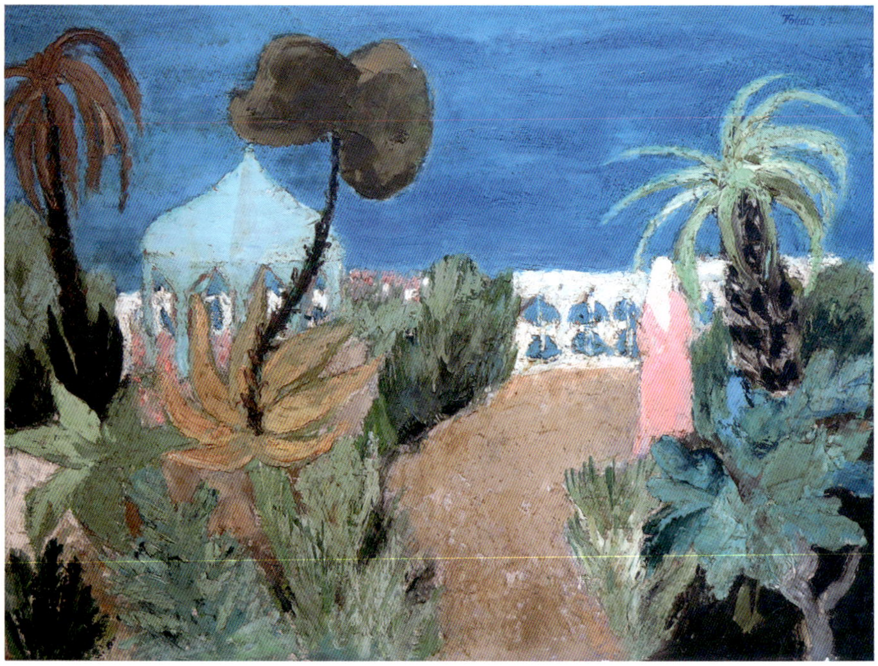

7

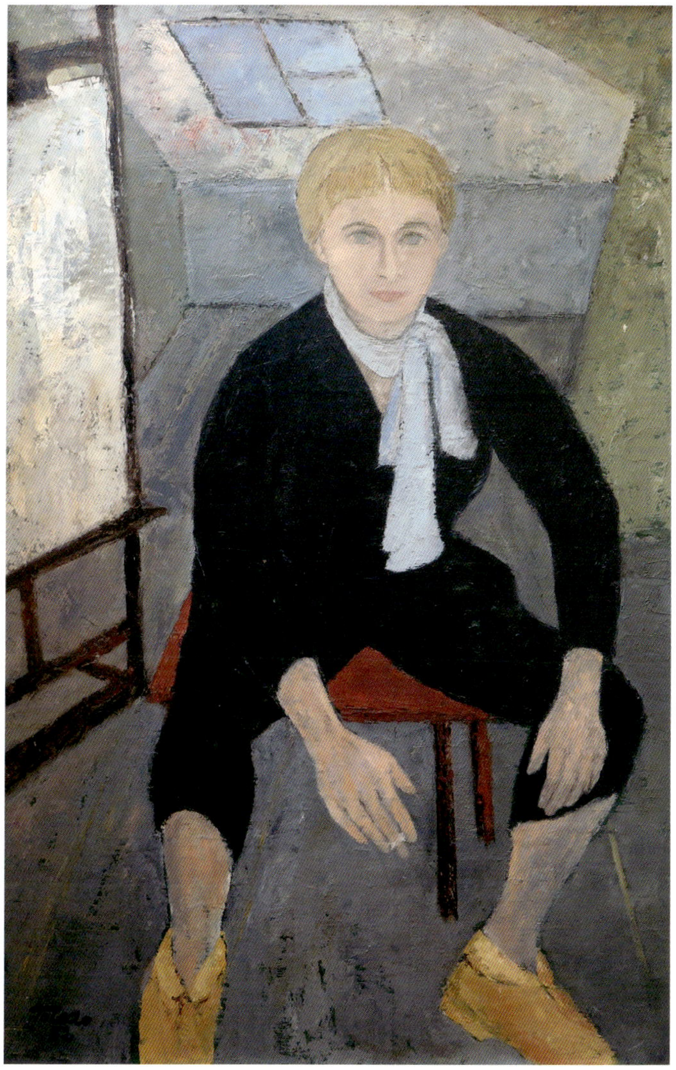

8

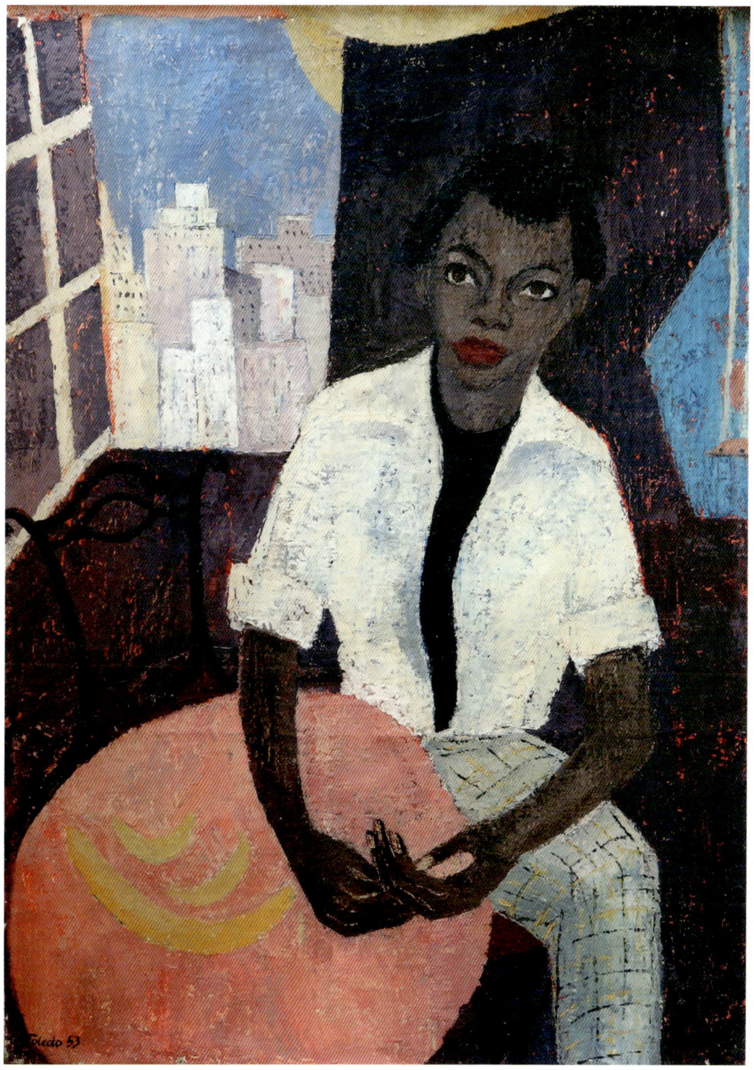

9

6 / **Irma Toledo**
* 1910 Laufen, Deutschland, † 2002 Salzburg, Österreich
Ponza Uferstraße, 1949
Öl auf Hartfaserplatte, 53,5 × 48 cm
Sammlung Galerie Seywald, Salzburg

7 / **Irma Toledo**
Orientalischer Garten, 1951
Öl auf Hartfaserplatte, 40 × 53 cm
Neue Galerie der Stadt Linz, *Lisl Engels – Irma Toledo – Christiane Laran*, 1953/54, Kat.-Nr. 43
Sammlung Galerie Seywald, Salzburg

8 / **Irma Toledo**
Johanna (Jank Lenden), 1952
Öl auf Hartfaserplatte, 100 × 62,5 cm
Sammlung Galerie Seywald, Salzburg

9 / **Irma Toledo**
Freundin Florence, 1953
Öl auf Leinwand, 95 × 65,5 cm
Neue Galerie der Stadt Linz, *Lisl Engels – Irma Toledo – Christiane Laran*, 1953/54, Kat.-Nr. 35
Sammlung Galerie Seywald, Salzburg

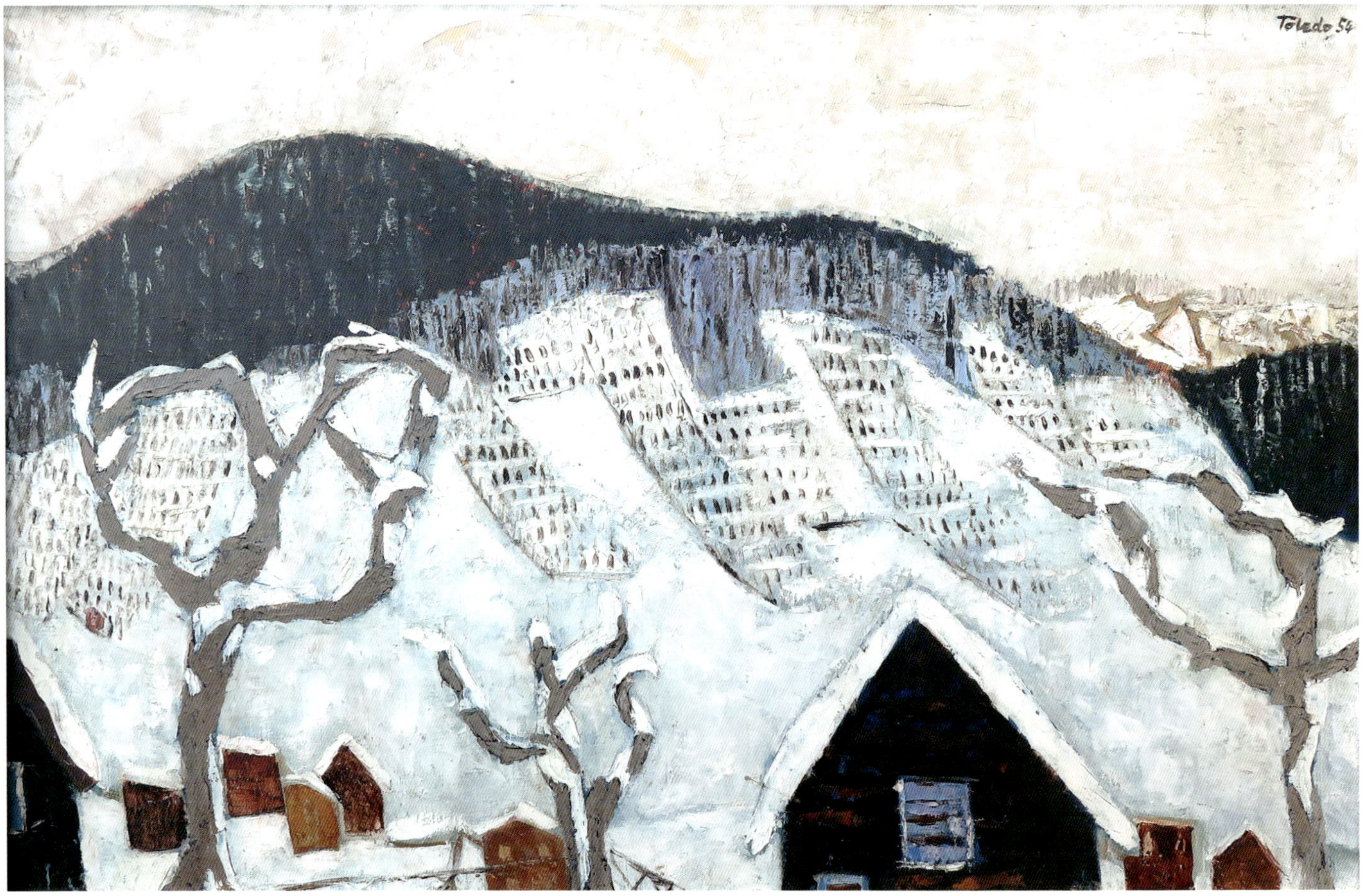

10

11

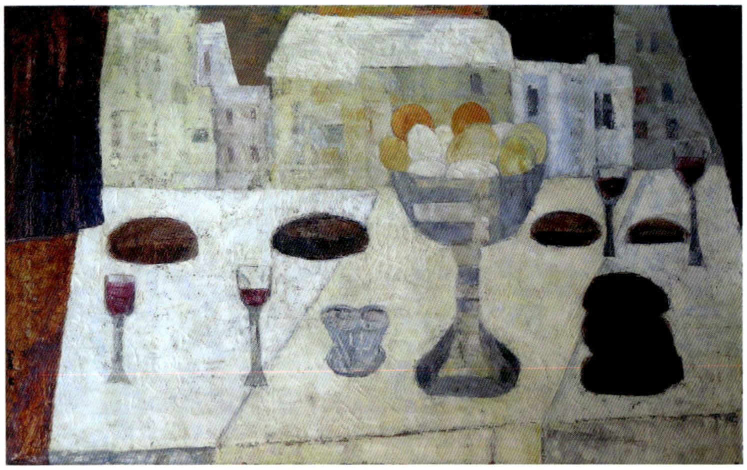

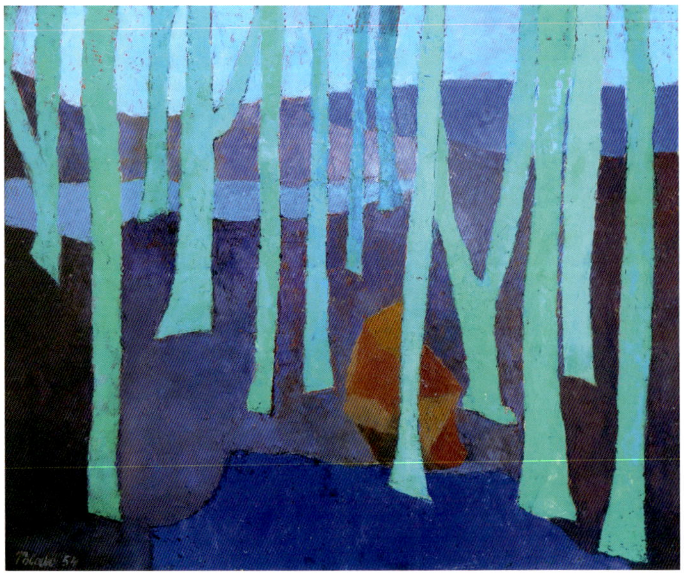

10 / **Irma Toledo**
Der Weinberg / Winterlandschaft, 1954
Öl auf Leinwand, 60 × 90 cm
Sammlung Galerie Seywald, Salzburg

11 / **Irma Toledo**
Karfreitag, 1960
Öl auf Leinwand, 62 × 100 cm
Sammlung Galerie Seywald, Salzburg

12 / **Irma Toledo**
Weiher im Wald, 1954
Öl auf Hartfaserplatte, 53,5 × 62 cm
Sammlung Galerie Seywald, Salzburg

12

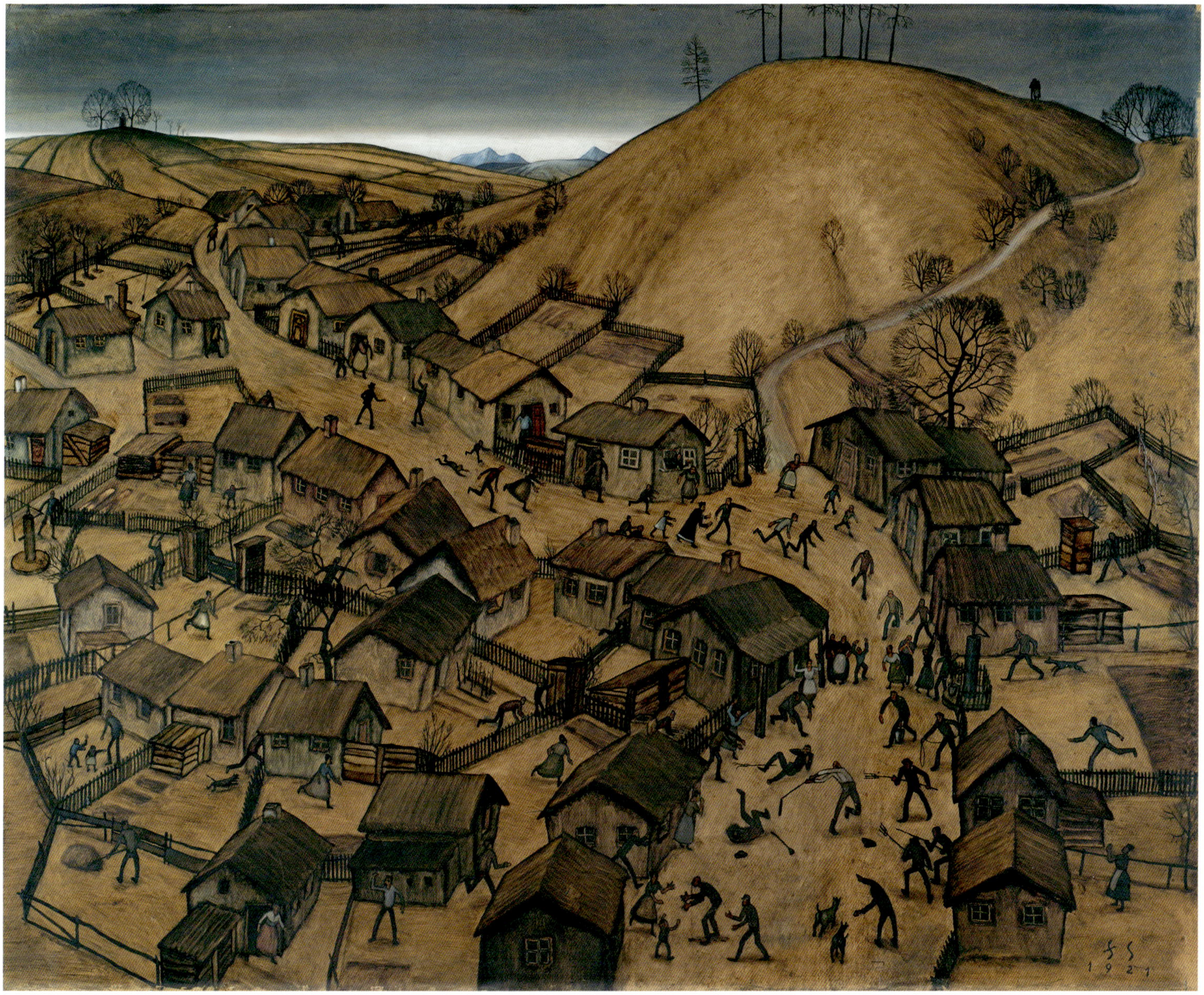

13

13 / **Franz Sedlacek**
* 1891 Breslau, Schlesien, heute Polen, † 1945 gefallen, Polen
Der Besessene, 1921
Öl auf Pappe, 71 × 86 cm
Neue Galerie der Stadt Linz, Ausstellung *Franz Sedlacek* 1952
LENTOS Kunstmuseum Linz, Inv.-Nr. 90, erworben von
Wolfgang Gurlitt 1953

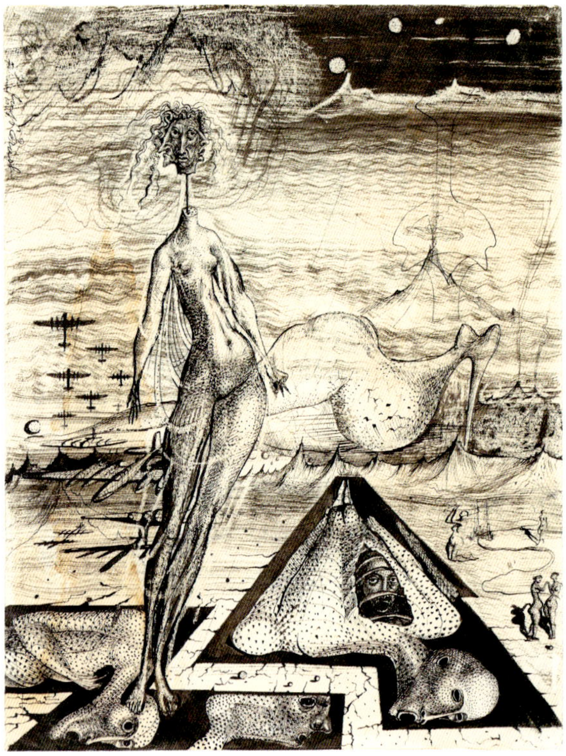

14

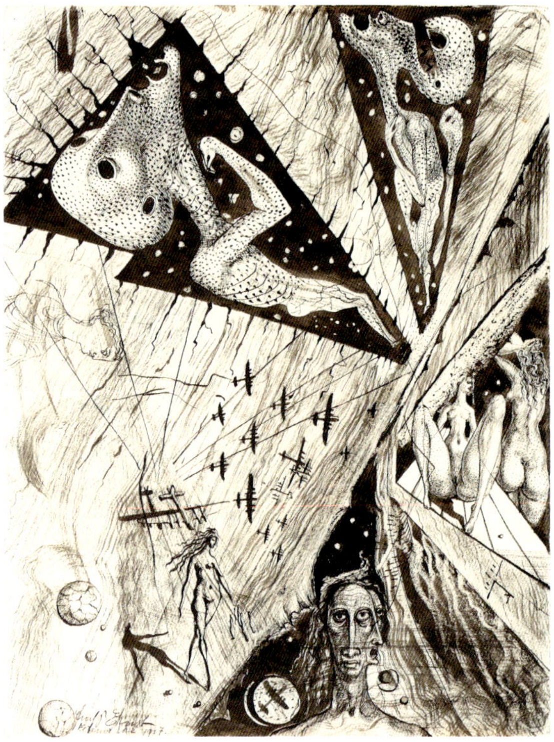

15

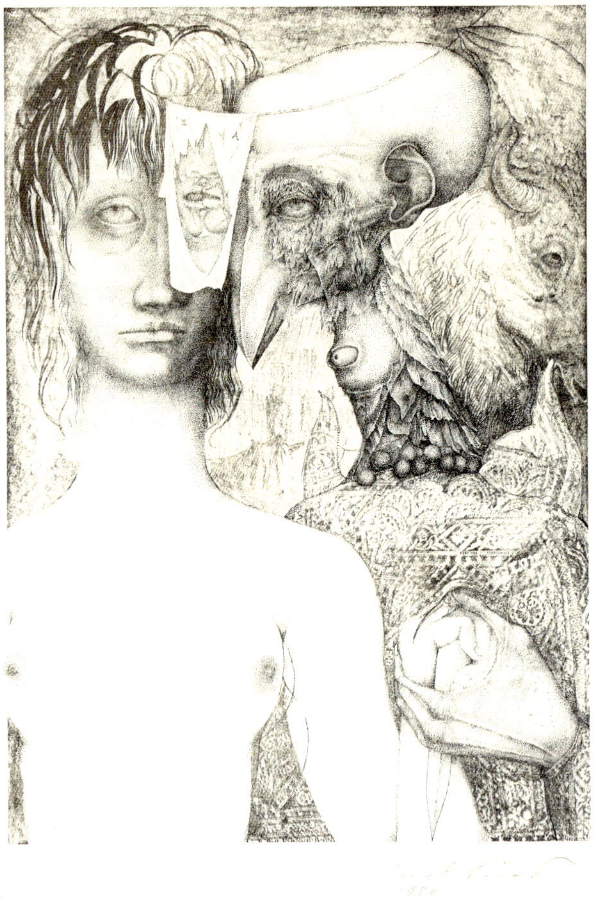

16

14 / **Ernst Fuchs**
* 1930 Wien, Österreich, † 2015 Wien, Österreich
Apokalyptische Vision, 1947
Feder in Tusche auf Papier, 36 × 27 cm
LENTOS Kunstmuseum Linz, Inv.-Nr. G 1674, erworben 1964

15 / **Ernst Fuchs**
Epitaph auf den Krieg, 1947
Feder in Tusche auf Papier, 36 × 27 cm
Neue Galerie der Stadt Linz, *Ernst Fuchs*, 1951, Kat.-Nr. 29
LENTOS Kunstmuseum Linz, Inv.-Nr. G 2245, erworben 1971

16 / **Ernst Fuchs**
Verhinderte Lukretia, 1950
Lithografie auf Papier, 48,5 × 32 cm
LENTOS Kunstmuseum Linz, Inv.-Nr. G 1489 c, erworben 1962

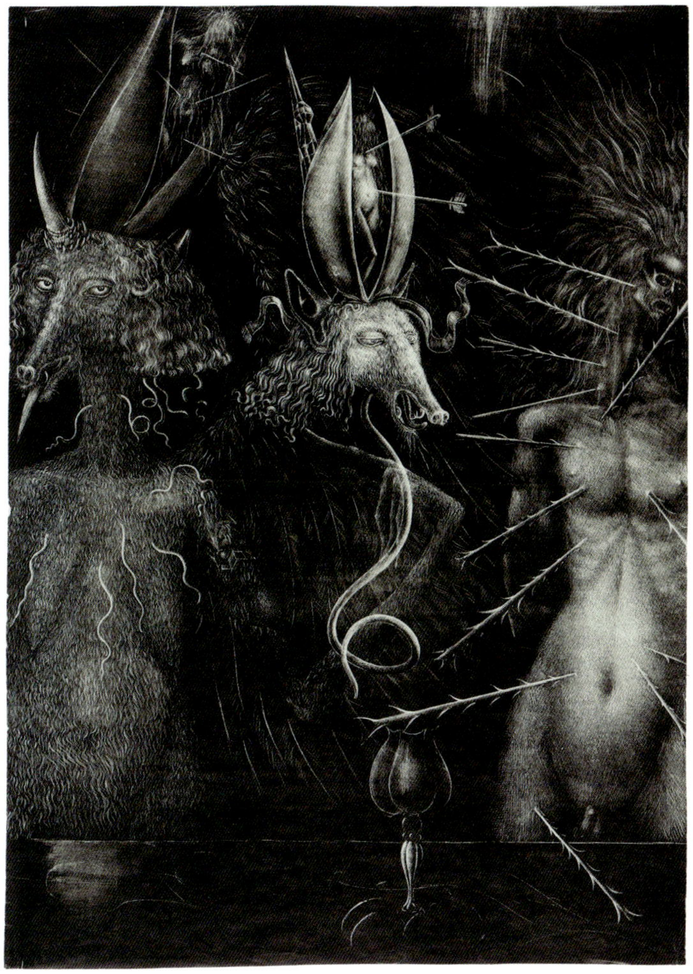

17

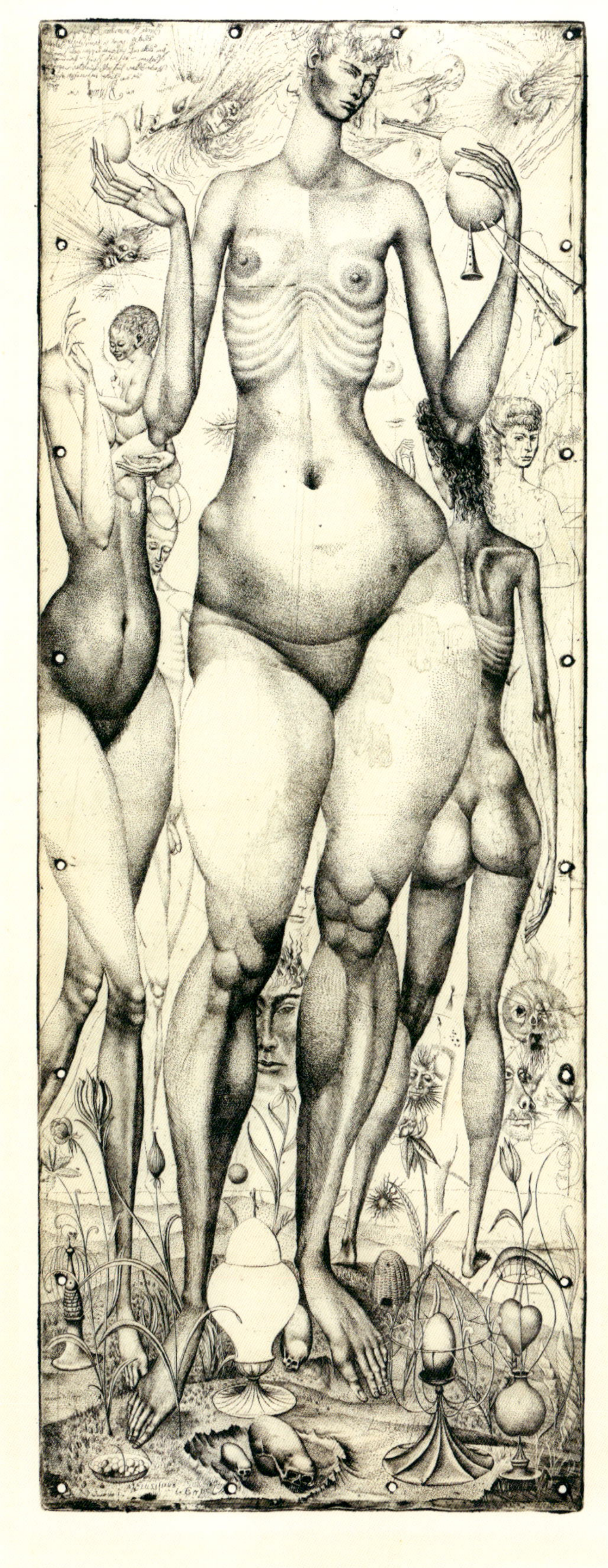

18

17 / **Ernst Fuchs**
Die verlorene Marter, 1951
Schabkunstblatt, 48,5 × 34,5 cm
LENTOS Kunstmuseum Linz, Inv.-Nr. G 1489 p, erworben 1962

18 / **Ernst Fuchs**
Mai-Bild, 1949
Radierung, 88 × 36 cm
Neue Galerie der Stadt Linz, *Ernst Fuchs*, 1951, Kat.-Nr. 1, mit Abbildung
LENTOS Kunstmuseum Linz, Inv.-Nr. G 2249, erworben 1971

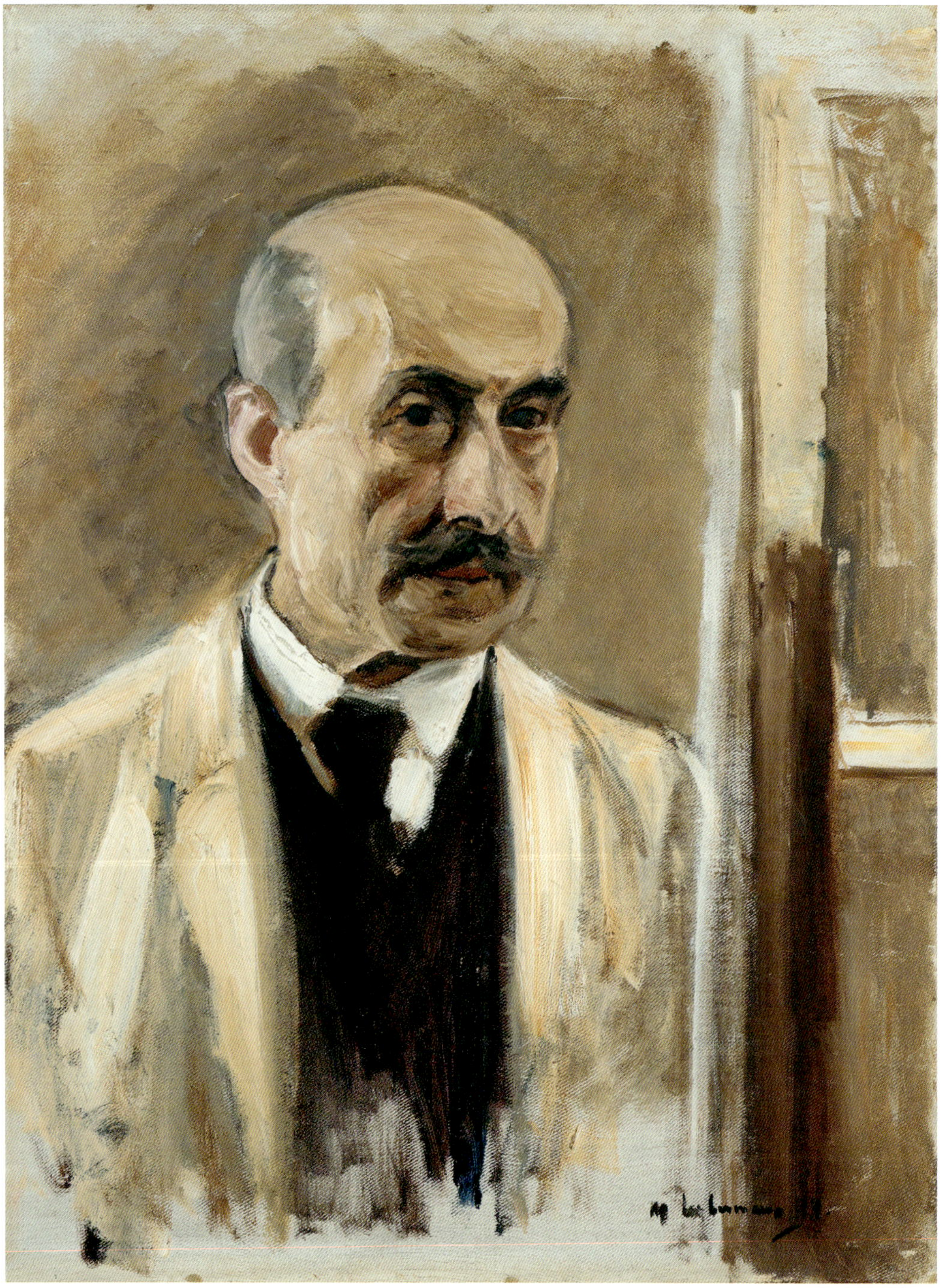

19

19 / **Max Liebermann**
* 1847 Berlin, Deutschland, † 1935 Berlin, Deutschland
Selbstbildnis, 1914
Öl auf Leinwand, 68 × 50 cm
Neue Galerie der Stadt Linz, *Max Liebermann*, 1947
Abb. am Katalogcover 1947
LENTOS Kunstmuseum Linz, Inv.-Nr. 42, erworben
aus der Sammlung Wolfgang Gurlitt 1953

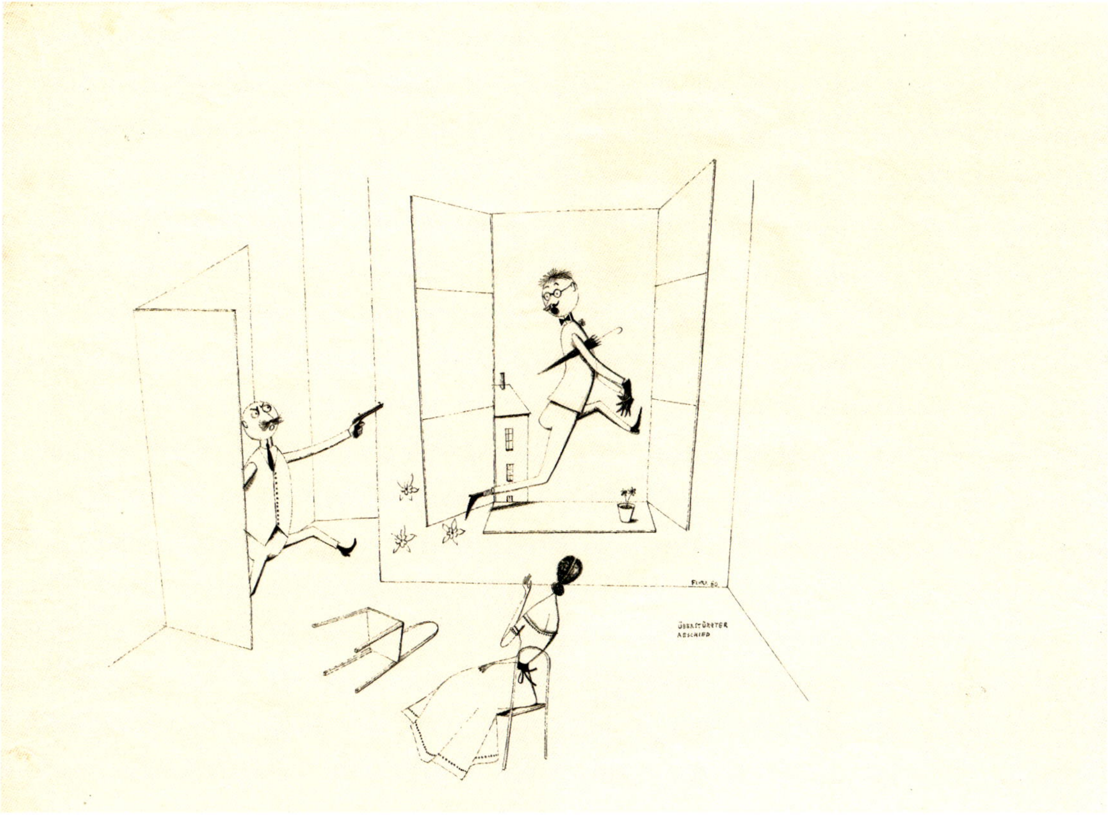

20

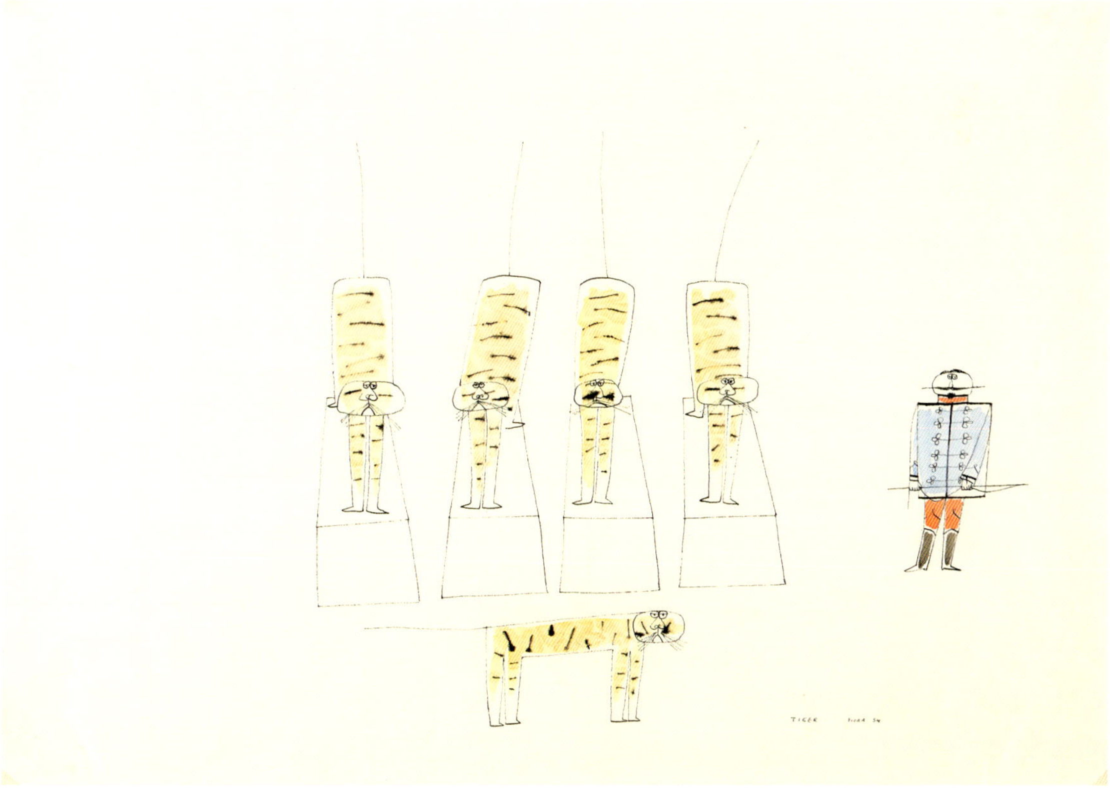

21

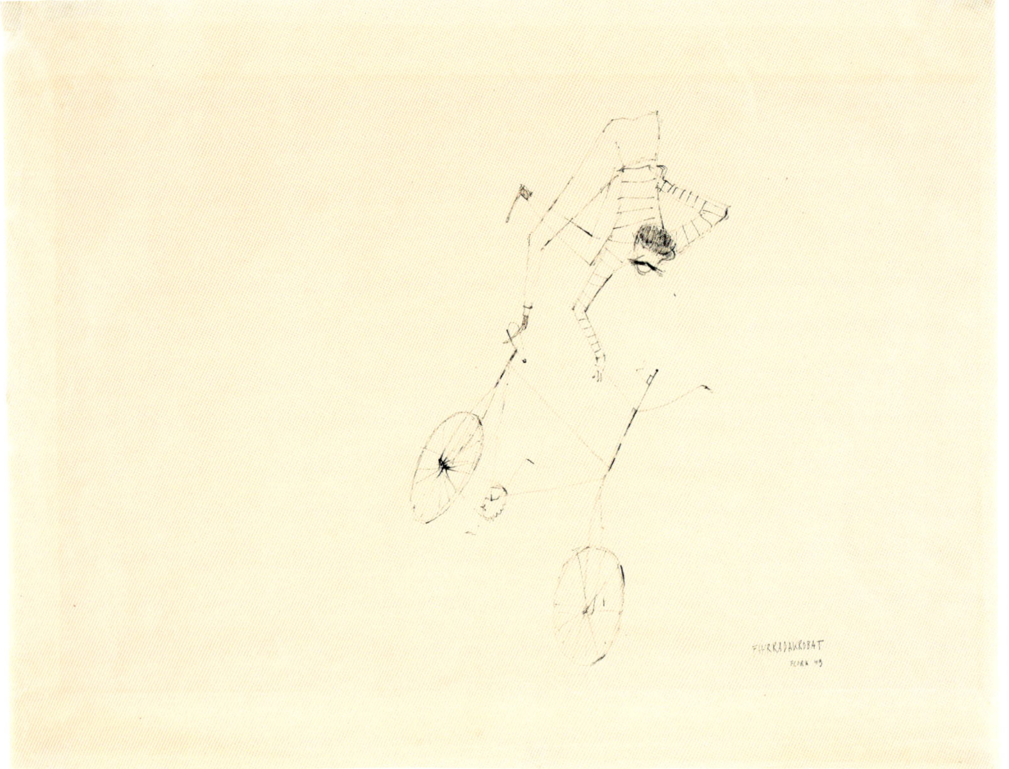

22

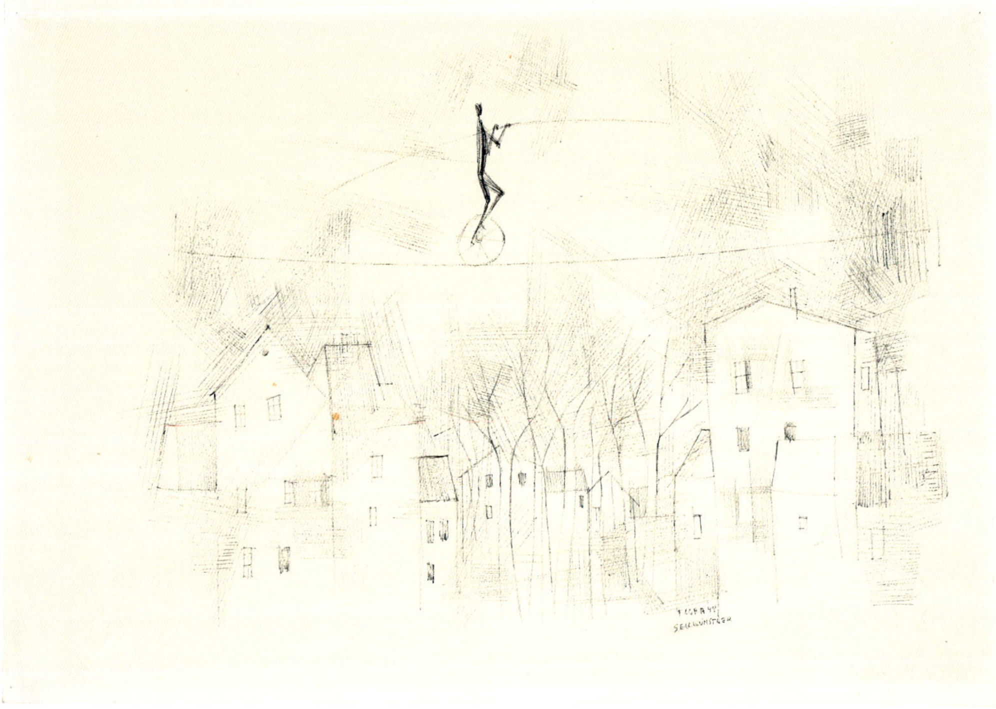

23

20 / **Paul Flora**
* 1922 Glurns, Italien, † 2009 Innsbruck, Österreich
Überstürzter Abschied, 1950, Feder in Tusche auf Papier, 40 × 48 cm
Sammlung Galerie Seywald, Salzburg

21 / **Paul Flora**
Tiger, 1954, Feder in Tusche auf Papier, aquarelliert, 43 × 61 cm
LENTOS Kunstmuseum Linz, Inv.-Nr. G 1136, erworben 1954 von Wolfgang Gurlitt

22 / **Paul Flora**
Fahrradakrobat, 1949, Feder in Tusche auf Papier, 39 × 50 cm
LENTOS Kunstmuseum Linz, Inv.-Nr. G 191, erworben 1950 von Wolfgang Gurlitt

23 / **Paul Flora**
Seilkünstler, 1949, Feder in Tusche auf Papier, 29,5 × 41,7 cm
LENTOS Kunstmuseum Linz, Inv.-Nr. G 460, Schenkung 1950 von Wolfgang Gurlitt

24 / **Paul Klee**
* 1879 Münchenbuchsee, Schweiz, † 1940 Muralto, Schweiz
Seiltänzer, 1923, Farblithografie auf Papier, 46 × 29,5 cm
LENTOS Kunstmuseum Linz, Inv.-Nr. G 369,
erworben von Wolfgang Gurlitt 1950

25 / **Paul Klee**
Riesenblattlaus, 1920, Lithografie auf Papier, 32,4 × 24,2 cm
LENTOS Kunstmuseum Linz, Inv.-Nr. G 368,
erworben von Wolfgang Gurlitt 1950

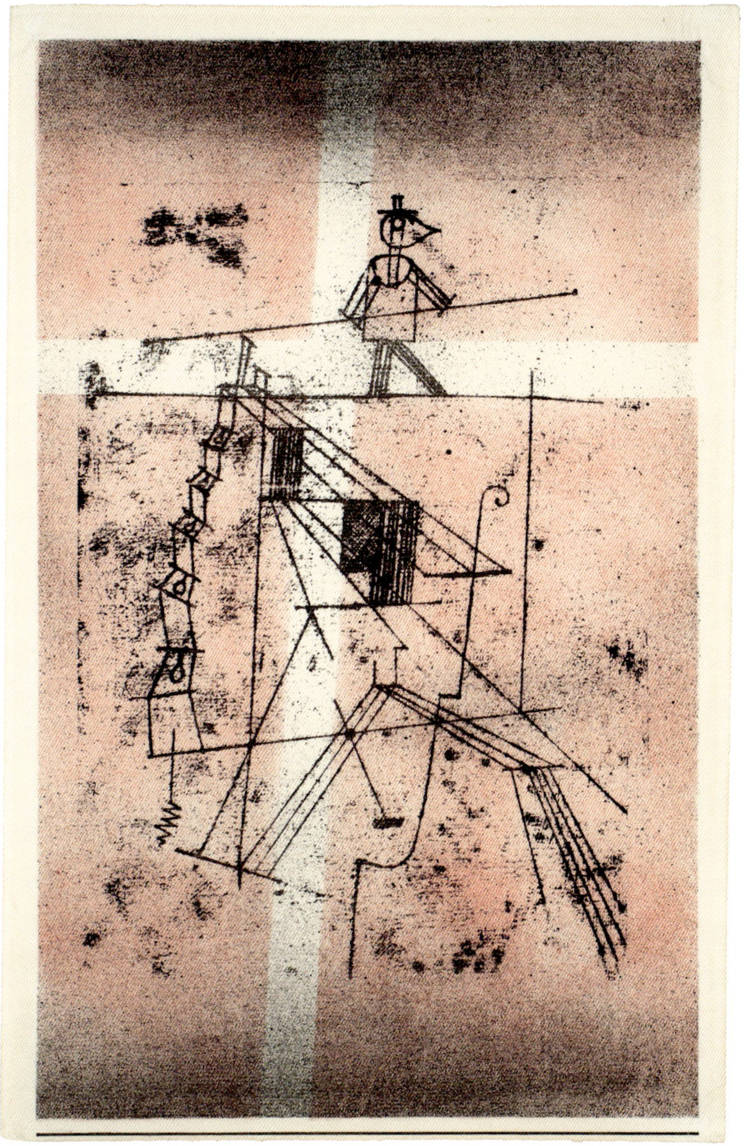

24

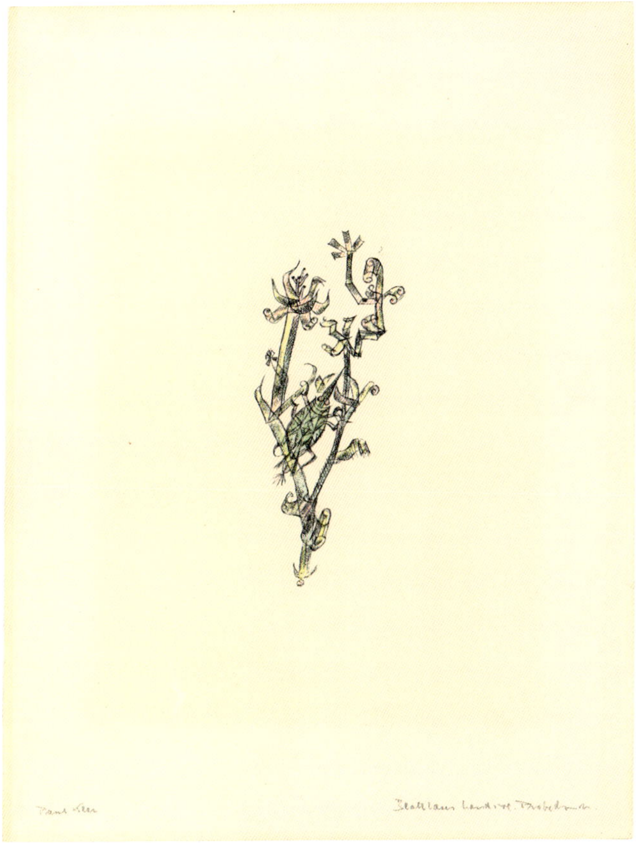

25

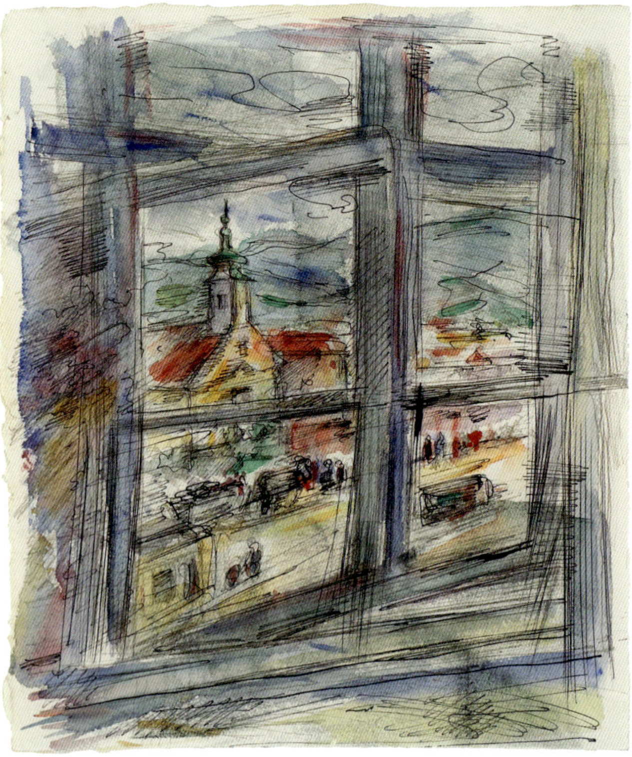

26

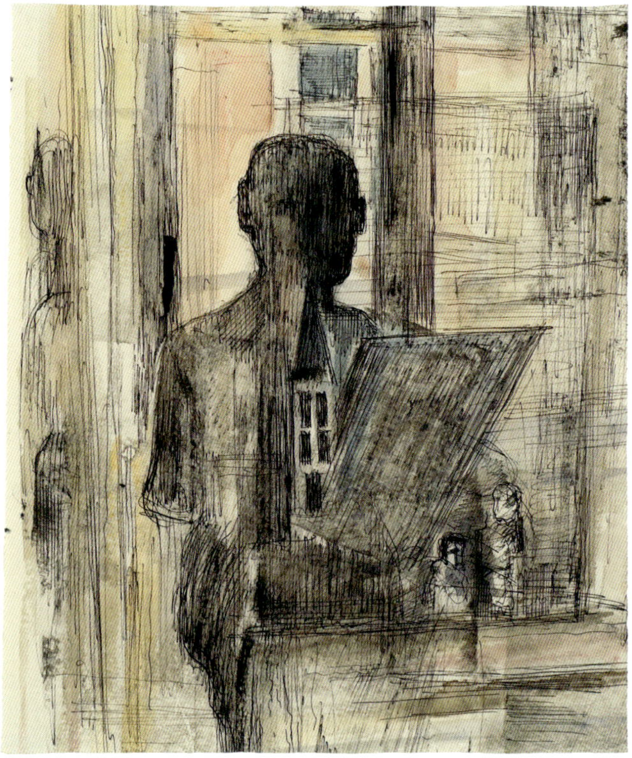

27

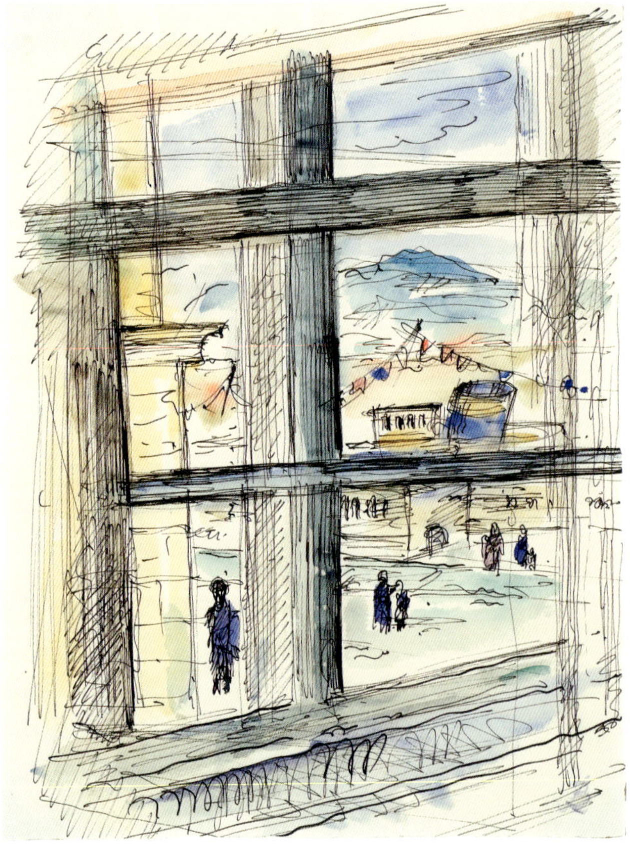

28

26 / **Rudolf Baschant**
* 1897 Salzburg, Österreich, † 1955 Linz, Österreich
Landschaft im Fenster (Blick aus der Neuen Galerie der Stadt Linz), um 1948
Feder in Tusche auf Papier, aquarelliert, 32,7 × 28 cm
Neue Galerie der Stadt Linz, *Rudolf Baschant Kollektivausstellung*, 1951, Kat-Nr. 2
LENTOS Kunstmuseum Linz, Inv.-Nr. G 87, erworben von Wolfgang Gurlitt 1949

27 / **Rudolf Baschant**
Selbstbildnis (Blick aus der Neuen Galerie der Stadt Linz), um 1948
Feder in Tusche auf Papier, aquarelliert, 34 × 28 cm
LENTOS Kunstmuseum Linz, Inv.-Nr. G 93, erworben von Wolfgang Gurlitt 1949

28 / **Rudolf Baschant**
Das Fenster (Blick aus der Neuen Galerie der Stadt Linz), um 1948
Feder in Tusche auf Papier, aquarelliert, 27,5 × 20,4 cm
Neue Galerie der Stadt Linz, *Rudolf Baschant Kollektivausstellung*, 1951, Kat-Nr. 1
LENTOS Kunstmuseum Linz, Inv.-Nr. G 86, erworben von Wolfgang Gurlitt 1949

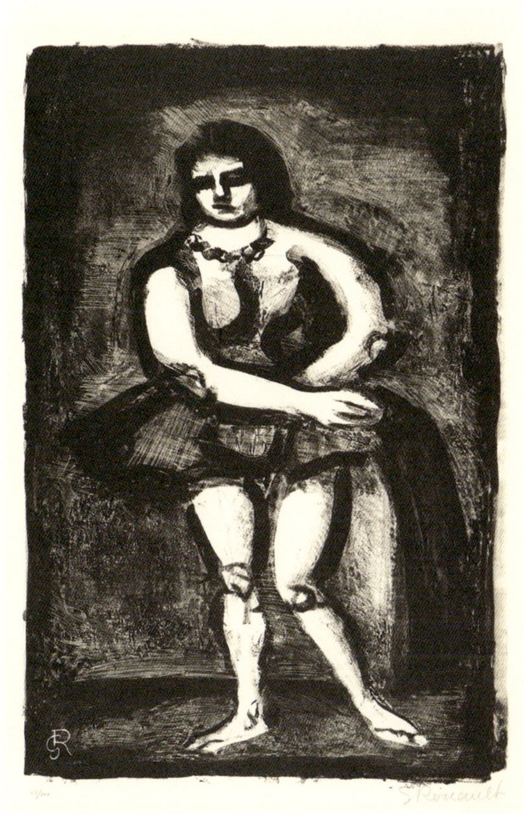

29

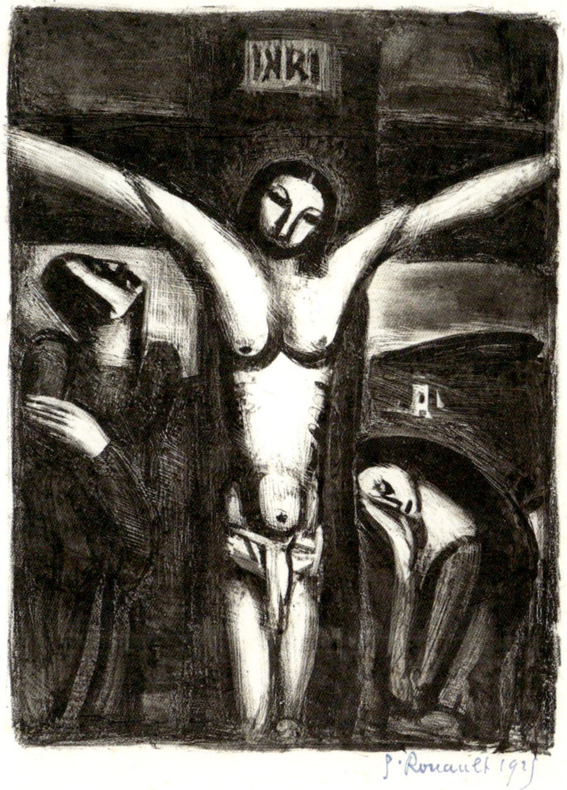

30

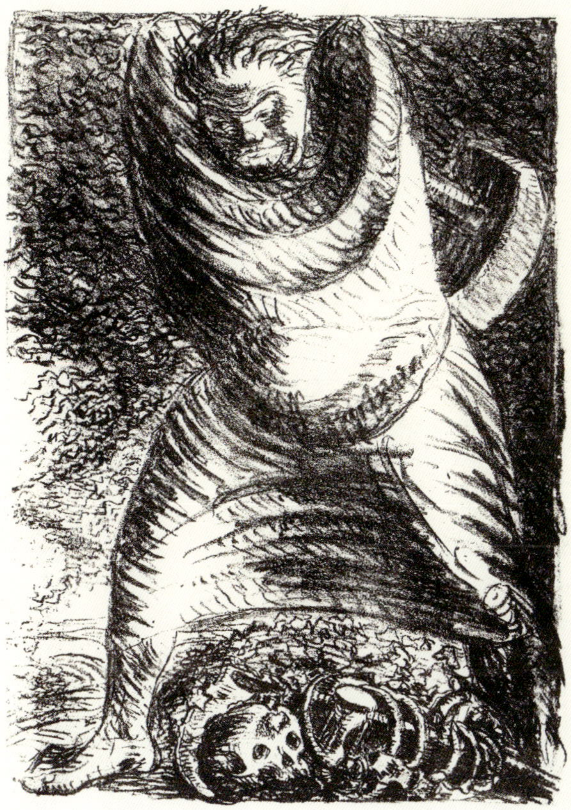

31

29 / **Georges Rouault**
* 1871 Paris, Frankreich, † 1958 Paris, Frankreich
Kunstreiterin, 1926
Lithografie auf Büttenpapier, 51 × 33 cm
Neue Galerie der Stadt Linz, *Georges Rouault*, 1949
LENTOS Kunstmuseum Linz, Inv.-Nr. G 5575, erworben 1990

30 / **Georges Rouault**
Christus am Kreuz, 1925
Lithografie auf Büttenpapier, 49 × 32 cm
Neue Galerie der Stadt Linz, *Georges Rouault*, 1949
LENTOS Kunstmuseum Linz, Inv.-Nr. G 5576, erworben 1990

31 / **Ernst Barlach**
* 1870 Wedel, Deutschland, † 1938 Rostock, Deutschland
Zeit und Ewigkeit (Aus einem neuzeitlichen Totentanz), 1916
Folge: *Der Bildermann*, Nr. 11, Herausgeber: Paul Cassirer, Berlin
Lithografie auf Papier, 43 × 31,5 cm
Neue Galerie der Stadt Linz, *Ernst Barlach. Das graphische Werk*, 1952
LENTOS Kunstmuseum Linz, Inv.-Nr. G 363,
erworben von Wolfgang Gurlitt 1950

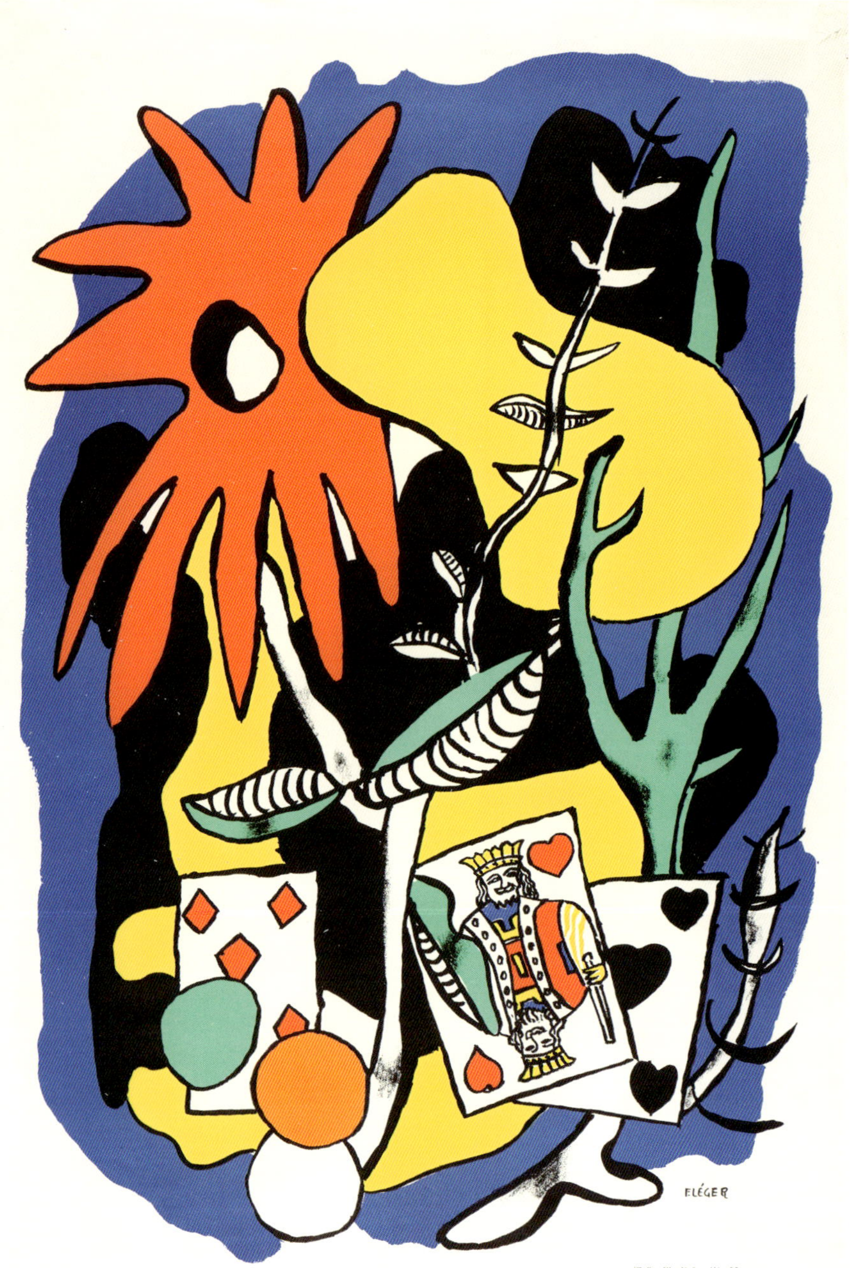

'The King of Hearts' by Fernand Léger, S.P. 25.
Published by School Prints Ltd and printed in Great Britain by W. S. Cowell Ltd.

32

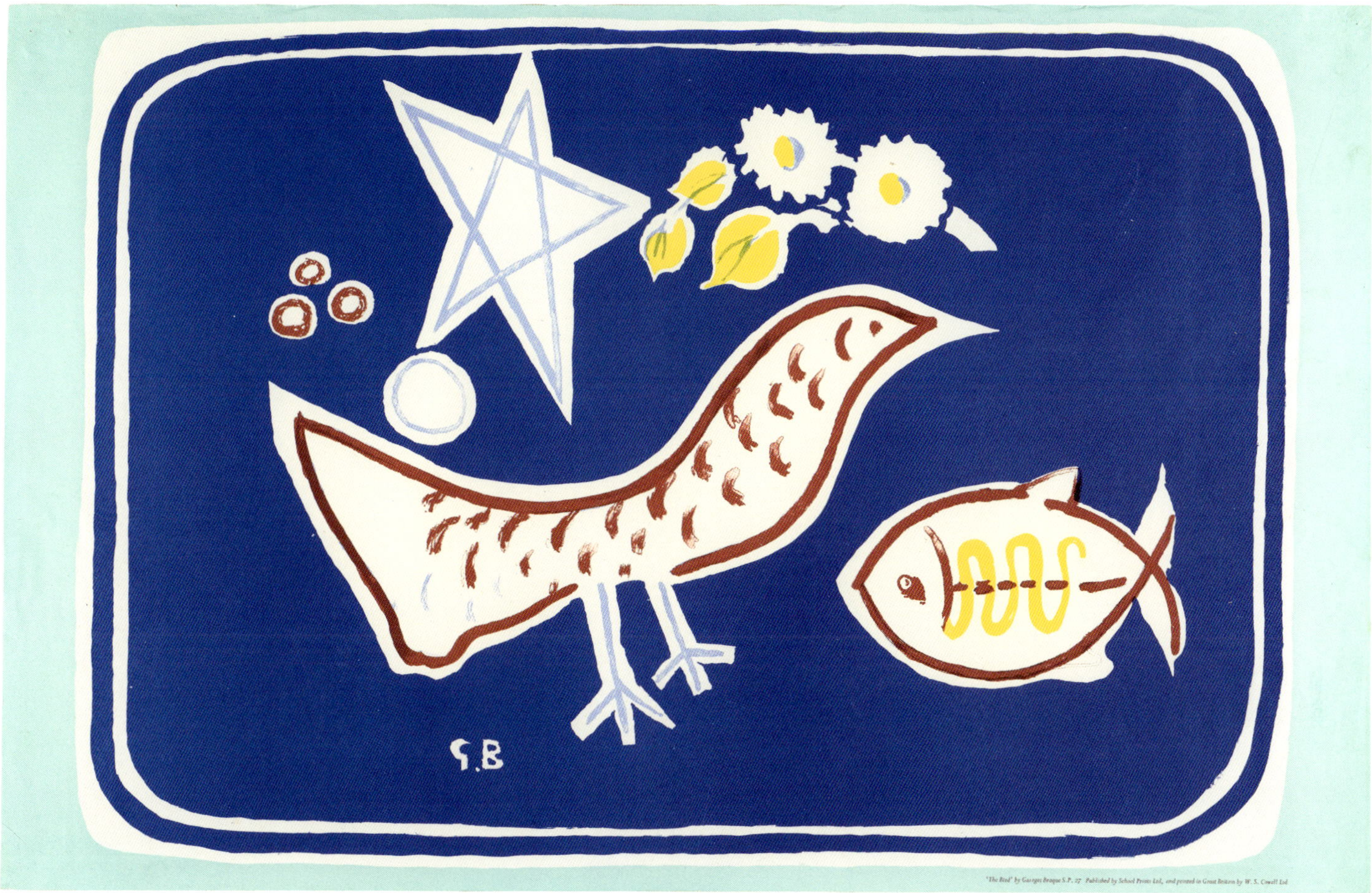
G.B
'The Bird' by Georges Braque S.P. 27 Published by School Prints Ltd, and printed in Great Britain by W. S. Cowell Ltd

33

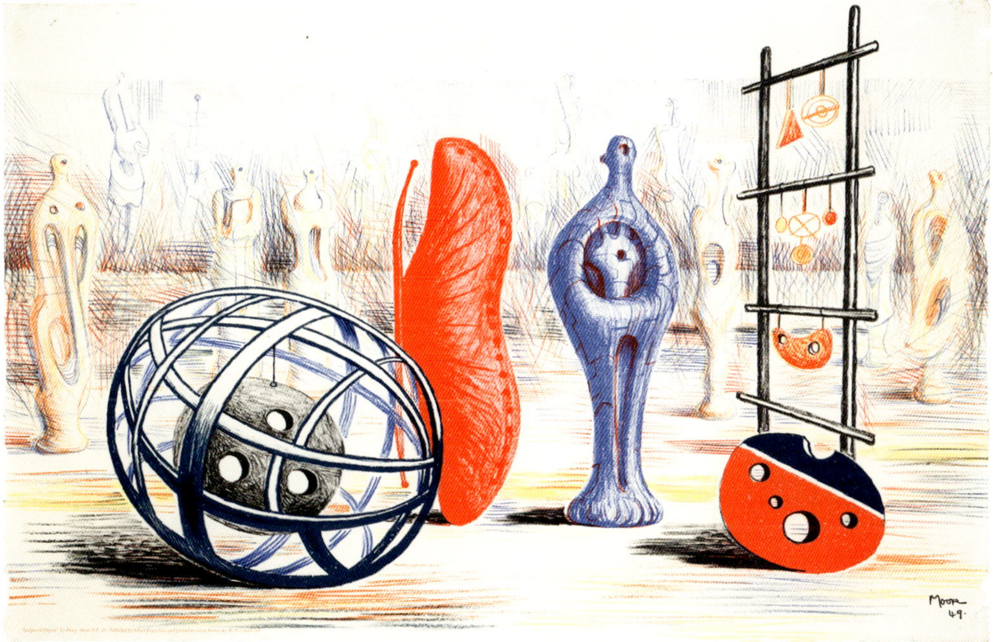
Moore 49.

34

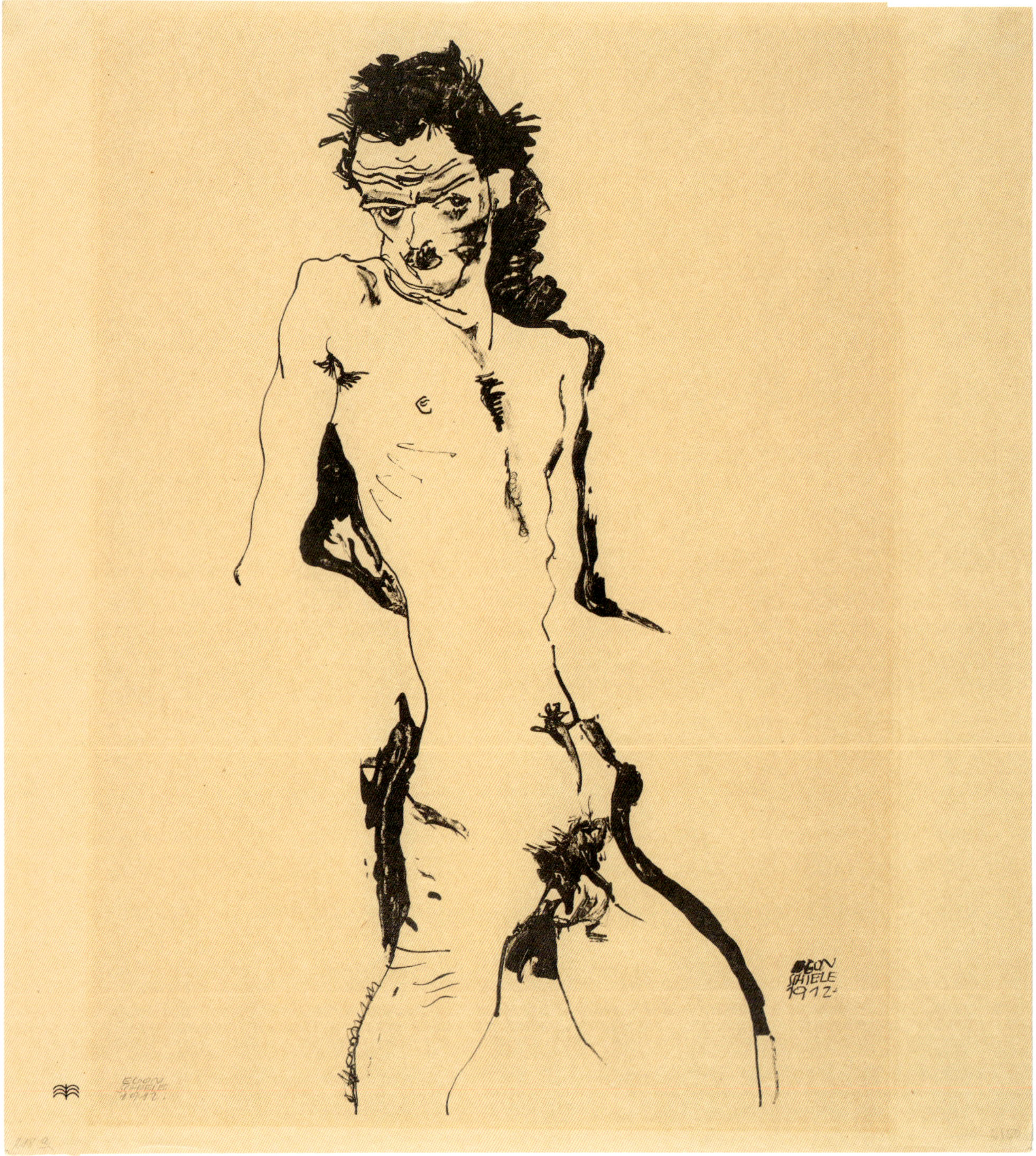

35

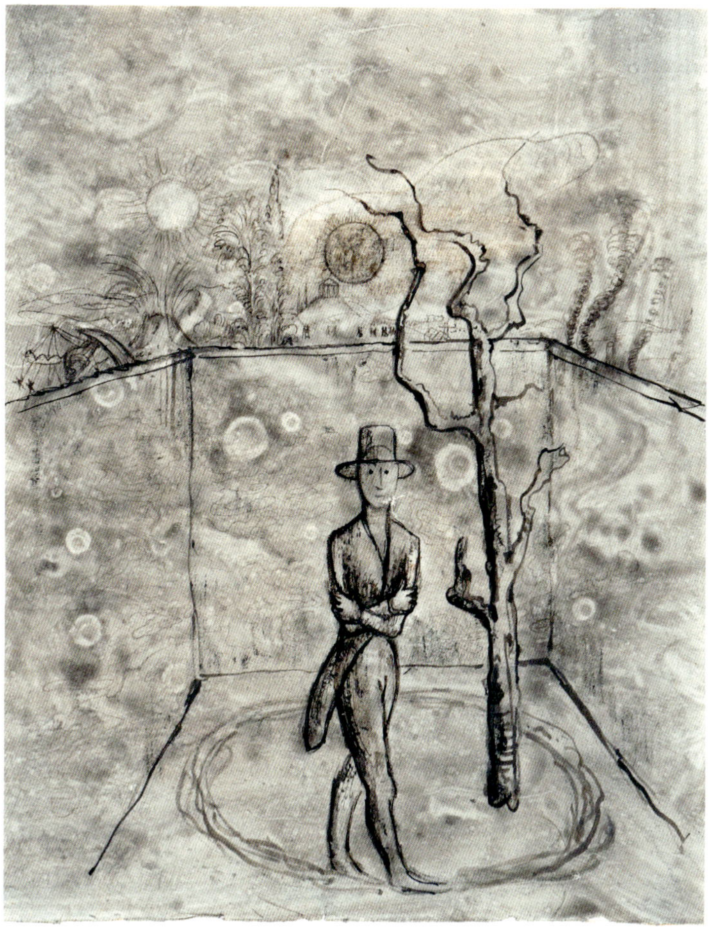

36

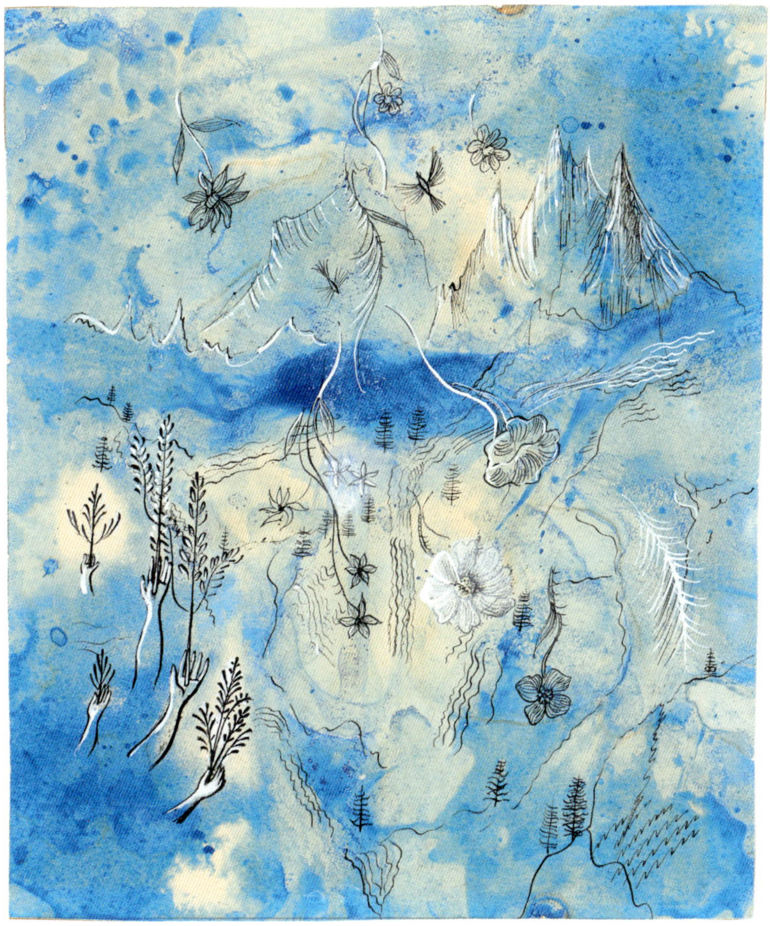

37

32 / **Fernand Léger**
* 1881 Argentan, Frankreich, † 1955 Gif-sur-Yvette, Frankreich
Herzkönig, o. D.
Farblithografie auf Papier, 76 × 50 cm
Herausgeber: School Prints, Drucker: W. S. Cowell
Neue Galerie der Stadt Linz, *Klassiker des Kubismus*, 1950
LENTOS Kunstmuseum Linz, Inv.-Nr. G 463,
erworben von Wolfgang Gurlitt 1950

33 / **Georges Braque**
* 1882 Argenteuil, Frankreich, † 1963 Paris, Frankreich
Vogel, 1948
Farblithografie auf Papier, 50 × 76 cm
Neue Galerie der Stadt Linz, *Klassiker des Kubismus*, 1950
LENTOS Kunstmuseum Linz, Inv.-Nr. G 464,
erworben von Wolfgang Gurlitt 1950

34 / **Henry Moore**
* 1898 Castleford, Großbritannien, † 1986 Much Hadham, Großbritannien
Skulpturale Objekte, 1949
Farblithografie auf Papier, 49,5 × 76 cm
Herausgeber: School Prints, Drucker: W. S. Cowell
Neue Galerie der Stadt Linz, *Henri Moore Zeichnungen – Kleinplastik*, 1952
LENTOS Kunstmuseum Linz, Inv.-Nr. G 488,
erworben von Wolfgang Gurlitt 1950

35 / **Egon Schiele**
* 1890 Tulln, Österreich, † 1918 Wien, Österreich
Männlicher Akt (Selbstbildnis) I, 1912
Lithografie auf Papier, 45 × 40 cm
Neue Galerie der Stadt Linz, *Egon Schiele Gedächtnisausstellung zum 30. Todesjahr*, 1949
LENTOS Kunstmuseum Linz, Inv.-Nr. G 388,
erworben von Wolfgang Gurlitt 1951

36 / **Alfons Ortner**
* 1907 Linz, Österreich, † 1992 Linz, Österreich
Der Hagestolz, um 1946
Feder in Tusche auf Papier, aquarelliert, 28 × 21,2 cm
Neue Galerie der Stadt Linz, *Erlebnis und Deutung. Alfons Ortner – Herbert Ploberger – Hans Weibold*, 1948
LENTOS Kunstmuseum Linz, Inv.-Nr. G 37,
erworben von Wolfgang Gurlitt 1947

37 / **Alfons Ortner**
April in den Bergen, um 1946
Feder in Tusche auf Papier, aquarelliert, gehöht, 23,2 × 19 cm
Neue Galerie der Stadt Linz, *Erlebnis und Deutung. Alfons Ortner – Herbert Ploberger – Hans Weibold*, 1948
LENTOS Kunstmuseum Linz, Inv.-Nr. G 36,
erworben von Wolfgang Gurlitt 1947

Fotos LENTOS Kunstmuseum Linz: Reinhard Haider

VON GOETHE BIS PICASSO DER AUFBRUCH IN DIE MODERNE – WOLFGANG GURLITT ALS AUSSTELLUNGSMACHER IN LINZ

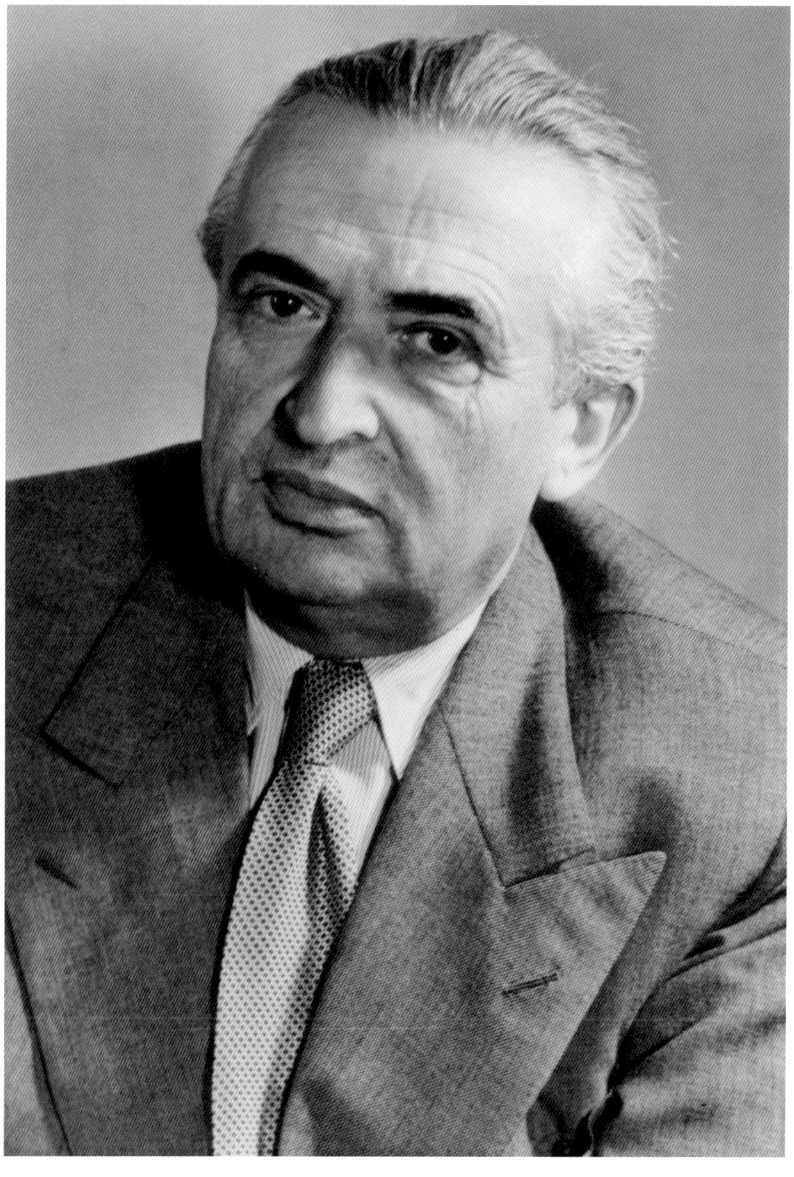

Abb. 1

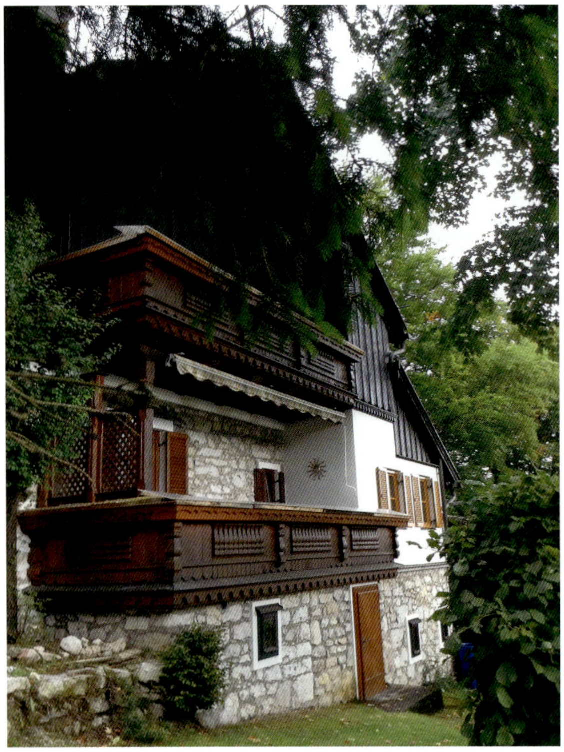

Abb. 2

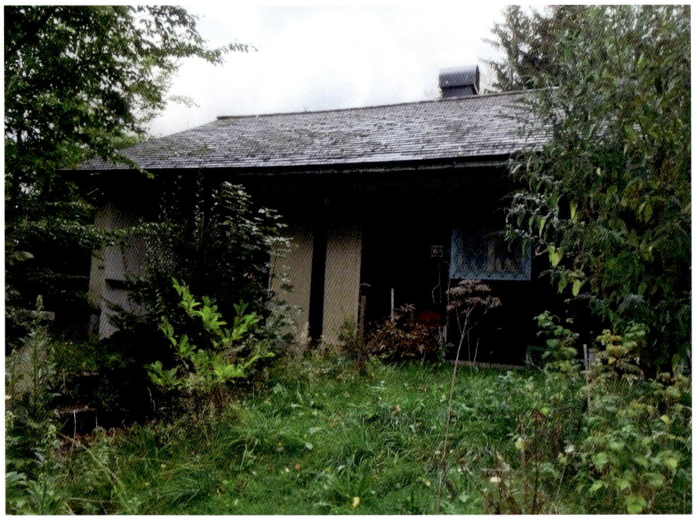

Abb. 3

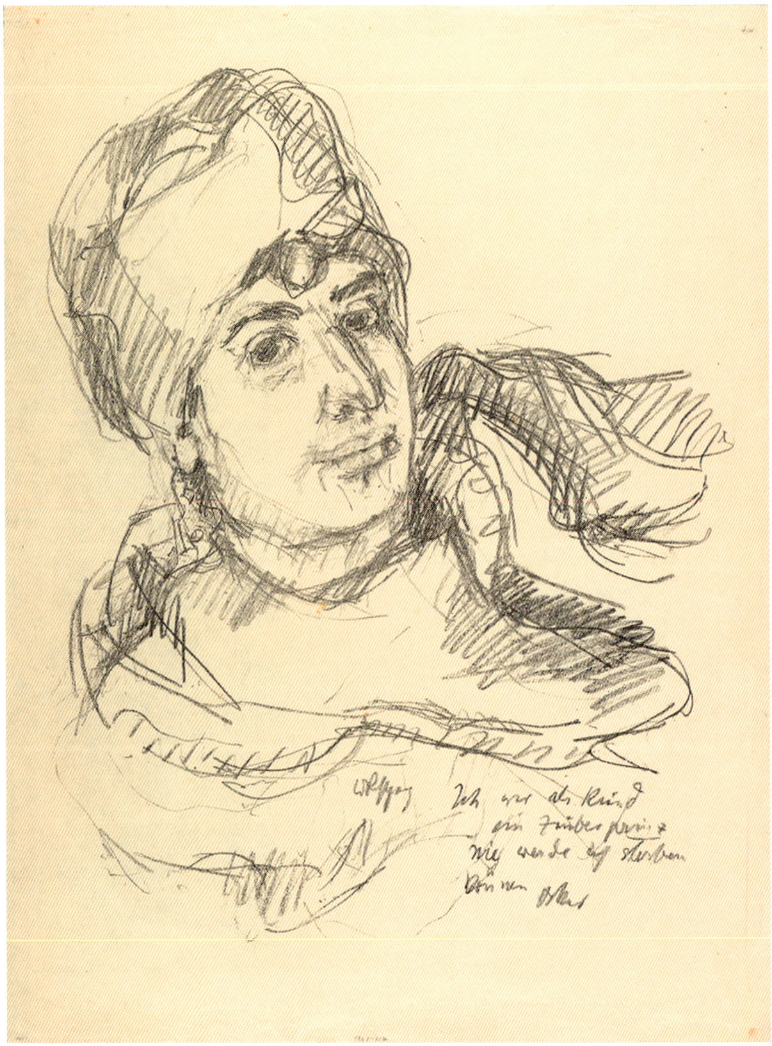

Abb. 4

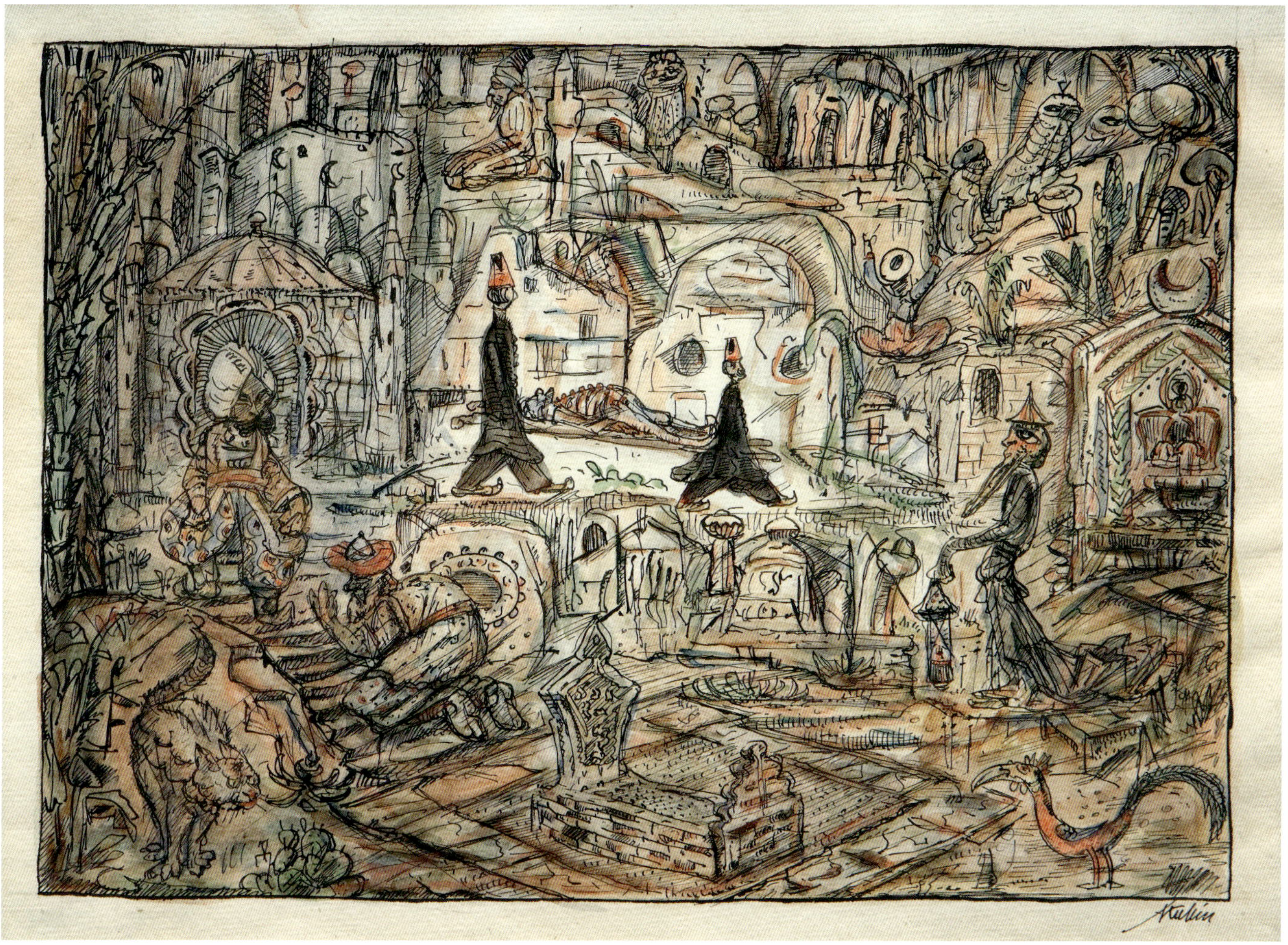

Abb. 5

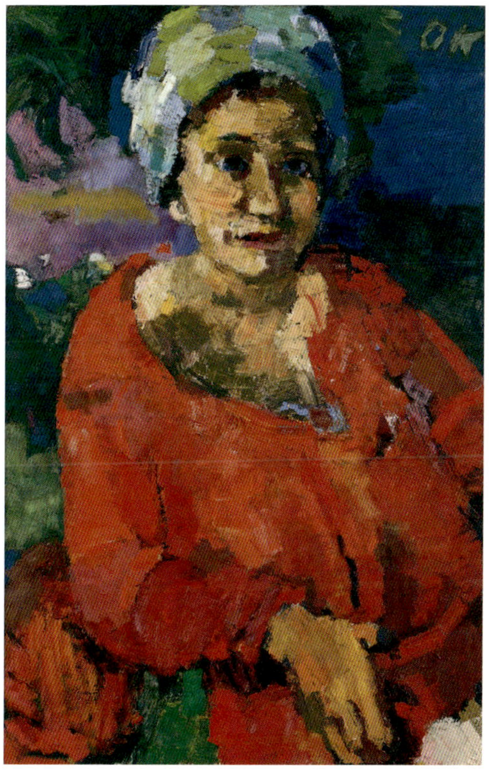

Abb. 6

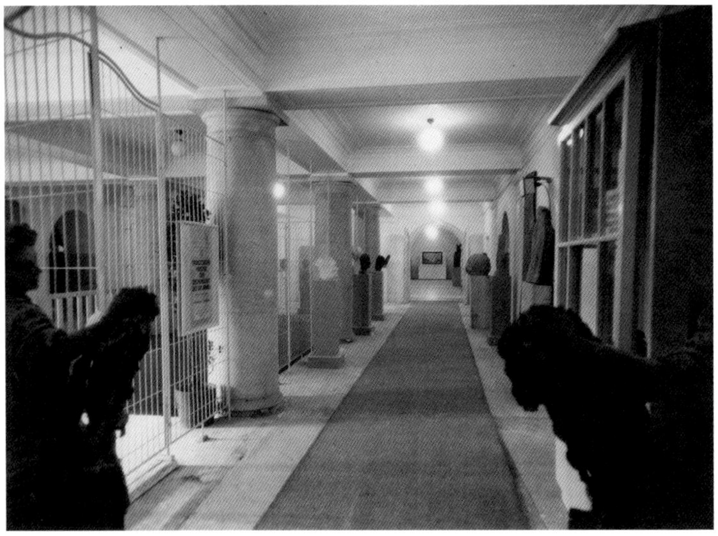

Abb. 7

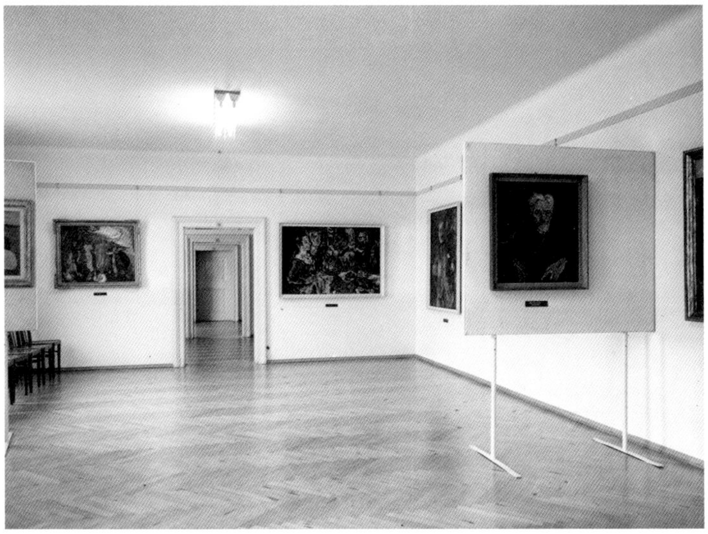

Abb. 8

Abb. 1 / Wolfgang Gurlitt, um 1950, Fotoarchiv: NORDICO Stadtmuseum Linz, LENTOS Kunstmuseum Linz, Foto: Hans Wöhrl

Abb. 2 / Wolfgang Gurlitts Villa am Lenauhügel, Bad Aussee, Foto: Elisabeth Nowak-Thaller, 2018

Abb. 3 / Die „Almhütte" von Wolfgang Gurlitt am Lenauhügel, Bad Aussee, Foto: Elisabeth Nowak-Thaller

Abb. 4 / **Oskar Kokoschka**, *Wolfgang Gurlitt als Zauberprinz*, 1923, Lithografie, 70,4 × 51,7 cm
Museum im Kulturspeicher Würzburg
© Fondation Oskar Kokoschka; Bildrecht, Wien 2019

Abb. 5 / **Alfred Kubin**, *Orientalische Begräbnisstätte*, um 1910, Tusche und Aquarell auf Papier, 26 × 34,5 cm
Widmung unten: für Wolfgang Gurlitt, auf der Stätte des Lebens
W&K Wienerroither und Kohlbacher, © Eberhard Spangenberg, München / Bildrecht Wien 2019

Abb. 6 / **Oskar Kokoschka**, *Der Perser*, 1921, Öl auf Leinwand, 95,5 × 62,5 cm, Leopold-Hoesch-Museum, Düren, © Fondation Oskar Kokoschka; Bildrecht, Wien 2019

Abb. 7 / Vorhalle der neuen Galerieräumlichkeiten am Hauptplatz in der Neuen Galerie der Stadt Linz, 1948

Abb. 8 / Eröffnungsausstellung mit Meisterwerken der Gurlitt-Sammlung, Neuen Galerie der Stadt Linz, 1948

Abb. 9 / Das Haus am Hauptplatz: die Neue Galerie der Stadt Linz, 1948

Abb. 10 / Blick vom Gang, Werke von Clara Siewert (rechts) und Max Pechstein (links), 1948

Abb. 7–10, Fotoarchiv: NORDICO Stadtmuseum Linz, LENTOS Kunstmuseum Linz, Fotos: Hans Wöhrl

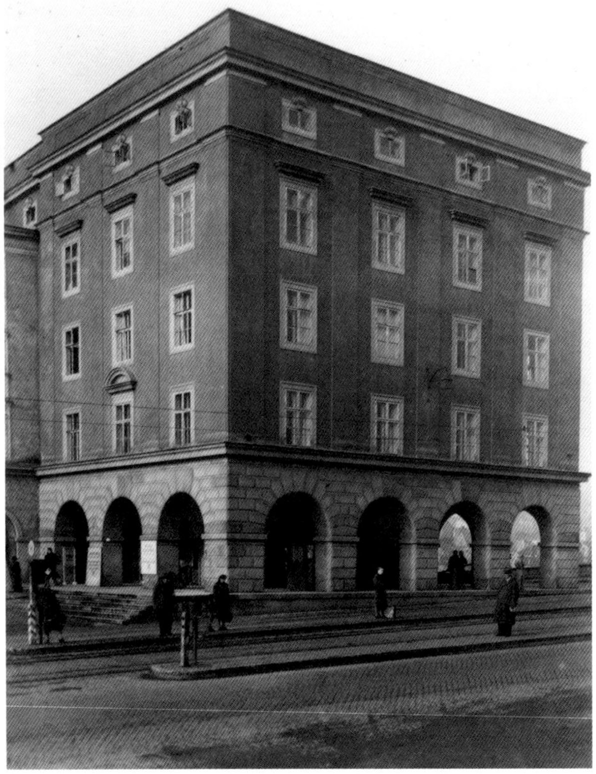

Abb. 9

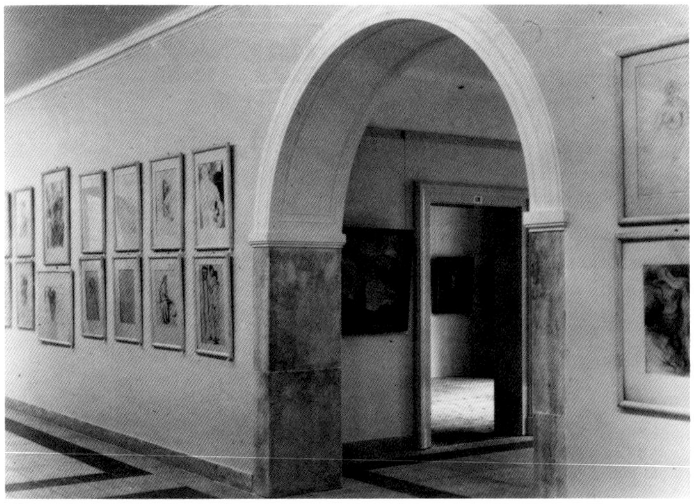

Abb. 10

Elisabeth Nowak-Thaller

VON GOETHE BIS PICASSO DER AUFBRUCH IN DIE MODERNE – WOLFGANG GURLITT ALS AUSSTELLUNGSMACHER IN LINZ

„Durch die Not der Zeit bedingt lässt sich vieles natürlich nicht so durchführen, wie man es plant und wie man es haben möchte."[1]

1 Archiv der Stadt Linz, Korrespondenz NG 1946–1950, Karte von Gurlitt an Bürgermeister Koref, 21.12.1947, 24.

Wolfgang Gurlitt war in jeder Hinsicht eine Ausnahmegestalt: als Kunsthändler, als Sammler, als Verleger, als Museumsleiter, als Mensch. Weder seine Ausbildung noch seine Berufung noch sein Privatleben entsprachen irgendwelchen gängigen Normanschauungen. Als Verleger sowie als Ausstellungsmacher handelte Gurlitt, der immer an vielen Fronten gleichzeitig agierte und parallel in München, Linz, Wien, Bad Aussee oder Salzburg Ausstellungen konzipierte, international, er förderte aber auch engagiert die regionale Kunstszene.

Große Namen oder kommende Stars finden sich früh in den Ausstellungslisten seiner Berliner Galerie: Max Pechstein (u. a. 1913, 1914, 1917) oder die Künstlergemeinschaft *Die Brücke* (1912). Arnold Böcklin, Anselm Feuerbach (1912), Max Slevogt, Max Liebermann und Lovis Corinth zählen zu den Stammkünstlern der Galerie. Bei der Eröffnungsausstellung des neuen Grafiksalons waren 1912 neben Toulouse-Lautrec, Corinth, Munch, Leibl, Manet und van Gogh auch Matisse (ebenfalls 1913) und immer wieder Pechstein vertreten. Erich Heckel wurde 1913 gezeigt, Schmidt-Rottluff, Corinth und Munch hatten 1914 Einzelausstellungen, Jawlensky und Klee (1920), Kokoschka (1922, 1924 sowie 1926), Schiele (1926) oder Schad (1930) sind nur einige Namen, die in der Fritz Gurlitt Galerie ihre neu geschaffenen Werke präsentierten.[2]

Auch in Linz waren Gurlitts Ambitionen seit der Gründung der Leihgalerie 1946 ungebremst. Während seiner Direktionszeit zeigte er 111 Ausstellungen von mehreren Hundert Künstlerinnen und Künstlern, in Summe Tausende Werke. Einige seiner durchaus groß gedachten Ausstellungsideen scheiterten jedoch an der konkreten Durchführung, an fehlenden eigenen Finanzierungsmöglichkeiten bzw. an den stets engen finanziellen Vorgaben der Stadt Linz. Andere wichtige, zumeist günstig zu organisierende Ausstellungsprojekte mit einem Schwerpunkt auf Grafik und Druckgrafik – unter anderem Corinth, Kubin und Schiele – rekrutierten sich vorwiegend oder direkt aus Gurlitts eigener umfassender Sammlung.

Als Galerist war Gurlitt stets Visionär. Er vermochte es, Künstler und Künstlerinnen, Kollegen, auch Museumsdirektoren und Sammlungsleiter zu begeistern, sie an sich zu binden und gemeinsam mit ihnen große Pläne zu schmieden.[3] Zwischen 1947 und seinem Weggang aus Linz 1955 organisierte er viele Ausstellungen gemeinsam mit Kustos Walter Kasten bzw. mit Lilly Christiansen-Agoston. So wurden 1949 und 1951 jährlich dreizehn inhaltlich völlig unterschiedliche Ausstellungen präsentiert, vorwiegend zur Gegenwartskunst, aber auch mit kulturgeschichtlichen Themen von Ägypten bis Indien. 1952 und 1954 wurde in den vergleichsweise kleinen, nur 500 m² großen Kabinetten auf sechzehn Ausstellungen aufgestockt. 1956, unmittelbar nach Gurlitts Weggang, sahen die

2 Vgl. den Beitrag von Katrin Schmidt in diesem Katalog.

3 Ein umfassender Schriftverkehr zwischen Wolfgang Gurlitt und den Direktoren der Nationalgalerie Berlin – u. a. Ludwig Justi, Paul Ortwin Rave, Adolf Jannasch oder Leopold Reidemeister – befindet sich im Zentralarchiv Staatliche Museen zu Berlin. Dokumentiert sind hier auch bedeutende, noch von Vater Fritz Gurlitt in die Wege geleitete Ankäufe. Diese Tradition setzt Wolfgang fort. Er versucht vor, während und nach dem Zweiten Weltkrieg kontinuierlich, Werke an dieses führende Berliner Museum zu verkaufen.

LinzerInnen und das überwiegend von auswärts kommende Publikum sogar neunzehn Präsentationen moderner und zeitgenössischer Kunst.[4]

Goethes Aussage „Die Vergangenheit können wir nicht zurückrufen" wird früh auch zu Gurlitts Lebensmotto, denn die Inflation der 1920er-Jahre in Berlin sollte viele hochfliegende Träume platzen lassen. Gurlitts Streben ist stets auf die Zukunft gerichtet. Trotz Konkurs und Zerstörung von Heim und Geschäft durch einen Bombenangriff in der Nacht vom 22. auf den 23. November 1943 beginnt der Kunsthändler sofort mit dem Wieder- bzw. Neuaufbau. Dieser wird begleitet von hektischen Übersiedlungsplänen der Familie und Evakuierungen der Kunstwerke nach Bad Aussee. Im Salzkammergut findet er nicht nur sein Feriendomizil, sondern auch seine zweite Heimat. Sein Bemühen um unermüdliche Wiederaufbauversuche seiner Galerien – zunächst in Würzburg, schließlich in Linz, dann in München – prägen Gurlitts unstetes Leben, das von der immer wiederkehrenden Herausforderung, schnelle Entscheidungen bei Kunstan- und -verkäufen zu treffen, geprägt ist. Innsbruck, Salzburg, Wien, sogar Zürich, viele Städte stehen für den nimmermüden Händler und Sammler für neue Verlags- oder Galeriegründungen am Plan. Noch kurz vor seinem Tod äußert der hochbetagte, bereits von einem Herzinfarkt wiedergenesene, aber immer noch leidenschaftliche Sammler und Galerist erneut Expansionswünsche.

Gurlitts Leben erscheint wie eine spannende Reise, deren Ziel ungewiss ist. Es verschlägt ihn über die Zwischenstation Linz letztendlich nach München, wo die Familie wieder Fuß fassen kann. Die mondäne Hauptstadt Bayerns wird zur neuen Heimat von Gurlitts Töchtern, die ihre wechselnden Lebensorte als „zeitlebens fremd"[5] erleben. Maria und Angelina erfahren zunächst in Bad Aussee als zu Jahresbeginn 1944 „zuagroaste" junge Berlinerinnen weder Anerkennung noch Integration – so wie die ganze Familie. Im November 1953 folgen sie ihrem Vater wieder nach München, wo sie neu starten müssen bzw. Angelina mit ihrem italienischen Freund eine Familie gründet. Der Lenauhügel sollte Angelinas Familie noch viele Jahre als Feriendomizil dienen.[6]

4 Die Besucherstatistiken waren eher bescheiden. Soweit eruierbar, sahen die Ausstellungen durchschnittlich 900 BesucherInnen pro Schau.

5 Gespräch mit Maria Gurlitt, Juni 2018. Maria Gurlitt über ihren langen Aufenthalt in Bad Aussee: „Erst wollten sie uns [in Bad Aussee] rausschmeißen. Dann bin ich Österreicherin geworden. Dann wollten mich die Deutschen rausschmeißen. Ich wollte Bäuerin werden. Nach 17 Jahren Aussee ging ich zurück nach München, weil ich mich verliebt habe. Ich wollte Layout in Zeitschriften in München machen. Ich durfte das nicht. Ich musste in den Kunsthandel. Voller Tricks. Furchtbar. Nie im Leben wollte ich Kunsthändlerin werden."

6 Meldekarten der Stadtgemeinde Bad Aussee, Ersteintrag 1944, Gemeindeamt Bad Aussee.

Auch in umfassenden Recherchen konnten, abgesehen von Meldebescheinigungen, kaum schriftliche, öffentlich zugängliche Quellen über das private Umfeld und den mehrjährigen Aufenthalt der „Großfamilie" Gurlitt in Bad Aussee gefunden werden. Wolfgang Gurlitt lebte mit seinen beiden Töchtern Maria und Angelina, seiner elsässischen Ex-Frau Julia, geb. Goob, deren Schwester Luise-Alice, genannt Tante Alice, und seiner Partnerin Lilly Christiansen-Agoston, die wiederum mit Ex-Frau Julia befreundet war, in zwei direkt nebeneinanderliegenden Häuserkomplexen auf einem großen Grundstück, dem sogenannten Lenauhügel: in der historischen Villa (Abb. 2), die angeblich sogar von Kaiserin Sissi besucht worden war, und einem von Gurlitt neu errichteten Ferienbungalow, der „Almhütte", in der die „Jugend", seine Töchter und deren Mutter, überwiegend wohnten (Abb. 3). Oft war in Bad Aussee von Gurlitts „Harem" oder vom „Gurlitt-Tross" die Rede, nämlich immer dann, wenn der Berliner Händler mit Chauffeur samt Damengefolge auf dem Lenauhügel einzog und dort residierte. Der charismatische Frauenschwarm wurde humoristisch von seinen Künstlerfreunden Alfred Kubin und Oskar Kokoschka bereits 1922 als Pascha und Maharadscha inmitten eines „Harems" dargestellt (Abb. 4, 5, 6). Auch Tochter Maria, die später ihre Mutter pflegte, beurteilte ihren Vater, den sie stets bewunderte: „Er war ein schöner Mann, wahnsinnig eitel. [...] Gurlitt hat Frauen gezaubert."[7]

Es gelingt dem gewieften Berliner Kunsthändler nicht nur, klassische und arrivierte, damals oft als „entartet" diffamierte Künstler wie Pechstein, Corinth, Laserstein, Kollwitz oder Liebermann zu präsentieren, sondern später in Linz als Museumsdirektor ohne Honorar – ehrenamtlich – seine Linzer Neue Galerie, die er von 1946 bis 1955 persönlich leitet, immer wieder so zu bespielen, dass seine Ausstellungen weit über das damals nicht kunstverwöhnte Linz hinaus Furore machen. Durch seine mitunter progressiven, aber auch sehr vielfältigen, auf breite Publikumsschichten ausgelegten Ausstellungsprogramme sorgt er medial für überregionales Echo, aber auch für Skandale innerhalb der Linzer Verwaltung. Internationale Kontakte und große Künstlernamen wie Corinth, Liebermann, Schiele, Klimt, Rouault oder Slevogt neben zeitgenössischen internationalen Stars wie Moore, Picasso, Leger und Klee dienen ihm als Zugpferde. Doch auch Neuentdeckungen und die Förderung von jungen Künstlern – und vor allem von Künstlerinnen, die er auf frische Weise in Linz erstmals präsentiert – sind Gurlitt wichtig. Er rückt die damals junge und

7 Gespräch mit Maria Gurlitt, Juni 2018.

aufstrebende örtliche Linzer Kunstszene, vor allem die Lehrenden der 1947 neu gegründeten Linzer Kunstschule (heute Kunstuniversität), in den Mittelpunkt und kooperiert mit den Professoren und Studenten bzw. Absolventen. Kooperation war damals nicht nur ein Schlagwort: So gab es eine Zusammenarbeit mit dem Institut Français, dem British Council, dem Künstlerhaus Salzburg, dem Europäischen Forum Alpbach, dem Kunsthistorischen Museum Wien, der Österreichischen Galerie Wien, der Albertina, der Hamburger Kunsthalle, sogar mit dem Museum of Modern Art in New York.

Bald wurde die Neue Galerie der Stadt Linz mit moderner und zeitgenössischer Kunst zum Publikumsmagneten und erstmals zum Ort wichtiger Diskussionen über Kunst – in einer Stadt, in der noch lange der Begriff der „entarteten Kunst" verwurzelt war. Unermüdlichkeit und Leidenschaft zählten wohl zu den großen persönlichen Merkmalen dieses Museumsdirektors, der als Sammler und Kunsthändler stets Gespür für neue Trends, Tendenzen und neue Stars am Kunsthimmel hatte. Gurlitt barg viele Facetten in sich: Er war ein Meister der Trickserei, ein geübter, nicht immer eindeutiger Netzwerker, ein leidenschaftlicher Sammler, ein streitbarer Macher und nimmermüder Kämpfer für die Moderne.

Kunst lässt sich nicht festlegen, ist oft widersprüchlich. Ebenso ambivalent war Gurlitt als Person. Er war ein Individualist, fleißig und begeisterungsfähig, geschäftstüchtig, pragmatisch, dominant, auch starrköpfig, hatte einen großen jüdischen Freundeskreis und war immer an günstiger Ware interessiert. Eine zusätzliche Herausforderung in Linz war für Gurlitt die enge Zusammenarbeit mit der städtischen Verwaltung und der Politik, die sich bald als zunehmend schwierig, später als unüberwindliche Hürde erweisen sollte, wie ein Beitrag von Martin Krenn belegt. Selten war Gurlitt – wie auch kein anderer Direktor – im operativen Management tätig. Hier standen ihm früh Lilly Christiansen-Agoston und Kustos Walter Kasten, später in München Gattin Käthe und Andreas Bartsch als Mitarbeiter hilfreich zur Seite.

Groß und durchaus diskrepant war die Bandbreite an Künstlerinnen und Künstlern, die Gurlitt vertrat. Sie waren vielfach Spätimpressionisten oder Expressionisten, kamen aus Deutschland, Österreich, der Schweiz, Frankreich und England, waren häufig jüdischer Herkunft und den unterschiedlichsten künstlerischen Stilrichtungen des späten 19. Jahrhunderts und der vorwiegend figurativen Gegenwartskunst, der ersten Hälfte des 20. Jahrhunderts, zuzuordnen.

Die Eröffnungsausstellung: eine neue Heimat für Gurlitts Bilder

„Mit dem heutigen Tage, dem Tage der feierlichen Eröffnung [...] beginnt für unsere Stadt in künstlerischer Hinsicht eine neue Zeitrechnung"[8] und „Linz baut auf"[9], so titeln die Tageszeitungen im Oktober 1948. „Wird Linz ein neues Kulturzentrum?", fragt Dr. Stephan Tull am 1. November 1948 in der *Gemeinde-Zeitung Wien* und betont, dass mit der Eröffnung der Neuen Galerie der Stadt Linz der Reim von „Linz" auf „Provinz" wohl nun unpassend ist. Die feierliche Eröffnung der Neuen Galerie „in einem ebenso schlichten wie würdevollen und ausgesprochen geistigen Rahmen wurde Samstag vormittag in den Räumen des neuen Gebäudes an der Linzer Brücke, das die offizielle Bezeichnung ‚Brückenkopf-West' führt, [...] von Unterrichtsminister Dr. Hurdes in Anwesenheit von Landeshauptmann Dr. Gleissner, Nationalrat Bürgermeister Dr. Koref, des Gründers der Galerie Wolfgang Gurlitt und zahlreicher Vertreter des öffentlichen Lebens, der Kunst, Presse und Wirtschaft" mit Tschaikowskys Streichquartett op. 11 musikalisch einbegleitet.[10] Kurt Fischer-Colbrie vom Landestheater rezitierte aus Goethedichtungen und der Linzer Bürgermeister dankte Hofrat Dr. Karl Garzarolli, dem Leiter der Österreichischen Galerie (heute Belvedere), dafür, dass er den Gurlitt'schen Grundbestand um eine Anzahl wertvoller Gemälde ergänzte. „Daß in Linz nun eine Gemäldegalerie entstanden sei, die mit dem Kunstschaffen der neuesten Zeit vertraut mache, könne als eine für das gesamte österreichische Bundesgebiet wertvolle Errungenschaft angesehen werden."[11]

Seit 1947 hatte es in den noch unfertigen Räumlichkeiten ein Dutzend provisorischer Ausstellungen gegeben. Seit dem 23. Oktober 1948 ist die Neue Galerie der Stadt Linz nun offiziell eröffnet, und die Eröffnungsausstellung wird in der überregionalen Presse geradezu enthusiastisch gefeiert und selbstverständlich auch international wahrgenommen. 243 Werke werden ausgestellt, ein kleiner Katalogband wird herausgegeben, der ein sehr emotionales Vorwort von Wolfgang Gurlitt beinhaltet:

> „Bilder die nicht gesehen werden, ihrer eigentlichen
> Bestimmung entzogen sind, bleiben wertlos,
> solange sie – in Kisten und Lagerräumen

8 *Oberösterreichische Nachrichten*, 23.10.1948.

9 *Tagblatt*, 26.10.1948.

10 *Welt am Abend*, 27.10.1948.

11 *Salzburger Nachrichten*, 25.10.1948.

versteckt – ein Schattendasein führen. Und hieße es nicht Verschwendung mit den ideellen und materiellen Werkten treiben, wenn man sie im Verborgenen hielte? Solche Gedanken waren es, die mich bewegten, als ich darüber nachdachte, was mit dem Teil des Besitzes meiner Familie geschehen sollte, der – durch glückliche Fügung – der allgemeinen Vernichtung meines Hauses im Bombenhagel entging. An eine Wiederherstellung der alten Wände, der schönen Räume war nicht zur denken. [...] Versunken auf immer waren die Räume, die den Bildern eine Heimat waren, die Freunde in alle Welt zerstreut. [...] Ich mußte den Bildern eine neue Heimat und neue Freunde suchen, ihnen wieder zu neuem, sinnvollem Dasein und Wirksamkeit verhelfen. [...] Eine Gemäldegalerie die über das Oberösterreichische und Linzerische hinausging, gab es nicht. [...] Wir gründeten die ‚Neue Galerie der Stadt Linz'. [...] Da ist sie, schaut sie euch an und freut euch damit. [...]"[12]

Im überzeugenden Schlussstatement spricht Gurlitt von seinem Anliegen, dass die von ihm ausgewählten Kunstwerke von einer breiten Publikumsschicht angenommen werden, die neue Institution zur Bildungsstätte heranwachsen soll und die Gegenwartskunst aus der „bedrohten Gegenwart in eine bessere Zukunft" getragen wird.[13] Das vielfältige, für damalige Zeiten sehr innovative Vermittlungsangebot, das mit attraktiven Begleitveranstaltungen kombiniert war, lag dem Museumsgründer am Herzen. Es begeisterte auch die Linzer Kulturjournalisten.

„Nicht eine Art Museum wird hier entstehen, sondern eine lebendige, den Menschen lebhaft und direkt ansprechende Institution. Dazu soll der häufige Austausch von Kunstwerken ebenso beitragen, wie die Einrichtung eines Lesesaales, in dem die neuesten Kunstzeitschriften aus Oesterreich, Frankreich, England, Rußland und Amerika aufliegen werden. In diesem mit Klubsesseln ausgestatteten Lesezimmer wird alle vier Wochen ein Bild aus der Galerie – anlässlich eines Jubiläums etwa oder bei Neuerwerbung – als ‚Bild des Monats' ausgestellt. [...] In dem schönen und würdigen Rahmen der Galerie werden auch die Vorträge der Volkshochschule über bildende Kunst, Musik, Literatur und Kunstgeschichte gehalten, ebenso Kammermusikabende und Lesungen aus den Werken zeitgenössischer Dichter."[14]

Neben den Gurlitt-Beständen – Friedrich, Böcklin, Trübner, Liebermann, Siewert, Corinth, Leistikow, Slevogt, Kokoschka, Faistauer, Klimt, Schiele und Nolde – waren in der Eröffnungsausstellung hundert Werke als 10-jährige Leihgabe aus der Österreichischen Galerie zu sehen, darunter Meisterwerke der Biedermeiermalerei von Waldmüller, Ender, Fendi, Gauermann, ferner Klimt und Blau sowie ein eigener Romako-Raum. Parallel zur Dauerausstellung – durchaus vergleichbar mit der Ausstellungssituation im heutigen LENTOS – wurden Zeitgenossen, moderne Bildhauer der Gegenwart gezeigt, darunter Walter Ritter, der 1948 an der neu gegründeten Kunstschule lehrte (Abb. 8).

Im großen Vorraum leuchtete Pechsteins Aquarell *Frau mit roten Haaren* (Abb. 10) in doppelreihiger Hängung neben Werken des Berliner Bildhauers Alexander Wahl, in anderen Kabinetten glänzten wertvolle Leihgaben der Österreichischen Galerie. Ein genereller Schwerpunkt war die Präsentation von Zeichnungsblöcken in dichter, mehrreihiger Hängung. Wieder einmal war von Gurlitt ein Goethe-Zitat – „Den Geschmack kann man nicht am Mittelgut bilden, sondern nur am Allervorzüglichsten"[15] – als Museumsmotto für die Presseaussendung anlässlich der Eröffnung ausgewählt worden.

Aber es gab auch kritische Reaktionen: Ein Redakteur schildert die schlichte, mit optisch markanten, einfachen Gitterwänden gestaltete Erstpräsentation in den 14 Kabinetten ambivalent. Er beschreibt eine Art Schaulager: „Was man schaffen konnte ist eigentlich mehr ein Magazin für ein Museum, als ein Museum selbst. Der überaus verdienstvolle Gründer der Galerie, Wolfgang Gurlitt, ein Mann von europäischem Ruf und Format, beschwört Goethe herauf. [...] [S]o entstand, trotz vielen Unzulänglichkeiten, eine kostbare Schatzkammer österreichischer und deutscher Kunst."[16] Der Kritiker bemängelt die allzu dichte Hängung mancher Exponate (Abb. 7, 10), freut sich aber über Schieles große Präsenz, dessen Werke „einen quälend-faszinierenden Eindruck" hinterlassen.[17] Ein weiterer umfassender Beitrag huldigt wiederum Gurlitt mit seinen modernen Vermittlungsangeboten und kreativen Veranstaltungsideen: „[E]s handelt sich bei der Galerie Gurlitt um eine der bedeutendsten Privatgalerien Europas. [...] [S]ie will

12 Wolfgang Gurlitt, Vorwort und Eröffnungsrede, in: *Katalog von Werken der Malerei und Zeichenkunst des XIX. u. XX. Jahrhunderts*, Oktober 1948, S. 5ff., LENTOS-Bibliothek.

13 Ebd.

14 *Oberösterreichische Nachrichten*, 4.9.1948.

15 Archiv der Stadt Linz, Brief vom Kulturamt, 10.1.1947, 21.

16 *Neue Zeit*, 12.11.1948.

17 Ebd.

Brücke sein zwischen Kunst und Öffentlichkeit. [...] Brücke, auf der sich alle begegnen. Sie will so mithelfen, der bildenden Kunst wieder die Stellung im Bewußtsein der Allgemeinheit zurückzugeben, die ihr tatsächlich zukommt, soll das Weltbild, die Weltanschauung [...] in Gegenwart und Zukunft nicht einer wesentlichen Dimension verlustig gehen."[18]

Die in Österreich damals unbekannte Malerin Clara Siewert, von Gurlitt schon zu Lebzeiten gefördert, wird als Entdeckung gefeiert. Ihre Werke werden denen von Lovis Corinth gegenübergestellt, weitere klassische Paarungen in den Kabinetten sind Liebermann/Slevogt und Romako/Böcklin. Auch die Gestaltung der Rahmen wird in der Presse diskutiert, wurden doch in der Berliner Bombennacht die wertvollen Goldrahmen im Gurlitt-Lager vernichtet. Ersatzweise hat man nun schlichte Blenden, einfache, billige Schutzleisten an die Leinwände angebracht, die im Farbton der Bilder gehalten sind. Diese fallen der Kritik im Gegensatz zu den originalen mächtigen Goldrahmen der Wiener Leihgaben sogar wohltuend auf. Schon am 2. Dezember kann man die 10.000. Besucherin begrüßen, die als Geschenk zur großen Freude und Überraschung ein Landschaftsaquarell von Philipp Hackert überreicht bekommt.[19]

Anders als die Präsentationen des Oberösterreichischen Landesmuseums war Gurlitts Linzer Ausstellungsprogramm international und überregional ausgerichtet. Einzel-, aber auch Themenausstellungen des Jahres 1947 waren beispielsweise dem Zeichner Alfred Kubin, dem deutschen Malerfürsten Max Liebermann oder dem wenig bekannten Bildhauer Ludwig Kasper bzw. dem in München 1897 verstorbenen Zeichner und Maler Sion Longley Wenban gewidmet. Das Ausstellungsjahr 1948 – vor der offiziellen Eröffnung – wies mit Präsentationen von Alfons Ortner, Herbert Ploberger, Emmy Haesele, Hanns Kobinger, Alexander Wahl, Demeter Koko und Matthias May eine stark regionale Prägung auf. Mit der grandiosen Schau *Französische Meister der Zeichenkunst des 19. Jahrhunderts*, in der Aquarelle, Zeichnungen, aber auch Grafik von Bonnard, Cézanne, Corot, Derain, Delacroix, Gauguin, Ingres, Daumier, Degas, Géricault, Matisse, Manet und Sisley zu sehen waren, landete Gurlitt 1948 schließlich einen ersten Publikumserfolg. Sogar van Goghs *Studie eines Eselskarren*, Toulouse-Lautrecs *Divan de Japonais*, *Reine de joie* und das Porträt von *Oscar Wilde* wurden neben großartigen Zeichnungen von Odilon Redon in Linz präsentiert.

Als Schöpfer von Vorwörtern fungierten in den ersten Jahren neben Justus Schmidt, Jorg Lampe, Otto Mauer, Lilly Sauter, Wolfgang Schneditz, Walter Kasten oder Ernst Köller auch internationale Autoren und Kritiker wie Herbert Read, Cécile Goldscheider und Franz Roh. Nur selten schrieb Gurlitt meist kurze Gruß- oder Vorwörter für seine Zettelkataloge und Heftchen, bei denen auf exakte Werkangaben – auf Maß, Technik oder Datierung – meist verzichtet wurde. Das wohl persönlichste Geleitwort, das einem literarisch-poetischen Text gleicht, ist an den Freund Alfred Kubin gerichtet:

> „[...] eine Welt versank in Flammen, auch mein Traumhaus zerbarst, Freunde wurden auseinandergerissen und in alle Welt verstreut. Es bleiben die Phantasie und der Traum. [...] Ein Keim dieses Ewigen wurzelt, lieber Meister in Ihren Werken. [...] Gehen wir mit offenen Augen, so werden wir etwas wie eine innere Freude aus seinem Traumland mit uns nehmen. Diese Freude ist wie ein Wunderkraut, sie wächst dahin, wo vorher Leere war, sie führt in das Land der Träume."[20]

Auch für Liebermann findet Wolfgang Gurlitt zu dessen 100. Geburtstag im Herbst 1947 persönliche Worte. Immer wieder zitiert er Goethe und verweist kritisch auf Liebermanns Diffamierung nach dessen Tod 1935 während der NS-Herrschaft:

> „[...] Geistig und körperlich von seltener Frische, arbeitete er bis zum Jahr 1935, und als er, 88jährig, starb, begann der Kampf gegen ihn und gegen sein Werk. Seine Bilder wurden aus den Museen entfernt, sein Werk auseinandergerissen und verstreut. Gerade weil er ein Großer war, sollte er aus dem Kunstleben, der Kunstgeschichte und dem Bewußtsein der Menschen verschwinden. Das Werk Max Liebermanns gehört der Welt [...]"[21]

Abschließend dankt Gurlitt, der hier die Beschlagnahmungen der NS-Zeit aufgreift, einer „Freundin", nämlich Liebermanns Gattin Martha. Sie verübte als Bewahrerin seines Werkes 1943 am Tag ihrer Deportation in das KZ Theresienstadt Selbstmord. Martha kämpfte nach dem Tod Liebermanns für das Œuvre ihres Mannes, obwohl sie Häuser, Vermögen und Kunstwerke verloren hatte. „[...] still und unbeirrt folgte sie ihm freiwillig wenige Jahre später ins Jenseits, als das Leben in Deutschland für sie immer unerträglicher wurde. Auch ihrem Gedenken sei diese Ausstellung in treuer Freundschaft gewidmet."[22]

18 Artikel von Dr. Walter Nowak, Eröffnungsmappe 1948, LENTOS-Archiv.

19 *Tagblatt*, 6.12.1948.

20 Wolfgang Gurlitt, „Lieber Freund Kubin!", in: Ausstellungskatalog Neue Galerie, Juni 1947, S. 6, LENTOS-Bibliothek.

21 Wolfgang Gurlitt, „Max Liebermann", in: Ausstellungskatalog Neue Galerie, 1947, S. 3, LENTOS-Bibliothek.

22 Ebd.

Den Künstlern Egon Hofmann, der im Oktober 1949 eine 110 Werke umfassende Retrospektive erhielt, und Alfred Wickenburg, der im Dezember 1950 gezeigt wurde, widmete Gurlitt eine Würdigung in Form einer persönlichen Brieflaudatio in den gehefteten Katalogen, die mitunter mit Schreibmaschine geschrieben oder im 4- bis 8-seitigen Format bei Josef Wimmer in Linz gedruckt wurden. Umfassendere Schwarz-Weiß-Kataloge waren eine Seltenheit – eine Ausnahme stellt der Kokoschka-Katalog mit 52 Seiten dar –, Farbabbildungen wird man ebenfalls vermissen.

Besonderes Augenmerk legte Gurlitt auf die Präsentation von zeitgenössischen Künstlerinnen. Jedes Jahr konzipierte er mindestens eine, oft mehrere Einzel- oder Gruppenausstellungen mit meist zeitgenössischen Künstlerinnen. In seiner zweiten Linzer Ausstellung – ein Anfangsstatement im Sommer 1947 – zeigte er unter dem anerkennenden Titel *Die schöpferische Frau* überwiegend Zeichnungen von Margret Bilger, Vilma Eckl, Käthe Kollwitz, Clara Siewert und Ottilie Kasper. Fast alle dieser deutschen bzw. österreichischen Künstlerinnen standen – wie Bilger – bei Gurlitt zeitweise unter Vertrag oder waren eng mit seiner Galerie verbunden. 1948 sollte die erste große Einzelausstellung von Emmy Haesele folgen, die wiederum mit dem Gurlitt-Gefährten Alfred Kubin in innigster Freundschaft vereint war. Im April 1949 richtete man eine Schau für Ursula Schuh, gemeinsam mit Hans Fronius, aus. 1950 schlossen eine Einzelausstellung von Margret Bilger und 1952 eine von Elisabeth Turolt an. Im Jahr 1953 kehrten mit Lisl Engels, der Jüdin Irma Toledo, die in Linz bereits 1950 mit neun Gemälden bei der Schau *Salzburger Künstler* vertreten gewesen war, und Christiane Laran wieder drei recht unterschiedliche Malerinnen in die Neue Galerie ein.

Lisl Engels, die durch ihren spätexpressiven Malgestus dem Nötscher Kreis bzw. Franz Wiegele nahestand, war früh bei Secessionsausstellungen in Wien vertreten, 1954 wurde sie durch Gurlitt an das Wiener Künstlerhaus vermittelt. Das Ausstellungskonzept mit der Gegenüberstellung dreier Künstlerinnen wird 1955 fortgeschrieben, als die Schau *Drei Frauen. Paula Maly – Anna Mutter – Angela Varga* in Linz präsentiert wird. 1956 wird Käthe Kollwitz nach Gurlitts Weggang aus Linz anlässlich ihres zehnten Todestages eine große Sonderschau, unter anderem aus Gurlitt-Beständen, ausgerichtet.

Schon in der Berliner Zeit sind Künstlerinnen fixer Bestandteil von Gurlitts Galerieprogramm. Bereits in den 1930er-Jahren wird der rührige Kunsthändler auf Clara Siewert aufmerksam und organisiert 1936 eine Einzelausstellung in seiner Galerie. Als Siewerts Atelier und Wohnhaus 1943 ebenfalls bombardiert wird, engagiert sich der Galerist für die völlig verarmte Künstlerin und hilft bei der Bewerbung um einen Kriegssachschadenantrag, den die Malerin, die in einem Fremdenheim ihre letzten Tage verbringen muss, leider nicht mehr erleben soll. Unter den Fittichen von Gurlitt stehen ferner die Berliner Künstlerinnen Lotte Laserstein und Jeanne Mammen, die 1931 und 1930 bei Gurlitt ihre erste Einzelausstellung feiern können.

Verkaufs- und Skandalausstellungen: Aufruhr um Egon Schiele und den Art Club & Walt Disney in Linz

Der vorerst größte Ausstellungserfolg im November 1949 ist in dem jungen Linzer Museum keine Kunst-, sondern – wenig überraschend – eine Aquarien- und Terrarienausstellung, die 14.000 Interessierte, vor allem Schüler und Schülerinnen, in der Neuen Galerie erreicht. Diese Schau wird Gurlitt inhaltlich von der Stadtverwaltung aufgezwungen, er reagiert prompt mit Protestschreiben an den Bürgermeister. Er verwehrt sich gegen die thematisch höchst unpassende Schau, muss sich aber letztlich beugen und verspricht dem Bürgermeister, „dass wir Ihrem Wunsche entsprechend, schweren Herzens, die Fisch- Kröten- und Schlangen-Ausstellung übernommen haben“.[23] Nun versucht Gurlitt, die ungeliebte Schau skurrilerweise mit Tier- und Blumenbildern aufzuwerten, um eine inhaltliche Verbindung zur neuen Linzer Gemäldegalerie herzustellen. Aufgrund des unerwarteten Besucheransturms auf diesen wahren Blockbuster hält die verschmähte Erfolgsschau in den Schlusstagen sogar bis Mitternacht die winzigen Kabinette geöffnet. Einer ursprünglich abgelehnten Ausstellungsverlängerung wird, nicht zuletzt wegen des immensen Pressedrucks, letztendlich durch Wolfgang Gurlitt und Vizebürgermeister Scherleitner stattgegeben.[24]

Gurlitt ist, wie man Korrespondenzen entnehmen kann, fast immer auf Reisen und pendelt zwischen Deutschland, Bad Aussee, der Schweiz und Wien. Er empfiehlt sich in seinen regelmäßigen Schreiben an den Linzer Bürgermeister als „Spürnase“ und preist sein besonders ausgeprägtes Vermögen, zwischen „Kunst und Unkunst“ unterscheiden zu können. Schon 1949 spricht Gurlitt in Briefen an das Stadtoberhaupt massive Probleme den Gründungsvertrag betreffend an. Der Direktor möchte mehr Wechselausstellungen zeigen und neue wichtige erzieherische Museumsaufgaben erfüllen. Er beklagt die langsame Auszahlung von Geldern, seine schleppenden

23 Archiv der Stadt Linz, Korrespondenz Neue Galerie, Gurlitt an Bürgermeister Koref, 5.10.1949, 77.

24 *Linzer Volksblatt*, *Tagblatt*, *Kleine Tageszeitung*, *Neue Zeit*, 9. und 10.11.1949.

Spesenvergütungen, unerledigte eingereichte Ankaufslisten, einen ersten Diebstahl im Museum, für den der Leiter höchstpersönlich laut Vertrag haften muss. Eine umgehende Besprechung wird gefordert, denn „auch der Arbeitsapparat läuft nicht so, wie ich es haben möchte".[25]

Auch seitens der Linzer Stadtverwaltung wächst die Unzufriedenheit. So verrechnet der ehrenamtliche Museumsleiter hohe Spesen, oft fehlen jedoch die Belege, dies wiederum führt zu einem intensiven Schriftverkehr von Kulturamtsdirektor Hanns Kreczi mit Klagen an den Magistratsdirektor oder den Bürgermeister.[26] Gurlitt hatte auf vielen Ebenen von der Stadt Linz profitiert: Land und Stadt beschleunigten sein Staatsbürgerschaftsansuchen, ein Wagen wurde trotz Benzin- und Reifenknappheit zur Verfügung gestellt und begehrte Auslandsreisegenehmigungen erteilt. Aus der Unterstützung der Stadt Linz zog Gurlitt auch bei der Lagerung, Konservierung, Restaurierung und Präsentation seiner Kunstwerke Vorteile – und damit verbunden kam es zu einer enormen Imageaufwertung seiner Sammlung.[27] Die ursprüngliche Vertragsbestimmung vom 22. Juli 1946 mit dem Passus „Gurlitt übernimmt die künstlerische Leitung der Galerie, die er ehrenamtlich und ohne Entschädigung ausübt" wird angesichts von Gurlitts Schulden immer mehr zum Problemfall. Gurlitt, der Direktor ohne Gehalt, muss für seinen Lebensunterhalt und für seine Großfamilie sorgen. Nach wie vor sind viele Ausstellungen der Neuen Galerie als Verkaufsausstellungen konzipiert und der Direktor kassiert, ganz in seinem Metier als Kunsthändler, Provisionen von den meist jungen zeitgenössischen Künstlern. Gurlitts im Vertrag abgesichertes Recht, einzelne Kunstwerke jederzeit austauschen zu dürfen, kommt nun seinen kunsthändlerischen Bestrebungen sehr gelegen. 1949 richtet das Unterrichtsministerium die Anfrage an Bürgermeister Koref, ob die Bilder bei der von der Neuen Galerie der Stadt Linz in Wien arrangierten Ausstellung verkäuflich seien. Falls das so sei, würden öffentliche Förderungen gestrichen.[28] Immer mehr Klagen häufen sich über Gurlitts parallele Aktivitäten als Kunsthändler, der seinen Museumsdirektorenstatus nun vielfältig zu nutzen weiß. So verwendet er Empfehlungsschreiben des Linzer Bürgermeisters an den Wiener Bürgermeister Franz Jonas dafür, um einer Gymnastiklehrerin Räumlichkeiten in Wien zu verschaffen.[29] Eine weitere Enttäuschung ist vorprogrammiert, als Gurlitt 1950 die erhoffte Leiterstelle der neu gegründeten Kunstuniversität nicht exklusiv angeboten bekommt und sich gekränkt von dem ihm stets gewogenen Magistratsdirektor Egon Oberhuber abwendet.

Eine der zahlreichen Ausstellungen des Jahres 1949 ist die vom italienischen Kulturinstitut in Wien ausgerichtete Präsentation *Römische Maler*. Zunächst im Salzburger Künstlerhaus während der Festspiele im August 1949 gezeigt, tourt die Schau nach Linz. Das Presseecho ist enorm, die Ausstellung rückt einmal mehr die Internationalität der jungen Linzer Institution in ein mediales Blickfeld. Viele der damals vorgestellten Künstler sind heute zwar in Vergessenheit geraten, ihre Namen bestätigen aber erneut Gurlitts internationale Verbindungen als Kurator. Auch bei den Hochschulwochen in Alpbach werden 1949 drei von Gurlitt ausgerichtete Kunstausstellungen, unter anderem mit Werken von Fritz Wotruba, präsentiert. Die Exponate stammen aus der Kunsthalle Bern, der Albertina, der Galerie Gurlitt und der Stuttgarter Galerie Franke.[30]

Doch 13 Jahresausstellungen in Linz genügen Gurlitt nicht! Er bespielt neben Alpbach und Salzburg auch seine Heimatgemeinde Bad Aussee. Ein glänzender Auftakt der Ausseer Festwochen im Juli 1949 ist eine Ausstellung im Kurmittelhaus, die vom „Wahlausseer" Gurlitt mit Künstlern und Künstlerinnen aus der Umgebung wie Emmy Haesele oder Hanns Kobinger und sogar mit Zeichnungen von Klimt, Schiele und Kokoschka bzw. Fronius ausgerichtet wird.[31]

Neben für Medienecho sorgenden Einzelausstellungen von Hans Joachim Breustedt, Werner Scholz, Egon Hofmann und den Grazer Secessionisten zieht im Mai 1949 mit Georges Rouault wieder ein internationaler Star in die Neue Galerie ein. Am Hauptplatz werden seine berühmten essenziellen Zyklen *Miserere* und *Krieg* gezeigt, die nach Eindrücken aus dem Ersten Weltkrieg entstanden. Die von der Albertina übernommene Schau des Spätexpressionisten wird in Linz von einem Vortrag Prof. Otto Mauers über „Die Weltanschauung Georges Rouaults" bereichert. Im Gegenzug bringt Wolfgang Gurlitt „seine Bilgerin", die in Taufkirchen lebende Margret Bilger, die 1953 den Maler Hans Joachim Breustedt heiraten wird, in die Wiener Albertina, wo die „Malerin der Unwägbarkeiten"[32] mit einer Soloschau in den renommierten Hallen ausstellen kann.

25 Archiv der Stadt Linz, Korrespondenz Neue Galerie, Gurlitt an Bürgermeister Koref, 20.10.1949, 80.

26 Walter Schuster, *Die „Sammlung Gurlitt" der Neuen Galerie der Stadt Linz*, Archiv der Stadt Linz, Linz 1999, S. 33, Fußnote 185.

27 Ebd., S. 32f., Fußnote 176.

28 Ebd., S. 34, Fußnote 189.

29 Ebd., S. 34, Fußnote 191.

30 *Oberösterreichische Nachrichten*, 20.8.1949.

31 *Oberösterreichische Nachrichten*, 20.7.1949.

32 *Die Zeit*, 15.7.1949.

Das früher bescheidene Linzer Ausstellungsprogramm wird nun durch die rasch im Vier- bis Acht-Wochen-Takt wechselnden Veranstaltungen, die von Wolfgang Gurlitt konzipiert werden, mit parallel laufenden Kunstausstellungen in der Neuen Galerie bestimmt. Mit dem Wiener Art Club und einer Werkpräsentation des jungen Ernst Fuchs sorgt die Neue Galerie für einen allerersten Skandal in Linz. Der *Oö. Kulturbericht* bekrittelt an der Art-Club-Ausstellung die mangelnde „inhaltliche, geistige Substanz" der fantastischen sowie der abstrakten Werke.[33] Als „böses Problem" wird Ernst Fuchs' grafisches Frühwerk abgeurteilt, das „höchst penetrant nach allerhand Unsauberkeit riecht".[34] Besonders die Kreuzigungsdarstellungen, in denen Christus als „Kretin mit blasig mißgestaltetem Schädel am Kreuze hängt", sind dem Berichterstatter ein Gräuel. Dieses Bild fällt tatsächlich der Zensur zum Opfer. Für die Abhängung des „obszönen" Werkes wird das Linzer Museum samt Direktor Gurlitt sogar in der Presse belobigt! Schon in der Ausstellung der *Römischen Maler* wurden die abstrakten Künstler als sinn- und substanzlos, als nihilistisch, dürftig und „Opfer einer Selbstenteignung [...], schmerzlich für jeden, der Italien kennt und liebt" abgetan, ja verteufelt.[35] Abstrakt kontra realistisch: Der Kampf zwischen den unversöhnlichen Lagern der Fantasten und der Abstrakten nimmt stetig zu. Immer wieder hadern Kritiker, die noch am NS-Kunstbegriff festhalten, mit dem fehlenden Inhalt gegenstandsloser Bilder, toben gegen die Abstraktion, die von Paris und New York aus längst die internationale Kunst erobert hat.

Die Linzer Art-Club-Ausstellung im Jänner 1949, die zu diesem Zeitpunkt die bestbesuchte „Skandalschau" seit Bestehen der Neuen Galerie ist, ruft beim Publikum leidenschaftliche Anteilnahme, aber auch wüste Proteste hervor. Befürworter und Gegner lösen durch Leserbriefe und Kritiken einen Pressesturm aus und Besucher, die sich einer NS-Kunst – formal wie inhaltlich – verbunden fühlen, klagen: „[...] Das ist ja furchtbar, – Bin ich verrückt oder ist es der Maler da, – Das ist eine Beleidung, – Das ist perverse Kunst, das ist entartete Kunst [...]".[36] Aufgeschlossenere Journalisten verteidigen zwar nicht die Künstler, würdigen aber die mutige Neuausrichtung der Neuen Galerie: „Man braucht nicht selber Surrealist zu sein, um diese moderne Kunst zu verstehen. [...] Man braucht dabei nicht der Ansicht zu sein [...], daß alle Aussteller ‚junge strebsame und wirklich talentierte Künstler' seien, aber – man kann darüber denken, wie man will, – von einer öffentlichen Beleidigung kann keinesfalls gesprochen werden, höchstens von einer Mutprobe."[37] Die Namen der Künstler, ausgenommen Ernst Fuchs, der als hochbegabter, aber irrsinniger und komplexbeladener Menschenschreck abgeurteilt wird, bleiben in der Presse meist ungenannt, doch ihre Kunst wird generell als Affront empfunden. Am 10. Februar 1949 findet unter der Leitung des kunstsinnigen Magistratsdirektors DDr. Oberhuber, eines Verfechters der Moderne, unterstützt von Kunstbeirat Dr. Köller und der neu gegründeten Kunstschule, eine Publikumsdiskussion statt, die Öl in das schon brennende Feuer gießt und die konservativen Kunstfreunde einmal mehr auf die Barrikaden bringt.

Die Liste der Künstler und Künstlerinnen, die an der als „schändlich" kolportierten, aber höchst erfolgreichen Art-Club-Ausstellung teilnehmen, liest sich heute wie das Who is who der – wohl gemäßigten – österreichischen Nachkriegskunst: Wander Bertoni, Arik Brauer, Paul Flora, Grete Freist, Hans Fronius, Ernst Fuchs, Albert Paris Gütersloh, Rudolf Hausner, Rudolf Hoflehner, Wolfgang Hutter, Anton Lehmden, Carl Unger oder Kurt Moldovan und Peter Palffy sind neben Kurt Weber, Alfred Wickenburg oder Peppino Wieternig nur einige der „Verdammten", die die neue Kunst der „Beschwörung" und das „Geistige" verbildlichen. Vor allem die Vertreter der Wiener Schule des Phantastischen Realismus werden in Ausstellung und Diskussion zum Feindbild einer „besoffenen" Malerei stigmatisiert.[38] Dem neuen Bildungsauftrag gemäß – gedacht als Aufklärungsbeitrag zur Art-Club-Konfrontation – referiert am 1. Februar wieder Otto Mauer über „Die Metaphysik in der modernen Kunst". Der Ruf der Ausstellung dringt sogar bis New York vor, wo erstmals „Die New Yorker Staatszeitung und Herold, einen umfassenden Bericht über die Neue Galerie der Stadt Linz brachte und den Wert des jungen Museums für den kulturellen Wiederaufbau unterstrich".[39]

In einer noch aggressiveren Tonart geht es am 18. März 1949 weiter, als Demonstranten in der neu eingerichteten provokanten Egon-Schiele-Ausstellung eine Protestführung veranstalten, bei der mit dem aus der NS-Diktatur bekannten Wortschatz von „Entartung", „volksfremd" und „paralytischen Vorstellungen" Stimmung gegen die Schiele-Ausstellung gemacht wird. Die Veranstalter dieser Demonstration müssen von Beamten der Neuen Galerie aus dem Museum verwiesen

33 *Oö. Kulturbericht*, 19.8.1949.

34 Ebd.

35 *Kleine Tageszeitung*, 10.9.1949.

36 Hans Stumbauer, „An den Grenzen der Ästhetik", in: *Wochen-Echo*, 3. Jg., Nr. 11, 1949, S. 5.

37 Ebd.

38 *Oberösterreichische Nachrichten*, 5.2.1949.

39 *Tagblatt*, 1.2.1949; *Oberösterreichische Nachrichten*, 31.1.1949.

werden. Dieser Tumult schafft es sogar in die Wiener Presse.[40] Im Namen „des gesunden Empfindens" wird „gegen die dargebotenen Verzerrungen und Entblößungen" Anfechtung erhoben. Vom fortschrittlichen Kritiker Herbert Lange, der von einer „prachtvollen Ausstellung" referiert, wird Schiele andererseits als Könner, als hochbegabter, frühvollendeter Maler der Zeit mit genialer Ausdruckskraft des Strichs gewürdigt.[41] Die am 5. März eröffnete Schiele-Ausstellung rekrutiert sich aus Zeichnungen der Albertina, der Sammlung Reininghaus und aus Privatbesitz. Das größte Kontingent von Schiele-Zeichnungen, die noch nie ausgestellt waren, stammt jedoch aus Gurlitt-Beständen.[42] Die als Gedächtnisausstellung konzipierte chronologische Schau bietet dem Publikum nicht nur Einblicke in ein vollständiges Lebenswerk, sondern auch eine zeitlose Aussage zu elementar menschlichen Fragen.

Gurlitt, der diese Eklats vorausahnt, formuliert im Jänner 1949 eine Jahrespresseaussendung, in der er bis heute gültige, zukunftsweisende Hauptanliegen seines Museums zusammenfasst: die Gewinnung neuer, vor allem junger Publikumsschichten, verstärkte Vortrags- und Führungsaktivitäten, innovative Aktivitäten der Kunstvermittlung, Schaffung einer Dauerkarte, das Museum als Brücke und Vermittler zwischen Künstlern und Publikum, Förderung von jungen, um Verständnis und Anerkennung ringenden Künstlern und Künstlerinnen durch Ausstellungen, um letztlich der zunehmend wahrgenommenen Entfremdung zwischen KünstlerInnen und Publikum entgegenzusteuern.[43]

Gleich zwei internationale Highlights bestimmen das Ausstellungsjahr 1950. Mit der Schau *Klassiker des Kubismus: Pablo Picasso – Georges Braque – Juan Gris – Fernand Léger*, die von Henry Kahnweiler unterstützt wird, ziehen wieder vier große französische Meister mit Leihgaben der Pariser Galerien Louise Leiris und Henri Petiet mit insgesamt 140 druckgrafischen Werken in die Neue Galerie ein. Den Großteil dieser Ausstellung bespielt Picasso mit grafischen Zyklen aus allen Schaffensperioden.

Ein Überraschungscoup ist Walt Disney im Februar 1950. Die erstmals in Linz gezeigten Arbeiten stammen aus der Sammlung von Otto Kallir (eigentlich Nirenstein), der nach seiner Emigration die Galerie St. Etienne in New York leitete. Disney, der clevere Geschäftsmann mit dem unverkennbaren Schnurrbart, dessen heitere Filme die ganze Welt kennt, ist schon Ende der 1940er-Jahre in aller Munde und beschäftigt die österreichische Presse.[44] Er erfindet mit unerschöpflicher Kreativität und Beharrlichkeit Figuren und setzt mit seinen Erzählungen und Comics unvergessliche Zeichen. Der Kunststudent aus Kansas produziert früh Werbekurzfilme und gründet 1923 ohne finanziellen Rückhalt im kalifornischen Burbank die Walt Disney Company. Früh hatte er Bewegungssequenzen von Eadweard Muybridge, die Maler Brueghel, Rousseau, Moreau, Stuck und Piranesi studiert und die europäischen Märchen nach guten Storys durchforstet. Schon ab 1927 entstehen Disneys berühmte Zeichentrickfiguren, von denen 71 Kostproben in Linz gezeigt werden. Bald hinterlegt er seine Figuren mit Musik und Ton und übernimmt selbst die Stimme von Mickey Mouse. 1934 startet er mit einer Spielfilmproduktion und erobert mit Filmen wie *Peter Pan* oder *Susi und Strolch*, *Cinderella* und *Schneewittchen* die Herzen von Jung und Alt. 1946 engagiert Disney sogar das Enfant terrible Salvador Dalí für den Kurzfilm *Destino*. Doch „der größte amerikanische Surrealist" und Dalí sind kein gutes Team. Das Projekt läuft zögerlich an, es wird erst posthum 2003 durch eine Rekonstruktion wiederbelebt.[45]

Niemand hatte bis zu diesem Zeitpunkt wahrgenommen, dass bereits im Februar 1950 eine erste Ausstellung der Sammlung Kallir, Aquarelle und Zeichnungen von Walt Disney aus *Pinocchio*, *Fantasia*, *Bambi*, *Das praktische Schweinchen*, *Ferdinand, der Stier* und *Der unwillige Drache* aus dem fernen New York in Linz präsentiert wurde.[46]

1951–1955. Ein Ausstellungsparcours

1951 liegt der Schwerpunkt des Ausstellungsprogramms auf österreichischen Künstlern: So sind unter anderem Alfred Kubin, Rudolf Hoflehner, Ernst Fuchs und Rudolf Baschant, Paul Flora oder Max Weiler Einzelausstellungen gewidmet. Der Höhepunkt des Jahres ist aber zweifellos die große Kokoschka-Ausstellung im Sommer, über die ein eigener

40 *Wiener Kurier*, 18.3.1949; *Oberösterreichische Nachrichten*, 15.3.1949.

41 Arnolt Bronnen, in: *Neue Zeit*, 18.3.1949; Herbert Lange, in: *Oberösterreichische Nachrichten*, 10.3.1949.

42 Gurlitt verfügte zu diesem Zeitpunkt über eine umfassende Sammlung von Schiele-Zeichnungen, die er vor seinem Tod, 1963, aus Finanznot nach Italien verkaufen musste.

43 *Oberösterreichische Nachrichten*, 4.1.1949.

44 *Wiener Kurier*, 5.7.1946.

45 Karin Schulze, „Disney und die Kunst. Alte Meister für die Massen", in: *Spiegel online*, 19.9.2008, www.spiegel.de/kultur/gesellschaft/disney-und-die-kunst-alte-meister-fuer-die-massen-a-579150.html, (abgerufen am 28.12.2018). Ein Feuerwerk von Dalí-Einfällen wurde u. a. 2009 in der Hypo-Kulturstiftung München bei der Schau *Walt Disneys wunderbare Welt und ihre Wurzeln in der europäischen Kunst* gezeigt.

46 Ein eigener Beitrag über die Netzwerke der Kunsthändler Otto Kallir und Wolfgang Gurlitt stammt von der Leiterin der New Yorker Galerie St. Etienne, Jane Kallir. Die internationale Schiele-Expertin und Enkelin von Otto Kallir ist Leihgeberin der Disney-Zeichnungen.

Beitrag im vorliegenden Katalog berichtet. Neben der allerersten österreichischen Fotoausstellung werden auch, den neuesten Art-brut-Tendenzen gemäß, aktuelle *Kindermalereien aus Großbritannien* und eine Ausstellung über Indien präsentiert.

Im Jahr 1952 punktet Gurlitt mit internationalen Meistern und, wieder einmal, mit einem Grafikschwerpunkt: Eine vom British Council organisierte Schau zeigt 31 Zeichnungen und 10 Bronzen des englischen Bildhauers Henry Moore aus den Jahren 1943 bis 1951. Das Vorwort zum Zettelkatalog schreibt kein Geringerer als der in der Albertina tätige Werner Hofmann.

Mit Grafik von Odilon Redon aus den Zyklen *Die Versuchung des Heiligen Antonius* und *Die Apokalypse des Heiligen Johannes* und 50 grafischen Selbstbildnissen von Lovis Corinth, ferner einem Überblick über das grafische Œuvre von Ernst Barlach und *Zwanglosen Geschichten* des deutschen Karikaturisten Heinrich Zille, schließt der umtriebige Direktor das Jahresprogramm mit der Schau *Internationale Graphik* ab. Die Ausstellung findet an zwei Stationen, im Salzburger Künstlerhaus und im Pavillon im Mirabellpark in Salzburg, statt. 250 Werke wandern im Anschluss nach Linz. Die Leihgaben kommen aus aller Welt, auch das Museum of Modern Art in New York, das Museum of Fine Arts in Boston oder das Baltimore Museum leisten Beiträge zu dieser riesigen Kooperation. Über 200 Künstler unterschiedlichster Stilrichtungen aus Europa und den USA sind vereint. Prominente Namen wie Willi Baumeister, Herbert Boeckl, Marc Chagall, Henri Matisse, André Derain, Max Ernst, Lyonel Feininger, Karl Hofer, Oskar Kokoschka, Graham Sutherland, Henry Laurens oder Joan Miró finden sich ebenso wie die aufstrebenden Österreicher Fritz Wotruba, Slavi Soucek, Wolfgang Hutter, Anton Lehmden, Carl Unger und Rudolf Hoflehner.

Mit Retrospektiven von Franz Sedlacek – hier leisten Linzer Leihgeber Werkbeiträge –, Theo Braun (Monotypien), Ernst Reischenböck und Elisabeth Turolt (Skulptur) wird die österreichische Kunstszene 1952 in ihrer Vielfalt gewürdigt.

Der Erwerb der Gurlitt-Sammlung im Jänner 1953 – die langwierigen und schwierigen Ankaufsverhandlungen hinterlassen bereits Spuren – findet, abgesehen von einem Rückgang von 16 Ausstellungen auf 9 Präsentationen im Jahr 1953, kaum Niederschlag im ambitionierten Ausstellungsprogramm. Dennoch war Gurlitts Hauptaugenmerk bereits auf die Errichtung seiner neuen Münchner Galerie in den Hofgartenarkaden gerichtet, die er dank des großen Geldflusses durch den Verkauf seiner Sammlung an die Stadt Linz nun mit neuem Elan auf- und auszubauen vermochte.

Obwohl Walter Kasten nach dem Tod von Lilly Christiansen-Agoston das operative Geschäft der Ausstellungsorganisation in Linz übernimmt, ist die Handschrift von Gurlitt als Ausstellungsmacher nicht verblasst. Mit einem Paukenschlag startet das Jahr 1953. Unter dem hochemotionellen Thema *Der Krieg* werden Grafiken von Masereel, Callot, Goya, Dix, Rössing und Pechstein gezeigt. Goyas berühmte *Los Desastres de la Guerra* erobern ebenso die Räume am Hauptplatz wie Otto Dix' Radierfolge *Der Krieg*. Frans Masereels Mappen *Remember* und *Danse macabre* sind wie Max Pechsteins Zyklus *Somme* Bestandteil einer berührenden und teilweise schockierenden Schau, die an die noch nahen Schreckenstaten der beiden Weltkriege erinnert. Das Geleitwort stammt vom deutschen Philosophen Eduard Spranger: „Auf der ganzen Welt ringt man jetzt um einen neuen Typus des Kulturmenschen. Bei diesen Kämpfen geht es um die Wurzel des Menschentums."[47]

Ein wichtiger lokaler Beitrag mit 357 Exponaten findet im Frühjahr 1953 mit der Präsentation der sehr aktiven, 1913 in Linz gegründeten MAERZ-Gruppe statt. Erstmals ist das Katalogcover künstlerisch wie typografisch gestaltet. Gurlitt schreibt ein strategisches Vorwort, in dem er seine Programmierung erläutert:

> „[...] Seit der Gründung der ‚Neuen Galerie – Wolfgang-Gurlitt-Museum' war es eine der Aufgaben des Institutes, unterbrochene Verbindungen nach ‚draußen' wieder aufzunehmen, neue Brücken zu schlagen und die Kenntnis vom zeitgenössischen Kunstschaffen außerhalb unseres Landes in unsere Stadt zu vermitteln. Dieser Aufgabe wurde mit zahlreichen Ausstellungen von Werken ausländischer Künstler entsprochen. Die Ausstellung des ‚März' zeigt, daß die Künstler unserer engeren Heimat in lebendigem Kontakt mit der Umwelt stehen und längst jenen Stand des übernationalen gemeinschaftlichen Denkens und Wollens auf dem Gebiete der bildenden Künstler erreicht haben, um den auf anderen Lebensgebieten noch gerungen wird. Die Kunst hat nie enge Beschränkungen auf sich bezogen, sie hat immer über die Grenzen hinaus befruchtend gewirkt, und es ist besonders in unserer Zeit von Bedeutung, sich dessen zu erinnern. [...]"[48]

47 Geleitwort des Ausstellungskataloges *Der Krieg*, Jänner–Februar 1953, Linz 1953, o. S., LENTOS-Bibliothek.

48 Wolfgang Gurlitt, in: Ausstellungskatalog *MAERZ. Vereinigung für Künstler und Kunstfreunde stellt aus: Malerei, Graphik, Plastik*, 21.3.–26.4.1953, Linz 1953, S. 2, LENTOS-Bibliothek.

Um wertvolle Kontakte mit dem Ausland ringen Künstler und Ausstellungsmacher: Die Liste der kommenden Ausstellungen gleicht einem Marathon. Heimische Künstler und vereinzelt Künstlerinnen – unter ihnen Franz von Zülow, Anton Kolig, Matthias May, Egon Hofmann, Ernst Huber, Herbert Dimmel, Wilhelm Thöny, Anton Faistauer, Max Weiler, der 1951 mit seinem Fresko in der Friedenskirche in Linz für einen Skandal sorgt, und der Bildhauer Karl Prantl – wetteifern, wie schon Jahre zuvor, mit den wichtigen internationalen Positionen eines Henry Moore, Eduardo Paolozzi und Marc Chagall, die einen vielschichtigen Blick auf die Moderne Europas freigeben.

1955 werden in Linz in Kooperation mit dem Kunstmuseum Bern und der Paul-Klee-Stiftung 8 Gemälde, 19 Aquarelle und 18 Zeichnungen von Paul Klee, ergänzt von 5 frühen Grafiken, gezeigt. Ein weiteres, ebenso sensationelles internationales Gemeinschaftsprojekt findet mit dem Stedelijk Museen Amsterdam statt. Nach einer Station im Berliner Schloss Charlottenburg wird *Holländische Kunst der Gegenwart* in der Neuen Galerie präsentiert, wo mit Appel und Corneille die Künstler der neuen, wilden Gruppe COBRA, aber auch van der Leck, Vordemberge-Gildewart und Mondrian mit Gemälden, heute Inkunabeln der Kunstgeschichte, vertreten sind. Die internationale Avantgarde ist nun endgültig in Linz beheimatet, wie Ausstellungen des italienischen Bildhauers Giacomo Manzù oder Präsentationen über *Das junge Frankreich*, eine Schau, die Gurlitt für das Europäische Forum Alpbach 1955 ausrichtet, bestätigen.

Der Ausstellungsfokus richtet sich jetzt erstmals nach 1951 auf das aufstrebende Medium Fotografie: Dem Linzer Fotografen Michael Neumüller wird 1955 zum 65. Geburtstag eine umfassende Werkschau gewidmet. Und wieder veranstaltet der bereits in München lebende und wirkende Gurlitt in Salzburg – diesmal in der Residenz – eine Kokoschka-Ausstellung, in der das riesige Triptychon *Thermopylae* im Markus-Sittikus-Saal präsentiert wird.

Die Neue Galerie, die durch Werke aus der Gurlitt-Sammlung und über neun Jahre hinweg durch Gurlitt als Ausstellungskurator und Ankaufsdirektor geprägt ist, ist ein Museum, das auf mehrere Väter, vier Geburtstage und einen (ungeliebten) Doppelnamen sowie bis 1956 auf über hundert erfolgreiche Ausstellungen verweisen kann:

> Gründer: Wolfgang Gurlitt und die drei „Stadtväter", Bürgermeister Ernst Koref, Magistratsdirektor Egon Oberhuber, Kulturamtsleiter Hanns Kreczi
> Gründung: 1946 (14. November), 1947 (Eröffnung der ersten Kubin-Ausstellung am 31. Mai), 1948 (Eröffnung der Leihgalerie am 23. Oktober), 1952/53 (Beschluss zum Ankauf der Sammlung Gurlitt am 14. Juli 1952, tatsächlicher Ankauf im Jänner 1953)
> Name: Neue Galerie der Stadt Linz, Wolfgang Gurlitt Museum

Manche der Ausstellungen und Ausstellungsübernahmen, belegt durch kleine Kataloge, waren von regionalem, viele vom österreichischem und nicht wenige von internationalem Rang. Linz, das weder Bischofssitz noch Residenz- oder Universitätsstadt war, sondern als Arbeiterstadt starken Zuwuchs erlebte, hatte kulturell nach dem Krieg rasch aufzuholen. Mut zum Wagnis und die Liebe zur Avantgarde kennzeichneten nicht nur den Gründer, sondern auch die ersten Ausstellungsjahre der Neuen Galerie, die mit der höchst renommierten Österreichischen Galerie Wien, sogar mit der Albertina in Konkurrenz trat und Kunst von aktuellem und kommendem Weltrang bis 1979 in – gemessen an den Salzburger und Wiener Prunkräumen – sehr bescheidenen Räumlichkeiten präsentierte. Die Kinderjahre dieses aufstrebenden Museums, das rasch expandierte, verliefen nicht zuletzt wegen ihres streitbaren Gründers, der Provenienzen verschleierte, von Beginn an nicht immer friedlich. Das Publikum boykottierte anfangs oft den Besuch der Kabinette am Hauptplatz, Bilder wurden beschmutzt und gestohlen, es gab Attentate auf Bilder, und die Polizei musste so manches Kunstwerk bewachen.[49] Das unheilvolle Zerwürfnis zwischen dem Kunsthändler und Museumsgründer Wolfgang Gurlitt, der wie ein Zerberus mit dem Staranwalt Christian Broda für die Beibehaltung seines Namens in der Museumsbezeichnung kämpfte, und dem Eigentümer, der Stadt Linz, endete vor Gericht zugunsten Gurlitts. Diese Kontroverse bewirkte noch nach Gurlitts Tod und nach der Pensionierung von Walter Kasten, seinem ehemaligem Mitarbeiter, 1973 einen Abbruch jeglicher Kontakte kommender DirektorInnen zur Familie.

Allen Widrigkeiten zum Trotz wurde aus der räumlich bescheidenen Leih- und Verkaufsgalerie schon bald ein Museum von internationalem Rang, das durch bedeutende Ankäufe und Schenkungen rasch an Beständen mitteleuropäischer Kunst wuchs. Vielen Kunstfreunden wurden durch attraktive Wechselausstellungen damals beschwerliche Reisen nach Wien oder ins Ausland erspart, und unzähligen Schülern und Schülerinnen wurden durch vorbildliche, fortschrittliche Vermittlungsangebote die Augen für die moderne Kunst geöffnet.

Durch die Leidenschaft des Gründers, durch den Weitblick der Stadtväter und deren Mut zum unpopulären finanziellen

49 *Neues Österreich*, 1.1.1959.

Opfer, für die Errichtung eines Museums zu kämpfen – in einer Zeit, in der es am Notwendigsten mangelte –, hat die Stadt Linz nachgeholt, „was ihr geschichtlich versagt geblieben ist". Damit ist „für die Bevölkerung von Linz eine Kulturtat von generationenhafter Bedeutung gesetzt" worden, zugleich „ein glänzendes, beispielhaftes Zeugnis österreichischen Kulturwillens", das in der Eröffnung des LENTOS Kunstmuseum Linz 2003 seine Weiterführung gefunden hat.[50]

---

50 Hanns Kreczi, „Linz übernimmt eine geschichtliche Verpflichtung. Zum Ankauf der Neuen Galerie durch die Stadtgemeinde", in: *Oberösterreichische Nachrichten*, 17.7.1952.

Jane Kallir

OTTO KALLIR UND WOLFGANG GURLITT

Zwei Kunsthändler: Otto Kallir, ein österreichischer Jude, der 1923 die Neue Galerie in Wien gründete;[1] Wolfgang Gurlitt, Spross einer deutschen Kunsthändlerdynastie, dem ab Beginn des Ersten Weltkrieges die Galerie Fritz Gurlitt in Berlin gehörte. Nach dem „Anschluss" im März 1938 übergab Kallir die Neue Galerie an seine Sekretärin Vita Künstler – eine „freundliche Arisierung". Er, seine Frau und die zwei Kinder befanden sich bereits im Juni in der Schweiz. Im weiteren Verlauf des Jahres 1938 eröffnete Kallir in Paris die Galerie St. Etienne (in wehmütiger Erinnerung benannt nach dem Wiener Stephansdom). Als die französischen Behörden sich weigerten, seiner noch in der Schweiz weilenden Familie ein Visum zu erteilen, emigrierten die vier im Sommer 1939 in die Vereinigten Staaten.[2] Wolfgang Gurlitts Aktivitäten in der Zeit der Naziherrschaft werden in diesem Katalog wohl an anderer Stelle zur Sprache kommen.

I. Freund oder Feind?

Die Korrespondenz, die Otto Kallir und Wolfgang Gurlitt nach dem Krieg führten, zeigt wie in einem Spiegel die emotionalen und praktischen Hindernisse, mit denen Kallir konfrontiert war, als er versuchte, wieder Geschäftsbeziehungen zu knüpfen zu einem Land, das ihn gewaltsam vertrieben und seine Freunde, Bekannten und Familienmitglieder ermordet hatte.[3] An einem Ende des Spektrums standen feige Opportunisten wie der Salzburger Kunsthändler Friedrich Welz, der die Galerie Würthle in Wien „arisierte", einer der wenigen Österreicher, die für ihre Kollaboration mit den Nazis Gefängnisstrafen verbüßen mussten. „Er ist geradezu ein Symbol für das Schlechteste im Nationalsozialismus, ein Ausbeuter, Nutznießer, Profitmacher für die eigene Tasche gewesen", wie Kallir in einem Brief an Lea Jaray schreibt, die ehemalige Besitzerin der Galerie Würthle, der die Flucht nach London gelungen war.[4] Am anderen Ende des Spektrums standen Menschen wie Vita Künstler. Sie unternahm alles in ihren Kräften Stehende, um den Verkauf des Inventars der Neuen Galerie zu verhindern, mit dem Ziel, möglichst viel von dem, was ihr von Kallir anvertraut worden war, wieder an ihn zurückzugeben. Zwischen diesen beiden Extremen war eine riesige Grauzone aus Kompromissen und Mehrdeutigkeiten aufgespannt, die es unmittelbar nach dem Krieg – ebenso wie auch heute noch – schwer machte, klare Urteile zu fällen. Wie sich leicht nachvollziehen lässt, war sich Kallir nicht sicher, wem er vertrauen konnte.

Kallir und Gurlitt waren vor dem Krieg befreundet gewesen. Im August 1939 deponierte denn auch Gurlitts damalige Partnerin, Lilly Christiansen-Agoston, ein Gemälde von Jacques-Louis David in der Pariser Galerie St. Etienne zur sicheren Verwahrung. Der Disput, der sich im Folgenden an diesem Gemälde entzündete, wurde für Kallir zu einer sowohl moralisch als auch finanziell bedeutsamen Angelegenheit.

1 Otto Kallir ist der Großvater der Autorin. 1933 veranlasste er die offizielle Änderung seines ursprünglichen Namens Nirenstein auf Kallir, den älteren Namen der Familie.

2 Die im Herbst 1939 in New York eröffnete Galerie St. Etienne war ursprünglich als Zweigstelle der Pariser Galerie gedacht. Durch Hitlers Einfall in Frankreich wurde nur allzu bald klar, dass Kallir in absehbarer Zeit nicht nach Europa würde zurückkehren können, und die Pariser Galerie blieb geschlossen.

3 Die gesamte in diesem Essay zitierte Korrespondenz wird in den Archiven der Galerie St. Etienne, New York, aufbewahrt.

4 Otto Kallir an Lea Bondi-Jaray, 8.5.1948.

1946 schien der David unauffindbar zu sein. Das Bild war einer Vertrauensperson übergeben worden, nachdem Kallir Frankreich schon verlassen hatte; er hatte deshalb an diese Sache keine Erinnerung. „Meine eigenen Sachen blieben in Paris", schrieb er an Gurlitt. „[I]ch hatte nie gedacht, sie je wiederzusehen. Es stellte sich aber heraus, dass eine fremde alte Frau meine Sachen all die Jahre versteckt hat."[5] Von den französischen Behörden eine Ausfuhrerlaubnis zu erhalten, erwies sich als zeitaufwendig, aber im Februar 1947 kamen die für Kallir zwischengelagerten Werke endlich in New York an. Und tatsächlich befand sich unter ihnen auch das Gemälde von David.[6]

In der Zwischenzeit hatte jedoch der Briefwechsel der beiden Männer einen angespannten Ton angenommen. Das fing schon einmal bei Gurlitts Haus an, dem Lenauhügel in Bad Aussee. Nach vielen Jahren, in denen die Familie Kallir Ferienwohnungen in Aussee gemietet hatte, erwog man zunächst ernsthaft den Kauf des Lenauhügels, ließ die Idee aber im Februar 1938 fallen, vermutlich angesichts der sich bereits abzeichnenden politischen Krise. „Ich hatte schon [...] gehört, dass Sie ‚unseren' Lenauhügel gekauft haben", schrieb Kallir an Gurlitt im Juli 1946. In der Annahme, dass Gurlitt nach Deutschland zurückkehren werde, schlug Kallir einen Tausch des Hauses gegen Gemälde vor. „So gut dieses Land [die Vereinigten Staaten] ja ist und so froh man sein muss, hier herüber gegangen zu sein: ein Ausseer Sommer ist ja doch nicht zu verachten, und wir hoffen, dass es noch einmal dazu kommen werde."[7] Es wurmte Kallir, dass Gurlitt seelenruhig schreiben konnte, wie „merkwürdig" er es finde, „dass ich ausgerechnet auch hier im Salzkammergut auf dem Lenauhügel sitze, nachdem Sie vom [Hotel] Wasnerin so oft herüberblickten, um seine Sonnenbeschienenheit zu studieren".[8]

Im Juli 1946 erklärte Gurlitt, er beabsichtige, in Österreich zu bleiben und seine Galerie dort anzusiedeln, „wahrscheinlich in Zusammenhang und in Zusammenarbeit mit den österreichischen Museen. [...] Ich bin dabei in Linz ein Städtisches Museum einzurichten und werde wahrscheinlich in Salzburg die Landesgalerie neu aufbauen."[9] Bereits im Jänner 1947 hatte er (mit Unterstützung des Unterrichtsministeriums „auf Grund meiner bisherigen Tätigkeiten") die österreichische Staatsbürgerschaft erhalten und war dabei, seinen Tätigkeitsbereich über Linz und Salzburg hinaus auszuweiten, nach Wien, Zürich und Stockholm.[10] Kallir zeigte sich besorgt, dass Gurlitt mit Welz zusammenarbeiten würde, der noch nicht einmal die Galerie Würthle restituiert hatte.[11] Und dann musste Kallir erfahren, dass Gurlitts Linzer Museum sich nicht nur den Namen, sondern auch die Typografie der Neuen Galerie angeeignet hatte. „Es ist vielleicht sehr schmeichelhaft für mich, dass Sie gerade diesen Namen für so gut eingeführt hielten", kommentierte Kallir, „aber ich ziehe es vor, [...] dass ein Kunsthändler den Namen seiner Galerie so wählt, dass er nicht Verwechslungen hervorrufen kann – noch dazu in einem so kleinen Lande, wie Österreich."[12] Nicht genug damit, dass Gurlitt sich unzulässigerweise Privilegien anmaßte, auf die Kallir berechtigte Ansprüche hätte erheben können, wäre es ihm möglich gewesen, in Österreich zu bleiben: Es hatte durchaus den Anschein, als wolle Gurlitt sein Reich auf der Asche des Holocaust errichten.

Was zu diesen Übergriffen erschwerend hinzukam, waren die nicht unbeträchtlichen Kosten, die Kallir im Zusammenhang mit dem Gemälde von David erwachsen waren. Sieben Jahre Lagergebühren in Paris, Transport, Zollabgaben und Versicherung summierten sich zu 500 US-Dollar, was damals nicht gerade wenig war.[13] Und die Versicherungsprämien mussten monatlich weiter bezahlt werden, solange sich das Gemälde in Kallirs Galerie St. Etienne befand. Gurlitt weigerte sich kategorisch, diese Kosten zu erstatten, und meinte dazu: „[D]ass nun durch die Absendung nach Amerika unvorhergesehene – und unnötige – Kosten entstanden sind, ist ja sehr bedauerlich, vor allen Dingen, wenn [S]ie arme Schillingbesitzer mit solchen Kosten belasten wollen".[14] Kallir anwortete, es sei Gurlitt unbenommen, in Schilling zu bezahlen, wenn ihm das lieber sei, oder den David der Galerie St. Etienne an Zahlungsstatt für einen Kommissionsverkauf zu überlassen. Gurlitt schaltete aber weiter auf stur.

Gurlitt erklärte, er habe Hunderten Leuten in den Jahren der Naziherrschaft geholfen, ohne je eine Gegenleistung zu fordern. „Ich habe nicht nur Bilder, sondern auch Kunstwerke jeder Art, Pelzmäntel und ich weiß nicht was alles zur Aufbewahrung übernommen, habe mir große Spesen [...] gemacht, [...] ohne auf die Idee zu kommen, meine Auslagen [...] in

5 Otto Kallir an Wolfgang Gurlitt, 9.7.1946.

6 Otto Kallir an Wolfgang Gurlitt, 4.2.1947.

7 Otto Kallir an Wolfgang Gurlitt, 9.7.1946.

8 Wolfgang Gurlitt an Otto Kallir, 3.3.1947.

9 Wolfgang Gurlitt an Otto Kallir, 30.7.1946.

10 Wolfgang Gurlitt an Otto Kallir, 4.1.1947.

11 Otto Kallir an Wolfgang Gurlitt, 4.2.1947.

12 Otto Kallir an Wolfgang Gurlitt, 10.8.1947.

13 Der heutige Gegenwert würde sich auf ungefähr 5.000 € belaufen.

14 Wolfgang Gurlitt an Otto Kallir, 3.3.1947.

Rechnung zu stellen oder zurückzuverlangen."[15] Außerdem habe auch er durch den Krieg Schaden erlitten. „Der Bericht, dass wir andererseits alles verloren haben, ist absolut den Tatsachen entsprechend", schrieb Gurlitt, „denn jeder meiner Familienmitglieder oder Mitarbeiter hatte in Berlin nicht nur eine große Wohnung [...], sondern wir hatten auch 2 Galerien, [...] große Lagerräume und einen Verlag, der zu den bedeutendsten graphischen Verlagen Deutschlands gehörte. Jetzt hingegen haben wir auf dem Lenauhügel ein Häuschen, das so klein ist, dass auf jeden Bewohner noch nicht einmal ein Zimmer kommt. [...] Ich glaube, dass man da mit Fug und Recht sagen kann, dass außer dem Lenauhügel nichts übrig blieb und dass, wenn wir ihn nicht gehabt hätten, [wir] kein eigenes Dach über dem Kopf gehabt hätten und wahrscheinlich heute noch irgendwo, zwischen fremden Menschen eingekeilt, sitzen würden."[16]

Der Streit um das Gemälde von David wurde zusätzlich angeheizt durch den Umstand, dass in einer Zeit, in der transatlantische Telefongespräche ein unvorstellbarer Luxus waren, Kallir und Gurlitt nur brieflich miteinander kommunizieren konnten. Dies hatte nicht nur Verzögerungen bei den Antworten zur Folge, es bot zudem jedem der beiden Korrespondenten die Gelegenheit, die Zeilen des Gegenübers endlos auf Beweise für böse Absichten abzuklopfen. Im Juli 1947, nach einem mehr als drei Monate währenden Schweigen Gurlitts, ließ Kallir den David in das entsprechende Verzeichnis der US-Regierung als „Alien Property" eintragen.[17] An Gurlitt schrieb er: »[Z]u meiner großen Überraschung [fand ich] Ihren Namen unter denen, die Raubgut erworben hatten und zurückgeben mussten. Ich muss sagen, dass ich das von Ihnen nicht erwartet hatte. Es soll sich um holländischen Besitz, ich glaube auch Teppiche, gehandelt haben."[18] Er bezweifelte außerdem, dass die Bombardierung Berlins sich auf Gurlitt derart ruinös ausgewirkt habe, wie dieser behauptete. Kallir hatte gehört, „dass Sie infolge guter Beziehungen zu den maßgeblichen Stellen des Naziregimes damals eine exorbitante Entschädigungssumme bekommen hätten, die mit ca. 1 ½ Millionen Goldmark angegeben wird. [...] [S]o verstehe ich nicht, wie Sie dauernd schreiben konnten, Sie besäßen heute [...] sogar [sic!] Nichts, dass Sie nicht einmal in der Lage wären, Ihre Schulden in Schillingen zu bezahlen."[19]

Gurlitt wehrte sich heftig gegen Kallirs Anschuldigungen. „Ich habe in Deutschland und in Österreich alles getan, um Verfolgten und Bedrängten zu helfen", schrieb er an Kallir. „[I]ch habe mein Leben und die Existenz meiner Familie tausendmal aufs Spiel gesetzt, um Menschenleben zu retten, oder um den Versuch zu machen Bedrängten und Verfolgten die unerträgliche Lage, in der sie sich befanden, zu verbessern. [...] Ihre Anwürfe, dass ich Raubgut erworben hätte, muss ich auf das entschiedenste zurückweisen und Sie dringendst ersuchen, diese Beleidigung zurückzunehmen. Ich muss Sie bitten, mir mitzuteilen von welcher Seite Ihnen derartig lügenhafte Behauptungen zugetragen wurden, um mich auch dort dagegen verwehren zu können. Ich habe keinerlei Käufe getätigt, die nicht korrekt und richtig waren. Im übrigen ist mir dies auch von den für mich zuständigen amerikanischen Stellen in Salzburg ausdrücklich bestätigt worden."[20]

Laut Gurlitt war auch die Meldung über die 1 ½ Millionen Goldmark eine Lüge. Wahr sei vielmehr, dass „ich und auch die von mir vertretene Firma zwar auf den Schaden eine a Contozahlung erhielt, die aber in ihrem Wert so gering war, dass die dafür gemachten Erwerbungen überhaupt keinerlei nennenswerte Werte darstellten. [...] Daß wir Entschädigungen bekamen geschah auch nicht wegen ‚guter Beziehungen zu maßgeblichen Nazikreisen', sondern für die Entschädigung von Firmen war lediglich die Handelskammer maßgebend, die [solche] Firmen berücksichtigte, die sie als Steuerzahler sich erhalten wollte. Was die privaten Entschädigungen anbetraf, so waren diese so gering, dass sie bei dem Verlust von großen wertvollen Wohnungen [...] so viel betrugen, dass man sich kaum eine Küche dafür einrichten konnte."[21]

Gurlitt vollzog daraufhin einen radikalen Schwenk in seiner Vorgehensweise bezüglich des David-Gemäldes. Das Kunstwerk sei nicht „Alien Property": Es gehöre Lilly Christiansen-Agoston, einer Jüdin und dänischen Staatsbürgerin. Er überließ Christiansen und Kallir die Aufgabe, die rechtlichen Aspekte mit dem US State Department und dem dänischen Konsulat zu klären. Es vergingen noch einmal mehrere Jahre, ehe die Sache endgültig bereinigt werden konnte. Im Februar 1949 erklärte Gurlitt sich dann bereit, in Lilly Christiansens Namen 5.000 Schilling (der ungefähre

15 Wolfgang Gurlitt an Otto Kallir, 24.7.1947.

16 Wolfgang Gurlitt an Otto Kallir, 1.11.1947.

17 Das Office of Alien Property Custodian war im Ersten und Zweiten Weltkrieg eine Behörde der US-Regierung mit dem Auftrag, Eigentum, das Angehörigen von Staaten gehörte, mit denen die USA Krieg führten, in treuhändische Verwahrung zu nehmen. Siehe https://www.archives.gov/research/guide-fed-records/groups/131.html (abgerufen am 2.4.2019) (Anm. d. Ü.).

18 Otto Kallir an Wolfgang Gurlitt, 10.8.1947.

19 Otto Kallir an Wolfgang Gurlitt, 4.10.1947.

20 Wolfgang Gurlitt an Otto Kallir, 5.9.1947.

21 Wolfgang Gurlitt an Otto Kallir, 1.11.1947.

Gegenwert von 500 Dollar) an Kallirs Neue Galerie zu bezahlen.[22] Im Juni 1949 gab das U. S. Office of Alien Property das Gemälde frei.[23] Jetzt fand sich allerdings niemand, der bereit gewesen wäre, für die Kosten des Rücktransports nach Europa geradezustehen, und so verblieb das Bild bei der Galerie St. Etienne. Kallir versuchte vergeblich, das Bild in Kommission zu verkaufen. Der David war ein Spätwerk, er war untypisch und schlecht bis gar nicht dokumentiert. Das Bild wurde schließlich auf Gurlitts Anweisung im November 1954 dem Kunsthändler J. B. Neumann, einem von Kallirs New Yorker Kollegen, übergeben.[24]

Christiansen hatte sich in der Zwischenzeit sehr bemüht, die Wogen zu glätten. „Wozu soll also eine Feindschaft bestehen?", fragte sie Kallir. »[D]azu noch eine Feindschaft, die nur durch ganz falsche Voraussetzungen entstanden sein kann. Ich möchte daher vorschlagen, dass unter die ganze Vergangenheit ein Strich gemacht wird."[25] Im Sommer 1949 kehrte Kallir zum ersten Mal nach dem Krieg nach Österreich zurück, und es kam offensichtlich zu einer Aussöhnung zwischen ihm und Gurlitt. „Es freut mich, dass alle Missverständnisse beseitigt sind", bemerkte Gurlitt, „und ich hoffe, dass es jetzt bei freundschaftlichen Beziehungen bleibt."[26]

II. Wiederaufbau

„Wiederaufbau" war für alle, die den Zweiten Weltkrieg überlebt hatten, mochten sie nun in Österreich leben oder als Flüchtlinge im Ausland, ein vordringliches Anliegen. Gurlitt sah seine ehrgeizigen Museums- und Galerienpläne als einen Beitrag zum Wiederaufbau des kulturellen Lebens in Österreich.[27] In der Situation, in der Kallir sich befand, galten seine Sorgen weniger dem Kulturleben Österreichs als seinem eigenen wirtschaftlichen Überleben. Er war mit lückenhaften Kenntnissen der englischen Sprache und wenigen professionellen Kontakten außerhalb der verhältnismäßig verarmten Gruppe von Emigranten in die Vereinigten Staaten gekommen. „Ich musste ganz umlernen", erklärte er Gurlitt. „[M]it meinen Ideen, die Künstler, die drüben bekannt und hier unbekannt sind, einzuführen, habe ich nichts erreichen können."[28] Während Kallir österreichische Künstler wie Klimt, Schiele und Kokoschka nicht aus dem Programm nahm, erwiesen sich Werke der französischen Moderne und amerikanische „Primitive" wie Grandma Moses als viel leichter verkäuflich.

Kallir hatte keine unmittelbaren Pläne, die Neue Galerie zurückzufordern. „Ich lege den größten Wert darauf, dass Sie, vorbehaltlich einer späteren finanziellen Auseinandersetzung zwischen uns, Eigentümerin aller Gesellschaftsanteile bleiben und das Unternehmen weiter führen, sodass ich bezüglich desselben nach wie vor ausschließlich mit Ihnen das Einvernehmen zu pflegen habe", schrieb er an Vita Künstler. „Ob überhaupt und in welcher Form ich die Neue Galerie in Wien mit meiner New Yorker Galerie St. Etienne verbinden werde, bleibt späteren Entscheidungen vorbehalten."[29] Künstler versicherte jedoch, dass „dies nie der Sinn und Zweck meiner Übernahme war und ich dieses Geschenk nie annehmen würde noch werde. [...] Die [Neue] Galerie gehörte und gehört Ihnen."[30] Allmählich wurde jedoch klar, dass die Neue Galerie als „arisierter" Besitz bis spätestens Ende 1948 zurückgefordert werden musste, da sie sonst an den Staat gefallen und ihre monetarisierbaren Sachwerte in einen allgemeinen Entschädigungsfonds überführt worden wären.

Die Restitution der Neuen Galerie zwang Kallir, seiner unternehmerischen Tätigkeit in zwei verschiedenen Ländern nachzugehen, ein Problem, das er mit Lea Jaray teilte, an die etwa zur gleichen Zeit die Galerie Würthle restituiert wurde. Die Sachlage wurde durch eine in Österreich bestehende gesetzliche Regelung, die den Export von harter Währung verbot, noch weiter verkompliziert. „Was soll ich mit Schillingen in Wien anfangen, wenn ich [in New York] lebe?", fragte sich Kallir.[31] Und dann war da ja noch der lange Schatten des Holocaust. „*Wozu* soll man sich nochmals mit all dem belasten?", so seine rhetorische Frage an Jaray. „*Wozu* Kontakte mit der österreichischen Mentalität suchen, wo wir, nach so langer Arbeit, das Glück haben, nicht mehr darauf angewiesen zu sein???"[32]

22 Lilly Christiansen an Otto Kallir, 6.2.1949 (fehldatiert 1948).

23 Schreiben des U.S. Office of Alien Property an das dänische Generalkonsulat, 10.6.1949.

24 Empfangsbestätigung von J. B. Neumann, datiert 30.11.1954.

25 Lilly Christiansen an Otto Kallir, 3.11.1948.

26 Wolfgang Gurlitt an Otto Kallir, 28.1.1950.

27 „Wir [...] bemühen uns[, uns] in den Wiederaufbau des Kulturlebens in Österreich tatkräftig einzubauen." Wolfgang Gurlitt an Otto Kallir, 11.6.1946.

28 Otto Kallir an Wolfgang Gurlitt, 9.7.1946.

29 Otto Kallir an Vita Künstler, 20.10.1946. Kallir ließ das Schriftstück notariell beglaubigen, um Künstler die Möglichkeit zu geben, es zu verwenden, sollte ihre Legitimität in Zweifel gezogen werden.

30 Vita Künstler an Otto Kallir, 7.7.1948.

31 Otto Kallir an Paul Georg Glass, 6.12.1948.

32 Otto Kallir an Lea Jaray, 28.1.1949.

Trotzdem steckte Kallir jetzt viel Energie in die Neue Galerie, weniger im Hinblick auf sich selbst als auf Vita Künstler, deren Lebensunterhalt er sichern wollte.[33] Ende 1948 wandte er sich an das American War Department und die österreichische Botschaft mit dem Ersuchen, den kulturellen Austausch zwischen den beiden Nationen zu fördern.[34] Er hoffte, dass der Verkauf von Kunst aus Österreich in den Vereinigten Staaten es ihm ermöglichen würde, Künstler eine nennenswerte Summe für den Betrieb der Galerie überweisen zu können. Umgekehrt schickte er Ausstellungen von New York nach Wien, in der Hoffnung, auf diese Weise seine Wiener Niederlassung wiederzubeleben. In diesem Sinn organisierte die Galerie St. Etienne in den Vereinigten Staaten die ersten Ausstellungen von Anton Faistauer, Oskar Laske, Roswitha Bitterlich und Margret Bilger (auf deren Werk Kallir durch Gurlitt aufmerksam gemacht worden war).[35] Anfang 1949 beschickte Kallir drei Ausstellungen in der Neuen Galerie mit Werken von Georges Rouault, Lovis Corinth und Walt Disney.[36] Die mit Abstand bedeutendste von diesen Ausstellungen war die von Walt Disney, die vom US State Department und dem Disney Studio gefördert wurde.[37] Die Besucherzahlen waren überragend und stellten die unmittelbar vorangegangene Corinth-Ausstellung bei Weitem in den Schatten. Die Verkaufszahlen waren allerdings enttäuschend.[38]

Österreich stand zu diesem Zeitpunkt noch unter alliierter Besatzung, und der Kunstmarkt war entsprechend anämisch, besonders in Wien, das auf allen Seiten von der russischen Zone umgeben war. Kallir überlegte eine Fusion mit der Galerie Würthle, aber Jaray und er konnten sich finanziell nicht einigen.[39] Gurlitt seinerseits bemühte sich gleichzeitig um die Übernahme der Neuen Galerie *und* der Galerie Würthle. „Es ist ja selbstverständlich", erklärte er, „dass, wenn ich in Österreich arbeiten will, ich in Wien irgendeine Stelle [...] haben muss. Nun bin ich der Ansicht, dass es am besten und vernünftigsten wäre dort nicht noch eine dritte, moderne Ausstellungsgalerie [...] aufzumachen. Am richtigsten und zweckmässigsten wäre es wenn man sich überhaupt zusammentäte und zu Dritt ein Unternehmen schaffen würde."[40]

Kallir war der Meinung, Gurlitts Unterstützung könnte Vita Künstler helfen. „[I]ch denke doch oft dran, dass Sie allein nicht recht weiterwollen oder können", schrieb er an sie, „und dass es vielleicht doch einen Weg gäbe, die Ga[lerie] für Sie und vielleicht auch einmal für mich zu erhalten. [...] Mir ist klar, dass man viel aus der Hand geben wird, wenn man sich mit ihm einlässt, aber bevor man ev[entuell] Alles aus der Hand gibt, wäre das zu überlegen."[41] Künstler lehnte die Idee ohne Wenn und Aber ab. Gurlitts Doppelrolle als Kunsthändler und Museumsdirektor führte bereits da und dort zu Stirnrunzeln, und sie hatte sich schon immer schwergetan, mit ihm klarzukommen.[42] „Gurlitt", schrieb sie, „ist [...] mit aller größter Vorsicht zu behandeln und ein liieren eher rufschadend; aber [...] ein unverbindliches korrespondieren über alle Probleme verpflichtet ja zu nichts und wer weiß, wozu es gut ist, darüber informiert zu sein."[43]

Kallirs Versuch, sich ansatzweise über die Tragfähigkeit einer geschäftlichen Zusammenarbeit mit Gurlitt Klarheit zu verschaffen, wurde durch dieselben ökonomischen Hindernisse gebremst, die seinem Bemühen entgegenstanden, die Neue Galerie wiederzubeleben. Obwohl das Preisniveau in Wien niedriger war als in den USA, stellte Kallir fest, dass „der Schilling dort eine viel grössere Kaufkraft hat, als es am Papier der Fall ist".[44] Er erläuterte dies mit dem Hinweis, dass „ein Preis von sagen wir 150$ für eine wirklich erstklassige O[skar] K[okoschka] Zeichnung, der für hier sehr niedrig ist, in Wien 4.500 S. bedeutet, was man kaum erzielen kann".[45] Die internationalen Wechselkurse machten die Dinge nur noch komplizierter. „Mit Dollars [ist] die Welt zu kaufen", erklärte er. Aber wozu sollte man wertvolle Kunstwerke nach Österreich „hineinpumpen", wenn das lediglich bedeutete, Dollars gegen Schillinge umtauschen zu müssen?[46] Er teilte Gurlitt mit, er könne Bilder, für die er Dollars bekommen könne, nur gegen andere Kunstwerke tauschen. Er sei aber bereit, Geschäfte in Schillingen zu machen, wenn es sich um Kunst handle, die

33 Nachdem die Neue Galerie an Kallir restituiert worden war, machte er Vita Künstler zu seiner Geschäftspartnerin.

34 Otto Kallir an Lea Jaray, 20.11.1948.

35 Die Galerie St. Etienne zeigte jeweils die erste Ausstellung in Amerika von Faistauer (Jänner 1950), Laske (Oktober 1950), Bitterlich (Jänner 1951) und Bilger (Mai 1952).

36 Otto Kallir an Vita Künstler, 1.3.1949. Die Rouault-Ausstellung wurde in der Neuen Galerie im April 1949 gezeigt, die Corinth-Ausstellung im Mai 1949, und die Disney-Ausstellung eröffnete am 28.10.1949.

37 Otto Kallir an Vita Künstler, 10.9.1949.

38 Otto Kallir an Vita Künstler, 18.11.1949 und 27.11.1949.

39 Die Zusammenlegung ihrer beiden Galerien war über Jahre, von 1948 bis 1950, ein Gesprächsthema für Jaray und Kallir. Die Möglichkeiten, die besprochen wurden, reichten von der Teilung der vorhandenen Flächen bis zum Kauf von Würthle durch Kallir.

40 Wolfgang Gurlitt an Otto Kallir, 21.12.1949.

41 Otto Kallir an Vita Künstler, 3.12.1949.

42 Vita Künstler an Otto Kallir, 5.12.1949.

43 Vita Künstler an Otto Kallir, 16.12.1949.

44 Otto Kallir an Wolfgang Gurlitt, 13.11.1949.

45 Otto Kallir an Wolfgang Gurlitt, 2.12.1949.

46 Otto Kallir an Lea Jaray, 12.10.1948.

sich bereits in der Neuen Galerie befand oder für die es in den Vereinigten Staaten keinen Markt gab.[47]

Anfang 1950 zeigten Künstler und Kallir die Walt-Disney-Ausstellung in Gurlitts Neuer Galerie der Stadt Linz. Ein Vertreter der US-Streitkräfte, Major General Paul W. Kendall, und der Bürgermeister von Linz sprachen bei der Eröffnung am 18. Februar. Das Museum zeigte ein Auswahl von Disney-Kurzfilmen, und die Ausstellung verzeichnete einen großen Ansturm von BesucherInnen, besonders von Kindern. Gurlitt wurde eingeladen, das Material nach Salzburg und nach Basel zu schicken.[48] Vita Künstler hatte eine Anfrage aus Innsbruck erhalten und traf Vorbereitungen zur Verlängerung der österreichischen Importlizenz.[49]

Im Lauf des Jahres 1949 hatte Kallir mehrere Gespräche mit Vertretern der Österreichischen Nationalbank geführt und von diesen die Versprechung erhalten, er könne Erträge aus dem Verkauf von Werken, die er nach Österreich gebracht hatte, problemlos nach Amerika überweisen.[50] Umso größer war der Schock kurz nach der Eröffnung der Disney-Ausstellung in Linz, als Kallir mitgeteilt wurde, dass alle seine österreichischen Einkünfte auf ein Sperrkonto eingezahlt werden müssen. „Ich verstünde noch, dass man nicht erlauben will, in Wien befindlichen Besitz in Geld zu verwandeln, resp[ektive] solche Eingänge zu kontrollieren, um eine direkte oder indirekte ‚Verschleppung' von österr[eichischen] Werten zu verhindern", teilte er Gurlitt mit. „Wenn ich aber schon das Opfer auf mich nehme, *von hier* Sachen nach Wien zu schicken, von denen ich weiß, dass ich nie mehr Dollars dafür bekommen werde, und wenn ich mich damit abfinde, Schillinge dafür zu akzeptieren, dann muss man doch freigeben, das ist doch das Äquivalent für *neu importierte* Sachen, also ein Zuwachs zum gegenwärtigen Besitz in Österreich."[51] Auf Kallirs Anfrage, ob er wenigstens in Wien Zugriff auf sein Konto habe, wurde ihm mitgeteilt, dass „ich 1. Steuern in Wien zahlen dürfte, 2. dass ich monatlich bis zu 300 Schillingen für wohltätige Institute verwenden dürfte, und dass ich, 3. mit besonderer Erlaubnis wöchentlich bei persönlichem Aufenthalt 1.000 S. abheben könne".[52]

Am 1. März 1950 informierte Kallir Gurlitt, dass er alle weiteren Disney-Ausstellungen stornieren wolle und dass das gesamte Disney-Material zusammen mit den Werken von Rouault und Corinth, die er Vita Künstler überlassen hatte, umgehend nach New York zurückgeschickt werden müsse.[53] „Verkaufsausstellungen werde ich keine mehr machen", erklärte er. „Wozu soll ich mich auch über Dinge herumstreiten, die nur in Österreich Probleme sind, in der übrigen Welt aber in freundlicher und selbstverständlicher Weise behandelt zu werden pflegen?"[54] Gurlitt wollte trotzdem die Disney-Ausstellung unbedingt in seiner Galerie in München zeigen, wo auch eine Vorführung von *Snow White* (Schneewittchen) angesetzt war. Am 31. März informierte sein Assistent Walter Kasten Kallir, dass Vita Künstler sich mit dem Transport der Ausstellung nach München einverstanden erklärt habe. Künstler zog zwar auf Anweisung von Kallir schon am nächsten Tag ihr Einverständnis zurück, Kasten erklärte aber, es sei zu spät: Das Material sei bereits auf dem Weg.[55] Kallir war verständlicherweise wütend. „Gurlitt wusste natürlich ganz genau, dass er diesen Coup gegen meinen Willen unternahm", schrieb er an Künstler. „Natürlich ist damit jede weitere Arbeit mit Gurlitt beendet."[56]

Gurlitt war ratlos. „Für mich", schrieb er an Kallir, „ist die ganze Sache kein Geschäft, sondern ich habe die Ausstellungen nur veranstaltet und veranstalten wollen, um etwas hübsches und reizvolles und dazu auch noch in der US Besatzungszone etwas amerikanisches zu zeigen. [...] Was ich immer nicht verstehe ist, warum Sie sich so leicht, schnell und ganz unnötigerweise in Rage bringen lassen und warum Sie immer gleich so aufgebracht sind. Von meiner Seite ist von jeher der Wunsch gewesen mit Ihnen auf freundschaftlich-friedlicher Basis zu stehen."[57]

III. Postskript

Schon nach dem Ende des Ersten Weltkrieges hatte Kallir sich die Frage gestellt, ob der Neuen Galerie eine Rolle in der Pflege des kulturellen Lebens in Österreich zukommen sollte, und wenn ja, welche dies sein könne. „Die Kultur in Wien muss ganz wo anders ihre Erhaltung beginnen, vielmehr

47 Ebd.

48 Wolfgang Gurlitt an Otto Kallir, 25.2.1950.

49 Vita Künstler an Otto Kallir, 12.1.1950.

50 Otto Kallir an Vita Künstler, 16.10.1949 und 13.11.1949.

51 Otto Kallir an Wolfgang Gurlitt, 1.3.1950.

52 Otto Kallir an Lea Jaray, 26.2.1950.

53 Otto Kallir an Wolfgang Gurlitt, 1.3.1950.

54 Otto Kallir an Wolfgang Gurlitt, 23.3.1950.

55 Walter Kasten an Otto Kallir, 31.3.1950. Kasten meinte, da das Disney-Material nun schon in Deutschland sei, könne es eher zu einem Verkauf kommen. Er bot Kallir Zahlungen in einer Währung seiner Wahl an.

56 Otto Kallir an Vita Künstler, 5.4.1950. Trotz Kallirs momentanem Wutausbruch korrespondierte er über viele Jahre hinweg noch gelegentlich mit Gurlitt. Die beiden arbeiteten aber nie mehr gemeinsam an einem Projekt und machten auch keine Geschäfte mehr miteinander.

57 Wolfgang Gurlitt an Otto Kallir, 1.5.1950.

ihre Begründung", folgerte Kallir, „denn heute sind nur mehr alte Häuser und Ruinen von ihr übrig als Zeugen, dass hier einmal eine Kulturstätte bestanden hat. Die Menschen hatten ja den Zusammenhang schon sehr lange vor und besonders seit 1938 verloren. [...] Natürlich bemühe ich mich, einen österr[eichischen] Künstler [in den USA] bekannt zu machen, den ich für gut halte. Aber dieser Künstler hat nichts mit dem Verfall der letzten Jahrzehnte zu tun gehabt und kommt aus einer anderen Zeit."[58]

Kallir betrachtete das Jahr 1949 als Probe aufs Exempel, um festzustellen, ob er eine produktive Synergie zwischen seinen Galerien in New York und Wien aufbauen könne. 1950 gab er diesen Versuch auf, weniger aus geschäftlichen Gründen als wegen des österreichischen Nachkriegsregimes. „Die Haltung der öster[reichischen] Behörden, besonders der Nationalbank, zeigt mir, dass es kaum möglich ist, etwas für österr[eichische] Kunst [in Amerika] zu tun, oder einen Kunstaustausch zu betreiben", sagte er. „Wenn so wenig Entgegenkommen besteht, so fragt man sich, wozu man all die Mühe sich machen soll."[59] Im Juni 1950 zeigte die Galerie St. Etienne eine letzte Ausstellung in der Neuen Galerie, diesmal mit Werken von Grandma Moses. Unter der Schirmherrschaft des Außenministeriums der Vereinigten Staaten wurde die Ausstellung in Museen in fünf weiteren europäischen Städten gezeigt. Keines der Werke stand zum Verkauf.

1952 teilte Vita Künstler Kallir mit, dass sie sich zurückziehen wolle. 1953 und 1954 wurde die Neue Galerie von Kallirs Tochter Evamarie geführt, die als einziges unmittelbares Familienmitglied dauerhaft nach Österreich zurückgekehrt war. Als Evamarie Kallir die Leitung der Galerie abgab, um sich der psychiatrischen Sozialarbeit zu widmen, teilten Karl Gerstmayer (dem auch die Kleine Galerie gehörte) und Monsignore Otto Mauer die Räume. Mauer war ein begeisterter Sammler und Förderer zeitgenössischer österreichischer Kunst. Seinem Unternehmen, das nach wie vor im ursprünglichen Lokal in der Grünangergasse floriert, gab er den Namen Galerie St. Stephan (ab 1963 Galerie nächst St. Stephan). Die Neue Galerie wurde in aller Form geschlossen und ihr Archiv 1973 durch Schenkung an das Belvedere übertragen.

Die Galerie St. Etienne setzte ihr Bestreben nach Förderung österreichischer Künstler aus der Zeit um 1900 fort. Im Lauf der Jahre verkaufte Kallir eine große Zahl bedeutender Gemälde von Klimt,[60] Schiele[61] und Kokoschka[62] an amerikanische Museen oder schenkte sie ihnen. 1957 präsentierte die Galerie ihre erste kommerziell erfolgreiche Schiele-Ausstellung[63] und 1959 die erste Klimt-Ausstellung in Amerika. Kallir hatte wesentlichen Anteil an der ersten Serie von Museumsausstellungen mit Werken von Schiele in den USA im Jahr 1960[64] und an einer epochalen Klimt-Schiele-Retrospektive im New Yorker Guggenheim Museum im Jahr 1965. Die Flamme der österreichischen Kultur, von Hitler im Land selbst ausgelöscht, wurde von Flüchtlingen wie Kallir im Ausland neu entzündet. Die Akzeptanz, die Klimt, Schiele und Kokoschka vonseiten amerikanischer SammlerInnen und Museen entgegengebracht wurde, sicherte diesen Künstlern den internationalen Durchbruch.

Jane Kallir / International anerkannte Expertin für Egon Schiele und den österreichischen sowie deutschen Expressionismus, Direktorin der Galerie St. Etienne in New York. Über 20 Publikationen zur österreichischen Kunst des frühen 20. Jahrhunderts, Autorin des ersten Werkverzeichnisses von Egon Schiele (1990, erweiterte Ausgabe 1998, digitale Ausgabe 2018). Gastkuratorin zahlreicher Ausstellungen in bedeutenden europäischen, asiatischen und amerikanischen Museen, darunter National Gallery of Art (Washington D. C.), Indianapolis Museum of Art, San Diego Museum of Art, Belvedere, Wien Museum, Museo del Vittoriano (Rom), Hangaram Art Museum (Seoul).

58 Otto Kallir an Vita Künstler, 27.6.1948.

59 Otto Kallir an Lea Jaray, 26.2.1950.

60 1956 schenkte Kallir dem Fogg Art Museum der Harvard University *Birnbaum* und 1978 der National Gallery, Washington, *Baby*. 1957 verkaufte die Galerie St. Etienne das Gemälde *Park* an einen Stifter zugunsten des Museum of Modern Art, New York, sowie 1960 *Gartenlandschaft* an das Carnegie Institute, Pittsburgh.

61 1951 verkaufte die Galerie St. Etienne das *Porträt des Albert Paris von Gütersloh* an einen Stifter zugunsten des Minneapolis Institute of Art. Das Gemälde war zum Zeitpunkt seiner Übernahme in die Sammlung im Jahr 1954 das erste Ölbild von Schiele in einem amerikanischen Museum. 1969 schenkte Kallir dem Guggenheim Museum, New York, *Bildnis eines alten Mannes*.

62 1941 verkaufte die Galerie St. Etienne *London, Themse Ansicht I* an die Albright-Knox Art Gallery, Buffalo, NY, 1954 *Ansicht von Wien* an das Grand Rapids Museum, MI, und 1957 das *Porträt Ernst Ebenstein* an das Art Institute of Chicago.

63 Die beiden vorangegangenen Schiele-Ausstellungen in der Galerie St. Etienne in den Jahren 1941 (die erste Ausstellung des Künstlers in den USA) und 1948 waren finanzielle Misserfolge gewesen.

64 Die Schiele-Ausstellung machte Station im Boston Institute of Contemporary Art, in der Galerie St. Etienne, dem Speed Museum in Louisville, Kentucky, dem Carnegie Institute in Pittsburgh und dem Minneapolis Institute of Art.

GEORG NETZBAND

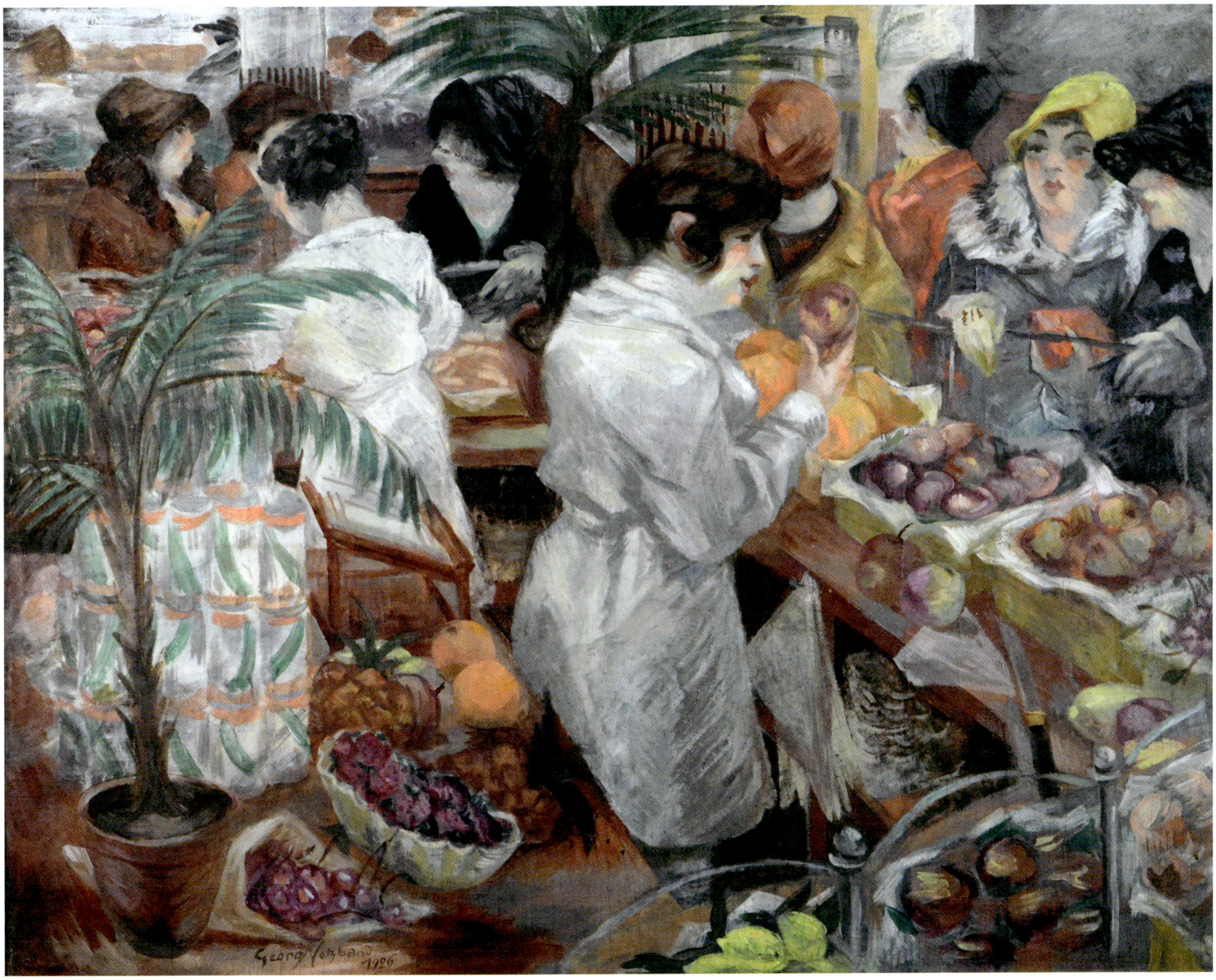

1

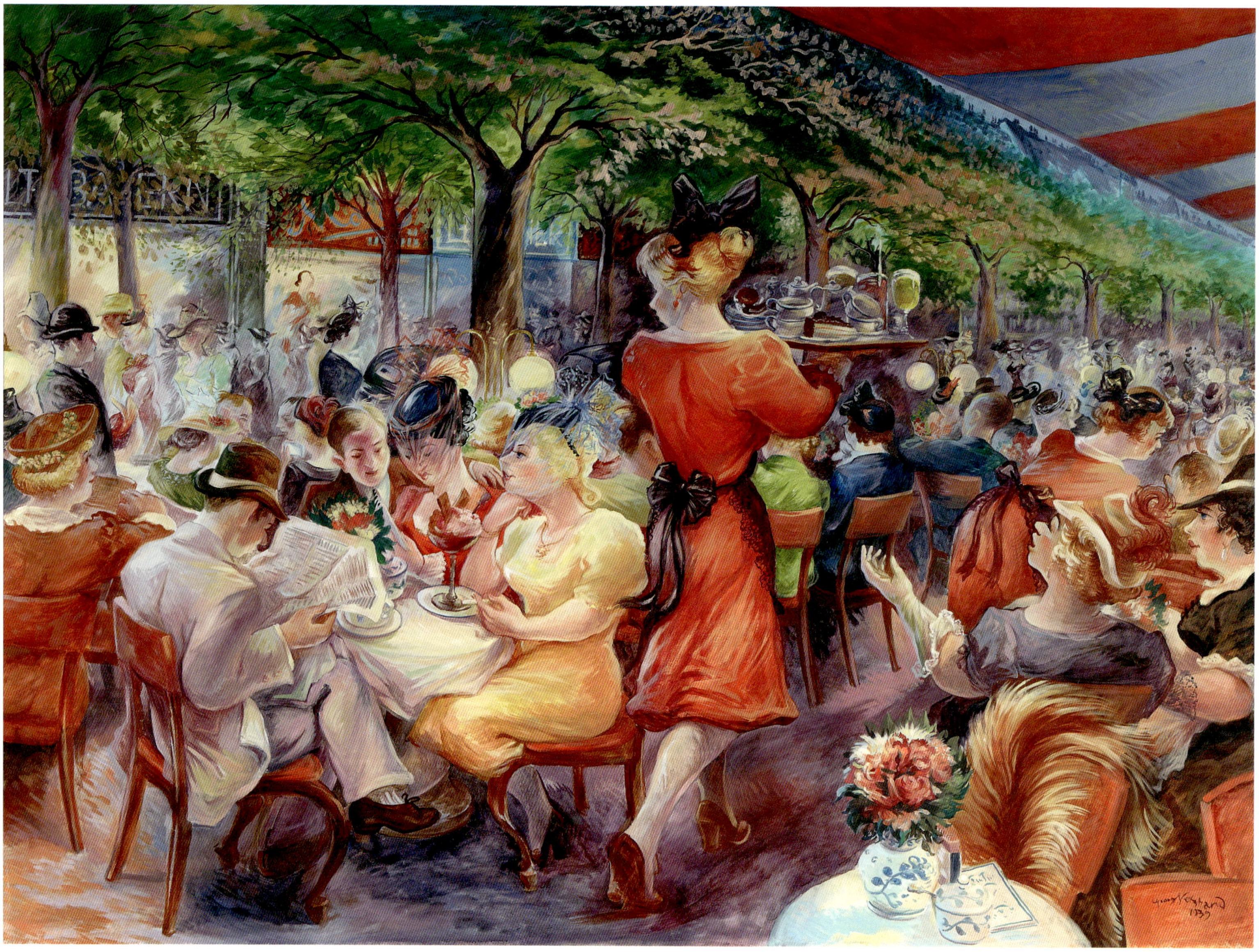

2

1 / **Georg Netzband**
* 1900 Berlin, Deutschland, † 1984 Lindenberg, Deutschland
Obstabteilung im Ka De We, 1926
Öl auf Leinwand, 80 × 100 cm
Museen Tempelhof-Schöneberg, Berlin, Foto: Ronald Gerhardt, Berlin

2 / **Georg Netzband**
Kanzlerterrasse Kurfürstendamm, 1939
Öl auf Leinwand, 125 × 165 cm
Dr. Karl Netzband, Dauerleihgabe Zentrum für verfolgte Künste, Kunstmuseum Solingen

Andreas Bartsch

ERINNERUNGEN AN DIE GALERIE WOLFGANG GURLITT IN MÜNCHEN

1956 verließ Wolfgang Gurlitt Linz und ging nach München, wo bereits seine Schwester Angelina von Weech, die das Hotel Blaues Haus in der Fürstenstraße führte, lebte. Schon Anfang der 1950er-Jahre hatte Gurlitt in München seinen Kunsthandel wieder aufgenommen, also parallel zur seiner Leitung der Neuen Galerie in Linz. Bis zum Umzug der Familie nach München war für Gurlitt eine leichte Erreichbarkeit seines Wohnsitzes in Bad Aussee wichtig, und auch danach reisten die Gurlitts regelmäßig mit Chauffeur, großem Gepäck und Hunden in die Steiermark. Mitte des Jahrzehnts bezog Gurlitt dann Geschäftsräume und eine Wohnung für seine Familie im wiederaufgebauten Hofgartengebäude in der Galeriestraße 2b, in direkter Nachbarschaft zum Münchner Kunstverein und zum Theatermuseum. Im Hofgartengebäude hatte unter anderem 1937 Hitlers Propagandaausstellung *Entartete Kunst* stattgefunden.

Man betrat die Galerie Wolfgang Gurlitt entweder von der Galeriestraße oder von den Hofgartenarkaden aus. Diese Arkaden hinterließen bei Giorgio de Chirico während seines Studiums in München einen so großen Eindruck, dass sie ein wichtiger Bestandteil in vielen seiner Bilder wurden. Im Erdgeschoss der Galerie befand sich eine Buchhandlung, die auf Kinderbücher, Belletristik und Kunstpostkarten spezialisiert war und von Gurlitts Töchtern Maria und Angelina geführt wurde. Das Zwischengeschoss umfasste einen größeren und einen kleineren Raum, die für Ausstellungen genutzt wurden. Hier wurden etwa 60 bis 80 Mappen aufbewahrt, in denen sich Zeichnungen und Druckgraphiken befanden. Einen Stock höher waren die großen Ausstellungsräume und die beiden Büros. Im Vorraum standen auf dem Boden viele präkolumbische und ostasiatische Skulpturen und in den beiden Ausstellungsräumen in der Mitte jeweils ein großer runder ethnographischer Tisch aus dem Grasland von Kamerun. Die beiden Tische wurden nach der Auflösung der Galerie von Georg Baselitz erworben. Schaute man aus den Fenstern, dann hatte man einen wunderbaren Blick in den Hofgarten. Am Ende des zweiten Ausstellungsraums war das Büro von Wolfgang und Käthe Gurlitt. An den Wänden hingen Bilder von Anselm Feuerbach, James Ensor, Max Liebermann und die *Märchenerzählerin* von Lovis Corinth. Zwei Stockwerke höher unter dem Dach hatte die Familie Gurlitt eine schöne Wohnung. Dort hingen die Wände voller Bilder, darunter auch die Porträts der Gurlitts von Louis Gurlitt und Max Liebermann sowie ein wunderschönes anmutiges Pastell von Martha Liebermann und ihrer Enkeltochter. Auf der Kommode im großen Wohn- und Esszimmer standen viele Porzellanfiguren und eine Uhr von Paul Scheurich, dessen Werk Gurlitt in Berlin vertreten hatte.

Im Frühsommer 1961 kam ich zu Gurlitt, der dringend einen Assistenten gesucht hatte. Ich war sofort von Wolfgang und Käthe Gurlitt beeindruckt: Sie waren beide sehr elegante Erscheinungen, und es schien, als könne man durch sie atmosphärisch Berlin vor 1933 spüren. Gleich von Beginn an hatte ich täglich viel und sehr Verschiedenes zu tun, so zum Beispiel die Vorbereitung der monatlich stattfindenden Ausstellungen. Zwei oder drei Künstler stellten immer gleichzeitig aus. Gurlitt führte eine sehr aufwendige Korrespondenz, und um diese zu bewältigen, kam zweimal die Woche eine perfekte Schreibkraft, der er an einem Vormittag häufig 30 bis 50 Briefe diktierte. Gurlitt betrieb insgesamt einen großen Aufwand, das alles ging nur mit der Hilfe seiner Frau, einer Sekretärin, mir als Mitarbeiter, einem Chauffeur und kurzfristig dem Kunsthistoriker Dr. Richard Hiepe, der damals den Katalog für die Ausstellung *Meister der Manierismus* bearbeitete. Eine große Betriebsamkeit herrschte täglich in der Galerie. Es waren nicht nur die Ausstellungsbesucher, die Künstler und die Kunsthändlerkollegen, die in die Galerie kamen, sondern auch die emigrierten Freunde und Bekannten aus Gurlitts Berliner Zeit: der Filmregisseur Fritz Lang, die Ehepaare Jakob Steinhardt und Eric Isenburger, Kollegen wie Marianne Feilchenfeld, Dr. Fritz Rothmann, Ernst Rathenau, Schriftsteller wie Walter Mehring etc. Ich habe mir damals oft gedacht, wie viel durch die Nationalsozialisten an deutsch-jüdischer Kultur verloren gegangen war und was für eine tiefe Wunde sie hinterlassen hatten. Auch die um München lebenden Freunde und Sammler wie Willy Geiger, Rudolf Belling, Paul Eipper, Willy Hahn oder Lothar Buchheim besuchten Gurlitt immer wieder, und Österreich war mit seinen Künstlern, Kunsthändlern und Sammlern ständig anwesend in der Galerie.

Im Zwischengeschoss der Galerie lagerte in den Mappen ein für uns heute unvorstellbarer Schatz an Zeichnungen und Druckgraphiken. Von Lovis Corinth und Félicien Rops waren jeweils etwa 500 bis 800 Blatt vorhanden. Große Sammlungen gab es von Klimt, Schiele, Kokoschka, Kubin, Liebermann, Slevogt, Hans Thoma, Rudolf Großmann; kleinere Sammlungen unter anderem von Carl Wilhelm Kolbe, Caspar David Friedrich, Adolph Menzel und Max Klinger. Auch die Nachlässe von Eduard von Steinle, Rudolf Schick und Matthias May waren in Mappen untergebracht, und zuletzt gab es noch sehr viel Kommissionsware. Tagtäglich hatte ich Blätter aus einer dieser zahllosen Mappen in der Hand, um Gurlitt dieses oder jenes zu bringen oder für den Versand einzupacken. Außerhalb der Galerie hatte Gurlitt in dem wiederaufgebauten Gebäude in der Ludwigstraße 6 zwei Räume für seine Bibliothek gemietet. Diese waren voll an wertvollen, oft sehr seltenen bibliophilen Büchern und Mappenwerken, komplett erhaltenen Zeitschriften und seltenen Ausstellungskatalogen. Zusätzlich hatte Gurlitt in dem Gebäude einen großen Keller angemietet. Hier lagerten die Bilder vom 17. Jahrhundert bis in die Gegenwart und auch manche Kiste, wie jene brechend volle mit den abgespannten Leinwänden und Papierarbeiten von Eric Isenburger aus seiner Zeit vor der Emigration. In der Galeriestraße 6 befand sich unter dem Dach ein weiteres Depot, in dem die Exemplare der *Kleinen Gurlitt-Reihe*, *Die Andere Seite* und die *Phantasien aus dem Böhmerwald* von Alfred Kubin und vieles mehr lagerten. Die Neuausgabe des Buches *Die Andere Seite* war zum 75. Geburtstag von Alfred Kubin erschienen und brachte Gurlitt Anfang der 1960er-Jahre in juristische Schwierigkeiten, da er nicht die Rechte an dem Buch hatte. Und so gab es auch immer wieder Rechtsstreitigkeiten, wie den Namensstreit mit Linz. Sie waren ein Bestandteil im Alltag der Galerie, ihre Akten und ihre Korrespondenz füllten viele Ordner im Büro. Zu seinem 75. Geburtstag im Februar 1962 hatten Frau Hoffmann, seine Sekretärin, und ich die Idee, „seine" Künstler anzuschreiben und um ein gewidmetes Geburtstagsblatt zu bitten. Das war ein voller Erfolg, sogar Oskar Kokoschka schickte uns eine große Zeichnung mit einer Widmung an seinen Freund. Am Geburtstag übergaben wir Gurlitt zwei große Kassetten mit ca. 50 bis 60 Originalen. Wir waren stolz auf uns und Gurlitt war sehr gerührt und erfreut über dieses Geschenk. Ein Höhepunkt in Gurlitts letzten Jahren war 1962 die Ausstellung *Meister des Manierismus*. Er hatte über Jahrzehnte Gemälde, Zeichnungen und Druckgraphiken dieser Stilepoche gesammelt. Viele Blätter der Druckgraphik kaufte später Georg Baselitz. 1962/63 wurde Gurlitts Egon-Schiele-Sammlung – aus heutiger Sicht sein mit Abstand wertvollster Besitz – verkauft, da er wieder einmal in finanzielle Schwierigkeiten geraten war. Heute bezahlt man für eine einzige Zeichnung so viel wie damals für die ganze Sammlung. Der Verkauf ermöglichte es Gurlitt, zwei letztlich unglückliche Schritte zu tun. Der erste war 1963 die Eröffnung einer zweiten Galerie im Künstlerhaus am Lenbachplatz; die erste Ausstellung dort zeigte Aquarelle und Zeichnungen von Henry Moore. Gurlitt blieb aber nicht lange in diesen Räumen, sondern vollzog den zweiten Schritt: Er zog weiter zum Karlsplatz (Stachus) und eröffnete dort in der Sonnenstraße 2 im fünften Stock eine Galerie. Diese Gegend war vollkommen ungeeignet für eine Kunstgalerie, verursachte zu hohe Kosten und war vor allem zu weit von der Galeriestraße entfernt, denn es mussten nun ständig Bilder und Blätter hin- und hertransportiert werden.

Wolfgang Gurlitt starb im März 1965. Für die Familie und die Firma war sein Tod ein großer Einschnitt, aber auch ein Umbruch. Käthe Gurlitt entschloss sich, die Galerie mit meiner Hilfe weiterzuführen. Als Erstes mussten die Verbindlichkeiten beglichen werden, das bedeutete zunächst einmal den Verkauf aller Gemälde der Manieristensammlung. Die Sammlung wurde im Herbst 1965 im Auktionshaus Lempertz versteigert: Das Ergebnis war enttäuschend, viele Werke verkauften sich nicht. Vor zwei Jahren erzielte ein einziges Bild aus dieser Sammlung in London ein Vielfaches des Gesamtpreises bei Lempertz. Gurlitt hatte Ende der 1950er-Jahre von Lawrence Feininger eine Sammlung an Bildern und Aquarellen von dessen Vater Lyonel Feininger in Kommission erhalten. Bei der Rückgabe des Restbestandes fehlte ein Ölbild. Die Galerie musste für den Verlust aufkommen, das bedeutete für Käthe Gurlitt den Verkauf von Egon Schieles *Mutter mit Kind* an Dr. Rudolf Leopold. Es war das schönste Blatt der Schiele-Sammlung und das einzige, das Gurlitt behalten und in seiner

Wohnung aufgehängt hatte. Der Verlust dieses Werkes hat uns damals alle sehr geschmerzt.

Auf meinen Wunsch hin wurden die Ausstellungsräume nicht mehr vermietet. Zuvor hatten die Künstler und Künstlerinnen eine Art Unkostenbeitrag leisten müssen, abhängig davon, wie groß die Ausstellungen waren. Diese Art der Vermietung und die damit verbundenen Ausstellungsbedingungen hatten mich von Anfang an gestört, auch übte die Presse daran immer wieder Kritik. Die Galerie kam von nun an für die Unkosten der Ausstellungen allein auf, die Einnahmequelle war die Provision aus Verkäufen. Das hatte die positive Folge, dass in den kommenden Jahren die Ausstellungen künstlerisch besser wurden. Zu Wolfgang Gurlitts Zeiten hatte es neben durchaus qualitätsvollen Ausstellungen auch immer wieder viele anspruchslose gegeben. Sein Herz hing an den Sammlungen und ihrem möglichst häufigen Ausstellen in vielen Städten, dem Verlegen von Büchern, Mappenwerken und Druckgraphik und auch in einem gewissen Anhäufen von Kunst. Die Auktionskataloge durchzusehen und dann dies und das zu kaufen, das lag ihm sehr viel mehr am Herzen, als ein gutes künstlerisches Programm aufzubauen. Er hat mit seiner Einstellung für die Kunst und „seine" Künstler wie Corinth, Pechstein, Kokoschka oder Kubin durchaus viel erreicht und große Verdienste erworben und es gebührt ihm auch Dank dafür. Das betriebswirtschaftliche Handeln vernachlässigte Gurlitt allerdings viel zu sehr, mit dem Ergebnis, dass er in seiner langen Kunsthändlerlaufbahn immer wieder vor sehr großen finanziellen Schwierigkeiten stand. So mussten in den Folgejahren zur finanziellen Absicherung der Galerie und der Familie ständig Bilder und Blätter aus den Eigenbeständen verkauft werden, was allerdings viele interessante Sammler und Händler in die Galerie brachte. Ein weiteres Problem gab es bei einer ganzen Anzahl älterer Gemälde, insbesondere bei französischen Bildern. Die Expertisen, da und dort von honorigen Museums- und Kunstexperten ausgestellt, waren häufig falsch. Auch Gurlitt selbst war manchmal leichtsinnig mit seinen Zuschreibungen. Dann gab es noch die vielen Offsetdrucke nach den Lithographien von Oskar Kokoschka, die zum Teil in Bleistift die Signatur von Kokoschka trugen, auch sie machten uns sehr zu schaffen. Diese Blätter, eben keine Originallithographien, mussten aus dem Verkehr gezogen werden, um ein heilloses Durcheinander in der Druckgraphik von Kokoschka zu verhindern. Friedrich Welz, der damals das Werkverzeichnis der Druckgraphik herausgab, half uns dabei. Das noch vorhandene Werk von Clara Siewert konnten wir an die Ostdeutsche Galerie in Regensburg verkaufen, jenes von Matthias May an das Stadtmuseum NORDICO in Linz. Die Tagebücher von Rudolf Schick, wichtig für die Arnold-Böcklin-Forschung, wurden über die Galerie Ohse an das Kunstmuseum Basel verkauft. So fand vieles eine neue Heimat und neue Sammler.

1966 kam Vicco von Bülow (Loriot) in die Galerie mit der Anfrage an Frau Gurlitt und mich, ob wir Interesse hätten, die Karikaturen zum Deutschlandbuch *Anatomie eines Adlers* von Ronald Searle auszustellen. Diese Ausstellung wurde 1967 ein großer Erfolg. Es war der Anfang einer Freundschaft von Ronald und Monica Searle mit Käthe Gurlitt und mir. Die Karikaturen von Ronald Searle stellten wir anschließend jedes Jahr aus. Die internationalen Kontakte des Künstlers führten zu vielen Karikatur-Ausstellungen, beispielsweise von Tomi Ungerer oder André François. Der Kunsthändler Hans Fetscherin, ein Freund der Familie Gurlitt, regte uns 1966 zur Ausstellung *Naive Malerei* an, mit Bildern von Bauchant, Bombois, Seraphine de Senlis, Trotin, Generalić usw. Die Ausstellung war ein so großer Erfolg, dass wir von da an jedes Jahr zur Weihnachtszeit eine Präsentation mit naiver Malerei veranstalteten – durchaus ein Phänomen jener Jahre, denn heute ist die naive Malerei ziemlich verschwunden. Ein weiterer Erfolg waren die Bilder von Ludwig Schwarzer, einem in Linz lebenden Künstler, wir verkauften über Jahre hinweg fast jedes Bild von ihm. Auch den wichtigsten deutschen Kinderbuchillustratoren wurden immer wieder Ausstellungen gewidmet. Und so waren diese elf Jahre, von Frau Gurlitt und mir geprägt, sehr lebendige und schöne. Käthe Gurlitt starb nach kurzer Krankheit im Oktober 1976. Nach ihrem Tod entschlossen sich die beiden Töchter Maria Gurlitt und Angelina Cedrino, die Galerie aufzulösen. Es war schließlich meine letzte Aufgabe, bis zum Frühjahr 1977 die Galerie abzuwickeln.

Andreas Bartsch / Geb. 1941. 1961–1977 Mitarbeit in der Galerie Wolfgang Gurlitt, 1961/63 Ausbildung zum Kunsthändler. 1977–1980 selbstständig als Kunsthändler. 1980 Gründung der Galerie Bartsch & Chariau mit Joelle Chariau. Die Galerie in den Hofgartenarkaden München war spezialisiert auf die angewandte Zeichnung, darunter Karikatur und Modezeichnung, und vertrat die international wichtigsten KünstlerInnen. 2008 Beendigung der Tätigkeit als Galerist.

VERFEMT UND „ENTARTET“

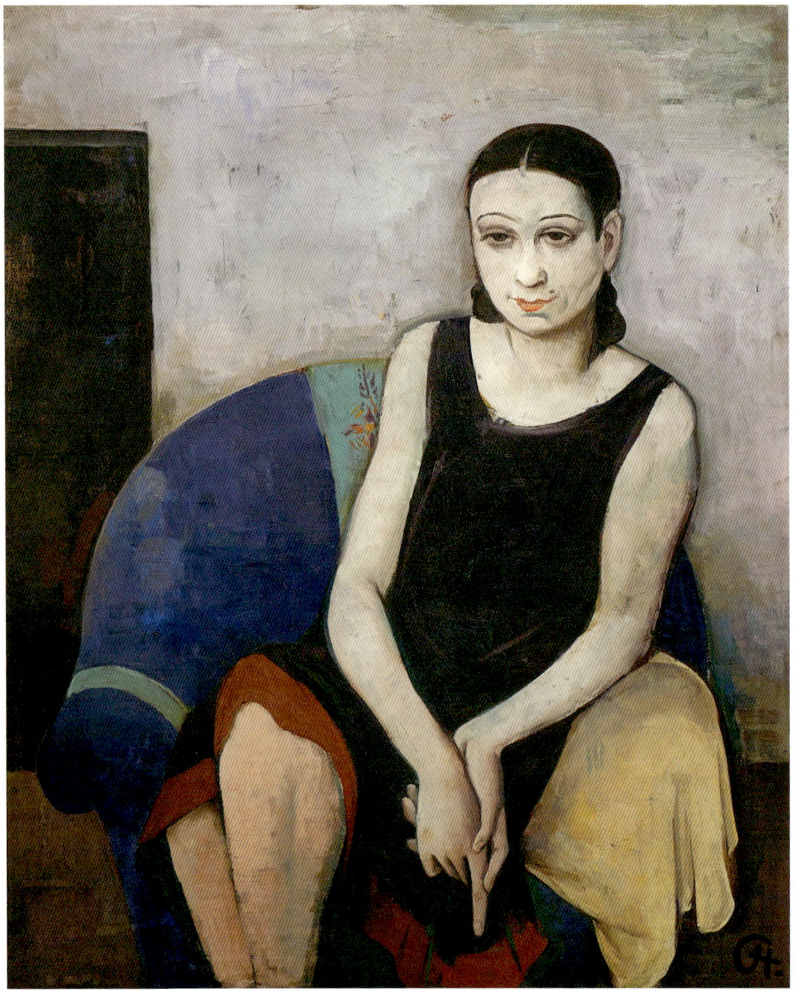
1

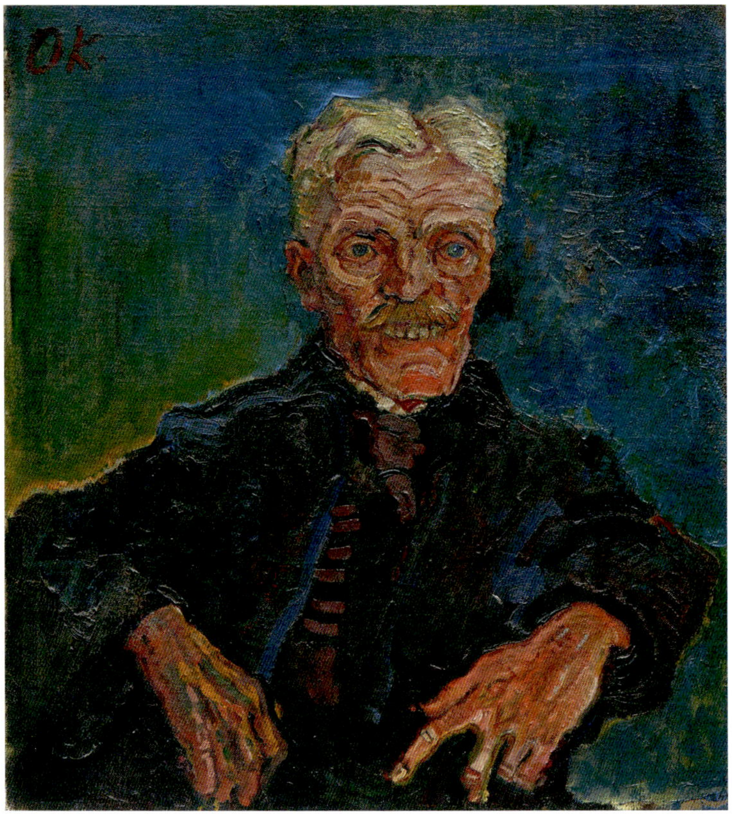

2

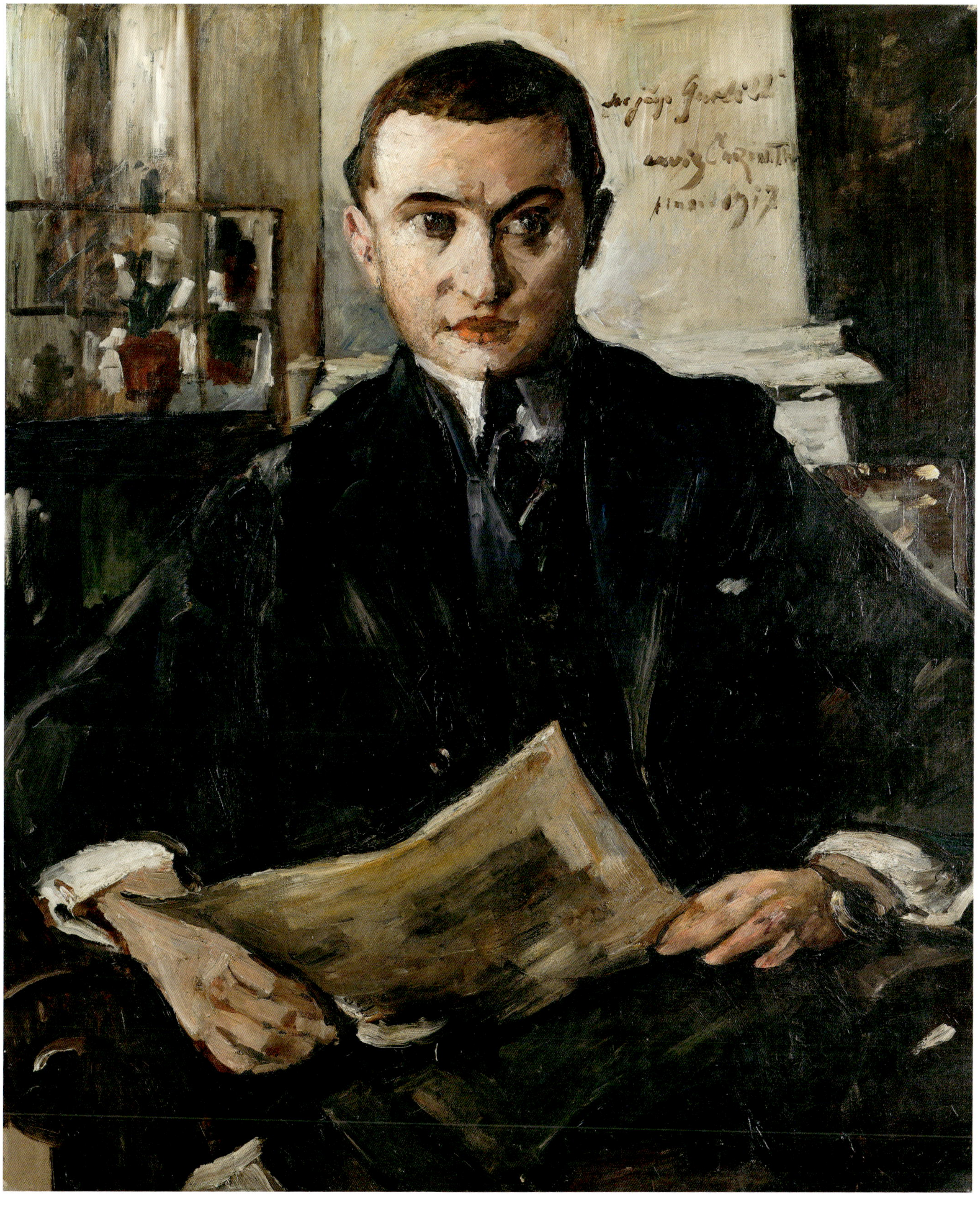

3

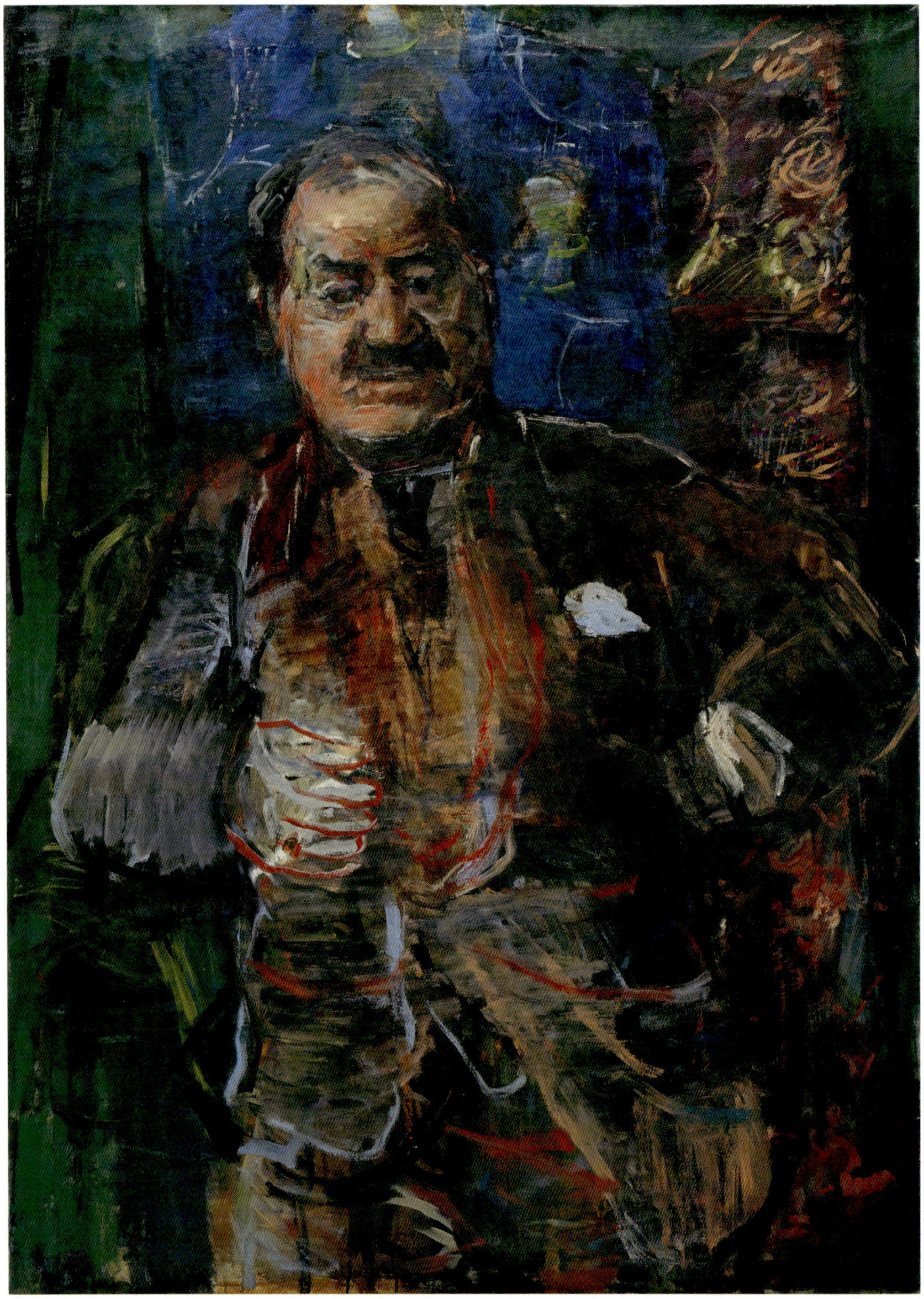

4

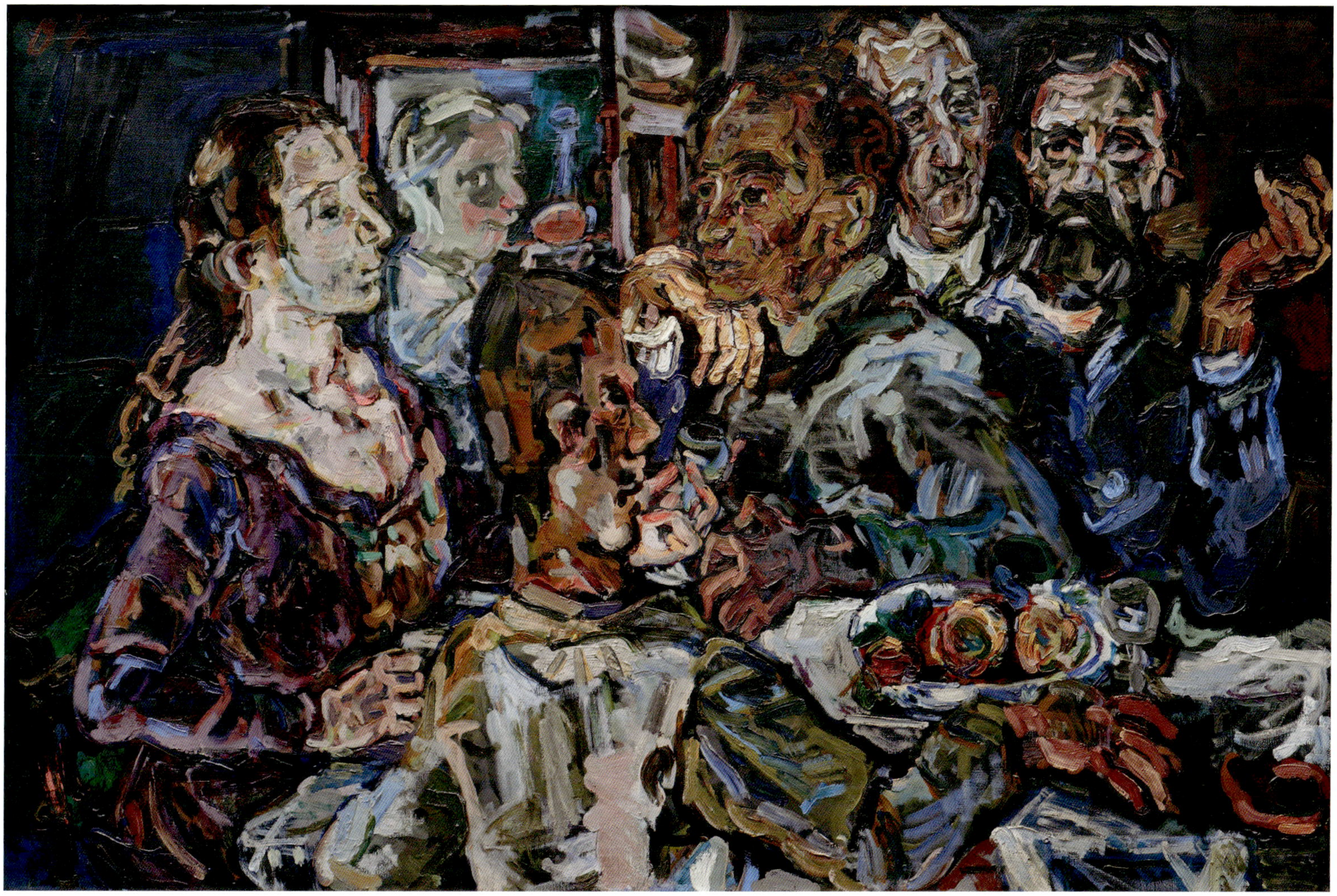

5

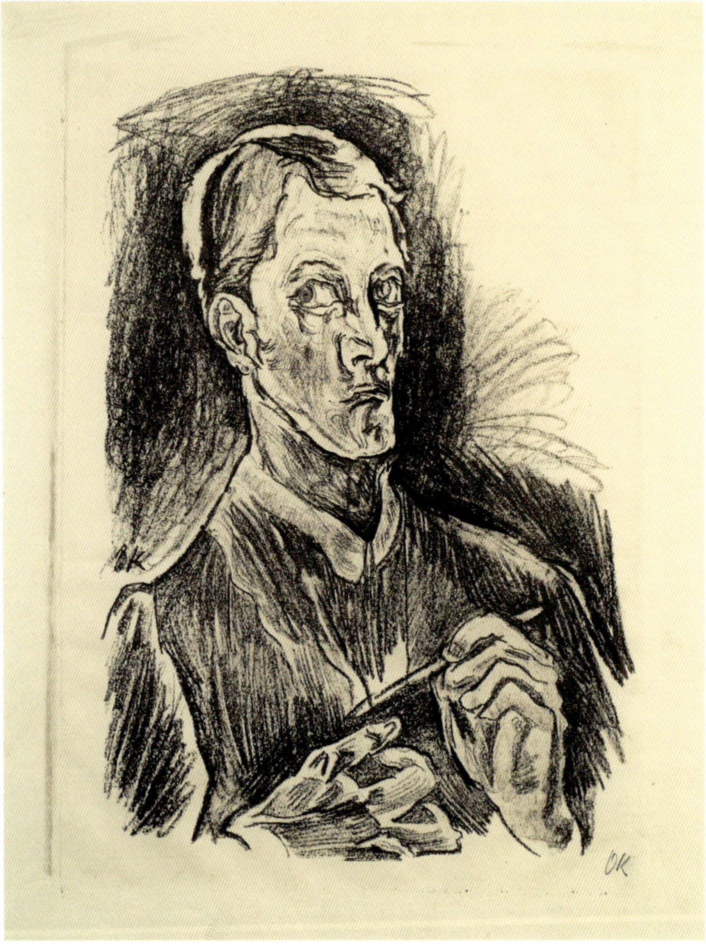

6

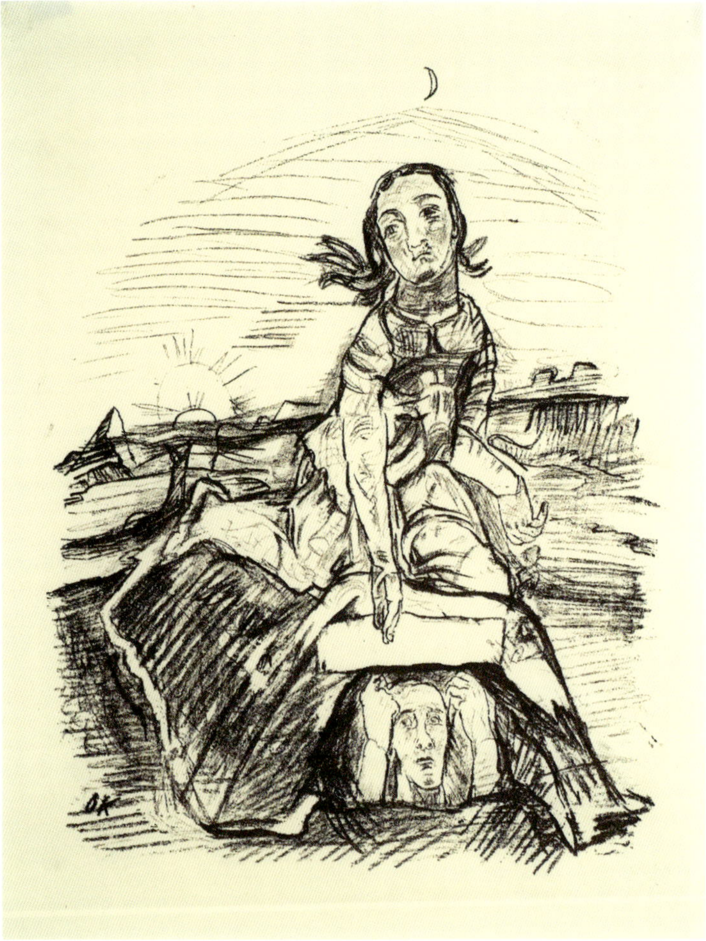

7

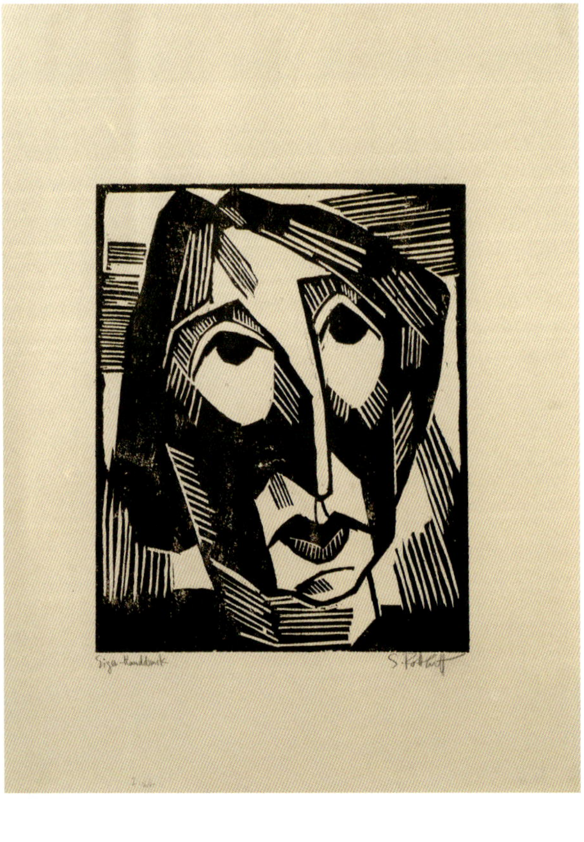

8

9

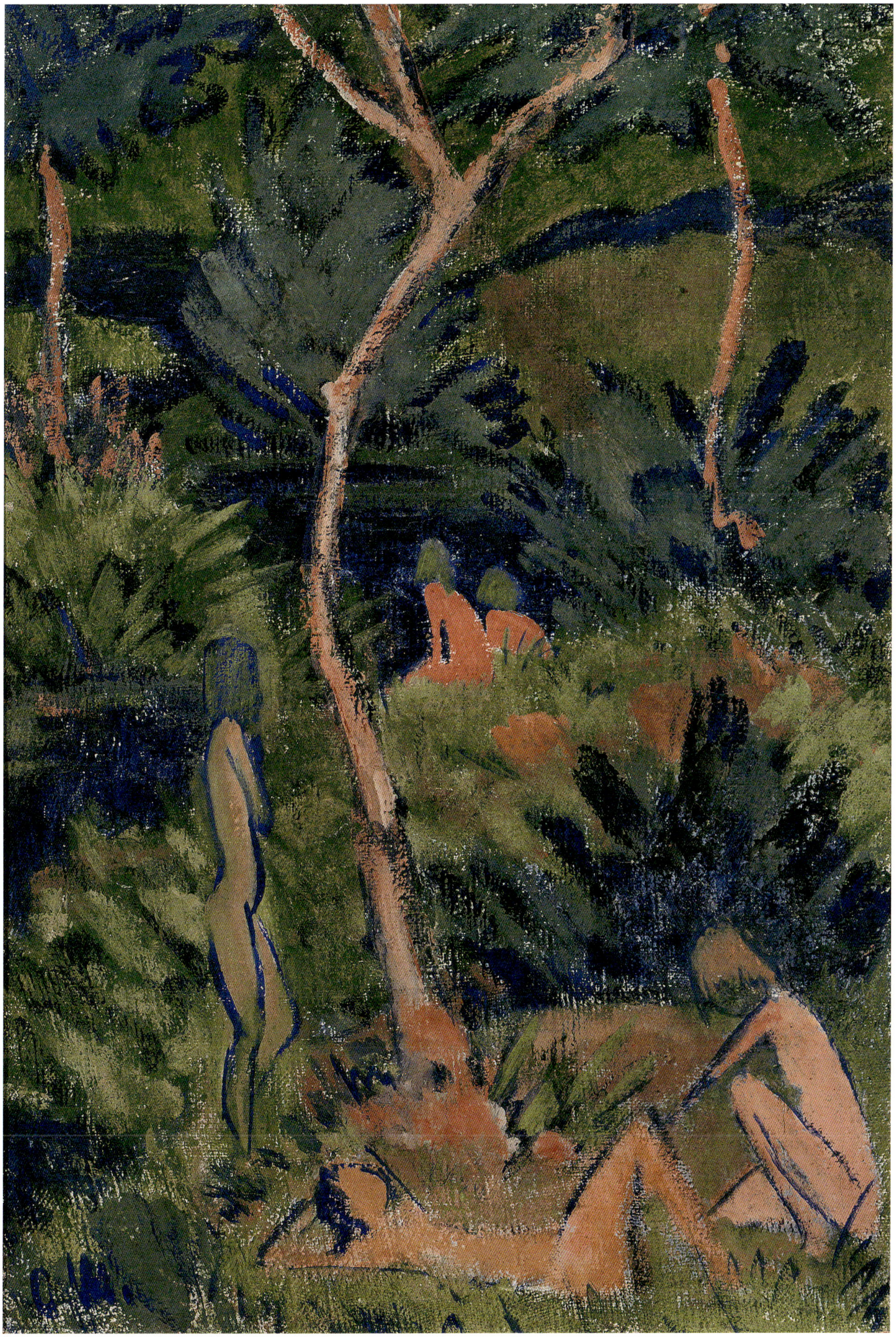

1 / **Carl Hofer**
* 1878 Karlsruhe, Deutschland, † 1955 Berlin, Deutschland
Damenbildnis (Madame Bailhache), 1926
Öl auf Leinwand, 100,5 × 80,5 cm, LENTOS Kunstmuseum Linz, Inv.-Nr. 36,
bis 1937 Nationalgalerie Berlin, erworben von Wolfgang Gurlitt 1952/53

2 / **Oskar Kokoschka**
Alter Mann (Vater Hirsch), 1909
Öl auf Leinwand, 70,5 × 62,5 cm, LENTOS Kunstmuseum Linz, Inv.-Nr. 4,
bis 1937 Städtisches Museum für Kunst und Kunstgewerbe,
Halle an der Saale, erworben von Wolfgang Gurlitt 1952/53
© Fondation Oskar Kokoschka; Bildrecht, Wien 2019

3 / **Lovis Corinth**
Bildnis Wolfgang Gurlitt, 1917
Öl auf Leinwand, 113 × 90,5 cm, LENTOS Kunstmuseum Linz, Inv.-Nr. 1,
bis 1937 Nationalgalerie Berlin, erworben von Wolfgang Gurlitt 1952/53

4 / **Oskar Kokoschka**
Bildnis Marcel von Nemes, 1929
Öl auf Leinwand, 135 × 96 cm, LENTOS Kunstmuseum Linz, Inv.-Nr. 5,
bis 1937 Städtisches Museum für Kunst und Kunstgewerbe,
Halle an der Saale, erworben von Wolfgang Gurlitt 1952/53
© Fondation Oskar Kokoschka; Bildrecht, Wien 2019

5 / **Oskar Kokoschka**
Die Freunde, 1917/18
Öl auf Leinwand, 102 × 151 cm, LENTOS Kunstmuseum Linz, Inv.-Nr. 76,
bis 1937 Nationalgalerie Berlin, erworben von Wolfgang Gurlitt 1952/53
© Fondation Oskar Kokoschka; Bildrecht, Wien 2019

6 / **Oskar Kokoschka**
Selbstbildnis, aus der Folge *O Ewigkeit – du Donnerwort („Bachkantate")*,
Kreidelithografie, 62,5 × 48 cm, 11 Kreidelithografien verlegt von der
Galerie Fritz Gurlitt in Berlin 1916 und 1917
LENTOS Kunstmuseum Linz, erworben von Wolfgang Gurlitt
© Fondation Oskar Kokoschka; Bildrecht, Wien 2019

7 / **Oskar Kokoschka**
Der Mann erhebt seinen Kopf aus dem Grabe, auf dem das Weib sitzt, aus
der Folge *O Ewigkeit – du Donnerwort („Bachkantate")*, 53,3 × 39 cm, OKA-
Druck um 1950, 11 Kreidelithografien verlegt von der Galerie Fritz Gurlitt
in Berlin 1916 und 1917
LENTOS Kunstmuseum Linz, erworben von Wolfgang Gurlitt
© Fondation Oskar Kokoschka; Bildrecht, Wien 2019

8 / **Karl Schmidt-Rottluff**
* 1884 Rottluff (Chemnitz), Deutschland, † 1976 Berlin, Deutschland
Bildnis R.S. (Rosa Schapire), 1915
Holzschnitt, 61 × 67 cm,
LENTOS Kunstmuseum Linz, Stiftung Prof. Dr. Paul und Grete Neurath,
Wien, Nachlass Rosa Schapire

9 / **Otto Mueller**
* 1874 Liebau, Schlesien, heute Polen, † 1930 Obernigk, heute Polen
Badende Mädchen (Sommer), um 1918
Leimfarbe auf Jute, 100 × 67,5 cm,
LENTOS Kunstmuseum Linz, Inv.-Nr. 48,
bis 1937 Angermuseum Erfurt, erworben von Wolfgang Gurlitt 1952/53

Elisabeth Nowak-Thaller

VERFEMT UND „ENTARTET“. BESCHLAGNAHMTE GEMÄLDE AUS DEUTSCHEM MUSEUMSBESITZ IM LENTOS KUNSTMUSEUM LINZ

Nachdem in Deutschland zwischen 1933 und 1937 elf sogenannte „Schandausstellungen" als Prototypen der Schau *Entartete Kunst* stattgefunden hatten, in denen man die moderne Kunst anprangerte und diffamierte, wurde im Deutschen Reich systematisch und mit aller Intensität an der „Säuberung" der Museumsbestände von Werken, die nicht den nationalsozialistischen Kunstvorstellungen entsprachen, gearbeitet. Bereits Anfang November 1930 war es im Weimarer Landesmuseum zur ersten „Säuberungsaktion" gekommen. Die Abteilung der Expressionisten, unter anderem mit Werken des österreichischen Malers Oskar Kokoschka, musste unverzüglich auf Befehl des Innenministeriums abgehängt werden. Auch die 1931 in der Städtischen Kunsthalle gezeigte Kokoschka-Retrospektive wurde von der NSDAP-Ortsgruppe Mannheim und im Mannheimer Stadtrat wüst attackiert: Die „jüdische Direktion" der Mannheimer Kunsthalle wurde angegriffen, die Erzeugnisse des „ausländischen Juden Kokoschka" und der Ankauf von acht Kokoschka-Bildern wurden zum Vorwurf erhoben.[1] Oskar Kokoschka war in fast jeder „Schandausstellung", die mit reißerischen Titeln wie *Schreckenskammer* warben und die Avantgarde als Kunst der „Geisteskranken" und „Kulturbolschewisten" diffamierten, vertreten. Die herrschende Kulturpolitik wurde verteufelt und mit dem Schlagwort „jüdisch-bolschewistische Kunst" aufgeheizt.

Die Angriffe richteten sich pauschal gegen progressive Museumsdirektoren, Kunsthändler und vor allem Künstler. Der Weg für die Vernichtung moderner Kunst war geebnet, das endgültige Aus für die künstlerische Avantgarde Deutschlands wurde 1937 Wirklichkeit.[2]

Insgesamt wurden über 20.000 Kunstwerke von über 1400 Künstlern und Künstlerinnen aus dem Bestand deutscher Museen oder Privatsammlungen als „entartet" verurteilt. Als „entartet" galten grundsätzlich alle künstlerischen Richtungen, die mit der Kunstauffassung des Nationalsozialismus nicht in Übereinstimmung zu bringen waren. Der Begriff „entartet" wurde so zur Standardklassifizierung für avantgardistische Kunst. Besonders angeprangert wurden neben Werken jüdischer Künstler und Künstlerinnen die Arbeiten der Expressionisten, Dadaisten und Konstruktivisten sowie des Bauhauses, der Neuen Sachlichkeit und vor allem der abstrakten Kunst.[3]

---

1 Gloria Sultano, Patrick Werkner, *Oskar Kokoschka. Kunst und Politik 1937–1950*, hg. v. d. Universität für Angewandte Kunst Wien, Böhlau, Wien/Köln/Weimar 2003, S. 73.

2 Die Schilderungen der Details der Ausstellung *Entartete Kunst* entstammen folgenden Forschungsbeiträgen, die zur Standardliteratur dieser dunkelsten Epoche der Kunstgeschichte zählen: Sultano, Werkner 2003; Christoph Zuschlag, *„Entartete Kunst". Ausstellungsstrategien im Nazi-Deutschland*, Wernersche Verlagsgesellschaft, Worms 1995 (Heidelberger Kunstgeschichtliche Abhandlungen, N. F., Bd. 21), zugl. Diss., Heidelberg 1991; Stephanie Barron, *„Degenerate Art". The Fate of the Avant-Garde in Nazi Germany*, Ausst.-Kat., Los Angeles County Museum of Art, Art Institute of Chicago, Abrams, New York 1991; Peter-Klaus Schuster (Hg.), *Nationalsozialismus und „Entartete Kunst". Die „Kunststadt" München 1937*, Ausst.-Kat., Staatsgalerie Moderner Kunst München, Prestel, München 1987. Was Kokoschka betrifft, so leisteten Gloria Sultano und Patrick Werkner in ihrem vielfach zitierten Buch präziseste Forschungsarbeit und eine exakte Analyse dieses für Kokoschka schwierigen Lebensabschnittes. Auch sammelte der im Prager Exil lebende Künstler selbst zahlreiche Artikel zur Ausstellung *Entartete Kunst*, fiel doch in fast allen Zeitungsbeiträgen über „entartete Kunst" der Name Kokoschka. Ferner hat Mario-Andreas von Lüttichau in seinem Aufsatz *Die Ausstellung ‚Entartete Kunst', München 1937. Eine Rekonstruktion* eine detailgenaue Rekonstruierung vorgenommen. Mario-Andreas von Lüttichau, „Die Ausstellung ‚Entartete Kunst', München 1937. Eine Rekonstruktion", in: Stephanie Barron (Hg.), *Das Schicksal der Avantgarde im Nazideutschland*, Ausst.-Kat., Deutsches Historisches Museum, Berlin, Hirmer, München 1992, S. 45–82.

3 Sultano, Werkner 2003, S. 78f.

Am 19. Juli 1937 wurde in München die Wanderausstellung *Entartete Kunst* als organisierte Propagandaausstellung eröffnet. Zu sehen waren rund 650 Kunstwerke von 120 Künstlern, die von Goebbels' Reichspropagandaministerium in 32 deutschen Museen beschlagnahmt worden waren. Als Gegenveranstaltung fand die einen Tag zuvor eröffnete *Erste Große Deutsche Kunstausstellung* im Haus der Deutschen Kunst in München statt. Adolf Hitler eröffnete diese Verkaufsausstellung persönlich. Präsentiert wurden hier Werke, die dem nationalsozialistischen Kunstgeschmack entsprachen – „eine wahre und ewig deutsche Kunst" – und keine avantgardistischen „Schmierereien". Künstler, die auf dieser bis 1944 jährlich gezeigten Großausstellung präsentiert wurden, waren nicht nur offiziell anerkannt, sondern konnten auch mit Ankäufen durch Hitler oder andere politische Funktionsträger der NSDAP rechnen.

Kokoschka, dessen Werke in fast jeder dieser „Schandausstellungen" gezeigt und wüst beschimpft wurden, war nur ein Künstler unter vielen, deren Kunst von den Nationalsozialisten als „entartet" diffamiert wurde. 1937 wurden 417 Werke Kokoschkas beschlagnahmt, bei der Ausstellung *Entartete Kunst* zählte Kokoschka gleich mit neun Gemälden, einem Aquarell und einem Plakat sowie fünf Lithografien aus der *Bachkantate* zu den am meisten geschmähten Künstlern.[4]

Die Werke wurden in demagogischer, absichtlich chaotischer Hängung dargeboten und mit Schmähparolen verhöhnt. Werke von Beckmann, Chagall, Corinth, Kandinsky, Kirchner, Klee, Lehmbruck, Marc, Macke, Mueller, Nay, Nolde oder Schlemmer wurden neben Zeichnungen von Menschen mit Einschränkungen gehängt, um bei den BetrachterInnen Abscheu und Beklemmung hervorzurufen.

Kurator, Ausstellungsgestalter und Eröffnungsredner war der Maler und „Präsident der Reichskammer der Bildenden Künste" Adolf Ziegler, der von Joseph Goebbels persönlich beauftragt wurde. Völlig neu war die Einbeziehung von Ausstellungstexten, die großteils auf Wolfgang Willrichs Pamphlet *Säuberung des Kunsttempels* zurückgingen. Die Gemälde hingen sehr hoch und dicht über- und nebeneinander. Grafiken wurden achtlos mit Reißnägeln an der Wand befestigt. Auch wurde der durch die Inflation horrend erscheinende Kaufpreis der Kunstwerke angegeben. Die „Verschwendung" wurde auf rotem Papier angeprangert: „Bezahlt von den Steuergroschen des arbeitenden deutschen Volkes." Ferner wurde mit Überschriften diskriminiert, „gegliedert" und überfrachtet. Feindbilder sollten gefestigt, Kunstwerke als wertlos desavouiert werden, die diffuse Beleuchtung unterstrich den gewollt chaotischen Eindruck.

Kokoschka war gemeinsam mit den Brücke-Künstlern im unkommentierten, weder thematisch noch nach Künstlern geordneten Raum 4 anzutreffen. Propagandistische Wandtafeln fehlten hier. *Monte Carlo* von Kokoschka war neben Expressionisten in Raum 5 zu sehen, der unter dem Motto „So schauen kranke Geister die Natur" stand. Im 6. und im 7. Raum, die nach der Eröffnung verändert wurden, hingen *Tre Croci* neben einem Pferdebild von Nolde und neben Marc, Kirchner und Klee das *Bildnis Karl Etlinger*. Es fehlten Angaben zu den Werken und das übergeordnete Motto lautete „Zerfall wird zu literarischer und händlerischer Sonderwertung ausgebeutet". In Raum 7 waren Werke gekündigter Hochschulprofessoren zu sehen. Zwei Wochen nach der Eröffnung war dieser Raum nur mehr für Journalisten und BesucherInnen mit Sondergenehmigung geöffnet. Im später eröffneten, völlig unübersichtlichen Erdgeschoss fanden sich Kokoschkas Zeichnungen zur *Bachkantate*, das LENTOS-Gemälde *Die Freunde* und das verschollene Aquarell *Das liegende Mädchen*.

„Oft waren die gleichen Ausrufe zu hören. [...] Meist klang es abschließend ‚Furchtbar'. [...] Vor den ‚Auswanderern' von Kokoschka hieß es einmal auf bayrisch mit jovialer Entschiedenheit: ‚Der g'hört ja auf'hängt, der des Bild g'mol'n hat' [*Frankfurter Zeitung*, 14.11.1937]".[5] Sogar im Ausstellungsführer war Kokoschka „prominent" vertreten: Seinen Grafiken (*Walter Hasenclever*, 1917, und *Selbstbildnis von zwei Seiten*, 1923), die mit einer Zeichnung eines Menschen mit psychischer Beeinträchtigung aus der Sammlung Prinzhorn verglichen wurden, war eine eigene Seite gewidmet.[6]

Die Wiener NS-Presse sprach von einem „Panoptikum der Perversität und von Sudeleien".[7] Im offiziellen Ausstellungsführer war die Rede von „Hexenspuk", „idealisierten Idioten, Kretins und Paralytikern oder grausamen Dilettanten". Die Moderne sollte als Schwindel, Ausgeburt des Wahnsinns und Nichtskönnertum entlarvt werden. Der Zutritt für Jugendliche wurde verboten, der Eintritt in die Ausstellung war gratis.

Falls die angegebenen Pressezahlen stimmen, sahen mehr als drei Millionen Menschen diese in zwölf weiteren Städten Station machende Wanderschau, die in Österreich

4 Ebd., S. 99.

5 Ebd., S. 94.

6 Ebd., S. 102.

7 Hans Wieczorek, „Entartete Kunst", in: *Die Pause*, Heft 6, 1939, S. 66f.

auch in Salzburg (40.000 BesucherInnen) und Wien (147.000 BesucherInnen) mit großem Erfolg gastierte. Die Station im Wiener Künstlerhaus (ab 6. Mai 1939), die von Ziegler eröffnet wurde, war laut *Wiener Tagblatt* „um vieles – vor allem ‚Wienerisches' – bereichert" worden, obwohl Indizien dafür fehlen. „Ein Rundgang durch die lehrreich gegliederte Ausstellung zeigt sogleich eines: daß alle hier in Wort und Bild gesammelten Erzeugnisse mit Kunst gar nichts zu tun haben".[8] Außer Oskar Kokoschka wurden keine österreichischen Künstler genannt. 1939 bildete die Kunstzeitschrift *Die Pause* Kokoschkas bemalte Tonbüste *Selbstbildnis (Krieger)* ab, von der in der Schau jedoch vermutlich nur eine Fotografie gezeigt wurde. Das von Hans Wieczorek verfasste Pamphlet bezeichnet die Werke als „Hexensabbath der Kunst" und „Afterkunst": „Staunen, Verwunderung, Ekel und Zorn erfasst den naiven Besucher, und der anfangs vielleicht bei ihm erregte Lachreiz vergeht beim Durchwandern von der Erkenntnis, wie ernst die Vernichtung arteigener deutscher Kunst durch die Vertreter des Kulturbolschewismus schon drohte. Aufatmend verlässt man die ‚heiligen' Hallen, deren Inhalt man wie ein Panoptikum der Perversität empfindet, und freut sich nach so viel Schmutz und Unnatur der Reinheit und Natürlichkeit des hellen Tages. Und ist dankbar, daß der Nationalsozialismus auch auf dem Gebiete der bildenden Kunst den früheren Augiasstall mit herkulischer Gründlichkeit ausgeräumt hat."[9] Kokoschkas Kunstwerke fanden in der Heimat ebenfalls Erwähnung: „Es fehlen auch nicht Arbeiten ausgesprochen krankhaften Charakters, wie bei Kokoschka, Grundig oder Fritz Müller, bei denen das Morbide und Psychopathische in die Augen springt."[10]

„Entartete Kunst" zum Schnäppchenpreis. Die legendären Auktionen der Galerie Fischer in Luzern

Ab 1937 ging es der NS-Kunstpolitik nicht mehr um die Diffamierung, sondern um die Liquidierung der modernen Kunst. Die „entartete" Ware sollte entweder getauscht oder gegen Devisen ins Ausland verkauft werden. Museumsdirektoren wurden aufgefordert, sich der „entarteten Kunst" zu entledigen. Die vom Propagandaministerium beschlagnahmten Kunstwerke wurden vor allem in die neutrale Schweiz, die sich bald zur Drehscheibe des Handels mit NS-Raubkunst entwickelte, verschickt und dort verkauft. 780 Gemälde und Plastiken, 3.500 Zeichnungen, Aquarelle und Grafiken – später kamen noch 71 Werke aus der Salzburger Ausgabe der „Entarteten Kunst"-Ausstellung dazu – wurden zum Verkauf freigegeben. Kaufangebote von Kunsthändlern lagen vor, auch das Kaufinteresse von Direktoren amerikanischer Museen war groß.

Ziel für die Nationalsozialisten war es, hohe Gewinne für die gehasste „Verfallskunst" zu erzielen. Goebbels führte den nominellen Vorsitz der „Kommission zur Verwertung der Produkte entarteter Kunst" und betraute vier Kunsthändler mit dem Verkauf ins Ausland: Karl Buchholz (1901–1992) und Ferdinand Möller (1882–1956) aus Berlin, Hildebrand Gurlitt (1895–1956), Wolfgangs Cousin aus Hamburg, der 3.879 Werke, überwiegend Druckgrafik aus dem beschlagnahmten Fundus, übernahm, und Bernhard A. Boehmer (1892–1945) aus Güstrow, von dem Wolfgang Gurlitt Werke erwarb.[11]

Am 30. Juni 1939 wurden im Auktionshaus der Galerie Fischer in Luzern 125 hochkarätige Gemälde und Skulpturen aus deutschen Museen und Privatsammlungen versteigert. Die Preise für moderne deutsche Kunst sanken ins Bodenlose. Obwohl die „entarteten" Kunstwerke verachtet wurden, wollten die Nationalsozialisten – Goebbels hatte es 1938 offen ausgesprochen – Kapital daraus schlagen und Devisen erwirtschaften. Es gab heftige Diskussionen unter Käufern und vor allem unter Fachleuten, ob man die Auktion boykottieren oder mit einem Kauf für die verfemten Künstler einstehen sollte. Jeder Preis war akzeptiert, die Auktion, die sogar ein Gemälde von Vincent van Gogh aufwies, blieb jedoch deutlich hinter den Erwartungen zurück. Zu Dumpingpreisen von 20 Rappen konnte man einen Chagall erwerben, für 20 Schweizer Franken ein Gemälde von Carl Hofer. Händler, Sammler und Museumsleute aus aller Welt trafen sich in Luzern und tätigten hier nach Absprachen ihre Einkäufe, „wo, einem holländischen Blatt zufolge, eine Stimmung herrschte wie auf einem Schützenfest, das tagelang dauert. Schmach und Scham: Die deutschen Museen, wie Pioniere einst voran in der Arbeit für die Kunst der Gegenwart, verloren an jenem Tag endgültig diese ihre Rolle, begleitet von mitleidigem Achselzucken".[12]

Die Erlöse, die unter anderem dem geplanten „Führermuseum" in Linz zufließen sollten, gingen auf ein Londoner Konto. Kurz nach der Auktion, am 23. Juli 1939, setzte Hitler den

8 *Neues Wiener Tagblatt*, 7.5.1939.

9 Wieczorek 1939, S. 66f.

10 Sultano, Werkner 2003, S. 105.

11 Ebd., S. 110ff.

12 Jürgen Schilling, *Karl Hofer. Eine Ausstellung des Kreises Unna*, Unna 1991, S. 24.

Kunsthistoriker Hans Posse – wir werden später noch einmal auf ihn zurückkommen – als seinen Sonderbeauftragten für das „Führermuseum" für die Verteilung der Kulturgüter beim „Sonderauftrag Linz" ein. „Denn Linz soll kein Provinzialmuseum sondern eines der bedeutendsten Kunstmuseen der Ostmark werden, das zwischen München und Wien bestehen kann […]".[13] Nach dem überraschenden Tod von Hans Posse 1942 übernahm Hermann Voss dessen Auftrag und stattete seinen Chefeinkäufer Hildebrand Gurlitt – über das getrübte Verhältnis zwischen Wolfgang und Hildebrand berichtet der Aufsatz von Meike Hoffmann in diesem Band – mit umfassenden Befugnissen und Finanzmitteln aus.

Die bei der ersten Auktion nicht verkauften Werke wurden am 26. August 1939 in Luzern erneut zur Versteigerung gebracht, wobei noch immer 31 Werke unverkauft blieben. Dieser „Rest", zu dem das in der LENTOS-Sammlung befindliche Gemälde *Madame Bailhache* von Carl Hofer und Oskar Kokoschkas *Die Freunde* zählten, wurde am 28. Juni 1941 in Luzern im wörtlichen Sinne „verramscht". Der Preis für jedes Werk betrug durchschnittlich ca. 50 Reichsmark.[14]

Wolfgang Gurlitt trat auf diversen Kunstauktionen im In- und Ausland gemeinsam mit seiner jüdischen Partnerin Lilly Christiansen-Agoston, die auf Veranlassung Gurlitts durch Scheinheirat dänische Staatsbürgerin geworden war, in Erscheinung und war am Handel mit „entarteter Kunst" beteiligt. Wie sehr Wolfgang Gurlitt in den „Sonderauftrag Linz" verstrickt war, in dessen Zuge 80.000 Kunstwerke im Auftrag Hitlers für das geplante „Führermuseum" in Linz teils gekauft, teils geraubt wurden, erläutern die Aufsätze von Birgit Schwarz, Meike Hoffmann und Michael John in diesem Band. Jedenfalls versuchte sich Gurlitt, der in politischen Dingen oft unbekümmert oder zweideutig agierte und ein guter Netzwerker war, durch seine Beziehungen zu Sammlern, Künstlern und Händlern in Sonderprojekte einzuschalten: in den Verkauf der vom Reichspropagandaministerium beschlagnahmten Kunstwerke ins Ausland sowie in den Einkauf für das „Führermuseum" in Linz.[15]

Oberster Kunsthistoriker und Projektverantwortlicher war der bis 1938 als Leiter der Dresdner Gemäldegalerie fungierende Hans Posse (1913–1942), der wiederum mit Kokoschka eng befreundet war und bei dem Kokoschka auf dessen Einladung im „Kavaliershaus" gewohnt hatte.[16] Kokoschka zeichnete Posses Vater auf dem Totenbett und porträtierte Hans Posse selbst im Jahr 1921. Posse war es auch, der Kokoschka zur Biennale nach Venedig brachte. Wolfgang Gurlitt hatte Kontakt zu Posse, bot er ihm doch immer wieder in den Jahren 1941 bis 1944 Kunstwerke zum Kauf an. Auch mit Posses Nachfolger Hermann Voss (1884–1969), einem Experten der Donauschule, gab es Geschäftskontakte, die Gurlitt mit viel Geschick zu nutzen verstand.[17]

Gurlitt erwarb folgende Gemälde bei oder nach den Versteigerungen der Auktion *Gemälde und Plastiken Moderner Meister aus Deutschen Museen*, die im Grand Hotel National in Luzern am 30. Juni 1939 bzw. am 26. August 1939 und am 28. Juni 1941 stattfanden.[18] Diese „entarteten", alle aus deutschem Museumsbesitz stammenden, beschlagnahmten Werke kamen über Wolfgang Gurlitt in die LENTOS-Sammlung und zählen heute zu den Hauptbeständen des LENTOS Kunstmuseum Linz:

Carl Hofer (1878–1955), *Damenbildnis (Madame Bailhache)*, 1926 (Werkverzeichnis Wohlert 684), Abb. 1

Im Jahr 1928 hatte die Berliner Nationalgalerie das Bildnis der russischen Tänzerin Bailhache aus einer in der Berliner Secession gezeigten Hofer-Ausstellung von der Berliner Galerie Alfred Flechtheim um 3.000 RM erworben. Das Gemälde wurde mit der Nummer A II 676 in der Sammlung der Nationalgalerie inventarisiert und im August 1937 als „entartet" im Kronprinzen-Palais konfisziert. Von einem Zwischendepot in der Berliner Köpenicker Straße 24 gelangte es im August 1938 mit weiteren „entarteten" Werken mit der EK-Inventarnummer 12086 in das Depot Schloss Schönhausen, wo das Gemälde als „international verwertbar" eingelagert und auf 800 RM geschätzt wurde. Am 30. Juni 1939 wurde „lot 56" auf der im Hotel National in Luzern von der Galerie Fischer veranstalteten Auktion um 6.300 Schweizer Franken angeboten und als unverkäuflich in die Nachversteigerung

13 Bundesarchiv (Berlin, Koblenz), B 323/117, Nr. 787, Hans Posse an Justus Schmidt, 22.8.1939. Justus Schmidt war Leiter der kunst- und kulturgeschichtlichen Abteilung des Oberösterreichischen Landesmuseums und stellvertretender Kulturbeauftragter des Gauleiters.

14 Archiv Arntz, in: J. Paul Getty Center for History of Art, Santa Monica.

15 Walter Schuster, *Die „Sammlung Gurlitt" der Neuen Galerie der Stadt Linz*, Linz 1999, S. 63.

16 Sultano, Werkner 2003, S. 242.

17 Schuster 1999, S. 22.

18 Datenbank zum Beschlagnahmeinventar der Aktion „Entartete Kunst", Forschungsstelle „Entartete Kunst", Freie Universität Berlin, www.geschkult.fu-berlin.de/e/db_entart_kunst/geschichte/beschlagnahme/index.html (abgerufen am 7.1.2019).

weitergegeben. Dort erwarb es am 28. Juni 1941 Bernhard A. Böhmer, der das Hofer-Porträt zu einem unbekannten Zeitpunkt – zu einem vermutlich ebenfalls sehr günstigen Preis – wiederum an seinen Kollegen Wolfgang Gurlitt weiterverkaufte. Dieser verkaufte es 1953 um 12.500 öS an die Stadt Linz.[19]

Lovis Corinth (1858–1925), *Bildnis Wolfgang Gurlitt*, 1917 (Werkverzeichnis Berend-Corinth 701) , Abb. 3

Das Gemälde wurde 1928 von der Nationalgalerie Berlin von der Berliner Fritz Gurlitt Galerie, die von Wolfgang Gurlitt geleitet wurde, um 5.000 RM erworben und mit der Nummer A II 616 inventarisiert. Im August 1937 im Rahmen der Konfiszierungen „entarteter Kunst" durch die Nationalsozialisten in der Nationalgalerie Berlin beschlagnahmt, wurde das Werk mit der EK-Inventarnummer 12112 zunächst in die Köpenicker Str. 24 und anschließend in das Depot von Schloss Schönhausen verbracht. Am 30. Juni 1939 wurde das Gemälde als Kat.-Nr. 31 um 9.400 CHF bei Fischer in Luzern angeboten. Das Ölbild war bei der Auktion ebenfalls unverkäuflich und ging bei der ersten Nachversteigerung am 26. August 1939 an Wolfgang Gurlitt. Er verkaufte sein eigenes Porträt 1953 um 31.250 öS an die Stadt Linz.[20]

Oskar Kokoschka (1886–1980), *Die Freunde*, 1917/18 (Werkverzeichnis Winkler/Erling 130), Abb. 5

Kurz nach seiner Entstehung wurde das von Oskar Kokoschka mit *Die Glücksspieler* betitelte Bild 1919 vom Direktor der Nationalgalerie Berlin, Ludwig Justi, direkt vom Künstler über Vermittlung der Berliner Galerie Paul Cassirer angekauft. Paul Cassirer hatte das Gemälde von November bis Dezember 1918 in einer Kokoschka-Ausstellung mit weiteren 29 Bildern des Künstlers präsentiert. Das Gruppenbild mit der Inventarnummer A II 282 wurde bereits 1933 aus der Schausammlung des Kronprinzen-Palais in Berlin entfernt und im Depot der Nationalgalerie eingelagert. Am 7. Juli 1937 wurden *Die Freunde* als „entartet" beschlagnahmt und bereits am 10. Juli mit der EK-Inventarnummer 16229 nach München verbracht, wo am 19. Juli 1937 die Ausstellung *Entartete Kunst* stattfand und das Werk in Raum 2 ausgestellt wurde. Nach dem Ende der Münchner Ausstellung wurde das Gemälde als „international verwertbar" im Schloss Schönhausen in Berlin eingelagert. Am 28. Juni 1941, also erst bei der Nachversteigerung der Galerie Fischer in Luzern, konnte der Kunsthändler Bernhard A. Böhmer 35 Gemälde von Kokoschka, Feininger, Corinth, Dix, Hofer und anderen für insgesamt 2.900 CHF erwerben. Böhmer verkaufte *Die Freunde* für 500 CHF an seinen Kollegen Wolfgang Gurlitt,[21] der das Gemälde 1953 um 100.000 öS an die Stadt Linz veräußerte.

Die Freunde waren, neben einem Werk von Arnold Böcklin (112.000 öS), das sich durch Expertise des Schweizer Böcklin-Experten Hans Holenweg 2004 als (heute fast wertlose) Kopie des Böcklin-Schülers Rudolf Schick herausstellte, das teuerste Werk, das aus der Sammlung Gurlitt von der Stadt Linz erworben wurde.[22]

Oskar Kokoschka, *Alter Mann (Vater Hirsch)*, 1909 (Werkverzeichnis Winkler/Erling 14), Abb. 2

Am 21. Juni 1910 wurde im Berliner Kunstsalon Paul Cassirer die erste Ausstellung mit Werken von Oskar Kokoschka eröffnet. Das Gemälde wurde mit dem Titel *Ein brutaler Egoist* prominent präsentiert. 1918 wurde das Porträt erneut ausgestellt und vom Frankfurter Sammlerehepaar Ludwig und Rosy Fischer bei Cassirer erworben. Nach dem Tod Ludwig Fischers 1922 verkaufte dessen Witwe Rosy Teile der Sammlung, unter anderem auch das Gemälde *Alter Mann*, am 2. Dezember 1924 über Vermittlung von Max Sauerlandt an das Städtische Museum für Kunst und Kunstgewerbe in Halle an der Saale. Für den Verkauf wurde Rosy Fischer, die bereits 1926 verstarb, eine Rente von 9.000 RM zugesprochen. 17 der insgesamt 24 von Rosy Fischer an das Städtische Museum Halle verkauften Bilder wurden am 8. Juli 1937 als „entartet" beschlagnahmt. Das Gemälde *Alter Mann (Vater Hirsch)* wurde mit der EK-Inventarnummer 16044 im Raum 4 der Ausstellung *Entartete Kunst* in München und zwölf weiteren Städten präsentiert und mit einem roten Zettel und der Aufschrift „Bezahlt mit den Steuergroschen des arbeitenden deutschen Volkes" verunglimpft. Nach dem Ende der Ausstellungstournee wurde das Gemälde von Bernhard A. Böhmer aus Güstrow in Kommission übernommen und zu einem unbekannten Zeitpunkt an Wolfgang Gurlitt

19 Vanessa-Maria Voigt, Provenienzbericht zu Carl Hofer, *Madame Bailhache*, 1926, LENTOS Kunstmuseum Linz, Inv.-Nr. 36, im Auftrag des LENTOS Kunstmuseum Linz, Dezember 2013; Karl Bernhard Wohlert, Markus Eisenbels (Hg.), *Karl Hofer, Werkverzeichnis der Gemälde*, 3 Bde., Van Ham Art Publications, Köln 2008.

20 Vanessa-Maria Voigt, Provenienzbericht zu Lovis Corinth, *Bildnis Wolfgang Gurlitt*, 1917, LENTOS Kunstmuseum Linz, Inv.-Nr. 1, im Auftrag des LENTOS Kunstmuseum Linz 2011; Charlotte Berend-Corinth, *Die Gemälde von Lovis Corinth. Werkkatalog*, Verlag F. Bruckmann, München 1958.

21 Archiv Arntz, in: J. Paul Getty Center for History of Art, Santa Monica.

22 Vanessa-Maria Voigt, Provenienzbericht zu Oskar Kokoschka, *Die Freunde*, 1917/18, LENTOS Kunstmuseum Linz, Inv.-Nr. 76, im Auftrag des LENTOS Kunstmuseum Linz, August 2013; Johann Winkler, Katharina Erling, *Oskar Kokoschka. Die Gemälde 1906–1929*, Verlag Galerie Welz, Salzburg 1995.

weiterveräußert. Dieser verkaufte es 1953 um 31.250 öS an die Stadt Linz.[23]

Oskar Kokoschka, *Bildnis Marcel von Nemes*, 1929 (Werkverzeichnis Winkler/Erling 249), Abb. 4

Laut dem Mitte der 1990er-Jahre erschienenen Kokoschka-Werkverzeichnis von Johann Winkler und Katharina Erling wurde das Porträt des reichen ungarischen Kunstsammlers, der das Bild zwar bei Kokoschka in Auftrag gegeben hatte, aber nicht schätzte, von Mai bis Juni 1929, also sofort nach seiner Entstehung, auf der Frühjahrsausstellung der Preußischen Akademie der Künste in Berlin ausgestellt. Im September 1929 befand sich das Werk im Lager der Galerie Paul Cassirer in Berlin. Am 22. Oktober 1930 erwarb das Städtische Museum für Kunst und Kunstgewerbe in Halle an der Saale über Vermittlung der Berliner Galerie Cassirer dieses Porträt mit der Inventarnummer I 452, das bald darauf, nämlich 1931, nach Paris in die Galerie Georges Petit zu einer Kokoschka-Ausstellung verliehen und als Kat.-Nr. 36 präsentiert wurde. Im Juli 1937 wurde das Gemälde als „entartet" mit der EK-Inventarnummer 7365 im Museum in Halle beschlagnahmt und im Depot von Schloss Schönhausen in Berlin eingelagert. Bernhard A. Böhmer aus Güstrow übernahm in Kommission das Gemälde zum Verkauf. Er veräußerte es zu einem unbekannten Zeitpunkt an Wolfgang Gurlitt, der das *Bildnis Marcel von Nemes* 1953 um 50.000 öS an die Stadt Linz verkaufte.[24]

Otto Mueller (1874–1930), *Badende Mädchen*, um 1918 (Werkverzeichnis Lüttichau/Pirsig 146), Abb. 9

Das Gemälde mit dem Originaltitel *Sommer* befand sich seit 1923 – unter anderem bestätigt durch die handschriftliche Notiz „10 Erfurt" am Keilrahmen und durch Prägestempel – als Stiftung von Alfred Hess mit Inv.-Nr. I 124 im Städtischen Anger-Museum in Erfurt. Es wurde im Sommer 1937 dort als „entartet" beschlagnahmt, als „international verwertbar" eingestuft und im Schloss Schönhausen in Berlin mit der EK-Nummer 1353 eingelagert. Wolfgang Gurlitt übernahm 1940 das Gemälde zum Verkauf vom Reichspropagandaministerium Berlin, musste das Werk aber 1941 an Bernhard A. Böhmer wieder abgeben. Weitere auf der Rückseite angebrachte handschriftliche Verweise und Etiketten konnten bislang nicht zugeordnet werden. Wolfgang Gurlitt verkaufte das Gemälde 1953 um 8.750 öS an die Stadt Linz.[25]

23 Vanessa-Maria Voigt, Provenienzbericht zu Oskar Kokoschka, *Vater Hirsch*, 1909, LENTOS Kunstmuseum Linz, Inv.-Nr. 4, im Auftrag des LENTOS Kunstmuseum Linz, August 2015; Winkler, Erling 1995.

24 Vanessa-Maria Voigt, Provenienzbericht zu Oskar Kokoschka, *Bildnis Marcel von Nemes*, 1929, LENTOS Kunstmuseum Linz, Inv.-Nr. 5, im Auftrag des LENTOS Kunstmuseum Linz, August 2015; Winkler, Erling 1995.

25 Vanessa-Maria Voigt, Provenienzbericht Otto Mueller, *Badende Mädchen (Figuren in Landschaft)*, um 1918, LENTOS Kunstmuseum Linz, Inv.-Nr. 48, im Auftrag des LENTOS Kunstmuseum Linz, 2016/17; Mario-Andreas von Lüttichau, Tanja Pirsig-Marshall, *Otto Mueller. Werkverzeichnis der Gemälde und Arbeiten auf Papier*, 2 Bde., Van Ham Art Publications, Köln 2018/19 (digitale Fassung 2003).

WOLFGANG GURLITT UND DER SONDERAUFTRAG LINZ

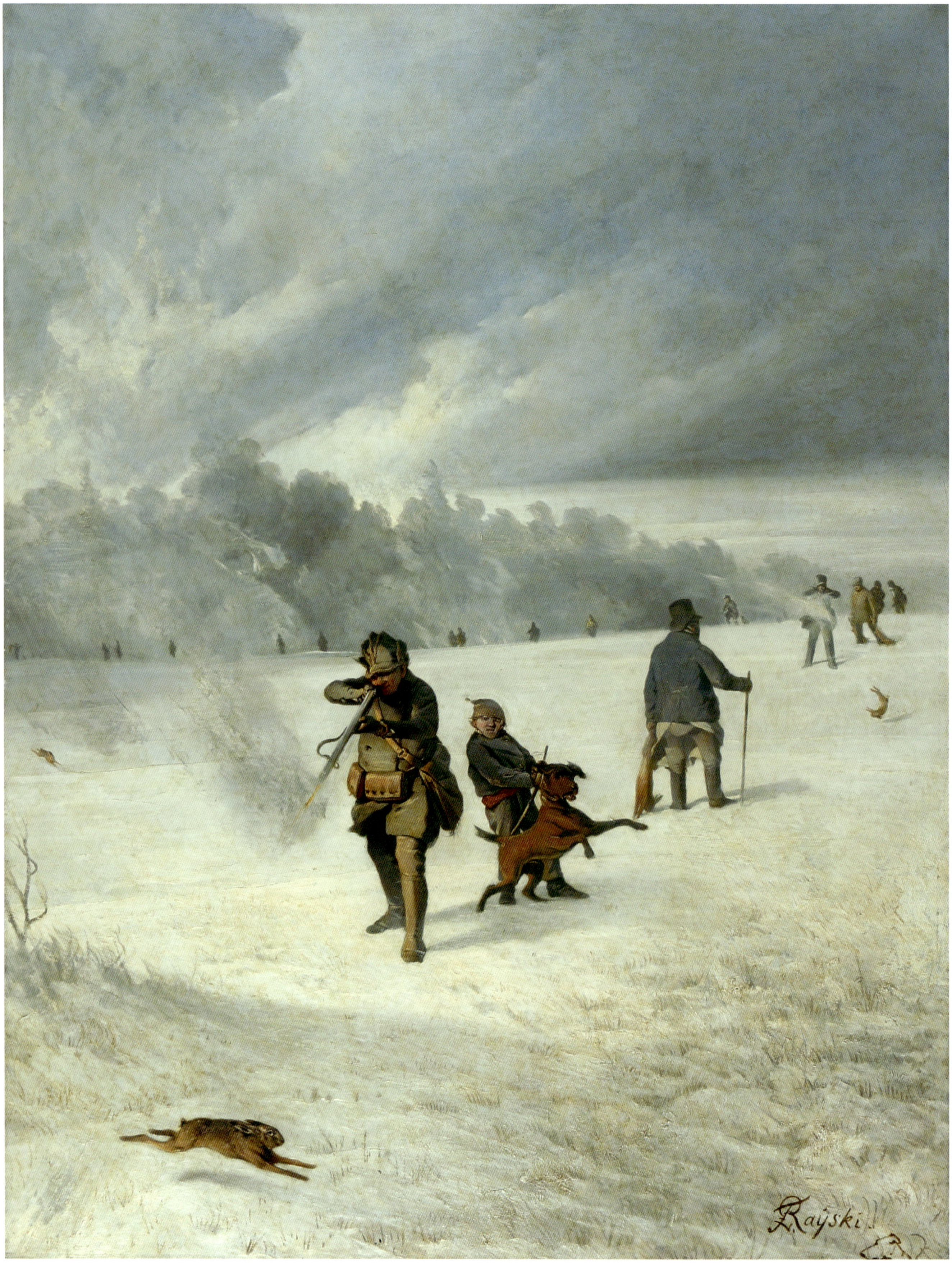

Abb. 1

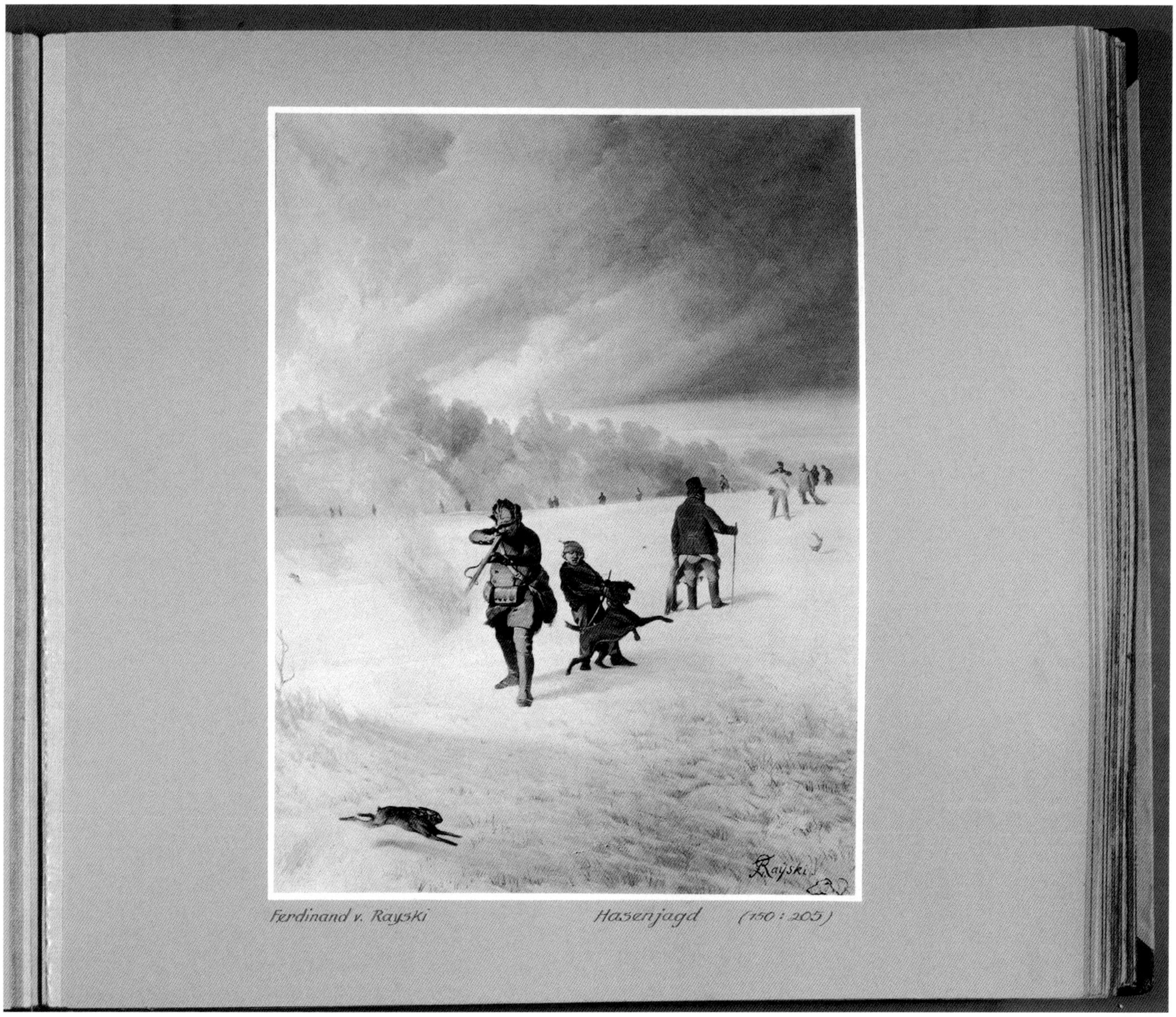

Abb. 2

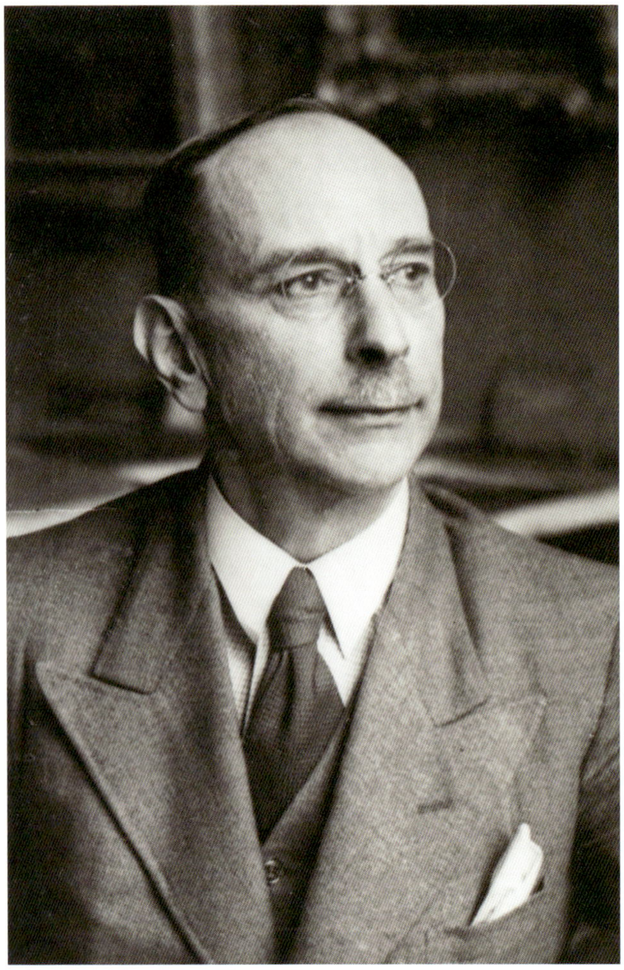

Abb. 3

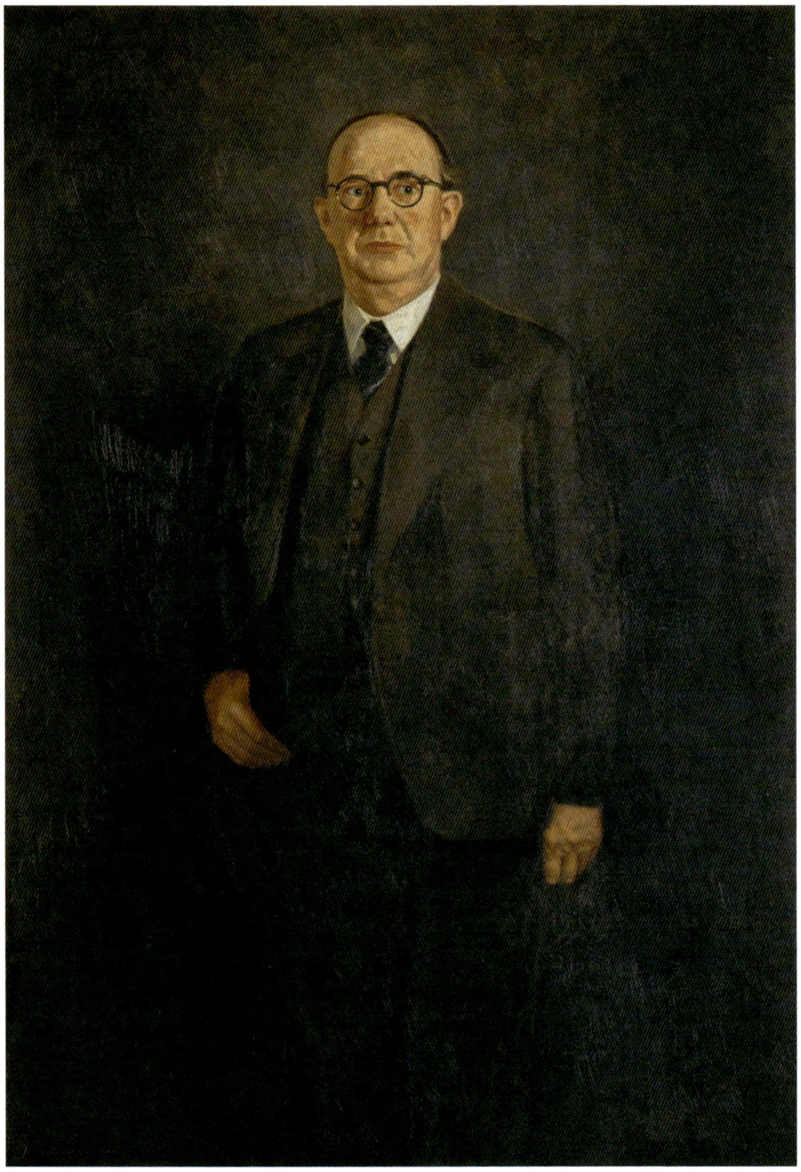

Abb. 4

Abb. 1 / **Ferdinand von Rayski**
* 1806 Pegau, Deutschland, † 1890 Dresden, Deutschland
Hasenjagd im Winter, 1846
Öl auf Leinwand, 153 × 105 cm
Oö. Landesmuseum, Inv.-Nr. G 1627
NS-Inventarisierung: Linz-Nummer: 3030, K-Nummer: K 1843
Das Bild wurde vom Beauftragten für den „Sonderauftrag Linz" Hermann Voss über die Galerie Roemer am 21. September 1943 für 40.000 RM erworben.
Provenienz (laut „Dresdener Katalog", Bundesarchiv Koblenz): „1907 ausgestellt Dresden, Galerie Arnold Nr. 81 und Berlin, Galerie Schulte; 1923 Berlin, Kunsthandlung Hugo Perls (verkauft aus dem Besitz der Familie Schroeter); 11.12.1937 Versteigerung Weinmüller, München Kat. 11, Nr. 170 (Einbringer Kunsthandlung Kühl, Dresden); Berlin, Galerie Roemer; 21.9.1943 von dort für RM 40 000 erworben."

Abb. 2 / Fotoalbum Gemäldegalerie Linz–Band XXV,
Ferdinand von Rayski, *Hasenjagd*,
Leihgabe der Bundesrepublik Deutschland, Inv.-Nr. 39838
Foto: Copyright Birgit Schwarz

Abb. 3 / Porträtfoto Hans Posse, 1930er-Jahre,
Foto: Hauptstaatsarchiv Dresden

Abb. 4 / **Georg Oehme**, *Bildnis Hermann Voss*, 1943,
Galerie Neue Meister Staatliche Kunstsammlungen Dresden,
Foto: Galerie Neue Meister Staatliche Kunstsammlungen Dresden

Birgit Schwarz

WOLFGANG GURLITT UND DER SONDERAUFTRAG LINZ

Gurlitt und Hans Posse

Wolfgang Gurlitt trat mit dem sogenannten „Sonderauftrag Linz" erstmalig am 17. November 1941 in Kontakt.[1] An diesem Tag offerierte er dem Direktor der Dresdner Gemäldegalerie Hans Posse zwei Barockgemälde des italienischen Malers Giuseppe Gambarini.[2] Posse hatte im Auftrag Hitlers am 1. Juli 1939 damit begonnen, mit angekauften und beschlagnahmten Kunstwerken eine Gemäldesammlung für das in Linz geplante „Führermuseum" aufzubauen (Abb. 3).[3] Ebenfalls aus Ankäufen und Beschlagnahmungen legte er einen Fundus an, dessen Bestand als „Führerspenden" auf Museen des Großdeutschen Reiches verteilt werden sollte.[4] 1940 erwarb er zum Beispiel für die im Aufbau befindliche Gemäldegalerie des Linzer Stadtmuseums ein Gemälde, das als Werk des Linzer Biedermeiermalers Johann Baptist Reiter galt.[5]

Als Gurlitt sich an Posse wandte, konnte er an eine schon länger zurückreichende Verbindung anknüpfen, sodass er sein Schreiben mit der persönlichen Anrede „Lieber und sehr verehrter Herr Direktor!" einleitete. Posse hatte in Dresden seit 1910 diejenigen Sammlungsbereiche eingerichtet und erweitert, auf welche die von Wolfgang Gurlitt nach dem Ersten Weltkrieg geleitete Galerie „Kunsthandlung Fritz Gurlitt G.m.b.H." in Berlin spezialisiert war: die deutsche Malerei des 19. Jahrhunderts und den deutschen Impressionismus.[6] Leider, bedauerte Gurlitt, habe er „ausserordentlich lange" nicht mehr das Vergnügen gehabt, Posse in seiner Galerie begrüßen zu können. „Früher nahmen Sie des öfteren Gelegenheit, mich aufzusuchen, aber ich nehme an, dass Sie durch Ihre große Anspruchnahme zu reisen, kaum noch kommen. Sollen Sie

1 Zum Thema des vorliegenden Beitrags grundlegend: Walter Schuster, *Die „Sammlung Gurlitt" der Neuen Galerie der Stadt Linz*, Archiv der Stadt Linz, Linz 1999, S. 24–30; ders., „Facetten des NS-Kunsthandels am Beispiel Wolfgang Gurlitt", in: Gabriele Anderl, Alexandra Caruso (Hg.), *NS-Kunstraub in Österreich und die Folgen*, StudienVerlag, Innsbruck 2005, S. 212–226. Schusters Datierung des Erstkontaktes auf den 5. Januar 1941 basiert auf einem Datumsfehler Gurlitts, der am 5. Januar 1942 irrtümlicherweise noch die alte Jahresangabe 1941 verwendete.

2 Wolfgang Gurlitt an Hans Posse, 17.11.1941, BArch B 323/134, Nr. 207.

3 Zum Bestand der Gemäldegalerie des „Führermuseums" siehe Birgit Schwarz, *Hitlers Museum. Die Fotoalben Gemäldegalerie Linz: Dokumente zum „Führermuseum"*, Böhlau, Wien/Köln/Weimar 2004; dies., „Hitlers Galerie zwischen Buchdeckeln. Die Fotoalben ‚Gemäldegalerie Linz'", in: Alexandra Reininghaus (Hg.), *Recollecting. Raub und Restitution*, Ausst.-Kat., MAK Wien, Passagen-Verlag, Wien 2009, S. 151–155.

4 Birgit Schwarz, *Auf Befehl des Führers. Hitler und der NS-Kunstraub*, Theiss, Darmstadt 2014; dies., *Hitlers Sonderauftrag Ostmark. Kunstraub und Museumspolitik im Nationalsozialismus* (Schriftenreihe der Kommission für Provenienzforschung 7), hg. v. Eva Blimlinger, Heinz Schödl, Böhlau, Wien/Köln/Weimar 2019.

5 August Zöhrer an Hans Posse, 8.7.1940, BArch B 323/117, Nr. 774; der ganze Vorgang: BArch B 323/117, Nr. 769–774. Zöhrer, Leiter des Kulturamtes der Stadt Linz, bat Posse, das Gemälde aus den Mitteln anzukaufen, die ihm für den Aufbau der Gemäldegalerie Linz („Führermuseum") zur Verfügung stünden, was dieser auch tat. Es verblieb im Depotbestand des „Führermuseums" für eine spätere Zuteilung; Verzeichnisse der für das „Kunstmuseum Linz/Führermuseum" angekauften Gemälde führen es separat auf, etwa mit dem Vermerk „Ferner erworben", siehe BDA-Archiv, RestMat., K. 10, M. 7, fol. 14 und M. 8, fol. 34. Das Gemälde wurde auf der Mauerbach-Auktion als Joseph Reiter (1803–1875), *Paul und Verginie* verkauft. Siehe *Mauerbach Benefit Sale. Items Seized by the National Socialists to be Sold for the Benefit of the Victims of Holocaust*, MAK – Österreichisches Museum für angewandte Kunst, Wien 29./30. Oktober 1996, Aukt.-Kat., Christie, Manson & Woods Limited, London 1996, Kat.-Nr. 521, Abb. S. 235.

6 Posse hatte z. B. 1920 Lovis Corinths Gemälde *Bathsheba*, Gal.-Nr. 2580 A, von der Galerie Fritz Gurlitt angekauft.

doch wieder einmal in Berlin sein, würde ich mich freuen, Sie bei mir zu sehen."[7]

Gleichwohl war Wolfgang Gurlitt über Posses aktuelle Tätigkeit als Sonderbeauftragter Hitlers gut unterrichtet, denn er bot ihm die beiden italienischen Barockbilder „für eines Ihrer vielen Museen, die Sie betreuen" an. Der Hinweis auf die „vielen Museen" legt nahe, dass er von dem großen Museumsprogramm der „Führerspenden" wusste. Seine Kenntnisse könnte er von der Münchner Kunsthändlerin Maria Dietrich bezogen haben, an die er nicht lange zuvor, am 21. Mai 1941, das Gemälde *Erzählender Faun* von Friedrich Stahl veräußert hatte, das diese direkt an Hitler weiterverkaufte.[8] Maria Dietrich war Hitlers „dienstälteste" Kunsthändlerin. Die Verbindung war vermutlich über Hitlers Leibfotograf, Kunstberater und Freund Heinrich Hoffmann zustande gekommen; Eva Braun, die Geliebte des Diktators, arbeitete in dessen Fotoatelier und soll mit Maria Dietrich befreundet gewesen sein.[9]

Zwei weitere Faktoren sind bemerkenswert: Das Gemälde von Friedrich Stahl stammte aus dem Besitz von Gurlitts Lebensgefährtin Lilly Christiansen-Agoston, welche die „Kunsthandlung Fritz Gurlitt G.m.b.H" führte.[10] Die jüdische Ungarin war eine Scheinehe mit einem dänischen Staatsbürger eingegangen, um sich so einen halbwegs sicheren Status als Ausländerin zu verschaffen. Zudem fügte sich der Verkauf des Gemäldes von Stahl hervorragend in die NS-Kunstpolitik und passte zu Hitlers Kunstvorstellungen: 1938 hatte die *Große Deutsche Kunstausstellung* in München dem Maler zu seinem 75. Geburtstag eine Sonderpräsentation gewidmet.[11] Stahl stand für eine Malerei, die an die kunsthistorische Tradition, in diesem Falle an die italienische Malerei des 15. Jahrhunderts, anknüpfte und damit dem nationalsozialistischen Leitbild einer anti-avantgardistischen und traditionsgebundenen zeitgenössischen Kunst entsprach.[12]

Ein starkes Indiz dafür, dass Gurlitt sein Insiderwissen über Maria Dietrich bezogen hatte, ist der Umstand, dass er die beiden Gambarini-Gemälde ausdrücklich für dekorative, also Ausstattungszwecke anbot. Das kam sonst nur bei Dietrich vor, bei deren Angeboten Posse sich zu Kompromissen gezwungen sah. Oft akzeptierte er diese mit der Einschränkung, sie seien nur für kleinere Museen oder dekorative Zwecke geeignet.[13] Ebenso verfuhr er mit Gurlitts Angebot: „Die beiden Bilder von Gamberini [sic!] interessieren mich, wenn auch kaum für Galeriezwecke, so für dekorative Zwecke."[14]

Um gezielte Offerten machen zu können, erbat Gurlitt eine Liste der Künstler, für die sich Posse interessierte, was dieser indes ablehnte: „Für unsere Zwecke sind jedenfalls nur ganz bedeutende Werke großer Meister, aber auch sonst besonders geschmackvolle Bilder aus allen Zeiten erwünscht, keinesfalls aber nur rein kunsthistorisch interessante Stücke."[15] Allerdings war das nächste Angebot Gurlitts wieder nur ein „sehr interessantes" Bild, das „für einen der vielen dekorativen Zwecke, die sicherlich bei Ihnen vorkommen", geeignet sei.[16] Es handelte sich um ein Deckengemälde des niederländischen Malers Peter Candid, der um 1600 als bayerischer Hofmaler tätig gewesen war. Das Bildsujet *Minerva beschützt die Künste* war eine Allegorie auf die Kunstförderung Herzog Maximilians I.[17] Dachte Gurlitt bei diesem Angebot etwa an den „Führerbau" in München und an Hitlers Bestreben, sich als Schutzherr der Künste zu gerieren? Oder doch an das „Führermuseum", wo man sich dieses Gemälde etwa im Treppenhaus, im Verwaltungstrakt oder im Festsaal vorstellen kann? Posse war interessiert und die drei Gemälde wurden nach Dresden spediert.[18] Angekauft wurden jedoch nur die beiden Barockbilder Gambarinis, für die Posse zudem eine Preisreduktion von 14.000 auf 10.000 Reichsmark forderte. Einen höheren Preis könne er nicht verantworten, „da die Bilder nicht für das

7 Wolfgang Gurlitt an Hans Posse, 17.11.1941, BArch B 323/134, Nr. 207.

8 www.dhm.de/datenbank/linzdb/, Linz-Nr. 1708, Mü-Nr. 2607, Kunstbesitz der Bundesrepublik Deutschland, Leihgabe an die Pfalzgalerie Kaiserslautern, Datenblatt li001715 (abgerufen am 20.3.2019).

9 Sophia Maria Barth, *Maria Almas-Dietrich*, Bachelorarbeit, Ludwig-Maximilians-Universität München, 2014, online verfügbar unter: epub.ub.uni-muenchen.de/41206/8/Barth_Sophia_Maria%20Almas-Dietrich.pdf (abgerufen am 20.3.2019).

10 Zu Lilly Agoston siehe *Oskar Kokoschka. Ein Vagabund in Linz. Wild, verfemt, gefeiert*, Ausst.-Kat, LENTOS Kunstmuseum Linz, Verlag Bibliothek der Provinz, Weitra 2008, S. 9–40, sowie den Beitrag von Vanessa Voigt im vorliegenden Katalog.

11 Otto Thomae, *Die Propaganda-Maschinerie. Bildende Kunst und Öffentlichkeitsarbeit im Dritten Reich*, Mann, Berlin 1978, A. 276, S. 420; zu den Werken von Friedrich Stahl in den Kunstsammlungen Hitlers siehe www.dhm.de/datenbank/linzdb/ (Stahl, Friedrich, 22 Treffer); zur Ausstellung von 1940 www.gdk-research.de (1940, Stahl, Friedrich) (abgerufen am 20.3.2019).

12 Robert Scholz, „Die Malerei in der ‚Großen Deutschen Kunstausstellung 1940' im Haus der Deutschen Kunst", in: *Die Kunst im Deutschen Reich*, 4, 1940, S. 236–249, hier S. 249.

13 Schwarz 2004, S. 19.

14 Hans Posse an Wolfgang Gurlitt, 24.11.1941, BArch B 323/134, Nr. 208. Auch heute schmücken die Gemälde Dienstgebäude des Auswärtigen Amtes, siehe www.dhm.de/datenbank/linzdb/, Linz-Nr. 2309, Datenblatt li002317, und Linz-Nr. 2310, Datenblatt li002318 (abgerufen am 20.3.2019).

15 Hans Posse an Wolfgang Gurlitt, 3.12.1941, BArch B 323/134, Nr. 206.

16 Wolfgang Gurlitt an Hans Posse, 29.12.1941, BArch B 323/134, Nr. 203.

17 www.dhm.de/datenbank/linzdb, Linz-Nr. 2941, Mü-Nr. 9117 (abgerufen am 3.4.2019).

18 Hans Posse an Wolfgang Gurlitt, 3.1.1942, BArch B 323/134, Nr. 202.

Kunstmuseum in Betracht kommen, sondern nur für irgendwelche dekorativen Zwecke zu verwenden sind".[19]

War Wolfgang Gurlitt tatsächlich nicht in der Lage, große Meisterwerke zu liefern, oder wollte er nicht? Wir werden auf diese Frage zurückkommen müssen. Fakt ist, dass sich seine Galerie seit den Zwanzigerjahren in finanzieller Schieflage befand; 1931 wurde der Betrieb wegen Zahlungsschwierigkeiten aufgelöst, im Jahr darauf musste er den Offenbarungseid leisten und übertrug das Geschäft seiner Partnerin Agoston. Zwar war er 1936 wieder alleiniger Eigentümer, doch das Schuldenproblem blieb. Gurlitts Geschäftsgebaren war alles andere als seriös und es muss offenbleiben, ob dies eher Ursache oder Folge der Verschuldung war. Jedenfalls war dies in NSDAP-Kreisen und zweifellos auch darüber hinaus bekannt.[20]

Den Ton im Berliner Kunsthandel gaben andere an, etwa Karl Haberstock, bei dem die NS-Funktionäre, darunter der „Führer", persönlich ein- und ausgingen. Er hatte seine Geschäftsräume 1939 in die Kurfürstenstraße 59 verlegt, nur wenige Schritte von Gurlitts Galerie im Haus Nr. 78 entfernt.[21] Haberstock nahm eine Schlüsselposition in Hitlers Museumspolitik ein: Er war Mitglied der vom Reichspropagandaministerium eingesetzten Kommission zur Verwertung der Produkte „entarteter Kunst"[22] und Posses Vorgänger als Hitlers Emissär für die konfiszierten jüdischen Kunstsammlungen in Österreich.[23] Wie gut er im Geschäft war, dokumentiert ein Prachtalbum der Gemäldesammlung Hitlers, das vermutlich Haberstock zusammengestellt hatte.[24] Darin findet sich ein Gemälde, das über Maria Dietrich in den Besitz des Diktators gekommen war: die *Toteninsel* von Arnold Böcklin, eine Ikone der deutschen Malerei des 19. Jahrhunderts, die Hitler in der Alten Reichskanzlei aufgehängt hatte. Das Gemälde war im Auftrag von Wolfgangs Vater Fritz Gurlitt entstanden, der Böcklin vertreten und über Jahre hinweg finanziell gesichert hatte.[25]

Gute Kontakte pflegte Wolfgang Gurlitt allerdings zur Reichskammer der bildenden Künste, mit deren Unterstützung ein erneuter Konkurs 1940 verhindert werden konnte.[26] Noch besser scheint sein Verhältnis zum Reichspropagandaministerium gewesen zu sein, insbesondere zu Rudolf Hetsch, der dort als Referent für bildende Kunst für die Verwertung der aus den deutschen Museen beschlagnahmten „entarteten" Kunstwerke zuständig war. Der Jurist und Kunsthistoriker setzte sich schon seit geraumer Zeit für den Worpsweder Maler Otto Modersohn ein, Ehemann der früh (1907) verstorbenen Malerin Paula Modersohn-Becker. Der Maler wurde 1940 anlässlich seines 75. Geburtstags nicht nur mit der von Hitler vergebenen Goethe-Medaille für Kunst und Wissenschaft geehrt, Gurlitt veranstaltete auch eine Ausstellung für ihn, über die Hetsch in der Zeitschrift *Das Reich* einen ausführlichen Bericht veröffentlichte.[27]

Wohl über diese Verbindung gelang es Wolfgang Gurlitt, in den Kreis der Kunsthändler aufgenommen zu werden, die das Privileg hatten, „entartete" Kunst zu vermarkten. Am 6. Februar 1940 schloss er einen Vertrag mit dem Ministerium und erhielt 30 Gemälde und 200 Blatt Druckgrafik in Kommission, musste die Werke jedoch wieder abtreten.[28] Anders als sein Cousin, der Hamburger Kunsthändler Hildebrand Gurlitt, der den Status eines akkreditierten Verkäufers erlangte, kam Wolfgang beim Verkauf der „entarteten" Kunst also nicht groß zum Zuge.[29]

Ende Januar 1942 bot Gurlitt Posse drei Gemälde aus dem 19. Jahrhundert an: ein großes Bild des Dresdner Malers Ferdinand von Rayski sowie zwei Darstellungen aus den Freiheitskriegen von Gerhard von Kügelgen.[30] Auch in diesem Fall wirkt die Auswahl gezielt: Rayski war ein Favorit Posses, sein Werk bildete einen Sammlungsschwerpunkt der Dresdner Galerie, war aber auch für das „Führermuseum" von Interesse.[31] Gerhard von Kügelgen, Freund Caspar David Friedrichs und Professor an der Dresdner Kunstakademie, gehörte zu

19 Hans Posse an Wolfgang Gurlitt, 17.2.1942, BArch B 323/134, Nr. 193.

20 Schuster 2005, S. 214.

21 Horst Keßler, „Karl Haberstocks Kunsthandel bis 1944, seine Rolle im Dritten Reich und die Augsburger Stiftung", in: ders., *Karl Haberstock. Umstrittener Kunsthändler und Mäzen*, hg. v. Christof Trepesch, Deutscher Kunstverlag, München/Berlin 2008, S. 17–40, hier S. 20–23.

22 Ebd., S. 23–24.

23 Schwarz 2019, S. 43–45.

24 Birgit Schwarz, *Geniewahn. Hitler und die Kunst*, 2. Aufl., Böhlau, Wien/Köln/Weimar 2011, S. 260–265; dies., „Hitlers Gemäldesammlungen in Fotoalben", in: *The Challenge of the Object. Die Herausforderung des Objekts. 33. Internationaler Kunsthistoriker-Kongress*, Nürnberg, 15.–20. Juli 2012, hg. v. G. Ulrich Großmann, Petra Krutisch, Bd. 4, Nürnberg 2013, S. 1388–1392.

25 Schwarz 2011, S. 152–154.

26 Schuster 1999, S. 15; ders. 2005, S. 212–226.

27 Thomae 1978, S. 298.

28 Vertrag vom 6.2.1940, BArch R 55/21015, Galerie Gurlitt, fol. 19; siehe dazu den Beitrag von Meike Hoffmann in diesem Katalog.

29 Zum Handel mit „entarteter Kunst" siehe Schuster 1999, S. 19–24; ders. 2005, S. 215–216.

30 Wolfgang Gurlitt an Hans Posse, 21.1.1942, BArch B 323/134, Nr. 201.

31 Zu Posses Rayski-Ankäufen während der Weimarer Republik siehe Thomas Rudert, „Konservativer Galeriedirektor – Kulturdiplomat der Weimarer Republik – NS-Sonderbeauftragter. Bausteine zu einer Biografie Hans Posses", in: Gilbert Lupfer, ders. (Hg.), *Kennerschaft zwischen Macht und Moral. Annäherungen an Hans Posse (1879–1942)*, Böhlau, Köln/Weimar/Wien 2015, S. 61–149, hier S. 96–97.

den von den Nationalsozialisten besonders geschätzten Malern der deutschen Romantik. Auch das Thema Freiheitskriege stand aktuell hoch im Kurs: 1940 hatte die Berliner Nationalgalerie ihnen als „Großdeutschlands Freiheitskampf" eine Ausstellung gewidmet.[32] Gleichwohl reagierte Posse verärgert, geradezu schroff: „Die beiden langweiligen und trockenen Bilder von Küngelen [sic!] kommen ebenso wie der schon in den Zeiten vor dem Weltkrieg [...] vergeblich angebotene Kompositionsversuch von Rayski für unsere Zwecke nicht in Betracht."[33]

Während Gurlitts Gemäldeangebote meist an Posses Qualitätsanspruch scheiterten, führten seine Klagen über dessen ausbleibende Besuche zum Erfolg. Am 16. März 1942 erschien Posse endlich persönlich in der Galerie.[34] Dies darf als großes Entgegenkommen gewertet werden, denn die Zeit des Sonderbeauftragten war kostbar, seine Arbeitsbelastung hoch. Das persönliche Zusammentreffen zeigte Wirkung. Hatte Posse zuvor das angebotene Gemälde von Peter Candid abgelehnt, so erklärte er sich im direkten Gespräch bereit, doch noch nach einer Verwendungsmöglichkeit dafür zu suchen.[35]

Im Frühjahr 1942 musste sich Posse wegen eines Mundbodenkarzinoms in ärztliche Behandlung begeben.[36] Am 28. Mai 1942 erfuhr Gurlitt davon.[37] Am 12. November 1942, nur drei Wochen vor Posses Tod, meldete er sich erneut mit einer Offerte bei ihm.[38] Posse lehnte auch diese ab, stellte jedoch sein erneutes Kommen in Aussicht: „Sobald ich wieder gesund bin, komme ich sehr gerne Sie besuchen."[39] Dazu ist es nicht mehr gekommen, Posse starb am 7. Dezember 1942 in der Berliner Landhausklinik.

Die Verbindung zwischen Gurlitt und Posse war über das rein Geschäftliche hinausgegangen. Denn wie Wolfgang Gurlitt war Hans Posse ein früher Förderer und Freund Oskar Kokoschkas.[40] Als dieser 1919 an die Dresdner Akademie der Bildenden Künste berufen wurde, nahm Posse ihn in seine Wohnung auf und damit unter seine Fittiche. Er kaufte Werke des noch höchst umstrittenen Expressionisten für die Dresdner Galerie an; als Kurator des deutschen Pavillons auf der Biennale in Venedig verschaffte er ihm 1922 einen großen Auftritt, der Kokoschka die ersehnte internationale Karriere eröffnete.[41]

Gurlitt und Hermann Voss

Im März 1943 wurde Hermann Voss Direktor der Gemäldegalerie Dresden und übernahm als solcher auch die Aufgabe als Hitlers Sonderbeauftragter in Museumsfragen (Abb. 4). Das war eine gute Ausgangsbasis für Gurlitt: Voss war von 1922 bis 1935 Kustos und stellvertretender Direktor des Kaiser-Friedrich-Museums in Berlin gewesen und kannte Gurlitt daher wohl besser, als das bei Posse der Fall gewesen war.[42] Die Konstellation schien auch deshalb günstig, weil Voss in größerem Umfang als sein Vorgänger Kunsthändler als Agenten einsetzte. Und genau als solcher versuchte Wolfgang Gurlitt sich nun zu etablieren.

Das erste Kaufangebot, das dokumentiert ist, datiert vom 19. April 1943,[43] aber darin bezog sich Gurlitt schon auf einen Vorgängerbrief. Voss besuchte Gurlitts Galerie jedenfalls bald nach seinem Amtsantritt, und zwar mehrfach. Bei einem dieser Besuche bat ihn Gurlitt, sich „bei der zuständigen Stelle für die Rückgängigmachung des Schliessungsbeschlusses" für zwei kleine jüdische Kunsthandlungen einzusetzen, was Voss indes nicht tat.[44] Im Juni 1943 erklärte er sich jedoch bereit, zwei Gemälde für jeweils 32.000 Reichsmark „für die Zwecke des Führers bezügl. für das Neue Kunstmuseum in Linz zu übernehmen" und kaufte nun endlich auch das Gemälde von Peter Candid an.[45]

Mit seinen Versuchen, sich als Agent für den „Sonderauftrag Linz" zu etablieren, geriet Wolfgang Gurlitt in Konkurrenz

32 Ludwig Justi, *1813–1815. Großdeutschlands Freiheitskampf. Ausstellung in der Nationalgalerie Berlin*, Berlin 1940.

33 Hans Posse an Wolfgang Gurlitt, 29.1.1942, BArch B 323/134, Nr. 197.

34 DKA, NL Posse, Hans I, B-1 und B-6, die jeweiligen Einträge vom 16.3.1942. Am 20. März berichtete Gurlitt nach Dresden, Posse, der sich zu diesem Zeitpunkt auf einer Erwerbungstour in der Schweiz befand, sei bei ihm in der Galerie gewesen, siehe Wolfgang Gurlitt an die Staatliche Gemäldegalerie Dresden, 20.3.1942, BArch B 323/134, Nr. 187.

35 Hans Posse an Wolfgang Gurlitt, 20.3.1942, BArch B 323/134, Nr. 187.

36 Zur Krankengeschichte siehe Rudert 2015, S. 144–147.

37 Robert Oertel an Wolfgang Gurlitt, 28.5.1942, BArch B 323/134, Nr. 177.

38 Wolfgang Gurlitt an Hans Posse, 12.11.1942, BArch B 323/134, Nr. 174.

39 Hans Posse an Wolfgang Gurlitt, 19.11.1942, BArch 323/134, Nr. 173.

40 Zu Oskar Kokoschka und Wolfgang Gurlitt siehe den Beitrag *Wolfgang Gurlitt und der „beste deutsche Maler* von Elisabeth Nowak-Thaller im vorliegenden Katalog.

41 Birgit Schwarz, „Rittmeister und Excellenz. Oskar Kokoschka und Hans Posse 1919 bis 1923", in: *Wiener Jahrbuch für Kunstgeschichte*, 62, 2014, S. 231–254.

42 Zur Laufbahn von Voss siehe Kathrin Iselt, *„Sonderbeauftragter des Führers". Der Kunsthistoriker und Museumsmann Hermann Voss (1884–1996)*, (Studien zur Kunst 20), Böhlau, Köln/Weimar/Wien 2010.

43 Wolfgang Gurlitt an Hermann Voss, 19.4.1943, BArch B 323/134, Nr. 172.

44 Wolfgang Gurlitt an Hermann Voss, 24.5.1943, BArch B 323/134, Nr. 164; Gottfried Reimer an Wolfgang Gurlitt, 9.6.1943, BArch B 323/134, Nr. 156.

45 Gottfried Reimer an Wolfgang Gurlitt, 10.6.1943, BArch 323/134, Nr. 157 und 154; Rechnung der Galerie Wolfgang Gurlitt, 21.6.1943, BArch B 323/134, Nr. 153; Wolfgang Gurlitt an Hermann Voss, 24.5.1943, BArch B 323/134, Nr. 162.

zu seinem Cousin Hildebrand Gurlitt.[46] Dieser war nach einer an der modernefeindlichen Kunstpolitik der Nationalsozialisten gescheiterten Museumskarriere ebenfalls in den Kunsthandel eingetreten und hatte eine Galerie in Hamburg geführt. Nachdem seine dortigen Geschäftsräume 1942 bei einem Bombenangriff vernichtet worden waren, hatte er sich in seine vom Luftkrieg noch verschonte Heimatstadt Dresden zurückgezogen. Hier stieg er unter Voss zu einem Chefankäufer des Sonderauftrags auf und verdiente dabei ein Vermögen.[47] Sein wesentlicher Standortvorteil war die räumliche Nähe zur Dresdner Gemäldegalerie, sodass die Angelegenheiten des Sonderauftrags mündlich und unter vier Augen verhandelt werden konnten. Mit der Wende des Krieges nach der Katastrophe von Stalingrad, mit der das Ende des NS-Regimes absehbar geworden war, schien es mehr denn je geboten, möglichst wenig schriftlich zu fixieren.

Anfragen aus Bad Aussee

1940 hatten Wolfgangs Ehefrau und Ex-Ehefrau gemeinsam die Villa am Lenauhügel in Bad Aussee erworben und damit der Familie und der Gurlitt'schen Kunstsammlung ein Refugium geschaffen.[48] Als der Druck von Einquartierungen Ausgebombter 1943 anstieg, bat Gurlitt Hermann Voss um eine Bescheinigung, dass er wegen „Sicherstellung von Kunstwerken" keine fremden Personen in sein Haus aufnehmen könne. Er wollte wohl verhindern, dass die in der Villa befindlichen Kunstbestände – seine eigene Sammlung sowie Fremdbesitz – ausgespäht werden könnten. Die Bescheinigung wurde ausgestellt.[49]

In Bad Aussee machte Gurlitt die Bekanntschaft von Herbert Seiberl, dem Leiter der Zentralstelle für Denkmalpflege in Wien, welche die Verteilung der „Führerspenden" an die Museen der „Ostmark" durchführte. Seiberl hatte gemeinsam mit Bürgermeister Hans Wöll im arisierten Gasthaus zur Glocke das Heimathaus, ein Volkskundemuseum des Ausseer Landes, aufgebaut, ausgestattet mit sichergestellten und eingezogenen Sammlungen jüdischer Besitzer.[50] Bei Wöll konnte sich Gurlitt im Sommer 1943 als Mittelsmann zum neuen Sonderbeauftragten Voss profilieren. Den Anlass bildete ein großer Aubusson-Teppich, den Gottfried Reimer, der Referent des Sonderauftrags Linz, im November 1942 in der Villa der im Jahr zuvor deportierten und ermordeten jüdischen Kunstsammlerin Aranka Munk für das „Führermuseum" ausgesucht hatte. Die Abwicklung stagnierte wegen eines noch fehlenden Schätzgutachtens, und Gurlitt informierte Voss.[51] Ebenso intervenierte er in der Frage, ob die Kunstwerke in der „entjudeten" Villa Alberti in Bad Aussee dem „Führervorbehalt" – also Hitlers Erstzugriffsrecht auf museumsgeeignete Kunstwerke – unterlagen, und führte nach Auftragserteilung durch Voss eine Inspektion durch, fand aber keine Kunstwerke von Museumsniveau.[52] Zwar war es Gurlitt auf diese Weise gelungen, sich in die Angelegenheiten des Sonderauftrags hineinzudrängen, doch blieb dies ohne nachhaltigen Effekt: Gottfried Reimer teilte Bürgermeister Wöll umgehend mit, dass „Herr Kunsthändler Gurlitt bei dieser unverbindlichen Besichtigung nicht als vom Sonderauftrag Linz amtlich bestellter Sachverständiger gelten" könne, vielmehr sei Herbert Seiberl hinzuzuziehen.[53] Am 9. September 1943 empfahl sich Wolfgang Gurlitt wieder aus Bad Aussee bei Voss mit der Versicherung, weiter „eifrig bemüht" zu sein, „interessante Dinge für Sie zusammenzubringen, obgleich hier nicht viel aufzutreiben ist".[54]

Ein Versuch, Hermann Voss das monumentale Gemälde *Hasenjagd im Winter* von Ferdinand Rayski – vermutlich dasselbe, das er schon Posse angeboten hatte – zu vermitteln, scheiterte. „Es gehört einem Kollegen von mir und die Preisforderung ist RM 48.000. Wenn Sie der Ankauf interessiert, würde die Bezahlung und Erledigung direkt an meinen Kollegen erfolgen und ich würde Ihnen in diesem Falle alle notwendigen Angaben machen."[55] Voss lehnte den Ankauf ab, das Gemälde sei ihm „zu anekdotisch und illustrativ für seine monumentale Größe",[56] erwarb es jedoch kurz darauf direkt

46 Zu Hildebrandt Gurlitt siehe *Bestandsaufnahme Gurlitt. Ausstellung „Entartete Kunst" – Beschlagnahmt und verkauft, Kunstmuseum Bern. Der NS-Kunstraub und die Folgen, Kunst- und Ausstellungshalle der Bundesrepublik Deutschland, Bonn*, Ausst.-Kat., Kunstmuseum Bern, Bundeskunsthalle Bonn, Hirmer, München 2017.

47 Birgit Schwarz, „Hildebrand Gurlitt und der ‚Sonderauftrag Linz'", in: *Bestandsaufnahme Gurlitt* 2017, S. 48–55.

48 Michael John, „Die ‚Connection' Bad Aussee – Berlin – Linz. Kunsthandel mit Folgen", in: Eva Blimlinger, Monika Mayer (Hg.), *Kunst sammeln, Kunst handeln. Beiträge des Internationalen Symposiums in Wien* (Schriftenreihe der Kommission für Provenienzforschung 3), Böhlau, Wien/Köln/Weimar 2012, S. 101–118, hier S. 108.

49 Hermann Voss an Wolfgang Gurlitt, 25.6.1943, BArch B 323/134, Nr. 145; Wolfgang Gurlitt an Hermann Voss, 22.6.1943, BArch B 323/134, Nr. 146.

50 Schwarz 2019, S. 131–134.

51 Ebd., S. 157.

52 Schuster 1999, S. 26–27; ders. 2005, S. 217; Wolfgang Gurlitt an Hermann Voss, 6.8.1943, BArch B 323/134, Nr. 133; Hermann Voss an Hans Wöll, 9.8.1943, BArch B 323/134, Nr. 136; Wolfgang Gurlitt an Hermann Voss, 27.8.1943, BArch B 323/134, Nr. 130.

53 Gottfried Reimer an Hans Wöll, 17.9.1943, BArch B 323/134, Nr. 118.

54 Wolfgang Gurlitt an Hermann Voss, 9.9.1943, BArch B 323/134, Nr. 122.

55 Wolfgang Gurlitt an Hermann Voss, 22.6.1942, BArch 323/134, Nr. 149.

56 Hermann Voss an Wolfgang Gurlitt, 25.6.1943, BArch B 323/134, Nr. 144.

von Kunsthändler Paul Roemer, dessen Name Gurlitt zurückgehalten hatte, und sah es sogar für das „Führermuseum" vor (Abb. 1, 2).[57] Vermutlich war Gurlitt eine Provision von 20 Prozent entgangen, immerhin 8000 Reichsmark, denn um diesen Betrag reduziert kaufte Voss das Gemälde an.[58] Es wurde 1944 ins niederösterreichische Schloss Thürntal ausgelagert und gelangte von dort über Zwischenstationen 1963 ins Oberösterreichische Landesmuseum.[59]

Gurlitt blieb nicht verborgen, dass er hintergangen worden war, und versuchte umgehend, aus der Situation Profit zu schlagen: Es sei ihm „ein ganz besonderes Vergnügen und eine ganz besondere Freude" gewesen, schrieb er etwas süffisant an Voss, „gestern zufällig zu hören, dass ein Bild, das ich Ihnen letzthin zum Ankauf für Ihr Museum sehr empfohlen hatte, nun doch von Ihnen erworben wurde nachdem Sie es bei mir ablehnten. Erfreut hat es mich, weil ich mit meiner Empfehlung nun doch recht behalten habe und die Tatsache macht es mir leichter Ihnen nochmals meine Bitte vorzutragen, die ich bei Ihrer letzten Anwesenheit bei mir schon mit Ihnen besprach."[60] Es ging um eine Reise durch das Elsass, insbesondere nach Straßburg, um dort „interessantes Material aufzustöbern".

Geschäftlich gesehen war das kein Unternehmen, das großen Erfolg versprach, weshalb auch vermutet wurde, dass Familienangelegenheiten der eigentliche Grund dieser Reise waren; Gurlitts erste Frau war Elsässerin.[61] Zudem wollte Gurlitt durch geschäftliche Aktivitäten für den Sonderauftrag Linz – reale oder vorgetäuschte – verhindern, zum Arbeitseinsatz in der Rüstungsindustrie eingezogen zu werden. Als Angehöriger des Jahrgangs 1888 hätte er sich eigentlich dazu melden müssen.[62] Am 11. Oktober 1943 bestätigte ihm Gottfried Reimer, dass er sich im Elsass nach geeigneten Kunstwerken für das „Führermuseum" umzusehen habe.[63] Die Reise war für November angesetzt, doch am 22./23. November 1943 hielt sich der zurück gereiste Gurlitt wieder in Berlin auf, in der Nacht, als seine Wohnung und seine Galerie bei einem Fliegerangriff zerstört wurden. Aufgrund der Raucheinwirkungen erlitt er dabei Augenverletzungen und musste sich wochenlang in ärztliche Behandlung begeben.[64]

Am 1. September 1944 nahm Gurlitt erneut Kontakt zu Voss auf: „Wie gerne würde ich mich wieder einmal mit Ihnen in gewohnter Weise unterhalten und aussprechen, wie wir dies so oft in meiner verschwundenen Berliner Galerie taten."[65] Wenige Tage später bat er um ein empfehlendes Schreiben, um als Kunsthändler weiterarbeiten zu können. Zudem wollte er bei der Bergung der für das „Führermuseum" bestimmten Kunstobjekte eingesetzt werden, um so dem drohenden Kriegseinsatz zu entgehen.[66] Denn im Salzbergwerk Altaussee lagerte das Institut für Denkmalpflege unter Herbert Seiberls Leitung seit Frühjahr 1944 die diversen Kunstsammlungen Hitlers ein. Da das Depot der Geheimhaltung unterlag, hatte ein nur kleiner Personenkreis Zugang. Gurlitt spekulierte darauf, dass im Salzbergwerk „junge Kräfte abgezogen" würden und er „vielleicht dort nutzbringend tätig sein" könne.

Dank seiner hervorragenden Beziehungen blieben Gurlitt die streng geheimen Vorgänge in und um Hitlers Kunstdepot nicht verborgen. Am 9. September 1944 brachte eine Delegation der Bayerischen Staatsgemäldesammlungen das Hauptwerk der altniederländischen Malerei, den Genter Altar der Brüder van Eyck aus dem Jahr 1432, den Hitler im unbesetzten Frankreich hatte „sicherstellen" und nach Deutschland transportieren lassen, sowie weitere Kunstwerke in das Bergwerk.[67] Am 13. September 1944 fragte Gurlitt bei Voss an, ob im Salzbergwerk auch Bilder aus der Städtischen Galerie in München untergebracht werden könnten.[68]

Die internen Informationen könnten über den Berliner Restaurator Karl Sieber geflossen sein, der die eingelagerten Kunstwerke konservatorisch betreute und in Gurlitts Villa verkehrte.[69] Auch mit Herbert Seiberl pflegte Gurlitt ein gutes Einvernehmen. Jedenfalls sollte er mit Seiberl im Herbst 1945 eine Ausstellung aus Beständen des Sonderauftrags Linz

57 Schwarz 2004, Nr. XXV/30, Ferdinand v. Rayski, *Hasenjagd*, www.dhm.de/datenbank/linzdb/, Linz-Nr. 3030, Datenblatt li003039 (abgerufen am 20.3.2019).

58 Roemer stand mit Hermann Voss und Hildebrand Gurlitt in Geschäftsverbindung. Siehe Meike Hoffmann, Nicola Kuhn, *Hitlers Kunsthändler Hildebrand Gurlitt 1895–1956. Die Biographie*, C.München 2016, S. 217.

59 www.landesmuseum.at/de/sammlungen/provenienzforschung.html, Objekte ungeklärter Provenienz im Oberösterreichischen Landesmuseum, Nr. 3 Ferdinand von Rayski (abgerufen am 20.2.2019); Wolfgang Gurlitt an Hermann Voss, 22.6.1942, BArch 323/134, Nr. 149.

60 Wolfgang Gurlitt an Hermann Voss, 24.9.1943, BArch B 323/134, Nr. 117.

61 Wolfgang Gurlitt an Hermann Voss, 26.4.1944, BArch B 323/134, Nr. 84.

62 Wolfgang Gurlitt an Hermann Voss, 24.9.1943, BArch B 323/134, Nr. 117.

63 Gottfried Reimer, Bescheinigung, 11.10.1943, BArch B 323/134, Nr. 113.

64 Wolfgang Gurlitt an Hermann Voss, 26.4.1944, BArch B 323/134, Nr. 84.

65 Wolfgang Gurlitt an Hermann Voss, 1.9.1944, BArch B 323/134, Nr. 79.

66 Wolfgang Gurlitt an Hermann Voss, 11.9.1944, BArch B 323/134, Nr. 75.

67 Birgit Schwarz, „Alle retten den Genter Altar. Der Weg durch Europa 1940–1945", in: Stephan Kemperdick, Johannes Rößler, Joris Corin Heyder (Hg.), *Der Genter Altar. The Ghent Altarpiece. Reproduktionen, Deutungen, Forschungskontroversen. Reproductions, Interpretations, Scholarly Debates*, Michael Imhof Verlag, Petersberg 2017, S. 12–25.

68 Wolfgang Gurlitt an Hermann Voss, 13.9.1944, BArch B 323/134, Nr. 74.

69 Hierzu und zum Folgenden John 2012, S. 107–111.

planen. In diesem Umfeld knüpfte Gurlitt auch erste Kontakte zu Justus Schmidt, dem Leiter der kunsthistorischen Abteilung des Oberösterreichischen Landesmuseums, und damit in die Linzer Museumsszene.

Resümee

Dem außerordentlich wendigen Wolfgang Gurlitt erschloss Hitlers Kunst- und Museumspolitik neue Geschäftsfelder – sowohl den Verkauf von Werken der avantgardistischen Moderne, die der NS-Staat aus deutschen Museen als „entartet" hatte beschlagnahmen lassen, wie auch den Verkauf von Kunstwerken an den „Sonderauftrag Linz". Rein wirtschaftlich gesehen agierte er allerdings wenig erfolgreich, vor allem wenn man ihn mit seinem Cousin Hildebrand Gurlitt vergleicht, der mit dem Verkauf „entarteter" Kunst und seinen Geschäften mit dem „Sonderauftrag Linz" ein Vermögen machte. Es war also nicht der Umstand, dass Wolfgang Gurlitt „Vierteljude" war, der sich negativ auf seine Geschäftstätigkeit auswirkte, denn das traf ja auch auf Hildebrand zu. Vielmehr war der geringe Verkaufserfolg Wolfgangs vor allem eine Folge der geringen Qualität seines Angebots. Hermann Voss brachte es folgendermaßen auf den Punkt: „Bieten Sie mir einmal was Schönes und Schlagendes an und Ihre Offerte wird mit Sicherheit berücksichtigt werden."[70]

Wolfgang trat dem Sonderauftrag Linz gegenüber vorwiegend als Agent, nicht als Verkäufer auf; seine Privatsammlung bzw. den Altbestand der Galerie Gurlitt tastete er nur in wenigen Fällen an.[71]

Wolfgang Gurlitt kalkulierte auf die Nachkriegszeit. Dies mag die verschiedentlich aufflackernde Verärgerung der Sonderbeauftragten erklären, die wussten oder annahmen, dass er hochrangige Kunstwerke zurückhielt. Ein Ärgernis muss das vor allem für Hermann Voss gewesen sein, der von Hitler aufgefordert worden war, die Abteilung der Malerei des 19. Jahrhunderts auszubauen, und nicht mehr mit Karl Haberstock zusammenarbeitete. Tatsächlich befanden sich unter den Gemälden, die Wolfgang Gurlitt 1947 der Stadt Linz überlassen sollte, zahlreiche, über deren Angebot die Sonderbeauftragten höchst erfreut gewesen wären: Gemälde von Lieblingsmalern Hitlers wie Anselm Feuerbach und Arnold Böcklin, der Romantiker Carl Gustav Carus, Caspar David Friedrich und Christian Friedrich Gille, des Münchner Malerfürsten Franz von Lenbach und von Wilhelm Leibl.[72] Der Mythos der Galerie Fritz Gurlitt und deren enge persönliche Verbindungen zu Arnold Böcklin und Henriette Feuerbach, der Stiefmutter des Malers, mögen das erstaunliche Entgegenkommen der Sonderbeauftragten einem Geschäftspartner gegenüber erklären, der ihre Geduld immer wieder erheblich strapazierte.

Gleichwohl zog Wolfgang Gurlitt erhebliche Vorteile aus seiner Verbindung zu den Sonderbeauftragten, Vorteile allgemeiner strategischer Art. Er schaffte es mit ihrer Unterstützung, seine Geschäfts- und Reiseaktivitäten aufrechtzuerhalten, bis fast zuletzt nicht zum Kriegseinsatz eingezogen zu werden und seine Privatsammlung in der Villa in Bad Aussee zu sichern. Nach dem Krieg tauchte diese aus der Versenkung auf. Es war ihm gelungen, im Nachverkauf der Auktion „entarteter" Kunst in Luzern einige herausragende Werke der Moderne für wenig Geld zu erwerben, seine Sammlung also durch Zuwächse moderner, „entarteter" Kunst wesentlich auszubauen und im Wert zu steigern. Die Sammlung war nach dem Krieg so hochrangig, dass er damit eine Gemäldegalerie gründen konnte, die Neue Galerie in Linz.

Birgit Schwarz / Geb. 1956, Dr. phil., Studium der Kunstgeschichte an der Universität Mainz, Museumsausbildung an der Staatlichen Kunsthalle Karlsruhe. Expertin für die Malerei des 20. Jahrhunderts und die Kunstpolitik des Nationalsozialismus. Veröffentlichung zahlreicher Artikel und Bücher über Hitlers Kunstsammlungen, das für Linz an der Donau geplante „Führermuseum", das Selbstverständnis des Diktators als Künstler und Genie, seine Kunstraub- und Museumspolitik sowie über Hitlers Sonderbeauftragten Hans Posse. Zurzeit Mitarbeit am Editionsprojekt der Reisetagebücher Hans Posses des Germanischen Nationalmuseums, Nürnberg (editionhansposse.gnm.de).

70 Hermann Voss an Wolfgang Gurlitt, 6.9.1944, BArch B 323/134, Nr. 76.

71 Das Gemälde von Peter Candid kam aus dem Altbestand der Galerie Gurlitt. Siehe www.dhm.de/datenbank/linzdb/, Linz-Nr. 2941, Datenblatt li002950.

72 Siehe den Katalog in Schuster 1999, S. 87ff.

RESTITUTIONEN

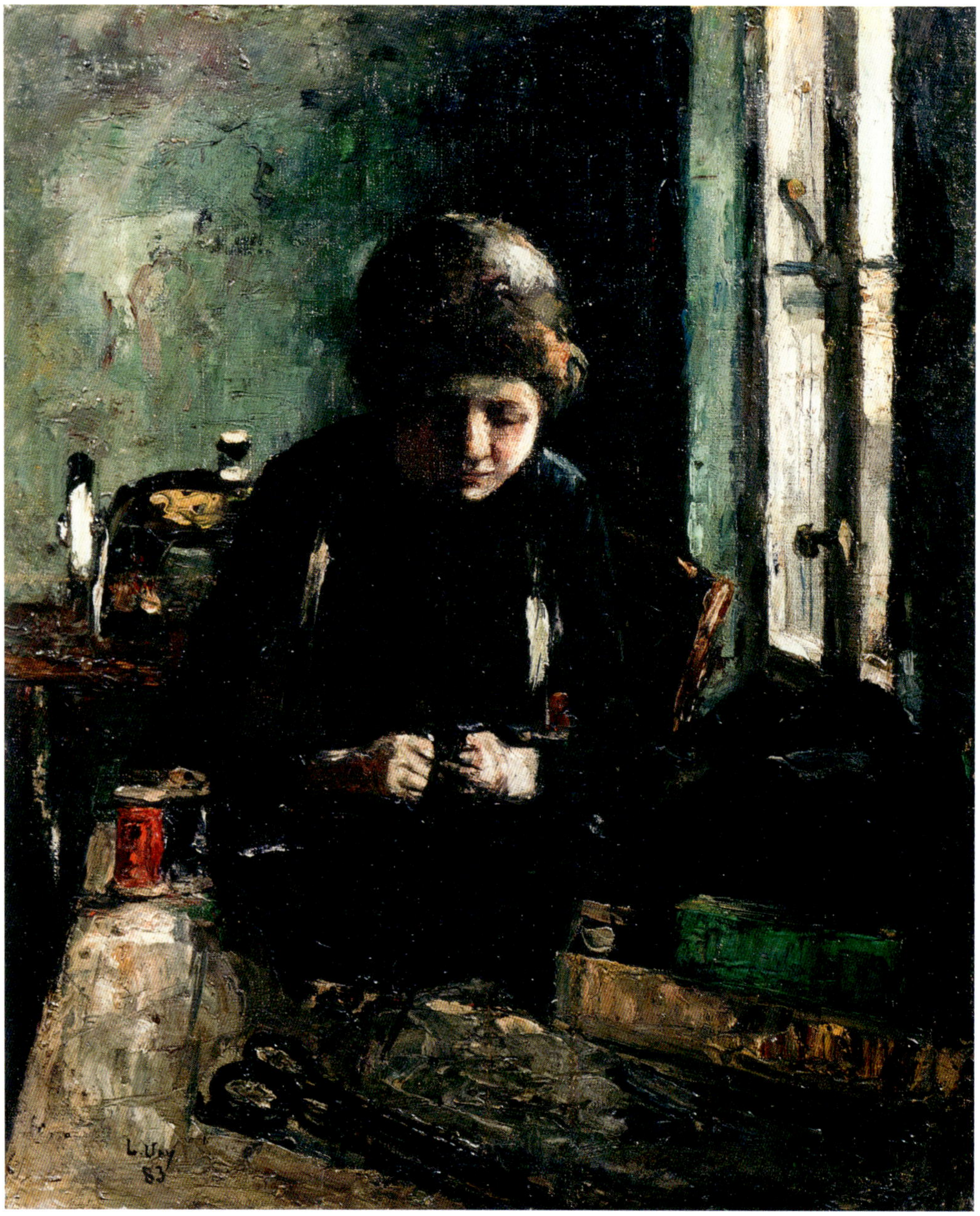

Abb. 1

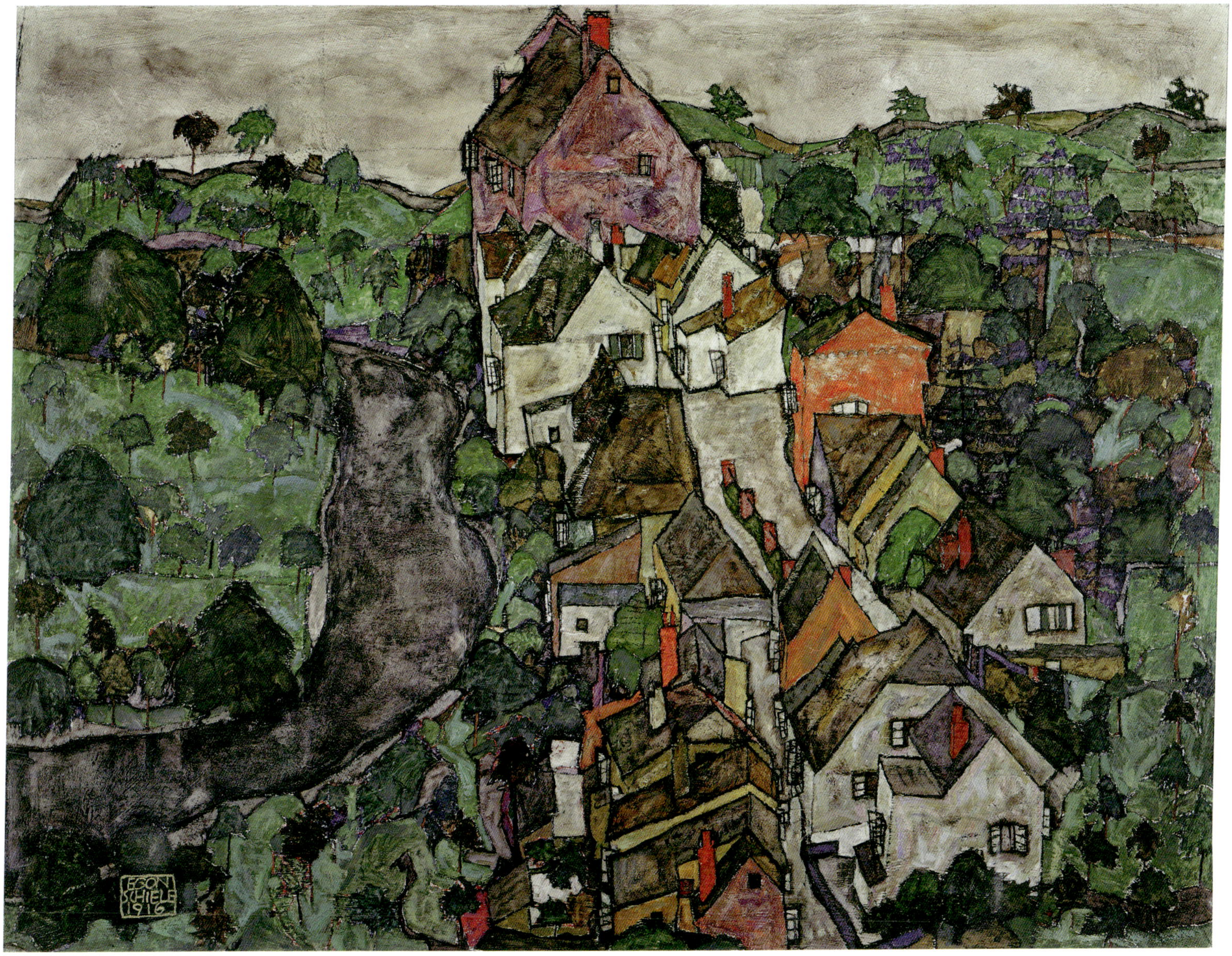

Abb. 2

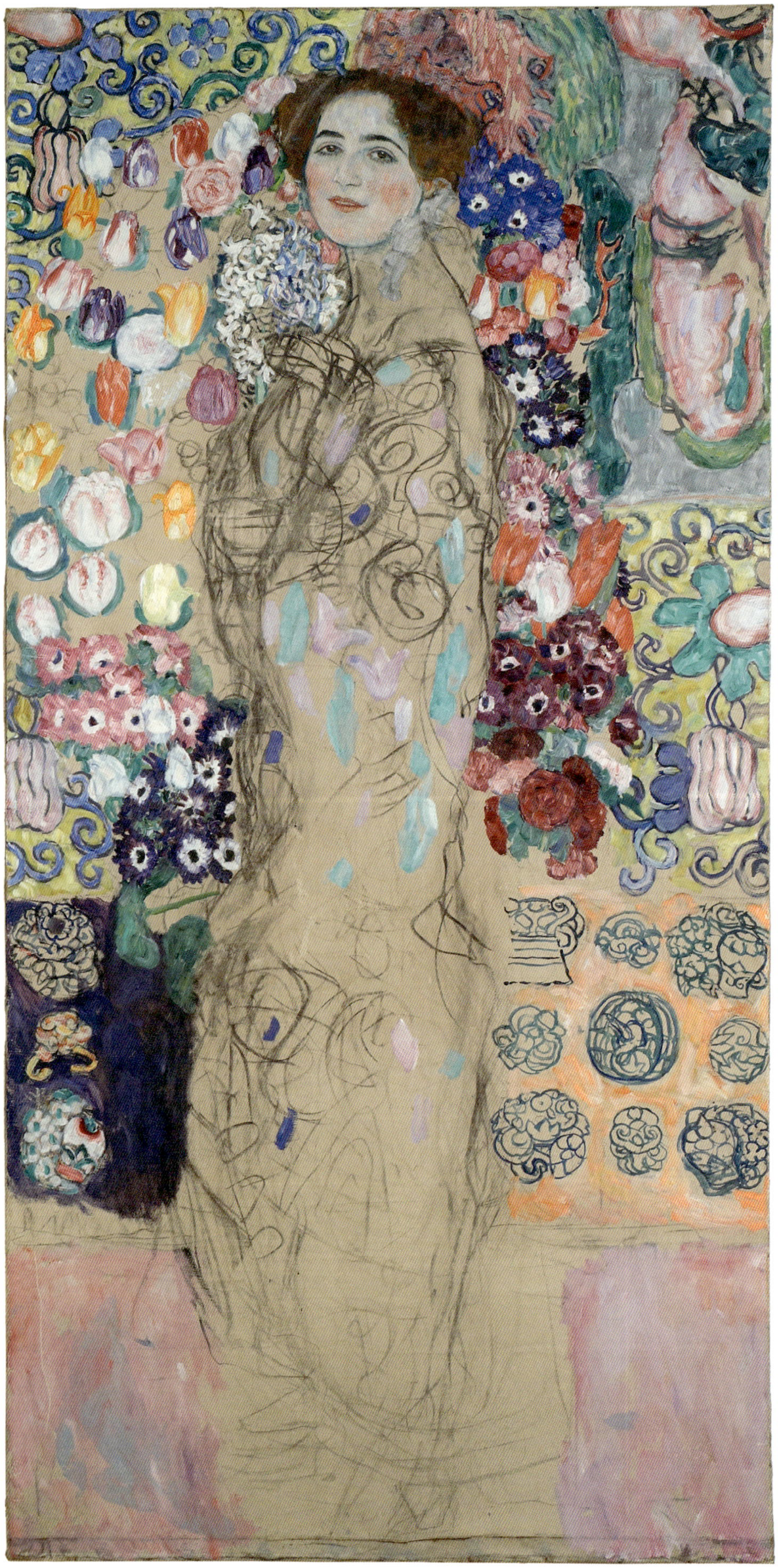

Abb. 3

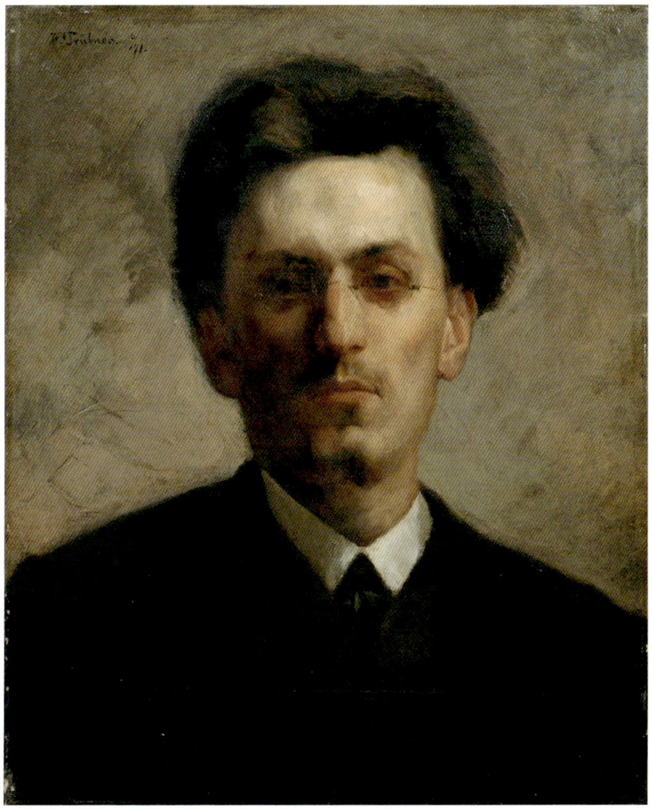

Abb. 4

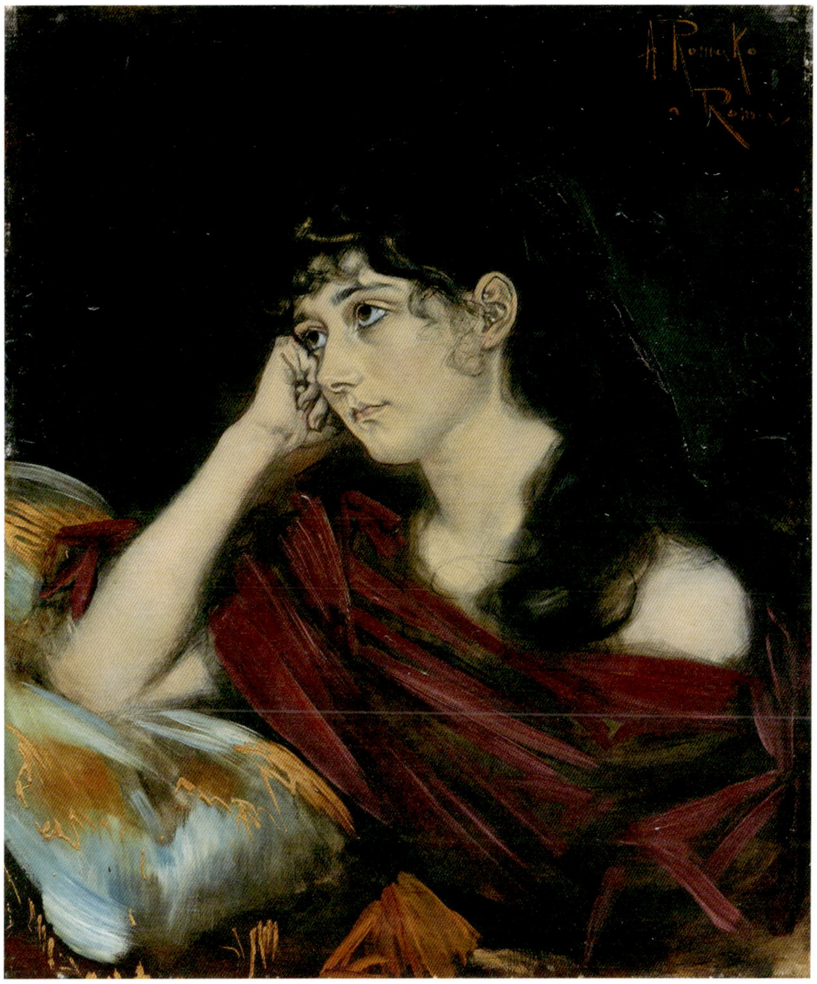

Abb. 5

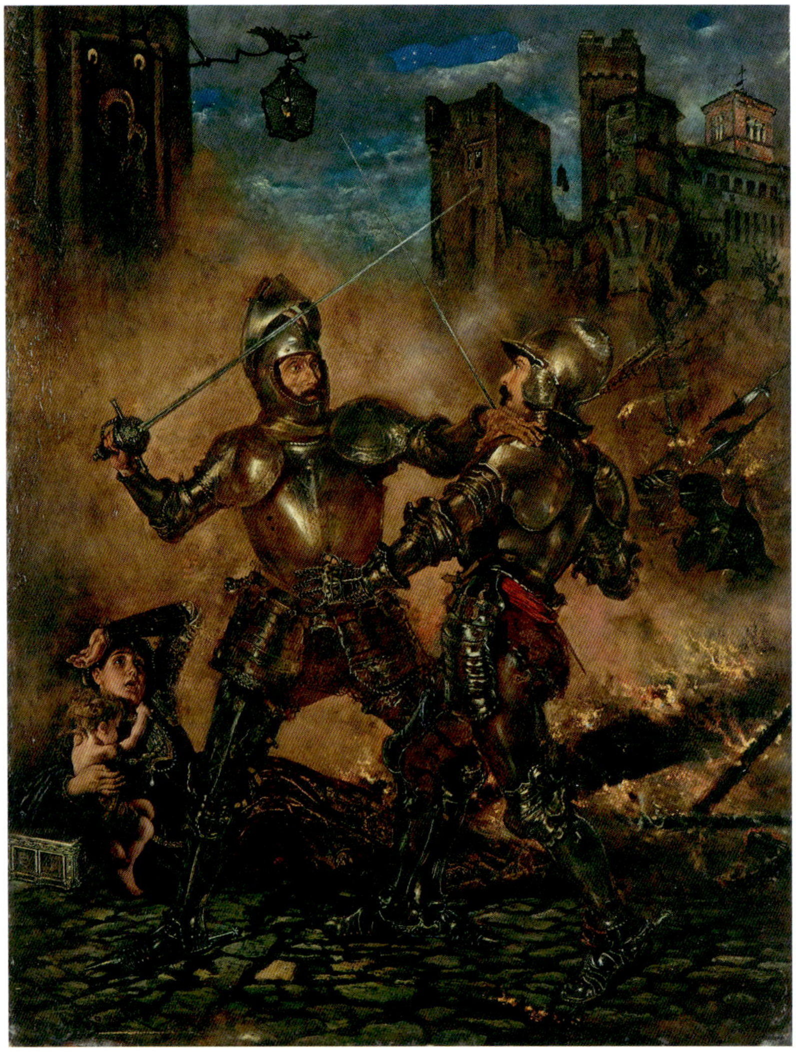

Abb. 6

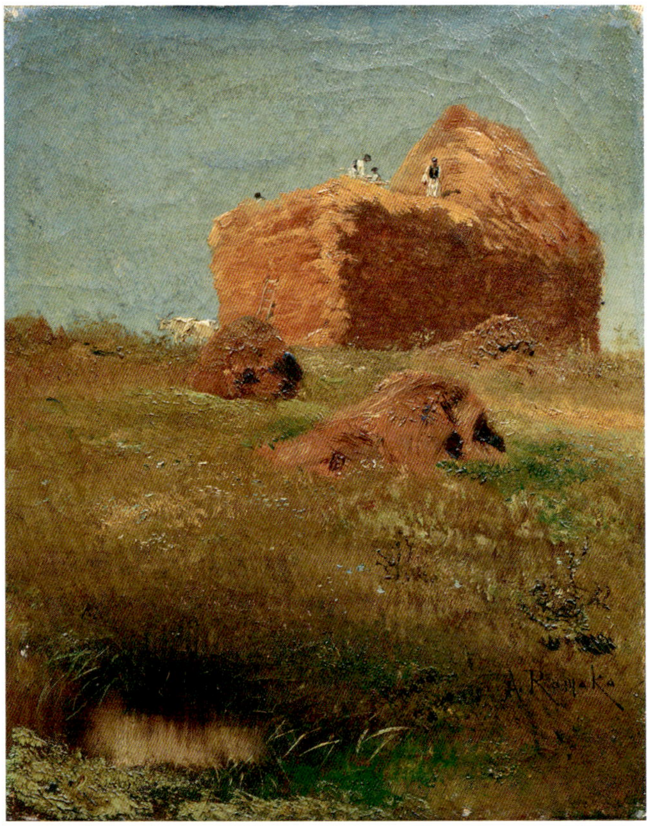

Abb. 7

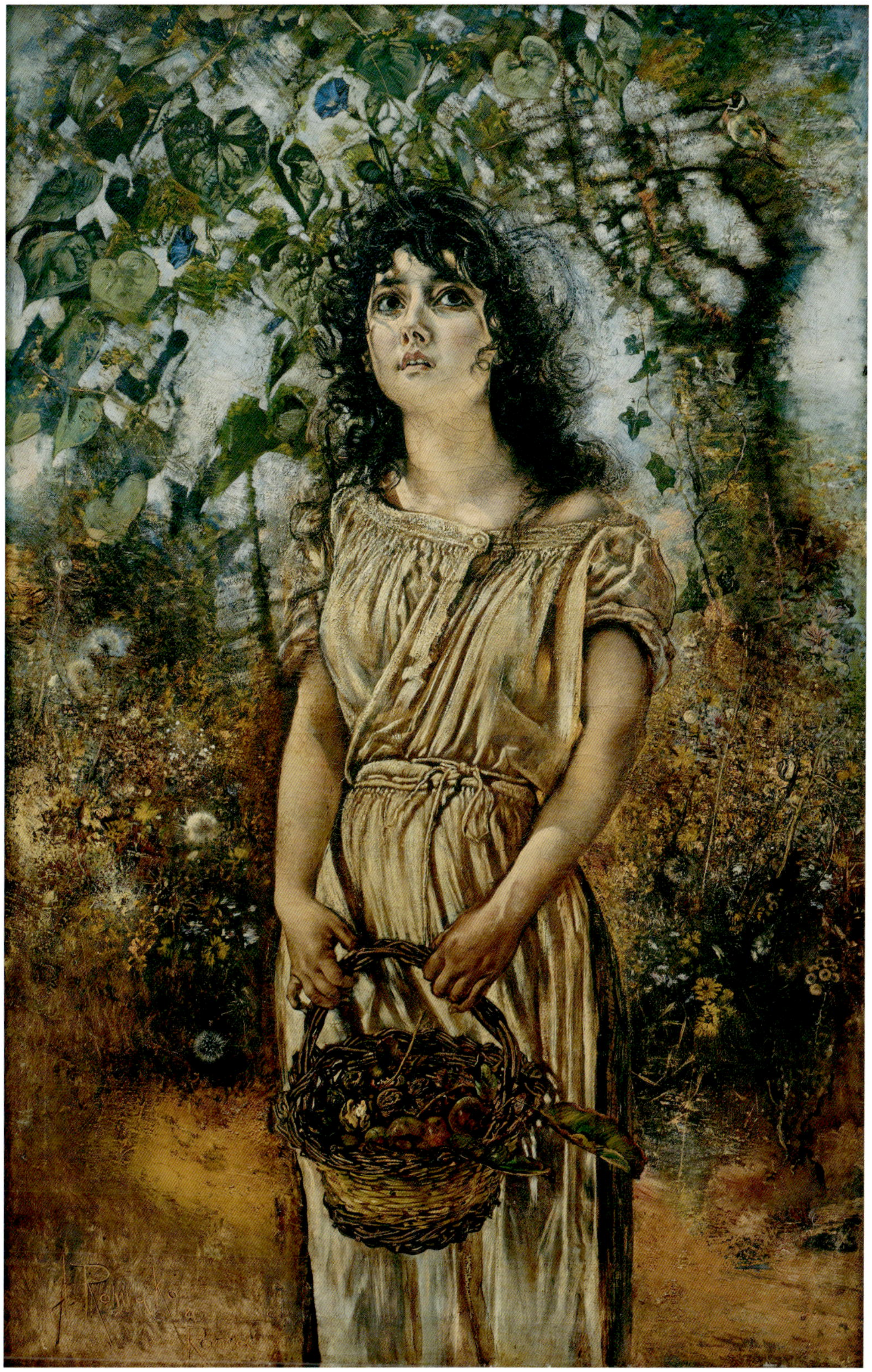

Abb. 8

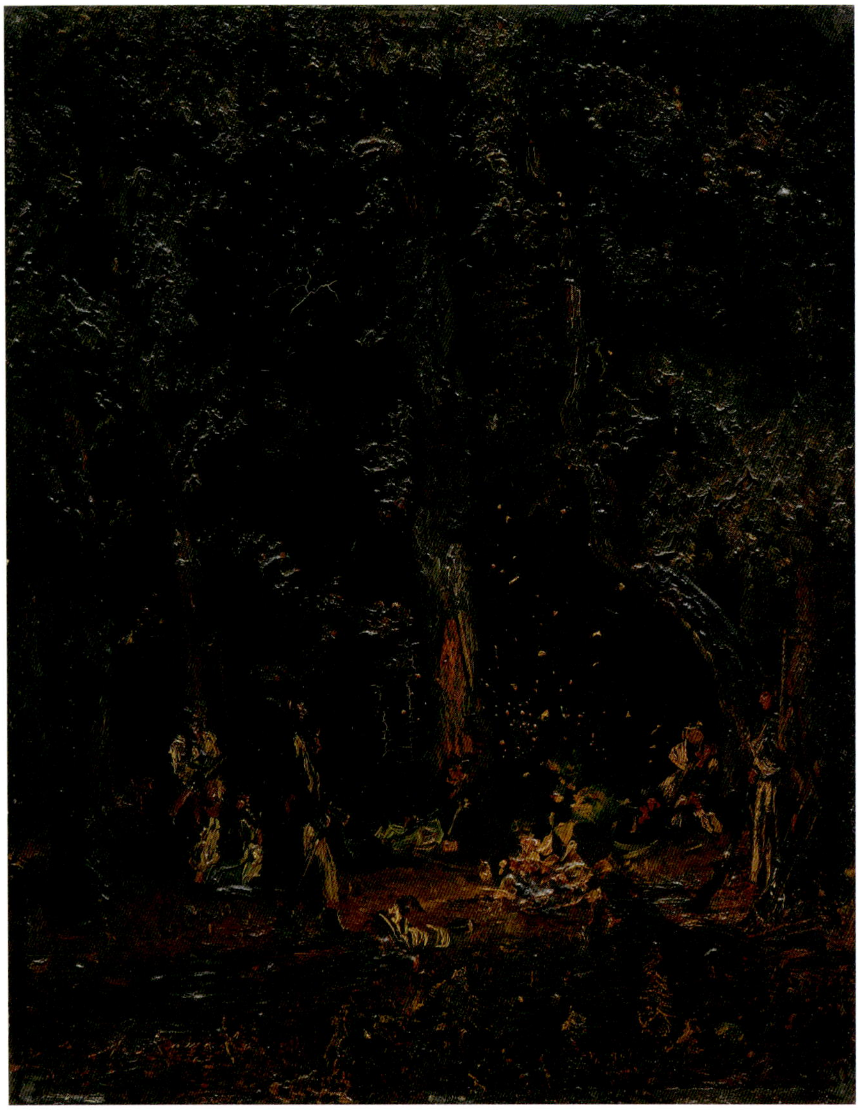

Abb. 9

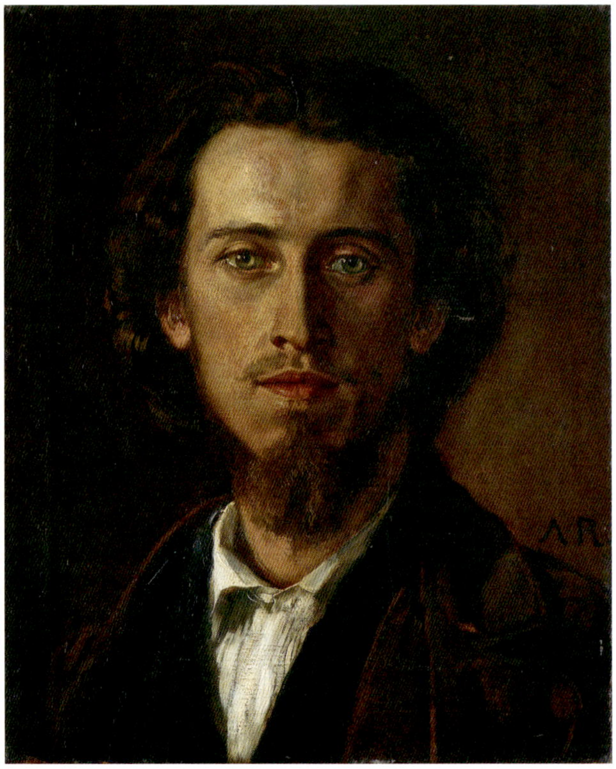

Abb. 10

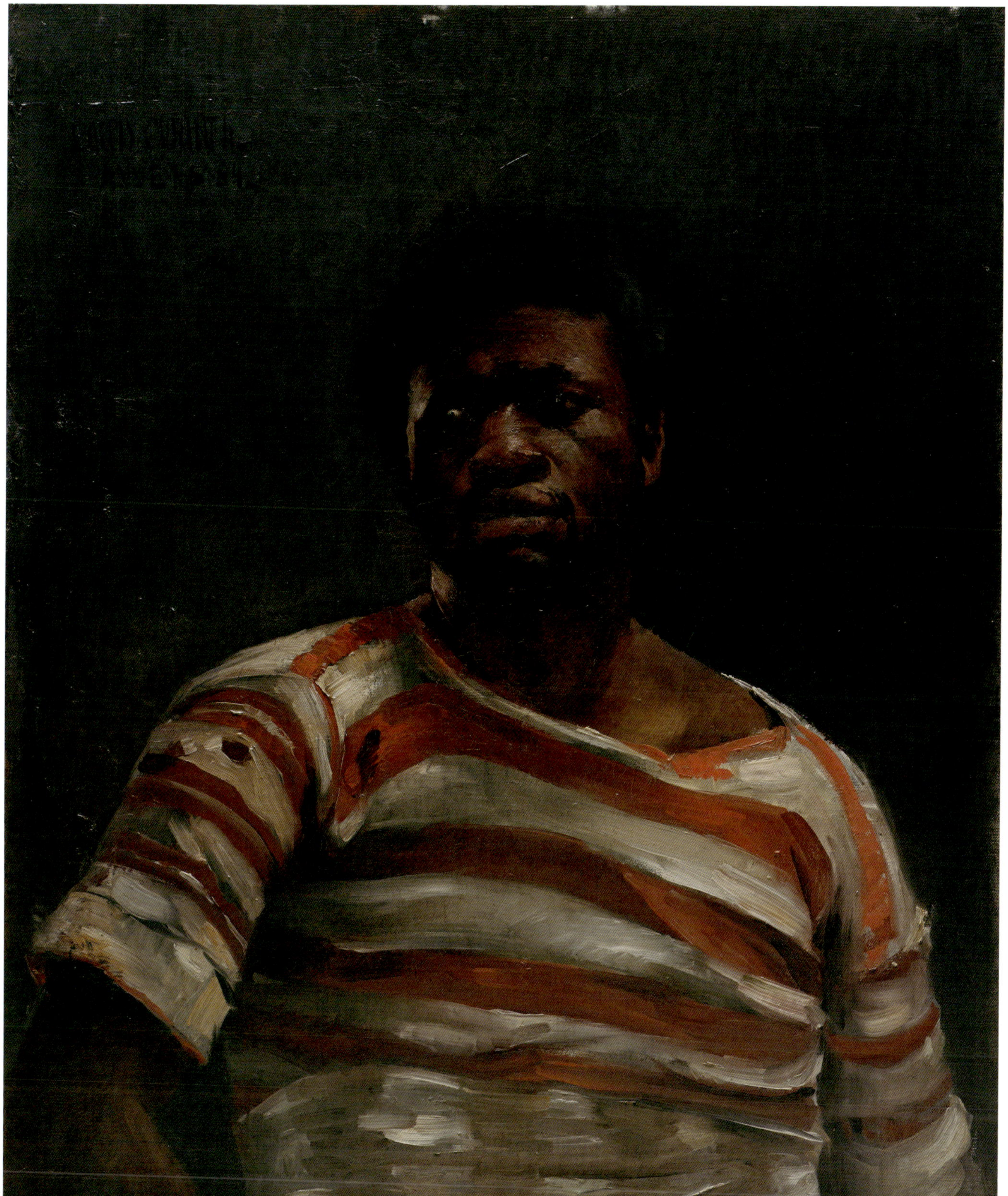

Abb. 11

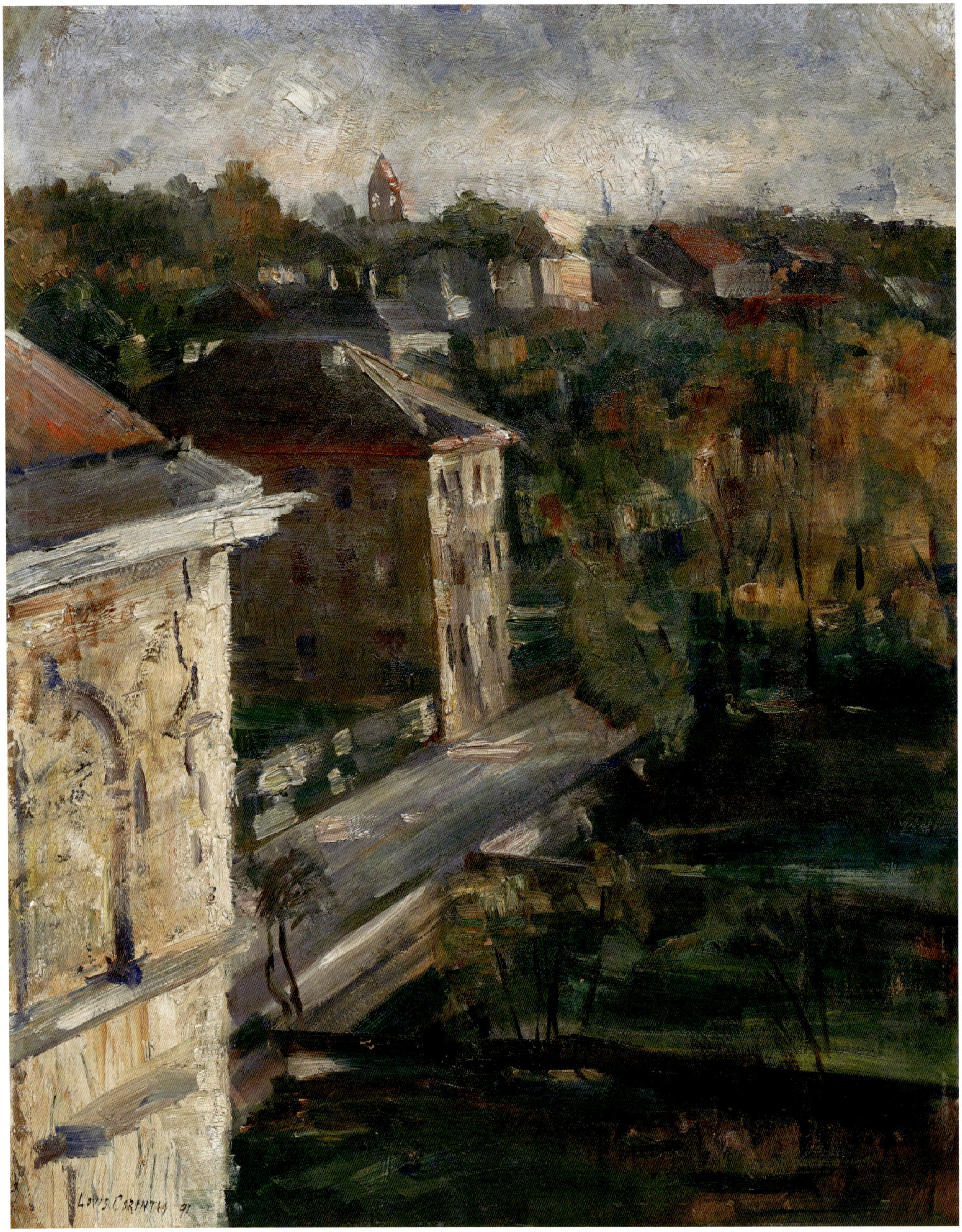

Abb. 12

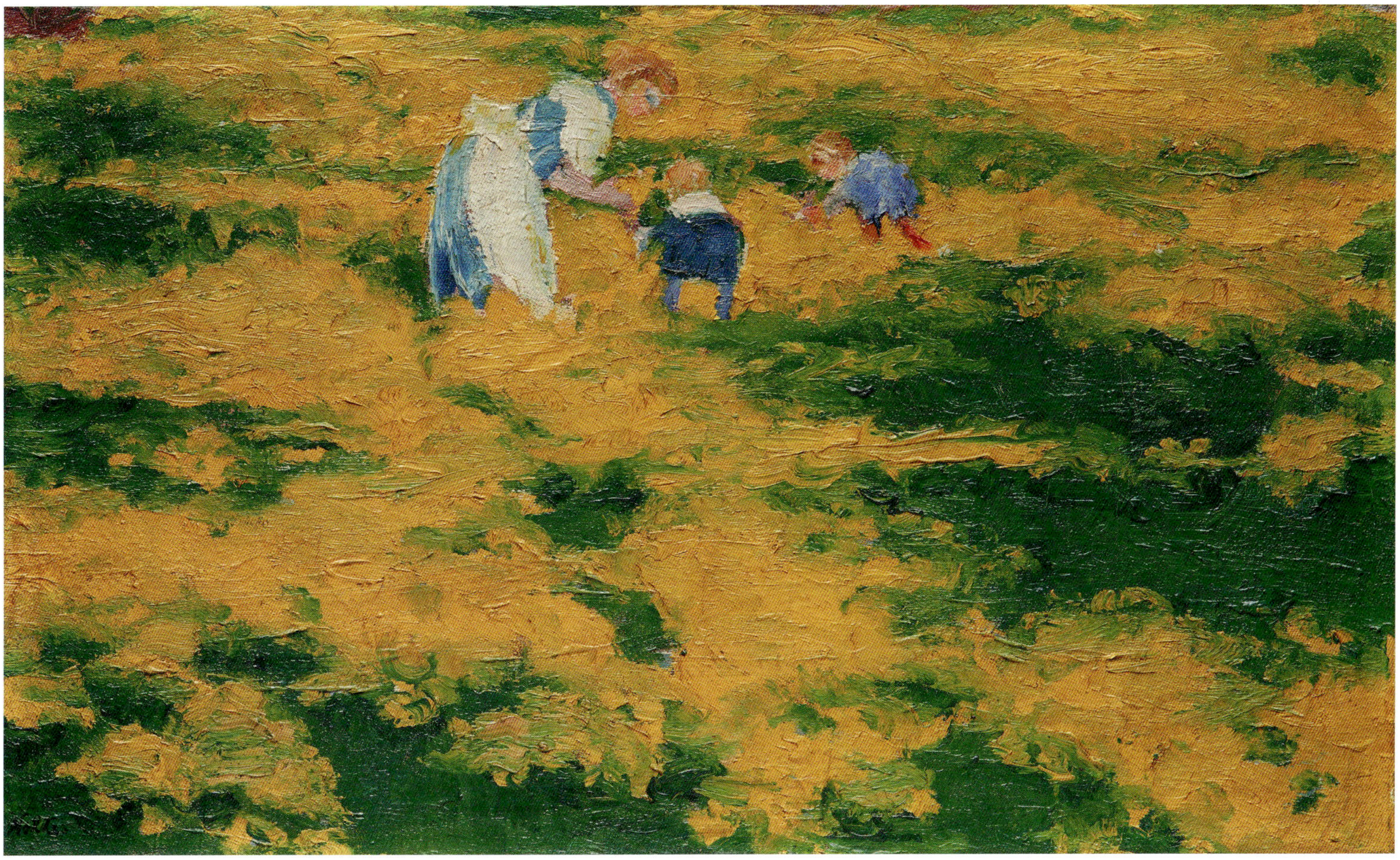

Abb. 13

Abb. 1 / **Lesser Ury**
* 1861 Birnbaum, Westpreußen, heute Polen, † 1931 Berlin, Deutschland
Näherin, 1883
Öl auf Leinwand, 52 × 42,5 cm

Restituiert an die Erben nach Dr. Fritz Loewenthal, New York, 1999, erworben mit Inv.-Nr. 138 aus der Sammlung Wolfgang Gurlitt 1956
Ankaufspreis 1956: ATS 4.900,–

Abb. 2 / **Egon Schiele**
* 1890 Tulln, Österreich, † 1918 Wien, Österreich
Krumauer Landschaft, 1916
Öl auf Leinwand, 110,5 × 141 cm

Restituiert durch die Jüdische Kultusgemeinde Wien an die Erben nach Daisy Hellmann, 2003, erworben mit Inv.-Nr. 13 aus der Sammlung Wolfgang Gurlitt 1953
Ankaufspreis 1953: ATS 21.120,–
Versteigert am 23. Juni 2003 bei Sotheby's, London, um 12,6 Mio. Pfund (ca. 17 Mio. Euro) an einen anonymen Bieter.

Abb. 3 / **Gustav Klimt**
* 1862 Baumgarten bei Wien, Österreich, † 1918 Wien, Österreich
Damenbildnis (Ria Munk III), 1917/18
Öl auf Leinwand, 180 × 90 cm

Restituiert durch die Jüdische Kultusgemeinde Wien an die Erben nach Aranka Munk, 2009, erworben mit Inv.-Nr. 149 aus der Sammlung Wolfgang Gurlitt 1956
Ankaufspreis 1956: ATS 9.600,–
Versteigert 2010 bei Christie's, London, um 18,8 Mio. Pfund (ca. 22 Mio. Euro).

Abb. 4 / **Wilhelm Trübner**
* 1851 Heidelberg, Deutschland, † 1917 Karlsruhe, Deutschland
Bildnis Carl Schuch (1846–1903), 1871
Öl auf Leinwand, 53 × 43 cm

Restituiert an die Erben nach Harry Fuld jun., 2011, der Restitutionsanspruch wurde am 12. September 2011 durch die Stadt Linz finanziell abgelöst.
LENTOS Kunstmuseum Linz, Inv.-Nr. 75, erworben aus der Sammlung Wolfgang Gurlitt 1953
Ankaufspreis 1953: ATS 31.250,–

Abb. 5 / **Anton Romako**
* 1832 Atzgersdorf, Österreich, † 1889 Wien, Österreich
Mädchen mit aufgestütztem Arm (Tochter des Künstlers), 1873–1876
Öl auf Leinwand, 72,5 × 61 cm

Restituiert an die Erben nach Oskar und Malvine Reichel, 2012, erworben mit Inv.-Nr. 10 aus der Sammlung Wolfgang Gurlitt 1953
Ankaufspreis 1953: ATS 22.500,–
Dauerleihgabe

Abb. 6 / **Anton Romako**
Der Zweikampf, 1871/72
Öl auf Leinwand, 110 × 82,5 cm

Restituiert an die Erben nach Oskar und Malvine Reichel, 2012, erworben mit Inv.-Nr. 81 aus der Sammlung Wolfgang Gurlitt 1953
Ankaufspreis 1953: ATS 25.000,–
Dauerleihgabe

Abb. 7 / **Anton Romako**
Ungarische Puszta, Strohschober in Bálványos, 1875/76
Öl auf Leinwand, 26,5 × 21,5 cm

Restituiert an die Erben nach Oskar und Malvine Reichel, 2012, erworben mit Inv.-Nr. 104 aus der Sammlung Wolfgang Gurlitt 1954
Ankaufspreis 1954: ATS 4.600,–
Dauerleihgabe

Abb. 8 / **Anton Romako**
Mädchen mit Nusskorb (Luise, Tochter des Künstlers), um 1880
Öl auf Leinwand, 139 × 89,5 cm

Restituiert an die Erben nach Oskar und Malvine Reichel, 2012, erworben mit Inv.-Nr. 103 aus der Sammlung Wolfgang Gurlitt 1954
Ankaufspreis 1954: ATS 41.000,–
Dauerleihgabe

Abb. 9 / **Anton Romako**
Lager im Wald (Zigeunerlager), 1875/76
Öl auf Leinwand, 41 × 32 cm

Restituiert an die Erben nach Oskar und Malvine Reichel, 2012, erworben mit Inv.-Nr. 83 aus der Sammlung Wolfgang Gurlitt 1953
Ankaufspreis 1953: ATS 8.500,–
Dauerleihgabe

Abb. 10 / **Anton Romako**
Bildnis Schwach, 1854
Öl auf Leinwand, 45,5 × 37 cm

Restituiert an die Erben nach Oskar und Malvine Reichel, 2012, erworben mit Inv.-Nr. 145 aus der Sammlung Wolfgang Gurlitt 1953
Ankaufspreis 1953: ATS 4.800,–
Dauerleihgabe

Abb. 11 / Lovis Corinth
* 1858 Tapiau, Ostpreußen, heute Russland, † 1925 Zandvoort, Niederlande
Neger „Othello", 1884
Öl auf Leinwand, 78 × 58,5 cm

Restituiert an die Erben nach Jean und Ida Baer, 2014, erworben mit Inv.-Nr. 23 aus der Sammlung Wolfgang Gurlitt 1953
Ankaufspreis 1953: ATS 31.250,–
Versteigert am 21. Mai 2015 bei Sotheby's London um 492.956 €.

Abb. 12 / **Lovis Corinth**
Blick aus dem Atelierfenster, 1891
Öl auf Leinwand, 64,5 × 50 cm

Restituiert an die Erben nach Jean und Ida Baer, 2014, erworben mit Inv.-Nr. 24 aus der Sammlung Wolfgang Gurlitt 1953
Ankaufspreis 1953: ATS 25.000,–
Versteigert am 21. Mai 2015 bei Sotheby's London um 48.874 €.

Abb. 13 / **Emil Nolde**
* 1867 Nolde, Schleswig, heute Dänemark, † 1956 Seebüll, Deutschland
Maiwiese, 1915
Öl auf Leinwand, 48 × 79 cm

Restituiert an die Erben nach Dr. Siegfried Julius, Hamburg, 2014, erworben mit Inv.-Nr. 94 von Galerie Friedrich Welz, Salzburg, 1953
Ankaufspreis 1953: ATS 9.000,–

Maria Altrichter

PROVENIENZFORSCHUNG UND KUNSTRESTITUTION IN DER STADT LINZ

Die allgemeine Entwicklung der Kunstrestitution in Österreich nach 1945

Bereits unmittelbar nach Kriegsende 1945 wurde damit begonnen, die Gesetze und Verordnungen des NS-Regimes rückgängig zu machen. Um das oftmals aus diesen Gesetzen entstandene materielle Unrecht wieder gutmachen zu können, verabschiedete man in den Jahren 1946 bis 1949 insgesamt sieben Rückstellungsgesetze. Bei Kunstrestitutionen aus öffentlichen Einrichtungen waren vor allem das erste und zweite Rückstellungsgesetz anzuwenden, für Rückgaben aus privatem Vermögen das dritte Rückstellungsgesetz.[1] Es sollte dadurch gewährleistet werden, dass jene Personen, deren Vermögen während der Zeit des Nationalsozialismus entzogen worden war, ihre rechtlichen Ansprüche öffentlich an einer dafür ausgewiesenen Stelle anmelden konnten. Für die Geschädigten fingen dort allerdings die Schwierigkeiten an, denn der Gesetzgeber sah vor, die Verantwortung auf sie abzuwälzen. Innerhalb einer vorgegebenen Frist[2] musste der Anspruch auf die entzogenen Kunstgegenstände, einschließlich einer Angabe, an welchem Standort sie sich jetzt befanden, geltend gemacht werden – in der Praxis oft kaum machbar. Familien waren durch den Holocaust entweder ausgelöscht oder vertrieben worden, sodass meist die Möglichkeit fehlte, die Ansprüche rechtzeitig anzumelden. Des Weiteren war in vielen Fällen unklar, was mit den entzogenen Kunstwerken passiert war bzw. wo sie zu finden waren. Die Suche gestaltete sich noch verhältnismäßig einfach, wenn die Werke Eingang in öffentliche Sammlungen gefunden hatten; bei privaten Besitzern war es beinahe unmöglich, zu schnellen Ergebnissen zu gelangen (obwohl es dafür durchaus rechtliche Grundlagen gegeben hätte).[3] Zusätzlich erschwerte es ein Wirrwarr an Fristen und zuständigen Stellen den AntragstellerInnen, ihre Anträge ordnungsgemäß einzureichen und eine Rückstellung bzw. Entschädigung durchzubringen. Das Ausfuhrverbotsgesetz verhinderte es außerdem oft, Besitz (wenn es sich um wichtige Kunstwerke handelte) ins Ausland zu transferieren. Die Betroffenen waren dann, wie im Fall von Erich Lederer[4], gezwungen, sich die Ausfuhrgenehmigungen für ihren Kunstbesitz durch die Schenkung oder Widmung anderer Kunstwerke an den österreichischen Staat zu „erkaufen". Von einer rechtlich einwandfreien Rückgabe konnte hier keine Rede sein.[5]

1 *Die österreichische Kunstrestitutionsgesetzgebung nach dem Zweiten Weltkrieg*, www.kunstdatenbank.at/die-oesterreichische-kunstrestitutionsgesetzgebung-nach-dem-zweiten-weltkrieg.html (abgerufen am 18.2.2019).

2 Für die Geltendmachung der Rückstellungsansprüche durch das Dritte Rückstellungsgesetz vom 6. Februar 1947, BGBl 45/1947, wurden mehrere Fristverlängerungen festgelegt. Endgültiges Ende der Einreichfrist war der 31. Juli 1956.

3 Ingo Zechner, „Zweifelhaftes Eigentum. Fußnoten zur Kunstrestitution in Österreich", in: Gabriele Anderl, Alexandra Caruso (Hg.), *NS-Kunstraub in Österreich und die Folgen*, StudienVerlag, Innsbruck 2005, S. 235–246, hier S. 239. Bereits Ende Mai 1945 trat das Vermögensentziehungs-Erfassungsgesetz, im September 1946 dann die Vermögensentziehungs-Anmeldungsverordnung in Kraft, nach denen es rechtlich möglich gewesen wäre, sowohl für öffentliche Einrichtungen als auch für private Personen eine Erhebung der entzogenen Kunstgegenstände zu erzwingen. Davon wurde allerdings nicht Gebrauch gemacht.

4 Erich Lederer, Sohn der bekannten jüdischen Kunstsammlerin Serena Lederer, deren Sammlung in der NS-Zeit entzogen wurde, strengte nach dem Zweiten Weltkrieg die Rückgabe der Kunstsammlung seiner Mutter an. Für Details dazu siehe Beschlüsse des Kunstrückgabebeirats zu Erich Lederer sowie Serena Lederer, www.provenienzforschung.gv.at/de/empfehlungen-des-beirats/beschluesse/beschluesse-alphabetish/ (abgerufen am 9.4.2019).

5 Eva Blimlinger, „Rückstellungen und Entschädigungen in Österreich 1945 bis 2008. Ein Überblick", in: Gabriele Anderl, Christoph Bazil, dies. u. a. (Hg.), *... wesentlich mehr Fälle als angenommen. 10 Jahre Kommission für Provenienzforschung* (Schriftenreihe der Kommission für Provenienzforschung 1), Böhlau, Wien/Köln/Weimar 2009, S. 17–33, hier S. 17–22; Sophie Lillie, *Was einmal war. Handbuch der enteigneten Kunstsammlungen Wiens*, Czernin, Wien 2003, S. 664.

Objekte, die nicht restituiert werden konnten, wurden seit dem Jahr 1957 in zwei Sammelstellen vereint. Damit wollte man dem Art. 26 § 1 des Staatsvertrages Rechnung tragen, wonach der Staat Österreich dazu verpflichtet war, entzogene Vermögenswerte zurückzugeben. Was mit Vermögenswerten zu geschehen hatte, die nicht mehr zurückgegeben werden konnten, war in Art. 26 § 2 geregelt: Sie sollten unter der Schirmherrschaft des österreichischen Staates für die Wiedergutmachung an den Opfern der nationalsozialistischen Verfolgung herangezogen werden. Genau hier kamen die eben genannten Sammelstellen A und B ins Spiel, die ab 1957 erbenloses oder nicht rechtzeitig beanspruchtes Vermögen (Immobilien, Unternehmen, Kunstgegenstände etc.) zentral verwalteten und bis 1962 dessen Rückstellung vorantreiben sollten. Zusätzlich hatten sie die Aufgabe, herrenloses Vermögen (hier vor allem Immobilien und Unternehmen) zu bewerten und gegebenenfalls zu liquidieren, falls es keine Erben gab. Insgesamt wurden damit Einnahmen von über 325 Millionen Schilling erzielt, wobei der österreichische Staat den Sammelstellen schließlich um 5 Millionen Schilling alle Ansprüche auf herrenlose Kunst- und Kulturgüter ablöste. Das erzielte Geld sollte vor allem den jüdischen Opfern zugutekommen.[6]

Im Jahr 1966 wurden zusätzlich die als „erblos" klassifizierten Kunstgegenstände aus dem „Central Art Collecting Point München" an Österreich übergeben. Diese riesige Sammlung brachte man in der niederösterreichischen Kartause Mauerbach unter, wo sie die nächsten 30 Jahre gelagert werden sollte. Der Bestand wurde der Republik allerdings mit der Auflage übergeben, sie solle sich um die Erbensuche und die Restitution der Vermögenswerte kümmern. Dies versuchte man – eher halbherzig – mit zwei „Kunst- und Kulturbereinigungsgesetzen" (1969 und 1985). Generell – auch schon für die Zeit vor diesen Gesetzen – ist der Hinweis wichtig, dass es eigentlich kaum erbenloses Kunst- und Kulturgut gab. Vielerorts waren die ehemaligen BesitzerInnen sogar bekannt, diese meldeten jedoch von sich aus keinen Anspruch an. Es konnte daher nicht verwundern, dass die getroffenen Maßnahmen nur wenig Erfolg brachten. Lediglich ein Bruchteil der Gegenstände konnte restituiert werden, zumal bei beiden Gesetzen Kunstwerke aus Museen gar nicht miteinbezogen wurden und daher auch für die EigentümerInnen und deren Erben nicht greifbar waren.[7]

Nachdem Anfang der 1990er-Jahre immer noch ein beträchtlicher Teil der gesammelten Kunstgegenstände in Mauerbach ohne Aussicht auf eine Übergabe an die rechtmäßigen EigentümerInnen lagerten, entschloss man sich, diese – sofern keine Eigentumsansprüche mehr erhoben wurden – in Gänze einer Versteigerung zuzuführen und den Erlös für die Opferentschädigung zu verwenden. Ab 1994 wurde damit begonnen, den Bestand von Mauerbach nach Wien zu bringen. Letztendlich übergab man die Kunstwerke im Herbst 1995 dem Bundesverband der Israelitischen Kultusgemeinde, die den „Mauerbach-Schatz" am 29. und 30. Oktober 1996 durch das Auktionshaus Christie's in Wien versteigern ließ. Die Einnahmen beliefen sich auf ca. 150 Millionen Schilling.[8]

Mit der Abwicklung des „Mauerbach-Schatzes" war man von Regierungsseite der Ansicht, unter das Kapitel „Kunstrückgabe und -restitution" einen Schlussstrich ziehen zu können. Dass das Thema aber präsenter war denn je, zeigte sich zwei Jahre später, am 7. Jänner 1998, mit der Beschlagnahmung der Schiele-Gemälde *Bildnis Wally* und *Tote Stadt III* aus der Sammlung Leopold, die anlässlich einer Sonderausstellung in New York gezeigt wurden. Die Erben der vor der NS-Zeit rechtmäßigen Eigentümerin hatten die Beschlagnahmung veranlasst, um rechtliche Schritte einleiten zu können.[9]

Dieser Vorfall hatte sowohl international als auch national Auswirkungen auf den Umgang mit entzogenen Kunstgegenständen und deren Restitution. Noch im selben Jahr erklärte das Bundesministerium für Unterricht und kulturelle Angelegenheiten, dass eine unabhängige Kommission für Provenienzforschung eingerichtet werden solle, deren Aufgabe es sei, systematisch alle Bestände der Bundesmuseen auf Werke mit bedenklicher Herkunft hin zu durchleuchten. Im Dezember 1998 wurde schließlich das Bundesgesetz über die Rückgabe von Kunstgegenständen erlassen, wodurch es nun auch die entsprechende rechtliche Grundlage für die Arbeit der Kommission gab. International fand zur selben Zeit die „Washington Conference on Holocaust-Era Assets" statt, an der neben Österreich weitere 43 Nationen teilnahmen und bei der es zur Festlegung der sogenannten Washingtoner Prinzipien kam.[10]

Dem Beispiel des Bundes folgend, verabschiedeten auch die Länder nach und nach eigene Landeskunstrückgabegesetze,

6 Blimlinger 2009, S. 23; Zechner 2005, S. 240; Otto Fritscher, *Kontroversen um den „Mauerbach-Schatz". Die Restitutionsverfahren von 1969 bis 1986*, New academic press, Wien 2012, S. 103–107.

7 Sabine Loitfellner, „NS-Kunstraub und Restitution in Österreich. Institutionen – Akteure – Nutznießer", in: Verena Pawlowsky, Harald Wendelin (Hg.), *Enteignete Kunst. Raub und Rückgabe. Österreich von 1938 bis heute*, Mandelbaum Verlag, Wien 2006, S. 13–25, hier S. 23–24.

8 Kurt Haslinger, „Mauerbach und der lange Weg zur Auktion: 1969–1996", in: Theodor Brückler (Hg.), *Kunstraub, Kunstbergung und Restitution in Österreich, 1938 bis heute*, Böhlau, Wien/Köln/Weimar 1999, S. 39–52, hier S. 51; Blimlinger 2009, S. 25.

9 Ebd., S. 26.

10 *Kunstrückgabe. Geschichte und Grundlagen*, www.restitution.or.at/schwerpunkte/s-kunst-geschichte.html (abgerufen am 25.2.2019); Blimlinger 2009, S. 26–27.

Oberösterreich beispielsweise im Jahr 2002. Gleichzeitig wurden auch die Landesmuseen und deren Bestände einer professionellen Provenienzforschung unterzogen.[11]

Provenienzforschung und Kunstrestitution in der Stadt Linz: Das Erbe Wolfgang Gurlitt

Bereits vor der Verabschiedung des Bundeskunstrückgabegesetzes im Dezember 1998 kündigte der damalige Linzer Bürgermeister Dr. Franz Dobusch in seiner Eröffnungsrede des Linzer Brucknerfestes am 13. September 1998 an, dass die von der Stadt Linz im Jahr 1953 angekauften Kunstwerke der Sammlung Gurlitt auf ihre Provenienz hin untersucht werden sollen. Dieser Untersuchungsauftrag wurde umgehend dem Archiv der Stadt Linz übertragen und schon einige Monate später, am 20. Jänner 1999, konnte ein umfassendes Dossier von Dr. Walter Schuster zu Werdegang und Ankauf der Sammlung, aber auch zu ersten Fällen mit bedenklicher Provenienz der Öffentlichkeit präsentiert werden.[12] Diese Veröffentlichung war nach dem Bericht des Archivs des Kunsthistorischen Museums in Wien, der schon seit Juni 1998 vorlag, bundesweit eine der frühesten dieser Art.[13]

Obwohl die gesetzlichen Grundlagen sowohl des Bundes als auch ab 2002 des Landes Oberösterreich nicht unmittelbar auf die Gemeinden wirksam wurden, bekannte man sich seitens der Stadt Linz zu einem diesen Gesetzen entsprechenden Vorgehen, vor allem was die Aufarbeitung der Sammlung Gurlitt betraf. Daher wurde im Jahr 2007 im Auftrag des Bürgermeisters und des Magistratsdirektors zur weiteren Vertiefung der diesbezüglichen Forschungen ein Arbeitskreis für Provenienzforschung, bestehend aus VertreterInnen der Museen und des Archivs sowie einer externen Provenienzforscherin,[14] gegründet. Seit diese Einrichtung installiert wurde, führten die Forschungen bereits zu einigen wichtigen Restitutionen aus dem Bestand der Neuen Galerie, dem heutigen LENTOS Kunstmuseum.[15] Auf diese Fälle soll nun im Folgenden im Detail eingegangen werden.

11 Zechner 2005, S. 243.

12 AStL, Stadtsenatsprotokolle, Amtsbericht vom 7.6.1999 zur 65. StS-Sitzung vom 24.6.1999, S. 1.

13 *Kunsthistorisches Museum*, www.kunstdatenbank.at/detailansicht-museum/kunsthistorisches-museum.html (abgerufen am 22.3.2019); *Neues Volksblatt*, 21.1.1999, S. 35.

14 Dr. Vanessa-Maria Voigt ist auch im vorliegenden Katalog mit einem Beitrag vertreten.

15 *LENTOS Kunstmuseum Linz. Provenienzforschung*, www.lentos.at/images/Ausstellungen/Verstaendnis-_und_Recherchemethoden.pdf (abgerufen am 20.3.2019).

Rückgabe des Gemäldes *Die Näherin*, 1883, von Lesser Ury an die Erben nach Dr. Fritz Loewenthal, 1999

Bereits in der Arbeit von Walter Schuster fand die Provenienzgeschichte jenes Gemäldes aus der Sammlung Gurlitt Erwähnung, das bereits 1951, also noch vor dem Ankauf der Sammlung durch die Stadt Linz, durch den rechtmäßigen Erben von Wolfgang Gurlitt zurückgefordert worden war. Das Bild *Die Näherin* von Lesser Ury gehörte ursprünglich zur Kunstsammlung des Berliner Sammlers Ludwig Loewenthal. Nach der Machtergreifung der Nationalsozialisten musste dessen Sohn Dr. Fritz Loewenthal gemeinsam mit seiner Frau die Flucht ergreifen. Sein Vater übergab in seiner Not die Kunstsammlung dem Schwiegervater seines Sohnes, William Bennigson, der wahrscheinlich 1939 notgedrungen die gesamte Sammlung um 20.000 Reichsmark an Wolfgang Gurlitt verkaufte. Auflage dabei war allerdings – dies wurde in Anwesenheit einer Zeugin vereinbart –, dass die Kunstwerke später entweder wieder zurückgegeben werden sollten oder aber ein angemessener Preis durch Wolfgang Gurlitt nachbezahlt werden müsse.[16]

Ludwig Löwenthals Sohn und Erbe Dr. Fritz Loewenthal, der nach Israel emigriert war, versuchte nach dem Krieg, Wolfgang Gurlitt ausfindig zu machen. Als er ihn im Jahr 1950 in Linz fand, schrieb er Gurlitt umgehend bezüglich der Loewenthal'schen Kunstsammlung und bat ihn, vereinbarungsgemäß Vorschläge zu machen, wie denn nun zu verfahren sei und ob man eine Rückgabe oder die Zahlung des tatsächlichen Wertes der Kunstwerke anstreben solle. Da von Wolfgang Gurlitt zunächst keine Antwort kam, wandte sich Fritz Loewenthal an die Jüdische Gemeinde in Linz und bat um Unterstützung. Tatsächlich datiert kurz darauf ein Antwortschreiben des Kunsthändlers, worin er zwar sein Mitgefühl ausdrückte, gleichzeitig aber Fritz Loewenthal mitteilte, dass die gesamte Sammlung seines Vaters im November 1943 bei einem Großangriff auf Berlin vernichtet worden sei. Diese Geschichte wurde Loewenthal auch von anderer Seite bestätigt.[17]

Loewenthal gab sich damit allerdings nicht zufrieden, hatte er doch im selben Jahr einen Katalog der Neuen Galerie in die Hände bekommen, in dem das Bild *Die Näherin* von Lesser Ury gelistet war. Darauf hingewiesen, behauptete Gurlitt zwar, er hätte dieses rechtmäßig von Ludwig Loewenthal erworben, die

16 AStL, Stadtsenatsprotokolle, Amtsbericht vom 7.6.1999, S. 1–2.

17 Walter Schuster, *Die „Sammlung Gurlitt" der Neuen Galerie der Stadt Linz*, ungedruckte Studie, Archiv der Stadt Linz, Linz 1999, S. 51–53.

Zweifel an seiner Geschichte waren aber berechtigterweise gewachsen. Auf eine entsprechende Nachfrage des Linzer Bürgermeisters Ernst Koref und des Linzer Magistratsdirektors Egon Oberhuber reagierte Wolfgang Gurlitt empört. Er, der damals nur helfen wollte, würde nun beschuldigt und seine Hilfsbereitschaft infrage gestellt. Loewenthal blieb bei seinen Besitzansprüchen. Die Verantwortlichen der Stadt Linz wiederum bemühten sich darum, die Angelegenheit für alle zufriedenstellend zu lösen. Es regten sich vor allem bei Bürgermeister Koref generell größere Vorbehalte, ob aufgrund der fraglichen Herkunft mancher Bilder ein Ankauf der Sammlung Gurlitt womöglich grundsätzlich zu überdenken sei. Diese Zweifel konnten allerdings vom damaligen Magistratsdirektor Egon Oberhuber zerstreut werden.[18]

Trotz aller Unsicherheiten hielt die Stadt Linz bis kurz vor der Vertragsunterzeichnung am Ankauf des Bildes fest. Sogar in einem Grundsatzbeschluss des Gemeinderates vom 14. Juli 1952 über den Ankauf der Sammlung Gurlitt war das Gemälde von Lesser Ury noch gelistet.[19] Ein halbes Jahr später hatte man es allerdings von der dem Ankaufsvertrag (14. Jänner 1953) beigelegten Bilderliste entfernt.[20] Es war offenbar doch noch eine Entscheidung gegen einen Erwerb getroffen worden. In den Bestand der Neuen Galerie kam das Bild schließlich erst im Jahr 1956, als die Stadt Linz anlässlich einer Reklamation fehlender Bilder aus der Ankaufsliste mit Gurlitt einen Bildertausch vollzog. Neben dem Werk von Lesser Ury wurden dabei sieben weitere Gemälde erworben. Der bereits festgelegte Schätzwert in Höhe von 4.800 Schilling aus dem Jahr 1952 blieb dabei über die Jahre offenbar gleich.[21]

Auch wenn die Stadt Linz 1956 formaljuristisch völlig korrekt gehandelt hatte, kann die Angelegenheit aus heutiger Sicht grundsätzlich als moralisch bedenklich eingeordnet werden. Wolfgang Gurlitt, der offenbar keinerlei Veranlassung sah, zumindest jene Bilder zurückzugeben bzw. abzugelten, die von der Kunstsammlung Loewenthal noch geblieben waren, oder überhaupt genauere Angaben darüber zu machen, was tatsächlich vernichtet worden war, sah sich offenbar im Recht. Das war vermutlich auch der Grund für die Unverfrorenheit, das Lesser-Ury-Gemälde in seinen 1948 erschienenen Katalog aufzunehmen. Letzten Endes war es aber auch von städtischer Seite nicht korrekt, das Bild trotz berechtigter Zweifel zu übernehmen. Grund dafür war vielleicht die Gewissheit, dass Dr. Fritz Loewenthal nie ein Rückstellungsverfahren in Österreich angestrebt hatte. Man war vermutlich der Meinung, die Sache sei rechtlich korrekt gelöst worden.[22]

Nachdem sich die Stadt Linz schon vor der bundesweiten Diskussion zum Thema Restitution im Jahr 1999 zu einer Aufarbeitung bzw. etwaigen Rückstellung von belasteten Kunstwerken entschlossen hatte, kam es – angesichts der vorliegenden Schriftstücke – schnell zu ersten Verdachtsmomenten hinsichtlich des Gemäldes *Die Näherin* von Lesser Ury. Nach eingehender Prüfung der Angelegenheit entschied man sich von städtischer Seite, eine Rückstellung einzuleiten und aktiv nach etwaigen Erben zu suchen. Entscheidend für den Entschluss war die Art und Weise, wie Gurlitt das Werk erworben hatte. Die Verantwortlichen der Stadt Linz sahen im vorliegenden Fall eine moralische Verpflichtung, die Restitution des Gemäldes zu veranlassen. Die Rückgabe des Bildes an den Erben nach Dr. Fritz Loewenthal erfolgte schließlich auf Grundlage eines einstimmigen Stadtsenatsbeschlusses vom 24. Juni 1999. Mit der Übergabe des Bildes reagierte die Stadt Linz als eine der ersten Gebietskörperschaften in Österreich auf die sich abzeichnende Richtungsänderung in der Thematik der Kunstrestitution. Sehr bald nach der Washingtoner Konferenz und der Verabschiedung des Bundeskunstrückgabegesetzes war dieser Versuch der Wiedergutmachung ein Zeichen für das Bemühen der Stadt Linz, die Aufarbeitung ihrer NS-Vergangenheit weiter voranzutreiben.[23]

Rückgabe des Gemäldes *Stadt am Fluss/Krumau*, 1916, von Egon Schiele an die Erben nach Daisy Hellmann, 2003

Wie das eben beschriebene Gemälde von Lesser Ury fand auch Egon Schieles Bild *Stadt am Fluss/Krumau* bereits in Walter Schusters Dossier über die Neue Galerie Erwähnung. Das Bild war ursprünglich im Besitz von Wilhelm und Daisy Hellmann, einer Tochter der bekannten Wiener Kunstmäzenin Jenny Steiner und ihres Ehemanns, des Textilfabrikanten Wilhelm Steiner. Das Ehepaar Hellmann besaß in seiner Kunstsammlung neben Werken mittelalterlicher Kunst sowie diversen Altmeistern auch das Schiele-Gemälde *Stadt am Fluss*. Als Daisy und ihr Mann unmittelbar nach dem „Anschluss" Österreichs an Deutschland mit der verwitweten Jenny Steiner und Daisys Schwester Anna flüchteten, mussten sie ihre Kunstsammlung

18 Ebd., S. 54–55, S. 57.

19 Ebd., S. 57.

20 AStL, Verträge, Sign.19461114B, fol. 20–23, Kaufvertrag vom 14.1.1953.

21 AStL, Stadtsenatsprotokolle, Amtsbericht vom 7.6.1999, S. 2.

22 Schuster 1999, S. 58–59.

23 AStL, Stadtsenatsprotokolle, Amtsbericht vom 7.6.1999, S. 3–4; AStL, Stadtsenatsprotokolle, Protokoll zur 65. Sitzung vom 24.6.1999, S. 1–2; AStL, Medienservice vom 25.6.1999.

in Wien zurücklassen. Das Schiele-Bild, das bereits 1930 in einem Werkverzeichnis Erwähnung fand (Besitzvermerk „Ing. Willy Hellmann, Wien"), stammte aus dem Jahr 1916 und dürfte ein Geschenk Jenny Steiners an Daisy Hellmann gewesen sein. Schon 1938 fand es Erwähnung in einer Ersterfassungsliste der Vermögensverkehrsstelle und tauchte schließlich im Februar 1942 im Zuge der 471. Kunstauktion des Wiener Dorotheums erneut auf.[24]

Einbringerin des Gemäldes war die sogenannte VUGESTA (Verwaltungsstelle jüdischen Umzugsgutes der Gestapo), die damals häufig das Dorotheum nutzte, um die Herkunftsverhältnisse enteigneter Kunstwerke zu verschleiern. Auf diesem Weg erwarb Wolfgang Gurlitt das Bild für seine Galerie in Berlin.[25]

Gerade die Tatsache, dass das Bild quasi „anonym" über die Versteigerung erworben worden war, stellte sich bezüglich der Rückstellungsansuchen von Daisy Hellmann als zentrale Problematik heraus. Als Hellmann 1948 aus ihrer neuen Heimat Brasilien durch ihren Rechtsanwalt bei der Rückstellungskommission des Landesgerichtes Graz den Antrag auf Rückstellung des Schiele-Gemäldes einbringen ließ, wurde dieses Ansuchen mit der Begründung, Gurlitt hätte das Bild im „guten Glauben" (bona fide) erworben, abgelehnt. Auch Daisy Hellmanns Einwände, jemand wie Wolfgang Gurlitt, der als Kunsthändler und Brancheninsider von der Vorgehensweise der VUGESTA hätte wissen müssen, änderten nichts daran. Die Entscheidung der Rückstellungskommission blieb unverändert. Selbst eine Beschwerde bei der Rückstellungsoberkommission im Jahr 1949 blieb ohne Ergebnis. Daisy Hellmann hätte dafür glaubhaft machen müssen, dass der Kauf in vollem Wissen um die Umstände der Versteigerung durchgeführt worden war. Dies war ihr verständlicherweise unmöglich. Dieses Vorgehen dokumentiert anschaulich die Rückstellungspraxis in Österreich nach dem Zweiten Weltkrieg.[26]

Im Zuge der historischen Aufarbeitung der Sammlung Gurlitt durch das Archiv der Stadt Linz 1999 kamen den Verantwortlichen erste Zweifel, ob die Begründung der Rückstellungskommission aus den Jahren 1948 und 1949 – vor dem Hintergrund der Ende der 1990er-Jahre aufkommenden Kunstrestitutionsdiskussion – noch zeitgemäß war. Es wurden dazu Gutachten verschiedenster Fachleute aus dem Bereich der Provenienzforschung eingeholt, die sich alle tendenziell für eine Rückgabe des Bildes aussprachen. Der Umstand des Erwerbs „bona fide" würde heute, so beispielsweise Univ.-Prof. Dr. Ernst Bacher, viel kritischer gesehen als noch unmittelbar nach dem Krieg. Es sei nunmehr durch historische Forschungen belegt, dass es – zumindest in Kunsthändlerkreisen – allgemein bekannt war, welche Provenienz die Kunstgegenstände mehrheitlich hatten, die in der NS-Zeit durch das Dorotheum zur Versteigerung gelangten. Jedoch stellten alle Gutachten klar, dass es einzig im Ermessen der Stadt Linz stünde, das Bild zurückzugeben. Der rechtmäßige und auch nachweislich moralisch nicht belastete Ankauf des Bildes im Jahr 1953 sei in jedem Fall nachweisbar.[27]

Trotz juristischer „Sicherheit" entschloss man sich seitens der Stadt Linz schließlich, das Bild als Akt der Wiedergutmachung und der moralischen Verantwortung an die Erben nach Wilhelm und Daisy Hellman zurückzugeben. Mit Unterstützung der Israelitischen Kultusgemeinde wurden diese in England ausfindig gemacht. Aufgrund des enormen finanziellen Wertes, den das Bild nunmehr hatte, war der Linzer Gemeinderat das beschlussmäßig zuständige Gremium. Dort wurde am 30. Jänner 2003 die Rückgabe einstimmig beschlossen und das Bild anschließend der Israelitischen Kultusgemeinde als Treuhänderin übergeben.[28]

Die Geschichte um das Gemälde *Stadt am Fluss* von Egon Schiele fand schließlich sein vorläufiges Ende mit der Versteigerung des Bildes durch das Londoner Auktionshaus Sotheby's am 23. Juni 2003. Das Bild ging mit einem Rekordergebnis von 12,6 Millionen Pfund (ca. 17 Mio. Euro) an einen anonymen Bieter.[29]

Rückgabe des Gemäldes *Damenbildnis (Ria Munk III)*, 1917/18, von Gustav Klimt an die Erben nach Aranka Munk, 2009

Das mit Sicherheit heute teuerste und bekannteste Werk, das aus der Sammlung Gurlitt der Neuen Galerie restituiert wurde, ist Gustav Klimts unvollendetes *Damenbildnis* (manchmal

24 Lillie 2003, S. 490–491.

25 Schuster 1999, S. 60.

26 Schuster 1999, S. 60–62.

27 AStL, Gemeinderatsprotokolle, Amtsbericht vom 16.12.2002 zur 55. Sitzung des Gemeinderates der Landeshauptstadt Linz vom 30.1.2003, S. 3–4.

28 AStL, Gemeinderatsprotokolle, Amtsbericht vom 16.12.2002, S. 4–5; AStL, Beilage zum Amtsblatt, Folge 1/2003, Protokoll über die 55. Sitzung des Gemeinderates der Landeshauptstadt Linz am 30.1.2003, S. 30.

29 Doris Krumpl, „Ende der Schiele-Reise ins Auktionshaus", in: *Der Standard*, 11.4.2003, online verfügbar unter: derstandard.at/1268236/Ende-der-Schiele-Reise-ins-Auktionshaus (abgerufen am 20.3.2019); „Looted Schiele landscape sells for £12m", in: *The Guardian*, 24.6.2003, online verfügbar unter: https://www.theguardian.com/uk/2003/jun/24/arts.artsnews1 (abgerufen am 20.3.2019).

auch *Frauenbildnis* tituliert) aus dem Jahr 1917/18. Es wurde ursprünglich von Aranka Munk, geborene Pulitzer, und ihrem Mann Alexander bei Klimt in Auftrag gegeben, nachdem sich die darauf abgebildete Tochter Maria („Ria") Munk im Alter von nur 24 Jahren das Leben genommen hatte. Aranka Munk, die wie ihre Schwestern Serena Lederer und Jenny Steiner Teil des vermögenden Wiener Kunstmäzenatenkreises war, beauftragte Klimt noch mit zwei weiteren Darstellungen ihrer verstorbenen Tochter.[30]

Was genau in der Zeit des Nationalsozialismus mit dem Gemälde *Damenbildnis* passiert und wie Wolfgang Gurlitt schließlich in dessen Besitz gekommen war, liegt bis heute großteils im Dunkeln. Allein die Identifizierung des Klimt-Werkes als Darstellung von Maria Munk war eine der großen Herausforderungen des zehn Jahre andauernden Rückstellungsprozesses. Als gesichert gilt, dass das Gemälde bis 1938 in Aranka Munks Bad Ausseer Villa hing. In eine Vermögensaufstellung aus dieser Zeit fand es jedoch keinen Eingang. Durch die Nationalsozialisten aus ihrem Haus in Bad Aussee vertrieben, korrespondierte Munk noch über das Jahr 1938 hinaus mit dem ehemaligen Verwalter ihrer Villa, der sich weiterhin um das Haus kümmerte. In einem dieser Briefe ist wahrscheinlich von jenem Bild die Rede. Nachdem Aranka Munk gemeinsam mit ihrer Tochter Lola Kraus am 19. Oktober 1941 nach Łódź deportiert worden war, wo sie bereits einen Monat später verstarb, wurde am 19. Oktober 1942 ihr Vermögen zugunsten des Deutschen Reiches eingezogen.[31]

Aus zwei Schreiben an Dr. Justus Schmidt, Kulturbeauftragter des Reichsgaus Oberdonau, aus dem Jahr 1942 geht jedenfalls hervor, dass das Gemälde (falls es sich tatsächlich um jenes gehandelt hat) zu dieser Zeit noch in der Ausseer Villa vorhanden war. Ein stichhaltiges Indiz dafür gibt die notariell beglaubigte Aussage eines Zeugen, der um das Jahr 1942 im Alter von neun Jahren bei einer Hausbegehung anwesend war und sich – Jahrzehnte später – an ein scheinbar unvollendetes, hochformatiges Damenbildnis erinnern konnte, das er dann als jenes aus dem Bestand des LENTOS Kunstmuseum identifizierte. Bei einer anderen Hausbegehung im Jahr 1943 fand das Bild allerdings keine Erwähnung mehr. Daher ist davon auszugehen, dass es in der Zeit zwischen 1942 und 1943 den Besitzer gewechselt haben muss. Ob und wie Wolfgang Gurlitt dort, der ab 1940 selbst ein Haus in Bad Aussee bewohnte, in den Besitz des Gemäldes von Klimt kam, ist heute nicht mehr rekonstruierbar. Er selbst gab niemals Auskunft darüber.[32]

In das Eigentum der Stadt Linz gelangte das wertvolle Klimt-Gemälde erst im August 1956, nachdem es beim Ankauf des Hauptteils der Sammlung Gurlitt im Jänner 1953 aufgrund von Bedenken seitens des damaligen Magistratsdirektors Egon Oberhuber zurückgestellt worden war. Man war sich also offenbar schon damals nicht im Klaren darüber, wie Gurlitt das Bild erworben hatte und ob es nicht „Schwierigkeiten" hinsichtlich einer möglichen jüdischen Provenienz geben könnte. Die genauen Gründe für die anfängliche Kaufrückstellung liegen allerdings gleichfalls im Dunkeln.[33]

Auslöser für die Nachforschungen zur Herkunft des Werkes war, wie auch schon bei den vorangegangenen beiden Restitutionsfällen, die Arbeit von Walter Schuster. Die darin geäußerten Bedenken hinsichtlich einer problematischen Provenienzgeschichte gaben den Anstoß für weitere Recherchen. Mit der Veröffentlichung von Sophie Lillies Buch *Was einmal war. Handbuch der enteigneten Kunstsammlungen Wiens* kamen zusätzlich Fakten über die tatsächliche Herkunft des Klimt-Werkes ans Licht. Gestützt auf diese Recherchen, beauftragte die Erbengemeinschaft eine Wiener Anwaltskanzlei, eine Rückstellungsforderung bei der Stadt Linz einzubringen. Damit begannen weitläufige und intensive Nachforschungen sowie die Arbeit von hochkarätigen Gutachtern, die die Bewertung der vorliegenden Indizien übernehmen sollten. Nachdem diese – auch in Anlehnung an die Praxis der Kunstrückgabekommission in Wien – einstimmig die Empfehlung zur Restitution aussprachen, wurde in der Gemeinderatssitzung vom 4. Juni 2009 ebenso einstimmig die Rückgabe an die Erben nach Aranka Munk beschlossen und diese wenig später durchgeführt.[34]

Ein Jahr später wurde das Gemälde – wie schon Egon Schieles *Stadt am Fluss* – von den Erben zur Auktion freigegeben. Das Werk erzielte bei der vom Auktionshaus Christie's in London veranstalteten Kunstauktion den Preis von 18,8 Millionen Pfund (ca. 22 Mio. Euro).[35]

30 Lillie 2003, S. 777.

31 AStL, Gemeinderatsprotokolle, Amtsbericht vom 8.4.2009 zur 52. Sitzung des Gemeinderates der Landeshauptstadt Linz vom 4.6.2009, S. 3–5.

32 AStL, Ablage, Neue Galerie, unveröffentl. Gutachten von a.o. Univ.-Prof. Michael John vom 12.3.2009 zur Causa Gustav Klimt *Damenbildnis (Bildnis Ria Munk III)*, S. 9–12.

33 Schuster 1999, S. 65–66.

34 AStL, Amtsbericht vom 8.4.2009, S. 3; S. 52; AStL, Beilage zum Amtsblatt, Folge 5/2009, Protokoll über die Sitzung des Gemeinderates der Landeshauptstadt Linz vom 4.6.2009, S. 423–426; Schuster 1999, S. 64–66.

35 „Auktionsstar Aranka Munk", in: *Der Standard*, 23.6.2010, online verfügbar unter: derstandard.at/1276413878460/Auktionsstar-Aranka-Munk (abgerufen am 19.3.2019).

Abgeltung des Restitutionsanspruchs für das Gemälde *Bildnis eines jungen Mannes (Carl Schuch)*, 1871, von Wilhelm Trübner an die Erben nach Harry Fuld jun., 2011

Der Fall des Gemäldes von Wilhelm Trübners *Bildnis eines jungen Mannes (Carl Schuch)* nimmt sich – verglichen mit den vorangegangenen Rückgabefällen – verhältnismäßig unspektakulär aus. Angestoßen wurde die Debatte von einem Schreiben einer deutschen Rechtsanwaltskanzlei an die Stadt Linz im Jahr 2007 mit der Forderung, das besagte Werk an die Erben des deutschen Industriellen Harry Fuld jun. zurückzugeben. Das Bild wurde bis zu diesem Zeitpunkt als wenig bedenklich eingestuft, da bereits 1959 durch einen rechtswirksamen Vergleich mit der Stadt Berlin alle Rückerstattungsansprüche mittels einer einmaligen Zahlung von 230.000 DM für die gesamte Kunstsammlung abgegolten worden waren.[36]

Harry Fuld jun. beerbte seinen Vater bereits im Jahr 1932, wodurch er in den Besitz von Anteilen des erfolgreichen Familienunternehmens „Deutsche Privat Telephon Gesellschaft H. Fuld & Co" sowie einer großen Kunstsammlung kam. Wegen der jüdischen Herkunft des Eigentümers wurde das Familienunternehmen 1936 arisiert und Harry Fuld jun. entschied sich ein Jahr später zur Emigration nach Großbritannien. Seine wertvolle Kunstsammlung lagerte er bei der Berliner Spedition Gustav Knauer ein, vermutlich mit der Absicht, diese später mithilfe der Spedition ins Ausland zu bringen. Dieser Plan schlug offenbar fehl. Mit der Entziehung der Staatsbürgerschaft veranlasste die Oberfinanzdirektion, die eingelagerten Kisten mit der Kunstsammlung Fuld zu beschlagnahmen. 1943 wurden Teile der wertvollen Sammlung durch das Berliner Auktionshaus Hans W. Lange versteigert. Das Bild von Wilhelm Trübner aus dem Bestand der Neuen Galerie war jedoch – nach heutigem Wissensstand – nicht unter den versteigerten Kunstwerken.[37]

Nach dem Ende des Zweiten Weltkrieges tauchte das Gemälde schließlich in der an die Stadt Linz verkauften Sammlung Gurlitt wieder auf. In einem in der Bundesrepublik Deutschland angestrengten Rückstellungsprozess wurde es auch als Teil der verloren gegangenen Kunstsammlung ausgewiesen. Allerdings war zum damaligen Zeitpunkt noch nicht bekannt, wo sich das Werk befand. Da große Teile der Sammlung Harry Fuld jun. unauffindbar waren, einigte man sich schließlich 1959 auf einen Vergleich, der auch das Linzer Trübner-Bild beinhaltete. Damit galten nach damaliger Rechtsauffassung alle Rückstellungsforderungen als abgegolten.[38]

Dies war auch die Argumentationslinie der Stadt Linz in der Antwort an die deutsche Rechtsanwaltskanzlei, die die Rückgabe des Bildes forderte. Man sah sich im Recht, da auch auf Bundesebene bzw. in Deutschland keine Restitutionen empfohlen wurden, wenn die Forderungen durch Entschädigungszahlungen bereits als abgegolten angesehen wurden. Dies änderte sich, nachdem in den Jahren 2008 und 2009 in Frankreich und Deutschland Kunstwerke aus der Sammlung Fuld an die Erben restituiert worden waren.[39] Dabei wurde die Vereinbarung getroffen, dass, nach Rückzahlung der Entschädigungen, eine Rückgabe der Kunstwerke zulässig sei.

Zu diesem Vorgehen entschloss sich 2011 auch die Stadt Linz. Angesichts des vergleichsweise geringen finanziellen Wertes des Gemäldes konnte die Rückstellung ohne Beschlussfassung von Stadtsenat oder Gemeinderat erfolgen. Statt einer formalen Rückgabe wurde ein für beide Seiten günstiges Übereinkommen getroffen, wonach es der Stadt Linz möglich war, den Erben nach Harry Fuld jun. am 12. September 2011 ihren Restitutionsanspruch finanziell abzulösen. Damit wurde erreicht, dass das Gemälde in der Sammlung des LENTOS verbleiben konnte.[40]

Rückgabe von sechs Gemälden des Künstlers Anton Romako an die Erben nach Oskar und Malvine Reichel, 2012

Im Zuge der systematischen Aufarbeitung der im LENTOS Kunstmuseum befindlichen Sammlung Gurlitt kamen nach und nach weitere Fälle ans Tageslicht, bei denen eine bedenkliche Provenienzgeschichte zu vermuten war. Einer der umfangreichsten Fälle betraf die sechs Romako-Gemälde, die

36 AStL, Ablage, Neue Galerie, Robert Holzbauer, Stellungnahme zur Rückforderung des Gemäldes Wilhelm Trübner *Bildnis Carl Schuch*, 2008, S. 2.

37 Datenbank Jüdische Sammler und Kunsthändler (Opfer nationalsozialistischer Verfolgung und Enteignung), *Fuld jun., Harry Sally*, www.lostart.de/Content/051_ProvenienzRaubkunst/DE/Sammler/F/Fuld%20jun.,%20%20Harry%20Sally.html (abgerufen am 20.3.2019); *Grablegung Christi*, landesmuseum.de/website/Deutsch/Museum/Forschung/Provenienzforschung/Grablegung_Christi.htm (abgerufen am 14.3.2019); *Pressemitteilung. Stiftung Preußischer Kulturbesitz restituiert Alabasterrelief – Verbleib in der Berliner Skulpturensammlung gesichert*, 30.11.2009, www.preussischer-kulturbesitz.de/fileadmin/user_upload/documents/presse/pressemitteilungen/2009/091130_Fuld.pdf (abgerufen am 14.3.2019).

38 AStL, Ablage, Neue Galerie, Robert Holzbauer, Stellungnahme zur Rückforderung des Gemäldes Wilhelm Trübner *Bildnis Carl Schuch*, 2008, S. 2, S. 6.

39 Éric Biétry-Rivierre, „La France restitue un Matisse volé par les nazis", in: *Le Figaro*, 24.11.2008, online verfügbar unter: www.lefigaro.fr/culture/2008/11/24/03004-20081124ARTFIG00360-la-france-restitue-un-matisse-vole-par-les-nazis-.php, (abgerufen am 19.3.2019); *Pressemitteilung. Stiftung Preußischer Kulturbesitz* 2009.

40 www.lentos.at/html/de/114.aspx (abgerufen am 19.3.2019).

schon in der Hauptankaufsmasse der Sammlung Gurlitt 1953 enthalten gewesen waren: *Mädchen mit aufgestütztem Arm (Tochter des Künstlers)* (um 1875), *Der Zweikampf (Kämpfende Ritter)* (undatiert), *Zigeunerlager* (1879?), *Mädchen mit Früchten* (um 1875), *Ungarische Puszta (Strohschober bei Bálványos)* (um 1880) sowie das *Bildnis Karl Schwach* (1854). Diese Gemälde stammten aus der Sammlung des Arztes Dr. Oskar Reichel. Der 1869 geborene Internist und spätere Kaufmann lebte mit seiner Frau Malvine und seinen drei Söhnen Max, Hans und Raimund in Wien. Seine umfangreiche Kunstsammlung war bereits vor dem Ersten Weltkrieg beträchtlich angewachsen und gelangte in der Zwischenkriegszeit vor allem in Fachkreisen zu größerer Bekanntheit. Schwerpunkt seiner Sammlungstätigkeit war neben den damals noch jungen und unbekannten Expressionisten wie Egon Schiele, Oskar Kokoschka oder Max Oppenheimer vor allem der in Vergessenheit geratene österreichische Künstler Anton Romako, von dem Reichel bereits 1916 mehr als 40 Werke besaß.[41]

Um das Jahr 1920 begann Oskar Reichel, selbst mit Kunst zu handeln, und veräußerte hauptsächlich Werke Oskar Kokoschkas aus seinem eigenen Besitz. Ab dieser Zeit war er außerdem gemeinsam mit seiner Frau Malvine und anderen Personen aus seinem Umfeld an der „Kunst & Wohnung, R. Lorenz Gesellschaft m.b.H." beteiligt. Der „Anschluss" 1938 zwang Oskar Reichel, offiziell sein Vermögen bei der Vermögensverkehrsstelle anzumelden. Daraus geht hervor, dass er sich zu diesem Zeitpunkt noch im Besitz von zahlreichen Romako-Gemälden befand, von denen einige mit hoher Wahrscheinlichkeit jenen entsprachen, die 1953 über Wolfgang Gurlitt in den Besitz der Stadt Linz kamen. Durch die durchgehend sehr knapp gehaltene Betitelung der Werke ist eine eindeutige Identifizierung bis heute nicht ganz zweifelsfrei durchführbar. So kann beispielsweise nur vermutet werden, dass es sich bei einem der zwei *Herrenporträts* in der Liste für die Vermögensverkehrsstelle um das im LENTOS befindliche *Bildnis Karl Schwach* handeln könnte.[42]

Die Wege der Bilder, die in der Vermögensaufstellung genannt worden waren, verliefen unterschiedlich, wobei die Hinweise über den Verbleib meist sehr dürftig sind. Sicher ist, dass Oskar Reichel noch 1938 einige Bilder veräußern musste, um ihm auferlegte Steuern zu begleichen sowie die Emigration seines Sohnes Raimund zu finanzieren, andere wurden an Bekannte übergeben bzw. überdauerten den Krieg in einem Versteck. Dr. Oskar Reichel verstarb im Mai 1943 in Wien, seine Frau Malvine wurde bereits im Jänner desselben Jahres nach Theresienstadt deportiert, wo sie 1945 von der Roten Armee befreit werden konnte. Die Söhne Hans und Raimund konnten in die USA bzw. nach Argentinien emigrieren, der älteste Sohn Max wurde für „geisteskrank" erklärt und nach seiner Deportation nach Łódź 1941 ermordet. Dass einige Bilder den Krieg im Familienbesitz überdauert hatten, zeigt ein Ansuchen um Ausfuhrgenehmigung von Malvine Reichel aus dem Jahr 1946. Unter den darin deklarierten sechs Kunstwerken waren drei von Anton Romako. Noch im selben Jahr übersiedelte Malvine Reichel in die USA zu ihrem Sohn Hans, wo sie 1951 verstarb.[43]

Der jüngste Sohn Raimund Reichel stellte 1957 (für sich und seinen Bruder Hans) Wiedergutmachungsansprüche an den „Hilfsfonds (Fonds zur Hilfeleistung an politisch Verfolgte, die ihren Wohnsitz und ständigen Aufenthalt im Ausland haben)". Er machte die Angabe, dass sein Vater eine große Sammlung besessen habe, die 47 Bilder von Anton Romako beinhaltete, welche nun in vielen österreichischen Museen und Privatsammlungen zu finden seien. Aus dieser Zusammenstellung ließen sich fünf der sechs im LENTOS als problematisch eingestuften Romakos aus der Sammlung Reichel identifizieren. Zwei weitere, die von Raimund Reichel 1957 genannt wurden (*Ruine Liechtenstein bei Mödling* und *Don Quichotte*) und sich zu diesem Zeitpunkt in der Neuen Galerie befanden, dürften allerdings schon vor 1938 veräußert worden sein. Sie lassen sich nicht in der Vermögensaufstellung von 1938 wiederfinden. Ob Wiedergutmachung aus dem Hilfsfonds geleistet worden war oder nicht, lässt sich nicht zweifelsfrei nachweisen, es wurden keinerlei Dokumente über eine Abgeltung der Ansprüche gefunden.[44]

Die Quellen schweigen sich leider darüber aus, wie Wolfgang Gurlitt tatsächlich in den Besitz der Romako-Gemälde gekommen war. Da sie ab 1938 mehrheitlich auf die eine oder andere Weise in den Wiener Kunsthandel gelangt waren, ist anzunehmen, dass er sie auf diesem Weg erstanden hatte. In das Eigentum der Stadt Linz kamen diese Bilder jedenfalls über den Ankauf der Sammlung Gurlitt in den Jahren 1953 und 1956 sowie 1954 über einen Einzelankauf aus Gurlitts

41 Michael Wladika, *Dossier Dr. Oskar Reichel*, Provenienzforschung bm:ukk – LMP, 21.12.2009, S. 8–9, www.leopoldmuseum.org/media/file/204_dossier_reichel.pdf (abgerufen am 20.3.2019).

42 Wladika 2009, S. 9–10, S. 13; Lillie 2003, S. 937; AStL, Gemeinderatsprotokolle, Amtsbericht vom 29.5.2012 zur 26. Gemeinderatssitzung der Landeshauptstadt Linz vom 5.7.2012, S. 3.

43 AStL, Gemeinderatsprotokolle, Amtsbericht vom 29.5.2012, S. 2–4; Wladika 2009, S. 14–17.

44 AStL, Gemeinderatsprotokolle, Amtsbericht vom 29.5.2012, S. 3–4.

Beständen. Verglichen mit einigen der anderen Bilder aus den Restitutionsfällen, hatte es bei diesen Werken vor dem Ankauf keine Bedenken gegeben. Tatsächlich handelte es sich bei einigen der größeren Werke des Künstlers um vergleichsweise teure Bilder.[45]

Nachdem die von der Provenienzforschungskommission des LENTOS Kunstmuseum durchgeführten Recherchen für die Bilder aus der Sammlung Reichel ergeben hatten, dass vor allem bei den sechs genannten Romako-Gemälden Handlungsbedarf bestünde und auch in anderen Museen (Leopold Museum, Wien Museum, Neue Galerie des Landesmuseum Joanneum Graz) Teile der Reichel-Sammlung in den Fokus traten, wurde von der Stadt Linz die Rückgabe der Werke an die rechtmäßigen Erben eingeleitet. Der diesbezügliche Antrag wurde in der Sitzung des Gemeinderates vom 5. Juli 2012 einstimmig angenommen. Anders als bei den vorherigen Restitutionen konnte im Fall der Werke von Anton Romako mit der Alleinerbin eine für die Stadt Linz sehr günstige Einigung erzielt werden. Diese Vereinbarung beinhaltete die Rückgabe der Bilder an die Erbin, die die Gemälde gleichzeitig als Dauerleihgaben dem LENTOS Kunstmuseum überließ. Damit konnte dieser wichtige Sammlungsteil durch die Großzügigkeit der Erbin für das Museum erhalten bleiben.[46]

Rückgabe von zwei Gemälden des Künstlers Lovis Corinth an die Erben nach Jean und Ida Baer, 2015

Im Dezember 2004 erreichte die Stadt Linz ein Schreiben einer deutschen Anwaltskanzlei mit dem Ersuchen um Rückgabe der zwei sich im Besitz des LENTOS befindlichen Werke *Othello (Der Mohr)* (1884) und *Schwabing (Blick aus dem Atelierfenster)* (1891) von Lovis Corinth an die rechtmäßigen Erben.[47]

Die beiden Bilder stammten ursprünglich aus der Kunstsammlung des Berliner Handelsrichters und Kaufmanns Jean Baer, die vor allem Werke von Lovis Corinth, Albert von Keller und Max Liebermann enthielt. Nach seinem Tod im Jahr 1930 beerbte ihn seine Frau Ida, die versuchte, die umfangreiche Sammlung vollständig zu erhalten. Mit der Machtergreifung der Nationalsozialisten in Deutschland begannen die Repressionen gegen die jüdische Bevölkerung, denen auch Ida Baer und ihr Sohn Heinz Albert Baer ausgesetzt waren. Dieser wurde 1938 in ein Konzentrationslager verschleppt, konnte allerdings im Juli 1939 entkommen und emigrierte nach Kanada. Aussagen von Familienangehörigen zufolge war bis zur Flucht des Sohnes die Kunstsammlung noch vollständig, da diese komplett in eine kleinere Wohnung in Berlin übersiedelt werden musste. Kurz vor ihrer Deportation nach Theresienstadt am 17. August 1942 musste Ida Baer nochmals eine Vermögenserklärung abgeben, in der die Kunstsammlung aber keine Erwähnung mehr fand. Der Verlust der Kunstwerke lässt sich daher mit hoher Wahrscheinlichkeit auf den Zeitraum zwischen Juli 1939 und August 1942 eingrenzen. Es kann nur spekuliert werden, ob und wie Wolfgang Gurlitt in dieser Zeit in den Besitz der beiden Gemälde gekommen war. Tatsächlich war der Kunsthändler Gurlitt mit der Familie Baer bekannt. Er fungierte außerdem ab dem Jahr 1913 als Vertreter für Lovis Corinth, weshalb sich Ida Baer gerade wegen des Verkaufs von Corinth-Bildern an ihn hätte wenden können.[48]

Einen Hinweis auf den Verbleib könnte das Auftauchen einer Abbildung des *Othello* in einem Beitrag von Alfred Rohde[49] aus dem Jahr 1941 geben. Der Abbildungsnachweis lautete dort „Photo durch Galerie Gurlitt Berlin, Berlin". Ob Gurlitt zu dieser Zeit tatsächlich Eigentümer oder nur Leihnehmer des Bildes war, geht dennoch nicht klar hervor.[50]

Ab 1948 ist Wolfgang Gurlitt als Besitzer der beiden Werke belegt. Diese kamen durch den Ankauf der Sammlung Gurlitt im Jahr 1953 in das Eigentum der Stadt Linz.[51]

Ab 1958 versuchte der emigrierte Sohn Heinz Albert Baer, die verlorene Kunstsammlung seiner Eltern wiederzufinden. In einem Wiedergutmachungsantrag in Deutschland wurden beide Bilder in einer Verlustliste an prominenter Stelle vermerkt. Eine Wiedergutmachung wurde allerdings abgelehnt, da der Tatbestand der Enteignung durch das Deutsche Reich nicht nachgewiesen werden konnte. Interessanterweise war man sich schon damals völlig im Klaren darüber, wo sich die beiden Bilder befanden, denn es wurden zwischen 1964 und

45 Schuster 1999, S. 99–101.

46 AStL, Gemeinderatsprotokolle, Amtsbericht vom 29.5.2012, S. 5; AStL, Beilage zum Amtsblatt, Folge 5/2012, Protokoll über die 26. Sitzung des Gemeinderates der Landeshauptstadt Linz vom 5.7.2012, S. 406.

47 AStL, Gemeinderatsprotokolle, Amtsbericht vom 8.10.2014 zur 49. Gemeinderatssitzung vom 20.11.2014, S. 4.

48 AStL, Gemeinderatsprotokolle, Amtsbericht vom 8.10.2014, S. 1, S. 4–5; AStL, Ablage, Neue Galerie, Vanessa-Maria Voigt, *Gutachten zu Lovis Corinth Othello (Der Mohr) und Schwabing (Blick aus dem Atelierfenster) aus der Sammlung Baer*, Stand Juni 2009, S. 7–10.

49 Der deutsche Kunsthistoriker Alfred Rohde (1892–1945) arbeitete als Kustos in Hamburg und war ab 1927 Direktor der städtischen Kunstsammlungen im Südflügel des Königsberger Schlosses.

50 Beschluss des Kunstrückgabebeirates auf Ersuchen der Landeshauptstadt Linz bezüglich der Werke Lovis Corinth *Othello (Der Mohr)* und *Schwabing (Blick aus dem Atelierfenster)* aus dem LENTOS Kunstmuseum, 3.7.2014, S. 2, www.provenienzforschung.gv.at/beiratsbeschluesse/Baer_Ida_2014-07-03.pdf (abgerufen am 20.3.2019).

51 Schuster 1999, S. 90–91.

1971 mehrmals Anfragen zum Erwerb der Bilder an die Stadt Linz gerichtet. Rückstellungsforderungen gab es allerdings nie.

Letztlich endete der Wiedergutmachungsprozess in der Bundesrepublik Deutschland 1971 mit der Entschädigungszahlung von 20.000 DM durch die Oberfinanzdirektion Berlin für die gesamte verloren gegangene Kunstsammlung.[52]

Da sich die Grundlagen für Restitutionen unter anderem durch die Verabschiedung des Kunstrückgabegesetzes 1998 gänzlich geändert hatten, wurde von der Stadt Linz die Entscheidung getroffen, beide Bilder an die rechtmäßigen Erben zurückzugeben. Obwohl nicht erschöpfend geklärt werden konnte, wie der Besitzerwechsel tatsächlich vonstattengegangen war, ist doch aus heutiger Sicht davon auszugehen, dass der Verkauf allein durch die damals herrschenden Repressionen gegen die jüdische Bevölkerung notwendig geworden war und Ida Baer unter anderen Umständen niemals an eine Veräußerung der Kunstsammlung ihres Mannes gedacht hätte. Zu diesem Schluss kam am 3. Juli 2014 auch der Kunstrückgabebeirat, der in diesem Fall erstmalig von der Stadt Linz um eine Einschätzung gebeten worden war.[53]

Die Stadt Linz entschloss sich daher nach Eingang dieser Empfehlung, die Restitution der beiden Gemälde in die Wege zu leiten. Am 20. November 2014 sprach sich der Linzer Gemeinderat in der Abstimmung geschlossen für die Rückgabe aus. Die Übergabe an die Erben erfolgte schließlich im Frühjahr 2015.[54]

Exkurs: Restitution eines Gemäldes außerhalb der Sammlung Gurlitt: Rückgabe des Bildes *Maiwiese* (*Maienwiese*), ca. 1915, von Emil Nolde an die Erben nach Dr. Siegfried Julius

Gleichzeitig mit den beiden Corinth-Gemälden *Othello* und *Blick aus dem Atelierfenster* wurde auch das Bild *Maiwiese* (auch als *Maienwiese* betitelt) von Emil Nolde restituiert, das allerdings – als einziges der bisher zurückgegebenen Werke – nicht aus der Ankaufsmasse der Sammlung Gurlitt stammte. Daher soll dieser Fall auch nur der Vollständigkeit halber in aller Kürze dargestellt werden. Angekauft wurde das Gemälde bereits im November 1953 von der Galerie Welz in Salzburg. Der Galerist Friedrich Welz ist eine umstrittene Figur, da er ab 1938 ganz offen mit den Machthabern des Nationalsozialismus zusammenarbeitete, um für sich selbst und seinen Kunsthandel den größtmöglichen geschäftlichen Vorteil zu erlangen.[55]

Das Gemälde stammte ursprünglich aus der Sammlung des Wiener Arztes Dr. Otto Siegfried Julius, der 1938 vor den Nationalsozialisten in die Schweiz geflüchtet war. Um seine wertvolle Kunstsammlung zu retten, versuchte er, diese unter falschem Namen an die Adresse eines Freundes in der Schweiz zu schicken. Die Sendung kam allerdings nie an und es gibt keine Informationen darüber, was mit den Bildern passiert war. Auf welchem Weg Friedrich Welz schließlich in den Besitz des Gemäldes gekommen war, lässt sich ebenfalls nicht sagen. Wie bei den Corinth-Gemälden bat die Stadt Linz auch in diesem Fall um eine Entscheidung des Kunstrückgabebeirates, die am 3. Juli 2014 mittels Beschluss bekannt gegeben wurde. Die Abstimmung im Gemeinderat erfolgte gemeinsam mit der Beschlussfassung zu den Werken aus der Sammlung Baer am 10. Dezember 2014; das Ergebnis lautete einstimmig für eine Rückgabe.[56]

Resümee

Die Stadt Linz begann schon sehr früh, sich mit ihrem nationalsozialistischen Erbe auseinanderzusetzen und ihre Geschichte kritisch aufzuarbeiten. Bereits 1996 erteilte der Linzer Gemeinderat einstimmig den Auftrag für das internationale Forschungsprojekt „Nationalsozialismus in Linz". Ab 2001 startete das durch den Bürgermeister und den Kulturreferenten initiierte Nachfolgeprojekt „Entnazifizierung".

Daher ist es nicht verwunderlich, dass man auch in Bezug auf die Kunstrestitution schon vergleichsweise früh mit der Aufarbeitung der musealen Bestände aus der Sammlung Gurlitt begann, obwohl sich die Ausgangssituation für Linz von der in anderen Museen unterschied: Da die Gründung der Neuen Galerie erst 1946 und der Ankauf der Sammlung erst

52 Voigt 2009, S. 11; AStL, Präsidialamt, Sch. 354, GZ 0-2-2/1, 1964, Rückerstattungssache Heinz Albert Baer, Schriftverkehr.

53 Beschluss des Kunstrückgabebeirates auf Ersuchen der Landeshauptstadt Linz bezüglich der Werke Lovis Corinth *Othello (Der Mohr)* und *Schwabing (Blick aus dem Atelierfenster)* aus dem LENTOS Kunstmuseum, 3.7.2014, S. 2–3, www.provenienzforschung.gv.at/beiratsbeschluesse/Baer_Ida_2014-07-03.pdf (abgerufen am 20.3.2019); AStL, Gemeinderatsprotokolle, Amtsbericht vom 8.10.2014, S. 4–5.

54 AStL, Beilage zum Amtsblatt, Folge 8/2014, Protokoll über die 49. Sitzung des Gemeinderates der Landeshauptstadt Linz am 20.11.2014, S. 881.

55 AStL, Beilage zum Amtsblatt, Folge 8/2014, Gemeinderatssitzung 20.11.2014, S. 881; *Friedrich Welz und sein Plan*, www.salzburg.gv.at/kultur_/Seiten/ge_plan.aspx (abgerufen am 19.3.2019).

56 AStL, Gemeinderatsprotokolle, Amtsbericht vom 8.10.2014, S. 1–4; Beschluss des Kunstrückgabebeirates auf Ersuchen der Landeshauptstadt Linz bezüglich des Werkes Emil Nolde *Maiwiese* (*Maienwiese*) aus dem LENTOS Kunstmuseum, 3.7.2014, S. 1–3, www.provenienzforschung.gv.at/beiratsbeschluesse/Julius_Siegfried_2014-07-03.pdf (abgerufen am 20.3.2019); AStL, Beilage zum Amtsblatt, Folge 8/2014, 20.11.2014, S. 881.

1953 erfolgten, war von einer Enteignung durch das Museum, wie sie vielerorts passiert war, keine Rede.[57] Dass die erworbene Kunstsammlung bedenkliche Werke enthielt, war bei ihrem Ankauf viel weniger klar, als es uns heute, nach jahrelangen Forschungen, erscheinen mag. In vielen Fällen waren durch die Zerstörung der Akten der Galerie Gurlitt in Berlin keine Quellen mehr vorhanden, sodass mühsame und langwierige Grundlagenforschung betrieben werden musste.

Bald nach der Veröffentlichung der Studie von Walter Schuster über die Sammlung Gurlitt zog man von städtischer Seite die logische Konsequenz und begann, erste Kunstwerke zu restituieren. Im Fall der Gemälde von Lesser Ury und Egon Schiele ging die Initiative von der Stadt Linz aus.

Die Kritik, die Stadt würde sich zu viel Zeit mit den Rückgaben lassen, mag im ersten Moment plausibel klingen. Es sollte jedoch immer bedacht werden, dass es sich bei fast allen betroffenen Gemälden um (auch in monetärer Hinsicht) sehr wertvolle Werke handelte und daher die oftmals sehr dünne Faktenlage sorgfältig geprüft werden musste. Eine erstmalig tiefer gehende Forschung über die Provenienzgeschichte der Werke erscheint auch aus wissenschaftlicher Sicht mehr als wünschenswert und sollte als Teil einer ganzheitlichen Wiedergutmachung gesehen werden. Vor allem die umfassende Aufarbeitung des mit dem Verlust der Bilder zusammenhängenden persönlichen Leides soll den Schicksalen, die mit den Enteignungen oft einhergegangen waren, eine Art öffentliche Anerkennung geben. Dieser Zugang unterscheidet die Restitutionspraxis heute ganz entscheidend von jener nach 1945.

Seit nunmehr über zehn Jahren kümmert sich der schon erwähnte Arbeitskreis für Provenienzforschung um die kontinuierliche Aufarbeitung der Herkunft der Sammlung Gurlitt und anderer Museumsbestände. Dass dies nicht ohne dementsprechende Ergebnisse geblieben ist, lässt sich anhand der bereits abgeschlossenen Fälle gut dokumentieren. Ob es noch weitere Kunstwerke mit bedenklicher Provenienz in den Linzer Museen gibt, werden die beständig weitergeführten Untersuchungen durch Expertinnen und Experten zeigen. Fest steht allerdings, dass sich die Stadt Linz – wie schon bisher – durch diese Ausstellung zur Sammlungsgeschichte jetzt und in Zukunft der Verantwortung im Umgang mit ihrem schwierigen Erbe stellen wird.

Maria Altrichter / Geb. 1980 in Oberösterreich, MMag.a. Studium der Geschichte und Publizistik sowie Magisterstudium der Geschichtsforschung, Historischen Hilfswissenschaften und Archivwissenschaft in Wien. Seit 2009 wissenschaftliche Archivarin im Archiv der Stadt Linz, dort unter anderem zuständig für den Bereich Provenienzforschung.

---

57 AStL, Gemeinderatsprotokolle, Amtsbericht vom 8.4.2009, S. 1.

EGON SCHIELE

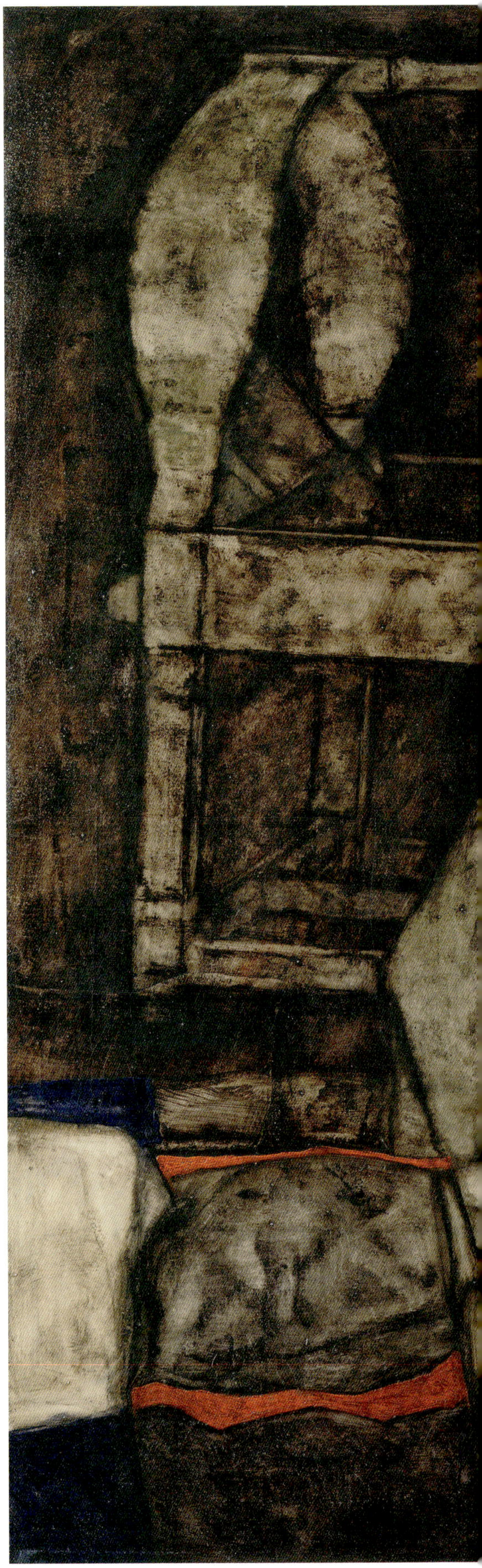

1

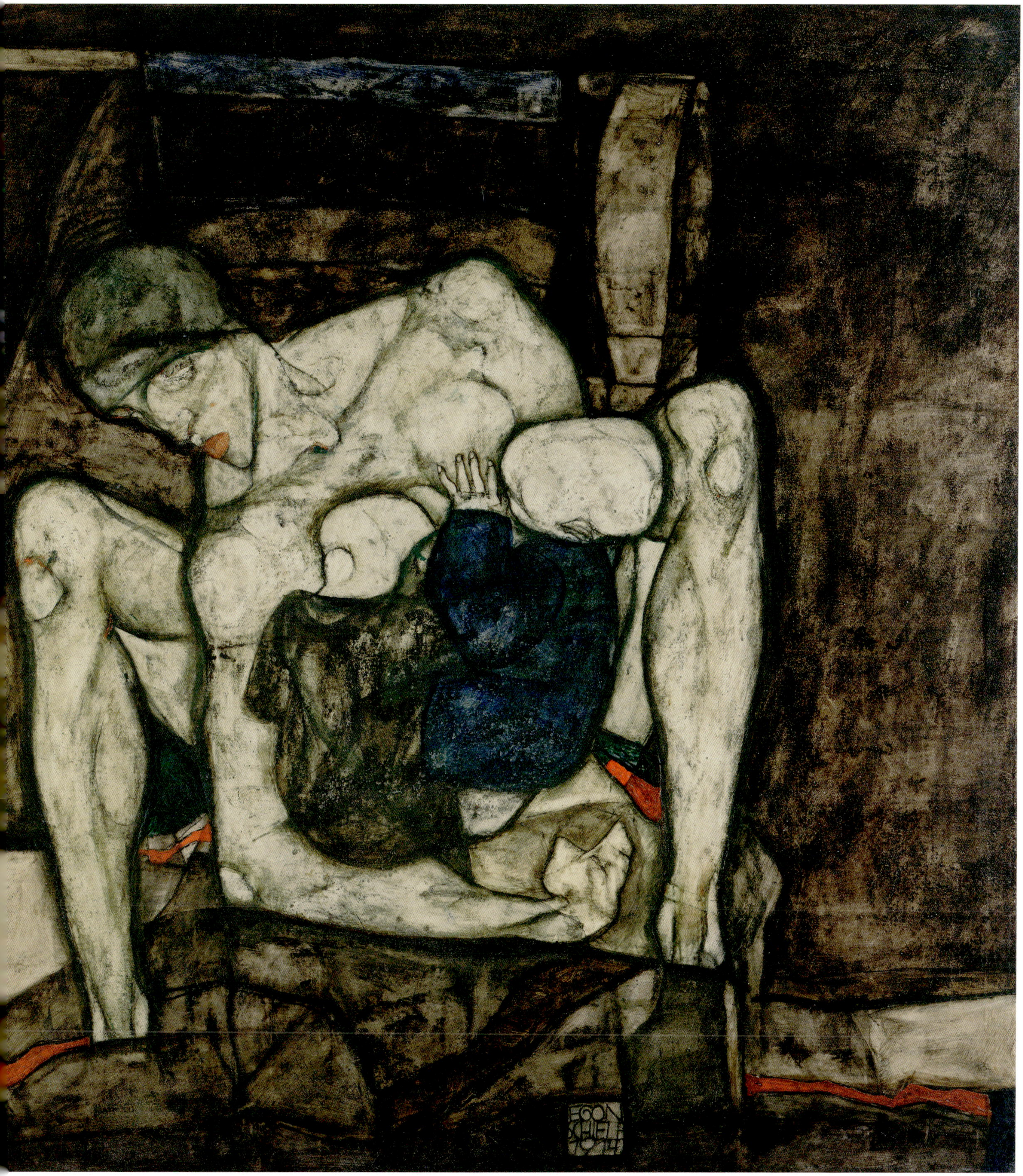
EGON
SCHIELE
1914

Abb. 1 / **Egon Schiele**
* 1890 Tulln, Österreich, † 1918 Wien, Österreich
Blinde Mutter, 1914
Öl auf Leinwand, 99 × 120 cm
Leopold Museum Wien

Michael Wladika

„SO WAS GEFÄLLT IHNEN, SO WAS HÄSSLICHES?" EGON SCHIELES *BLINDE MUTTER* (1914)

Der Wiener Kunstsammler Rudolf Leopold befand sich, wie er seinem Sohn Diethard Leopold später berichtete, gerade in Linz in Ankaufsverhandlungen zu Egon Schieles Gemälden *Blinde Mutter* und *Selbstbildnis mit hochgezogener nackter Schulter* und nahm danach den Zug nach Wien. In seinem Abteil habe ein Herr gesessen: „Ich war so begeistert von den Schiele-Bildern, die ich gerade gesehen hatte, dass ich diesem Mann Abbildungen zeigte. [...] Aber der Fremde hat bloß gemeint, so was gefällt Ihnen, so was Hässliches? Da habe ich es aufgegeben."[1]

Im Jahre 1972, als das Gemälde längst ihm gehörte, schrieb Rudolf Leopold in seinem Egon-Schiele-Werkverzeichnis über seine Gefühle beim Betrachten des Bildes:

> „Eine Frau säugt zwei Kinder – und zwar in äußerst unbequemer Stellung. Hockend, den Oberkörper zwischen breit gegrätschten Beinen extrem nach rechts herabgebeugt. Diese Stellung scheint real schwierig einnehmbar und ist für das Halten und Säugen von zwei Kindern denkbar ungeeignet. Die kompliziert verwinkelte Figur ergibt jedoch ein formal ungemein packendes, geschlossenes Zentrum im Bild, das zugleich das ausweglose Geschick einer blinden Mutter glaubhaft symbolisiert: ihrer hoffnungslosen Lage – wozu noch das Leere, Tote der Augen kommt – entspricht ihre Stellung. [...] Schiele lässt die linke Schulter wie ein Bergmassiv zwischen den Knien aufragen, bildet mit ihr die oberste helle Stelle in der Figurenanlage. Um das zu erreichen, wird die Wölbung des Mutterkopfes bewusst abgetönt. Durch seine Kahlheit ist er vom Ausdruck her mit den Kinderköpfen, seiner Form nach mit den Kniewölbungen in Übereinstimmung gebracht. [...] Trotz der starken Geometrisierung kommt aber kein Gefühl von Formalismus auf, da sowohl die Gesamtkomposition wie jedes Detail von stärkster bildnerischer Intensität erfüllt sind. Links und rechts wird die Menschengruppe von den tektonischen Beinpfeilern, oben und unten von der aufragenden linken Schulter respektive vom gegenläufig komponierten Unterarm abgeschlossen. Insgesamt tendiert die Mutterfigur nach links unten. Dieses Übergewicht und die dadurch hervorgerufene Spannung werden jedoch mit dem Kinde rechts und vor allem mit der nach links zu ansteigenden Bauernwiege exakt ausgewogen. [...] Wie sehr unterscheiden sich der geheimnisvolle Hintergrund oder die ebenfalls warmen Tönungen der Wiege mit ihren auf gelblichem Grund aufgetupften Dunkelheiten [...] von dem eiskalt wirkenden Hautkolorit der Mutter und der Kinderköpfe: auch darin manifestiert sich ihr tragisches Geschick. Helle und dunkle, kalte und warme Zonen überschneiden sich und sind kunstvoll ineinander verzahnt, zugleich ist mit der flächigen und räumlichen Bestimmung aller Bildteile eine Geschlossenheit des Aufbaues erreicht, wie sie Schiele in so konsequenter, überzeugender Weise weder früher noch später in einem Gemälde gelang."[2]

1 Diethard Leopold, *Rudolf Leopold. Kunstkenner, Kunstsammler, Museumsgründer. Brennen für die Kunst*, Hirmer, München 2018, S. 75.

2 Rudolf Leopold, *Egon Schiele. Gemälde, Aquarelle, Zeichnungen*, Residenz Verlag, Salzburg 1972, S. 330.

Die Datierung des Gemäldes

Am 11. März 1914 schrieb Egon Schiele an einen „Herrn Stibbe“[3]:

> „Sehr geehrter Herr Stibbe ich will Sie aufmerksam
> machen dass gerade jetzt meine Bilder von
> [d]eutschen Ausstellungen zurückgekommen sind,
> und ich außerdem 3 neue Bilder in Arbeit habe,
> und zwar Landschaften und eine Mutter. [...] Wenn
> Sie also die Arbeiten interessieren, so müssen Sie
> innerhalb der nächsten 8 Tage zu mir kommen,
> weil ich die Bilder wieder fortschicke. [...]
> Bestens Egon Schiele.“[4]

Laut der international renommierten Schiele-Expertin Jane Kallir dürfte es sich bei dem im Schreiben erwähnten Bild *Mutter* um das Ölgemälde *Blinde Mutter* gehandelt haben.[5] Diese Angabe deckt sich datumsmäßig mit der Anmerkung von Rudolf Leopold, wonach das Bild wahrscheinlich bereits im ersten Viertel des Jahres 1914 entstanden ist. Am 20. Mai 1914 erhielt Egon Schiele jedenfalls von der Münchner Secession die Verständigung, dass die *Blinde Mutter* für die (Mitte Mai eröffnete) „Sommer-Ausstellung“ ausgewählt worden war.[6] Dort war das Gemälde dann erstmals zu sehen.

Die Provenienz des Gemäldes

Otto Nirenstein erwähnte 1930 im ersten Werkverzeichnis über die Ölgemälde Egon Schieles „Adolf Neufeld, Wien“ als ersten Eigentümer des Gemäldes *Blinde Mutter* nach dem Künstler. Der 1881 geborene ungarisch-jüdische Oberleutnant Adolf Neufeld, ein früher Schiele-Sammler, konnte anhand von Listen, die Egon Schiele selbst angelegt hatte, und durch zwei Schreiben identifiziert werden.[7]

Adolf Neufeld, Wien

In einer handgeschriebenen, aus acht kleinen Blättern bestehenden Liste von Egon Schiele – undatiert, aber dem Jahr 1914 zuzuordnen – mit einer Aufstellung von Sammlern, die Gemälde aus den Jahren 1909 bis 1914 von ihm besaßen, findet sich auf dem letzten Blatt, das die Werke von 1914 beinhaltet, das Gemälde „‚Blinde Mutter‘ 1914, 120 x 100“.[8] Christian M. Nebehay wies darauf hin, dass der daneben angebrachte Vermerk „Neufeld, Wien“ von der Hand von Schieles Schwager Anton Peschka stammt.[9] Obgleich dieser Vermerk auch später angebracht worden sein könnte, erscheint es plausibel, dass Neufeld das Gemälde schon 1914 in seinem Besitz hatte. Auch in einer eigenhändigen Adressliste Egon Schieles von Freunden und Bekannten kommt Adolf Neufeld vor: „[...] Herr A. Neufeld, Wien III., Gärtnergasse 7 [...]“.[10] In einer Notiz vom 29. März 1918 scheint Adolf Neufeld ebenfalls auf: „[...] 6h Neufeld – nach 7h v. Pausinger [...]“.[11]

In den Katalogen zu den Ausstellungen vor 1938 taucht der Name Adolf Neufeld nur in der *Kunstschau 1920* auf. Im Raum XI wurden elf Ölbilder von Egon Schiele gezeigt. Unter Kat.-Nr. 81 findet sich im dazu erschienenen Katalog der Eintrag „Blinde Mutter (Sammlung Neufeld)“.[12] Dies beweist, dass Adolf Neufeld das Gemälde 1920 noch in seinem Eigentum hatte. 1923 wurde das Bild in der Neuen Galerie gezeigt. Bei der entsprechenden Kat.-Nr. 16 wurden im Ausstellungskatalog keine Provenienzangaben gemacht.[13] Im Katalog zur Ausstellung im Hagenbund 1928 wurde unter dem Eintrag „Die blinde Mutter 1914“ lediglich „Privatbesitz“ angegeben.[14] Dies kann wiederum bedeuten, dass das Gemälde damals noch nicht im Besitz der Neuen Galerie war und erst zwischen 1928

3 Christian M. Nebehay hält es für möglich, dass sich hinter dem auf dem Brief schwer zu lesenden Namen der aus einer wohlhabenden Kölner Familie stammende Maler Eugen Stibbe verbirgt, der 1894/1904 an der Académie Julian in Paris studiert hatte und zuerst in München, später in Wien lebte. Er gab nach dem Ersten Weltkrieg die Malerei auf und wurde ein angesehener Antiquitätenhändler in Wien 1., Spiegelgasse 3.

4 Egon Schiele, Schreiben vom 11.3.1914, in: Christian M. Nebehay, *Egon Schiele 1890–1918. Leben, Briefe, Gedichte*, Residenz Verlag, Salzburg/Wien 1979, S. 304, #649.

5 Jane Kallir, *Egon Schiele. The Complete Works. Including a Biography and a Catalogue Raisonné*, Abrams, New York 1998, P 272, S. 324.

6 Leopold 1972, S. 582, der sich dabei auf das Schiele-Archiv der Albertina bezieht.

7 Die Listen und die beiden Schreiben sind allesamt in der Egon-Schiele-Datenbank der Autografen in der Leopold Museum-Privatstiftung (LMPS) abrufbar. www.schiele-dokumentation.at/browserecord.php?-action=browse&-recid=203787&-skip=0&-max=10 (abgerufen am 18.6.2019).

8 LMPS, Egon-Schiele-Datenbank der Autografen, #832, Liste von Egon Schiele mit einer Aufstellung von Sammlern, die Gemälde besitzen, 1909–1914, www.schiele-dokumentation.at/browserecord.php?-action=browse&-recid=202938&-skip=0&-max=10 (abgerufen am 18.6.2019).

9 Nebehay 1979, S. 319, #733.

10 LMPS, Egon-Schiele-Datenbank der Autografen, #1886, Liste von Egon Schiele mit Adressen von Freunden und Bekannten, 1918, www.schiele-dokumentation.at/browserecord.php?-action=browse&-recid=203936&-skip=0&-max=10 (abgerufen am 18.6.2019).

11 LMPS, Egon-Schiele-Datenbank der Autografen, #1529, Notizbuch von Egon Schiele, 29.3.1918, www.schiele-dokumentation.at/browserecord.php?-action=browse&-recid=204099&-skip=0&-max=10 (abgerufen am 18.6.2019).

12 Österreichisches Museum für Kunst und Industrie, Wien 1., Wollzeile 45; *Kunstschau 1920*, Juni–September 1920, Kat.-Nr. 81, S. 42.

13 *Egon Schiele. Gemälde und Handzeichnungen*, Neue Galerie 1. Ausstellung, Kat.-Nr. 16.

14 Hagenbund / Neue Galerie, *Gedächtnisausstellung Egon Schiele (Gest. 31. Oktober 1918)*, Oktober–November 1928, Kat.-Nr. 56.

und 1930 (dem Zeitpunkt des Eintrags ins Werkverzeichnis von Otto Nirenstein) angekauft wurde.

Neue Galerie, Wien

Otto Nirenstein (1894–1978) erwähnte 1930 in seinem Werkverzeichnis der Ölgemälde von Egon Schiele die „Neue Galerie, Wien" als Eigentümerin des Gemäldes *Blinde Mutter* nach Adolf Neufeld. Diese Information wird umso glaubwürdiger, als Nirenstein sowohl Autor des Werkverzeichnisses als auch Eigentümer der Neuen Galerie in Wien war. Die Veräußerung des Gemäldes an die Neue Galerie hat jedoch im Firmenarchiv, das sich heute im Belvedere befindet, keinen Niederschlag gefunden. Der Name Adolf Neufeld kommt in der Kartei nicht vor.[15]

Die 1923 gegründete Neue Galerie hatte seit Anbeginn eine enge Beziehung zu Egon Schiele. Die Eröffnungsausstellung im November und Dezember 1923 zeigte Bilder, Aquarelle und Zeichnungen des Künstlers.[16] Die im Folgejahr ins Leben gerufene „Johannes Presse" publizierte unter anderem das grafische Werk von Egon Schiele, Oskar Kokoschka, Alfred Kubin und Max Beckmann.

Im Oktober 1924 trat die Kunsthistorikerin Vita Künstler (1900–2002) als Sekretärin in die Galerie ein. Nach ihren in einem undatierten Typoskript zusammengefassten Erinnerungen habe sich Otto Kallir – der geänderte Nachname war ihm 1933 bewilligt worden – sofort nach der Machtergreifung der Nationalsozialisten in Österreich im März 1938 um seine eigene Flucht und die seiner Familie gekümmert. Dabei sei besprochen worden, dass Vita Künstler die Galerie offiziell „arisiere", mit ihren Worten „übernehme und weiterführe mit der vagen Hoffnung, sie in absehbarer Zeit unangetastet an Dr. K. zu restituieren".[17] Auch Jane Kallir, Otto Kallirs Enkelin, spricht von einer „freundlichen Arisierung", durch die die Galerie vor einer Übernahme durch die Nationalsozialisten gerettet worden sei.[18] Vita Künstler, die kein NS-Parteimitglied war, gegen die aber „in politischer und charakterlicher Hinsicht nichts Bedenkliches" vorlag, „arisierte" die Kunsthandlung Neue Galerie GesmbH schließlich in Form eines Abtretungsvertrages, den sie am 18. Juni 1938 mit Otto Kallir schloss. Otto Kallir erhielt für die Abtretung keine Gegenleistung, weil eine Überschuldung der Galerie konstruiert worden war, sodass Künstler vorerst keine Gebühren zu entrichten hatte.

Für den Fall des Ölgemäldes *Blinde Mutter* von besonderer Bedeutung sind das Protokoll der Generalversammlung vom 16. März 1939 sowie die Bilanz der Kunsthandlung per 31. Dezember 1938, die Vita Künstler am 31. März 1939 als Alleinbesitzerin sämtlicher Anteile der GesmbH dem Handelsgericht Wien übermittelte: In der beigefügten Inventur „Warenlager Bilder 31. Dezember 1938", die nach Künstlern alphabetisch geordnet ist, findet sich auch das Gemälde *Blinde Mutter*. Es wurde gemeinsam mit Schieles Ölgemälde *Vorfrühling* mit 100 Reichsmark bewertet. Da es sich mit Sicherheit um das gegenständliche Bild handelt,[19] lässt dies nun einige Schlüsse zu: Da Otto Nirenstein im Egon-Schiele-Werkverzeichnis 1930 das Gemälde als im Eigentum der Neuen Galerie stehend angab, dürfte es sich auch bis 1938 ohne weiteren Zwischeneigentümer in der Galerie befunden haben, bevor es der Kunsthändler Wolfgang Gurlitt noch in der NS-Zeit oder in der Zeit von 1945 bis 1949 erwarb.[20] Als Otto Kallir im überarbeiteten Egon-Schiele-Werkverzeichnis 1966 die Provenienzkette „Adolf Neufeld – Neue Galerie – Wolfgang Gurlitt" angab, dürfte ihm genau dieser Umstand bekannt gewesen sein.

Im Frühjahr 1949, als Otto Kallir mit seiner Familie zum ersten Mal aus den USA wieder nach Wien kam, sei es laut Vita Künstler zu einer teilweisen Rückstellung der Galerie gekommen. Verrechnungen und Entschädigungen für „Aufwendungen und Erträgnisse" – also für in der Zwischenzeit stattgefundene Verkäufe – sind nicht erfolgt. Das Bild *Blinde Mutter* repräsentierte einen Wert, der vor 1938 in der Neuen Galerie vorhanden war. Allerdings hat die Familie Kallir nie Rückstellungsansprüche gegen Vita Künstler erhoben. Desgleichen hat Otto Kallir, als er über seinen Rechtsvertreter einen Antrag beim „Abgeltungsfonds" einbrachte, die Kunsthandlung samt ihrem Bilderbestand unerwähnt gelassen. Auch die Sammelstellen griffen nicht ein. Otto Kallir müssen vor der Abfassung des Werkverzeichnisses 1966 die Verkaufsumstände des Bildes *Blinde Mutter* an Wolfgang Gurlitt bekannt gewesen sein, doch unternahm er – so viel heute bekannt ist – nichts.

---

15 Gemeinsame Provenienzforschung bm:ukk – LMPS, Archiv des Belvedere, Mag. Katinka Gratzer an den Autor, 19.8.2011.

16 *Egon Schiele. Gemälde und Handzeichnungen*, Katalog der Neuen Galerie, 1. Ausstellung, o. O., o. J.

17 Leopold Museum-Privatstiftung (LMPS), Vita Künstler, Erinnerungen an die Neue Galerie, Typoskript, o. D., S. 3.

18 Siehe ausführlich Jane Kallirs Beitrag im vorliegenden Katalog.

19 Otto Nirenstein erwähnte in seinem Schiele-Werkverzeichnis von 1930 zwei Ölgemälde mit der Bezeichnung *Blinde Mutter* (*Blinde Mutter I* und *Blinde Mutter II = Junge Mutter*); Letzteres befand sich laut Nirenstein 1930 aber im Besitz von Schieles Schwester Gertrude Peschka.

20 Auch das Gemälde *Vorfrühling* befand sich laut dem Werkverzeichnis von Otto Nirenstein seit 1930 in der Neuen Galerie und wurde laut dem Werkverzeichnis von 1966 später an Viktor Fogarassy veräußert.

Wolfgang Gurlitt, München

Der laut den Werkverzeichnissen von Otto Kallir 1966, Rudolf Leopold 1995 und Jane Kallir 1998 folgende Eigentümer war der Münchner Kunsthändler Wolfgang Gurlitt (1888–1965). Sein Eigentum an dem Gemälde *Blinde Mutter* ist für das Jahr 1949/50 gesichert: In der Egon-Schiele-Ausstellung der Neuen Galerie der Stadt Linz im März 1949 war das Bild zwar nicht zu sehen, es wurde aber in einem um 1950 entstandenen Katalog der Neuen Galerie der Stadt Linz mit Sicherheit unter Kat.-Nr. 212 als *Die tote Mutter* angegeben.[21]

Was bleibt, ist die Frage, ob Gurlitt das Ölgemälde noch in der NS-Zeit vor 1945 oder erst zu einem späteren Zeitpunkt erworben hat. Eine Beantwortung kann aus mehreren Gründen, von denen hier nun einige angeführt werden, nicht erfolgen:

Zum einen verwies Wolfgang Gurlitt immer wieder darauf, dass seine gesamten Geschäftsunterlagen während der Bombenangriffe auf Berlin zugrunde gegangen seien. Deshalb fand auch Birgit Gropp, die Biografin von Wolfgang Gurlitts Vater Fritz, nur wenige Originalquellen. Zum anderen war das Gemälde laut den Angaben von Otto Kallir, Rudolf Leopold und Jane Kallir zwischen 1930 – in diesem Jahr wurde es bei einer Ausstellung im Kunsthaus Zürich gezeigt – und der Wanderausstellung in Amsterdam, Eindhoven, Bern und St. Gallen 1956/57, als es bereits Rudolf Leopold gehörte,[22] 26 Jahre nicht zu sehen gewesen. Es fehlt daher mangels vorhandener Provenienzangaben etwa in Katalogen die Möglichkeit, Aufschlüsse zu erlangen. Negativ verliefen auch Recherchen zum Gemälde in Wolfgang Gurlitts Vermögensentziehungsanmeldung sowie die Suche nach Korrespondenz in der Wienbibliothek im Rathaus sowie nach einer Ausfuhrbewilligung im Bundesdenkmalamt. Hingegen findet sich das Bild im Ausfuhrakt von Gurlitts Lebensgefährtin Lilly Christiansen-Agoston aus dem Jahre 1948, die für Gurlitt die Ausfuhr in die Schweiz beantragte: Auf der „Umzugsliste Christiansen" wird das Gemälde unter Pos. 27 als „Tote Mutter" bezeichnet.[23] Zu einer Ausfuhr ist es freilich nicht gekommen. Es gab bei den Recherchen nur geringe Erwartungen, aus einem Verlassenschaftsakt Wolfgang Gurlitts neue Erkenntnisse in Bezug auf das Bild *Blinde Mutter* zu erlangen. Da Wolfgang Gurlitts in München lebende Tochter Maria 2012 bei einer versuchten Kontaktaufnahme nicht über ihren Vater sprechen wollte, muss fraglich bleiben, ob sie etwas über den Erwerb des Bildes wusste.

In der Dokumentation von Walter Schuster, wie es 1953 zum Ankauf der Sammlung Gurlitt durch die Stadt Linz kam, findet sich im Anhang ein Katalog jener Kunstgegenstände, die aus dem ursprünglichen Eigentum von Wolfgang Gurlitt stammen. Das Gemälde *Blinde Mutter* befindet sich nicht mehr darunter. Es stand jedoch laut dem damaligen Kulturverwaltungsdirektor am Magistrat der Stadt Linz, Hanns Kreczi, auf jener ursprünglichen Liste der Kunstgegenstände, die für den Ankauf vorgesehen waren. Wie Kreczi ausführte, erwies sich zwar die Befürchtung, „dass die breite Öffentlichkeit an der ‚modernen Kunst', die mit dem Ankauf in die Neue Galerie eingezogen war, Anstoß nehmen würde", als „grundlos", das Bild *Mutter und Kind* wurde jedoch als „Grenzfall empfunden". Wolfgang Gurlitt musste daher das Schiele-Gemälde von der Ankaufsliste nehmen und gegen ein Ersatzwerk austauschen.[24] Dieses Tauschbild, ein vermeintliches Gemälde von Arnold Böcklin, *Gefilde der Seligen*, das Gurlitt daraufhin an die Stadt Linz veräußerte, erwies sich jedoch als „Mogelpackung": Nicht nur, dass Wolfgang Gurlitt einen aufgrund einer Gefälligkeitsexpertise von Emil Waldmann zustande gekommenen, für 1953 exorbitant hohen Kaufpreis von 62.500 Schilling verlangte, womit das Gemälde zu den teuersten überhaupt zählte. Zudem konnte durch nachträgliche Forschungen durch den Schweizer Böcklin-Experten Dr. Hans Holenweg 2004 ermittelt werden, dass das Bild *Gefilde der Seligen* nicht von der Hand Arnold Böcklins stammt, sondern eine Kopie ist, die von Böcklins Schüler Rudolf Schick angefertigt wurde. Elisabeth Nowak-Thaller, Vizedirektorin und Sammlungsleiterin für Gemälde und Skulpturen am LENTOS Kunstmuseum, schilderte, dass die Stadtväter und der Gemeinderat die außerordentliche Qualität des Gemäldes von Egon Schiele, dessen grandiose Ausstellung 1949 in Linz als skandalös empfunden wurde, nicht erkannt hatten und es – nicht zuletzt durch Gurlitts Durchtriebenheit oder Kunsthändlergeschick – zu diesem für die Stadt minderen Tausch kam.[25]

21 *Katalog von Werken der Malerei und Zeichenkunst des XIX. u. XX. Jahrhunderts*, Ausst.-Kat., Neue Galerie der Stadt Linz – Gründer Wolfgang Gurlitt, Linz o. J., Kat.-Nr. 212, S. 28.

22 Im Katalog der Kunsthalle in Bern wird es unter Kat.-Nr. 107 „Blinde Mutter, Öl, 100 × 120 cm, Smlg. Dr. Leopold Wien" angegeben. Kunsthalle Bern, 16.2.–24.3.1957, *Kunst aus Österreich von Klimt, Schiele, Kokoschka bis zur jungen Kunst der Nachkriegszeit unter dem Patronat S. E. des österreichischen Gesandten in der Schweiz, Herrn Dr. Johannes Coreth, und der Gesellschaft zur Förderung der kulturellen Beziehungen zwischen Österreich und der Schweiz*, Katalog, Nr. 107.

23 Archiv des Bundesdenkmalamtes, Ausfuhrmaterialien, Ausfuhransuchen Lilly Christiansen, GZ 8191/48, Umzugsliste Christiansen, Pos. 27.

24 Hanns Kreczi, „Linzer Kulturpolitik miterlebt (1938–1947)", in: *Historisches Jahrbuch der Stadt Linz 1991*, Archiv der Stadt Linz, Linz 1992, S. 169–259, hier S. 221.

25 E-Mail von Elisabeth Nowak-Thaller an den Autor, 26.4.2019.

Das Gemälde von Egon Schiele wurde hingegen in einer undatierten, sogenannten „Schenkungs-Liste" genannt, die das Linzer Stadtarchiv dem Autor übermittelt hat. Es wird dort unter zehn Ölgemälden von Egon Schiele, die Gurlitt zweifellos besessen hat, als *Die tote Mutter* bezeichnet. Eine Archivarin wurde befragt, was es mit dieser „Schenkungs-Liste" auf sich hat: Wolfgang Gurlitt habe sich vor dem Ankauf seiner Sammlung durch die Stadt Linz 1953 mit dem Gedanken getragen, der Stadt bzw. der Neuen Galerie der Stadt Linz einen Teil seiner Sammlung zu schenken. Vor allem nach dem Tod Lilly Christiansen-Agostons habe er 1951 an eine großzügige Stiftung ihr zur Ehren gedacht.[26] Die Liste könnte daher zwischen 1951 und 1953 entstanden sein. Letztlich seien aber nur wenige Objekte schenkungsweise in das Eigentum der Stadt Linz übergegangen. Sämtliche Listen, eben auch diese „Schenkungs-Liste", enthalten Wertangaben, mit denen sich Wolfgang Gurlitt möglicherweise einen Überblick verschaffen wollte.[27]

Rudolf Leopold, Wien

Diethard Leopold schilderte in seiner Biografie des Vater Rudolf Leopold, wie es zum Ankauf der beiden Ölgemälde *Selbstbildnis mit hochgezogener nackter Schulter* (LMPS Inv.-Nr. 653) und *Blinde Mutter* kam:

> „‚Der Wolfgang Gurlitt', erzählt mein Vater, ‚wollte seine Sammlung in der Neuen Galerie der Stadt Linz unterbringen, die ja heute seinen Namen als Untertitel – ‚Wolfgang Gurlitt Museum' – trägt. Unter seinen Bildern befanden sich ein Selbstbildnis von Schiele aus dem Jahr 1912 – eine Selbstdarstellung wie ein Verbrannter mit hochgezogener nackter Schulter – und die ‚Blinde Mutter' von 1914, dann das Bildnis der Trude Engel und das Doppelportrait Benesch, Vater und Sohn, und fünftens eine Häuserlandschaft aus dem Jahr 1916. Vor allem hat mich der grandiose Expressionismus jenes Portraits mit der nackten Schulter fasziniert. Gerade dieses erschien den meisten Leuten als besonders hässlich. Als ich einmal mit der Eisenbahn von München nach Wien unterwegs war, bin ich extra in Linz ausgestiegen, um mich zu vergewissern, ob es wirklich so gut sei. Gurlitt hatte mir nämlich gesagt, dass die Stadtväter zwei Bilder für die zu gründende Galerie nicht haben wollten, und zwar jenes Selbstbildnis und die ‚Blinde Mutter'. Diese wollte ich damals aber gar nicht erwerben, weil ich gerade die Bilder des deutschen Manierismus mit ihren bleichen Farben studiert hatte. Und die ‚Blinde Mutter' war mir aufs Erste auch so ähnlich vorgekommen, unter anderem deswegen, weil ich ja bei Bildern nicht nur eine beeindruckende Komposition des Formalen, sondern auch eine solche der Farben vorfinden möchte.
> Ich steig also aus, geh in die Neue Galerie. Das ‚Selbstbildnis mit der nackten Schulter' ist in einer Koje um die Ecke herum gehangen, während die ‚Blinde Mutter' davor platziert war. An ihr musste ich vorbei, da bin ich wie erstarrt stehen geblieben. In diesem Moment [...] hab' ich gewusst, wie großartig das Bild ist! [...] ‚Da hab' ich gewusst', erzählt mein Vater weiter, ‚dass ich versuchen muss, auch dieses Bild zu bekommen.
> Dann folgten längere Verhandlungen mit dem Gurlitt. Mein Glück war, dass der Stadtrat für Kultur in Linz noch ein alter Nazi war. Der hat gerade diese zwei Schiele-Bilder für ‚entartet' befunden. Dabei waren es von denen in Linz die allerbedeutendsten.'"[28]

Eine Rechnung über den Verkauf der beiden Bilder ist nach Aussage von Rudolf Leopolds Witwe, Elisabeth Leopold, bisher nicht aufgetaucht. Ein genaues Datum des Ankaufes der beiden Bilder durch Rudolf Leopold konnte daher nicht eruiert werden. Nach den Erinnerungen von Walter Kasten, dem Nachfolger Wolfgang Gurlitts als Direktor der Neuen Galerie der Stadt Linz, dürfte der Ankauf 1952 durchgeführt worden sein, was sich auch mit den historischen Abläufen deckt, denn 1952 waren die beiden Bilder noch Leihgaben Gurlitts an die Neue Galerie, sie standen daher noch in seinem Eigentum, während der Ankauf seiner Sammlung – ohne die beiden Bilder – durch die Stadt Linz 1953 vollzogen wurde.

1994 gelangte Schieles Gemälde *Blinde Mutter* in die Leopold Museum-Privatstiftung, wo es sich heute befindet.

26 Laut Elisabeth Nowak-Thaller umfasst die „Schenkung Lilly Christiansen-Agoston" heute gänzlich andere Werke, zumeist Zeichnungen aus dem 19. Jahrhundert. E-Mail Elisabeth Nowak-Thaller an den Autor, 2.5.2019.

27 Telefonat des Autors mit Maria Jenner, Archiv der Stadt Linz, 10.1.2012.

28 Diethard Leopold, *Rudolf Leopold. Kunstsammler*, Holzhausen, Wien 2003, S. 23f.

Michael Hans Wladika / Geb. 1961 in Wien, MMag. Dr., Jurist und Historiker. Seit Juli 1999 als Provenienzforscher für die Museen der Stadt Wien tätig, seit Mai 2008 von der Republik Österreich und der Leopold Museum-Privatstiftung bestellter Provenienzforscher für die Leopold Museum-Privatstiftung. Zahlreiche Projekte zum Thema Nationalsozialismus, NS-Kunstraub und Rückstellungsrecht, unter anderem 1999–2003 wissenschaftlicher Mitarbeiter der Historikerkommission der Republik Österreich. 2008 Förderungspreis des „Karl von Vogelsang-Staatspreises für Geschichte der Gesellschaftswissenschaften“ für die Publikation *Hitlers Vätergeneration. Die Ursprünge des Nationalsozialismus in der k. u. k. Monarchie*, zahlreiche weitere themenbezogene Publikationen.

DOKUMENTENANHANG

Brief von Elizabeth A. Wills aus Louisiana, Missouri an Dr. Friedrich Mayrhofer / Archiv der Stadt Linz, 20. März 1999. Frau Wills nimmt in ihrem Schreiben Bezug auf Presse-Restitutionsberichte über Wolfgang Gurlitt aus dem Jahr 1999.

„Betreff: Wolfgang Gurlitt

Sehr geehrter Herr Dr. Mayrhofer,
Frau Maria Gurlitt bat mich, Sie ueber folgende Tatsachen zu unterrichten:

Herr Wolfgang Gurlitt stellte mich im September 1940 als Buerohilfe in seiner Gemaelde Galerie und dem Verlag Gurlitt in der Kurfuerstenstrasse in Berlin ein. Ich war zu ihm empfohlen, da ich als sogenannte Halbjuedin mit unfertiger Lyzeumsausbildung keine Anstellung finden konnte. Er schickte mich in eine private Handelsschule und ich wurde dank seiner bestens buerotechnisch sowohl als in Gemaeldekenntnis und Geschichte ausgebildet.

Seine Familie bestand aus Frau Kaete Gurlitt, ihren damals kleinen Toechtern Maria und Angelina, sowohl seiner ersten Frau Juliette Goob und deren Schwester, beides Elsaesserinnen. Das Geschaeft wurde geleitet von einer ungarischen Juedin, Lilly Arenson [sic!], die Herr Gurlitt pro forma mit einem jungen Daenen, Herrn Christiansen, verheiratete, um sie vor Deportation zu schuetzen. Ferner war der Buerovorstand ein Herr Kasten, der mir erklaerte[r] Zigeuner zu sein [schien] und daher Militaerunwuerdig [war]. Er heiratete ein Frl. Hoffmann, die einen juedischen Vater hatte. Die Haushaltshilfe, Frau Eberle, war Halbjuedin. Herr Gurlitt sorgte für uns in grosszuegigster Form.

Durch die Judenverfolgung erschienen oft Stern tragende juedische Leute und brachten Kunstwerke aus ihrem Besitz und flehten Herrn Gurlitt an, ihnen mit einem Ankauf pekuniaer zu helfen. Selbst wenn die Gegenstaende keinen besonderen kuenstlerischen Wert hatten, half Herr Gurlitt jedem. Ich erinnere mich insbesondere an Frau Ringelnatz, der es sehr schlecht ging, da ihr Mann in der Nazizeit verpoent war. Ebenfalls erschien Kronprinz Wilhelm von Hohenzollern, der unter Hausarrest in Potsdam lebte, mit zwei Wächtern, um Herrn Gurlitt um Hilfe beim Verkauf einiger Kunstgegenstaende zu bitten.

Durch die zunehmenden Bombenangriffe auf Berlin, war Herr Gurlitt berechtigt besorgt um die Sicherheit seiner grossen Familie und besonders der Kinder. Er hatte ein Angebot den Lenauhuegel auf dem Poetschenpass in Bad Aussee als Landhaus zu erwerben. In der Hoffnung, dass Bad Aussee von der Kriegszerstoerung verschont bleibt, zog die gesamte Familie auf den Lenauhuegel und seine beiden Toechter wurden dort eingeschult. Ich verbrachte etliche Monate dort, denn wir setzten einen Teil der Buerotaetigkeit von dort fort.

Die Frage, Warum sich Herr Gurlitt in Oesterreich ansaessig gemacht hatte ist sehr einfach. Ein Teil seiner Vorfahren stammt aus Wien und er liebte es dort und ich nahm an vielen Gelegenheiten teil bei denen oesterreichische Persoenlichkeiten, die in grossen politischen Schwierigkeiten mit den Nazis waren, auf dem Lenauhuegel willkommene Gaeste waren.

Ende 1944 wurde bei einem grossen Bombenangriff die Galerie Gurlitt in Berlin komplett zerstoert, was ein grosser Verlust fuer die Familie war. Somit blieb der Lenauhuegel das Zuhause fuer die gesamte Gurlitt Familie.

Inzwischen War die Waffen-SS mit einem grossen Lazarett in Aussee eingezogen, was wie Sie sich denken koennen, alle Gefahren des Naziregimes mit sich brachte. Herr Gurlitt und ich besprachen, dass meine Sicherheit als Halbjuedin groesser in Berlin sei als in dem kleinen Bad Aussee wo jeder jeden kannte.

Wir blieben jedoch in Kontakt und ich bin es noch bis heute mit seiner Tochter Maria, denn ich habe nur Dankbarkeit und Hochachtung fuer den Mut und [die] Guttaten, die Wolfgang Gurlitt in einer sehr gefaehrlichen Zeit gezeigt hat.

Ich lebe bereits seit 50 Jahren in den USA und bin entsetzt, dass eine solche Schmierkampagne fuer Herrn Wolfgang Gurlitt in Oesterreich veroeffentlicht wird.

Ich hoffe, hiermit ein wahres Bild fuer Sie gegeben zu haben und dass die Elemente, die sich von diesen Verleumdungen etwas versprechen, zurechtgewiesen werden.

Mit besten Gruessen
Elizabeth A. Wills"

Brief von Dieter W. Gombert an Dr. Friedrich Mayrhofer / Archiv der Stadt Linz, 24. März 1999

„Betreff: Wolfgang Gurlitt

[...] Ende Februar 1943 lernte ich Herrn Gurlitt in Berlin kennen. Ich wurde ihm durch eine Bekannte vorgestellt. Da ich in dieser Zeit politisch in Schwierigkeiten war und ich quasi illegal, als politisch Verfolgter lebte, gab Herr Gurlitt mir eine Position als eine Art Hilfsassistent. Er wußte natürlich genau über meine Verhältnisse bescheid, aber es war ihm ein Bedürftnis [sic!] gegen die Nazis zu handeln. Wir wurden schnell gute Freunde, trotzdem er beinahe vierzig Jahre älter war.

Zur selben Zeit sagte er mir, daß er in Bad Aussee ein Besitztum erworben hätte, den Lenau Hügel, wo er schnellstens seine Familie und Kunstschätze übersiedeln wolle. Er befürchtete die Bombenangriffe auf Berlin würden am Ende all seinen Besitztum in Berlin vernichten. Da er schon am nächsten Tag nach Bad Aussee abreisen mußte, gab er mir seinen ersten Auftrag. Zusammen mit einem Kunsthändler-Freund von ihm sollte ich am nächsten Tag die Auktion des jüdischen Verlages ‚Bruno Cassierer' [sic!] besuchen. Die Nazis hatten die gesamten Kunstschätze des Verlages beschlagnahmt und nun wollten sie es in Geld umsetzen. Zuerst versuchten wir ein lebensgroßes Porträt einer sitzenden Dame, ein Ölgemälde von Lovis Corinth, zu erstehen. Es wurde aber leider für 24 Tausend Reichsmark von einem anderen gekauft. Jedoch gelang es uns zwei Ölgemäldes [sic!] des Meisters Max Slevogt zu gewinnen. Die Preise sind mir nicht mehr geläufig aber, zusammen gaben wir nicht mehr als 20 Tausend Reichsmark aus. Das eine war ein Selbstbildnis des Meisters und das andere ein Porträt von Bruno Cassierer.

In eine Wolldecke gehüllt brachte ich die Gemälde nach Bad Aussee, wo ich dann seine Familie kennenlernte. Der Haushalt war von Frauen regiert. Er bestand aus seiner ersten Frau Juliette, die zusammen mit ihrer älteren Schwester ein großes Zimmer bewohnten. Ferner war er mit einer jüngeren Dame, Frau Käthe Gurlitt verheiratet, der Mutter seiner zwei Töchter Maria und Angie. Er hatte weiterhin eine Sekretärin, Lilli Agoston-Christiansen, die ungewöhnliches Geschäftstalent bewies und seinen ganzen Betrieb, mit eiserner Hand kontrollierte und plante. Es ist interessant zu wissen, daß die etwa 50 Jahre alte Frau Agoston, eine ungarische Jüdin war, die Gurlitt, um sie zu schützen mit einem sehr jungen Dänen, für eine Summe Geld verheiratete. Somit bekam sie einen dänischen Paß, der nicht das böse rote ‚J' aufzeigen mußte. Diese Familie lebte Harmonisch zusammen und Gurlitt in seiner altruistischen Art wollte niemanden auf die Straße setzen.

Später im Juli 1944 und nachdem ich in Bad Aussee in einem Hotel wohnte, von wo Gurlitt mich auf viele Reisen schickte, fingen die lieben Bürger der Stadt an Fragen zu stellen, wer denn dieser fremde, junge Mann wäre und warum er nicht in der Armee seine Schuldigkeit täte? Man wollte doch gerne dem großen Führer dienen und Deutschland zum Sieg verhelfen! Aus diesem Grunde mußte ich Bad Aussee verlassen und ich ging nach Strasbourg, wo ich Menschen gleichgesinnter politischer Einstellung fand. Das wunderbare war, daß Herr Gurlitt mir dokumentarische Unterlagen gab, die besagen, daß ich in seinem Auftrage mich befassen sollte, wertvolle Kunstschätze für ihn zu erwerben. Diese Unterlagen haben mir einige Male das Leben gerettet, bis es mir gelang in die Schweiz zu entfliehen [...]."

Brief von Maria Gurlitt über den Bilderfund Cornelius Gurlitt, undatiert (2013/14)

„Betr. Bilderfund in der Schwabinger Wohnung von R. C. Gurlitt und Erwähnung von Wolfgang Gurlitt

Sehr geehrte Damen und Herren,

der überraschende Bilderfund in der Wohnung von Rolf C. Gurlitt gibt Rätsel auf. Wie war es bloß möglich, dass die heimlich gehorteten Werke so lange unentdeckt blieben? Die Medien berichten, nicht nur Rolf C. Gurlitts Vater Hildebrand sei ein Mitbeteiligter und Profiteur der NS-Kunstraub-Aktionen gewesen (letzteres war wohl der Fall), sondern auch mein Vater habe sich daran beteiligt. Diese Unterstellung erstaunt und verletzt mich.

Die Gurlitts waren eine musisch geprägte Familie. Mein Vater Wolfgang übernahm bereits als 18-Jähriger die Leitung der 1880 gegründeten väterlichen Kunsthandlung, die im Berliner Kunstleben eine wichtige Rolle gespielt hatte, engagierte sich als Verleger und pflegte schon früh engen Kontakt mit Künstlern wie Oskar Kokoschka oder Alfred Kubin. Sein Cousin Hildebrand Gurlitt setzte sich als Zwickauer Museumleiter gleichfalls für moderne Kunst ein, machte sich damit missliebig, wurde 1930 entlassen und wechselte auch zum Kunsthandel über. Mein Vater empfand ihn allerdings als unerfreulichen Nazi-Sympathisanten, er mochte ihn nicht.

Als ich Kind war, schickte er mich in den jüdischen Kindergarten Simon in Berlin, meine spätere jungmädchenhafte Schwärmerei für Rommel fand er grässlich, und er verbot mir natürlich, ein ‚BdM-Mädel' zu werden. Es mag sein, dass mein Vater sich schon deshalb Feinde schuf, weil er in seinem Metier erfolgreich war und durchaus arrogant erscheinen konnte. Außerdem entsprach er in seinem Auftreten und seiner liberalen Lebensweise weder dem nationalsozialistischen Ideal noch der engen Mentalität der Nachkriegszeit. Meine Kindheitserinnerung reicht nicht aus, um seine kunsthändlerischen Aktivitäten in der NS-Zeit beurteilen zu können. Ich habe ihn als begeisterten und begeisternden Kunstliebhaber erlebt – allerdings, im Gegensatz zum Sohn Hildebrand Gurlitts besitze ich weder eine heimliche noch unheimliche Kunstsammlung aus dem väterlichen Nachlass. Von der Existenz Rolf C. Gurlitts in München hatte ich im übrigen bisher keinerlei Ahnung gehabt."

LENTOS Kunstmuseum Linz

Museum im
Kulturspeicher
Würzburg

EvS
ERNST VON SIEMENS
KUNSTSTIFTUNG

HIRMER

IMPRESSUM

Diese Publikation wird herausgegeben anlässlich der Ausstellung

Wolfgang Gurlitt Zauberprinz
Kunsthändler – Sammler
LENTOS Kunstmuseum Linz
4. Oktober 2019 bis 19. Januar 2020
Museum im Kulturspeicher Würzburg
8. Februar 2020 bis 3. Mai 2020

Herausgegeben von:
LENTOS Kunstmuseum Linz
Ernst-Koref-Promenade 1, 4020 Linz, Österreich
Tel.: +43 732 7070 3600
E-Mail: info@lentos.at
www.lentos.at

Künstlerische Direktorin: Hemma Schmutz
Kaufmännischer Direktor: Gernot Barounig

Herausgeberinnen: LENTOS Kunstmuseum Linz, Hemma Schmutz, Elisabeth Nowak-Thaller
Kuratorin der Ausstellung und Ausstellungskonzept: Elisabeth Nowak-Thaller
Ausstellungsorganisation, Registratur und Bildrechte: Elisabeth Nowak-Thaller, Iris Kiesenhofer
Kunstvermittlung: Karin Schneider und Team
Ausstellungsgestaltung und Produktionsleitung: Magnus Hofmüller
Restaurierung: Andreas Strohhammer
Marketing: Katharina Paulischin-Prammer
Presse und Kommunikation: Clarissa Ujvari
Shop und Verlagskontakt: Veronika Sevcik

AutorInnen: Ferdinand Altnöder, Maria Altrichter, Andreas Bartsch, Bernd Ernsting,
Sonja Feßel, Melchior Frommel, Gregory Hahn, Henrike Holsing, Meike Hoffmann,
Michael John, Jane Kallir, Martin Krenn, Elisabeth Nowak-Thaller, Beatrix Piezonka,
Abbey Rees-Hales, Brigitte Reutner, Katrin Schmidt, Birgit Schwarz, Camilla Smith,
Aya Soika, Vanessa-Maria Voigt, Michael Wladika
Geleitwort: Hemma Schmutz, Marlene Lauter
Redaktion: Elisabeth Nowak-Thaller
Übersetzungen: Otmar Binder
Manuskriptlektorat: textstern*, Ulrike Ritter
Katalogkonzeption und Gestaltung: Norbert Artner
Druck: Medienfabrik
Printed in Austria

Dank dem Team des LENTOS Kunstmuseum Linz

Publiziert durch:
Hirmer Verlag GmbH
Bayerstraße 57–59, 80335 München, Deutschland
www.hirmerverlag.de

Die Quellen aller Abbildungen wurden sorgfältig recherchiert. Sollte uns ein Nachweis entgangen sein, bitten wir Sie, mit dem LENTOS Kunstmuseum Linz Kontakt aufzunehmen.

Abbildungsverweis:
Verweise direkt bei den Abbildungen im Werkverzeichnis
Cover und Rückseite: Lovis Corinth, *Bildnis Wolfgang Gurlitt*, 1917, Öl auf Leinwand, LENTOS Kunstmuseum Linz, Inv.-Nr. 1, Fotos: Norbert Artner
Vorsatz: Wolfgang Gurlitt im Arbeitszimmer seiner Galerie in der Potsdamer Straße, Berlin, um 1925

Bibliografische Information der Deutschen Nationalbibliothek
Die Deutsche Nationalbibliothek verzeichnet diese Publikation in der Deutschen Nationalbibliografie; detaillierte bibliografische Daten sind im Internet über http://dnb.d-nb.de abrufbar.

ISBN 978-3-7774-3328-8

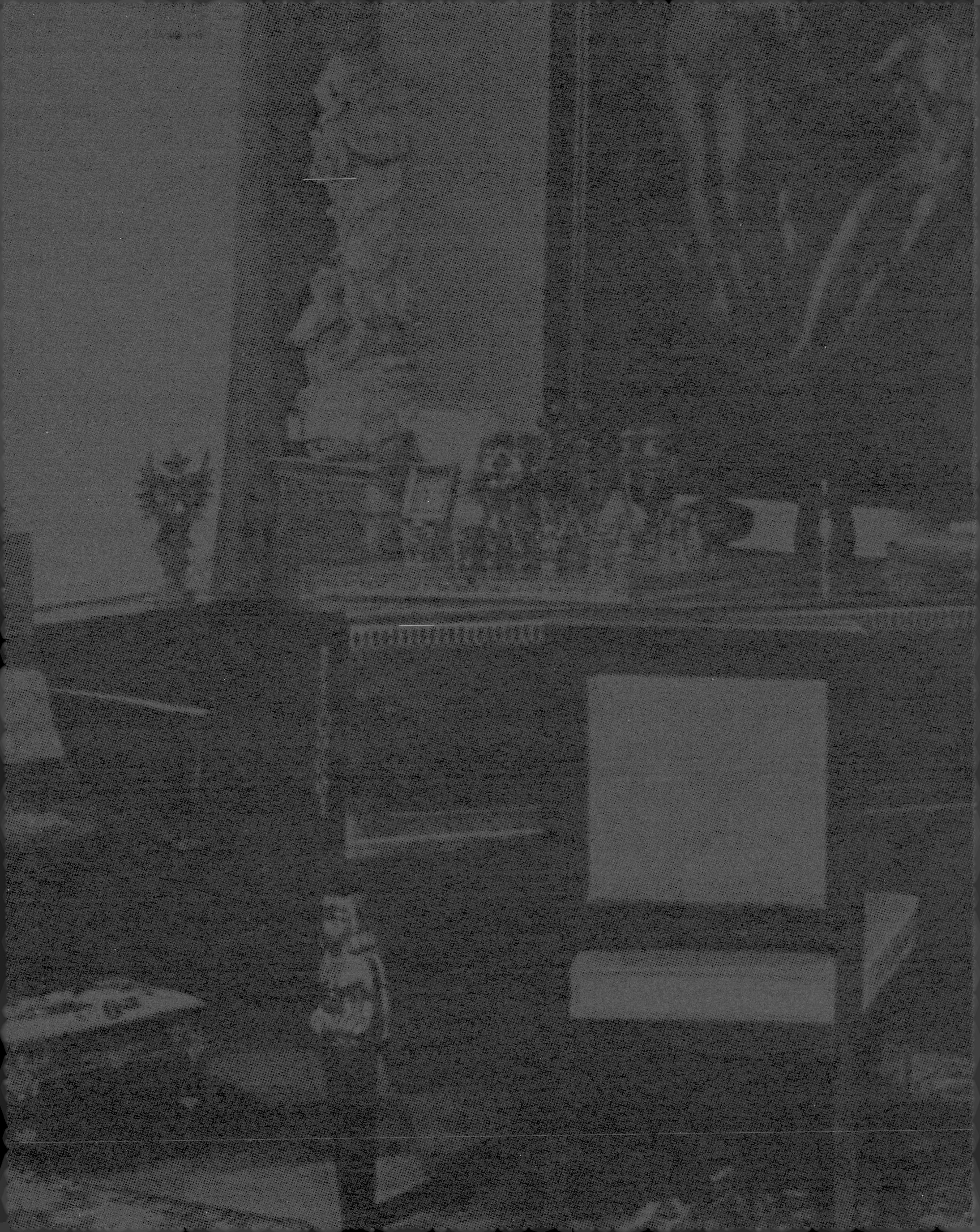